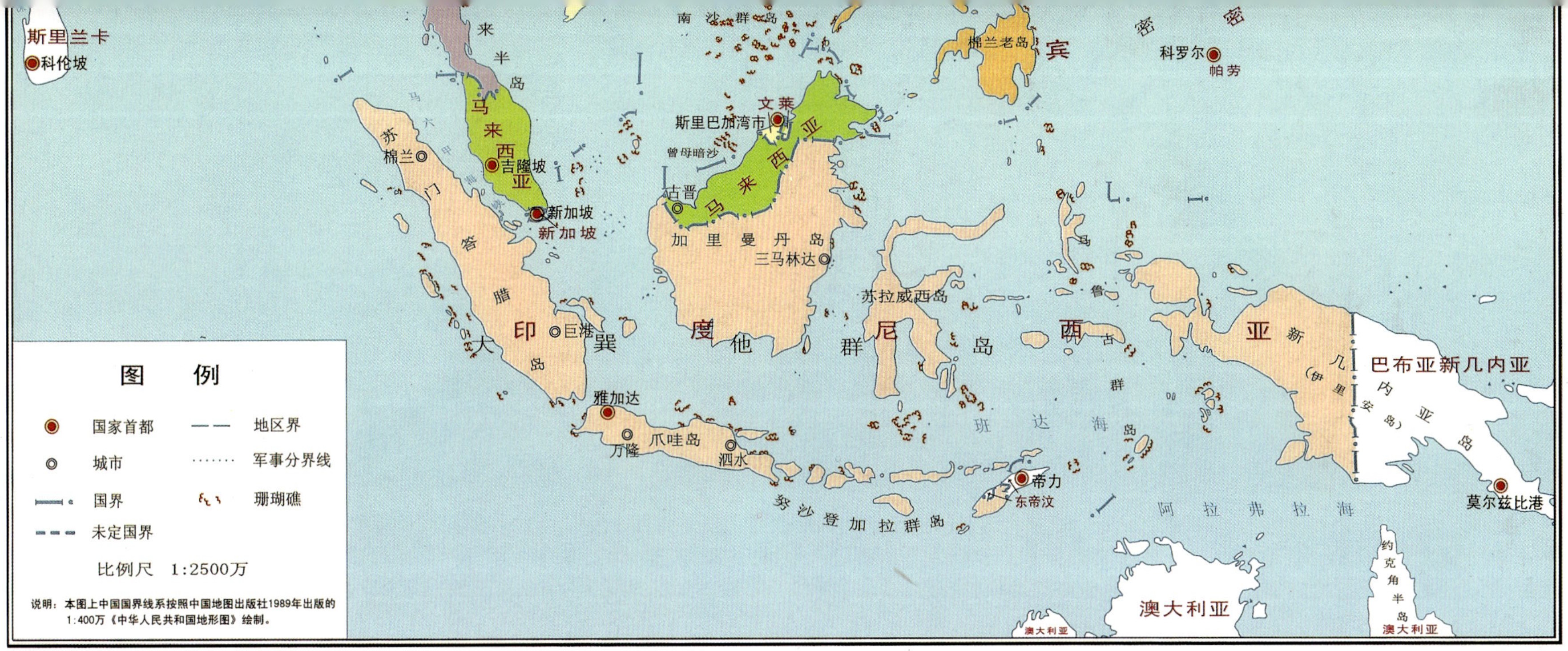

斯里兰卡
科伦坡
马来半岛
马来西亚
吉隆坡
新加坡
苏门答腊岛
棉兰
巨港
印度尼西亚
雅加达
万隆
爪哇岛
泗水
加里曼丹岛
古晋
斯里巴加湾市
文莱
曾母暗沙
南沙群岛
三马林达
苏拉威西岛
棉兰老岛
菲律宾
科罗尔
帕劳
密克罗尼西亚
新几内亚岛（伊里安岛）
巴布亚新几内亚
莫尔兹比港
帝力
东帝汶
努沙登加拉群岛
班达海
阿拉弗拉海
澳大利亚
约克角半岛

图例

●	国家首都	——	地区界
◎	城市	……	军事分界线
┣━	国界		珊瑚礁
- - -	未定国界		

比例尺 1:2500万

说明：本图上中国国界线系按照中国地图出版社1989年出版的1:400万《中华人民共和国地形图》绘制。

广西壮族自治区测绘局

国家测绘局地图图形审核批准号：（2004）325号

2004年5月

中国和东盟各国国旗及东盟旗

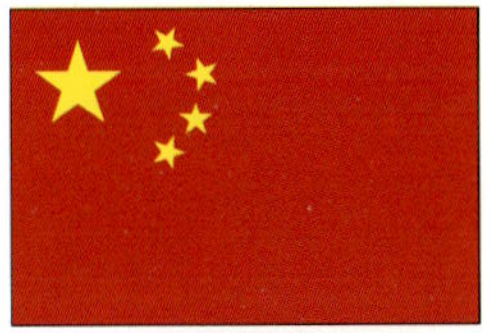

中国 China

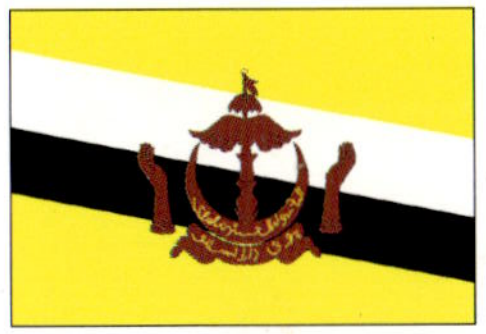

文莱 Brunei

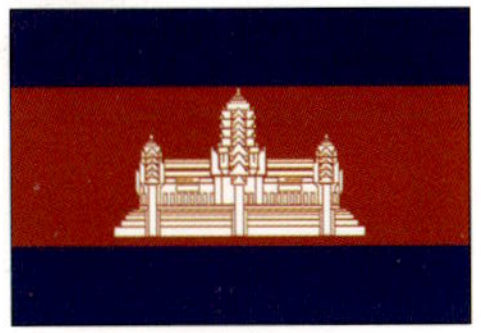

柬埔寨 Cambodia

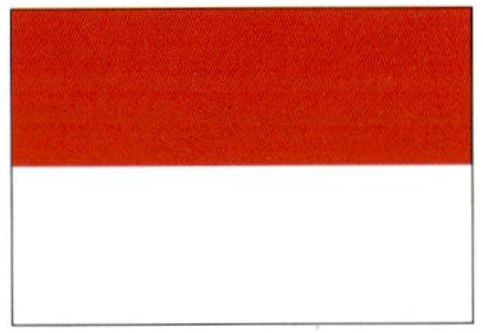

印度尼西亚 Indonesia

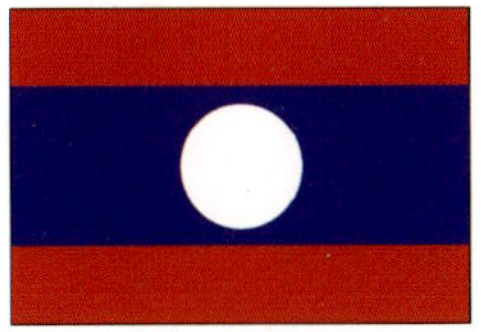

老挝 Laos

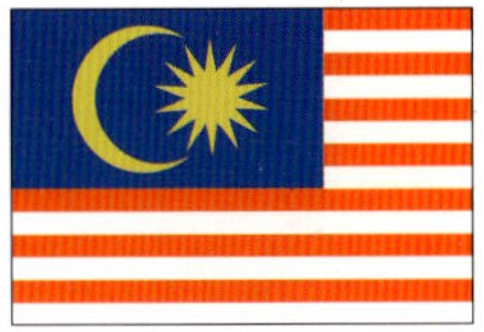

马来西亚 Malaysia

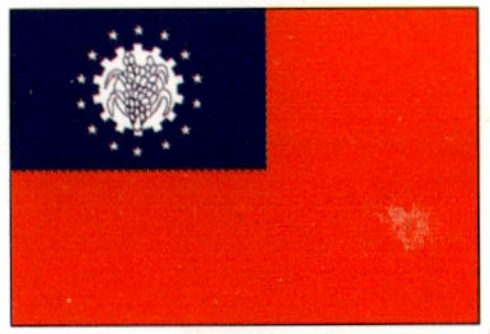

缅甸 Myanmar

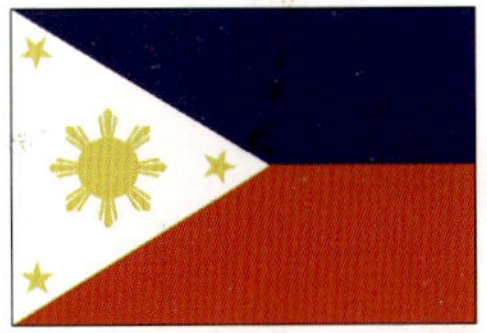

菲律宾 Philippines

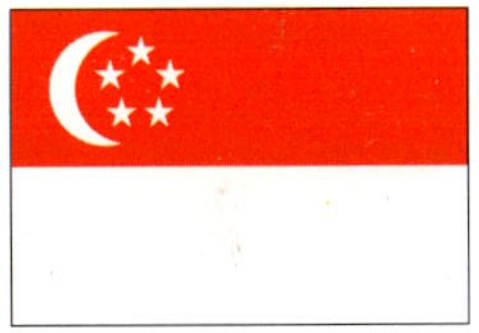

新加坡 Singapore

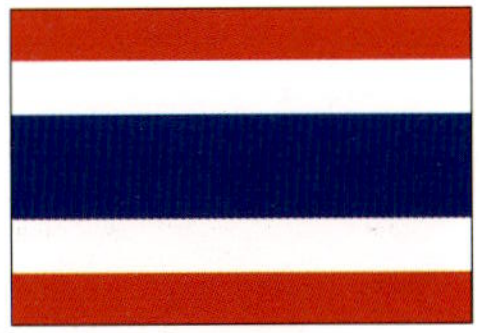

泰国 Thailand

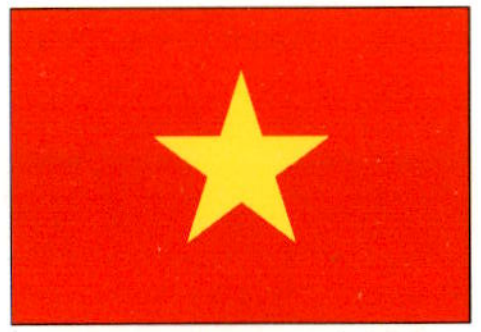

越南 Viet Nam

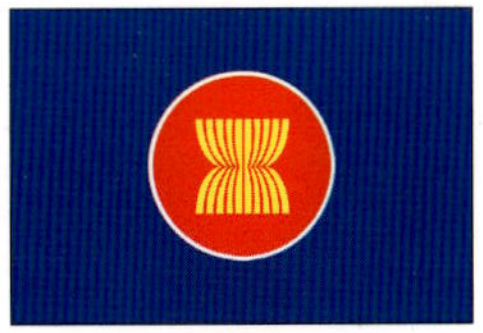

东盟 Asean

中国—东盟建立对话关系15周年纪念峰会

2006年10月30日，中国—东盟建立对话关系15周年纪念峰会在中国广西南宁举行。中国国务院总理温家宝、菲律宾总统阿罗约、文莱苏丹博尔基亚、柬埔寨首相洪森、印度尼西亚总统苏西洛、老挝总理波松·布帕万、马来西亚总理巴达维、缅甸总理梭温、新加坡总理李显龙、泰国总理素拉育、越南总理阮晋勇等出席峰会。14时30分，东盟10国领导人抵达会议中心，中国国务院总理温家宝在会场迎接，并与东盟10国领导人合影留念。14时45分，中国国务院总理温家宝和东盟轮值主席国菲律宾总统阿罗约共同主持峰会，并先后致词。温家宝总理发表题为《携手奋进，共创中国—东盟关系的美好未来》的讲话。东盟轮值主席国菲律宾总统阿罗约也发表讲话。会议期间，温家宝总理会见东盟秘书处秘书长王景荣。会后，11国领导人共同签署《中国—东盟纪念峰会联合声明》并种植纪念树。当晚，温家宝总理和东盟10国领导人共同出席中国—东盟纪念峰会文艺晚会。中国外交部部长李肇星、财政部部长金人庆、商务部部长薄熙来、国务院研究室主任魏礼群等参加上述活动。

① 温家宝总理在纪念峰会上讲话
② 阿罗约总统在纪念峰会上讲话
③～⑫ 温家宝分别与出席纪念峰会的东盟各国领导人握手
⑬ 种植纪念树后各国领导人与少年儿童合影
⑭ 温家宝总理与出席纪念峰会的东盟各国领导人合影
⑮⑯ 中国—东盟建立对话关系15周年纪念峰会会场

中国－东盟建立对话关系15周年纪念峰会
COMMEMORATIVE SUMMIT MARKING THE 15TH
ANNIVERSARY OF ASEAN-CHINA DIALOGUE RELATIONS
中国·南宁 2006
2006 NANNING·CHINA
13
14
15
16

中国—东盟建立对话关系15周年纪念峰会

专场文艺晚会

2006年10月30日晚，以“金风送来山水情——风情东南亚·相约在南宁”为主题的中国—东盟建立对话关系15周年纪念峰会专场文艺晚会在南宁举行。晚会由中国文化部和广西壮族自治区人民政府主办。中国国务院总理温家宝、文莱苏丹博尔基亚、柬埔寨首相洪森、印度尼西亚总统苏西洛、老挝总理波松·布帕万、马来西亚总理巴达维、缅甸总理梭温、菲律宾总统阿罗约、新加坡总理李显龙、泰国总理素拉育、越南总理阮晋勇、东盟秘书处秘书长王景荣，中共中央有关部委负责人，广西壮族自治区部分领导人，参加第三届中国—东盟博览会、第三届中国—东盟商务与投资峰会的中国各省市自治区代表团团长、国内外商协会会长和重要客商出席晚会。

中国及东盟10国艺术家代表身着节日盛装，手持金色鼓槌，共同敲响舞台上一面象征吉祥如意的巨大铜鼓，正式拉开中国—东盟建立对话关系15周年纪念峰会专场文艺晚会的序幕。整台晚会节目编排分为山水颂、山水情、山水约三个篇章。在第一篇章中，东盟10国歌手与中国歌手分别用各自国家的母语联袂演唱晚会主题歌曲《阿依莎拉·莉娅》，诠释“阿依莎拉·莉娅”在壮语中“吉祥祝福”的含义，表达中国与东盟各国山相依、水相连、世代友好的真情厚意。在第二篇章中，11国艺术家用器乐联奏《友谊的回旋》，将晚会推向一个小高潮。在第三篇章中，能歌善舞的各国舞蹈家依次上场，以集体舞《爱的脚步》，展现各国最具代表性、风情各异的传统民族舞蹈。整台晚会结构精致严谨、创意独具匠心，清晰而完整地突出“和谐、和美、和平”的主题，洋溢着中国和东盟各国之间的深厚情谊。

①中国和东盟10国艺术家代表手持金色鼓槌共同敲响铜鼓

②～⑪ 专场文艺晚会场景和剧照

2
4
5
6
9
10
11

第三届中国—东盟博览会

2006年10月31日，为期4天的第三届中国—东盟博览会在南宁国际会展中心隆重开幕。中国国务院总理温家宝和菲律宾总统阿罗约、文莱苏丹博尔基亚、柬埔寨首相洪森、印度尼西亚总统苏西洛、老挝总理波松·布帕万、马来西亚总理巴达维、缅甸总理梭温、新加坡总理李显龙、泰国总理素拉育、越南总理阮晋勇出席开幕式。9时，温家宝总理宣布博览会开幕并致辞，东盟轮值主席国菲律宾总统阿罗约随后致辞。9时20分左右，11位领导人从11位芳龄15的少女手中接过珍珠模型，并将其放置大厅中央圆形的玉璧模型上。在玉璧散发的晶莹光芒中，11枚“珍珠”宛如一条珠链，衬托着热烈、祥和的会场氛围。11名15岁的少女象征着中国和东盟10国友好合作的15载朝气蓬勃，前途远大光明；11颗明珠象征中国和东盟国家合作的结晶；美丽的玉璧象征中国—东盟博览会搭建的合作平台；玉璧与珠链象征中国与东盟各国山水相连，水育珠成，珠联璧合。中国商务部部长薄熙来主持开幕式并致辞。

本次博览会设商品贸易、投资合作、农业先进适用技术、魅力之城4个专题展区，总展位3663个（室内标准展位2853个；室外展位810个，面积7290平方米），展位数比上届增加363个。参展企业2000家，参展商7971人。东盟及其他国家、地区展位1000个，比上届增加280个。博览会期间举办推介会和专场商贸配对活动40场，内容涉及机械、建材、农业、国际经济合作、物流、法律、检验检疫、旅游、教育、城市管理等领域。其中东盟国家举办的推介会和商品采购洽谈会6场；中国举办的推介会、合作论坛和商务专场活动34场。博览会期间贸易成交总额12.7亿美元，比上届增长10.2%；签约国际经济合作项目132个，投资总额58.5亿美元，增长10.5%。其中，中国达成贸易出口10.28亿美元，进口0.75亿美元；与东盟国家的经济合作项目40项，投资总额25.6亿美元。此外，还签订国内经济合作项目301项，投资总额553.7亿元，比上届增长10.4%；国内贸易成交额1.67亿美元。

① 第三届中国-东盟博览会在南宁国际会展中心举办
② 温家宝总理宣布博览会开幕
③ 阿罗约总统致辞
④ 薄熙来部长主持开幕式
⑤ 东盟秘书长王景荣、中共广西壮族自治区委员会书记刘奇葆和中国商务部部长薄熙来为开幕式剪彩
⑥ 广西壮族自治区主席陆兵在开幕式上致辞
⑦⑧ 开幕式会场
⑨～㉒ 各国(地区)展区

②

③

④

⑤

⑥

览会开幕式
China-ASEAN Expo
VIETNAM
HONG KONG 香港
MALAYSIA
马来西亚
非常新加坡

第三届中国一东盟商务与投资峰会

2006年10月31日在南宁举行。峰会由中国商务部、中国国际贸易促进委员会和广西壮族自治区人民政府主办，东盟工商会、中国一东盟商务理事会和东盟10国国家工商会协办。峰会主题是“共同的需要，共同的未来”。中国国务院总理温家宝、菲律宾总统阿罗约、文莱苏丹博尔基亚、柬埔寨首相洪森、印度尼西亚总统苏西洛、老挝总理波松·布帕万、马来西亚总理巴达维、缅甸总理梭温、新加坡总理李显龙、泰国总理素拉育、越南总理阮晋勇以及来自中国和东盟国家的政府官员、商协会代表、企业负责人、专家学者等1000多人参加开幕式。中国国务院总理温家宝、东盟轮值主席国菲律宾总统阿罗约分别作主题演讲。开幕式由中国贸促会会长万季飞主持，中共广西壮族自治区委员会书记刘奇葆致辞。

第三届中国一东盟商务与投资峰会领导人专题对话围绕中国一东盟商务与投资的全面合作发展问题，以“加强整体产业对接，推动全面经济合作”和“改善投资环境，推动自贸区内投资的双向流动”两个议题，进行深入探讨。缅甸总理梭温、马来西亚总理巴达维、老挝总理波松发表主旨演讲，文莱国家工商会副会长沙赫、东盟工商会会长萨提、上海市常务副市长冯国勤、中国进出口银行行长李若谷、泰国正大集团副总裁李绍祝、新希望集团董事长刘永好、广西农垦集团董事长刘志勇分别发表演讲。

在中国一东盟商务与投资峰会闭幕式上，围绕“中国一东盟自由贸易区建设——机遇与挑战”的议题，越南贸易部部长张庭选、中国商务部副部长高虎城、印尼工商会中国委员会主席纪辉琦、缅甸工商联合会副会长吴昂温分别进行演讲和发言，广西壮族自治区副主席李金早代表中国一东盟商务与投资峰会的承办地和主办单位，向出席本届商务与投资峰会的中国和东盟国家领导人、各位部长、商协会领袖和企业家们表示衷心的感谢，对各位演讲嘉宾的精彩演讲表示诚挚的祝贺！中国国际贸易促进会会长万季飞致闭幕辞。

① 中国国务院总理温家宝在峰会开幕式上发表主旨演讲

② 菲律宾总统阿罗约在峰会开幕式上发表演讲

③ 中共广西壮族自治区委员会书记刘奇葆在峰会开幕式上致辞

④ 温家宝总理与东盟各国政要在峰会开幕式主席台上

⑤ 第三届中国一东博览会与投资峰会开幕式会场

CABIS
第三届中国－东盟商务与投资峰会
THE 3rd CHINA-ASEAN BUSINESS & INVESTMENT SUMMIT
主办单位:
Co-Sponsors:
中华人民共和国商务部
Ministry of Commerce of the People's Republic of China
中国国际贸易促进委员会
China Council for the Promotion of International Trade
中国广西壮族自治区人民政府
People's Government of Guangxi Zhuang Autonomous Region
承办单位:
Organizer:
中国－东盟商务与投资峰会秘书处
Secretariat of the China-ASEAN Business & Investment Summit
支持单位:
Supported by:
中国进出口银行
CHINA EXIM BANK
协办单位:
Assisted by:
中国－东盟商务理事会
ASEAN – China Business Council
东盟工商会
ASEAN-CCI
4
5

2006 南宁国际民歌艺术节

2006年10月31日，南宁国际民歌艺术节开幕式晚会在南宁市民歌广场举行。出席晚会的嘉宾有中国全国人大常委会副委员长顾秀莲，全国政协副主席李兆焯，中国外交部、商务部、公安部、文化部等国家机关、人民团体和国家开发银行等金融机构的领导；中国各省、自治区、直辖市代表团和新疆生产建设兵团的领导；刘奇葆等广西壮族自治区党、政、军领导；中国驻外使节以及参加第三届中国—东盟博览会、中国—东盟商务与投资峰会的国内外企业代表、国内外友好城市代表、各地知名人士、港澳台同胞、海外侨胞、各国华人代表等。

晚会以“盛世和韵”为主题，来自中国、英国、爱尔兰、马来西亚等国的众多歌手和组合，为观众奉献一场歌舞共美、声光俱佳的民歌艺术盛会。

绿城歌台是南宁国际民歌艺术节中艺术表演贴近群众，活跃节庆气氛的活动。民歌节期间在南宁市所辖6县6城区设置歌台21处。中国和东盟国家的相关部门还举行绿城歌台第二届中国—东盟舞蹈论坛，探讨保护民族文化特色的意义，起草《中国—东盟舞蹈论坛·南宁宣言》。

①出席南宁国际民歌艺术节开幕式晚会的嘉宾和观众

②～⑥晚会会场和部分剧照

③

④

①

⑤

②

⑥

中国—东盟年鉴

CHINA – ASEAN YEARBOOK

2007

许家康 古小松 主编

线装书局

图书在版编目(CIP)数据

中国—东盟年鉴·2007/许家康，古小松主编．—北京：线装书局，2007.9
ISBN 978-7-80106-724-1

Ⅰ.中…　Ⅱ.①许…②古…　Ⅲ.自由贸易区—东南亚、中国—2007—年鉴　Ⅳ.F752.733-54

中国版本图书馆CIP数据核字(2007)第147169号

中国—东盟年鉴
2007

主　　管：广西社会科学院　广西社会科学界联合会
主　　办：广西东南亚研究会
主　　编：许家康　古小松
责任编辑：易　行　高晓彬
出版发行：线装书局
地址：北京市鼓楼西大街41号
邮编：100009
网址：www.xzhbc.com
经　　销：新华书店北京发行所
印　　刷：广西壮族自治区民族印刷厂
开　　本：889×1194　1/16
印　　张：25.5
字　　数：976千字
版　　次：2007年9月第1版　2007年9月第1次印刷
印　　数：0001—3000册
定　　价：180.00元

编辑说明

一、《中国—东盟年鉴》是一部国际综合性年鉴，着重收载中国和东盟各国的基本资料及区域内各方面的重要信息，旨在为海内外各界人士了解中国和东盟各国（包括国际组织）的基本情况及中国—东盟自由贸易区的建设进程提供一个窗口，以促进国际间的相互了解和合作交流。《中国—东盟年鉴》面向国内外广大读者、面向中国—东盟博览会，及时为国内外读者和中国—东盟博览会与会人士提供相关资讯。

二、《中国—东盟年鉴》的编辑，坚持实事求是的科学精神，客观反映有关各国情况，追求年鉴的科学性、权威性和实用性。

三、本年鉴从2004年起逐年编纂出版，2007卷为第四卷。本卷年鉴着重记述2006年发生的事情并收入相关资料，其中部分内容为保持资料的完整性适当追溯历史，并收录一些历时性资料。为提高年鉴的时效，卷中大事记除记述2006年大事外，还记述了2007年1~6月的大事。

四、本卷年鉴的主要栏目有：概况、动态、发展报告、东南亚国家联盟、中国—东盟自由贸易区、三会一节、新闻人物、大事记、重要文献、工商资讯、统计资料、附录等。新增加的内容主要有“三会一节”栏目中的中国—东盟建立对话关系15周年纪念峰会和大事记栏目中的东盟成立40周年大事年表。年鉴中的概况和动态信息一般作条目化处理，发展报告和某些附属资料则采用文章体。东盟各国资料的编排，依国际惯例按国名的英文字母顺序排列；一国之内发生的事情，在同一栏目中一般按时序编排。

五、本年鉴由广西社会科学院、广西社会科学界联合会联合主管，广西东南亚研究会主办，中国版协年鉴研究会会长、广西社科联副主席许家康编审和中国东南亚研究会副会长、广西社科院副院长兼东南亚研究所所长古小松研究员共同主编。供稿者均为专事东南亚研究的社会科学工作者，文献资料主要来自国内权威机关、传媒或网站，具有一定的权威性和较高的参考价值。

六、作为资料性工具书，本年鉴内容资料的选题选材和编排，条目的内容要素和记述程序等，都依年鉴的体例有所规范。为方便读者阅读、检索，本年鉴配备双重检索系统：书前刊有详细目录，书后备有索引。

七、由于资料采集艰辛和成书时间仓促，本卷年鉴难免有所疏漏和不足，欢迎国内外各界读者批评指正，我们将在今后的编纂工作中努力改进。

本年鉴在策划和编纂过程中，得到有关领导机关和社会各界人士的大力支持和帮助，谨表示衷心的感谢！

《中国—东盟年鉴》主创单位及人员

目　　录

概　　况

动　态

发展报告

东南亚国家联盟

中国—东盟自由贸易区

三会一节

新闻人物

大事记

文献

工 商 资 讯

统 计 资 料

附　　录

彩 图 插 页

China – ASEAN Yearbook
Contents

概　　况

中　国

国　名

中华人民共和国(The People's Republic of China),简称中国、中或华。

国　旗

中华人民共和国的国旗为五星红旗。旗面的红色象征着革命;旗上的五颗五角星及其相互关系象征着中国共产党领导下的革命人民大团结,五角星用黄色是为着在红地上显出光明,黄色较白色明亮美丽;四颗小五角星各有一个尖角正对着大五角星的中心点,表示围绕着一个中心而团结,在形式上也显得紧凑美观。

地　理

位　置　中国位于亚洲东部。地处东经73°~135°、北纬4°~53°之间。东部和南部濒临太平洋,西靠中亚大陆,西南与中南半岛和南亚次大陆相接,北面紧邻蒙古高原和西伯利亚。疆域东起黑龙江和乌苏里江交汇处,西到帕米尔高原;北起漠河附近的黑龙江上,南至曾母暗沙。

面　积　中国陆地面积960万平方公里,约占全球陆地面积1/15。

疆界和邻国　陆上边界漫长,从东北与朝鲜交界的鸭绿江口起,经北面、西面,到西南与越南交界的北仑河口,全长1万多公里,依次与朝鲜、俄罗斯、蒙古、哈萨克斯坦、吉尔吉斯斯坦、塔吉克斯坦、阿富汗、巴基斯坦、印度、尼泊尔、不丹、缅甸、老挝、越南等14个国家为邻。领海宽广,东面与韩国、日本隔黄海、东海相望;东南面和南面隔南海与菲律宾、马来西亚、文莱、印度尼西亚等国相望。

地形地貌　地形复杂多样,地球陆地上的山地、丘陵、高原、平原和盆地等5种基本类型都有分布。山地、丘陵和比较崎岖的高原约占陆地面积的2/3。地势东低西高,呈阶梯状分布:第一级是东部的平原、低山和丘陵,海拔一般在500米以下;第二级是中部、西部的高原和盆地,海拔大多在1000~2000米之间;第三级是青藏高原,平均海拔超过4000米。第一级阶梯的东面和东南面是浅海大陆架,坡度平缓。主要山脉和山系有:东西走向的南岭山脉、昆仑山脉、秦岭山脉、天山山脉和阴山山脉;东北—西南走向的台湾山脉、长白山脉、武夷山脉、大兴安岭山脉、太行山脉、巫山山脉和雪峰山脉;西南—东南走向的祁连山脉和阿尔泰山脉;南北走向的贺兰山脉和横断山脉;以及唐古拉山、图库斯山和喜马拉雅山等弧形山系。弧形山系中的喜马拉雅山脉是全球最高大、最雄伟的山脉,高峰林立,其中中国与尼泊尔边界上的珠穆朗玛峰海拔8844.43米,为世界第一高峰。丘陵主要分布于华东、华南和东北,有东南丘陵、两广丘陵、山东丘陵和辽东丘陵等。高原分布于华北、西北和西南,主要有黄土高原、内蒙古高原、云贵高原和青藏高原,其中面积最大的是青藏高原,约占全国面积的1/4。平原主要分布于东部和中部,有东北平原、华北平原、长江中下游平原三大平原以及珠江三角洲平原、成都平原、汾渭平原、台湾西部平原等,是主要农耕区。盆地主要分布于西北部和中部,主要有四川盆地、塔里木盆地、准噶尔盆地、柴达木盆地、吐鲁番盆地,其中塔里木盆地面积最大,该盆地中的塔克拉玛干沙漠是中国面积最大的沙漠;吐鲁番盆地地势最低,最低点低于海平面155米,是中国陆地上最低的地方。

江河湖泊　江河众多,其中流域面积超过1000平方公里的河流有1500多条。属太平洋水系的河流主要有黑龙江、辽河、海河、黄河、长江、钱塘江、闽江、珠江、澜沧江等,其中长江是中国第一大河、世界第三大河,干流长6300公里。属印度洋水系的河流有怒江和雅鲁藏布江。属北冰洋水系的有额尔齐斯河。此外还有一些内流河,其中最长的是新疆南部的塔里木河,全长2179公里。湖泊有2.48万个,其中面积超过1平方公里的天然湖泊2800多个。主要湖泊有青海湖、洞

庭湖、鄱阳湖、太湖、洪泽湖等。青海湖是中国第一大湖和最大的咸水湖。

海岸海岛 大陆东部和南部濒临渤海、黄海、东海和南海，其中渤海是内海，黄海、东海和南海是边海。大陆海岸线长1.8万公里。沿海岛屿有5000多个，其中面积超过700平方公里的有台湾岛、海南岛、崇明岛、舟山岛、东山岛、海坛岛和长兴岛；其中台湾岛和海南岛分别是中国第一、第二大岛。较大的群岛有舟山群岛、东沙群岛、南沙群岛、西沙群岛和中沙群岛。较大的半岛有辽东半岛、山东半岛和雷州半岛。

气　候 大部分地区属东亚季风气候区。全国冬季寒冷干燥，南北温差巨大；夏季普遍高温，降水较多。各地年平均降水量差异大，东南沿海可高达1500毫米以上，西北部一些地方低于50毫米。

风景名胜 重要的风景名胜有：长城，北京故宫、颐和园、天坛、明清皇室陵寝、周口店猿人遗址，北戴河，承德避暑山庄和外八庙，沈阳故宫，山东曲阜孔庙、孔府、孔林和泰山风景名胜区，陕西秦始皇陵、兵马俑，甘肃敦煌莫高窟，河南洛阳龙门石窟和白马寺、登封少林寺，江苏苏州古典园林，安徽黄山风景名胜区，江西庐山风景名胜区，广西桂林漓江风景名胜区，四川九寨沟风景名胜区和峨眉山—乐山风景名胜区，西藏布达拉宫，台湾日月潭，等等。

国　民

人　口 2006年中国人口131448万人（不含香港、澳门两个特别行政区和台湾省人口）。按性别分，男性67728万人，女性63720万人；按城乡分，城镇57706万人，乡村73742万人。东部人口稠密，西部人口稀少。

民　族 有56个民族，即汉、蒙古、回、藏、维吾尔、苗、彝、壮、布衣、朝鲜、满、侗、瑶、白、土家、哈尼、哈萨克、傣、黎、傈僳、佤、畲、高山、拉祜、水、东乡、纳西、景颇、柯尔克孜、土、达斡尔、仫佬、羌、布朗、撒拉、毛南、仡佬、锡伯、阿昌、普米、塔吉克、怒、乌兹别克、俄罗斯、鄂温克、德昂、保安、裕固、京、塔塔尔、独龙、鄂伦春、赫哲、门巴、珞巴、基诺等族。

语　言 汉族和回族使用汉语，其他54个民族使用本民族语言。现代汉语的共同语言是普通话。

宗　教 宪法规定公民享有宗教信仰自由。国民信仰的宗教有佛教、道教、伊斯兰教、基督教（包括天主教）。

资源物产

土地资源 中国耕地面积9940万公顷，分布不匀，人均土地资源占有量低。

水资源 水能资源蕴藏量6.8亿千瓦，居世界首位。人均径流量约2200立方米，仅为世界人均径流量的24.7%。在各流域中，珠江流域人均水资源最丰富。水资源分布南方多北方少，水土资源配合欠佳。

生物资源 生物资源种类多、数量大。几乎拥有北半球的全部植被类型，有种子植物300科、2980属、2.4万种，其中被子植物2946属，占全球被子植物总属的23.6%。陆栖脊椎动物有2070种，占全球陆栖脊椎动物的9.8%，其中兽类420种、鸟类约1170种、两栖类184种。海鱼约有1500种，淡水鱼约500种。

矿产资源 发现矿种171种，其中探明储量的158种，包括能源矿10种、金属矿54种、非金属矿91种、水气矿3种。重要矿产资源有煤、石油、油页岩、天然气、铁、锰、铝、钒、钛、汞、磷、铜、钨、锑、锡、铬、铅锌、铝土、镍、稀土、银、金、菱镁、普通萤石、硫铁、钾、盐、硭硝、重晶石、石墨、玻璃硅原料、清石、高岭土等。其中钨、锑、稀土、钼、钒、钛的探明储量在世界各国中居首位，煤、铁、铅锌、铜、银、汞、锡、镍、磷灰石、石棉等位居前列。

物　产 有谷物（小麦、稻谷）、棉花、油料（油菜籽、花生、油茶籽、芝麻）、麻类、糖料（甘蔗、甜菜）、大豆、茶叶、烟叶、水果（苹果、柑橘、香蕉、葡萄）、西瓜、大牲畜（牛、马、骡、驴）、肉类（猪肉、牛肉、羊肉）、

在两千多年漫长的历史长河中，儒家文化成为中国的正统文化，并影响到东亚和东南亚各国。山东曲阜的孔府、孔庙、孔林是中国历代纪念孔子，推崇儒学的圣地。1994年被联合国教科文组织列为世界文化遗产，被世人尊崇为世界三大圣城之一。图为孔府全景。　（原载《吉祥》）

奶类、羊毛(绵羊毛、山羊毛)、水产品(海水产品、淡水产品)等。其中谷物、棉花、花生、油菜籽、水果、肉类产量在世界各国中居首位,大豆、甘蔗、茶叶产量位居前列。此外,还有松脂、中药材、桐油、生丝、漆、灵香草、八角、茴油、肉桂、荔枝、龙眼等特产。

国体政体

国　体　中华人民共和国是工人阶级领导的、以工农联盟为基础的人民民主专政的社会主义国家。社会主义制度是国家的根本制度。国家的一切权力属于人民,实行人民代表制度。

全国人民代表大会　国家的最高权力机关。常设机构是全国人民代表大会常务委员会。全国人民代表大会和全国人民代表大会常务委员会行使国家立法权。

国务院　即中央人民政府,最高权力机关的执行机关,最高国家行政机关。

中央军事委员会　全国武装力量领导机关。实行主席负责制度,对全国人民代表大会及其常务委员会负责。

最高人民法院　国家的最高审判机关。

最高人民检察院　国家的最高检察机关。

中国人民政治协商会议　由各党派、各阶层组成。宪法规定,中国共产党领导的多党合作和政治协商制度将长期存在和发展。

党　派　中国内地现有9个党派:中国共产党、中国国民党革命委员会、中国民主同盟、中国民主建国会、中国民主促进会、中国农工民主党、中国致公党、九三学社和台湾民主自治同盟。

国家领导人

国家主席　胡锦涛,2003年3月当选。

全国人民代表大会常务委员会委员长　吴邦国,2003年3月当选。

国务院总理　温家宝,2003年3月任职。

中国人民政治协商会议全国委员会主席　贾庆林,2003年3月当选。

国家中央军事委员会主席　胡锦涛,2005年3月当选。

行政区划

一级行政区划　中国行政区划为34个省、自治区、直辖市和特别行政区。即黑龙江、吉林、辽宁、河北、山西、山东、江苏、浙江、安徽、江西、福建、台湾、河南、湖北、湖南、广东、海南、云南、贵州、四川、陕西、甘肃、青海等23个省,广西、西藏、新疆、内蒙古、宁夏等5个自治区,北京、天津、上海、重庆等4个直辖市,香港、澳门2个特别行政区。

主要城市　首都北京市,位于华北平原西北端,周围被河北省和天津市所包围,是中国政治、经济、文化和国际交流中心,综合性产业城市,著名古都,重要航空港。行政区域面积1043.5平方公里;2006年末户籍人口1197.6万,常住人口1581万。其他重要城市有上海、广州、天津、哈尔滨、长春、沈阳、大连、呼和浩特、太原、石家庄、济南、青岛、南京、苏州、杭州、合肥、福州、厦门、南昌、郑州、武汉、长沙、南宁、桂林、深圳、海口、昆明、贵阳、成都、重庆、拉萨、乌鲁木齐、兰州、西安、西宁、银川、香港、澳门、台北、高雄等。

经　济

国内生产总值　中国2006年国内生产总值209407亿元,比上年增长10.7%;人均国内生产总值为2042美元。

产　业　第一产业包括农业、林业、畜牧业和渔业。种植业是农业的支柱,主要包括粮食作物种植业和经济作物种植业。粮食种植业主要种植小麦、水稻、玉米、薯类等作物,2006年粮食总产量49746万吨,比上年增长1344万吨,增长2.8%。经济作物种植业主要种植棉花、油类(花生、油菜、芝麻、油茶)、麻类、糖料(甘蔗、甜菜)、豆类、茶叶、水果等作物。2006年第一产业增加值占国内生产总值的11.8%。第二产业包括工业和建筑业。工业门类齐全,主要有矿产采选、金属冶炼及压延加工、金属制品、机械制造、化学原料及制品、医药、纺织及服装制造、家具制造、食品加工和制造等行业。第二产业在国民经济中占主导地位,2006年第二产业增加值占国内生产总值的48.7%。第三产业包括地质勘查和水利管理、交通运输仓储邮电通信、批发和零售贸易、金融保险、房地产、社会财务、卫生体育和社会福利、教育文化艺术、广播电影电视、科学研究和综合技术服务等行业。第三产业在国民经济中的地位不断上升,2006年第三产业增加值占国内生产总值的39.5%。

财　政　2006年全国财政收入3.93万亿元,比上年增加7694亿元。

金　融　主要银行有中国人民银行、中国建设银行、中国工商银行、中国农业银行、中国银行、中国农业发展银行、中国进出口银行、国家开发银行、交通银行、中国光大银行、中信实业银行等,其中中国人民银行是国家中央银行。主要保险公司有中国人民财产保险股份有限公司、中国人寿保险股份有限公司、中国太平洋财产保险股份有限公司、中国太平洋人寿保险股份有限公司、中国平安财产保险股份有限公司、中国平安人寿保险股份有限公司、新华人寿保险股份有限公司等。证券交易所有上海证券交易所和深圳证券交易所。货币名称为人民币,单位为元。2006年末人民币对美元汇率为7.8087:1,比上年末升值3.35%。

进出口贸易　2006年进出口贸易总额17607亿美元，比上年增长23.8%。其中出口额9691亿美元，进口额7916亿美元，顺差1775亿美元。

交通通信

中国2006年铁路营业里程7.66万公里，公路通车总里程348万公里（其中高速公路4.54万公里）；民用汽车拥有量4985万辆。

沿海港口主要有大连港、营口港、秦皇岛港、天津新港、烟台港、威海港、连云港、上海港、宁波港、温州港、马尾港、厦门港、汕头港、黄埔港、湛江港、北海港、防城港、海口港、香港、基隆港、高雄港等。内河港口主要有宜宾港、重庆港、万州港、宜昌港、武汉港、九江港、芜湖港、南京港、镇江港、张家港、南通港、上海港、广州港、梧州港、贵港港等。

主要机场有北京首都机场、广州花都机场、上海浦东机场、上海虹桥机场、深圳宝安机场、昆明巫家坝机场、成都双流机场、西安咸阳机场、厦门高崎机场、桂林两江机场、重庆江北机场、大连周水子机场、天津滨海机场、杭州萧山机场、青岛流亭机场、南京禄口机场、武汉天河机场、南宁吴圩机场、长沙黄花机场、乌鲁木齐地窝铺机场、拉萨贡嘎机场、香港机场、台北桃园机场等。

2006年全国固定电话用户36781万户，移动电话用户46108万户。

教　育

中国实行9年制义务教育。现行学制为初小4年，高小2年；初中3年，高中3年；高等专科教育2～3年，本科教育4～6年。

2005年有各级各类学校45.6万所，其中小学36.62万所，普通中学7.8万所，普通高等学校1792所。有幼儿园12.44万所，特殊教育学校1593所。2006年在校学生数：普通小学10712万人；初中5958万人；普通高中2515万人；中等专业学校1809万人；普通高等学校专科、本科1739万人；在学研究生110万人。著名大学有北京大学、清华大学、复旦大学、浙江大学、南京大学、华中科技大学、上海交通大学、武汉大学、吉林大学、中山大学等。

传　媒

中国官方新闻社为新华社。主要报刊有《人民日报》、《光明日报》、《解放军报》、《中国日报》、《参考消息》、《经济日报》、《中国青年报》、《工人日报》、《中国文化报》、《中国体育报》、《中国妇女报》、《经济参考报》、《中国政协报》、《科学时报》、《健康报》、《中国商报》等。主要电视台有中央电视台、中国教育台等。主要广播电台有中央人民广播电台、中国对外广播电台等。

医疗卫生

2006年中国有卫生机构30万个，其中医院、卫生院5.9万个，妇幼保健院（所、站）3006个，专科疾病防治院（所、站）1404个，疾病预防控制中心（防疫站）3587个，卫生监督检验机构2256个。医院和卫生院床位321.6万张。卫生技术人员452.5万人，其中执业医师和执业助理医师197万人，注册护士138.6万人。全国有1451个县（市）开展新型合作医疗试点工作，有4.1亿农民参加合作医疗。

科　技

中国主要科学研究机构有中国科学院和中国社会科学院。2005年末全国国有事业和企业单位有各类专业技术人员2720万人。2006年全国科学研究和技术发展（R&D）经费支出2943亿元，占国内生产总值的1.41%，其中基础研究经费148亿元。国家安排1409项科技支撑计划课题和2841项"863"计划课题，新建国家工程研究中心7个、国家工程实验室3个。全国取得省、部级以上科技成果3.3万项。受理国内外专利申请57.3万件，受理国内外发明专利申请21万件。

2006年末全国有产品检测实验室2.15万个，其中国家检测中心325个。全国现有产品质量、体系认证机构184个，法定计量技术机构3750个。全年制定、修订国家标准1950项，其中新制定1100项。

2006年1月1日，中国四川卧龙研究中心的科研人员将2005年繁殖的16只熊猫宝宝聚在一起活动，共祝新年快乐。　（原载《人民画报》）

全国有各类气象台站1.81万个;地震台站1253个,地震遥测台网31个;海洋观测站、监测站位8800个。测绘部门公开出版地图1779种,测绘图书532种。

历 史

中国是世界文明古国,有5000年文字记载的历史。

原始社会晚期,中原一带出现部落,其中黄河流域以黄帝、炎帝和蚩尤为首的三个部落比较强大。后来华夏民族尊黄帝和炎帝为共同祖先。

公元前2070年,夏王朝建立,是为中国奴隶社会的开端。

公元前1600年左右,商王朝取代夏王朝。商代,青铜冶炼和青铜器铸造技术水平较高,还出现了甲骨文。

公元前1046年,周王朝取代商王朝。自此到公元前476年,中国经历了西周(公元前1046年至公元前771年)、春秋(公元前770年至公元前476年)两个时期。

公元前475年,进入战国时期,封建社会逐步确立。此时,诸侯争霸,社会动荡;在思想领域出现百家争鸣的繁荣局面,形成儒、法、道、墨、名、农、杂等以后长期影响中国社会的学派。

公元前221年,秦始皇嬴政统一中原,建立秦王朝。后又统一西南、东南地区,成为统一的多民族的中央集权国家。秦始皇实行统一文字和度量衡等措施,对后世影响极大。

公元前206年,刘邦建立汉王朝取代秦王朝。汉代社会经济发展较快,科学文化事业繁荣,特别是汉武帝时进入鼎盛阶段,所开辟通往西域的丝绸之路,促进了中西经济文化交流。

公元220~589年,历经三国、两晋和十六国、南北朝三个时期。这三个时期的特点是国家分裂和中华民族大融合。

581年,隋王朝建立。当时,大运河凿通,促进了南北交通和经济文化交流;设立六部官制,实行科举考试制度,对此后中国政治、教育产生深远影响。

618年,唐王朝取代隋王朝。唐代经济社会全面发展。商业繁荣,形成长安、扬州、广州等商业中心。文化发达,出现李白、杜甫等一批伟大诗人。科学进步,发明了火药、雕版印刷术、天文钟等,对世界文化和科学技术的发展作出卓越贡献。

907年,唐王朝灭亡,中国出现封建割据局面,从907到960年,史称五代十国时期。

960年,宋王朝建立。宋代(分北宋、南宋两个时期),农业和工业技术都有所发展,尤其是造船技术和指南针的发明和应用,促进了海外贸易事业的繁荣。与此同时,中国北方先后建立辽、金、西夏、元等政权。

1279年,统一了北方的元消灭南宋,统一中国。元代,经济、文化继续发展。当时实行的行省制度一直沿袭至今。

1368年,明王朝建立。明代,江南出现资本主义萌芽,朝廷派郑和率船队七下西洋,西方传教士开始进入中国传教并传播西方科学技术。

1644年,清王朝取代明王朝。清代前期,国家强盛,经济、文化、科学技术发展;后期,朝廷腐败,国力衰弱。

1840年,英国发动侵略中国的鸦片战争,清王朝屈服,中国开始沦为半封建半殖民社会。

1911年,辛亥革命爆发,清王朝被推翻。1912年,中华民国成立。

1921年,中国共产党在上海成立。中国共产党领导中国人民开展土地革命战争、抗日战争和解放战争,推翻压在中国人民头上的"三座大山",取得了新民主主义革命的胜利。1949年10月1日,中华人民共和国建立。

中华人民共和国建立后,历经清匪反霸,土地改革,抗美援朝,镇压反革命,"三反五反",农业、手工业和资本主义改造,"大跃进",人民公社化,社会主义教育运动("四清"运动),"文化大革命"等运动。1978年中共十一届三中全会后,实行改革开放,致力经济建设,经济快速发展,国力不断增强,社会稳定,人民生活水平不断提高。

文 莱

国 名

文莱达鲁萨兰国(Brunei Darussalam),简称文莱。

国 旗

文莱国旗呈横长方形,长宽比为2∶1。由黄、白、黑、红四色组成。黄色的旗地上横斜着黑、白宽条。黄色是该国传统的颜色,代表苏丹至高无上,黑、白斜条是为了纪念两位有功的亲王。国旗中央绘有国徽。国徽呈红色,一弯新月环抱着一根棕榈树干,其上为展开的双翼,双翼之上为一顶华盖和一面旗帜,这象征文莱信奉伊斯兰教和苏丹至高无上。在新月中央用马来文写着"遵照真主的旨意行事。"中心图案两侧有两只手臂,表示人民向真主祈求,人民对苏丹和政府的拥护。国徽底部的饰带上写着"和平之邦——文莱"。

地 理

位 置 文莱位于亚洲东南部的加里曼丹岛(旧称婆罗洲)的西北部。地处北纬4°2′~5°3′、东经114°4′~115°22′之间。北面濒临南中国海和文莱湾。

面　积　陆地面积5765平方公里。

疆界和邻国　东、南、西三面与马来西亚的沙捞越州接壤,并被沙捞越州的林梦分隔为不相连的东、西两部分。北面隔海与菲律宾、中国和越南相望。

地形地貌　陆地海拔在300～500米之间,地势东高西低。北部是平原,南部是丘陵,东部多为沼泽地,西部沿海为狭长平原。东南部与马来西亚沙捞越交界的阿干山海拔1808米,为全国最高峰。

江　河　主要河流有马拉奕河、都东河、淡布隆河和文莱河。这些河流发源于南部山区,由南向北流入大海。马拉奕河为全国最大河流,全长32公里。

海岸海岛　海岸线长约161公里。有33个岛屿,总面积79.39平方公里。大部分岛屿分布在文莱河下游或河口地区。靠近海边的地带是长满红树林的淡水沼泽,约占陆地总面积的10%。近海海底平缓,海水较浅,海面平静,素有“少女海”之称。

气　候　属热带雨林气候区。终年炎热多雨,没有明显的干旱季节。年平均降雨量在2500毫米以上。年平均气温28℃,各月温差不大。空气湿度较大,达67%～91%。

风景名胜　首都斯里巴加湾市有历史悠久的水村——KamPong Ayer,东南亚最堂皇的清真寺——奥玛尔·阿里赛夫丁和苏丹文物纪念馆、文莱博物馆、苏丹皇宫、水晶公园等,马来奕区有陆上油井石油生产纪念碑和其他与石油生产有关的景观。

国　民

人　口　文莱人口38.3万(2006年),人口密度为每平方公里64人。城市人口约占79%。男女性别比为1.06∶1。人口出生率18.7‰,死亡率2.9‰,人口自然增长率15.8‰。

民　族　主要民族有20个。马来人(七大土著合称,包括文莱马来人、都东人、克达岩人、马来奕人、比沙雅人、姆鲁人和杜顺人)占总人口的66.6%,华人占11.2%,其他种族约占22.2%。

语　言　主要语言是马来语,为国语。英语使用广泛。华语主要在华人中使用(多数讲闽南话,少数讲广东话)。

宗　教　宪法规定伊斯兰教为国教。大部分居民信奉伊斯兰教,少数信奉佛教、基督教等。

资源物产

文莱的矿产资源主要有石油和天然气。据官方公布的数据,石油蕴藏量14亿桶,天然气储量约3900亿立方米。是东南亚主要产油国和世界主要液化天然气生产国,产油量在东南亚仅次于印度尼西亚和马来西亚。探明蕴藏量较大、具有经济价值的矿产资源还有金、煤、汞、锑、铅、矾土和硅。

耕地面积仅占国土面积的5%,而且土壤贫瘠。主要农产品有稻米、咖啡、橡胶、椰子、西谷米、胡椒、甘蔗、花生、玉米、日罗东胶(口香糖的主要原料)、蔬菜、香蕉、菠萝等。森林面积46.9万公顷,森林覆盖率75%。植物资源较为丰富,其中以木本植物居多,有5000多种。领海有丰富的海洋生物资源,主要河流盛产鱼、虾等水产品。陆上动物有象、犀牛、野牛、猿、猴、野猪、鹿、鳄鱼、巨蟒、眼镜蛇、狐蝠、松鼠、蜥蜴、犀鸟、雨燕等。

国体政体

国　体　文莱是伊斯兰教绝对君主制国家。君主(苏丹)拥有行政、立法、司法全部权力,同时也是宗教领袖。设宗教、枢密、内阁、立法、世袭等5个委员会协助苏丹理政。

议　会　称立法委员会,由议长和21名议员(其中当然议员6人,高官议员5人,委任议员10人)组成,均由苏丹任命。

政　府　本届政府于2005年5月由苏丹宣布组成。设首相署、国防部、财政部、外交和贸易部、司法部、教育部、交通部、宗教部、文化青年体育部、内政部、发展部、卫生部、首相署能源部、工业和初级资源部等机构。

司　法　司法体制以英国习惯法为基础。中央设有司法会议,其主要职能是代表苏丹执行司法权力,各级法院的法官都由苏丹任命。审判机关实行审判独立原则,由最高法院、高等法院、上诉法院及地方法院组成。另设宗教法院,负责审理有关伊斯兰教的案件。

党　派　有文莱国家团结党、Parti Pembangunan Negara两个党派,均不参政。

国家元首和政府首脑

文莱国家元首是苏丹·哈吉·哈桑纳尔·博尔基亚·穆伊扎丁·瓦达乌拉。1967年10月5日继位。兼任首相、国防大臣和财政大臣。

行政区划

一级行政区划　文莱划分为文莱—穆阿拉、马来奕、都东、淡布隆等4个区。

主要城市　首都斯里巴加湾市,位于文莱河畔,是文莱的政治、经济、文化、交通中心。面积16平方公里,人口6万(2002年)。曾被列为亚洲十佳生活城市之一。其他重要城市有马来奕、诗里亚、都东和邦加。

经　济

国内生产总值　2006年文莱国内生产总值189.18亿文莱元,比上年增长3.8%。人均国内生产总值约4.94万文莱元。

产　业　主要产业是石油和天然气开采业，2006年产值约占国内生产总值的43.1%。全年原油产量约7900万桶，天然气产量约128亿立方米（根据文莱首相署经济统计公报2006年1～6月的日产量估算）。

财　政　财政收入的主要来源是公司税和政府财政收益（即政府在国内和国外投资收益），这两项财源历年占财政总收入的比例均在95%以上。财政支出主要有固定支出、经常支出、开发基金3项，其中经常支出约占财政总支出的76%。2006年前6个月财政收入25.11亿文莱元，支出8.53亿文莱元。

金　融　不设国家中央银行，在财政部设货币局和金融局负责金融的管理。全国有9家银行、5家金融公司、26家保险公司和1家证券交易公司。银行总资产134.95亿文莱元（2003年）。货币名称为文莱元，与新加坡元等值。文莱元与美元2006年平均比价为1.65∶1。2006年官方外汇储备约300亿美元，黄金储备30亿美元。

进出口贸易　主要出口原油、石油产品和液化天然气，进口机器和运输设备、工业品、食物、药品等。主要贸易对象是日本、英国、新加坡、泰国、马来西亚和美国。2006年进出口贸易总额96.07亿文莱元，其中出口80.87亿文莱元，进口15.20亿文莱元。

利用外资　至2006年9月，外商在文莱的投资约65亿美元，主要来自英国、荷兰、日本和美国。外资主要投向石油勘探和开采、天然气液化工程、电力等领域。

对外投资　长期以来，文莱依靠出口石油和天然气积累了大量外汇，逐年增加对外投资。截至2004年底，文莱在海外的投资累计达到500亿美元，年盈利约20亿美元。

文莱在第二届中国—东盟博览会上展出的龙辇　（原载《中国—东盟博览》）

交通通信

公路交通　文莱全国公路总长度3650.4公里（2005年）。全国约有汽车26.4万辆（2005年），每千人拥有汽车近700辆。2006年1～6月新注册车辆5623辆。

水　运　港口有穆阿拉深水港、斯里巴加湾市港、马来奕港、卢穆港等，主要供出口石油和液化天然气使用。各港口与新加坡、马来西亚、中国香港、泰国、菲律宾、印度尼西亚和中国台湾有定期货运航班。拥有各类注册船只181艘（2005年）。2006年1～6月装卸货物51.6万吨。

民用航空　首都斯里巴加湾市有国际机场。文莱皇家航空公司拥有10架客机，辟有26条国际航线。2006年1～6月客运量66.29万人次，货运量1.03万吨。

电　信　邮电通信业比较发达。建有卫星地面站3个。拥有全国性的数字交换网络，互联网用户1.68万户。每100人拥有固定电话22.7部，95%以上的家庭有固定电话；至2006年9月，手机用户已达人口总数的90%。全国设有6个邮政局和1个邮电代理处。

教　育

文莱的教育经费一直占政府年度财政预算的10%以上。政府实行免费教育，并资助留学费用。绝大多数学校由政府设立，另有少数教会学校和私立学校。2006年全国有各类学校263所，其中幼儿园、小学及普通中学245所，学生10.19万人，教师8368人；职业技术学校13所，学生3168人，教师540人；师范学校1所，学生417人，教师43人；大专学院2所，学生699人，教师113人；大学1所，学生3674人，教师377人。全国9岁以上人口识字率达93.7%。

教育制度主要是依照英国模式建立，并依照英国的教学大纲进行教学。小学学制6年，初级中学3年，中级中学2年，高级中学或大学预科2年。只有修完13年学业的青年，才有资格进入高等学校继续深造。

传　媒

文莱新闻社是官方新闻机构，创建于1959年。主要报纸有：《婆罗洲公报》，日报（英文、马来文），创办于1953年，日发行量7万份；《文莱灯塔》，周报（马来文），创办于1956年，由政府的文化青年体育部新闻局主办,每周三出版,期发行量4.5万份。2006年7月1日,《文莱时报》正式出版。

文莱广播电视台由政府主办,创建于1957年5月,是该国唯一的广播电视台。文莱电台拥有两个广播网,一个用马来语和方言广播,一个用英语、华语和廓尔喀语广播,每天播音超过30小时。电视台从1975年起开设彩色电视频道,播放马来语和英语节目。

医疗卫生

文莱国家财政每年拨出巨额资金用于医疗卫生事业,公民享受免费医疗保健服务。2004年全国有医院11所(政府医院5所、私人医院1所、军队医院5所),医务所38个,诊所92个(含私立诊所);医院床位967张;医生约300人(牙医35人),护士约1500人。国民平均预期寿命:男性74.2岁,女性77.3岁。

科　技

文莱约有科技人员7000人。由于科技人才有限,国内没有独立的研究机构,主要是通过与发达国家合作研究取得科技成果。

历　史

文莱建国于公元4世纪,有着悠久的历史。

从4世纪到9世纪,为独立王国时期,共400余年。这一时期,文莱国土辽阔,国力强盛,物产丰富,民众殷实。与中国的封建王朝常有往来,当时中国的史籍称其为婆罗国和渤泥。

从9世纪中叶到10世纪后期,为室利佛逝王朝占领时期,共约150年。文莱的经济及社会遭到严重破坏,对外交往受到影响。

从10世纪到14世纪30年代,为恢复时期,共300余年。当时的文莱幅员广阔,人口众多,物产丰富,重视商业,崇尚佛教,对外贸易发达,国际交往频繁。

从14世纪中到15世纪初,为麻诺巴歇(又译满者伯夷)帝国占领时期,共50年左右。这一时期,文莱丧失大部分领土,成为麻诺巴歇的附属国。

15世纪初,文莱国王遐旺·阿拉克·贝塔塔尔投向马来半岛南端的信奉伊斯兰教的满剌加国。1414年,他娶满剌加国苏丹的女儿为妻,被该国苏丹授予穆罕默德的称号,因而皈依伊斯兰教,并将文莱改为苏丹国,从而成为文莱的第一世苏丹。以后的文莱君主都使用"苏丹"头衔。伊斯兰教从此传入文莱。

从15世纪末到17世纪初,即第五世苏丹博尔基亚到第九世苏丹哈桑在位的100多年,文莱国力强盛,成为当时东南亚较有影响的国家。

进入17世纪后半期,文莱苏丹国进入长期衰弱时期。相继被葡萄牙、西班牙、荷兰、英国侵入。文莱苏丹对边远地区的统治名存实亡。

1847年5月,英国迫使文莱签订不平等的《英国和文莱友好通商条约》。文莱由一个独立的主权国家沦为受英国支配的半殖民地。

1888年9月,文莱沦为英国的保护国。

1941年12月至1945年6月,文莱被日本占领。

1946年,英国恢复对文莱的控制。1959年,英国同意文莱自治。

1984年1月1日,英国放弃其掌管的文莱外交和国防权力,文莱完全独立。

1984年1月7日,文莱加入东南亚国家联盟。

文莱独立后,政治社会稳定,经济持续发展,人民生活富裕。在外交方面,奉行不结盟和同各国友好相处的政策。至2006年,文莱与143个国家建立外交关系。

柬　埔　寨

国　名

柬埔寨王国(The Kingdom of Cambodia),简称柬埔寨。

国　旗

柬埔寨国旗呈长方形,长宽比为3∶2。由三个平行的横长方形相连构成,中间是红色宽面,上下均为蓝色长条。红色象征吉祥和喜庆,蓝色象征光明和自由。红色宽面中间有白底深红线条构绘的吴哥图案,吴哥是著名的婆罗门教建筑,象征柬埔寨悠久的历史和古老的文化。

地　理

位　置　柬埔寨位于中南半岛南部。地处北纬10°20′~14°32′、东经102°18′~107°37′之间。西南濒临暹罗湾。

面　积　陆地面积18.10万平方公里。

疆界和邻国　东部、东南部与越南接壤,东北部与老挝相邻,西北部与泰国交界。陆地边界线长约2050公里。

地形地貌　东、北、西三面地势高,中部和南部低缓。东部、北部、西部为高原,山地环绕。中部和南部是湄公河及其支流的冲积平原。平原、高原、山地分别占陆地面积的46%、29%和25%。西南地区的豆蔻山山脉有全国最高峰奥拉山,海拔1813米。

江河湖泊　河流纵横密布。东南亚最大河流湄公河在境内流长约500公里,接纳境内绝大多数河流。连接洞里萨湖的洞里萨河是第二大河流,长155公里。

洞里萨湖(又称大湖、金边湖)是中南半岛第一大湖,也是东南亚地区最大的天然淡水湖,湖面在旱季时约2500平方公里,雨季时约1万平方公里。

海岸海岛　海岸线长约460公里,岸线曲折、多岬角。沿海有不少岛屿和海港。戈公岛是最大的岛屿。

气　候　属热带季风气候区。各地年平均降雨量在1000~1800毫米之间,年平均气温27℃。每年5~11月是雨季,降雨量约占全年的80%以上;12月至次年4月是旱季,旱季又分凉、热两季。

名胜古迹　首都金边市有王城、塔仔山、国家博物馆等。暹粒市有列入世界文化遗产名录的吴哥古迹群。西哈努克市是著名的旅游、避暑胜地。

国　民

人　口　2006年末柬埔寨人口1410万人。人口自然增长率22‰(2005年)。人口密度为每平方公里74人。城市人口约占总人口的20%,农村人口约占80%。

民　族　有20多个民族。高棉族人口最多,约占总人口的85%。人口较多的民族还有华族、占族、卜农族、老族、泰族、马来族、斯丁族、越族等。

语　言　各民族的通用语是高棉语(官方语言)。

宗　教　小乘佛教是国教。高棉族人绝大部分信奉小乘佛教。占族人大多数信奉伊斯兰教。

资源物产

柬埔寨的矿产资源主要有金、磷酸盐、宝石和石油。土地肥沃,盛产稻谷、橡胶、胡椒、糖棕、腰果、烟草及各种热带水果。橡胶是主要出口产品。所产林木200余种,柚木、铁木、紫檀、黑檀、白卯、观丹木等热带林木较为有名。渔业资源丰富,洞里萨湖是东南亚最大的天然淡水渔场。西南沿海渔场经济鱼类也较多。

国体政体

国　体　柬埔寨是君主立宪制国家。实行民主多党制。立法、行政、司法三权分立。国王是终身国家元首、国家军队最高司令、国家统一和延续的象征,有权宣布大赦,根据首相的提议并征得国民议会主席同意后宣布解散国民议会。

议　会　由国民议会和参议院组成。国民议会是国家最高权力机构和立法机构,每届任期5年。本届国民议会成立于2003年10月,由123名议员组成。参议院是国家立法机关,有权审议国会通过的法案,每届任期6年。本届参议院成立于2006年3月20日,由61名参议员组成。

政　府　设有首相府、农业部、商业部、文化部、内政部、国防部、教育部、外交部、财经部、计划部、旅游部等部门。本届政府于2004年7月15日成立。

司　法　法院分初级法院、上诉法院和最高法院三级。各级法院设检察官,行使检察职能。

政　党　主要有柬埔寨人民党、奉辛比克党、桑兰西党等。2003年大选时有23个政党参选。

国家元首和政府首脑

国　王　诺罗敦·西哈莫尼。2004年10月29日登基。

首　相　洪森。2004年7月15日当选连任。

行政区划

一级行政区划　柬埔寨有20个省和4个直辖市。分别是:马德望省、贡布省、干丹省、磅湛省、磅清扬省、磅士卑省、磅同省、桔井省、波罗勉省、班迭棉吉省、暹粒省、上丁省、茶胶省、柴桢省、蒙多基里省、柏威夏省、戈公省、奥多棉吉省、菩萨省和腊塔纳基里省,金边市、西哈努克市、白马市和拜林市。

主要城市　首都金边市,位于南部,湄公河西岸,面积290平方公里,人口100万,是全国政治、经济、文化中心。其他重要城市有暹粒、西哈努克市、白马、拜林等。

经　济

国内生产总值　2006年柬埔寨国内生产总值约71.17亿美元,比上年增长约10.4%,人均国内生产总值506美元。

产　业　以农业为主,从事农业人口占全国从业人口的80%以上。农业稳步发展,2006年稻谷种植面积约225.3万公顷,稻谷总产量688万吨,除满足国内需求外剩余可供出口。工业行业主要有纺织、制鞋、建筑、电力、采矿等。旅游业发展迅速,2006年接待外国游客170万人次。服务业产值26.63亿美元。

财　政　2006年财政收入5.28亿美元,支出5.06亿美元。

金　融　国家中央银行是柬埔寨国家银行。最大的银行是加华银行。货币名称为瑞尔。瑞尔对外币的汇率自由浮动。2006年瑞尔与美元平均比价为4105∶1。年末官方外汇储备10.97亿美元。通货膨胀率4.7%。

进出口贸易　2006年进出口贸易总额约57.02亿美元,其中出口额约28.58亿美元,进口约28.44亿美元。出口商品主要为服装纺织、鞋类产品和农产品。进口商品主要为服装纺织原料、燃料、汽车、机械、电器和日用品等。

固定资产投资　2006年固定资产投资总额约14.34亿美元。公共投资3.07亿美元,其中国内资本8500万美元,国外资本2.20亿美元;私人投资11.27

亿美元,其中国内资本7.33亿美元,国外资本3.94亿美元。获得外国援助约6.01亿美元。

交通通信

铁路交通　柬埔寨有两条窄轨铁路,一条由金边经马德望省通往柬泰边界的波贝,与泰国境内的铁路连接,全长385公里;另一条从金边通往西哈努克港,全长270公里。这两条铁路由于年久失修,运输能力低下。

公路交通　国道、省道共有6000公里(柏油路面路段约占50%),其中10条国道全长2000多公里(柏油路面路段约占80%)。公路网以首都金边为中心。拥有各种运输车辆(不含摩托车)约13万辆。

水　运　以湄公河、洞里萨湖的航运为主。流经金边的湄公河,向北可通航老挝、泰国,向南经越南出海。有西哈努克港、金边港两个国际港口。西哈努克港是主要对外海港,可以停靠万吨级远洋货轮。金边港是最大的内河港口。

民用航空　主要民用机场有金边国际机场(原名波成东机场)和吴哥机场(原名暹粒机场)。此外,西哈努克市、马德望省、腊塔那基里省、蒙多基里省、上丁省和戈公省也建有简易机场。

电　信　2004年底全国拥有固定电话和移动电话用户69.85万户,电话普及率4.9%。主要互联网网站有柬埔寨电信camnet.com.kh(柬埔寨邮电部开设)和online.com.kh。

教　育

柬埔寨小学学制6年,中学学制6年(初中、高中各3年)。2006年,全国有幼儿园2205所,在园儿童7万人;小学6063所,学生人数285万人;中学698所,在校学生62万人;大学26所(其中公立大学9所,私立大学17所),在校学生4.1万多人。金边皇家大学是著名的综合性大学,在校学生6200多人,教师400余人。

传　媒

2005年柬埔寨有注册报刊338种。发行量较大的报刊有:《柬埔寨之光报》(柬文,日报),《人民报》(人民党党报,柬文),《和平岛报》(柬文,日报),《柬埔寨日报》(英文、柬文),《金边邮报》(英文,双周报),《柬埔寨时报》(英文、柬文,周报)等。影响较大的中文报纸有《华商日报》、《柬华日报》和《星洲日报》。

柬新社(AKP)为官方通讯社,成立于1980年。全国有广播电台28家,其中FM103台属国家广播电台,每天播音18个小时。国家电视台(TVK)建于1984年,以柬语节目为主。

医疗卫生

柬埔寨有8家国家医院,68家省级医院和856家各级医疗中心。农村缺医少药,医疗设施较差。国民平均预期寿命:男性58.57岁,女性64.85岁。

历　史

柬埔寨是历史悠久的文明古国。建国于公元1世纪。在古代,历经扶南、真腊两个时期,其中9世纪至15世纪初叶的吴哥王朝国力强盛,创造了举世闻名的吴哥文明。从16世纪末叶开始,真腊走向衰落。至18世纪末,基本上处于强邻暹罗的控制之下,成为暹罗的属国。

1863年8月,法国采取炮舰政策,强迫柬埔寨签订不平等的《法柬条约》,柬埔寨沦为法国的保护国。1884年6月,法国以逼宫方式获得柬埔寨的全部政治权利,柬埔寨沦为法国的殖民地。1940~1945年,柬埔寨被日本占领。日本战败后,法国重新控制柬埔寨。

1953年11月9日,柬埔寨获得独立。独立后的柬埔寨奉行积极的中立政策,经济发展迅速,成为当时东南亚最富庶的国家。

1970年3月18日,朗诺—施里玛达集团在美国支持下发动政变,推翻西哈努克亲王领导的王国政府,建立高棉共和国。同年3月23日,西哈努克亲王在中国北京宣布成立柬埔寨民族统一阵线;5月5日,成立以宾努亲王为首相、乔森潘为副首相的柬埔寨王国民族团结政府,致力于打倒朗诺政权。1975年4月17日,红色高棉攻占金边,高棉共和国垮台。

1976年1月,柬埔寨王国民族团结政府颁布新宪法,改国名为民主柬埔寨。民主柬埔寨政府大力推行合作社,取消货币,禁止商品交换,在对外事务方面,也执行一系列不适合国情的路线、政策。

1978年12月25日,越南出兵柬埔寨,扶持以韩桑林为首的金边政权。1982年7月,西哈努克亲王、乔森潘、宋双三派抵抗力量实现联合,组成民主柬埔寨联合政府。柬埔寨境内出现两个政权并立的局面。

1990年9月,柬埔寨抵抗力量三方同金边政权的代表在印尼雅加达会晤,宣布组成柬埔寨全国最高委员会。1991年10月23日,柬埔寨问题国际会议在法国巴黎举行,与会各方签署《柬埔寨冲突全面政治解决协定》。1993年5月23~28日,柬埔寨在联合国的监督下举行制宪会议大选。大选后,组成柬埔寨王国联合政府,恢复柬埔寨国名、国旗和国歌,恢复君主立宪制度,建立民主多党的政治制度和开放的市场经济制度,诺罗敦·西哈努克重新登上王位。

2004年10月29日,诺罗敦·西哈莫尼登基,接替诺罗敦·西哈努克成为柬埔寨新国王。

柬埔寨于1999年4月30日加入东南亚国家联盟。

印度尼西亚

国　名

印度尼西亚共和国(The Republic of Indonesia),简称印度尼西亚或印尼。素有万岛之国、千岛之国、水中岛国、赤道翡翠、火山之国等别称。

国　旗

印度尼西亚国旗旗面由上红下白两个相等的横长方形构成,长宽比为3∶2。红色象征勇敢和正义,还象征印度尼西亚独立以后的繁荣昌盛;白色象征自由、公正、纯洁,还表达印尼人民反对侵略、爱好和平的美好愿望。

地　理

位　置　印度尼西亚位于亚洲东南部。国土横跨赤道。地处东经141°~95°、北纬6°至南纬11°之间。

面　积　陆地国土面积190.44万平方公里。国土面积居东南亚国家之首。

疆界和邻国　疆域辽阔,东西跨度5110公里,南北跨度1888公里。与其接壤的国家有巴布亚新几内亚、东帝汶、马来西亚,陆地边界线总长2830公里。隔海相邻的国家有澳大利亚、印度、泰国、中国、菲律宾等。

地形地貌　国土由18110个岛屿组成。岛屿较为分散,主要有加里曼丹岛、苏门答腊岛、伊里安岛、苏拉威西岛和爪哇岛。各岛内多山地和丘陵,沿海有狭长的平原和沼泽,并有浅海和珊瑚环绕。加里曼丹岛,山地从中部向四面伸展,沿海平原广阔,南部多沼泽。苏门答腊岛,山脉自西北向东南斜贯,山脉东北侧为丘陵和较宽阔的沿海冲积平原,平原东部多沼泽。苏拉威西岛,大多为山地,沿海有狭窄平原。爪哇岛,北部是平原,南部是熔岩高原和山地,山间有宽广的盆地。伊里安岛,西部高山横亘,有全国最高峰查亚峰,海拔5030米;南部平原较宽广。由于地处亚欧大陆与太平洋板块的接触带,火山活跃,地震频繁。境内有火山400多座,其中活火山120多座,约占世界活火山1/6。爪哇岛火山最多,地震最为频繁。

江河湖泊　河流众多,水量丰沛,但都比较短小。较大的河流有爪哇岛的梭罗河以及加里曼丹岛的巴里托河、卡普阿斯河、马哈坎河,其中梭罗河全长560公里。较大的湖泊有多巴湖、马宁焦湖、车卡拉湖、坦佩湖、托武帝湖、帕尼艾湖等,其中苏门答腊岛的多巴湖为全国第一大湖。

海岸海岛　海岸线全长10.80万公里。岛屿之间构成许多海峡与内海,主要有巽他海峡、马六甲海峡、龙目海峡、爪哇海、苏拉威西海、弗洛勒斯海、阿拉弗拉海、班达海等。内海中,除爪哇海、阿拉弗拉海为浅海外,其余多为深海,其中班达海最深处达7000多米。海中珊瑚礁分布甚广,总面积达2万平方公里。主要群岛有大巽达群岛、努沙登加拉群岛(又称小巽达群岛)、马鲁古群岛和伊里安查雅群岛。

气　候　大部分地区属热带雨林气候(努沙登加拉群岛上的平原、谷地属热带草原气候),终年高温多雨,湿度大。年平均气温25℃~27℃,温差很小,无寒暑季节变化。年平均降水量在2000毫米以上。爪哇岛是世界上雷雨最多的地区,有“雷都”之称。每年分旱、雨两季,一般4~9月为旱季,10月至次年3月为雨季,但各地不完全一致。

风景名胜　在首都雅加达,有雅加达博物馆、印度尼西亚缩影公园、茂物大植物园、查雅安佐尔寻梦公园、拉古南动物园、波格尔植物园、独立纪念碑、独立广场等。在日惹,有婆罗浮屠佛塔、普兰班南寺庙群、日惹苏丹王宫、恩藏高原等。在巴厘岛,有古打海滩、海神庙、金巴兰海滩、努瓦角海滩、爬行动物公园等。此外,还有北苏门答腊的多巴湖及湖心岛,西伊里安的查业维查亚山,小班达群岛,爪哇的苏腊卡尔塔、喀拉喀托火山、乌绒库伦自然保护区、三宝垄、巴淡岛等。

国　民

人　口　2006年末印度尼西亚人口2.45亿,其中0~14岁人口占29.1%,15~64岁人口占65.7%,

雅加达夜景

(原载《中国—东盟博览》)

65岁以上人口占5.2%。人口分布极不均衡,绝大多数国民居住在5个主要岛屿和30个较小的群岛上。全国人口密度为每平方公里89人。人口自然增长率14.5‰。

民　族　有100多个民族。人口较多的民族是爪哇族、巽他族、马都拉族和马来族,其中爪哇族、巽他族分别占总人口的45%和14%,马都拉族和马来族各占7.5%。

语　言　各民族语言有200多种。官方语言为印尼语。通用英语。

宗　教　国民中,约88%信奉伊斯兰教,5%信奉基督教新教,3%信奉天主教,2%信奉印度教,1%信奉佛教。是世界上穆斯林人口最多的国家。

资源物产

印度尼西亚矿产资源主要有石油、天然气、煤、锡、铝矾土、镍、铜、金、银等。其中,石油和锡在世界上占有重要地位,是东南亚石油储量和产量最大的国家。至2004年底,探明石油储量90亿桶,探明天然气储量94.75万亿立方米。

森林面积1.27亿公顷,约占陆地面积的53%。动植物种类繁多,其中包括苏门答腊虎、象、犀牛、科摩罗巨蜥、黑猴、人猿、天堂鸟、袋貂、袋鼠、食火鸡、鹦鹉、鹿、倭水牛等珍稀物种。盛产各种香料、热带林木及热带经济作物。胡椒、木棉、金鸡纳霜产量居世界首位,天然橡胶、棕榈油产量居世界第二位,丁香、椰子、咖啡等产量居世界前列。加里曼丹和苏门答腊的铁木,努沙登加拉的檀木,爪哇和苏拉威西的乌木、柚木驰名于世。海域、江河、湖泊盛产鱼类、贝类、海参、珍珠等。

国体政体

国　体　印度尼西亚是单一的共和制国家。立法、行政、司法三权分立。实行总统内阁制。总统任期5年,只能连选连任1次。自2004年起,总统和副总统由人民直选产生。总统任命内阁,但需征得国会同意。

人民协商会议　国家最高权力机构。负责制定、修改和颁布宪法及国家大政方针,并对总统进行监督。每5年换届选举。本届人民协商会议于2004年10月1日通过全民直选产生,成员678名(包括550名国会议员和128名地方代表理事会议员)。

人民代表会议　即国会。国家立法机构。行使除修宪和制定国家大政方针之外的一般立法权。人民代表会议无权解除总统职务,总统也不能宣布解散人民代表会议;但如总统违反宪法,人民代表会议有权建议人民协商会议追究总统责任。本届人民代表会议于2004年10月1日通过全民直选产生,有议员550名。议员任期5年。

政　府　设有外交部、国防部、财政部、贸易部、内政部、国家紧急事务部、社会事务部、交通部、海洋和渔业部、矿产资源部、妇女部、国家建设发展计划部、工业部、农业部、卫生部、劳工部、教育部、文化旅游部、青年运动部、经济统筹部、政治法律安全统筹部、宗教部等部门。本届政府内阁于2004年10月21日组成,2005年12月改组,有阁员36人。

司　法　最高法院和最高检察院独立于立法和行政机构之外。最高法院正副院长由人民代表会议提名,总统任命。最高检察长由总统任免。

党　派　党派众多,主要有专业集团党、斗争民主党、建设团结党、民主党、民族复兴党、国民使命党、福利公正党等。2004年大选时,经全国选举委员会批准获得参选资格的政党有24个。

国家元首和政府首脑

总　统　苏西洛·班邦·尤多约诺。2004年10月8日当选。

人民协商会议主席　希达亚特·努尔·瓦希德。2004年10月1日当选。

人民代表会议议长　阿贡·拉克索诺。2004年10月6日当选。

行政区划

一级行政区划　印度尼西亚包括3个特区和27个省,分别是雅加达首都特区和日惹、亚齐达鲁萨兰地方特区,以及北苏门答腊、西苏门答腊、廖内、占碑、朋古鲁、南苏门答腊、楠榜、邦加—勿里洞、西爪哇、中爪哇、东爪哇、万丹、巴厘、西努沙登加拉、东努沙登加拉、北马鲁古、南马鲁古、巴布亚、北苏拉威西、中苏拉威西、东南苏拉威西、南苏拉威西、哥伦打洛、东加里曼丹、中加里曼丹、南加里曼丹、西加里曼丹省。

主要城市　首都雅加达,位于爪哇岛西部,面积661.52平方公里,人口970万,是全国政治、经济、文化中心,别称"椰城"。其他重要城市有泗水、万隆、棉兰、三宝垄、日惹等。

经　济

国内生产总值　2006年印度尼西亚国内生产总值3338.2万亿盾(约合3641.5亿美元),同比增长5.5%。通货膨胀率6.6%。公开失业率达10.3%。人均国内生产总值1486美元。

产　业　农业以种植业为主,是世界主要热带经济作物生产国。2006年农渔林业占GDP比重为14.1%。采矿业为工业支柱产业,其中石油、天然气开采占主导地位,是世界主要石油生产国。近几年制造业增长速度均超过经济增长速度,2006年占GDP比重为27.8%，就业人口1106.6万。主要部门有采矿、纺织、轻工等。电子、汽车等新兴工业发展迅速。服务业在国民经济中的比重逐年提高。

财　政　2006年财政收入637.8亿美元，支出670.6亿美元。财政赤字1%。

金　融　货币名称为印尼盾。2006年印尼盾与美元平均比价为9159.3：1。截至2006年底，外汇储备425.86亿美元。外债1252亿美元，约占GDP的33.9%。2006年银行业总资产1693.5万亿盾，贷款总额832.9万亿盾，不良贷款率（NPL）7%。

进出口贸易　2006年出口总额1207.28亿美元，主要出口市场是日本、新加坡、韩国、中国、马来西亚等。进口总额794.12亿美元。贸易顺差233.16亿美元。主要进口市场是新加坡、日本、中国、美国、泰国、韩国、沙特阿拉伯和澳大利亚。

交通通信

铁路交通　印度尼西亚铁路总长6458公里，75%在爪哇岛。其中，1.067～1米轨道6336公里（其中电气化125公里，复线250公里），0.75～1米轨道497公里。

公路交通　公路总长33.3万公里（2005年）；有登记车辆4789.8万辆，其中轿车735.5万辆，摩托车3311.3万辆，货车463万辆，公交车280万辆。公路客运量、货运量分别占全国总量的90%和50%。公路交通网集中在爪哇岛和苏门答腊岛。

水　运　航道总长2.16万公里（2005年），其中苏门答腊岛5471公里，加里曼丹岛1.05万公里。有各类港口700个（国营港口534个），河运、海运船只近6021艘（商船728艘）。主要港口有雅加达的丹戎不碌国际港、泗水的丹戎佩拉、棉兰的勿老港等。

民用航空　有机场662个，直升机场23个。拥有各型号飞机991架。雅加达附近的苏加诺—哈达机场为国内最大机场。主要航空公司有鹰记、鸽记、狮航、曼达拉、辛巴迪等。

电　信　2005年底全国有移动电话用户4691万户；固定电话用户近1277.2万；上网人口1600万。

教　育

印度尼西亚实行九年制义务教育。学制为：小学6年，初中、高中各3年，大学3～7年。全国有小学约15万所，在校学生约2597.6万人；中学3万余所，在校学生约1000万人；职业学校和大学5000所。著名大学有：雅加达的印度尼西亚大学，日惹的加查马达大学，泗水的艾尔朗卡大学、泗水工学院、阿伊兰卡大学，万隆的班查查兰大学等。2006年教育预算开支4.69万亿盾，占GDP的1.5%。全国人口文盲率为8.5%。

传　媒

印度尼西亚有各类报刊1687种。主要印尼文报纸有《罗盘报》、《专业之声报》、《印尼媒体报》、《共和国日报》、《革新之声报》、《印尼商报》等。英文报纸有《雅加达邮报》、《印尼观察家报》等。中文报纸有《印度尼西亚日报》、《国际日报》、《世界日报》、《华文邮报》（中文和印尼文互译）、《商报》、《新生日报》、《千岛日报》等。

通讯社有国营的安塔拉通讯社和私营的印尼民族通讯社。电视台45家，11个电视发射系统。其中影响较大的有印度尼西亚共和国电视台、教育电视台、美都电视台等。官办的印度尼西亚共和国电视台有12个分台，覆盖印尼全境。主要广播电台有印度尼西亚共和国广播电台。

医疗卫生

2006年，印度尼西亚卫生预算开支1.34万亿盾。全国有医院1112所，病床总数12.40万张；公共保健中心7248个，辅助中心2.18万个，流动服务站6849个。医生约3.52万人，护士16.47万人，药剂师1.07万人。2006年国民平均寿命69.87岁，其中男性67.42岁，女性72.45岁。人口死亡率6.25‰。

科　技

印度尼西亚从事科技活动的主要是国家各部委的直属研究机构、非部级中央直属研究机构、各大学和国有企业以及私营企业的研究开发机构等。中央直属研究机构由总统直接领导，从事战略性、交叉和多学科的研究与开发，科技活动由研究与技术国务部长统筹与协调；非部级中央直属研究机构有印度尼西亚科学院、国家核能机构、技术评价与应用署、国家航空航天研究机构等。全国拥有科技人员约5万人。科技经费主要来自财政拨款。

历　史

印度尼西亚历史悠久。古代，长期处于封建割据状态，先后分为印度教王国、伊斯兰教王国两个时期。公元1世纪，佛教传入，印尼进入印度宗教文化影响时期。5世纪，出现最早的王国—加里曼丹东部的古戴王国和西爪哇的达鲁玛王国。7世纪，在苏门答腊的巨港出现强大的海上王国室利佛逝。13世纪末，拉登威查雅在爪哇建立强大的麻喏巴歇王国，统一印尼。自13世纪起，伊斯兰教逐步传入印尼。16世纪，伊斯兰教王国淡目灭掉麻喏巴歇，印尼进入伊斯兰王国鼎盛时期。

1511年，葡萄牙人为掠夺香料侵入印尼东部的马鲁古群岛。西班牙人也接踵而来。1596年，荷兰侵入。1602年,荷兰在印尼建立具有政府职能的“东印度公司”。1799年12月,荷属东印度公司宣布破产。1800年,殖民政府取而代之,通称“荷印政府”。1811~1816年,英国取代荷兰在印尼建立殖民政府。1816年后,荷兰逐渐恢复对印尼的殖民统治,至1903年征服亚齐,完全占领整个印尼。期间,印尼各地从未间断反抗荷兰的斗争,其中最著名的有1816~1818年马鲁古反荷起义、1825~1830年爪哇人民大起义、西苏门答腊反荷战争、1873~1903年亚齐战争等。

20世纪初,印尼出现民族觉醒运动。1927年,苏加诺等组建印尼民族党,采取与荷兰不合作政策,争取民族独立。1942年,日本侵占印尼。1945年日本投降后,印尼爆发“八月革命”。

1945年8月17日,印度尼西亚共和国建立。1947年7月和1948年12月,荷军先后两次在印尼发动殖民战争。1949年11月,印荷双方签订《圆桌会议协定》,印尼成为联邦共和国,加入荷印联邦。1950年8月,统一的印度尼西亚共和国成立。同年8月27日,印尼加入联合国。

1954年8月,印尼宣布脱离荷印联邦。1950~1959年,印尼实行议会制。1959年起实行总统制。

1999年6月,印尼举行独立后的第一次民主选举。

2004年7月,印尼开始首次民主直选。10月8日,选举产生新一任总统。

印度尼西亚为东南亚国家联盟创始成员国。

老　挝

国　名

老挝人民民主共和国(The Lao People's Democratic Republic),简称老挝。

国　旗

老挝国旗旗面中间平行长方形为蓝色,占旗地一半,上下为红色长方形,各占旗地的1/4。蓝色部分中间为白色圆轮,轮的直径为蓝色部分宽度的4/5。蓝色象征老挝民族热爱和平、康宁和独立的精神,红色象征革命烈士的鲜血,白色圆月象征老挝人民纯洁的爱国之心。

地　理

位　置　老挝位于中南半岛北部。地处北纬13°52′~22°05′、东经100°10′~107°30′之间。

面　积　国土面积23.68万平方公里。

疆界与邻国　东与越南为邻,南与柬埔寨相接,西与泰国、缅甸交界,北与中国接壤。边界线长5119公里。

地形地貌　东南亚唯一的内陆国。疆域南北长、东西窄,南北最长处1050公里,东西最宽处500公里。80%的国土为山地和高原,平原限于湄公河谷地。地势北高南低,由西北向东南倾斜。北部海拔500~1500米,局部地区超过2000米,号称“印度支那屋脊”;大多为山地且起伏大,湄公河沿岸狭谷陡峻。有会芬高原、川圹高原、查尔平原、班班平原、康开谷地等,其中川圹高原海拔2000~2800米。全国最高峰普比亚山,海拔2817米,屹立于川圹高原南部。中部、南部地区的东半部是长山山脉西坡的一系列中山和低山,地势和缓。山脉拥有一系列东西走向的山口和隘道,如骄诺山口、穆嘉关山口、老保山口等,为老挝与越南之间的交通要冲。山脉西侧南、北各有一片高原,北为甘蒙高原,南为波罗芬高原。中部、南部地区的西半部,即万象以南的湄公河沿岸,主要有万象平原、沙湾拿吉平原和巴色低地。

江　河　有流程在200公里以上的河流20多条。湄公河纵贯国境,在境内流长1877公里(其中1100公里为界河),水流湍急,多险滩;有南塔河、南乌江、南俄河、南吞河、宾非河、色贡河、宾汉河、色顿河、南卡定河、南坎河等13条支流,大多由东向西汇入干流。全国93%以上的地域属湄公河流域。

气　候　属热带季风气候区。各地年平均气温20℃~30℃,最凉月(12月)平均气温21℃左右,最热月(4月)平均气温29℃左右。最高气温可达38℃。高原地区最低气温可降至零下。分旱季(11月至次年4月)和雨季(5~10月)。年平均降雨量1600~1800毫米,高原和高山地区降水较多,季节差别大。

风景名胜　首都万象市有塔銮、玉佛寺,琅勃拉邦省有国家博物馆、香通寺、迈佛寺、维春寺、光西瀑布,占巴塞省有孔埠瀑布和以瓦普神庙建筑群为主体的占巴塞文化景区。琅勃拉邦古城、占巴塞文化景区被联合国教科文组织列入世界文化遗产名录。

国　民

人　口　2005年老挝人口584万。全国人口密度为每平方公里24.6人。人口出生率4%,死亡率1.5%,人口自然增长率2.5%(1995年人口普查数据)。国民平均预期寿命61岁。

民　族　有68个民族。按历史、语言、文化和地理分布状况,通常分为老龙(意即低地老挝人)、老松(坡地老挝人)、老听(山顶老挝人)三大族系。老龙族系属泰老语系,占总人口的70%,包括寮、泰、芬、卢等族。老听族系属蒙高棉语系,占总人口的20%。老松族系属苗瑶语系,占总人口的10%。

语　言　官方语言是老挝语。部分国民也使用泰

语、华语。老挝语和泰语大致可以相通。

宗 教 90%的国民信奉小乘佛教,少数信奉基督教、原始宗教等。

资源物产

老挝的矿产资源主要有锡、铅、钾、铜、铁、金、石膏、煤、盐等。水力资源丰富,可开发装机容量1300万千瓦。森林面积1116万公顷,森林覆盖率47%。北部和南部出产柚木、紫檀、红木等珍贵木材。耕地面积约80万公顷,主要农产品有稻米、玉米、木薯、红薯、豆类、咖啡、橡胶、烟叶、花生、水果、棉花等,咖啡出口量较大。

国体政体

国 体 老挝宪法规定:老挝人民民主共和国是人民民主国家,全部权力属于人民,各族人民在老挝人民革命党领导下行使当家作主的权力。

国 会 国家最高权力机构和立法机构。

政 府 本届政府于2006年6月8日组成。设有计划与投资委员会、外交部、公安部、国防部、教育部、劳动社会福利部、交通运输邮电建设部、财政部、工业贸易部、新闻文化部、农业与林业部、能源矿产部、卫生部、司法部等部门。

司 法 最高人民法院为国家最高审判机关。最高人民检察院是国家最高检察机关。

老挝人民革命党 老挝人民民主共和国的执政党,也是老挝唯一的政党,成立于1955年,原名为老挝人民党,1972年在第二次代表大会上改为现名,有党员14.8万名。中央执行委员会总书记朱马利·赛雅贡。

老挝建国阵线 老挝人民革命党领导下的民族统一战线组织。

国家领导人

国家主席 朱马利·赛雅贡。2006年6月当选连任。

国会主席 通辛·坦马冯。2006年5月当选连任。

政府总理 波松·布帕万。2006年6月当选。

行政区划

一级行政区划 老挝设有16个省、1个直辖市和1个行政特区,分别是:丰沙里省、琅南塔省、博乔省、乌多姆赛省、琅勃拉邦省、华潘省、沙耶武里省、川圹省、万象省、波里坎赛省、甘蒙省、沙湾拿吉省、沙拉湾省、色贡(公河)省、占巴塞省、阿速坡省,万象直辖市,赛宋本行政特区。

首 都 万象市,位于中部万象平原南端、湄公河左岸,面积约3920平方公里,人口60多万,是全国政治、经济、文化中心,也是历史古城和佛教圣地。其他重要城市有琅勃拉邦、沙湾拿吉和巴色。

经 济

国内生产总值 2006老挝年国内生产总值35.28万亿基普(约等于36.37亿美元),比上年增长7.5%。人均国内生产总值604万基普(约等于549美元)。三次产业结构为:43.6%:30.4%:26%。

产 业 农业在国民经济中占较大比重。2006年农林业总产值15.38万亿基普;粮食产量230多万吨,实现自给并略有剩余。工业主要有电力、森工、采矿、炼铁、水泥、服装、食品、制药、编织等行业,共有企业2.62万家,从业人数约10万人(约占劳动力总数的4.2%)。全年工业总产值10.72万亿基普。入境游客120万人次,旅游收入1.68亿美元。

财 政 2006年老挝国家财政总收入4.68万亿基普,国家财政总支出为7.39万亿基普,财政预算赤字2.71万亿基普。

金 融 国家中央银行是老挝人民民主共和国国家银行。货币名称为基普。通货膨胀率8%。2005年基普与美元平均比价为11000:1。

进出口贸易 2006年老挝进出口贸易总额18.10亿美元,比上年增长约40%。其中出口额为8.78亿美元,进口额9.31亿美元。主要外贸对象为泰国、越南、中国、日本、欧盟、美国和加拿大。主要出口商品有服装、电力、木材、咖啡等,进口商品有各种机动车、摩托车、自行车、燃料、水泥、钢材、食糖等。

外国投资 2006年老挝吸引外资27亿美元,比上年增长一倍多。电力继续成为外国投资的重点行业,年内批准13个水电站建设项目,投资总额17.77亿美元;外商对农业投资总额为4.59亿美元,纺织业为1.23亿美元。

交通通信

老挝无出海口,没有铁路,交通运输以公路运输为主。全国公路总长3.12万公里(其中泥土路面1.66万公里),道路以南北行的13号公路为主干,连接各支线,沟通国内主要城镇。内河航道总长4600公里,其中湄公河老挝境内河段通航里程1600公里,是全国水运干道;除万象到沙湾拿吉河段可全年通航外,其余河段因水流湍急、多瀑布险滩,须分段航行。国际机场有万象瓦岱机场、琅勃拉邦机场和巴色机场,辟有万象—中国昆明、万象—泰国曼谷、万象—越南河内、万象—柬埔寨金边、万象—缅甸仰光、万象—马来西亚吉隆坡等10条国际航线。

通信设施落后。城市的电话交换机容量很小,许多乡村不通电话。2005年全国有固定电话和移动电话用户77.21万户。

教　育

老挝的旧式教育以佛寺为中心,佛寺是学校,住持即校长,僧侣为教师。老挝现有佛寺2000多座,寺庙除举办佛事活动外,普遍开展教学活动。僧人在寺庙里不仅学习经文,还学习数学、历史等。僧侣教育由国家支持,分小学、中学、佛学院(相当于高中)三级。后者由教育部主管,毕业生被授予"马哈"的尊称。

国民教育的学制为小学5年,初中、高中各3年。2005年全国有各级各类学校约9270所,在校学生133万人,教师4.55万人。其中,高等院校38所,在校学生3.54万人,教师1684人。老挝国立大学是老挝唯一的综合性大学,其前身为老挝东都师范学院,1995年由东都师范学院与其他10所高等院校合并而成,设8个学院,2005年有学生1.12万人、教师1000人。

传　媒

老挝有报刊20种。主要老挝文报纸有《人民报》(老挝人民革命党中央机关报,创刊于1950年)、《新万象报》、《人民军报》、《青年报》等。外文报纸有英文报《VIENTIANETIMES》和法文报《LE RENOVATEUR》。

巴特寮通讯社是官方通讯社。广播电台有老挝国家广播电台、老挝人民军广播电台和14个省级广播电台。老挝国家广播电台对内用老挝语广播,对外用越、柬、法、英、泰等5种语言广播。电视台有老挝国家电视台和17家省(直辖市)电视台。老挝国家电视台建于1983年,每天播放老挝语节目5小时左右。

医疗卫生

老挝主要城市卫生条件较好,广大农村特别是山区大都缺医少药。国家重视医疗卫生事业,国家职工和普通居民均享受免费医疗。2005年底,全国有公立医院151所、卫生所746所,私人诊所254所;每千人拥有病床1.6张、医生9人。

科　技

老挝的科技较为落后,主要侧重于农业先进技术的研究开发、应用与推广。国家的科技管理工作由科技环境部负责。2006年恢复成立社会科学院。

历　史

老挝有悠久的历史。从公元1世纪到14世纪中叶,在今老挝疆域内曾先后出现过3个古国,即科达蒙、文单(或称陆真腊)和澜沧(亦译南掌,意为万象之邦)。1353年,孟骚(今琅勃拉邦,澜沧的政治中心)的统治者法昂统一今老挝全境,建立澜沧王国,形成老挝历史上第一个多民族的封建国家。

18世纪初叶,澜沧王国解体,分裂成为琅勃拉邦、万象、川圹、占巴塞等4个王国。从18世纪末叶到19世纪中叶,这些王国相继为暹罗所统治。1893年,老挝成为法国保护国,法国取代暹罗的统治。1907年,法国、暹罗签订《法暹条约》,划定老挝边界。1940年9月,老挝被日本占领。

1945年日本投降后,老挝开展独立运动,建立以佩差拉亲王为首的政府,并于10月12日宣布独立。

1946年,法国再次入侵。1954年7月,根据关于恢复印度支那和平的日内瓦协议,法国开始从老挝撤军。不久,美国入侵。1962年,老挝成立以富马亲王为首相、苏发努冯亲王为副首相的联合政府。1964年,美国支持亲美势力破坏联合政府,进攻解放区。

1973年2月,老挝各方签署关于在老挝恢复和平与民族和睦的协定。1974年4月,成立以富马为首相的新联合政府和以苏发努冯为主席的政治联合委员会。

1975年12月,老挝人民民主共和国成立,宣布废除君主制。

1997年7月老挝加入东南亚国家联盟。

马来西亚

国　名

马来西亚联邦(Fedration of Malaysia),简称马来西亚。

国　旗

马来西亚国旗呈横长方形,长宽比为2∶1。主体部分由14道红白相间、宽度相等的横条组成。左上方有一深蓝色的长方形,上有一弯黄色新月和一颗14个尖角的黄色星。14道红白横条和14角星象征马来西亚的13个州和联邦政府。蓝色象征人民的团结,黄色象征皇室,新月象征马来西亚的国教伊斯兰教。

地　理

位　置　马来西亚位于北纬1°~7°,东经97°~120°,国土被南中国海分隔成东、西两部分。西马位于马来半岛南部,东临南中国海,西濒马六甲海峡;东马位于加里曼丹岛北部。

面　积　陆地国土面积33.02万平方公里。

疆界和邻国　陆上疆界2669公里。西马北与泰国接壤,南与新加坡隔海相望。东马则与印尼、菲律宾、文莱相邻。

地形地貌　西马地势南低北高,东西两侧沿岸为

冲积平原,中部为山地。大汉山海拔2185米,为西马最高峰。东马沙巴州西部为沿海平原,内部为山地,克罗克山脉纵贯南北,其主峰基纳巴卢山海拔4101米,为全国最高峰,也是东南亚地区最高峰。沙捞越州沿海为冲积平原,内地为丘陵和山地。

江　河　境内河流密布,但大河很少。位于东马的拉让河是全国第一大河,卢帕河是全国最宽的河流。

海岸海岛　海岸线曲折,总长4675公里。西马西南部是著名的马六甲海峡,水道狭长,是连接太平洋与印度洋之间的重要海上通道。岛屿众多,共有1007座岛屿,但大部分面积较小。著名的岛屿有:兰卡威岛、刁曼岛、乐浪岛、邦咯岛等。

气　候　属热带海洋性气候区。内地山区年均气温22℃~28℃,沿海平原为25℃~30℃。马来半岛西岸每年9~12月为雨季,西马东岸、沙巴、沙捞越等地雨季为每年10月至翌年2月。

风景名胜　吉隆坡市内主要景点有世界著名的高楼——双峰塔、苏丹亚都沙末大厦、独立广场、苏丹王宫、国家清真寺、杰姆清真寺、湖滨公园、胡姬花公园、国家博物馆、国家动物馆、天后宫、黑风洞等。槟城有圣乔治教堂、康华利斯堡、大会堂、钟楼、龙山堂、极乐寺、蛇庙、郑和庙、卧佛寺、马里安曼寺、雅哲清真寺、甲必丹武吉清真寺等。马六甲有荷兰红屋、三保山、三保庙、三保井、圣保罗教堂、古城门、葡萄牙村、马六甲文化博物馆等。此外,还有兰卡威岛、刁曼岛、乐浪岛、邦咯岛、大汉山国家公园、京那巴鲁公园、尼亚国家公园、姆鲁国家公园、金马伦高原、云顶高原等旅游景区。

国　民

人　口　2006年马来西亚人口2664万人,人口平均密度为每平方公里80.68人。

民　族　有30多个民族。马来人、华人、印度人人口较多,分别占总人口的67.5%、23.6%、7.1%。少数民族有尼格列多族(又称矮黑人)、塞诺伊族、原古马来族、海达雅克族(又称伊班族)、陆达雅克族(又称比达育族)、米兰诺族、卡达山族、穆鲁特族、巴查乌族、印度尼西亚族等。

语　言　马来语为国语,通用英语,华语使用也较广泛。

宗　教　国民信奉的宗教主要有伊斯兰教、佛教、印度教和基督教等。伊斯兰教为国教。

资源物产

马来西亚自然资源丰富。锡矿品位高,储藏量居世界第二位。沿海蕴藏着丰富的石油和天然气,石油储藏量34亿桶(1997年探明),天然气储量2.27万亿立方米(1998年探明)。铁矿品位较高,含铁量超过50%,储藏量1亿多吨。此外,还有铜、金、钨、煤、铝土、锰等矿产。

动植物种类繁多,被列为世界12个最大生物多样化国家之一。森林覆盖率59.5%,盛产热带硬木。是橡胶、油棕、胡椒、可可、椰子等热带经济作物的重要产地,橡胶、棕油、胡椒的产量和出口量居世界前列,其中棕油产量居世界首位。

国体政体

政　体　马来西亚政体是君主立宪联邦制。最高元首和州的苏丹分别是该国及州的立宪君主。宪法规定,马来西亚设最高元首作为国家权力即君主的象征。最高元首为国家权威的象征、伊斯兰教领袖兼武装部队统帅。正、副最高元首只能由统治者会议从9个世袭苏丹中轮流选举产生,任期5年,轮流执政,不能连任。

统治者会议　由柔佛、彭亨、雪兰莪、森美兰、霹雳、丁加奴、吉兰丹、吉打、玻璃市9个州的世袭苏丹和马六甲、槟州、沙捞越、沙巴4个州的州元首组成,其职能是在9个世袭苏丹中轮流选举产生最高元首和副最高元首(4个州的州长没有选举权和被选举权);并对国家的政策、法律和宗教问题进行审议。

联邦议会　也称国会,是国家最高立法机构。由上议院(参议院)和下议院(众议院)组成,上议院议员任期3年,有70个议席;下议院议员任期5年,有219个议席。本届国会于2004年3月全国大选后组成。

远眺吉隆坡双峰塔
(原载《中国—东盟博览》)

内　阁　联邦政府采用责任内阁制，内阁是马来西亚最高行政机关，由选举中占半数以上的政党组成。政府首脑为总理，由最高元首任命。本届内阁于2006年2月14日在2004年3月全国大选后组成内阁的基础上改组而成，设有28个部门。

各州国家机关　各州设有州政府，享有内政独立的自主权。君主立宪制原则适用于9个有世袭苏丹的州。槟榔屿州、马六甲州、沙巴州、沙捞越州等4州州长，由联邦政府任命委派。

司法机关　最高司法机关为联邦法院。西马、东马分别设有马来亚高级法院和婆罗洲高级法院。各州设有地方法院和推事庭。另外还有特别军事法庭和伊斯兰教法庭以及审理苏丹的刑、民事案件的特别法庭。

政　党　马来西亚注册政党有40多个，多党联盟执政一直是马来西亚政党政治的特点。现执政的国民阵线由马来民族统一机构（又称巫统）、马来西亚华人公会、马来西亚印度人国大党、人民运动党、马来西亚人民进步党、沙捞越土著保守统一党、沙捞越人民联合党、沙捞越国民党、沙捞越达雅克族党、沙巴自由民主党、沙巴进步党、沙巴人民团结党、沙巴民主党、沙巴团结党等14个政党组成。其他政党均为反对党，主要有伊斯兰教党、民主行动党等。

国家首脑和政府首脑

最高元首　端古·赛义德·西拉杰丁（TUANKU SYED SIRAJUDDIN），2001年12月12日在第191次统治者会议上当选，2002年4月25日登基，2006年12月12日卸任。端古·米占·扎因·阿比丁，2006年12月13日宣誓就职，出任马来西亚第13任最高元首。

政府总理　阿卜杜拉·巴达维。2004年3月22日当选连任。是国民阵线主席。

行政区划

一级行政区　马来西亚划分为13个州和3个直辖区。其中西马有柔佛州、吉打州、吉兰丹州、马六甲州、森美兰州、彭亨州、槟榔屿州、霹雳州、玻璃市州、雪兰莪州、丁加奴州、吉隆坡直辖区、布特拉加亚直辖区，东马有沙巴州、沙捞越州、纳闽联邦直辖区。

主要城市　首都吉隆坡，位于马来半岛南部，西濒马六甲海峡，面积243.65平方公里，人口约155万，是全国政治、经济、文化、交通中心。其他重要城市有马六甲、槟城、古晋、怡保、新山、巴生、山打根等。

经　济

国内生产总值　马来西亚2006年国内生产总值5427.66亿林吉特（当年价），比上年增长5.9%。人均收入19739林吉特。

产　业　农业以种植业为主，渔业也有一定规模。农业从业人员141.28万人。产值233.16亿林吉特。工业主要有电子、汽车、钢铁、石油化工、纺织和采矿等行业，从业人员316.61万人。产值1855.93亿林吉特。制造业发展较快，在国民经济中占有重要地位。服务业发达，从业人员574.85万人，产值1597.55亿林吉特。其中旅游业是国民经济的第三大支柱。2006年外国游客人数1754万人次，旅游收入360.2亿林吉特。

财　政　2006年财政收入1184亿林吉特；财政支出1368亿林吉特。

金　融　有商业银行35家，外资银行办事处36家，证券银行12家，伊斯兰银行8家，金融公司25家。中央银行是Bank Negara Malaysia。货币名称为林吉特。2006年林吉特与美元平均汇率为3.67∶1。年末外汇储备873亿美元。

进出口贸易　2006年进出口总额为1.07万亿林吉特，其中出口额5889.65亿林吉特，进口额4807.73亿林吉特，贸易盈余1081.93亿林吉特。主要贸易对象是美国、新加坡、日本和中国。主要出口产品有电子电器产品、棕油、石油、化工产品、液化天然气，进口产品有机械运输设备、食品、烟草和燃料等。

马来西亚油棕种植面积400万公顷，棕榈油和榈仁油产量分别为1496万吨和184万吨。棕榈油相关产品出口量1862万吨。图为油棕种植园。

（原载《中国—东盟博览》）

交通通信

铁路交通　铁路干线贯穿马来半岛南北,现有的主要铁路线有国际线和东海岸铁路线。铁路总长2418公里,年客运量约540万人次。

公路交通　拥有良好的公路网。连接马来半岛南北的高速公路(亦称南北大道)和穿越中央山脉的东西高速公路是马来半岛交通的主动脉。公路总长7.59万公里。全国注册交通工具1480余万辆(2005年),其中绝大部分为私人拥有。

水　运　有各类船只1008艘,其中100吨位以上的注册商船508艘,注册总吨位175.5万吨;远洋船只50艘。有港口19个,主要有巴生港、槟城港、关丹港、新山港、马六甲港、古晋港、纳闽港等,其中巴生港和槟城港是最繁忙的港口。内河运输主要集中在东马地区。

民用航空　有机场37个,其中国际机场5个,分别是吉隆坡国际机场、槟城机场、兰卡威机场、哥打基那巴鲁机场和古晋机场。马来西亚航空公司是全国最大的航空公司,拥有飞机100余架,辟有116条国际航线。2005年民航客运量4160万人次。

电　信　2004年固定电话用户457万户,2006年移动电话用户2000万户。2005年互联网用户普及率达21.8%。

教　育

马来西亚强制实行9年义务教育。小学学制6年,免费教育;初中学制3年;高中学制4年;大学学制一般为4~5年。全国有小学7084所,在校生283万,每18名小学生配有1名教师,小学适龄儿童入学率为97.8%;中学1538所,在校生172万,每17名中学生配有1名教师;公立高等院校10所,私立学院662所。著名大学有马来亚大学、马来西亚理工大学、马来西亚博特拉大学(农业大学)、马来西亚理科大学、国际伊斯兰大学、马来西亚北方大学、国民大学等。

国家财政教育经费支出占国民生产总值的6.2%。10岁以上人口识字率为94%。

全国共有470多家公共图书馆,藏书1130万册。

传　媒

马来西亚国家新闻社(简称马新社)是半官方性质的新闻机构,成立于1968年,在亚太地区设有33家分社。

全国约有50种报纸和杂志,用8种文字出版。主要马来文报纸有《马来先锋报》、《马来西亚使者报》、《每日新闻》和《祖国报》;主要英文报纸有《新海峡时报》、《太阳报》、《星报》和《马来邮报》;主要华文报纸有《南洋商报》、《星洲日报》和《中国报》。

主要广播电台有马来西亚广播电台和马来西亚之声。其中,马来西亚广播电台为官办,建于1946年,拥有6个广播网,用马来语、英语、华语和泰米尔语广播;马来西亚之声建于1963年,用马来语、阿拉伯语、英语、印尼语、缅甸语、他加禄语、泰语等8种语言对外广播。主要电视台有马来西亚电视台、第三电视台、城市电视、国民电视、第七电视台、美佳电视台、寰宇电视台,有169个电视频道可供选择。其中马来西亚电视台(包括第一电视台和第二电视台)为官办,建于1963年,播放马来语、英语、华语和泰米尔语节目。

医疗卫生

马来西亚有公立医院118所(2000年,下同),病床3.57万张;县、乡级医务所3115个。全国有医生1.02万人,护士1.46万人。2003年,全国平均每1377人有1名医生。2006年人均寿命男性71.8岁,女性76.3岁,婴儿死亡率6.6‰,人口自然增长率14.5‰。

科　技

马来西亚科技体系分政府机构、高等教育研究机构和私人机构三种。内阁科学技术委员会为马来西亚科学技术政策的最高决策机构,由总理兼任主席,成员包括科学技术与环境部、国际贸易与工业部、教育部、财政部和人力资源部的部长。科学技术与环境部下属科技机构主要有环境局、化工局、气象局、野生保护和国家公园、核技术研究所、微电子系统研究所、原子能许可委员会、马来西亚标准研究所、太空研究局和国家生物工艺学委员会。高等教育研究机构设在各大学中,博特拉大学、科学大学、技术大学、马来亚大学、国民大学等高等院校均设有科技机构。马来西亚国家科学研究与开发理事会为协调机构,也是马来西亚政府科学技术方面的全国性顾问组织。

历　史

距今1万年前的旧石器时代,马来半岛就已经有人类居住。

公元初马来半岛出现羯荼、狼牙修等古国。15世纪初以马六甲为中心的满剌加王国统一马来半岛的大部分地区,伊斯兰教也因此传播开来。

16世纪开始先后被葡萄牙、荷兰、英国占领。20世纪初完全沦为英国殖民地。沙捞越、沙巴历史上属文莱,1888年两地沦为英国保护地。二次大战中,马来亚、沙捞越、沙巴被日本占领。战后英国恢复殖民统治。

1957年8月31日马来亚联合邦宣布独立。1963年9月16日,马来亚联合邦同新加坡、沙捞越、沙巴合并组成马来西亚联邦(新加坡于1965年8月9日退出)。

马来西亚是东南亚国家联盟创始成员国。

缅　甸

国　名

缅甸联邦(The Union of Mynmanr),简称缅甸。

国　旗

缅甸国旗为红色,呈横长方形,长宽比为9∶5。旗面为红色,左上角有一深蓝色的小长方形,里面绘有白色的图案——14 颗五角星环绕着一个 14 齿的齿轮,齿轮中空,内有一株谷穗。红色象征勇敢和果断,深蓝色象征和平与统一,白色象征纯洁和美德。14 颗五角星代表缅甸联邦的 14 个省、邦,齿轮和谷穗象征工业和农业。

地　理

位　置　缅甸位于中南半岛西部。地处东经 92°20′~101°11′、北纬 9°58′~28°31′之间。西南濒临孟加拉湾和安达曼海。

面　积　陆地国土面积 67.66 万平方公里。

疆界和邻国　东北与中国毗邻,西北与印度、孟加拉国接壤,东南与老挝、泰国交界。陆地边界线长 5800 公里。

地形地貌　地势大体上是两边高,中间低,北边高,南边低。东面是掸邦高原,西面为西部山地,中部是伊洛瓦底江谷地。伊洛瓦底江的中下游地区为平原,称为中央大平原,是缅甸经济最发达的地区。大部分国土是山地和高原。

江　河　大多为南北走向。主要河流有伊洛瓦底江和萨尔温江。伊洛瓦底江起源于中国的青藏高原。纵贯缅甸南北,全长 2150 公里,注入印度洋的安达曼海,流域面积占全国陆地面积的 60%。东部的萨尔温江,与伊洛瓦底江大致平行,起源于中国的唐古拉山脉,它的上游是中国的怒江。萨尔温江在缅甸境内流长 1600 公里,是缅甸第二大河,流域面积为 20 万平方公里。

海岸海岛　海岸线长 3200 公里,均在南部。可划分为三段:北段是阿尔干海湾,中段是伊洛瓦底江三角洲,南段是丹那沙林海岸。

气　候　属热带季风气候区。分热、雨、凉三季。3~5 月为热季,6~9 月为雨季,10 月到次年 2 月为凉季。各地年平均气温为 27℃,年平均降雨量为 3000~5000 毫米。平原和丘陵地区炎热潮湿,山区比较凉爽。

风景名胜　主要有仰光大金塔、曼德勒山、蒲甘佛塔群、波巴山、茵莱湖风景区等。

国　民

人　口　缅甸人口约 5540 万(2006 年 1 月)。劳动力总数约占总人口的 2/3。

民　族　有 135 个民族。缅族是主体民族,约占全国人口的 65%。人口较多的民族还有掸族、克钦族、钦族、克伦族、孟族、若开族、勃欧族、佤族、克耶族等。华侨华人约 250 万,占全国人口的 4%。缅族大多居住在平原,华人主要居住在仰光一带,其他民族大多居住在山区。

语　言　各民族都有自己的语言,缅甸语为国语。缅族、克钦族、克伦族、掸族、孟族等民族有自己的文字。

宗　教　85%以上的国民信仰佛教(小乘佛教)。男性青少年都要出家为僧一段时间。各地佛塔林立,号称“万塔之国”。佛教文化是缅甸文化的重要组成部分,佛教教义规范着缅甸人民的社会生活。约 8%的人信奉伊斯兰教。少数国民信奉天主教和原始宗教。

国民收入　2004 年/2005 年财政年度(缅甸财政年度自当年的 4 月 1 日起至次年的 3 月 31 日止)国民人均收入 16.57 万缅元。

资源物产

缅甸是著名的“稻米之国”和“森林之国”。稻米盛产于伊洛瓦底江三角洲和锡唐河河谷一带。全国森林覆盖率 53%,拥有林地 3412 万公顷,出产柚木、花梨木、丁纹木、鸡翅木、黑檀木、铁木等名贵木材和竹子、藤类。鱼虾资源蕴藏量 176 万吨,年可捕量 105 万

缅甸仰光皇家湖风光　　(原载《中国—东盟博览》)

吨。矿产资源主要有石油、天然气、宝石、玉石、锡、钨、锌、铝、铜、锑、锰、金、银等。水力资源蕴藏量为1800万千瓦。近年不断发现新的石油和天然气资源，在果敢地区发现金矿。

缅甸传统迎新“德降”泼水节，于每年4月中旬举行。　（原载《吉祥》）

国体政体

国　体　缅甸是联邦制国家。

国家和平与发展委员会　国家最高权力机构，由13人组成。

联邦政府　国家最高行政机关。设有国防部、内务部、外交部、商务部等部门。

司法机关　法院、检察院均分为4级，第一级是最高法院和最高检察院。省邦、县、镇区也设有法院和检察院。

党　派　全国有10个党派，即全国民主联盟、民族团结党、掸邦民主联合会、联邦勃欧族联合会、掸邦果敢民主党、谬族（克密族）团结协会、拉裕族发展党、联邦克伦族联盟、果敢民主团结党和佤族发展党。

国家元首和政府首脑

国家和平与发展委员会主席　丹瑞大将。1997年任职。兼任国防军最高司令部司令。

政府总理　梭温上将。2004年10月19日任职。

行政区划

一级行政区划　缅甸一级行政区划包括7个省和7个少数民族邦，分别是：德林达依省、仰光省、勃固省、曼德勒省、实结省、马圭省、伊洛瓦底省，克伦邦、克钦邦、克耶邦、掸邦、孟邦、钦邦和若开邦。

主要城市　仰光市，位于南部，市区面积696.71公里，人口约530万（2004年），是全国经济、文化中心。其他重要城市有曼德勒、毛淡棉、勃生、蒲甘等。内比都是国家行政中心。

经　济

国内生产总值　2005/2006财政年度，缅甸国内生产总值约121620万亿缅元，人均国内生产总值22万缅元。

产　业　农业在国民经济中占有较大比重（增加值约占国内生产总值的50%），农业劳动力约占全国劳动力总数的64%。以种植业为主。耕地面积为1052.16万公顷，其中水稻面积724.37万公顷。2006年大米产量2450万吨，豆类产量3600万吨，橡胶产量50多万吨，玉米产量70多万吨。渔业较发达。工业产值（05/06财年）约占国内生产总值的17.5%，工业主要行业有农产品加工、油气开采（蒲甘、宫达臣、坦德宾是现有的三大油田）、小型机械制造、纺织印染、木材加工、制糖、造纸、化肥、制药、电力等。全国有24个工业区，职工总数170多万。第三产业发展较快，产值占国内生产总值的30%以上。旅游资源丰富，2006年接待外国游客约为58万人。旅游收入1.02亿美元。

金　融　国有银行5家，私人银行20家。货币名称为缅甸币，单位为元。2005年官方汇价为6.5缅元兑换1美元。2006年市场汇价为1美元兑1200～1300缅元。2004/2005财政年度通货膨胀率9%。

进出口贸易　2006/2007财年进出口贸易总额突破70亿美元，在进出口总额中，私营占54%，国营占46%。主要贸易伙伴是泰国、新加坡、中国、印度、日本和马来西亚。主要出口商品有天然气、服装、豆类、虾类、柚木、硬木、粮食、宝石等。进口商品有机械及运输设备、精炼矿物油、纺织品、一般金属及金属制品、电子设备及电器、塑料等。

外国投资　截至2006年9月，外国对缅投资达138.49亿美元，主要投资领域是电力、油气工业和房地产。外资主要来自中国、新加坡、泰国、日本和欧盟。

交通通信

公路交通　缅甸有公路515条，总里程22.21万公里。全国机动车保有量95万辆（2004年），其中摩托车60多万辆，私人小轿车18.5万辆。

铁路交通　铁路总里程5800多公里，主要是窄轨铁路。拥有蒸汽机车270台。

水　运　内河航道总里程1.03万公里。主要航线在伊洛瓦底江。拥有各种船只537艘。可供远洋货轮停靠的港口主要有仰光港、勃生港、实兑港、若开港和毛淡棉港，其中仰光港是最大的海港。全国仅有缅甸五星级轮船公司经营远洋运输。

民用航空　有机场43个，其中主要有仰光机场、曼德勒机场、黑河机场、蒲甘机场、丹兑机场等。仰光机场和曼德勒机场为国际机场。主要航空公司有缅甸国际航空公司、仰光航空公司、曼德勒航空公司和蒲甘航空公司。国际直达航线联系13个国家和地区。国内航线有17条，大城市和主要旅游景点均已通航。

电　信　固定电话用户35.94万户，移动电话5万户(2004年11月)。

教　育

缅甸基础教育学制为10年。全国有小学(1～4年级)3.5万所，在校学生约500万人，教师15万人；初级中学(5～8年级)3000多所，在校学生约200万人，教师5万多人；高级中学(9～10年级)1800多所，在校学生约65万人，教师1600多人。高等院校有154所，主要大学有仰光大学、曼德勒大学和毛淡棉大学等。全民识字率92.2%。

传　媒

缅甸通讯社是国家通讯社。

报纸均为政府所办。主要报刊有英、缅文版的《星光报》、《缅甸之光》、《劳动人民报》、《镜报》等。《缅甸华报》是全国唯一允许发行的华文报刊。杂志和期刊有140多种。较著名的杂志是《妙瓦底》(缅文)，《保卫》(英文)。

政府主办的"缅甸之声"是全国唯一的广播电台，用缅语、英语和8种少数民族语言广播。全国有两家电视台，即缅甸电视台和妙瓦底电视台。境内大部分地区都能收看到电视节目。

医疗卫生

缅甸有医院832所，其中拥有300张以上病床的114所。最好的医院是仰光的亚洲皇家医院和仰光市总医院。此外，还有农村卫生所1456所。全国有医生1.98万人，护士2.04万人。此外全国还有数以百计的妇幼保健站。

科　技

缅甸有科技研究机构12个。另有科技大学3所、技术学院26所、计算机学院2所、航空工程和海事学院2所，这些高等学院也从事科学研究。近年来，信息技术发展较快。

联邦政府科技部负责管理全国的科学技术工作。

历　史

公元1044年形成统一的国家。历经蒲甘、东坞、贡榜3个封建王朝。

19世纪，英国殖民主义者以武力占领缅甸，并将缅甸划为英属印度的一个省。1937年，实行印缅分治，由英国直接统辖缅甸。缅甸人民从1920年开始争取民族解放斗争。1932年，我缅人党成立，开展大规模的反英运动。1942年5月，日军占领缅甸，缅甸人民开展英勇的抗日斗争。1945年3月举行全国总起义，缅甸光复。不久，仍被英国控制。缅甸人民继续开展民族独立运动。

1948年1月4日，缅甸独立，成立缅甸联邦，组成以吴努为首的政府，实行多党议会制。

1962年，奈温将军发动政变，推翻吴努政府，成立革命委员会执政。1974年1月，将国名改为缅甸联邦社会主义共和国，并颁布新宪法，成立人民议会，组建以奈温为主席的社会主义纲领党。1988年7月，因经济恶化，爆发全国性群众游行示威，奈温和吴山友(总统)辞职。

1988年9月18日，时任国防部长的苏貌将军率军队接管政权，成立国家恢复法律和秩序委员会，并宣布废除宪法，解散人民议会和政府机构。同年9月23日，军政府将国名改为缅甸联邦。1990年5月，在全国举行大选。1993年1月，缅甸政府召开制宪国民大会。1997年11月15日，国家恢复法律和秩序委员会改名为国家和平与发展委员会。10多年来，军政府奉行民族和解与合作政策，实行民族自治，国内民族矛盾逐渐缓和。

1997年，缅甸联邦加入东南亚国家联盟。

菲　律　宾

国　名

菲律宾共和国(The Republic of the Philippines)，简称菲律宾。

国　旗

菲律宾国旗呈横长方形，长宽比为2∶1。靠旗杆一侧为白色等边三角形，中间是放射着八束光芒的黄色太阳，三颗黄色的五角星分别在三角形的三个角上。旗面右边是红蓝两色的直角梯形，两色的上下位置可以调换。平时蓝色在上，战时红色在上。太阳和光芒图案象征自由；八道较长的光束代表最初起义争取民族解放和独立的八个省，其余光芒表示其他省。三颗五角星代表菲律宾的三大地区：吕宋、萨马和棉兰老。

蓝色象征忠诚、正直,红色象征英勇、胆量,白色象征和平、纯洁。

地　理

位　置　菲律宾位于亚洲东南部。地处北纬4°35′~21°08′、东经116°55′~126°37′之间。西濒南中国海,东临太平洋。

面　积　陆地面积29.97万平方公里。

疆界和邻国　疆域从北到南跨度达1000公里。北面、西面与中国为邻,南面与印度尼西亚、马来西亚隔海相望。

地形地貌　陆地国土由7107个岛屿组成,素有"千岛之国"之称。按照地形和岛屿排列情况,菲律宾群岛通常分为吕宋岛(第一大岛,面积4.08万平方公里)、维萨亚群岛、棉兰老岛(第二大岛,面积3.69万平方公里)、巴拉湾群岛、苏禄群岛五大部分。地貌复杂多样,山地面积占陆地总面积的2/3。群岛上横亘7座山脉,其中谢拉马德雷山脉最长,从北到南纵贯吕宋岛东部。最高峰是铜阜山(休眠火山),海拔2955米,位于棉兰老岛。最有名的平原是吕宋平原,有"菲律宾粮仓"之称。海拔最高的地区是吕宋岛北部的奔贵高原。海岸线蜿蜒曲折,总长1.85万公里,颇多天然良港。马尼拉湾是世界上最好的港湾之一,水域达770平方公里。位于棉兰老岛东面海域的菲律宾海沟深达10540米,为世界最深的海沟。由于地处太平洋边缘的火山地震带,常发生地震。境内有火山50多座,其中活火山11座。吕宋岛上的活火山马荣火山在1616~1968年间共喷发30余次。

江河湖泊　群岛河流遍布,最长的河流是卡拉延河。吕宋岛的内湖是最大的淡水湖。

气　候　属热带海洋性气候区。分干、湿两季:5~10月为湿季,高温多雨;11月至次年4月为干季,炎热干燥。由于国土南北跨度大和东西有山脉分隔,南部与北部、东海岸与西海岸的气候有较大差别。全国年平均气温26.6℃。年降水量2000~3000毫米。东面海域是台风发源地,境内常受台风影响。

风景名胜　主要旅游景点有百胜滩、蓝色港湾、碧瑶市、马荣火山、伊富高省原始梯田等。

国　民

人　口　菲律宾人口8846.8万(2006年)。

民　族　有80多个民族。其中,马来族(包括他加禄人、伊洛戈人、邦班牙人、维萨亚人、比戈尔人等)约占全国人口的85%,华人(约150万)、印度尼西亚人、阿拉伯人、印度人、西班牙人、美国人等族群约占5%。还有为数不多的原住民。

语　言　有70多种语言。通用语是以他加禄语为基础的菲律宾语。官方语言为英语。西班牙语也较流行。

宗　教　约84%的国民信奉天主教,4.9%信奉伊斯兰教,少数人信奉独立教和基督教新教。华人多信奉佛教。原住民多信奉原始宗教。

资源物产

菲律宾探明储量的金属矿有13种,非金属矿29种。储量较大的金属矿有铜、金、银、铁、铬、镍和铝土,其中铜矿储量37.16亿吨,镍矿1.27亿吨、金矿1.36亿吨。非金属矿主要有石灰石、大理石等。地热资源丰富,估计有相当于20.9亿桶原油的热能资源。巴拉望岛西北部海域石油储量约3.5亿桶。

全国有可耕地1400万公顷,占土地总面积的46.9%。粮食作物主要是稻谷和玉米。经济作物主要有椰子、甘蔗、蕉麻、烟草、香蕉、菠萝、橡胶、咖啡、芒果等,其中椰子产量和出口量均占世界的60%以上。森林面积1250万公顷,森林覆盖率约41%,有红木、樟木等名贵木材。经济鱼类有2400多种,金枪鱼资源居世界前列。开发的海水、淡水鱼场面积2080平方公里。

国体政体

国　体　菲律宾是共和制国家。立法、行政、司法三权分立。实行总统内阁制。总统由人民直接选举产生,任期6年。

国　会　国家最高立法机构。由参、众两院组成。参议院议员24名,由全国直接选举产生,任期6年,每3年改选1/2,可连任两届。众议院议员250名,其中200名由各省、市按人口比例分配,从全国各选区选出;25名由参选获胜政党委派;另外25名由总统任命。众议员任期3年,可连任3届。本届国会于2004年7月选举产生。

政　府　由总统、副总统和内阁成员组成。设住房和城市发展协调委员会、执行部、外交部、财政部、司法部、农业部、国防部、贸易与工业部、公共工程与公路部、教育文化与体育部、劳工与就业部、社会经济计划部、卫生部、土地改革部、警察总监、内务与地方政务部、环境与自然资源部、交通与通信部、社会福利部、预算与管理部、科技部、旅游部、能源部、新闻部等部门。本届总统、副总统于2004年6月选举产生,内阁于同年8月组成。此后略有调整。

司法机构　司法权属最高法院和各级法院。最高法院拥有最高司法权,有1名首席法官和14名陪审法官,均由总统任命。下设上诉法院、地方法院和市镇法院。最高法院首席法官阿特米奥·潘格尼班(Artemio V. Panganiban)。检察工作由司法部检察长办公室负责,总检察长里卡多·加维斯(Ricardo Galvez)。

政　党　有政党100余个,大多数为地方性小党。

主要政党有基督教穆斯林民主力量党(简称拉卡斯,最大政党,现执政党)、民族主义人民联盟、摩洛民族解放阵线、摩洛伊斯兰解放阵线、共产党、自由党、民主行动党、地方发展优先党、改革党、民主战斗党、民族党等。

国家元首和政府首脑

总统是国家元首、政府首脑兼武装部队总司令。现任总统格洛丽亚·马卡帕加尔·阿罗约,于2004年6月当选连任。

行政区划

一级行政区划　菲律宾划分为吕宋、维萨亚、棉兰老三大部分,设有首都地区、科迪勒拉行政区和棉兰老穆斯林自治区,以及伊罗戈区、卡加延谷区、中吕宋区、南塔加罗格区、比克尔区、西维萨亚区、中维萨亚区、东维萨亚区、西棉兰老区、北棉兰老区、南棉兰老区、中棉兰老区、卡拉加区等17个地区。下设79个省和117个市。

主要城市　首都大马尼拉市,位于吕宋岛南部,人口1090万(2005年4月),是全国政治、经济、文化、交通中心。其他重要城市有马尼拉、奎松、达澳、宿务、卡洛奥坎、三宝颜、帕萨伊、巴戈洛德、伊洛伊洛、卡加延德奥罗等。

经　济

国内生产总值　2006年菲律宾国内生产总值1200亿美元。人均国内生产总值1356美元。

产　业　农业以种植业为主。工业以农、林产品加工业为主,制造业发展迅速。服务业在国民经济占较大比重,从业人员1400多万人,约占全国就业人数的40%。

财　政　2005年财政收入7957亿比索,支出9422亿比索。

金　融　主要银行有首都银行、商业银行等。货币名称为比索。2005年比索与美元平均比价为48.268:1。2006年底国家外汇储备246.83亿美元,黄金储备25.55亿美元,外债总额541亿美元(截至2006年9月)。

对外贸易　与150个国家和地区有贸易往来。2006年出口额512.2亿美元,进口额470.37亿美元。出口商品主要有电子零配件、服装及汽车、飞机、轮船配线等,进口商品主要有电子产品、矿产、原油、工业机械及设备等。

交通通信

民用航空　菲律宾航空业比较发达。全国有机场288个。主要机场有尼诺·阿基诺国际机场、宿务麦克坦国际机场、达澳国际机场、苏比克国际机场、克拉克国际机场和拉瓦格国际机场,其中马尼拉的尼诺·阿基诺国际机场是全国最大的航空港。国内航线通达40多个城市。国际航线较多,与30多个国家签有国际航运协定。

铁路交通　铁路总里程1200多公里,集中在吕宋岛。铁路网以马尼拉为中心,北达圣费尔南多,南到黎牙实比。

公路交通　公路总里程约20万公里。注册机动车辆476.36万辆(截至2005年10月)。

水　运　航道总长3219公里。全国有港口数百个,商船千余艘。主要港口有马尼拉、宿务、怡朗、三宝颜等。2005年全国港口货物吞吐量1.49亿吨。

教　育

菲律宾的学前教育可自由选择。初等教育(即小学教育)为义务教育,学制6年(一些私立学校为7年)。中等教育(即中学教育)学制4年。学位制高等教育学制一般为4年(工程学、法律、医学等专业至少需要5年的在校教育)。鼓励私人办学。全国成人识字率92.6%(2004年)。

全国有小学4.17万所,适龄儿童入学率97%;中学8091所,入学率65%(2003~2004学年)。有高等院校1626所,其中公立391所,私立1235所(2002~2003学年);在校生总数243万人,年毕业生约50万人。著名高等院校有菲律宾大学、阿特尼奥大学、东方大学、远东大学、圣托玛斯大学等。

传　媒

菲律宾通讯社为官方通讯社。新闻出版组织有菲律宾全国新闻记者俱乐部、菲律宾新闻摄影家协会、菲律宾出版者协会等。全国有出版机构257家,广播电台629家,电视台137家。2006年互联网用户668.3万户。在菲律宾广播电台、电视台中,除人民电视台为官办外,其余均为私人举办;所播节目主要是英语、他加禄语、华语节目。主要英文报纸有《马尼拉公报》、《菲律宾星报》、《菲律宾询问日报》、《自由报》、《马尼拉时报》和《马尼拉纪事报》,主要菲文报纸有《消息报》和《菲律宾快报》,主要华文报纸有《世界日报》、《商报》、《菲华时报》、《联合日报》和《环球日报》。

医疗卫生

菲律宾有医院1708所(其中公立640所,私立1068所),医师2957人,牙医1958人,护士4819人,助产士1.66万人;村镇医疗站1.51万个,农村医疗单位1879个(以上均为2001年数据)。据2004年统计,人均寿命70.7岁,人口出生率2.57%,死亡率0.58%。

历　史

菲律宾是一个历史悠久的国家。最早生活在菲律宾群岛上的居民是尼格列多人。西班牙入侵之前，菲律宾存在许多土著部落和马来族移民建立的割据王国，其中最著名的是14世纪70年代兴起的海上强国苏禄王国。

1521年，麦哲伦率领西班牙远征队到达菲律宾群岛。

1531年，西班牙远征队在比萨亚群岛（现名宿务港）登陆，宣布占领该群岛。1543年，入侵的西班牙军队以其国王菲律浦二世名字命名该群岛，这是"菲律宾"称呼的由来。

1565年，西班牙占领菲律宾全境，并对其实行长达300多年的殖民统治。

1898年6月12日，菲律宾起义者借美（国）西（班牙）战争之机，宣告独立，成立菲律宾历史上第一个共和国。同年12月，美国通过美西战争后签订的《巴黎条约》占领菲律宾，菲律宾又沦为美国的殖民地。

1935年11月，菲律宾成立自治政府。

1941年12月8日，日本入侵菲律宾。

1945年，美国重新恢复对菲律宾的殖民统治。

1946年7月4日，菲律宾宣告独立。菲独立后，自由党和国民党轮流执政。

1965年，马科斯就任二战后第六任总统，并三次连任。

1983年8月，反对党领导人贝尼格诺·阿基诺被谋杀，导致政局动荡。1986年2月7日，提前举行总统选举，贝尼格诺·阿基诺的夫人科拉松·阿基诺在民众、天主教会和军队的支持下出任总统。

1992年6月，拉莫斯按宪制当选为菲律宾总统。

1994年6月，埃斯特拉达当选总统。

1996年9月2日，菲律宾政府与最大的反政府组织摩洛民族解放阵线签署和平协议，其南部长达24年的战乱局面结束。

2001年1月，埃斯特拉达因受贿丑闻被迫下台，副总统阿罗约继任总统。

2004年6月，阿罗约总统获得连任。

菲律宾是东南亚国家联盟创始成员国。

新　加　坡

国　名

新加坡共和国（The Republic of Singapore），简称新加坡。

国　旗

新加坡国旗由上红下白两个相等的横长方形组成，长宽比为3∶2。左上角有一弯白色新月和五颗白色五角星。红色代表人类的平等，白色象征纯洁和美德；新月象征国家，五颗星代表国家建立民主、和平、进步、公正和平等的思想。新月和五颗星的组合紧密而有序，象征着新加坡人民的团结和互助的精神。

地　理

位　置　新加坡位于亚洲东南部的马来半岛南端。地处北纬1°09′～1°29′、东经103°36′～104°25′之间。南面为太平洋与印度洋之间的航运重要通道——马六甲海峡的东部出入口。

面　积　陆地面积699.4平方公里。

邻　国　北隔柔佛海峡与马来西亚为邻，南隔新加坡海峡与印度尼西亚相望。

新加坡国家博物馆　　（原载《源》）

地形地貌　陆地国土由新加坡本岛和63个小岛组成。大部分土地为低地，这些低地已开发为市区和工业区。海岸平缓，沿岸大多经过人工改造。新加坡岛呈菱形，是该国的主岛，面积约585平方公里。新加坡本岛以外的其他岛屿，较大的有大德光岛（24.4平方公里）、乌敏岛（10.2平方公里）和圣陶沙岛（3.5平方公里），其中圣陶沙岛和乌敏岛是旅游景点，大德光岛是重要的工业基地。

气　候　属热带海洋性气候。常年高温、潮湿、多雨。年平均气温24℃～27℃，日平均气温26.8℃。年平均降水量2344毫米。年平均湿度84.3%。

风景名胜　主要有牛车水、小印度、鱼尾狮公园、裕廊飞禽公园、新加坡植物园、花柏山、圣淘沙岛、乌敏岛等。

国　民

人　口　新加坡人口448万(2006年),其中本国公民和永久居民360.8万人,其他为居住一年以上的外国居民。人口密度为每平方公里6004人。

民　族　种族多元,民族众多。在国民中,75.2%是华人,13.6%是马来人,8.8%是印度人。

语　言　马来语是国语。英语、华语、马来语和泰米尔语均为官方语言。英语是行政语言,使用最为广泛。大多数新加坡人都会讲母语、英语两种语言。

宗　教　佛教、道教、基督教、伊斯兰教在新加坡均有较大影响。各类宗教信徒约占全国10岁以上人口的86%。华人大多信奉佛教,马来人多信奉伊斯兰教,印度人多信奉印度教。

资源物产

新加坡自然资源匮乏。除在本岛中部、北部及大、小德光岛等几个岛屿有花岗石外,至今尚未发现有其他矿藏。虽然四面环海,但渔业并不发达,年产量仅1万余吨。

植物资源比较丰富,品种有2000多种,多属热带低地常绿植物。普遍种植热带观赏花卉胡姬花(即兰花),品种繁多,娇美艳丽,四季盛放。所产胡姬花大量出口欧洲各国及美国、日本等国家和地区。

国体政体

国　体　新加坡是议会制国家。宪法规定,总统为国家元首,由国会选举产生。国会是一院制。实行立法、行政、司法三权分立。

国　会　国家的立法机构。由议会和总统组成。

政　府　内阁是国家行政权力机关。由总理、副总理、各部部长组成。总统委任国会中多数党领袖为总理。根据总理提名,总统任命内阁部长。总理、部长都必须是国会议员。设有国防及安全统筹部、律政部、内政部、外交部、国防部、交通部、贸工部、新闻通讯及艺术部、教育部。本届内阁于2006年5月30日就职。

司　法　设最高法院和总检察署。最高法院由最高法庭和上诉庭组成。最高法院大法官由总理推荐、总统委任。总检察长公署下设立法处、刑事处、民事处3个部门。总统根据总理建议任命总检察长。大法官陈锡强,总检察长赵锡燊,2006年4月起任职。

政　党　注册的政党有24个。主要有人民行动党、工人党、新加坡民主党等。人民行动党从1959年至今一直保持执政党地位。李光耀长期任该党秘书长,1991年吴作栋接任。2004年12月,李显龙接替吴作栋出任该党秘书长。

国家元首和政府首脑

总　统　纳丹。2005年8月17日当选连任。

政府总理　李显龙。2004年8月12日任职。2006年5月连任。

行政区划

新加坡是一个城市国家。在地理上分为中央区、内市区、外市区、新镇、内郊区、外郊区等6个地区。选举时分为75个选区。不设区政权机构,由中央各部直接管理各项事务。设有公民咨询委员会、民众联络所、人民协会等社区组织,担负起准地方政府的任务,作为沟通政府与居民之间的桥梁。

首　都　新加坡市,位于新加坡岛东南,南临新加坡海峡。是东南亚最大的海港、重要商业城市和转口贸易中心,也是国际金融中心、航空中心。市容整洁美观,到处树木葱茏,浓荫密布,绿草如茵,百花娇艳,香飘四季,被誉为“世界花园城市”。

经　济

国内生产总值　新加坡2006年国内生产总值2099.9亿新元,比上年增长7.9%。人均国内生产总值46832新元。

产　业　农业在经济中所占比重很小。工业化程度高,主要行业是制造业和建筑业。是世界第三大炼油中心。服务业发达,包括零售与批发贸易、旅游、交通与电信、金融、商业等行业。旅游业兴旺发达,被誉为“亚洲旅游王国”。2006年接待外国游客970万人次,旅游收益达124亿新元。

对外贸易　新加坡国民经济的重要支柱。2006年新加坡进出口贸易总额达5120.6亿美元(8104.83亿新元),比2005年增长13%,其中进口2394亿美元;出口2726.6亿美元。马来西亚、美国和中国是新加坡的三大贸易伙伴,贸易额分别为668.8、570.5和538.6亿美元,分别占新加坡对外贸易总额的13.1%、11.1%和10.5%,主要出口商品有电子真空管、数据处理机、加工石油产品、电讯设备等。

财　政　2006年财政收入310.7亿新元,支出298.7亿新元。

金　融　由金融管理局负责制定和实施各项金融政策,负责监督与管理商业银行及其他金融机构的经营活动,实际上执行着中央银行的职能,但不发行货币。拥有1000多家金融机构。货币名称为新加坡元。2006年新加坡元与美元平均比价为1.5889:1,国家外汇储备1368.1亿美元(含外汇、黄金及存放在国际货币基金组织的储备金和特别提款权)。

交通通信

铁路交通　新加坡的铁路交通以地铁为主。设有65个站,全长109.4公里。1999年11月建成轻轨铁路,与地铁相连。

公路交通　全国公路总长3234公里,其中高速公路150公里。拥有机动车辆71.1万辆(2003年),其中小汽车40万辆,出租车1.94万辆,公共汽车1.3万辆,摩托车13.56万辆,货车或其他用途车13.53万辆。

水　运　新加坡港是世界最繁忙的港口和亚洲主要转口枢纽。有300多条航线连接世界740个港口。2006年新加坡港集装箱吞吐量2479.2万标准箱。2006年全国有注册商船3249艘,总吨位3479.3万吨。

民用航空　新加坡航空公司及其子公司胜安航空公司拥有飞机96架。外国83家航空公司每周提供超过4000班次的定期飞行服务。航线联系世界57个国家的187个城市。2006年客运量3503万人次。樟宜机场连续多年被评为世界最佳机场。

信息通信　通过3个国际数码电话网、3个地面卫星转播站和海底管道电缆网络与80多个国家建立高速电信网络联系。每万人有3530条家用电话线。移动电话普及率71.5%。互联网上网人数242万人。

教　育

新加坡自治和独立以来,教育发展大致经历两个阶段。第一阶段从1959年到1979年,偏重于普及性和职业教育,为工业化初级阶段的经济发展培养熟练劳动力。第二阶段从1979年至今,重点发展高等普通教育和高等职业技术教育,培养高层次专业技术人才。

实行精英制教育。青少年一般必须接受10年正规教育,其中小学6年,中学4年。强调识字、识数、双语、体育、道德教育,创新和独立思考能力并重。要求学生除了学习英文,还要兼通母语。政府还推行资讯科技教育,促使学生掌握电脑知识。全国有小学173所,中学156所,初级学院14所。大学主要有国立大学、南洋理工大学和新加坡管理大学。此外,还有4所理工学院和33所技术/商业训练学院。

传　媒

新加坡主要报刊有:英文日报《海峡时报》、《商业日报》、《新报》,华文日报《联合早报》、《联合晚报》、《新明日报》,马来文日报《每日新闻》,泰米尔文日报《慕拉素淡米尔日报》。其他重要传媒有新加坡广播电台和新加坡电视台。新加坡广播电台拥有并经营12个国内电台和3个国际电台。新加坡电视台辟有6个频道,并开通有线电视网和卫星电视。

医疗卫生

新加坡政府通过财政投入建立完善的社区医疗卫生中心,社区医疗服务覆盖所有居民。医疗机构分两种,一种是个人出资兴办的营利性综合全科医院,一种是政府和慈善机构建立的非营利性医院。政府推行“三重安全保健网”(即保健储蓄计划、保健双全计划、保健基金),以确保国民都有求医受诊的能力和机会。全国有27所医院/专科中心,其中14所属于公共部门,13所属于私人机构。病床总数1.19万张(2001年),医生6268人,护士1.74万人。新生儿死亡率2.9‰(2003年)。国民平均预期寿命:男性76.9岁,女性80.9岁。

科　技

新加坡在重要领域具备科研能力的机构有13家。这13家研究机构由两个研究理事会直接管理,其中生物医药研究理事会管理5家从事生物和医药研究领域的研究所,科学与工程研究理事会管理其他8家研究所。科学技术研究局、经济发展局、资讯通信管理局、国际企业发展局、标准及生产力与创新局等政府机构在科研体系中发挥重要作用。科学技术研究局的工作以科研院(中心)、大学、医院等公共科研机构为工作对象,着眼发展公共科研机构的科研人力资源,并为他们提供科研资金;经济发展局以公司为工作对象,负责支援公司的研究和创新项目,并为新的起步公司提供资金。国家财政科研经费支出约占国内生产总值的2%。

历　史

新加坡古称单马锡,公元8世纪建国,属印度尼西亚的室利佛逝王朝。10世纪前后,已成为繁荣的港口。13世纪中叶,随着室利佛逝王朝的衰落,单马锡改称信诃补罗。到14世纪中期,信诃补罗成为连接东西方的一个著名国际贸易港口。1350年后,屡遭爪哇的麻喏巴歇王朝和暹罗的大城王朝侵略,于14世纪末灭亡并变成暹罗的属地。18~19世纪,是马来西亚柔佛王国的一部分。

1819年,英国殖民地开拓者莱佛士登陆新加坡。1826年新加坡沦为英国殖民地。英国一直把新加坡作为远东转口贸易的重要商埠和在东南亚的主要军事基地。第二次世界大战期间,新加坡被日本占领。1945年日本投降后,英国恢复其在新加坡的殖民统治。随后,新加坡人民展开各种形式的斗争,迫使英国殖民当局改变统治方式。1954年2月,英国发表《伦德尔宪调查报告书》,提出在新加坡成立一个有32个席位的立法议会(7席由官方委任,25席由民众选举产生),并在此基础上成立民选政府。1955年,内阁式的政府成立,但重要的部长职位仍属于殖民当局。1956

年3月12～18日，新加坡爆发要求结束殖民统治、实行独立的“独立运动周”，20多万新加坡居民在独立意见书上签字。在此形势下，英国政府3次邀请新加坡各派政治力量到伦敦谈判，讨论新加坡政治地位问题。

1958年4月18日，英、新代表签订《关于新加坡自治宪法草案》，英国同意新加坡成立自治邦，实行内部自治，但保留国防、外交、修宪和颁布紧急法令权，并驻有军队。1959年5月30日，举行新立法议会选举，人民行动党获胜。1959年6月，新加坡成立自治邦，实行内部自治，英国保留国防、外交权利。

1963年，新加坡同马来西亚、沙捞越和沙巴组成马来西亚联邦。1965年8月9日退出联邦，成立新加坡共和国。

新加坡共和国是东南亚国家联盟创始成员国。

泰　国

国　名

泰王国（The Kingdom of Thailand）。简称泰国。

国　旗

泰国国旗呈长方形，长宽比为3∶2。由红、白、蓝三色的五个横长方形平行排列构成。上下方为红色，蓝色居中，蓝色上下方为白色。蓝色宽度相等于两个红色或两个白色长方形的宽度。红色代表民族和象征各族人民的力量与献身精神。泰国90%以上人口信奉佛教，白色代表宗教，象征宗教的纯洁。泰国是君主立宪政体国家，国王是至高无上的，蓝色代表王室。蓝色居中象征王室在各族人民和纯洁的宗教之中。

地　理

位　置　泰国位于中南半岛中南部。地处北纬5°37′～20°27′、东经97°22′～105°37′之间。东南濒临泰国湾，西南面向印度洋的安达曼海。

面　积　陆地国土面积51.31万平方公里。

疆界和邻国　东与柬埔寨毗邻，东北与老挝交界，西面和北面与缅甸为邻，南与马来西亚联邦接壤。陆地边界线长3400公里。

地形地貌　地势北高南低，由西北向东南倾斜。地形复杂，全国大体分为5个地形区：一、北部和西部内陆山区。北部山区山脉、河流众多，是湄南河的发源地。主要山脉有登劳山、坤丹山、匹邦南山和琅勃拉邦山，平均海拔1600米，是全国地势最高的地区。清迈的因他暖峰海拔2576米，是全国最高峰。西部山区多为山岭、峡谷。二、东北部高原。也称柯叻高原，包括东北部17个府的广大地区。整个高原由西向东南方向倾斜，构成柯叻、沙功那空两个盆地。三、中部流域平原。该区域包括湄南河流域以及夜功河、他真河和挽巴功河流域的中、下游广大地区，是泰国最大的冲积平原和水稻主产区，素有“泰国粮仓”之称。四、东南沿海地区。包括巴真武里、差春骚、春武里、罗勇、占他武里和达叻6个府的狭小地区。五、南部半岛。包括马来半岛的一部分以及连接半岛和大陆的克拉地峡。

海岸海岛　海岸线长2616.4公里。东南沿海海岸线曲折，近海有阁昌、阁谷、阁锡昌等岛屿。南部半岛地区西海岸为下沉海岸，大陆架狭窄，海岸线曲折破碎且多为岩岸，主要岛屿有普吉岛（全国最大岛屿，面积500多平方公里）、象岛、苏梅岛、PP岛、沙美岛、道岛和希美兰岛等；东海岸平直开阔，多沙滩，少海湾。

江河湖泊　境内河流纵横。主要河流有湄南河和湄公河。湄南河注入泰国湾，河谷宽阔，倾斜度很小，雨季常形成水患。湄公河在境内流长930公里，部分河段水深流急，礁石起伏，交通不便。南部半岛的宋卡湖是全国最大湖泊。其他湖泊有波拉碧湖、农汉湖、公博哇丕湖、农雅湖等。

气　候　大部分地区属于热带季风气候区，全年分为热、雨、凉三季。2月中旬至5月中旬为热季，5月至10月中旬为雨季，11月、12月、1月、2月为凉季。凉季和热季少雨，因此也合称干季或旱季。南部半岛地区属热带雨林气候区，终年炎热多雨。全国年平均降水量约1550毫米，年平均气温24℃～30℃。由于地形不同，各地的降水、气温又有差别。

泰国是一个多水的国家，很早以前，物资交流就在船上进行。位于宽阔河面上的红霄楼水上市场是泰国最大最繁华的贸易市场。　（原载《湄公河》）

风景名胜　主要风景名胜区有曼谷、清迈、帕提亚、普吉岛、象岛、苏梅岛、PP岛、沙美岛、道岛、希美兰岛等。

位于曼谷以北440公里处的素可泰，是素可泰王朝的都城，保留着许多古寺，联合国教科文组织(UNESCO)于1991年12月将素可泰公园列为世界文化遗产。（原载《中国—东盟博览》）

国　民

人　口　泰国2006年人口6283万，人口密度为每平方公里126人。其中首都曼谷市的人口密度最大，每平方公里4332人。

民　族　有30多个民族。泰族是主体民族，占总人口的52%。人口较多的民族还有老龙族、马来族和高棉族，分别占总人口的35%、3.5%和2%。

语　言　泰语为国语。分为中部方言、南部方言、北部方言、东北部方言4种方言，其中中部方言为全国通用的标准泰语。

宗　教　90%以上的国民信仰佛教，少数信奉伊斯兰教(马来族)、基督教新教、天主教和印度教。佛教为国教，对泰国的文化影响甚深。

资源物产

泰国的主要矿产资源有钾盐、锡、褐煤、油页岩、天然气、铅锌、钨、铁、锑、铬、重晶石、宝石、石油等。其中，钾盐储量4070万吨，居世界首位；锡矿储量占全世界的12%。全国耕地面积2070万公顷，占土地总面积的38%。主要农产品有稻米、玉米、木薯、橡胶、甘蔗、绿豆、麻、烟草、咖啡豆、棉花、棕榈油等。是世界大米主产国和第一出口国。水产品产量大，鲜虾产量居世界首位。盛产各类热带水果，主要有榴莲、山竹、荔枝、龙眼、椰子等。

国体政体

国　体　泰国是君主立宪制国家。宪法规定：实行以国王为元首的民主政治制度；国王为国家元首和王家武装部队最高统帅，神圣不可冒犯，任何人不得指责或控告国王。国王通过国会、内阁和法院分别行使立法、行政和司法权。

国　会　由上议院、下议院组成。负责立法，审议政府施政方针和国家预算，对政府工作进行监督等。议员均直接来自民选。上议院议员不得隶属任何政党，不得担任阁员。下议院议员担任内阁职务须辞去议员职务。

内　阁　国家最高行政机关。政府总理来自下议院，由国会主席兼下议院长提名，经下议院表决并获半数以上票数通过，由国会主席报呈国王任命。总理在解散议会前需得到内阁批准并报国王审批，在不信任案期间不得解散议会。设有总理府、国防部、财政部、外交部、旅游与体育部、社会发展和人类安全部、农业和合作社部、交通部、自然资源和环境部、信息技术和通讯部、能源部、商业部、内政部、司法部、劳工部、文化部等部门。

他信政府内阁于2005年3月14日组成，有内阁成员36人。2006年9月19日，陆军司令颂提发动军事政变，推翻他信政府。10月1日，普密蓬国王御准临时变法，任命素拉育·朱拉暖出任新总理。8日，御准新内阁。

司　法　最高司法机构为司法委员会，由8名委员组成。司法系统由宪法法院、司法法院、行政法院和军事法院构成。检察机关实行垂直领导，分为最高检察院、区域检察院、府级检察院。

国家元首和政府首脑

国　王　普密蓬·阿杜德。1946年即位，1950年5月加冕。

政府总理　他信·西那瓦，2001年2月任职，2005年2月大选连任，2006年9月19日被军事政变推翻。2006年10月9日，国王普密蓬·阿杜德任命素拉育·朱拉暖为政府总理。

行政区划

一级行政区划　泰国设有76个府和1个直辖市。府级直辖市是曼谷。各府分别是：素可泰、彭世洛、甘烹碧、披集、碧差汶、那空沙旺、素攀、北榄、龙仔厝、夜功、那空那育、曼谷、暖武里、巴吞他尼、阿育陀耶、北标、华富里、红统、信武里、猜纳、乌泰他尼、佛统、清迈、清莱、夜丰颂、程逸、帕夭、喃邦、喃奔、难、帕、孔敬、那空帕农、乌汶、也梭吞、庵纳乍仑、呵叻、廊开、莫拉限、吗哈沙拉堪、沙功那空、莱、黎逸、廊磨喃普、胶拉信、四色菊、素辇、猜也奔、武里喃、乌隆、春武里、罗勇、哒叻、尖竹汶、巴真武里、北柳、沙缴、来兴、北碧、佛丕、叻丕、巴蜀、惹拉、沙敦、普吉、甲米、攀牙、拉农、董里、宋卡、陶公、素叻他尼、洛坤、春蓬、博他仑、北大年。

主要城市　首都曼谷,位于中部,是全国政治、经济、文化、交通中心,人口约800万,市区面积1568平方公里。其他重要城市有清迈、清莱、大城、普吉等。

经　济

国内生产总值　泰国2006年国内生产总值78131亿铢,比上年增长4.2%,人均国内生产总值11.74万铢(约合3094美元)。

产　业　农业较发达,农产品出口是外汇收入的重要来源。制造业在国民经济中占较大比重,主要工业行业有采矿、纺织、电子、塑料、食品加工、玩具、汽车装配、建材、石油化工等。旅游业发展较快,设施完善,服务质量较高,2006年入境外国游客1382万人。

金　融　国内信贷(含投资)年增长率1.2%。其中私人信贷增长0.5%。存款总额年增长率达5.7%(不含外汇存款和银行间存款)。平均汇率为37.93泰铢兑1美元。外汇储备670亿美元。政府外债总额131亿美元。

进出口贸易　2006年泰国进出口贸易总额2542亿美元,其中出口额1282亿美元,进口额1260亿美元。美国、日本、中国和新加坡是泰国前四位出口市场,占全国对外出口总额的40%以上。2006年泰国向上述四国分别出口196.1亿美元、165.7亿美元、118亿美元和84亿美元,分别增长15.9%、10.2%、29.1%和13.1%。主要出口产品有自动数据处理机、集成电路板、汽车及零配件、成衣、鲜冻虾、宝石和珠宝、初级化纤、大米、收音机和电视机、橡胶等。

交　通

泰国的交通以公路和航空为主。全国铁路总长4452公里,主要是窄轨铁路。公路总长4.60万公里,其中国道1.79万公里。公路四通八达,各府、县都有公路相连。湄公河、湄南河为泰国两大水路运输干线。曼谷是最重要的港口,承担全国95%的出口和几乎全部进口商品的吞吐。此外,还有廉差邦港、梭桃邑港、宋卡港和普吉港等。海运线可达中国、日本、美国、欧洲和新加坡。曼谷廊曼国际机场是东南亚地区重要的航空枢纽,国际航线可通达欧洲、美洲、亚洲和大洋洲的40多个城市。国际机场还有清迈机场、普吉机场和合艾机场。

教　育

泰国的中小学教育学制为12年,即小学6年、初中3年、高中3年。中等专科职业学校为3年制。大学一般为4年制,医科大学为5年制。2005年度教育经费预算1871.62亿铢,占财政预算支出的15.5%。

2005年全国在校学生1424.73万人,其中学前教育180.33万人,小学583.67万人,初中272.02万人,高中173.91万人,高等教育214.80万人。教师总数67.65万人。有国立大学77所,私立大学59所,著名高等院校有朱拉隆功大学、法政大学、农业大学、清迈大学、玛希敦大学、诗纳卡琳威洛大学、易三仓大学、亚洲理工学院等。

传　媒

泰国的主要泰文报纸有《泰叻报》、《民意报》、《每日新闻》、《国家报》、《沙炎叻报》、《经理报》等,主要华文报纸有《新中原报》、《中华日报》、《星暹日报》、《亚洲日报》、《世界日报》和《京华中原日报》等,主要英文报纸有《曼谷邮报》、《民族报》等。广播电台有230多家,其中由政府民众联络厅掌管的有59家。泰国国家广播电台为官方电台,设有国际部,用泰、英、法、华、马来、越、老、柬、缅、日等语言广播。电视台主要有6家,都设在曼谷。

历　史

泰国曾称"暹罗"。公元1238年建立素可泰王朝,这是泰国历史上第一个王朝。之后,经历泰国历史上持续时间最长的王朝——阿瑜陀耶王朝和短暂的吞武里王朝以及延续至今的曼谷王朝。

从16世纪起,泰国先后遭到葡萄牙、荷兰、英国、法国的入侵。19世纪末,曼谷王朝五世王大量吸收西方经验进行社会改革。1896年,英国、法国签订条约,规定暹罗为英属缅甸和法属印度支那之间的缓冲国,暹罗成为东南亚唯一没有沦为殖民地的国家。

1932年6月,民党发动政变,建立君主立宪政体。1938年,銮披汶执政,1939年6月改称泰国,意为"自由之地"。1941年泰国被日本占领,泰国宣布加入轴心国。

1945年,恢复暹罗国名。1949年5月又改称泰国。

泰国是东南亚国家联盟创始成员国之一。

越　南

国　名

越南社会主义共和国(The Socialist Republic of Viet Nam),简称越南。

国　旗

越南国旗为长方形,其宽度为长度的2/3,红底中间有五角金星,即通常说的金星红旗。国旗旗地为红色,旗中心为一枚五角金星。红色象征革命和胜利,五角金星象征越南劳动党(今越南共产党)对国家的领导,五星的五个角分别代表工人、农民、士兵、知识分子和青年。

地　理

位　置　越南位于中南半岛东部。地处北纬8°30′～23°22′、东经102°～109°29′之间。东和东南濒临南中国海。

面　积　陆地面积32.9万平方公里。

疆界和邻国　北、东、东南与中国为邻,西与老挝交界,西南与柬埔寨接壤,南面隔海与马来西亚相望。陆地边界线长3927公里。

地形地貌　地形狭长,呈S形。南北最长处约1640公里;东西最宽处约600公里,最窄处仅48公里。地势是西北高、东南低。山地和高原占全国陆地面积的3/4。有红河三角洲、湄公河三角洲两大平原,面积分别为2万平方公里和5万平方公里,是主要农业区。

江　河　河流密布,其中长度在10公里以上的有2860条。较大的河流有红河、湄公河(九龙江)、沱江(黑水河)、泸江、太平河等。

海岸海岛　海岸线长3260公里。沿海有岛屿2000多个,其中面积在10平方公里以上的20多个。较大的岛屿有盖宝岛、吉婆岛、昆仑岛、富国岛等。

气　候　属热带季风气候区。北部四季分明,多数地区年平均气温23℃～25℃。南部分为旱季(10月至次年3月)和雨季(4～9月),多数地区年平均气温26℃～27℃。空气湿润,雨量充沛,全国年平均降雨量1500～2000毫米。

胡志明市一景　　(原载《中国—东盟博览》)

风景名胜　在北方,首都河内有还剑湖、西湖、巴亭广场、胡志明陵、文庙、二征夫人庙、三岛山等,海防市有图山海滨风景区,广宁省有被称为"海上桂林"、列入世界自然遗产名录的下龙湾,老街省有著名的避暑胜地沙巴。在中部,有被列入世界文化遗产名录的古都顺化,列入世界自然遗产名录的风雅洞,以及会安古城、美山占婆文化遗址等。在南方,胡志明市有旧总统府、古芝地道等,其他地区有芽庄海滩、大叻避暑风景区、滨海旅游胜地头顿、天涯海角名城河仙等。

国　民

人　口　越南人口8411万(2006年)。其中,城市人口约占27%,农村人口约占73%;男性约占49%,女性约占51%。人口平均密度为每平方公里252人。

民　族　有54个民族,其中人口在50万以上的有京族(也称越族)、岱依族、泰族、华族(即华人)、高棉族、芒族和侬族。主体民族京族占总人口的80%以上。

语　言　各民族的通用语言是越南语。英语和华语广泛使用。

宗　教　国民受儒家思想影响较深。部分人信奉佛教、天主教、和好教、高台教等。祖先神灵崇拜在国民生活中占有重要地位。每年中国农历三月初十是祭雄王日。民间传说,雄王是越南的国祖。许多家庭都立有祖先的牌位,每逢初一、十五进香祭拜。

资源物产

矿产资源　越南发现矿种90多种,其中探明储量40多种。重要矿产资源有煤、石油、天然气、铁、锰、铬、钛、锆、铝、铜、镍、铅锌、锡、铍、金、稀土、磷灰石、石墨、瓷土、膨润土、重晶石、宝石等,其中煤储量65亿吨,铝土储量4亿吨。

生物资源　动植物种类繁多。有爬行动物约300种,禽类1000多种,鱼类1000多种。陆栖野生动物主要有象、犀牛、虎、豹、熊、鹿、猴、白眉猿、孔雀、翡翠鸟、金丝鸟等。森林面积1242万公顷,其中天然林953万公顷,人造林288万公顷。盛产格木、柚木、楠木等。

物　产　主要粮食作物有稻谷、小麦、玉米、高粱、薯类等。经济作物有茶叶、橡胶、咖啡、可可、槟榔、油桐、胡椒、八角、烟草、棉花、花生、甘蔗、麻类等。药材有党参、何首乌、通草、苍耳、砂仁、桂皮、三七、巴戟、黄连等。盛产菠萝、香蕉、椰子、杧果、波罗蜜、柚子、荔枝等热带水果。

国体政体

国　体　越南社会主义共和国宪法规定:越南是社会主义国家,越南共产党是领导国家和社会的力量,国家一切权力属于人民,实行人民代表制度。

国　会　国家最高权力机关,行使国家立法权。国会代表以普选制投票产生。

政　府　设有国防部、公安部、外交部、司法部、计划投资部、财政部、贸易部、农业农村发展部、交通运输部、建设部、工业部、邮政电信部、水产部、劳动荣军社会部、科学技术部、资源环境部、文化新闻部、教育培训部、卫生部、民族和山区委员会、政府干部人事部、国家监察部、体育委员会、人口家庭与儿童委员会、国家银行、政府办公厅等机构。

最高人民法院　国家最高审判机关。

最高人民检察院　国家最高检察机关。

越南共产党　越南社会主义共和国的执政党,也是越南唯一的政党。中央委员会总书记农德孟。

越南祖国阵线　由各阶层组成,并参政议政。

国家领导人

国会主席　阮富仲,2006年当选。

国家主席　国家元首,统帅武装力量,由国会选举产生。现任国家主席阮明哲,2006年当选。

政府总理　阮晋勇,2006年当选。

越南祖国阵线中央委员会主席　范世阅。

行政区划

一级行政区划　越南设5个直辖市和59个省,并按地域划分为八大区:一、红河平原11省(市),分别是河内、海防、永福、河西、北宁、海阳、兴安、河南、南定、太平和宁平,面积14812平方公里,人口1803万人(2005年,下同);二、东北11省,分别是河江、高平、老街、北件、谅山、宣光、安沛、太原、富寿、北江和广宁,面积63629平方公里,人口935万人;三、西北4省,分别是莱州、奠边、山罗和和平,面积37336平方公里,人口256万人;四、中部北区6省,分别是清化、义安、河静、广平、广治和承天(顺化),面积51510平方公里,人口1062万人;五、中部南沿海地区6省(市),分别是岘港、广南、广义、平定、富安和庆和,面积33069平方公里,人口704万人;六、西原5省,分别是昆嵩、嘉莱、多乐、多农和林同,面积54473平方公里,人口475万人;七、南部东区8省(市),分别是胡志明、宁顺、平福、西宁、平阳、同奈、平顺和巴地(头顿),面积34743平方公里,人口1346万人;八、湄公河平原13省(市),分别是隆安、同塔、安江、前江、永隆、槟知、坚江、芹苴、后江、茶荣、朔庄、薄辽和金瓯,面积39738平方公里,人口1726万人。

主要城市　首都河内市,位于红河三角洲平原中部,面积921平方公里,人口314万。是全国政治、文化中心,第二大城市。其他重要城市有胡志明、海防、岘港、芹苴、下龙、太原、越池、南定、顺化、头顿、大叻、芽庄、河仙等。其中,胡志明市是全国最大城市和工商业中心;海防市是北方的重要工业、港口城市,全国第三大城市;岘港市是中部的港口、工业城市;下龙市是重要的煤炭基地和著名旅游胜地。

经　济

国内生产总值　越南2006年国内生产总值974万亿越盾,其中第一产业199万亿越盾,第二产业404万亿越盾,第三产业371万亿越盾。三次产业的比重已从2005年的20.89∶41.03∶38.07演变为20.40∶41.52∶38.08。人均国内生产总值1150万越盾(约合720美元)。

产　业　农业以种植业为主。工业主要有能源、机械、化工、建筑材料、钢铁、纺织、鞋类加工、食品等行业。2006年主要工农业产品产量:稻谷3583万吨,水产品368万吨。旅游业发展迅速,全年接待入境游客358.3万人次。

财　政　2006年总收入272.88万亿越盾,约合176亿美元,同比增长25.8%。财政支出321.38万亿越盾。

金　融　货币名称为越南盾。2006年末越南盾与美元比价为15500∶1。主要银行有越南国家银行(亦称中央银行)、越南工商银行、越南农业和发展农村银行、越南投资和发展银行、越南外贸银行、越南国际贸易股份银行等。外汇储备120亿美元。

进出口贸易　2006年进出口总额840亿美元,其中出口额396亿美元,进口额444亿美元。出口超过10亿美元的产品有9种:原油83亿、纺织品58亿、鞋36亿、水产品34亿、木制品19亿、电子产品及计算机18亿、大米13亿、橡胶13亿、咖啡11亿。进口额达到444亿美元,增长20%,主要的进口商品有:机械、设备、燃料、原材料、纺织原料等。

外资引进　2006年签订外商直接投资项目价值达102亿美元,创越南改革开放以来的新高,其中新签项目800个,投资额76亿美元;增资项目490个,增资额24亿美元。外资主要投向工业、建筑业和服务业。

交通通信

铁路交通　越南铁路总长2530公里,主要是窄轨铁路(2128公里),有7条干线。铁路运输量占全国客货运输总量的7%左右。

公路交通　2004年公路总长13.7万公里,其中柏油和水泥公路5.4万公里,石头路面公路0.6万公里,沙石路面公路3.6万公里,泥土路面公路4.1万公里。

水　运　内河运输主要集中于湄公河三角洲、红河三角洲平原地区，有营运货船2130艘、客船1603艘。能够停靠万吨级以上轮船的港口有鸿基港、盖邻港、海防港、鸿罗港、岘港、归仁港、头顿港、西贡港等，全国有海轮1081艘，总载重量310万吨。2004年中央管理的海港运输量为3386万吨，其中海防港1149万吨，西贡港1290万吨。

民用航空　有内排、新山一、岘港3个国际机场。拥有民航客机49架。2005年民航机场旅客吞吐量684万人次，货物运输10.5万吨。

电　信　2005年底全国电话用户1584.5万户（含移动电话用户和固定电话用户），平均每百人拥有电话19部。互联网用户200多万户。2005年邮电业务总量30831万亿越盾。

教　育

越南拥有完善的教育体系。基础教育学制12年，其中小学5年，初中4年，高中3年。在高中教育阶段，还有中等职业教育。大学教育学制3～6年。大学后教育，分为硕士研究生、博士研究生两个阶段。2000年宣布完成扫盲和普及小学义务教育，2001年开始普及9年义务教育。

2005～2006学年，越南有幼儿园1.1万所，在园幼儿243万人，教师11.7万人。普通小学1.5万所，在校生730万人，教师35万人；初中9383所，在校生637万人，教师31万人。普通高中1952所，在校生297万人，教师11万人。2002年，各类中等专业技术教育学校286所，在校生45.3万人，毕业生15.7万人，教师1.4万人。2005年有高等院校255所，其中公立220所，民办35所；在校生140.4万人，毕业生19.7万人，教师4.8万人。著名高等院校有河内国家大学、百科大学、胡志明市国家大学等。

传　媒

越南有定期出版物563种，2005年发行量9.9亿册。报社约150家。主要报刊有《人民报》（越共中央机关报）、《人民军队报》（越南人民军总政治局机关报）、《大团结报》（祖国阵线中央机关报）、《西贡解放报》（越共胡志明市委机关报）、《共产主义》（越共中央政治理论月刊）、《全民国防》（越南人民军理论月刊）等。2005年出版发行图书2.5亿册。

国家通讯社为越南通讯社，1945年创立，在全国各省（市）均设有分社，驻外分社有16个。国家广播电台为越南之声广播电台，成立于1954年，对内广播用越南语及多种少数民族语言播音，对外广播用中国普通话、中国广东话、俄语、英语、法语、西班牙语、日语、泰语、老挝语、柬埔寨语、印尼语、马来语等。越南中央电视台成立于1971年，可同时播送4套节目。

医疗卫生

2005年越南有医疗机构1.32万个（不包括私人医疗单位）。其中，医院878所。有病床19.7万张，医生5.15万人，医士4.97万人，护士5.16万人，助产士1.81万人，高级药剂师5600人，中级药剂师9500人，司药员8100人。全国平均每万人有医生6.2人。

科　技

越南有科学研究和技术发展组织1150多个。大专以上文化程度的人口180万，其中博士1.4万人，硕士1.6万人。重视社会科学研究，为党和政府决策提供理论依据。

历　史

越南是一个历史悠久的国家。境内发现多处旧石器时代、新石器时代文化遗址。主体民族越族的直接祖先，是起源于古代居住于从中国南方一直到红河三角洲地区的“百越”族群的一个分支——雒越。雒越人在公元前3世纪之前就居住在现在越南北部红河流域中下游地区。越南古籍中曾有“文郎国”、“瓯雒国”的记载，反映的是古代雒越人原始部落社会的情况。

从公元前214年至公元10世纪初，今越南北部一直在中国封建王朝的管辖之下。公元939年，安南人（当时中国人对越南居民的泛称）吴权赶走中国官吏，自立为王。吴权死后，安南地区出现“十二使君”（即12个封建主）割据纷争局面。公元968年，安南人丁部领削平“十二使君”，统一安南，建立大瞿越国，随后派遣使者向中国北宋王朝请封，宋太祖封丁部领为检校太尉、交趾郡王。学术界一般将公元968年丁部领建大瞿越国作为越南建立自主的封建国家的开始。

此后，越南先后经历前黎朝（980～1009）、李朝（1010～1225）、陈朝（1225～1440）、胡朝（1400～1407）、后黎朝（1482～1784）、西山朝（1788～1802）、阮朝（1802～1885）等封建朝代。1802年，越南最后一个封建王朝的开国皇帝阮福映依惯例向中国清王朝请封。清王朝于次年封阮福映为越南国王。这是“越南”作为国名的开始。

19世纪下半叶，越南沦为法国的殖民地。

1945年，越南人民取得八月革命胜利。同年9月2日，越南宣告独立，越南民主共和国诞生。

越南独立不久，法国人重新占领越南。越南人民开始抗法战争。1954年5月7日，取得奠边府战役胜利，法国军队撤离越南，越南开始南北分治。20世纪50～60年代，美国人支持南越政权，越南人民展开抗美战争。1973年美军撤离越南。1975年，越南南北统一。

1976年，越南民主共和国改称越南社会主义共和国。

1995年，越南社会主义共和国加入东南亚国家联盟。

动　　态

政　　治

中国国家主席胡锦涛提出“八个为荣、八个为耻”的社会主义荣辱观

2006年3月4日，中共中央总书记、国家主席、中央军委主席胡锦涛在全国政协十届四次会议民盟民进联组会上提出“八个为荣、八个为耻”的社会主义荣辱观，即：以热爱祖国为荣、以危害祖国为耻，以服务人民为荣、以背离人民为耻，以崇尚科学为荣、以愚昧无知为耻，以辛勤劳动为荣、以好逸恶劳为耻，以团结互助为荣、以损人利己为耻，以诚实守信为荣、以见利忘义为耻，以遵纪守法为荣、以违法乱纪为耻，以艰苦奋斗为荣、以骄奢淫逸为耻。社会主义荣辱观的提出，体现中华民族传统美德与时代精神的有机结合，体现社会主义基本道德规范的本质要求，体现社会主义价值观的鲜明导向。为中国公民道德建设树起新的标杆，对促进良好社会风气的形成和发展提供强大的精神动力。

中国第十届全国人大四次会议通过“十一五”规划纲要

2006年3月14日，中国第十届全国人大四次会议表决通过关于国民经济和社会发展第十一个五年规划纲要的决议，决定批准这个规划纲要。纲要全文约55000字，分为14篇：指导原则和发展目标，建设社会主义新农村，推进工业结构优化升级，加快发展服务业，促进区域协调发展，建设资源节约型、环境友好型社会，实施科教兴国战略和人才强国战略，深化体制改革，实施互利共赢的开放战略，推进社会主义和谐社会建设，加强社会主义民主政治建设，加强社会主义文化建设，加强国防和军队建设，建立健全规划实施机制。《国民经济和社会发展第十一个五年规划纲要》是根据《中共中央关于制定国民经济和社会发展第十一个五年规划的建议》编制，主要阐明国家战略意图，明确政府工作重点，引导市场主体行为，是未来五年中国经济社会发展的宏伟蓝图，是中国各族人民共同的行动纲领，是政府履行经济调节、市场监管、社会管理和公共服务职责的重要依据。

中国政府大力推进政务公开

2006年初，中国政府门户网站开通，标志着中国政府在建设透明政府和服务型政府方面向前迈出一大步。至2006年底，中国国务院有55个部门及直属单位建立政务公开领导小组及其办事机构，36个部门和单位建立政务公开制度。全国乡镇普遍推行政务公开，并逐步走上规范化轨道；85%以上县级和83%的地市级行政机关实行政务公开，省级政府部门的政务公开工作取得进展。据统计，中国有80多部法律、行政法规包含有关政府信息公开的规定。2007年1月17日，国务院常务会议审议并原则通过《中华人民共和国政府信息公开条例（草案）》。

中国共产党开展保持共产党员先进性教育活动

2006年6月，中国共产党以实践“三个代表”重要思想为主要内容的保持共产党员先进性教育活动基本结束。此项活动从2005年开始，历时一年半。教育活动涉及近7000万名党员、350多万个基层党组织，是参加人数最多、规模最大的一次马克思主义集中教育活动。群众满意度测评表明，这次教育满意和基本满意率达到97%以上。

中共十六届六中全会在北京举行

2006年10月8～11日，中国共产党第十六届中央委员会第六次全体会议在北京举行。出席这次全会的有中央委员195人，候补中央委员152人。中央纪律检查委员会常务委员会委员和有关方面负责人列席会议。中共中央委员会总书记胡锦涛作重要讲话。全会听取和讨论胡锦涛受中央政治局委托作的工作报告，审议通过《中共中央关于构建社会主义和谐社会若干重大问题的决定》。全会审议并通过《关于召开党的

第17次全国代表大会的决议》,决定中国共产党第17次全国代表大会于2007年下半年在北京召开。全会充分肯定中国共产党十六届五中全会以来中央政治局的工作,号召全体党员要紧密团结在以胡锦涛同志为总书记的党中央周围,高举邓小平理论和“三个代表”重要思想伟大旗帜,全面贯彻落实科学发展观,带领全国各族人民万众一心、锐意进取,为把中国建设成为富强民主文明和谐的社会主义现代化国家而奋斗。

中共十六届六中全会于2006年10月8~11日在北京举行,全会的一个重要成果,是审议通过了《中共中央关于构建社会主义和谐社会若干重大问题的决定》。图为大会会场。（原载《人民画报》）

中共中央隆重纪念长征胜利70周年

2006年是中国工农红军长征胜利70周年,中共中央开展系列纪念活动。10月16日至12月10日,由中央组织部、中央宣传部、中央文献研究室、中央党史研究室、解放军总政治部和北京市委联合主办的《伟大壮举　光辉历程——纪念中国工农红军长征胜利70周年》展览在中国军事博物馆举办。展览开幕当天,中共中央总书记、国家主席、中央军委主席胡锦涛参观展览。10月22日,中共中央在北京人民大会堂隆重举行纪念红军长征胜利70周年大会。胡锦涛在会上发表重要讲话强调,70年前,中国共产党领导红军将士完成了震惊世界的长征,开辟了中国革命继往开来的光明道路,奠定了中国革命胜利前进的重要基础。这一伟大历史事件,是中国共产党人的骄傲,是人民军队的光荣,是中华民族的自豪。纪念红军长征胜利,就是要激励全党全军全国各族人民在中国特色社会主义道路上继续奋勇前进。

·链接资料·

长征简介

长征是指1934年8月至1936年10月间,中国工农红军主力自长江南北各革命根据地向陕甘革命根据地的大规模战略转移。

参加长征的部队有红军第一、二、四方面军及红25军。在红一方面军长征之前,寻淮洲、方志敏等曾率领抗日先遣队北上,途中被敌包围而失败。1934年10月,红一方面军主力从瑞金、于都、长汀、宁化等地出发,开始长征。

1935年1月红军攻占贵州遵义城,中国共产党在这里召开了具有伟大历史意义的政治局扩大会议。遵义会议后,红一方面军在毛泽东等指挥下,四渡赤水河,巧渡金沙江,顺利通过彝族区,强渡大渡河,飞夺泸定桥,摆脱了数十万敌军的围追堵截,取得战略大转移中具有决定意义的胜利。1935年6月到达四川西部的懋功地区与红四方面军胜利会师。10月到达陕北吴起镇,与红15军团会师。

红2、6军团于1936年7月到达四川甘孜地区,同红四方面军会师。会师后,以红2、6军团为主组成红二方面军。两军会合后,对张国焘的反党和分裂红军的错误进行严肃斗争。随后,红二、四方面军共同北上,1936年10月到达甘肃会宁地区,同中央红军胜利会师。三大主力的会师,标志着长征胜利结束。

中央红军长征从1934年10月至1935年10月,历时13个月零2天,纵横11个省,长驱二万五千里,途中爬过18座山脉(其中5座终年积雪,雪山行程2700里),走过人迹罕至的茫茫草地(草地行程600里),渡过24条河流,经历大小战斗300多次;红二方面军长征从1935年11月至1936年10月,历时11个月,转战九省,行程一万六千里,经历大小战斗110次;红四方面军长征从1935年5月至1936年10月,历时18个月,转战数省,行程八千余里,经历大小战斗数百次。

中国香港特区前卫生署长陈冯富珍当选世界卫生组织总干事

2006年11月9日,在瑞士日内瓦举行的世界卫生大会特别会议通过世界卫生组织执委会提名,选举中方候选人、原世界卫生组织助理总干事、香港特区前卫生署长陈冯富珍女士为世界卫生组织新任总干事。她是继布伦特兰之后该组织的第二位女性总干事,也是首位担任联合国专门机构最高职务的中国人。

文莱加强反贪污教育

针对世界上和东南亚一些国家由于高层领导贪污造成社会动荡不安的情况,文莱政府除采取严厉措施预防公务员贪污外,还极为重视反贪污教育。2006年1月7日,文莱苏丹长子穆赫塔迪·比拉王储在全国反贪污教育列入课外活动推展会上说,贪污不仅给国家带来巨大破坏,更可悲的是造成许多人说谎习惯,甚至可以把错的说成对的,扰乱法律的公平。如果贪污到了无法收拾的地步或已成为一种负面文化,国家就会陷入灾难之中,直接影响国家的和平与安宁。他强调,为杜绝贪污行为,每个机构的高层领导应该采取适当步骤及行动来遏制贪污,每个公务员应该在维持廉政形象以及维护国家利益的前提下完成工作任务。所有执法单位或机构以及政府部门应采取积极态度杜绝任何贪污行为。他还强调,要加强年轻一代的反贪污教育,政府已经决定将学校开展反贪污教育课外活动作为一项国策,目的是让年轻一代远离不良习惯,维持个人的良好品格,避免轻易受到外来不良文化的侵袭,这样才能保持国家长治久安。

文莱防范危险品入境

针对近年来国际恐怖分子利用邮件进行恐怖破坏的情况,文莱有关部门加强防范。措施之一是购买先进设备检查入境物品。2006年1月7日,文莱邮政局与文莱CIGS企业公司签署一项备忘录,购买全新X光扫描机,主要用于扫描信件及包裹,防范有害及危险物品进入文莱。这也是执行国际公共航空集团的安全规定,所有邮寄信件及包裹都必须事先经过扫描后才能空运至其他国家。

文莱加强皇家警察部队建设

文莱社会稳定,刑事案件每年只发生二三件。但针对2001年发生的美国"9.11"恐怖袭击事件和近年来东南亚地区一些国家不断发生的恐怖袭击事件,文莱政府积极采取措施维护社会稳定和国家安宁,措施之一是加强警察部队建设。文莱苏丹亲自担任警察总长。苏丹在2006年1月18日庆祝文莱皇家警察部队成立85周年大会上致词说,虽然文莱如今仍然是个和平及安宁的国家,但智慧型和专业型犯罪分子以及包括走私、偷渡等违法行为已在文莱发生。为此,苏丹提出加强警察部队建设的措施:一是成立文莱皇家警察刑事犯罪情报局。二是加强警察部队的建设,要把文莱皇家警察部队建设成一支廉洁、有效率、有尊严及有良好纪律的部队。三是文莱警察部队要加强与国际组织和各国警察合作,打击各种犯罪分子。

文莱举行苏丹60华诞庆祝活动

2006年7月15日是现任苏丹60华诞,文莱政府举行一系列庆祝活动。年初,文莱政府成立苏丹60寿辰庆祝委员会。7月全国4个行政区分别举行苏丹与民同乐庆典活动。7月26日文莱政府在奴鲁曼皇宫举行授勋大会,苏丹亲自向对文莱国家建设作出突出贡献的344人授予文莱荣誉勋章。7月29日,文莱邀请澳大利亚、中国、印度尼西亚、马来西亚、阿曼、巴基斯坦、新加坡、泰国、英国、越南、菲律宾、约旦等12个国家军乐队与文莱国家军乐队一起举行国际军乐演奏表演。8月2~7日,作为苏丹60寿辰系列活动之一的"2006年清真产品展览"在文莱国际会议中心举行。11月14日,文莱苏丹基金会举行开斋节庆祝大会,邀请1200名来自国内各级政府与私立中小学的杰出代表参加开斋节庆祝大会,苏丹出席开斋节庆祝大会。文莱苏丹基金会从2003年开始举办开斋节庆祝大会,2006年开斋节庆祝大会以学生和教师为主角,让青年学生与苏丹接触,以此加强年青一代的爱国与效忠君主的思想,树立维护国家稳定的信念。12月28日,文莱货币局发行新设计的面额500及1万文莱元的新钞票,面额500文莱元新钞正面是现任苏丹先父文莱第28任苏丹的肖像,面额1万文莱元新钞正面是现任苏丹的肖像。通过这一系列活动,苏丹王室和政府与民众的关系更加密切。

文莱政府推行电子政务计划

为适应21世纪信息时代需要和提高政府工作效率,文莱政府推行电子政务计划。该项计划2001年制订,已列入国家信息科技发展计划核心项目。2001~2005年文莱政府拨款10亿文莱元用于电子政务计划的基础设施、政府内部网络改造以及推行政府部门内部政务电脑化。2006年11月22日,文莱交通部长阿布巴卡在文莱电子政务会议上致词中代表政府强调,要进一步推行电子政务计划,文莱国家资讯科技理事会将推行多项措施确保电子政务计划取得成功。这些措施包括设立电子政务技术管理局,委任电子政务计划主管领导,电子政务技术管理局将为电子政务制订技术规范,为推行电子政务计划提供人力培训,并将成为联系各部门的信息中心。

柬埔寨第二届参议院选举结果揭晓

2006年1月22日,柬埔寨第二届参议院选举如期举行。人民党、奉辛比克党、桑兰西党及高棉民主党参加选举,以角逐新一届参议院61个议席中的57席。1月29日,柬埔寨国家选举委员会(NEC)公布第二届参议院选举结果,人民党获得参议院2/3以上议席。在全国各政党选出的全部11382名选举人中,有11372人参加投票,有效票为11352票,其中人民党获7854票,奉辛比克党获2320票,桑兰西党获1165票,高棉民主党获13票。人民党在57个议席中获45席,奉辛比克党获10席,桑兰西党获2席,另外4个议席分别由国王和国会各直接任命2席。

柬埔寨桑兰西党三议员豁免权被恢复

2006年2月28日,柬埔寨第三届国会第四次会议经过与会议员表决,国会主席诺罗敦·拉那烈亲王郑重宣布,全票通过恢复桑党国会议员桑兰西、姜占尼和谢卜的议员豁免权的议案。桑兰西在接受媒体采访时指出,对于国会恢复他本人和其他两位桑党议员的议员豁免权,感到非常高兴,他同时要感谢国王根据王国政府首相的请求开恩赦免他,对于国王的恩情,他将永记于心。

柬埔寨国会通过修宪案

2006年3月2日,柬埔寨国会以96票支持、1票弃权通过修改宪法第82条、88条(新)、90条(新)、98条、106条(新)、111条(新)、114条(新)和宪法补充条款第6条。将过去单独组建政府须获得2/3国会议席的规定降为50%加1。在表决通过的96票中,人民党、奉辛比克党和桑兰西党的议员全部赞成。50%加1的框架是在选举中任何一党只要获得半数票加1即可单独组阁。如果在选举后有两个政党所获得的国会议席一样多,那么第三个政党对组阁工作起至关重要作用,如果第三个政党同意与上述两党中的任何一党结盟,那么该党就有资格与第三个政党联合组阁。如果选举中没有任何政党获得过半票数,可协商由某党单独组建少数票政府,其他政党可在国会中与其对抗。

拉那烈辞去柬埔寨国会主席职务

2006年3月3日,奉辛比克党主席诺罗敦·拉那烈亲王致信人民党主席谢辛、副主席洪森,称因其有太多重要事务需要处理,已经影响到正常完成国会主席和奉党主席的职责。为奉党今后有良好的发展前途,他提出辞去国会主席职位的请求,并恳请两位亲王谅解。柬埔寨国家电视台当天报道,柬埔寨王国国会主席诺罗敦·拉那烈亲王已宣布辞去国会主席职务。国会经过与参议院议长谢辛、政府首相洪森协商后决定,第三届国会将投票成立一个由韩桑林亲王为主席,颜惹为第一副主席,来自奉党的一名候选人为第二副主席的国会领导架构。12月12日,国会主席韩桑林宣读通告,宣布国会决定取消拉那烈的议员资格。

柬埔寨国会通过第三个国家发展五年计划

2006年5月9日,柬埔寨国会以90票支持、5票弃权通过王国计划部呈交的《2006至2010年国家发展计划》草案。这是柬王国政府成立以来,继1996年和2001年后所推行的第三个五年计划。根据该计划,到2010年柬埔寨在粮食生产、教育、卫生、基础建设等方面都有较大发展。政府继续推动运输业发展,建设更便利、安全、广泛和具有商业价值的运输系统。未来五年,电讯和邮电覆盖率将进一步提高。政府鼓励和推动私人参与相关行业发展。未来五年,王国政府预计投入资金35亿美元,其中经济类开支占22.29%,社会福利占32.86%,基础建设占25.9%,服务和其他占14%,未分配项目约占5.7%。

柬埔寨国会通过《一夫一妻法》

2006年9月1日,柬埔寨国会经过两天的激烈辩论后,终于在69名出席议员中以64票赞成通过《一夫一妻法》。奉辛比克党议员几乎全部缺席当天的会议,桑兰西党议员大部分未参加表决。《一夫一妻法》分4章12条,规定所有柬籍公民的婚姻要遵循一夫一妻制,触犯重婚罪者判处6个月至1年的刑罚,并罚款20万至100万瑞尔(1美元约合4000瑞尔);与近亲或有血缘关系者结婚的判处1个月至1年的刑罚,并罚款20万至100万瑞尔。

柬埔寨奉辛比克党选出新主席

2006年10月18日,奉辛比克党举行特别大会,有4500名来自全国各地的代表出席会议。大会通过修改内部规章制度及党的章程,改选领导人,更换党徽。柬埔寨驻德国大使高布列斯梅当选新主席,诺罗敦·拉那烈被奉为"历史领袖",副首相兼农村发展部长杨来盛当选第一副主席,前国防部联合部长西施梳越·西里洛亲王为第二副主席,涅文才连任秘书长。中央委员增至53人。

11月29日,奉辛比克党决定驱逐拉那烈出党,并撤销其在奉党的一切职务,包括国会议员资格。

奉辛比克党新主席出任柬埔寨王国政府副首相

2006年10月24日,柬埔寨国会以83票支持、11票反对、3票弃权和8票作废的结果,通过高布列斯梅任柬埔寨王国政府副首相(负责妇女事务、文化、艺术和宗教方面的工作)、玛丽王妃任国务部长(负责政府特别事务)及奔占塔尼任首相府国务秘书的信任投票。这三位柬内阁新成员均为奉辛比克党党员,洪森首相在介绍上述三位新内阁官员时表示,依照国家近期发展局势,基于尊重政府合作伙伴的自主决定权,为营造良好的政治氛围和未来长期可持续发展,双方有必要协调合作机制;为了人民的利益,经奉党同意,政府提议任命这三位奉党官员。

印度尼西亚国会通过新国籍法

2006年7月11日,印尼国会全体议员经表决一致通过新国籍法。该法于8月9日实施，1958年的国籍法同时废止。新国籍法废除针对少数族裔的歧视性章节。根据新法令，凡在印尼出生且未接受外国国籍的人自动成为印尼公民，所有族群享有平等的权利和义务。这意味着印尼华人不必像从前那样需提供各种证明材料，并缴纳高额费用后才能成为印尼公民。此外，印尼女性与外国男性通婚后可以保留印尼籍，其婚生子女在18岁前有权持有双重国籍。新国籍法同时规定，如侨居国外的印尼公民连续5年不向本国驻外机构申报，则丧失印尼籍身份。该法受到社会各界人士尤其是华人的欢迎。舆论普遍认为，这一里程碑式的事件将对印尼的民族和谐、社会稳定和经济发展产生重大而深远的影响。但也有人担心，新国籍法会给印尼贪官外逃提供便利条件。

印度尼西亚精简公务员队伍

2006年9月18日印尼政府主管行政效能建设工作的国务部长陶菲克·艾芬迪宣布，为提高公务员行政效率，同时为减少退休公务员给国家带来的财政负担，印尼适当缩减公务员数量。公务员队伍的“瘦身”工作于2007年启动，主要以自然减员的方式完成。印尼有公务员370万人，每年约有12万人进入退休年龄，新招录人员数量控制在2.5万人左右。此外，2006年印尼内务部处理犯有贪污、旷工、违反一夫一妻制等重大过错的公务员500名，其中300名被辞退。政府的目标是在2014年初步建立起一支人数在200万左右的廉洁高效的公务员队伍。

印度尼西亚亚齐特区首次选举成功举行

2006年12月11日，印尼亚齐特区省、市和县长直接选举同时举行。这是2005年8月“自由亚齐运动”与印尼政府签署和平协议以来该地区举行的首次民主选举。因关系到亚齐的持久和平及不同宗教、种族的和谐共处，选举受到印尼国内及国际舆论的普遍关注。亚齐260万合法选民中有85%参加投票，选出省长1人，县、市长19人。省长候选人8人，其中政府官员4人，军方2人，原“自由亚齐运动”成员2人。亚齐警方出动万余名警力在21个市、县的8625个投票站维持秩序，数百名外国观察员和6000名印尼志愿者在现场对选举过程进行监督，选举和平有序地进行。12月29日，亚齐选举委员会宣布，原“自由亚齐运动”成员伊万迪·尤素福以39.3%的得票率当选亚齐特区省长。

老挝人民革命党第八次全国代表大会

2006年3月18日在万象市隆重召开。参加大会的代表498人。会议对老挝20年全面革新成就及执行党七大决议取得的成就进行评价，总结和肯定从实践中得来的宝贵经验，制订2006～2010年经济社会发展计划的主要目标和主要任务，提出争取在2010年基本解决贫困问题的思路，为2020年彻底脱掉不发达帽子奠定基础。会议还通过新修订的党章；选举新一届中央执行委员会委员55人（其中女性4人），新一届中央政治局委员11人，新一届中央书记委员会委员7人；选举朱马利·赛雅贡为中央执行委员会总书记。

老挝第六届国会第一次会议

2006年6月8～17日在万象市隆重召开。会议通过了4月30日国会议员投票选举结果和第六届国会议员资格审查，讨论和通过第六届国会议员和组织机构的安排和设置，选举通辛·坦马冯为国会主席，朱马利·赛雅贡为国家主席，本扬·沃拉吉为国家副主席，通过国家主席对政府总理波松·布帕万的任命，选举坎米·赛亚冯为最高人民法院院长，宋潘·平坎米为最高人民检察院检察长。会议还讨论通过第六个经济社会发展五年（2006～2010年）计划和财政预算草案，总结评价第五届国会工作，研究讨论第六届国会工作计划。

老挝人民革命党第八次组织会议

2006年10月30日在万象市召开。会议听取第七次全国组织会议召开后15年来党组织政策执行情况报告和老挝人民革命党第七次代表大会关于党建和党员干部培养工作指导意见执行情况报告，研究部署到2010年和2020年的党建和干部培养工作的方针、任务，总结和评价各级党委的领导工作，提出建设一个坚强、廉洁、稳固的政党的目标。会议由老挝人民民主共和国国家副主席本扬·沃拉吉主持。老挝人民革命党中央政治局、中央书记委员会和中央委员会的委员和省部委书记、副书记及全国各级组织部部长等参加会议。

马来西亚内阁改组

2006年2月14日，马来西亚总理巴达维宣布内阁改组。国内事务部、新闻部、高等教育部、天然资源与环境部等部长易人，占内阁人数的20%。2月17日，4名新任部长和6名副部长在皇宫宣誓就职，并从国家元首端古·赛义德·西拉杰丁手中接过委任状。新任部长有新闻部长拿督再努丁、联邦直辖区部长朱哈斯南、旅游部长东姑安南和首相署部长拿督斯里阿芬迪。

马来西亚沙捞越州第九届议会选举

2006年5月马来西亚沙捞越州举行州议会选举，议席在选区重划后从上届62席增至71席。国民阵线赢得62席的绝大多数席位，沙捞越州国民阵线领袖泰益玛胜出，第6次担任沙捞越州首席部长一职。反对党夺得9个席位,比上届增加8席。其中华人反对党民主行动党竞选12席,赢得6席,另外3席由沙州国民党,人民公正党及独立人士各赢得一席。

● 巫统举行万人大集会庆祝建党60周年

2006年是马来西亚巫统(马来民族统一机构)建党60周年。5月11日,在60年前巫统发源地——泰国新山大皇宫操场举行万人大集会。巫统党员顶着烈日撑着红白相间的招牌雨伞,倾听该党主席的演讲。

● 第53届马来西亚华人公会全国代表大会

2006年8月27日在马来西亚首都吉隆坡举行,来自马来西亚全国各地的马华公会代表出席大会。马来西亚总理巴达维主持开幕式并发表讲话,马来西亚民政党主席林敬益以及该党署理主席许子根出席开幕式。马华公会总会长黄家定在会上发表讲话。本届大会对强化招收新党员工作、展开系列培训课程、强化党内终身学习等问题进行讨论。

● 马来西亚民政党主席林敬益宣布即将正式退位

马来西亚民政党主席林敬益在2006年9月2日举行的民政晚宴上,宣布将在2007年4月8日,即68岁生日当天,正式退位。林敬益领导民政党26年,是在位最久的内阁部长之一。他将安排该党署理主席许子根接替其职。

● 马来西亚巫统(马来民族统一机构)全国代表大会

2006年11月13~17日在马来西亚首都吉隆坡举行,2529名代表出席大会。出席大会的其他政党领袖有马来西亚华公会总会长黄家定、民政党主席林敬益、国大党主席三美威鲁、人联党主席陈康南等。此外,还有22个国家的24个政党66名代表出席大会,他们分别来自中国、印度、韩国、巴勒斯坦、黎巴嫩、叙利亚、阿富汗、古巴、伊朗、菲律宾、新加坡等国。89家媒体机构的1305名记者到会采访。马来西亚总理、巫统主席巴达维在开幕仪式上发表演讲。此次代表大会有三项提案,第一项提案表达巫统上下一致支持党主席领导党和国家,讨论如何协助政府实现国家发展目标和第九大马计划,还讨论党的团结及当前的重大课题。第二项提案则讨论新经济政策及政府合约分配问题,包括讨论政府相关公司的管理、提升人力资本、教育发展、终身学习、缩短城市及乡村马来人鸿沟、教育民主化及素质教育问题。第三项提案讨论回教作为官方宗教的地位、现代回教及大马在回教大会组织的角色及关注家庭问题。与会代表就新经济政策、马来人边缘化、马来人议程、马来人特权、华人公民地位等论题发表各种言论,并提出建议和要求。

● 马来西亚政府落实《国家廉正大蓝图》

在第八大马计划期间(2000~2005年),马来西亚政府推行《国家廉正大蓝图》,改善行政管理。反贪污局采取防止、社群教育和惩罚三管齐下措施打击贪污。期间,反贪污局调查贪污案件5901件,实施逮捕行动2359次,1033人被送上法庭。在第九大马计划期间(2006~2010年),政府将加强公共和私人领域的肃贪,查处渎职和滥权行为。《国家廉正大蓝图》是涵盖家庭结构、小区、公民社会、社会文化、宗教、经济、政治、管理等多领域的计划。第一阶段重点任务是减少贪污滥权,增进公共服务,增进企业及商务道德,稳定家庭及社会结构,提升社会福利等。马来西亚廉正机构是推行国家廉正计划的主要职能部门,公共服务局、国内贸易消费部、妇女部、房地产部、教育部等负责执行第一阶段的廉洁计划。第二阶段任务是树立良好的价值观。反贪污局则致力于铲除贪污陋习。

● 缅甸国家领导人呼吁国民推动民主进程的七点路线图计划

2006年1月4日,缅甸国家和平与发展委员会主席丹瑞大将敦促国民继续推动旨在促进民主进程的七点路线图计划,并表示在和平共处五项原则基础上发展与所有国家的友好关系。

缅甸现政府于2003年8月公布旨在实现民族和解、推进民主进程的七点路线图计划,其主要内容包括恢复中止8年的制宪国民大会、举行宪法草案全民公决以及依法举行大选和组成新政府等。

● 缅甸政府宣布为公务员增薪10倍

缅甸政府在2005年底将首都自沿海城市仰光迁往深居腹地的中部山城彬马那后,为吸引家住仰光的公务员到新都上班,公布从新预算年度开始的4月1日起为公务员增薪10倍。之前,缅甸普通公务员的薪水一般为每月不足10美元。

● 缅甸在新首都阅兵

缅甸政府自从2005年11月宣布将行政首都从仰光迁至北方390公里处的彬马那之后,2006年3月27日首度在建军节当天举办盛大的阅兵仪式,并且邀请驻仰光的外交使节、武官观礼,同时将新都正式命名为内比都(帝王之都)。此次阅兵仪式有1.2万名官兵参加。这也是内比都首次正式举办官方活动。缅甸最高领导人丹瑞大将在阅兵式上发表讲话指出,缅甸正走向"有纪律的民主",因此需要有强大的军队力量,军队在创造和平及稳定方面发挥重要作用,也唯有如此,多党制的民主才有可能存在。丹瑞同时表示如果太快速走向民主,将会导致种族间的紧张甚至撕裂国家。

菲律宾总统阿罗约采取果断措施制止动乱

2006年2月24日，数千名反政府组织示威者在马尼拉进行大规模游行，纪念第一次“人民力量运动”推翻马科斯政权20周年。菲律宾军方总参谋长森加当天透露，一支精锐特种部队指挥官达尼洛·李准将企图加入反对派发起的抗议游行，准备向示威者们宣布其指挥的部队不再支持阿罗约总统。他期待此举将在其他部队中引起连锁反应，迫使阿罗约下台。这名准将及另外两名涉案指挥官后来被逮捕。

2月24日，菲律宾总统阿罗约发表电视讲话，宣布全国进入紧急状态。阿罗约表示，在反对派企图颠覆政府以及国家面临危险的情况下，她必须采取果断行动。25日凌晨，阿罗约与国家安全委员会成员举行紧急会议，商讨处理危机的举措。接着，菲律宾政府下达紧急状态令，并授权军方和警方采取措施稳定国内局势。同时宣布马尼拉的学校停课，禁止任何公民持枪上街。菲政府采取果断措施制止动乱，国内局势很快恢复平静。

新加坡举行预防恐怖袭击民防演习

据新加坡亚洲新闻台2006年1月8日报道，新加坡于1月8日举行代号为“北斗星5号”的大规模公共交通民防演习，以英国伦敦2005年7月发生的连环恐怖袭击为蓝本，模拟地铁车站、列车及公共汽车遭受炸弹和化学武器袭击，以检验各机构的紧急应对机制，各机构之间的协作能力，检验政府机构和公众对此的准备和应对措施。这次“突袭式”演习于当地时间早晨6时25分开始，在雨中持续3个多小时。来自卫生部、交通部等政府机构以及新加坡民防部队的2000多人参与演习。新加坡总理李显龙、副总理兼内政部长黄根成、副总理兼国家安全统筹部长及律政部长贾古玛、国防部长张志贤，交通部长姚照东等政府高级官员到各个地铁站演习现场巡视。

新加坡人民行动党在国会选举中获胜

2006年5月6日，由新加坡总理李显龙领导的人民行动党在第11届国会选举中获胜，在84个议席中获得82席，另外2个议席分别被工人党和民主联盟获得。在本届选举中，反对党放弃在7个集选区与人民行动党竞争的机会，从而使人民行动党的提名自动获得84个议席中的37席。包括工人党、民主联盟和民主党在内的反对党在全部9个单选区和另外7个集选区与人民行动党竞争47个议席。居住在这16个选区中的122万多选民6日在全国的422个投票站投票。

新加坡国会实行一院制，议员由公民投票选举产生，任期5年，占国会议席多数的政党组成政府。根据《国会选举法》，每个单选区产生1名议员，每个集选区产生来自同一政党的5～6名议员，其中包括一名少数族群议员。新加坡自1988年开始实行集选区制度，目的在于保障印度族、马来族或其他少数族群在国会中的代表权。

人民行动党成立于1954年，自新加坡1965年独立以来一直是执政党。

新加坡政府总理告诫执政党议员要严守操行

2006年5月17日，新加坡政府总理李显龙向执政的人民行动党全体议员提出操行守则，提醒议员不要被大选获胜冲昏头脑，必须继续以谦虚的态度，尽力服务于选民。议员操行守则包括维护党及议员个人的信誉及正直性、划清政商界线、为选民服务的态度、接受公司董事职位的原则、参与国会辩论的原则、申报个人收入的规定以及接受赠礼的原则等。李显龙表示，廉洁清明是人民行动党在过去几十年来一再赢得选民认同的主要原因，也是人民行动党最珍贵的资产，因此人民行动党议员必须遵守党内对于操行的严格标准，划清政商关系，以免落人口实，影响党的声誉。李显龙强调，议员们必须分清自己的政治职务和个人的生意或专业利益，使自己的行为保持光明正大，不利用自己的公共地位去为个人或雇主获取商业利益。他要求议员把照顾选区内的居民视为要务，从各方面去帮助选民，聆听他们的心声，并帮助他们了解长期有益于人民和国家的政策。

泰国总理他信涉嫌利用政治权力为家族牟利引发政治动荡

2006年1月23日，泰国总理他信家族将在西瓦那集团持有49.6%的股份，用个人名义，以738亿铢（约合18.8亿美元）的价格出售给新加坡国有投资集团淡马锡控股公司，从而免去30%的个人所得税。这是泰国历史上最大的一次外国企业收购案。在泰国国内引起很大争议。泰国反对他信集团指责他信涉嫌利用政治权力为家族牟利，他信家族存在偷税漏税等违法行为，反对他信集团还利用这一事件大肆攻击他信和他所领导的泰爱泰党，并把这种攻击提升到“救国、维护民主”的高度。泰国民主党、泰国党、大众党三大反对政党以及27个组织成立的“人民民主联盟”发动一系列游行示威活动，要求他信下台。

他信解散国会引发争议

2006年2月24日，泰国总理他信宣布解散国会，重新大选，并定于4月2日提前举行大选，政府转为看守政府。在4月2日举行的大选中出现大量弃权票，同时出现泰爱泰党的候选人在众多选区没有竞争对手的局面，这是泰国历史上从未有过的局面，引发严重争议。由于4月2日的大选没有产生国会下议院的全部议席,4月19日举行补选。泰国民主党、泰国党、大众党三大反对政党抵制大选,并提出大选无效之诉。泰爱泰党和民主党被指控在选举过程中存在舞弊行为。5月8日,宪法法院宣布4月的大选存在违法行为,选举结果无效,要求重新大选。7月21日,泰国国王普密蓬签署御令,宣布在10月15日重新举行全国大选。

泰国发生军事政变

2006年9月19日晚,泰国陆军总司令颂提·汶耶拉卡林上将率领千余官兵与多辆坦克包围了泰国政府大楼。此时,看守政府总理他信正在纽约参加联合国大会。他信发表电视讲话宣布泰国进入紧急状态,电视信号中途被切断。泰国政变军方通过电视台和广播电台宣布废除宪法,解散宪法法院,解散议会上下两院,解散内阁,由一个名为国家管理改革委员会的军事组织全权接管国家政权。

这次军事政变是泰国海陆空三军及警察联合发动的,泰国陆军总司令颂提为主要指挥者,目的是推翻他信政权,解决泰国面临的国内政治矛盾久拖不决、社会政治长期混乱、国家经济受到严重伤害的问题。由颂提领导的泰国国家管理改革委员会称,政变的原因是他信政权存在严重的贪污腐败问题,他信领导的内阁使国家利益受到严重伤害。

9月20日泰国国王任命颂提为管理改革委员会主席。他信流亡国外。10月1日国王任命素拉育·朱拉暖上将为临时政府总理。11月2日他信从伦敦致函,表示辞去泰爱泰党主席一职。

泰国国王批准临时内阁成员

2006年10月8日晚,泰国国王普密蓬签署御令,批准临时内阁成员名单。除素拉育外,临时内阁成员有26名,其中包括两名副总理。原泰国中央银行比蒂耶通任副总理兼财政部长,原盘谷银行常务董事长哥西任副总理兼工业部长。外交部部长由前外交部部长尼·披汶颂甘担任。以素拉育为临时总理的泰国临时内阁觐见泰国国王普密蓬,在御前宣誓就职。

泰国新总理素拉育强调以宗教和道德原则治国

2006年11月30日,泰国新总理素拉育在主持促进宗教与道德周开幕式上发表题为“建立佛教徒纪律基础的道路”的讲话,呼吁国人遵守纪律,因为纪律能为生活及社会提供有效秩序,倘若社会缺乏秩序,便会变成一个混乱的社会并使人丧失生活的机会。素拉育表示政府将积极保卫及维护宗教,对宗教组织的修行及善事活动予以支持,并将宗教教理用于推进政务实践,以道德原则来治理国家,使全国人民和谐相处,维护社会安宁。

越南反腐斗争走向深入

在越共十大前夕,越南查处交通部集体贪污案。此案又称“PMU18丑闻”或“ODA丑闻”,是一件牵涉多位越共高层官员的“战后最大贪污丑闻”。2006年3月,交通部副部长阮越进等17名高官被逮捕;4月初,内阁成员、中央委员、交通部部长陶庭平因“ODA丑闻”引咎辞职,成为近年来越南政坛少有的因反腐不力而下台的部长级高官。与此同时,警察总局副总局长、少将高玉莹因涉及PMU18一案而被取消党代表资格。时任越南总理的潘文凯为政府腐败问题向党、国家及人民道歉。

阮晋勇6月任政府总理以来,查处贪污案1728件,涉案财产价值1.61万亿越盾,土地2.45万公顷。年内,越南国会讨论通过预防贪污委员会权限的草案。按照该决议草案,防贪委的一个突出权限就是,“当副部长或相当副部长职务的人民委员会委员、中央直属省委和市委的主席及其他职务的官员,有贪污迹象或对各机关的反贪活动造成困难时,总理可下令暂停他们的职务或革职,并指派相关部门选拔适合的人选暂代其职务。”

2006年10月1日,泰国前陆军总司令素拉育·朱拉暖召开记者会,宣布出任泰国政府临时总理并着手组建新内阁。9月19日晚,泰国发生政变,由陆军总司令颂提领导的政变军方宣布解散他信总理领导的内阁,接管全国政权。泰国经历15年民选文官执政时代后,再次发生军事政变。在泰国军人执政素有传统。从1932年至1991年,泰国共发生19次政变,其中13次成功。期间相继组建的48届内阁中,24届内阁属军人政府,8届是军人为主的政府。　(原载《人民画报》)

越共十大顺利召开

2006年4月18～25日，越南共产党第10次全国代表大会在首都河内召开。出席大会的代表1176名。这次大会的主题是：提高党的领导能力和战斗力，发挥全民族的力量，全面推进改革，使国家早日摆脱欠发达状况。大会总结越南改革开放20年的经验教训，得出五点共识：一是在革新过程中要坚定以马列主义和胡志明思想为指导的民族独立和社会主义的目标；二是进行全面、配套、有继承、有步骤的，形式与措施相适应的改革；三是改革要从人民的利益出发，依靠人民，发挥人民的创造性、主动性，从实践出发，与时俱进；四是坚持自力更生，同时积极争取外援，在新条件下将民族力量与时代力量相结合；五是提高党的领导能力和战斗力，不断推进政治改革，建设和逐步完善社会主义民主，保证权力属于人民。大会肯定并继续推进全面改革。

大会通过修改和完善后的越南共产党章程。新党章分12章48条，其中关于党的表述修改为："越南共产党是工人阶级的先锋队，同时也是劳动人民和越南民族的先锋队；忠诚代表工人阶级、劳动人民和民族的利益。"关于共产党员的表述修改为"越南共产党党员是越南工人阶级先锋队的革命战士，为党的理想和目标奋斗终生，把祖国利益、工人阶级利益和人民的利益置于个人利益之上……"将原文中的"不剥削"一词去掉，越共党员从事私营经济规模不再受到限制，扩大了越共的社会基础，为党的建设发展注入活力，也是改革理论的突破。

大会强调，要继续革新和整顿党，建设纯洁、强大的党，提高党的执政能力和战斗力。为此，要集中力量完成以下任务：一是创造性地运用和发展马列主义和胡志明思想，进一步认识社会主义理论及越南所走的社会主义道路，提高党的政治本领和知识水平。二是确保基层党组织发挥政治核心和基础作用，提高党员干部队伍素质；严格落实党内民主集中原则，密切党群关系，提高监督工作的质量和效果。三是革新干部工作，党的干部必须德才兼备，忠于党和祖国，全心全意为人民服务，有过硬的政治本领，坚定地走社会主义道路，在任何情况下不动摇，有足够的能力执行党的路线、方针、政策。四是革新领导方式，提高党的执政能力，特别是党对国家领导方式。五是加紧研究、制定、完善有关法规，明确党对国家领导的原则、内容和机制。

大会强调，反腐倡廉是越南党建工作的一项重要任务，越共中央总书记农德孟在越共十大报告中强调贯彻实施《反腐败法》，坚决、严肃、及时、公开地处理有腐败行为的党员干部，不管其职务有多高，也不论其在职或离职。对包庇腐败者、故意阻碍反腐行动者，或利用对腐败的诉讼伤害他人、造成内部不团结者，要根据党纪国法进行严肃处理。

大会选举新一届中央委员会，委员160人，政治局成员14人，农德孟当选总书记。

越南国家领导人实现平稳过渡

2006年6月24日，距离任期结束尚有一年的越南国家主席陈德良、政府总理潘文凯和国会主席阮文安同时向越南国会递交辞呈，希望将职务交予年富力强的新领导人。令人关注的是，这三位元老级高官的集体提前请辞打破了越南新老交替的惯例。依照以往做法，越南新老交替一般先由党代会决定，然后在第二年的国会作出正式调整，新领导人在正式就职前有将近一年的过渡期。但这次调整，前后时间相隔不足2个月。2006年6月29日越南第11届国会第9次会议在河内巴亭会堂落下帷幕。这次会议通过投票同意国家主席陈德良、政府总理潘文凯和国会主席阮文安辞职请求，同时投票选举产生新的国家主席、总理和国会主席。阮明哲当选国家主席，阮晋勇当选政府总理，阮富仲当选国会主席。至此，自4月越南共产党第10次全国代表大会确定农德孟留任越共中央总书记为开始的越共高层领导班子新老交替顺利完成。

2006年4月18～25日，越南共产党第10次全国代表大会在首都河内举行，出席大会的代表1176名。图为大会会场。（原载《荷花》）

越南通过20余部法律法规

2006年越南国会讨论并通过《社会保险法》、《劳动法（修订）》、《证券法》、《不动产经营法》、《公证法》、《律师法》、《税务法》、《民用航空法（修订）》、《司法援助法》、《劳务输出法》、《信息技术法》、《技术转让法》、《职业教育法》、《电影法》、《体育法》、《居住法》、《性别平等法》、《艾滋病防治法》等 20 余部法律、法规。近几年，为配合越南加入世界贸易组织、加快社会主义市场经济法律体系建设，越南立法进度加快。5 年来，越南第 11 届国会颁布法律、法令及法规 137 部。2005 年通过并颁布，2006 年开始生效的《投资法》、《企业法》及《反腐败法》在相关领域的作用逐渐凸显。

外　交

中国成功举办"俄罗斯年"系列活动

2005 年 12 月 31 日，中国和俄罗斯两国元首互致新年贺电宣布 2006 中国"俄罗斯年"正式开始。2006 年 3 月 21 日晚，中国"俄罗斯年"开幕式在中国北京人民大会堂隆重举行，中国国家主席胡锦涛和来华进行国事访问的俄罗斯总统普京出席开幕式并致辞。闭幕式于 11 月 9 日晚在北京人民大会堂隆重举行，中国国务院总理温家宝和俄罗斯总理弗拉德科夫共同出席并致辞。中国"俄罗斯年"举办活动 200 多项，这些活动涵盖政治、经贸、文化、教育、卫生、体育、传媒、科技、军事和地方等中俄两国合作的各领域。活动主要包括 8 个国家级大型活动项目和近 200 项其他项目，吸引了两国各界、各阶层人士广泛参与。在"俄罗斯年"推动下，中俄双方政治交往更加密切，各领域合作成果显著，两国地方和民间，特别是青年交流空前活跃，增进相互了解与友谊，为中俄关系发展注入新的动力。中俄商定，2007 年将在俄罗斯举办"中国年"活动。

上海合作组织峰会在中国上海举行

2006 年 6 月 15 日，上海合作组织成员国元首理事会第六次会议在中国上海举行。参加此次会议的有中国国家主席胡锦涛、哈萨克斯坦总统纳扎尔巴耶夫、吉尔吉斯斯坦总统巴基耶夫、俄罗斯总统普京、塔吉克斯坦总统拉赫莫诺夫、乌兹别克斯坦总统卡里莫夫，印度、伊朗、蒙古、巴基斯坦 4 个观察员国和与上海合作组织建立合作关系的国家的元首，以及有关国际组织的领导人。联合国秘书长安南专门给峰会发来贺电。胡锦涛作为主席国元首主持会议。会议结束后签署《上海合作组织五周年宣言》，发表《上海合作组织成员国元首理事会第六次会议联合公报》。此次峰会的一个重要政治成果是各国元首一致确认，上海合作组织将继续致力于建立互信、互利、平等、协作的新型全球安全架构，主张基于公认的国际法准则，在互谅基础上通过谈判解决争端，尊重各国维护国家统一和保障民族利益的权利，尊重各国独立自主选择发展道路和制定内外政策的权利，尊重各国平等参与国际事务的权利，尊重和保护世界文明及发展道路的多样性。实践证明，上海合作组织是维护地区和世界和平、稳定、繁荣的重要力量。

·链接资料·

上海合作组织

是哈萨克斯坦共和国、中华人民共和国、吉尔吉斯斯坦共和国、俄罗斯联邦、塔吉克斯坦共和国、乌兹别克斯坦共和国于 *2001* 年 *6* 月 *15* 日在中国上海宣布成立的永久性政府间国际组织。前身是"上海五国"机制。

宗旨：加强各成员国之间的相互信任与睦邻友好；鼓励成员国在政治、经贸、科技、文化、教育、能源、交通、旅游、环保及其他领域的有效合作；共同致力于维护和保障地区的和平、安全与稳定；推动建立民主、公正、合理的国际政治经济新秩序。

对内遵循互信、互利、平等、协商、尊重多样文明和谋求共同发展的"上海精神"，对外奉行不结盟、不针对其他国家和地区及开放原则。

最高决策机构是成员国元首理事会。理事会每年举行一次会议，就组织所有重大问题做出决定和指示。上海合作组织成员国政府首脑理事会每年举行一次例会，重点研究组织框架内多边合作的战略与优先方向，解决经济合作等领域的原则和迫切问题，并批准组织年度预算。除元首和政府首脑理事会会议外，还设有议长、安全会议秘书、外交、国防、救灾、经济、交通、文化、卫生、执法部门领导人、总检察长、最高法院院长会议等年度定期会晤机制。上海合作组织的协调工作由成员国国家协调员理事会负责。上海合作组织有两个常设机构，分别是设在北京的秘书处和设在塔什干的地区反恐怖机构。秘书长和反恐怖机构执委会主任均由元首理事会任命，任期 *3* 年。

成员国总面积近 *3018.9* 万平方公里，占欧亚大陆面积的 *3/5*；人口 *15* 亿，占世界总人口的 *1/4*。

中国和印度重开乃堆拉山口边贸通道

2006 年 7 月 6 日，中国和印度重新开放连接中国西藏和印度锡金段的乃堆拉山口边贸通道，恢复两国中断了 44 年的边境贸易。乃堆拉山口位于西藏日喀则地区亚东县与印度锡金段的交界处，海拔 4545 米，距拉萨 460 公里，距印度沿海城市加尔各答约 550 公里，曾是中印之间主要的陆路贸易通道。20 世纪初这里的年贸易成交量占当时中印边境贸易总额的 80% 以上。此次重新开放的乃堆拉山口属于临时边贸市场，即位于乃堆拉山口 16 公里左右山路上的临时边贸市场，开放时间为每年 6 月 1 日至 9 月 30 日之间的每星期一至星期四，每日 10 时至 18 时。此次重新开放乃堆拉山口边贸通道的重要意义在于：一是大大缩短了中印两国的贸易距离，为中印贸易开辟了海洋以外的第二条贸易通道；二是促进拥有 23 亿人口的世界上两个最大的潜在商品市场的陆路连接，开启东亚—中国西藏—南亚大陆桥；三是中印丝绸之路的恢复，大大减轻中印航海运输的负担，使得两国的贸易通道多元化，进而带动两国边境自由贸易区、出口加工区、保税区、工业园区等多种形式小区域经济一体化的全面发展。

日本首相安倍晋三访问中国重启中日高层对话

2006年10月8～9日，应中国国务院总理温家宝邀请，日本国内阁总理大臣安倍晋三对中国进行正式访问。中国国家主席胡锦涛、全国人民代表大会常务委员会委员长吴邦国和国务院总理温家宝分别与安倍晋三首相举行会见和会谈。10月8日中日双方在北京发表联合新闻公报。此次安倍晋三首相对中国访问的成功，使因日本前首相小泉“六拜”靖国神社而陷于“政冷”僵局的中日关系迎来转机，一是中日首脑互访和会谈得以恢复，重启中日高层对话的“闸门”；二是中日双方就克服“政治障碍”达成共识，促进中日关系向前发展；三是确认中日关系的原则与内涵，为中日推进全面交流铺平道路；四是中国适时邀请安倍访华，再次体现中国睦邻外交的诚意与成效。

中非合作论坛北京峰会

2006年11月4～5日举行。主题为“友谊、和平、合作、发展”。建立和发展中非战略伙伴关系是本次峰会的核心内容。中国国家主席胡锦涛同论坛共同主席国埃塞俄比亚总理梅莱斯等48个非洲国家元首、政府首脑等及国际组织代表出席开幕式。胡锦涛在会上发表讲话时表示，为推动中非新型战略伙伴关系发展，促进中非在更大范围、更广领域、更高层次上的合作，中国政府将采取8个方面的政策措施。在5日举行的圆桌会议上，通过《中非合作论坛北京峰会宣言》和《中非合作论坛——北京行动计划(2007～2009年)》。中非合作论坛是2000年中非双方共同创立的，是中国与非洲友好国家间集体对话与合作新的平台，是促进南南合作的有效机制，其特点是：务实合作和平等互利。此次北京峰会是中非外交史上规模最大、级别最高、与会非洲国家领导人最多的一次盛会，不仅是中非关系深入发展并走向成熟的重要标志，而且将成为中非友谊史上一座新的里程碑。

中美举行第三次战略对话

2006年11月8日，中美第三次战略对话在中国北京举行。中国外交部副部长杨洁篪、美国国务院副国务卿伯恩斯共同主持。双方就中美关系和共同关心的重大国际、地区问题坦诚、深入地交换意见。双方表示，在国际形势发生复杂深刻变化的背景下，中美两国发展健康稳定的建设性合作关系意义重大。双方要积极落实两国元首达成的各项重要共识，加强在广泛双边领域的互利交流与合作，就重大国际和地区问题保持密切沟通与协调，为促进亚太地区和世界和平、稳定与繁荣继续共同努力。双方一致认为，中美战略对话有助于两国增进互信、扩大共识、拓展合作，推进中美建设性合作关系向前发展。

中美战略对话是根据2004年11月中国国家主席胡锦涛和美国总统布什在智利圣地亚哥达成的共识举行的。首次战略对话于2005年8月在北京举行。第二次战略对话于2005年12月在华盛顿举行。

中共中央总书记胡锦涛访问越南

2006年11月15～17日，应越共中央总书记农德孟、越南国家主席阮明哲的邀请，中共中央总书记、中国国家主席胡锦涛对越南进行国事访问。访越期间，胡锦涛分别与农德孟、阮明哲会谈，并分别会见越南政府总理阮晋勇、国会主席阮富仲。双方相互通报各自党和国家的情况，并就两党、两国关系及共同关心的国际和地区问题深入交换意见，达成广泛共识。双方同意，加强高层往来，深化治党理论和社会主义理论与实践的交流，充分发挥外交、国防、公安、安全等各部门合作机制的作用，扩大经贸、科技、教育、文化等领域的务实合作，大力开展青少年友好交往，使中越友好世代相传。共同致力于发展“长期稳定、面向未来、睦邻友好、全面合作”的中越关系，永远做“好邻居、好朋友、好同志、好伙伴”。

胡锦涛访越期间，中越双方签

2006年11月15～17日，中共中央总书记、中国国家主席胡锦涛应邀对越南进行访问。图为欢迎仪式。（原载《荷花》）

署10多项合作文件，项目涉及电力、矿产等多领域。胡锦涛与农德孟、阮明哲还共同启动中国—越南经贸合作网站。11月17日中国和越南在河内发表《中越联合声明》。双方签署《关于扩大和深化双边经贸易合作的协定》，并一致同意尽快付诸实施，全面规划两国未来5至10年的经贸合作方向，确定重点合作领域，为促进两国经贸合作发挥积极作用。此外，双方还签署《关于开展"两廊一圈"合作的谅解备忘录》和其他经济合作文件。

中美举行首次战略经济对话

2006年12月14日，首次中美战略经济对话在中国北京人民大会堂开幕。中国国家主席特别代表、国务院副总理吴仪和美国总统特别代表、财政部长保尔森共同主持此次对话会。中美两国的财政、能源、商务、贸易、金融、交通、环保、卫生等领域的高官参加此次对话。在为期一天半的对话中，中美双方围绕"中国的发展道路和中国经济发展战略"对话主题，就城乡均衡发展、中国经济的可持续增长、促进贸易和投资、能源、环境和可持续发展等5个专题、11个分议题进行富有成效和深入的讨论。中美双方一致同意在有效保护知识产权、加强法治和消除贸易与投资壁垒的基础上，建立开放、竞争性市场的重要性，加速发展和创造就业，刺激国内外贸易与投资，通过加强能源安全、环境保护和改善医疗推动可持续发展。双方承诺采取积极措施推动多哈回合的成功完成，并为此目的加强双边关系。双方承诺在中美商贸联委会框架下加强在高科技贸易、知识产权保护、市场经济地位等方面的工作。双方同意利用现有机制，增加更有效且可持续性的能源利用，促进个人旅游、商务、援助和多边开发银行贷款等方面的双边合作。双方同意在中国设立纽约证券交易所和纳斯达克代表处，中国将加入"未来发电计划"政府指导委员会，美方支持中国加入泛美开发银行。双方缔结促进美对华出口的融资便利协定。双方同意就发展高效和创新性的服务业和改善医疗的途径进行讨论，启动双边投资对话，开展探索性讨论以考虑双边投资协定的可能性，加强在透明度问题上的合作，并启动能源和环境的联合经济研究。双方同意于2007年1月重新启动双边航空服务谈判。此外，双方还商定，第二次中美战略经济对话将于2007年5月在美国首都华盛顿举行，对话内容将围绕创新和教育、中美经贸关系发展两方面内容开展。

文莱政府邀请中国大使馆工作人员参观学校和企业

在开展庆祝文中建交15周年活动中，文莱政府邀请中国驻文莱大使馆工作人员参观文莱学校和企业。2006年1月26日，中国驻文莱大使馆全体工作人员应邀前往文莱大学参观访问，该校图书馆首席馆员哈嘉·塔希拉博士介绍图书馆基本情况及电子图书馆计划。信息通讯技术中心主任杨居庄博士介绍文莱电子政务有关背景、现状和发展前景。4月17日，中国驻文莱大使馆经商处官员走访文莱MUlaut Abbtoir Sdn. Bhd公司位于Jalan KiLannas MuIaut的屠宰加工场，并就加强文莱企业与中国企业在清真肉类食品加工领域的合作与该公司负责人进行探讨。5月5日，中国驻文莱大使杨燕怡女士率领使馆全体工作人员参观位于Junjungan的文莱华和现代化机械农场，农场负责人刘锦国先生介绍华和现代化机械农场的发展历史和现状以及今后发展规划等。杨大使表示，中国使馆鼓励和支持文莱企业扩大和加强与中国企业的交往和合作，将为包括华和集团在内的众多文莱企业同中国企业开展合作提供服务和帮助。文莱华和集团经营范围广泛，是文莱综合实力较强的企业，该集团拥有文莱最大规模的综合农场，是文莱禽蛋产品、瓜果蔬菜的主要生产者，同时，华和集团也是文莱最大的零售商，其旗下的华和百货、华和超市遍布文莱各主要商业区。

文莱支持"婆罗洲之心"计划

2006年3月联合国在巴西库里提巴召开的生物多样性大会上，来自婆罗洲的三方政府——文莱、印度尼西亚和马来西亚宣布共同支持"婆罗洲之心"项目。据世界自然基金会（WWF）报告称，2005年科学家在婆罗洲岛新发现至少52个动植物新物种，这些新物种包括30种鱼类、2种树蛙、16种姜类、3个树种以及1种大叶植物。有些物种是在位于婆罗洲岛中部约2.2万平方公里的山区热带雨林中发现的。该地区被誉为婆罗洲之心。世界自然基金会婆罗洲之心项目协调员斯图尔特说，这些发现证明婆罗洲岛是世界上最重要的生物多样性集中地，进一步显示保护这座世界第三大岛屿上的物种及其栖息地的重要性。

文莱开展中国—东盟建立对话关系15周年和文中建交15周年纪念活动

2006年是中国—东盟建立对话关系15周年和文中建交15周年，文莱与中国进行一系列互访和庆祝活动。4月3~4日，中国广西壮族自治区主席陆兵率领广西政府代表团、经贸代表团、企业洽谈团、文化演出团对文莱进行友好访问，受到文莱政府和各界人士的欢迎。3~9日，文莱外交和贸易部无任所大使玛斯娜公主访问中国。3日和4日，中国国务院副总理回良玉、国务委员唐家璇分别会见玛斯娜公主。随后，玛斯娜公主到南京为文莱—中国友谊馆揭幕，该馆建于渤泥国王墓所在的文莱风情园中。7月11日，中国驻文莱大使杨燕怡接受文莱广播电视台以"庆祝文莱苏丹博尔基亚60华诞"为主题的电视专访。杨大使对苏丹博尔基亚60华诞表示祝贺,积极评价文莱人民在苏丹陛下的领导下,在维护国家稳定和民族和谐,促进经济和社会发展方面所取得的成就,并对苏丹陛下和文莱王室多年来致力发展中文两国睦邻友好合作关系表示赞赏。7月16~24日,为庆祝中国和文莱建交15周年,应文莱—中国友好协会邀请,中国—文莱友好协会副会长、中国首任常驻文莱大使刘新生一行访问文莱。9月4~9日,文莱外交和贸易部长穆罕默德亲王对中国进行正式访问,5日,中国国务院总理温家宝会见穆罕默德亲王,外交部长李肇星和穆罕默德亲王分别代表两国政府签署《中华人民共和国政府和文莱达鲁萨兰国苏丹陛下政府旅游合作谅解录》,共同出席《中国与文莱关系史料汇编》首发仪式。10月30日至11月3日,文莱苏丹及文莱政府经贸代表团到中国广西南宁参加中国—东盟建立对话关系15周年纪念峰会、第三届中国—东盟博览会和第三届中国—东盟商务与投资峰会。31日,中国国务院总理温家宝会见文莱苏丹时说,中文建交15年来,双边关系发展顺利,各领域合作不断扩大。当前,中文关系正面临新的机遇,希望双方进一步密切高层往来,扩大经贸和投资合作,促进文化、教育交流。中方重视两国农业科技合作,愿为文莱提供技术、人才等方面的帮助。苏丹赞同温家宝总理对双边关系的评价。他表示,为推动文中关系进一步发展,文方希望同中方保持高层交往,加强经贸、农业合作,文方鼓励中国企业赴文莱投资。

文莱积极参与以东盟为主的系列外交活动

2006年,文莱根据其国情和以东盟为外交基石的政策,继续参与以东盟为主的活动。4月21日,文莱信息通信部门高官出席在马来西亚槟城第二届中国—东盟电信周信息部长论坛及中国—东盟电信周活动。5月29~30日,文莱外交和贸易部副部长出席在柬埔寨暹粒举行的第12届中国—东盟高官会议。6月2~3日,文莱外交和贸易部高官出席在越南胡志明市举行的亚太经合组织(APEC)贸易部长会议。6月5~6日,文莱政府主持第一届东盟东部增长区交通部长会议。6月13日,文莱工业与初级资源部高官出席在中国广西南宁召开的第三届中国—东盟博览会高官会议。7月22~28日,文莱外交和贸易部长穆罕默德亲王分别出席在马来西亚首都吉隆坡举行的东盟高官磋商会议、第30届东盟地区论坛外长会议、东盟与中日韩10+3外长会议和东亚峰会外长午餐会等一系列会议。8月10日,文莱武装部队哈比尔少将到印度尼西亚首都雅加达与马来西亚武装部队司令安瓦尔和印度尼西亚武装部队司令举行会议,会后宣布,三国将向黎巴嫩派遣由约2000名官兵组成的维和部队。8月22~25日,文莱有关经济部长参加在马来西亚首都吉隆坡召开的第38届东盟经济部长会议(AEM)。8月29~30日,文莱有关执法部门官员参加在中国大连举行的海上执法合作研讨会。11月2日,文莱出入境部门官员参加在中国南宁举办的首届中国—东盟出入境检验检疫合作论坛。11月15~16日,文莱外交和贸易大臣穆罕默德亲王等官员参加在越南首都河内举行的亚太经合组织(APEC)第18届部长级会议。11月18~19日,文莱苏丹出席在越南河内举行的第14次亚太经合组织领导人非正式会议。

文莱将参与建设太平洋海底电缆

据文莱媒体2006年6月5日报道,文莱通信科技管理局(AiTi)将参与由马来西亚电信(Telekom Malysia)牵头组成的跨国财团,投资兴建跨太平洋海底电缆。计划中的建设项目称为美国通道(Asia - America Gateway),通过香港、菲律宾、关岛和夏威夷连接马来西亚和美国之间的电话,全长约2万公里。该电缆将采用特别设计方案,满足东南亚与美国之间互联网、数据和影像传输需要。项目预计于2007年动工,2008年竣工。

文莱主持举行第一届东盟东部增长区交通部长会议

2006年6月5~6日,文莱主持举行第一届东盟东部增长区交通部长会议,来自东盟东部增长区的菲律宾、马来西亚、印度尼西亚和文莱4国交通部长、增长区商务理事会主席以及私营企业代表出席会议。会议讨论进一步加强增长区各方在交通领域的合作,落实2005年底增长区首脑峰会确立的2006~2010年东盟东部增长区发展路线图计划。与会各方一致同意,把区内的空中客运和货运服务作为优先发展的领域加以推进。会议鼓励区内的航空公司加强彼此间在落地权、代码共享等方面的合作,并拟于年内推动开通区内菲律宾达沃(Davao)—马来西亚哥达京拿巴鲁(Kota Kinbalu)—文莱斯里巴加湾(Bandar Seri Begawan)—印度尼西亚坤店(Pontianak)—马来西亚古晋(Kucching)—文莱斯里巴加湾之间的航线。与会各方欢迎增长区的发展伙伴——中国和澳大利亚积极参与增长区交通和基础设施建设。

洪森首相邀请温家宝总理访问柬埔寨

应柬埔寨王国政府首相洪森的邀请,中国国务院总理温家宝于2006年4月7~8日对柬埔寨进行为期两天的正式访问。两国代表签署11份协议与备忘录,柬埔寨从中国方面获得约6亿美元的无偿援助和优惠贷款。其中2亿美元优惠贷款用于兴建白电目大桥和洞里萨河大桥。温家宝总理还参加在首相府举行的中国援建柬埔寨新首相府大楼和利用中国优惠贷款投资的甘再水电站奠基仪式。

柬越边界界碑铺设工作正式启动

2006年9月27日上午，柬埔寨王国政府首相洪森与越南政府总理阮晋勇共同在柬越边境巴域镇主持柬越边界界碑铺设启动仪式。柬越边界线总长1270公里，需铺设界碑353块。巴域关口界碑铺设完成后，争取在2008年底之前全部完成柬越两国界碑铺设工作。早在19世纪，柬越两国处于法国殖民统治期间，双方发生边界纠纷；1979年后，边界纠纷再度升级；1985年，双方签订边界协议；2005年，又签署补充协议，这才就边界问题达成一致。

①2006年4月7日，温家宝总理乘专机抵达金边国际机场，开始对柬埔寨进行正式访问。图为温家宝总理在洪森首相陪同下检阅仪仗队。②4月8日，温家宝总理在金边会见柬埔寨国王诺罗敦·西哈莫尼陛下。③4月8日，温家宝总理在金边和柬埔寨首相洪森举行会谈后出席柬埔寨甘再水电站象征性开工仪式。（原载《中华英才》）

柬韩建交10周年，韩国总统卢武铉访柬

应柬埔寨王国国王诺罗敦·西哈莫尼的邀请，韩国总统卢武铉于2006年11月19日开始对柬埔寨进行为期4天的正式访问。20日，柬埔寨王国政府首相洪森与卢武铉在首相府举行会谈，并主持签署两项协议和一项备忘录。会谈时，卢武铉表示希望尽快建立韩国—东盟免税区，并希望柬埔寨多与韩国建筑公司合作，希望柬推动韩朝和解。洪森表示，希望韩国政府降低柬埔寨商品的进口税率，王国政府希望更多的韩国公司来柬投资。据不完全统计，有600多家韩国公司在柬投资，投资总额6亿多美元。21日上午，洪森与卢武铉共同在暹粒市主持2006吴哥—庆州世界文化展览会开幕式。柬韩共同举办该展览会的目的是为了庆祝两国建交10周年，并显示文化在联系世界各国人民与各民族中的重要作用，通过展览会向世界人民展示东方国家的文化遗产和文明。此次展览会有30多个国家参加，展览会于2007年1月9日闭幕。

柬埔寨王国政府首相洪森会见美国前总统克林顿

2006年12月4日，柬埔寨王国政府首相洪森在首相府会见美国前总统克林顿，洪森首相代表王国政府与克林顿共同签署一份关于克林顿基金会向柬埔寨王国政府提供援助的谅解备忘录。该谅解备忘录的重点是克林顿基金会向患艾滋病的柬埔寨儿童提供延长生命的药物，以及援助柬埔寨加强国家级艾滋病实验室建设，防止艾滋病在柬埔寨蔓延等。基金会主席克林顿在仪式上发表讲话时高度赞扬柬埔寨王国政府为防止艾滋病传播所作出的贡献。他说，柬埔寨王国政府领导人在防止艾滋病传播方面所作出的努力，使柬埔寨成为亚洲甚至整个世界消灭艾滋病工作的榜样。洪森首相表示，克林顿主席访柬，是柬埔寨历史上的一件大事，他是第一位到柬埔寨访问的美国前总统。首相还说，克林顿主席不但在经费、技术和物资上向王国政府提供援助，而且在精神方面也向柬埔寨王国政府提供援助，柬埔寨人民将以克林顿主席为榜样，投入到防止艾滋病传染的工作中去。

印度尼西亚与韩国全方位深化双边合作

2006年1月23日，印（尼）韩两国国防部长在雅加达进行会谈，双方同意加强军事尤其是国防工业方面的合作，并将两国国防合作委员会的级别提升至部长级。2006年7月11日，韩国国防部代表团访问印尼，探讨双方加强军工贸易合作事宜，韩方表达有意购买更多印尼CN－235军用运输机的意向。2月23日，由韩国政府提供资金，两国在印尼合建的工业技术中心正式运营。该中心的主要职能是开展联合研究，为印尼工业发展提供技术援助，其首期计划是帮助印尼优先发展纺织品和金属加工业。12月4日，在韩国总统卢武铉对印尼进行国事访问期间，双方宣布建立面向21世纪的战略合作伙伴关系。两国政府签署共同发展并和平利用核能、推进旅游业发展、联合反腐以及成立林业论坛等四项协议。双方还就防控禽流感、建立海啸预警系统以及进一步促进经贸和投资合作等事宜达成共识。印尼是韩国在东南亚最大的贸易伙伴，2005年双边贸易额132.3亿美元。韩国是印尼的第五大投资国，在印尼设立电器产品及零部件产销等行

业的企业1100家，投资总额约6.65亿美元。

印度尼西亚与澳大利亚就双边引渡条约达成一致

2006年6月29日印尼法律与人权部长哈米德·阿瓦鲁丁称，印度尼西亚与澳大利亚双方签署引渡条约的出发点包括人道主义因素，即避免犯人因远离故土和亲人而遭受更大痛苦。双方同意引渡除死刑犯外的所有刑事罪犯，并遵循引渡前后刑期不变的原则。尽管面临着两国法律就同一罪名规定的最低刑期不一致以及引渡机制等问题，双方均对条约的最终实施表示乐观。近几年，被印尼判刑的澳大利亚罪犯主要涉嫌毒品交易，而在澳大利亚的印尼犯人则以非法进入澳大利亚海域的渔民为主。

印度尼西亚和美国举行联合军事演习

2006年7月11～19日，由印尼东区舰队司令瓦尔迪·穆拉德和美国西太平洋地区海军指挥官威廉·勃克共同指挥的联合军演，在爪哇海和东爪哇海岸地带展开。演习代号为“克拉特2006”，是美国与印尼、马来西亚、泰国、新加坡、文莱、菲律宾六国分别举办的系列年度军演之一，旨在提高双方人员在海上联合行动、反海上突袭、电子战及沉船搜救等方面的技能。印尼海军出动包括蛙人部队、医护组、海军陆战队等在内的官兵1003人以及4艘战舰、1架N－22型飞机和1架BO－105型攻击直升机。美方1400人参演，出动4艘军舰、1架SH－60B海鹰舰载直升机和1架P－3奥利安岸基反潜机及多艘登陆艇。

印度尼西亚派遣部队参与黎巴嫩维和

应联合国邀请，印尼派遣维和部队赴黎巴嫩，监督以色列和黎巴嫩真主党的停火情况。派出的维和部队是一支以陆军为主，三军人员联合组成的850人的机械化营。2006年8月，以色列曾以不接受无邦交国家参与维和为由反对印尼派兵，但随后撤回反对意见。11月10日，先遣队129人及维和物资抵达贝鲁特。11月26日，主力部队乘美军运输机到达黎巴嫩并开始执行为期6个月的维和任务。

印度尼西亚成为联合国安理会非常任理事国

2006年10月16日，第61届联大举行全体会议，按地区分配原则选举安理会5个新的非常任理事国。印尼在第一轮投票中击败亚洲地区的唯一竞争对手尼泊尔顺利当选。另外4个当选的国家分别是比利时、意大利、南非和巴拿马。印尼外交部长哈桑·韦拉尤达表示，作为世界上穆斯林人数最多的国家，印尼积极参与国际维和行动，承诺协助斡旋伊朗和朝鲜核问题。这些举措提升了印尼的国际形象，成为印尼当选的重要原因。此外，选举前印尼对几乎所有联合国成员进行游说，赢得约120个国家的支持承诺。新当选的联合国安理会非常任理事国任期从2007年1月1日开始，为期两年。

印度尼西亚总统苏西洛访问日本

2006年11月27～30日，印尼总统苏西洛对日本进行为期4天的工作访问。访日期间，苏西洛会晤日本首相安倍晋三，两位领导人就双边自由贸易、印尼向日本输送医护和旅游业劳工、印尼向日本出口液化石油气以及朝鲜核问题等进行讨论。双方原则同意签署《日本与印尼经济伙伴关系协议》、《日本与印尼战略投资行动计划》、《雅加达大运量快速运输系统工程协议》以及能源领域合作协议等。28日，苏西洛出席日本庆应大学为他举行的荣誉博士证书授予仪式。

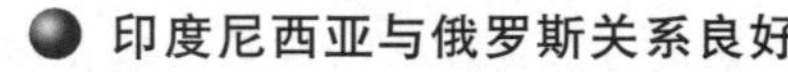

印度尼西亚与俄罗斯关系良好

2006年11月30日至12月2日，印尼总统苏西洛对俄罗斯进行国事访问。访问期间，两国总统签署联合声明，强调两国发展经贸等领域合作的愿望。双方政府职能部门负责人签署和平利用原子能、司法合作、空间技术研究、知识产权保护、外交和公务人员互免签证等协议和谅解备忘录。俄罗斯总统普京在与苏西洛会谈后表示，两国在重大国际问题上的立场一致，俄罗斯把印尼看作亚太地区乃至全世界范围内的重要伙伴，并认为双方在政治、经贸及军事技术领域存在进一步合作的现实条件。苏西洛称军事

2006年3月28日，中国全国政协主席贾庆林在雅加达会见印度尼西亚总统苏西洛。
（原载《中华英才》）

技术合作是印尼与俄罗斯合作中最重要的领域。他希望与俄方在该领域保持长期合作。印尼已决定在未来5年内从俄罗斯购买价值10亿美元的武器，购买计划包括5架新型货运直升机，4架攻击直升机，两艘潜艇和6架苏霍伊战斗机。此外，双方在能源、投资、贸易、反恐、旅游和教育等方面的互利合作也具有广阔前景。2005年两国贸易额5亿美元，2006年7亿美元，双方的目标是2008年两国贸易额达到10亿美元。

①中共中央总书记、中国国家主席胡锦涛在老挝人民革命党中央委员会总书记、老挝国家主席朱马利·赛雅贡陪同下检阅仪仗队。②胡锦涛会见老挝国会主席通辛·坦马冯。③胡锦涛会见老挝政府总理波松·布帕万。（新华社图）

老挝政府总理访问柬埔寨

2006年8月31日，应柬埔寨王国政府首相洪森邀请，老挝人民民主共和国政府总理波松·布帕万率领老挝政府高级代表团开始对柬埔寨进行为期3天的正式访问。洪森首相与波松·布帕万总理在首相府进行两个多小时的会谈，柬政府发言人乔干那烈部长在会谈结束后对国内外媒体记者说，柬、老双方相互通报各自国家最近发展情况。波松·布帕万总理对柬埔寨各方面建设的迅速发展表示祝贺，提出加强双方部长级和省、县级代表团的互访，老挝计划向柬埔寨售电，继续协助柬方边界村民到老挝医院就医，向柬提供防病疫苗，继续向两国留学生提供助学金的建议。洪森首相希望柬、老展开合作，共同遏制非法伐木和保护野生动物，遏制禽流感和其他传染病的蔓延，巩固并加强旅游合作，增加琅勃拉邦与暹粒间民航班机的飞行次数。柬、老双方还同意两国界碑铺设工作尽快按计划全部完成。

老挝国家主席邀请胡锦涛主席访问老挝

2006年11月19～20日，中华人民共和国国家主席胡锦涛应老挝人民民主共和国国家主席朱马利·赛雅贡的邀请对老挝进行国事访问。访问期间，老中双方发表联合声明，表示将继续贯彻执行“长期稳定、睦邻友好、相互信赖、全面合作”的方针，加强两党、两国政府、议会、群众组织以及民间的交流往来与合作，加强党政建设和管理、社会主义理论与实践和干部培养的经验交流与合作，继续扩大经贸领域合作规模，提高合作质量和水平。双方共同签署包括《老中两国政府经济技术合作协议》和《老中两国政府关于中国政府免除老挝部分到期债务的决定》等10个文件。

老泰跨湄公河友谊二桥交付使用

2006年12月2日，第二座跨湄公河老泰友谊大桥沙湾拿吉—莫大限友谊大桥交付使用。该项工程由日本Jebik提供贷款，老泰两国政府共同投资80.9亿日元兴建，工期2年10个月。老挝国家副主席本扬·沃拉吉、总理波松·布帕万，泰国公主诗琳通、泰国总理素拉育·朱拉暖，越南总理阮晋勇和日本副外相一起出席大桥开通典礼。老挝总理波松·布帕万说：“这是湄公河两岸老泰两国人民的心愿，顺应湄公河东西经济走廊区域合作的发展趋势。它有利于老挝—— 一个没有出海口的内陆国发挥运输、贸易和旅游等过境服务优势，有利于区域发展。”泰国总理素拉育·朱拉暖也说：“继泰老廊开—万象友谊大桥之后开通的第二座友谊大桥，不仅使得两国交通更加便利，还有利于密切两国人民的联系。它是东西经济走廊经济发展计划中连接越老泰缅四国的又一通道，向东西延伸可通往中国、日本、韩国和孟加拉、印度等国家。”

老缅边境委员会第六次会议

2006年12月5~6日在缅甸首都内比都举行。会议回顾和评价《老缅两国边境管理与合作协议》执行情况，制订下一步合作计划，其中包括汪卜—勐莫国家级口岸开通典礼，制订边民证使用规定，在湄公河流域开展打击跨国犯罪和毒品走私联合巡逻检查以及修复损坏界碑等。

老挝政府总理对泰国进行正式访问

2006年12月17~18日，老挝政府总理是波松·布帕万对泰国进行正式访问并参加泰国清迈府"世博园"——老挝园的开园典礼。访问期间，泰国总理素拉育·朱拉暖会见波松·布帕万，并举行会谈，双方就继续运用两国现有的合作机制，解决皮沙本府惠南靠地区的苗族问题达成共识。同意在18~19日举行老泰治安委员会第15次会议。双方签订《合作开发老挝电力谅解备忘录》等8个文件。老挝鼓励泰国商人到老挝投资兴业，为其提供土地等便利；泰国同意出资兴建帕努—他曲跨湄公河大桥。

老挝政府对日本公民持因私普通护照进入老挝实行免签

2006年12月21日，老挝外长通伦·西苏里率团访问日本，与日本外相进行会谈并宣布老挝政府对日本公民持因私普通护照（有效期不低于6个月）进入老挝实行免签，在老挝的逗留期为15天。

马来西亚和中国高层互访

2006年3月，中国全国政协主席贾庆林访问马来西亚，先后会见马来西亚最高元首西拉杰丁、马来西亚总理巴达维、前总理马哈蒂尔，以及马来西亚上院和下院议长。双方就两国关系和国际问题交换意见，对两国关系的发展表示满意。11月，马来西亚总理巴达维到中国广西南宁参加中国—东盟博览会，与中国总理温家宝就两国建立经济伙伴关系取得共识，双方表示要加强各个领域的经济合作，尽快开展双边自由贸易谈判。2006年12月13~18日，中国全国政协副主席、中国国际交流协会会长李贵鲜率交流协会代表团对马来西亚进行友好访问。李贵鲜分别会见马来西亚上议院议长阿卜杜尔·哈密德和副议长王弗明。代表团一行还赴马六甲和槟城访问，分别会见马六甲首席部长穆罕默德·阿里和槟城首席部长许子根。

马来西亚和美国继续进行自由贸易协议谈判

马来西亚—美国双边自由贸易协定（FTA）谈判，于2005年6月在马来西亚槟城举行第一轮谈判后，2006年2月已经完成五轮谈判。2006年8月，马来西亚和美国宣布，双方有意磋商缔结自由贸易协议问题，以实现消除关税和非关税障碍，扩大两国贸易的目标。马美自由贸易协定谈判以闭门方式举行，并以1994年开始实行的北美自由贸易协定（NAFTA）为蓝本。马美自由贸易协定涉及的范围广泛，将对马来西亚经济带来深远影响。

马日经济交往继续加强

2006年日本在马来西亚制造业投资总额达44亿林吉特。日本有81项工程计划（投资额为12亿美元）获得马政府批准，这也是自1996年来日本超越美国后，在马来西亚创下最高的投资记录。2006年马日双

2006年3月29~30日，中国全国政协主席贾庆林访问马来西亚。①贾庆林在吉隆坡会见马来西亚最高元首西拉杰丁。②贾庆林会见马来西亚政府总理巴达维。③贾庆林会见马来西亚政府前总理马哈蒂尔。④贾庆林与马来西亚国会上议院议长哈米德举行会谈。⑤贾庆林会见马来西亚国会下议院议长拉姆利。（原载《中华英才》）

边贸易额达322亿美元。

马俄经济交流与合作扩大

2006年马来西亚接待俄罗斯游客比上年增加1万人次。2006年马俄贸易额突破11亿美元。马俄签署18架苏－30MKM歼击机的购销合同。年内，马来西亚选派3名宇航员候选人送往俄罗斯受训。教育方面的合作也取得进展，有2500名马来西亚学子在俄罗斯深造。

缅甸政府总理梭温访问中国

2006年2月14～18日，缅甸政府总理梭温上将应中国国务院总理温家宝的邀请对中国进行正式访问。这是梭温2004年10月就任总理以来首次正式访华。2月14日，温家宝总理与梭温总理举行会谈。温家宝说，中国政府一贯鼓励海外华侨遵守当地法律，与所在国人民融合在一起，积极参与当地社会发展和经济建设。希望缅甸对旅缅华侨给予关照，采取更加宽松的政策，重视他们的要求，为他们的工作、生活、教育提供更多的便利。为与缅方共同推进两国在经贸领域的合作，中方建议：第一，充分利用中方提供的优惠关税待遇，扩大双边贸易规模；第二，落实好双方确定的重点合作项目，使能源和资源开发、基础设施建设等方面的合作尽早取得成果；第三，密切两国在10＋1、10＋3、大湄公河次区域等多边合作框架下的相互协调，推动区域经济合作，以此带动本国经济和社会发展；第四，鼓励更多的双方企业进行直接接触，加强人员培训和技术交流。梭温说，缅甸政府和人民感谢中国长期以来给予缅甸的坚定支持和无私帮助，视中国为真诚的朋友，缅甸政府将一如既往地奉行对华友好政策，坚持一个中国原则。

缅甸与印度签署天然气开发协议

2006年3月8～11日，印度总统卡拉姆对缅甸进行国事访问，并与缅甸签署天然气开发协议，同意印度以新方法开采缅甸的天然气。此外，缅印两国政府还签署电信协议，同意由印度电信顾问公司在印度的莫雷边界到缅甸的第二大城市曼德勒间铺设光纤电缆。

缅甸政府总理梭温表示支持建设大湄公河次区域信息高速公路

2006年4月24日，缅甸政府总理梭温上将在内比都会见到访的中国信息产业部部长王旭东时表示，缅甸重视和支持尽快建设大湄公河次区域信息高速公路。因为它不仅对本国的发展，而且对次区域社会经济的发展都具有重要意义。梭温说，缅中是友好国家，缅甸愿意加强与中国在信息通信等多领域的合作。

根据2005年7月签署的《大湄公河次区域信息高速公路规划和建设谅解备忘录》，中国、缅甸、越南、泰国、老挝和柬埔寨六国将合作建设大湄公河次区域信息高速公路，搭建商业化信息通信平台，以便开展话音、数据、互联网的接入等基本业务，并开展远程教育、远程医疗、电子政务和电子商务活动等。

美国延长对缅甸的经济制裁

2006年5月18日，美国总统布什宣布对缅甸实施的经济制裁将延长一年，布什说，缅甸现政府对美国国家安全和外交政策构成威胁。

缅甸现政府被指严重侵犯人权，尤其是以该国的反对派领袖昂山素季的被软禁更为人所关注。布什声

2006年2月14～18日，缅甸政府总理梭温上将应邀对中国进行正式访问。①中共中央总书记、中国国家主席胡锦涛会见梭温总理。②中国国务院总理温家宝会见梭温总理并举行会谈。
（原载《湄公河》）

明:“由于缅甸的举动和政策,继续对美国的国家安全和外交政策构成不寻常和特别的威胁。基于如此,这个紧急状况将从5月20日继续实施。”美国对缅甸的经济制裁包括:禁止新投资、金融服务、对缅甸出口和从缅甸进口。美国不但冻结缅甸官员在美的资产,还扩大对缅甸官员的签证限制。

菲中两国政府互换引渡条约批准书

2006年2月10日,中国驻菲律宾大使李进军与菲律宾外交部长罗慕洛在菲律宾外交部长办公室互换《中华人民共和国和菲律宾共和国引渡条约》中英文批准书,并签署相关文件,标志着菲中两国在司法领域的合作得到进一步加强。

按照本条约规定,自双方互换批准书之日后第30天开始生效。李进军在批准书互换仪式上说,中菲引渡条约对两国之间共同打击跨国犯罪、相互引渡犯罪嫌疑人、追回犯罪赃款以及共享司法信息等方面的协调提供了法律基础和操作指南,预示两国在司法领域的合作将不断拓宽和深化。罗慕洛说,菲中引渡条约将发挥预防犯罪的功能,尤其将对打击毒品和走私犯罪起到震慑作用;两国合作将对东南亚地区的安全与繁荣作出贡献。

依据中菲引渡条约,两国间可相互引渡嫌疑人的犯罪包括:严重毒品犯罪、走私犯罪和其他依据两国法律均构成犯罪并应判处一年徒刑以上刑罚的犯罪。

菲律宾与马来西亚发表海上安全合作联合声明

2006年4月28日,菲律宾和马来西亚在吉隆坡发表联合声明,双方将加强海上安全合作,双方安全和执法机构今后将加强两国海上边境地区的联合巡逻,同时加强双方的情报交流,共同打击恐怖主义和海盗活动,以加强两国海上边界地区的安全。

菲中举办经贸合作论坛

2006年6月5~6日,首届菲中经贸合作论坛在菲律宾首都马尼拉举行。菲律宾总统阿罗约、前总统拉莫斯、菲众议院议长德贝内西亚、中国商务部部长薄熙来和中菲专家出席论坛。这次论坛规划和展望菲中未来5~10年合作的重点领域、重点项目和合作方式,双方就未来合作的重点领域达成共识。认为菲中两国经济具有很强的互补性和很大的合作发展潜力。菲律宾拥有比较优势的产品如鱼、虾、热带水果、椰子油、加工食品、木制品、塑料品、微电子组件及自动数据处理设备等。

菲律宾总统会见刘云山

2006年9月4日,菲律宾总统阿罗约在总统府会见到访的中共中央政治局委员、书记处书记、中宣部部长刘云山,双方就两国两党关系和共同关心的问题进行亲切友好的交谈。刘云山转达中国国家主席胡锦涛对阿罗约总统的亲切问候和良好祝愿。刘云山说,中菲建交31年来,两国政治互信不断增强,经贸合作卓有成效,在国际事务中也进行了很好的协调与合作。中国高度赞赏菲律宾政府长期坚持一个中国政策,在涉及13亿中国人民的核心利益问题上坚定支持中国政府。相信菲方会继续理解和支持中方在台湾问题上的立场,这是中菲友好关系的重要政治基础。中国党和政府高度重视中菲关系,希望与菲律宾平等相待、真诚合作、共同发展、共同繁荣,永远做好邻居、好朋友、好伙伴。在谈到两党关系时,刘云山说,中菲两国执政党的密切交往为促进两国关系的发展发挥了积极的推动作用。希望两党进一步加强往来,交流治国理念,增进了解,巩固友谊,深化合作,共同推动中菲关系长期稳定发展。阿罗约表示,菲中关系发展势头很好,两国在政治、经济、安全等各领域合作不断深化,特别是在南海合作方面取得重要进展,双方要共同努力,使南海由“争议之海”成为“合作之海”。她感谢中国对菲律宾经济社会发展提供的宝贵支持和帮助,表示菲律宾政府将一如既往地坚持一个中国政策。

菲律宾与日本签订双边自由贸易协定

2006年9月9日,菲律宾与日本在芬兰首都赫尔辛基签订一项双边自由贸易协定。根据该协定,日本将首次允许菲律宾医护人员前往日本工作,两国将在10年内取消对对方90%以上贸易商品的关税。菲总统府发言人本耶表示,这一协定是菲日建交50年来两国签署的最重要的双边协定,对菲向日出口农产品、渔产品和加工食品有积极影响,同时也将为菲医护人员进入日本市场创造条件。菲律宾总统阿罗约与日本首相小泉纯一郎在出席于赫尔辛基举行的第六届亚欧首脑会议前签署了这一协定。预计这一协定在获得两国议会批准后于2007年底生效。

菲律宾总统阿罗约访问美国夏威夷

2006年9月16日,菲律宾总统阿罗约在美国夏威夷州进行访问,与美军太平洋司令部官员就加强安全合作举行会谈,并为纪念二战时参加太平洋战争的美菲军人铜像揭幕。阿罗约在与美国官员会谈时表示,目前菲美关系是自15年前美国从菲撤走军事基地以来最好的,两国在反恐、发展经济和减少贫困方面正在进行合作。阿罗约是在参加了在古巴举行的不结盟运动首脑会议后前往美国访问的。

菲律宾与美国进行联合军事演习

2006年10月16日开始,菲律宾与美国举行名为“跳跃展望暨两栖登陆演习”的联合军事演习,有7000人参加,演习时间两周。10月23日,菲美两国军队在菲律宾巴拉望岛进行两栖登陆演习，约有5700名美国士兵和1300名菲律宾士兵参加当天的演习。

新加坡举办“春城洋溢华夏情”文化艺术旅游展

2006年1月6日晚，第13届“春城洋溢华夏情”文化、艺术及旅游展在新加坡隆重开幕。新加坡教育部及贸易与工业部政务部长曾士生及中国驻新加坡大使张云共同主持开幕式。“春城洋溢华夏情”活动从6日持续到2月15日，其主办单位为新加坡金航旅游业有限公司、新中友好协会及莱佛士城购物中心，协办单位为新加坡旅游局、中国驻新加坡旅游办事处和新加坡中国商会。在大约500人出席开幕式上，中国西安大唐古礼仪表演团为观众呈献一场精彩歌舞。演员们华丽的服饰、优美的舞姿以及充满感染力的古器乐演奏，赢得观众阵阵热烈掌声。本届“春城洋溢华夏情”活动规模超过往年，邀请的文艺表演团体有西安大唐古礼仪表演团、厦门市南乐团、苏州市“水乡情”艺术团和北京大学附小民族艺术团。除丰富多彩的文艺表演节目外，中国陕西省旅游局、山东省旅游局、苏州市旅游局、厦门市旅游局、漳州市旅游局都应邀组团参展，有12家中国各地旅行社也派员参加这次活动。此次活动还特意诚邀40多位工艺师，在现场为观众呈献精湛的手工艺术。

新加坡举办国际禽流感问题研讨会

2006年2月11日，由新加坡中央医院、新加坡医学特别护理协会、新加坡传染病协会和新加坡卫生部共同主办的国际禽流感问题研讨会在新加坡举行，来自德国、泰国、越南、印尼和中国等国的30多位医学专家就禽流感防治问题进行研讨。来自泰国、越南和印尼的医学专家介绍他们防治禽流感的经验，来自新加坡、中国和德国的医学专家介绍他们在应对非典危机方面的经验，探讨禽流感和非典之间的相似性以及实际治疗工作中的经验教训等。与会专家一致认为，禽流感问题要比非典问题严重得多，因此，有必要建立更多的交流渠道，使医疗机构及公众做好应对禽流感问题的充分准备。

世界卫生组织提供的相关资料显示，已有6个国家发现人类感染禽流感病例，其中越南最为严重，发现此类病例90多例。

新加坡与巴拿马签署自由贸易协定

2006年3月3日，新加坡与巴拿马签署新加坡—巴拿马自由贸易协定（PSFTA），涵盖的议题有产品和服务贸易、海关程序、金融服务、投资、电信、电子商贸、竞争政策和政府采购等。新加坡已与美国、澳大利亚、约旦、印度、日本、韩国、新西兰等国签署双边自由贸易协定；与巴林、加拿大、埃及、墨西哥、巴基斯坦、秘鲁、斯里兰卡、科威特、卡塔尔和联合阿拉伯酋长国、中国等国商讨自由贸易协定。

新加坡和印尼签署合作建立经济特区协议

2006年6月25日，新加坡和印度尼西亚在印尼的巴淡岛签署在印尼巴淡、宾坦和卡里摩岛共同建立经济特区的合作备忘录。这项备忘录是在新加坡总理李显龙和印尼总统苏西洛举行促进两国经济合作的双边会谈后签署的。苏西洛在签字仪式后对媒体表示，印尼和新加坡共同开发经济特区对两国企业界是互利互惠之举。他希望特区建设能吸引两国企业家的大量投资。李显龙表示，新加坡企业在别的国家有这方面的经验，新方将推荐各种优化投资环境的建议和措施。

根据协议，新加坡和印尼两国企业家将在经济特区内就投资、银行、税务、移民、劳工、旅游、农业、渔业、技术合作、教育和人力资源等方面展开全面合作。两国将在特区内建立有效的行政框架，实施明确的经济措施，简化投资手续，并建设基础设施。

新加坡与俄罗斯贸易额猛增

新加坡国际企业发展局资料显示，2006年新加坡与俄罗斯双边贸易额约为12亿美元（18.9亿新元），比上年增长43%。新加坡出口俄罗斯的产品主要有电信器材、电脑和相关配件等；从俄罗斯进口的主要产品是石油制品、铝和钢。在俄罗斯设有业务机构的新加坡公司约有30家，主要从事俄罗斯的房地产开发、基础设施服务、餐饮、消费电子产品和汽车组件等行业。2006年8月15日，新加坡与俄罗斯签署关于在经济特区领域开展合作的备忘录。新加坡将向俄罗斯提供与建立经济特区有关的咨询服务。新加坡还将通过培训执行权力机关人员等方式向俄罗斯传授相关经验。

新加坡与越南经贸合作关系不断加强

2005年12月，新加坡与越南签署加强双边合作关系的《新越联系框架协定》，双方将在贸易与服务、投资、教育与培训、信息科技、金融以及交通等领域加强合作，越南将设立快速审批程序，以加快新加坡对越南的投资，而新加坡公司也将协助越南政府在南部地区开发多用途海港。新越双边贸易增长快速，双边贸易额从1995年的32亿新元增至2006年的113亿新元（约为71.5亿美元），新加坡成为越南第四大贸易伙伴。新加坡主要从越南进口原油及数据处理机器，出口到越南的产品有经提炼后的石油、办公室数据处理机器零件等。新加坡是越南第二大投资者。《越南投资论坛》2005年底的数据显示，新加坡在越南累计投资项目395个，总值76亿美元，仅次于中国台湾省（79.3亿美元）。位于胡志明市以北17公里，占地500

公顷的越南—新加坡工业园已吸引22个国家的230家公司投资设厂。由于工业园在招商引资方面表现突出,2006年9月,新加坡总理李显龙应邀访越出席越新工业园开发10周年庆祝会时,双方正式确立共同合作开发第二个工业园。

新加坡总理李显龙高度评价东盟与中国关系

2006年10月25日,新加坡总理李显龙在总统府接受中国主要新闻媒体联合采访时说,东盟与中国建立对话关系15年来,双方在各领域的友好合作取得积极进展。东盟与中国友好关系的全面发展不仅有利于整个地区,也有利于世界。作为东盟一员,新加坡将继续致力于推动这一关系不断向前发展。过去15年来,东盟与中国关系发展很快,成效显著。东盟与中国的贸易和互动日益增加。双方建立了诸多有利于增进理解与信任的对话机制,中国积极参与其中,并与东盟在贸易、投资、教育、文化、政治和安全等领域开展积极合作。东盟—中国自由贸易区建设、东盟与中国在地区事务中的合作以及东盟10国与中国签署《南海各方行为宣言》等都有利于加强双方合作、增进相互间的信任。

李显龙强调,东盟将中国的快速发展看作本地区乃至世界发展的一个积极因素。东盟与中国关系互补性强,能互惠互利,促进双方贸易和投资的增加。东盟积极参与中国的经济发展,在中国增加投资,并从巨大的中国旅游市场获益匪浅。

李显龙说,在战略和安全问题上,东盟与中国加强对话,相互理解和信任不断加深。东盟与中国开展安全与政治合作基础很好,双方有机会也有可能走到一起,共同解决彼此面临的问题。他表示,双方关系发展的基础是相互尊重与信任,照顾彼此的利益。今后,东盟与中国应继续本着这一精神深化相互关系。

李显龙表示,由于中国和印度经济的崛起,东盟国家的经济也面临转型和调整。中国的快速发展为东盟国家带来大量商机,同时也带来挑战。中国的快速发展是促成东盟加强自身合作和一体化进程的一个主要因素,只有携手共进,东盟国家才能找到更多的发展机遇,才能更具竞争力,才能更加繁荣。

在谈到中国经济不断发展对东盟发展和推动东亚经济一体化进程的积极意义时,李显龙说,中国经济的发展带来诸多商机,这是有目共睹的。当中国开始对外开放,增加出口的同时,进口也急剧增长,这意味着中国已成为日本、韩国、新加坡等本地区许多国家的重要市场。东亚内部的合作具有很大潜力,而东亚峰会机制是在东亚开展合作的重要途径。

在谈到东盟—中国自贸区建设和新加坡希望在东盟与中国关系发展中发挥何种作用时,李显龙说,东盟—中国自贸区建设发展很快,目前正着手服务和投资领域的工作。新加坡虽是东盟10国中的一个小国,但希望在东盟与中国关系发展过程中发挥建设性作用。新加坡深信,良好的东盟与中国关系将使新加坡受益。为此,新加坡将致力于推动这种关系不断向前发展。

新加坡与美国贸易额达425亿美元

新加坡美国商会的数据显示,2006年新加坡和美国贸易额425亿美元(650亿新元),比上年增长25%。

2006年新加坡仍是美国第15大贸易伙伴,并成为美国第9大出口市场。美国出口新加坡的商品总值从2005年的206亿美元增加到2006年的247亿美元。新加坡是美国在东盟的最大出口市场,占美国商品出口东盟的比率,从2005年的41.5%提高到2006年的43%。美国出口新加坡的主要商品有机械、飞机、飞机零部件、光学和医疗设备。

新加坡交易所上市的中资企业数量增多

2006年新加坡中资企业总数有1970家,比上年增加470余家。新加坡交易所有上市公司700多家,包括250多家外国企业,其中120家来自中国。中国上市企业的总市值超过280亿新元(约合183亿美元),占新加坡市场总市值的5.5%。与2005年156亿新元(约合101.9亿美元)的总市值相比,增长80%。总融资额超过30亿新元(约合19.6亿美元)。中国上市企业股票交易量占新交所每日股票交易量的15%左右。2006年有58家外国企业在新加坡交易所上市,其中中国内地企业25家,融资超过14.7亿新元(约合9.6亿美元)。

与其他金融中心相比,新加坡对于中国民营企业有三项优势。第一,新加坡股市比较注重制造业;第二,新加坡股市门槛较低,中国民营企业在新上市,程序相对简单快捷,费用较低;第三,新加坡股市对中小型企业比较支持,吸引力大。

鉴于中国民营企业的经济地位越来越重要,新加坡国际企业发展局与新加坡交易所、金管局、中华总商会等机构紧密合作,加强新中企业联系,吸引更多中国民营企业到新发展或上市。

泰中科技合作联委会在曼谷举行

2006年2月17日,泰中科技合作联委会工作组会第18届会议在曼谷举行。两国高层代表评估了上届会议以来的科技合作项目执行情况,商定未来两年科技交流与合作项目计划,讨论下届会议举办时间和地点,双方在会议后签署联委会议纪要。

泰中科技合作联委会是根据1978年3月31日签署的两国政府间科技协议而成立的,旨在定期磋商两国科技合作事宜。从1978年10月在泰国举行首届会议以来，泰中双方已召开17届联委会会议，签署了17项会议纪要。双方科技合作项目739项，其中中方承担376项，联合研发项目34项，交流科技人员3200多人。在泰中科技合作框架下，双方还陆续签署农业科技合作备忘录、卫生医学科学和药品合作备忘录、基础理论研究合作备忘录等，为双方开展全方位、多层次的科技合作与交流奠定基础。泰中科技合作领域涵盖农业、地矿、地震、遥感、天文、气象、交通运输、新材料、生物技术、信息科技、卫星通信、医药卫生、食品加工、能源与环境保护等，合作方式由最初的一般性考察团组互访、资料交换，发展到合作研究、共同开发、人员培训、种子苗木交换、技术咨询和技术开发示范等多种形式并举。

第25届“金色眼镜蛇”军事演习在泰国举行

2006年5月15日，代号为“金色眼镜蛇”的多国联合军事演习在泰国举行。参加演习的国家有泰国、美国、新加坡、日本和印度尼西亚，其中印度尼西亚是首次参加，有包括中国在内的9个观察员国及一些国际组织派员观察此次军演。“金色眼镜蛇”军事演习每年举办一次，2006年是第25届。此次演习有1.2万名军人参加，其中泰国7000人、美国4000人，其他3国共约1000人。

泰国政府总理素拉育访问文莱和新加坡

2006年11月9日，泰国政府总理素拉育出访文莱和新加坡，此次出访的目的是关注上述两国的泰国劳工福利。文莱苏丹在皇宫会见素拉育，双方就泰国劳工福利问题进行会谈，文莱苏丹表明，文莱政府要妥善保护和协助处理好包括泰国在内的外国劳工问题。新加坡政府也表明这一立场。此外，素拉育还向文、新两国领导人介绍现政府的内外政策，包括政治改革、建设和谐社会、改善投资环境等方面的措施，希望两国继续增加在泰国的投资，加强双边友好合作关系。

泰国和柬埔寨加强贸易和投资合作

2006年11月22日在泰国曼谷举行泰柬投资合作会议，据会后泰国商业部国际贸易厅厅长朱滴玛·汶耶巴博颂女士透露，柬埔寨政局较过去稳定，经济持续增长，汇率位于适当水平；这次柬埔寨政府代表团访问泰国，直接向泰国企业家提供资料，尤其是推介经济特区，效果良好。经过友好协商，双方同意在今后3年内加强贸易及投资合作，将双边贸易和投资总额增加到每年20亿美元，比2006年增长1倍。

越中两国正式签署共建红河大桥协定

2006年2月16日，越南、中国两国政府授权两国交通部在越南老街省签署《中越两国共建红河大桥协定》。红河大桥将连接中国云南省河口瑶族自治县县城与越南老街省金城开发区。大桥全长295米，其中中方境内桥长147.5米，项目概算投资额6190万元人民币，建设工期18个月。作为“昆明—老街—河内—海防”经济走廊上的一个重要连接点，红河大桥的修建对促进两国间经贸合作交流有着重要意义。红河公路大桥建成后，将与越中铁路大桥、南溪河公路大桥共同构成连接越中两国的重要通道，进一步满足越中双方人员往来和货物运输的需要。

越美两国关系密切

2006年初，美国众议院议长哈斯泰特访问越南。6月，美国国防部长拉姆斯菲尔德对越南进行访问。11月，美国总统布什首次访问越南并出席在河内召开的第14次APEC会议，11月17日越美两国签署《联合声明》。5月31日，越美两国贸易官员在胡志明市签署《双边市场准入协定》，此协定的签订为越南加入世界贸易组织扫除一大障碍。根据这一协定，越美两国将进一步降低两国间的贸易关税。越南同意将其对美国制成品和农产品的关税税率降到15%或15%以下，并向外国公司开放电信、金融和能源服务行业，同意取消一项对纺织品和服装行业的总额高达40亿美元的政府支持计划。美国则同意取消对越南纺织品和服装的进口配额限制。12月21日，美国总统布什签署美国给予越南永久正常贸易关系地位法案。3月，英特尔(Intel)计划投资3亿美元在越南兴建规模最大的封测厂。4月，美国微软公司董事长比尔·盖茨访问越南，比尔·盖茨表示将在未来10年中，支持越南发展包括软件开发在内的信息技术。2006年底，英特尔公司又将投资金额从原定3亿美元提高到10亿美元。2006年越美双边贸易额90亿美元，比上年增长28.6%。

越共中央总书记农德孟访问中国

2006年8月22~26日，越南共产党中央委员会总书记农德孟访问中国。此次访问是农德孟于2006年4月在越共十大上连任总书记后首次出访，也是农德孟自2001年出任总书记以来第三次访华。

8月24日，中越双方在北京共同签署《中越联合公报》。公报指出：中越两国都希望彼此能够推进社会主义建设，并强调将继续遵循“十六字方针”和“四好精神”，推动中越关系的进一步发展。在经贸领域，中越两国本着“优势互补、互利共赢”的精神，进一步扩大经贸合作规模，努力实现2010年双边贸易额达到100亿美元的目标，双方将继续共同推动“两廊一圈”和中国—东盟自由贸易区的建设进程，中方支持越南早日加入世贸组织。此外，双方还签订《中越两国政府经济技术合作协定》和《中国进出口银行向越南锦普火电厂一期30万千瓦燃煤电站项目提供贷款的协议》。中越双方进一步明确最迟于2008年完成陆地边界全线勘界立碑工作,并签署新的边界管理制度。在公报中,越南重申一贯奉行一个中国的政策,支持中国统一大业,坚决反对任何形式的台独势力。

2006年8月22~26日,越共中央总书记农德孟应中共中央总书记、中华人民共和国主席胡锦涛的邀请对中国进行正式友好访问。①欢迎仪式上两位总书记亲切握手。②检阅陆海空三军仪仗队。③双方举行会谈。(原载《荷花》)

越南政府总理阮晋勇访问日本

2006年10月18~22日,应日本新任首相安倍晋三的邀请,越南政府总理阮晋勇对日本进行正式友好访问。这是阮晋勇当选总理之后首次出访。访日期间,阮晋勇分别会见日本参议员和众议员主席以及日本天皇和皇后,还分别会晤日本政府原首相小泉纯一郎和日本著名经济集团的经理。在与日本首相安倍晋三会谈后,越日双方共同签署《联合声明》,表示加强和促进双方在各领域的合作,建立面向亚洲地区和平和稳定的战略合作伙伴关系。

越日双方签订越南计划投资部与日本住友商社投资促进协议,越南河西投资发展股份公司与日本Meiko Electronics公司关于合资兴建家电厂项目协议(投资额3亿美元),越南投资发展集团与日本UMC Electronics公司关于投资兴建高科技电子设备项目协议(投资额1.1亿美元),越南纺织集团与日本Mitsui Bussan贸易集团纺织品供销合同(合同额2650万美元),越南越进纺织公司与日本Marubeni贸易集团纺织品供销合同(合同额7500万美元)等5项合同和协议。此外,越南企业还与日本企业就联合兴建钢铁厂、合作开采铝矿等项目达成协议。

越南成功举办APEC领导人非正式会议

2006年11月18~19日,亚太经合组织(APEC)领导人第14次非正式会议在河内举行,来自亚洲太平洋地区21个经济体的领导人参加会议。峰会期间越南还迎来中国国家主席胡锦涛、美国总统布什、俄罗斯总统普京、日本首相安倍晋三和智利总统巴切莱特等5位APEC领导人的正式访问。越南政府非常重视这次会议,将它看成是提升越南国际影响力、发展双边和多边外交关系、让世界了解越南的重要平台。

越老柬三国总理第四次峰会

2006年12月4~5日在越南林同省大叻市举行。越南总理阮晋勇、老挝总理波松·布帕万、柬埔寨王国首相洪森出席峰会。会议回顾和评价上次峰会所做各项决定的执行情况,共同讨论三国三角经济开发区有效开发的各种形式。三角经济开发区是由柬埔寨首相洪森于1999年在万象举行的三国领导人峰会上提出的,由三国的10个省份组成,包括柬埔寨的腊塔纳基里、蒙多基里、上丁三省,老挝的塞公、沙拉湾、阿速坡三省,越南的昆嵩、多乐、嘉莱、多农四省。三角经济开发区的开发对三国商品交换和流通具有重要意义。日本作为特邀代表出席会议,并承诺提供4000万美元的援助。

越南政府总理阮晋勇访问柬埔寨

2006年12月18~19日,应柬埔寨王国政府首相洪森邀请,越南政府总理阮晋勇率领越南政府高级代表团对柬埔寨王国进行正式友好访问。18日下午洪森在金边首相府会见阮晋勇,宾主双方在亲切友好气氛中进行会谈。阮晋勇表示,这是他第一次到柬埔寨王国访问。他赞扬柬埔寨王国政府领导有方,使柬埔寨王国经济不断向前发展。阮晋勇总理指出,越南与柬埔寨的友好合作关系从中央到省级均在不断巩固与发展中。2006年越柬两国贸易额超过10亿美元。到2010年将超过20亿美元。阮晋勇表示两国可以在以下领域进行合作:越南私人公司在种植橡胶树方面拥有丰富经验,双方可在种植橡胶树方面进行合作;越南也可以在勘探地下矿产方面协助柬埔寨发展;越南有丰富的电力资源,柬埔寨可以向越南购买廉价电力。阮晋勇感谢柬埔寨王国支持越南加入世贸组织以及支持越南成为联合国安理会非常任理事国。洪森表示,柬埔寨农业部正在考虑在磅同省与拉达那基里省种植橡胶树。柬埔寨王国政府也正在考虑增设柬越贸易口岸。柬埔寨希望越南考虑解决边境地区水源问题,扩大向柬埔寨供电问题以及柬越双方合作勘测矿产问题。洪森首相指出,柬越双方还可以在柬越边界地区建立市场、设立工业特区、在干拉省再通建设桥梁、共同预防跨境犯罪、共同预防禽流感等方面开展合作。

越南政府总理阮晋勇访问老挝

2006年12月19日,应老挝政府总理波松·布帕万的邀请,越南政府总理阮晋勇率政府代表团对老挝进行正式友好访问。19日上午,两国总理在坦诚、友好及相互信任的气氛中举行会谈。两位总理肯定两国之间的传统友好、特殊的团结及全面合作关系继续得到巩固,并在各个领域,尤其是在经济、贸易与合作投资领域有良好的发展。越南对老挝电力、林业、矿产及交通运输业的投资总额达5亿美元,在老挝南部各省种植橡胶、咖啡等经济作物项目发展态势良好。双方一致同意继续加强两国在经济、文化、科技等领域的合作,加强领导层的交往,大力推进各部门、地方政府及群众团体之间的交流与合作。并就2007年举行纪念两国建交45周年及越南—老挝友好合作关系30周年有关事项达成共识。

经　　济

人民币对美元汇率升值

2006年1月4日,人民币对美元汇率中间价以8.0702元起步。5月15日,人民币汇率中间价首度突破1美元兑8元人民币。在此后的2个月内,人民币汇率始终围绕着“8”这一重要关口上下波动。7月20日,人民币汇率中间价再次“破8”后一路向下,从此告别了这个关键的位置。8月30日破7.96,9月28日破7.90,10月30日突破7.88。11月,人民币对美元汇率中间价在短短20个交易日内,相继突破7.87、7.86、7.85、7.84四个整数关口,而这一中间价到12月19日时变为7.8255。《中华人民共和国2006年国民经济和社会发展统计公报》显示,年末人民币汇率为1美元兑7.8087元人民币,至此,中国人民币对美元进入“7时代”。

中国社会主义新农村建设迈出新步伐

2006年2月21日,《中共中央国务院关于推进社会主义新农村建设的若干意见》下发,这份2006年中央“一号文件”显示,中共十六届五中全会提出的建设社会主义新农村的重大历史任务,2006年将迈出有力的一步。《意见》全面分析当前农业和农村形势,深刻阐述建设社会主义新农村的重大意义,明确提出了推进社会主义新农村建设的总体要求和重大方针政策。这份纲领性文件出台32项重大举措,力求解决社会主义新农村建设的诸多深层问题。根据新农村建设的部署,2006年中国逐步扩大公共财政对农村的支持力度,全年中央财政预算安排用于“三农”(农村、农业、农民)的支出达到3397亿元,占中央财政总支出增量的21.4%。在全面取消农业税的基础上,完善并加强“三补贴”政策:一是扩大粮食直补资金规模,安排13个粮食主产省(区)的粮食直补资金125亿元,比上年增加10亿元;二是中央财政安排良种补贴资金40.7亿元,比2005年增加2亿元;三是安排农机具购置补贴资金6亿元,比上年增加1倍。此外,继续对重点地区的重点粮食品种实行最低收购价政策,增加对财政困难县乡和产粮大县的转移支付。2006年粮食总产量4.97亿吨,比上年增产2.8%。农村居民人均纯收入3587元,扣除价格上涨因素,比上年实际增长7.4%;按农村绝对贫困人口标准低于693元测算,2006年末农村贫困人口2148万人,比上年末减少217万人;按低收入人口标准694~958元测算,年末农村低收入人口3550万人,比上年末减少517万人。已有25个省(自治区、直辖市)、2133个县(市、区)初步建立农村最低生活保障制度,1509万农民享受农村最低生活保障。全国财政安排农村义务教育经费1840亿元,全部免除西部地区和部分中部地区农村义务教育阶段5200万名学生的学杂费,为3730万名贫困家庭学生免费提供教科书,对780万名寄宿学生补助生活费。

中国首届两岸经贸论坛

2006年4月14~15日在北京举行,由中共中央台湾工作办公室海研中心与中国国民党国政研究基金会共同主办,海峡经济科技合作中心与两岸和平发展基金会共同承办。中国国民党荣誉主席连战,中共中央政治局常委、全国政协主席贾庆林出席论坛开幕式并先后发表演讲。两党人士和两岸企业界人士、专家学者、台商代表等共400余人出席。本届论坛主题是“两岸经贸交流与直接通航”。与会人士就“在全球化浪潮下,两岸经贸交流对双方经济发展的影响”、“两岸农业交流与合作”、“两岸直航对产业发展策略、企业全球布局的影响”、“两岸观光交流对双方经济发展的影响”、“两岸金融交流与两岸经贸发展”五项议题,进行广泛而深入的研讨。论坛提出以下共同建议:两岸经济交流与合作,符合两岸同胞的共同利益和期望;积极推动两岸直接通航;促进两岸农业交流与合作;加强两岸金融交流,促进两岸经贸发展;积极创造条件,鼓励和支持台湾其他服务业进入内地市场;积极推动实现内地居民赴台旅游,促进两岸人员往来及经济关系发展;共同探讨构建稳定的两岸经济合作机制,扩大和深化两岸经济交流与合作,促进两岸关系发展,实现共同繁荣。在论坛上,中国内地提出促进两岸交流合作、惠及台湾同胞的15项政策措施,得到台胞称赞。

中国三峡大坝建成并蓄水至156米

2006年5月20日,全长2309米、海拔高程185米的三峡大坝完成最后浇筑、全线建成。三峡大坝是三峡水利枢纽工程的核心工程,混凝土浇筑总量1610万立方米,为世界上最大的钢筋混凝土重力坝。6月6日三峡大坝混凝土围堰爆破拆除,大坝进入挡水发电期。9月20日开始从135米向156米水位蓄水。10月27日,成功实现156米蓄水目标,标志着三峡工程提前发挥防洪、通航、发电三大效益。

·链接资料·

三峡工程

全称长江三峡水利枢纽工程。*1992*年*4*月*3*日,七届人大五次会议审议并通过《关于兴建长江三峡工程决议》。*1994*年*12*月*14*日在前期准备的基础上正式开工建设。

工期 总工期*17*年。分三期:一期工程*5*年(*1993～1997*年),除准备工程外,主要进行一期围堰填筑,导流明渠开挖等。二期工程*6*年(*1997～2003*年),主要任务是修筑二期围堰,左岸大坝的电站设施建设及机组安装等。导流明渠截流是二期工程转向三期工程建设的重要标志。三期工程*6*年(*2003～2009*年),进行右岸大坝和电站施工,并继续完成全部机组安装。建成一座长*600*公里,最宽处*2000*米,面积*10000*平方公里的峡谷型水库。

效益 三峡工程是中国,也是世界上最大的水利枢纽工程,是治理和开发长江的关键性骨干工程。它具有防洪、发电、航运等综合效益。工程的首要目标是防洪,可有效控制长江上游洪水。经三峡水库调蓄,可使荆江河段防洪标准由现在的约*10*年一遇提高到*100*年一遇。三峡水电站总装机容量*1820*万千瓦,年平均发电量*846.8*亿千瓦时。对华东、华中和华南地区的经济发展和减少环境污染起到重大作用。三峡水库将显著改善宜昌至重庆*660*公里的长江航道,万吨级船队可直达重庆港。航道单向年通过能力可由*1000*万吨提高到*5000*万吨,运输成本可降低*35%～37%*。

枢纽布置 主要建筑物由大坝、水电站、通航建筑物三大部分组成。大坝位于河床中部,即原主河槽部位,两侧为电站坝段和非溢流坝段。水电站厂房位于两侧电站坝段之后。永久通航建筑物均布置于左岸。拦河大坝为混凝土重力坝,坝轴线全长*2309.47*米,坝顶高程*185*米,最大坝

①三峡大坝全景。②三峡工程开始发挥防洪功能。③三峡大坝船闸。

(原载《吉祥》)

高181米。设有23个泄洪深孔，底高程90米，深孔尺寸为79米，其主要作用是泄洪。电站坝段位于大坝两侧，设有电站进水口。枢纽最大泄洪能力可达10.25万立方米/秒。水电站采用坝后式布置方案，设有左、右两组厂房。安装26台水轮发电机组，机组单机额定容量70万千瓦。通航建筑物包括永久船闸和升船机。永久船闸为双线五级连续梯级船闸。单级闸室有效尺寸为280、34、5米，可通过万吨级船队。升船机为单线一级垂直提升式，一次可通过一条3000吨的客货轮。承船厢运行时总重量为1.18万吨，采用全平衡钢丝绳卷扬方式提升，总提升力为6000牛顿。

水淹范围　正常蓄水至175米时，三峡大坝前会形成一个世界上最大的水库淹没区——三峡库区。三峡水库淹没陆地面积632平方公里，淹没城市2座、县城11座、集镇116个，涉及湖北省夷陵区、秭归县、兴山县、巴东县和重庆市主城区及所辖的巫山县、巫溪县、奉节县、云阳县、万州区、石柱县、忠县、开县、丰都区、涪陵区、武隆县、长寿县、渝北区、巴南区、江津市等。其中秭归、兴山、巴东、巫山、奉节等9座县城和55个集镇全部淹没或基本淹没。

中国出台系列房地产调控措施

主要包括以下五方面内容：一是建立新的住房供应结构。自2006年6月1日起，凡新审批、新开工的商品住房建设项目，套型建筑面积90平方米以下住房（含经济适用住房）面积所占比重，必须达到开发建设总面积的70%以上。二是建立新的住房需求结构。其中重点是满足当地居民自住需求。三是在土地供应、房地产开发信贷和住房消费信贷，以及有关的税收方面出台新规定。四是对完善住房保障制度提出新要求。五是提出新措施整顿规范房地产市场秩序和完善房地产统计及信息披露制度。

中国青藏铁路建成通车

2006年7月1日，中国青藏铁路通车庆祝大会在青海省格尔木市和西藏自治区拉萨市同时隆重举行。中共中央总书记、国家主席、中央军委主席胡锦涛参加庆祝大会并发表重要讲话。青藏铁路是世界上海拔最高、线路最长的高原铁路，全长1956公里，其中西宁至格尔木814公里于1979年建成，1984年交铁路局运营。格尔木至拉萨为1142公里，中间有昆仑山、唐古拉山、念青唐古拉山和550公里的永久冻土带，有长江上游、怒江上游的11条河流，每年冰冻期为280天，年平均气温零下5摄氏度，最低气温在零下40摄氏度，空气稀薄，大部分地区的含氧量不足海平面的一半，沿线65%的地段处于生命禁区。青藏铁路建成通车证实了中国综合实力和科技实力，对于青藏两省区加快经济社会发展、改善各族群众生活，增进民族团结和巩固祖国边防，都具有十分重大的意义。

中国召开全国农村综合改革工作会议

2006年9月1～2日，中国国务院召开全国农村综合改革工作会议，各省、自治区、直辖市和中央有关部门负责人参加会议，中国国务院总理温家宝出席会议并发表重要讲话。他强调，取消农业税，标志着中国农村改革开始进入综合改革新阶段。要充分认识农村综合改革的重要性和艰巨性，按照巩固农村税费改革成果和完善社会主义市场经济体制的要求，推进乡镇机构、农村义务教育和县乡财政管理体制改革，建立精干高效的农村行政管理体制和运行机制、覆盖城乡的公共财政制度、政府保障的农村义务教育体制，促进农民减负增收和农村公益事业发展，全面推动社会主义新农村建设。

中国首次发布绿色GDP报告

2006年9月7日，中国国家环保总局和国家统计局联合发布《中国绿色国民经济核算研究报告2004》。这是中国首次发布绿色GDP核算研究报告。绿色国民经济核算（简称绿色GDP核算）是指从传统GDP中扣除自然资源耗减成本和环境退化成本的核算体系，能够更为真实地衡量经济发展成果。中国国家环保总局和国家统计局于2004年3月启动这一项目。两年中，技术组对各地区和42个行业的环境污染实物量、虚拟治理成本、环境退化成本进行了核算分析，结论认为，2004年因环境污染造成的经济损失为5118亿元，占GDP3.05%。其中，水污染的环境成本为2862.8亿元，占总成本的55.9%，大气污染的环境成本为2198.0亿元，占总成本的42.9%；固体废物和污染事故造成的经济损失57.4亿元，占总成本的1.2%。

第100届中国出口商品交易会在中国广州举行

2006年10月15日，第100届中国出口商品交易会开幕式暨庆祝大会在广州举行。中共中央政治局常委、国务院总理温家宝出席大会并作重要讲话。温家宝在讲话中说，广交会半个世纪的历程，反映了新中国对外开放的历史，展示了改革开放以来对外贸易的新发展和新成就，表明中国对外开放的道路越走越宽广。温家宝宣布，为更好地适应对外开放新形势，扩大进口，增加出口，推动进出口贸易的协调平衡发展，中国政府决定：从第101届开始，广交会更名为中国进出口商品交易会。据统计，本届交易会有来自212个国家和地区的19.27万名采购商到会，突出特点是欧美采购商明显增加。其中新采购商8.51万名，世界知名的跨国零售商80家。本届交易会成交总额340.6亿美元。

中国国务院通过《西部大开发"十一五"规划》

2006年12月8日,中国国务院常务会议审议并原则通过《西部大开发"十一五"规划》。《规划》贯彻以人为本的科学发展观,指出"十一五"西部大开发总的目标是,经济又好又快发展,人民生活水平持续稳定提高。基础设施和生态环境建设实现新突破,重点地区和重点产业的发展达到新水平,基本公共服务均等化取得新成效,构建社会主义和谐社会迈出扎实步伐。另外,《规划》还提出要建立六项机制保障规划的实施,即国家政策扶持机制、金融服务支持机制、企业发展激励机制、资源合理开发机制、政府协调服务机制和规划有效实施机制。

中国向外资银行开放人民币业务

2006年12月11日,《中华人民共和国外资银行管理条例》(以下简称《条例》)及其细则正式施行。《条例》规定,根据中国加入世界贸易组织的承诺,即日起中国向外资银行全面开放中国境内公民的人民币业务,取消开展人民币业务的地域限制和其他非审慎性限制,并对外资银行实行国民待遇。外国金融机构在中国设立的外商独资银行、中外合资银行可以经营的外汇业务和人民币业务包括:吸收公众存款;发放短期、中期和长期贷款;办理票据承兑与贴现;买卖政府债券、金融债券,买卖股票以外的其他外币有价证券等。按照合法性、审慎性和持续经营原则,经中国国务院银行业监督管理机构批准,外国银行可以将在中国境内设立的分行改制为由其单独出资的外商独资银行。外商独资银行、中外合资银行的注册资本最低为10亿元人民币或者等值的自由兑换货币,应遵守《商业银行法》关于资产负债比例管理的规定,贷款余额与存款余额的比例不得低于75%。

中国股市创历史新高

2006年中国上市公司股权分置改革基本完成,证券市场基础性制度建设得到加强,中国股市取得前所未有的成就;在1396家A股中,涨幅超过100%的490家,涨幅超过200%的150家。12月29日,沪指突破2600点,涨幅列全球第一。股市市价总值达8.94万亿元,接近GDP的一半,比上年末增长175.7%。此外,中国四大国有银行之一的中国工商银行在香港和上海同步上市,全球发售H股353.9亿股,A股130亿股,A股与H股集资总额217亿美元,中国工商银行股票首次公开发行(IPO)成为全球规模最大的IPO,其上市后总市值突破万亿大关,成为中国股市最大的权重股。

中国经济快速稳健增长

2006年中国国内生产总值为20.94万亿元(折合2.69万亿美元),比上年增长10.7%,这是继2003年以来连续4年实现两位数增长。财政收入3.93万亿元,比上年增长24.3%;人均国内生产总值2042美元;社会消费品零售总额7.64万亿元,比上年增长13.7%;居民消费价格总水平上涨1.5%,涨幅比上年回落0.3个百分点;进出口总额1.76万亿美元,比上年增长23.8%;实际使用外商直接投资金额630亿美元,增长4.5%;年末国家外汇储备1.07万亿美元,比上年末增加2475亿美元;年末人民币汇率为1美元兑7.8087元人民币;城镇新增就业人员1184万人;城镇居民人均可支配收入1.18万元,农村居民人均纯收入3587元,扣除价格上涨因素,分别增长10.4%和7.4%。

中国林业改革成绩突出

中国国家林业局把2006年确定为"林业改革年",决定以集体林权制度改革为重点,全面推进各项林业事业发展。黑龙江省伊春市被确定为全国唯一的国有林区林权制度改革试点,8万公顷林地由职工家庭承包经营,并在保持林地所有权国有的前提下,充分赋予承包经营者对林木的所有权、处置权和收益权。年内,中国第一家国有控股大型森工企业——中国吉林森林工业集团有限责任公司挂牌运营,这是中国第一家国有森工企业主业辅业分离、国有资本从加工业中全部退出、社会职能全部移交、职工全部转换劳动关系的森工企业,解决了长期困扰国有森工企业发展的产权单一、企业办社会、冗员过多、主业不突出、创新能力不强等5个历史性难题。

文莱壳牌钱皮恩油田三期投产

文莱壳牌石油公司2006年1月10日宣布,离岸90公里的钱皮恩油田西区三期油田当日开始生产原油,比计划提早两个月,预计在开始阶段油田日产原油1.67万桶。此外,该油田还生产天然气,估计到2010年,油田所生产的液化天然气将占文莱全国产量的1/4。

文莱颁布新金融法令

2006年3月14日,文莱政府颁布施行新的保险法、银行法、分期付款法和金融公司法。文莱政府希望实施上述法令后,吸引投资者,特别是国际投资者,加快文莱伊斯兰金融中心建设进程。

文莱将吸引巨资发展非油气产业

2006年12月4日,文莱工业和初级资源部副部长拿督哈吉迪拉在接受记者采访时表示,文莱政府将采取更多措施促进经济多元化发展,拟在未来15年中吸引45亿美元投资非油气产业。文莱实行较宽松的贸易和投资政策,除酒类、军火等产品外,对包括机电产品在内的大部分产品均无进口限制。文莱政府一方面增加对基础设施和信息产业等投资,改善招商引资环境;另一方面加大招商引资力度,鼓励外资投资石油、天然气的中下游产业、制造业、服务业等。

文莱政府支持中小企业发展

2006年12月9日,文莱工业和初级资源部常务秘书拿督哈密德在出席2006年中小企业伙伴课程开幕仪式时表示,政府准备增加拨款用于推动国内中小企业发展,为从业者提供财政援助。文莱工业和初级资源部在1999年与银行合作,推出总额2910万文莱元的中小企业财政援助计划,至2006年3月,有324家(占总数的4.48%)中小企业得到援助。

文莱将摩拉海港建成电子港口

2006年12月10日文莱海港局官员接受记者采访时说,文莱政府已经决定将文莱最大港口——摩拉海港建设成为电子港口,这是政府推行"电子政务"计划的一部分,政府已经拟定8项措施全力将摩拉海港建设成为一个杰出的港口,具体是:一、大力推动船运业发展;二、打造世界级的船运服务设施;三、将摩拉海港建成东盟东部增长区的船运中心;四、鼓励直接船运服务,让摩拉海港与世界各主要港口接轨;五、推动港运后勤服务;六、鼓励快船载客;七、发展货品转运业务;八、拓展更多服务项目来增加政府收益。

文莱实施经济多元化战略推动工业区发展

文莱在实施经济多元化战略中的一个重大举措是建设工业区,1989年文莱政府设立工业和初级资源部,下设文莱工业发展局,其主要职能是在文莱建立工业园区,吸引投资,发展制造业。经过17年的发展,到2006年,文莱已经建成9个工业区,总面积422公顷。占地108公顷的第10个工业区在建。在文莱4个行政区中,首都斯里巴加湾有6个工业区,都东区1个,淡布隆区1个,吗马来奕区2个。在这些工业区内,基础设施一应俱全,土地价格低廉,落户企业只要建设厂房即可。截至2006年底,在文莱工业园区落户的企业有1000多家,投资者多来自马来西亚、泰国、新加坡等东盟国家,主要从事服装制造、建材加工、食品饮料加工、电线电缆生产、木材加工和家具制造等,吸引约1.4万人就业(多为外国人)。

柬埔寨首都金边将出现卫星城

2006年1月12日,柬埔寨钻石岛开发计划由开发方柬华海外投资公司(OCIC)与金边市政府正式签订。钻石岛开发面积80公顷,开发目标是形成金边市的多功能卫星城。政府批准的使用期限为99年。投资额数亿美元。钻石岛位于金边金界酒店洪森花园对面,处在上湄公河、下湄公河、洞里萨河和巴萨河四大河口交汇点。20世纪80年代前,该岛没有人烟,长满荒草,许多麻风病人被流放到这里,又有麻风岛之称;后来成为金边蔬菜供应基地,岛名改为钻石岛。

柬埔寨引进中国企业投资的最大项目签约

2006年2月23日,柬埔寨工业、矿物和能源部长瑞赛、财经部长吉春、国家电力公司董事长单金文与中国水电建设集团国际工程有限公司董事长刘起涛、总经理黄保东分别签署两份协议,即柬埔寨最大的水力发电站,也是中国至今为止在柬埔寨投资的最大项目——甘再水力发电站的实施协议和购电协议。中国驻柬大使张金凤、中国商务部合作司副司长吴喜林和柬埔寨副首相兼首相府部长宋安见证了此次签约仪式。甘再水力发电站位于贡不省甘再河,由中国水电建设集团国际工程有限公司以兴建、营运、移交(BOT)方式进行投资,投资总额2.81亿美元,预计于2010年建成。该水电站的投资期为44年,前4年为施工兴建期,其余40年为营运期。每年发电量4.98亿千瓦时,分三个阶段价格出售给柬国家电力公司,第一阶段为期9年,每千瓦时8.35美分,第二阶段为第10~15年,每千瓦时8.696美分,第三阶段为第16~40年,每千瓦时7.72美分。40年间,投资公司平均以每千瓦时8.008美分的价格出售给柬国家电力公司。

柬中联手打造西港经济特区

2006年11月29日,中国江苏太湖柬埔寨国际经济合作区投资有限公司和柬埔寨国际投资开发集团有限公司及柬埔寨汇裕集团国际有限公司在金边举行签约仪式,联合建立柬埔寨西哈努克港经济特区有限公司,共同对西哈努克港经济特区进行开发。柬埔寨西哈努克港于2007年初开始筹建由柬中合资经营的经济特区,该经济特区位于西港斯登豪县乌特立乡,距港口14公里,占地面积2.35平方公里,2007年6月完成首期开发,建成10万平方米标准厂房和部分配套服务及生活设施,初步具备入区投资企业开工投产条件。在签约仪式上,柬埔寨副首相、首相府部长宋安以王国政府洪森首相的名义对上述三家公司合作斥资在西港筹建经济特区给予高度评价。

柬埔寨引进外资近40亿美元

据柬埔寨发展委员会公布的报告,2006年外国对柬埔寨的投资额达39.70亿美元,比上年增加10.50亿美元。其中对旅游业、矿产能源开发和建筑等领域的投资达26亿美元,服装加工业5.52亿美元,农产品加工4.81亿美元。2006年中国对柬埔寨投资额3.19

亿美元,居各国对柬投资额首位。

印度尼西亚举办旅游市场博览会

2006年9月19~21日,一年一度的印尼旅游市场博览会在南苏拉威西省首府锡江举行。这是印尼政府13年来首次将其举办地设在爪哇之外的地区。此次展会是印尼政府促进旅游业复苏的重要举措,目的在于向全世界宣传具有巨大潜力的印尼旅游资源。博览会设展位105个,规模和业务范围居历届首位。来自21个国家和地区的110家旅游机构和印尼各省的124家旅游机构参会,展会成交额1500万美元。印尼政府希望通过此举吸引更多外国游客到印尼东部旅游观光,以实现2007年吸引600万外国游客的目标。

印度尼西亚与中国加强能源合作

2006年10月28日,中国—印尼第二次能源论坛在上海举行。此次论坛的目标是深化两国能源领域合作。论坛由中国国家发展和改革委员会主任马凯和印尼矿业与能源部布诺莫部长共同主持。印尼总统苏西洛、中国国务院副总理黄菊以及两国能源主管部门和企业界的代表共250多人参加论坛,双方围绕加强石油天然气、可再生能源、电力和煤炭等方面互利合作的内容进行深入讨论。论坛期间,两国政府签署《中华人民共和国政府和印度尼西亚共和国政府关于能源和矿产资源领域合作的谅解备忘录》;双方企业达成6项能源合作协议,其中包括在印尼南苏拉威西省邦嘎县兴建以煤炭为原料的化工厂,在西爪哇省苏加武眉县开发铁砂矿并建钢铁厂,在南苏拉威西省加内蓬多兴建2×10万千瓦的燃煤发电站,在南苏门答腊省建设4×60万千瓦燃煤发电站,在阿鲁岛南巴隆投资勘探开发油气资源以及在印尼开采煤炭运至中国昆明提炼等项目,投资总额约50亿美元。

印度尼西亚成为全球第五大手机市场

随着预付费业务和数据服务的引入,印尼手机市场获得快速发展。截止2006年12月,手机用户6500万户,比上年增长38.6%,印尼因此成为继中国、印度、俄罗斯和美国之后的全球第五大手机市场,手机短信服务收入则居全球之冠。印尼有10家移动通信运营商,最大的运营商 indosat 公司和 Telkomsel 公司分别拥有1400万和2500万移动用户,收入分列全球第三和第六位。在印尼手机市场上占主导地位的是诺基亚品牌,紧随其后的是索爱、三星、西门子等世界著名手机生产厂家。

印度尼西亚中小企业产值达到1900亿美元

2006年印尼有中小企业4890万家,占全国企业总数的99.98%,产值1900亿美元,占印尼国内生产总值的53.3%。中小企业在印尼经济和社会发展中发挥的作用日益突出。2006年,提供就业岗位8540万个,约占全部就业岗位的96.2%;出口值100亿美元,占全印尼非石油天然气产业出口额的20.1%;固定资产400亿美元,占全印尼固定资产总值的46.2%。本年度中小企业产值增长最快的领域是建筑业,其次是服务业和矿业。

印度尼西亚天然橡胶产量再创新高

随着国际市场上天然橡胶价格的节节攀升,印尼天然橡胶产量不断增加。2006年总产量240万吨,比上年增长5.7%。其中220万吨天然橡胶及其制品用于出口,出口值由上年的35亿美元增至40亿美元。印尼全国有橡胶园310万公顷,种植面积居世界首位。由于胶地分布广泛,劳动力和自然资源丰富,印尼天然橡胶业仍有发展潜力。

印度尼西亚财政赤字低于预期

2006年,印尼政府财政支出669.9万亿印尼盾,收入637.8万亿印尼盾,赤字32.1万亿盾。财政赤字占国内生产总值的1%。印尼财政部长斯里·穆尔亚妮表示,本年度进口税所得偏低,取消农产品增值税等税种的征收给财政收入带来压力;电力补贴以及中爪哇地震后的重建等使支出骤增。最终支出低于预算的原因是部分政府支出项目未能落实,这有可能对2007年经济发展产生一定负面影响。

老挝发行大面值货币

2006年1月12日,老挝发行50000基普面值的货币,这是老挝当前最大面值的流通货币。此前使用的货币面值分别是20000、10000、5000、2000、1000和500基普。

老挝越南开通新航线

2006年11月8日琅勃拉邦—河内—琅勃拉邦航线通航仪式在老挝琅勃拉邦机场举行。这是继万象—河内—万象航线开通之后的第二条老越航线,每周一、二、四、六飞行,共4个班次,飞行班机为ATR72-500机型。

老挝泰国中部汽车客运线路开通

2006年11月9日,由老挝沙湾拿吉省公路运输和维修有限公司与泰国交通部运输有限公司负责经营的沙湾拿吉市—莫大限市往返汽车客运线路开始运营。线路的起始站和终点站设在沙湾拿吉市和莫大限市。

万象市经济发展速度领先全国

据有关统计显示,近几年万象市年均经济增长率为10.0%。2005年人均收入953美元。2006年度国内生产总值(GDP)为9.76万亿基普,比上年增长11.4%。其中农林业占GDP的20.6%,增幅10.9%;工业占48.2%,增幅8.2%;服务业占23.6%,增幅29.3%。财政收入9960.42亿基普,比上年增长31%。人均年收入1215.46美元。发展速度领先全国。

老挝经万象—廊开(泰国)友谊大桥的出口额创新高

据万象—廊开友谊大桥管理处提供的数据,2006年,管理处征得车辆出入手续费分别为333.3万基普和190万泰铢。人员进出数量为月均20万人次,手续费和关税收入每月20亿基普。商品出口额(不包括木材出口)每月100万美元,全年进口总额7192.3万泰铢和1679.26万美元,其中木材出口额1141.65万美元。

马来西亚成功举办2006年第10届亚洲国防服务展

2006年4月24~27日,第10届亚洲国防服务展在马来西亚举行。马来西亚副总理兼国防部长纳吉主持了欢迎晚宴并讲话,参加晚宴的嘉宾包括马来西亚国防卫队首长莫哈未安华、全国警察总长巴克里、中国驻马大使王春贵和各国外交使节及国防保安卫队代表。来自美国、俄罗斯、英国、土耳其、意大利、法国、德国、澳大利亚、巴西、中国、印度、伊朗、韩国、挪威、巴基斯坦、波兰、南非、西班牙、瑞典、瑞士、捷克和东道主马来西亚的数百家军工企业代表莅会。土耳其是最大的外国参展国,有30家武器制造商参会。中国精密机械进出口总公司展品颇受瞩目,马来西亚副总理兼国防部长纳吉到该公司展台参观,并听取公司总裁王丙炎及技术人员详细讲解"凯山一号"、"FN-6"等导弹的性能特点。纳吉随后还参观了中国北方工业公司的展台。展览展出4天,吸引参观者近3万人。此外,展会还特别安排为期两天的讲座,题目是"国家防卫:21世纪的趋势与挑战"。

马来西亚白糖短缺

2006年初,马来西亚一些地方开始出现白糖短缺现象,4、5月份白糖短缺情况日益严重。在吉兰丹州边境购买白糖,邻国居民必须出示身份证;对哥打峇鲁市郊的零售商也限量购买,以免有人囤货加剧白糖短缺。在话望生县,人们抢购白糖,引起交通阻塞。9月13日,马来西亚政府宣布将白糖列为统制品,白糖和粗糖每公斤的售价分别为1.55林吉特和1.45林吉特,不但没能有效解决缺糖的问题,反而使白糖短缺的情况更为恶化。白糖缺货可能是由于汽油价格及运输费用上涨所致。

首届马六甲贸易与投资交易会

2006年9月12~15日在马来西亚马六甲国际贸易中心举行。由马来西亚马六甲州政府主办。近20个国家和地区的代表参加。由中国国家科技部主办、江苏省科技厅承办、南京市科技局协办的中国适用技术展团组织国内51家高科技企业、大学及科研机构的近100个项目参展。交易会特设中国适用技术和产品展区,展出面积达600多平方米,展出内容涉及农业科技、生物医药、机械设备、电子信息、软件、建材、家电和电动自行车等。

缅甸西瓜和香瓜出口中国

缅甸西瓜和香瓜出口中国市场前景看好。这些西瓜和香瓜主要产自缅甸中部地区,是通过木姐口岸向中国出口的。据缅甸官方统计,2006年1月通过木姐口岸向中国出口西瓜1.03万吨,出口额112.76万美元,出口香瓜2568吨,出口额61.64万美元;2月向中国出口西瓜1.70万吨,出口额186.72万美元,出口香瓜1730吨,出口额41.53万美元。中国已成为缅甸水果的主要出口市场,出口价格略低于国际市场。

缅甸进口中国天津金马CNG天然气大客车

2006年5月19日,缅甸金江胜利有限公司与中国天津外贸机械进出口有限公司、天津客车装配厂达成协议,三方签订缅甸进口20辆天津金马CNG天然气大客车的合同。据了解,这是中国天津大客车第一次进入缅甸,也是中国国产大客车第一次进入缅甸市场。

据介绍,为克服国际燃油价格不断上涨所造成的困难,缅甸政府大力推广使用天然气。缅甸有着丰富的天然气资源,天然气大客车有着广阔的市场前景。

缅甸第一家私营股份公司在新加坡上市

2006年8月23日,缅甸首家私营股份公司(FMI)在新加坡股票市场上市。据来自新加坡的消息说,FMI股票上市后的第二天,成交量保持在前20名以内,股票升值达36.5%。FMI公司始创于1993年,拥有祜玛银行、邦莱国际医院、SPA摩托车厂、缅甸尼桑公司、缅甸SUZUKI汽车公司等企业。

缅甸进口替代型工业税收优惠政策有所改变

从2006年9月4日开始,缅甸进口替代型工业企业在进口用于生产满足国内市场需求产品所需原材料时将不再征收商业税。所进口的原材料必须直接用于生产,并交纳20%的进口关税。这一新的规定惠及塑料产品制造业、电视机组装业、造纸工业和汽车零配件制造业。但同时规定,享受这一政策的企业主必须是缅甸国民,其工厂必须位于国家特定的工业区内,生产的商品必须是进口替代型商品。

2006年缅甸第四次珠宝交易会成交额创新高

10月19～29日在仰光举行的2006年缅甸第四次珠宝交易会是缅甸历届珠宝交易会成交额最高的一次,在展出的4200块玉石、468块宝石、291颗珍珠中共售出玉石2669块、宝石40块、珍珠135颗,其中玉石交易量超出2006年7月创下的1000多块的记录。3000多家国内外珠宝商出席此次珠宝交易会,创下自珠宝交易会开展以来参会人数最多的记录。

缅甸与澳大利亚合作开发天然气

2006年11月10日,缅甸石油与天然气公司与澳大利亚Danford Equities Corporation公司签署一项石油与天然气开发合作协议。根据该协议,双方将合作在耶德贡天然气田东部区块(Yetagun East Block－YEB)按照生产分成的原则开展石油与天然气的勘探和开发合作。

缅甸石油天然气出口增加贸易顺差大幅增长

据缅甸商务部统计,2006～2007财政年度的头4个月,缅甸对外贸易额达到28.44亿美元,比上年同期增长77.8%。其中,出口21.12亿美元;进口7.33亿美元。贸易顺差13.8亿美元。主要原因是石油和天然气出口增加。

菲律宾海外劳工汇款增加

2006年1～9月,菲律宾海外劳工汇回国内91.1亿美元,比上年同期增长14.4%。年内,有800多万菲律宾人在海外工作,占全国人口的10%,菲律宾是世界上最大的劳务输出国。

菲律宾椰子油出口量增加

2006年度(2005年10月至2006年9月)菲律宾椰子油出口总量120.32万吨,比上年度增长21%。其中对亚洲国家出口21.25万吨,增长16.6%;对北美和南美国家出口42.05万吨,增长38%;对欧洲出口56.17万吨,增长11.6%。

菲律宾金属产量增加

菲律宾矿产和地质局数据显示,2006年镍产量5.91万吨,比上增长1.22倍。铜产量1.70万吨,增长4%。白银产量2.35万公斤,增长23%。基本金属和贵金属产值551.4亿比索(11.4亿美元),比上年增长48%。

菲律宾进出口贸易额增长

2006年菲律宾进出口贸易总额985.58亿美元,比上年增长11.1%。其中进口515.2亿美元,增长8.7%;出口470.37亿美元,增长14%。美国仍是菲律宾的最大进口来源国。

菲律宾手机用户增长两成多

2006年底,菲律宾手机用户4311.8万户,比上年同期增长24%。在菲律宾总人口中,手机占有率为47.76%。

新加坡斥巨资加强科技研发能力

2006年2月16日,新加坡政府宣布,未来5年将在科技研发领域投入135.5亿新元(1美元约合1.6新元),以提高该国在科技研发领域的竞争力。根据计划,50亿新元用于资助国立研究基金会的新增研究项目,10.5亿新元用于推广教育部的学术研究项目,其余75亿新元用于推动贸易与工业部的科技计划。新加坡的目标是:在2010年把科技研发支出占国内生产总值的比例提高到3%,2004年时这一比例为2.25%。为保持竞争力,新加坡政府已经投入数十亿新元,用来发展生物医药科技等新的经济增长点。新加坡政府还计划培养更多的本地科学家,加强科研基础设施及提高私人企业在研发方面的投资积极性等。

新加坡公共事务协作公司成立

2006年12月5日,由新加坡国务资政吴作栋倡导成立的新加坡公共事务协作公司(简称SCE)举行揭幕仪式,新加坡政府和工商界人士以及驻新外国使团代表200余人应邀出席。吴作栋在揭幕仪式讲话中指出,SCE是由新加坡贸工部和外交部联合成立的公共事务协作公司,不以营利为目的,而是借助新加坡的品牌效应,通过分享新加坡的经济发展经验,促进新加坡与世界各国和地区的经贸合作关系,把新加坡政府的友好外援转化为新的商机,进而为新加坡本地企业进军海外市场牵线搭桥。

新加坡积极发展会展业

据统计,新加坡国际展会规模次数居亚洲第一位、世界第五位。每年前往新加坡旅游观光及参加各种国际会议、展览的人数比新加坡的总人口还多。据新加坡旅游局统计,2005年该国举办会议和展览5000次,商务旅行和会展业收入30亿新元,占旅游业总收入的28%。旅游局计划在2015年前将商务旅行和会展业收入增至105亿新元,占旅游业总收入的35%。

新加坡大规模修建地下储油岩洞

新加坡虽然不产石油,但却是仅次于鹿特丹和休斯敦的世界第三大炼油中心,也是仅次于纽约和伦敦的世界第三大石油贸易中心,每年的石油贸易额超过

2600 亿新元(约合 1610 亿美元),石油衍生产品交易额 2980 亿新元(约合 1850 亿美元)。包括石油业在内的化工行业是新加坡继电子产业之后的第二大制造业部门。2005 年,新加坡化工行业产值 673 亿新元(约合 420 亿美元),占当年制造业总产值的 31%。

在土地资源极为有限的情况下,为增加本国的石油储备并促进石油贸易,新加坡从 2006 年开始在距离主岛约 2 公里的裕廊岛大规模修建地下储油岩洞,首批岩洞将在 2009 年建成。

新加坡在全球信息科技报告中名列前茅

完善的资讯通信网络及发达的信息科学技术,使新加坡在资讯通信科技的应用及在这个领域的竞争力表现突出,在世界经济论坛所发表的《2006～2007 年全球信息科技报告》(Global Information Technology Report)中,新加坡名列世界第三,虽比上年滑落一个名次,却依然是亚太区域经济体中的信息科技佼佼者,新加坡已连续 5 年在全球信息科技报告排名中位居前列。

泰铢升值

2006 年 1～11 月,泰铢升值 5.6%。12 月泰铢升值加快,12 月 7 日 1 美元兑换 35.45 泰铢,12 月 18 日升至 1 美元兑换 35.18 泰铢,创 9 年来新高。据泰国财政经济专家比耶隆・玛那汕分析,泰铢升值有三大原因:一是投机因素。外国投资人向利率偏低的日本贷款,然后投资泰国。二是外部因素。美国对外贸易逆差,引起资金大量流入泰国。三是泰国的经常账 2006 年为顺差,泰国公债利率较邻国高,利率水平仅次于印度尼西亚和菲律宾,但上述两国一直推行调低利率政策,致使两国的实收利息偏低,促成投资人向泰国投资。

泰国投资促进委员会批准泰东北 10 项投资计划

据泰国《世界日报》报道,2006 年 1 月,泰国投资促进委员会(BOI)批准泰东北 10 项投资计划,总投资额 12.97 万亿铢,创造工作岗位 3529 个。受到扶持的项目经营领域包括肉鸡饲养、新鲜及冷冻鸡肉生产、棉被类生活产品生产、模型设计、电子、地毯、首饰、医院、酒店等。阿叻、乌汶、猜也奔、孔敬、乌隆等 6 府各有 1 个项目。获批准的项目包括在阿叻府投资 7500 万铢的肉鸡养殖项目,Reng Charoen 农场投资 5000 万铢的肉鸡养殖项目和投资 3000 万铢的冷冻鸡肉生产项目,Thai Top Eagle 服装公司在乌隆府投资 7120 万铢和在阿叻府投资 6000 万铢的棉被生产项目,阿叻府 Crystalline 公司投资 7000 万铢首饰生产项目,资产发展公司投资 5.45 亿铢在乌汶府兴建酒店项目,猜也奔拉玛医院投资 2.8 万亿铢建设医院项目等。

泰国经济稳定增长

据《国际商报》2007 年 2 月 6 日报道,泰国国家银行发布报告,2006 年尽管受到政局动荡不安、油价居高不下、通货膨胀加剧、银行利率上涨和泰铢升值等不利因素影响,但泰国经济仍然保持稳定增长,经济增长率达 5.1%,高于 2005 年的 4.5%。其中工业增长 7.4%,较 2005 年增长 9.1% 有所放缓。外贸方面,出口 1282 亿美元,增长 17%,进口 1260 亿美元,增长 7%,顺差 22 亿美元;服务业和旅游业净收入 10 亿美元,经常账顺差 79 亿美元。

泰国出台促进中小型企业计划

据泰国《世界日报》报道,泰国实业部常务次长纪拉蒙 2006 年 2 月上旬称,2007～2011 年促进中小型企业(SME)计划已经制定。计划指标为每年增长 6%,与国家经济的增长率一致。该计划每年预算 50 亿铢,用于提供知识给 SME 经营者,使业者跟上世界潮流,增加竞争能力。预计每年将催生 5 万家中小企业,降低中小型企业的倒闭率。促进中小型企业办公室主任负责人吉达蓬说,目前中小型企业的坏账超过 1000 亿铢,占 SME 信贷总额的 10%,办公室将设立基金帮助中小型企业解决坏账问题。

泰国制订第十个五年经济社会发展计划

2006 年 9 月 12 日泰国内阁批准第十个五年国家经济社会发展计划(2006 年 10 月 1 日至 2011 年 10 月 1 日)草案。该计划奉行"量力经济"哲学,不侧重以国内生产总值为衡量指标,而是更重视人民丰衣足食程度这一经济指数,强调将泰国建设成为在优良素质中成长的国家,建设"和谐与幸福的社会"。主要内容包括:重视国有企业投资管理,对基础设施投资工程按照其重要性进行先后排序,进行国有企业体制改革,建立完善的国民与政府的基本数据库系统。该计划于 2006 年 10 月 1 日起实施

他信政府实施"唯民政策"负债累累

据《星暹日报》2006 年 11 月 17 日报道,他信政府上台后实施"唯民政策",推行一村一品、农村发展基金、30 铢医疗保障制度等一系列脱贫、扶贫措施,同时推行国有企业私营化政策。这些政策受到农村及城市低层民众的欢迎。但在实施中负债 850 亿铢。

泰国出台限制外资政策

2006 年底,泰国政府收紧外汇管制,随即又修订《外商经营法》,限制外资在电信、媒体和房地产等领域中的控股比例。此后,又修订批发零售业条例,强迫经营连锁超市的外商不再开设新的分店。2007 年2 月

上旬,又连续发布强制许可令,使生产、销售治疗艾滋病和心脏病的仿制药品合法化,不再向外国制药企业交纳高额专利费。外商对此反应强烈。全球第三大汽车制造商福特宣布,可能会放弃在泰国增建新厂的10亿美元的投资计划。据有关专家分析,泰国之所以采取这些措施是对“外来投资是否能给国家和百姓带来幸福”抱有疑问。这种疑虑始于1997年的金融危机,外来投机资本把泰国洗劫一空,造成国家实力和百姓生活水平都大大下降。泰国国王普密蓬由此产生“自给自足经济”理念,强调“国民快乐总值”比国民生产总值的增长更重要。泰国限制跨国连锁超市的扩张,是因为超市冲垮了传统的乡村小店模式,使很多小业主失去生存空间。

英特尔计划投资10亿美元在越南打造全球最大的封测厂

2006年2月,英特尔宣布将投资3亿美元在越南兴建旗下规模最大的封测厂,该投资项目为越南投资额最大的外资项目。2006年11月英特尔又将投资金额从原3亿美元提高到10亿美元。该封测厂将建于胡志明市高科技园区内。英特尔表示,将在越南生产的半导体产品,主要是计算机平台及手机平台用的半导体芯片。据悉,越南政府提供的投资吸引力强大,加上越南已经加入世贸组织,越南对英特尔进口晶圆的关税将降低,是英特尔在越南兴建封测厂的重要原因。

越南成为WTO的第150个成员国

2006年11月7日,在瑞士日内瓦世界贸易组织总部举行的特别会议接纳越南成为该组织的第150个成员。出席这次特别会议的有越南政府副总理兼外交部长范家谦、贸易部部长张庭选以及越南政府谈判代表团成员。会上,世界贸易组织所有成员国代表一致通过越南成为世界贸易组织成员国。世界贸易组织总干事帕斯卡·莱米、世界贸易组织大会主席艾里克·格阑尼及各国代表也发表讲话,祝贺越南成为世界贸易组织第150个成员国。

越南最大的火力发电厂动工兴建

2006年12月23日,位于越南河静省奇英县奇利乡海丰村的瓮安火力发电厂动工兴建。这是越南最大的火力发电厂,由越南机械安装总公司(LILAMA)投资兴建。该火力发电厂装机容量1200兆瓦,两个机组(每个600兆瓦)。建设项目包括建设主要厂房及每年承运300万吨煤炭的港口。项目投资总额20.00万亿越盾,占地面积261.6公顷。按计划第一台机组将于2011年3月投入运行,第二台机组将于2012年3月投入运行。两台机组投产后,每年发电67.1亿千瓦时。

越南经济保持较快增长势头

2006年越南国内生产总值增长率达8.17%,其中第一产业增加值增长3.4%,第二产业增加值增长10.37%,第三产业增加值增长8.29%;经济总量达到974万亿越盾(约合600亿美元),人均GDP 720美元。全年社会总投资额399万亿越盾,约相当于GDP的41%,创历史新高。商品进出口总额840亿美元,其中出口396亿美元,比上年增长22.1%;进口444亿美元,增长20.1%。服务业出口额51亿美元,增长19.6%;进口51.2亿美元,增长14.3%。吸引外资102亿美元(含原有项目追加投资26亿美元),比上年增长49.1%,实际利用外资41亿美元,增长18.7%。在社会发展投资方面,国家投入资金(含ODA)占50.1%,民营经济体投入资金占33.6%,外商直接投资占16.3%。社会投资总额比上年增长14.1%,社会商品零售与服务总额增长20.9%,进出口总额增长超过20%。

美国投资者看好越南市场,英特尔公司投资10亿美元在胡志明市高科技园区建封测厂。图为美国微软公司董事长比尔·盖茨到越南访问,受到越南技术大学信息技术专业学生的热烈欢迎。 (原载《中国—东盟博览》)

越南制订2006~2020年宇宙航天科技战略

越南科学技术院着手制订2006~2020年越南宇宙航天科技战略。战略任务是:培训干部和开展各项科研活动,成立国家宇宙航天科技委员会,建立越南科学技术院所属的宇宙航天科学院,应用航天科技为越南经济建设服务。该战略还包括2008年将发射VINASAT

远程通信卫星和发射遥感卫星。实施 2006～2020 年阶段越南宇宙航天科技战略投资总额约 20 亿美元。

越南将削减 29 种产品零部件进口税率

2006 年越南财政部为帮助企业克服取消产品国产化率优惠政策后面临的困难，初步制订降低机械、电器和电子产品的零部件进口税率的措施。据悉，根据越南国产化率优惠政策，电器和电子产品零部件可以享受 3%～5% 的优惠税，越南加入世贸组织后，这些产品零部件适用 20%～50% 的税率，其费用支出成倍上升，对企业生产经营冲击很大。为帮助企业脱困，越南财政部将制订与国际接轨和适合行业发展的新税表，同意调整 29 种进口产品零部件税率，降税产品包括塑料管、气泵、一相交流电机、电子阀、齿轮、齿轮组件、定时器、柴油机零部件、发动机零部件、轴承、摩托车后视镜片(无框架)等。

西门子集团投资胡志明市地铁项目

胡志明市与德国西门子(Siemens)集团就胡志明市地铁项目贷款计划签订协议，西门子集团将投资建设胡志明市计划建设 5 条地铁线路的其中两条，这两条线路全长 20.5 公里，投资总额 8 亿欧元。胡志明市投资 30%，余下资金通过贷款方式筹集，其中德国政府提供贷款 1 亿欧元，奥地利政府提供贷款 2000 万欧元。西门子集团副董事长乔恩弗·森斯表示，德国政府已承诺将对胡志明市地铁项目继续给予协助，并期待早日拿到胡志明市的项目报告以提交德国国会审议。

文　化

中国科学技术大会

2006 年 1 月 9～11 日在北京举行。中共中央总书记、国家主席、中央军委主席胡锦涛在会上发表题为《坚持走中国特色自主创新道路为建设创新型国家而努力奋斗》的重要讲话，并为国家最高科学技术奖获得者叶笃正、吴孟超颁奖。胡锦涛强调，本世纪头 20 年，是中国经济社会发展的重要战略机遇期，也是中国科技事业发展的重要战略机遇期。必须认清形势、坚定信心、抢抓机遇、奋起直追，围绕建设创新型国家的奋斗目标，进一步深化科技改革，大力推进科技进步和创新，大力提高自主创新能力，推动经济社会发展切实转入科学发展的轨道。这次大会是中共中央、国务院在新世纪召开的第一次全国科学技术大会，是中国全面建设小康社会的伟大事业进入关键发展阶段的一次重要会议，不仅对中国科学技术发展具有非凡的意义，也将对中国的经济社会发展产生广泛而深远的影响。

中国印发《全民科学素质行动计划纲要》

2006 年 3 月，中国国务院印发《全民科学素质行动计划纲要(2006～2010～2020 年)》。《纲要》提出全民科学素质行动计划在“十一五”期间的主要目标、任务与措施和到 2020 年的阶段性目标，提出今后 15 年，实施全民科学素质行动计划的方针是“政府推动，全民参与，提升素质，促进和谐”。《纲要》约 1 万字，分为前言、方针和目标、主要行动、基础工程、保障条件、组织实施等 6 个部分。《纲要》明确全民科学素质行动计划目的是全面推动中国公民科学素质建设，通过发展科学技术教育、传播与普及，尽快使全民科学素质在整体上有大幅度提高，实现到本世纪中叶中国成年公民具备基本科学素质的长远目标。《纲要》提出，到 2020 年，中国的科学技术教育、传播与普及有长足发展，形成比较完善的公民科学素质建设的组织实施、基础设施、条件保障、监测评估等体系，公民科学素质在整体上有大幅度提高，达到世界主要发达国家 21 世纪初的水平；到 2010 年，科学技术教育、传播与普及有较大发展，公民科学素质明显提高，达到世界主要发达国家 20 世纪 80 年代末的水平。《纲要》还提出，在“十一五”期间实施未成年人科学素质行动、农民科学素质行动、城镇劳动人口科学素质行动、领导干部和公务员科学素质行动。配合上述行动计划，重点实施科学教育与培训基础工程、科普资源开发与共享工程、大众传媒科技传播能力建设工程和科普基础设施工程。

中国迎来首个文化遗产日

2006 年 6 月 10 日是中国第一个文化遗产日。其来历缘于 2005 年 12 月中国国务院《关于加强文化遗产保护工作的通知》中决定从 2006 年起，每年 6 月的第二个星期六为中国文化遗产日。2006 年文化遗产日的主题是：“保护文化遗产，守护精神家园”。围绕此主题，全国各地文化、博物、民俗、旅游等部门举行系列活动。6 月 2 日，阐述文化遗产保护与可持续发展的《绍兴宣言》发布；6 月 5 日，文化遗产日特别展览揭幕；6 月 8 日，遗产日专场晚会开幕；6 月 9 日，中国非物质文化遗产网中国非物质文化遗产数字博物馆开通；6 月 10 日，从未开放的八达岭长城南 7～16 楼修缮工程开工；举办中国非物质文化遗产保护论坛等。6 月 2 日，国务院公布第一批国家级非物质文化遗产名录，有 518 项。2006 年公布第六批全国重点文物保护单位 1080 处，加上 106 处与现有全国重点文物单位合并的项目，共计 1186 处。另据统计，截至 2006 年立陶宛联合国世界遗产委员会会议结束，中国已拥有世界遗产 33 处，位居世界第三。

中国运动员刘翔打破110米栏世界纪录

2006年7月12日，中国运动员刘翔在瑞士洛桑田径超级大奖赛男子110米栏比赛中，以12秒88打破由刘翔和英国运动员科林·杰克逊共同保持的12秒91的世界纪录，并夺得冠军。原12秒91的世界纪录最早由英国选手科林·杰克逊于1993年8月在斯图尔特创造。2004年8月27日，在雅典奥运会男子110米栏比赛中，刘翔曾以12秒91的成绩获得冠军并打破奥运会纪录。

中国发布《国家"十一五"时期文化发展规划纲要》

2006年9月，中共中央办公厅、国务院办公厅印发《国家"十一五"时期文化发展规划纲要》。这是中华人民共和国建立以来，由中央制定的第一个专门部署文化建设的规划纲要。《纲要》指出，到2010年，中国文化发展的总体目标是:完成"十一五"时期全面建设小康社会赋予文化建设的任务，文化为人民服务、为社会主义服务的能力显著增强，为经济发展、政治稳定和社会进步提供强有力的思想保证、精神动力和智力支持;文化的创新能力和整体实力明显提高，文化产品更加丰富，更好地保障和满足人民群众的基本文化需求，促进城乡和区域之间文化的共同发展;中华文化在世界上的影响力不断扩大，文化在综合国力竞争中的地位和作用日益突出，文化发展的水平与中国的经济实力、国际地位相适应。《纲要》涵盖广泛，内容丰富，阐述了"十一五"时期文化发展的重大意义，明确了文化建设的指导思想、方针原则、发展目标和重点，规划了理论和思想道德建设、公共文化服务、新闻事业、文化产业、文化创新、民族文化保护、对外文化交流和人才队伍等八方面的建设任务，提出实现文化发展目标和任务的组织保证和政策措施。

中国文联第八次全国代表大会和中国作协第七次全国代表大会

2006年11月10~14日在北京举行。中共中央总书记、国家主席、中央军委主席胡锦涛在开幕式上发表重要讲话。他强调，繁荣社会主义先进文化，建设和谐文化，是中国广大文艺工作者的庄严使命。一切有理想有抱负的文艺工作者，都要担当起时代赋予的神圣使命，积极投身讴歌时代的文艺创造活动，都要密切同人民群众的血肉联系，积极反映人民心声，都要大力发扬创新精神，积极开拓文艺的新天地，都要做到德艺双馨，积极履行人类灵魂工程师的职责。这次全国文代会、全国作代会分别审议中国文联、中国作协上次代表大会以来的工作报告;提出今后5年的工作建议和工作要求;修改中国文联、中国作协章程，选举产生中国文联、中国作协新一届领导机构。孙家正当选中国文学艺术界联合会主席，铁凝当选中国作家协会主席。

文莱政府设立人力资源基金

2006年1月12日文莱首相署宣布，遵从苏丹陛下的谕旨，文莱内阁部长会议于2006年1月10日作出决定，拨款2.5亿文莱元设立加强国内人力资源建设的特别基金，2006年预算拨款8200万文莱元。此项基金计划包括专家人力资源建设特别计划、大学毕业生计划、高中毕业生求职特别计划、学校毕业生特别计划、知识技能特别计划及企业界的计划。与此同时，还将对海外工作鼓励计划以及国家鼓励计划展开可行性研究。实施这些计划的目的，是使文莱人力资源建设与其他发达国家同步，满足国家在经济与社会等领域的发展需要，满足所有战略性领域对专家和专业人才的需要，提高各领域的劳动力技能，培养终生学习的风气，全面利用人才，降低失业率以及减少对外国劳工的依赖。人力资源基金的拨款和政策监督由首相署经济计划与发展局负责。

文莱语文出版局与作家签约提升书籍水平

2006年1月19日，文莱语文出版局与本国22名作家签约，其中包括玛达英博士、安布安布拉欣博士、默哈末阿迪查基博士、阿兹米博士、艾尼博士等。签约目的是为了提升本国特别是该局出版书籍的水平。文莱语文出版局局长玛达英博士在签约后表示，希望本国作家和学者积极写作，深入社会实际，写出有水平的深受广大读者喜爱的书籍，为文莱的文化事业作出贡献。

文莱重视学校电子信息教育

文莱政府非常重视在校学生的电子信息教育。文莱教育部决定在全国30所中学广泛应用先进电脑资讯和互联网技术。由日本政府资助，文莱大学与日本大阪大学合作进行研究，重点研究互联网在学校的应用和辅助学生的学习。文莱各个中学的学生家长可以通过互联网查询子女在学校的学习情况，包括出勤率、教学进度等。学生在学校的电脑室除应用电脑外，还可以利用互联网搜寻资讯。文莱教育部与文莱大学于2006年1月24~26日联合举办第一届全国资讯与通讯工艺大会，大会主题为"透过科技的进步，提升教育"，主要内容是如何协助国家朝着电子化教育方向发展，使电脑广泛应用于学校的教学。

文莱发行第二份报纸——《文莱时报》

2006年7月1日，《文莱时报》正式发行，这是继《婆罗洲公报》之后，文莱发行的第二份报纸。该报以"新思想、新选择、全球视野"为办报宗旨。文莱内政部长在该报的发行仪式上表示，《文莱时报》将对促进国内思想和观点交流发挥重要作用。

文莱开通首家中文网站——易华网

为适应中国—东盟自由贸易区建设和每年在中国广西南宁举办中国—东盟博览会的需要，文莱政府批准设立文莱第一个中文网站——易华网（www. e-huawang. com）。2006年11月20日网站开通。网站宗旨是真诚为文莱华人及其他群众服务，协助文莱华人放眼天下，聚焦文莱。内容包括：发现文莱、杰出华人、文莱华教、投资文莱、旅游文莱、文莱广播中文台、国际金融中心、中国—东盟博览会、图片浏览等。

文莱重视培养孩子的阅读习惯

2006年11月22日，文莱语文出版局局长玛达英博士在首都斯里巴加湾出席甘榜申固隆图书馆奠基礼致词表示，培养孩子阅读兴趣必须从年幼时开始。他强调，孩子从小养成阅读习惯，无形中也帮助国家减少青年无所事事及四处游荡的问题，同时能塑造一个充满阅读风气、充满知识的社会。

柬中联合举办中国电影周

为庆祝中国—东盟建立对话关系15周年，2006年9月9日柬埔寨国家文化艺术部与中国驻柬埔寨大使馆在四臂湾国家会议厅联合举办中国电影文化周，并于当天拉开放映序幕。为举办这届中国电影周，中国广播电影电视总局精心挑选5部优秀影片，包括《和你在一起》、《谁说我不在乎》、《宝莲灯》、《十面埋伏》和《女帅男兵》。这些影片在巴戎电影院联映4日，每天4场，票价1500瑞尔（1美元约合4000瑞尔），影片对白为柬语。柬国家文化艺术部国务秘书恩西润达在出席首映式时指出，中国电影周在柬举办意义重大，体现柬中两国人民更加友好和互相支持，并建立牢固的友谊和合作关系。他希望并相信通过举办中国电影周，促进柬埔寨电影艺术的发展，同时让柬中两国人民体会国际文化艺术带来的好处。中国驻柬埔寨大使张金凤说，中国电影周活动是中国—东盟建立对话关系15周年的纪念系列活动之一，分别在东盟十国举行。中国电影周活动既是对中国—东盟对话关系15周年纪念，也为增进中国人民同东盟各国人民之间的相互了解、促进友好合作提供良好契机。

柬埔寨发行全球第一套宣传反抗艾滋病邮票

柬埔寨王国于2006年12月1日世界反抗艾滋病日发行一套宣传反抗艾滋病的邮票，此套邮票有3种面额，分别为300、500及2200瑞尔（1美元约合4000瑞尔）。在票面的右下角，用柬文及英文标注“100%使用避孕套计划”。该套邮票是由柬王国邮电部与柬埔寨PSI组织、王国反抗艾滋病机构共同发行。邮电部部长苏坤表示，此次发行的抗艾滋病邮票图案，体现了各方在抵抗艾滋病活动中的积极性，通过邮票，提醒人们懂得保护自己的健康。

柬埔寨国家博物馆参观人数日增

2006年柬埔寨国家博物馆吸引逾9.4万名国内外游客，比上年增长21.1%，其中有6.3万人来自韩国、日本、中国、美国和德国，创汇19.3万美元。柬埔寨国内除了位于金边的国家博物馆以外，还有茶胶省、柴桢省和班迭棉芷省博物馆，此外，暹粒省也在加紧兴建一座富有传统风格的博物馆。

印度尼西亚发现大批动植物新物种

2006年2月，由美国、澳大利亚和印度尼西亚三国科学家组成的探险队在印尼巴布亚省热带雨林中发现新物种40个。该森林此前从未有人涉足，生态系统处于原始状态，大量珍稀鸟类、青蛙、蝴蝶和植物种类保持着最原始的面貌。科考人员表示该处堪称地球上“失去的世界”。2006年9月，国际保护组织的科学家对巴布亚省附近海域进行历时6周的考察，进一步揭开该地区生物多样性的面纱。考察中发现新的海洋生物52种，包括用鳍行走的肩章鲨，“闪光”的濑鱼，酷似螳螂的虾类和多种珊瑚。

印度尼西亚派遣青年大使团到中国考察

2006年8月28日至9月2日，由印尼外交部选派的青年大使团在中国北京、广州和香港三地进行考察。在华期间，青年大使们访问多所高等院校、中学以及青年组织机构，与中国青年进行广泛接触和交流。印尼青年大使计划从2003年起实施，目的是让印尼青年了解印尼外交政策，并通过对友好国家的访问增进双边友谊。2006年青年大使由70名中学生组成，其中66人是从全印尼33个省经层层选拔而出，并在印尼独立日庆典中担任升旗护旗任务的佼佼者，另4人为国际奥林匹克中学生物理和化学竞赛的金牌获得者。2006年8月25日，印尼外交部举行青年大使任命仪式，外交部长哈桑·韦拉尤达亲自颁发任命书。

巴厘岛被评为2006年度全球最佳旅游胜地

自从1970年墨西哥人类学家、著名作家米格尔完成《巴厘岛》一书后，印度尼西亚巴厘岛的秀美风景和独特文化逐渐受到世界各地游客的喜爱和推崇。2006年，经过拥有约470万读者的《时代周刊》杂志评选，巴厘岛被评为本年度全球最佳旅游胜地。这是巴厘岛第二次获此殊荣。美国《私家地理》杂志也连续5年将巴厘岛评为全球最值得一去的旅游点，巴厘岛上的四季山庄等3家酒店入选“全球十佳酒店”。2006年11月12日，印尼旅游与文化部长吉罗·瓦希克代表印尼接受两家杂志社代表授予的荣誉证明。

印度尼西亚互联网用户数量持续快速增长

2006年印尼互联网用户2000万户，比上年增长30%。网络用户占总人口比例为9%，在东南亚国家中位居第六。印尼互联网服务商联合会（APJII）预测，随着电脑进一步普及以及上网费用降低，2007年网民数量还将增加500～1000万人。印尼网民主要集中在爪哇岛的各大城市，印尼政府实施“网络村村通”工程，力争2010年所有乡村通电话，2015年50%的农村地区开通互联网，2025年网络连接覆盖所有农村地区。网民数量增多带动互联网相关产业的发展，2006年印尼有网吧2500家，营业收入3000亿印尼盾。

印度尼西亚开发出新的翻译软件

印尼翻译软件开发商Intralink Sinergi公司成功研发出一款全新的翻译软件，可将印尼语翻译成包括英语、法语、汉语、德语、日语和韩语在内的14种外语及200种印尼方言，其语法准确率达80%。这款印尼唯一的国产翻译软件运行于Windows Word平台，有逐句翻译和全文翻译两种选项，且具备语音朗读功能。公司总经理德古·瑟迪亚巴萨表示，该软件已应用于印尼政府及军队一些部门，2007年向亚洲地区所有国家推广。

老挝全国统一高考顺利进行

2006年8月2～3日，老挝全国统一高考在各地同时进行。全国设立17个考点，考生2万人，考试科目有语文、数学、历史和地理。其中万象市设立考点10个。老挝国家大学三大校区即万象市东都本部、琅勃拉邦分校和占巴色分校招生6000人，其他职业学校和专科学校招生2.5万～3万人。

老挝教育持续发展

据2006年11月26日老挝《人民日报》报道，老挝教育在第五个发展计划（2001～2005年）期间获得持续发展：小学入学率从2001年的79%提高到2005年的84.2%；初中入学率从46.6%提高到54.8%；高中入学率从22.6%提高到34.4%；职业教育和大学教育也得到较快发展。到2005年，老挝成人识字率达到73%，读书比例为845:10万。在联合国科教文组织人才开发排名指数（HDI）上，老挝被排在全世界177个国家中的第133位，比1993年的141位前移12位。

马来西亚大学举办汽车科技研讨会

由马来亚大学主办的汽车科技研讨会于2006年2月25日在八打灵举行。研讨会邀请资深工程师及专家针对当前汽车科技的发展进程及未来的发展空间、先进国家的资讯交流及交易的状况、汽车发展对环境所带来的影响等课题进行研讨。研讨会吸引了近400人参加。此次研讨会是结合马来亚大学第25届工程学会的考察计划进行的。这一届考察计划的主题是汽车科技，重点对汽车新能源燃料，如天然气、生物柴油等做进一步研究。这项考察计划的其中一项活动包括海外交流，17名考察成员已于2005年12月5日前往中国的大学与公司进行为期7天的交流与考察。所参观的大学与公司包括同济大学汽车学院、交通大学、上海大众汽车有限公司与上海九环汽车液化气发展股份有限公司，另外还参观了汽车制造工厂及液化气（CNG及LPG）加气站。

电视纪录片《1405－郑和下西洋》在马来西亚开播

中国中央电视台拍摄的纪录片《1405－郑和下西洋》在马来西亚国家电视台TV2频道开播典礼于2006年3月9日在吉隆坡举行。马六甲州元首卡立耶谷、马来西亚新闻部长再奴丁、马六甲首席部长拉斯坦、马来西亚前新闻部长卡迪尔以及中国驻马来西亚大使王春贵等参加开播典礼。该片于3月18日开始在马国家电视台二频道每周六下午15:30～17:00播出。

马来西亚政府推动新的多媒体超级走廊（MSC）扩展计划

2006年4月7日是马来西亚多媒体超级走廊成立10周年纪念日。10年来，多媒体超级走廊计划取得相当不错的成就，多媒体超级走廊伸展到槟城、六拜和吉打居林，有逾1400家公司进驻。马来西亚政府将推动新的MSC扩展计划，包括发展电子城及合适的电子中心。ICT和多媒体产业是重要的发展项目，ICT的发展重点是：把马来西亚建设成为全球ICT和多媒体中心；扩充通信网络；努力缩小数码鸿沟；继续发展电子信息城，在霹雳、马六甲、柔佛和沙捞越等地创立新的电子中心和拓展MSC多媒体应用，以吸引250家新的跨国公司；大力发展生物资讯；推行国家宽频计划；注重ICT人员的技术开发和人才培养等。在第九大马计划中，政府计划耗资1亿林吉特用来促销多媒体超级走廊，以便推销到中东、中国和欧洲，并提供更多的开放机会让进驻多媒体超级走廊的企业走向国际市场。

马来西亚举办最新养燕技术与前景专题讲座

马来西亚家庭养燕业发展迅速，从6年前的1000多家，增至目前的2万多家。为提高马来西亚养燕业的成功率，马来西亚中华工商联合会于2006年4月29日在隆雪中华工商总会举办最新养燕技术与前景专题讲座。主讲专家从科学角度出发，讲解养燕技术知识与所需器材，分析养燕与环保的关系，并向参会者介绍如何采用现代化科技设计养燕屋,还解答有关燕子自然习性与生态方面的问题。

马来西亚政府提供优惠政策吸引民众参与教育储蓄基金计划

马来西亚国家教育储蓄基金计划自2004年推行后,有4.2万名家长通过国家教育储蓄基金计划为他们的孩子开设教育基金账户,存款总额为1220万林吉特。为吸引更多父母参与国家教育储蓄基金计划,2006年6月13日,马来西亚高等教育部为国家教育储蓄基金计划进行推介。政府将采取优惠政策,吸引更多民众参与。如在该计划下,参与计划的父母须在账户中存入不少于20林吉特即可,此项储蓄免税;月收入少于1200林吉特的家长若参与教育储蓄基金计划,政府将提供高达1万林吉特的额外津贴。政府推行这项计划的主要目的在于为父母减轻负担,让他们的子女顺利进入大学就读。

马六甲郑和文化馆落成

2006年6月25日举行落成典礼。马来西亚总理巴达维、马六甲州首席部长和中国驻马大使王春贵出席开幕式。巴达维总理剪彩后,兴致勃勃地和大家一起参观文化馆,观看《郑和下西洋》纪录片,盛赞郑和下西洋的壮举。郑和文化馆设有明皇宫、马六甲厅、妈祖宫、科学航海厅和李甲茶馆,陈设郑和宝船、官厂模型和元明瓷器,演出郑和生平木偶戏,展示600年来中国文化和马来文化相互交融的历史。

第17届马来西亚国际印刷科技展览会

2006年6月29日至7月2日在吉隆坡举行。马来西亚国际贸易部副部长吴立洋主持开幕仪式。参展单位110个,展位600个。中国展位面积最大,占场地总面积的30%。其他参展单位来自欧洲、英国、美国、亚洲及中东国家。展出各种先进印刷机械及设备,如平面软件、数码印刷机、全息照相产品、名片印刷机、橡皮图章制造机、激光割切机、丙烯酸原料、黏合及层压机械等。约1.5万人参观展览。

马来西亚农业生物科技研讨会

2006年7月13~14日,马来西亚农业研究与发展局属下独资子公司Marditech机构私人有限公司,联合TF Net、Expomal国际以及Utusan,在吉隆坡举办为期两天的大马农业生物科技业务研讨会。此次研讨会以“革新创造财富”为主题,由17位来自中国、印度、新西兰、泰国及中国台湾的农业生物科技领域的专家与参会者一起探讨农业科技领域的运作、市场状况以及商机等方面的问题,并邀请农业生物科技领域企业介绍研发和推销产品的经验。约有300人参加研讨会,其中20%的参会者来自海外。

《百年光影,经典再现》中国电影节在马上映

为纪念中国—东盟建立友好对话关系15周年,由中国驻马来西亚大使馆和马来西亚文化、艺术和文物部联合主办,马中友好协会、马来西亚电影发展局和上海交通大学全球汉语中心联合承办的《百年光影,经典再现》中国电影节开幕式于2006年10月29日在马来西亚首都吉隆坡隆重举行。马来西亚文化、艺术和文物部副部长黄锦鸿、中国驻马来西亚大使馆临时代办顾景奇、马中友好协会、马来西亚电影发展局和上海交通大学全球汉语中心的代表,法国、德国、挪威等国家驻马大使和其他国家的外交官出席开幕式。这次电影节是有史以来在马举办的规模最大的中国电影节,在马来西亚30多个放映点放映从以往100年拍摄的电影中精选出64部中国经典电影,每个点放映10部,共计300多部次。观众通过这次电影节了解100年的中国电影史,了解100年来中国历史的发展和社会的变迁。

马来西亚第三颗人造卫星MEASAT-3成功发射

2006年12月12日在哈萨克拜科努尔太空中心成功发射升空。马来西亚副总理兼国防部长纳吉在吉隆坡会展中心,在千名嘉宾及公众的见证下,主持升空仪式。科学、工艺及革新部长贾马鲁丁则亲赴哈萨克拜科努尔基地,现场见证发射过程。MEASAT-3从拜科努尔太空中心发射升空后,经过9小时12分的飞行,定点于东经91.5度轨道。MEASAT-3的发射计划由马来西亚卫星系统有限公司负责,耗资约10亿林吉特。MEASAT-3卫星由美国波音制造厂Boein Satellite Systems负责制造,是马来西亚最先进的一颗人造通信卫星。这颗卫星载有16个收发器,增添48个收发器单位,供应10千瓦的输出功率,并与已在太空轨道上运作的MEASAT-1和MEASAT-2人造卫星,组成更强大的马来西亚卫星通信系统。MEASAT-3成功发射,使马来西亚通信容量增加3倍,服务范围涵盖亚洲、澳洲、中东和东非逾100个国家,涵盖全世界70%人口。所提供的通信平台可加速国内卫生、教育、保安等领域的网络化。

马来西亚政府拨款20亿林吉特发展生物科技

2006年,按照马来西亚制定的第九大马五年计划,政府将拨款20亿林吉特发展生物科技,其中,45.9%的拨款将用于建设硬件设施,54.1%的拨款用于实施软件开发计划。农业、保健和生物燃料开发被列为特选优先发展的领域,并鼓励相关的外来投资。马来西亚在未来5年的生物科技发展策略是:通过发展生物科技改造和提升农业价值;把生物科技发展成

为多元化科技，重点是将医药产品商业化；为生物制造业成长创造机会；先集中发展现有的生物科技并从中获利，再发展新的生物资讯科技；将生物科技网络创造成一个品牌，吸引更多外资和本地投资者投入生物科技领域；制定有利于生物科技发展的政策规划和管理制度，促进生物科技的多元化发展；加强生物科技人才培养；成立生物科技研发中心，加速生物科技的发展、传播和商业化。

马来西亚政府拨款451亿林吉特推行教育与训练计划

在第九大马计划中，政府把人力资本的发展列为最主要的发展计划，拨出451亿林吉特推行教育与训练计划。第九大马计划更注重人力资本的全面发展，包括推广终身学习计划、鼓励自我雇用、促进科学工艺应用等。教育部、高等教育部、人力资源部、企业与合作社发展部、青年与体育部等部门负责人力资本的培养。教育部主要负责提供更多的学前教育、中小学教育、高素质的教师训练等；高教部则负责提升大专教育素质；人力资源部、企业合作社发展部及青年与体育部，负责提高人力的素质。

马来西亚政府拨款102.8亿林吉特发展公共卫生

按第九大马计划安排，马来西亚政府将拨款102.8亿林吉特，促进卫生事业发展，其中大部分款项用于落实公共卫生计划，包括提倡健康生活模式、预防疾病、投入研发计划、完善现有医疗设施等。其中，政府将对卫生部拨款10亿林吉特，用于卫生医药领域的人力资源开发，解决各级医院医务人员短缺问题。

马来西亚加快推广终身学习计划

2006年马来西亚政府加快推广终身学习计划，让国民持续学习，不断充实自己。政府成立国家终身学习理事会，推行终身学习七大方针并协调终身学习计划的推行，同时鼓励私人教育界、雇主与非政府组织等加入推广终身学习计划。政府通过增建与提升更多社群学院、开办网上学习及函授课程等方式促进终身学习目标的实现。在政府大学设立持续进修学院，保留10%的名额鼓励学生课余进修。在开放大学和拉曼大学开设更多的硕士与博士学位课程。进一步扩充2005年推广的公共服务e教育计划，鼓励公务员终身学习。

马来西亚电影在国际影坛获奖

2006年，马来西亚电影在国际影坛上频频获奖，影响逐渐扩大。由何宇恒导演的新作《太阳雨》在香港亚洲电影节上获得亚洲新导演奖，在第25届法国南特3洲影展上，获得最佳导演奖。马来西亚独立电影工作者陈翠梅处女长片《Love Conquers All》，在第11届韩国釜山电影节上获新潮流奖和国际影评人大奖。

马来西亚代表团在第15届多哈亚洲运动会上取得好成绩

2006年，马来西亚体育代表团在第15届多哈亚洲运动会上，以8枚金牌、17枚银牌和17枚铜牌的成绩，取得历史最佳成绩。在马来西亚代表团夺得的8枚金牌中，保龄球金牌3枚，羽毛球男双金牌1枚，男女壁球金牌各1枚，女子武术金牌1枚，帆船金牌1枚。

第11届马来西亚运动会在吉打州举行

2006年，第11届马来西亚运动会在马来西亚吉打州举行。参赛代表队16支，运动员8000名，比赛项目26项。超过4万名观众观看比赛。雪兰莪队以53金44银56铜，626分的总积分，第六次夺冠。

中国驻缅甸大使馆举行纪念郑和下西洋600周年展览

2006年1月6日下午，中国驻缅甸大使馆在仰光隆重举行“纪念郑和下西洋600周年”展览开幕式。缅甸外交部长吴年温夫妇、宣传部副部长昂登准将、交通部副部长吴佩丹等缅政府官员、著名专家学者、新闻、艺术界名流、各国驻仰光使节、中资机构、留学生和华人华侨代表等200余人应邀出席。管木大使致开幕词，并与吴年温、昂登、吴佩丹为展览剪彩、揭幕。缅甸国家电视台当晚头条新闻报道上述开幕式情况，还播放《郑和七下西洋》专题片。次日缅甸官方各大报纸同时刊登展览会开幕式消息和纪念郑和下西洋的专题文章。这次为期10天的纪念展览展出珍贵实物47件，精美图片81幅，其中包括当年郑和乘坐的可容纳500多人的宝船模型和“七下西洋”航海图等。

菲律宾打击知识产权违法活动

2007年1月19日，菲律宾知识产权委员会（NCIPR）发布的《2006年知识产权执法报告》称，2006年NCIPR没收假冒商品价值13亿比索，比上年增加1.28亿比索。全年查处知识产权高额违法案1453件，比上年减少1477件。查获假冒商品金额较高的部门有菲律宾海关局（BoC）和国家调查局（NBI），分别查获价值7.22亿和2.91亿比索的假冒商品。

菲律宾卫生部将8月定为眼保健月

菲律宾卫生部7月31日透露，菲律宾全国有盲人45万，其中盲童占相当大比例。造成儿童失明的主要原因是营养不良、麻疹和早产。在45万盲人中，90%的人生活贫困，其中62%的人因患白内障而失明。

菲卫生部已决定将8月定为眼保健月，并计划于

2007 年举行第四次全国盲人普查，普查主要对象是失明儿童。

菲律宾雅典耀大学孔子学院成立

2006 年 10 月 3 日，菲律宾著名高等学府雅典耀大学孔子学院成立，这是菲律宾第一所孔子学院。学院开设汉语教学课程，培养汉语师资力量，推广汉语学习和中国文化，开展汉语研究和当代中国研究等学术活动。

雅典耀大学原设有中国研究中心，虽然规模较小，但在汉语教育和中国研究方面有一定基础，是孔子学院成立的基础。学院开设两个汉语学习班，学生 100 多名，多数学生学习目的是为了在求职和做生意时获得便利。孔子学院的另一办学目标是为菲主要大学培养一批汉语教学人才，通过他们去传播汉语及中国文化。

新加坡掀起华文热

随着中国经济的稳步发展和与新加坡经贸关系的不断加强，新加坡掀起学习华文热。为有效提高小学生阅读和学习华文的兴趣。从 2006 年 1 月 3 日起在全国 25 所小学开始试用新编写的华文教材。

南洋理工大学孔子学院与山东大学国际教育学院合作，利用 3 月份学校假期，为华文教师开办汉语课程，同时为学生开办中华文明五千年课程，以提升当地华文教学水平。该校 2005 年开办中文系，主修中文的学生比上年多出 30%。2006 年南大中文系招生人数 95 人。此外，攻读研究生课程、当代中国硕士课程和高级翻译课程的学生也在百人以上。新加坡国立大学中文系研究生人数过去 10 年来，每年平均以 10% 的速度增长，2006 年有 130 人。

新加坡内阁资政李光耀表示，如果新加坡华人失去讲华语的环境，今后要再造同样的环境将极为困难。他们必须在日常生活中和公共场合讲华语，让全体新加坡华人能生活在讲华语的环境之中。必须努力促使 3% ~5% 能通晓双语的华人掌握高水平的华文，以方便到中国做生意，为在新加坡营业的中国公司服务。

新加坡研发轻便核糖核酸分离器

新加坡《联合早报》2006 年 8 月 19 日报道，新加坡生物科技公司 Veredus 和微电子研究院合作，研发轻便核糖核酸分离器。不用借助实验室设备和器材，只要一点唾液、血液或任何体液，核糖核酸分离器就能迅速分离出病毒核糖核酸。这种仪器可用来处理病人样本、检测禽流感、骨痛热症等疾病。

新加坡开发出治疗癌症的纳米载体新疗法

新华网新加坡 2006 年 9 月 28 日报道，新加坡生物工程与纳米科技研究院的科研人员已经研发出一种新的纳米载体疗法，可有效地杀死癌细胞。新疗法是把药物准确地送到癌细胞中，从而削弱癌细胞对药物的抵抗力，达到杀死癌细胞的目的。这种纳米载体用一种可生物降解的阳离子聚合物制成。载体内部中空，可以装载治癌药物，聚合物外壳则可以保护药物免受消化液侵蚀。这种载体不仅能避免发炎的副作用，也能比现有方法更有效地把抗癌药物紫杉醇送到癌细胞中。实验显示，实验鼠的癌细胞生长速度放慢一半，药物未对正常细胞产生明显的毒副作用。这种新疗法需要的药量只有传统疗法的 1/4。这项实验仍处于初试阶段，在开展更多的动物实验后，才开展人体临床试验。

新加坡决定为所有学校修建室内体育馆

据新加坡《联合早报》2006 年 10 月 13 日报道，新加坡教育部已决定从 2007 年初开始，在未来 7 年斥资 6.9 亿新元（约合 4.4 亿美元），为所有学校修建室内体育馆。因新加坡天气酷热，学校一般都不在当地时间上午 10 时 30 分至下午 15 时 30 分之间上体育课。不少学校也因体育设施不足而必须等到傍晚时分才能进行课程辅助活动训练，有的甚至减少训练次数。修建室内体育馆，将为学校正常安排体育课及进行课程辅助活动训练提供条件。

新加坡设立生物医学道德研究中心

2006 年 10 月 27 日新加坡国立大学杨潞龄医学院设立生物医学道德研究中心，这是东南亚第一家生物医学道德研究中心。中心的主要工作包括研究与生物医学有关的道德课题、加强公众对生物医学课题的了解、同生物道德咨询委员会等团体合作，协助相关政策的拟定等。

新加坡举办首届福建文化节

2006 年 11 月 11 日，首届新加坡福建文化节开幕，地道的福建美食、七种闽属戏曲、福建籍先辈奋斗史展览、福建文化讲座等多项活动在 10 天时间内缤纷呈献。本次文化节由新加坡福建会馆联合 20 多个闽属会馆共同举办，并得到新加坡社区发展、青年和体育部共 300 万新元（约合 200 万美元）社群传统文化津贴基金资助。

新加坡 400 万人口中，华人约占 78%，而其中近半数华人的祖籍是福建。福建会馆主席黄祖耀表示，希望文化节能够展现新加坡丰富多彩的文化，帮助接受英文教育的新加坡福建人后代了解祖籍地文化。

当天在百胜楼商场举行的美食节，汇集了近 20 个售卖福建传统美食的摊位。福建南安面线糊、福州扁肉燕、厦门薄饼、莆田煎包等地道福建美食，吸引众多当地华人。

在国家图书馆展出的“福临狮城　建立家园”文化展，用大量图片和历史实物追述早期到新加坡创业的福建人所从事的金融业、理发业、茶叶贸易、橡胶贸易、海运等行业的历史。

文化节还邀请中国福建省艺术团和本地闽剧团一同呈献莆仙戏、芗剧、梨园戏、高甲戏、掌中戏和提线木偶剧等多种闽属戏曲。

新加坡研制出新型癌症诊断仪

据新加坡亚洲新闻台2006年11月24日晚报道，新加坡国立大学成功研发出一种新型癌症诊断仪，利用红外线荧光成像技术，可以在癌症患者患病初期发现病征，从而大大增加患者康复的几率。

泰国大学举行孔子学院揭牌仪式

2006年12月19日，泰国曼松德·昭帕亚皇家师范大学举行孔子学院揭牌仪式，泰国文化和教育部有关官员、中国驻泰国大使馆官员、中国国家汉语国际推广领导小组办公室成员、40所泰国皇家师范大学代表500多人出席。这所孔子学院由泰国曼松德·昭帕亚皇家师范大学与中国天津师范大学合办，以培训泰国大、中、小学汉语老师为主，以适应泰国中文教学的需要。中国驻泰国大使张九桓在揭牌仪式上说，2005年以来，泰国高等学府掀起创办孔子学院的热潮，孔子学院是在中国国家汉语国际推广小组、中国教育部支持下，由中泰双方有关高校携手共同建立，以传播中国语言文化为基础任务。孔子学院在泰国设立从一个侧面反映出中泰友好关系正在深入向前发展。

越南澳门文化周在越南胡志明市举办

2006年10月12日，越南澳门文化周在胡志明市开幕。中国澳门特别行政区行政长官何厚铧、胡志明市人民委员会副主席阮成才及中国驻胡志明市总领事高德可出席开幕式。

澳门文化周活动主场设在胡志明市百松叶花园，是为了更好地体现澳门文化的特色，组委会在该花园竖起澳门妈祖庙拱门造型，让澳门气氛更加浓厚。同时，按照中国岭南的习俗，任何喜庆活动开幕前都要进行画龙点睛仪式。活动开始后，胡志明市领导应邀为远道而来的澳门狮团点睛，随后7头醒狮如龙腾虎跃般起舞，继而是精彩的葡萄牙土风舞。与此同时，澳门图片展全天候在百松叶花园展出，展出图片尽显澳门人民日常生活写照及澳门文化、风土人情等。自开幕式之日起至16日，101名澳门艺员在百松叶花园和TAX商场每天分早午晚三场免费为观众表演澳门文化艺术节目，现场还免费向观众分发澳门特产咀香园饼屋的杏仁饼。

文化周期间澳门特别行政区旅游促进局还与胡志明市外贸厅对外服务中心共同举办澳门—胡志明市旅游与投资发展研讨会，越南和澳门各旅游企业、投资机构代表分别推介本市经济发展、旅游发展及投资环境等情况。西贡旅游公司、越南SOVICO GROUP公司及澳门OCEANS INC. LTD在研讨会后签订旅游、投资合作协议。

越南颁发全国第二届优秀图书奖

2006年，越南出版印刷发行协会颁发全国第二届优秀图书奖。在38家出版社送评的350种作品中，获得优秀奖的图书25种，其中金奖4种，银奖5种，铜奖9种，鼓励奖7种。获金奖的4种图书分别是《钦定大南会典事例续编》(4集，教育出版社)、《傣族英雄之歌》(社会科学出版社)、《越南文化漫谈》(世界出版社)和《学一行，精一行》(5册，金彤出版社)。获得装订精美奖的图书29种，其中金奖4种，银奖5种，铜奖7种，鼓励奖10种；精致封面奖图书3种。获装订精美奖金奖的4种图书分别是《15世纪至19世纪末的越南印章》(社会科学出版社)、《越南民间书画故事》(金彤出版社)、《越南行政地图册》(地图出版社)和《新世纪初新作品》(作家协会出版社)。

越南公布2006年十大文化新闻事件

越南文化部公布2006年越南十大文化新闻事件：一、各项喜迎“十大”、2006亚太经合组织年的文化艺术活动以及越南加入世贸组织的各项相关文化活动；二、通报越共中央政治局关于对新闻工作加强领导，创造条件提高领导和管理新闻工作成效的指示；三、第11届国会第9次会议讨论通过《电影法》；四、颁布若干公共文化、文化服务领域经营活动规章制度的决议及文化新闻活动违法的行政处罚决定；五、政府总理建议在西湖东南面城市新区一带建设越南国家历史博物馆；六、联合国教科文组织公认西原铜锣为口传杰作及人类非物质文化遗产；七、越南举办首届赫蒙族(中国称苗族)文化盛会；八、2006年第24届越南艺术图片展及2006年漆画展；九、文化活动社会化工作得到不断加强；十、文化新闻部举行全国先进青年联欢会。

社　　会

中国发布《国家突发公共事件总体应急预案》

2006年1月8日，中国国务院发布《国家突发公共事件总体应急预案》，标志着中国应急预案框架体系初步形成。总体预案将突发公共事件分为自然灾害、事故灾难、公共卫生事件、社会安全事件四类。按照各类突发公共事件的性质、严重程度、可控性和影响范围等因素，总体预案将其分为四级。总体预案规定，国务院是突发公共事件应急管理工作的最高行政领导机构，国务院办公厅设国务院应急管理办公室，国务院有关部门负责相关类别突发公共事件的应急管理工作，地方各级人民政府是本行政区域突发公共事件应急管理工作的行政领导机构。总体预案对突发公共事件的预测预警、信息报告、应急响应、应急处置、恢复重建及调查评估等机制作出详细规定，并进一步明确各有关部门在人力、财力、物力及交通运输、医疗卫生、通信等应急保障工作方面的职责。《国家突发公共事件总体应急预案》的发布，将提高政府保障公共安全和处置突发公共事件的能力，最大限度地预防和减少突发公共事件及其造成的损害，保障公众的生命财产安全，维护国家安全和社会稳定，促进经济社会全面、协调、可持续发展。

中国颁布实施《艾滋病防治条例》

2006 年 2 月 12 日，中国国务院公布《艾滋病防治条例》，该条例于 2006 年 1 月 18 日由中国国务院第 122 次常务会议通过，3 月 1 日起实施。条例分为总则、宣传教育、预防与控制、治疗与救助、保障措施、法律责任、附则等七章。《条例》规定各级政府防治艾滋病的责任，并明确艾滋病感染者和艾滋病病人的权利和义务。规定县级以上人民政府应向农村艾滋病病人和城镇经济困难的艾滋病病人免费提供抗艾滋病病毒治疗药品，向感染艾滋病病毒的孕产妇免费提供预防艾滋病母婴传播的治疗和咨询。艾滋病病毒感染者和艾滋病病人应采取必要的防护措施，防止感染他人，不得以任何方式故意传播艾滋病。

中国查处上海社保基金大案

2006 年 8 月 9 日，中国上海市十二届人大常委会第二十九次会议免去上海市劳动和社会保障局原局长祝均一的局长职务。原因是祝均一违规拆借 32 亿元社保基金，给民营企业家张荣坤旗下的福禧投资公司用于收购沪杭高速公路的权益。在此次会上，上海市市长韩正透露，上海市劳动和社会保障局社保基金监管处原处长陆祺伟、上海电气集团原副总裁韩国璋也在接受调查。9 月 24 日，中共中央政治局召开会议，审议中共中央纪律检查委员会《关于陈良宇同志有关问题初核情况的报告》。中央决定，由中共中央纪律检查委员会对陈良宇的问题立案检查，免去陈良宇上海市委书记、常委、委员职务，停止其担任的中央政治局委员、中央委员职务。此后，中国国家统计局原局长邱晓华也因涉嫌上海社保资金案被免职。张荣坤因涉嫌挪用 34.5 亿元社保资金已被警方逮捕。

中共十六届六中全会通过《中共中央关于构建社会主义和谐社会若干重大问题的决定》

2006 年 10 月 8 ~ 11 日在北京举行的中国共产党第十六届中央委员会第六次全体会议审议通过《中共中央关于构建社会主义和谐社会若干重大问题的决定》。《决定》全面、深刻地阐明社会主义和谐社会的性质和定位，强调所构建的和谐社会，是在中国特色社会主义道路上，中国共产党领导全体人民共同建设、共同享有的和谐社会。指明构建社会主义和谐社会的指导思想、目标任务、工作原则和重大部署。《决定》是对构建社会主义和谐社会具有重大指导意义的纲领性文件，反映建设富强民主文明和谐的社会主义现代化国家的内在要求，体现中国共产党和中国各族人民的共同愿望。

中国颁布反洗钱法

2006 年 10 月 31 日，中国第十届全国人大常委会第二十四次会议审议通过《中华人民共和国反洗钱法》，于 2007 年 1 月 1 日开始施行。该法与《中华人民共和国刑法》中有关制裁、打击洗钱犯罪的法律条款共同构成中国全面预防、控制和打击洗钱犯罪活动的基本法律框架，形成一道全面预防监控洗钱活动的反洗钱“法网”。该法的施行，将使中国社会关注的反腐败工作获得新的法律支持。同时，表明中国致力于在更广范围内打击、削弱、阻止犯罪，进一步参与到防止犯罪的国际合作中。

文莱实施电子卫生发展计划

2006 年 1 月 16 日，文莱卫生部与 4 家私人公司就实施卫生部的电子卫生发展计划签署合作协议，实行该计划的目的是提升服务水平，通过电子系统加强相关领域的管理，便于职员掌握相关领域的知识。工程分 6 个阶段进行，在 4 个行政区的中心医院、诊所等 52 个不同地点展开，工期 6 个月，耗资 70 万文莱元。

文莱政府提高公务员和弱势群体待遇

现任苏丹在其 60 华诞之际，宣布从 2006 年 7 月起为公务员加薪，这是文莱政府 22 年来首次为公务员加薪。文莱首相署公布详细加薪方案，其中，二级公务员享有两个加薪点（最多加薪 240 文莱元），三级公务员享有 3 个加薪点（最多加薪 210 文莱元），四级公务员享有 6 个加薪点（最多加薪 240 文莱元），五级公务员享有 9 个加薪点（最多加薪 180 文莱元）。加薪点根据公务员、皇家警察部队及皇家武装部队人员职位等级计算。10 月 9 日，苏丹在出席一项宗教活动时宣布，从 2006 年 10 月 1 日起提高养老金发放标准，同时增加残疾人生活补贴。

柬埔寨135名排雷官兵赴苏丹执行维和任务

2006年4月15日,柬埔寨王国政府副首相兼国防部长狄班将军、王家军队高级官员,以及柬佛教暖岳僧相一行,在金边空军机场为柬王家军队135名官兵赴苏丹执行联合国维和排雷任务举行送行仪式。狄班副首相在致词中重申洪森首相于4月12日在欢送排雷官兵仪式上的指示,要求排雷官兵尊重苏丹主权与独立,与苏丹军民和睦相处,提高柬埔寨的国际威望。

柬埔寨首都金边不再缺电

2006年5月29日,柬埔寨电力公司营销部经理谢盛海称,随着一家由李永法勋爵投资的CEP新电厂于5月初投入运行,金边市发电装机容量达到160多兆瓦,发电量超过城市用电需求量。

柬埔寨前红色高棉司令达莫猝死

2006年7月21日,在审红法庭开始运作后不久,等待受审的前红色高棉军队司令达莫却于当天凌晨4点45分在金边军人大医院去世,享年83岁。其遗体于当天中午11点30分被医院送抵安隆汶办理后事。

柬埔寨制衣、制鞋业工人普遍加薪

就工人要求提高薪水问题,柬埔寨制衣厂和鞋厂资方代表与工会代表经过4次谈判,于2006年10月19日达成意向,发表联合声明。声明强调三点:一、规定工人1~3个月试用期底薪为45美元,试用期满的正式工人底薪为50美元。二、计件工人按实际工作效果计算所得,如果工作效果超过上述第一点底薪水平,必须按实际超出件数计算支付工薪;试用期内工人计件结果如果低于基本底薪,资方予以补足45美元;正式工人计件结果如果低于基本底薪,资方予以补足50美元。三、根据2000年7月18日劳工部017号文告的第1~6条规定,工人所得的福利条件仍然保留。提高薪金的有效执行时间从2007年1月1日始至2009年12月31日止。

柬埔寨工人不合法罢工次数增多

根据柬埔寨劳工部2006年的总结资料显示,年内工会领导的不合法罢工有103次,占罢工总数的65.43%,比上年增加20.2%。导致劳资发生纠纷的因素包括:厂方不遵守劳工法占78.6%,工厂倒闭占3.5%,暂停营业占1.9%,工厂搬迁占0.6%,减少捐助工会款项占1.9%,调换工作时间占2.7%,要求提高计件价格占3%,歧视工会占1.4%,要求提高薪金占1.3%,要求调换主管占1.3%。柬埔寨有工厂300多家,从业人员30万人。根据柬埔寨宪法规定,10名工人以上就可成立工会,工会组织起来可成立工会联盟,工会联盟组织起来可成立联合工会联盟。柬埔寨有工会1000多个,工会联盟26个,联合工会联盟4个。

《花花公子》杂志在印度尼西亚遭抵制

美国著名成人杂志《花花公子》印尼版于2006年4月创刊,同年6月出版第二期。尽管不像美国版那样充满色情意味,该杂志仍遭到印尼社会各界特别是穆斯林民众的抗议。各大城市发生大规模游行示威活动,示威者当众焚烧杂志,要求政府禁止其出版。编辑部因受袭而不得不迁往巴厘岛。穆斯林领袖哈希姆表示,《花花公子》所宣扬的文化将摧毁印尼的传统道德和生活方式,是一种危害甚于"基地"组织的精神上的恐怖主义。8月2日,两名为杂志提供照片的明星受到警方的询问和调查;12月7日,杂志总编辑阿纳达因传播不体面照片并从中牟利而在雅加达南区法院出庭受审。

印度尼西亚地震灾害频仍

由于地处环太平洋地震带和欧亚地震带的结合部且恰逢地震活跃时期,印尼地震灾害频仍,人民生命财产损失巨大。2006年5月27日,日惹和中爪哇地区发生里氏5.9级地震,导致至少5782人死亡,33万人无家可归。5月30日,巴布亚省发生里氏6.0级地震,引发当地居民恐慌。7月17日,爪哇岛南部海岸遭7.2级地震引发海啸袭击,造成至少850人死亡或失踪,大量房屋受损。印尼总统苏西洛在灾难发生后承诺将在2008年完成全国性海啸预警系统基础设施建设工作。

印尼首都雅加达大力整治摩托车违章行为

雅加达市的摩托车总量达300万辆,部分驾驶员的违章行为对交通秩序和行车安全带来威胁。2006年12月6日,雅加达有关方面对交通违章行为试行现场审判,法庭设在车流量较大的繁华路段,由检察官、法官和书记员各一名组成。警察将现场查获的违章者移交法庭,后者则根据违章情节直接作出判决。根据相关规定,不戴头盔驾驶、证照不全及违章占用车道等行为被处以2万~5万盾不等的罚款。一天之内,临时法庭审判违章案件220件,在雅加达引起强烈反响。

印度尼西亚加大扶贫力度

受2005年以来燃油价格上涨及地震、海啸等自然灾害的影响,2006年印尼贫困人口数量反弹,占总人口的比例从2005年的16%升至18%,失业率高达10.4%。印尼政府加大扶贫力度,把原定分别于2008和2011年结束的"乡镇发展计划"和"城市贫困人群扶助计划"两项扶贫工程延长至2009和2015年。未来3年内,印尼政府计划拨付14.3万亿印尼盾专项资金,用于改善贫困地区的基础设施,并为农村人口提供就业岗位500万个。2007年用于扶贫的资金总额也从42万亿盾增至51万亿盾。政府的目标是在2009年将贫困人口占总人口的比例降低至8.2%。

老挝宣布全国无罂粟作物

2006年2月14日，老挝政府总理本扬·沃拉吉代表政府向新闻媒体宣布老挝已无罂粟作物。他说，从2001年开始老挝政府实施《关于禁止种植罂粟的战略计划》，5年后达到预期目标。早在1998年，老挝罂粟种植面积2.7万公顷，年产鸦片120多万吨，有6.3万人吸食鸦片。到2004年，罂粟种植面积减至3500公顷，2.8万人吸食鸦片。2005年底，全国罂粟作物绝迹，鸦片吸食者仅剩1.2万人。

马来西亚物价上涨

2006年，马来西亚日常生活必需品如燃油、水电等价格纷纷上调，人民负担有所加重。2月27日晚上首相署发表文告宣布，从2月28日起，汽油、柴油和液化天然气的零售价每升上调30仙，分别升至每升1.92林吉特、1.58林吉特和1.75林吉特。是5年来油品价格涨幅最大的一次。能源、水务及通信部长林敬益于5月24日宣布，从6月1日起，大马半岛的电费平均调升12%，每月用电量少于200千瓦时，或每月电费少于43.60林吉特的低收入群，不受这项价格调整影响。11月1日起，雪兰莪州、吉隆坡联邦直辖区和布特拉加亚市实行新的用水收费制度，居民水费上调17.5%，商业用户上调15%~18.8%。

大马纪录大全颁奖典礼

2006年大马纪录大全颁奖典礼2006年6月6日在吉隆坡举行。马来西亚总理巴达维为2006年大马纪录大全发表致辞，首相署部长斯里阿芬迪出席颁奖典礼并宣读总理的致辞。2006年是大马纪录大全创刊10周年，典礼会上推介第5版即最新版本的《大马纪录大全纪念版》。此次颁发的奖项分为5个组别，包括国内音乐及娱乐领域奖、国际音乐及娱乐领域奖、教育及女性成就奖、运动成就奖和青少年成就奖。奖项29个。

马来西亚槟城机场马航第二货运中心发生大批计算机芯片劫案

2006年11月20日凌晨2时30分，在马来西亚槟城机场马航第二货运中心发生计算机芯片劫案。当时，约有20名匪徒，其中4名身穿志愿警卫团制服，闯入货运中心，劫走价值超过4700万林吉特的计算机芯片。案发后，马来西亚警方除加紧破案外，还督促业者加强保安系统，采取安装卫星追踪器等保安措施，并尽量安排多条不同路线运送货物。

马来西亚南部发生严重水灾

2006年12月中下旬，连日暴雨导致马来西亚南部各州发生严重水灾，受灾州属包括柔佛、彭亨、马六甲、森美兰、丁加奴和吉兰丹6个州，其中，柔佛州灾情最严重。造成多人伤亡，近10万人被疏散，学校和工厂停课停产。灾情发生后，政府采取各种救灾措施，组织军警赶赴灾区救灾，建立疏散中心安置灾民，并发放救灾物资和救济款。

马来西亚开展“警察之友”运动

2006年马来西亚的社会治安形势比较严峻。根据马来西亚首相署的数据，与2005年同期相比，2006年前9个月的罪案增加12.6%。年内连续发生多起抢劫案，造成多人伤亡。为打击犯罪，维护社会治安，马来西亚警察总队在全国开展“警察之友”运动，警队设置中文短讯报案系统，以求与各族人民合作，共同打击罪犯。此外，警队还开展佩带“我反贪污”徽章行动，大力肃贪，将涉及贪污的警员革除。

缅甸新都彬马那航线开通

据伊洛瓦底江通讯社2006年3月4日报道，缅甸仰光—彬马那（后改为内比都）航线已经开通，每周有3个航班从仰光飞往彬马那。此外，据缅甸的官方报纸《缅甸之光》报道，仰光到彬马那的新铁路也已铺设完毕。9家新的巴士公司陆续开通仰光到彬马那的客运服务。

缅甸发现并控制禽流感

2006年3月8日，缅甸曼德勒地区发生禽流感疫情，其后蔓延到曼德勒省和实皆省的13个镇区。疫情发生后，缅甸扑杀鸡34万多羽，鹌鹑32万多羽。经检测证实为H5N1禽流感病毒所致。随后，国际禽流感专家抵达缅甸中部，调查H5N1禽流感疫情。从4月29日起，缅甸采用现代科技手段实施为期3个月的观察计划。缅甸畜牧业和渔业部将观察期内没有发现禽流感的情况，向包括世界卫生组织在内的相关国际组织报告。在国际组织帮助下，缅甸迅速采取多种防控措施，禽流感疫情在4月中旬得到控制。9月6日，缅甸畜牧业和渔业部宣布，缅甸最近几个月一直没有再出现禽流感疫情，已经成为无禽流感国家。

缅甸公共场所禁止吸烟

缅甸政府于2006年5月下令，禁止在公共场所吸烟，否则将处以高额罚款，这项命令于2007年生效。新法令规定，医院、学校、大学、机场、戏院、百货公司等公共场所，均禁止吸烟。此外，公共运输系统以及其他公共场合也禁止吸烟。违者被处以缅甸币1000~5000元（0.8美分至4美元）罚款，罚款差异取决于地区不同。新法令还规定，禁止摊贩在上述公共场所出售香烟，禁止向未满18岁的青少年出售香烟。违者被处以罚款，并判处两年徒刑。

缅甸加强禁毒工作

2006年10月2日，缅甸军警在缅泰边境地区缴获海洛因45公斤，兴奋剂520片。这批毒品的黑市价格约为18.77亿缅元(约合140万美元)。缅甸加强禁毒工作，积极执行长期禁毒计划，并与邻国和国际社会开展禁毒合作。据缅甸官方提供的材料，2002～2005年，缅甸罂粟种植面积减少95%，鸦片产量减少61%。从2005年1月至2006年5月，缅甸执法机关缴获海洛因940公斤，鸦片1250公斤，兴奋剂1892万片，并在掸邦捣毁海洛因加工厂11家。

缅甸艾滋病毒感染率下降

缅甸卫生部发表一份报告称，缅甸艾滋病病毒的感染率已从2000年的1.5%下降到2005年的1.3%。艾滋病病毒感染率下降的主要原因是缅甸政府重视艾滋病防治工作，坚持开展预防艾滋病的宣传教育，并不断加强与国际组织的防治合作。1991年，缅甸首次发现艾滋病患者。到2004年，缅甸估计有艾滋病病毒携带者和艾滋病患者33.9万人。缅甸卫生部门把艾滋病、结核病和疟疾确定为重点防治的三大疾病。2006年10月缅甸与联合国相关机构签署谅解备忘录，英国、澳大利亚、荷兰、挪威、瑞典等国在此后5年中向缅甸提供援助9950万美元，用于三大疾病防治。

缅甸通货膨胀加剧

2006年10月18日，缅甸国家计划与经济发展部部长索谭称，缅甸的通货膨胀率飙升4倍，2005年3月通胀率为3.76%，2006年9月飙涨至16.44%。但在同一段时间，缅甸的经济成长也超乎预期，在上一个会计年度，即2005年4月1日至2006年3月31日，缅甸的国内生产总值比上年度增长13.2%(缅甸官方统计)；预计下一个会计年度，缅甸经济仍然有12%的增长。索谭表示，必须尽快设法将通胀率由2位数拉回到1位数。

菲律宾出现登革热疫情

菲律宾卫生部称，大马尼拉区尤其黎刹省和高山区为登革热高发区。菲律宾国家流行病学中心透露，从2006年1月至8月29日各地医院接收登革热病人13468例。发病病例53%为男性，年龄1～10岁占48%。发病率最高的地区是大马尼拉区4222例、中吕宋区1898例、中米沙鄢区1752例、高山区922例。

菲律宾卫生部长表示，虽然死亡总数字比上年同期低，但这不能让公众安心。他要求“搜寻和清除”一种叫Aegypti伊蚊的传染源，以防止登革热发病数字继续升高。

菲律宾马尼拉一座体育场发生踩踏事件

2006年2月4日，菲律宾首都马尼拉一座体育场发生重大踩踏事件，导致93人死亡，250多人受伤。踩踏事故的起因是上万人准备参加菲律宾一个热门电视游戏节目的录制，人们互相拥挤，涌向门口，以为大门已经打开，都想争抢更好的座位以便有机会夺得百万元的奖金。在人群失控情况下，由于缺少紧急安全措施，导致踩踏惨剧发生。事故发生后，菲律宾总统阿罗约要求有关部门进行调查，并前往医院看望伤员，承诺政府将向遇难者家属提供帮助，依法惩处事故责任人。

菲律宾中部和南部因暴雨引发山体滑坡

2006年2月16日，在菲律宾中部的勒耶特岛和南部的棉兰老岛，暴雨引发洪水和山体滑坡，1400余人在灾害中丧生。

中国国家主席胡锦涛就菲律宾南部地区发生严重山体滑坡，造成重大人员伤亡和财产损失，向菲律宾总统阿罗约致慰问电。中国政府向菲律宾灾区提供100万美元紧急援助。中国路桥公司工作人员在当地的居住地离灾害中心13公里，9名工程人员在山体滑坡发

2006年2月17日，由于连日暴雨肆虐，地处菲律宾中东部莱特省圣贝尔纳镇的昆萨胡贡村突发大型泥石流，全村500栋房屋和一所小学校被泥石流掩埋，1800多名村民中除58人获救外，其余均被泥石流吞没，灾难发生后，国际社会纷纷向灾区伸出援助之手，中国政府向菲律宾政府提供100万美元的紧急救灾援助。

（原载《人民画报》）

生的当天下午即投入救援。在这次重大事件中,其他国家也纷纷伸出援助之手。美国除向菲律宾提供26万美元财政援助并提供救灾物资外,还向菲灾区派遣1600多名军事人员和16架直升机参与救灾。

菲律宾警方击毙企图越狱的囚犯

2006年3月15日,菲律宾警方向位于马尼拉近郊一座监狱内的暴乱分子发动大规模攻势,警方要求暴乱囚犯在15分钟内投降,否则就采取行动。15分钟过后,警方发动进攻。当场击毙企图越狱的囚犯22名,结束了自前一天开始的这场监狱暴乱。菲律宾内政部长安杰洛·雷耶斯说,死者包括与"基地"组织有关的阿布沙耶夫组织的4名领导人,其中2人是这次越狱行动的头目。

新加坡将戒毒药丁丙诺啡列为受管制药物

2006年8月3日,新加坡卫生部长许文远宣布,用于戒毒的药物丁丙诺啡已被新加坡列为受管制药物,只有得到许可的医生才有权为患者开此药。

新加坡从2002年开始引进丁丙诺啡,用于患者戒除对毒品海洛因的依赖。由于注射丁丙诺啡能得到和吸食传统毒品相似的快感,又不违反法律,这一替代品逐渐成为吸毒者的新宠。新加坡卫生部和内政部将共同推出一项全面康复计划,帮助滥用这种药物者戒掉毒瘾。据新加坡卫生部统计,过去4年中,新加坡大约有3800人滥用丁丙诺啡,其中22人因为该药的副作用而死亡。

新加坡鼓励多生育并吸引外国移民

20世纪60年代,新加坡的生育率为每个育龄妇女生5.8个孩子,而2004年锐减至1.3个孩子,2005年这一数字降至1.24。新加坡是世界生育率较低的国家。新加坡国家统计局公布的调查结果显示,近年来新加坡双职工家庭生孩子的数量不断减少,不要孩子的年轻双职工家庭数量持续增加。为改变这一状况,新加坡政府推行新人口政策,鼓励新加坡夫妇生育3个或更多的孩子。近两年来新加坡实施一系列鼓励国人多生育的配套措施。包括降低家有老小雇主的女佣税,孕妇享有更长产假,第一个和第四个孩子享有婴儿花红,孕妇使用保健储蓄支付产前和分娩医药费,有年幼孩子的父母享有2天育儿事假,有工作的母亲享有优厚税务回扣等,但收效甚微。

新加坡总理李显龙在2006年8月20日国庆集会讲话中,呼吁国民多生育,而新加坡政府将努力吸引更多外国移民,避免新加坡人口短缺,保持经济增长。李显龙说:为保持发展与繁荣,我们需要有足够的人在新加坡居住、工作。这意味着我们必须鼓励家庭多生小孩,同时吸引更多移民。

新加坡富豪排行榜揭晓

据香港《文汇报》2006年8月27日报道,在《福布斯》亚洲版公布的新加坡40富豪排行榜中,前5名富豪是华人。在这些富豪中,银行家邱德拔家族以50亿美元资产成为新加坡首富。邱德拔是新加坡最成功的银行家,尽管他在2004年去世,但其后人(包括14个孩子)在2006年3月把所持的渣打银行12%股份卖给淡马锡控股,售价约40亿美元。另外,他们的酒店资产为10亿美元。远东集团大老板黄廷方以49亿美元资产排名第二,这位地产大王在香港和新加坡都有资产,也是新加坡饮料集团杨协成公司的持有人。城市发展执行主席郭令明以36亿美元资产排名第三,他同时也是地产大亨与金融家。新加坡第二大银行——大华银行主席黄祖耀,以34亿美元资产排名第四。华侨银行前主席李成伟以17亿美元资产排名第五。

新加坡开展全国废品回收日活动

2006年9月23日,新加坡开展2006年全国废品回收日活动,旨在变废为宝,使新加坡成为一个更加洁净的节能型城市。新加坡环境和水资源部长雅国当日发表讲话说,新加坡人应该将"3R"(Reduce、Reuse和Recycle,即减少、重复使用和回收)作为一种生活方式,把每一天都当成废品回收日。雅国说,新加坡在控制废品方面已有显著进步。2005年,新加坡人每天制造的废品总量约为7000吨,比2000年减少了8%,废品的回收率已从2000年的40%增至49%。新加坡的目标是在2012年前将废品的回收率增至60%。

为使废品回收更加容易,新加坡国家环境局将与相关城镇理事会和废品回收商合作,在每5座组屋中放置一套废品回收箱,废品回收箱数量达到1600套。在废品回收日活动中,新加坡还推出一项饮料纸包装盒回收计划。新加坡人每年要用掉约4000万个饮料纸包装盒,总重量约500吨。以前这些包装盒不能回收,现在可将它们放进回收袋中回收。

新加坡举行应对禽流感演习

2006年10月4日,新加坡农粮与兽医局举行应对禽流感的扑杀活鸡演习,以测试和加强各相关部门的协同能力。这次代号为"家禽四号"的演习是新加坡农粮与兽医局2002年以来进行的第四次针对禽流感的演习。新加坡农粮与兽医局表示,新加坡虽未暴发禽流感疫情,但禽流感的威胁确实存在。为防患于未然,该局今后将继续举行例行演习。

新加坡中华总商会举办百年大庆

2006年10月22日,新加坡中华总商会举办成立100周年庆祝活动。

新加坡总理李显龙出席中华总商会举办的千人晚宴,在演讲中勉励中华总商会迎向新时代再创辉煌。新加坡副总理兼内政部长黄根成出席中华总商会举办的首届亚洲华商峰会,新加坡大华银行集团主席兼总裁黄祖耀、马来西亚IOI集团董事主席李深静、中国新希望集团董事长刘永好、香港特区政府行政会议召集人梁振英、香港恒隆集团有限公司主席陈启宗、台湾中国信托金融控股公司董事长辜濂松等在本次峰会上发表演讲。中国驻新加坡使馆经商处工作人员也应邀出席上述庆祝活动。

新加坡中华总商会成立于1906年,现有120个商业团体会员和4000个商号(企业)会员,是新加坡最具影响力的华社团体。现任会长是和美集团(HO BEE GROUP)主席兼首席执行官蔡天宝先生。

新加坡改善公共交通

新加坡政府通过扩大铁道网络和改善巴士系统等措施,鼓励更多人使用公共交通工具,使地铁和巴士成为人们每天外出的首选代步工具。

2006年10月23日,新加坡交通部长林双吉为新捷运"搭巴士,早举手"运动主持推介仪式时透露,新加坡政府将全面评估1996年《世界级陆路交通系统》白皮书,制订未来10~15年陆路交通发展蓝图,确保交通系统能继续支持人口和经济增长。这个重大评估包括检讨公共交通监管和竞争架构,每年3%车辆增长率,的士服务,探讨让私人企业参与道路工程等。

虽然新加坡公共交通系统已大有改善,但上午繁忙时段的乘客趟次率却从1997年的67%下降到2005年的63%,这是"拥车族"显著增加所致。

新加坡公路网络占地为土地总面积的12%,接近饱和。过去15年来汽车总数每年增加2.3%,2006年有78万辆,还会随人口和经济增长而增加,但所能兴建的道路却有限。新加坡政府希望扭转公共交通乘客趟次下降趋势。目标是在未来10~15年将上午繁忙时段公共交通趟次从63%增至70%。同时继续扩大地下铁路网,使之成为公共交通系统骨干。

李显龙呼吁新加坡宗乡团体加强同中国的联系

2006年11月6日,李显龙在新加坡李氏总会百年庆典活动上表示,宗乡团体与会馆在新加坡历史上扮演特殊和极具意义的角色,从早期为远渡重洋而来的乡亲伸出援手,到创办学校、医院以造福广大民众,在某种程度上同政府致力于经济建设、提高人民生活水平及提供各种公共服务的角色具有相似之处。面对新的变化,宗乡团体与会馆须调整自身角色。鉴于中国经济强劲的发展势头,新加坡宗乡团体应该加强同中国的联系,特别是商业联系,从欣欣向荣的中国和亚洲经济的发展中受惠。李显龙同时表示,教育年轻一代时,除了灌输知识和技能,也应该教导他们做人的美德。他鼓励新加坡年轻一代多接触华族文化,吸收敬老行孝、谦虚有礼、讲求诚信及自强不息等传统价值观,以在面对世界时更具信心。

新加坡女权组织要求制订条例严管涉外婚介机构

新华网新加坡2006年12月29日电,新加坡妇女权益组织妇女行动和研究协会呼吁新加坡政府部门制订条例,对那些提供外籍新娘的婚介机构加强管理。该组织发表的研究报告称,婚介机构大都唯利是图,很少对客户的婚姻状况、犯罪记录及经济和身体健康状况进行必要的审查,"从而使那些未来的外籍新娘处于十分脆弱的境地",政府应该规定这类婚介机构必须审查欲觅外籍新娘的客户的背景。

新加坡约有70家婚介机构从事外籍新娘介绍业务。2005年,新加坡有6520名男子迎娶外籍新娘,约占全部新郎的1/4,为10年来迎娶外籍新娘人数最多的一年,其中来自越南和中国的新娘最多。

新加坡犯罪率减一成

2006年新加坡罪案总数3.34万件,比上年减少一成。抢劫、掠夺、汽车偷窃、欺骗、谋杀、强奸、非礼、破门行窃和聚众闹事等9类罪案呈现下降趋势,其中破门行窃和聚众闹事下降幅度最显著。

以人口计算,2006年每10万人有罪案745件,比2005年减少109件。青少年罪案也呈下降趋势,被捕的青少年从2005年的5050人减少到2006年的3645人,占所有被捕者的19%。

新加坡就业岗位增加

在经济强劲增长带动下,2006年新加坡新增就业岗位17.6万个,创下历史最高水平。其中,服务业新增就业岗位11.27万个,制造业4.16万个,建筑业2.05万个。就业市场需求的扩大使新加坡2006年失业率降至2.7%。新加坡公民及永久居民的失业人数降至6.8万人,低于2005年的7.5万人。

泰国隆重举行普密蓬国王登基60周年庆典

2006年6月9日是泰国国王普密蓬登基60周年纪念日。泰国政府于年初启动"2006泰国尊贵之邀"年系列活动,活动包括曼谷国际电影节、华欣国际风筝节、大城国际龙舟赛、清迈国际园艺博览会、曼谷爵士乐音乐会等。全国有8413名公务员自愿参加为期半个月的集体出家为国王祈福活动。此外,还推出系列纪念品,包括"我爱国王"黄色塑料手环、登基60周年纪念胸针、特别纪念版泰铢纸币、黄色T恤等。6月12~14日举办系列大型庆典活动,称之为"钻石庆典"。9日,来自全国各地的数十万民众身着黄色T恤聚集曼谷五世王广场,拉开朝觐国王活动的帷幕。为方便民众参与庆典,泰国政府宣布全国放假3天,曼谷放假5天。12日,盛况空前的皇家船队巡游湄南河表演,掀起钻石庆典的高潮。皇家船队的52艘船只,编排成5个方阵。2000余名海军官兵身着古装,装扮成桨手,在飞扬的歌声中挥桨划船,气势恢弘。这是泰国继2003年APEC领导人非正式会议之后举办的又一次皇家船队巡游表演,被誉为“世纪之巡游”。13日晚,普密蓬国王、诗丽吉王后偕同其他王室成员,在曼谷大王宫的节基殿举办皇家盛宴,款待前来参加庆典的各国王室贵宾。在当今世界29个保持君主统治的国家中,除沙特、萨摩亚和尼泊尔之外,其他各国均派出王室成员参加庆典活动,包括日本明仁天皇、摩纳哥国家元首阿尔伯特二世亲王等12位外国国王或国家元首,以及13位外国王室代表。

①2006年6月9日,普密蓬国王、诗丽吉王后与王室成员在国王登基60周年宗教仪式上。②6月12日,普密蓬国王在阿南达宫与应邀参加庆典的25个国家的国王或王室代表合影留念。③参加庆典的群众聚集在阿南达宫前。 (原载《湄公河》)

泰国南部边境多次发生爆炸事件

2006年,在泰国南部边境以政府部门、政府工作人员和佛教徒为目标的爆炸袭击事件不断发生,大量无辜人士伤亡。年底,恐怖分子的袭击目标转向泰南边境三府的标志性企业。8月22日,也拉府直辖市内22个银行网点发生爆炸事件,造成1人死亡,30人受伤。9月16日晚,泰南商业中心宋卡府合艾县中心的商业区发生7起爆炸,致使4人死亡,59人受伤。11月9日,在也拉府直辖市的9个汽车、摩托车销售中心发生爆炸,伤及13人。

越南与国际社会合作打击跨国犯罪

2006年10月5日,越南常驻联合国代表范海英在第61届联合国大会第三委员会(社会、人道和文化委员会)上发言时重申,越南继续与国际社会、特别是联合国多边组织在防范跨国犯罪活动方面开展合作。这对维持地区乃至世界和平、安全与稳定有重要作用。范海英指出,越南已制订多项防范跨国犯罪的政策措施,2005年颁布防范和遏制洗钱犯罪活动规定,2006年6月1日《反贪污法》开始生效。越南参加多项有关加强防范、打击跨国犯罪活动的国际公约和议定书以及有关的双边协议。

越南呼吁全民参与艾滋病防治工作

2006年12月1日是世界防治艾滋病日,越南祖国阵线中央委员会在河内举行集会,呼吁全民参与防治艾滋病工作。会上,越南祖国阵线中央委员会主席范世阅强调全民、全军团结一致参与艾滋病防治工作,呼吁各国及国际组织继续加强合作,交流经验,协助越南进一步开展防治和遏制艾滋病蔓延,减少艾滋病疫情的危害。联合国儿童基金会驻越南首席代表杰斯珀·莫奇在集会上发言也强调,各个社会组织积极参与此次活动,表明越南防治这一严重疾病的决心,联合国随时愿意协助越南开展防治艾滋病工作。

越南人口日45周年纪念大会

2006年12月26日在河内举行,越南政府常务副总理阮生雄在会上表彰全国数千名在人口家庭与儿童工作中做出杰出贡献的代表,肯定他们对人口家庭与儿童工作所作出的努力及取得的成绩。阮生雄讲话时肯定,在过去45年中越南已有效克服人口增长过快的势头,并逐步降低生育率。阮生雄还肯定近年来少年儿童的健康状况、教育条件及娱乐设施已得到较大改善,少年儿童的各项基本权利也得到更好保障,绝大部分6岁以下儿童享受免费医疗。

发 展 报 告

和谐发展的中国：2006年回顾与2007年展望

2006年是中国“十一五”规划开局之年，各族人民在中国共产党领导下，贯彻落实科学发展观和构建社会主义和谐社会重大战略思想，按照十届全国人大四次会议审议批准的国民经济和社会发展计划，注重协调发展，国家对社会发展的投入显著增加，调整社会结构、调节利益关系、化解社会矛盾等方面的工作快速推进，宏观经济社会发展继续呈现良好发展态势，和谐社会建设取得明显进展。

一、经济发展：快速稳健

（一）国民经济：高增长、高效益、低通胀

在国家宏观调控政策的引导下，2006年中国经济呈现增长速度较快、经济效益较好、价格涨幅较低、群众受惠较多的良好发展态势。

2006年中国国内生产总值为20.94万亿元（折合2.69万亿美元），比上年增长10.7%。其中，第一产业增加值2.47万亿元，比上年增长5.0%；第二产业增加值10.20万亿元，增长12.5%；第三产业增加值8.27万亿元，增长10.3%。第一、第二和第三产业增加值占国内生产总值的比重分别为11.8%、48.7%和39.5%。人均国内生产总值2042美元。年末国家外汇储备1.07万亿美元，比上年末增加2475亿美元。年末人民币汇率为1美元兑7.8087元人民币，比上年末升值3.35%。全年全国税收收入3.76万亿元（不包括关税、耕地占用税和契税），比上年增长21.9%。全社会固定资产投资额10.99亿元，增长24%。

全国财政收入3.93万亿元，比上年增长24.3%。规模以上工业企业实现利润1.88万亿元，增长31%，增幅提高8.4个百分点。39个工业行业中有38个盈利，以往新增利润过于集中的状况有很大改观。此外，经济活动中资源利用效率提高，万元国内生产总值能耗1.21吨标准煤、耗水279立方米，分别比上年下降1.2%和8.8%。

全国居民消费价格总水平上涨1.5%，涨幅比上年回落0.3个百分点。流通环节生产资料价格总水平上涨3.5%，涨幅比上年提高0.6个百分点。固定资产投资价格上涨1.5%，涨幅比上年回落0.1个百分点。

全年社会消费品零售总额7.64万亿元，比上年增长13.7%。其中，城市消费品零售额增长14.3%；农村消费品零售额增长12.6%。批发和零售业增长13.7%，住宿和餐饮业增长16.4%。限额以上批发和零售业大类商品零售中，石油及制品类增长36.2%，汽车类增长26.3%，建筑及装潢材料类增长24.0%，通信器材类增长22.0%。

工农业主要产品产量稳定增长（见链接资料），重工业成为拉动经济增长的主要力量。2006年重工业增加值比上年增长17.9%，轻工业增加值增长13.8%，轻重工业增速差距由上年的1.8个百分点扩大到4.1个百分点。

对外贸易快速增长，外商直接投资增加。全年进出口总额1.76万亿美元，比上年增长23.8%。其中，出口9691亿美元，增长27.2%；进口7916亿美元，增长20.0%。进出口相抵，顺差1775亿美元，比上年增加755亿美元。全年实际使用外商直接投资金额630亿美元，增长4.5%。

（二）经济发展热点

1. 人民币兑美元进入“7”时代，升值步伐明显加快。2006年1月1日，美元兑人民币汇率中间价为8.0702元；11月，人民币汇率中间价在短短20个交易日内，相继突破7.87、7.86、7.85、7.84四个整数关口，而这一中间价到12月19日变为7.8255。

2. 股市发展举世瞩目。具体表现在：一是2006年中国股市涨幅列全球第一。在1396家A股中，涨幅超过100%的490家，涨幅超过200%的150家。12月29日，沪指突破2600点。二是股市市价总值达8.94

万亿元,接近 GDP 的一半,比上年末增长 175.7%。

中国四大国有银行之一的中国工商银行在香港和上海同步上市,全球发售 H 股 353.9 亿股,A 股 130 亿股,A 股与 H 股集资总额 217 亿美元,中国工商银行股票首次公开发行(IPO)成为全球规模最大的 IPO,其上市后总市值突破万亿元大关,成为中国股市最大的权重股。

3. 青藏铁路通车,三峡大坝全线建成。2006 年 7 月 1 日,全长 1956 公里的青藏铁路全线通车,在中国铁路建设史上写下辉煌一页。青藏铁路建设历时 5 年,是世界铁路建设史上最具挑战性的工程项目。工程破解多年冻土、高寒缺氧、生态脆弱三大世界性工程技术难题,创造多项世界铁路之最。5 月 20 日世界上最大的钢筋混凝土重力坝三峡大坝全线建成,标志着三峡工程防洪、通航、发电三大效益提前发挥,也意味着三峡工程开始全面发挥防洪能力。

(三)经济平稳快速发展的原因

1. 国家出台一批有效的宏观调控政策。在土地管理方面,国务院发布关于加强土地调控有关问题的通知,各有关部门采取一系列具体措施,落实土地管理和耕地保护目标责任制,发布实施工业用地出让最低价格标准;将国有土地使用权转让总价款全额纳入地方预算;制定发布禁止用地、限制用地项目目录等。严肃查处一批违法违规用地行为。

在金融方面,人民银行两次上调贷款基准利率,3 次上调商业银行存款准备金率,发行定向票据,加大公开市场对冲操作力度,回收银行体系流动性。银监会加强窗口指导,引导商业银行严格控制对高耗能、高污染企业和产能过剩行业劣质企业的贷款,并及时对部分银行向包括城建在内的建设项目大量发放“打捆贷款”的行为进行整顿规范。继续完善人民币汇率形成机制,逐步增强汇率浮动弹性,不断完善外汇管理制度。证监会加强资本市场基础制度建设,加快推进股权分置改革,促进股票、债券等直接融资健康发展。

在市场准入方面,国务院发布《关于加快推进部分产能过剩行业结构调整的通知》,有关部门先后出台水泥、电解铝、钢铁等 11 个行业结构调整指导意见,调整这些行业市场准入门槛。依法关闭一批不符合产业政策的污染重、能耗高的小钢厂、小水泥、小煤矿等落后生产能力。在完善外资外贸政策方面,对出口退税率进行结构性调整,降低和取消部分高耗能、高污染和资源性产品出口退税率。调整完善加工贸易禁止类、限制类商品目录,对部分产品加征出口关税,促进加工贸易转型升级。修订外商投资产业指导目录,引导外资投向,限制高污染、高消耗、低水平外资项目进入。

2. 体制改革步伐加快。农村体制改革方面,2005 年十届全国人大常委会第十九次会议废止《中华人民共和国农业税条例》,从 2006 年 1 月 1 日起,在全国范围内取消农业税和农业特产税,终结延续 2600 多年农民种田交税的历史。国家在全面取消农业税的基础上,完善并加强“三补贴”政策:一是扩大粮食直补资金规模,安排 13 个粮食主产省(自治区)的粮食直补资金 125 亿元,比上年增加 10 亿元,全部达到该省(自治区)粮食风险基金总规模的 50%;二是中央财政安排良种补贴资金 40.7 亿元,比 2005 年增加 2 亿元;三是安排农机具购置补贴资金 6 亿元,比上年增加 1 倍,并扩大补贴范围,调整补贴重点。此外,继续对重点地区的重点粮食品种实行最低收购价政策,增加对财政困难县乡和产粮大县的转移支付。

金融体制改革方面,国有银行股份制改造迈出实质性步伐。继交行、建行、中行赴港上市及中行登陆 A 股市场之后,工行“A + H”同步成功上市。股权分置改革进展顺利。到 2006 年底,沪深两市共有约 1300 家上市公司完成股改或进入股改程序,股改总市值超过 97%。人民币汇率改革沿着市场化的方向持续推进。

2006 年 7 月 1 日,青藏铁路二期工程格尔木至拉萨段通车。标志着这条世界上海拔最高,穿越冻土里程最长的高原铁路全线贯通。青藏铁路起自青海省西宁市,终抵西藏自治区首府拉萨市,全长 1956 公里,最高点海拔 5072 米,其中穿越海拔 4000 米以上地段 960 公里,穿越多年连续冻土里程 550 公里。西宁至格尔木段 814 公里于 1979 年铺通,1984 年投入运营;格尔木至拉萨段 1142 公里于 2001 年 6 月 29 日开工,2006 年 7 月 1 日通车运营。

(原载《人民画报》)

2006年推出和完善相关的金融产品和政策措施，人民币汇率向均衡市场价值回归与市场手段调节相互融合，释放了人民币升值的压力，汇率弹性不断增强，汇率升值预期趋于稳定。2006年6月，国务院颁布《国务院关于保险业改革发展的若干意见》，明确提出建立多层次的社会保障，积极发展个人、团体养老等保险业务，大力发展责任保险，拓宽保险服务领域等政策。

3. 经济发展战略措施顺利实施。2006年是中国"十一五"规划的开局年，各地政府推动当地的基本建设出现新高潮；2006年也是中国加入WTO的第五个年头，比较优势使得中国的外贸顺差继续积累，中国经济对外的开放度进一步加大，全球性金融企业进入中国的兴趣大增，资金流入明显；随着工业化进程的加快，制造业开始向中部地区转移，沿海大城市发生功能和形态升级，承接世界现代服务业转移的势头已经出现，中部地区随产业集聚将出现中等城市群繁荣的景象，城市化速度也进一步加快。

4. 经济运行条件明显改善。煤电紧张状况进一步缓解。煤炭供求基本平衡，全年煤炭消费量23.7亿吨，比上年增长9.6%，增速回落1个百分点，年末直供电厂存煤处于较高水平。国家电网系统拉限电次数减少97%。

二、社会发展：和谐稳定

（一）政治文明建设状况

1. 立法工作取得重大成效。2006年全国人大常委会立法工作取得新进展，审议24件法律和有关法律问题决定草案，其中通过14件，提请代表大会审议5件。通过的法律有《中华人民共和国护照法》、《中华人民共和国农产品质量安全法》、《中华人民共和国义务教育法（2006年修订）》、《中华人民共和国企业破产法》、《中华人民共和国刑法修正案（六）》、《中华人民共和国各级人民代表大会常务委员会监督法》、《中华人民共和国农民专业合作社法》、《中华人民共和国反洗钱法》等。

2006年备受关注的立法当属物权法草案的审议。这部法律草案于2002年12月提请九届全国人大常委会第三十一次会议初审，至2006年10月十届全国人大常委会第二十四次会议先后6次对物权法草案进行审议，在中国立法史上是绝无仅有的。

2. 反腐败和廉政建设成就突出。2006年中国反腐败的重点是打击商业贿赂。在1月召开的中央纪委六次全会上，治理商业贿赂被确定为2006年反腐倡廉的六项重点工作之一。2月8日，中共中央办公厅、国务院办公厅联合下发《关于开展治理商业贿赂专项工作的意见》。2月15日，温家宝总理主持召开国务院常务会议，部署行政监察工作。会议要求认真开展治理商业贿赂专项工作，重点查处政府机关公务员利用行政权力收受贿赂的行为。2月24日，温家宝总理在国务院第四次廉政工作会议上强调，各地各部门要把开展治理商业贿赂专项工作作为2006年反腐倡廉的重点，治理商业贿赂专项工作在全国全面展开。10月22～25日，国际反贪局联合会在河北香河召开成立大会，与会代表通过《国际反贪局联合会章程》并共同签署大会决议，选举产生国际反贪局联合会的领导机构，中国最高人民检察院检察长贾春旺当选为第一届国际反贪局联合会主席。这是第一个以各国反贪机构为成员的国际组织，标志着打击贪污贿赂腐败犯罪的国际交流与合作进入一个崭新阶段。为加强换届监督，打击"买官卖官"和"跑官要官"，2006年5月中央纪委、中央组织部发出《关于在地方党委换届工作中进一步严肃组织人事纪律的通知》，以确保地方党委换届顺利进行。

（二）社会发展状况

1. 城乡居民生活水平进一步提高。主要表现在收入增长较快，消费水平持续提高，生活质量进一步改善，就业形势平稳，贫困人口逐步减少。2006年农村居民人均纯收入3587元，扣除价格上涨因素，比上年实际增长7.4%；城镇居民人均可支配收入11759元，实际增长10.4%。全国就业人员7.64亿人，比上年末增加575万人。其中城镇就业人员2.83亿人，新增加1184万人，净增加979万人。年末城镇登记失业率4.1%，比上年末下降0.1个百分点。按农村绝对贫困人口标准低于693元测算，年末农村贫困人口2148万人，比上年末减少217万人；按低收入人口标准694～958元测算，年末农村低收入人口3550万人，比上年末减少517万人。

2. 社会保障投入力度加大，城乡社会保障覆盖面扩大。2006年中央财政安排就业再就业资金234亿元，505万下岗失业人员实现再就业。中央财政用于城市低保的补助资金136亿元，比上年增加24亿元，各地不同程度提高城市低保补助水平。有25个省（自治区、直辖市）、2133个县（市、区）初步建立农村最低生活保障制度，1509万农民享受农村最低生活保障。全国参加城镇基本养老保险人数1.86亿人，比上年末增加1162万人。全国参加失业保险的人数1.12亿人，增加539万人。全国参加工伤保险人数1.02亿人，增加1757万人。其中参保农民工2538万人，增加1286万人。

3. 实施义务教育免费，公共教育政策进一步明确。2006年6月全国人大常委会通过新修改的《义务教育法》，9月1日起正式实施。新《义务教育法》确立中央与地方政府分担义务教育经费的机制，首次明确义务教育免收学杂费，以法律形式保障义务教育经费投入。全国财政安排农村义务教育经费1840亿元，全部免除西部地区和部分中部地区农村义务教育阶段

5200万名学生的学杂费，为3730万名贫困家庭学生免费提供教科书，对780万名寄宿学生补助生活费。410个“两基”（基本普及九年义务教育和基本扫除青壮年文盲）攻坚县已有317个县实现目标，西部地区“两基”人口覆盖率由2003年的77%提高到96%。2006年10月中央颁布的《中共中央关于构建社会主义和谐社会若干重大问题的决定》进一步强调坚持教育优先发展、促进教育公平的方针，特别要求坚持公共教育资源向农村、中西部地区、贫困地区、边疆地区和民族地区倾斜，逐步缩小城乡、区域教育发展差距，推动公共教育协调发展。

4. 启动新一轮医疗卫生体制改革，农村新型合作医疗迅速发展。2006年中国基本建成覆盖城乡、功能比较完善的疾病预防控制体系和突发公共卫生事件医疗救治体系。启动农村卫生服务体系建设，中央财政安排27亿元国债资金用于县、乡、村三级医疗卫生基础设施建设。新型农村合作医疗试点范围扩大到1451个县（市、区），占全国县（市、区）总数的50.7%，有4.1亿农民参加；中央财政安排51亿元，用于支持地方加强公共卫生服务，艾滋病等重大疾病防控取得明显进展。

5. 科技完成发展布局，研究取得突破性成果。2006年国务院发布《国家中长期科学和技术发展规划纲要（2006～2020）》，其核心和最大亮点就是突出自主创新，以“自主创新，重点跨越，支撑发展，引领未来”为指导方针，完成对未来15年的科技发展布局。全年研究与试验发展（R&D）经费支出2943亿元，比上年增长20.1%，占国内生产总值的1.41%，其中基础研究经费148亿元。全年国家安排1409项科技支撑计划课题和2841项“863”计划课题。新建国家工程研究中心7个、国家工程实验室3个。科学研究取得突破性成果，如由海信集团战嘉瑾团队设计出的中国第一款具有完全自主知识产权的国产电视芯片“信芯”——数字视频处理器，有望结束中国年产7300多万台彩电全部依赖外国芯片的历史。继中国首次载人航天飞行成功后，“神州六号”飞船又实现双人多天太空飞行，并成功地进行一系列空间科学实验。

（三）全面推进社会主义新农村建设

2006年2月21日，《中共中央国务院关于推进社会主义新农村建设的若干意见》发布，这是建设社会主义新农村的一个重要行动纲领，标志着中共中央在解决“三农”问题上已从单纯的利农、惠农政策全面上升为比较完整的思路。2月14日，中共中央举办省部级主要领导干部建设社会主义新农村专题研讨班。从2006年4月起，中央决定直接对全国5300多名县委书记、县长进行新农村建设的专题培训。各地和有关部门也举办了不同层次、不同形式的新农村建设培训班、研讨班和学习班。

根据新农村建设的部署，2006年国家逐步扩大公共财政对农村的支持力度，中央财政预算安排用于“三农”的支出达到3397亿元，占中央财政总支出增量的21.4%。在加大财政“输血”力度的同时，提升农民素质，培养农村发展的“造血”机制也在逐步推进。全年中央财政安排培训资金1亿元，在全国10000个村开展培训工作。安排农村劳动力转移培训专项经费6亿元，实施“农村劳动力转移培训阳光工程”，开展订单培训、定向就业，提高外出务工农民的职业技能水平和就业率。

（四）社会和谐稳定的原因

1. 中共中央作出构建社会主义和谐社会重大决策。2006年10月，中共十六届六中全会全面分析当前的形势和任务，从中国特色社会主义事业总体布局和全面建设小康社会全局出发，作出《中共中央关于构建社会主义和谐社会若干重大问题的决定》。这是对构建社会主义和谐社会具有重大指导意义的纲领性文件。文件提出社会主义和谐社会的总要求：民主法治、公平正义、诚信友爱、充满活力、安定有序、人与自然和谐相处。意味着和谐社会的具体战略构想和系统政策思路已经形成。

2. 加强民主法制建设，为建设社会主义和谐社会提供保障。2006年全国人大常委会的立法工作，以提高立法质量为重点。年内安排审议的立法项目中，大部分是关系国家经济社会发展全局和在中国特色社会主义法律体系中起支架作用的重要法律。2006年10月31日，全国人大常委会对人民法院组织法第十三条进行修改，明确从2007年1月1日起，所有死刑案件核准权收归最高人民法院统一行使。届时，部分死刑案件核准权授权地方高级人民法院行使20多年历史就此告终。

2006年4月，中央政法委在北京举办社会主义法治理念研讨班，全面部署社会主义法治理念教育活动。在中央统一部署下，全国政法系统开展广泛深入的社会主义法治理念教育活动，增强执法意识，转变执法作风，提升执法水平。在规范执法程序方面，2006年8月，公安部颁布施行修订后的《公安机关办理行政案件程序规定》，2006年11月，最高人民检察院召开“非法取证与刑事错案”研讨会，促使执法机关逐步告别“粗暴执法”、“野蛮执法”，走向“规范执法”、“文明执法”。

3. 不断完善反腐倡廉法规制度体系，为从源头上预防腐败提供制度依据和保障。2006年6月，十届全国人大常委会通过的《刑法修正案（六）》，扩大洗钱罪的上游犯罪范围，加大反洗钱、反腐败力度。8月，十届全国人大常委会通过的《中华人民共和国各级人民代表大会常务委员会监督法》，对保证公共权力的正确行使，惩治和预防腐败，起到非常重要的作用。

8月6日，中共中央办公厅印发的《党政领导干部职务任期暂行规定》、《党政领导干部交流工作规定》、《党政领导干部任职回避暂行规定》等三个法规文件，有利于从制度上防治腐败、加强反腐倡廉长效机制建设。10月，中共中央办公厅、国务院办公厅印发《党政机关国内公务接待管理规定》，对公务接待工作提出明确要求。11月，监察部、国家安全生产监督管理总局公布《安全生产领域违法违纪行为政纪处分暂行规定》，这是中国第一部关于安全生产领域政纪处分方面的部门规章。

4. 深入开展平安建设活动，保障社会稳定。2005年10月21日，中共中央办公厅、国务院办公厅转发《中央政法委员会、中央社会治安综合治理委员会关于深入开展平安建设的意见》。此后，全国各地因地制宜，从实际出发，把维护稳定、维护治安、化解矛盾、解决公共安全等纳入平安建设的工作范畴。2006年4月召开全国社会治安综合治理工作会议，要求深入开展平安建设，扎实推进社会治安综合治理。各地在平安建设方面做出一系列新的部署，主要包括构建矛盾纠纷"大调解"体系，完善社会治安"大防控"网络，从平安建设升华到法治建设。如在全国较早开展平安建设的浙江、江苏等省开始从"平安建设"转向"法治建设"。4月，浙江省委通过《中共浙江省委关于建设"法治浙江"的决定》，着眼于推进经济、政治、文化和社会建设的法治化，决定从10个方面入手启动"法治浙江"建设。5月，江苏省委、省政府召开电视电话会议，部署平安江苏建设工作重点是依法行政、公正司法。

5. 以公共服务为重点，全面启动社会领域改革。一是启动收入分配体制改革。面对不断扩大的收入分配差距，5月26日中央政治局召开的分配体制改革会议系统地提出了收入分配制度改革的思路。从7月1日起，开始从规范公务员收入分配秩序入手，全面启动收入分配制度改革。二是基本确立医疗卫生体制改革的大方向。由国家发改委、卫生部牵头，11个部委参加的医改协调小组成立，将设计新的医改方案提上议事日程。三是财政体制改革要以基本公共服务均等化为重点，增加对社会事业的投入，增强财政的公共性、公平性和公益性。2006年，新增财政支出向"三农"倾

·链接资料·

中国工农业主要产品产量(2006年)

产品名称	单位	产　量	比上年增长(%)	产品名称	单位	产　量	比上年增长(%)
农业产品				原　煤	亿吨	23.8	8.0
粮　食	万吨	49746	2.8	原　油	亿吨	1.84	1.7
夏　粮	万吨	11381	7.0	天然气	亿立方米	585.5	18.7
早　稻	万吨	3187	0.0	发电量	亿千瓦小时	28344.0	13.4
秋　粮	万吨	35178	1.7	其中：火电	亿千瓦小时	23573.0	15.1
油　料	万吨	3062	-0.5	水电	亿千瓦小时	4167.0	5.0
花　生	万吨	1461	1.8	粗　钢	万吨	42266.0	19.7
油菜籽	万吨	1270	-2.7	钢　材	万吨	47339.6	25.3
棉　花	万吨	673	17.8	十种有色金属	万吨	1917.0	17.2
糖　料	万吨	10987	16.2	其中：精炼铜(铜)	万吨	299.8	15.0
甘　蔗	万吨	9925	14.6	电解铝	万吨	935.0	20.1
甜　菜	万吨	1062	34.8	氧化铝	万吨	1370.0	59.4
烤　烟	万吨	247	1.3	水　泥	亿吨	12.4	15.5
茶　叶	万吨	102	9.0	硫　酸	万吨	4981.0	9.6
水　果	万吨	17050	5.8	纯　碱	万吨	1597.2	12.4
蔬　菜	万吨	58233	3.2	烧　碱	万吨	1511.8	21.9
工业产品				乙　烯	万吨	940.5	24.5
纱	万吨	1740.0	20.0	化　肥(折100%)	万吨	5592.8	8.0
布	亿米	550.0	13.5	发电设备	万千瓦	11000.0	19.6
化学纤维	万吨	2025.5	21.7	汽　车	万辆	727.9	27.6
成品糖	万吨	949.1	4.0	其中：轿车	万辆	386.9	39.7
卷　烟	亿支	20218.1	4.3	大中型拖拉机	万台	19.9	22.0
彩色电视机	万台	8375.4	1.1	集成电路	亿块	335.8	24.4
家用电冰箱	万台	3530.9	18.2	程控交换机	万线	7404.6	-4.1
房间空气调节器	万台	6849.4	1.3	移动通信手持机(手机)	万台	48013.8	58.2
一次能源生产总量	亿吨标准煤	22.1	7.3	微型电子计算机	万台	9336.4	15.5

数据来源：《中华人民共和国2006年国民经济和社会发展统计公报》。

斜、向社会事业发展倾斜的趋势明显,财政的公益性得到初步体现。本年度推出的政府收支分类改革,是1949年以来中国财政统计体系最为重大的调整,有利于完整、清晰地反映政府收支规模和政府重要职能活动,有利于强化财政调控手段,提高预算透明度。

6. 大力推进政务公开。2006年1月1日,中央政府门户网站开通。国务院有55个部门及直属单位建立政务公开领导小组及其办事机构,36个部门和单位建立政务公开制度。全国乡镇普遍推行政务公开,并逐步走上规范化轨道;85%以上的县级和83%的地市级行政机关实行政务公开,省级政府部门的政务公开工作取得进展。据统计,有80多部法律、行政法规包含有关政府信息公开的规定,12个省(自治区、直辖市)和16个较大的市制定专门规范政府信息公开活动的地方性法规或规章。

7. 从解决人民群众实际困难入手,着力化解社会矛盾。针对群众"看病难、看病贵"问题,2006年2月国务院召开全国城市社区卫生工作会议,全面部署发展城市社区卫生服务工作。针对药价过高,国家发改委分别进行第18、19、20次药品价格降价。此外,国家还提高参加合作医疗农民的财政补助标准,扩大试点县范围,让城乡居民享受基本的医疗服务。针对群众反映强烈的教育问题,中央提出从2006年起两年内全部免除农村义务教育阶段学杂费,并继续对贫困学生免费提供课本和寄宿补助费,同时推行"一费制",遏止教育乱收费。针对群众意见较多的房价上涨过快问题,中央政府和地方政府相继出台新一轮调控政策,主要有:2006年5月17日,国务院提出促进房地产业健康发展的六条指导性措施,随后相继出台《关于调整住房供应结构稳定住房价格的意见》、《关于落实新建住房结构比例要求的若干意见》、《关于建立国家土地督察制度有关问题的通知》、《关于进一步整顿规范房地产交易秩序的通知》、《关于住房转让所得征收个人所得税有关问题的通知》、《关于规范房地产市场外资准入和管理的意见》、《国务院关于加强土地调控有关问题的通知》等文件。

三、2007年中国经济社会展望

2006年12月5~7日召开的中央经济工作会议指出,做好2007年经济工作,最重要的是全面落实科学发展观,保持经济平稳较快发展,防止出现大的起落。并提出2007年经济工作的八大主要任务,即:坚持加强和改善宏观调控,保持和扩大经济发展的良好势头;坚持以发展农村经济为重点,扎实推进社会主义新农村建设;坚持以节约能源资源和保护生态环境为切入点,积极促进产业结构优化升级;坚持提高自主创新能力,加快建设创新型国家;坚持落实区域发展总体战略,推进城镇化健康发展;坚持深化体制改革,加快形成落实科学发展观的体制机制保障;坚持互利共赢的开放战略,提高对外开放水平;坚持以人为本,不断促进社会和谐。

2007年国民经济和社会发展的主要预期目标是:在优化结构、提高效益和降低消耗、保护环境的基础上,国内生产总值增长8%左右;城镇新增就业人数不低于900万人,城镇登记失业率控制在4.6%以内;物价总水平基本稳定,居民消费价格总水平涨幅在3%以内;国际收支不平衡状况得到改善。

国务院总理温家宝在2007年政府工作报告中提出,实现2007年经济社会发展的目标和任务,必须把握好以下政策原则:一是稳定、完善和落实政策,二是加强和改善宏观调控,三是大力提高经济增长质量和效益。 (林智荣)

参考文献:

1. 中华人民共和国国家统计局《中华人民共和国2006年国民经济和社会发展统计公报》,《人民日报》2007.3.1

2. 温家宝《政府工作报告——2007年3月5日在第十届全国人民代表大会第五次会议上》,《人民日报》,2007.3.18

3. 周大亚《中国进入全面建设和谐社会新阶段:2006~2007年中国社会形势分析与预测》,《民主与科学》,2007年第1期

4. 孙英兰《科技界完成发展大布局》,《瞭望》,2006年第52期

5.《中央经济工作会议在北京召开》,《人民日报》,2006.12.8

文莱:2006年回顾与2007年展望

2006年文莱政通人和,社会稳定,经济稳步上升,人民安居乐业。

一、经济继续稳步增长

2006年全球原油价格居高不下,大部分时间维持每桶价格68美元左右,以石油、天然气为经济支柱的文莱从中获得很好的经济利益。根据文莱首相署统计局公布的统计数字,2006年文莱GDP总值达到189.18亿文莱元(约合119亿美元),比上年增长3.8%,人均GDP4.9万文莱元。

2006年文莱经济有以下特点:

(一)经济发展依靠油气的格局没有根本改变

2006年文莱石油和天然气行业实现增加值133.65亿文莱元,占GDP总值的66.5%。出口额和财政收入的90%以上均来自石油和天然气行业。2001~2006年,文莱经济年平均实际增长率为2.4%,石油、天然气行业年平均增长1.28%。

(二)实行经济多元化发展战略初见成效

2006年,文莱政府制定第九个"五年发展规划(2006~2010年)"和今后经济发展30年长远规划,其核心任务就是实现经济多元化。在第九个五年发展规划实施过程中,对经济多元化重点项目给予金融支持,政府支持这些项目开展境外招商引资工作。此外,政府还出台一系列鼓励措施,支持石油中下游产业、制造业、旅游业、服务业等经济多元化重点领域的发展。经过努力,2006年非油气产业取得新成绩。担负实施国家经济多元化发展任务的文莱工业与初级资源部下属的农业局、渔业局、旅游局和工业发展局都在各自领域取得进展,尤其是旅游业发展较快。据文莱旅游局统计资料,2006年文莱接待入境旅游者83.64万人次,其中,国际游客12.28万人次,旅游总收入3.15亿文莱元(约合2亿美元),从业人数5000人。农林渔业、制造业、建筑业、批发零售、餐饮酒店业、运输及通讯、银行保险等行业也有较高的增长。第四季度,渔业比上年同期增长22.7%,交通运输业增长10.4%。全年文莱非油气行业对GDP总值的贡献达到55.53亿文莱元,比上年增长4.3%,约占GDP总值的43%。其中,公共部门收入增长3.1%,私有部门增长4.9%。文莱非油气行业主要是建筑业和服务业,两个行业的产值占GDP的30%左右,而农林渔业产值只占GDP的1%。

(三)努力打造金融中心

2006年6月12日,文莱财政部宣布伊斯兰金融监管理事会成立,其主要任务是管理和处理各项有关伊斯兰金融、保险、财务等事宜。文莱推出历史上第一个短期伊斯兰金融债券,并将文莱伊斯兰银行(IBB)及文莱伊斯兰发展银行(IDBB)合并,成立文莱达鲁萨兰伊斯兰银行(IBBD),成为文莱国内唯一的伊斯兰银行。2006年2月1日文莱苏丹任命文莱发展部长为新银行的董事局主席。该行年内发售伊斯兰短期债券5.7亿文莱元。此外,文莱政府还批准文莱液化天然气公司发售为期10年的伊斯兰债券,并出台一系列以促进文莱伊斯兰资金发展为目标的法律条文。这一举措,使文莱伊斯兰银行更加具有竞争力。

(四)对外贸易顺差大幅度增加

据世界货币基金组织测算,2006年文莱出口总值80.87亿美元,比上年增长33.7%,仅原油、天然气出口总值就达76.91美元,比上年增长31%,占全年出口贸易总额的95%。据文莱政府公布的进出口贸易资料,2006年文莱主要进口商品为工业制成品、运输设备和食品等,大宗进口商品有机械和运输设备、制成品、食品、化工产品和日用品,全年进口总额15.20亿美元,进口增长平缓。全年贸易顺差65.67亿文莱元。

2006年文莱经济发展存在的主要问题是经济结构单一,贸易顺差较大。

二、政治:以苏丹60华诞为契机开展各种纪念活动

2006年7月15日是现任苏丹60华诞,文莱政府以此为契机开展各种活动。

(一)开展纪念庆祝活动

2006年,文莱政府成立苏丹60寿辰庆祝委员会。从7月起,文莱各级政府组织各种纪念苏丹60华诞活动。全国4个行政区分别举行苏丹与民同乐庆典活动,苏丹出席庆典活动,并在庆典后深入民众之中访问。7月26日文莱政府在奴鲁曼皇宫隆重举行授勋大会,苏丹亲自为在文莱国家建设中作出突出贡献的344人颁发文莱荣誉勋章。7月29日,文莱邀请澳大利亚、中国、印度尼西亚、马来西亚、阿曼、巴基斯坦、新加坡、泰国、英国、越南、菲律宾、约旦等12个国家的军乐队与文莱国家军乐队共同进行国际军乐演奏表演,庆祝苏丹60华诞。8月2~7日,文莱政府在文莱国际会议中心举办2006年清真产品展览。11月14日,文莱苏丹基金会举行开斋节庆祝大会,邀请1200名来自国内各级政府与私立中小学的杰出代表参加,苏丹出席庆祝大会。12月28日,文莱货币局发行新设计的500及1万文莱元的新钞票,500元新钞正面是现任苏丹的先父文莱第28任苏丹玛尔·阿里·赛里夫汀的肖像,1万元的正面是现任苏丹的肖像。通过一系列活动,苏丹及王室和政府与民众的关系更加密切。

(二)关心民众生活

由于文莱富裕,政府历来对国民实行高福利政策,国民过着衣食无忧的生活。2006年,重点提高公务员和弱势群体待遇。现任苏丹在其60华诞之际,宣布从2006年7月起为公务员加薪,这是文莱政府22年来首次为公务员加薪。10月9日,苏丹在出席一项宗教活动时宣布,文莱政府从2006年10月1日起提高养老金的发放标准,同时也提高残疾人的生活补贴。

三、外交:突出纪念中国—东盟对话关系15周年和文中建交15周年活动

(一)参与东盟活动

2006年,文莱根据其国情和视东盟为外交基石的政策,积极参与东盟活动。4月21日,文莱信息通信部门高官出席在马来西亚槟城召开的第二届中国—东盟电信周信息部长论坛及中国—东盟电信周活动。5月29~30日,文莱外交和贸易部副部长出席在柬埔寨暹粒举行的第十二届中国—东盟高官会议。6月2~3日,文莱外交和贸易部高官出席在越南胡志明市举行的亚太经合组织(APEC)贸易部长会议;5~6日,文莱

政府主持第一届东盟东部增长区交通部长会议;13日,文莱工业与初级资源部高官出席在中国广西南宁召开的第三届中国—东盟博览会高官会议。7月22~28日,文莱外交和贸易部长穆罕默德亲王分别出席在马来西亚首都吉隆坡举行的东盟高官磋商会议、第三十届东盟地区论坛外长会议、东盟与中日韩10+3外长会议和东亚峰会外长午餐会等一系列会议。8月10日,文莱武装部队哈比尔少将到印度尼西亚首都雅加达与马来西亚武装部队司令安瓦尔和印度尼西亚武装部队司令举行会议,会后宣布,3国将向黎巴嫩派遣由约2000名官兵组成的维和部队;22~25日,文莱有关经济部长参加在马来西亚首都吉隆坡召开的第三十八届东盟经济部长会议(AEM);29~30日,文莱有关执法部门官员参加在中国大连举行的海上执法合作研讨会。11月2日,文莱出入境部门官员参加在中国南宁举行的首届中国—东盟出入境检验检疫合作论坛;15~16日,文莱外交和贸易大臣穆罕默德亲王等官员参加在越南首都河内举行的亚太经合组织(APEC)第十八届部长级会议;18~19日,文莱苏丹出席在越南河内举行的第十四次亚太经合组织领导人非正式会议。

(二)纪念中国—东盟对话关系15周年和文中建交15周年活动

2006年是中国—东盟对话关系15周年和文中建交15周年(1991年9月30日建交),文莱政府开展纪念这两个15周年活动,文莱与中国进行一系列互访和庆祝活动,扩大两国贸易交往,文中两国关系更加密切。

1. 文中两国高层互访频繁。4月3~4日,中国广西壮族自治区主席陆兵率领广西政府代表团、经贸代表团、企业洽谈团和文化演出团对文莱进行友好访问,受到文莱政府高度重视和各界人士的热烈欢迎。3日,文莱苏丹及文莱外交和贸易部长穆罕默德亲王、工业与初级资源部长拉赫曼分别会见陆兵一行。文莱苏丹在会见陆兵时说,今年是中国与东盟建立对话伙伴关系15周年,也是文莱与中国建交15周年,广西代表团访问文莱是文中建交15周年系列纪念活动的重要组成部分,将进一步推动双方的文化交流与经贸合作。4日,中国广西—文莱投资洽谈会暨中国—东盟博览会推介会在文莱首都斯里巴加湾市举行,文莱工业与初级资源部长拉赫曼、副部长哈姆蒂拉、常务秘书拿督哈密德,文中友好协会主席卡马鲁丁,以及文莱各界人士、企业家代表出席洽谈会和推介会。同日,广西代表团还在斯里巴加湾体育馆举行文艺招待会,为文莱各界人士献上一场具有广西文化特色和浓郁乡土情趣的歌舞“魅力广西”,文莱王储比拉、王储妃萨拉及文莱工业与初级资源部长拉赫曼、文化及青年体育部长穆罕默德到场观看演出。4月3~9日,作为文莱庆祝文中双边关系建立15周年的系列活动之一,文莱外交和贸易部无任所大使玛斯娜公主赴中国访问。3日和4日,中国国务院副总理回良玉、国务委员唐家璇分别会见玛斯娜公主。随后,玛斯娜公主到南京为文莱—中国友谊馆揭幕,该馆就建于渤泥国王墓所在的文莱风情园中(注:1408年,渤泥国王到当时明朝首都南京拜访明成祖时病逝安葬在南京,如今已被江苏省人民政府修葺一新的渤泥国王墓,正日渐成为旅游者游览南京时的重要景点)。7月11日,中国驻文莱大使杨燕怡接受文莱广播电视台以“庆祝文莱苏丹博尔基亚60华诞”为主题的电视专访。杨大使对苏丹博尔基亚60华诞表示祝贺,积极评价文莱人民在苏丹陛下的领导下,在维护国家稳定和民族和谐,促进经济多元化和社会发展方面所取得的成就,并对苏丹陛下和文莱王室多年来致力发展中文两国睦邻友好合作关系表示赞赏。她表示,2006年是中文两国建交15周年,也是中国—东盟对话15周年,相信在双方共同努力下,中国与东盟的友好关系将提高到一个新的水平。7月16~24日,为庆祝中国和文莱建交15周年,应文莱—中国友好协会(2005年4月成立)邀请,中国—文莱友好协会副会长、中国首任常驻文莱大使刘新生一行访问文莱,这是中国—文莱友好协会成立(2004年9月)后首次访问文莱。9月4~9日,文莱外交和贸易部长穆罕默德亲王对中国进行正式访问。5日,中国国务院总理温家宝会见穆罕默德亲王,外交部长李肇星和穆罕默德亲王分别代表两国政府签署《中华人民共和国政府和文莱达鲁萨兰国苏丹陛下政府旅游合作谅解录》,共同出席《中国与文莱关系史料汇编》首发仪式。10月30日至11月3日,文莱苏丹及文莱政府经贸代表团到中国广西南宁参加中国—东盟建立对话关系15周年纪念峰会、第三届中国—东盟博览会和第三届中国—东盟商务与投资峰会。11月3日,中国国务院总理温家宝会见文莱苏丹时说,中文建交15年来,双边发展顺利,各领域合作不断扩大。当前,中文关系正面临新的机遇,希望双方进一步密切高层来往,扩大经贸和投资合作,促进文化、教育交流。中方重视两国农业科技合作,愿对文莱提供技术、人才等方面的帮助。苏丹赞同温家宝总理对双边关系的评价。他表示,为推动文中关系的进一步发展,文方希望同中方保持高层交往,加强经贸、农业合作,文方鼓励中国企业赴文莱投资。文莱政府历来重视对华关系,在台湾问题上,文莱政府坚持一个中国政策。2006年3月,文莱关闭台湾驻文莱办事处。

2. 文中双边贸易继续增长。据中国海关统计数字,2006年文中双边贸易额3.1亿美元,比上年增长20.7%,其中中国对文莱出口1亿美元,增长87.5%,文莱对华出口2.15亿美元,增长3.7%。中国出口主要商品有制成品、化工产品、日用品、机械和运输设备、食品等,从文莱进口仍以石油为主。

值得一提的是，文莱重视中国一东盟博览会，利用博览会这个平台提高两国合作水平。2006年4月3日，文莱工业与初级资源部长拉赫曼在会见中国广西壮族自治区主席陆兵率领的广西代表团时表示，文莱支持每年一次在广西南宁举办中国一东盟博览会。2006年10月28日，文莱工业与初级资源部常务秘书拿督哈密德在广西南宁举行的媒体说明会上说，中国一东盟博览会对文莱而言，是一项重要的工作，也是文莱招商引资的重要平台，首届博览会文莱有6位官员参会，第二届增至98位，参加2006年第三届中国一东盟博览会的文莱代表团人数达167人(不包括文莱苏丹随行代表团)。他还表示，在当前文中两国关系发展良好势头下，尤其通过中国一东盟博览会的平台，两国领导人提出的到2010年将两国的双边贸易额增至10亿美元的目标是可以实现的。11月1日下午，文莱工业与初级资源部又在中国南宁国际会展中心举办"投资商机在文莱"推介会。文莱官员向与会中国和东盟各国媒体以及各国企业家推介文莱六大领域的投资项目，分别是石油及液化天然气加工业、清真食品工业、制造业及基础设施发展、加工业及交通运输、旅游业以及物流业，希望来自中国以及东盟国家的投资者，以探索文莱蕴藏珍宝的心态来文莱投资。

四、2007年文莱经济和社会发展展望

政治上，文莱社会将继续保持稳定。文莱人民崇尚和平，生活富裕。加上文莱政府针对近年来世界上特别是东南亚地区发生的恐怖活动采取措施严密防范，2007年文莱政治社会将继续保持稳定。

外交上，主要活动舞台仍然以东盟为主。2007年是东盟成立40周年，文莱将积极参与纪念东盟成立40周年各种活动和东盟每年一度的一系列会议，同时应邀参加亚太区域性的各种活动。

经济上，将继续保持稳步增长。文莱经济主要依靠油气出口，国际油气价格变动将直接影响其经济发展。根据世界银行预测，受剩余产能不足，全球经济发展等因素影响，国际市场原油价格未来在短期内仍将波动，预计2007年部分原油进口国经济增长速度将放慢，尤其是一些石油进口依存度高的国家经济增长减速，可能会导致国际油价适度回落，国际油价仍有很大不确定性，但由于全球能源需求量不断增加和国际市场的强劲需求，预计2007年国际市场油价仍将基本维持在2006年水平。因此，2007年文莱经济仍将保持稳步增长，根据国际货币基金组织(IMF)预测，2007年文莱经济增长率为2.6%。　　(马金案)

参考文献和资料：

1. 中国驻文莱大使馆经商处网站有关2006年文莱新闻和经贸新闻的报道

2. 文莱华网站有关2006年文莱新闻和经贸新闻的报道

3. 2006年10月30日至11月3日第三届中国一东盟博览会文莱展览馆提供的资料

4.《国际商报》2006年12月26日、2007年1月16日报道有关文莱2006年经济情况

柬埔寨：政治稳定，经济加速发展

2006年，柬埔寨政治稳定，经济加速发展，外交亮点突出，国际环境更加有利。

一、人民党主导地位加强，国家稳定不可逆转

2006年柬埔寨第三次全国大选中获得席位的三大政党间的关系发生戏剧性转变。人民党全面控制国会、参院、政府和军队等国家机器。奉辛比克党在2006年底出现分裂。桑兰西党虽屡遭种种压力和不幸，却渡过难关，在2006年东山再起。

综观2006年柬埔寨政治力量的消长，与洪森和人民党对政治斗争策略的运用密切相关。面临奉辛比克党和桑兰西党两党联盟的抵制，洪森数次对拉那烈表示合作诚意，一再承诺要与奉辛比克党长期合作，终于将奉辛比克党重新拉回到人民党一边。

年内，洪森通过柬一个富豪的斡旋，与流亡美国的桑兰西达成协议，接受桑兰西简单的书面道歉，并建议西哈莫尼国王赦免被金边市法庭以诽谤拉那烈和洪森罪名判处18个月监禁与罚款的桑兰西。2006年2月10日桑兰西结束政治流亡，返回首都金边。

桑兰西回国后提出要修改宪法，将国会中通过政府组成和任命等重大事项所需票数，从原来的2/3绝对多数，改为只需获得超过半数议员同意的简单多数。提出这一提案的目的，主要是为了降低入主政府的门槛，为桑兰西党今后上台执政铺平道路。人民党接过此提案，在两党的共同提议下，2006年3月2日国会快速审议并通过此项对宪法的修正案。国会不但恢复桑兰西等人的议员资格，洪森还建议拉那烈让出奉辛比克党在国会两个专门委员会主席的职位给桑兰西党。桑兰西的修宪建议对人民党有利。在国会123议席中拥有73席的人民党获得国会提案的主导权。在"简单多数表决方案"在国会获得通过的同时，洪森宣布撤销由奉辛比克党出任的联合内政部长和联合国防部长职务，由人民党出任的部长单独掌管，但保留奉辛比克党出任的副总理职务。

拉那烈蒙受压力后在2006年3月3日提出辞去国会议长职务，人民党没有挽留，当日提名人民党名誉主席、国会第一副议长韩桑林为新的国会主席候选人，

来自人民党的国会第二副议长升任第一副议长，只把第二副议长留给奉辛比克党。尽管有洪森提名，作为奉辛比克党成员的联合内政部长施里武还是失去了副总理职务。在组成新一届参议院时，由奉辛比克党出任的第二副主席职位被人民党取代。奉辛比克党失去国会主席和参院第二副主席两个职位。两党在国会和参院的权力平衡被打破。

拉那烈辞去国会主席后，并没有提出切实可行的办法和采取有效措施来遏制奉辛比克党一路下滑的局面，颇受党内非议。2006 年 10 月 18 日趁拉那烈出国之机，奉辛比克党突然举行特别代表大会，投票罢免拉那烈的党主席职务。拉那烈愤而退出奉辛比克党，另组诺罗敦·拉那烈党。12 月 12 日，国会应奉辛比克党要求取消拉那烈的议员资格。

二、经济发展加速，石油带来新希望

2006 年柬埔寨经济继续保持良好发展势头。政府的各项改革举措稳步推进，工农业生产稳步增长，金融形势比较稳定，进出口贸易增长，关税收入和财政支出增加。宽松的财政和货币政策在保持宏观经济稳定和持续增长中发挥重要作用。全年经济增长率达到 7.2%，比上年提高 0.2 个百分点；其中工业增长 18.3%，农业增长 5%；人均 GDP 达到 506 美元，比上年增长 28.9%。据柬埔寨财政部公布的数字，2006 年柬 GDP 为 71.17 亿美元；通货膨胀率为 4.7%；柬币汇率基本稳定在 4110 瑞尔兑换 1 美元；净外汇储备为 10.97 亿美元，可保证 2.5 个月进口需要。政府财政收入 5.28 亿美元，比上年减少 0.7%；财政支出 5.06 亿美元。财政收入继续严重依靠外援，全年筹集到外援承诺高达 6.01 亿美元。柬政府争取外援的主要渠道是每年召开的国际援柬咨询团会议（CG 会议）。该会议从 2007 年起改名为“柬埔寨发展会议”。

物价基本稳定，通货膨胀压力减轻。2006 年上半年，物价平均上涨 1.3%（上年同期 4%），食品类价格上涨 0.5%（上年同期 7%），交通运输费用上涨 4.9%（上年同期 4%）。物价指数比较平稳的主要原因系粮食、鱼类供应增加，禽流感影响减弱。为稳定经济，减少民众因油价上涨而增加的支出，政府动用财政支持基金，对进口油料实行暗补，平均每月政府补贴 900 万美元，有效地控制通货膨胀。全年物价上涨指数控制在 3.8% 以内，低于 2005 年的 5.8%。

农业生产保持发展势头，粮食连续获得丰收，实现农业增长 5% 的目标。水稻种植面积约为 225.3 万公顷，略少于 2005 年，但稻谷产量突破 688 万吨，比上年增产 90 万吨。粮食除满足全国人口用粮和留足种子外，尚有 150 万吨稻谷可供出口。农副产品和水产品也获得丰收。

旅游服务业继续迅速发展，对经济的贡献超过纺织与成衣业。2006 年柬埔寨入境游客达到 170 万人次，比上年增长 19.6%，国内游客 300 万人次，创汇 15 亿美元，创造就业岗位 25 万个。最多的前 10 名游客来源地为韩国、日本、美国、中国台湾省、中国内地、越南、马来西亚、泰国、英国和法国。2006 年旅柬中国内地游客 6.37 万人次，比上年增加 4.8%。为延长国际游客在柬埔寨停留时间和吸引更多旅客到西哈努克市旅游参观，政府决定重新启用 20 世纪 80 年代停止运营的西哈努克市机场，2007 年 1 月 15 日恢复运营。柬埔寨旅游局的目标是 2007 年吸引海外游客 200 万人次，争取 2010 年国际游客达到 300 万人次，国内游客 400 万人次，创汇 24 亿美元。

进出口贸易持续增长。全年进出口总额 57.02 亿美元，其中进口额 28.44 亿美元，出口额 28.58 亿美元。在出口产品中，成衣和纺织品出口额 27.28 亿美元，占出口总额的 95.4%，农副产品出口额 1294 万美元。主要进口商品有制衣原辅料及纺织原料、燃料、汽车、机械、电器和日用品等。

基础设施建设全面展开。在建公路 9 条，2008 年前陆续交付使用，资金来源包括双边无偿援助、世行和亚行贷款等，投资总额 2.87 亿美元。在宽松政策吸引下，柬埔寨的电信业是东盟 4 个新成员国中最发达的，特别是移动电话迅速发展。政府已经发出 9 个国际网络的经营许可证，其中 4 个已经投入运营。柬埔寨大力发展网络电话产业，价格便宜的国际电话网吧如雨后春笋般出现，国际长途话费每分钟只需柬国货币 250 瑞尔（大约相当 4 美分），金边和其他主要旅游城市随处都有网吧。洪森首相表示，对于新兴的信息产业，不能套用老的《投资法》。投资信息通讯产业可以打破柬方占 51% 股份，外资只占 49% 的规定，外商可以控股。柬电话普及率为 8%，其中 90% 是移动电话用户，数量超过 100 万户。

房地产业开始发展。在金边、暹粒、西哈努克等大城市，私人投资的大小新楼盘日益兴旺。金边市长高竹德玛认为，目前已有 120 万人口的金边市，每年人口正以 4% 的速度增加。到 2015 年，人口总数将达到 200 万，这意味着每年增加 1 万户家庭。按照金边市 2005～2015 年规划，市区将在现有基础上扩大 20～25 平方公里。金边市一家房地产公司经理指出，金边的土地价格明显上涨，涨幅从 30% 增至 50%。1 平方米的商业黄金地段地价高达 2000 美元，金边市郊的地价则 1 平方米不低于 5 美元。

经过多年经济发展后，柬埔寨本地资本积累增加，在经济发展中扮演越来越重要的角色。2006 年柬埔寨固定资产投资总额 15.78 亿美元，公共投资 3.64 亿美元，其中国内资本 9200 万美元，国外资本 2.72 亿美元。私人投资 12.13 亿美元，其中国内资本 7.38 亿美元，国外资本 4.75 亿美元。官方统计显示，柬埔寨吸引的国外直接投资总额已超过20亿美元，吸引私人投资2亿美元，接受国际发展援助款项10亿美元。根据柬埔寨国家发展委员会2006～2008年投资规划，预计在未来3年内将投资20亿美元用于617个建设项目，涉及交通、医疗卫生和教育等领域，到2006年底已经批准的项目为298个，投资总额13.2亿美元。

柬埔寨政府还效仿泰国，积极推动“一省一产品”活动。副总理索安强调，推行“一省一产品”项目是柬王国政府发展经济、消减贫困的策略之一，这有利于增加就业，使更多农村家庭受益。柬埔寨作为东盟和世贸成员，多个国家给予柬提供部分产品进口免税的优惠待遇。因此，索安呼吁各地政府切实把握机会，充分利用各国给予的优惠政策，提高产品质量，增加产品品种，提高产量，增强国际竞争力，从而促进产品出口。

2006年，柬埔寨出现令全国振奋的新的经济增长因素。2005年底柬海域油气勘探作业获得突破，钻探的5口油井中有3口出油，1口出天然气，之后美国雪佛龙公司继续扩大勘探区域，到2006年底，石油探井已达14口。该公司宣布2008年底前开始采油。这一消息立即在全球引起轰动。世界银行的报告说，柬可能拥有高达20亿桶的石油和2831万立方米的天然气。参照未来能源价格走势，柬石油天然气出口每年将带来高达20亿美元的收入。这个数字比柬目前国内收入与可获得的经济援助总和还要多。联合国开发计划署和美国哈佛大学2006年就柬的能源资源进行联合调查，认为到2010年柬埔寨政府可从石油出口中获得效益，以每桶石油售价60美元计算，每年可增收17亿美元，柬埔寨将从一个能源进口国变成地区性的能源输出国，由穷国变成富国。美国驻柬埔寨大使约瑟夫·穆索梅利也证实说，未来3年，资源型产业，其中包括石油、天然气和各类矿产，将使柬埔寨政府的收入增长两倍。他还引用联合国发展署的一份研究报告说，未来仅石油收入一项，就将是2005年柬埔寨所接受的所有外国援助的3倍之多。

柬政府把可能蕴藏石油和天然气资源的大约3万多平方公里的南部海域，划分为6个石油区块，这些区块的石油勘探由来自10个国家和地区的石油公司分别承担。已有3个区块展开勘探作业。洪森表示，如果石油开采成功，将大大推动柬埔寨经济发展，可望在几年内实现翻番。他还宣布柬埔寨将在2010年开始产油。

三、柬埔寨与美国关系明显改善成为外界关注亮点

（一）柬埔寨与美国的关系

2006年，柬埔寨政府继续奉行加强与东盟以及各大国友好合作的外交政策，柬埔寨与美国僵持10年的关系得到明显改善，美国已经恢复对柬埔寨政府的直接经济援助，派遣和平队到柬埔寨，并计划在2007年实现30年来美国军舰首次访问柬埔寨。

美国从2005年开始调整对柬埔寨的外交姿态，2006年1月，美国驻金边大使馆新馆落成，美国助理国务卿希尔1月16日访问柬埔寨，两国长达10年的冷淡关系开始解冻。

2006年7月14日，美国贸易副代表巴蒂亚与柬埔寨商业部长占蒲拉西签署《美国—柬埔寨贸易与投资框架协议》。该协议将促进两国之间的贸易与投资，为解决双边贸易问题提供一个平台，两国就扩大双边贸易与投资的方式进行讨论，同时还要就知识产权、贸易便利化和海关问题，以及柬埔寨履行世贸组织承诺情况进行讨论。

美国一直是柬埔寨纺织品和成衣进口的主要市场，2005年美国从柬埔寨进口商品17亿美元，主要是针织服装、肉制品和鱼类。自柬埔寨2004年加入世贸组织后，两国之间的贸易额一直稳定增长。2005年，美国对柬埔寨出口7000万美元，比上年增长18%。美国出口柬埔寨的商品以汽车、机械、纺织品、肉类产品和石油为主。

2006年，在冷战时期充当美国外交橄榄枝的美国和平队，在庆祝建队45周年的时候，向柬埔寨派出一支由30名年轻教师组成的小分队，到各省学校教授高中英语课程和提高英语老师的教学水平。

美国前总统克林顿2006年12月访问柬埔寨，会见洪森首相，看望当地感染艾滋病病毒的儿童，他呼吁国际社会给予感染艾滋病的柬埔寨儿童更多帮助。克林顿还代表他的基金会和柬埔寨政府签署一项关于感染艾滋病儿童问题的合作备忘录，称赞柬埔寨政府近年来为抗击艾滋病作出的努力。

由于2006年美国石油公司在柬埔寨领海发现石油，美国驻柬埔寨大使也积极为柬埔寨发展资源型产业提出多项建议。美国承诺在2007财政年度，向柬埔寨提供5600万美元援助，其中包括给予柬政府的直接援助。

此外，两国小心翼翼地恢复军事接触。美国太平洋总部2006年接受柬埔寨海军军官近20名，开展国际海军规则培训及海上救援合作，同时美国海岸警卫队向柬埔寨海军提供多艘内河巡逻艇，以提高其在暹罗湾打击海盗和走私的能力。双方同意，2007年2月派遣美国第7舰队的“加里”号护卫舰访问柬埔寨。美国前任太平洋总部司令法伦上将说，柬埔寨已经走出“20年印度支那战争阴影”，重新成为美国地区安全合作的“亲密伙伴”。

（二）柬埔寨与中国的关系

柬埔寨与中国的友好关系持续稳定发展，高层友好访问频繁。2006年4月，中国国务院总理温家宝对柬埔寨进行正式访问。期间，温家宝总理同洪森首相

举行会谈,会见诺罗敦·西哈莫尼国王、参议院议长谢辛和国民议会议长韩桑林。两国领导人在诚挚友好的气氛中就加强双边关系及共同关心的国际和地区问题深入交换意见,达成广泛共识。两国政府还签署联合公报以及10个协议和文件,包括两国政府经济技术合作协定、打击跨国犯罪合作协议、两国政府卫生合作谅解备忘录、两国关于大湄公河次区域信息高速公路项目柬埔寨段建设谅解备忘录、中国政府向柬埔寨提供2亿美元优惠出口买方信贷贷款总协议等。两国政府决定建立柬中全面合作伙伴关系。双方同意积极开拓双边贸易新途径,推动双边贸易持续增长,努力实现2010年两国贸易额达到10亿美元目标。双方还同意以2008年两国建交50周年为契机,将举办系列庆祝活动。10月30日至11月3日,洪森首相参加在中国广西南宁举行的中国—东盟建立对话关系15周年峰会、中国—东盟商务与投资峰会和第三届中国—东盟博览会。12月,西哈莫尼国王访问中国安徽省,并分别会见中国政协主席贾庆林和中国国务委员唐家璇,双方重申加强两国友好合作关系,愿为发扬光大柬中友谊,推动两国关系深入发展作出不懈努力。

柬中双边经贸合作领域不断拓宽。柬中经贸合作卓有成效。近年来,柬中保持着良好的经贸往来和互利合作。中国对柬投资大幅增长,据柬方统计,1994~2006年中国对柬投资项目协议金额10亿美元。其中投资2.8亿美元的甘再水电站BOT项目2006年2月正式签署合作协议,成为迄今规模最大的中柬合作项目。适应柬成衣业发展需要,中国向柬输出服装加工劳工。中国在柬投资和承包工程带动了劳务人员输出。双边贸易呈持续增长态势,2006年双边贸易额达到6亿美元,比上年增长16.5%,与1993年相比,13年增长约30倍。

(三)柬埔寨与越南、老挝的关系

柬埔寨与越南、老挝的亲密传统关系得到加强,除轮流主持每年一次的三国领导人峰会外,还进行国会、政府、军队和省市高层互访。2006年越柬老领导人峰会在越南大叻市举行,峰会主要讨论有关加速越柬老三国交界三角地区经济开发与合作进程问题,研讨有关越柬老与日本计划成立三角发展区的合作纲领与方案相关问题。越南总理阮晋勇12月18~19日对柬埔寨进行正式访问,这是阮晋勇担任总理后首次访柬,双方一致表示要进一步加强两国友好合作,并讨论关于投资矿产开采、橡胶种植以及柬埔寨东北部水电站建设等问题。

为加强两国贸易,柬埔寨还在柬越边关口岸柴桢省、茶胶省与越南接壤的地区建立经济特区,同时计划在磅针省棉末县和干丹省建立经济特区,以推动吸引投资及扩大出口。2006年柬埔寨和越南双边贸易额达到9.5亿美元,比上年增长66%。柬对越出口逆差为6.1亿美元。2006年越南向柬埔寨出口的商品包括布匹、电线、电缆、塑胶品、方便面、小电器等总金额达7.8亿美元,比上年增加2.44亿美元;从柬进口1.7亿美元,增加1.3亿美元,主要进口产品为林副产品、木器、橡胶、成衣原料等。越南副总理范家谦表示,2010年越柬贸易额将有望达到24亿美元。

越南贸易部每年在柬埔寨举办"越南国际贸易博览会",越南贸易部还决定从2006年9月1日起,对40种原产地为柬埔寨的进口农产品实行免税,但对大米和烟叶则实施限额免税。具体为:2006年给予3万吨进口大米免税,2007年为10万吨,2008年及以后年份的免税额度将再协商;烟叶零关税的进口额度为:2006年1000吨,2007年3000吨。

柬老联委会第九次会议于2006年在老挝举行,双方表示要共同努力解决柬老两国边界划定工作。两国边界已经划定460多公里,约占两国边界总长度的86%。双方表示尽快完成剩余边界划定工作。此外,双方还在打击跨国贩毒、非法砍伐森林等方面继续合作。双方还表示与越南方面展开密切合作,加强越老柬三国交界地区的开发,促进各国经济和社会发展。老挝国会主席通辛·坦马冯于2006年11月访问柬埔寨,在会见柬埔寨国会和参议院领导人时表示,两国国会应该在解决两国边界问题上发挥促进作用。洪森首相在会见通辛·坦马冯时指出,柬埔寨政府对老挝政府允许柬埔寨边民进入老挝接受治疗表示感谢。通辛·坦马冯表示要向柬埔寨吸取促进国家经济增长的成功经验。

(四)柬埔寨与日本、欧盟的关系

尽管柬埔寨2005年拒绝为日本申请成为联合国安理会常任理事国的提案联署,但两国关系依然良好。日本是柬埔寨最大援助国,柬接受的外国援助20%来自日本。日本过去几年削减对外援助30%,但对柬援助没有减少。2006年日本承诺向柬埔寨提供援助1.3亿美元。日本在以往10次援柬国会议上共向柬提供援助近16亿美元,主要用于建设桥梁、道路、自来水厂、学校等基础设施和文化教育设施。

柬埔寨与欧盟各国保持非常良好合作关系。法国、德国等是援助柬埔寨的主要出资国。2006年是柬法关系重要的一年,这一年是西索瓦国王访问法国100周年和西哈努克国王首次访问法国60周年及戴高乐总统访问柬埔寨40周年。洪森2005年9月访问法国期间,法国与柬埔寨在巴黎签署2006~2010年双边合作协议,这标志着双方合作跨入新阶段。根据这项协议,法国同意将其为这项为期5年的合作提供的经费总额提高到1.2亿欧元。法国在恢复法语在柬埔寨的地位、修复吴哥古迹、抢救柬埔寨传统文化等方面给予柬埔寨不少援助。

四、2007 年展望

展望2007 年,在政治方面,最引人注目的是在4月举行的地方选举,全国大约1600 多个乡一级和市区一级政府换届。包括人民党、奉辛比克党、桑兰西党和拉那烈党在内的12 个政党报名参加竞选。

2007 年,国内政治稳定局面和外部国际环境有利于柬埔寨经济继续保持较好的增长势头。但是由于2006 年越南正式加入 WTO,其软硬投资环境大都优于柬埔寨,使柬吸引外来投资数量和质量面临挑战。由于国际纺织品出口配额取消和来自中国市场等的竞争压力日益增加,也将给柬埔寨制衣工业带来影响。此外,长期制约柬埔寨经济发展的基础设施落后,道路交通不畅,电力供应紧张,劳动力素质不高,土地纠纷严重等状况尚未得到根本的改变,这些不利因素可能使2007 年甚至之后一段时间内,柬埔寨经济增长速度有所减慢。柬政府预测 2007 年的经济增长率为 8.5%,2008 ~2009 年保持在7% ~8%,2010 ~2015 年经济继续快速增长,估计可达9% ~10%,发展势头看好。

(邢和平)

印尼:2006 年回顾与 2007 年展望

2006 年,印尼政治进一步稳定,经济继续复苏,克服多年经济危机的影响,战胜重大自然灾害和重重困难,在地区事务中重新发挥主导作用。

一、政治

(一)政局进一步稳定

2006 年,苏西洛总统继续理顺政府与国会的关系,政府与国会关系良好。经改组的内阁,10 名部长来自8 个政党,代表国会参与执政的404 席政党力量(占 73%),第一大党从业阶层党(Golkar)继续支持政府。苏西洛总统起用退役将领主管政府重要部门,政府获得军队的有力支持。年内,印尼没有发生重大宗教冲突和民族冲突,只在苏拉威西的波梭发生小规模宗教冲突。年末圣诞节期间,上万名警察出动维持治安,没有发生暴力事件。国家领导人和宗教精英强调要建立多元文化社会和加强民族团结。这一年也没有发生恐怖袭击爆炸事件,政府和军警遏制并打击恐怖主义和宗教极端主义势力,警察继续追捕在逃的恐怖分子骨干诺丁。

(二)亚齐首次顺利举行地方选举,分离主义受到遏制

2005 年 8 月,政府与亚齐独立运动(GAM: Gerakan Aceh Merdeka)签订和平协定,同年 12 月,亚齐独立运动宣布解散“亚齐国民军(TNA)”。协定的签订,结束了数十年的流血冲突,给亚齐带来和平。2006 年12 月 11 日,亚齐地方首长(省长、县长)选举,由原“亚齐独立运动”领袖伊尔宛迪和骨干纳沙尔搭配的省长、副省长以及一些县长当选。苏西洛总统表示,不论谁当选亚齐特区省长,中央政府将支持,并密切配合,政府尊重亚齐人民作出自己的选择。但政府警告,倘若胜出的亚齐省长沿用“亚齐独立运动”徽志,中央不给予支持。年内,东部巴布亚和安汶地区的分离主义活动也有所缓和。

(三)出台新国籍法,有利于民族团结和华族的长期生存与发展

印尼绝大部分华人已加入印尼国籍,成为印尼公民,但华人在办理出生证、结婚证、死亡证、升学和申请护照时,必须出示印尼国籍证。2006 年7 月11 日印尼国会通过新国籍法,公平对待土生少数民族。新法律第2 条引述1945 年宪法第26 条:“印尼人是印尼土著和其他民族并已合法成为印尼公民者。”新国籍法阐明“印尼土著”的定义:“凡是在出生时已成为印尼公民的印尼人,而从未自愿领取别国公民权者。”

8 月1 日,苏西洛总统签署新国籍法生效令,废除延续60 多年荷兰殖民统治时期制订的歧视性条文。司法与人权部长哈密特 · 阿瓦鲁订(Awaluddin)阐释印尼公民的内涵说,“印尼公民的国籍是由法律决定的,而不是由肤色、种族、宗教信仰来决定,只要是出生在印尼国土的人就是印尼公民,无原住民与非原住民之区分。”印尼新国籍法的出台否定了歧视性的国籍证,有利于民族团结和华族的长期生存发展。

二、经济

(一)经济领导班子加强

2005 年底苏西洛总统改组内阁经济班子,起用梅加瓦蒂总统时期的财政部长布迪约诺任经济统筹部长,布迪约诺在处理印尼与国际货币基金组织债务问题上获世界银行赞许。市场反应积极,印尼盾汇率保持1 美元:9100 盾的稳定水平,雅加达综合股市指数达1450 点。2006 年6 月,印尼外债总额有所下降,并已清欠国际货币基金组织的债务 70 亿美元。

(二)经济发展态势良好

2006 年经济增长率达 6.0%,比 2005 年的 5.6%有所提高,是近年来经济增长最高的一年。这一年,印尼人均国内生产总值(GDP)1486 美元,进入中等人均收入国家行列。

2006 年印尼出口总额 1006.09 亿美元,比上年增长 17.6%,是历年最高水平,推动出口增长的产品有橡胶及其成品、金属粒或片、动植油脂、铜、钢铁、纸等。年末外汇储备 441 亿美元,偿还外债能力加强。债务

率从上年占 GDP 的 47% 降至 37%。

印尼全球竞争力指数上升。2006 年 9 月世界经济论坛公布《2006 年至 2007 年全球竞争力报告》,印尼在 125 个国家中排名第 50 位,比 2005 年印尼在 107 个国家中排名第 69 位有较大提高。

(三)引资和争取外援有成绩

苏西洛总统 5 月中东之行引资 70 亿美元,在印尼建炼油厂;10 月底访华与中国签署 6 项工程的投资协议,总值 42 亿美元;11 月访问日本引资 10 亿美元。副总统尤素夫·卡拉 9 月美国之行引资 20 亿美元,投资项目 30 个。

三、外交

(一)继续执行大国平衡政策,发挥地区大国作用

苏哈托下台后,印尼结束与美国结盟政策。从瓦希德到梅加瓦蒂再到苏西洛政府,均执行独立自主、积极和不结盟的外交政策,并实施东盟与大国并重的外交方针。

印尼继续与美国保持密切合作关系。2006 年 3 月,美国国务卿赖斯访问印尼时说:"美国对东南亚承担义务,并希望印尼能在本地区扮演领导性角色。"6 月,美国国防部长拉姆斯菲尔德访问印尼,主要任务是落实美国向印尼出售军事装备和提供军事人员训练以及反恐合作等问题。但印尼国防部长尤沃诺告诫美国:如果美国按自己的意愿强行在世界各地开展反恐行动,就必须承担风险。11 月 20 日,美国总统布什访问印尼,表示支持印尼的改革计划并将对印尼增加投资。两国总统在联合声明中表示要加强合作伙伴关系。

东盟在促进东亚 10 + 3 合作方面起主导作用,印尼作为东盟大国发挥积极带头作用。印尼还继续保持与世界经济强国日本的密切合作关系。印尼虽然与邻国澳大利亚有矛盾和利害冲突,但双方努力维持稳定合作关系。

(二)印尼与中国建立战略伙伴关系,两国经贸关系更上一层楼

中国国家主席胡锦涛于 2005 年 4 月赴印尼雅加达参加亚非国家领导人峰会,会后对印尼进行正式访问,与印尼总统苏西洛签订两国关于建立战略伙伴关系的文件。这是印尼与中国友好合作关系的历史性文件,标志两国关系进入新的发展阶段。

印尼和中国双边贸易关系扩大。2006 年双边贸易额达 170 亿美元,比上年增长 13.3%。印尼进口主要对象国从日本转向中国,主要进口机械、电子产品、纺织品、鞋类和塑料制品。2006 年有 28 万印尼游客到中国旅游,有 12 万中国游客到印尼旅游。从 2005 年底开始,中国游客到印尼可以落地签证,两国旅游业合作潜力巨大。

中国公司加强对印尼基础设施建设的投资,主要项目有:桥梁、公路、铁路、码头、电站等。爪哇岛跨海的泗水—马都拉大桥于 2005 年动工,长 5438 米,主桥为三跨双塔、双索、面叠合梁斜拉桥,长 818 米,塔高 141.3 米,2008 年将竣工。中国还帮助印尼在爪哇岛井里汶到克罗亚建设铁路复线,在苏门答腊岛和加里曼丹岛建设公路和码头。2006 年 4 月印尼副总统尤素夫·卡拉带领一批企业家访问中国,与中国企业签订在印尼建设发电厂的 4 份意向书,项目投资额 56 亿美元。2006 年苏西洛总统访华,两国签订总额 42 亿美元的 62 项投资协议,主要是中国企业对印尼的投资,其中包括南苏门答腊发电站投资额 21 亿美元,印尼化工与煤炭开发工程 10 亿美元,苏加巫眉钢铁厂与铁矿开采工程 3 亿美元,南苏拉威西化工厂 6.8 亿美元等。

四、存在问题

(一)宏观经济好转,但贫困人口和失业人口居高不下,社会贫富差距进一步扩大

印尼中央统计局资料显示,2006 年 8 月贫困人口 3910 万,占全国总人口的 17.7%,城市贫困人口 1430 万,农村贫困人口 2480 万,平均每人每月收入 152870 盾(约合 17 美元)。失业人口 1100 万,加上半失业人口共 4000 多万。社会贫富悬殊将会引发严重社会问题。

(二)投资环境欠佳,劳工问题突出,新劳工法无法实施

为照顾工人利益,2003 年政府公布第 13 号劳工法令。印尼企业联合会认为这一法令不仅令外资却步,而且使已进入印尼的外资抽逃。法令规定,企业解职工人,必须给予相当于 20 倍工资的遣散费。政府修改第 13 号劳工法,若工人参加非法罢工活动被革职的不发给遣散费。修改后条文还容许企业以 5 年合同雇佣工人,并准许企业把生产项目转给其他工厂承包。印尼工会和工人强烈反对修改劳工法,纷纷举行大规模示威游行,以至政府无法实施新劳工法。

(三)天灾人祸不断,造成重大生命财产损失

2006 年 5 月 27 日,中爪哇古都日惹地区发生 5.9 级地震,死亡人数达 6000 多人,成万座房屋倒塌,难民 60 万人,苏西洛总统亲自前往灾区指挥救灾。7 月 17 日,西爪哇发生 6.8 级强烈地震引发大海啸,死亡 500 多人,难民 5 万人,邦岸达兰海滨旅游胜地和尖美士县损失惨重。12 月,一艘载有 600 多人的客轮在爪哇海沉没,400 多人失踪。

五、展望

(一)政局将进一步稳定

苏西洛总统执政两年多,印尼逐步走出亚洲经济危机造成的困境,政局逐步稳定,为后两年顺利执政打

下基础。2007年政府将继续与国会合作,减少摩擦;伊斯兰教温和的主流派和穆斯林精英会支持政府的政策和反恐斗争;军队支持军人出身的苏西洛总统,继续推进军队改革,不干预政治。

(二)经济将进一步复苏,但社会贫富悬殊可能引发社会矛盾

东亚区域经济合作正迅速发展,中国、美国和日本都希望东南亚地区大国印尼政治稳定和经济发展,支持印尼的经济改革。印尼在过去两年宏观经济好转的基础上,经济将进一步复苏。但印尼穷人和失业队伍庞大,社会贫富悬殊进一步扩大,下层民众对经济状况强烈不满,容易引发社会矛盾。

(三)印尼中国战略伙伴关系将把两国经贸关系推向更高层次

印尼与中国的友好合作关系仍然以经贸关系为重点。今后双方重点拓展4个领域的合作:一是加强农业、渔业领域的合作,二是基础设施建设领域的合作,三是纺织服装等制造业领域的合作,四是能源领域的合作。 (温北炎)

主要参考文献和资料:

1.《振兴亚齐,任重道远》,印尼《千岛日报》2006年12月16~18日

2. 钟天祥:《印尼国会通过新国籍法,公平对待土生少数民族》,新加坡《联合早报》2006年7月12日

3. 印尼《千岛日报》,泗水,2006年10月2日

4. 印尼安打拉网站雅加达讯,转引自《千岛日报》,泗水,2006年8月3日

5. 印尼安达拉通讯社雅加达讯,2006年9月29日

6. 综合印尼《时代日报》网站(www.tempointeraktif.com)和印尼《千岛日报》2006年12月报道

7. 印尼《千岛日报》:"泗马大桥举行开工仪式",泗水,2005年11月21日

8.《北上追寻"中国价格"》,香港《印尼焦点》,香港研究学社,2006年6月,第33页

9.《中国—印尼第二次能源论坛在上海举行》,印尼《千岛日报》,泗水,2006年10月30日

10.《贫穷、世界银行和振兴农业》,印尼《罗盘报》(Kompas)2006年12月11日,转引自印尼《千岛日报》,2006年12月18日,安瓦尔译

11. 莫非:《劳工法错在哪里?》,印尼《千岛日报》,泗水,2006年4月11日

12.(新加坡)《联合早报》网站:"中国商品大量进入印尼引起关注",2006年3月3日

13. 中新社:《中国印尼经贸合作研讨会在印尼召开,中国商务部长薄熙来提4点建议》,2006年10月8日。《千岛日报》,2006年12日

老挝:2006~2007年回顾与展望

2006年,老挝顺利地走过一个交接年。不仅实现政权的新老交接,还实现经济社会发展计划的上下传接。在这一年中,老挝国内政治稳定,社会安宁,经济保持快速发展。

一、政治

2006年老挝最重要的政治事件是老挝人民革命党第八届全国代表大会和第六届国家议会大会。

2006年3月18~21日,老挝人民革命党第八届全国代表大会在万象市召开。来自全国的498名代表参加。会议听取第七届老挝人民革命党中央执行委员会的政治报告,讨论第六个五年经济社会发展计划,修改老挝人民革命党党章,选举产生第八届老挝人民革命党中央执行委员会和中央政治局、中央书记处和中央监察委员会等常设组织领导机构。

2006年6月8~17日,老挝第六届国家议会一次会议在万象市隆重召开。全国115名国会议员参加会议。会议选举第六届国家议会主席、副主席及国家议会常委,选举新一届国家主席、副主席,任命新一届政府总理、最高人民法院院长和最高人民检察院检察长,讨论和通过第六个经济社会发展五年计划(2006~2010年),听取和讨论2005~2006年度国家经济社会发展计划执行情况报告和国家财政预算执行情况报告以及2006~2007年度国家经济社会发展计划和国家财政预算草案,总结回顾第五届国家议会工作执行情况和制定第六届国家议会工作计划。

经过上述两次会议,老挝新老两届党政领导班子实现顺利交接。其中朱马利·赛雅贡当选新一任老挝人民革命党中央执行委员会总书记和老挝人民民主共和国国家主席,通辛·坦马冯当选老挝第六届国家议会主席,本扬·沃拉吉当选老挝人民民主共和国国家副主席,波松·布帕万被任命为新一届政府总理。

对于老挝党政领导人的这一次交接,外界普遍认为是老挝政治生活中一次"顺乎自然"的交接,在风平浪静中顺利完成,体现老挝政治的高度稳定性。老挝人民革命党总书记朱马利·赛雅贡在大会闭幕式上的讲话中说:"大会以高度的统一性通过了新修改的党章并选举产生新一届党中央执行委员会,以确保第八届大会制定的各项决议得以顺利执行。这表明我党一直坚持的民主集中制原则领导方式的巨大生机和活力,……我们保证将继续发扬党内高层领导人及全党紧密团结的传统,坚持党的各项方针路线,坚持革新事

业并要不断取得更大成就”。毫无疑问,老挝人民革命党所坚持的民主集中制原则领导方式是确保老挝政权新老顺利交接和实现政治稳定的强有力保障。

二、社会治安

据2006年12月15日《老挝人民日报》报道,老挝2006年度全国18个省、直辖市、特区累计发生案件1299件,比上年增加29.4%,其中民事案件增加15.6%,经济纠纷案件增加26.9%,儿童案件增加3.7%,而刑事案件则下降15.2%。万象市作为国家首都成为案件发生最多的地方,占全国案件总数的24.6%。全国没有发生任何形式的恐怖主义活动,也没有发生重大群体伤亡的恶性暴力事件。

2006年老挝发生的案件虽然总数有所上升,特别是一些因贸易带来的经济纠纷案件及社会闲散人员偷盗、飞车抢夺等案件对老挝社会治安工作带来不少压力。但并未对老挝的社会安定及人民的日常生活构成严重威胁,老挝国内社会治安总体仍保持安定。

老挝地处中南半岛腹地,周边分别与越南、柬埔寨、泰国、缅甸和中国接壤,年内在容易发生问题的边界地区没有发生武装动乱或不明原因枪战事件,边界保持着稳定与安宁。

三、经济

据2007年1月15日《老挝经济社会报》报道,2006年的老挝经济在多方面取得较大的成绩,实现经济快速发展。全国国内生产总值(GDP)达35.28万亿基普(约合36.37亿美元),比上年增长7.5%。其中农林生产总值15.38万亿基普,占国内生产总值的43.6%;工业生产总值10.72万亿基普,占30.4%;服务业生产总值9.18万亿基普,占26%。人均国民收入604万基普(约合549美元)。国家财政总收入4.68万亿基普,占国民生产总值的13.3%;国家财政总支出为7.39万亿基普,占国民生产总值的21%,财政预算赤字2.71万亿基普,保持在7.7%的水平。物价及货币币值基本保持稳定。

2006年老挝经济快速发展,主要原因和突出特点是:

(一)农业商品化生产成效显著

继上年老挝实现粮食基本自给后,老挝政府号召全国农民继续扩大旱季稻的种植,以确保粮食的充足供应。与此同时,老挝政府鼓励农民进行农业商品化生产,保证农业年增长率在4%以上。经过一年努力,老挝农业商品化生产取得可喜成绩。其中豆类、玉米、芝麻、薏米、蔬菜等经济作物喜获丰收。沙耶武里省勐亘叨县的玉米产量为7.5万吨,比上年增长25%;琅勃拉邦省的淀粉类植物种植面积达到1.9万公顷,比上年增加4000公顷,产量3.93万吨,增加9000吨;乌都姆赛省的此类植物种植面积2.8万公顷,产量12.85万吨,出口货值440亿基普。工业原料作物种植成绩也十分喜人。在政府的支持下,橡胶种植成为龙头项目,全国17个省(市)几乎全都种有橡胶。

(二)工业总产值大幅增长

2006年老挝工业总产值达到4.94千亿基普,比上年增长23.4%。其中加工工业增长10.7%。按工业结构分,所占比重最大的是手工业,占整个工业产值的55.9%,矿业和电力等分别占34.5%和9.6%。一些骨干企业如啤酒厂、烟厂、纺织厂、木材加工厂、建材厂、水泥厂等创下新业绩。如老挝的54家纺织厂,提供就业岗位3万个;5家水泥厂,年产水泥64万吨,满足国内市场需求量的50%。

(三)进出口贸易总额增长明显

2006年老挝进出口贸易总额18.09亿美元,比上年增长40.1%。其中出口额8.78亿美元,增长65.6%。出口的主要产品有:金矿石、铜矿石、煤炭、纺织品、木材、家禽、电力等。进口额9.31亿美元,增长13.8%。主要进口商品是用于水电站建设和矿产开发的设备器械,以及纺织品原料、石油和天然气、食品、服装及日常用品、建材、农业及家禽饲养工具、电器和零件、药品和医疗器械等。

老挝进出口贸易逆差5340万美元。政府拟通过不断引进外资,加快水电和矿产开发等途径实现贸易平衡。

(四)电力投资位居榜首

2006年,电力作为老挝优先发展产业得到持续发展,成为外国对老挝投资的第一投资热点。在2004年,老挝电力产业的投资额仅为550万美元。2005年达到10.66亿美元。2006年,老挝电力继续成为外国投资的热点产业,先后批准水电站建设项目13个,投资总额17.77亿美元。其中南屯水电站项目是老挝最大的水电建设项目,投资总额1.25亿美元。比起其他产业的投资,如农业、纺织业(投资总额分别为4.59亿美元和1.23亿美元),老挝的电力投资已经遥遥领先。按照老挝官方估计,2010年上述各项水电建设项目建成投产后,老挝全国年发电量将达6856.4兆瓦时,供国内消费581.4兆瓦时,剩余部分全部出口。这对于人口仅560万的老挝来说,电力致富前景乐观。

(五)加速旅游业对外合作

2006年,老挝积极与越南、柬埔寨、泰国、新加坡等国家以及欧盟等国际组织进行旅游合作。从欧盟获得52.95万欧元的无偿援助,用于旅游业宣传、旅游从业人员培训、旅游市场和旅游产品开发等项目。2006年7月26日,老挝国家旅游局局长会见新加坡工贸部长时强调要与新加坡开展旅游合作,并希望新加坡帮助宣传介绍老挝的生态游、历史文化古迹游等旅游资源,帮助老挝培训旅游从业人员,恢复新加坡—万象航班等。8月28日,老挝国家旅游局还与泰国旅游协会举行会谈,双方一致同意加强经验交流、互办旅游节、互相宣传对方旅游资源和实现旅游市场连接。2006年12月4~6日,老泰越三国三省(即老挝沙湾拿吉省、泰国莫大限府和越南广济省)旅游部门在泰国举行会议,共商三省旅游合作事宜。三方一致同意简化出入境手续,宣传对方旅游市场,共同考察连接三国三省的交通道路,共同制作各省的旅游宣传VCD,配以老挝语、泰语、越语和英语四种文字;制定相关法律法规,鼓励对方到本国进行旅游投资,共同举办旅游节活动等。2006年老挝入境旅游人数达120万人,旅游收入1.68亿美元,分别比上年增长9.6%和14.3%。

(六)存在问题

尽管宏观经济取得明显成效,但老挝经济底子薄、总量小的局限显而易见。存在的问题主要有:经济基础还不稳固,完成或超额完成年度财政税收计划的省份主要依靠非正常经费支撑。内部发展需求很旺,但收入有限,造成支出过度,债务偿还不力,这些情况在国有投资项目上表现尤其突出。出口商品生产潜力开发不足,仍处在刚萌芽状态和自给自足状态。农民无法获得中长期贷款,造成资金缺乏。出口商品主要是地方土特产,价值不高,但进口额大,造成贸易逆差。

四、外交

2006年的老挝外交继续围绕维护国家主权和领土完整,发展国民经济而展开,积极参与地区、多边各领域的合作,获得外国低息贷款2.30亿美元,外国无偿援助6968万美元。与多个国家的双边关系发展顺利。

(一)老越特殊团结友谊关系进一步加强

老挝人民革命党总书记、国家主席朱马利·赛雅贡和老挝新任政府总理波松·布帕万先后于6月和8月分别对越南进行正式访问。越南共产党总书记农德孟和越南政府总理阮晋勇先后于10月和12月分别对老挝进行正式访问。两国高层领导互访使老越两国的特殊团结友谊关系进一步加强。2006年,老越两国贸易额达到2.4亿美元,比上年增长148.2%。据统计,越南在老挝的投资项目已达90个,投资总额4.76亿美元,位居外国在老挝投资的第五位。其中农业领域的木材加工和橡胶种植项目共22项,投资额为1.8亿美元;服务领域项目10个,投资额400万美元。较大的项目有色卡曼3号水电站建设项目,投资额2.73亿美元;南部橡胶种植项目面积1万公顷,投资额2550万美元;腰果、咖啡豆种植项目投资额3200万美元。

(二)老中友好全面合作关系进入新的发展阶段

6月,老挝人民革命党总书记、国家主席朱马利·赛雅贡对中国进行国事访问。11月,中共中央总书记、国家主席胡锦涛对老挝进行国事访问。两国签署《中老两国政府关于经济技术合作协议》、《两国政府关于中国向老挝提供低息贷款的框架协议》等10个文件,中国还免除老挝金额为1.1亿元人民币和1900万美元的部分到期债务,两国在经济、技术、卫生、打击毒品走私等各领域合作得到加强。2006年老中两国贸易额2.19亿美元,比上年增长69.4%。中国在老挝投资项目总数236项,投资范围覆盖老挝水泥、矿产、水电、橡胶、基础设施建设、纺织品、电信、宾馆酒店等领域,投资总额8.77亿美元,位居外国在老挝投资额第二位。

(三)老泰睦邻合作关系稳定发展

2006年9月20日,泰国发生15年来的第二次军事政变,10月12日新政府组建,由素拉育·朱拉暖出任新政府总理。对于泰国国内发生的军事政变,身处近邻的老挝静观其变。泰国新总理素拉育·朱拉暖上任的第三天即10月14日,就应邀访问老挝。老挝新任总理波松·布帕万则于12月17~18日应素拉育·朱拉暖的邀请正式访问泰国。期间,两国总理讨论包括两国间电信网络开发,在泰国北部清莱府和东北部那空帕侬府修建另外两座跨湄公河大桥的计划等事项,并达成《湄公河友谊二桥使用决定》、《关于开发老挝电力谅解备忘录》等。在经贸领域,2006年前8个月,两国边境贸易总额比上年同期的245亿泰铢增长近30%。其中边境进口额比上年同期的36亿泰铢增长86%,高于前两年30%的年均增长率。泰国对老挝贸易实现顺差33亿铢。泰国向老挝出口商品主要是家用消费品、燃油及其他燃料、汽车、摩托车及零组件、建材及电器等,泰国从老挝进口商品主要是加工木料和农产品。在投资方面,2006年前9个月,泰国在老挝投资30个项目,投资额6.5亿美元,超过同期中国在老挝的投资额4.2亿美元,成为老挝最大的外国投资来源国。

(四)老挝与日本、法国、德国、俄罗斯等发达国家合作逐步增多

2006年,日本派出外交、财政事务官员访问老挝,老挝派出外长对日本进行访问。两国签订多项合作协议,日本继续向老挝提供如下领域的援助:桥梁设计和建设、医院(10所县级医院)、学校(10所)、沙湾飞机场的建设以及老挝中部输电线架设和增加留学名额(由每年20人增至25人)等;而老挝则批准日本持因私普通护照公民进入老挝实行免签,可在老挝一次性逗留15天。法国在文化方面与老挝加强合作,老挝政府同意法国IFE电台与老挝国家电台合作开设100.5兆赫频道,转播法国国际电台节目。德国国家开发银行(KFW)向老挝提供450万欧元的经济援助,帮助老挝发展北部职业教育。俄罗斯派出副外长访问老挝,与老挝商讨水电、能源、矿产等开发事宜,并与老挝政府签订建设3个大型水电站项目协议,投资总额15亿

美元，预计从2007年开始建设。

五、展望2007年的老挝

老挝人民革命党第八次代表大会和第六届国会顺利召开之后，老挝人民革命党新一代领导集体和新一届政府领导班子对老挝的未来充满信心，确定新的发展目标。2007年继续保持政治稳定和社会安定，实现经济稳步增长。国内生产总值（GDP）达到379.26亿基普，比上年增长7.5%。其中农林业总产值占GDP的41.9%，增长3.4%；工业总产值占GDP的32%，增长13.2%；服务业总产值占GDP的26.1%，增长7.9%。人均国民收入达到650万基普（约591美元），增长7.6%。财政收入达5.53万亿基普，约等于GDP的14.6%。财政支出不超过7.92万亿基普，约等于GDP的20.9%，比上年增加7.1%，努力将财政赤字保持在GDP总量的6.3%以下，比上年减少13.5%。通货膨胀率控制在10%以内，货币兑换率保持基本稳定，货币流通总量增幅不超过上年的18%。出口额达到6.53亿美元，进口额不超过9.78亿美元，将贸易逆差保持在可控制的范围之内。社会投资额达到GDP的30%～32%，其中政府投资额3.79万亿基普，约占GDP的10%。贫困人口降至人口总数的2%～3%。稻谷产量达到272.5万吨。

对于上述各项奋斗目标，老挝受限于自身人口少，农业比重大且农业科技落后，缺乏基础工业，依赖外援和外资拉动经济，贸易逆差继续扩大，财政增收乏力等诸多不利因素，2007年老挝在政治、经济和社会发展等各方面将会面临更大挑战。但从新上任的老挝党政领导集体体现出的团结气象和他们施政的连续性和稳定性，以及老挝周边国家乃至整个亚洲的乐观形势，老挝仍将会迎来又一个政治稳定、社会安宁和经济快速发展的年景。（陈有金）

主要参考资料：

1.《老挝人民日报》，2006年1月1日到12月31日

2.《老挝新万象日报》，2006年1月1日到12月31日

3.《老挝日报》，2006年1月1日到12月31日

4.《老挝经济社会报》，2006年1月1日到12月31日

马来西亚：2006年回顾与2007年展望

2006年，马来西亚不太平静，政治、外交和族群关系出现一些问题。但这些问题对马来西亚总体政治和经济形势没有造成根本冲击，马来西亚政局依然稳定，经济发展平稳，对外交往比较顺利。

一、经济发展

（一）九五大马计划

2006年最引人瞩目的经济计划是政府正式推出国人盼望已久的第九马来西亚五年计划（2006～2010年），这也是巴达维2003年11月出任马来西亚第五任总理后，所推行的第一项五年计划。计划确立国家使命的五大主旨：将经济推上价值链，提高知识与革新能力以培养一流思维，有效地解决社会经济领域的不平等现象，提高国民生活水平，增强制度化与执行能力等。在寻求实现均衡发展方面，政府计划在2010年全面消除赤贫，把总贫困率维持在2.8%的低水平目标。为平衡城乡之间的贫富悬殊状况，政府将继续重视乡村发展，继续增加郊区及贫困地区的发展拨款。为提高公共服务系统效率，政府将继续减少官僚的繁文缛节，并采取措施提高第一线单位的服务质量，遏制公共领域及私人企业的贪污、舞弊和滥权。

马来西亚政府在1991年推出2020年成为发达国家的经济宏愿计划，2006年离宏愿计划实施年限还有15年，未来15年内，必须争取每年获得至少6%的经济增长。这15年分三期，九五计划是第一期，也是非常关键的五年。巴达维总理在提呈第九马来西亚五年计划中，宣布政府拨款2000亿林吉特（约合563亿美元）作为国家未来5年的发展开销。服务业、制造业和农业是经济发展的三大支柱。其中农业领域得到足够重视，农业现代化及支援服务获拨款114亿林吉特，制造业及相关服务发展拨款78亿林吉特。九五计划中，教育领域获得的发展拨款与私营企业对教育的注资共达232亿林吉特。

（二）2006年宏观经济形势

国内需求与外销扩充是促进2006年马来西亚经济稳健发展的主要原因。年内私人消费占生产总值的50.7%，年增长率7.1%。带动国内消费增长的动力主要来自家庭收入增加。如胶价涨到20年以来的最高水平，棕油价格也上涨。7月3日胶价为每公斤8.96林吉特，2006年头7个月棕油平均市价达每吨1422林吉特，这使20万户树胶小园主与29万户油棕小园主收入明显增加，消费能力大大增强。另外，由于第九马来西亚五年计划各项工程逐步落实，2006年公共领域消费也比上年增长5.5%，公共投资增长10.6%。

在经济发展的刺激下，2006年马来西亚国民生产总值达到5427.66亿林吉特，比上年增长5.9%。人均国民收入达到19739林吉特，增长9.4%。

由于国际石油价格上升，2006年3月，马来西亚汽油和柴油零售价每公升提价30仙，分别为1.92林吉特和1.58林吉特，涨幅为历年最高。6月1日起家用、商用和工业用电费均调高12%。12月，政府再次宣布调高巴生河流域5条公路的过路费收费标准。数项加价，均直接与人民生活密切相关，影响广泛，结果2006年前7个月通货膨胀率达到3.9%。下半年不再提高燃油价格，且每月用电量200千瓦时及以下的电费不加价，电费涨幅影响不大，到2006年10月通货膨胀率降至3.1%，11月份为3%，全年通胀率为3.7%。虽然通胀压力增大，但仍较温和。

由于经济发展较稳定，2006年马来西亚股市表现不错，马股市综指在2006年最后一个交易日升至1096.24点高位，比2006年初上涨22.8%，虽然和其他区域股市比较，涨幅逊于越南股市的147%、上海股市的125%、印尼股市的54.1%，但发展态势良好。资料显示，马股2006年的回酬率平均达19.8%，其中11%是在第四季实现的。截至2006年11月，马来西亚上市公司的周息率达3.8%，在东南亚地区仅次于泰国4.4%。

由于国内经济稳定发展，就业机会增加，加上政府提供各种训练及再训练课程，培养熟练员工，2006年失业率依然不高，第一、二季度的失业率分别是3.8%和3.4%，全年失业率保持在4%以下。但大学生失业问题仍然严重，根据2006年首季劳工调查报告，大约有7.3万名大学毕业生失业，其中大多数是商业行政、电脑科学及资讯工艺专业的毕业生。

（三）主要经济部门

1. 制造业。2006年，支柱产业制造业继续保持较快发展。制造业产值占国内生产总值32%，纺织服装及皮革制品、化工产品、塑料橡胶及非金属矿产品生产发展较快。制造业产值比上年增长7.3%，增幅比上年提高2.2个百分点。

2. 服务业。占国内生产总值的58.2%。由于服务业潜能巨大，已被认为是经济增长的重要动力和增加就业的主要门路。为推动服务业持续发展，马来西亚政府推出多项措施，如在2005年12月开始推行为期5年的大马资讯、通信与多媒体服务策略，提供包括高速宽频、数码多媒体广播等服务。2006年第二季度服务业比上年同期增长6.0%，其中金融、保险、房地产和商业服务业增长7.0%，批发零售、宾馆饭店业增长6.5%，运输、仓储和通讯服务业增长6.9%，政府服务增长4.9%，增速均高于上一季度。全年服务业增长速度达到5.7%。

3. 农业。政府积极推动农业现代化及革新的各种政策，促进农业发展。例如，政府设立一系列食品生产园地，以促进农业现代化或农业食品商业化，到2006年6月底，共设立食品生产园地28个。另外，在原有13亿林吉特食品基金的基础上，再增加3亿林吉特，用于资助中小型食品企业。第一季度农业增长速度高达7.4%，第二季度有所放缓，增长速度为5.8%。由于2006年上半年橡胶原料出口额比2005年同期猛增104.4%，以及橡胶手套需求和价格高涨，2006年上半年橡胶产品产值比上年同期增长28.1%。橡胶业和家畜、林业及渔副业在第一季度取得较大增长后，第二季度再分别增长7.1%和4.4%。在国际原油价格上涨等因素影响下，棕榈油生产结束2005年第四季度和2006年第一季度连续两个季度负增长的局面，2006年第二季度增长7.5%。全年农业增长5.3%，增幅比上年提高2.2个百分点。

4. 矿业和建筑业。由于原油价格上涨等因素影响，2006年矿业产值仅比上年增长2.4%。建筑业2005年增长速度为－1.6%，但由于多项公共或私营工程在2006年下半年完成，2006年建筑业增长速度为0.7%。

5. 对外贸易。2006年马来西亚对外贸易继续平稳增长，特别是进口增速显著提高。1～6月，进出口贸易总额1388.3亿美元，比上年增长15%。其中出口额760.5亿美元，增长14.1%；进口额627.8亿美元，增长16.1%。贸易顺差132.7亿美元，增长5.3%。下半年由于受电器电子出口额下降以及美国需求减少等因素影响，10月份出口额比上年同期下降3.4%。全年进出口总额1.07万亿林吉特，比上年增长7.7%。

上半年，马来西亚主要出口市场未出现大变化，居前四位的仍然是美国、新加坡、日本和中国，出口额分别为142.9亿美元、122.7亿美元、66.6亿美元和50.4亿美元，合计占马来西亚出口总额的50.3%。上半年主要进口市场变化较大，从美国的进口额比上年同期增长21.8%，超过日本成为马来西亚最大的进口市场；从中国的进口额增长25.5%，超过新加坡，成为仅次于美国、日本的第三大进口市场；由于原油进口增长，来自沙特的进口额增长速度最快，达到62.2%。

机电产品依然是马来西亚最大的出口产品，2006年上半年出口额390.1亿美元，占出口总额的51.3%，比上年同期增长9.6%，增幅较往年同期放缓，这与政府试图改变出口增长高度集中于机电产品的政策有关。另一大宗出口产品是矿物燃料和矿物油，出口额108.7亿美元，比上年同期增长26.4%，占出口总额的14.3%。2006年上半年，尽管原油出口量从上年同期的883.4万吨减至835.7万吨，但由于石油价格推高，出口价从2005年每桶50.4美元提高到68.9美元，原油出口收入仍比上年同期增加24.3%。天然气的出口价也暴涨17.6%，2006年上半年出口收入比上年同期增长11.4%。进口方面，机电产品、矿产品、金属及制品和化工产品是主要进口商品，合计占进口总额的73.1%。其中机电产品进口额318.2亿美元，增长12.6%，占进口总额的50.7%。

由于经济提速，贸易活跃，马来西亚资金架构比较稳固，2006年底外汇储备达到873亿美元，比上年增加252亿林吉特,可满足7.9个月的进口融资,是短期外债的5.9倍。经常账项盈余达879亿林吉特,连续第9年取得经常账盈余。

二、政治与外交

(一)政治

2006年马来西亚前总理马哈蒂尔与现任总理巴达维在一些议题上出现分歧,包括政府决定停止兴建准备取代柔佛长堤的美景大桥,以及接班人等议题。这对马来西亚政治产生一定负面影响,也引起普遍的担心。但经过双方沟通,两者之间的关系趋于缓和。此外,在2006年5月沙捞越州议会选举中,虽然国阵赢得62席的绝大多数席位,但反对党也取得重大突破,夺得9个席位,比上届增加8席。这一结果引起一些震动,被认为是对国阵的一个警告。2006年马来西亚政局虽然出现上述情况,但并未造成根本影响,政局依然保持稳定。

(二)外交

除与新加坡有所纠葛外,2006年马来西亚对外关系的发展基本顺利,与美国的自由贸易谈判继续进行,和泰国关于泰南边民的分歧也因泰国发生政变而搁置。

1. 马中关系。马来西亚与中国保持密切政治关系。2006年3月,中国政协主席贾庆林访问马来西亚,先后分别会见马来西亚最高元首西拉杰丁、马来西亚总理巴达维、前总理马哈蒂尔、马来西亚上院和下院议长。宾主双方就两国关系和国际问题交换意见,对两国关系的发展表示满意。11月,马来西亚总理巴达维到中国广西南宁参加中国—东盟博览会,与中国政府总理温家宝就两国建立经济伙伴关系取得共识,双方表示要加强各个领域的经济合作,尽快开展双边自由贸易谈判。

2006年马中两国经贸合作继续发展。据马来西亚海关统计,2006年1~6月,马中两国进出口贸易总额124.2亿美元,比上年同期增长22.4%,高于同期马来西亚进出口贸易额的平均增速,中国继续保持马来西亚第四大贸易伙伴地位。其中,马来西亚对中国出口额50.4亿美元,比上年增长18%;自中国进口73.8亿美元,增长25.5%。马来西亚对中国出口的主要商品有机电产品、塑料橡胶及其制品、动植物油及油脂、矿产品、木材及制品等,2006年上半年,这五大类产品的出口额合计占马来西亚对华出口总额的81.3%。马来西亚自中国进口的商品,主要是机电产品、轻金属及其制品、化工产品等,这三类产品的进口额占马来西亚自中国进口总额的79.4%。2006年1~10月,马中进出口总额高达301.06亿美元,比上年同期增长22.4%;马来西亚向中国出口商品总额109.88亿美元,增长29.7%;从中国进口总额191.19亿美元,增长18.6%。

2006年马中签署两项贸易合约,一是2006年9月马来西亚国家石油公司与中海油集团签订一项协议,由马来西亚国家石油公司向中国供应总值250亿美元、为期25年的液化天然气,这是马中迄今最大的经贸合约;二是马国油与中国南京汽车集团达成联营合作协定,转售发动机技术予中国,并在南京生产发动机。计划的实施将有效促进马来西亚与中国的贸易关系,特别是促进两国的能源合作。

为促进马中两国的经贸交往,特别是配合"2007年马来西亚旅游年"计划,吸引更多的中国及印度游客赴马观光,2006年8月,马来西亚政府决定发出多次入境签证给这两个国家的游客,他们可以在一年内多次入境大马。按照规定,每张签证有效期为1年,在1年内,每次逗留最多30天。持有这种签证的游客只需缴付1年的签证费,中国游客的签证费是30林吉特,印度游客为50林吉特。这一便利对促进马中两国的旅游合作发挥积极作用。

2. 马新关系。自从前总理马哈蒂尔在1996年提出兴建美景大桥取代现有的新柔长堤计划后,马新两国就此问题讨论10年,两国政府你来我往,争论建直桥还是弯桥,两国政要有所交锋。但随着巴达维总理2006年4月宣布取消美景大桥计划,双方有关争论逐渐停止。

马新关系的另一个插曲是2006年9月新加坡内阁资政李光耀在莱佛士论坛上提出的"华人边缘化"论题,引发两国的争论。经过双方协商,争执慢慢平息。

三、社会

(一)治安形势依然严峻

2005年,抢劫案对马来西亚旅游业产生影响。2006年的社会治安形势依然严峻。根据马来西亚首相署数据,2006年前9个月罪案指数比上年同期增加12.6%,此前每年只增加1~2个百分点。对此,政府已经重视,责成警察部门对案件认真督办。

(二)南部各州遭遇严重水灾

2006年12月中下旬,连日暴雨导致马来西亚南部发生有史以来最严重的水灾,受灾地区包括柔佛、彭亨、马六甲、森美兰、登嘉楼、吉兰丹6个州,当地灾民离家避水,学校和工厂纷纷停课停产。此次水灾造成多人伤亡,近10万人疏散。仅柔佛一州,从2006年12月19日爆发大水灾到次年1月4日,已有15人因灾死亡。水灾本来在1月初已经减退,灾民陆续离开疏散中心回家,但1月中旬因连日暴雨,出现二度水灾,灾情雪上加霜。灾情爆发后,政府采取各种救灾措施,如组织军警赶赴灾区救人,建立疏散中心安置灾民,发放救灾物资和救济款项等。

（三）族群关系面临各种挑战

2006年下半年，华人与马来人两大族群关系议论引起各方关注。面对族群问题，巴达维总理在12月25日发表的圣诞节献词中呼吁各族人民努力化解分歧，存异求同。需要指出的是，参与族群关系问题议论的只是少数人，包括一些政治人物或"捍卫族群权益的斗士"，马来西亚绝大多数华人和马来人都非常珍惜彼此和谐共存的局面。在六州大水灾中，人们并没有受政坛族群关系问题的影响，依然不分种族，彼此扶持，互伸援手。两族人民的和谐相处，是马来西亚能数十年保持社会稳定的根本原因，也是2006年马来西亚在族群激烈纷争中继续稳定发展的主要原因。

四、2007年展望

政治社会方面，总理巴达维已经宣布不会在2008年举行大选，2007年没有太多的朝野之争，马来西亚政治社会应比较稳定。

经济展望审慎乐观。政府估计2007年马来西亚经济增长率为5.8%，世界银行预测为5.5%，马来西亚经济研究院预测为5.2%，马来西亚一些经济学家比较倾向世界银行的预测。促进经济继续发展的有利因素主要包括：第一，2006年公布的第九马来西亚五年计划的多个大型项目，如30亿林吉特的槟城第二大桥、彭亨州向雪兰莪州输水项目等，从2007年起陆续分阶段落实，必然会产生一系列连锁效应，促进建筑业与相关行业的发展。第二，2007年是马来西亚旅游年，政府计划吸引入境游客2000万人次，为国内各行各业带来创汇机会，估计外汇收入445亿林吉特。不利因素则有外部需求放缓和内需疲软等，其中美国经济增长放缓的影响最大，石油价格下跌也会有一定影响。

对外关系方面，马中关系发展前景看好，但双边贸易中，马来西亚单方面逆差的情况应该引起重视。据马来西亚海关统计，2006年1～6月马中双边贸易中，马方贸易逆差为23.4亿美元，比2005年同期增长45.3%。马来西亚与其他国家的关系，如无突发事件，2007年的发展应比较顺利。（廖小健）

主要参考文献：

1. 当前马来西亚经济形势，http://countryreport.mofcom.gov.cn

2. 2006年1～6月马来西亚对外贸易概况，http://countryreport.mofcom.gov.cn

3. 足以融资7.9个月进口大马储备金升至2904亿，http://www.nanyang.com/index

4. 出口需求量高涨3领域成长走势强劲，http://www.sinchew-i.coms

5. 服务业制造业农业成火车头，http://www.sinchew-i.com

6. 5主旨执行国家使命放眼每年6%增长率，http://www.nanyang.com

7. 展望与修复的一年，http://www.sinchew-i.com

8. 马哈迪助手：批政府光碟广传与马哈迪无关，http://www.zaobao.com

9. 美景桥若引发法律问题马哈迪：大马应面对，http://www.nanyang.com

10. 阿都拉：俯顺民意大马取消建美景桥，http://www.nanyang.com

11. 出口需求量高涨3领域成长走势强劲，http://www.sinchew-i.com

12. 经济增长动力犹在2007年牛市扑面而来，http://www.nanyang.com

13. 林吉祥：50年了国家应更成熟！http://www.sinchew-i.com

14. 民不聊生水费电费汽柴油涨南马大水灾长肉剂惊魂，http://www.sinchew-i.com

15. 种族情绪不会全消弭，http://www.sinchew-i.com

16. 攫财夺命遭20街头党攫夺后改变大男子放铁链在摩多防身，http://www.sinchew-i.com

17. 马国正在自我边缘化，http://www.zaobao.com

18. "马华人边缘化"风波，http://www.zaobao.com

19. 黄燕燕：强制30%高职给土著无法应付全球化竞争，http://www.sinchew-i.com/发表过火言论被严厉警告3巫统代表道歉，http://www.nanyang.com

2006年的缅甸政局、经济和外交

一、2006年缅甸政局

（一）军政府致力于执政能力建设

2006年缅甸政府以廉政建设和惩治腐败为中心内容加强执政能力建设。5月5日，缅甸东北军区司令敏莱少将下令逮捕缅中边境口岸涉嫌犯罪的海关和商业部门官员13人。10月，缅甸军政府各部门号召民众举报公务员的不法行为，并设立专线电话、传真和电子信箱。11月28日，缅甸军政府开始对财税部109名公务员进行调查。2006年因涉嫌贪污被逮捕或调查的高级官员包括国防大学校长莫亨少将、国内税务局局长钦貌林上校（被判处66年徒刑）、移民与人口部副部长昂基少将、劳工部副部长温盛准将。据缅甸政府公布的数字，过去两年有1247名公务员因贪污被惩处。

缅甸军政府还进行人事调整。2006 年 1 月 27 日，缅甸军政府任命仰光军区司令敏瑞中将为新成立的特战局局长兼军队事务安全局局长，拉特温准将接任仰光军区司令。5 月 15 日，缅甸军政府进行一次较大规模的人事调整。文化部部长基昂少将、社会救济和安置部部长盛塔少将被免职，分别由国防部群众联络与心理战局局长钦昂敏少将和海岸军区司令貌貌绥少将接任；邮电通信部部长登佐准将不再兼任宾馆和旅游事务部长，改由东南军区司令梭奈少将担任；电力部一分为二，原合作社部部长佐敏上校担任第一电力部部长，西部军区司令钦貌敏少将担任第二电力部部长；原电力部部长丁图少将改任合作社部部长；此外，国防部炮兵和装甲兵局局长基敏少将和埃敏少将被任命为国防部副部长。同一天，军政府还对 6 个军区司令的职务进行调整，其中东北军区司令敏莱少将出任国防部防空兵局局长，东部军区司令耶敏少将任军队事务安全局局长。

（二）正式起用新首都

缅甸迁都彬马那于 2006 年 2 月基本完成。1 月 28 日，缅甸军政府增设首都军区并任命威伦准将为司令，3 月 11 日任命边境地区与少数民族发展事务部部长登纽上校兼任新首都的市长。新首都改名为内比都。3 月 27 日，缅军建军 61 周年阅兵式在内比都举行。这是缅甸独立后首次在仰光以外地区举行阅兵式，也标志着缅甸新首都的正式启用。从 2006 年 5 月开始，新首都已经用来接待外国客人，新到任的大使递交国书或拜会都安排到内比都，外国高级代表团来访均可安排前往新首都，但各国驻缅使馆尚未安排迁往内比都。

根据缅甸政府划定的新首都范围，内比都包括原来的彬马那、达贡和蕾韦等 3 个镇区，共 772 个村，总面积约 6450 平方公里，比仰光市大 9 倍多；但现有人口只有约 80 万，仅是仰光市的 1/7。其中的彬马那镇区已经升格为彬马那县，行政级别高于另外两个镇区。另外，缅甸军事首脑机关和政府部门所在地与彬马那镇也有相当一段距离。政府各部坐落在彬马那以西直线距离 10 ~ 15 公里的丘陵地区，而军队指挥机关则坐落在彬马那东北方直线距离 10 多公里处。

由于内比都的建设尚未完工，因而公务员只能单身前往，不能带家属。为解决两地分居问题，一些政府部门将人员对半分，一半留在仰光，一半在内比都，定期轮换。而商务、电信、能源等部门比较特殊，业务工作先在仰光进行，然后再转到内比都审批。仰光仍承担首都的部分职能。

（三）推进民主进程七点路线图计划进展甚微

2006 年，缅甸军政府继续强调推进民主进程七点路线图计划。2005 年 12 月 5 日开始的国民大会于 2006 年 1 月 31 日休会。2006 年 10 月 10 日，军政府召开新一届国民大会，具体讨论宪法关于公民基本权利、议会和军队作用、现有政治团体的组织和选举等条款。12 月 28 日休会，军政府宣布新宪法的制定已大体完成。此外，9 月 18 日，军政府发布重组各级和平与发展委员会的命令，宣布各级和发委主席将逐步改由文人担任，并在 2006 年实现基层政权——镇区和发委主席的文人化。

民主化进程尚无实质性进展。首先是新宪法草案多年前就已经拟就，军政府 2004 年 5 月重开国民大会以来，每次只将部分内容交代表讨论，新宪法迟迟未制定。其次，镇区和发委主席改由文人担任还停留在形式上，一方面镇区和发委要听从和执行县、省（邦）及国家和发委的命令、指示，另一方面镇区和发委主席处理镇区事务的权限尚不明确。

（四）军人与民盟、少数民族的斗争仍存在

缅甸国内的政治力量主要由军人、民盟和少数民族三方面组成，后两者未形成合力，军人在持续近 20 年的斗争中明显占据上风。

民盟是军人继续执政的最大威胁。军政府继续限制民盟的生存空间，在力量对比日渐失衡的情况下，民盟的态度有所软化。2006 年 2 月 12 日，民盟发表联邦节声明，提出在释放昂山素季、邀请民盟参与制宪进程的前提下，民盟愿承认军政府。

少数民族政党和武装是以缅族为主的历届缅甸中央政府必须长期面对的重大问题，也是军人获取政治合法性的重要武器。因此，对待合法的少数民族政党，军政府采取与对待民盟同样的手法，以谋求这些政党对新宪法和军人政权的支持。2006 年 6 月，缅甸最高法院驳回 7 名掸邦领导人关于要求撤销他们涉嫌叛国及造谣中伤缅甸联邦罪的上诉。对于已与政府达成和解但仍然占地自管、拥军自立的少数民族武装，采取“以武器换取和平”的策略，对实力较弱的地方民族武装，军政府直接命令其交出武器，同时给予其领导人一定的政治、经济待遇；对佤联军等实力较强的武装，则采取切断其财政来源的策略，通过颁布法律和税收规定，逐渐控制全国玉石、宝石和黄金的开采和销售。2006 年在中国政府的配合下，终止了少数民族特区向中国出口木材和矿石的行为。

对于继续与政府对抗的少数民族武装，军政府一方面采用武力镇压，另一方面宣布其为“非法组织”和“恐怖组织”，使其在国际社会难以立足。2006 年 4 月 4 日，缅甸政府军对克伦民族联盟展开大规模清剿，1 万多难民涌向缅泰边境。6 月 29 日，军政府再度对克伦民族联盟发动代号为“胜利旗帜”的攻势，7 月 6 日掸邦军（南部）副参谋长兼 758 旅旅长率部投诚。

面对即将颁布的新宪法规定少数民族特区不能拥有武装以及军政府“以武器换取和平”计划，缅甸少数民族武装陷入进退两难境地。一方面缅甸主要少数民族武装均进入权力交接期,内部不稳定因素增多。如克钦独立组织主席腊蒙都斋、长期担任克伦民族联盟主席和克伦民族解放军总司令的波妙先后于2006年6月和12月去世,这两股武装的凝聚力开始下降。此外,掸邦第四特区主席林明贤因身体原因已传位于其儿子阿德,掸邦第一特区主席彭家声已考虑让其儿子彭大帅继位。实力最强的佤邦联合军内部分歧和矛盾不断扩大,继实权人物、武装部队实际指挥官李自如2005年1月病故后,佤邦特区政府主席、佤邦联合军总司令鲍有祥也因病长期不能正常理事。因此,尽管缅北主要少数民族武装经商议后决定联合"以武器保卫和平",但坚持对抗的决心到底有多大,在军事上能与政府军对抗多久,尚难预料。

二、2006年缅甸经济

由于天然气出口的大量增加以及军政府新出台的改革和对外开放措施,2006年缅甸经济形势总体好转,国际公认其经济增长率达到7%,豆类、橡胶、水产品等主要商品的产量和出口量均有大幅增长,对外贸易保持一定顺差。但缅甸经济运行中存在的诸多根本性问题仍未得到有效控制或者解决。

(一)工业

缅甸工业发展步伐加快。据缅官方报道,2004~2005年度,缅工业产值为4367亿缅元,占GDP4.08万亿缅元的10.7%。2005~2006年度,缅工业产值为7997.5亿缅元,占GDP4.57万亿缅元的17.5%,当年私营企业产值占工业产值的92%。2006~2007年度缅工业产值占GDP的19%。2006年8月23日,缅甸首家私营股份公司(FMI)在新加坡上市,股票走势良好。FMI公司成立于1993年,拥有银行、医院、摩托车和汽车制造企业。

2006年缅甸油气勘探取得突破,其中莫塔马湾近海岸的M-9区块新发现具有商业价值的油气资源,估计天然气储量达2265.36亿立方米,成为继耶德贡和耶德那之后的又一大型天然气田。此外,马来西亚一家公司正在德林达依沿海的M-16、M-17和M-18区块进行油气勘探。

缅甸有水电站28座,装机容量为120万千瓦,占全国发电量的38.5%。缅甸蕴藏的水力装机容量为1800万千瓦,政府计划新建装机520万千瓦的水电站。缅甸最大的耶涯水电站(位于曼德勒东南约50公里处的耶涯泌蔼河上)装机容量80万千瓦,于2006年2月开工建设。2006年12月10日,由中国企业投资建设的瑞丽江电站截流成功。

(二)农业

2005~2006年度缅甸稻谷种植面积724.59万公顷(其中雨季稻623.39万公顷、旱季稻101.2万公顷),是历年稻谷种植面积最多年份。缅甸芝麻产量居全球第四,种植面积占全球的12%。缅甸蜂蜜产量约1000吨,其中600吨供出口。2006年缅甸橡胶产量达到6万余吨。为满足国内对燃料油的需求,缅甸大力推广种植可提炼燃料油的小桐子树,面积为40.48万公顷。缅甸洋葱种植面积虽在东盟各国中排第三位,但产量已跃居东盟各国之首,2005~2006年度,缅甸共出口洋葱18.2万吨。

(三)对外贸易

2005~2006年度缅甸对外贸易额(一般贸易)创历史新高,达到57.8亿美元,比上年度增长27%,其中出口额32.20亿美元,贸易顺差6.59亿美元。2007年3月31日结束的2006~2007年度对外贸易额达到70亿美元,增幅45%。2006年1~9月,缅甸一般贸易额50.37亿美元,边境贸易额7.36亿美元。2006~2007年度前7个月,缅甸农产品出口额达到4.4亿美元,主要出口商品为豆类和芝麻。其中豆类出口总量近90万吨,比2005~2006年度的76万吨有较大幅度增长。缅甸年产天然气114亿立方米,在2005~2006财政年度,天然气是缅甸最大宗的出口产品,出口额为10.67亿美元。2006~2007年度水产品出口额达4.5亿美元。

2005~2006年度是1988年以来缅甸吸收外资最多的一年,达到创历史纪录的60亿美元,是上一年度的40倍。截至2006年9月,缅甸引进外资总额达到138.49亿美元(协议投资),其中东盟对缅投资额为98.61亿美元,占71.2%。2006年缅甸入境游客首次达到100万人次,比上年增加30多万人次。

(四)城市经济

缅甸军政府以新首都为中心进行大规模军事、通信和交通基础设施建设,曼德勒、彬乌伦(眉谬)、密铁拉等首都周边城镇绘就工业化蓝图。迁都给内比都带来巨大商机,对于商人来说,内比都短缺的行业就是发展机遇。不少外国公司在内比都设立办事处,内比都市区每223平方米的地价从过去的约3万美元升至2006年10月份的约10万美元,且有价无市。4月17日,缅甸计算机企业家协会计划在曼德勒省彬乌伦建设国内最大的信息产业基地。从全国来看,首都位置的变化也将带动各种资源的重新配置,机场、公路、铁路、电力供应、通信等基础设施建设都向内比都倾斜。但从近期看,迁都结束之后,仰光并未出现萧条,其在缅甸经济中的龙头地位短期内无法动摇。从长远看,仰光可以成为缅甸的经济特区,为缅甸的改革开放探索经验。

(五)存在问题

缅甸经济中存在的问题主要有缅币不断贬值、官方汇率与黑市的差距越来越大等。2006年1月缅币与美元的黑市比价为1100:1,4月一度达到1400:1,年底维持在1300:1左右，缅币币值比年初下跌12%，与人民币的比价下跌20%，但缅甸官方规定的汇率仍为6:1，严重抑制了外资的进入。2006年初，仰光每公斤米价约0.17美元，7月涨至0.33美元。为抑制米价继续上扬，仰光市政府下令冻结米价，并禁止仰光大米输出到其他地区。2006年缅甸金价上涨40%，汽油、柴油价格上涨35%。公务员和军警工资加薪是缅币贬值和物价上涨重要原因，但与汇率不合理、银行体系脆弱、政策不稳定以及观念陈旧、管理手段滞后等也不无关系。尽管缅甸军政府1988年就宣布放弃计划经济，实行市场经济，但迄今为止缅甸各级政府的计划经济观念依然根深蒂固。根据美国传统基金会和《华盛顿邮报》的调查，在全球157个国家和地区中，缅甸的经济自由度排名倒数第五。

三、2006年缅甸外交

2006年缅甸与中国、印度和俄罗斯继续保持良好的双边关系，但因继续软禁反对党领袖昂山素季以及用武力围剿克伦族反政府武装，以美国为首的西方国家以及联合国均对缅甸施加压力，东盟对缅甸的民主化进程迟迟没有实质进展日益感到失望。

（一）与中国的关系

2006年缅中两国继续保持高层互访，各个领域的合作都有所深化和发展。2月14～19日，缅甸总理梭温上将率团对中国进行其上任后的首次正式友好访问，中国国家主席胡锦涛、全国人大常委会委员长吴邦国分别会见梭温，国务院总理温家宝与梭温总理举行会谈。中国政府同意向缅甸提供870万美元援助和2亿美元贷款。同月，中国政府同意与缅甸政府联合打击边境地区的非法走私木材活动。11月2日，缅甸总理梭温在结束中国—东盟建立对话关系15周年纪念峰会之后，又率领一个37人的代表团对湖北省进行访问，参观湖北著名的汽车制造、钢铁冶炼企业和电网公司，双方同意加强在电网建设和水电开发方面的合作。11月23日，缅中两国在仰光签署《中缅关于贸易林业矿业合作第二轮磋商纪要》、《中国政府免除缅甸政府部分到期债务的议定书》、《中缅两国经济技术合作协议》、《中国向缅甸提供优惠贷款的框架协议》以及《关于19名缅甸学员在华攻读航空博士学位的换文》等合作协议。2006年缅中双边贸易额为14.6亿美元，比上年增长20.7%，其中缅甸从中国进口12.07亿美元，增长29.7%；缅对中国出口2.53亿美元，减少7.9%。截至2006年12月31日，中国对缅投资项目27个，协议投资额4.75亿美元，在外国对缅投资的排名从2005年的第十一位跃居第六位。

在国际舞台上，中国给予缅甸充分的理解和支持，尤其是坚决反对将缅甸问题提交联合国安理会讨论。双方加强军事交往，2006年10月22～25日，中国人民解放军总参谋长梁光烈上将应邀访问缅甸，会见缅甸主要领导人丹瑞、貌埃。两国在禁毒领域开展合作，2006年5月28日缅中两国在仰光签署包括替代种植在内的禁毒合作协议。2006年3月，中国政府颁布打击与缅甸非法木材贸易的规定，有效控制缅甸木材和矿产品非法出口中国市场的局面。

（二）与东盟的关系

2006年，应东盟的要求，缅甸军政府接待担任东盟轮值主席国的马来西亚外长（3月23～24日）和菲律宾外长（8月10～11日）的访问。7月25日东盟外长会议呼吁缅甸军政府还政于民，并释放昂山素季。印尼总统苏西洛于3月1日访问缅甸。

在东盟国家中，缅甸与泰国的关系最为密切。泰国总理他信于8月2日访问缅甸。同月7日，泰国武装部队最高司令伦洛上将对缅甸进行为期3天的访问，双方就毒品走私和缅甸劳工问题举行会谈。同月24日，泰国副总理奇猜·万沙到缅甸新首都内比都访问，就毒品控制等问题与缅甸总理梭温以及外长吴年温进行会谈。9月11～13日，泰国陆军司令颂提上将也对内比都进行为期3天的访问，并会见丹瑞和貌埃。泰国还同意投资60亿美元兴建萨尔温江上的大山水电站。9月19日泰国军人政变后，对缅甸军政府有所疏远，并且要求重新考虑他信政府对缅甸的援助与投资，如把原计划在缅甸投资修建大山水坝的资金转移至老挝。11月23日，泰国临时政府总理素拉育访问缅甸，这是素拉育上任后当年出访的最后一个东盟国家。近两年缅泰双边贸易额达到20亿美元，泰国是缅甸的第一大贸易伙伴和第一大外资来源国，缅甸向泰国出口的天然气占泰国年消费额的20%，在泰国的100万缅甸劳工为泰国经济建设提供了廉价的劳动力。泰国对缅甸的能源、劳工和市场依赖性强，泰国对缅甸政策不会发生大的变化。

（三）与印度的关系

缅甸和印度在能源和军事领域的合作进一步加强。作为对丹瑞2004年10月访印的回访，印度总统卡纳姆于2006年3月8～11日率团访问缅甸，这也是缅印关系发展的一个里程碑。两国签署关于缅甸使用印度卫星遥感数据的互利合作框架协定以及进一步加强能源合作和佛教交流的备忘录，关于能源合作的备忘录确认印度公司有机会参与缅甸近海油气勘探，缅甸优先向印度出售天然气，合作修建缅甸—印度天然气管道。为勘探和开发孟加拉湾的油气，印度政府还试图收购缅甸海洋石油公司。2006年6月5日印度国防部长在新加坡表示，印度将与缅甸和平共处，不会干涉缅甸的民主化进程。2006年8月，印度东北部各邦向缅甸政府提出重开史迪威公路的建议，以加强这个区域的经贸合作。2006 年 11 月，印度空军司令他吉元帅访问缅甸新首都内比都，印度同意向缅甸出售军用直升飞机、海上预警飞机、防空雷达等先进武器，并承诺对缅甸从中国和俄罗斯购买的战斗机进行技术改造。12 月，缅军三军协调指挥官瑞曼上将回访印度，双方在军事领域的合作进一步落实。

（四）与西方国家的关系

2006 年 3 月 28 日，美国国务卿赖斯呼吁对缅甸违反人权问题施加更多压力。因为单靠美国力量无法促使缅甸发生改变，7 月 26 日，美国国会正式通过对缅实行新一轮经济制裁法案。8 月 1 日，美国总统布什签署这一法案。同月，美国宣布接纳 2700 名在泰缅边境的克伦族难民。6 月和 9 月，缅甸外交部先后正式拒绝美国国务院把缅甸列入打击人口走私不力国家名单和对缅甸宗教自由的指责。

西方国家普遍把对缅甸军政府的制裁与人道主义援助区分开来。2 月 1 日，欧盟决定在不违反制裁原则的前提下，恢复向缅提供预防艾滋病、疟疾、结核病（三防）援助。8 月 11 日，英国政府宣布向缅甸提供 9950 万美元援助，帮助缅甸遏制艾滋病、肺结核和疟疾的蔓延。这是一项五年援助计划，首期援款 3800 万美元。同月，澳大利亚也决定向缅甸三防基金会捐款 1140 万美元。

西方国家中只有日本对缅政策较温和，并且与中国和俄罗斯一起反对美国试图推动联合国安理会通过制裁缅甸决议。2006 年日本政府还决定再向缅甸政府提供 300 万美元援助，继续用于缅甸中部的蒲甘和良瑞地区实施绿化计划。

（五）与其他国家和国际组织的关系

2006 年 4 月 2 日，应俄罗斯总理弗拉德科夫邀请，缅甸和发委副主席貌埃副大将率领一个包括海陆空三军司令和外交、贸易、能源、科技等部部长及军购专家在内的庞大代表团，对俄罗斯进行为期 4 天的正式访问。这是继已故总统奈温 1965 年访前苏联之后，40 多年来首位访俄的最高层缅甸官员。貌埃访俄期间，缅俄两国签署《石油战略合作备忘录》、《禁毒协议》等文件，双方还就加强军事、经济、科技和打击恐怖主义合作方面达成一致，缅甸承诺向俄方购买武器，俄罗斯承诺将阻止美英等国再次将缅甸人权问题提交安理会。为促进双边经贸关系的发展，两国工商会拟签署一项合作谅解备忘录，俄罗斯企业还准备投资 1.5 亿美元在掸邦建造一座铸铁厂。

缅甸与韩国的合作一直发展顺利，2006 年 2 月韩国国际合作组织决定向缅甸提供 200 万美元的援助，主要用于卫生、农业、信息科技等部门的志愿服务和派遣技术人员以及对缅甸官员的培训。

（李晨阳　孔　鹏）

菲律宾：2006 年回顾与 2007 年展望

虽然经历年初的社会动荡和天灾人祸的剧痛，但菲律宾 2006 年政治社会稳定，人民安居乐业；经济继 2005 年增长 5.1% 之后，创出 5.4% 的增长新高；外交取得新进展；文化交流进一步加强。在 2006 年平稳过渡的基础上，2007 年将是菲律宾在政治、经济、文化、外交和社会等各方面大有转机、充满希望的一年。

一、政治社会：遏制动乱，平稳过渡

（一）踩踏事件：好事变成悲剧

2006 年 2 月 4 日，菲律宾首都马尼拉一座体育场外发生踩踏事件，致 93 人死亡，250 多人受伤。菲律宾警方称，踩踏事故的起因是上万人准备参加菲律宾一个热门电视游戏节目的录制，本来是一件让人们娱乐获益的好事，但一开始人们就涌向大门，互相推挤，都想争抢更好的座位，以便有机会夺得百万元奖金。初步调查显示，缺少紧急安全措施和负责安全的官员失职，导致踩踏事件发生。由菲内政部副部长科尔帕斯等人组成的踩踏事件调查委员会 2 月 5 日举行第一次相关事件听证会，批评组织者既没有准备紧急安全措施，也没有与警方和体育场就安全问题进行协调。此外，人群失控后，活动组织者也没有要求警方进行紧急支援，最终导致事故发生。事故发生后，菲总统阿罗约要求有关部门在 3 天内向其递交调查结果。阿罗约总统还前往医院看望伤者，并许诺政府将向事故遇难者家属全力提供帮助，依法惩处事故责任人。

（二）大型泥石流灾害降临美丽国度

2006年 2 月 16 日，菲律宾南部地区发生泥石流灾害，救援人员 2 月 21 日证实，1400 余人在灾害中丧生。

灾害发生后，菲律宾政府立刻展开紧急救援行动。国防部长阿韦利诺·克鲁斯下令派遣两架救援直升机和两艘海军军舰前往受灾地区，大批救援设备和数百名救援人员也被迅速运往灾区，力争救出更多幸存者，并妥善安置灾区移民。各国对菲律宾的这场灾难普遍关注，纷纷伸出援助之手。美国除向菲律宾提供价值 26 万美元的各种救灾物资外，还向菲灾区派遣 1600 多名军事人员和 16 架直升机参与救灾。中国国家主席胡锦涛于 2 月 17 日就菲律宾南部地区发生严重山体滑坡，造成重大人员伤亡和财产损失，向菲律宾总统阿罗约发去慰问电，代表中国政府和人民，向阿罗约总统、菲律宾政府和人民及遇难者亲属表示诚挚的慰问。18 日，中国政府向菲政府提供 100 万美元的紧急援助。

（三）措施得力：阿罗约总统果断制止动乱

2006年2月24日，数千名反政府组织示威者在马尼拉地区进行大规模游行，纪念第一次“人民力量运动”推翻马科斯政权20周年。菲律宾总统阿罗约当天中午宣布菲律宾进入紧急状态。2月25日凌晨阿罗约召开国家安全委员会成员紧急会议，商讨处理危机的举措。接着，菲律宾政府下达紧急状态令，并授权军方和警方采取措施稳定国内局势。根据菲律宾宪法规定，在紧急状态下，国家禁止集会、允许政府在没有逮捕令情况下逮捕涉嫌制造动乱的人员，总统可以下令军方干涉局势，还能在国家安全遇到威胁时接管各种设施，包括媒体。为确保安全，菲律宾政府宣布马尼拉的学校停课，禁止任何公民持枪上街。菲律宾政府除排除安全隐患，做好各种应战准备外，还采取有效和果断措施，短时间内成功挫败政变阴谋，平息海军陆战队士兵的抗议活动，国内局势很快恢复平静。

有关人士表示，阿罗约总统之所以能在短期之内平息动乱，除政府措施果断有力外，与军方的始终支持是分不开的。阿罗约总统执政以来，致力于消除贫困，发展经济。菲律宾政府出台多项措施，推动国内和平进程，打击恐怖主义和整顿社会治安，旨在重建社会稳定与秩序。阿罗约连任后，将工作重点转向巩固政权、发展经济、促进民族和解加强执政地位，顺利完成内阁改组。在推进国内和平进程方面，菲律宾政府与各反政府武装进行多轮和谈，同时加大打击恐怖主义力度。菲穆斯林领导人表示坚决支持阿罗约总统，呼吁国家团结、民族和解。这对稳定局势发挥了重要作用。

从2006年4月起，菲律宾社会趋于平静，人民生活安定，经济在安宁和平的环境中迅速回升，各行各业呈现欣欣向荣景象。

二、经济：稳中有升，全面发展

2006年菲律宾GDP增长率为5.4%，高于2005年的5.1%。经济发展首先得益于农业的复苏以及服务业的健康发展。本年度菲律宾三大产业中，农业、渔业及林业增长率4.1%，高于2005年的1.8%；工业增长率4.8%，低于2005年的4.9%；服务业增长率6.3%，低于2005年的6.4%。

据菲律宾农业部数据，虽然2006年水稻作物遭受台风破坏，但菲律宾全年稻谷产量达到1530万吨，比上年增长5.5%。稻谷增产的原因在于年初的好天气以及杂交高产水稻品种的推广。

矿产方面，菲律宾矿产和地质局数据显示，2006年镍产量5.91万吨，是上年的2倍多；铜产量1.70万吨，增加731吨；黄金产量36.10吨，下降约4%，白银产量23.46吨，增长23%。2006年菲律宾基本金属和贵金属产值551.4亿比索（约合11.4亿美元），比上年增长48%。

投资合作方面，2006年菲律宾投资局和经济发展署批准的投资金额2740亿比索，比上年增长18.5%。其中，投资局批准投资项目231个，投资总额1900亿比索，增长16%；经济发展署批准投资项目463个，投资总额840亿比索，增长25%。在获准的投资中，菲律宾投资者占67%，外国投资者占33%，这些资金多投资在基础建设、房地产、制造业、采矿业、咨询通信科技、旅游观光等项目。

对外贸易方面继续保持贸易顺差。虽然2006年国际油价不稳定，但菲律宾始终坚持积极扩大出口、谨慎控制进口的贸易政策，2006年的贸易顺差达到20亿美元，高于预算中的18亿美元。经济特区发挥主力军作用，出口创汇335亿美元，比上年略有增长。

海外劳工方面，据菲律宾官方最新统计，2006年有800多万菲律宾人在海外工作，占菲全国人口近10%，菲律宾已成为世界上最大的劳务输出国。菲律宾在海外的800万劳工中有300万获得所在国永久居留权，500万为流动劳工，遍布全球194个国家和地区。美国是菲外劳的最大雇主，共有270万菲律宾人在美国工作。中东地区是菲外劳第二多地区，人数为160万。此外，西欧、中国香港和中国台湾、日本和新加坡也是菲外劳较多的地区。海外劳工收入在菲律宾经济中发挥着越来越重要的作用。亚洲开发银行一份报告说，菲海外劳工2006年实际收入在140亿～210亿美元之间。海外劳工在菲被誉为民族英雄。从1995年起，菲政府把每年的6月7日定为“海外劳工日”。每年圣诞前夕，菲律宾总统阿罗约都会率领内阁成员到机场迎接从海外归来的劳工。阿罗约总统说，海外劳工是菲律宾“新时代全球化劳动力中的中流砥柱”，是菲律宾最伟大的输出。

三、外交：继续推行多边和大国平衡外交战略

菲律宾奉行独立自主的外交政策，在平衡、平等、互利、互敬的基础上发展同所有国家的政治、经济关系。其对外政策的三大目标是：加强国家安全，促进经济发展，保护海外菲人；重视同美国、日本的关系，积极促进东盟各国之间的合作，强调发展同第三世界国家的关系；大力推行经济外交，积极参与国际和地区事务。菲律宾与150个国家或地区有贸易关系。

菲美关系。菲律宾与美国长期保持密切的盟国关系。两国签有共同防御条约和共同防御援助协议。近年来，两国恢复大规模联合军事演习。菲政府全力支持美反恐行动，向美开放军事设施，提供后勤服务。美国则承诺向菲提供新的军事装备，加大对菲军事经济援助，向菲派遣专家协助反恐训练。美国一直是菲律

宾最大贸易伙伴。1997～2006年,两国贸易总额年均在150亿美元以上。

菲日关系。菲律宾政府积极支持日本在国际事务中发挥与其经济影响相称的政治作用。日本是菲律宾最大援助国、第二大投资来源地和主要贸易伙伴。近几年,两国高层互访频繁,签署相关贸易协议,两国的贸易总额和相互投资逐年增加。1998～2006年,菲日贸易总额年均在150亿美元以上。

菲中关系。菲中两国在各领域的合作与交流不断扩大,双边关系进入全面发展的新时期,两国领导人互访频繁,签署多项贸易协议和建立合作机制的协议。2006年10月,菲律宾总统阿罗约与东盟其他国家领导人一同出席在中国南宁举行的第三届中国—东盟博览会、中国—东盟商务与投资峰会和中国—东盟建立对话关系15周年峰会,并发表讲话。在10月31日的第三届中国—东盟博览会开幕式上,阿罗约说,中国与东盟伙伴关系正处于发展的黄金时期,中国—东盟博览会的举办为双方今后合作树立良好典范。菲中双方经贸发展迅速,2006年6月首届菲中经贸合作论坛在马尼拉举行,双方签署建立经济合作伙伴关系的谅解备忘录。两国在农业、基础设施建设以及矿产资源开发方面的合作取得显著进展。在2005年两国贸易额达到175.6亿美元的基础上,2006年双边贸易总额突破200亿美元大关。两国政治、军事、文化等各领域合作也不断深入、硕果累累。

四、2007年:经济增长有望创新高

经历了2006年年初的政治社会动荡和天灾人祸之后,菲律宾从政府到民间对社会稳定与人民安居乐业有了更加清醒的认识,采取一些相应措施,迎来经济增长年。可以预见,2007年的菲律宾将继续保持政治社会稳定。菲律宾政府的改革将为2007年经济实现快速增长奠定稳固基础。据专家预测,随着公债水平下降和投资者对菲律宾的信心增强以及对通货膨胀的成功控制,菲律宾2007年经济增长率将达到5.8%。

（黄耀东）

参考文献:

1.《菲律宾政治危机恶化　阿罗约宣布全国进入紧急状态》,新华网*2006*年*2*月*24*日

2. 杨民:《东盟国家领导人飞抵南宁》,《广西日报》*2006*年*10*月*30*日第*1*版

3. 黄耀东:《中国—东盟的南宁盛会》,《东南亚纵横》*2006*年第*11*期

4.《阿罗约:东盟为其与中国关系感到非常自豪满意》,中国新闻网*2006*年*10*月*30*日

5.《*2006*年赴菲律宾志愿者教师启程》,国家汉语作为外语教学能力考试网,*2006*年*11*月*28*日

6. 桑巴:《*2006*年菲律宾经济区出口额创*361*亿美元》,《菲律宾每日询问者报》*2007*年*1*月*24*日

7.《菲律宾*2006*年吸引投资增长*16%*》,中国网*2007*年*1*月*4*日

8.《*2006*年菲律宾*GDP*增长*5.4%*》,中国东盟资讯网*2007*年*2*月*9*日

新加坡:政治社会稳定,经济表现良好

2006年,新加坡人民行动党执政有力,政府加大反恐力度,继续保持政治社会稳定;经济增长强劲,全年经济增长率为7.9%,高于2005年的6.6%。

一、政治社会

（一）人民行动党在国会选举中获胜

新加坡人民行动党成立于1954年,自新加坡1965年独立以来一直是执政党,在该国经济高速发展、政治持续稳定、政府廉洁高效、人民安居乐业等方面作出不可磨灭的贡献。2006年5月6日,由政府总理李显龙领导的人民行动党在新加坡第十一届国会选举中获得胜利,在84个议席中获得82席,另外2个议席分别被工人党和民主联盟获得。本届大选是李显龙2004年8月就任总理以来的首次国会选举。李显龙在大选获胜后举行的记者招待会上说,此次选举结果显示新加坡选民做出明智选择,给他本人及他所领导的团队明确而强有力的委托,这次大选是新加坡政治史上一个相当重要的里程碑,他所领导的新团队准备面对新世纪的新挑战,将继续竭尽所能为国民服务,落实竞选纲领中提出的政策与计划,其中包括塑造一个充满机会的社会,提供良好的教育机会,改善医疗保健计划,照顾年老和低收入家庭的需要等。

本届内阁于2006年5月30日就职。主要成员有:总理兼财政部长李显龙、国务资政兼金融管理局主席吴作栋、内阁资政李光耀、副总理兼国防和安全统筹部长及律政部长贾古玛、副总理兼内政部长黄根成、外交部长杨荣文、新闻、通信及艺术部部长李文献、国家发展部长马宝山、总理公署部长林文兴、贸工部长林勋强、国防部长张志贤、总理公署部长林瑞生、环境与水资源部长兼主管回教事务部长雅国、卫生部长许文远、教育部长兼财政部第二部长尚达曼、人力部长兼国防部第二部长黄永宏、社会发展、青年及体育部长兼新闻、通信及艺术部第二部长维文、交通部兼外交部第二部长林双吉等。

（二）加大反恐力度,确保政治、社会稳定

针对近年来全球恐怖主义活动猖獗的情况,新加坡政府非常重视反恐斗争。2006年1月8日,新加坡

举行代号为“北斗星5号”的大规模公共交通民防演习，以英国伦敦2005年7月发生的连环恐怖袭击为蓝本，模拟地铁车站、列车及公共汽车遭受炸弹和化学武器袭击，以检验各机构的紧急应对机制，以及各机构之间的协作能力。来自卫生部、交通部等政府机构以及新加坡民防部队的2000多人参与这次演习。政府总理李显龙、副总理兼内政部长黄根成、副总理兼国家安全统筹部长及律政部长贾古玛、国防部长张志贤、交通部长姚照东等政府高级官员到各个地铁站的演习现场巡视。

新加坡继续加强与国际社会的反恐合作。2006年11月26日，新加坡国防科技研究院和新加坡武装部队生化武器、辐射性物质及爆炸物防御团联合主办第五届新加坡国际防毒物危害研讨会（SISPAT）以及第一届生化武器、辐射性物质及爆炸物防御行动国际会议。有35个国家约120名代表参加，国际上多名防化武器及医药科研专家在会上发表专题演讲。11月29日，新加坡武装部队的生化武器、辐射性物质及爆炸物防御团（CBRE）与澳大利亚的灾难拯救营（Incident Res－ponse Regiment）在新加坡实里达军营展开应对生化武器袭击演习，向到新加坡参加防毒物危害研讨会的各国专家，展示新澳两国应对这类恐怖攻击的联合行动能力。12月4～9日，新加坡与马来西亚两国海军在马六甲海峡举行第十八次联合军事演习，演习项目包括常规海上战争和维持海事安全行动。12月4日，新加坡和澳大利亚政府组织对东盟成员国负责反毒品工作的官员进行反毒培训，传授两国在反对毒品立法、情报、加强药品进口和出口控制、打击秘密试验室等领域的经验。12月5日，新加坡副总理兼内政部长黄根成对越南进行访问，讨论对抗恐怖主义、罪案等双边课题，双方签署一项防止并对付跨国罪案的合作协议。合作范围包括对抗恐怖主义、非法贩毒、贩卖妇女与儿童、洗黑钱、网络犯罪和非法军火买卖等。

（三）鼓励多生育并吸引外国移民

20世纪60年代，新加坡的生育率为每个育龄妇女生5～8个孩子，而2004年锐减至1～3个，2005年降至1.24个。为改变这一状况，新加坡政府近两年来积极推行新人口政策，鼓励育龄夫妇生育3个或更多的孩子，并实施一系列鼓励国人多生育的配套措施，包括降低家有老小雇主的女佣税，孕妇享有更长产假，第一个和第四个孩子享有婴儿花红，孕妇使用保健储蓄支付产前和分娩医药费，有年幼孩子的父母享有2天育儿事假，有工作的母亲享有优厚税务回扣等，但收效甚微。

2006年8月20日的国庆日集会讲话中，李显龙总理呼吁国民多生育，同时新加坡政府将努力吸引更多外国移民，避免新加坡人口短缺，保持经济增长。李显龙说：“为保持发展与繁荣，我们需要有足够的人在新加坡居住、工作。这意味着我们必须鼓励家庭多生小孩，同时吸引更多移民”。

二、经济

（一）总体表现

2006年新加坡经济增长强劲，全年经济增长率为7.9%，高于2005年的6.6%。据新加坡贸工部发表的2006年经济调查报告，新加坡各经济领域中表现最好的是制造业，在生物医药和交通工程领域强劲增长带动下，制造业增长率为12%，比上年高2.5个百分点。批发与零售业增长率为10%，比上年高0.4个百分点。其中非石油转口贸易保持13%的增长率；零售贸易增长率6.9%。金融服务业增长率9.2%，比上年高1.6个百分点，资金管理业是增长的主要推动力。建筑业增长率达到2.7%，比上年高2个百分点。交通与仓储业、旅店与餐饮业、资讯与通信业、商业服务业等领域增长率分别为4.3%、5.1%、4.6%和5.8%。

在经济强劲增长带动下，2006年新加坡新增就业岗位17.6万个，创历史最高水平。其中，服务业创造就业岗位11.27万个，制造业4.16万个，建筑业2.05万个。就业市场需求的扩大使新加坡2006年的失业率降至2.7%。新加坡公民及永久居民的失业人数降至6.8万人，比上年减少0.7万人。

（二）对外贸易继续大幅增长

据新加坡贸易发展局统计，2006年新加坡对外贸易总额5120.6亿美元（约合8104.8亿新元），比上年增长13.2%，增幅下降0.6个百分点。其中进口2394亿美元，增长13.7%；出口2726.6亿美元，增长12.8%。马来西亚、美国和中国是新加坡三大贸易伙伴，贸易额分别为668.8亿、570.5亿和538.6亿美元，分别占新加坡对外贸易总额的13.1%、11.1%和10.5%。

数据显示，2006年新加坡的石油类贸易增长仍然强劲，增幅高达25%。非石油类贸易的增长幅度也高达11%。

新加坡国际企业发展局表示，2006年新加坡对外贸易继续大幅增长的主要原因是全球经济在油价高涨的不利形势下继续保持强劲增长态势。

（三）旅游业再创新纪录

2006年新加坡入境游客970万人次，旅游收益124亿新元，这是自2003年受“非典”疫情影响跌入谷底之后，旅游业连续第三年获得高增长。

根据新加坡旅游局统计，2006年前五位最大的客源市场依次是印尼（192.1万人）、中国（103.7万人）、澳大利亚（69.2万人）、印度（65.9万人）和马来西亚（63.4万人，不包括从陆路入境的旅客）。五国游客占总游客量的51%。由于游客增加，2006年新加坡的平均酒店入住率达到85%，比上年高1.5

个百分点。由于客房紧张，酒店客房价格平均每间每晚164新元，比上年高19.6%。酒店客房收益达到15亿新元，增长21.6%。

（四）拓展海外经济空间

新加坡为应对日益激烈的全球化竞争，积极拓展海外经济空间。2006年3月3日，新加坡与巴拿马签署巴拿马—新加坡自由贸易协定（PSFTA），涵盖的议题有产品和服务贸易、海关程序、金融服务、投资、电信、电子商贸、竞争政策和政府采购等。新加坡已与美国、澳大利亚、约旦、印度、日本、韩国、新西兰等国签署双边自由贸易协定；并与巴林、加拿大、埃及、墨西哥、巴基斯坦、秘鲁、斯里兰卡、科威特、中国等国商讨自由贸易协定。为促进新加坡与世界各国的经贸合作关系，为新加坡本地企业进军海外市场牵线搭桥，开拓商机，新加坡贸工部和外交部联合成立新加坡公共事务协作公司（Singapore Cooperation Enterprise 简称 SCE），于2006年5月投入运作，SCE的首要目标是中东和中国市场，获得的项目有：与阿尔及利亚合作设立旅游学院，与中国杭州西湖区合作进行城区改造，协助卡塔尔财政部检讨并提高运作效率等。6月25日，印度尼西亚和新加坡在印尼的巴淡岛签署在印尼巴淡、宾坦和卡里摩岛共同建立经济特区的合作备忘录。根据协议，两国企业家将在经济特区内就投资、银行、税务、移民事务、劳工、旅游、农业、渔业、技术、教育和人力资源等方面展开全面合作。8月15日，新加坡与俄罗斯签署关于在经济特区领域开展合作的备忘录。11月13日，新加坡与埃及在开罗签署“新埃全面经济合作协定（CECA）意向书”，为促进双边的贸易和投资等领域的经济合作奠定基础。

三、外交

（一）积极参与国际事务

2006年2月11日，由新加坡中央医院、新加坡医学特别护理协会、新加坡传染病协会和新加坡卫生部共同主办的国际禽流感问题研讨会在新加坡举行，来自德国、泰国、越南、印尼、中国等国家和地区的30多位医学专家就禽流感防治问题进行研讨。3月28日，新加坡主办东盟区域论坛防止大规模杀伤力武器扩散研讨会，新加坡、美国和中国是研讨会的联合主席国，东盟区域论坛各成员国高级官员和专家在会议上分享应对武器扩散威胁的经验、检讨全球防止武器扩散机制的各个层面，以及讨论如何加强应付这类威胁的反应能力。9月19～20日，国际货币基金组织与世界银行年会在新加坡举行，为配合年会的召开，还相继举办7工业国（G7）财长会议、10国（G10）、24国（G24）财长会议等系列会议和论坛，来自184个国家1.6万人出席。11月4日，第41届东南亚教育部长理事会（SEAMEO）大会和首届东盟教育部长会议（ASED）在新加坡举行，150名教育部长及官员出席。9月11日，新加坡总理李显龙在芬兰首都赫尔辛基出席亚欧首脑会议并宣布新加坡将在2008年之前加入核供应国集团、导弹及其技术控制制度、瓦瑟纳尔安排和澳大利亚集团等组织所签订的多边出口管制协定，并把这些协定所管制的物品列入进口、转运和过境运输的管制清单，以提高本区域的武器管制及安全水平，帮助国际社会防止大规模杀伤性武器非法交易。

（二）与东盟国家的关系

新加坡与马来西亚关系大有改善。2006年1月23日，马来西亚最高元首西拉杰丁应新加坡总统纳丹的邀请对新加坡进行国事访问。这是西拉杰丁第一次正式访问新加坡，也是马来西亚最高元首18年后重访新加坡。纳丹总统表示马最高元首的访问象征着新马两国之间的友好关系不断加强并希望两国进一步加强经贸、安全领域及在东盟内的合作。年内双方高级官员多次针对双边课题，包括建造马新大桥（马称为“美景大桥”）的课题进行会谈。7月26日，由新加坡中华总商会会长蔡天宝率领的商务代表团访问吉隆坡和马六甲，马来西亚和新加坡的商联会正式成立“马新华商常年交流会”，以恢复对话机制，促进双方的商贸合作。9月11日，新加坡总理李显龙在赫尔辛基出席亚欧首脑会议时与马来西亚总理巴达维举行会谈。2006年马来西亚是新加坡最大的贸易伙伴，双边贸易额668.8亿美元。新加坡是马来西亚第二大外国投资者。截至2005年底，新加坡企业在马来西亚的累积投资项目2233个，投资额42亿美元。2006年前7个月有64个新加坡制造业投资项目获得批准，主要投资领域是塑料、金属制造、电子、化工和非金属有机物等。12月4日，新加坡与马来西亚两国海军在马六甲海峡举行第十八次联合军事演习，两国共派出6艘军舰参加，演习项目包括常规海上战争和维持海事安全行动。

新加坡与越南经贸合作关系不断加强。2005年12月新加坡与越南签署加强双边合作关系的《新越联系框架协定》，双方将在贸易与服务、投资、教育与培训、信息科技、金融以及交通等领域加强合作，越南将设立快速审批程序，以加快新加坡对越南的投资。双边贸易增长快速，贸易额已从1995年的32亿新元增至2006年的113亿新元（约合71.5亿美元）。新加坡成为越南第四大贸易伙伴。新加坡主要从越南进口原油及数据处理机器，出口越南产品有石油提炼产品、办公室数据处理机器零件等。新加坡是越南第二大投资者。《越南投资论坛》2005年底的数据显示，新加坡在越南累计投资项目395个，投资额76亿美元，仅次于中国台湾省（79.3亿美元）。位于胡志明市以北17公里，占地500公顷的越南—新加坡工业园已吸引22个国家的230家公司投资设厂。由于工业园在招商引资方面表现突出，2006年9月，新加坡总理李显龙应邀访越出席越新工业园开发十周年庆祝会时,双方正式确立共同合作开发第二座工业园。新加坡越来越重视越南的发展潜能。2006 年 4 月,新加坡国际企业发展局(IE Singapore)率团访问越南,进一步了解当地饮食业与零售行业的潜能,已经在越南经营饮食业的新加坡公司有翡翠、亚太酿酒、星狮集团、康源、超级咖啡等。新加坡商家还在越南城镇与住宅、公共基础设施项目、医药保健服务、物流以及轻工业等领域进行投资。

新加坡与泰国长期以来在投资、贸易和旅游领域关系密切。新加坡是泰国的第三大外国直接投资来源地,仅次于日本和美国,是投资泰国的最大东盟成员国。2006 年新加坡向泰国投资促进委员会提交的投资申请总金额和个数均比上年增长,从 2005 年的 82 个项目和 141 亿泰铢增加到 86 个项目和 289 亿泰铢。在进出口方面,新加坡是泰国的第四大出口市场,仅次于日本、中国和美国,是泰国的第六大进口来源地,仅次于日本、中国、美国、马来西亚和阿拉伯联合酋长国,泰国对新加坡贸易一直以来都保持顺差。泰国—新加坡的双边贸易额已从 1998 年的 70 亿美元增长到 2006 年的 140 亿美元,在泰国国际贸易总额中占 5.4%。泰国是新加坡的第九大贸易伙伴国,是东盟成员国中仅次于马来西亚和印度尼西亚的第三大贸易伙伴国,同时是新加坡的第八大出口市场和第十大进口来源地。在旅游方面,新加坡是泰国民众最喜欢的第三大出境游目的地,仅次于马来西亚和中国。新加坡又是泰国的第四大游客来源地,仅次于马来西亚、日本和韩国。

新加坡与菲律宾经济关系良好。2006 年 11 月菲律宾总统阿罗约对新加坡进行访问。2006 年新菲双边贸易额创下 170 亿新元的最高纪录,比上年增长 16%。新加坡是菲律宾的第三大贸易伙伴,2005 年新加坡注入菲律宾的资金达 6200 万美元(约合 9500 万新元),是菲律宾的第二大投资国。2006 年新加坡对菲投资额增多,仅雅诗阁集团和腾飞两家新加坡公司,就分别在菲律宾投资 8400 万新元和 2.24 亿新元。

(三)与美国、俄罗斯贸易发展迅速

新加坡美国商会的数据显示,新加坡和美国 2006 年的贸易额达 425 亿美元(约合 650 亿新元),比上年增长 25%。

2006 年新加坡成为美国第九大出口市场,美国出口到新加坡的商品总值,从 2005 年的 206 亿美元增加到 2006 年的 247 亿美元。美国出口到新加坡的主要商品有机械、飞机、飞机零部件、光学和医疗设备等。

新加坡与俄罗斯的经贸关系稳步发展,2006 年 8 月 15 日,新加坡与俄罗斯签署关于在经济特区领域开展合作的备忘录。新加坡向俄罗斯提供与建立经济特区有关的咨询服务。新加坡还通过培训执行权力机关人员等方式向俄罗斯传授相关经验。

新加坡国际企业发展局资料显示,2006 年新加坡与俄罗斯双边贸易额约为 12 亿美元(约合 18.9 亿新元),比上年增长 43%。新加坡出口到俄罗斯的产品主要有电信器材、电脑和相关配件等;从俄罗斯进口的主要产品是石油提炼产品、铝和钢。在俄罗斯开展业务的新加坡公司约有 30 家,主要从事俄罗斯的房地产开发、基础设施服务、餐饮等。

(四)与中国的关系

2006 年新加坡与中国在各领域的交流与合作有较大发展。应中国政府邀请,新加坡国务资政吴作栋于 4 月 12 日,新加坡内阁资政李光耀于 5 月 10 日分别对中国进行访问。8 月 21 日,新加坡副总理黄根成对中国进行正式访问,两国成功召开"中国—新加坡双边合作联合委员会"第三次会议和苏州工业园区中新联合协调理事会第八次会议。两国领导人一致同意继续本着相互尊重、平等互利的原则,推动中国与新加坡友好互利合作关系再上一个新台阶。双方同意在中国—东盟自由贸易区建设的框架下启动中新自由贸易谈判。10 月 25 日,新加坡总理李显龙在总统府接受中国主要新闻媒体联合采访时说,东盟与中国建立对话关系 15 年来,双方在各领域的友好合作取得积极进展。东盟与中国友好关系的全面发展不仅有利于整个地区,也有利于世界。作为东盟一员,新加坡将继续致力于推动这一关系不断向前发展。10 月 26 日,新加坡总理李显龙抵达广州开始对中国的访问,先后访问广州和成都,并出席 10 月 30 日至 11 月 3 日在广西南宁举行的中国—东盟建立对话关系 15 周年纪念峰会、中国—东盟商务与投资峰会和第三届中国—东盟博览会。10 月 30 日,中国国务院总理温家宝在南宁会见李显龙。新加坡派出由 44 家公司代表组成的商贸代表团参加第三届中国—东盟商务投资峰会和中国—东盟博览会。10 月 26 日,中国—新加坡自由贸易区第一次谈判会议在北京召开。双方就自由贸易区谈判机制、范围和时间安排等问题深入交换意见,标志着中国—新加坡自由贸易区的谈判进程拉开序幕。

新中经贸合作发展迅速。据新加坡统计,2006 年新中双边贸易额达 538.6 亿美元(约合 852.6 亿新元),比上年增长 27.1%,增幅在新加坡主要贸易伙伴中居首位。新中贸易额占新加坡对外贸易总额的 10.5%,比上年提高 1.1 个百分点。其中,新加坡自中国进口 272.9 亿美元,增长 26.4%;对中国出口 265.7 亿美元,增长 27.8%。中国继续保持新加坡第三大贸易伙伴地位。

新加坡是中国利用外资的主要来源地,截至 2006 年底累计在华投资项目 1.55 万个,投资额 299.79 亿美元。新加坡在对华投资主要国家和地区中排名第八位,占中国累计利用外资总量的 4.37%。

2006 年新加坡新增对华投资项目 1189 个,实际投资额22.6亿美元,新加坡对华投资的主要领域包括金融、房地产、能源和基础设施、物流、造纸以及其他制造业。新加坡对华投资的主要区域有江苏、广东、上海、福建、山东、浙江、辽宁、四川、天津和北京。

据中方统计,2006年1~10月,有20家中资企业申请赴新投资或设立办事机构,投资总额约1500万美元,比上年同期增加近1倍,涵盖金融、能源、机电、航运、物流、汽车配件等行业。据新方统计,中国在新加坡设立企业1970家。

四、2007年展望

2007年,新加坡将保持政治、社会稳定,经济持续增长。在政治方面,新加坡政府继续强调建设稳定和谐的社会。新加坡总理李显龙2007年2月16日晚在农历新年献词中呼吁新加坡人继续发扬敬老尊贤的传统美德,在新的一年里增强家庭凝聚力,创造一个更加温馨的互助社会。政府新财政年度预算案兼顾中小企业发展、科研、教育、医药保健等经济和社会各领域,通过缩小收入差距加强社会凝聚力,增强新加坡的长远竞争力。在经济方面,新加坡政府将继续采取各种措施提高经济竞争力。2007年2月15日,新加坡财政部第二部长尚达曼在国会公布2007财政年度政府预算案,宣布新加坡公司所得税税率至少调低1个百分点,以此来维持新加坡的经济竞争力,继续吸引外来投资。政府预计每年因此减少8亿新元(约合5.2亿美元)税收。为弥补税收缺口,政府将调高消费税税率,由5%调至7%。对2007年经济发展趋势,李显龙总理表示,全球经济展望良好,除美国、日本和欧洲经济表现良好外,中国和印度的经济增长势头依然强劲,新加坡同中国、印度等国家保持着良好关系,这将会带动新加坡经济持续增长。新加坡贸工部认为,新加坡经济虽面对禽流感威胁、全球经济失衡、恐怖活动以及油价上升等不稳定因素,但整体经济展望乐观,预测2007年新加坡经济增长率为4.5%~6.5%。国际货币基金组织(IMF)和世界银行(World Bank)分别预测新加坡2007年经济增长率为4.5%和5%。(罗　梅)

参考文献和资料:

1. 新加坡:《联合早报》网

2. 新加坡贸易发展局网站

3. 新华网,http://www.xinhuanet.com/,2006年相关资料

4. 人民网,http://www.people.com.cn/,2006年相关资料

5.《国际商报》2007年2月13日

6. 中国驻新加坡大使馆经济商务参赞处网站

7. 新加坡《联合早报》2007年2月1日

8. 新华网,2006年5月6日,5月7日

泰国:2006年回顾与2007年展望

2006年泰国政局动荡,9月爆发举世瞩目的军事政变,他信政权被推翻,代之以素拉育临时政府。泰南局势持续动乱,但经济上未受到太大影响,出口增长较快,贸易顺差,外汇储备增幅较大,通货膨胀压力有所减缓,年度经济增长率为5.1%。外交上以发展对外经济关系为主要内容,建立全方位的外交关系,充分发挥泰国在地区和国际事务中的作用。根据对泰国内外环境的分析,2007年泰国经济将增长4%左右。

一、政治上演军事政变,南部持续动乱

(一)政局动荡

2005年,泰国政府总理他信在第二任期开始不久,与反对派的矛盾逐渐表面化。2006年1月23日,他信家族将在“西瓦那集团”持有的49.3%的股份,用个人名义,以733亿泰铢(约合18.8亿美元)的价格出售给新加坡国有投资集团淡马锡控股公司,从而免去30%的个人所得税。这是泰国历史上最大的一次外国企业收购案。而且,成交前3天,他信政府刚刚通过包括放宽外国资本在泰国电信领域控股限制条款的《泰国电信法》,原先外国资本在该领域25%的控股上限提高到49%。泰国反对派认为,他信有操纵法律、牟取私利的嫌疑,故而引起泰国社会强烈抗议。事实上,更为可能的解释是,他信清楚从2005年开始的反他信示威活动来势凶猛,他很可能会招架不住,甚至无法走完第二任期,这次售股实际上是他的一次资产转移,以避免将来有可能被冻结或没收。

2月9日,三大反对党即民主党、泰国党和大众党,以及27个组织成立“人民民主联盟”,成员主要包括曼谷的中产阶级和国有企业员工。该联盟随后发动一系列游行示威活动,要求他信辞职。2月24日,他信宣布解散国会,并定于4月2日提前举行大选,政府转为看守政府。4月2日,大选如期举行,泰爱泰党虽然赢得国会462个席位与66%的选票,但仍有38个选区,泰爱泰党没有获得规定的20%以上选票,导致这些选区无法产生议员。相应地,议会与新内阁也不能如期组建。而且,三大反对党抵制大选,并提出大选无效之诉。5月8日,宪法法院裁定4月大选存在违宪问题,取消选举结果,要求重新大选。同时,他信对南部动乱的强硬态度,也使形势越来越严峻。

(二)“9·19”军事政变

2006年9月19日晚,以泰国陆军总司令颂提·汶耶拉卡林将军为首的军方封锁了泰国总理办公室的入

口，宣布暂时取消宪法，解散议会、内阁和宪法法院，首都曼谷进入紧急状态。泰国发生15年来的首次军事政变，军方接管他信政权。当时，看守政府总理他信正在纽约，准备在联合国的会上作发言。得知政变发生后，他信取消这次发言，次日乘私人包租的专机前往伦敦。泰国国王随后宣布军事政变合法，批准颂提为临时政府首脑，即国家管理改革委员会主席。

军政府上台后，最先采取的行动是下令全国贪污调查委员会恢复运作，接着成立肃贪委员会，以没收他信和前官员的资产。10月1日，枢密院大臣素拉育·朱拉暖接受军方邀请，出任泰国第24任总理。国家管理改革委员会也在同一天宣布关于国王签署临时宪法的声明。临时宪法共39项条款，其中规定，由陆军司令颂提领导的管理改革委员会将更名为国家安全委员会（国安会），国安会有权任命新总理和新立法机构，并负责监管国家安全事务；国安会主席有权免除临时总理职务。同时，根据临时宪法，由社会各界人士组成的国民大会将推举出负责起草新宪法的委员会，新宪法起草完成之后，将于45天内交付公众征询意见。新宪法出台后，2007年底举行大选。10月8日，由27人组成的内阁成立。12日，由242人组成的立法议会成立，行使国会上、下两院的职权。

（三）各界人士对军事政变看法不一

对泰国这次政变，泰国各界人士和东盟各国有不同看法。泰国多数民众对这次政变表示接受。有市民认为，“让民主先倒退一小步，再大步向前进。一切从零开始也好。”也有些人表示不满，认为“又回到1991年军事政变时的情形。今后几年泰国的经济肯定会受影响”。多数农民仍然支持他信，希望他在下次选举中再次胜出。一些政治评论员则把政变看作一个临时的小问题，当务之急是要“努力在制定宪法方面发挥作用，努力确保过渡时期越短越好”。

东盟秘书长王景荣表示泰国的政治稳定对于东盟非常重要，希望泰国局势尽快恢复正常。东盟各成员国对政变看法不一，有的表示政变不是件好事。但也有东盟成员国如菲律宾、老挝认为这场政变是泰国内政，仅表示关注形势发展。国际组织以及其他国家领导人9月20日也纷纷对泰国军事政变表态，认为应当通过和平手段来解决政治分歧，敦促泰国尽快恢复法治，恢复民主秩序。

泰国的民主成果是在一个腐败发生率相当高的社会文化环境里逐步取得的。显然，目前泰国的民主环境尚不健全，民主基础还很薄弱。在泰国，占总人口3%的中产阶级和富商阶层由于受教育水平高，被视为具有较高民主诉求和民主价值观的群体。然而在这场运动中，一部分中产阶级同样支持军方政变。由于他们在人数上处于劣势，通过民主的途径无法达到推翻政权的目的。为实现自己的利益，哪怕是非民主的军事政变方式，也可以接受。1997年，泰国颁布新宪法，规定成立一系列独立机构，包括国家反腐败委员会、宪法法院、行政法院、国家人权委员会、国家审计委员会以及专门调查官员舞弊情况的机构，旨在通过法律手段防止权力滥用。他信在该宪法颁布4年后就任总理，成为泰国第一位通过民主选举产生的总理。此次政变在泰国社会反应强烈。但对泰国而言，这或许算不上民主的倒退，而是泰国民主的现状。

（四）临时政府何时还政于民

“9·19”军事政变第二天，颂提上将即首先表示，发动政变的军方与警方无意夺取政权，将尽快还政于民。国家管理改革委员会将在政变后两周内成立临时议会，任命新总理，为2007年10月的大选铺平道路。一旦新总理组建政府，将成立国家安全委员会并由其负责在一年内完成制宪。

2006年12月17日，泰国国民大会1982名成员出席第一次全体会议，共议起草新宪法工作。这些成员由泰国国民立法大会选出，包括泰国社会各阶层代表。12月18日，国民大会进行投票，从中初选200名成员为制宪大会候选人。泰国国家安全委员会随后从这200人中选出100人组成制宪大会。泰国国家安全委员会和制宪大会在这100名成员中再推选出25名制宪委员，加上国安会另选的10名委员，组成35名成员的制宪委员会，开始为期6个月的新宪法起草工作。至2007年1月8日，制宪委员会召开第一次会议，诺拉尼被推举为制宪委员会主席，社里为第一副主席，迪筹为第二副主席。泰国各方达成共识，新宪法将以1997年宪法为蓝本加以修定。

尽管社会上对新宪法制定存在各种不同意见，但国安会对前段工作进展表示满意，相信4个月内新宪法即可完成，2007年底前有望举行全国大选。无论如何，制宪是国安会当务之急，也是泰国社会关注的焦点。

（五）深陷泥潭的泰南局势

泰南三府多数人口是信奉伊斯兰教的马来族。泰南动乱有很大部分是由伊斯兰教分离主义分子发动的，但也有一部分是毒品问题造成，而且毒品问题有越演越烈的趋势。一些不法组织的头目利用毒品来毒害当地青少年，诱导青少年参与违法活动。他信政府在位期间，一直坚持泰南动乱是治安问题，以治理边境毒枭和犯罪组织为主要对象，对南部动乱采取强硬手段。2002年，他信废止泰南边境地区事务管理中心的职能，许多持异议人士指责他信这个错误决策引发2004年初的泰南暴乱，两年多来造成1500多人死亡。而身为伊斯兰教徒的颂提则主张通过谈判来结束南部暴力活动，颂提任陆军总司令期间曾与他信总理在安全政策上发生公开冲突。

素拉育政府执政后，南部问题主要由国防部、内政部和司法部负责。当局表示将通过发展、预防和打击三种方法来解决南部动乱问题,同时辅以协商谈判。2006年11月1日,素拉育政府恢复南部边境地区事务管理中心,归内政部管辖。新调整的泰南边境地区管理中心宗旨是"为泰国南部催生和平、和解及发展,以便让泰南三府民众和当地官员,拥有一个更好的讨论及解决问题的管道"。该中心恢复后,政府每3个月对南部局势进行一次评估。立法院也成立专门委员会协助治理南部。11月2日,素拉育担任总理后首次到南部视察。15日,素拉育再度来到南部,表达解决南部问题的希望和决心。素拉育上台后在东盟成员国的巡回式访问中,也分别向马来西亚、印尼、菲律宾等国寻求解决南部问题的经验和支持。尽管如此,南部动乱并没有偃旗息鼓,爆炸、枪杀和纵火袭击几乎天天发生,恐怖活动有增无减,实现地区和平还任重道远。

泰国政治社会的不稳定因素仍然存在。2006年12月31日至2007年元旦,在人们准备欢度新年的时候,曼谷街头接连发生8起炸弹爆炸事件,导致3人死亡,38人受伤。爆炸事件使曼谷的局势再度陷入紧张状态。泰国现政府正在采取各种措施稳定政局,而要消除他信的影响,争取广大民众的支持及制止各种暴力活动仍需要一定时间。

二、波澜中经济经受考验,平稳增长

(一)2006年泰国宏观经济表现

根据泰国中央银行统计,2006年泰国经济稳定发展,经济增长率达5.1%,高于2005年的4.5%。出口增长较快,贸易顺差,外汇储备增幅较大,通货膨胀压力有所减缓是本年度泰国经济平稳增长的主要原因。

2006年泰国工业生产指数增长7.4%,较2005年增长9.1%有所放缓。生产下降的产品主要有皮革、电器和钢铁产品。产量增长的产业主要有电子工业、饮料和食品业。2006年泰国生产力使用率为74.2%,高于上年。

私人消费比上年增长1.3%,家居用电量、增值税、消费品进口和石油使用量有不同程度增长。私人消费增幅不大主要与2006年汽油零售价的平均涨幅比上年低,其他消费指数下滑,通货膨胀率及利率都保持高位,使得消费者支出更加谨慎有关。由于部分地区2006年发生水灾,汽车和摩托车销售量减少。私人投资增长1.2%,远低于2005年的8.5%,进口资本商品下降,表明私人投资信心不足。

2006年泰国出口额1282亿美元,比上年增长17.4%,外贸顺差22亿美元。服务业和旅游业净收入10亿美元,经常账顺差79亿美元。旅游业创汇812亿泰铢。2006年由于政局不稳以及遭受水灾等影响,泰国旅游业发展受到一定制约。仅宋干节,泰国旅游收入就比上年同期减少近20%。其中中国旅游团到泰国旅游包机取消近40%,旅游业损失1亿泰铢;新加坡的旅游团也取消10%左右。

外汇储备增幅较大,通货膨胀压力有所减缓。泰国外汇储备从2005年底的521亿美元升至2006年9月底的616亿美元。泰币处于坚挺状况,全年泰铢与美元平均汇价为37.93铢兑1美元,高于2005年的40.29铢兑1美元。12月中旬,泰币汇率1美元兑换35.23泰铢,创9年来最高位。政府采取措施控制短期资本流动后,泰铢有所贬值,但在月底前又开始升值。全年一般通货膨胀率及基础通货膨胀率分别为4.7%和2.3%,处于较低水平。生产者价格指数7%,主要原因是8~9月间国内柴油与汽油价格多次下调。食品和饮料类商品价格也呈下降趋势。

2006年上半年各大商业银行利用高利率吸引存款,泰国商业银行存款增长较快,下半年存款增长与私人贷款都有所放缓。全年利率平均4.64%,高于2005年。

(二)临时政府的经济政策

与他信政府的大胆经济发展计划相比,临时政府在总体经济政策上重视自给自足,施行以市场机制为主导的政策,主张贯彻由国王提出的自足经济理念,并尽力确保公平原则和减少利益冲突。但他信政府提出的曼谷3条捷运计划仍将继续全力推进,临时政府倡导国民更多使用公共交通系统,减少私家汽车使用。整治水资源也是临时政府的重要政策。2006年10月1日就职典礼之后,素拉育总理即公开表示"会更加侧重于自给自足的经济模式,而不那么注重国内生产总值的增长"。强调临时政府将更重视国民的幸福指数,而非GDP的增长,呼吁各阶层人士落实"知足常乐"的经济政策,为泰国经济发展和稳定而努力。在财经政策上,临时政府更重视财经纪律把关,要求中央银行管制信用卡的发行,各家银行在发行信用卡前要设立更高的审核门槛,培养社会节约观念,防止青少年养成乱花钱的不良习惯。

素拉育上任后的第一项法令是提高法定饮酒年龄,并全面禁止酒类广告;接着,又全面取消各种国家彩票。2006年12月,素拉育政府加强货币管制,宣布从12月19日起,对所有超过2万美元的国外流入资金收取30%的准备金,交存于泰国央行,存期一年,满一年后将悉数归还,但无利息收入,如果在一年之内提取,则将扣减其中1/3作为罚金。与商品和服务贸易有关的资金流动及本国居民汇回的海外投资收益不在限制之内。据专家测算,30%的无息准备金率相当于向投资者征收10%的税。这一被称作无息存款准备金制度(URR)的资本管制政策导致泰国股市、汇市双双应声而下。12月19日泰股市下跌15%,创31年来最大单日跌幅。汇市也快速走贬,最低跌至36.08泰铢兑1美元,当日跌幅达2.85%,创3年来最大跌幅。

股市崩盘令泰国政府措手不及,在管制措施生效后的第二天,政府被迫宣布,限制措施只针对进出泰国债券和商业票据市场的外资。泰国央行随后也补发放宽外汇管制条例的文件,规定除对冲基金之外,投资于泰国证券交易所、泰国期货交易所(TFEX)和泰国农业期货交易所(AFET)的外币资金和投资收益,不受12月18日颁布的资本管制条例约束。

2007年1月9日,素拉育政府又宣布将要修订1999年通过的《外国人经营法》,规定泰国企业海外投资者持股不能超过50%,在董事会的表决权也不得过半。同时,将给予境内外资企业两年时间适应调整后的所有权法规。这是素拉育政府执行新政策的又一举措,同样令不少投资者感到不安。声明公布的当天,泰国曼谷SET指数大跌17.07点,为2004年8月以来的谷底。泰铢在海外市场也走软。泰国政府表示,新法规可能会令外资企业在泰国的经营方式产生巨变。

三、进取性外交搁浅,未来取向待明朗

他信政府推行进取性外交政策,以经济外交、地区主义和多边主义为主要特征,以发展对外经济关系为主要内容,以亚洲作为推行其外交政策的基石,积极发展同世界各国和地区的友好合作关系,充分发挥大国平衡外交的作用,建立全方位的外交关系。他信的外交政策使泰国对外关系全面发展,为国内经济发展创造和平稳定的地区和国际环境,开拓国际市场,同时也使泰国国际地位和国际影响迅速提升。2006年11月3日,素拉育总理在向泰国国民立法大会宣布施政纲领时,针对外交方面发表了5点声明,表示临时政府将在国家利益优先原则下努力增强国际社会对泰国的信心和信任,与世界各国、特别是与周边国家加强友好合作,同时进一步加强与东盟的联系。在外交实践上,素拉育政府基本延续前任做法,这是由于临时政府确立以"建设自足经济"为核心的施政方针,而且在任期仅1年的时间里还要"把主要精力放在鼓励民众参与修宪、反贪反腐、推动独立机构参与调查腐败案等方面"。

(一)积极参与和推进东盟和亚太区域合作

东盟在泰国对外战略中占有重要地位。他信政府积极推动和促进东盟区域合作,尤其重视东盟自由贸易区建设,充分发挥其在促进本地区经济发展和维护本地区稳定等方面的作用,并力图通过在区域合作中发挥主导作用,谋求在东盟的领导地位,成为东盟对外交流合作的门户。2006年上半年,他信政府还大力推动东盟各国取消使用非关税贸易壁垒等措施。素拉育总理就任后,出访的第一站即参加10月31日在中国广西南宁市举行的中国—东盟建立对话关系15周年纪念峰会、第三届中国—东盟商务与投资峰会以及第三届中国—东盟博览会开幕式。11月18~19日,出席在越南河内举行的亚太经合组织第十四次领导人非正式会议。

(二)重视发展与周边国家的关系

素拉育总理上任后,1个多月内首先巡回式访问东盟其他成员国,显示泰国双边与多边外交关系的一贯性。与东盟其他成员国磋商的内容涉及第二座泰国—老挝友谊大桥举行竣工仪式、兴建湄公河跨国大桥、泰老铁路联网计划、泰柬陆路交通联网、泰马陆路交通合作和劳工合作,以及向马来西亚、菲律宾、印尼借鉴和平解决泰南动乱的经验等。12月18日,老挝政府总理波松·布帕万访问泰国,并签署老泰边境地区管理和打击非法出入境合作备忘录。12月20~21日,越南政府总理阮晋勇到访泰国。

2006年泰国与周边国家关系中,泰新关系是不可忽视的一点。年初,泰新关系因新加坡淡马锡公司并购西瓦那集团而显得格外引人注目。1~9月,该公司对泰国股市的投资净额达到34.46亿美元,占整个泰国股市外国投资净额的63%。新加坡成为2006年头3季度泰国股市外国投资净额最大的国家。2006年新加坡向泰国投资促进委员会(BOI)提交的投资申请总额也比上年增长1倍。泰新双边贸易额从1998年的70亿美元,增长到2006年的140亿美元,占泰国国际贸易总额的5.4%。2006年泰国对新加坡进出口贸易分别增长4.9%和5.7%,实现贸易顺差27.11亿美元。此外,新加坡还是泰国第三大出境旅游目的地和第四大游客来源地。

(三)发挥大国平衡外交作用,建立全方位多边外交关系

泰国一直重视同世界各国尤其是各地区大国发展双边关系,如美国、日本、中国、印度、澳大利亚、新西兰等。2006年,由于政局动荡,致使泰美自由贸易谈判拖延。但年底美国国会延长给予泰国普惠制关税优惠(GSP)到2008年12月31日。2006年1~9月,泰国对美国出口的关税优惠商品总值达到31亿美元,比上年增长24.6%。7月8~14日,颂奇副总理兼商业部长带领政府及私人团体前往美国,开拓当地市场的销售渠道,并与美国商议收取虾类产品担保金问题。12月10~13日,美国总统布什及夫人对泰国进行正式访问,并代表美国政府恭祝泰国国王登基60周年。

日本是泰国的首要投资来源国,对泰国的累计直接投资净额为218.24亿美元,占泰国吸引外国直接投资总额的36%。在泰国商业部注册的日本公司有6000家左右,其中约3000家是制造公司,主要从事机械、汽车、家电和电子产品、摩托车排气管、药物提炼物、注塑模具、金属覆层及喷漆橱等生产或提供相关服务,有趋向表明日本的中小型企业将持续扩大对泰国的投资。另外,泰日双边自由贸易协定在他信政府时期即已经完成谈判,受泰国政府更替的影响,拟在2007年签署。

泰中友好关系历史悠久。随着中国经济的发展,泰国更加重视同中国的合作以获得巨大的市场机遇。

泰中双边贸易近年来大幅度增长,2006 年 1 ~ 9 月的双边贸易总额达到 184.61 亿美元,比上年增长 24%。同期泰国对中国农产品出口贸易顺差为 5.91 亿美元。年内,泰中双方共同签署两国跨境银行监管合作谅解备忘录、成立中泰贸易中心。11 月 28 日,泰王国驻西安领事办公室开始办公。

四、社会问题

2006 年泰国遭受禽流感、水灾和地震的侵袭。据世界卫生组织统计,泰国自 2004 年发现禽流感以来,至 2006 年底已确认人感染高致病性禽流感 H5N1 病例 25 例,死亡 17 例。其中 2006 年发病 3 例,死亡 3 例。截至 2006 年 12 月 28 日,泰国累计发现疑似感染禽流感病人 5588 例,分布在泰国 72 个府。另据泰国农业合作部牲畜发展司禽流感控制中心统计,2006 年 1 月 1 日至 12 月 28 日,泰国有 39 个府 109 个村庄报告发生禽畜疫情并待检测。

2006 年 5 月,泰国北部、中部和东北部发生水灾。10 月底,首都曼谷因连续暴雨造成大面积水灾,农田、鱼塘损失严重,11 月 5 日一年一度的水灯节也被取消。据泰华农民研究中心估计,2006 年泰国水灾造成的农业损失与 2004 年接近,达到 16 亿泰铢。水灾给泰国农业和旅游业带来一定影响。12 月 13 日凌晨,泰国北部清迈府梅林县发生 5.1 级地震,部分建筑损坏,所幸未造成人员伤亡。

五、2007 年经济展望

泰国中央银行预计 2007 年泰国经济增长率为 4% ~5%,一般通货膨胀率为 1.5% ~2.5%,出口增长率为 7.5% ~10.5%,贸易账将出超 20 亿 ~40 亿美元;提支预算增长 24%;官方及民间消费分别增长 4.5% ~5.5% 和 3.5% ~4.5%;民间投资增长 4.5% ~5.5%,政府投资走高 10% ~11%。另据泰商会大学与财政部联合调查泰国各行业的经济形势,认为泰南动乱、油价波动及消费者信心指数低落等将成为影响泰国整体经济及各行业发展的主要因素,预计 2007 年泰国经济增长率可能低于 4%。

泰华农民研究中心预计 2007 年泰国经济将受到全球经济尤其是美国经济的影响,国内需求下降,民间消费及投资支出减缓,经济增长率约为 4% ~5%。进出口增长也将减速,预计进、出口分别增长 7.5% 和 10%。出口增长速度高于进口增长速度,贸易余额转为盈余,经常账余额盈余增加,分别可达 11 亿美元和 58 亿美元。通货膨胀水平将有所降低,为 2% ~3%。之后该中心因为对泰国未来政局存有疑虑,以及《外国人经商法》修正草案的冲击,又把 2007 年泰国经济增长率的预测从原来的 4% ~5% 下调到 3.5% ~4.5%,并预计出口贸易也因受全球经济增长放缓、泰铢坚挺及 2006 年基数较高等因素影响而趋向放缓。该中心还认为 2007 年应关注泰国经常项目顺差这项重要宏观经济指数。这项指数将因进口贸易低幅增长,而有可能高于 2006 年水平,促使泰币进一步走强,并可能导致对泰铢的投机炒作卷土重来。

(陈红升)

参考文献:

1. *Thitinan Pongsudhirak: "Thaksin's Political Zenithand Nadia", SOUTHEAST ASI AN A AFFAIRS 2006, Institute of Southeas Asian Studies, Singapore, P285 - 302*

2. *Alex M. Mutebi: "Thailand's Independent Agencies under Thaksin Relent less Gridlock and Uncer tainty", SOUTHEAST ASIAN AFFAIRS 2006, Institute of Southeast Asian Studies, Singapore, P303 ~ 321*

3. *Colum Murphy: "'Thaksin, Get Out!: Why Thais are Angry", FAR EASTERN ECONOMIC REVIEW, Vol. 169 No. 3, April 2006, P7 ~ 13*

4. *Hal Hill and Peter Warr: "The Trouble With Manila and Bangkok", FAR EASTERN ECONOMIC REVIEW, Vol. 169 No. 3, April 2006, P14 ~ 17*

5. *Colum Murphy: "A Tug of War for Thailand's Soul", FAR EASTERN ECONOMIC REVIEW, Vol. 169 No. 7, September 2006, P23 ~ 28*

6. *Michael H. Nelson: "Bangkol's Elitist Coup", FAR EASTERN ECONOMIC REVIEW, Vol. 169 No. 8, October 2006, P27 ~ 30*

7. *Colum Murphy: "Putting Thailand Together Again", FAR EASTERN ECONOMIC REVIEW, Vol. 169 No. 8, October 2006, P31 ~ 35*

8. *Ukrist Pathmanand: "How Long Before the Thai Junta Splinters?", FAR EASTERN ECONOMIC REVIEW, Vol. 169 No. 8, October 2006, P36 ~ 38*

9. 张锡镇:《他信政府的危机及其启示》,《东南亚研究》,2006 年第 5 期

10. 谢丽梅:《泰国他信政府"进取性"外交政策透视》,《东南亚研究》,2005 年第 1 期

越南 2006 ~2007 回顾与前瞻

2006 年 12 月 24 日晚上,越南首都河内和第一大城市胡志明市的大街小巷挤满了游行的人群,他们欢庆圣诞节,迎接即将到来的新年,庆祝越南加入世贸组织。顺利召开越共十大和选举国家领导人,主办 APEC 领导人峰会成功,并如愿以偿加入 WTO 等一系列大事完成后,越南在喜庆的气氛中走过 2006 年。

一、顺利召开越共十大，提前改选国家领导人

（一）越共十大：加强领导，深化改革

2006年4月18～25日在首都河内召开的越共十大是越南2006年的头等大事。越共十大的主题是：提高党的领导能力和战斗力，发挥全民族的力量，全面推进改革，使国家早日摆脱欠发达状况。大会的主要内容和特点有：

1. 总结20年实践，继续推进改革开放。越南改革开放始于1986年，经过20年的改革发展，已经摆脱多年的经济和社会危机，也脱掉世界最贫穷落后的帽子，加入快速发展的行列，成为东南亚的后起之秀。越共十大从越南20年的改革实践总结出5条重要的经验教训：一是在革新过程中要坚定以马列主义和胡志明思想为指导的民族独立和社会主义的目标；二是进行全面、配套、有继承、有步骤的，形式与措施相适应的改革；三是改革要从人民的利益出发，依靠人民，发挥人民的创造性、主动性，从实践出发，与时俱进；四是坚持自力更生，同时积极争取外援，在新条件下将民族力量与时代力量相结合；五是提高党的领导能力和战斗力，不断推进政治改革，建设和逐步完善社会主义民主，保证权力属于人民。大会肯定并继续推进全面改革，认为这是一条得到全民拥护和国际舆论高度评价的路线。

2. 修改党章，突破改革理论。越共第十次全国代表大会通过了修改和完善后的越南共产党章程。新党章分12章48条，值得关注的修改补充部分是：（1）关于党的表述修改为："越南共产党是工人阶级的先锋队，同时也是劳动人民和越南民族的先锋队；忠诚代表工人阶级、劳动人民和民族的利益。"（2）第一章第一条修改为"越南共产党党员是越南工人阶级先锋队的革命战士，为党的理想和目标奋斗终生，把祖国利益、工人阶级利益和人民的利益置于个人利益之上……"，将原文中的"不剥削"一词去掉，越共党员从事私人经济的规模不再受到限制，结束了越南共产党关于姓"资"还是姓"社"问题的争论。这不仅扩大了越共的社会基础，为党的建设发展注入了活力，同时，也是改革理论的突破，对发展私人经济给予进一步的肯定，对越南发展多种经济成分意义重大。

3. 推进民主与法治，选举新一届党的领导。首先是越共十大的政治报告草稿提前公布，广泛征求意见，先党内，后党外，上下反复多次。其次是在选举最高领导人时把民主进程往前推进一步。这次越共总书记的选举仍然是等额选举，但在正式选举之前增加差额酝酿过程：先提出两名人选进行协商，最后是意向比较集中者作为正式等额选举候选人。

2006年4月25日，越共十大选举新的中央委员会。新一届中央委员会由160名委员组成，其中80人为新当选者。同日，越共中央选举新的政治局，由14名成员组成，比上届减少1人。总书记农德孟当选连任，体现越共党的领导和越南国家改革开放的连续性。

4. 反腐动真格。越共十大召开前查处了交通部腐败大案，部长陶庭平引咎辞职，副部长阮越进被拘捕。谅山省委书记黄公环因腐败问题被免职。农德孟总书记在越共十大报告中强调要抓紧实施《反腐败法》，坚决、及时和公开处理贪污者，不管其什么职务，在职还是已退休，没收、充公贪污所得，严肃处理包庇贪污者或利用控告进行诬告而损害他人者，奖励和保护与贪污和消极现象进行积极斗争者。为使反贪取得确实成效，越南成立以总理阮晋勇担任主任的中央反贪指导委员会，专门负责和统管全国反腐工作。

（二）国家领导人提前改选

2006年5月16日，越南举行第十一届国会第九次会议。会议最重要的议程是选举产生新的国家主席、政府总理和国会主席。这次提前改选国家领导人引起国外舆论高度关注，实际上这是一次按部就班的人事变动。在这次选举中，阮明哲当选国家主席，阮晋勇当选政府总理，阮富仲当选国会主席。

二、成功举办APEC，终于加入WTO

2006年，越南继续推进以周边和东盟为依托，以平衡大国为核心，以服务经济为目的的全方位、多样化的外交战略。双边关系、多边关系、经济外交及其他对外事务都取得重大进展。

（一）成功举办第十四届APEC峰会，大大提升国际地位

2006年11月，第十四届APEC峰会在河内举行，这是迄今为止越南承办的规格最高、规模最大的国际多边会议，亚太经合组织各成员国和地区领导人参加会议。这是越南2006年对外工作的重中之重。越南依托这次会议，全力展开多边和双边外交，尤其是中国、美国、日本、俄罗斯等大国的元首与会并访问越南，大大提升越南的国际形象，较好地发挥了其在国际舞台的地位和作用。

（二）加入WTO，推进全方位开放

经过12年艰难谈判，2006年11月7日，越南正式签署加入世界贸易组织的相关文件，成为该组织的第150名成员。为"入世"，越南修改50多部法律法规，作出"2008年正式开放货物贸易市场，进口关税大幅度下降"；"外资企业享受与本地企业一样的商品经营权"；"确保政府出台政策的透明度"等多项承诺。尽管门槛高，条件苛刻，面临巨大挑战，但越南人认为，有中国这个成功的榜样，越南得到的利远远大于弊，将会大大促进改革开放，拓展外国市场，争取更多的外国投资和援助，从而经济会发展更快，并带来更多质优价廉商品和就业机会，惠及广大民众。

（三）越中、越美关系同步提升

1. 越中关系全面、深入发展。越中关系自1991年实现正常化以来，已走过15年路程，2006年可谓是全面、深入发展的一年。两国扎扎实实地按“长期稳定，面向未来，睦邻友好，全面合作”16字方针和“好邻居、好朋友、好同志、好伙伴”的4好精神发展双边关系，互信大大增强。

一年内两国最高领导人进行4次重要互访。2006年3月20～25日，中共中央政治局常委、全国政协主席贾庆林访问越南。8月22～26日，越共中央总书记农德孟在当选连任后首先访问中国，期间双方在北京发表《中越联合新闻公报》。10月30日，越南总理阮晋勇到南宁参加中国与东盟建立对话关系15周年纪念峰会。11月15～17日，结合参加在河内举办的APEC峰会，中共中央总书记、国家主席胡锦涛再次访问越南，双方在河内发表《中越联合声明》。

在政治关系发展的同时，越中两国经贸关系大步推进。双边贸易提前实现2010年的发展目标，一举突破百亿美元大关。中国已连续3年成为越南第一大贸易伙伴。双方达成共识，双边贸易额向2010年达到150亿美元的新目标迈进。双方签署《关于开展“两廊一圈”合作的谅解备忘录》。两国将加强合作，推动东盟与中国的全面经济合作。

2. 越美关系全面正常化

2006年12月20日美国总统布什签署美国给予越南永久正常贸易关系地位的法案，标志着美国与越南经过近半个世纪从对抗到和解之后，双边关系实现全面正常化。年内，美国政要纷纷访问越南。11月布什总统参加APEC峰会期间访问越南；此前，6月4日，美国国防部长拉姆斯菲尔德访问越南；12月6日，前总统克林顿也出现在河内街头。他曾在2000年访问过越南，是越战后首位访越的美国总统。

政治外交关系的改善，带动美越经贸关系的快速发展。2006年双边贸易额约90亿美元，预计2010年达到150亿美元。美国投资者看好越南市场，世界首富比尔·盖茨到越南访问。陈德良等越南国家领导人会见比尔·盖茨。此前，美国芯片巨头英特尔公司高层管理人员访问河内，并决定在越南胡志明市投资10亿美元，生产计算机产品。

三、经济增速继续领跑东南亚

2006年越南经济继续保持快速增长势头，国内生产总值增幅达到8.2%，尽管略低于2005年的8.4%，但高于8%的年度增长计划，居东南亚各国经济增速第一位。其中，农业增长3.2%，工业和建筑业增长10.5%，服务业增长8.3%，经济总量达到974万亿越盾，人均1150万越盾，约合720美元，比上年增加80美元。由于第二产业快速增长，越南经济结构得到优化，三次产业结构由2005年的20.89:41.03:38.07调整为20.40:41.52:38.08。经济快速增长促进财政收入增加，全年财政收入261万亿越盾，约合164亿美元，比上年增长20.3%。

（一）2006年越南经济发展特点

1. 农业中水产业独占鳌头。2006年越南农业产值比上年增长4.2%，其中农业增长3.1%，林业增长1%，水产业增长8.5%。水产品年产量达到创记录的368万吨，其中养殖产量168万吨，增长16%，居中国、印度之后，为世界第三大水产养殖国；捕捞量约200万吨，增长1%。全年粮食总产量3964万吨，比上年增加266万吨。其中水稻产量3583万吨，玉米381万吨。出口大米480万吨，略低于2005年的500万吨。

2. 非国有工业一枝独秀。由于大力推进工业化，越南第二产业多年保持快速增长趋势，2006年越南工业产值491万亿越盾，比上年增长17%，其中国有工业产值增长9.4%，非国有工业产值增长22.4%，外资工业产值增长19.5%。增长较快的主要工业产品有：煤炭增长20.8%，木制品增长23.2%，橡胶和塑料制品增长26.8%，金属产品增长25%，电力设备增长28%，交通工具增长22.8%，成衣增长18.5%，卫生陶瓷增长18.9%，半导体和通信产品增长185%。

3. 大城市周边地区发展快。由于大城市生产成本高，生活费用昂贵，以及发展空间有限，越南的工业区逐步布局在大城市的周边地区，大大促进这些地区工业的发展，其增长速度超过所依托的城市。2006年巴地—头顿省、岘港市、胡志明市和河内市的工业产值分别增长

·链接资料·

表1　越泰菲印（尼）主要经济指标

国家	面积（万平方公里）	2005年人口（万人）	2000年		2005年		2005年人均出口额（美元）	2004年积累率（%）	2003年人类发展指数（指数/排名）
			GDP（亿美元）	人均（美元）	GDP（亿美元）	人均（美元）			
泰国	51	6500	1227	2020	1612	2489	1686	27.13	0.778/73
菲律宾	30	8480	759	990	1013	1194	485	17.04	0.758/84
印尼	191	24100	1650	800	2702	1121	367	22.77	0.697/110
越南	32	8310	312	402	531	640	387	35.46	0.704/108

注：本表为笔者根据各国公布的统计资料整理而成。由于各国的统计口径存在差异，仅供参考。

5.4%、6.9%、13.6%和16.6%，低于全国平均水平，只有芹苴市增速高出全国平均水平，达到22.2%，海防市增长18.1%，与全国的增长率持平。而河内市周边的兴安、永福、海阳和河西省增速分别达到28.2%、23.5%、23%和22.7%，胡志明市周边的平阳和同奈省分别达到23.4%和21.2%，均高出全国平均水平。随着工业化和城市化的推进，越南已形成两大城市群和工业集中区：一是以胡志明市为中心，包括巴地—头顿、同奈、平阳等省的东南部地区；另一个是以河内市为中心，河内—海防为轴心，包括北宁、永福、河西、兴安、海阳等省的红河三角洲地区。这些地区交通便利，经济文化发展水平高，产业关联度高，不少城市相互融为一体。

（二）促进经济快速增长的主要因素

1. 投资拉动。越南近年建设投资保持高位运行，2006年全社会投资额399万亿越盾，约相当GDP的40%，创历年来的最高记录。在国家、私人和外商投资中，外商投资增长最快，全年签订外商直接投资项目价值达102亿美元，创越南改革开放以来的新高，其中新签项目800个，投资额76亿美元；增资项目490个，增资额24亿美元。规模最大的外资项目是投资11.26亿美元的Posco钢铁公司。投资最多的国家和地区是韩国、中国香港、美国、日本、开曼群岛、英属维尔京群岛和新加坡。民营企业继续扩大投资，投资额已占全社会投资总额的33%。国家财政投入64万亿越盾，为年度投资计划的114.1%。

2. 出口拉动。越南人口和面积居中等国家规模，国内市场有限，产品的重要出路在国际市场，越南大力推进外向型经济发展战略的实施。2006年越南进出口总额840亿美元，为当年GDP的1.4倍，其中出口额396亿美元，比上年增长24%。出口额超过10亿美元的产品有9种：原油（83亿美元）、纺织品（58亿美元）、鞋（36亿美元）、水产品（34亿美元）、木制品（19亿美元）、电子产品及计算机（18亿美元）、大米（13亿美元）、橡胶（13亿美元）和咖啡（11亿美元）。进口额444亿美元，比上年增长20%，主要进口商品有机械、设备、燃料、原材料、纺织原料等。服务贸易也有所发展，其中旅游业接待入境游客356万人次，比上年增长3.7%。

3. 消费拉动。越南人口半数是30岁以下的年轻人，消费需求旺盛。2006年越南全社会零售和服务收入达到581万亿越盾，比上年增长20.9%，增幅是经济增幅的2.5倍。从2006年10月1日起，在职员工和退休人员最低收入已从每月35万越盾提高到45万越盾。

（三）基础设施薄弱，经济增长质量有待提高

近年越南经济增长率较高，2001～2005年平均增长7.5%（高于1996～2000年6.9%年均增速），2002年以来保持在7%以上，但仔细分析便可发现其增长质量有待提高。

1. 缺少有竞争力的高科技产品。越南尚无在国际上有竞争力的品牌产品，有知识产权的产品也不多见。工业品以轻工、矿产和初级产品为主，如食品比重高达21.5%，橡胶和塑料制品占5.3%，皮革制品占4.7%，金属产品占4.1%。大宗出口商品也是以初级矿产品、农产品、食品和纺织品为主。

2. 经济结构优化进程有待加快推进。2006年越南经济总量中，第一产业比重仅下降0.49个百分点，第二、第三产业仅分别提升0.49和0.01个百分点。年内有些地区农业结构调整出现走回头路现象，一些已经改种杂粮、养虾的耕地又退回种植水稻，湄公河三角洲平原有2.1万公顷，东南部各省有2.2万公顷，西原地区有1万公顷。

3. 基础设施比较薄弱。越南的公路、铁路等交通设施尚未适应经济发展和对外合作的需要。越南尚无真正意义上的高速公路。铁路属窄轨形，速度慢，运量小。越南处于中国与东盟陆路大通道中间，东北连接发达的中国华南和沿海地区，西南直通新马泰，发挥这一地缘优势，修建便捷的高速公路和铁路将两地连通

·链接资料·

表2　越南主要经济指标

	单位	1990年	1995年	2000年	2005年	2006年	2007年（计划）
GDP	亿美元			312	531	609	700
人均	美元			402	640	720	820
GDP增长率	%	5.1	9.5	6.8	8.4	8.2	8.2～8.5
第一产业	%	1.0	4.8	4.6	4.0	3.2	3.5～3.8
第二产业	%	2.27	13.6	10.1	10.6	10.5	10.5～10.7
第三产业	%	10.19	9.8	5.3	8.5	8.3	8～8.5
粮食产量	万吨	1989	2614	3570	3955	3964	
出口额	亿美元	24	54	143	322	396	452
国际游客	万人		135	214	347	356	
财政收入	万亿越盾			104	210	261	274
社会投资相当GDP的比重	%			34.0	38.6	41.0	40.0
消费价格上涨率	%			0.8	8.3	6.6	低于上年
增加就业人数	万人			140		160	160

注：本表为笔者根据越南官方公布的资料整理而成。由于各国的统计口径存在差异，仅供参考。

起来,不仅可以加速自身交通设施现代化,还可以利用外部丰富资源和广阔市场,加速发展,提升地位。

四、2007年越南经济发展展望:赶超泰、菲、印尼

2007年是东盟成立40周年。1997年金融危机以来,大部分东盟国家经济增长状况尚未恢复到20世纪70~80年代水平,只有越南表现突出。越南改革发展态势引人注目。

(一)越南经济起飞条件已经具备

1. 自然资源得天独厚。越南是世界上发展经济自然条件较好的国家,地理区位优越,自然资源和人力资源丰富。专家评估,仅湄公河三角洲就可养活1亿人。

2. 改革注入发展活力。经过20年的改革,越南市场经济框架基本建立,经济体制改革不断深入,政治体制改革稳步推进。2006年选举的党和国家领导人年轻、精力充沛、具有专业知识和管理经验,给越南的改革发展注入新的活力。

3. "入世"带来强大动力。2006年越南加入WTO,这是一把双刃剑,越南将面临一定挑战,对国内市场造成一定压力,同时也带来巨大的机会和动力。一方面,有利于越南吸引外资,拓展国外市场,争取外国援助。美国驻越南大使Michael Marine预测,2007年美国对越南的投资将达到40亿美元,比2006年增长1倍。美国是市场经济国家的领头羊,其他国家也会迅速跟进。越南加入WTO后,贸易障碍减少,预计2007年越美贸易额达到110亿美元以上。国际形象的改善,也会促进外部对越南的援助。在2006年12月14~15日于河内举办的国际援助越南会议上,世界银行行长Klaus Rohland先生预测,2007年国际援助越南的资金将达到44.5亿美元,比2006年增长19%。另一方面,"入世"压力可以变为动力,推动越南进一步推进各项改革,扩大开放,改善环境,提高效率,提高产品和服务竞争力,提升越南经济发展质量。

(二)乐观的预测

1. 越南赶超泰、菲、印尼可能性越来越大。东盟10国可按年人均GDP分为1万美元以上、1000~10000美元、500~1000美元和500美元以下4个层次,第一层次有新加坡和文莱,第二层次有马来西亚、泰国、菲律宾和印尼,第三层次仅有越南,第四层次有柬埔寨、老挝和缅甸。从表1可见,第二、三层次4国的静态情况是,泰国和越南不少指标分别处于最高和最低水平,越南有部分指标接近甚至高于菲律宾和印尼。

要预测泰国、菲律宾、印尼、越南4国的发展前景,如下几个方面的情况值得人们关注:

——自然条件:越南最优。近年菲律宾、印尼自然灾害频繁,不利于经济发展。

——政治社会安全:越南最稳定,而泰、菲、印尼都有各自的问题。泰菲两国南部经常发生骚乱,印尼也发生多次恐怖袭击。国际投资、贸易、游客青睐安全地区。

——积累率:越南最高,2004年为35.5%,高于泰、菲、印尼3国的27.1%、17.0%和22.8%。国际金融公司一份调查显示,越南公司重视创新投入,将销售收入的1.4%用于研究和发展,相比之下,泰国的IT公司只有0.2%,而东南亚地区的平均水平仅为1.2%。

——办事效率:越南要高于其他国家。越南公司为新设备装电源平均需17.57个工作日,而泰国则为23.64个工作日;在越南装一部固定电话需8.83个工作日,而泰国则为15.52个工作日,该地区的平均水平为9.32个工作日;越南有1370万人使用因特网,占人口的16.5%,泰国有708万人,占人口的8.75%。

——近年增长速度:越南最快,年均在8%以上,而其他3国一般在5%左右。人均GDP2005年与2000年相比,越南增长105%,其他3国分别增加23%、21%和40%。按此发展态势,越南人均GDP有可能在2010年赶上甚至超过菲律宾和印尼,到2020年赶上甚至超过泰国。

2. 2007年越南经济增长速度预测

2007年越南主要发展计划指标为:GDP增长8.2%~8.5%,人均GDP820美元,出口额452亿美元。2007年越南经济发展环境好于上年,尤其是商品出口和外国投资将有更好表现。2007年增长率有望达到8.5%。如果没有发生严重的自然灾害和重大突发事件,有可能更快些。 (古小松)

参考文献:

1.《越南共产党第十次全国代表大会文件》,越文,越南国家政治出版社2006年版,河内

2. 农德孟:《在越共十大的报告》,越文,载越南《共产主义》杂志2006年第9期,河内

3. 阮晋勇:《在国会十一届第十次会议上的报告》(摘要),越文,载越南《经济预测》杂志2006年第11期,河内

4. 越南国家统计总局:《越南2005年统计年鉴》,越文,越南国家统计出版社2006年版,河内

5. 越南国家统计总局局长黎孟雄:《越南2006年的经济社会发展》,越文,载越南2007年第1期《数据与事件》杂志,河内

6. 阮生菊:《越南2006年经济综观与2007年展望》,越文,载越南《共产主义》杂志2007年第1期,河内

7. 潘允南:《2006年的越南外交》,越文,载越南《共产主义》杂志2007年第1期,河内

8. 广西社会科学院:《中国—东盟自由贸易区·大湄公河次区域合作简讯》2006年合订本,南宁

9. 许家康、古小松主编:《中国—东盟年鉴·2006》,北京,线装书局2006年出版

10. 古小松主编:《2006年越南国情报告》,北京,社会科学文献出版社2006年出版

东南亚国家联盟

概述

东南亚国家联盟(以下简称东盟)是亚太地区重要的地区组织,包括印度尼西亚、马来西亚、菲律宾、新加坡、泰国、文莱、越南、老挝、缅甸、柬埔寨和东帝汶11个国家,秘书处设在印度尼西亚首都雅加达。东盟11国总面积450多万平方公里,2005年人口5.58亿,地区生产总值8000亿美元,人均国民生产总值1569美元,贸易总额8816亿美元。东盟成立的宗旨是促进本地区的繁荣与稳定。在1997年签署的《东盟2020年远景》中表示,要将东盟建设成为一个充满关爱的社会,一个不分性别、种族、宗教、语言及社会和文化背景,所有人都享有平等的机会发展权的社会;东盟将成为亚太地区乃至世界上一个有效维护和平、公正和现代化的组织。2003年1月6日,王景荣接任东盟秘书长,任期5年。

东盟的前身是马来西亚、泰国和菲律宾于1961年7月31日在泰国曼谷成立的东南亚联盟。1967年8月6~8日,印度尼西亚、马来西亚、新加坡、菲律宾、泰国五国发表《东南亚联盟成立宣言》即《曼谷宣言》,宣告东盟成立。1976年,上述五国在巴厘岛举行东盟第一次首脑会议,签署《东南亚友好合作条约》和《东南亚国家联盟协调一致宣言》(合称《巴厘第一协约》),确定东盟的宗旨和原则。这次会议成为东盟发展的重要里程碑。1984年文莱加入,东盟成员国增至6个。这6个成员称为原东盟成员国或东盟老成员国。尔后,越南于1995年7月、缅甸和老挝于1997年7月、柬埔寨于1999年4月先后成为东盟新成员,东盟在组织上实现了1994年5月提出建立"东南亚10国共同体"的目标。2006年东帝汶请求加入,东盟成员由10国扩大为11国。2003年10月7日,东盟第九次领导人会议通过标志东盟在政治、经济、安全、社会与文化全面合作进入历史新阶段的《巴厘第二协约》,提出在2020年建立类似于欧盟的"东盟共同体",包括安全共同体、经济共同体和社会文化共同体。2004年11月,第10次东盟领导人会议通过《万象行动纲领》等一系列文件,提出进一步缩小成员国间的发展差距,在2020年将东盟建成一个对外开放、充满活力与关爱的共同体的目标。由于东盟缺乏一部统一的法律文件,其发展在很大程度上受到限制。2005年12月,第11次东盟领导人会议通过《吉隆坡宣言》,决定制订东盟宪章,以法律的形式确定东盟所有的准则、规定和价值观,搭建一个法律和机构框架,以加快实现东盟共同体的目标。2007年1月13日,第12次东盟领导人会议通过《到2015年加速建成东盟共同体宣言》,计划提前5年,即在2015年建成东盟共同体。会议还通过《东盟宪章蓝图宿务宣言》,为东盟解决内部分歧提供法律依据,为东盟共同体的建设指明方向。

东盟建立一系列组织机构来加强内部以及东盟与世界各国的合作。这些组织机构包括:东盟领导人会议,东盟外长会议和东盟地区论坛,以及农业和林业、经济、能源、环境、财政、通信与信息、投资、劳工、健康、法律、地区烟雾、农村发展和减少贫困、科学与技术、社会福利与发展、打击跨境犯罪、交通、旅游、青年、东盟投资区理事会、东盟自由贸易区理事会等部长级会议,2006年还新增国防部长、教育部长、跨境烟雾污染次区域部长会议以及东盟外长扩大会议等。部长级会议下还设有高官委员会、理事会和技术工作小组。为处理东盟的对外关系,东盟在布鲁塞尔、伦敦、巴黎、华盛顿、东京、堪培拉、渥太华、威灵顿、日内瓦、首尔、新德里、纽约、北京、莫斯科、伊斯兰堡等地设立外交机构。东盟还是53个非政府组织的正式成员。

2006年,东盟组织扩大,制度建设加强,一体化步伐加快,在国际政治舞台上的地位日益提高。中国、日本、韩国、印度、美国、欧盟、俄罗斯、澳大利亚、新西兰、加拿大等国家或组织主动加强与东盟在各领域的合作。东亚国家、欧盟、印度、澳大利亚、新西兰、美国等国或地区与东盟间各种自由贸易区的谈判与实施逐步开展。随着第二届东亚峰会举行,以东盟为中心的东亚合作步入机制化阶段。东盟还达成一系列协议和合作计划，积极推进地区安全共同体的建设，同时加强与世界各国在该领域的合作。

东盟地区安全领域合作

东盟坚持协商一致、平等互惠、求同存异、不干涉内政、不使用武力或不以武力相威胁的原则处理东盟内部事务和关系。多年来达成的相关协议，能有效地调解内部事务，为地区的稳定与发展作出贡献。在2003年第九次东盟领导人会议通过《巴厘第二协约》，强调到2020年建立"东盟安全共同体"后，2004年第10次东盟国领导人会议签署《东盟安全共同体行动计划》，为实现"东盟安全共同体"而制订合作计划。在维护地区安全与稳定方面，东盟与世界各国的合作日益加强。2006年东盟论坛的规模扩大到10个成员国和其他16个国家和组织，主要由中国、朝鲜、韩国、日本、蒙古、印度、巴基斯坦、巴布亚新几内亚、俄罗斯、澳大利亚、新西兰、加拿大、美国和欧盟、东帝汶、孟加拉国组成。论坛的议题也扩大到柬埔寨问题、东南亚无核区、核不扩散问题、朝鲜半岛问题、伊拉克问题、伊朗核问题、中东和平进程、裁军，以及毒品、恐怖主义和跨国犯罪、地区灾害管理、能源安全等地区安全问题。2006年5月，东盟举行首届国防部长会议，就地区安全问题共商对策，并与巴布亚新几内亚、中国、日本、印度、巴基斯坦、韩国、俄罗斯、新西兰、澳大利亚、蒙古等国家签署《东南亚友好条约》。7月，法国也在第39届东盟外长会议上宣布同意签署该条约。

年内，东盟继续加强在打击国际恐怖主义和跨国犯罪活动、促进本地区安全方面的合作。4月26～28日，在中国北京举行第四届东盟地区论坛反恐与打击跨国犯罪会间会，就加强亚太地区反恐及打击跨国犯罪合作提出多项建议。5月9日，在马来西亚吉隆坡举行首届东盟国防部长会议，就地区安全、反恐和打击海盗对策、灾难的应急与救援等合作议题进行磋商。7月24～27日，在马来西亚吉隆坡先后举行第39届东盟外长会议、东盟与中日韩10+3外长会议、东盟地区论坛外长会议、东盟与对话国外长扩大会等系列会议，就朝鲜半岛问题、伊朗核问题、伊拉克重建问题、巴以和谈等世界热点问题，以及打击国际恐怖主义和跨境犯罪、防治艾滋病和传染性疾病、应对紧急事件、能源安全等进行交流，提出合作方案。2007年1月13日举行第12次东盟领导人会议，通过并签署东南亚地区第一份反恐公约——《东盟反恐公约》，强调加强在反恐问题上的地区协调与合作，以遏制一切形式的恐怖行为。东盟领导人还决定扩大在海啸、地震等自然灾难管理、海事安全等方面的合作。在打击跨国犯罪和恐怖主义方面，东盟也加强与对话伙伴的合作。5月23日，在华盛顿举行的第19届美国—东盟对话，决定在打击国际恐怖主义、毒品和人口贩卖、非法武器走私、洗钱等跨国犯罪方面进行信息共享、交换训练、加强法律建设等方面加强合作；美国支持东盟加强与现有地区和国际机构在人员、机构方面的合作，以有效打击恐怖主义和跨国犯罪。7月27日，东盟与加拿大在第13届东盟地区论坛上签署合作打击国际恐怖主义的联合宣言。新西兰也主动建立亚洲安全基金，用于打击国际恐怖主义。

东盟与中国在非传统领域的执法合作不断得到加强，双方执法部门高层互访和人员交流不断增多，在情报信息交流、禁毒、打击跨境犯罪、维护边境治安等方面进行了富有成效的合作。2006年8月29～30日，东盟与中国海上执法合作研讨会决定双方将建立有效的海上执法合作机制，联合打击海上跨国犯罪，共同维护海上安全与稳定。在11月举行的东盟—中国建立对话关系15周年纪念峰会上，中国与东盟国家领导人决定在非传统安全领域加强合作，东盟愿与中国协力打击贩毒、贩卖妇女儿童等跨国犯罪活动。

东盟经济一体化提速

面对印度和中国的经济崛起，东盟希望加强集体竞争力量，加快经济一体化步伐。2007年1月13日，第12次东盟领导人会议签署《到2015年加速建成东盟共同体宣言》称，东盟决心进一步推动经济、政治安全和社会文化领域的合作，提前5年，即在2015年建成东盟共同体。《宣言》在经济合作方面提出加快货物、服务、投资、资金等自由流动，加强能源安全领域合作，并将在2010年率先实行包括农业、橡胶业、木材业、航空业、电子业、电子东盟、渔业、卫生保健业、物流业、纺织业、服装业、旅游业等12个部门的一体化。

东盟自由贸易区建设进展顺利，作用逐渐显现。至2006年8月，原东盟六国CEPT减税清单中99.77%的产品关税降至0～5%，65.09%的产品实现零关税，CEPT平均关税从1993年的12.7%下降到1.74%。柬埔寨、老挝、缅甸和越南等新成员国90.96%的产品纳入CEPT减税清单，其中76.86%的产品关税减至0～5%。为此，东盟在8月21日举行的第20届自由贸易区理事会议上认为，削减关税只是东盟建设自由贸易区、实现一体化的主要任务之一，东盟在建设自由贸易区方面还应进一步削减非关税壁垒、协调原产地规则、建立东盟投资区、完成东盟工业合作计划、统一东盟产品质量标准、建立电子东盟等。随着东盟自由贸易区建设的推进，东盟贸易也得到较大的增长。2005年东盟的贸易总额达到1.23万亿美元。其中，出口额6460亿美元，进口额5797亿美元，分别比2004年增长13.5%和15.4%，东盟内部贸易占贸易总额的比例达到25%。

东盟投资区建设取得进展。2006年第一季度，外资进入东盟总额达到14亿美元，比上年同期增长90%，投资领域也在金融及相关服务业、贸易与商业、制造业、服务业等领域的基础上有所扩大。2006年8月，第九届东盟投资理事会会议签署《服务领域（制造业、农业、渔业、林业、矿业等）的临时例外清单和敏感产品清单》，决定进一步放宽投资条件，加强与私人部门和对话伙伴的合作，以吸引更多的外国直接投资。

金融合作日益加强。2006年4月4~5日，东盟在柬埔寨举行第10届财长会议，决定加强能力建设和基础设施建设，进一步整合东盟的金融储备市场，欢迎越南、柬埔寨等新成员国发展其资本市场。5月5日，东盟与中、日、韩13国财长在印度海德拉巴签署研究创立"区域货币单位"的计划，同意建立一个金融应急系统，以推进东亚的金融合作。11月18日，在新加坡相继举行第16次东盟银行大会与第35届东盟银行理事会会议，探讨东盟及与对话伙伴在银行业与金融方面的合作与发展。

电子东盟的建设有效推进。2006年9月14~19日，东盟分别在文莱举行第七届通信与信息技术（ICT）高官会议、东盟与对话伙伴ICT高官会议和第六届通信与信息技术部长会议，通过《文莱行动计划》和东盟ICT中心2006~2007年工作计划。会议同意建立电子东盟青年论坛和电子东盟商务委员会，以支持电子东盟的建设，并决定与对话伙伴国在通信信息技术方面加强合作。4月21日，第二届东盟—中国电信周和东盟—中国电信论坛在马来西亚槟城举行，双方同意加快大湄公河次区域信息高速公路的建设，并在此基础上研究建立信息高速公路的可能性；推进通信在农村的普及和扩大在电子商务、电子政务、本地区电信标准、电信设备认证等方面的研究。9月19日，首届东盟与中国通信与信息技术部长会议举行，会议决定在信息高速公路、农村通信信息基础设施建设、宇航服务、网络和信息安全、贸易与投资便捷化、人力资源开发等领域加强双边合作。

次区域合作逐步加强。自20世纪90年代以来，东盟次区域经济合作相当活跃，新加坡、马来西亚柔佛和印度尼西亚的廖内岛等组成的"新柔廖增长三角"（又称东盟南增长区），印度尼西亚、马来西亚、泰国相邻部分组成的"东盟北增长三角"，文莱、印度尼西亚、马来西亚和菲律宾相邻部分组成的东盟东增长区，大湄公河次区域，柬埔寨—老挝—越南组成的发展三角区等次区域经济区的合作与发展日渐加强并取得成效。2006年，各次区域经济区合作均得到加强。5月，第二届文莱—印度尼西亚—马来西亚—菲律宾东盟东增长区和达尔文对话在澳大利亚达尔文举行，会议同意有效执行《东盟东增长区发展路线图（2006~2010年）》的相关计划，在简化产品关税、移民、检疫、安全的相关法律法规方面共享和交换信息，为东盟东增长区的发展提供良好环境。6月5日，首届东盟东增长区交通部长会议在文莱举行，部长们鼓励公私部门投入更多资金用于东增长区的基础设施建设，建立海陆空交通设施和服务网络，从而推促进东盟东增长区的经济和社会发展。2007年1月12日第12次东盟领导人会议期间，马来西亚、菲律宾、印度尼西亚和文莱领导人举行第三届东盟东增长区领导人会议，呼吁东盟私人部门积极参与东盟东增长区建设，建议亚洲发展银行设立东盟东增长区发展基金，以支持东增长区企业、商业和投资的发展。年内，大湄公河次区域合作取得进展。8月，澜沧江—湄公河航运合作启动《改善柬老缅越内河航道发展研究》项目；12月，中国与东盟澜沧江—湄公河国际航运合作研讨班成功举办，与会各方决定进一步提高澜沧江—湄公河的航运能力。

旅游合作更为紧密。1月16日，东盟在菲律宾达沃举行第九届旅游部长会议和旅游论坛，并在此期间与中、日、韩举行第五届10+3旅游部长会议，决定加强旅游宣传，创新旅游产品，改善旅游网络，建立一个东盟单一签证机制，以加快东盟旅游业一体化步伐。7月，第39届东盟外长会议签署东盟成员国旅游免签证框架协定。2006年，东盟游客接待量超过5600万人次，比上年增加8%，其中盟内跨国旅游占近半数。

能源合作得到进一步重视。面对国际石油价格不断上涨的形势，东盟内部以及与对话伙伴在能源安全方面的合作进一步加强。2006年7月27日，第24届东盟能源部长会议决定增加投资，加强基础设施，促进能源生产，提高能源的有效利用程度，发挥东盟资源优势开发可再生能源，以确保东盟地区能源供应的稳定。在紧接着举行的第三届东盟与中、日、韩能源部长会议上，决定将共同实施能源储备计划，开发可再生能源，交流技术和经验，发展电力，以确保东亚的能源安全与稳定。2007年1月15日在第二届东亚峰会上，东盟10国与中国、日本、韩国、印度、澳大利亚、新西兰的国家元首或政府首脑签署《东亚能源安全宿务宣言》，并提出东亚地区能源合作的具体目标和措施。

农林合作也得到加强。2006年11月16~17日，东盟在新加坡举行第28届农业和林业部长会议和第六届东盟与中、日、韩农业与林业部长会议，决定在农业林业方面加强东盟成员国之间以及与中、日、韩3国的合作，加强在扩大农产品市场、制订农药的最高残留量标准、粮食储备、食品安全、信息交流、打击非法砍伐森林和木材贩运以及禽流感防控等领域的合作。

东盟社会文化合作

文化教育方面合作 东盟自提出建立社会文化共同体以来，文化教育方面合作交流不断加强。2005年12月，第11次东盟领导人会议决定每年在东南亚教育部长组织理事大会之后举行东盟教育部长会议。

2006年3月21~23日，首届东盟教育部长会议和第41届东盟教育部长组织理事大会在新加坡举行。会议同意增加东盟国家青年、学生的双边和多边交流，共享教育资源，在语言教育、职业技术教育、选拔培训学校领导等方面加强合作，以推进东盟社会—文化共同体的建设。文化教育合作还通过东盟与中、日、韩10+3的方式进行加强。从2003年起，东盟与中、日、韩3国每年举办东盟10+3文化部长会议，探讨文化合作。2005年8月，第二届东盟与中、日、韩文化部长会议期间，东盟与中国签署《文化合作谅解备忘录》，推进与中国在文化教育方面的合作与交流，这也是中国与区域组织签署的第一个有关文化交流与合作的官方文件。2006年8月8~10日，东盟—中国青年论坛在中国云南举行，双方以此作为青年在文化教育等方面开展合作交流的平台。9月和10月，东盟与中国先后举行文化产业论坛和第二届舞蹈论坛，探讨国与国之间的文化合作问题。10月30日，东盟—中国建立对话伙伴关系15周年纪念峰会在中国南宁举办，在国家领导人签署的联合声明中提到：要鼓励扩大双方教育机构间的合作，加强青年交流，设立中国—东盟名誉奖学金，加强学术交流以及国会议员和民间社会的交流等，决定进一步推进东盟与中国在文化教育领域的合作。2007年1月14日，第10次东盟与中、日、韩领导人会议也鼓励加强相互间的文化交流。

科技合作　2006年8月28日，第四届东盟科学与技术部长非正式会议签署《东盟科技行动计划(2007~2011年)》，确定在生物工艺、纳米技术、通信、灾害管理、科学研究与试验发展(R&D)项目、科技领域的人力资源开发等方面加强成员国间以及与对话伙伴的合作；扩大东盟科技基金，帮助新成员国的科技发展，以缩小东盟成员国间的发展差距。8月29日，东盟与中、日、韩科技部长非正式会议决定，加强13国在生物燃料、中医、新能源、新出现的传染性疾病研究网、灾害管理、科技人力资源开发等方面的合作。在随后举行的东盟—澳大利亚、新西兰科技部长非正式会议和东盟—印度科技部长非正式会议上，均探讨了东盟与上述对话伙伴的科技合作问题。11月6日，东盟和印度科技高官在新德里举行第12届东盟—印度技术高峰会议和技术论坛，决定进一步扩大双方在科技领域的合作。

环境保护合作　5月18日，东盟启动2006环境年活动。10月13日，举行东盟跨境烟雾污染次区域部长会议，商讨应对烟雾污染的对策，并成立东盟跨境烟雾污染次区域部长会议执行委员会，以便监督处理跨境烟雾污染问题。11月9日，首届东盟关于跨境烟雾污染次区域部长执行委员会会议在菲律宾宿务举行。会议探讨如何加强合作减少和消除跨境烟雾污染。11月10日，东盟第10届环境部长会议签署《可持续发展宿务决议》，决定加强预防、监视、采取措施处理陆地和森林火灾，有效解决非法贩运野生动物和非法砍伐森林活动。11月11日，东盟与中、日、韩环境部长会议举行，会议就在10+3机制下深入开展环境合作交换意见。

灾害预警机制和信息交流合作　近年来，东南亚地区自然灾害频仍，SARS、禽流感、登革热等传染性疾病流行，给东盟国家造成严重损失。为应对灾害等突发事件，东盟国家在预警机制、信息交流等方面加强合作。2005年7月26日，东盟第38届外长会议签署《东盟灾害控制和应急反应协议》，决定在应对灾害方面加强合作。2006年5月印度尼西亚发生严重地震，东盟成员国立即成立救援小组，帮助印尼灾区人民重建家园。此外，东盟成员国还开展一系列多国救灾演习和灾害管理知识宣传活动。10月11日，东盟成员国纷纷组织灾害管理日和国际减灾日活动。东盟与对话伙伴在救灾减灾方面的合作也得到加强。2006年9月18~20日，东盟举行第六次东盟地区论坛救灾会间会，探讨开展救灾合作的重点领域与实施方式，中国向会议提交了《东盟地区论坛救灾合作指导原则》(草案)，为东盟地区论坛下一步合作奠定基础。11月16日，东盟第28届农业和林业部长会议在新加坡举行。会议决定加强动物疾病控制计划，签署《关于设立东盟动物健康责任基金的协定》，执行东盟动物健康和疾病控制计划；还通过《控制和根除禽流感的地区框架协定》，以增强相互理解，共享抗击禽流感的经验；执行《东盟关于野生动植物贸易的地区行动计划》，完善于2005年12月建立的东盟野生动物法律执行网络，加强成员国政府与公众社会、私人部门之间的合作。东盟还通过在11月17日举行的第六届东盟与中、日、韩农林部长会议，决定双方在禽流感防控等方面加强合作。

消除贫困及保障妇女儿童、劳工权益的合作　2006年5月6日，以雇工安全与健康——确保本地区劳工安全、健康与幸福为主题的第19届东盟劳工部长会议举行。会议决定建立东盟共同的劳动规则和劳工政策，为吸引更多的外国投资和进行经贸往来提供条件。在随后举行的第五届东盟与中、日、韩劳工部长会议上，东盟与中、日、韩13国决定在减少地区贫困、确保经济公平发展等领域加强合作，以促进地区经济与社会的和谐发展。为保障海外劳工的权益，在2007年1月举行的第12次东盟领导人会议上，领导人一致通过《关于保护海外劳工权益宣言》，提出保护海外劳工的基本原则。这个《宣言》也是东南亚地区第一份有关劳工保护的文件。在妇女儿童发展问题上，东盟加强与中国的交流交往。2006年9月25日，第二届东盟与中日韩10+3区域扶贫高层研讨会在北京举行。研究会就如何消除地区贫困、缩小成员国间的发展差距、建设和谐东亚等问题进行交流。11 月 1 日，首届东盟—中国妇女论坛在中国南宁举行，会议以“加强妇女合作，促进共同发展”为主题，探讨妇女发展问题，签署《中国—东盟妇女论坛宣言》，鼓励妇女在各国发展中充分发挥作用。

东盟与亚洲国家的合作

亚洲金融危机以后，东盟更注重加强与亚洲邻国的合作，尤其是发展与东亚国家的友好关系，以 10 +3 的方式每年举行一次与中国、日本、韩国以及分别与中国、日本、韩国、印度领导人的非正式会晤，以加强东盟与东亚国家在经济、政治、安全、社会等领域的合作。

2007 年 1 月 15 日，第二届东亚峰会在菲律宾宿务成功举行。东盟 10 国和中国、韩国、日本、印度、澳大利亚、新西兰的领导人就东亚的能源安全、金融、教育、禽流感、减灾管理等问题进行磋商，签署并发表《东亚能源安全宿务宣言》，加强东亚能源安全的合作。在大东亚合作机制以外，东盟与中、日、韩的 10 +3、10 +1 合作继续加强。2007 年 1 月，第 10 次东盟与中、日、韩领导人会议举行，各国领导人表示继续坚持 10 +3 合作在东亚合作中的主渠道地位，并实行开放的地区主义，使 10 +3 机制与东亚峰会相互补充，并行不悖，共同促进本地区的共同发展与繁荣。东盟与中国、日本、韩国在 10 +3 框架下还设有外交、财政、经贸、农业与林业、劳工、旅游、交通、环境、打击跨国犯罪、社会福利与发展、健康、能源、信息通信、文化、科技等部长级会议，在地区安全、区域经济发展、交通便捷化、旅游、打击跨国犯罪、卫生与健康、信息通信、能源、环境保护、劳工、青年教育、文化等领域进行交流与合作，东亚合作步入机制化。

与中国的合作发展迅速。东盟自 2000 年与中国确定建立中国—东盟自由贸易区目标以后，双方的合作发展迅速。2002 年，双方签署《全面经济合作框架协议》，发表《南海各方行为宣言》。2003 年，中国加入《东南亚友好合作条约》，并发表《中国与东盟面向和平与繁荣的战略伙伴关系联合宣言》。2003 年 10 月 1 日，中国与泰国水果蔬菜贸易实现零关税。从 2004 年 1 月 1 日起，中国—东盟自由贸易区 500 多种产品开始降税。2004 年 11 月，第八次东盟与中国领导人会议签署《中国—东盟全面经济合作框架协议货物贸易协议》、《中国—东盟争端解决机制协议》，双方关系更为稳固。2005 年，中国与东盟全面启动自由贸易区降税进程，大约 7000 种产品将逐步实现零关税。2006 年 12 月 8 日，中国—东盟经贸部长会议签署《〈中国与东盟全面经济合作框架协议〉第二次修订协议书》和中国—东盟自由贸易区《〈货物贸易协议〉修订协议书》，解决了《中国—东盟全面经济合作框架协议》和《货物贸易协议》中的遗留问题，包括中国—菲律宾早期收获计划、中国—印度尼西亚修改早期收获计划特定产品清单、中越货物贸易协议等内容。2007 年 1 月，东盟与中国签署自由贸易区服务贸易协议，协议从当年 7 月起实施。协议表明，中国将在环保、建筑、商务、体育与运输等五大服务部门、26 个领域向东盟成员国作进一步的市场开放，以扩大双方经贸往来。与此同时，东盟也分别在教育、旅游、建筑、金融等领域向中国开放，允许对方设立独资或合资企业，并放宽设立公司的股份限制等。在贸易方面，中国与东盟 2006 年双边贸易额达到 1608.4 亿美元，比 2005 年增长 23.4%，贸易额占中国对外贸易总额的 9.1%。其中，中国对东盟出口额 713.1 亿美元，增长 28.8%；中国从东盟进口额 895.3 亿美元，增长 19.4%。东盟成为中国的第四大贸易伙伴、第五大出口市场和第四大进口来源地。中国与东盟还在外交、经济、交通、海关、总检察长、青年事务等建立部长合作机制，推进金融、农业、交通、信息通信、公共卫生、人力资源、教育、旅游、文化、科技、民间交往等领域的合作。在地区和国际事务方面，双方共同推进东盟与中、日、韩 10 +3 合作以及东盟地区论坛、亚洲合作对话、亚太经合组织、亚欧会议、东亚峰会等区域和跨区域合作机制的健康发展，在联合国、世界贸易组织等国际组织中也相互理解、支持与配合。

与日本的合作继续加强。日本是东盟国家的主要投资来源国、主要贸易伙伴和最大的援助国。2006 年，日本参加所有的东盟与中、日、韩 10 +3 部长会议以及与东盟的 10 +1 领导人会议，探讨 10 +3、10 +1 各领域的合作问题，推进双方在经济、安全、能源、环境等领域的合作。近两年来，东盟与日本的经济关系有较大发展。2005 年，日本与东盟双边贸易额取得 7.9% 的增长，总额从 2004 年的 1433 亿美元增加到 1546 亿美元；日本对东盟的投资额也从 2004 年的 31.2 亿美元增到 31.6 亿美元。

与韩国的合作不断推进。东盟与韩国于 2003 年 10 月决定开展有关签订双边自由贸易协定的民间研究。2004 年 11 月，东盟—韩国领导人会议签署《东盟与韩国全面合作伙伴关系联合宣言》，并制订执行《联合宣言》的行动计划。2005 年，韩国与东盟双边贸易额达 500 亿美元，比 2004 年增长 15%。2006 年，东盟—韩国开始自由贸易谈判进展。5 月 16 日，除泰国以外的东盟 9 国与韩国在菲律宾马尼拉签署《东盟与韩国全面经济合作框架协定的货物贸易协议》，削减双边贸易的商品关税，计划在 2012 年前建立东盟—韩国自由贸易区。根据双方达成的协议，东盟和韩国将在 2010 年底前分别取消 90% 的进口商品关税，在 2016 年底前将 7% 的进口商品关税降至 5% 以下，其余 3% 的进口商品列入敏感性商品目录（主要是农产品）。8 月 24 日，东盟与韩国经济部长举行第四轮磋商,决定进一步推进东盟与韩国自由贸易区的建设。

与印度的合作步伐加快。东盟与印度自从进行双边自由贸易区的谈判以来,双边贸易额不断增长,2005年达到231亿美元,比2004年的176亿美元增长了30.4%。2006年8月24日,东盟—印度经济部长举行第五轮磋商,讨论东盟—印度自由贸易区问题。双方同意东盟成员国可以分别提供给印度单独的敏感产品清单,印度则可以向东盟提供一个共同的单一的敏感清单。11月6日,双方在印度新德里举行第12届技术高峰会议和技术论坛,会议发表的科学技术合作主席声明表示,东盟与印度将在生物工艺、医药、食品安全、知识产权保护、科学知识普及、人力资源能力培训、科技发展基金建立等方面加强合作,以提升双方的科技能力,促进各自经济和社会的发展。2007年1月14日,双方在菲律宾宿务举行第五次领导人会议,探讨深化双边合作问题。

东盟与亚洲外国家和国际组织合作

东盟与俄罗斯的合作　东盟与俄罗斯在2005年12月举行首届领导人会议后,双方依据签署的双边经贸合作行动计划,在政治、安全、经济和社会发展领域的合作进一步加强。2006年6月22日,第四届俄罗斯—东盟联合计划管理委员会会议在莫斯科举行,会议讨论双方开展广泛合作的相关问题,尤其关注《促进东盟与俄罗斯全面合作伙伴关系的行动计划(2005~2015年)》的实施和在马来西亚签署的经济与发展协议中各种项目的实施情况;签署《关于俄罗斯—东盟合作委员会和对话伙伴基金的草案》,并同意将草案提交东盟—俄罗斯合作委员会审定。为纪念俄罗斯与东盟建立伙伴关系10周年,双方还分别在莫斯科和东盟国家开展一系列纪念活动。2006年7月27日,东盟与俄罗斯外长会议决定进一步加强双方在各领域的合作。

东盟与澳大利亚、新西兰合作　澳大利亚在2005年12月10日加入《东南亚友好条约》后,2006年4月向东盟发展基金提供1300万澳元的援助。2004年东盟—澳大利亚、新西兰自由贸易谈判启动后,双边经贸关系不断发展。2005年双边货物贸易额增加到355.6亿美元,比上年增长23%。2006年7月27日,东盟分别与澳大利亚、新西兰举行10+1外长会议,东盟欢迎新西兰主动建立亚洲安全基金用于打击国际恐怖主义。会议期间,东盟与新西兰还制订双方未来合作的框架计划(2006~2010年),以增强政治、安全、经济和社会文化等领域的合作。8月25日,东盟与澳大利亚、新西兰举行第11次东盟—澳、新经济部长磋商会。会议声明指出,东盟—澳、新自由贸易区谈判已进入实质性阶段,双方开始讨论自由贸易协定各项条款的具体内容,其中包括经济合作和市场准入的细则等,并希望谈判能在2007年完成。

东盟与美国的合作　东盟与美国基于双方在地缘政治、经济利益的相互依存,近两年来双方的合作不断加强。在经贸关系方面,美国仍是东盟最大的外来投资来源和主要贸易伙伴,双边贸易额从2004年的1360亿美元增加到2005年的1529亿美元。2006年,双方合作向更大范围拓展。5月23日,东盟与美国在泰国曼谷举行对话会,会议表示:2007年是双方建立对话伙伴关系30周年,双方将探索设立一个类似于东盟与日本、中国的10+1高峰论坛;希望通过谈判完成东盟—美国贸易与投资协定的拟订;决定在打击国际恐怖主义、跨国犯罪活动以及能源安全、禽流感防治等方面扩大合作。7月27日,美国国务卿赖斯和东盟成员国外长签署《实施加强东盟—美国伙伴关系的行动计划(2006~2011年)》,计划在5年内推进各方面的合作。8月25日,东盟经济部长与美国贸易代表签署《落实加强东盟—美国伙伴关系的行动计划的框架文件》,全面增进双方政治、经济及社会关系的合作。文件还决定成立一个贸易与投资联合委员会,以执行该协议及其工作计划。双方还决定建立一个正式对话机制来处理双边问题,协调两地区和多边的贸易关系。11月17日,东盟与美国发表推进东盟—美国伙伴关系的《联合声明》,将双方合作集中在政治、安全、经济、卫生、奖学金、信息和电子技术、交通、能源、灾害管理、环境管理等领域。此外,美国还与新加坡签订了双边自由贸易协定,并就自由贸易协定与泰国进行正式谈判。

东盟与欧盟的合作　2006年7月27日,东盟在外长会议期间与欧盟举行10+1外长会议。东盟感谢欧盟在东盟执行《万象行动计划》方面给予的援助,并计划于2007年召开第16届东盟—欧盟部长会议,推进双边合作。会议同意在2007年举行东盟—欧盟对话伙伴30周年纪念活动;同时欢迎欧盟准备加入《东南亚友好合作条约》。

东盟与国际组织的合作　在与联合国合作方面,东盟加强与联合国在灾害管理、环境保护、地区安全、保护妇女儿童权益、打击跨国犯罪活动和国际恐怖主义、禁毒、健康与卫生等领域的合作。2006年6月8日,东盟与联合国东亚和东南亚妇女发展基金会签署合作框架协议,双方决定合作执行相关决议,以在本地区消除针对妇女的暴力、歧视。在与其他国际组织和非政府组织合作方面,2006年1月18日,东盟与世界经济组织秘书处(ECO)签署谅解备忘录,决定在贸易与投资、毒品控制、旅游、发展中小型企业、科技等领域加强两个组织成员国之间的合作,并决定每年举行一次磋商或在必要的时候举行会谈,商讨双边合作问题。在与亚太非政府组织合作方面,东盟主要是在艾滋病防治方面开展合作。5月9日,东盟举行艾滋病控制协商会议。亚太非政府组织中的亚太艾滋病协会、亚太艾滋病服务组织理事会、亚太 PWLHA 网、亚太彩虹、亚洲减灾网、亚太性工作网等参加会议,并积极与东盟探讨艾滋病防治的合作问题。11 月 16 日亚太经合组织(APEC)首脑非正式会议期间,东盟秘书处发表声明说:东盟愿与 APEC 成员加强经济合作,缩小东盟与 APEC 成员间的发展差距,促进本地区经济发展与区域经济一体化。

年 度 要 闻

东盟旅游合作新措施取得成效

2006 年 1 月 16 ~ 17 日,第九届东盟旅游部长会议和 2006 年东盟旅游论坛在菲律宾达沃举行。会议决定在以下方面加强东盟的旅游合作:一是加大在旅游方面的媒体宣传力度,交流旅游影视资料,进一步开发东盟特色旅游资源,创造旅游新产品,改善东盟旅游网络,以吸引更多游客到东盟旅游。二是决定建立一个东盟单一签证机制,以加速东盟旅游业一体化的步伐。此前,东盟绝大多数成员国相互间都签有双边的免签证协定。2006 年 7 月,东盟外长会议正式签署东盟成员国旅游免签证框架协定,把各成员国的旅游免签双边协定合成统一的协定,允许东盟成员国居民在没有签证的情况下访问另一成员国,期限多达两周。部分东盟新成员仍保持例外政策,如:老挝要求除柬埔寨、马来西亚、越南和新加坡以外的其他国家游客必须获签证才能到访;缅甸不允许任何国家包括东盟国家免签到访;越南与除柬埔寨和缅甸外的其他成员国签署免签证协定,这些成员国的公民可免签证访问越南长达 30 天。三是促进交通网络发展,改善东盟内部之间以及东盟与外部的航线,尤其是中等城市的航线,为旅客提供方便。四是在旅游产品开发上建立东盟标准,确保质量。旅游合作新措施的出台大大推动东盟内旅游,2006 年东盟旅客接待人数超过 5600 万人次,比上年增长 8%,其中近 50% 游客在东盟内跨国旅游。

首届东盟教育部长会议

2006 年 3 月 21 ~ 23 日在新加坡举行。会议根据 2005 年 12 月第 11 次东盟领导人会议决定与第 41 届东盟教育部长组织理事大会一起举行,除东盟各成员国教育部长外,东盟秘书长、东南亚教育组织秘书处主任以及东南亚教育组织成员教育部高官也一同与会。与会部长们对教育在增强地区稳定和构建东盟社会—文化共同体,增加本地区文化、宗教及各民族间相互了解等方面起到的作用达成共同认识。基于各国不同的社会文化特色,部长们同意在东盟文化管理和民族文化多元化方面交流经验;增加东盟国家青年、学生的双边和多边交流并决定在 3 个领域加强合作:由东盟秘书处与东盟各成员国、东南亚教育部长组织共同编制东盟书籍作为东盟国家学校的读物,共享教育资源;开展各种活动促进师生交流,以增强东盟的同一性;在语言教育、职业技术教育、选拔培训学校领导等方面加强合作等,以推进东盟社会—文化共同体的建设。

东盟大力推进财政金融合作

2006 年东盟各成员国以经济一体化为先导,积极推进财政金融方面的合作。4 月 4 ~ 5 日,东盟在柬埔寨举行第 10 届财长会议,就东盟经济、资源开发、经济一体化进程等问题进行交流。部长们对东盟银行体制和金融市场不受国际油价上涨因素影响而取得可喜进展,以及金融业私人领域强劲增长的发展趋势表示满意。决定进一步整合东盟的金融储备市场,欢迎越南、柬埔寨等新成员国发展其资本市场,以加强地区金融合作和加快一体化进程。此外,还决定近期优先发展以下方面:利用东盟资源优势大力吸引外国直接投资;制订相关政策鼓励私人领域开发东盟金融产品,以深化东盟投资市场的一体化;推进东盟金融部门的自由化;加强能力建设和基础设施建设等,以增强东盟的竞争力。5 月 5 日,东盟 10 国参加在印度海德拉巴举行的亚行第 39 届年会时与中、日、韩举行 13 国财长会议,签署研究创立区域货币单位的计划,决定成立由 13 国金融市场专家学者组成的研究机构,探索创立"区域货币单位"的步骤,评估 13 国的货币将来能否像欧元一样发展成亚洲共同货币。与会部长同意进一步推进《清迈协议(CMI)》的有效执行,发展东亚各国的债券市场(年内 CMI 整体规模为 750 亿美元,几乎达到一年前的两倍);同意建立一个金融应急系统应对紧急金融问题,如当一国遇到问题时只需向该集团内的一个债权国提出要求,就可同时启动几个双边货币互换协议,以节省该国应变的时间;同意进一步研究发行有资产支持且由亚洲一揽子货币计价的债券,以及以本币计价的跨国债券,以推进东亚的金融合作。11 月 18 日,第 16 次东盟银行大会与第 35 届东盟银行理事会会议先后在新加坡举行,东盟 10 国的 180 个银行代表出席会议,与会代表围绕"统一与一体化"主题,共同探讨东盟以及东盟与其对话伙伴在银行业与金融方面的合作。

东盟与中国加强通信领域合作

2006 年 4 月 21 日,第二届中国—东盟电信周和中国—东盟电信论坛在马来西亚槟城举行,东盟各国和中国的电信部长就双方在通信领域的合作进行交流,发表联合声明,重申网络和信息对国家的发展至关重要,中国和东盟将继续加强在信息产业领域的战略伙伴关系，为本地区的发展和繁荣作贡献。部长们同意在年内研究制定中国—东盟网络和信息安全应急反应协调框架，并举行考察访问、通信与信息技术研讨会等10多项交流活动，以推进双方在信息产业领域的合作；同意加快大湄公河次区域信息高速公路的建设，并在此基础上研究建立中国—东盟信息高速公路的可能性；扩大通信在农村地区的普及；加强在电子商务、电子政务、地区电信标准、电信设备认证等方面的研究；加强在网络办公方面诸如网络和信息安全、国际费用协调等方面的合作，以促进地区贸易、投资、后勤服务的发展。7月，中国第一次参加在缅甸举行的东盟电信协调理事会会议，双方就电信地区协调机制增加共识。

第四届东盟地区论坛反恐与打击跨国犯罪会议

2006年4月26～28日在中国举办。会议是由中国与文莱共同组织的会间会，东盟地区论坛25个成员国的外交、公安等部门官员出席会议。与会代表就国际和地区反恐形势、恐怖主义产生的根源，以及反恐战略与措施等议题充分交换意见，一致认为：国际恐怖活动近年来呈现本土化、分散化、高科技化的新特点，为各国反恐带来更多挑战，各国应在努力增强自身应对能力的同时积极支持并参与相关国际和地区的合作。会议指出，恐怖主义的产生涉及政治、经济、文化等复杂因素，反恐须标本兼治，综合治理，应遵循《联合国宪章》和国际法基本准则，推动经济共同发展，促进文化的交流与融合，实现共同进步。会议充分肯定东盟地区论坛在反恐等非传统安全领域开展对话合作所取得的成绩，并就加强亚太地区反恐及打击跨国犯罪合作提出多项建议。

第19届东盟劳工部长会议

2006年5月6日在新加坡举行，东盟成员国的劳工部长和东盟秘书处代表参加。会议围绕“雇工安全与健康——确保本地区劳工的安全、健康与幸福”的议题开展。部长们认为东盟劳工部长会议为东盟建立共同的劳动规则和劳工政策，吸引更多外国投资和经贸往来提供了交流的平台。会议主持者新加坡劳工部长提出使东盟2亿劳工拥有更安全的劳动条件的建议：东盟劳工应掌握新的技能，企业要建立稳定的劳动关系，从而确保本地区经济的持续发展。

首届东盟国防部长会议

2006年5月9日在马来西亚吉隆坡举行，东盟成员国的国防部长和东盟秘书处代表与会。这是东盟成立近40年来各成员国的国防部长首次就地区安全问题聚首共商对策。各国部长在会上重申东盟安全共同体的目标是将东盟的政治和安全合作提升到更高的阶段，确保东盟各国彼此之间以及与世界其他国家和平相处；一致同意今后将每年举行一次东盟国防部长会议；计划设立一个包括中、日、韩三国在内的东盟10＋3国防部长会议。各方还就反恐和打击海盗对策、灾难的应急与救援、防治禽流感等恶性传染病扩散等合作议题展开磋商。会后发表的联合声明称将在2020年前建立旨在和平解决地区安全问题的东盟安全共同体。

2006年5月9日首届东盟国防部长会议上，各国国防部长一致同意，将共同努力在2020年前建立旨在和平解决地区安全问题的东盟安全共同体。图为马来西亚政府总理巴达维与印尼国防部长握手。

东盟东增长区合作快速推进

2006年5月22～25日，第二届文莱—印尼—马来西亚—菲律宾东盟东增长区和达尔文对话会在澳大利亚达尔文举行。东盟东增长区4国以及东盟东增长区商务理事会、东盟东增长区促进中心、亚洲发展银行、东盟秘书处、德国技术合作中心和澳大利亚北部地区的官员与会。会议代表同意采取以下措施促进东盟东增长区的合作与发展。一是在简化产品关税、移民、检疫、安全领域相关法律法规方面共享和交换信息；二是东盟北部地区为东部增长区加强检疫能力建设提供技术帮助；三是成立一个技术机构，与私人领域探讨消除次区域烟雾污染的合作问题；四是有效执行《东盟东增长区发展路线图(2006～2010年)》相关规定。会议决定大力发展东盟东增长区与北部地区的旅游经济，提出的近期措施包括：同意连接东盟东增长区的网络，在开发东盟东增长区旅游产品方面交换信息，在东盟东增长区和北部地区开展亲密旅游活动，鼓励私人领域参与东盟东增长区建设。随着东盟东增长区合作的进一步推进，贸易与投资获得较快增长，增长区建设也得到区内外国家的支持。6月，澳大利亚政府决定提供270万澳元，帮助东盟东增长区推进安全、基础设施等方面的发展。

东盟可再生能源合作加强

石油的不可再生性使东盟多数成员国开始研究和制定石油替代战略，加强可再生能源合作。从2006年下半年起，新加坡开始为柴油动力汽车提供由用过的食用油制成的生物柴油燃料研究。7月27日，东盟在老挝万象举行第24届能源部长会议，对如何加强能源合作、开发可再生能源进行磋商。会议联合声明强调，世界市场油价居高不下威胁着依赖能源进口的东盟地区的经济增长，各成员国应增加投资，促进能源生产，确保能源供应稳定。会议决定，东盟将重视提高能源的有效利用，增加可再生能源的供应比例，以实现未来能源的可持续发展；各国通过加强对再生能源系统的有效扶持，提高可再生能源的生产和使用水平；增加投资以加强可再生能源的研究开发活动；采取有效政策鼓励私人部门参与可再生能源生产。各国部长强调要加强东盟内部的电力贸易合作，并努力争取在下届东盟能源部长会议上签署一项新的东盟石油安全计划和东盟电网谅解备忘录。

东盟重视东亚能源安全合作

2006年7月27日，第三届东盟与中、日、韩能源部长会议在老挝万象举行。会议就开展能源安全和10+3能源安全合作问题交换意见，决定执行能源储备计划，希望菲律宾、印尼、泰国和中国自愿采取措施执行能源储备计划（日本、韩国已建立自己的能源储备项目），以促进本地区的能源安全与稳定。会议还决定合作开发可再生能源，交流技术和经验；发展电力，建立东盟电力网络和能源稳定供给系统，以实现未来能源的可持续发展。2007年1月15日，出席第二届东亚峰会的东盟10国、中国、日本、韩国、印度、澳大利亚和新西兰的国家元首或政府首脑签署《东亚能源安全宿务宣言》，提出东亚地区能源合作的具体目标和措施。《宣言》强调可靠、充足和可持续的能源供应对保持本地区经济的强劲持续发展、增强东盟竞争力至关重要，指出：与会领导人认识到全球矿物能源储量有限，世界石油价格起伏不定，环境和卫生状况正在恶化，东亚有必要制订适合各国国情的能源政策和战略，以实现可持续发展。《宣言》提出，利用可再生的生物燃料和水力资源将成为本地区国家能源政策的一个重要方面，东亚国家将共同努力确保本地区的能源安全与稳定。《宣言》确定一系列具体能源合作目标：改善矿物能源的使用效率和环境效应；通过强化有关能效和节能计划、利用水力、扩大可再生能源系统和生物燃料的生产或利用，以及有兴趣的国家开发民用核能，以减少对传统能源的依赖；营造开放和具有竞争力的地区和国际市场，致力于在各个经济层面提供价格上可承受的能源；通过私营部门的更多参与，寻求和鼓励更多针对能源和基础设施开发的投资。东亚国家将采取一系列措施以实现上述目标，其中包括：推动更为清洁和更低排放的技术，促进煤炭清洁使用、清洁煤技术开发，以实现矿物能源的持续、经济使用；鼓励生物能源的使用；各国自愿设定提高能效的目标，制订相应的行动计划；通过创新融资机制，降低成本，提高可再生和可替代能源的效力；通过对东盟电力网和跨东盟天然气管道等本地区能源基础设施的投资，确保能源的稳定供应；探索战略能源的储备模式；减少温室气体排放，加强旨在减缓全球气候变化的国际环境合作。

第39届东盟外长会议

2006年7月24日在马来西亚吉隆坡举行。与会的东盟10国外长就东盟一体化、东亚地区安全与和平等问题进行磋商，达成集中反映东盟对内加强一体化，对外进一步谋求合作并扩大其国际影响力的发展策略的多个成果性文件。发表的会议联合公报强调加速东盟安全共同体、东盟经济共同体、东盟社会—文化共同体的建设，决定将创建东盟共同体的计划提早五年，即从2020年提前至2015年，从而更早落实东盟共同体的概念。外长们会后签署东盟豁免签证框架协定规定。外长会议十分关注中东局势和朝鲜核问题，呼吁以色列和黎巴嫩冲突有关各方立即停火，希望国际社会和联合国安理会充分发挥作用，监督中东地区实现公正、持久和全面和平。外长们谴责近来发生在中东地区的一切恐怖、暴力和破坏行为，谴责导致无辜平民死伤和财产损失的武装袭击；呼吁以色列应尊重黎巴嫩的主权、领土完整和独立，同时呼吁尽快恢复六方会

2006年7月24日，第39届东盟外长会议、第13届东盟地区论坛以及东盟外长扩大会议相继在马来西亚吉隆坡举行。图为马来西亚总理巴达维与参加第39届外长会议的外长们一起手拉手合影。（原载《吉祥》）

谈,以和平的方式解决朝鲜核问题。

第13届东盟地区论坛

2006年7月24日在马来西亚吉隆坡举行。东盟10国、中国、澳大利亚、加拿大、欧盟、新西兰、美国、俄罗斯、巴布亚新几内亚、东帝汶、巴基斯坦、朝鲜、蒙古、孟加拉、日本、韩国、印度等26个国家或地区参加。会上,新独立不久的东帝汶提出加入东盟的要求,法国也决定签署《东南亚友好合作条约》,美国与东盟决定加强双边各领域的合作。论坛对中东局势和朝鲜半岛核问题表示严重关切,呼吁以色列和黎巴嫩冲突有关各方立即停火,敦促国际社会和联合国安理会发挥作用,监督在中东实现公正、持久和全面和平;呼吁尽快恢复六方会谈,以和平的方式解决朝鲜核问题。

东盟外长扩大会议

在2007年7月东盟外长会议期间,东盟除与中、日、韩举行10+3外长会议外,还分别与对话伙伴中的澳大利亚、新西兰、欧盟、美国、加拿大、俄罗斯的外长或代表举行东盟10+1外长会议(又称东盟外长扩大会议),探讨东盟与这些对话伙伴在政治、安全、经济、社会发展等领域的合作问题,就世界热点问题如朝鲜半岛问题、伊朗核问题、伊拉克重建问题、巴以和谈问题、打击国际恐怖主义和跨境犯罪问题、艾滋病和传染性疾病防治问题、灾害等紧急事件应对问题、能源安全问题等进行双边交流,提出合作方案。上述东盟对话伙伴国一致表示,将与东盟紧密合作,向东盟提供援助,以实现东盟一体化目标。东盟和与会对话伙伴一致认为,双方在能源领域的合作重点是开发和利用各种清洁高效的能源技术,保证有足够的、廉价的能源供应来实现各自经济、社会和环境的发展。会议期间,美国国务卿赖斯和东盟成员国外长共同签署《实施加强东盟—美国伙伴关系的行动计划(2006~2011年)》,推进双方在政治、安全、经济和社会发展方面的合作;东盟与加拿大签署合作打击国际恐怖主义的联合宣言,采纳并希望尽快执行《东盟—加拿大合作计划(2005~2007年)》;东盟与新西兰达成双方未来五年合作计划(2006~2010年),以增进双方在政治、安全、经济和社会文化领域的合作。

东盟环境保护合作日益加强

2006年东盟在环境保护的合作进一步深化。5月18日,2006东盟环境年活动在印度尼西亚茂物启动,活动呼吁各成员国的私人领域、公民社会、非政府组织积极参与本地区的环境保护工作。9月11日,东盟秘书处针对干旱季节易因火灾而造成烟雾污染的问题,发布在干旱季节减少火灾和处理跨境烟雾污染的行动和应对方法,要求成员国密切监视陆地和森林火灾,加强减灾合作。10月13日,东盟在印度尼西亚北干巴鲁举行跨境烟雾污染次区域部长会议,商讨应对烟雾问题的对策。文莱、印尼、马来西亚、新加坡、泰国、印尼的部长,东盟秘书处代表以及印尼相关地方官员参会。会议成立东盟跨境烟雾污染次区域部长会议执行委员会,敦请印尼执行《东盟关于跨境烟雾污染协定》的相关措施,控制因陆地和森林火灾引起的跨境烟雾污染问题。印尼政府希望各国能伸出援手,提供资金和技术帮助。与会成员国中,新加坡、马来西亚、泰国已签署《2002年防止烟害的东盟协定》,印尼和菲律宾尚未签署。11月9日,首届东盟关于跨境烟雾污染次区域部长执行委员会在菲律宾宿务举行会议,探讨合作减少和消除跨境烟雾污染问题。11月10~11日,第10届东盟环境部长会议和东盟与中、日、韩10+3环境部长会议先后在菲律宾宿务举行,与会环境部长们检讨《万象行动计划2006~2010年》下开展的各项环境合作活动,签署《可持续发展宿务决议》,决定加强预防、监视、缓和措施,以处理陆地和森林火灾;完善法规建设与执行,有效解决非法贩运野生动物和非法砍伐森林活动;建立由文莱、印尼、马来西亚、新加坡和泰国组成的次区域部长委员会来监督和管理跨境烟雾污染问题的处理行动;公平、公正、有效地管理和利用本地区的生物资源和可再生资源;加强与对话伙伴国在环境保护方面的合作。在11日举行的10+3会议上,东盟与中国、日本、韩国就10+3机制下深入开展环境合作交换意见。

第38届东盟经济部长会议

2006年8月21~25日在马来西亚吉隆坡举行。会议主要审议东盟经济一体化进程及东盟与对话伙伴开展自由贸易区谈判等经贸合作问题,其中早日建立东盟经济共同体议题是最主要的议题。部长们认为,东盟应取消本地区贸易非关税壁垒,加快贸易便捷化进程,以保持东盟地区经济的持续增长和抵御各种不利因素可能带来的冲击。为应对快速发展的中国和印度的竞争,东盟决定将东盟经济一体化建成的时间从2020年提前到2015年建成类似欧盟形态的经济共同体——东盟经济共同体,但不印制如同欧元的单一货币。会议决定将有关建议提交东盟领导人会议审议通过。作为东盟计划于2010年前实现一体化的12个行业之一的电子信息产业,部长们认为原东盟成员国应提前3年在2007年1月前取消大部分电子产品的关税。会议强调继续执行《东盟产业合作计划》,并确保在2009年底前完成;强调积极开展整体对外经贸合作,利用外部的资金和技术援助,积极推进经济一体化进程。在紧跟着与中国、日本、韩国、澳大利亚、新西兰、印度和美国等对话伙伴经济部长举行的双边或多边会议上,深入探讨经济合作问题。期间,东盟与澳大利亚、新西兰举行第11次经济部长磋商会，会议声明指出东盟—澳、新自由贸易区谈判进入实质性阶段，开始讨论自由贸易协定各项条款的具体内容，包括经济合作和市场准入的细则等，并希望谈判能在2007年完成。东盟经济部长与美国贸易代表也签署落实东盟—美国增进伙伴关系行动计划的框架文件，全面推进双方在政治、经济及社会关系的合作，并决定成立一个贸易与投资联合委员会，以执行该协议及其工作计划；双方还决定建立一个正式对话机制来处理双边问题，以协调两地区和多边的贸易关系。

东盟自由贸易区建设步伐加快

随着东盟自由贸易区建设的不断推进，至2006年8月，印度尼西亚、马来西亚、菲律宾、新加坡、泰国、文莱等原东盟6国的CEPT减税清单中99.77%的产品关税已降至0～5%，65.09%的产品实现零关税，CEPT减税清单的平均关税从1993年的12.7%下降到1.74%。柬埔寨、老挝、缅甸和越南4个新成员国90.96%的产品纳入CEPT减税清单，其中76.86%的产品关税减至0～5%。原东盟6国已不再有临时例外产品没有纳入CEPT清单。4个东盟新成员国中，越南于2006年1月1日将所有的临时例外产品和敏感、高敏感产品纳入CEPT清单；老挝将所有的临时例外清单的制成品纳入CEPT清单，只有1.9%的产品列入敏感产品清单，这些敏感产品也将于2008年全部纳入CEPT清单；缅甸除了0.72%的产品（主要是农产品）未纳入CEPT清单外，大多数产品已列入临时例外产品清单；柬埔寨有22.89%的产品列入临时例外产品清单，其余的临时例外产品计划在2007年纳入CEPT清单。在东盟自由贸易区促进下，东盟贸易得到较大发展。2005年，东盟的贸易总额达到12260亿美元，其中出口额6460亿美元，进口额5797亿美元，分别比2004年增长13.5%和15.4%。在贸易总额中，东盟内贸易占25%。8月21日，第20届东盟自由贸易区理事会议在马来西亚吉隆坡举行。部长们深入讨论了东盟自由贸易区CEPT计划的进展和CEPT减税清单、关税合作等问题，认为削减关税只是建设东盟自由贸易区、实现东盟经济一体化的主要任务之一，东盟在建设自由贸易区方面还有许多其他工作要做，如削减非关税壁垒、协调原产地规则、建立东盟投资区、完成东盟工业合作计划、统一东盟产品质量标准、建立电子东盟等，一致决定将继续加强这些领域的合作。

东盟投资区建设成效显著

在东盟各成员国的共同努力下，东盟投资区建设不断推进且成效明显。2005年，东盟共吸引外国直接投资额380亿美元，比2004年增长48%，外国直接投资主要来自美国、英国、日本、法国、芬兰等国（约占投资总额的48%），投资领域为金融及相关服务业、贸易与商业、制造业、服务业等（约占投资总额的79%）。2006年第一季度，东盟吸引外国直接投资额14亿美元，比2005年同期增长90%。投资领域也发生较明显变化。其中采矿领域的外国投资从3.88美元增加到32亿美元，服务业的外国投资从18亿美元增加到59亿美元。2006年8月21日，东盟投资理事会在马来西亚吉隆坡举行会议，确定服务领域（制造业、农业、渔业、林业、矿业等）的临时例外清单和敏感产品清单，并决定加强与私人部门和对话伙伴的合作，进一步改善东盟的投资环境，以吸引更多的外国直接投资。会议确定的服务领域，将变成《东盟投资区协定》内容的重要组成部分，所制订的自由化措施也将进一步放宽投资条件，促进东盟投资区的建设。

东盟重视科技领域的合作与发展

2006年8月28日，东盟在马来西亚吉隆坡举行第四届科学与技术部长非正式会议，签署《东盟科学技术行动计划（2007～2011年）》，确定环境保护、灾害管理、可再生能源、食品安全等领域的合作项目。措施包括：发展工业经济合作，推进知识经济发展，以缩小东盟成员国间的发展差距；鼓励私人部门参与科技革新与应用；希望对话伙伴和私人领域向东盟科学基金捐助，用以帮助新成员国的科技进步，从而缩小成员国间的发展差距，促进一体化进程；加强成员国间以及与对话伙伴在生物工艺、纳米技术、通信、灾害管理、科学研究与试验发展（R&D）项目、科技领域的人力资源开发等方面的合作。会议同意泰国提出建立东盟传染病灾害中心的建议，希望各成员国成立本国的传染病中心，并请求日本在该领域给予资金和技术的支持。在29日举行的东盟与中、日、韩科学技术部长非正式会议上，部长们决定在生物燃料、中医、新能源、新出现的传染性疾病研究网、灾害管理、科技人力资源开发等方面加强合作。会议同意韩国提出的建立东盟10+3科学天才中心和科技合作路线图，同意日本提出的建立一个开放的数据库，将泰国提出的电子论坛纳入现有的数据网络，以推进10+3在科技方面的发展。在紧接着举行的东盟—澳大利亚、新西兰科技部长非正式会议，东盟—印度科技部长非正式会议上，东盟与上述对话伙伴探讨了科技合作问题，与印度决定在生物工艺学、电信、先进材料、太空技术、旅游服务等方面加强合作。11月6日，东盟国家和印度科技高官在新德里举行第12届东盟—印度技术高峰会议和技术论坛。发表的印度—东盟科学技术合作主席声明表示，双方将在生物工艺、医药、食品安全、知识产权保护、科学知识普及、人力资源能力培训、建立科技发展基金等方面加强合作，以提升科技能力，从而促进各自经济和社会的发展。

电子东盟建设进一步推进

在2006年8月第38届东盟经济部长会议上，部长们认为原东盟成员国应提前3年即在2007年1月前取消大部分电子产品的关税，使电子产品在原东盟成员国市场上的价格更便宜、更具竞争力，以更好实现电子东盟的目标。9月14～19日，东盟在文莱先后举行第七届通信与信息技术（ICT）高官会议、东盟与对话伙伴ICT高官会议和第六届东盟通信与信息技术部长会议，以增强通信与信息技术竞争力为主题开展讨论。期间，东盟部长们检讨了《2005～2010年东盟通信与信息技术工作重点》、《2005年通信与信息技术河内行动计划》、《电子东盟一体化路线图》、《万象行动计划通信与信息技术行动议程》等的执行情况，并就如何创造一个可持续发展环境、增加数字容量、确保网络安全、加强人力和制度建设、促进教育领域的ICT一体化、培养合格ICT从业人员和专业人员等问题进行磋商。会议通过《文莱行动计划》，并将其作为东盟能力建设的一个项目。会议还制订出东盟ICT中心2006～2007年工作计划。会议同意建立电子东盟青年论坛和电子东盟商务委员会，以支持电子东盟的建设。东盟ICT基金已收到成员国第一批捐助，基金将用于支持ICT优先项目的发展。在会议期间，东盟通信与信息技术部长分别同对话伙伴的中国、日本、韩国、印度4国通信部长分别举行10+1部长会议，希望在电子技术方面继续得到对话伙伴的支持。在首届东盟与中国通信与信息技术部长会议上，双方决定扩大在通信信息领域的合作，成立东盟—中国信息高速公路工作组，以指导信息技术的可行性研究；同意完成《执行〈东盟—中国ICT合作伙伴共同发展北京宣言〉的行动计划》，并提交东盟—中国领导人会议签署；计划在农村通信信息基础设施建设、宇航服务、网络和信息安全、贸易与投资便捷化、人力资源开发等领域加强双边合作。

东盟加强地区减灾合作

为应对灾害等突发事件，东盟国家在灾害预警机制、信息交流等方面加强合作。2006年9月，东盟灾害管理委员会先后组织洪涝救灾模拟演习和东盟地区灾害紧急事件应对模拟演习。10月，该委员会在泰国曼谷举办较大规模的灾害危机管理展。东盟成员国也纷纷举行一些活动，增加东盟人民的灾害管理知识和经验，确保东盟地区的和谐发展。印尼将灾害知识引入学校教学中，并于2006年9月18～23日举行一次全国性的灾害知识周活动；老挝通过国有电视台、电台、报纸等渠道发布有关东盟灾害管理日和国际减灾日的信息；新加坡于10月14日举行紧急事件应对日活动，组织紧急事件应对训练。10月11日，东盟和联合国灾害缩减国际战略组织联合举办东盟灾害管理日和国际灾害缩减日纪念活动。此外，东盟还与对话伙伴探讨救灾减灾合作。根据第13届东盟地区论坛的决定，印度尼西亚和中国于2006年9月18～20日在中国青岛市举行第六次东盟地区论坛救灾会间会，以“共享救灾资源，共同应对灾害”为主题探讨开展救灾合作的重点领域与实施方式。中方向会议提交的《东盟地区论坛救灾合作指导原则》（草案）和东盟地区论坛救灾资源与能力建设调查系列表格，为东盟地区论坛下一步开展合作奠定了基础，受到与会各方重视。

第28届东盟农业和林业部长会议

2006年11月16日在新加坡举行。东盟10国农业和林业部长和东盟秘书处代表出席会议，会后发表联合声明。会上，部长们回顾《万象行动计划》（VAP）有关食品、农业和林业计划的执行情况，以及《东盟关于食品、农业和林业合作战略行动计划》、东盟优先领域的框架协定下的木材、橡胶、渔业等方面的合作情况，对东盟在食品、农业、林业等领域的合作所取得的进展表示满意。决定在以下领域加强合作：一是加强动物疾病控制计划，签署《关于设立东盟动物健康责任基金的协定》（AAHTF），并决定该基金同时也向东盟对话伙伴、国际组织和私人部门开放，以执行东盟动物健康和疾病控制计划。部长们表示，东盟有必要与国际组织如世界动物健康组织和食品与农业组织合作，共同抗击禽流感。会议通过《控制和根除禽流感的地区框架协定》。二是扩大农产品市场，增加安全食品的供应。部长们认为，东盟的农林产品有必要达到国际认证标准，以增强东盟产品在国际市场上的竞争力。会议增列19种杀虫剂中117个农药最大残留量标准。至此，东盟已统一规定676种蔬菜、水果、谷物贸易的农药最大残留量标准，涉及52种农药，使用于59种蔬菜、24种水果、15种经济作物。三是开展可持续的林业协调行动。部长们称赞执行《东盟关于野生动植物贸易的地区行动计划》和于2005年12月建立的东盟野生动物法律执行网络所发挥的作用，建议加强东盟成员国政府与公民社会、私人部门之间的合作。四是增强与对话伙伴和国际组织在农业和林业领域的合作。此次会议结束后，东盟随即与中、日、韩举行第六届10+3农业与林业部长会议，讨论10+3框架下农业和林业方面的合作问题，包括加强粮食储备、食品安全、信息交流、打击非法砍伐森林和木材贩运、禽流感防控等领域。

第12次东盟领导人会议

2007年1月13日在菲律宾宿务举行。会上，与会东盟国家领导人签署关于起草东盟宪章、加快东盟共同体建设、保护海外劳工权益等6项联合宣言和1项加强反恐合作公约,进一步加强组织机制建设,调整确定远景目标和解决共同关切的地区问题,加速东盟共同体的内部整合进程。10个成员国在此次会议上作出三项历史性决定:一是签署《到2015年加速建成东盟共同体宣言》,决定提前5年,即在2015年建成东盟共同体。为达到这一目标,东盟将在2010年率先实行包括农业、橡胶业、木材业、航空业、电子业、电子东盟、渔业、卫生保健业、物流业、纺织业、服装业和旅游业等12个部门的一体化,作为东盟经济一体化的先驱和其他部门的榜样。二是通过关于制定东盟宪章的宣言,正式启动制定东盟宪章的进程。三是通过并签署《东盟反恐公约》,加强在反恐问题上的地区性协调与合作。

《东盟宪章蓝图宿务宣言》 2007年1月13日在第12次东盟领导人会议上签署。宣言称,东盟国家领导人致力于制订东盟宪章,并将此作为东盟成立40年来的最重要的成就。东盟宪章将强化东盟组织机制,赋予其法定约束力,为实现东盟一体化奠定坚实基础。宣言指出,东盟名人小组以及随后成立的特别工作小组将于2007年正式起草指导东盟发展为欧盟式组织的《东盟宪章》,并初步决定于下届东盟峰会时正式完成宪章起草工作。根据宣言,《东盟宪章》将把东盟峰会改为东盟委员会,每两年召开一次委员会会议。宣言规定向不遵守东盟原则或协议的成员国实施制裁,甚至可能将其开除出东盟理事会,这将改变过去的不干涉原则。同时,宣言还表示东盟今后将对无争议性的经济合作等领域采取投票表决制,进而取代先前的所有成员国一致同意的原则。《东盟宪章》的出台将为东盟解决内部分歧提供法律依据,也为东盟共同体的建设指明方向。

《东盟反恐公约》 2007年1月13日在第12次东盟领导人会议上签署。公约以最全面的国际法律文件和协议对恐怖主义进行定义。公约规定,东盟国家执法部门和其他相关部门将扩大合作,以遏制一切形式的恐怖行为。东盟国家将加大信息和情报的共享与交流,提升地区培训与技术合作,有效展开边境巡逻,利用先进技术进行侦查和审讯,建立地区数据库,采取措施控制恐怖分子资金和人员在东盟内部的流动,加强在起诉恐怖分子等司法和执法方面的合作,加强引渡恐怖分子的合作。公约还规定,各国将建立或指定一个全国性的反恐机构作为实施此公约的权威机构;各国家将依据主权平等、领土完整和互不干涉内政的原则履行反恐义务。

第10次东盟与中日韩领导人会议

2007年1月14日在菲律宾宿务举行。会议由东盟轮值主席国菲律宾总统阿罗约主持。中国国务院总理温家宝在会上发表题为《共建和平、繁荣的和谐东亚》的讲话。温家宝说,在各方的共同努力下,10+3合作保持了良好的发展势头和旺盛的活力,确立了10+3合作在东亚合作中的主渠道地位。为构建和谐东亚,各国应在政治上互信共存、和睦相处,经济上互利共赢、共同发展,安全上互助共济、团结合作,文化上互鉴共进、兼收并蓄。就进一步提升10+3合作的层次和水平,温家宝提出加强战略规划、深化经贸与财金合作、推进安全合作、拓展社会文化合作、加强公共卫生合作力度等五点倡议。其他各国领导人在会上表示,10+3合作取得丰硕成果,已发展成为促进本地区合作的有效机制和区域一体化的重要组成部分,应继续坚持10+3合作在东亚合作中的主渠道地位。同时,实行开放的地区主义,使10+3机制与东亚峰会相互补充,并行不悖,共同促进本地区的共同发展与繁荣。温家宝提出的构建和谐东亚的主张和加强10+3合作的倡议,各国领导人积极响应并表示应进一步规划今后的10+3合作,扎实推进在贸易、金融、能源、科技、人力资源开发、基础设施建设和非传统安全等领域的合作,鼓励各国间人文交流。各国领导人还就地区经济和安全形势交换意见。

第二届东亚峰会

2007年1月15日在菲律宾宿务举行。东盟10国和中国、日本、韩国、印度、澳大利亚、新西兰领导人共同出席会议。本届峰会围绕能源安全、金融、教育、禽流感、减灾等主要议题开展讨论。会议签署并发表《东亚能源安全宿务宣言》。中国国务院总理温家宝表示,中方愿在上述领域加强与有关各方的交流与合作,并就东亚合作方向提出3点主张:一、东亚合作应是实现地区共同发展与繁荣的合作。各方要从大家最关心、共识最多的领域开始,从交流发展经验、现代信息和先进技术入手,让各国从合作中受益,逐步增强合作的信心和动力。各方应推动东亚合作朝着均衡、普惠的方面发展,通过双边和多边的务实合作,密切经贸联系,形成互利、互补的合作格局。二、东亚合作应是促进国家之间和谐相处的合作。要建立一个能够在安宁的时候共同发展、危机的时候共同应对的新型命运共同体。东亚合作的目的是促进地区的和平、稳定与发展,实现这一目标需要通过平等对话弥合分歧,通过友好协商化解争端,营造一个相互信任、持久稳定的地区安全环境。三、东亚合作应是尊重社会制度和文化多样性、多元化发展的合作。各国要从东亚国家的特点和发展不平衡的实际出发,相互尊重,照顾不同国家的需求和能力,循序渐进地推进合作。东亚合作要坚持开放性,欢迎域外国家和组织的参与,不断拓宽合作的范围,加强合作的基础。中国支持东盟在东亚合作中继续发挥主导作用。其他国家领导人在发言中就东亚合作及本次会议的主要议题发表看法并提出有关倡议主张。

第19届东盟—美国对话会议

2006年5月23日在泰国曼谷举行。会议表示将在2007年(东盟—美国建立对话伙伴关系30周年)举行各种纪念活动,包括探索设立一个类似于东盟与日本、东盟与中国的东盟—美国高峰论坛。会议决定在促进东盟一体化进程,缩小成员国发展差距方面加强合作,希望通过谈判完成东盟—美国贸易与投资协定的拟定。同时,决定在打击国际恐怖主义、毒品和人口贩卖、非法武器走私、洗钱等跨国犯罪活动方面加强信息共享、交换训练、加强法律建设的合作;加强防治禽流感、可持续发展、保护环境、增加能源效率、可再生能源的开发与利用等方面的合作。

推进建立东盟—美国伙伴关系的联合声明发表

2006年11月17日东盟与美国发表推进建立伙伴关系的联合声明。声明称,东盟与美国将合作重点进一步集中在政治、安全、经济、卫生、奖学金、信息和电子技术、交通、能源、灾害管理、环境管理等领域;双方将采取以下措施推进合作:一是建设好政府,打击腐败行为;二是积极促进知识产权保护,促进国际标准的使用,增加透明度,简化规则和程序;三是制订东盟中小型企业与美国公司的合作计划;四是提升东盟应对艾滋病和禽流感等新出现的传染性疾病的能力;五是从2007年开始,美国将在福布赖特计划下对东盟成员国制订一个新的奖学金研究项目;六是定期举行电信官方对话,优先缩小数字鸿沟,以促进通信与信息技术的运用发展;七是改善东盟—美国运输线路;八是联合开发可再生能源和清洁能源。

第四届东盟—俄罗斯联合计划与管理委员会会议

2006年6月22日在莫斯科举行,俄罗斯外长与东盟各国外长和东盟秘书处代表与会。会议是为发展和深化东盟与俄罗斯对话伙伴关系服务的,重点讨论东盟与俄罗斯双方广泛的合作问题,尤其关注《促进东盟与俄罗斯全面合作伙伴关系的行动计划(2005~2015年)》和在马来西亚签署的东盟与俄罗斯经济与发展合作协议下的各种项目的执行情况。会议签署关于俄罗斯—东盟合作委员会和对话伙伴基金的草案,同意将这两个草案提交东盟—俄罗斯合作委员会审定,以进一步推进双边各领域的合作。

东盟—俄罗斯开展建立对话伙伴关系10周年纪念活动

2006年是俄罗斯与东盟建立伙伴关系10周年,双方为此开展了一系列纪念活动。7月5日,建立对话伙伴关系10周年纪念会议在莫斯科召开,俄罗斯政府官员、非政府组织代表、东盟各国驻俄罗斯大使与会。双方还分别在吉隆坡和莫斯科组织俄罗斯—东盟食品节活动。7月27日,双方举行首届外长扩大会议,并发行《东盟—俄罗斯纪念刊》,决定进一步加强各领域的合作。

第七届东盟与中日韩外长会议

2006年7月26日在马来西亚吉隆坡举行。外长们回顾东盟与中、日、韩10+3合作,并对所取得的成果感到满意。重申能源安全问题亟待解决,并强调随着石油价格的上涨,本地区必须寻找替代能源。中国外交部长李肇星就发挥10+3合作潜力提出4点建议:一、以2007年10+3合作10周年为契机,将合作提升到新水平。二、加强10+3内部各组织关系,形成合力;坚持东盟在推进10+3合作进程中继续发挥主导作用,同时发挥中、日、韩优势。三、不断拓展务实合作领域,中方将积极支持和参加10+3妇女、扶贫与农村发展、减灾救灾及矿产开发等新领域的合作。四、支持以10+3为主渠道,推进东亚共同体建设,支持东亚峰会等其他机制对东亚合作给予有益补充。外长们对黎巴嫩局势、巴以和谈、伊拉克重建等问题表示关切。会后发表的主席声明指出,13国希望实现朝鲜半岛无核化,希望东盟地区论坛为增进朝鲜半岛的和平与稳定做出贡献,同时希望六方会谈与会国利用参加东盟地区论坛的机会,促成六方会谈重启。

第九届东盟与中日韩经济部长会议

2006年8月25日在吉隆坡举行。与会的13国经济部长表示,将在东盟与中国、日本、韩国10+1合作机制的基础上,稳步推进10+3区域经济合作进程。会议还提出将开展一些10+3合作项目,以加强双方的合作。诸如:韩国提出的东亚电信合作(2007~2011年)和建立东盟10+3关税信息网,日本提出为促进贸易便捷化的东盟10+3后勤服务合作计划和东盟10+3国际可比性统计合作计划,中国提出的东盟国家农业技术和管理培训计划等。部长们欢迎实施短期、中期或长期的合作,同意分别由中国、泰国、日本提出的建立东亚论坛、东亚商业委员会、东亚思想库网的建议,同意建立东亚全面经济合作的研究机构,以研究包括东盟、澳大利亚、中国、印度、日本、韩国、新西兰在内的东亚经济合作的可行性。部长们还听取专家组对建立东亚自由贸易区可行性的研究报告,探讨相关问题。此外,会议还讨论了东亚能源安全问题和关于WTO、亚太经合组织、亚欧会议等议题。

第二届东盟与中日韩区域扶贫高层研讨会

2006年9月25日在北京举行。东盟和中、日、韩13国政府高级官员及相关国际组织的观察员参加会议。研讨会是东盟与中日韩领导人会议制定的框架协议的一项重要活动。会议就如何消除地区贫困问题、缩小各国间的发展差距、建设和谐东亚等问题进行交流。中共中央政治局委员、国务院副总理回良玉代表中国政府到会致辞。回良玉强调,中国政府在致力于消除本国饥饿、贫困问题的同时,积极参与亚洲和全球减贫事业的发展,中国愿与本地区各国一道,为加快东亚减贫事业的进程,推动东盟10+3区域合作不断深入发展,为建设一个和平、和睦、和谐的东亚而共同努力。

日本积极推动与东盟的合作

日本与东盟一直保持较为密切的经济关系,日本不仅是东盟重要的外资来源和贸易伙伴,而且也是东盟国家重要的资金援助者。面对中国与东盟在政治、经济、安全、社会文化各领域的合作不断推进的局面,日本更为积极主动加强同东盟在各领域的合作,加大对东盟国家的资金援助。2005年,东盟与日本双边贸易额从2004年的1433亿美元增加到1546亿美元,增长7.9%;日本对东盟的投资额也从2004年的31.2亿美元增到31.6亿美元,保持东盟第三投资来源国的地位。2006年3月27日,日本履行2005年12月第九次东盟—日本领导人会议议定的项目,与东盟在东京签署建立日本—东盟一体化基金的协议,日本答应向该基金提供75亿日元(约合7000万美元)以支持东盟的一体化建设,扩大东盟与日本的合作。7月,东盟与日本举行能源高官会议,讨论双边在有效利用能源发展经济、确保能源安全、应对气候变化影响等方面加强合作。8月23日,日本经贸、工业部长与东盟国家经济部长在马来西亚吉隆坡举行第13次磋商,讨论于2004年签署的《东盟与日本全面经济伙伴关系框架协定》的工作进展,对东盟与日本自由贸易达成"共同的清单、共同的时间表和共同的原产地原则"的基本理念,具体的相关实施细则正在商谈之中。

中国—东盟民间友好组织大会

2006年5月17日在中国北京举行。大会是为纪念中国—东盟建立对话关系15周年暨中国—东盟友好合作年而举办的系列活动之一。与会各国民间组织的代表回顾了中国—东盟建立友好合作关系15年来取得的成效,从促进政治互信、经贸往来、社会文化、地方合作等4个方面讨论民间友好组织如何从民间交流的角度加强中国与东盟的战略伙伴关系。表示愿以民间友好组织为依托,加强人员往来和交流,增进社会经济文化的合作,为中国—东盟伙伴关系打下坚实的基础,推动政府间战略伙伴关系的深化。在此基础上,双方签署《中国—东盟民间友好合作宣言》,决定建立东盟与中国10+1民间合作机制,每两年举行一期中国—东盟友好组织大会,通过群众性的文化活动推动双边旅游,为经贸和投资合作牵线搭桥。

东盟与中国海上执法合作研讨会

2006年8月29~30日在中国大连举行。中国与柬埔寨、印尼、老挝、马来西亚、缅甸、菲律宾、新加坡、泰国、越南等国的海上执法机构负责人,东盟秘书处打击跨国犯罪合作项目负责人,中国外交部、公安部代表参加会议。这是中国与东盟首次召开的海上执法合作研讨会,它标志着双方在海上执法合作方面迈出务实的一步,有助于推动双方在非传统安全领域执法合作的进程。与会代表分别介绍本国海上执法机构的组织和执法情况,对东盟与中国如何加强海上执法合作提出思路和建议。会议决定,中国和东盟各国海上执法机构将建立有效的合作机制,联合打击海上跨国犯罪,共同维护海上安全与稳定。中国公安部边防局就执法合作提出五点建议:一是通过双边和多边平等、友好磋商,尽早建立联系渠道,以保持中国与东盟各国海上执法机构间的对话和联系;二是推动海上执法机构高层互访与交流,促进往来与了解,增进友谊与互信,发展海上执法机构间的友好关系;三是建立信息交流机制,畅通信息交换渠道,及时传递跨国犯罪组织和违法犯罪的情报信息,共同应对海上安全威胁;四是积极开展务实合作,适时开展联合演练、联合办案等,积累经验,提高合作效率;五是加强双边和多边海上执法人员培训合作与技术交流,共同提高海上执法能力。上述建议得到东盟各国的认可,双方决定将进一步加强海上安全执法合作,共同维护本地区的和平与稳定。

中国—东盟建立对话伙伴关系15周年纪念峰会

(见"三会一节")

第三届中国—东盟商务与投资峰会(见"三会一节")

首届中国—东盟妇女论坛

2006年11月1日在中国南宁举行。约500名来自中国、东盟10国妇女机构和组织负责人、女企业家代表出席论坛。与会者以"加强妇女合作,促进共同发展"为主题,就如何发挥妇女在经济建设和社会发展中的作用以及当今妇女关注的问题进行探讨,交流对于各类妇女问题的深入思考,并提出了许多有益的建议。代表们认为:要真正实现男女平等,重要的是要消除"妇女的贫困"。教育是走向平等的有效途径,为此必须大力提高妇女受教育的程度。与会代表签署《中国—东盟妇女论坛宣言》,鼓励妇女在各国的发展中发挥更大的作用,为促进性别平等、实现妇女发展、构建和谐的人类社会贡献智慧和力量。论坛期间,中国妇联在中国—东盟博览会上主办题为《前进中的中国妇女》图片展。会场内还增设东盟展台,供东盟国家女企业家展示资料及产品，为她们交流信息、寻找商机和合作伙伴提供方便。

2006 年 11 月 1 日，首届中国—东盟妇女论坛在中国南宁举行。
（林　红　摄）

东盟密切与中国的文化教育合作

中国和东盟国家相互间文化交流由来已久。2003 年起，东盟以与中、日、韩 10+3 的方式连续举办了两次文化部长会议。在 2005 年 8 月第二届东盟与中、日、韩文化部长会议期间，中国与东盟签署《文化合作谅解备忘录》，这是中国与区域组织签署的第一个有关文化交流与合作的官方文件。2005 年 12 月，东盟—中国领导人会议将文化与交通、能源、旅游、公共卫生等确定为新的重点合作领域，为东盟与中国的文化交流与合作提供了广泛的空间。2006 年 9 月和 10 月，2006 中国—东盟文化产业论坛和第二届中国—东盟舞蹈论坛分别在中国南宁举行。出席活动的各国高级文化官员共同探讨了中国与东盟国家文化合作问题。10 月 30 日，中国和东盟国家领导人签署《东盟—中国建立对话关系 15 周年纪念峰会联合声明》。《声明》提到要进一步加强双边的社会文化合作，包括鼓励扩大双方教育机构间的合作，加强青年交流，设立中国—东盟名誉奖学金，加强学术交流以及国会议员和民间社会的交流等，决定进一步推进东盟与中国在文化教育领域的合作。

澜沧江—湄公河航运合作不断推进

2006 年，澜沧江—湄公河航运合作取得新进展。8 月，由东盟倡议、得到中国—东盟合作基金资助的、由柬、老、缅、越、中 5 国专家共同完成的《改善柬老缅越内河航道发展研究》项目正式启动，项目重点研究内容之一的澜沧江—湄公河航道建设被提到重要日程。12 月 12～13 日，由中国交通部和东盟秘书处联合主办的中国与东盟澜沧江—湄公河国际航运合作研讨班在中国昆明举行。出席研讨班的中国与东盟各国交通部门官员一致同意加强双方合作，进一步提高澜沧江—湄公河的航运能力，并就开展国际航运合作达成 4 项共识：一是双方将本着“平等互信、合作共赢”、“互惠互利、共同发展”的原则，在航运领域开展多层面、全方位的合作；二是双方应研讨并制定中国—东盟交通合作发展战略规划，就未来一段时期双方交通合作的方向、重点、具体内容及方案达成共识；三是进一步促进湄公河航道的继续改善，大力推进运输便利化，为国际商船查验及收费制定统一标准；四是继续开展人员培训、信息交流方面的合作。与会代表还建议中国与东盟应在澜沧江—湄公河沿岸港口技术标准与规范、港口收费等方面开展信息交流合作，并继续关注澜沧江—湄公河流域的环境保护。

东盟与中国加强禁毒合作

在禁毒合作上，东盟与中国在 2005 年通过《北京宣言》，呼吁国际社会采取积极行动，募集资金和提供技术援助，帮助东盟解决毒品问题。2006 年 11 月，中国与东盟国家领导人决定在非传统安全领域进一步加强合作，协力打击毒品、贩卖妇女儿童等跨国犯罪活动。针对“金三角”地区出现的新毒情，东盟国家与中国领导人认为双方禁毒合作的重点应在以下几方面取得进展：努力遏制新型毒品的泛滥，开展联合行动打击生产、贩运苯丙胺类毒品跨国犯罪；遏制海洛因等传统毒品的危害，推进可持续的替代发展，根除毒源；阻止易制毒化学品流入非法渠道和健全国内监管机制；采取多种戒毒康复模式、救治吸毒人员、减少毒品需求、压缩毒品消费市场。

东盟—韩国自由贸易区建设进展顺利

2005 年，东盟与韩国双边贸易额达 500 亿美元，比 2004 年增长 15%；韩国对东盟的直接投资 2800 万美元，韩国外资仍是东盟外资的主要来源。2005 年 12 月，东盟与韩国签署双边贸易关税减让协议，自由贸易区建设步伐加快。2006 年，东盟—韩国自由贸易谈判进展顺利。5 月 16 日，除泰国以外的东盟 9 国与韩国在菲律宾马尼拉签署《东盟与韩国全面经济合作框架协定的货物贸易协议》，削减双边贸易商品关税并计划在 2012 年前建立东盟—韩国自由贸易区。根据协议，韩国和东盟将在 2010 年底前分别取消 90% 的进口商品关税；2016 年底前将 7% 的进口商品关税降至 5% 以下；其余 3% 的进口商品列入敏感性商品目录，采取设定最少进口数量等措施加以保护。这些敏感性商品主要是农产品，韩国列入 3% 的敏感性进口商品主要有大米、鸡肉、活鱼、冷冻鱼、蒜、洋葱、辣椒和大部分水果。8 月 24 日，东盟与韩国经济部长举行第四轮磋商，决定进一步推进东盟与韩国自由贸易区的建设。

中国—东盟自由贸易区

概　　述

中国—东盟自由贸易区,是时任中国国务院总理朱镕基同意东盟领导人关于对中国加入 WTO 的影响进行联合研究的建议,并提出进行中国—东盟自由贸易区的可行性研究,得到东盟方面的积极响应,在东南亚国家联盟之间的经济合作和东南亚自由贸易区的基础上发展起来的。

东盟初期的经济合作

1967 年,在东南亚国家联盟成立宣言——《曼谷宣言》中,东盟各国提出成立东盟的宗旨是:"通过共同努力加速本地区的经济增长、社会进步和文化发展","在经济、社会、文化、技术、科学和行政管理方面共同关心的问题上促进积极的合作和互助"。1976 年,在《东南亚友好合作条约》和《东南亚国家联盟协调一致宣言》中再次提出"缔约国为了实现社会公正和提高本地区人民的生活水平应当加强经济合作"。并具体指出在基本商品,特别是粮食和能源方面的合作,在建立大型工厂方面的合作,在贸易方面的合作。为此,东盟签署《东盟特惠贸易安排协定》(于 1978 年 1 月 1 日生效,实际执行期至《共同有效优惠关税》出台,约 15 年)。协定的基本目的是扩大东盟国家之间的贸易往来和产品市场,促进东盟各国之间的产业调整,强化东盟各成员间的经济合作。1990 年东盟一些成员国建立"增长三角"经济合作区。这些经济合作区是新加坡、马来西亚柔佛州和印度尼西亚在廖内群岛的巴淡岛建立"增长三角"经济合作区,称为"新柔廖增长三角"或"东盟南部增长三角"。

东盟自由贸易区的建立

20 世纪 90 年代初,世界经济向区域化和集团化方向发展。1990 年 10 月,为应对世界经济环境对东盟的负面影响,在东盟第 22 届经济部长会议上,泰国提出,在 10 年内在东盟内部建立自由贸易区,消除各成员国之间的关税和非关税壁垒,得到成员国普遍认同。1992 年 1 月,在新加坡召开的第四次东盟首脑会议上,东盟各国认为,面对欧洲统一大市场和强大的竞争力,东盟国家必须团结一致,增强实力,扩大合作范围,在国际竞争中获胜。在这次会议上,东盟各国首脑分别代表本国签署《1992 年新加坡宣言》和《加强东盟经济合作框架协议》;同时,东盟经济部长签署《东盟自由贸易区共同有效优惠关税协定》。在这次会议上,所有成员国一致同意从 1993 年开始,到 2008 年的 15 年间,建立并参加东盟自由贸易区。东盟各成员国逐步削减和消除关税与非关税贸易壁垒,将关税降到 5% 以下。《加强东盟经济合作框架协议》还提出:《东盟自由贸易区共同有效优惠关税协定》是东盟自由贸易区的主要执行机制,并将设立一个部长级的理事会来监督、协调和检查东盟自由贸易区计划的实施。在这次会议上,东盟各国还表示,欢迎印支 3 国和缅甸加入东盟。

2002 年 1 月 1 日,东盟自由贸易区正式启动,文莱、印度尼西亚、马来西亚、菲律宾、新加坡和泰国 6 国,已于 2002 年将绝大多数产品的关税降至 0 ~ 5%。越南、老挝、缅甸和柬埔寨 4 国也将于 2015 年实现这一目标。

2003 年 10 月,东南亚国家联盟(东盟)第九次首脑会议在印度尼西亚巴厘岛举行,与会的东盟 10 国领导人签署一份旨在 2020 年成立类似于欧盟的《东盟共同体宣言》。这份被称为《巴厘第二协约宣言》的文件主要包括东盟安全共同体、东盟经济共同体和东盟社会与文化共同体三部分。其中,关于东盟经济共同体强调,到 2020 年把东盟地区建成以商品、服务与投资自由流动和资本更为自由流通为特点的单一市场与生产基地,实现经济一体化的最终目标。

2006 年 5 月,东盟经济部长会议在菲律宾首都马尼拉召开,与会各国代表一致表示愿积极推动该地区经贸联盟——东盟经济共同体的形成,以实现货物、服务和人员的全面自由流动。并一致认为建成这一经贸联盟的最终期限,应从原定2020年提前到2015年,以便赶上中国和印度两个发展中大国的进步速度。但是与会者认为,在未来的经济共同体中,像欧盟那样推出单一货币的做法还远未成熟,尽管亚洲开发银行等国际机构的经济学家们还在就此问题进行研究。

东亚经济核心论坛的提出

东盟在构建自由贸易区的同时,还提出建立更大范围的次区域经济合作组织的倡议。1990年,马来西亚总理马哈蒂尔提议,东北亚与东南亚的国家和地区,包括日、中、韩和中国香港、中国台湾省及东盟组成一个区域性经济集团,即“东亚经济集团”,共同应对欧共体和北美自由贸易区等区外组织。后来,为降低集团化的调子,东盟将其名称改为“东亚经济核心论坛”。尽管“东亚经济核心论坛”至今没有正式成立,但1995年在曼谷东盟第五次首脑会议上,东盟还是提出了与中、日、韩三国举行会晤的设想。

东亚10+3、10+1及在此框架下的中、日、韩对话机制与合作

1997年12月,首次东盟9国与中、日、韩3国领导人非正式会议在马来西亚首都吉隆坡举行。会议的主要议题是:21世纪东亚的发展前景,亚洲金融危机,深化地区经济联系。至此,10+3东亚领导人和10+1东盟分别与中国、日本、韩国领导人之间对话与合作的会议机制正式建立(柬埔寨当时还未加入东盟,所以也称9+1和9+3对话)。此后,10+3和10+1的东亚合作建立起一个行动框架。目前10+3、10+1合作机制以经济合作为重点,逐渐向政治、安全、文化等领域拓展,已经形成多层次、宽领域、全方位的良好局面。另外在10+3框架内,逐步开展中、日、韩三边合作。10+3确定8个重点合作领域,为此已经建立8个部长会议机制,包括外长、经济、财政、农业、劳动、旅游、环境和卫生部长会议。10+1确定五大重点合作领域,即农业、信息通信、人力资源开发、相互投资和湄公河流域开发。中、日、韩合作也确定五大领域,包括经贸、信息产业、环保、人力资源开发和文化合作,并建立相应的部长会议机制。在10+3、10+1和中、日、韩合作机制下,每年均召开首脑会议、部长会议、高官会议和工作层会议。

《东亚合作联合声明》发表

1999年11月28日,第三次10+3东亚领导人会议在菲律宾首都马尼拉举行。这次会议是东亚合作的一个重要转折点和新起点,就推动东亚合作的原则、方向和重点领域达成共识,发表《东亚合作联合声明》。声明强调,东亚各国决心促进本地区在21世纪向稳定方向努力,在以下各个领域实现合作:在经济合作方面,加速贸易、投资和技术转让,鼓励技术和电子商务方面的技术合作,推动工农业合作,加强中小企业合作,启动东亚产业论坛,推动东亚经济增长区,如湄公河盆地的发展,考虑建立东亚经济委员会等;在货币与金融合作方面,加强政策对话,协调与合作,包括宏观经济风险管理、公司管理、资本流动的地区监控,强化银行和金融体系,通过10+3的框架,加强地区自救与自助机制;在社会和人力资源方面,推动实施东盟人力资源开发倡议,建立人力开发基金;加强科技发展领域的合作,加强能力建设,促进东亚地区经济增长;加强文化和信息领域的合作,加强地区的文化交流,加深了解;加强发展合作,推动经济的可持续发展;加强政治和安全对话、协调与合作,加强相互理解和信任,在跨国问题上加强合作。

从亚洲货币基金组织的提出到清迈协议

1997年7月,从泰国开始爆发亚洲金融危机。日本为防止金融危机蔓延,立即提出亚洲货币基金组织的构想,但是这一构想因美国反对而中途夭折。1998年,在中国的倡议下,东盟10国和中、日、韩建立金融合作机制,目的是加强政策对话和建立共同抵御金融危机的资金援助机制。2000年5月,东盟10+3财政部长在泰国清迈召开的亚洲开发银行年会上达成清迈协议,并发表联合声明。根据亚洲已经发生和可能发生的金融危机,协议涉及金融合作的内容有:充分利用东盟10+3的组织框架,加强有关资本流动的数据及信息的交换;扩大东盟的货币互换协议,同时在东盟与其他三国(中国、日本和韩国)之间构筑双边货币互换交易网和债券交易网;研究如何将东盟10+3各国超过7000亿美元的外汇储备用于相互之间的金融合作,以稳定亚洲区域内的货币市场。

以东盟为主导的东亚峰会

2005年12月14日,首届东亚峰会在马来西亚首都吉隆坡举行。从1997年东盟与中日韩建立对话机制以来,东盟加强其在东亚合作中的主导地位,成为各种峰会和合作机制的核心。各对话国也认可东盟的主导地位。2005年12月中上旬,东盟不仅举办东盟10国的领导人会议,还分别与中国、日本、韩国、印度、澳大利亚、新西兰和俄罗斯举办10+1的领导人会议,并举办有东盟10国和上述7个国家参加的首届东盟峰会。在峰会上,中国国务院总理温家宝说:中国支持东亚合作保持透明和开放,反对搞封闭的、排他的和针对任何特定一方的东亚合作;在区域合作进程中,要坚持开放的思维,倡导开放的地区主义,在开放中推动各国共同进步、促进各地区共同发展;东亚合作应坚持以10+3合作为主渠道,欢迎域外国家和组织与东亚合

作建立联系。

2006年12月6日，中国外交部部长助理崔天凯在北京表示，中方支持即将召开的第二届东亚峰会保持外向、开放和包容的态势，也支持东盟在东亚合作进程中发挥主导作用。崔天凯强调，东亚合作是开放的合作，不是排外的合作，我们欢迎本地区以外的国家与东亚合作，建立各种机制加强合作与交流，我们对此持开放态度。而且各种合作机制之间是互补的关系，而不是互相排斥的关系。这些年东亚合作取得的实际进展，有关各方包括美方对此也看得比较清楚。

● 东盟与中国10+1领导人会议及各次会议议题和重要成果

东盟与中国领导人会议是10+1对话与合作机制的重要组成部分。1997年12月16日，首次东盟九国与中国领导人非正式会晤在马来西亚吉隆坡举行。中国国家主席江泽民发表《建立面向21世纪的睦邻互信伙伴关系》的讲话。会议结束，双方发表《中华人民共和国与东盟国家首脑会晤联合声明》，声明提出建立面向21世纪的睦邻互信伙伴关系。

1998年12月16日，东亚合作河内会议的议题是：加强地区合作，克服金融危机，恢复地区经济增长和促进地区安全与稳定。中国国家副主席胡锦涛在会上发表讲话，就东亚如何摆脱金融危机、恢复经济增长提出中方建议：倡议召开10+3财政和金融副手会议。与此同时，第二次东盟—中国领导人非正式会议也在越南首都河内举行，双方领导人回顾1997年首次领导人非正式会议以来双边关系的新进展，并对今后双边关系的发展进行讨论。双方同意通过全面对话合作框架，开辟多种合作渠道，坚持通过平等友好协商，妥善处理彼此间存在的一些分歧和争议，进一步推进睦邻互信伙伴关系的发展。

1999年11月28日，第三次东盟—中国领导人非正式会议在菲律宾首都马尼拉举行，中国国务院总理朱镕基出席。会上朱镕基总理提出中方对在新世纪加强与东盟睦邻互信伙伴关系的主张和具体建议，表示中国将继续深化与东盟国家和东盟组织在各个领域、各个层次的对话与合作，尤其是在经贸、科技和金融领域的合作。东盟国家高度评价中国在亚洲金融危机中给予东盟国家的援助和支持。

2000年11月25日，第四次东盟—中国领导人会议（从这次会议起，改称东盟—中国领导人会议）在新加坡举行，中国国务院总理朱镕基出席。朱镕基总理在会上积极评价中国与东盟双边关系，并就今后一段时间双方在政治领域、人力资源开发、加强湄公河流域基础设施建设、高新技术领域、农业、贸易与投资等方面的合作提出具体建议。

2001年11月6日，第五次东盟—中国领导人会议在文莱举行。中国国务院总理朱镕基发表《携手共创中国与东盟合作的新局面》的讲话，提出三项建议：一是确定中国与东盟之间的重要合作领域；二是建立中国与东盟自由贸易区；三是加强政治互信与支持。

2002年11月4日，第六次东盟与中国领导人会议在柬埔寨首都金边举行。中国国务院总理朱镕基出席会议并讲话，提出启动中国与东盟自由贸易区进程的建议。朱镕基总理和东盟10国领导人签署《中国与东盟全面经济合作框架协议》，决定到2010年建成中国—东盟自由贸易区。中国与东盟领导人发表《中国—东盟关于非传统安全领域合作联合宣言》。中国和东盟秘书处签署《农业合作谅解备忘录》。中国与东盟各国外长及外长代表还签署《南海各方行为宣言》。宣言确认中国与东盟致力于加强睦邻互信伙伴关系，共同维护南海地区的和平与稳定；强调通过友好协商和谈判，以和平方式解决南海有关争议。

2003年10月8日，第七次东盟与中国领导人会议在印度尼西亚巴厘岛举行。中国国务院总理温家宝出席，并发表以“全面深入合作、促进和平繁荣”为主题的讲话。他在讲话中提出，为促进双方商界合作，中方建议从2004年起每年在广西南宁举办中国—东盟博览会。他还建议，2004年初正式开工承建昆明—曼谷公路的老挝路段，并将出资帮助柬埔寨对其境内的泛亚铁路缺失路段进行可行性研究。在这次会议上，温家宝总理与东盟10国领导人签署《中华人民共和国与东盟国家领导人联合宣言》，双方宣布建立面向和平与繁荣的战略伙伴关系。中国外交部长李肇星与东盟10国外长签署文件，宣布中国正式加入《东南亚友好合作条约》，从而使中国成为东南亚地区以外第一个加入该条约的大国。

2004年11月29日，第八次东盟与中国10+1领导人会议在老挝首都万象举行。中国国务院总理温家宝和东盟10国领导人出席。会议由本次会议东道主、东盟轮值主席国老挝政府总理本扬·沃拉芝主持。温家宝在会议上发表题为《深化战略伙伴关系　推进全方位合作》的讲话。会上，各国领导人高度评价中国为推动东盟与中国战略伙伴关系、实现本地区和平、稳定和发展，增强欠发达国家能力建设方面做出的重要努力，欢迎温家宝为加强双方合作提出的一系列倡议。各国领导人回顾东盟与中国在政治、经济和安全等领域合作的进展情况，明确新形势下双方关系的发展方向。并表示，中国是负责任的国家，也是值得信赖的国家，认为中国的发展给东盟各国带来利益和机遇，希望双方继续落实有关协议和共识，深化和扩大在贸易、投资、农业、科技、文化和安全领域及国际和地区事务中的互利合作。会议发表《落实中国—东盟面向和平与繁荣的战略伙伴关系联合宣言的行动计划》。

2005年12月12日，第九次中国—东盟领导人会议在吉隆坡会议中心举行。中国国务院总理温家宝和东盟10国领导人出席。在此次会议上，温家宝总理发表“深化全面合作，推进中国—东盟战略伙伴关系不断发展”的总结性讲话。温家宝的讲话列举了中国—东盟合作一年来的4项成果：(1)全面合作发展势头强劲。推进中国—东盟战略伙伴关系的《行动计划》开始全面实施。双方关系进入更加务实、更加全面的新阶段。(2)自由贸易区建设迈出坚实步伐。降税进程全面启动。(3)安全合作富有成效。中国、菲律宾和越南三方南海共同开发有重大突破。(4)发展合作进展明显。大湄公河次区域经济合作第二次领导人会议通过《昆明宣言》。

温家宝的讲话总结了中国—东盟关系的成功实践在5个方面的重要启示：(1)平等互利是中国与东盟关系发展的首要前提。(2)共同需要是联系中国与东盟的重要纽带，其中包括消除贫困和维护地区持久和平与稳定。(3)协商一致是中国与东盟合作的主要方式，其方式是坚持求同存异，充分照顾彼此的关切。(4)合作机制是中国—东盟关系发展的有效依托。(5)开拓创新是中国—东盟关系发展的不竭动力。

温家宝在讲话中提出5项2006年的合作倡议：(1)推动友好深入人心。以中国—东盟建立对话关系15周年和“中国—东盟友好合作年”为契机，广泛开展纪念活动，推动社会各界积极参与。(2)结合中国—东盟《行动计划》加以研究落实，全面规划双方关系。(3)切实搞好自由贸易区建设。加快降税进程，全面高效地落实好《货物贸易协议》，如期完成中国—东盟自由贸易区建设。(4)确定新的重点合作领域。在深化农业、信息产业、人力资源开发、相互投资和湄公河流域开发合作的基础上，建议将交通、能源、文化、旅游和公共卫生确定为中国—东盟新的五大重点合作领域。(5)积极促进人员交流与往来，建议双方在2006年内实现外交、公务签证互免，并继续探讨人员往来便利化措施。

·链接资料·

“与邻为善、以邻为伴”的周边外交方针及其内容

2002年11月8日，江泽民在题为“全面建设小康社会，开创中国特色社会主义事业新局面”的中共十六大报告中指出，我们主张顺应历史潮流，维护全人类的共同利益；主张建立公正合理的国际政治经济新秩序；主张维护世界多样性，提倡国际关系民主化和发展模式多样化；主张反对一切形式的恐怖主义。为此，他进一步提出周边外交方针：“我们将继续加强睦邻友好，坚持与邻为善、以邻为伴，加强区域合作，把同周边国家的交流和合作推向新水平。”在此4天以前，朱镕基总理在东盟—中国10+1峰会上，提出启动中国与东盟自由贸易区进程的建议。并与东盟10国领导人签署《中国与东盟全面经济合作框架协议》，决定到2010年建成中国—东盟自由贸易区。

2003年10月7日，中国国务院总理温家宝在印度尼西亚巴厘岛举行的首次东盟商业与投资峰会的演讲《中国的发展和亚洲的振兴》中，提出周边外交方针的重要内容：“睦邻”、“安邻”、“富邻”。“睦邻”，就是继承和发扬中华民族亲仁善邻、以和为贵的哲学思想，在与周边国家和睦相处的原则下，共筑本地区稳定、和谐的国家关系结构；“安邻”，就是积极维护本地区的和平与稳定，坚持通过对话合作增进互信，通过和平谈判解决分歧，为亚洲的发展营造和平安定的地区环境；“富邻”，就是加强与邻国的互利合作，深化区域和次区域合作，积极推进地区经济一体化，与亚洲各国实现共同发展。在这次东盟—中国10+1峰会上，温家宝总理建议：从2004年起每年在广西南宁举办中国—东盟博览会，并得到响应。

中国—东盟自由贸易区的建立

与东盟建立自由贸易区，是中国在积极参与多边贸易体系的同时，努力加强与周边邻国开展区域经济合作的一项重要举措。自由贸易区是当前区域经济合作的最主要形式，与WTO为代表的多边贸易体制相辅相成，互为补充。从法律上讲，自由贸易区是对WTO最惠国待遇原则的例外。WTO通过关贸总协定第二十四条和服务贸易总协定第五条认可这种例外，同时也对自由贸易区进行必要的规范和约束。亦即中国和东盟在建立自由贸易区过程中，必须遵守WTO一般原则和规则，但在市场准入方面，相互给予的待遇，可以比双方在最惠国待遇基础上给予其他WTO成员的条件更加优惠。这表明，中国—东盟自由贸易区，与WTO倡导的贸易自由化宗旨和目标相一致，同时，它在市场开放程度上比WTO更进一步。中国的目标是：达成一个令各方都满意的自由贸易安排，为双方经济的持续稳定增长，为中国与东盟关系的发展，为亚洲的全面合作开辟新的道路。为此，中国与东盟将本着大小国家一律平等的精神和互利互惠的原则进行谈判。中国还将充分考虑东盟内部发展水平不同的情况，对东盟的欠发达国家予以照顾。事实上中国已经承诺向柬埔寨、老挝和缅甸提供特别优惠关税待遇。

·链接资料·

东盟与中国的合作机制

随着中国与东盟关系的不断发展，双方合作机制也不断建立和完善，形成多方位、多层次的合作框架。

一、第一层次的两个会议

(一)领导人会议

自1997年开始，中国和东盟领导人在每年10+3领导人会议期间举行非正式会议(也称10+1领导人会议)。第一次非正式会议在马来西亚吉隆坡举行。此后，在河内、马尼拉和新加坡分别举行第二、三、四次

会议,并从第四次会议起,改称中国—东盟领导人会议。第五次会议于2001年11月在文莱召开。双方领导人决定在10年内建成中国—东盟自由贸易区,并将农业、信息产业、人力资源开发和湄公河流域开发等确定为双方新世纪初的重点合作领域。

(二)外长会议

自1991年起,中国与东盟各国的外长每年均举行会议,就中国与东盟关系以及其他双方感兴趣的问题交换意见。1997年起,外长会议还为年底的中国与东盟领导人会议做准备。

此外,还有东盟与对话伙伴国会议,始于1978年,是东盟外长会议的后续会议。其10个对话伙伴是澳大利亚、加拿大、中国、欧盟、印度、日本、新西兰、俄罗斯、韩国和美国。每年由东盟成员国和对话伙伴国的外长出席会议,主要讨论政治、经济、东盟与对话伙伴国的合作等问题。中国于1996年成为东盟全面对话伙伴国。

二、第二层次的六个工作机制

(一)中国—东盟高官磋商

自1995年4月起,中国与东盟开始在高官(副部级)层次就共同关心的政治与安全问题举行年度磋商,时称中国—东盟高官政治磋商。第四次磋商起更名为中国—东盟高官磋商。通过这一机制,双方加强了在政治、安全等领域的相互了解和信任。

(二)中国—东盟联合合作委员会

1997年2月,中国—东盟联合合作委员会在北京成立,该委员会的成立是中国与东盟建立全面对话伙伴关系的后续行动之一,旨在促进中国和东盟之间各领域合作的协调发展,并着力推动双方在人力资源开发、人员和文化交流等方面的合作。为此,中国于同年出资70万美元建立中国—东盟合作基金,资助联委会确定的合作项目。2000年,中国向中国—东盟合作基金增资500万美元,主要用于人力资源开发。基金迄今已资助十多个合作项目,取得了较好效果。

(三)中国—东盟经贸联委会

1993年,东盟秘书长访华,双方同意建立经贸联委会,并于1994年7月通过换文正式建立。经贸联委会主要就国际和地区经济问题交换意见,并讨论如何推动中国与东盟贸易和投资合作。第三次会议宣布成立中国—东盟经济合作专家组,研究加强双方经济联系、提供贸易和投资便利等问题。经过多轮会议,专家组完成了研究报告并提交给第五次中国与东盟领导人会议。

(四)中国—东盟科技联委会

1993年东盟秘书长访华时,双方同意建立科技联委会,并于1994年7月通过换文正式建立。科技联委会于1995年3月在文莱举行首次会议,第二次会议于2001年10月在中国海南举行。会议确定将功能食品、海洋技术和热带生物资源开发等作为下一步双方合作的重点领域。

(五)中国—东盟商务理事会

1997年4月,中国国际贸易促进会与东盟商会签署谅解备忘录,决定成立中国—东盟商务理事会。因受东南亚金融危机影响,理事会一直没有正式启动。2001年11月,在朱镕基总理访问印尼期间,理事会召开第一次会议,标志着理事会的正式启动。朱镕基总理和梅加瓦蒂总统共同出席会议。

(六)东盟北京委员会

该委员会是中国与东盟建立全面对话伙伴关系的另一后续安排。1996年在北京成立,由当时东盟7国驻华大使组成,旨在促进东盟驻华机构与中国政府部门的交流与合作。东盟北京委员会现在由东盟10国驻华大使组成,轮流任主席,任期半年。

中国—东盟自由贸易区谈判进程

2001年11月,在第五次东盟与中国领导人会议上,中国和东盟双方领导人达成10年内建立自由贸易区的意向。朱镕基总理和东盟领导人授权各自的经济部长和高官,尽快启动自由贸易区谈判。在此后的一年内,经过6次谈判,双方签署贸易框架协议的障碍基本清除。

2002年5月14~16日,第三次中国与东盟经济高官会议在北京召开。会议的主要内容:(1)审议中国和东盟经济合作的五个重点领域,即农业、信息技术、人力资源开发、投资和湄公河流域开发。(2)对中国—东盟经济合作框架协议进行探讨,认为《框架协议》是未来中国和东盟开展经济合作的法律依据,《框架协议》将涵盖货物、服务、投资及其他相关领域的广泛合作,将确定自由贸易区及其“早期收获(early harvest)”的方针和原则、模式和范围。考虑到中国和东盟不同的发展水平,中国给予东盟新成员特殊差别优惠待遇及灵活性。另外,会议还决定成立中国—东盟贸易谈判委员会(TNC),就《框架协议》的制定进行深入讨论。随后,召开第一次中国—东盟谈判委员会会议,正式启动中国—东盟自由贸易区工作级磋商。会议就自由贸易区谈判的原则、模式、内容、时间框架等问题进行讨论,为未来的谈判制定工作计划。并约定在此之后每月进行一次谈判,最终将中国—东盟经济合作框架协议(FAACEC)提交给当年召开的中国—东盟领导人会议,供领导人审议批准。

2003年6月,中泰两国在北京签署协议,决定从2003年10月1日起,在中国—东盟自由贸易区框架下提前实现中泰之间水果和蔬菜贸易零关税。2003年10月至2004年2月,泰国出口中国的水果和蔬菜同比增长80%,顺差达3.6亿泰铢。2003年9月3日,第二次中国与东盟经贸部长会议在柬埔寨首都金边举行。本次中国与东盟经贸部长会议就中国—东盟自由贸易区框架下的“早期收获”及自由贸易区谈判进展等进行讨论。会议发表《联合新闻声明》指出：中国—东盟经贸部长们对自由贸易区谈判进展表示满意，并有信心在《框架协议》规定时间内如期完成自由贸易区谈判。

2004 年，在第八次东盟与中国领导人会议期间，双方签署《中国—东盟全面经济合作框架协议货物贸易协议》。协议包括 23 项条款及 3 个附件。东盟在协议中宣布所有成员国承认中国是一个完全市场经济体。根据协议，中国—东盟自由贸易区将包括货物贸易、服务贸易、投资和经济合作等内容。其中货物贸易是自由贸易区的核心内容，除涉及国家安全、人类健康、公共道德、文化艺术保护等世界贸易组织允许例外的产品以及少数敏感产品外，其他全部产品的关税和贸易限制措施都应逐步取消。根据协议，区内商品被分为常规贸易商品、敏感商品和高敏感商品。没被列入敏感、高敏感项目清单的商品，均属常规贸易商品，到 2010 年将取消全部关税。被列入敏感商品清单的商品有 400 个，中国列入钢铁产品，东盟国家则列入糖和植物油等，这些商品的关税比率将在 2012 年减至 20%，2018 年则减至 5% 以下。被列入高敏感商品的有大米、汽车和一些石化产品，这些商品将继续受关税保护，但税额比例将逐步减少。

除货物贸易协议外，中国商务部部长薄熙来与东盟 10 国经济部长还共同签署《中国—东盟全面经济合作框架协议货物贸易协议》和《中国与东盟争端解决机制》。《协议》是规范中国与东盟双方在自由贸易区框架下处理有关贸易争端的法律文件，包括 18 项条款。协议以 WTO 争端解决机制为基础，根据自由贸易区的特点，就适用争端的范围，磋商程序，调解或调停，仲裁庭设立、职能、组成和程序，仲裁执行、补偿和终止减让等问题做出相应规定。

2005 年 7 月 20 日，按照中国—东盟自由贸易区《货物贸易协议》规定的时间表，中国与东盟的货物贸易降税计划正式启动，中国和文莱、印度尼西亚、马来西亚、缅甸、新加坡和泰国相互实施自由贸易区协定税率。中国—东盟自由贸易区货物贸易降税计划涉及 7000 种商品，按照《货物贸易协议》规定，2005 年中国实际下调税率的商品 3408 种，包括 2004 年 1 月 1 日已开始实施优惠税率的“早期收获”产品。其中，对东盟六国统一适用协定税率的产品 2810 种，对六国分别适用协定税率的产品 561 种，此外还包括 37 种实行从量税和复合税的产品。其他商品仍暂按最惠国税率执行。中国海关凭上述六国指定签发机构所签发的原产地证书(Form E)，按照中国—东盟自由贸易区协定税率征税验放。中国国家质量监督检验检疫总局及各地检验检疫局也同时开始签发面向东盟六国的原产地证书，中国企业可到国家质检总局及各地检验检疫局申领原产地证书并凭证对东盟六国按协定税率出口。东盟中的柬埔寨、老挝、菲律宾和越南在完成其国内审批程序后与中国相互实施自由贸易区协定税率。

·链接资料·

《中国—东盟全面经济合作框架协议》简介

2002 年 *11* 月 *4* 日，朱镕基总理和东盟 *10* 国领导人共同签署《中国—东盟全面经济合作框架协议》(简称《框架协议》)，标志着中国与东盟的经贸合作进入一个新的历史阶段。《框架协议》是未来自由贸易区的法律基础，有 *16* 项条款，总体确定了中国—东盟自由贸易区的基本架构。

一、中国—东盟自由贸易区包括的内容

根据《框架协议》，中国—东盟自由贸易区将包括货物贸易、服务贸易、投资和经济合作等内容。其中货物贸易是自由贸易区的核心内容，除涉及国家安全、人类健康、公共道德、文化艺术保护等 *WTO* 允许例外的产品以及少数敏感产品外，其他全部产品的关税和贸易限制措施都应逐步取消。

二、相关领域的谈判时间安排

关于货物贸易的谈判从 *2003* 年初开始，*2004* 年 *6* 月 *30* 日前结束。关于服务贸易和投资的谈判将从 *2003* 年开始，并应尽快结束。在经济合作方面，双方商定以农业、信息通信技术、人力资源开发、投资促进和湄公河流域开发为重点，并逐步向其他领域拓展。

三、中国—东盟自贸区的时间框架

《框架协议》规定，中国和东盟双方从 *2005* 年起开始正常轨道产品的降税，*2010* 年中国与东盟老成员，即文莱、印度尼西亚、马来西亚、菲律宾、新加坡和泰国，将建成自由贸易区，*2015* 年和东盟新成员，即越南、老挝、柬埔寨和缅甸，将建成自由贸易区，届时，中国与东盟的绝大多数产品将实行零关税，取消非关税措施，双方的贸易将实现自由化。

四、“早期收获”方案的主要内容

决定从 *2004* 年 *1* 月 *1* 日起对 *500* 多种产品(主要是《税则》第一章至第八章的农产品)实行降税，到 *2006* 年这些产品的关税将降到零。早期收获的产品包括活动物、肉及食用杂碎、鱼、乳品、其他动物产品、活树、食用蔬菜、食用水果及坚果。

五、关于给予东盟非 *WTO* 成员以多边最惠国待遇的承诺

东盟中越南、老挝、柬埔寨尚未加入 *WTO*。为了帮助这些国家的发展，中国同意给予东盟非 *WTO* 成员以多边最惠国待遇，即将中国加入 *WTO* 时的承诺适用于这些国家。

六、有关贸易规则的制订

《框架协议》规定，中国与东盟将制订原产地规则，反倾销、反补贴、保障措施、争端解决机制等贸易规

则,以保证未来中国—东盟自贸区的正常运转。

大湄公河次区域经济合作

于1992年由亚洲开发银行发起。成员国为中国、缅甸、老挝、泰国、柬埔寨和越南。重点合作领域包括交通、能源、环境与自然资源、人力资源开发、贸易与投资、旅游、通讯等,优选项目103项。

1998年,在菲律宾的马尼拉亚洲开发银行总部召开大湄公河次区域经济合作第八次部长级会议。此次会议引进以交通走廊、基础设施建设为主体的“经济走廊”概念和机制,要将次区域合作的资源集中于“三纵两横”经济走廊,即南北向的昆明—曼德勒—仰光,昆明—老挝—曼谷,昆明—河内—海防;东西向的仰光—曼谷—金边—胡志明市,毛淡棉—彭世洛—沙湾拿吉—岘港。即在原来的交通走廊的基础上,跳出单个领域和地区合作的狭隘,建立起以基础设施为重点,将投资、贸易、生产有机相连的国家间的综合经济合作发展机制。

2000年11月24日,中国国务院总理朱镕基出席在泰国清迈召开的东盟—中日韩10+3领导人会议时建议:加强对湄公河流域开发的投入。在湄公河流域开发问题上,朱镕基总理明确阐述中方积极参与的态度,宣布中方将出资帮助老挝和缅甸疏通河道,以便按期实现中国、老挝、缅甸、泰国四国通航。2001年6月,中老缅泰四国澜沧江—湄公河商船正式通航。

2002年11月3日,首次大湄公河次区域经济合作领导人会议在柬埔寨金边举行。会议的主题是“通过区域一体化实现大湄公河次区域的增长、公平和繁荣”。会议批准《次区域发展未来十年战略框架》,使次区域合作进入一个新阶段。会议发表联合宣言并决定,今后每3年在成员国轮流举行一次大湄公河次区域领导人会议。会后,有关国家签署《大湄公河次区域便利运输协定》谅解备忘录、《大湄公河次区域便利客货跨境运输协定》中方加入书和《大湄公河次区域政府间电力贸易协定》。中国为大湄公河次区域经济合作的重点项目之一的昆曼公路的建设提供无息贷款和赠款。

2004年11月,中国国务院总理温家宝在老挝万象召开的中国与东盟领导人会议上,提议把广西纳入大湄公河次区域合作(GMS)并获批准。2005年7月,广西作为继中国云南省之后第二个省区正式参与GMS合作。

2005年7月4日,大湄公河次区域经济合作第二次领导人会议在云南昆明举行,会议主题为“加强伙伴关系,实现共同繁荣”。温家宝总理在会议开幕式上发表讲话。会议通过《昆明宣言》,并决定第三次领导人会议将于2008年在老挝举行。

·链接资料·

大湄公河次区域经济合作
第二次领导人会议《昆明宣言》

(2005年7月5日)

序言

我们,柬埔寨王国、中华人民共和国、老挝人民民主共和国、缅甸联邦、泰王国和越南社会主义共和国的政府首脑会聚中国昆明,举行大湄公河次区域经济合作第二次领导人会议。

三年前,我们确立了建立融合、和谐、繁荣的次区域的目标。今天,我们重申承诺,将加强联系,提高竞争力,建设大家庭,推进发展议程,促进可持续发展。

成就与挑战

我们为次区域合作成立13年来取得的成就,特别是上次领导人会议以来的合作进展感到鼓舞。我们的合作进程日趋完整、伙伴关系更加稳固,电信、环境、旅游、农业、人力资源开发等领域的合作正不断深化,减贫方面进展显著。但同时,次区域合作也面临挑战,贫困、发展不平衡、新出现的人类安全问题、传染病、环境恶化、自然灾害等问题等需要我们妥善应对。

次区域合作指导原则

在合作进程中,逐步形成一些广为接受的原则,对保持合作势头发挥了促进作用。我们高度评价这些原则并将在今后合作中继续遵循。

相互平等、相互尊重是次区域合作的基础,协商一致、灵活务实的决策方式有助于增进各成员国的团结,面向行动、注重成效、循序渐进的合作方式直接有效地推动了合作进程。

实现可持续发展的未来行动

我们重申实现千年发展目标的承诺,将在四个关键领域加倍努力。

加强基础设施

我们支持制定次区域交通战略,加快经济走廊建设,同意将铁路、航空和水运纳入合作机制。我们指示部长们在2005年内完成所有《大湄公河次区域便利客货跨境运输协定》附件和议定书的谈判工作并尽早执行。我们将加速建设电信光纤网,特别是次区域信息高速公路。我们承诺尽快制定《次区域电力贸易运营协议》,并加强提高能效、发展替代能源和生物能方面的工作。

改善贸易投资环境

我们将提高金融效率,改善市场基本面,创造更富竞争力的贸易投资环境。我们批准《大湄公河次区域贸易投资便利化战略行动框架》,要求切实执行。

我们高度评价私营部门对次区域发展的贡献,欢迎7月4日我们与工商界代表对话会的丰富成果,将确保工商界参与次区域合作的规划与实施。

加强环境与社会发展

我们合作的核心任务是减贫。农业发展对消除贫困有重要作用。我们将加强农业合作,确保粮食安全,建立次区域农业信息网,号召尽早举行农业部长会议,并同意着手次区域间动物疫病防控方面的工作。我们将致力于加强人力资源开发,应对全球化挑战。我们敦促建立长效机制,加强卫生监控与协调。我们欢迎次区域环境部长会议通过的生物多样性保护走廊倡议以及执行核心项目的建议。我们敦促将次区域作为单一旅游目的地进行推广。

筹资和深化伙伴关系

我们高度评价亚洲开发银行对次区域合作的支持和贡献。我们将继续深化与发展伙伴、私营部门、学术界和民间社会的伙伴关系。

我们承诺加强伙伴关系,实现共同繁荣。我们坚信,经过共同努力,我们的目标一定能够实现。

(据中华人民共和国外交部网站)

年 度 要 闻

中国—东盟文化交流

2006年是中国—东盟建立对话关系15周年和中国—东盟友好合作年。2005年12月,中国国务院总理温家宝在第九次中国—东盟领导人会议上倡议,以中国—东盟建立对话关系15周年和中国—东盟友好合作年为契机,开展广泛的纪念活动,为中国与东盟关系长期发展奠定坚实的社会基础。这一倡议得到东盟国家的热烈响应。自2004年在泰国举办中国春节文化周开始,中国每年春节都在东盟国家举办中国文化周活动。

2006年4月,中国—东盟文艺汇演暨青年音乐家交响乐表演在柬埔寨举行。这是纪念中国与东盟建立对话关系暨中国—东盟友好合作年系列庆祝活动的第一项。来自中国和东盟共11个国家150多名艺术家在宏伟壮观的世界文化遗产吴哥窟前同台演出。4月8日晚,由11个国家音乐家组成的交响乐团在吴哥窟前奏响《中国—东盟曲》,这首曲目是将中国和东盟10国每国1首共11首名曲融合编排而成,以表现中国与东盟之间源远流长的联系。随后,11个国家的舞蹈家展示各自国家的民族舞蹈,中国艺术家表演《秦王点兵》等。4月9日晚的演出以交响乐为主。

另外,为响应中国国务院总理温家宝提出的“以文化和青年交流奠定未来关系的基础”的倡议,由中国共青团中央、全国青联和东盟各国青年组织或机构共同支持的,以“城市与人·和谐与发展”为主题的首届中国—东盟青年艺术品创作大赛,于4~10月在中国广西南宁市举行。来自中国和东盟各国的青年雕塑创作爱好者、书画美术爱好者及手工艺品创作设计者,以自己创作的艺术作品,展示中国与东盟各国城市与自然和谐发展的风貌。

东盟经济部长会议提出提前形成东盟经济共同体

2006年5月,东盟经济部长会议在菲律宾首都马尼拉召开,与会各国代表一致表示愿积极推动该地区经贸联盟——东盟经济共同体的形成,以实现货物、服务和人员的全面自由流动。并一致认为建成这一经贸联盟的最终期限,应从原定2020年提前到2015年,以便赶上中国和印度两个发展中大国的进步速度。与会者认为,在未来的经济共同体中,像欧盟那样推出单一货币的做法还远未成熟,亚洲开发银行等国际机构的经济学家们就此问题进行研究。

第三届泛珠三角区域合作与发展论坛

2006年6月6日,第三届泛珠三角区域合作发展论坛在云南曲靖召开。泛珠三角区域合作与发展论坛每年举办一次,按照“共同主办,轮流承办”的原则由9+2政府轮流承办。泛珠三角区域合作与发展论坛已经成功举办两届,先后在广州和成都举行。

泛珠三角区域占中国面积的1/5、人口1/3强、经济总量占全国的比重超过1/3(不含港澳)。泛珠三角区域合作(简称9+2)是2003年由广东省倡导,并得到福建、江西、湖南、广西、海南、四川、贵州、云南8省(区)政府和香港、澳门特别行政区政府积极响应和大力推动。

香港特别行政区行政长官曾荫权和澳门特别行政区行政长官何厚铧参加论坛。在此后召开的泛珠三角区域行政首长与东盟商务官员对话会上,香港特别行政区行政长官曾荫权表示,“香港希望发挥桥梁作用,成为促进泛珠三角区域和中国—东盟自由贸易区之间的重要纽带。”曾荫权介绍,东盟是香港第三大贸易伙伴,东盟企业可利用香港作为进军泛珠的基地,更有效地打入泛珠市场。截至2005年,东盟企业在香港设立57家地区总部及111家地区办事处。有30余家东盟金融机构在香港注册成立银行和保险公司,泛珠三角区域企业可以利用香港为基地拓展东盟市场,香港可为泛珠三角区域企业提供管理、金融、法律、工程等服务,促进泛珠企业拓展东盟市场。双方贸易总额2005年超过550亿美元,且香港与东盟相互投资超过250亿美元。

环北部湾经济合作高层论坛

2006年7月20日,由中国国务院西部地区开发领导小组办公室、财政部、亚洲开发银行和广西壮族自治区人民政府联合主办,环北部湾区域多个国家重要研究机构参与协办的环北部湾经济合作论坛在中国广西南宁举行。来自中国、越南、新加坡、菲律宾、马来西亚、印度尼西亚等国家和地区的160余名政府官员、专家,以及海内外众多知名企业界代表参加。本届论坛的主题是:“共建中国—东盟新增长极”。

中国全国人大常委会副委员长蒋正华在论坛开幕式上说,全力推进环北部湾区域经济合作,打造“海上东盟”新平台,不仅有利于从海路上更加便捷地实现经济高速增长的中国泛珠三角地区与迅猛发展的东盟东部地区的相互连接,从而加速推进中国—东盟自由贸易区进程,同时也有利于进一步拓宽中国与东盟国家经贸合作的渠道、加强这个地区经济的联系,提高相关各国的经济活力和效益。

2006年7月20~21日,首届环北部湾经济合作论坛在广西壮族自治区首府南宁隆重举行。来自中国、越南、文莱、印度尼西亚、马来西亚、菲律宾、新加坡、日本和韩国的160余名政府官员、专家学者和海内外部分著名企业代表出席。 (原载《荷花》)

中共广西壮族自治区委员会书记刘奇葆在论坛开幕式上表示,广西作为连通中国与东盟的重要基点,愿意积极推动和参与这个区域经济合作新格局的建立与发展,将环北部湾经济合作延伸到隔海相邻的东盟国家。刘奇葆说,广西是中国与东盟多区域合作的重要交汇点,为推进泛北部湾合作与开发,广西已启动北部湾(广西)经济区的规划与建设。以港口建设为龙头,以发展沿海工业为重点,以基础设施建设为保障,以南宁、北海、钦州、防城港城市群为依托,努力将该区域打造成为中国与东盟的区域性物流基地、商贸基地、加工制造基地和信息交流中心。

广西壮族自治区主席陆兵在论坛上说,环北部湾经济圈的构建与开发,有利于推进中国—东盟自由贸易区建设,进一步丰富和充实中国与东盟合作的内涵,加强中国东盟双边睦邻友好关系。他说,环北部湾地区作为中国与东盟跨海联结的纽带,以其独特的地理位置、丰富的自然资源、良好的合作基础和广阔的开发前景,成为各方关注的焦点。

出席论坛的中国国家开发银行副行长姚中民指出:为适应环北部湾区域内各国经济迅速发展、金融合作不断深入的趋势,改善区域内的融资环境,提议成立一个符合环北部湾区域发展特点的区域性银行合作组织——环北部湾区域银行联合体,这个区域银行联合体由区域内各国指定金融机构组成。按照姚中民的构想,环北部湾区域银行联合体将为这个新兴区域发展提供三方面的金融服务:一是推动本区域同国际金融机构建立合作关系;二是加强信息交流及共享,建立银联体项目库,为区域内项目开发提供强有力的融资支持;三是重点开展区域内多方参与、多边受益的网络性大型基础设施项目的合作。

泛北部湾经济合作区和一轴两翼大格局

2006年7月,在环北部湾经济合作论坛上,中共广西壮族自治区委员会书记刘奇葆提出加快推动泛北部湾区域经济合作的“M”型战略构想。

刘奇葆说,提出泛北部湾经济合作,更深层次的考虑是构建一个区域合作的新格局。这个新格局就是,由泛北部湾经济合作区、大湄公河次区域两个板块和南宁—新加坡经济走廊一个中轴组成,形成形似英文字母“M”的一轴两翼大格局。从内容上看,有海上经济合作(Marine economic co - operation)、陆上经济合作(Mainland economic co - operation)和湄公河流域合作(MEKONG sub - region co - operation),其英文表述的第一个字母也都是“M”。由此,称为中国—东盟“M”型区域经济合作战略。

刘奇葆说,这一战略得以实施,将会形成一个太平洋西岸的新兴经济增长带,必将进一步丰富和充实中国与东盟合作的内涵,促进东亚整体合作的深入发展。这将有利于区域内资源共享,促进产业转移与合理分工;有利于扩大区域市场和经济发展的空间,创造新的、更多的经济增长点;有利于共同吸纳与更合理地运用国际资本和外部资源,促进在更高水平、更深层次上的国际经贸合作。

广西北部湾经济区建设启动

广西北部湾经济区是广西为推动泛北部湾合作,辐射和促进环北部湾经济圈的发展,努力打造的中国—东盟自由贸易区的区域性物流基地、商贸基地、加工制造基地和信息交流中心。2006年3月,北部湾经济区规划建设管理委员会正式挂牌运作。

经济区以南宁、北海、钦州、防城港4市为核心，并把临近沿海的玉林、崇左两市的交通、物流纳入经济区统筹规划，整个经济区面积达7.27万平方公里，2005年末人口约2053万，地区生产总值1712.7亿元，分别占广西总量的30%、42%和42%。

经济区规划面向未来，立足于推进泛北部湾经济合作。通过重点加强港口物流合作，实现产业对接与分工，形成一批互补互利、相互促进、各具特色的港口群、产业群和城市群，推动中国与东盟次区域合作从单一的"陆上合作"走向相互呼应的"海陆合作"，促进泛北部湾地区发展成为太平洋西岸一个新增长带，同时使广西沿海成为中国经济新增长极。

广西北部湾经济区的环保规划在全球招标，以保证广西建设"绿色北部湾"的承诺。北海市铁山港工业区、钦州市钦州港工业区、防城港市企沙工业区的规划设计，由新加坡裕廊顾问有限公司、天津城市规划设计研究院等国内外著名规划设计机构负责设计。

广西正在积极制定泛北部湾合作行动计划，行动计划中的合作内容涉及交通、电力、通信、港口码头、泊位、航道、仓储等基础设施建设，以及渔业、农业、资源开发与保护、旅游、投资与贸易、金融、环保等各个方面的合作。此外，还有人力资源开发与培训合作，科技、教育、文化、医疗卫生、防灾减灾等社会发展领域的合作。

● 胡锦涛出席亚太经合组织第14次领导人非正式会议并发表讲话

2006年11月18日，亚太经合组织第14次领导人非正式会议在越南河内举行。"走向充满活力的大家庭，实现可持续发展与繁荣"是会议的主题。会议讨论支持多哈回合谈判、实现茂物目标、区域贸易安排、经济技术合作、反恐、能源、卫生、反腐败、亚太经合组织改革等议题。中国国家主席胡锦涛在会上发表题为《推动共同发展　谋求和谐共赢》的重要讲话，提出以下建议：第一，维护和平稳定。关键是要本着平等互信、和平共处的原则处理国与国关系。对于一些可能影响地区稳定的矛盾和问题，要通过对话增信释疑，通过协商弥合分歧，通过谈判化解矛盾，最终求得和平解决。要采取有效措施，坚决打击一切形式的恐怖主义和跨国犯罪，并注重消除其根源。要增进各国人民和不同文化的相互了解，积极消除误解和歧见，使相互理解和友谊深深植根于广大民众之中，夯实国家关系发展的社会基础，为维护地区和平稳定创造条件。第二，促进共同发展。亚太地区经济取得世人瞩目的成绩。但是，本地区经济社会发展依然存在一些深层次的结构性矛盾，发展还不平衡。各成员之间和各成员内部的发展差距，是我们应该认真面对的一个现实问题。有关成员应该积极努力，发达成员也应该着眼长远，为缩小发展差距、促进共同发展繁荣多做实事，以利于实现亚太地区经济全面协调可持续发展。第三，实现合作共赢。亚太地区面临着能源市场价格高位波动、经济发展失衡、重大传染性疾病频发等问题。而最有效的应对途径是加强合作。共同的挑战往往孕育着合作的机遇。我们应该抓住机遇、迎接挑战，不断扩大共同利益的汇合点，努力实现合作共赢。第四，奉行开放包容。多样性是人类文明发展的重要源泉，也是亚太地区的显著特点。中国文化历来崇尚海纳百川、有容乃大。推动不同文化和信仰相互交流、不同社会制度和发展模式相互借鉴，可以使世界多姿多彩、充满活力，也有利于各国各地区人民取长补短、和睦相处。亚太地区已建有多个区域次区域合作机制，我们应该支持它们并行不悖地发展，努力形成兼收并蓄、优势互补的亚太区域合作格局。对于区域外机制，我们也要秉持开放包容态度，奉行开放的地区主义。

胡锦涛主席还提议，亚太经合组织应围绕各成员关注的重大经济议题，本着一贯以来协商一致、自主自愿、循序渐进的原则，坚持以经济合作为重点，在以下三个方面发挥更大作用：一是要积极支持多边贸易体制发展。当务之急是推动多哈回合谈判重回轨道，尽早就关键问题达成一致，并把关于多哈回合是发展回合的承诺落到实处。如果多哈回合谈判失败，对任何国家都无好处。二是要努力实现茂物目标。茂物目标是亚太经合组织的旗帜，也是衡量组织工作成效的标尺。中国支持为如期实现这一目标而制定的

2006年11月19日，出席亚太经济合作组织(APEC)第14次领导人非正式会议的各国领导人身穿越南传统服装"奥黛"，在河内国家会议中心合影留念。

（原载《人民画报》）

《河内行动计划》。未来一段时间,应该拿出切实可行的具体方案,加强单边行动计划和集体行动计划,重点推动贸易投资便利化取得新进展。提议成立亚太经合组织港口服务网络,以加速本地区港口及配套行业的整合和升级,为贸易投资活动提供便利条件,希望各成员积极支持和参与。三是要推动经济技术合作迈出新步伐。经济技术合作是缩小发展差距、促进共同繁荣的重要手段。近年来,金融安全、能源安全、卫生安全等领域新问题新挑战不断涌现,不少成员缺乏经验,应对能力明显不足。我们应该加大投入,提高合作的针对性和实用性,切实帮助发展中成员国提高参与国际竞争和应对各类挑战的能力。胡锦涛主席宣布,中国政府将向亚太经合组织支持基金捐款 200 万美元,用于推动本地区经济技术合作。

11 月 19 日,与会领导人签署的《亚太经合组织第 14 次领导人非正式会议河内宣言》。宣言呼吁成员推动多哈回合谈判,稳步实施《河内行动计划》,以实现茂物目标。

2006 年 11 月 17 日,胡锦涛主席还出席亚太经合组织工商领导人峰会,并发表题为"坚持和平发展促进共同繁荣"的讲话。

·链接资料·

多哈回合谈判

多哈回合谈判是指世贸组织成员之间的多边贸易谈判。2001 年 11 月,世贸组织在卡塔尔首都多哈举行第四次部长级会议,启动新一轮多边贸易谈判。人们称之为"多哈发展议程",简称"多哈回合"。

多哈回合谈判的宗旨是促进世贸组织成员削减贸易壁垒,通过更公平的贸易环境来促进全球,特别是较贫穷国家的经济发展。谈判包括农业、非农产品市场准入、服务贸易、规则谈判、争端解决、知识产权、贸易与发展、贸易与环境等 8 个主要议题。谈判的关键是农业和非农产品市场准入问题,主要包括削减农业补贴、削减农产品进口关税、降低工业品进口关税三个部分。

多哈回合谈判按最初计划应在 2005 年 1 月 1 日前结束。但在 2003 年 9 月墨西哥坎昆举行的第五次世贸组织部长级会议上,各成员因在农业等问题上未达成一致,多哈回合谈判陷入僵局。

经多方努力,世贸组织各成员 2004 年 8 月 1 日就多哈回合谈判达成框架协议,为削减农业补贴和取消关税、降低工业品关税、推动服务贸易自由化和贸易便利化确定了基本原则,并同意将结束谈判的时间推迟到 2006 年底。多哈回合谈判重回正常轨道。

2005 年 12 月,在中国香港举行的世贸组织第六次部长级会议,在令人关注的农产品贸易争议问题上取得积极进展,但在事关多哈回合成败的削减农业补贴、降低非农产品关税、开放服务业等关键问题上仍未取得突破。

2006 年初以来,世贸组织成员一直就农业和非农产品市场准入问题进行谈判,但始终难有进展。7 月,由于世贸组织 6 个主要成员美国、欧盟、日本、澳大利亚、巴西和印度未能就农业和非农产品市场准入问题达成协议,世贸组织被迫宣告中止多哈回合谈判。

为协调各成员立场,9 月 10 日,美国、欧盟国家、日本等发达国家的代表与"20 国协调组"的代表在巴西里约热内卢举行对话会议,同意尽快恢复多哈回合谈判。11 月 16 日,世贸组织贸易谈判委员会召开多哈回合谈判中止以来的首次全体会议,与会代表一致同意恢复多哈回合谈判的技术性讨论,并为谈判最终全面恢复做好准备。

截至 2006 年 12 月,多哈回合谈判仍处在"软重启"或"试探性重启"状态。

中国—东盟国际税收研讨会

2006 年 12 月 5 日,由中国国际税收研究会、广西壮族自治区地方税务局、广西壮族自治区国家税务局和广西国际税收研究会主办,广西国际税收研究会、广西财经学院承办的中国—东盟国际税收研讨会在南宁举行。本次研讨会的宗旨是"加强交流与合作,实现互利共赢",主题是"税收应促进中国—东盟实现合作共赢"。中国财税界的一些知名专家学者在研讨会上发表主题演讲。会后出版论文集。广西国际税收研究会还编印《中外税收协定与国际税收制度大典》。

中国国务院总理温家宝出席东亚领导人系列峰会

因强台风袭击,原定于 2006 年 12 月在菲律宾宿务召开的东亚领导人系列峰会,推迟到 2007 年 1 月举行。

2007 年 1 月 13 ~ 16 日,中国国务院总理温家宝出席在菲律宾宿务举行的第 10 次东盟与中日韩 10 + 3、中国与东盟 10 + 1 领导人会议和第二届东亚峰会,主持第七次中日韩领导人会议,并对菲律宾进行正式访问。

1 月 14 日,温家宝总理出席第 10 次中国与东盟领导人会议,并发表题为"共同谱写中国—东盟关系的新篇章"的重要讲话。温家宝总理说,2006 年是中国—东盟关系史上具有特殊意义的一年。10 月,我和各位同事齐聚南宁,共同出席中国—东盟纪念峰会,隆重庆祝中国—东盟建立对话关系 15 周年。今天,我们在美丽的宿务岛再次聚会,就推进中国—东盟友好合作进一步交换意见。温家宝说,在政治上,双方高层交往密切,各层次对话与磋商富有成效。双方就落实《南海各方行为宣言》后续行动初步达成共识,制订年度行动计划。中国—东盟安全问题研讨会去年 7 月在北京成功举行,开启双方机制化防务与安全对话的进程。在经济上,中国—东盟自由贸易区《货物贸易协议》于2005年7月实施,双方7000余种商品开始全面降税,贸易额持续增长。2006年,双边贸易额达1608亿美元,比上年增长23.4%。中国—东盟自由贸易区《服务贸易协议》即将签署,这是中国—东盟经贸合作领域的又一重大成果,标志着中国—东盟自贸区建设向前迈出关键的一步,为如期全面建成自贸区奠定基础。在新的一年里,我们要按照纪念峰会上达成的共识,在《中国—东盟纪念峰会联合声明》的指导下,继续加强和充实中国—东盟战略伙伴关系,推动双方合作迈向更高水平。为此,温家宝提出以下建议:(1)加强政治互信,继续保持高层互访势头,加强双方领导人在东亚合作、亚太经合组织、亚欧会议、联合国等国际和地区舞台上的战略沟通。(2)推动经贸关系再上新台阶,要在落实好《货物贸易协议》和此次签署的《服务贸易协议》的基础上,加快双方投资协议谈判,如期建成中国—东盟自贸区。(3)开展在非传统安全领域的务实合作,中方愿与东盟加强在打击跨国犯罪、海上安全、减灾救灾、传染病防治、环境保护等领域的合作。(4)积极支持东盟共同体和一体化建设。(5)促进社会、文化交流及人员交往。

同日温家宝总理主持第七次中国、日本、韩国领导人会议。温总理说,中日韩互为邻国,又都是东亚地区的重要国家,肩负着促进地区和平与发展的共同责任。无论是从三国的根本和长远利益着眼,还是从实现地区和谐发展的目标出发,中日韩都应进一步加强合作,这是本地区各国人民的共同愿望,也是国际社会的普遍期待,符合时代的发展潮流。三国领导人就增进三方政治互信与互利合作交换意见,并达成以下共识:(1)加强三国领导人交往,保持现有10+3框架下三国领导人会议机制,三国领导人可视需要轮流在三国举行不定期会晤。(2)建立三国外交高官定期磋商制度,就共同关心的重大问题进行沟通,妥善处理彼此关切。首次会议将于2007年在中国举行。(3)促进贸易、投资和能源合作。启动三方投资协议谈判,探讨建立三方质检磋商合作机制。(4)加强经贸、信息产业、环保、人力资源开发和文化合作,将财金、科技、卫生、旅游、物流和青少年交流确定为新的合作领域。(5)促进文化交流,增进三国人民的相互了解与友谊。确定2007年为"中日韩文化交流年",中方将于2007年主办以中日韩为主题的第九届亚洲艺术节。

同日,温家宝总理出席第10次东盟与中日韩10+3领导人会议,并发表题为《共建和平、繁荣的和谐东亚》的讲话。温总理在讲话中回顾第九次10+3会议以来,各方合作取得的积极进展和中方为此所作的努力。他指出,在各方的共同努力下,10+3合作保持良好的发展势头和旺盛的活力,确立10+3合作在东亚合作中的主渠道地位。事实证明,10+3的发展增进相互理解与信任,促进东亚地区的局势稳定、经济发展和社会进步,提高了本地区在国际上的地位和影响。温家宝总理就进一步提升10+3合作的层次和水平提出五点倡议:(1)加强战略规划。(2)深化经贸与财金合作。(3)推进安全合作。(4)拓展社会文化合作。(5)加强公共卫生合作力度。温家宝总理最后强调,中国是东亚地区的一员,与东亚各国命运相依、休戚与共。东亚的稳定与繁荣是中国发展的重要保障,中国的发展也为东亚国家带来机遇。中国将继续坚定不移地支持和参与东亚合作,与各国一道推进东亚和平与发展的崇高事业,共建和平、繁荣、和谐的东亚。

1月15日,温家宝总理在第二届东亚峰会上发表题为"合作共赢　携手并进"的讲话。温总理在讲话中指出,东亚合作要坚持开放性,中国支持东盟在东亚合作中继续发挥主导作用。温家宝就如何利用好东亚峰会这个战略平台,凝聚本地区国家的共识与力量,增进各国间的团结与合作,应对各种矛盾和挑战,促进本地区的和平、稳定与繁荣等问题发表三点看法:(1)东亚合作应是实现地区共同发展与繁荣的合作。要从各方最关心、共识最多的领域开始,从交流发展经验、现代信息和先进技术入手,让各国从合作中得益,逐步增强合作的信心和动力。推动东亚合作朝着均衡、普惠的方向发展,通过双边和多边的务实合作,密切彼此经贸联系,形成互利、互补的合作格局。(2)东亚合作应是促进国家之间和谐相处的合作。建立一个能够在安宁的时候共同发展、危机的时候共同应对的新型命运共同体。合作的目的是为了促进地区的和平、稳定与发展。实现这一目标需要通过平等对话弥合分歧,通过友好协商化解争端,营造一个相互信任、持久稳定的地区安全环境。(3)东亚合作应是尊重社会制度和文化多样性、多元化发展的合作。要从东亚国家的特点和发展不平衡的实际出发,相互尊重,照顾不同国家的需求和能力,循序渐进地推进合作。合作要坚持开放性,欢迎域外国家和组织的参与,不断拓宽合作的范围,加强合作的基础。中国支持东盟在东亚合作中继续发挥主导作用。温家宝还就本次峰会的议题——能源安全、金融、教育、禽流感和减灾阐述中方主张。第一,更新能源观念,保障能源安全。第二,加强相互协作,有效防控禽流感。第三,完善合作机制,确保金融安全。第四,着眼长远发展,全面深化教育合作。第五,秉持扶危助难,推进救灾减灾合作。

外交部长李肇星说,这是新年伊始中国的一次重要周边外交行动。此次访问日程密集,务实高效,多、双边活动交织。在短短62小时内,温家宝总理出席33场活动,签署或见证签署10多项协议,成果丰硕。

三　会　一　节

中国—东盟建立对话关系15周年纪念峰会

中国—东盟建立对话关系15周年纪念峰会的设想与确定

在2005年东亚峰会期间召开的中国—东盟领导人峰会上，柬埔寨首相洪森提出召开纪念峰会的设想。此举得到与会各国领导人的一致赞同。为此，中国与东盟双方领导人确定2006年为“中国—东盟友好合作年”，并决定于2006年10月30日在中国广西南宁召开中国—东盟建立对话关系15周年纪念峰会。此次纪念峰会的宗旨是以中国—东盟建立对话关系15周年为契机，以东亚合作的积极进展为背景，回顾总结中国与东盟友好合作关系发展历程和取得的成功经验，展望并规划双方关系的未来发展方向。双方领导人同时还就推进和深化中国与东盟在各个领域的合作交换意见，并就当前重大国际问题交换看法，进一步巩固和提升中国与东盟的战略伙伴关系。纪念峰会是东盟国家领导人首次通过“10+1”形式聚首中国，对中国与东盟双方关系的发展发挥承上启下、继往开来的重要作用，成为具有“里程碑意义”的重大历史事件。

中国—东盟建立对话关系15周年纪念峰会在南宁举行

2006年10月30日，中国—东盟建立对话关系15周年纪念峰会在中国广西南宁举行。中国国务院总理温家宝、菲律宾总统阿罗约、文莱苏丹博尔基亚、柬埔寨首相洪森、印度尼西亚总统苏西洛、老挝总理波松·布帕万、马来西亚总理巴达维、缅甸总理梭温、新加坡总理李显龙、泰国总理素拉育、越南总理阮晋勇等出席峰会。14时30分，东盟10国领导人抵达会议中心，中国国务院总理温家宝在会场迎接，并与东盟10国领导人合影留念。14时45分，中国国务院总理温家宝和东盟轮值主席国菲律宾总统阿罗约共同主持峰会，并先后致词。温家宝总理发表题为《携手奋进，共创中国—东盟关系的美好未来》的讲话。东盟轮值主席国菲律宾总统阿罗约也发表讲话。会议期间，温家宝

中国—东盟建立对话关系15周年纪念峰会　　（刘　宇　摄）

总理会见东盟秘书处秘书长王景荣。会后,11 国领导人共同签署《中国—东盟纪念峰会联合声明》并种植纪念树。当晚,温家宝总理和东盟 10 国领导人共同出席中国—东盟纪念峰会文艺晚会。中国外交部部长李肇星、财政部部长金人庆、商务部部长薄熙来、国务院研究室主任魏礼群等参加上述活动。

·链接资料·

纪念峰会会徽

中国—东盟建立对话关系 *15* 周年纪念峰会会徽由一个三条彩色飘带构成的数字“*15*”怀抱着蓝色地球背景下的中国和东盟国家版图,以及“中国—东盟建立对话关系 *15* 周年纪念峰会”和“*COMMEMORATIVE SUMMIT MARKING THE 15TH ANNIVERSARY OF ASEAN—CHINA DIALOGUE RELATIONS*”的中、英文字环绕组成。

三条彩色飘带,从左至右分别用绿、橙、黄三种颜色加以区分。在色彩的运用上,绿色寓意和平和友谊,表达中国和东盟各国追求和平、倡导友谊与和谐的美好愿望;橙色寓意团结和希望,体现 *15* 年来中国和东盟各国携手共进,共同营造一个充满生机和希望、蓬勃向上的发展空间;黄色寓意成熟和收获,象征着中国与东盟各国历经 *15* 年的友好合作所取得的丰硕成果和瞩目成就。整个图案色彩明快和谐,绚丽而不张扬,较好地诠释了纪念峰会的主题和中国与东盟建立对话关系的主旨。

● 温家宝在中国—东盟建立对话关系 15 周年纪念峰会发表重要讲话

2006 年 10 月 30 日,中国国务院总理温家宝在中国—东盟建立对话关系 15 周年纪念峰会上,发表题为《携手奋进,共创中国—东盟关系的美好未来》的重要讲话。温家宝说,回顾过去的 15 年,中国—东盟关系走过了从消除疑虑、开展对话、增进互信到最终建立战略伙伴关系的不平凡历程,取得前所未有的发展。今天,中国—东盟关系正处于历史最好发展时期。双方政治互信不断增强,经济融合日趋加深,在重点领域的合作全面展开,在应对公共安全问题上相互支持,在维护地区稳定和促进区域合作上紧密配合。事实证明,中国—东盟关系已成为本地区国家间友好交往与合作的典范,为双方人民带来了实实在在的利益,也为促进亚洲地区和世界的和平、稳定与繁荣做出了重要贡献。温家宝指出,中国与东盟关系 15 年的长足发展有许多宝贵经验,主要是和平发展是前提,平等互信是基础,合作共赢是目标,人民拥护是动力。温家宝还说,东盟已成长为本地区和国际舞台上一支维护和平、促进发展的重要力量。中国支持东盟一体化和共同体建设,支持东盟在区域合作中发挥主导作用。中国政府决定向东盟发展基金捐资 100 万美元;为支持东盟一体化倡议下的有关项目提供 100 万美元援助;今后 5 年为东盟培训 8000 名各类人才,并邀请 1000 名东盟青少年访华。温家宝说,巩固和发展中国与东盟友好合作关系是双方的共同愿望。双方应把握机遇,加强合作,推动双方关系迈上新台阶。为此,温家宝建议:(一)加强战略协作。保持高层交往,增进相互信任。加深在重大地区和国际事务中的协调与配合,共同推动国际政治、经济秩序朝着更加公正合理的方向发展。(二)丰富合作内涵。在《中国—东盟全面经济合作框架协议》基础上,探讨签署扩大和深化双方经贸合作的文件,建立经济合作的制度性安排,加快中国—东盟自贸区建设进程,推进十大重点领域的务实合作。(三)维护共同安全。促进军事对话与交流。继续落实《南海各方行为宣言》,推进南海共同开发。中国愿尽早签署《东南亚无核武器区条约》议定书。加强在反恐、打击跨国犯罪、海上安全、抢险救灾等领域合作,共同应对跨国问题。(四)密切人文交流。加强在科技、文教、体育等领域的协作。扩大地方交流与合作。鼓励双方青年到对方国家开展志愿者工作,加深了解和情谊。最后,温家宝强调,发展同东盟国家的睦邻友好合作,巩固与东盟的战略伙伴关系,是中国长期坚持的外交政策。中国将继续奉行“与邻为善,以邻为伴”的周边外交方针和“睦邻、安邻、富邻”的政策,永远做东盟的好邻居、好伙伴、好朋友。让我们携起手来,开拓进取,为共创东亚美好家园和促进本地区及世界的和平、安全与繁荣做出新的更大贡献。

·链接资料·

中国—东盟建立对话关系 15 年大事记

1991 年 *7* 月 *19~20* 日　中国外交部部长钱其琛应邀参加在吉隆坡举行的第二十四届东盟外长会议开幕式。这是中国首次与东盟正式接触,标志着中国同东盟对话的开始。

1992 年 *7* 月　中国成为东盟的“磋商伙伴”。

1993 年　中国、东盟双方决定建立东盟—中国经济、贸易合作联合委员会和东盟—中国科学技术合作联合委员会,以进一步发展双方在经济、贸易与科学技术领域的合作与交流。

1994 年 *7* 月 *22~23* 日　中国作为东盟磋商伙伴国,参加在泰国举行的第二十七届东盟外长会议,并签署关于建立东盟—中国经济、贸易合作联合委员会和东盟—中国科学技术合作联合委员会的协议。同月,中国作为东盟磋商伙伴参加在泰国曼谷举行的“东盟地区论坛”首次会议,中国副总理兼外交部部长钱其琛在会上提出中国对亚太安全合作的原则和措施。

1995 年 *4* 月　中国与东盟高级官员(副外长级)首次磋商会在中国浙江杭州举行。双方开始在高官层次进行政治磋商。

1996 年 *7* 月　第二十九届东盟常设委员会第六

次会议将中国由东盟磋商伙伴国升格为东盟全面对话伙伴国。双方关系进入一个新的阶段。

1997年2月 中国、东盟双方建成中国—东盟经贸联委会、中国—东盟高官磋商、中国—东盟科技联委会、中国—东盟联合合作委员会以及东盟北京委员会等5个平等机制的总体对话框架。12月，中国参加在马来西亚吉隆坡举行的首次东盟与中、日、韩领导人非正式会议。会议就21世纪东亚地区的前景、发展和合作问题坦诚、深入地交换意见，并取得广泛共识。中国国家主席江泽民在会上发表题为《携手合作，共创未来》的讲话。首次东盟—中国领导人非正式会晤也在此次10+3领导人非正式会议期间（12月16日）举行，双方发表《中华人民共和国与东盟国家首脑会晤联合声明》。会上，江泽民主席发表题为《建立面向21世纪的睦邻互信伙伴关系》的重要讲话。此后每年，双方领导人在10+3领导人会议期间定期以10+1形式举行会议。

1999～2000年 中国与所有东盟成员国分别签署或发表面向21世纪的双边关系框架文件。

2000年11月25日 第四次中国与东盟10+1领导人会议在新加坡举行，中国国务院总理朱镕基在会上积极评价中国与东盟双边关系，并就此后一段时间双方在政治领域、人力资源开发、湄公河流域基础设施建设、高新技术领域、农业、贸易与投资等方面的合作提出具体建议。

2001年 中国与东盟成立中国—东盟商务理事会。

△11月 第五次中国—东盟领导人会议在文莱举行。中国和东盟领导人达成加强新世纪合作的共识，决定在10年内建立中国—东盟自由贸易区，并将农业、信息通讯、人力资源开发、相互投资和湄公河开发确定为双方在新世纪开展合作的五大重点领域。

2002年9月13日 首次中国—东盟经济贸易部长会议在文莱斯里巴加湾市举行。会议就中国—东盟自由贸易区相关问题，包括中国—东盟的贸易投资关系、《中国—东盟全面经济合作框架协议》、在货物贸易自由化方面的“早期收获”等内容进行磋商，并就主要问题达成共识，原则通过《中国—东盟全面经济合作框架协议》草案。

△11月 中国与东盟领导人会议在柬埔寨金边举行。期间，中国发表《中国参与湄公河次区域合作国家报告》，启动中国与东盟湄公河流域开发的全面合作。中国与东盟发表《关于非传统安全领域合作联合宣言》，启动在非传统安全领域的全面合作；共同签署《南海各方行为宣言》，强调通过友好协商和谈判，以和平方式解决南海有关争议。11月4日，中国和东盟领导人签署《中国与东盟全面经济合作框架协议》，标志着中国—东盟建立自由贸易区的进程正式启动，也标志着中国与东盟的经贸合作进入崭新的历史阶段。

2003年4月29日 中国—东盟领导人关于非典型肺炎特别会议在泰国曼谷举行。会议讨论了加强地区合作，采取切实措施防治“非典”的问题。同日，东盟与中日韩高官会在柬埔寨暹粒举行。会议就反对恐怖主义、伊拉克战后形势、朝鲜半岛局势等地区和国际问题，以及中国加入《东南亚友好合作条约》进行磋商。

△10月8日 第七次东盟与中国10+1领导人会议在印度尼西亚巴厘岛举行。会议签署《东南亚友好合作条约》、《全面经济合作框架协议》的补充议定书和信息通信谅解备忘录。中国宣布加入《东南亚友好合作条约》，并与东盟签署“面向和平与繁荣的战略伙伴关系”联合宣言。

中国总理温家宝在会议上宣布：“为促进双方商界合作，中方建议从2004年起，每年在广西南宁举办中国—东盟博览会。”这一建议得到东盟国家领导人的普遍欢迎，并写入会后发表的主席声明。在这次会议上，温家宝总理同时建议举办中国—东盟商务与投资峰会。

2004年3月 在越南举行的东盟外长非正式会议就台湾问题发表主席声明，重申东盟继续奉行一个中国政策。

△9月 东盟10国一致承认中国的全面市场经济地位。

△11月3～6日 首届中国—东盟博览会在中国广西壮族自治区首府南宁举行，中国—东盟商务与投资峰会与博览会同期举行。

△11月29日 第八次中国—东盟领导人会议在老挝万象召开，中国国务院总理温家宝在会上提出加强双方合作的十点新倡议。会议期间，在温家宝总理和东盟10国领导人的见证下，中国商务部薄熙来部长与东盟10国的经济部长共同签署《中国—东盟全面经济合作框架协议货物贸易协议》和《中国与东盟争端解决机制协议》。

*2005年*年初起，中国与东盟开始实施作为自由贸易安排一部分的“早期收获计划”。7月，中国宣布扩大对柬埔寨、老挝、缅甸三国的特惠关税待遇的范围。7月20日《货物贸易协议》开始实施，中国和文莱、印度尼西亚、马来西亚、缅甸、新加坡和泰国等东盟六国相互实施自贸区协定税率。中国和东盟上述国家7000余种商品开始降税。

2006年5月17日 中国—东盟民间友好组织大会在北京举行。与会民间友好组织会后签署《中国—东盟民间友好合作宣言》。

△7月 中国广西壮族自治区党委书记刘奇葆在环北部湾经济合作论坛上提出“一轴两翼”区域经济合作的构想，进一步丰富了“10+1”合作的内涵和领域。

中国—东盟各国领导人签署《纪念峰会联合声明》

2006年10月30日，中国国务院总理温家宝、菲律宾总统阿罗约、文莱苏丹博尔基亚、柬埔寨首相洪森、印度尼西亚总统苏西洛、老挝总理波松·布帕万、马来西亚总理巴达维、缅甸总理梭温、新加坡总理李显龙、泰国总理素拉育、越南总理阮晋勇等11位领导人，在中国南宁共同签署《纪念峰会联合声明》，承诺将致力于加强中国与东盟战略伙伴关系。

联合声明对双方建立对话关系15周年来，在许多具有共同利益的领域不断深化合作和取得的成果表示满意，认为中国—东盟建立面向和平与繁荣的战略伙伴关系不仅有力地促进各自的发展，给双方人民带来实实在在的利益，也为促进本地区乃至世界和平打下坚实基础。联合声明指出，对话关系在15年来取得的成果是因为双方恪守《东南亚友好合作条约》所体现的原则、和平共处五项原则、万隆亚非会议十项原则、《联合国宪章》的宗旨和原则及其他国际法、条约和公约，中国—东盟关系还将继续以这些原则为指导，加强战略伙伴关系，共同迈向未来。声明双方同意进一步增进相互信任和了解，使合作的深度和广度与双方战略伙伴关系的目标相适应，以进一步推动本地区和平、发展与繁荣。声明重申将致力于有效地落实：1997年《中华人民共和国与东盟国家首脑会晤联合声明》、2003年《中国—东盟面向和平与繁荣的战略伙伴关系联合宣言》、2004年《落实中国—东盟面向和平与繁荣的战略伙伴关系联合宣言的行动计划》以及中国与东盟签署的其他协议和谅解备忘录。双方将深化十大重点领域的合作，并考虑2005年《中国—东盟名人小组报告》的意见。声明中，东盟各国领导人高度赞赏中国继续支持东盟共同体建设的努力，包括落实东盟安全共同体、东盟经济共同体和东盟社会与文化共同体的行动计划、《万象行动计划》、《东盟一体化倡议》和其他东盟倡议。对中国向东盟发展基金捐资100万美元，并提供100万美元，资助《东盟一体化倡议》项目表示欢迎，同时表示将共同努力推进战略伙伴关系，从而确保双方的人民享有持久繁荣与进步。在联合声明中，中国与东盟各国还就实现政治和安全合作、经济合作、社会文化合作、地区和国际合作等方面的目标表达决心。

中国—东盟建立对话关系15周年纪念峰会专场文艺晚会

2006年10月30日晚，以“金风送来山水情——风情东南亚·相约在南宁”为主题的中国—东盟建立对话关系15周年纪念峰会专场文艺晚会在中国南宁举行。晚会由中国文化部和广西壮族自治区人民政府主办。中国国务院总理温家宝、文莱苏丹博尔基亚、柬埔寨首相洪森、印度尼西亚总统苏西洛、老挝总理波松·布帕万、马来西亚总理巴达维、缅甸总理梭温、菲律宾总统阿罗约、新加坡总理李显龙、泰国总理素拉育、越南总理阮晋勇、东盟秘书处秘书长王景荣，中共中央有关部委负责人，广西壮族自治区部分领导人，参加第三届中国—东盟博览会、第三届中国—东盟商务与投资峰会的中国各省市自治区代表团团长、国内外商协会会长和重要客商出席晚会。

中国及东盟10国艺术家代表身着节日盛装，手持金色鼓槌，共同敲响舞台上一面象征吉祥如意的巨大铜鼓，正式拉开中国—东盟建立对话关系15周年纪念峰会专场文艺晚会的序幕。整台晚会节目编排分为山水颂、山水情、山水约三个篇章。在第一篇章中，东盟10国歌手与中国歌手分别用各自国家的母语联袂演唱晚会主题歌曲《阿依莎拉·莉娅》，诠释“阿依莎拉·莉娅”在壮语中“吉祥祝福”的涵义，表达中国与东盟各国山相依、水相连、世代友好的真情厚意。在第二篇章中，11国艺术家用器乐联奏《友谊的回旋》，将晚会推向一个小高潮。在第三篇章中，能歌善舞的各国舞蹈家依次上场，以集体舞《爱的脚步》，展现各国最具代表性、风情各异的传统民族舞蹈。整台晚会结构精致严谨、创意独具匠心，清晰而完整地突出“和谐、和美、和平”的主题，洋溢着中国和东盟各国之间的深厚情谊。

第三届中国—东盟博览会

第三届中国—东盟博览会招商招展

2006年3月28日至4月12日，中国广西壮族自治区主席陆兵率代表团出访菲律宾、文莱、新加坡、缅甸4国，推介第三届中国—东盟博览会，盛情邀请各国客商参展参会并征求如何办好博览会的建议，尤其是如何形成机制，促进博览会长期良性发展的建议，充分体现中国与东盟10国共同办展的特色。3月28至4月3日在菲访问期间，代表团拜会菲律宾总统阿罗约、众议院议长德贝内西亚以及菲律宾菲华联谊总会、菲律宾华商联合总会等政界、商界与企业界人士以及亚洲开发银行高层领导，并在马尼拉举行商品展销会和重要客商座谈会。4月3日，文莱苏丹哈桑纳尔·博尔基亚会见率团到访的广西壮族自治区主席陆兵。陆兵也分别拜会文莱外交和贸易部部长穆罕默德亲王、工业与初级资源部部长阿哈迈德等，就加强中国广西与文莱的经贸交流与合作交换意见。次日，代表团举办中国—东盟博览会重要客商座谈会和文艺招待会，进行招商招展并宣传广西。5日，代表团到访新加坡。

新加坡总理李显龙在总理府接见陆兵一行。代表团在新加坡期间与新加坡淡马锡控股公司、PSA国际港务集团、万邦集团、新加坡报业集团等进行接触，举办中国广西—新加坡投资合作洽谈会暨中国—东盟博览会推介会。双方签署合作项目37个，项目投资总额14.1亿美元。9日，代表团结束对新加坡的访问飞抵缅甸仰光。10日，缅甸总理梭温会见陆兵一行，就增进缅桂友谊、加强经贸交流与合作交换意见，表示将率团参加中国—东盟纪念峰会和第三届中国—东盟博览会，同时推动更多缅甸企业参展参会。11日，代表团在仰光举行中国广西—缅甸投资合作洽谈会暨中国—东盟博览会推介会，缅甸政界、工商界人士和媒体记者700多人出席。

4月13日，以中共广西壮族自治区委员会书记曹伯纯为团长的广西代表团和以自治区副主席李金早为团长的广西经贸文化代表团启程出访越南、马来西亚、老挝、柬埔寨并前往香港特别行政区，开展为期13天的经贸文化交流与合作，推介第三届中国—东盟博览会。在越期间，越南国家主席陈德良、常务副总理阮晋勇、外交部长阮怡年、贸易部副部长杜如定分别会见曹伯纯。曹伯纯、李金早等也先后拜访越共中央政治局委员、河内市委书记阮富仲，越共中央政治局委员、胡志明市委书记阮明哲以及越南计划投资部副部长张文端和交通运输部副部长陈尹寿，越南工业部副部长杜友豪，义安省委书记阮世忠和省政府主席潘廷泽，就全方位拓展广西与越南在各个领域、各个方面的交往与合作深入交换意见。当天，2006年中国广西(越南)商品博览会在河内成功举办。1000多人出席开幕仪式。博览会签订项目43项，项目协议总投资2.1亿美元，涉及通关便利化、教育合作、旅游、机械设备出口、药品、水产养殖、水电站建设等领域。17日，曹伯纯一行抵达马来西亚吉隆坡并在酒店会见前马来西亚国会上议院主席曾永森先生。18日，曹伯纯先后会见马来西亚财政部第二财长丹斯里诺耶谷、水利能源和电信部长林敬益、教育部长兼巫统青年团中央书记拿督希桑幕丁、贸工部副部长吴立洋等，就加强经贸和投资领域，教育、文化和青年等方面交流合作交换意见。19日，代表团前往老挝进行访问。20日，老挝总理本扬会见曹伯纯一行。本扬总理表示老挝政府将推动更多工商界企业和更多有特色的产品参加博览会，同时希望广西一如既往在翻译人才、农业人才培训等多个领域给予老挝大力帮助和支持。当天，曹伯纯和李金早还拜访老挝副总理通伦。21日，代表团前往柬埔寨进行访问。22日，柬埔寨首相洪森在首相官邸会见曹伯纯等代表团领导成员。当天，广西代表团举行客商座谈会，征求柬政府有关部门和工商界人士对办好第三届中国—东盟博览会的意见和建议，并向柬赠送一批商务车和农机设备。23日，代表团离开柬埔寨飞往香港进行访问。在港期间，代表团拜访中央驻港联络办主要领导、香港特别行政区行政长官曾荫权等，并与多位香港著名企业家会面，推介中国—东盟博览会和广西投资环境。在港举行的广西投资环境推介会上，香港工商界代表300多人出席。

7月9日，应泰国商务部邀请，中国—东盟博览会广西筹委会副主任、广西壮族自治区人大常委会副主任袁凤兰率中国—东盟博览会秘书处一行9人赴泰国进行为期一周的第三届博览会推介活动。在泰国期间，袁凤兰在曼谷、清迈、孔敬、宋卡等地分别拜会泰国国家及地方政要，与工商界人士商谈，推介第三届博览会。

在博览会秘书处的努力下，国内招商和网上招商也深入展开。由于招商招展及时到位，至9月中旬，已有1800家企业和机构报名参加第三届中国—东盟博览会，申请使用展位4191个，远远超过计划设置展位(3300个)。东盟各国及其他国家(地区)申请展位1013个，占总展位数的24.2%。越南、马来西亚和泰国分别增加展位182个、156个和144个。中国国内企业申请使用展位3178个，占总展位数的75.8%，申请参展的世界500强企业、中国500强和其他知名企业270家，占参展企业数的15%。

第三届中国—东盟博览会开幕式

2006年10月31日，为期4天的第三届中国—东盟博览会在中国南宁隆重开幕。中国国务院总理温家宝和菲律宾总统阿罗约、文莱苏丹博尔基亚、柬埔寨首

中国、东盟*11*国领导人参加第三届中国—东盟博览会开幕式。(刘　宇　摄)

相洪森、印度尼西亚总统苏西洛、老挝总理波松·布帕万、马来西亚总理巴达维、缅甸总理梭温、新加坡总理李显龙、泰国总理素拉育、越南总理阮晋勇出席开幕式。9时，温家宝总理宣布博览会开幕并致辞，东盟轮值主席国菲律宾总统阿罗约随后致辞。9时20分左右，11位领导人从11位芳龄15的少女手中接过珍珠模型，并将其放置大厅中央圆形的玉璧模型上。在玉璧散发的晶莹光芒中，11枚“珍珠”宛如一条珠链，衬托着热烈、祥和的会场氛围。11名15岁的少女象征着中国和东盟10国友好合作的15载朝气蓬勃，前途远大光明；11颗明珠象征中国和东盟国家合作的结晶；美丽的玉璧象征中国—东盟博览会搭建的合作平台；玉璧与珠链象征着中国与东盟各国山水相连，水育珠成，珠联璧合。中国商务部部长薄熙来主持开幕式并致辞。

● 第三届中国—东盟博览会国际投资合作项目签约仪式

2006年10月31日分别在南宁青秀山雩霖阁和南宁沃顿大酒店举行。中国商务部部长薄熙来、东盟10国经贸部部长和东盟秘书处秘书长共同出席设在青秀山雩霖阁的首批合作项目签约仪式。首批签订的国际经贸合作项目有10项，项目投资总额约6亿美元。包括印尼在中国投资的同仁医院项目、文莱与广西南宁市合作开发的商务区项目、泰国两仪集团在广西崇左投资的精制糖综合能源循环项目、马来西亚330集团在广西北海投资的水产专业市场项目。中国商务部副部长高虎城，广西壮族自治区常务副主席郭声琨及签约中国企业所在省（自治区、直辖市）有关领导出席设在南宁沃顿大酒店投资合作项目（会期落实项目）签约仪式。出席仪式的还有越南、印度尼西亚、马来西亚、缅甸、泰国、新加坡、菲律宾、老挝等8个东盟国家和日本、美国、加拿大、德国、法国、英国、澳大利亚、斯洛文尼亚、韩国等国家以及中国的香港、澳门、台湾和全国各地的企业家代表200多人。中方签订涉外投资合作项目80项，项目投资总额30.91亿美元，涉及工业、农林牧渔业、矿产开采与加工、商贸物流、房地产开发、能源、旅游开发、基础设施和高新科技等领域。本届博览会国际投资合作呈现四大特点：一是中国和欧美国家（地区）的签约项目大幅度增加。签约项目18项，项目投资总额6.68亿美元，分别比第二届增长50%和54.6%。二是签约项目以制造业和采矿业为主。制造业和采矿业领域签约项目38项，项目投资总额12.56亿美元，分别占此次签约项目的47.5%和40.8%。其中，制造业领域签约项目29项，投资总额9.05亿美元，涉及移动电话加工项目、氯基酸系列产品生产项目、纺织品及纺织机械生产项目、生物柴油综合开发项目等。三是港澳台商对东盟投资踊跃。港澳台商在此次签约仪式上对东盟签订项目38项，投资总额16.17亿美元，分别占签约项目的47.5%和52.5%。四是生产性服务业成为中国与东盟合作的新热点。服务领域签约项目20项，投资总额5.62亿美元，分别占签约项目的25%和18.2%。其中，商贸物流项目6项、软件与信息服务业项目6项。

● 第三届中国—东盟博览会中国国内合作项目签约仪式

2006年10月31日举行。广西壮族自治区副主席吴恒主持。自治区领导郭声琨、韦家能、杨道喜、张文学为项目签约做见证。中国粮油集团、北京物资总公司、四川新希望集团、新疆广汇集团等中国知名企业和分别来自广东、四川、北京、上海、浙江、重庆、山东等地的企业，中央直属企业和外资企业代表参加签约仪式。在签约仪式上签订投资合作项目100项，项目投资总额296.98亿元。签约项目涉及工业、农林牧渔业、矿产开发与加工、交通运输、物流仓储、房地产开发、能源、旅游开发等行业。此次国内合作签约项目有四个特点：一是以投资第二产业为主。第二产业签约项目67项，投资额179.4亿元，分别占签约项目总数的67.7%和60.4%。二是物流类项目明显增多。签订物流项目9项，是第二届博览会物流项目的2倍多，投资总额34亿元，占签约项目总投资的11.5%。广西国际粮农食品物流中心项目、东盟大商汇物流中心项目

第三届中国—东盟博览会中国国内合作项目签约仪式场景　（蒋　勤　摄）

等投资额均超过5亿元。三是教育合作取得突破。签订合作项目2项,体现博览会不仅是经贸合作的平台,同时也为教育合作搭建良好的平台。四是大项目增多。投资额在1亿元以上的项目75项,投资总额283.56亿元,分别比第二届增长18.5%和8.5%,投资额在签约项目投资总额中占95.48%。各省(自治区、直辖市)在广西的重大投资项目(10亿元以上)主要有:广西堂汉公司铟基太阳能电池项目、柳州阳光100城市广场项目、北海市燃料乙醇项目、百色市扩建炼油项目、南宁市五星级酒店、南宁国际汽车城、柳州年产20万台柴油发动机项目等。

第三届中国—东盟博览会主要特点

与上两届相比,第三届中国—东盟博览会有如下主要特点:一是规模更大,规格更高。中国和东盟国家领导人共同参加第三届博览会开幕式并巡视展馆,11国外交部长、商务部长和东盟秘书处秘书长出席博览会。出席展会的部长级贵宾达到235人,比第二届增加120多人。报名参展企业2500家,申请展位4269个;实际安排参展企业2000家,使用展位3663个(东盟及其他国家、地区展位1000个),参展商7971人。专业观众3.3万,其中境外参会人员8900人,分别比第二届增长32%和38%。二是经贸成效更为突出。博览会期间举办推介会和专场商贸配对活动40场,内容涉及机械、建材、农业、国际经济合作、物流、法律、检验检疫、旅游、教育、城市管理等领域。其中东盟国家举办的推介会和商品采购洽谈会6场;中国举办的推介会、合作论坛和商务专场活动34场。博览会期间累计贸易成交总额12.7亿美元,比第二届增长10.2%;签约国际经济合作项目132个,投资总额58.5亿美元,投资额增长10.5%。其中,中国达成贸易出口10.28亿美元,进口0.75亿美元;对东盟国家的经济合作项目40项,投资总额25.6亿美元。此外,还达成国内贸易1.67亿美元,签订国内经济合作项目301项,投资总额553.7亿元,增长10.4%。三是共办共赢合作机制形成。本届博览会和商务与投资峰会邀请东盟10国的29家主要商协会和国家工商会作为协办单位,11国的商贸部长到会见证中国—东盟重大项目签约仪式和参加多项活动。马来西亚、越南分别包用独立展厅作为本国专用商品馆,集中展示本国优势产品。四是媒体关注度高。有215家海内外媒体派记者到会采访,其中包括美联社、路透社、共同社、法新社、日本《读卖新闻》、日本NHK以及马来西亚星报、越南国家电视台等东盟国家主要媒体和新华社、中国中央电视台等。媒体通过新闻中心发稿6800多篇(条),中外媒体关于博览会和峰会报道的网页多达1.8万页。中国中央电视台和东盟国家主流电视台均对博览会重大活动进行现场直播。

第三届中国—东盟博览会展厅布置

设商品贸易、投资合作、农业先进适用技术、魅力之城4个专题展区,总展位3663个(室内标准展位2853个;室外展位810个,面积7290平方米),展位数比上届增加363个。参展企业2000家,参展商7971人。东盟及其他国家、地区展位1000个,比上届增加280个。

商品贸易专题 中国商品按商品类别布展,东盟10国商品按国别布展。中国展示的商品分机械设备、电子电器、建材家居、农资农产品和食品四大类。其中:机械设备类主要展示汽车及配件、食品加工与包装机械、农用机械、工程机械、电力设备、纺织机械等;电子电器类展示通信产品、数码产品和家用电器;建材家居类展示建筑材料、装饰材料、卫生洁具和灯饰灯具;农资、农产品和食品类展示农用生产资料、农产品、绿色食品等。东盟10国及其他国家、地区展示的商品分汽车及配件、木材及木制品、橡胶及制品、棕榈油及制品、特色工艺品、农产品、特色食品、电子电器、矿产品等。安排在4~15号展厅,按顺序分别为:马来西亚商品馆,越南商品馆,泰国、印尼、菲律宾、老挝商品馆,食品和包装机械及相关设备馆,机械设备(8号、9号),汽车及配件馆(10号、11号),电力设备馆,电子电器馆,建材家居馆,文莱、柬埔寨、缅甸商品馆。

投资合作专题 布展中国和东盟国家的城市和各类经济技术开发区。重点展示国际工程承包、劳务合作、境外加工贸易、资源开发、市场分析、项目论证及相关金融服务等。安排在1号馆。

农业先进适用技术专题 以农业种养技术、农产品深加工技术、生物技术、节能环保技术、新材料新能源为重点,展示先进适用技术成果,开展项目洽谈。安排在3号馆。

魅力之城专题 由中国和东盟10国选择具有代表性的城市参展。各城市通过综合展示各自在旅游、文化、教育、科技和社会发展等方面魅力所在,寻求更多的合作商机。安排在2号馆。

室外展场展示农资、农产品和食品、大型车辆和工程机械等。

第三届中国—东盟博览会“魅力之城”简介

上海(Shanghai) 简称沪或申,是中国最大的经济中心、贸易港口和综合性工业城市,也是重要的科技中心、贸易中心、金融和信息中心,拥有“东方之珠”美誉。自1843年开埠以来,上海以其五方杂处、中西交融的文化特色,成为远东著名国际大城市和重要交通枢纽。繁忙的上海港和虹桥国际机场,成为上海沟通国际国内的重要桥梁。上海的金融证券、期货交易、外汇、科技等全国性市场,奠定其中国资源配置中心地位的同时，也加快其与国际接轨的步伐。素有“东方巴黎”之称的上海是一个既代表现代时尚又具有传统文化特色的海派文化城市。享有“中华第一街”美誉的南京路，以及淮海路、金陵东路、四川北路以及豫园商业旅游区、不夜城商城、徐家汇等地，鳞次栉比的商店、琳琅满目的商品、熙攘的人流，让人真切感受大都市的繁荣和活力。开发开放的上海浦东，经济建设、社会发展和城市面貌发生巨大变化，其连续13年保持10%以上的经济增长速度引起世界的关注。今日的上海，是中国经济最发达和现代化程度最高的城市之一。

上海展区以创新、融合、活力为核心概念，以“东方都市，生活风采”为主题，通过现代化的展示理念和声光电结合的展示手法，集中展示悠久历史、今日成就与未来展望三方面内容。

斯里巴加湾(Bandar Seri Begawan)　位于婆罗洲北部，文莱湾西南角，是文莱达鲁萨兰国首都。原称文莱市，1970年改现名。是现任文莱苏丹父亲的封号，意为受尊敬高贵之人。这里有世界上最大的水上村庄。水上的小屋、碧蓝的海水、棕红的树林，别致的风情，使其有着“东方威尼斯”的美称。作为文莱的政治文化中心，以其独特的伊斯兰建筑风格吸引着八方游客。漫步斯里巴加湾市，游客可欣赏到许多装饰精美、富丽堂皇的高大圆顶清真寺。其中赛福鼎清真寺和博尔基亚清真寺是最为著名的两座清真寺。前者为原苏丹奥马·阿里·赛福鼎生前建造，金顶白墙，是文莱最气派、最有地位的宗教圣地，是文莱城市的象征；后者为现任苏丹博尔基亚建造。整个城市处处呈现高贵、典雅、祥和的景象。

斯里巴加湾展区以“探寻文莱之美”为主题，通过近40件文莱国家级文物，展示悠久的历史、灿烂的文化、天然的富足和浓郁的伊斯兰风情。

金边(PhnomPenh)　位于湄公河、洞里萨河、巴沙河和前江的汇合处，是柬埔寨王国政治、经济、文化、宗教中心，也是印度支那地区重要交通枢纽。自1434年起便成为柬埔寨首都。这是一个景色秀丽的城市。掩映在椰林、芭蕉丛中宽阔整齐的街道，法国风格的建筑物，着橙红色长袍的僧侣，构成一幅和谐、安详社会的画面。洞里萨河边，王宫、国家博物馆、法式建筑风格的高级酒店一字排开，散发着诱人的“印度支那小巴黎”的风采。金边是一座文化古城，是柬埔寨的佛教中心。集中在老城区的名胜古迹多为庄严肃穆的庙宇。位于王宫北面的乌那隆寺有着560多年的历史(建于1443年)，历届住持高僧为保存和发展高棉民族文化作出不可磨灭的贡献。寺内最大佛塔供奉着佛祖释迦牟尼的骨灰。

金边展区主要展示金边的传统文化、历史遗迹和欣欣向荣的发展现状。

三宝垄(Semarang)　印度尼西亚中爪哇省的省府，是印尼重要的港口城市。三宝垄是印尼华人根据印尼语谐音为中国明代航海家郑和取的名字，是世界上唯一以郑和命名的城市。郑和的故事在这片土地上代代相传，妇孺皆知。为纪念他而建的三宝公庙像一座反映郑和下西洋历史的民间博物馆。庙内供奉着郑和塑像和建有三宝井、船舡爷庙和船锚庙。三宝垄是一个古老而现代的城市，又是一个风景别致的文化名城，其独特的包容性兼容中华文明、荷兰文明和印尼文明，市内保留着大批15～18世纪中国式寺庙、欧式洋楼和爪哇风格的民宅。

三宝垄展区主要展示其投资环境和旅游资源，展示面积261平方米。

万象(Vientiane)　位于湄公河东岸，老挝首都。始建于公元574年，因盛产大象而得名，另外还有月牙城、檀木城之称。万象是老挝的佛教圣地，有寺庙350多座，其中的瓦帕娇寺有600多年历史，现为皇家博物馆。万象的古塔和古迹多呈群落状，独具宗教艺术风格。以佛教文化艺术称著的塔銮是游客最佳去处。万

上海

斯里巴加湾

金边

三宝垄

槟城

象的风景名胜还有凯旋门、无名战士纪念碑、西刹吉寺、西孟寺、玉佛寺等。作为老挝的文化中心，老挝的大学和其他主要学校都集中于此。万象还是老挝最重要的商业城市和交通枢纽，13 号公路及湄公河是联系全国各主要城镇的纽带。水路沿湄公河往北可达琅勃拉邦、北本、会晒和中国云南边城景洪等地；横渡湄公河可达泰国廊开；瓦岱国际机场开通飞往世界各地的航班。湄公河沿岸椰树翠绿，万象市充满生机和活力。

万象展区主要展示投资环境和旅游资源，展示面积 391.5 平方米。

槟城(Penang)　槟榔屿的简称，位于马来西亚半岛西北的海岸边，是一个美丽的小岛，因岛上遍布槟榔树而得名，有印度洋的绿宝石之称。它是马来西亚第二大城市和唯一的自由港，也是马来西亚 13 个州中最美丽、最浪漫的城市。碧海蓝天、沙细如雪、绿水青山、阳光明媚、丛林繁密、建筑典雅和丰富多样的民俗使其成为旅游者向往之地。游客在此还可大肆淘宝购物，品尝风味美食。槟城在 1786 年被英国殖民政府开发为远东最早的商业中心，是一个有着东西方独特情调的大都会。现为马来西亚最大的电子业基地，世界各国许多电子公司均在此设厂。

槟城展区主要展示其丰富而具有鲜明特色的旅游资源，展示面积 108 平方米。

蒲甘(Pugam)　位于缅甸中部，伊洛瓦底江中游左岸，曼德勒西南 150 多公里处，是缅甸历史最悠久的古都名城和重要的佛教圣地。蒲甘最初是一小镇，称阿利摩陀那补罗。公元 849 年，频耶王在此筑城。1044 年，阿如律陀王在此建都，建立缅甸历史上第一个多民族统一的封建王朝——蒲甘王朝，蒲甘从此成为缅甸文化、宗教的圣地。到 13 世纪，蒲甘先后建造的佛塔达万余座。林立的佛塔成为蒲甘最壮美的景观，蒲甘也因此被称为“万塔之城”。经历 900 多年的沧桑岁月和 1975 年的大地震，蒲甘现存大小佛塔和佛教遗迹约 2000 处，其中著名佛塔 100 多座。这些佛塔形状多样，或宏伟壮观，或小巧精致，或洁白素雅，或金光闪闪、雍容华贵。塔内佛像千姿百态，惟妙惟肖。佛塔内的浮雕壁画和佛祖造像的绘制技艺精湛，匠心独具。缅甸人民的聪明智慧、创造才能，佛教文化的灿烂辉煌在此得到最充分的展现，蒲甘又因此被誉为“东方佛教艺术的宝库”。蒲甘精美的漆器同样闻名于世。

蒲甘展区以“金色的缅甸”为主题，以瑞古基塔为主体造型，配以缅甸的特色图片和实物，如乐器、手工艺品等，展示其古老的文化和经济社会发展成就。

保和岛(Bohol)　菲律宾的一个珊瑚岛。这里有起伏的丘陵、迷人的海湾和沙滩、清澈的海水。这里海水能见度高，水底生物种类繁多，色彩斑斓的珊瑚丛、红白相间的小丑鱼、五彩缤纷的热带鱼在身边飘逸、在眼前穿梭，构成一个如诗如画的潜水胜地。岛上有著名的巧克力山、16 世纪的瞭望塔、古老的巴洛克式教堂、鬼斧神工的钟乳石洞和最小的灵长目动物——眼镜猴。巧克力山(Chocolate Hills)是保和岛的一处自然奇景。置身山上的瞭望台，可欣赏到由 1268 个圆锥形小山丘组成的群山，既像从地下涌出的一串串气泡，又像一垛垛干草堆。山丘的白茅随雨、旱季变化相应由绿色转为褐色，犹如一排排巧克力排放在大地上。

保和岛展区由一个舞台和一个吧台构成，主要展示其独特的人文风情和独特的美食文化，观众可边欣赏菲律宾歌舞边品尝菲律宾美食。

新加坡城(Singapore City)　位于新加坡岛南端，是新加坡首都和全国政治、经济、文化中心，享誉世界的花园城市。新加坡城交通、通信、商业发达，是世界重要港口和国际金融中心，是世界主要的石油冶炼及配送中心、主要的电子元件供应地和船舶制造维修中心。世界主流商品、琳琅满目的特色小商品和良好的购物环境吸引着世界各地的旅游者。市中心区南岸是

万象

保和

普甘

新加坡

孔敬

胡志明市

绿树环绕、繁华的商业区和红灯码头；北岸是花草树木与楼宇交错的行政区，环境幽雅宁静。

新加坡城展区以“经商福地，休闲天堂”为主题，展示其教育、环保、食品和物流等领域的最新成果和商机。展示面积324平方米。

孔敬市（Khon kaen） 距曼谷440多公里，面积46平方公里，人口约15万，是泰国东北部政治、商业、金融、交通、教育、医疗和稻米贸易中心。孔敬博物馆藏品丰富，有万昌史前文明器物，古人类遗骸和使用的工具、陶器，作为寺庙标记的心型石头，孟王国时代的浮雕画，高棉和华富里时代的艺术品等，反映孔敬的悠久历史，是泰国文明、文化的重要发祥地。建于十六世纪的卧佛寺，雄居孔敬市郊高山之上，登临即可饱览孔敬之美景。该寺金碧辉煌，香火鼎盛，是当地人祈福必到之处。在孔敬，新旧事物以一种和谐的方式共存：繁忙的现代交通要道上水牛悠然自得，时尚的先生女士和身穿橘色袈裟的佛教僧侣，充满着强烈对比而又井然有序。孔敬盛产泰丝，每年11月均举办丝绸节，展销各种丝绸布及进行土特产比赛、烟花赛会、交友游行等。浓郁的民族风情、秀丽的自然风光和便捷的交通，使孔敬市旅游具有较大的发展潜力。

孔敬展区以“发现泰国的珍宝”为主题，展示其旅游、贸易、投资、文化和传统按摩。

胡志明市（Hochiminh City） 位于越南南部，是越南第一大城市。1976年以前称西贡，为纪念胡志明主席而改现名。胡志明市是越南的工商业中心城市，有良好的基础设施，对外开放程度较高。它还是越南的重要交通枢纽，拥有越南最大的内河港口和国际航空港。风景优美的胡志明市，阳光灿烂、绿树婆娑，美丽的西贡河绕城而过；东西方文明在此融会相交，独具情趣。

第三届中国—东盟商务与投资峰会开幕式 （蒋光意 摄）

胡志明市展区主要推介其经济发展情况和商机。

第三届中国—东盟商务与投资峰会

第三届中国—东盟商务与投资峰会开幕式

2006年10月31日在中国广西南宁举行。峰会由中国商务部、中国国际贸易促进委员会和广西壮族自治区人民政府主办，东盟工商会、中国—东盟商务理事会和东盟10国国家工商会协办。峰会主题是“共同的需要，共同的未来”。中国国务院总理温家宝、菲律宾总统阿罗约、文莱苏丹博尔基亚、柬埔寨首相洪森、印度尼西亚总统苏西洛、老挝总理波松·布帕万、马来西亚总理巴达维、缅甸总理梭温、新加坡总理李显龙、泰国总理素拉育、越南总理阮晋勇以及来自中国和东盟国家的政府官员、商协会代表、企业负责人、专家学者等1000多人参加开幕式。开幕式由中国贸促会会长万季飞主持，中共广西壮族自治区委员会书记刘奇葆致辞。中国国务院总理温家宝、东盟轮值主席国菲律宾总统阿罗约分别在会上作主题演讲。

温家宝在第三届中国—东盟商务与投资峰会开幕式发表主旨演讲

2006年10月31日，中国国务院总理温家宝代表中国政府，对第三届中国—东盟商务与投资峰会的胜利召开致以热烈祝贺，对莅临会议的东盟各国领导人和各位贵宾表示诚挚欢迎，并以“共同谱写经贸合作的新篇章”为题作主旨演讲。温家宝说，在各方的共同努力下，中国—东盟博览会和商务与投资峰会已经成为中国—东盟工商界增进相互了解、扩大经贸合作的重要平台。第三届峰会充分反映中国—东盟经贸关系的发展趋势和双方工商界加强全面合作的共同要求，必将对双方扩展合作范围、提升合作水平起到重要作用。温家宝还说，中国和东盟山水相连，文化相通，发展历程相似，人民友好交往历史悠久。上世纪90年代初，中国—东盟开启对话合作进程，揭开双边关系崭新的一页。15年来，双方按照“相互尊重、平等互信、互惠互利、合作共赢”的原则，不断深化在各领域的合作。中国与东盟经贸关系的全面发展，给彼此带来了实实在在的经济利益，成为中国—东盟关系发展的重要基础和强大动力。温家宝指出，中国与东盟拥有18亿人口，市场空间极为广阔。双方在资源禀赋、产业结构、贸易商品等方面各具特色，互补性强，又都处于快速发展阶段，双边合作潜力巨大。我们要抓住难得的历史机遇，进一步拓展合作领域，充实合作内涵，提高合作水平。为此，温家宝提出五点建议：一是进一步扩大贸易规模。双方应创造更加便利的贸易条件，推动双边贸易发展。在巩固传统商品贸易的基础上，努力扩大机电、高新技术等高附加值产品的进出口。中国虽然在与东盟贸易中处于逆差，但仍愿向东盟国家开放市场，继续增加自东盟国家的进口。二是积极深化投资合作。双方应不断完善投资促进和服务体系，加快推进投资便利化进程。中国政府将落实好去年提出的50亿美元优惠贷款，积极支持中国企业赴东盟国家投资兴业，鼓励它们在东盟国家建立一批基础设施完善、产业链完整、关联程度高、带动和辐射能力强的经济贸易合作区。中国欢迎东盟各国扩大对华投资，积极参与中国的经济建设。三是不断提高经济技术合作水平。双方企业应积极利用中国和东盟在产业、技术和资源等方面的互补性，通过承包工程、投资参股、技术合作等多种形式，以项目合作为基础，加强在农业、制造业、基础设施建设、资源开发和加工等领域的合作。中方将积极鼓励中国企业在合作过程中向东盟转让中国有优势的实用技术，为东盟国家提供人力资源培训，继续向东盟欠发达国家提供力所能及的经济技术援助。四是努力建设高质量的中国—东盟自由贸易区。双方应根据《中国—东盟全面经济合作框架协议》确定的原则，全面落实中国—东盟自由贸易区货物贸易协议，加快服务贸易与投资谈判，争取尽早签署协议。五是稳步推进次区域开发合作。东盟东部增长区、印尼—马来西亚—泰国增长三角、大湄公河等次区域合作已经有了较好的基础。中方积极支持东盟一体化建设，鼓励中国企业参与上述区域合作计划，积极探讨开展泛北部湾经济合作的可行性，使次区域经济合作成为中国与东盟经贸合作的一个新亮点。温家宝还说，改革开放28年来，中国经济快速发展，综合国力大幅增强，人民生活显著改善，社会全面进步，现代化事业取得历史性成就。中国政府有信心，也有能力在今后一个较长时期里保持经济平稳较快发展。中国将坚定不移地走科学发展道路，坚定不移地深化改革开放。中国将信守加入世贸组织承诺，进一步开放市场，继续改善投资环境，为各国企业家来华谋求发展创造良好条件。中国的更加繁荣和开放将为世界各国特别是周边国家发展带来机遇。中国政府热忱地欢迎东盟各国工商界人士来中国投资兴业、寻求更大发展。希望双方工商界朋友们加强合作，携手并进，共同谱写中国—东盟经贸和投资合作的新篇章。

● 阿罗约在第三届中国—东盟商务与投资峰会开幕式上发表演讲

2006年10月31日，东盟轮值主席国菲律宾总统阿罗约在第三届中国—东盟商务与投资峰会上发表演讲。阿罗约说，东盟与中国关系不断发展的过程中，双方实施了许多具有实质性内容的重要项目，旨在深化包括经济、贸易，乃至安全等众多领域的交流与合作。她认为中国—东盟商务与投资峰会为各国投资者提供了一个良好的平台，使他们有机会进行富有成果的洽谈和交流，商讨战略性商业伙伴关系，进而更好地参与全球市场更大范围的经济合作。阿罗约还说，这届峰会以“共同的需要、共同的未来”为主题，就是未来在东亚每一个家庭、每一个社区都能够享有平安的生活；意味着在将来我们能最终摆脱贫困和饥饿；也预示着我们将建立一个东盟和中国共同参与、相互关爱、充满活力的地区共同体。阿罗约表示，东盟和中国的关系是真正的伙伴关系，这种关系现在更加自信、成熟、全面；菲律宾和中国的关系正处于历史最好时期，菲中关系是菲律宾最重要的对外关系之一。她希望中国进一步增加对菲律宾的投资，尤其是在采矿、基础设施、农业、渔业以及房地产开发等领域。

● 第三届中国—东盟商务与投资峰会领导人专题对话

2006年10月31日在中国广西南宁举行。领导人专题对话围绕中国—东盟商务与投资的全面合作发展问题，以“加强整体产业对接，推动全面经济合作”和“改善投资环境，推动自贸区内投资的双向流动”两个议题，进行深入探讨。

围绕“加强整体产业对接，推动全面经济合作”议题，缅甸总理梭温发表主旨演讲，东盟工商会会长萨提、新希望集团董事长刘永好、广西农垦集团董事长刘志勇等分别发表演讲。梭温在演讲中对中国加强与东盟的合作和为推动东盟一体化进程所作的努力表示感谢和赞赏，希望东盟一体化进程目标能如期实现，成为本地区经济的一个发动机，与中国互为补充。他赞赏中国实施的走出去战略，并对中国政府提出为本国企业家到东盟投资提供50亿美元优惠贷款的倡议表示感谢，强调东盟国家鼓励中国企业到东盟地区投资创业。他提出，应加强东盟国家与中国有关部门的对接，在已确定的农业、信息技术、双向投资、人力资源开发和大湄公河次区域开发五个优先领域外，扩大有关部门的合作和整体的对接。他指出，农业仍然是大多数东盟国家的主要产业，希望在农业方面的合作进一步加强，如技术合作与交流、人力资源开发等。

新希望集团董事长刘永好在介绍中国民营企业的现状后说，东盟是中国企业“走出去”发展最适合的地区。他认为,中国的民营企业根据自身发展的需要,有到海外投资的需求,而东南亚各国丰富的资源、5亿人口的市场以及对中国企业的友好姿态,给中国民营企业提供了机会。他建议,民营企业走出去应该在政府支持下,由某些企业领头一起走出去,这样可以减少投资成本,共同克服困难。

东盟工商会会长萨提回顾东盟与中国工商业界合作的历程,并就今后东盟与中国在经贸领域加强合作提出9点建议:一是鼓励双方商会等有关组织进一步加强经贸合作,支持中国和东盟的中小企业发展,使中小企业成为经济发展的重要力量,这符合双方的利益;二是进一步促进中国和东盟在质量检验方面标准的互相承认;三是中国需要进一步完善东盟产品和服务业对中国出口的配套政策;四是为东盟的商务旅游者提供更好的便利条件和基础设施服务;五是进一步推动东西走廊贸易通道的便利化,加强昆明—新加坡南北走廊的交通基础设施建设;六是双方工商界应鼓励和促进中小企业到对方投资发展,在基础设施建设和服务便利化方面提供相关帮助;七是双方工商界要采取共赢的战略,尽量消除在非关税贸易壁垒和其他方面的一些负面影响;八是双方工商界要进一步加强在非关税贸易壁垒等方面的信息沟通;九是进一步加快和扩大双方工商界的交流,包括组织有关商务会议、博览会以及展会等。

广西农垦集团董事长刘志勇围绕中国—东盟“M”型区域经济合作战略提出4点建议:一是完善中国—东盟双方贸易和投资促进政策,为双方产业对接提供良好的政策基础,为双方的产品贸易和项目投资提供良好的政策法律环境;二是完善连接中国—东盟的基础设施,为中国—东盟产业对接提供便捷的国际通道;三是完善中国—东盟经济投资交流新平台,为更多的商家创造产业对接的机会;四是加强农业产业合作,共建现代农业。

围绕“改善投资环境,推动自贸区内投资的双向流动”议题,马来西亚总理巴达维、老挝总理波松发表主旨演讲,上海市常务副市长冯国勤、文莱国家工商会副会长沙赫、中国进出口银行行长李若谷、泰国正大集团副总裁李绍祝发表演讲。

马来西亚总理巴达维指出,中国对于东盟来讲非常重要。首先,中国是一个很大的贸易和投资的资源国和目的地,对东盟国家来讲中国既是一个地区国家,同时也是一个非常重要的全球大国。认为加强双方的投资流动,至少有三个方面必须予以重视。首先,需要进一步加强工商业方面的信息流动,特别是有关经济战略等方面的信息流动;其次,有关法律法规的修改和调整应当与私营部门分享,并以一种系统而有效的方式来进行;第三,中国和东盟应建立相关机制,进一步促进投资和贸易便利化。

中国进出口银行行长李若谷认为可以从三个方面积极探索与发展中国和东盟新的经济合作形式,把合作进一步引向深入:一是在中国—东盟合作的大框架下开展多层次的区域合作,形成次区域合作的新层次。二是加强城市间、地区间的对口合作。比如首都与首都、港口城市与港口城市可以进行点对点的对口合作,充分调动地方政府的积极性,使合作更加直接,更有针对性,也容易收到成效。三是建立重点行业和领域的对话合作机制。

文莱国家工商会副会长沙赫在发言中重点介绍文莱与中国的投资贸易情况和相关的服务主管机构,指出文莱和中国之间的贸易关系由来已久,文莱政府也致力于发展与中国的关系,特别是双边贸易关系。文莱致力于改善投资和贸易环境,使之能够更好地吸引中国的投资者。他还向与会代表推介了文莱吸引投资的重点领域和重点项目。他还说文莱欢迎国内外投资者,通过投资可以帮助文莱减贫,有助于提供新的就业岗位和进行能源开发,从而推动经济发展。

老挝总理波松认为举办中国—东盟博览会以及商务与投资峰会,将进一步促进中国和东盟之间的贸易与投资,中国和老挝之间的贸易和投资也将会提升到一个新高度。他表示老挝政府一直高度重视改善投资环境,以适应不断变化的新形势。老挝和中国之间的贸易总额已提高到近2亿美元,除此之外中国对老挝出口的产品提供了309种商品免税等特殊和优惠的待遇。为进一步吸引投资,不久前,老挝政府对国内和外商投资法作出修改,并出台新的公司法、旅游法规和其他一系列法律,以吸引投资,希望东盟其他国家和中国企业界和工商界人士与老挝方面一道,进一步探讨加强双向投资的机会。

上海市常务副市长冯国勤作为第三届中国—东盟博览会“魅力之城”代表作大会发言,表示上海愿意以更加积极的姿态,在更高层次、更广领域加强与东盟的经贸合作交流,为促进双方经济的共同繁荣作出积极贡献。

泰国正大集团副总裁李绍祝在回顾2005年7月中国—东盟全面降税以来双边贸易保持快速增长的情况后,对拓宽双方投资领域、加快投资进程、推动投资的双向流动提出5点建议:一是加强自由贸易区的宣传,使企业了解经贸和投资的相关规定;二是加强双边传统贸易;三是加强培养人才;四是建立通关一站式服务;五是促进贸易便利化。

中国—东盟商务与投资峰会闭幕式

2006年10月31日在中国广西南宁举行。围绕“中国—东盟自由贸易区建设——机遇与挑战”的闭幕式议题,越南贸易部部长张庭选、中国商务部副部长高虎城、印尼工商会中国委员会主席纪辉琦、缅甸工商联合会副会长吴昂温分别进行演讲和发言。广西壮族自治区副主席李金早代表中国—东盟商务与投资峰会的承办地和主办单位，向出席本届商务与投资峰会的中国和东盟国家领导人、各位部长、商协会领袖和企业家们表示衷心的感谢，对各位演讲嘉宾的精彩演讲表示诚挚的祝贺！他说，中国—东盟商务与投资峰会连同本届已成功地举办了三届，在各国政府与工商企业之间构建了对话平台，通过主题论坛和专题论坛，表达商界意愿，提供睿智思考，发表真知灼见，促进政策制定与经贸合作，已经成为中国与东盟工商界最具影响力的盛会。中国国际贸易促进会会长万季飞在闭幕式致辞中宣布，中国贸促会与东盟工商界签署通过《中国—东盟工商界关于加快增进互利合作的共同行动计划》，这将成为中国和东盟工商界今后五年的行动纲领。在《行动计划》中，双方倡导将“积极沟通、诚信经营、着力创新、互补互利”作为合作的基本原则，在此基础上，充分发挥中国—东盟商务理事会机制的作用，扩大和加强商会之间的合作，鼓励企业界积极参与中国—东盟自由贸易区建设，并携手开拓区域外市场。万季飞在致辞后宣布峰会闭幕。

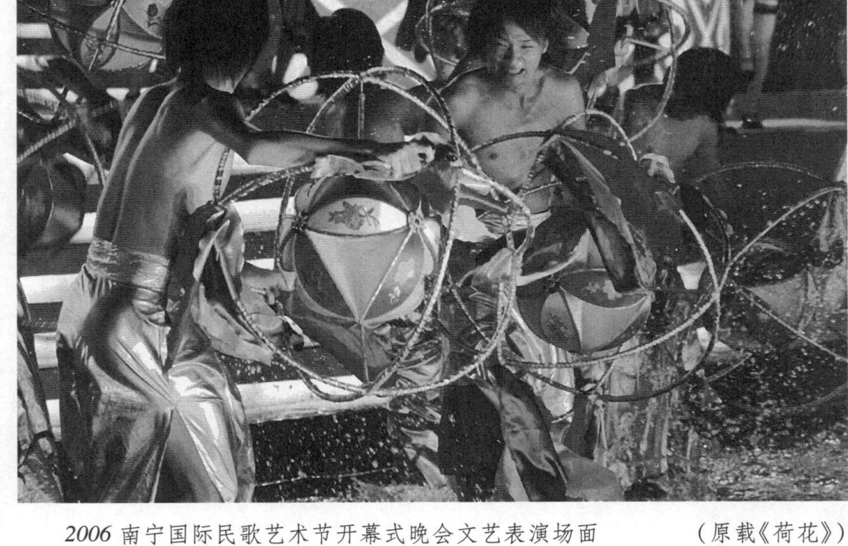

2006 南宁国际民歌艺术节开幕式晚会文艺表演场面　　（原载《荷花》）

2006 南宁国际民歌艺术节

南宁国际民歌艺术节开幕式晚会

2006 年 10 月 31 日晚在中国南宁市民歌广场举行。出席晚会的嘉宾有中国全国人大常委会副委员长顾秀莲，全国政协副主席李兆焯，中国外交部、商务部、公安部、文化部等国家机关、人民团体和国家开发银行等金融机构的领导；中国各省、自治区、直辖市代表团和新疆生产建设兵团的领导；刘奇葆等广西壮族自治区党、政、军领导；中国驻外使节以及参加第三届中国—东盟博览会、中国—东盟商务与投资峰会的国内外企业代表、国内外友好城市代表、各地知名人士、港澳台同胞、海外侨胞、各国华人代表等。晚会由中国中央电视台著名电视节目主持人朱军和朱迅联袂主持。

晚会以“盛世和韵”为主题，以时尚音乐包装经典民歌为风格，推出一批新歌，其中大部分是广西原创歌曲。舞台设计首次使用大型水幕和异形彩幕技术，从欧洲引进的“飞猫”技术第一次运用于国内大型晚会的电视转播。来自中国、英国、爱尔兰、马来西亚等国的众多歌手和组合，为观众奉献一场歌舞共美、声光俱佳的民歌艺术盛会。享誉世界的“月光女神”莎拉·布莱曼率先登台放歌，声情并茂的演唱令人如痴如醉。广西原生态歌手以民歌相约，亮相舞台，赢得一片喝彩。满文军、汤灿等著名歌手深情演绎的一首首民歌，让观众感受到中华民族的团结和谐。晚会主题曲《大地飞歌》的优美旋律，经中外歌手各具特色的演绎，令人耳目一新。著名歌唱家彭丽媛一曲《盛世和韵》和着全场 3 万多观众的热情，道出中国人民矢志建设和谐社会的美好心声，为晚会谱就最后一个如诗如画的音符，拉开《大地飞歌·2006》南宁国际民歌艺术节序幕。

绿城歌台

2006 年 10 月 31 日至 11 月 3 日在南宁举行。是南宁国际民歌艺术节艺术表演贴近群众，活跃节庆气氛的活动。绿城歌台在南宁市所辖 6 县 6 城区设置歌台 21 台。歌台活动演出阵容强大，节目内容丰富多彩。在武鸣县花花大世界歌台，举行中外嘉宾联欢互动活动；在南宁市区朝阳广场中心歌台，中国南宁的友好城市韩国果川、泰国孔敬的文艺团体倾情演出。期间，中国和东盟国家的相关部门还举行绿城歌台第二届中国—东盟舞蹈论坛，探讨保护民族文化特色的意义，起草《中国—东盟舞蹈论坛·南宁宣言》。

2006 年南宁国际民歌艺术节贸易投资洽谈会

2006 年 10 月 31 日至 11 月 3 日在南宁举行。南宁国际民歌艺术节配套活动之一。推出中国南宁市重点招商项目 158 项，项目投资总额 221 亿元，重点对制造业、高新技术产业、现代服务业和农业产业化项目进行对外招商。为突出招商引资和扩大贸易主题，洽谈会期间举办南宁市重大项目签约仪式、南宁市县域经济(隆安)投资贸易洽谈会、南宁市重大项目开竣工活动等,并邀请东盟国家的政府官员、商会、企业家代表参加南宁—东盟企业家商务联谊会,拓展中国—东盟合作内容。

南宁·东南亚国际旅游美食节

2006年10月28日至11月5日在中国4A级景区南宁青秀山风景区中国—东盟友谊园举办。南宁国际民歌艺术节配套活动之一。活动地点分为东南亚特色美食园、中华精品美食园、八桂风味美食园和南宁特色美食园4大美食园区。美食节的“美食之最”评比活动首次推出南北两种风味三大项目比赛,主要是北方风味的“全鹿宴”(烤全鹿)和南方风味的“鸵鸟宴”(鸵鸟肉大串烤),以及南宁风味的“壮家千锅稻香脆皮三宝”。参赛的美食和其他数以千计的美食让前来参加节庆活动的市民大饱口福。

三会一节纪事

3月17日 第三届中国—东盟博览会国礼紫砂壶定制仪式在南宁举行。

3月28日 中国广西壮族自治区主席陆兵率广西政府代表团出访菲律宾、文莱、新加坡、缅甸,推介第三届中国—东盟博览会。

3月29日 菲律宾总统阿罗约、众议长德贝内西亚在马尼拉分别会见中国广西政府代表团团长陆兵一行。

3月30日 中国广西—菲律宾重要客商座谈会及中国—东盟博览会合作签约仪式在菲律宾马尼拉举行。

4月3日 文莱苏丹哈桑纳尔·博尔基亚会见率团访问文莱的中国广西壮族自治区主席陆兵。

△中国广西壮族自治区主席陆兵在文莱斯里巴加湾市分别拜会文莱外交和贸易部部长穆罕默德亲王、工业与初级资源部部长阿哈迈德。

4月4日 中国广西—文莱投资合作洽谈会暨中国—东盟博览会推介会在文莱斯里巴加湾举行。

△第三届中国—东盟博览会筹备工作会议在南宁召开。会议由中国商务部副部长高虎城主持。

4月5日 中国广西政府代表团、经贸代表团飞抵新加坡,开始对新加坡的正式访问。

4月6日 新加坡总理李显龙接见中国广西政府代表团团长陆兵一行。

△中国广西壮族自治区副主席李金早在南宁会见越南驻南宁领事馆总领事陈维海,双方就中共广西壮族自治区党委书记曹伯纯将率团访越的有关事宜进行会谈。

4月7日 中国广西—新加坡投资合作洽谈会暨中国—东盟博览会推介会在新加坡举行。中国广西与新加坡合作项目签约仪式、2006中国广西(新加坡)商品展销会开幕式也于当天在新加坡举行。

△中国广西政府代表团团长陆兵一行分别拜会新加坡贸易与工业部部长林勋强与旅游局董事会副主席、局长林梁长。

△中共广西壮族自治区委员会书记、自治区人大常委会主任曹伯纯在南宁会见来访的泰王国公主玛哈扎克里·诗琳通一行。

△泰王国驻南宁领事办公室挂牌办公。

4月8日 中国—东盟博览会秘书处新加坡联络处挂牌成立。

4月9日 中国广西政府代表团结束对新加坡的访问飞抵缅甸首都仰光。

4月10日 缅甸总理梭温在仰光会见中国广西政府代表团团长陆兵一行。

4月11日 中国广西—缅甸投资合作洽谈会暨中国—东盟博览会推介会在仰光举行。

4月12日 中国广西政府代表团结束对菲律宾、文莱、新加坡、缅甸等东盟四国的访问返回南宁。

4月13日 以中共广西壮族自治区委员会书记曹伯纯为团长的广西代表团和以中国广西壮族自治区副主席李金早为团长的广西经贸文化代表团从南宁出发,开始对越南、马来西亚、老挝、柬埔寨和中国香港特别行政区的访问。两代表团当天抵达越南。越南外长阮怡年在河内会见代表团一行。

4月13~27日 中共广西南宁市委书记马飚率南宁市经贸代表团访问越南、柬埔寨和泰国。

4月14日 越南国家主席陈德良、常务副总理阮晋勇、贸易部副部长杜如定分别在河内会见中共广西壮族自治区委员会书记曹伯纯。

△中共广西壮族自治区委员会书记、自治区人大常委会主任曹伯纯,自治区副主席李金早在河内拜访越共中央政治局委员、河内市委书记阮富仲,越共中央政治局委员、胡志明市委书记阮明哲和越南计划投资部副部长张文端、交通运输部副部长陈尹寿等。

4月15日 中共广西壮族自治区委员会书记、自治区人大常委会主任曹伯纯在河内巴亭广场向胡志明陵墓敬献花圈。

△中共广西壮族自治区委员会书记、自治区人大常委会主任曹伯纯和自治区副主席李金早在河内先后会见越南工业部副部长杜友豪、义安省委书记阮世忠和省政府主席潘廷泽。

△2006年中国广西(越南)商品博览会、中国—东盟博览会客商座谈会、中国广西—越南投资合作洽谈会暨中国—东盟博览会推介会等相继在河内举行。

4月16日 中国广西代表团前往胡志明市访问。胡志明市人民委员会副主席阮友信会见代表团一行。

△中国—东盟博览会客商座谈会暨广西投资合作推介会在胡志明市举行。

△中国广西经贸文化代表团团长李金早会见胡志明市中国台湾商会会长苏建源及在胡志明市的部分台商。

4月17日 中国广西代表团离开越南前往马来西亚访问。马来西亚国会上议院主席曾永森在吉隆坡会见代表团一行。

4月18日 马来西亚财政部第二财长丹斯里诺耶谷在布特拉贾亚市会见中国广西代表团团长曹伯纯和经贸文化代表团团长李金早一行。曹伯纯、李金早还分别会见马来西亚水利能源和电信部长林敬益、教育部长兼巫统青年团中央书记拿督希桑幕丁。

△中国广西经贸文化代表团在吉隆坡举行客商座谈会。

4月19日 马来西亚种植和原产部长拿督陈华贵在布特拉贾亚市会见中共广西壮族自治区委员会书记、自治区人大常委会主任曹伯纯和自治区副主席李金早。

△中国广西代表团和经贸文化代表团离开马来西亚前往老挝进行访问。

4月20日 老挝总理本扬、副总理通伦在万象会见中国广西代表团团长曹伯纯。曹伯纯、李金早先后拜访老挝外交部代部长蓬沙瓦和商务部长苏里冯。

4月21日 中国广西代表团和经贸文化代表团离开老挝前往柬埔寨访问。代表团团长曹伯纯、李金早于到达当天会见柬埔寨商业部代部长、国务秘书金西唐。

4月22日 柬埔寨首相洪森在金边会见中国广西代表团团长曹伯纯。柬政府当天举行仪式，授予曹伯纯柬埔寨国家建设金质勋章。

△中国广西代表团在柬埔寨金边举行客商座谈会。

4月23日 中国广西代表团和经贸文化代表团离开柬埔寨，前往香港进行访问。

4月24日 中共广西壮族自治区委员会书记、自治区人大常委会主任曹伯纯，自治区副主席李金早拜会香港国际投资总商会会长、中联石油化工国际有限公司董事局主席许智明。

△中国广西经贸文化代表团在香港举行第三届中国—东盟博览会暨广西投资环境推介会。

4月25日 中共广西壮族自治区委员会书记、自治区人大常委会主任曹伯纯，自治区副主席李金早在香港分别会见香港贸易发展局总裁林天福、香港大珠三角商务委员会主席冯国经和中国全国政协委员、全国工商联副主席、香港太平绅士、香港恒通资源集团董事局主席施子清。

△中共广西壮族自治区委员会书记、自治区人大常委会主任曹伯纯拜访中国香港特别行政区行政长官曾荫权。

4月26日 中国广西代表团和经贸文化代表团在香港举行记者见面会。

△中国广西代表团团长曹伯纯在香港会见香港广西联谊总会会长、香港颂谦企业集团董事局主席谭锦球。

5月29日 中国—东盟现代农业科技展示园等一批项目在南宁开工。

△中国广西壮族自治区副主席李金早在中国南宁会见泰国广西总会主席封祖超一行。

6月1日 中国—东盟建立对话伙伴关系15周年纪念峰会、第三届中国—东盟博览会、第三届中国—东盟商务与投资峰会指挥中心开始运作。

△第三届中国—东盟博览会新闻发布会发布第三届博览会的举办时间等。

6月2日 中国香港特别行政区行政长官曾荫权率由政府官员和香港商界领袖组成的经贸考察团抵达南宁，对广西进行为期两天的访问。

6月3日 广西、香港在南宁共同举办经贸合作交流会和两地领导人高层会谈，双方还于当天签署《关于进一步加强经贸交流与合作框架协议》。

△中国香港特别行政区行政长官曾荫权考察广西大学。

6月10日 开放广西——中国—东盟博览会成果展、广西“十五”辉煌成就展在北京展出。

6月13日 第三届中国—东盟博览会高官会在中国南宁召开。

7月12日 泰国商业部常务副部长披差会见中国广西壮族自治区人大常委会副主任袁凤兰一行。

8月6日 中国国务委员唐家璇到南宁检查中国—东盟建立对话关系15周年纪念峰会、第三届中国—东盟博览会和第三届中国—东盟商务与投资峰会的筹备情况。

8月6~13日 中国—东盟商务与投资峰会秘书处工作组出访菲律宾、印度尼西亚和文莱。

8月9日 中国广西壮族自治区副主席李金早在南宁会见泰国驻南宁领事办主任拉蒂坤·詹素里亚女士。

8月13~19日 中国—东盟商务与投资峰会秘书处工作组出访缅甸、老挝、泰国。

8月18日 中国广西壮族自治区主席陆兵在南宁会见柬埔寨首相办公厅副主任辛本兴上将率领的考察团一行。

△中共广西壮族自治区委员会书记、自治区人大常委会主任刘奇葆会见越南驻南宁总领事陈维海。

8月20日 柬埔寨、中国、老挝、泰国、越南、缅甸六国国家电视台联合摄制的大型电视系列片《澜沧江—湄公河》航拍起飞仪式在中国桂林举行。

8月21日 中国广西壮族自治区副主席李金早在南宁会见新加坡驻广州总领事洪齐全。

8月24日 中国—东盟建立对话关系15周年纪念峰会协调领导小组全体会议在北京举行。

8月25日 第三届中国—东盟博览会、第三届中国—东盟商务与投资峰会组委会会议在北京召开。

△越南共产党中央总书记农德孟对中国广西进行正式友好访问。

8月26日 中共广西壮族自治区委员会书记刘奇葆在南宁会见越南共产党中央总书记农德孟。

9月5日 中国—东盟建立对话关系15周年纪念峰会、第三届中国—东盟博览会和第三届中国—东盟商务与投资峰会广西领导小组第三次会议在南宁召开。

9月6日 中国国务院新闻办公室在北京举行第三届中国—东盟博览会、第三届中国—东盟商务与投资峰会新闻发布会。

9月13日 上海和广西签订关于中国—东盟博览会合作备忘录，上海将作为中国的“魅力之城”参加博览会。

9月15日 中国广西壮族自治区副主席李金早在南宁会见东盟10国驻华使节考察团。

9月18日 中共广西壮族自治区委员会书记、自治区人大常委会主任刘奇葆在南宁会见新加坡驻华大使陈燮荣。

9月18日 为期两天的中国—东盟文化产业论坛在南宁开幕。

9月22日 中国—东盟商务与投资峰会秘书处召开第四次筹备工作会议。

9月28日 新华社记者专访中国—东盟建立对话关系15周年纪念峰会、中国—东盟博览会和中国—东盟商务与投资峰会广西指挥中心总指挥李金早。

10月8日 东盟各国先遣组与中国外交部等部委联合工作组在南宁进行实地考察，协商“三会”筹备事宜。

10月8日 中国广西壮族自治区副主席李金早会见东盟10国代表。

10月12日 中国广西壮族自治区主席陆兵会见到南宁检查“三会”筹备工作的中国商务部副部长高虎城一行。

10月13日 中国商务部副部长高虎城听取“三会”广西指挥中心关于“三会”筹备工作的汇报。

10月14～15日 中国—东盟建立对话关系15周年纪念峰会协调领导小组副组长、中国外交部长李肇星到南宁检查指导“三会”筹备工作。

10月18日 中国—东盟建立对话关系15周年系列邮品在南宁首发。

10月19日 中国—东盟博览会秘书处宣布，中国福建德化瓷《国花集瑞》将作为第三届中国—东盟博览会国礼赠送与会东盟国家领导人。

10月26日 中国—东盟博览会国礼宜兴紫砂壶珍品捐赠仪式在南宁举行。

10月28～29日 中国国务院总理温家宝、商务部长薄熙来、外交部长李肇星、中国贸促会会长万季飞抵达南宁，检查“三会”相关工作。

10月29日 文莱苏丹哈桑纳尔·博尔基亚、印度尼西亚总统苏西洛、菲律宾总统阿罗约、马来西亚总理巴达维、缅甸总理梭温、老挝总理波松·布帕万、新加坡总理李显龙、柬埔寨首相洪森、东盟秘书处秘书长王景荣分别抵达南宁。

10月30日 越南总理阮晋勇、泰国总理素拉育分别飞抵南宁。

△中国—东盟建立对话关系15周年纪念峰会晚会《金风送来山水情——风情东南亚·相约在南宁》成功演出。

△中国—东盟建立对话关系15周年纪念邮票发行。

10月29～31日 中共广西壮族自治区委员会书记、自治区人大常委会主任刘奇葆在南宁分别会见新加坡总理李显龙、柬埔寨首相洪森、菲律宾总统阿罗约、越南总理阮晋勇。

△中国总理温家宝在南宁分别会见菲律宾总统阿罗约、新加坡总理李显龙、印度尼西亚总统苏西洛、马来西亚总理巴达维和柬埔寨首相洪森。

△中国—东盟建立对话关系15周年纪念峰会在南宁隆重举行。

10月30日至11月1日 中国广西壮族自治区主席陆兵在南宁分别拜会印度尼西亚总统苏希洛、马来西亚总理巴达维、泰国总理素拉育、菲律宾总统阿罗约、文莱苏丹博尔基亚、缅甸总理梭温、老挝总理波松·布帕万。

10月31日 第三届中国—东盟博览会在南宁开幕。

△中国国务院总理温家宝在南宁分别会见文莱苏丹博尔基亚、缅甸总理梭温。

△中国全国人大常委会副委员长、全国妇联主席、中国—东盟协会会长顾秀莲参观第三届中国—东盟博览会。

△第三届中国—东盟商务与投资峰会在南宁开幕。

△第三届中国—东盟商务与投资峰会举行领导人专题对话及闭幕式。

△首届中国—东盟妇女论坛在南宁举行。

△中国全国人大常委会副委员长、全国妇联主席、中国—东盟协会会长顾秀莲在南宁会见文莱公主、文莱外交和贸易部无任所大使、皇室成员哈贾·玛斯娜以及出席中国—东盟妇女论坛的东盟10国妇女组织代表。

△越南联络部基地园区商务办事处在南宁落成。

△中国广西工业及工业园区投资推介会在南宁举行。

△马来西亚—中国贸易与投资机遇推介会在南宁举行。

△泰国与中国投资机遇洽谈会在南宁举行。

△第三届中国—东盟博览会国际投资合作项目签约仪式在南宁举行。

△菲律宾投资机会推介会在南宁举行。

△《大地飞歌·2006》南宁国际民歌艺术节晚会成功举办。

△中国国务院总理温家宝、外交部部长李肇星返回北京。菲律宾总统阿罗约一行、新加坡总理李显龙一行、印度尼西亚总统苏希洛一行、柬埔寨首相洪森一行、文莱苏丹哈桑纳尔·博尔基亚一行、泰国总理素拉育一行、马来西亚总理巴达维一行陆续离开南宁。

11 月 1 日　中共广西壮族自治区委员会书记、自治区人大常委会主任刘奇葆在南宁分别会见文莱工业及初级资源部部长哈吉·朱马特和东盟秘书处秘书长王景荣。

△越南—中国投资与经贸合作论坛在南宁举行。

△投资商机在文莱推介会在南宁举行。

△柬埔寨经济发展行业推介会在南宁举行。

△缅甸投资介绍会在南宁举行。

△中国—东盟市场法律说明会在南宁举行。

△中国—东盟农垦合作发展论坛暨项目签约仪式在南宁举行。

△第三届中国—东盟博览会举办 11 国“魅力之城”合作论坛。

11 月 2 日　首届《中国—东盟出入境检验检疫合作论坛》在南宁举行。

11 月 3 日　中国—东盟博览会组委会、中国—东盟商务与投资峰会组委会在南宁举行新闻发布会，宣布第三届中国—东盟博览会、商务与投资峰会胜利闭幕。

△第四届中国—东盟博览会高官会暨第四届中国—东盟博览会国家专题展区抽签仪式在南宁举行。

11 月 16 日　中国广西壮族自治区主席陆兵在南宁会见菲律宾农业部部长黄严辉一行。

举办地概况

广西壮族自治区

简称“桂”。地处中国南部边疆，南临北部湾，陆地周边与国内的广东、湖南、贵州、云南等省接壤，西南与越南社会主义共和国毗邻，陆地边境线长 637 公里。行政区域面积 23.67 万平方公里，设 14 个市，109 个县(市、区)，1126 个乡(镇)。其中有民族自治县 12 个，民族乡 61 个。地势由西北向东南倾斜，四周山地环绕，呈盆地状，中部和南部多为平地。在陆地面积中，山地、石山、丘陵、台地占 76.1%，平原占 20.6%，水面占 3.3%。森林面积 980 多万公顷，林木蓄积量 3.65 亿立方米。境内河流众多，水量丰富，落差大。大陆海岸线东起与广东省交界处的洗米河口，西至中越边境的北仑河口，长 1500 多公里。海岸线曲折，有众多天然良港。海岸类型分冲积平原海岸和台地海岸两种。沿海有岛屿 697 个，总面积 84 平方公里，岛屿岸线长 600 多公里。涠洲岛是沿海最大的岛屿，面积约 28 平方公里。广西属亚热带季风气候区，夏天时间长、气温高、降雨多，冬天时间短、天气干暖。年平均气温 20.8℃，年日照时数 1462 小时，年平均降雨量 1444 毫米。2006 年末总人口 4961 万，人口自然增长率 8.34‰，人口密度为每平方公里 210 人。在总人口中，城镇人口 1718 万，农村人口 3243 万。世居民族有壮族、汉族、瑶族、苗族、侗族、仫佬族、毛南族、回族、京族、彝族、水族和仡佬族。汉族人口约占总人口 62%，少数民族人口约占 38%，其中壮族人口约 1500 多万。

广西资源物产丰饶。有色金属矿产储量大，是中国 10 个重点有色金属产区之一。在探明储量的 97 种矿藏中，储量居中国前 10 位的有 64 种，居第一的有铝土矿、锰矿、锡矿、锑矿、铟矿等 12 种。石灰岩、高岭土、滑石、膨润土等非金属矿储量亦居中国前列，但煤、石油等能源矿较贫乏。水能资源丰富，单河理论蕴藏量 1 万千瓦以上的河流 246 条，技术可开发量 1897 万千瓦，是中国优先开发的三大水电建设基地之一，其中红水河水能资源占广西水能资源总量的 68%。耕地总面积 256 万公顷，人均耕地 0.05 公顷。农产品丰富多样，盛产水稻、蔬菜、甘蔗及各种热带和亚热带水果等，水果、桑蚕、蔗糖等产量名列中国各省份前茅，是世界十大产糖区之一。可利用草山草坡 450 万公顷，草食家畜养殖量较大。适宜水产养殖的水域面积宽广，罗非鱼等淡水养殖品种在国内占较大份额。所临北部湾是著名热带渔场，鱼类资源有 500 多种，虾蟹类 220 多种(浅海主要经济鱼类 50 多种、经济虾蟹类 10 多种)。海滩涂面积约 1000 多平方公里，20 米水深以内的浅海面积 6488 平方公里，对虾、珍珠、牡蛎等优势和特色海产品养殖量大质优，是驰名中外的南珠产地。旅游资源丰富，有景区(点)400 多个，其中国家级的风景名胜区 3 个、旅游度假区 1 个，省级风景名胜区 31 个、旅游度假区 9 个，历史文物保护单位 220 个。桂林是享誉世界的旅游城市，素有“山水甲天下”之美称。

广西交通通信状况较好。自治区内有国家铁路营业里程 2530 多公里，地方铁路营业里程 700 多公里。沿海有防城、钦州、北海、铁山、珍珠等 5 个天然良港；内河通航里程 5591 公里，有梧州、贵港、南宁、柳州等

4个内河对外开放港口。民用机场6个,国内外航线通达国内42个城市及日本、韩国、泰国、越南等国家。固定电话用户915万户,移动电话用户1202万户,互联网络用户204万户;电话普及率每万人4286部。

工业主要有有色金属、机械、建材、冶金、石油化工、煤炭、造纸、电力、制糖、食品、卷烟等13大类,其中有色金属、冶金、制糖、造纸、电力、建材等资源利用型工业及机械工业较为发达。制糖工业产业链较长,综合利用技术达到世界先进水平,食糖产量占中国一半以上。水能蕴藏量大,称为中国水能开发富矿的红水河自上而下开发建设了10座梯级电站,装机总容量1291万千瓦,在建中的龙滩水电站装机容量540万千瓦,是中国仅次于三峡的特大型水电工程。机械工业有中国最大的车用内燃机生产企业玉柴机器股份有限公司、最大预应力机具生产企业柳州建筑机械总厂、中国装载机龙头企业柳州工程机械股份公司和全国主要微型车生产企业上汽通用五菱股份有限公司。冶金工业中的铝工业和锰工业最具发展潜力和优势,有平果铝业公司、桂西氧化铝厂、大锰锰业等大型企业,是中国氧化铝主要生产基地。建材工业尤其是水泥工业具有相当规模,水泥产能达到3300多万吨。

2006年,广西经济继续保持快速增长,质量效益有新提高。全自治区实现生产总值4801.98亿元,比上年增长13.5%,增幅为1995年以来最高。其中,第一产业增加值1031.93亿元,增长6.5%;第二产业增加值1882.23亿元,增长19.3%;第三产业增加值1887.82亿元,增长12.1%;按常住人口计算人均生产总值超过1万元。城乡居民生活水平进一步改善,社会和谐稳定,社会主义物质文明、政治文明和精神文明共同进步。

年内,广西积极开展新农村建设各项工作,农业和农村经济有新发展,农民收入持续增加。随着农业产业结构调整的不断深化,优势农产品种植规模逐步扩大,总产量不断提高。其中,粮食总产量达到1539万吨,甘蔗产量5924.83万吨,水果产量812.04万吨,桑蚕茧产量19.74万吨,水产畜牧业产值达到718.12亿元,比上年增长9.6%。全自治区农林牧渔业总产值比上年增长7.2%,达到1648.07亿元,农村居民人均新增纯收入275.8元,达到2770.5元。工业结构调整取得新成效,工业生产创近10年来最好水平,全部工业增加值1595亿元,增长20.1%,对经济增长的贡献率达46%。制糖、冶金、汽车、机械、有色金属、电力、建材、食品等优势产业有较大发展。柳州钢铁(集团)公司和广西电网公司2家年主营业务收入或产品销售收入均超过200亿元。铝工业、锰工业、林浆纸一体化产业、沿海重化工业等新优势产业培育取得进展。

旅游业等第三产业加快发展,全年完成增加值1917.47亿元。国内旅游人数7399.67万人次,比上年增长14%;入境旅游人数170.77万人次,增长15.6%;旅游(外汇)收入4.23亿美元。批发零售业、餐饮业、交通运输业、邮政业、仓储业得到进一步发展,房地产业、现代物流业、金融服务业、会展业、信息咨询业、卫生体育保健业等发展势头良好。

重大项目建设进展顺利,发展后劲得到增强。全社会固定资产投资总额达到2246.03亿元,增长27%。重点领域和薄弱环节投资力度明显加大,工业投资完成886亿元,增长45%;科教文卫等社会事业投资完成93亿元,增长28%。投资87亿元的金桂林浆纸一体化一期工程等93项重大项目开工,投资152.5亿元的中石油钦州千万吨炼油工程启动建设,投资58.4亿元的沿海基础设施建设大会战二期项目全面开工。龙滩水电站下闸蓄水,洛湛铁路和黔桂铁路广西段、华银氧化铝工程等续建项目进展顺利。百色水利枢纽、柳州上汽通用五菱新型发动机等37个重大项目实现投产或部分投产。沿海港口整合取得实质性进展,国际大通道建设步伐明显加快。

改革开放取得明显成效。中国与东盟建立对话关系15周年纪念峰会和第三届中国—东盟博览会、第三届中国—东盟商务与投资峰会圆满成功举办,服务了国家周边外交战略,促进了中国与东盟战略伙伴关系的发展,广西在国际国内区域合作中的战略地位和作用明显提升。广西北部湾经济区建设全面启动,泛北部湾经济合作有效推动,中国—东盟“一轴两翼”区域经济合作战略构想得到广泛认同,对外开放进入新阶段。广西与国内外的经贸合作进一步深化,招商引资、承接东部产业转移和对外贸易取得新成

中国广西防城港年内投入使用的20万吨级码头　　(原载《广西年鉴》)

效。2006年,国内项目到位资金615.42亿元,比上年增长48.5%;实际利用外资7.67亿美元,增长20%;外贸进出口总额66.74亿美元,增长28.8%,其中出口35.99亿美元,增长25.1%。

城乡居民生活较快改善,和谐社会建设取得新进展。城镇居民和农村居民人均收入均实现较快增长。其中城镇居民人均可支配收入9899元,增长11%;农村居民人均纯收入2770.5元,增长11.1%,增幅创1996年以来新高。社会消费品零售总额1600.8亿元,增长14.6%。城镇新增就业27.34万人,城镇登记失业率控制在4.15%之内;新增农村劳动力转移就业63万人次。企业离退休人员基本养老金水平和企业职工最低工资标准得到提高,基本养老、失业、医疗等社会保险覆盖范围逐步扩大。整村推进扶贫开发取得新实效,全自治区有10万农村贫困人口解决温饱,农村低收入贫困人口减少43万。防灾抗灾救灾及时开展,帮扶重建水毁民房3.1万户,受灾群众生活得到妥善安置。水电站库区移民安置和安置后期发展建设工作得到加强。人民政府承诺为民办8件实事全面完成,农村群众看病难、看病贵、行路难、饮水难,以及县乡财政困难等问题得到进一步缓解。金融业持续健康发展。科技工作得到加强,创新计划加快推进。各级各类教育全面发展,提前一年完成基本普及九年义务教育和基本扫除青壮年文盲工作,631万农村义务教育阶段学生免费上学,农村居民实现种田不交税、上学不缴费的历史性跨越。文化事业和文化产业发展加快。公共卫生、基本医疗服务体系、重大疾病防治和疾病控制体系建设取得新进展。群众性体育活动蓬勃开展,竞技体育运动水平逐步提高。人口自然增长率控制在预期目标之内,为8.34‰。"城乡清洁工程"深入开展。资源节约、环境保护和生态建设明显加强。妇女儿童、老龄、残疾人事业等方面工作取得新成绩。精神文明和民主法制建设得到加强。

南宁市

位于广西南部,是广西壮族自治区首府和政治、经济、文化、信息、金融中心,中国南部对外开放的重要城市。辖6个城区和6个县,行政区域面积2.21万平方公里。2006年末总人口671.89万,其中市区人口254.86万。

南宁地处北回归线南侧,属亚热带季风气候区,受海洋气候调节。全年阳光充足,雨量充沛,霜少无雪,夏长冬短,气候温和,夏季潮湿,而冬季稍显干燥,干湿季节分明。年平均气温21.7℃,多年平均降雨量在1241~1753毫米之间,平均相对湿度79%。河系发达,流域集水面积在200平方公里以上的河流有39条。邕江是南宁的母亲河,年平均流量410亿立方米。矿产资源丰富,探明储量的矿产资源有煤、铜、钨、耐火黏土等20多种,其中不乏品位较高、具有开采价值的品种。耕地面积61.5万公顷,园地面积7.6万公顷,林地面积77.24万公顷。盛产水稻、花生、木薯、红麻、茶叶等农产品和香蕉、菠萝、柑、橙、荔枝、龙眼等亚热带水果。市区绿化覆盖率38.2%,人均公共绿地12.23平方米,在中国有绿城之称。工业基本形成食品、化工、机械、制糖、造纸、铝加工、电子信息产品制造等成熟行业,以南宁卷烟厂、凤凰纸业公司、南宁啤酒厂、南糖股份有限公司、南化集团、南宁手扶拖拉机厂、南宁浮法玻璃有限公司为代表的工业在广西工业中有重要地位。有国家级开发区2个,自治区级开发区7个,开发区工业占全市工业总量的比重逐步提高。南宁是广西四大旅游区之一,是中国优秀旅游城市。

南宁自古以来就是桂西南和云贵川地区的流通中心和主要物资集散地。近年来,南宁市发挥地域优势,努力构筑大西南出海通道枢纽和建设现代化城市。初步形成较完整的铁路、公路、水路、航空立体运输网络。全市内河通航里程1400多公里,高等级公路连接湘、粤、黔、滇4省及越南,铁路以湘桂、黔桂、黎湛、南昆等干线连通全国各地,南宁吴圩国际机场运输繁忙,航线多达50多条。城市公共交通系统完善,公共交通营运车辆近万辆。邮电通信业发达,电话用户404.1万户(其中移动电话用户232.96万户),互联网用户81.81万户。

2006年,南宁市经济社会全面协调发展,社会政治稳定,人民安居乐业。全年实现地区生产总值861.94亿元,其中第一产业增加值134.68亿元,第二产业增加值293.53亿元,第三产业增加值433.73亿元。人均地区生产总值1.3万元。财政收入120.36亿元。全社会固定资产投资完成额447.22亿元。社会消费品零售总额435.51亿元。海关出口总额9.29亿美元。实际利用外资1.85亿美元。城镇居民人均可支配收入1.02万元,人均消费性支出7303元。农村居民人均纯收入3033元,人均消费性费支出2298元。城乡居民年末储蓄存款余额681.45亿元。

农业和农村经济发展势头良好,全市农林牧渔业实现总产值214.7亿元,增加值134.68亿元,分别比上年增长9.1%和8.9%。在农林牧渔各产业中,林业、畜牧业比重增加,种植业、渔业比重减少。各产业在农林牧渔业中所占比重分别为:农业57.2%,林业3%,畜牧业33%,渔业5.7%,农业服务业1.06%。粮食作物和经济作物的种植面积比例为1:1.08。全年粮食总产量181.91万吨,蔬菜、水果、肉类、水产品产量分别达到291.47万吨、77.33万吨、50.84万吨和18.7万吨,分别比上年增长8.6%、7.7%、9.4%和11.8%。林业生态建设平稳推进,全年造林1.65万公顷,比上年增长2.9%,其中用材林1.64万公顷,增长5.9%。幼林抚育作业面积4.86万公顷,育苗面积382公顷,退耕还林面积286公顷。全市森林覆盖率40.8%。农村基础设施建设成效明显。全年投入7030.17万元开展农村道路交通、水利、生态能源建设,修建乡村道路150.7公里,兴建农田水利45处,建设生态文明村70个,建沼气池1万座。新农村建设试点大力推进,试点县乡农村道路、农村水利、生态能源、教育文化、医疗卫生、广播电视通信及村屯规划建设等项目完成投资4.07亿元,修建乡村道路868.8公里,兴修农田水利工程177处,建沼气池1.57万座。

工业经济快速增长,经济效益明显提高。全市实现工业总产值638.82亿元,比上年增长30.1%,增幅高于上年14.97个百分点。其中,国有及规模以上工业实现总产值495.02亿元,增长33.7%。工业增加值217.51亿元,增长23.7%。工业对经济增长的贡献率达到35.8%,拉动经济上升5.4个百分点。规模以上工业企业发展到772家,其中产值超亿元的企业达到104家。各支柱工业行业快速增长,支撑作用明显。农副食品加工业、造纸及纸制品业、化学原料及化学制品制造业、医药制造业、有色金属冶炼及压延业、电气机械及器材制造业6大支柱行业规模以上企业实现总产值229.26亿元,增长42.8%,对全市规模以上工业总产值增长的贡献率为55.1%。轻、重工业总产值分别为249.57亿元、245.45亿元,分别增长35.1%和32.4%。全市规模以上工业企业经济效益综合指数178.43,创历史新高;全员劳动生产率12.0万元/人;产品销售率95.4%;利税总额48.57亿元,增长19.7%,其中利润16.11亿元,增长21.8%。

商贸、旅游等第三产业保持较快增长速度,发展势头良好。消费品市场持续旺盛,商贸业销售增长速度加快。全社会消费品零售总额435.51亿元,比上年增长15.2%。城乡消费市场同步增长,城市市场零售额357.03亿元,农村市场零售额78.48亿元,分别增长15.3%和14.8%。吃穿类商品、石油及制品、汽车等耐用消费品零售强劲增长。旅游业各项指标再创历史新高。全年接待海外游客8.39万人次,国内游客1840.68万人次,分别比上年增长28.4%和13.5%;国内旅游收入97.55亿元,国际旅游收入0.31亿美元,分别增长17.1%和26.4%。

金融保险业较快发展。年末,全市金融机构各项存款余额1585.36亿元,比年初增长19.3%。其中企业存款余额572.69亿元,增长28.8%;城乡居民储蓄存款余额681.45亿元,增长13.9%。金融机构贷款余额1662.54亿元,增长20.3%;全年银行现金收入3105.34亿元,现金支出3041.27亿元,收支相抵回笼现金64.07亿元。保险市场健康发展,保险业务不断扩大。13家保险公司全年保费收入21.36亿元,比上年增长8.3%。其中财产险保费收入8.21亿元,增长20.2%;人身险保费收入13.16亿元,增长2%;保险赔款及给付6.42亿元。

对外经济发展良好,招商引资增多。全年外贸进出口总额9.29亿美元,其中外贸出口7.17亿美元,分别增长29.2%和24.3%。国内经济协作引进资金417.04亿元,到位资金197.31亿元,分别比上年增长21.3%和23.8%。签订利用外资合同项目87项,合同外资额4.71亿美元,增长48.5%。

各项社会事业全面发展。科技与经济结合取得新进展,年内组织实施国家级科技计划项目27项,自治区、南宁市创新计划项目415项;组织实施自治区级科技计划项目85项。取得科技成果53项,其中国际先进水平2项,国内领先水平15项,国内先进水平24项。受理专利690件,其中发明专利申请217件;获得专利授权318件,其中发明专利63件。教育事业财政投入14.15亿元,各类学校发展到2136所,在校学生132.7万人;学生初中毕业升学率68%,小学毕业升学率99.9%;学龄儿童入学率99.5%。幼儿园在园幼儿13.66万。文化建设取得优异成绩,知识工程、文化信息资源共享工程深入开展。全市有县级以上图书馆16个,文化馆12个,专业艺术表演团体18个。广播、电视人口覆盖率分别达到86.8%和85.7%,有线电视用户达到53.6万户(数字电视用户42.37万户)。出版报纸5.1亿份、杂志0.44亿册、图书1.39亿册。卫生医疗特别是农村医疗卫生状况有较大改善。全市医疗卫生机构达到616个,卫生技术人员2.31万人,99.1%的行政村建有卫生室。656个行政村建立新型农村合作医疗制度,151.61万人参加新型农村合作医疗,参与率77.5%。疾病预防控制、妇幼保健工作得到加强。全民健身活动广泛开展,竞技体育成绩突出。运动员在全国及国际赛事中获金牌18枚,创造世界记录1项。人口低生育水平保持稳定,人口自然增长率8.13‰。就业和社会保障工作稳步推进。新增城镇就业人数5.34万人,有1.45万下岗失业人员实现再就业,高校毕业生就业率76.8%;城镇失业率控制在4%以内。养老、失业、医疗保险参保面扩大,社会保险配套政策和社会化管理服务逐步完善,企业离退休人员养老金足额发放。城市低收入居民、农村五保户和特困户实现应保尽保,社会稳定和谐。

环境保护事业取得新进展。全年大气环境质量优良天数达到97%,饮用水水源地水质达标率98%,声环境质量达到国家考核要求。城市规划建设管理明显进步。年内在建城市基础设施建设项目124项,完成投资92.68亿元。商业项目全年完成投资37.89亿元,一批大型商业贸易开发项目建成开业。房地产投资大幅增长,房地产业保持稳健发展势头。全年房地产开发投资139.07亿元,商品房施工面积1751.86万平方米,竣工面积363.24万平方米,销售面积456.02万平方米,销售额131亿元。

新　闻　人　物

李振声

获2006年度中国国家最高科技奖。1931年2月生，山东淄博人。1951年毕业于山东农学院。遗传学家、小麦育种专家。中国科学院院士、第三世界科学院院士。曾任中国科学院遗传选种实验馆研究实习人员，中国科学院西北农业生物研究所助理研究员、研究室副主任，西北植物研究所助理研究员、研究员、研究室主任、副所长、所长，中国科学院西安分院和陕西省科学院院长，中国科学院副院长兼遗传研究所所长，中国科学院遗传所植物细胞与染色体工程国家重点实验室主任，中国科协副主席。现任中国科学院遗传发育所研究员，植物细胞与染色体工程国家重点实验室学术委员会主任。长期从事小麦与偃麦草远缘杂交与染色体工程育种研究，育成小偃麦八倍体、异附加系、异代换系、易位系和小偃4、5、6号等系列小麦良种。利用偃麦草蓝色胚乳基因作为遗传标记性状，首次创制蓝色单体小麦系统、自花结实缺体小麦系统，建立选育小麦异代换系的新方法——缺体回交育种法，为小麦染色体工程育种奠定基础。开展小麦高效利用土壤氮、磷营养元素研究，完成种质资源筛选、生理机制、遗传规律和育种研究，开辟作物营养遗传育种研究的新途径。在国内外学术刊物上发表论文100余篇，出版专著3种。是中共十二大、十三大代表，第八届、第九届全国政协常委，陕西省和全国劳动模范，国家级有突出贡献专家。曾获全国科学大会奖、国家技术发明一等奖、陈嘉庚农业科学奖、中华农业英才奖等奖励。

陈冯富珍

2006年当选世界卫生组织总干事。首位担任联合国专门机构最高职务的中国人。1947年生于香港。1969年毕业于香港罗富国教育学院，1973获加拿大西安大略大学文学士学位，1977年获加拿大西安大略大学医学博士学位，1985年获新加坡国立大学公共卫生理学硕士学位。1978年任香港卫生署医生，1989年任助理卫生署长，1992年任卫生署副署长，1994年任卫生署署长，成为香港第一位女性卫生署署长。在任香港卫生署署长期间，努力拓展香港卫生服务及推动公共卫生发展，促进香港多项卫生及预防疾病措施的实施，例如艾滋病防范、中医发展等。2003年8月出任世界卫生组织保护人类环境总监，后又出任世界卫生组织负责传染病事务的助理总干事，负责全世界传染病防治统筹工作，积极鼓励各国制定防范流感大流行应变策略，推动疫苗开发。由于她在公共卫生方面拥有丰富的阅历，以及在传染病、卫生条例（包括食品、药品、控烟和传统中医药的条例）、环境卫生和慢性病等各方面有渊博的知识和丰富的经验，成为一位世界著名的和受人尊敬的世界卫生组织官员。

王　选

2006年2月13日因病在北京逝世。享年69岁。中国杰出的计算机学家、汉字激光照排系统的创始人和技术负责人，被誉为中国“当代毕昇”。汉族，江苏无锡人，1937年2月生于上海，1958年北京大学数学力学系计算数学专业本科毕业。先后任北京大学计算机研究所所长、教授、博士生导师，中国科学院院士、中国工程院院士、第三世界科学院院士，文字信息处理国家重点实验室主任，电子出版新技术国家工程研究中心主任，方正（香港）董事局主席，中国科协副主席，九三学社中央副主席，全国人大常委，全国人大教科文卫委员会副主任等职。1975年开始，作为技术总负责人，领导中国计算机汉字激光照排系统和后来的电子出版系统的研制工作，这一系统处于国内外领先地位，使中国沿用上百年的铅字印刷得到彻底改造，占领国内报业99%和书刊（黑白）出版业90%的市场，以及80%的海外华文报业市场，并进入日本和韩国，累计实现利润15亿元，取得巨大的经济效益和社会效益，极大地促进了印刷行业生产力的提高。1992年又研制成功世界首套中文彩色照排系统。先后获日内瓦国际发明展览金牌、中国专利发明金奖、联合国教科文组织科学奖、国家重大技术装备研制特等奖等奖项。其本人1987和1995年获国家科技进步奖一等奖、首届毕昇奖,1990年获陈嘉庚奖,1991年获国家重大技术装备研制特等奖,1995年获联合国教科文组织科学奖,1996年获王丹萍科学奖,1997年获台湾潘文渊文教基金奖,1999年获香港蒋氏科技成就奖。1993、1995和1999年分别被授予全国劳动模范、全国先进工作者及首都楷模称号。2001年获国家最高科学技术奖。

刘翔在2006年瑞士洛桑田径超级大赛男子110米栏比赛中

(原载《人民画报》)

刘　翔

2006年7月12日在瑞士洛桑田径超级大奖赛男子110米栏比赛中,以12秒88的成绩打破沉睡了13年之久、由英国选手科林·杰克逊保持的12秒91的世界纪录,成为该项目中全世界跨进12秒90大关的第一人。1983年7月15日生于中国上海。1996年进入上海体育运动技术学院练习跳高,后改练跨栏。2000年获世界青年田径锦标赛男子110米栏项目第四名。2001年先后获东亚运动会、世界大学生运动会和第九届全国运动会男子110米栏项目冠军。2002年,以13秒12的成绩获世界田径大奖赛瑞士洛桑站男子110米栏项目亚军,并打破男子60米栏项目亚洲纪录。2004年上半年,在匈牙利布达佩斯世界室内田径锦标赛上以7秒43的成绩获男子60米栏项目亚军,并刷新该项目的亚洲纪录;接着,以13秒06的成绩在国际田联大奖赛日本大阪站男子110米栏项目比赛中夺冠,并第一次战胜美国跨栏优秀运动员阿兰·约翰逊。2004年8月28日在第28届奥运会上以12秒91的成绩获得男子110米栏项目冠军,并平了由英国选手科林·杰克逊于1993年在世界田径锦标赛上创造的世界纪录,也成为中国首位在奥运会上获得田径项目金牌的男运动员。

霍英东

2006年10月28日因病在北京逝世。享年84岁。杰出的社会活动家,著名爱国人士,香港知名实业家,中国共产党的亲密朋友,中国人民政治协商会议第八、九、十届全国委员会副主席,香港中华总商会永远名誉会长。祖籍广东番禺,1922年11月21日出生于香港。早年就学于香港皇仁书院。先后做过船上的烧煤工、糖厂的学徒、修建机场的苦力,开过小杂货店。1945年开始从事海上驳运业务。1953和1954年,先后创立立信置业有限公司和有荣有限公司,任董事长,后组建霍英东集团,任主席,经营地产、建筑、航运、旅馆、博彩、酒楼、百货、石油等业务。1961年与人合作创办澳门旅游娱乐有限公司,为最大股东。1965～1984年,任香港地产建设商会会长。1981年起,先后任国际足球联合会执委,世界羽毛球联合会名誉主席,世界象棋联合会会长,亚洲足球联合会副会长,香港足球总会会长、永远名誉会长。1984～1988年和1990～1994年,任香港中华总商会会长,后任香港中华总商会永远名誉会长。1986年获中山大学名誉博士学位。1994年获美国春田大学人文学名誉博士学位。1995年分别获香港大学社会科学名誉博士学位和国际奥委会奥林匹克银质勋章。1997年7月获香港特别行政区政府颁授的大紫荆勋章。2005年获中国民政部、中华慈善总会颁发的中华慈善奖。是政协第五、六届全国委员会常务委员,第七届全国人大代表、全国人大常委会委员,政协第八、九、十届全国委员会副主席。在香港回归祖国的历程中,先后担任香港特别行政区基本法起草委员会委员、香港事务顾问、香港特别行政区筹备委员会预备工作委员会副主任委员、香港特别行政区筹备委员会副主任委员、香港特别行政区第一届政府推选委员会委员。

玛斯娜公主

2006年4月3～9日,为庆祝文中双边关系建立15周年应邀访问中国。文莱苏丹胞妹。1948年9月6日生。1992年获文莱大学公共政策和管理学学士学位,1994年9月获该校公共政策硕士学位。2005年5月24日任文莱外交和贸易部无住所大使。曾代表文莱外交和贸易部多次访问中国,表示要为发展文莱和中国的友好关系作出贡献。

佩欣·达图·哈吉·扎卡利亚

2006年6月5～6日作为东道主在文莱首都斯里巴加湾主持第一届东盟东部增长区(文莱、马来西亚、印度尼西亚、菲律宾)交通部长会议。文莱交通部部长(大臣)。1937年6月22日生。曾在英国伯明翰大学学习法律。1965年参加文莱政府部门工作,1967年任一级推事，1976 年任经济计划发展局局长，1978 年任文莱苏丹陛下总顾问办公室特别助理，1980 年任代理国务秘书，1981 年任苏丹陛下私人秘书，1984 年任外交部常务秘书，1986 年 10 月任副外交大臣。1989 年任交通部部长（大臣）。

杰弗里

2006 年 11 月 7 日向美国纽约曼哈顿地区法庭控告被英国律师扎曼夫妇非法骗取财产 2300 万美元。文莱苏丹最小的弟弟。1993 年任文莱财政大臣，任职期间从国库私吞多达 100 多亿美元的财富，这笔资金是苏丹许诺援助备受亚洲金融危机折磨的东南亚友邦的。杰弗里用这些钱在伦敦购买了一栋办公楼、证券街上的珠宝行、伦敦泰晤河河堤上的丘纳别墅等，在巴黎和拉斯维加斯购置大量房产，在纽约有王宫饭店，还大肆购买奢侈品。拥有大约 2000 辆汽车、17 架飞机、数艘游艇和大量珠宝。1997 年亚洲金融危机时，投资阿米多公司债台高筑，宣布破产。事发前，仓促逃到欧洲，不久又转赴美国。2000 年被苏丹解除财政部长职务，并在伦敦高级法院被起诉。2001 年，购置的 150 辆劳斯莱斯轿车和豪华游艇及飞机被变卖。

曾瑞吉

2006 年 11 月 12 日获美国纽卡斯大学商业行政博士学位。是文莱第一位商业行政博士。在文莱白手创业，经营的进步车行（Maju Motor）从一家二手车公司，发展到多家轿车如富士伟根总代理，并建设颇具规模的车行大楼，在商业行政方面展现过人的智慧。他在获得商业行政博士学位后表示，这是对他在商场上努力耕耘的肯定，他始终相信，在商场上除丰富的学识之外，人际关系是影响成功的关键因素。

诺罗敦·拉那烈

2006 年 3 月 3 日辞去柬埔寨国会主席职务。11 月 16 日成立诺罗敦·拉那烈党。11 月 29 日被奉辛比克党驱逐出党，并撤销其在奉党内的一切职务。1944 年 1 月 2 日生于柬埔寨金边，系前国王诺罗敦·西哈努克的长子。1968 年在法国获国际法博士学位，曾在金边大学教授法律，20 世纪 70 年代在法国从事教学和研究工作。1981 年 3 月，任争取柬埔寨独立、中立、和平与合作民族团结阵线（即后来的奉辛比克党）的发言人，1989 年 9 月，任秘书长。1990 年 9 月，当选柬埔寨全国最高委员会委员。1992 年 2 月至 1993 年 11 月，当选奉辛比克党总书记。1993 年 5 月，领导奉辛比克党在首次全国大选中获胜，并当选金边市国会议员。7 月 1 日至 9 月 29 日，任柬埔寨临时民族政府联合主席、国防部联合部长、内政和国家安全联合部长等职。7 月 2 日，任柬埔寨国家军队、准武装部队、警察部队和公安部队联合司令。9 月 24 日，任柬埔寨王国联合政府第一首相。11 月，被西哈努克授予亲王头衔。1996 年 3 月 22 日，当选柬埔寨民族团结阵线主席。1997 年 7 月 6 日，洪森发动军事政变，罢黜其第一首相职务，流亡国外。1998 年 3 月 30 日回国，领导奉辛比克党参加第二届国会选举。11 月 25 日，当选第二届国会主席。2004 年 6 月 30 日，与人民党副主席洪森签署奉、人两党合作协议，破除柬埔寨持续 8 个月的政治僵局；同年 7 月 15 日，当选第三届国会主席。2006 年 3 月 3 日，辞去柬埔寨国会主席职务。10 月 18 日，奉辛比克党选出新主席，他被封为“历史领袖”。11 月 16 日，成立诺罗敦·拉那烈党。11 月 29 日，被奉辛比克党驱逐出党，并撤销其在奉党内的一切职务。12 月 12 日，被国会取消议员资格。12 月 18 日，由于涉嫌私自出卖奉党总部而被金边法院下令调查和追捕。

谢　辛

2006 年 3 月 20 日出任柬埔寨第二届国会主席。柬埔寨参议院主席、人民党主席。1932 年 11 月 15 日生于柬埔寨波罗勉省。1952 年参加抗法斗争。1981 年任金边政权国会主席。1991 年当选人民党主席。1993 年大选后当选制宪会议副主席，同年 10 月当选第一届国会主席。1999 年 3 月出任柬第一届参议院主席。

洪　森

2006 年 10 月，出席在中国广西南宁举行的中国—东盟建立对话关系 15 周年纪念峰会、第三届中国—东盟博览会和第三届中国—东盟商务与投资峰会并顺访中国。柬埔寨第三届王国政府首相、人民党副主席。1951 年4月4日生于柬埔寨磅湛省一个农民家庭。20 世纪 70～80 年代，先后任金边政权外长、副总理和总理。1990 年 9 月参加柬全国最高委员会。1991 年 10 月当选人民党副主席。1993 年当选议员，7 月出任柬临时民族政府联合主席，9 月出任柬埔寨王国政府第二首相，任高棉王家军联合总司令。1998 年 11 月任柬第二届王国政

柬埔寨首相洪森

（原载《中华英才》）

府首相。2004 年 7 月出任柬第三届王国政府首相。1994 年与第一首相拉那烈联合访华。1996 年对中国进行工作访问。1999 年 2 月和 2004 年 4 月正式访华。2004 年 4 月、8 月、11 月三次访华。2005 年 7 月、10 月两次访华。

约科·苏延托

出任印度尼西亚国民军总司令。1950 年 12 月 2 日出生于印尼东爪哇省茉莉芬市。1973 年印尼武装部队学院航空学校毕业,1982 ~ 1983 年参加美国 F – 5 战斗机驾驶培训,被誉为印尼最优秀的战斗机飞行员。因在服役期间的卓越表现数次获颁荣誉勋章。2005 年 2 月,被任命为空军参谋长,并由二星上将升为三星上将。2006 年 2 月被总统任命为国民军总司令,军衔升至四星上将,是印尼国民军历史上第一位出任此职的空军将领。

伊万迪·尤素福

当选印度尼西亚亚齐特区省长。1960 年 8 月 2 日生,印尼亚齐人。1987 年毕业于亚齐什叶大学兽医系,1993 年在美国俄勒冈州立大学获硕士学位。1998 ~ 2001 年任“自由亚齐运动”军事指挥部特别参谋,2003 年被捕入狱,次年获释并逃至芬兰避难,后受委任代表“自由亚齐运动”与印尼政府进行和谈。2005 年 8 月,与中央政府达成和平协议后,致力于亚齐的经济重建与民族和解。2006 年 12 月 11 日,与搭档穆罕默德·那查尔以无党派人士的身份竞选省长和副省长职位,并以 39.27% 的得票率当选亚齐特区第 21 任省长,也是首位经民主直选产生的亚齐特区省长,任期至 2012 年。

苏西洛·班邦·尤多约诺

获诺贝尔和平奖提名。现任印度尼西亚总统。温和派穆斯林。1949 年 9 月 9 日生于印尼东爪哇省巴吉丹市。1973 年毕业于印尼国家军事学院,后在美国、比利时、德国等国的军事院校进修,在美国韦伯斯特大学获硕士学位。曾任印尼第二军区司令、社会政治事务参谋长等职,获四星上将军衔。2000 年退役从政,先后任矿业与能源部部长和政治安全统筹部部长等职。2004 年 10 月在印尼首次总统直选中获胜。任期内印尼政府妥善处理了亚齐地震及海啸给国家和人民带来的巨大挑战。2005 年 8 月以和平方式结束亚齐地区持续近 30 年、造成近 1.2 万人丧生的武装冲突,得到国际社会的普遍赞誉。2006 年 10 月,出席在广西南宁举行的中国—东盟建立对话关系 15 周年纪念峰会、第三届中国—东盟博览会和第三届中国—东盟商务与投资峰会。

朱马利·赛雅贡

2006 年 3 月在老挝人民革命党第八次全国代表大会上当选中央总书记。6 月,在老挝第六届国会第一次会议上当选老挝国家主席。1936 年 6 月 3 日生于老挝阿速坡省。1954 年参加革命。1975 年后历任老挝人民解放军(1982 年 7 月改称为老挝人民军)总参作战局局长、副总参谋长、国防部副部长、第一副部长、部长。1998 年 2 月任副总理兼国防部长。2001 年3 月在老挝第四届国会第七次会议上当选老挝国家副主席,2002 年 4 月在老挝国会五届一次会议上当选连任。

通辛·坦马冯

2006 年 6 月六届国会一次会议当选老挝国会主席。1944 年 4 月 12 日生于老挝虎潘省。早年从事教育工作。1976 年后步入政界,曾任教育部组织局副局长、代局长,新闻委员会主席,文化部部长。1989 ~ 1991 年,任老挝第二届最高人民议会副主席。1991 ~ 2006 年,任老挝人民革命党中央组织部部长、万象市委书记、市长。是老挝人民革命党中央政治局委员。

波松·布帕万

出任老挝政府总理。1954 年 6 月 3 日生于老挝沙拉湾省。1961 ~ 1974 年在沙拉湾省读小学中学。1974 年 3 月参加革命。1975 ~ 1980 年在占巴色省办公室工作。1980 年 4 月加入老挝人民革命党。1981 ~ 1986 年在老党万象市委办公厅工作。1986 ~ 1990 年在苏联莫斯科高级党校学习。1990 ~ 1994 年在老党中央和部长会议办公厅工作。1994 ~ 1996 年任总理府副部长、总理府办公厅副主任。1996 ~ 2003 年在老挝人民革命党六大上当选中央委员,七大当选中央政治局委员,任老党中央办公厅主任。2003 ~ 2006 年任老挝政府常务副总理。2006 年 6 月在老挝第六届国会第一次会议上当选政府总理。曾多次随老挝党和国家领导人访问中国。2004 年 1 月以副总理身份访问中国。2006 年 10 月到中国广西南宁出席中国—东盟建立对话关系 15 周年纪念峰会、第三届中国—东盟博览会和第三届中国—东盟商务与投资峰会。

拉菲雅

出任马来西亚大学校长。生于 1948 年。曾在马来西亚大学任教,担任马来西亚大学法律系主任。1987 年,到马来亚银行公司任职。先后担任法律局主任、银行人事部经理和副总裁。还曾在联合国机构服务。2006 年 5 月,从 11 名候选人中脱颖而出,成为马来西亚大学校长,是马来西亚第一位女性国立大学校长。

米占·扎因·阿比丁

2006年12月13日就任马来西亚第13任最高元首,2007年4月26日登基。1962年出生于马来西亚丁加奴州瓜拉丁加奴。曾赴澳大利亚墨尔本语言学院深造,1983年毕业于英格兰皇家军事学院,1988年获美国国际欧洲大学国际关系学士学位。1979年被封为丁加奴州摄政王,1990年曾任丁加奴州代理苏丹,1998年5月14日出任丁加奴州第16任苏丹,1999年4月至2006年12月任马来西亚第11任副最高元首。

光　良

当选马来西亚十大杰出青年。马来西亚著名男歌手。原名王光良,1970年8月30日在马来西亚怡保出生。1995年与马来西亚另一男歌手黄吕冠组成"无印良品"演唱组合,成绩斐然。在1996年马来西亚音乐大奖娱协奖中,获得十大原创歌曲奖、最佳新人奖、最佳作曲(光良)、最佳原创金曲奖、现场投选最受欢迎歌手奖等奖项。1997年入围第八届台湾金曲奖世界最佳华人男歌手演唱人选。在1998年娱协奖中获得8个奖项。1999年两人决定解散,各自发展。2000年两人最后一次以组合形式参加娱协奖,获得7个奖项。之后,陆续出版个人专辑《光芒》、《第一次》、《童话》等,其中歌曲《童话》广受听众喜爱,红遍全亚洲。这首歌曲在一年多时间里,在海内外赢得超过50个奖项。2006年多次获得国内外各种音乐大奖。在马来西亚举办两场个人演唱会,在香港也举办个人演唱会,成为首位在香港红馆举办个人演唱会的马来西亚歌手。年内被马来西亚政府委任为马来西亚旅游局亚太区代言人。当选马来西亚十大杰出青年,获文化成就荣誉奖。

梭　温

2006年2月对中国进行正式友好访问。同年10月,出席在中国广西南宁举行的中国—东盟建立对话关系15周年纪念峰会、第三届中国—东盟博览会和第三届中国—东盟商务与投资峰会。缅甸政府总理,上将军衔。1949年5月出生,曾任缅甸联邦国防军第66师师长,1997年任缅甸西北军区司令、国家和发委成员。2001年晋升中将,任国防部防空总局局长、联邦巩固与发展协会常务副主席等职。2003年2月,被任命为和发委第二秘书长。同年8月,任和发委第一秘书长,兼任缅工业发展促进委员会主席。2004年10月19日任政府总理,并接任教育委员会主席等职务。2003年曾随貌埃副主席访华。2004年和2005年两次率团参加在中国广西南宁举行的中国—东盟博览会,出席在中国云南昆明举行的大湄公河次区域经济合作(GMS)第二次领导人会议。

昂山素季

2006年5月被缅甸军政府宣布延长软禁期一年。缅甸民族民主联盟(NLD,简称民盟)总书记。1945年6月19日出生于缅甸仰光,其父亲昂山将军是缅甸独立运动的杰出领导人,在缅甸被誉为"国父"。在她只有两岁的时候,父亲遇刺身亡。1960年,昂山的夫人杜钦基出任缅甸驻印度大使,昂山素季随母赴印,转入新德里约瑟夫与玛丽教会学校学习,1962年考入德里大学政治系。1964～1967年留学英国,获牛津大学政治、经济及哲学学士学位。此间认识了后来成为其丈夫的英国人迈克·阿里斯(Michael Aris,牛津大学教授,以从事北传佛教和藏学研究著称)。大学毕业后,昂山素季先后在纽约联合国总部秘书处、不丹王国外交部、牛津大学图书馆、日本京都大学东南亚研究中心、印度西姆拉高级研究院等处工作或从事学术研究。1972年与阿里斯结婚,长子亚历山大(Alexander)和次子吉姆(Kim)分别于1973年和1977年出生。1988年3月,因母亲病重回到仰光。在当时政治形势感召下,投身政治运动,并于1988年9月与昂季、丁吴等人创建民盟,并任民盟总书记。1989年7月20日,缅甸政府以"危害国家"罪名将其软禁,但把她视为精神领袖的民盟在1990年5月27日的大选中获胜。这位提倡非暴力民主运动的政治家被西方人视为"民主斗士",1990年被欧洲议会授予萨哈罗夫奖,1991年7月获得诺贝尔和平奖。

1995年7月10日,为期6年的软禁结束,昂山素季重新当选为民盟总书记,领导民盟于1995年11月退出国民大会。2000年9月22日,因违反政府禁令,在前往曼德勒时再次遭到软禁。在软禁中多次与政府进行秘密和谈,双方就某些问题达成一致。2002年5月6日,被缅甸军政府宣布解除软禁,并被允许自由参与政治活动。2003年5月30日,在缅北巡回活动时,与政府的支持者发生冲突,随即又一次被软禁。2005年11月,被政府宣布延长软禁6个月。2006年5月,被政府再次宣布延长软禁一年。

昂山素季

格洛丽亚·马卡帕加尔·阿罗约

2006年10月31日，阿罗约总统在第三届中国—东盟博览会开幕式上讲话。（原载《荷花》）

2006年10月，出席并主持在中国广西南宁举行的中国—东盟建立对话关系15周年纪念峰会，参加第三届中国—东盟博览会和第三届参加中国—东盟商务与投资峰会并顺访中国。菲律宾总统。1947年4月5日生于菲律宾邦加锡南省，系已故总统马卡帕加尔之女。先后就读于美国华盛顿乔治城大学、菲律宾圣母神学院、马尼拉阿特尼奥大学和菲律宾大学，获金融学学士、经济学硕士和博士学位。毕业后在大学任教，先后任助理教授、高级讲师。1986年从政，在阿基诺政府任贸工部部长助理、服装与纺织品出口局执行董事和贸工部副部长。1992年当选参议员，1995年连任。多次被评为杰出参议员，曾被《亚洲周刊》评为亚洲最有影响力的女性之一。1998年5月，以绝对优势当选副总统，兼任社会福利与发展部长。2001年1月，埃斯特拉达总统因受贿丑闻下台，阿罗约就任菲律宾第14任总统，并于2004年6月竞选成功，连任菲总统。曾于1972年、1975年、1992年和2000年访问中国，2001年10月29～31日和2004年9月1～3日先后对中国进行国事访问。

李显龙

2006年5月连任新加坡政府总理。前总理李光耀的长子。1952年2月10日生，1974年毕业于英国剑桥大学。1978年在美国堪萨斯州莱文沃堡进修陆军指挥和参谋的课程。1979年获美国哈佛大学肯尼迪行政管理学院公共行政学硕士学位。回国后服兵役，任新加坡武装部队参谋长兼联合行动与策划司长。1984年6月晋升准将；9月，辞去军职，任国防部长政治秘书；12月当选为国会议员。1984年12月至1986年2月任国防部政务部长兼贸易和工业部政务部长。1986年2～12月任贸易和工业部代理部长，11月当选人民行动党执委会委员，12月任贸易和工业部长。1988年9月任第二国防部长。1990年11月任副总理兼贸易和工业部长。1994年1月任副总理并负责监督贸工部及国防部的工作。还兼任经济委员会主席（部长级），人民行动党第一助理秘书长。1997年1月连任政府副总理，兼任金融管理局主席。2001年11月起任政府副总理（总理公署）兼财政部长。2004年5月31日，被执政的人民行动党中央执行委员会定为下届政府总理人选，8月12日出任新加坡第三任政府总理，12月当选人民行动党秘书长。2006年10月26日访问中国，出席10月30日在中国广西南宁举行的中国—东盟建立对话关系15周年纪念峰会、第三届中国—东盟博览会和第三届中国—东盟商务与投资峰会。此前，曾多次访问中国。

素拉育·朱拉暖

出任泰国政府总理。1943年8月28日生于泰国曼谷。早年毕业于泰国五世王尉官学校和国防学院。1965年开始军旅生涯，1968年，曾赴美国陆军参谋学院进修军事课程。此后长期在泰国军界担任要职，曾任第一特种部队指挥官、特战指挥部指挥官、第二军区司令、陆军特别顾问、陆军司令、最高司令等职。2003年9月从泰国军队退役。同年11月，获普密蓬国王任命出任枢密院大臣。2006年9月，辞去枢密院大臣一职，10月1日获普密蓬国王御准出任政府总理。

泰国总理素拉育　（新华社图）

农德孟

当选连任越共中央总书记。1940年9月11日出生于越南北方的北件省纳星县强利乡，岱依族。1958年参加革命，1963年加入越南共产党。毕业于河内中央农林学校，1958～1965年在林业基层单位工作。1966～1971年在苏联列宁格勒林业学院留学。1974～1976年在阮爱国高级党校学习。1976～1992年先后任北太省（现为北件和太原两省）省委委员、省林业厅副厅长和厅长、省人民委员会副主席、省委副书记、省人民委员会主席、省委书记、中央民族部部长和国会民族委员会副主任。1986年起，任越共中央候补委员、中央委员和中央政治局委员。1991年7月在越共七大上当选中央委员、政治局委员。1992年9月当选国会主席，并于1996年9月、2000年9月连任。2001年4月，在越共九大上当选越共中央总书记。2006年4月在越共十大上，再次当选越共中央总书记。

阮明哲

当选越南国家主席。1942 年 10 月 8 日生于越南平阳省边吉县富安乡。1960 年参加革命工作。1965 年 3 月入党。获得数学学士和胡志明国家政治学院政治学学士学位。1975 ~ 1987 年先后任团中央办公厅副主任、团中央青年突击委员会主任、团中央阵线委员会主任、胡志明市团委书记、越南青年联合会副主席等职。1988 ~ 1996 年任越南小河省省委副书记、书记。1997 年任胡志明市市委副书记，同年 12 月在越共八届四中全会上当选中央政治局委员。1998 ~ 1999 年任中央民运部部长。2000 年初担任胡志明市市委书记。2001 年 4 月和 2006 年 4 月越共九大和十大连任中央政治局委员，2006 年 5 月在国会 11 届九次会议上当选越南国家主席。

越南党和国家领导人农德孟（前左五）、阮明哲（前左四）、阮晋勇（前左六）和出席越共十大的代表在一起。（原载《荷花》）

阮富仲

当选越南国会主席。1944 年 4 月 14 日出生于越南河内市东英县。早年就读于河内综合大学语言文学系。1967 年 12 月入党。1973 ~ 1976 年在阮爱国高级党校攻读政治经济学硕士学位。1981 年 9 月至 1983 年 7 月赴苏联学习，获副博士学位。1967 年 7 月至 1996 年 8 月历任越共中央理论刊物《共产主义》杂志编委会委员、副总编辑和总编辑。1994 年 1 月在越共七届四中全会上增补为中央委员，1996 年 6 月在越共八大上再次当选中央委员，1996 年 8 月任河内市委副书记。1997 年 12 月在越共八届四中全会上增补为中央政治局委员。1998 年 2 月至 2000 年 1 月负责党的思想、文化与科教工作。1998 年 3 月至 2001 年 11 月任中央理论委员会副主任。2000 年初任河内市委书记。2001 年起兼任中央理论委员会主席。2001 年 4 月和 2006 年 4 月在越共九大和十大上连任中央政治局委员。2006 年 5 月在国会 11 届九次会议上当选越南国会主席。

阮晋勇

当选越南政府总理。1949 年 11 月 17 日生于越南南部金瓯省金瓯市，革命烈士的后代。法律学士学位。曾在阮爱国高级党校学习。1961 ~ 1981 年在越南人民军服役，先后任团政委、坚江省军事指挥部干部部部长等职。此后，先后担任坚江省委委员、省委组织部副部长、省委常委、省委常务副书记、省委书记等职。1991 年越共七大当选中央委员。1994 年 12 月任越南内务部副部长。1996 年 6 月任中央经济部部长。1996 年越共八大当选中央政治局委员、政治局常委，1997 年 9 月任政府常务副总理，1998 年 5 月兼任国家银行行长，2002 年 8 月连任政府常务副总理。2006 年 6 月国会 11 届九次会议当选政府总理。同年 10 月作为越南政府总理首次访华。参加在中国广西南宁市举办的中国—东盟建立对话关系 15 周年纪念峰会、第三届中国—东盟博览会和第三届中国—东盟商务与投资峰会。

王景荣

出席在中国广西南宁举办的中国—东盟建立对话关系 15 周年纪念峰会、第三届中国—东盟博览会和第三届中国—东盟商务与投资峰会。东盟秘书长。1954 年 1 月 6 日出生于新加坡。1983 年毕业于美国华盛顿乔治顿大学，获硕士学位。1979 年进入新加坡外交部。先后担任新加坡驻沙特阿拉伯大使馆临时代办、驻吉隆坡高级专署顾问、驻美国大使馆公使衔参赞、驻印度大使馆高级专员、驻尼泊尔大使、外交部政策司司长、外交部发言人等职，曾负责有关 APEC 及亚欧会议（ASEM）事务。1998 年起任新加坡总理新闻秘书、总理府副秘书长，还曾担任新加坡人协理事长。2003 年 1 月 6 日出任东盟秘书长。多次访问中国。2004 年 11 月、2005 年 10 月先后出席在中国广西南宁举办的第一届和第二届中国—东盟博览会。

东盟秘书长王景荣先生（原载《中国—东盟博览》）

大 事 记

2006 年

1 月

1 日 柬埔寨国王诺罗敦·西哈莫尼赴华检查身体并探望父母，参议长谢辛代理国家元首。

△经中国国务院常务会议批准，中华人民共和国中央政府门户网站（www.gov.cn）开通。

3～20 日 新加坡、印度两国空军在印度的卡莱昆达空军基地展开第二次代号为“新印”的联合军事演习。新加坡空军派出 F－16 战斗机 8 架。

△新加坡在 25 所小学试用新编华文教材，以更有效地提高小学生阅读和学习华文的兴趣。

4 日 缅甸国家和平与发展委员会主席丹瑞发布独立节贺词，敦促国民继续推动实施七点路线图计划，催生基础牢固的新宪法。缅甸军政府于 2003 年 8 月宣布旨在实现民族和解、推进民主进程的七点路线图计划，其主要内容包括恢复中止 8 年的制宪国民大会、举行宪法草案全民公决以及依法举行大选和组成新政府等。

5 日 泰国启动“10 铢便当饱腹计划”，以缓解物价高涨问题。

△中越北部湾共同渔区资源联合调查在中国广西北海和越南海防同时启动。根据联合调查方案，首次联合调查在北部湾共同渔区设立 30 个共同调查站位，中越双方各派出一艘调查船同时对这些站位进行调查。

6 日 印度尼西亚外交部部长哈桑·维拉尤达在年度记者招待会上谈到东亚地区形势时说，最近 15 年来中国经济的巨大进步促进了东南亚和东亚地区各国经济的发展，并带来积极影响。

8 日 中国国务院副总理回良玉在北京会见来访的柬埔寨高级大臣兼宗教事务大臣坤杭一行。

△新加坡举行代号为“北斗星 5 号”的大规模公共交通民防演习，模拟地铁车站、列车及公共汽车遭受炸弹和化学武器袭击，以检验政府相关机构和公众的准备应对措施。

9～11 日 中国科学技术大会在北京举行。中共中央总书记、国家主席、中央军事委员会主席胡锦涛，中国国务院总理温家宝在会上发表重要讲话。叶笃正、吴孟超获得 2005 年度国家最高科学技术奖。

11 日 越南共产党第九届中共委员会第 13 次会议在河内举行。会议主要为召开越南共产党的“十大”做准备：一是继续征求各级、党组织对大会的意见，以便修改完善大会的各项文件草案；二是为越共“十大”中央委员会做人事安排准备。

△中、泰两国在泰国曼谷签署教育合作协议，以全面推动两国之间教育的长期友好合作，尤其是泰国汉语教学发展。

12 日 中国政府发布《中国对非洲政策文件》。这是中国政府首次发布对非洲政策文件。

△泰国华侨崇圣大学授予中国全国政协副主席罗豪才法学名誉博士学位，以表彰其在科技、教育等领域为推动中泰友好关系作出的杰出贡献。泰国华侨崇圣大学于 1991 年创建，是泰国第一所由华人全资兴建并管理的大学。

13 日 中国共产党中央政治局常委吴官正在北京会见由老挝人民革命党中央委员、政府副总理宋萨瓦·伦萨瓦率领的老挝人民革命党考察团。

14 日 印度尼西亚雅加达中国书画展举行，从而拉开为期一个月的“中国文化节”系列迎春活动序幕。

16 日 中国全国政协主席贾庆林在北京会见来访的泰国政府前总理差瓦立。

16～20 日 亚太议会论坛 14 届年会在印度尼西亚雅加达举行。来自 27 个国家的 300 名代表与会。

17 日 泰国实施严格禁烟令，禁止在任何公共场所内吸烟。禁烟令规定，凡违反者每人每次罚款 2000 铢，违禁者的主管官员也要“连坐”，罚款 2 万铢。

18 日 中国国务院总理温家宝主持召开国务院常务会议，审议并原则通过《国务院关于解决农民工问题的若干意见》、

《艾滋病防治条例(草案)》和《娱乐场所管理条例(修订草案)》。

19 日　新加坡举行防禽流感演习,以检验医护人员及公众在禽流感疫情暴发时的应对能力。

20 日　中国国务院总理温家宝在北京看望柬埔寨前国王西哈努克和夫人。温家宝高度评价西哈努克半个世纪以来为中柬关系发展作出的卓越贡献。

22 日　柬埔寨进行参议院议员选举,执政的人民党获得最多议席。

△横跨湄赛河的第二座"友谊桥"竣工通车。该桥连接泰国北部的清莱府和缅甸边贸重镇其力,全长 90 米。

△越南卫生部与世界卫生组织签署《防治禽流感援助草案》。根据草案,越南将接受德国 400 万欧元的援助用于禽流感防控工作。

23 日　马来西亚最高元首拉杰丁应新加坡总统纳丹的邀请,第一次对新加坡进行国事访问。

△泰国与瑞典签署"合作行动计划",以加强两国在投资、观光、教育、文化等方面的合作。

24 日　新加坡政府出资经营的淡马锡控股公司与暹罗商业银行以及部分泰国投资者共同出资,购买 SHIN 集团 49.6% 的股权,总金额高达 738 亿泰铢,创泰国企业史上最高金额的并购记录。

28 日　越南《西贡解放日报》报道,越南科学技术院正加紧完成 2006~2020 年阶段越南宇航科技战略第九次草案。该草案提出的战略任务是:培训干部和开展各项科研活动、成立国家宇宙航天科技委员会、建立越南科学技术院所属宇航学院、应用航天科技为越南经济建设服务。还包括 2008 年将发射 MINASAT 远程通讯卫星和遥感卫星。该战略计划总投资约 20 亿美元。

31 日　印度尼西亚一艘载有 105 人的渡船当晚在该国东部海域沉没,造成至少 30 人死亡。

2 月

4 日　印度尼西亚孔教协会在雅加达举行盛大联欢会庆祝春节。印度尼西亚总统苏西洛及夫人、前总统瓦希德、雅加达特区省长苏迪约梭、中国驻印度尼西亚大使蓝立俊等印(尼)中各界人士出席。印度尼西亚各地的华族代表约 4500 人参加庆祝活动。苏西洛在致辞中向全国华族人民致以节日问候。

△马来西亚联邦政府艺术、文化和遗产部以及槟城政府和华人社团共同在槟城举行马来西亚全国新春大团拜活动。马来西亚最高元首西拉杰丁、总理巴达维,马来西亚各地政府官员、华侨华人社团成员等数万人欢庆中国农历新年。

7 日　泰国红十字会在曼谷与到访的中国红十字会代表团签署一项旨在加强双方在备灾救灾和灾后重建、医院保健等领域的交流与合作的联合声明。

8 日　中国政府向印度尼西亚海啸灾区儿童捐赠学习用品(价值 550 万美元)移交仪式在亚齐省班达亚齐市举行。这批学习用品将发放给 86 万名中小学生。

9 日　《中共中央国务院关于实施科技规划纲要增强自主创新能力的决定》和《国家中长期科学和技术发展规划纲要》发布。这是中国建设创新型国家的纲领性文件。

△由美国、澳大利亚、印度尼西亚 3 国科学家组成的探险队宣布:探险队在印度尼西亚巴布亚省的原始热带雨林中发现至少 40 个新物种和许多珍稀物种。

10 日　中国历时 5 个多月的月球探测工程标识征集和评选活动结束,以中国书法笔触抽象地勾勒出一轮圆月、一双脚印踏在其上的作品,被最终确定为中国月球探测工程形象标识。

△中国驻菲律宾大使李进军与菲律宾外交部长罗慕洛互换《中华人民共和国和菲律宾共和国引渡条约》批准书。

11 日　为庆祝国王普密蓬登基 60 周年,泰国皇家空军和国际跳伞协会共同举办 2006 集体跳伞活动。960 名世界各地跳伞好手在曼谷郊区同时跳伞,创造一项新的吉尼斯世界纪录。

13 日　柬埔寨首相洪森发表声明重申:柬埔寨政府将坚定不移地奉行一个中国政策,坚持支持中国政府为实现国家和平统一所做的一切努力。

14 日　马来西亚总理巴达维宣布内阁改组。此次改组涉及 16 个部门,有 4 名原部长卸任。

△越南外交部授予中国驻越大使齐建国友谊勋章。

14~18 日　应中国国务院总理温家宝的邀请,缅甸联邦政府总理梭温对中国进行正式访问。14 日,两国总理在北京举行会谈并共同出席两国政府经济技术合作协定和航班协定等文件的签字仪式。15 日,中国国家主席胡锦涛、全国人大常委会委员长吴邦国分别会见梭温。

15~21 日　第五届东盟海关税则协调会议在文莱斯里巴加湾市举行。会后,东盟 10 国将根据国际统一货物名称及编码系统来协调区域海关税则。

16 日　为庆祝国王普密蓬登基 60 周年,泰国政府举行"泰国盛情邀请年"活动开幕式,诚邀世界各国人民访泰,参与各项庆典活动。

△新加坡政府宣布在未来 5 年内将投入 135.5 亿新元提高科技研发领域的竞争力。

17 日　法国总统希拉克应邀对泰国进行访问。这是泰法建交以来法国国家元首第一次访问泰国。

△菲律宾中部南莱特省一村庄发生严重山体滑坡,事故

造成可能高达1800人死亡。当天，中国国家主席胡锦涛向菲律宾总统阿罗约发去慰问电，中国政府也于次日向菲政府提供100万美元的紧急援助。

21日 中国新华社受权全文播发《中共中央国务院关于推进社会主义新农村建设的若干意见》。

22日 菲律宾军方宣布21日挫败一起企图推翻阿罗约政府的军事政变阴谋。

23日 中国中央军委副主席、国务委员兼国防部长曹刚川在北京分别会见由泰国国防研究院院长巴通朋·盖萨苏率领的泰国国防学院高官班代表团一行和东帝汶国防部长罗德里格斯。

24日 菲律宾总统阿罗约签署1017号令，在全国无限期实施紧急状态。

△泰国总理他信·西那瓦宣布解散国会下议院，并决定4月2日重新举行大选。

26日 菲律宾军方宣布解除海军陆战队司令雷纲托·米兰达少将的职务。米兰达因此成为菲挫败兵变后被革职的最高级别军官。

27日 印度尼西亚总统苏西洛开始对文莱、柬埔寨、缅甸进行为期4天的访问。

△柬埔寨国民议会投票决定，赦免桑兰西3名反对派议员。

27日至3月2日 印度尼西亚总统苏西洛先后访问文莱、柬埔寨和缅甸。

3月

2日 柬埔寨国民议会审议通过宪法修正案，将议会表决方式由原来2/3绝对多数通过改为半数以上的简单多数通过。柬埔寨首相洪森说，此举是为避免国家在大选后因组阁问题出现政治僵局，进一步提高国家立法机构和执法机构的效率。

△亚太经合组织（APEC）第一次高官会议在越南河内结束。越南外交部常务副部长黎公奉向媒体通报，与会的21个成员国1500多名代表一致通过越南提出的7项2006年APEC会议“优先主张”。

3日 菲律宾总统阿罗约对全国发表电视讲话，宣布解除一周前实施的全国紧急状态。

4日 拉那烈亲王宣布辞去柬埔寨国民议会议长职务。

5～14日 中国第10届全国人民代表大会第四次会议在北京召开。会议通过《关于国民经济和社会发展第十一个五年规划纲要的决议》。

6～7日 越南政府总理潘文凯访问柬埔寨。期间与柬埔寨首相洪森签署一项新的边界协议，要求在2008年12月前完成边界竖立界标工作。

8～11日 印度总统卡拉姆率代表团正式访问缅甸。缅、印双方签署遥感探测合作框架协议和加强油气合作、佛教研究两个谅解备忘录。印度还宣布向缅甸提供3450万美元的贷款援助。

10日 印度尼西亚中华音乐团在雅加达成立并举行首场演出。该团是印度尼西亚第一个用中国民族器乐演奏曲目的大型民间团体。

15～16日 第七次中国—东盟联合合作委员会会议（ACJCC）在中国南宁举行。会议认为，双方面向和平与繁荣的战略伙伴关系持续深化，给双方带来实在的利益。

20日 柬埔寨第二届参议院召开首次会议，投票选举柬人民党主席谢辛继续担任参议院议长，奉辛比克党的西索瓦·希万莫尼拉当选第一副议长，柬人民党的德诺当选第二副议长。西哈莫尼国王在会议上发表讲话，要求新一届参议院为全面推动民主化进程，促进国家的经济社会发展，减少贫困和保护各阶层民众利益作出积极贡献。

△中国国务院印发《全民科学素质行动计划纲要（2006～2010～2020年）》。

△中国全国人民代表大会常务委员会发出关于公布《中华人民共和国劳动合同法（草案）》征求意见的通知。

20～24日 中共中央政治局常委、全国政协主席贾庆林访问越南并与越方领导人进行会谈，就推进中越睦邻友好关系和双方关心的问题深入交换意见，达成共识。

21日 老挝人民革命党第八次代表大会闭幕。大会接受坎代·西潘敦辞去老挝人民革命党中央委员会主席职务的请求，通过老挝人民革命党第八次代表大会决议，选举产生11名中央政治局委员和55名中央委员会委员。朱马利·赛雅贡当选中央委员会总书记（前称主席）。

21～22日 俄罗斯总统普京对中国进行国事访问。中国国家主席胡锦涛与普京共同出席中国“俄罗斯年”开幕式和俄经济工商界高峰论坛开幕式。

24～31日 中国全国政协主席贾庆林访问印度尼西亚和马来西亚，分别会见两国领导人。

27日 缅甸在新首都内比都举行盛大阅兵式，纪念建军61周年。

△中国国务院办公厅印发《保护知识产权行动纲要（2006～2007年）》。

△中国共产党中央政治局召开会议，研究促进中部地区崛起工作。

28日 新加坡政府副总理兼内政部长黄根成与到访的美国国土安全部长迈克·切尔托夫签署《国土安全科学与技术合

作意向书》,以加强新美两国在安全领域的合作。

28 日至 4 月 12 日 中国广西壮族自治区主席陆兵率代表团访问菲律宾、文莱、新加坡、缅甸,推介第三届中国—东盟博览会。期间,菲律宾总统阿罗约、众议院议长德贝内西亚,文莱苏丹哈桑纳尔·博尔基亚,新加坡政府总理李显龙,缅甸总理梭温分别会见率团到访的陆兵一行。

29 日 柬埔寨国王西哈莫尼对新加坡进行国事访问。

29 ~31 日 中国全国政协主席贾庆林访问马来西亚。

31 日 中国国家主席胡锦涛会见日本日中友好七团体负责人。胡锦涛在会见时强调,中国政府在对日关系上的立场是明确的、一贯的、坚定不移的。

4 月

1 日 中国国务院总理温家宝应澳大利亚联邦总理霍华德、斐济群岛共和国总理恩加拉塞、新西兰总理克拉克和柬埔寨王国首相洪森邀请,赴上述四国进行正式友好访问,并出席在斐济举行的首届中国—太平洋岛国经济发展合作论坛开幕式。

2 ~5 日 泰国举行议会下议院选举投票。泰国看守内阁总理他信宣布其不再担任新一届政府总理,并于内阁特别会议上指派副总理奇猜·万那沙提暂时行使看守内阁总理职责。

3 ~9 日 应中国外交部邀请,文莱达鲁萨兰国外交和贸易部无任所大使玛斯娜公主应邀访华。中国国务院副总理回良玉、国务委员唐家璇分别于 3 日和 4 日会见玛斯娜公主。

3 ~13 日 泰王国玛哈扎克里·诗琳通公主殿下应邀访华。中国全国政协主席贾庆林、国务院副总理回良玉分别于 3 日和 4 日会见诗琳通公主。

6 日 中国—太平洋岛国经济发展合作论坛首届部长级会议在斐济楠迪闭幕。中国与库克群岛、瓦努阿图等太平洋岛国的政府共同签署《中国—太平洋岛国经济发展合作行动纲领》。

7 日 中国全国政协副主席、中国国际交流协会副会长罗豪才在北京会见以缅甸交通部副部长年吞昂率领的缅甸联邦巩固与发展协会代表团。

△越南国家主席陈德良在河内会见在越南进行正式友好访问的中国中央军委副主席、国务委员兼国防部长曹刚川上将。

△泰王国驻中国南宁领事办公室开馆。泰王国公主诗琳通参加开馆仪式。泰国是继越南、柬埔寨后第三个在南宁设立总领事机构的东盟国家。

7 ~8 日 中国国务院总理温家宝应邀访问柬埔寨并与洪森举行会谈。期间还并会见了诺罗敦·西哈莫尼国王、参议院议长谢辛和国民议会议长韩桑林。

8 ~9 日 中国—东盟文艺汇演暨青年音乐家交响乐表演在柬埔寨举行。这是纪念中国与东盟建立对话关系暨中国—东盟友好合作年系列庆祝活动的第一项。中国和东盟 10 国的 150 多名艺术家在吴哥窟前同台演出。

10 日 越南和俄罗斯合资企业越苏石油油气公司着手在越南南部铺设约 3 亿美元的天然气管道。

11 日 第 17 届中美商贸联委会在美国华盛顿举行。中国国务院副总理吴仪与美国商务部部长古铁雷斯、贸易代表波特曼共同主持会议。

12 日 联合国亚洲及太平洋经济社会委员会第 62 届年会在印度尼西亚闭幕。年会通过的《泛亚铁路网政府间协议》于年内 11 月由各国正式签署。

△首届中国—东盟会展业国际合作高峰会在南宁举行。

△马来西亚总理巴达维在普特拉贾亚会见在马来西亚进行正式友好访问的中国中央军委副主席、国务委员兼国防部长曹刚川上将。

12 ~13 日 中国国务院总理温家宝和全国政协主席贾庆林在北京分别会见到访的新加坡国务资政吴作栋。

13 日 新加坡总理李显龙会见在新加坡进行正式友好访问的中国中央军委副主席、国务委员兼国防部长曹刚川上将。

13 ~15 日 中越边界谈判政府代表团团长在北京会晤,就中越陆界勘界问题交换意见。

13 ~23 日 中共广西壮族自治区委员会书记、自治区人大常委会主任曹伯纯率代表团分别访问越南、马来西亚、老挝和柬埔寨。期间,越南国家主席陈德良、越南常务副总理阮晋勇,马来西亚国会上议院主席曾永森,老挝总理本扬和柬埔寨首相洪森分别会见曹伯纯一行。

14 ~15 日 中国内地和台湾两岸经贸论坛在北京举行。中共中央政治局常委、全国政协主席贾庆林和中国国民党荣誉主席连战出席论坛并发表讲话。

16 日 中国共产党中央委员会总书记胡锦涛会见参加中国内地和台湾两岸经贸论坛的中国国民党荣誉主席连战和台湾各界人士,对两岸关系发展提出四点建议。

△中国国家旅游局、公安部、国务院台湾事务办公室联合发布《大陆居民赴台湾地区旅游管理办法》。

17 ~18 日 中国第六次全国环境保护大会在北京举行,国务院总理温家宝出席会议并发表重要讲话。

18 ~25 日 越南共产党第 10 次全国代表大会在河内召开。农德孟当选越共中央总书记。

18～29 日 中国国家主席胡锦涛先后对美国、文莱、沙特阿拉伯、摩洛哥、尼日利亚、肯尼亚进行国事访问。

21 日 中国国家质量技术检验检疫总局发布公告：自 2006 年 5 月 1 日起，允许产自台湾地区进入大陆的水果种类从 18 种增到 22 种，允许产自台湾地区的 11 种蔬菜进入大陆，允许来自台湾渔船自捕水产品输往福建。

△第二届中国—东盟电子信息通信部长论坛以及中国—东盟电信周活动在马来西亚槟城闭幕。中国和东盟各国信息通信部长发表联合声明，重申将继续加强在信息产业领域的战略伙伴关系，为本地区的发展和繁荣作出贡献。

22～23 日 以“亚洲寻求共赢：亚洲的新机会”为主题的博鳌亚洲论坛 2006 年年会在中国海南博鳌举行。

25 日 中国人民对外友好协会在北京举行庆祝中国和老挝建交 45 周年招待会。全国人大常委会副委员长、中国东盟协会会长顾秀莲出席招待会。

25～29 日 中国全国人民代表大会第 10 届常务委员会第 21 次会议在北京举行。会议表决通过农产品质量安全法、护照法。

26～28 日 中国与文莱在北京共同举办第四届东盟地区论坛反恐与跨国犯罪会议。

27 日 中国人民解放军海军舰艇编队同越南人民军海军舰艇编队在北部湾海域进行首次联合巡逻。这是中国人民解放军海军首次与外国海军进行联合巡逻。

5 月

5 日 中国外交部部长李肇星与泰国外长甘达提通电话，双方就进一步深化中泰战略伙伴关系和共同关心的问题交换看法。

6 日 新加坡第 11 届国会选举拉开帷幕。122 万多选民在全国 422 个投票站投票选举新一届国会议员。总理李显龙领导的人民行动党在选举中获胜。

7 日 国际卫塞节世界佛教大会在泰国佛统府开幕。大会由泰国政府主办，主题是“佛教对世界和平和可持续发展的贡献”。来自 40 多个国家的佛教界代表、政府官员、外交使节、专家学者以及联合国教科文组织和亚太经社理事会等国际组织的负责人共 1000 多人参加各种活动。与会代表围绕如何增进世界佛教界的团结合作，促进世界和平，以及如何进一步弘扬佛教等议题进行研讨和交流。参加大会的各国僧人还共同为庆祝泰国王普密蓬登基 60 周年颂经祈福。

8 日 泰国宪法法院裁定 4 月 2 日国会下议院选举中存在违法和违宪行为，选举结果无效。

9 日 中国中央军委副主席、国务委员兼国防部长曹刚川在北京会见来访的菲律宾武装部队总参谋长赫内罗索·森加。

△推进中国印度尼西亚战略伙伴关系研讨会在印度尼西亚雅加达举行。中国驻印度尼西亚大使蓝立俊、印度尼西亚贸易部部长冯慧兰等多名部长以及两国的学者和企业家参加研讨会。与会代表就“战略与社会文化关系”和“经贸关系”两个主题展开热烈讨论。

11 日 中国国务委员、公安部部长周永康在北京会见到访的越南公安部常务副部长阮庆全。周永康希望双方继续发扬坦诚相待、友好合作的精神，深化在打击犯罪和人员培训、警用科技装备等领域的合作，推动两国公安部门的合作全面开展。

△瑞士洛桑国际管理学院公布《国际竞争力年度报告》。中国内地的经济竞争力排名从上年的第三十一位跃升第十九位，成为上升速度最快的国家。

12 日 中国国家副主席曾庆红在北京会见来访的新加坡内阁资政李光耀。

△中国单机容量最大的核电站——江苏田湾核电站一号机组并网发电。

14 日 中国国务院三峡工程建设委员会派出的验收组开始对三峡工程三期枢纽工程进行验收。

14～16 日 中越五省市（中国云南，越南河内、老街、海防、广宁）经济协商会第二次会议在中国云南举行。会议就全面深化互利双赢合作，共同建设“昆明—河内”经济走廊进行协商。

15～26 日 代号为“金色眼镜蛇”的第 25 届多国联合军事演习在泰国举行。泰国、美国、新加坡、日本和印度尼西亚 5 国参加演习。中国等 9 个观察员国及一些国际组织派员观察。

16 日 除泰国以外的东盟 9 国与韩国在菲律宾马尼拉正式签署旨在削减商品关税的自由贸易协定。菲律宾贸工部新闻官员说，这一协定是根据上年韩国和东盟国家签署的关税减让协议而最终达成的，将为双方在 2012 年前建立韩国—东盟自由贸易区打下基础。

16 日至 6 月 27 日 越南第 11 届国会第九次会议召开。阮富仲当选国会主席、阮明哲当选国家主席、阮晋勇当选政府总理、阮生雄、张永仲任政府副总理、陈文传任政府总检察长、范家谦任外交部长、武文宁任财政部长、阮天仁任教育培训部长、黎尹合任文化通信部长、胡义勇任交通运输部长、冯光清任国防部长，同时确定了国防和安全委员会成员名单。通过律师法、信息技术法、电影法、不动产经营法、社会保险法等九部法律，修改越南民用航空法，讨论通过《2006～2010 年经济社会发展 5 年计划》。

17 日 中国全国政协主席贾庆林在北京会见菲律宾菲华各界联合会访华团一行。

△由泰国政府主办的泰国海啸纪念园设计方案征集和

评选活动结束,西班牙和泰国设计师合作完成的名为“悼念之峰”作品入选。

△中国东盟民间友好组织大会在北京举行。与会民间友好组织会后签署《中国东盟民间友好合作宣言》,承诺将加强民间的交流与合作,使中国东盟友好深入人心。

18 日 民间捐款 9600 万元人民币援建的中国—印尼友谊村在印度尼西亚亚齐省大亚齐县动工建设。中国驻印尼大使蓝立俊、印尼亚齐省政府秘书长胡斯尼·巴赫利、亚齐和尼亚斯灾后重建机构副主席安迪以及海啸灾民代表等 400 多人出席奠基仪式。

20 日 中国三峡大坝全面建成。

21 日 已修复的四面佛佛像被重新安置在泰国曼谷爱侣湾凯悦酒店旁的旧址。泰国政府举行盛大巡游活动并组织多位高僧为佛像开光。

22 日 中国中央军委副主席、国务委员兼国防部长曹刚川上将在北京会见来访的泰国军队最高司令伦罗·玛哈沙拉暖上将一行。

△越南国家主席陈德良致电中国国家主席胡锦涛,就中方及时救助遭受强台风“珍珠”袭击的越南渔民表示感谢。

23 日 第 26 届东盟国家警察首脑会议在马来西亚吉隆坡举行。

24 日 中国在越南投资的第一家制药企业——越中制药有限公司制药厂竣工暨开业典礼在河内市举行。该公司由中国医药集团所属的中国医药对外贸易公司、张家口制药集团与越南中央第一制药厂、越南中央第一药品公司、越英药品有限公司五方共同投资组建,投资总额 343.5 万美元,主要生产头孢类和青霉素类抗生素粉针。项目符合世界卫生组织 GMP/GSP/GLP 验证标准,在越抗生素生产领域居于领先水平。

25 日 为期 7 天的首届东盟茶文化博览会在马来西亚吉隆坡闭幕。此届博览会的主题是“打造马来西亚成为世界著名的东南亚茶叶集散地,建立普洱茶仓文化新概念”。

△柬埔寨邮电部向越南军队通信总公司发放进行电信供应和经营服务许可证。按协议,越军通信总公司驻柬分公司将获得全境使用 VolP 技术的电话通信供应和经营服务权。该公司是首家进入柬通信市场的越南通信企业。

26 日 在泰国访问的联合国秘书长安南向泰国王普密蓬颁发人类发展终身成就奖,以表彰普密蓬国王为国家发展和泰国人民所作的贡献。

27 日 中缅双方在仰光签署《中国政府和缅甸政府关于禁止非法贩运和滥用麻醉药品和精神药物的合作协议》。

△印度尼西亚爪哇岛日惹地区发生里氏 5.9 级地震。至 29 日,造成 5136 人死亡,2155 人受伤和大量财产损失。中国国家主席胡锦涛 27 日就地震导致灾害向印度尼西亚总统苏西洛发去慰问电,中国政府立即向印度尼西亚灾区紧急提供 200 万美元现汇援助。28 日晚,印度尼西亚政府宣布国家进入紧急状态,为期 3 个月。

29 日 中国和印度尼西亚在印尼雅加达签署加强反洗黑钱合作谅解备忘录。

29 ~30 日 第 12 次中国—东盟高官磋商会在柬埔寨暹粒举行。中国外交部副部长武大伟、东盟 10 国外交部主管副部长及东盟秘书长出席会议。

30 日 新加坡总理李显龙及其领导的新内阁宣誓就职。新内阁成员包括国务资政吴作栋、内阁资政李光耀、副总理贾古玛和黄根成及 13 名部长。

31 日 越美两国签署越南加入世界贸易组织(WTO)的双边市场准入谈判协定。

6 月

2 ~3 日 亚太经合组织 APEC 贸易部长会议在越南胡志明市举行。

4 ~5 日 美国国防部长拉姆斯菲尔德访问越南并与越南政军领导人举行会谈,表示要加强与越南的军事交流。

4 ~9 日 应中国国家副主席曾庆红邀请,菲律宾副总统诺利·德卡斯特罗对中国进行为期 6 天的正式访问。

5 日 由中国商务部、菲律宾贸工部主办的首届“中国—菲律宾经贸合作论坛”在菲律宾马尼拉举行。菲律宾总统阿罗约出席论坛并致辞。中国商务部部长薄熙来与菲律宾贸易与工业部长彼得·法维拉在论坛开幕式上共同签署关于中菲建立经贸合作伙伴关系的谅解备忘录。

△中国科学院第 13 次院士大会、中国工程院第八次院士大会在北京开幕。中共中央总书记、国家主席、中央军事委员会主席胡锦涛出席大会并发表重要讲话。

5 ~6 日 第一届东盟东部增长区交通部长会议在文莱举行。来自增长区 4 国的交通部长、增长区商务理事会主席以及私营企业代表讨论加强增长区各方在交通领域的合作,落实 2006 ~2010 年东盟东部增长区发展路线图计划。

6 日 中国国务委员唐家璇在北京会见来访的文莱外交和贸易部第二部长林玉成。

△美国国防部长拉姆斯菲尔德在访问印度尼西亚时表示,美国已宣布全面恢复同印度尼西亚的军事关系。

8 日 老挝第六届国会第一会议选举揭晓。老挝人民革命党中央委员会总书记朱马利·赛雅贡当选国家主席,本扬当选国家副主席,原中央政治局委员波松·布帕万当选政府总理。会议还选举中央政治局委员通辛·坦马冯为老挝第六届国会主席以及 4 名政府副总理、2 名国会副主席,通过一份包括16名部长或部级官员的内阁名单。

12日 泰国隆重庆祝国王普密蓬·阿杜德登基60周年,25个国家的王室成员及代表参加庆典活动。

△中国国务委员唐家璇在北京会见来访的印度尼西亚外长哈桑。唐家璇赞赏印尼为中国与东盟关系发展作出的贡献,表示中方愿意与印尼一道推动中国与东盟关系迈上新台阶。

13日 第三届中国—东盟博览会高官会在中国南宁召开。来自中国和东盟以及东盟秘书处的近60名代表共商第三届中国—东盟博览会筹备工作。

15日 上海合作组织峰会在上海举行。东盟秘书处副秘书长比利亚科塔在会上高度评价上海合作组织成立5年来各领域合作取得的显著成就,希望进一步加强同上海合作组织的合作。

△上海合作组织成员国元首理事会第六次会议在中国上海举行。中国国家主席胡锦涛、哈萨克斯坦总统纳扎尔巴耶夫、吉尔吉斯斯坦总统巴基耶夫、俄罗斯总统普京、塔吉克斯坦总统拉赫莫诺夫、乌兹别克斯坦总统卡里莫夫与会。

20日 第四届世界华人论坛在中国北京举行。中国国务委员唐家璇在开幕式上致词。

22日 马来西亚农业和农用工业部长毛希丁宣布,马来西亚不久前发生的禽流感疫情已消灭,但预防措施将继续实施。

△越南外交部副部长阮富平率团前往中国驻越南大使馆会见中国驻越南大使胡乾文,代表越南党、政府和人民再次衷心感谢中国成功搜救遭遇台风"珍珠"而失踪的越南渔民。

23日 中共中央政治局常委、全国政协主席贾庆林在北京会见印度尼西亚民主斗争党总主席、前总统梅加瓦蒂率领的代表团。

24日 菲律宾总统阿罗约签署法令正式废除死刑。

△越南国会以投票方式通过越南国家主席陈德良、政府总理潘文凯和国会主席阮文安向11届国会第九次会议递交的辞呈。

24~28日 越南11届国会第九次会议在河内举行。会议选举越共中央政治局委员、河内市委书记阮富仲为越南国会主席,越共中央政治局委员、胡志明市委书记阮明哲为越南国家主席,越共中央政治局委员、政府常务副总理阮晋勇为越南政府总理。

25日 印度尼西亚与新加坡签署在印尼巴淡、宾坦和卡里摩岛共同建立经济特区的合作备忘录。

25~27日 中国印度边界问题特别代表第八次会晤在北京举行。中方代表、外交部副部长戴秉国与印度特别代表、国家安全顾问纳拉亚南就边界问题的解决框架进一步交换意见。

27日至7月2日 老挝人民革命党总书记、老挝人民共和国主席朱马利·赛雅贡应邀访华。中国国家主席胡锦涛与朱马利共同出席两国政府间有关合作协定的签字仪式。吴邦国、温家宝、曾庆红等中国领导人也分别会见朱马利·赛雅贡。30日,双方发表联合新闻公报。

28~29日 中共中央政治局常委、全国人大常委会委员长吴邦国和中共中央政治局常委吴官正在北京分别会见到访的菲律宾基督教穆斯林民主力量党总裁、众议长何塞·德贝内西亚。

29日 中国第10届全国人民代表大会常务委员会第22次会议通过《中华人民共和国刑法修正案(六)》。

30日 老挝人民革命党中央委员会、越南共产党中央委员会分别致电中国共产党中央委员会,祝贺中国共产党建党85周年。

7月

1日 马来西亚与印度尼西亚在印尼加里曼丹省山口洋地区举行为期7天的海陆空三军联合演习。

△菲律宾与西班牙在西班牙马德里签署一项防务、反恐意向书,加强防务、反恐和反跨国犯罪等领域的合作。

△中国青藏铁路建成通车。中共中央总书记、国家主席、中央军委主席胡锦涛出席在青海格尔木市举办的通车庆祝大会。

3日 17名柬埔寨法官和10名联合国任命的外国司法人员在金边举行宣誓,拉开柬埔寨对红色高棉的审判序幕。

4日 中国中央军委副主席、国务委员兼国防部长曹刚川在北京会见到访的新加坡武装部队总参谋长伍逸松。

5日 中越经贸合作专家组第二次会议召开。中越双方就《中越经贸合作专家组关于"两廊一圈"合作研究报告》(草案)内容交换意见。

6日 中国和印度重开乃堆拉山口边贸通道。被封闭44年后重新开放的该通道,使中印贸易距离大大缩短,为中印贸易开辟海洋以外的第二条贸易通道。

11日 印度尼西亚国会通过新的《国籍法》。新法取消原《国籍法》中有种族、性别和婚姻歧视的条款,规定凡出生在印度尼西亚和从未接受过外国国籍的人,均为印度尼西亚公民。这一条款适用于所有种族和社群。

△在瑞士洛桑田径超级大奖赛男子110米栏比赛中,中国运动员刘翔以12秒88的成绩打破英国运动员保持13年之久的世界纪录并夺取该项目冠军。

12日 中国人民对外友好协会和东盟北京委员会在北京举

行中国—东盟建立对话关系15周年纪念招待会。全国人大常委会副委员长顾秀莲、外交部部长李肇星、中泰友好协会会长石广生,以及东盟各国驻华使节等出席招待会。

13日 日本与马来西亚以自由贸易协定为主要内容的经济合作协定正式生效。

13~16日 应中国外交部长李肇星的邀请,柬埔寨副首相兼外交与国际合作部大臣贺南洪对中国进行正式访问。14日,国务院总理温家宝会见了贺南洪。

14日 中共中央政治局常委吴官正在北京会见以老挝人民革命党中央政治局委员、政府常务副总理宋萨瓦·伦萨瓦为团长的老挝高级干部考察团。

△ 美国贸易副代表巴蒂亚与柬埔寨商业部长占蒲拉西签署《美国—柬埔寨贸易与投资框架协议》。

14~15日 受强热带风暴"碧利斯"影响,中国南方数省暴发洪灾。

15日 正在越南访问的美军太平洋司令部司令威廉·法伦说,美国和越南决定逐步加深双方的防务关系,计划开展联合研究和搜救演习。法伦此次越南之行中与越南副总理兼外交部长范家谦、国防部长冯光清等高级官员举行会晤。

17日 印度尼西亚爪哇岛南部海域强烈地震引发的海啸造成至少357人丧生,160多人失踪,3.5万人无家可归。苏西洛总统下令地方政府采取措施,做好善后工作,并准备应对更大的灾害。

18日 泰国看守内阁批准继续在南部那拉提瓦、北大年和也拉三府实施紧急状态下行政管理法,以加强对三府武装分子的监控和追捕。

20~21日 由中国主办的环北部湾经济合作论坛在中国南宁举行。来自中国、文莱、印度尼西亚、马来西亚、菲律宾、新加坡、越南、日本、韩国的160多名政府官员、专家学者、企业代表围绕共建中国—东盟新增长极的主题探讨环北部湾区域合作问题。

21日 泰国看守内阁秘书长宣布,泰国国王普密蓬·阿杜德20日签署御令,决定于10月15日重新举行全国大选。

22~23日 东盟高官磋商会议和第39届东盟外长会议在马来西亚吉隆坡举行。

24日 中国建设部、商务部、国家发展改革委、中国人民银行、国家工商总局、国家外汇管理局联合发布《关于规范房地产市场外资准入和管理的意见》。

25~28日 第39届东盟外长会议,第13届东盟地区论坛会议,东盟与中、日、韩10+3外长会议,东盟外长扩大会议和东亚峰会外长午餐会等系列会议在马来西亚首都吉隆坡举行。

27~28日 东盟—湄公河流域开发合作第八次高官会议在缅甸仰光召开。

28日 新加坡外长杨荣文与美国国务卿赖斯会晤,讨论东盟及东亚峰会的发展以及纪念东盟—美国建立对话伙伴关系30周年庆祝会。

8月

2日 泰国总理他信访问缅甸,与缅甸领导人就推动两国的经贸合作等问题举行会谈。

6日 中国外交部长李肇星与乍得外交和非洲一体化部长艾哈迈德·阿拉米分别代表各自政府在北京签署《中华人民共和国和乍得共和国关于恢复外交关系的联合公报》,决定恢复大使级外交关系。

8日 缅甸国家和平与发展委员会主席丹瑞大将发表纪念东盟成立39周年贺词,强调东盟应坚持包括不干涉别国内政在内的基本原则,共同努力实现2020年达成东盟共同体的宏伟目标。

9日 东盟与美国签署五年行动计划,提升和加强双边贸易、投资和政治关系,并建议定期召开美国—东盟峰会。

10日 马来西亚武装部队司令安瓦尔、印度尼西亚武装部队司令苏延托和文莱少将哈尔比在雅加达宣布,3国将向黎巴嫩派遣由约2000名官兵组成的维和部队。

△泰国总理他信访问柬埔寨,与洪森举行会谈。

△超强台风"桑美"袭击中国浙江和福建等地,造成严重危害。这是50年来登陆中国内地的最强台风。

14日 中国共产党中央政治局常委、全国政协主席贾庆林,中共中央政治局常委李长春在北京分别会见老挝建国战线主席西沙瓦·乔本潘。

15日 中国外交部发表声明,强烈抗议日本首相小泉纯一郎再次参拜靖国神社。

16日 东盟10国高级经济官员在马来西亚吉隆坡讨论东盟自由贸易区建设等问题。

20日 新加坡总理李显龙呼吁国民多生育,政府也将努力吸引更多外国移民,避免新加坡人口短缺,保持经济增长。

21日 新加坡举行代号为"APEX06"的海事安全协同演习。新加坡国防部于29日宣布,此举旨在进一步加强相关部门应对海上恐怖活动的协同能力。演习将于9月1日结束。

21~23日 中国中央外事工作会议在北京举行。中共中央总书记胡锦涛、中国国务院总理温家宝分别在会上发表重要讲话。

21~27日 应中国国务院副总理吴仪邀请,新加坡副总理黄根成对中国进行正式访问。24日,吴仪与黄根成在北京共同主持中新双边合作联合委员会第三次会议和苏州工业园区中新联合协调理事会第八次会议。25日,国务院总理温家宝会见黄根成。

21~25日 第38届东盟经济部长会议(AEM)在马来西亚吉隆坡举行。

22~26日 越共中央总书记农德孟应邀访问中国。中越双方在会谈中高度评价两国友好关系。中共中央总书记胡锦涛和农德孟共同出席两国政府间有关合作协议的签字仪式。吴邦国、温家宝、贾庆林等先后会见农德孟。24日,中越双方在北京发表《中越联合新闻公报》。

23日 为期两天的第三届马中经济大会在马来西亚必打买查亚闭幕。马中经济大会每两年举行一届,首届大会于2002年举行。

24日 第九次东盟与中、日、韩(10+3)经济部部长会议在马来西亚吉隆坡举行。

△中国—东盟建立对话关系15周年纪念峰会协调领导小组全体会议在北京举行。

24~26日 中国和哈萨克斯坦联合反恐演习"天山-1号(2006)"在哈萨克斯坦阿拉木图州和中国新疆维吾尔自治区伊宁市联合举行。这是上海合作组织框架内中哈执法安全部门首次举行的联合反恐演习。

25日 美国与东盟在马来西亚吉隆坡签署贸易与投资框架协议。

26日 缅甸政府宣布约瑟领导的掸邦军(南部)为恐怖组织,其成员为恐怖分子。

26~28日 有关日本二战期间所犯战争罪行的国际会议在马尼拉举行,来自韩国、朝鲜、中国、日本、新西兰、荷兰和菲律宾等国的近百名学者、记者、法律专家和战争幸存者就日本战争罪行和赔偿问题进行讨论。会议发表声明谴责日本首相小泉纯一郎参拜靖国神社并借此美化侵略的行径。

28日 中共中央政治局常委罗干在北京会见来访的马来西亚联邦法院首席大法官法鲁兹一行。中共中央政治局委员、北京市委书记刘淇在北京会见由老挝人民革命党中央政治局委员、国会副主席巴妮·亚陶都率领的老挝高级干部考察团。

△中国、新加坡和挪威在新加坡签订《中华人民共和国交通部、挪威王国贸易工业部和新加坡共和国交通部关于海事海运研究与发展及教育与培训合作谅解备忘录》,进一步加强上述领域的合作。

△越南国家主席办公厅副主任阮文碧宣布,国家主席阮明哲签署特赦令,决定于9月2日国庆日特赦5352名囚犯。

29日 为期两天的中国与东盟海上执法合作研讨会在大连举行。

30日 中国全国人大常委会副委员长顾秀莲在北京会见老挝国会议员代表团。

31日 中共中央政治局常委李长春与东盟秘书长王景荣、东盟各国文化主管部门官员和驻华使节共同在北京展览馆剧场观看"为东盟喝彩"——第八届亚洲艺术节开幕式演出。王景荣感谢中国为庆祝东盟—中国建立对话关系15周年而举办的"东盟文化周"。

△老挝总理波松·布帕万应邀访问柬埔寨。

9月

1~2日 中国农村综合改革工作会议在北京召开。中共中央政治局常委、国务院总理温家宝出席会议并发表重要讲话。

2日 印度尼西亚总统苏西洛在印度尼西亚巴厘岛召开的国际媒体对话会议上呼吁国际媒体在缓解冲突方面应充分发挥调解作用,而不是推波助澜。他同时批评了西方国家媒体在报道有关穆斯林的消息时采取双重标准。

4日 马来西亚总理巴达维宣布,该国已选出两名人选参加马来西亚的首次宇航员计划。

△新加坡与印度尼西亚一年一度的联合军事演习拉开序幕。

4~9日 应中国外交部长李肇星邀请,文莱外交和贸易大臣穆罕默德亲王对中国进行正式访问。李肇星和穆罕默德亲王分别代表两国政府签署《中华人民共和国政府和文莱达鲁萨兰国苏丹陛下政府旅游合作谅解备忘录》,并共同出席《中国与文莱关系史料汇编》首发仪式。5日,中国国务院总理温家宝会见穆罕默德亲王。

5日 中国新华社受权全文播发《国务院关于加强土地调控有关问题的通知》。

△中国第三届全国少数民族文艺会演在北京开幕。

6日 中国前副总理兼外交部长钱其琛所著《外交十记》泰文版首发式在泰国朱拉隆功大学举行,中泰两国各界700多人参加首发式并进行学术研讨。

△印度尼西亚农业部动物卫生事务局局长穆斯尼·苏阿德莫佐表示,印度尼西亚自9月开始从中国进口6000万支禽流感疫苗,以对全国30万只禽类进行接种,预防禽流感病毒在雨季传播。

7日 中国国家环保总局和国家统计局向媒体联合发布《中国绿色国民经济核算研究报告2004》。这是中国第一份经环境污染调整的GDP核算研究报告，标志着中国的绿色国民经济核算研究取得阶段性成果。

△第13届亚太经合组织财长会议在越南河内举行。

8日 世界银行(World Bank)公布的最新一轮经商环境条件调查显示，新加坡成为全球最佳经商地。

9日 菲律宾与日本在芬兰首都赫尔辛签订一项双边自由贸易协定。

10日 在芬兰出席第六届亚欧首脑会议的中国国务院总理温家宝会见越南总理阮晋勇。

16日 菲律宾总统阿罗约访问美国并与美国太平洋司令部官员就加强合作举行会谈。

17～21日 应中国国务委员唐家璇邀请，印度尼西亚共和国政治、法律和安全事务统筹部长维多多对中国进行正式访问。到访当天，唐家璇与维多多共同主持了中国与印度尼西亚副总理级对话机制首次会议。18日，中国国务院总理温家宝会见维多多。

18～19日 2006中国—东盟文化产业论坛在中国南宁举行。来自14个国家和地区60位文化部门高层人员、专家学者、文化企业代表围绕文化产业——中国—东盟经济发展新动力的主题探讨文化产业的决策、思路，以及如何围绕泛北部湾区域合作开展文化产业协作的途径。会后发布《中国—东盟文化产业论坛南宁宣言》。

19日 泰国发生军事政变，政变军方通过电视台和广播电台宣布，解散看守政府总理他信领导的内阁，由陆军司令颂提担任主席的国家管理改革委员会全权接管国家政权。20日，泰国国家电视台播发声明说，国王已任命颂提取代看守政府总理他信出任泰国临时总理。当日下午，颂提表示将在两周内任命一个文官政府来管理国家，并在10月举行大选。21日，泰国国家管理改革委员会宣布禁止政治集会和成立新政党。22日，颂提接受由国王签署的御令，正式担任泰国管理改革委员会主席。

△中国向缅甸无偿提供1万吨大米援助和缅北果敢地区罂粟替代种植项目部分物资的移交仪式在缅甸北部掸邦第一特区首府老街举行。

△缅甸政府就联合国安理会要将缅甸问题列入会议议程而发表声明，指出缅甸不会因为面临国际压力和制裁而改变自己的政策。

20日 全国人大常委会副委员长顾秀莲在北京会见到访的越南友好组织联合会主席武春鸿。

22日 中共中央政治局委员、全国人大常委会副委员长、中华全国总工会主席王兆国在北京会见以越南共产党中央委员、国会议员、越南劳动总联合会副主席邓玉松为团长的越南工会代表团。

△中共中央书记处书记、中纪委副书记何勇在北京会见由老挝人民革命党中央政治局委员、政府副总理、中纪委书记阿桑·劳里率领的老挝高级干部考察团。

△中国和塔吉克斯坦两国军队首次联合在塔吉克斯坦库利亚布市举行代号为“协作－2006”的反恐军事演习。这是中国军队首次成建制组织部队赴境外与外军进行联合军事演习。

24日 中共中央政治局作出免去陈良宇中共上海市委书记、常委、委员职务，停止其担任的中央政治局委员、中央委员职务的决定，并对其严重违纪问题立案检查。

25日 中国全国人大常委会副委员长、中国人民争取和平与裁军协会会长何鲁丽在北京会见以缅甸中央执委、政府宗教事务部副部长吴昂哥率领的缅甸联邦巩固与发展协会代表团。

△第二届东盟与中日韩区域扶贫研讨会在北京举行。中国发出《北京倡议》，提议东盟和中日韩3国今后每两年在10＋3之间举行一次扶贫部长级会晤，促进区域减贫。研讨会由中国国务院扶贫办承办。

△菲律宾国防部长透露，阿罗约总统已批准采购价值4亿美元的军事装备，用于加强菲武装部队的战斗力。

△越南国防部副部长、人民军总参谋长阮刻研中将率高级军事代表团对老挝和柬埔寨进行正式友好访问。

26日 中共中央对外联络部部长王家瑞在北京会见由越共中央办公厅副主任胡牡玉率领的越南共产党中央办公厅代表团。

27日 柬埔寨和越南在两国边境地区的巴域—莫科巴关卡庆祝两国开始正式设立界碑。柬越边界全部界碑设定工作预计在2008年完成。柬埔寨首相洪森与越南总理阮晋勇出席设立界碑仪式。

△东盟10国在柬埔寨境内的湄公河举行水灾救助演习。

28日 首届中俄友好战略对话在中国北京举行。

△中国与新加坡、挪威签署海事领域谅解备忘录，进一步加强海事研究以及教育培训等方面的合作。

10月

1日 泰国国王普密蓬签署御令，任命枢密院大臣素拉育为泰国临时总理。泰国管理改革委员会也于当日宣布，由该委员会起草的临时宪法生效。

3日 泰国前总理他信宣布辞去泰爱泰党主席职务。

△菲律宾和美国军方官员宣布将于月底在吕宋岛举行联合军事演习。

6日 2006年中国—东盟国际汽车拉力赛在中国广西南宁开赛。

8～9日 泰国普密蓬国王8日晚签署御令，批准临时内阁成员名单。

△日本首相安倍晋三正式访问中国。中国国家主席胡锦涛会见安倍晋三。中日两国发表《联合新闻公报》。这是安倍就任首相后首次访华。

8～11日 中国共产党第16届中央委员会第六次全体会议在北京举行。会议审议通过关于构建社会主义和谐社会若干重大问题的决定和于2007年下半年召开第17次全国代表大会的决议。

9日 以素拉育为临时总理的泰国临时内阁宣誓就职。

10日 中国外交部副部长武大伟、越南外交部副部长武勇和老挝外交部副部长蓬沙瓦·布法分别代表本国政府在北京签署《中华人民共和国、越南社会主义共和国和老挝人民民主共和国关于确定三国国界交界点的条约》。三国国界交界点位于三国领土交界的十层大山上。

△越共中央总书记农德孟访问老挝并与老挝人民革命党总书记朱马利举行会谈。

△中国中央军委副主席、国务委员兼国防部长曹刚川在北京会见出席第二次中菲防务安全磋商的菲律宾国防部副部长桑托斯。

△确定制宪原则的缅甸国民大会在休会8个多月后在仰光复会。缅甸国家和平与发展委员会第一秘书长、国民大会召集委员会主席登盛中将在开幕式上强调,缅甸军政府正按照推进民主进程的七点路线图计划,努力进行民主改革,以建立一个和平、现代和发达的国家。来自各政党、1990年大选当选代表以及各界人士等1000多人出席开幕式。主要反对党全国民主联盟(民盟)继续抵制国民大会。

12日 中共中央政治局常委、国务院总理温家宝在北京会见越共中央政治局委员、越南公安部部长黎鸿英。

△泰国临时总理素拉育在曼谷会见中国驻泰大使张九桓时表示,泰国新政府将继续奉行对华友好政策。

13日 中国国防科工委、人民解放军总装备部在北京召开中国航天事业创建50周年纪念大会。

△中国国家主席胡锦涛在北京与来华进行工作访问的韩国总统卢武铉举行会谈。

14日 印度尼西亚、新加坡、马来西亚、文莱和泰国成立东盟五国环境部长共同委员会,合作监控该区域林火烟雾。

15日 泰国临时总理素拉育访问柬埔寨。

△第100届中国出口商品交易会开幕式暨庆祝大会在中国广州举行。中共中央政治局常委、国务院总理温家宝出席大会并作重要讲话。中国政府决定从下届起,广交会更名为中国进出口商品交易会。

16日 中国中央军委委员、中国人民解放军总政治部主任李继耐在北京与到访的越共中央书记处书记、中央军事党委常委、越南人民军总政治局主任黎文勇举行会谈。

16～22日 中国中央军委委员、中国人民解放军总参谋长梁光烈上将分别对柬埔寨、老挝、泰国、缅甸进行正式友好访问。

17日 中国海峡两岸农业合作论坛在海南博鳌举行。中共中央政治局常委、全国政协主席贾庆林和中国国民党荣誉主席连战出席论坛开幕式。

17～30日 越南国会举行第11届第10次会议。

19日 越南与日本发表联合声明,决定从2007年1月起开展自由贸易谈判。

20日 美国国务卿赖斯对中国进行为期2天的访问。中国国家主席胡锦涛、国务院总理温家宝、国务委员唐家璇分别会见赖斯。外交部长李肇星与赖斯举行会谈,双方就中美关系和朝鲜半岛局势等共同关心的重大国际和地区问题交换意见。

22日 中国纪念红军长征胜利70周年大会在北京举行。

23日 中共中央书记处书记、中纪委副书记何勇在北京会见由越南共产党中央委员、中央检查委员会常务副主任阮氏缘率领的越共中央检查委员会代表团。

△2006中国东盟友好之旅发车仪式在北京举行。代表团由中国各界友好人士、摄影家和艺术家组成,前往越南、老挝、柬埔寨、泰国、马来西亚和新加坡进行友好交流活动。此次活动将历时1个月,行程1万多公里。

24日 柬埔寨国民议会任命奉辛比克党新任主席高布托烈斯迈担任副首相。

△泰国前上议院议长米猜·立初潘出任国民立法大会主席。

26日 中国—新加坡自由贸易区第一次谈判会在北京举行。双方就自贸区谈判机制、范围和时间安排等问题深入交换意见。

△泰国临时总理素拉育访问越南并会见农德孟、阮明哲、阮晋勇等越南国家领导人。

27日 中国三峡水库成功实现156米蓄水目标。

△新加坡设立东南亚第一所生物医学道德研究中心,以提高医生与科研人员对生物医学道德的认知,保障公众利益。

28日 中国—印度尼西亚第二次能源论坛在上海举行。中共中央政治局常委、国务院副总理黄菊,印度尼西亚共和国总统苏西洛出席论坛并讲话。

29日 中国自行研制的新一代大功率通信广播卫星"鑫诺二号"发射成功。

30日 中国—东盟建立对话关系15周年纪念峰会在中国南宁举行。中国国务院总理温家宝,文莱苏丹博尔基亚,柬埔寨首相洪森,印度尼西亚总统苏西洛,老挝总理波松·布帕万，马来西亚总理巴达维，缅甸总理梭温，菲律宾总统阿罗约，新加坡总理李显龙，泰国总理素拉育，越南总理阮晋勇出席会议。会议由温家宝和东盟轮值主席国菲律宾总统阿罗约共同主持。温家宝发表题为“携手奋进，共创中国—东盟关系的美好未来”的重要讲话。会后各国领导人签署《中国—东盟纪念峰会联合声明》。

30～31日 中国国务院总理温家宝在南宁分别会见参加中国—东盟建立对话关系15周年纪念峰会的东盟各国领导人。

31日 第三届中国—东盟博览会、第三届中国—东盟商务与投资峰会在南宁举行。中国国务院总理温家宝与文莱苏丹博尔基亚、柬埔寨首相洪森、印度尼西亚总统苏西洛、老挝总理波松·布帕万、马来西亚总理巴达维、缅甸总理梭温、菲律宾总统阿罗约、新加坡总理李显龙、泰国总理素拉育和越南总理阮晋勇出席开幕式。

11月

1日 为期3个月的泰国国际园艺博览会在泰国北部旅游胜地清迈市开幕。

2日 首届中国—东盟出入境检验检疫合作论坛在南宁举行。论坛主要就保护人类和动植物健康、环境、消费者权益、保障产品质量、检验检疫法规、管理体制和标准，以及认证认可等方面交流经验并达成《南宁共识》。

3日 第三届中国—东盟博览会在南宁落下帷幕。第四届中国—东盟博览会和第四届中国—东盟商务与投资峰会将于2007年10月20～23日继续在南宁举办。

△东盟—湄公河流域开发合作（AMBDC）第八次泛亚铁路特别工作组会议在昆明举行。

4～5日 中非合作论坛北京峰会在北京举行。48个非洲国家元首、政府首脑或代表及国际组织代表出席开幕式。中国国家主席胡锦涛在会上发表重要讲话。峰会通过《中非合作论坛北京峰会宣言》和《中非合作论坛北京行动计划（2007～2009年）》。

7日 世界贸易组织总理事会正式批准有关越南加入该组织的相关文件，越南成为世贸组织第150个成员。

△越南批准全球最大的芯片制造商英特尔公司在胡志明市建造一家芯片组装测试厂，投资额高达10亿美元。这是1975年以来美国在越最大单笔投资。

△中国云南昆明钢铁控股有限责任公司与越南钢铁总公司、越南老街矿产公司三方合作共同创办的越中矿产与冶金有限责任公司在越南老街成立。昆钢、越钢各占股份45%，老街矿产公司占股份10%。

8日 第三次中美战略对话在北京举行。

8～9日 中国全国政协主席贾庆林和全国人大常委会委员长吴邦国分别于8日和9日在北京会见越南祖国阵线中央委员会主席团主席范世阅。

9日 世界卫生大会审议并批准中国政府推荐的陈冯富珍为世界卫生组织下任总干事。她由此成为第一位担任联合国机构要职的中国人。

11日 中越两国政府在越南河内举行中越双边合作指导委员会首次会议。双方签署《关于成立中国—越南双边合作指导委员会的谅解备忘录》以及建立中越经贸合作网站协议。越共中央总书记农德孟会见中方代表唐家璇。

15日 中国新华社受权全文播发公布《中华人民共和国外资银行管理条例》。

15～26日 中共中央总书记、国家主席胡锦涛对越南进行国事访问并出席在越南河内举行的亚太经合组织第14次领导人非正式会议。会后对老挝、印度、巴基斯坦进行国事访问。期间与各国签署涉及多领域合作的54个文件，发表5个联合声明和宣言。

16日 亚太经合组织第18届部长级会议在越南河内落下帷幕。与会部长就《河内行动计划》、重启多哈回合谈判和亚太经合组织机构改革等一系列议题达成一致。中国外交部部长李肇星、商务部部长薄熙来出席会议并就有关问题阐述了中国的立场和主张。

△美国总统布什访问新加坡。

19日 越南总理阮晋勇与正在越南访问的日本首相安倍晋三会谈，同意成立越日合作委员会，讨论建造北南铁路和调整公路以及各乐高科技园区等项目的实施问题。

19～20日 中共中央总书记、国家主席胡锦涛对老挝进行国事访问并与老挝人民革命党中央总书记、老挝人民民主共和国主席朱马利·赛雅贡举行会谈，会后共同出席经济技术、卫生、电力、电子政务等领域双方合作文件签字仪式和中国国际广播电台万象调频台的开播仪式。20日，胡锦涛分别会见老挝国会主席通辛·坦马冯、政府总理波松·布帕万，探望老挝党和国家前主席坎代·西潘敦。

23日 中、缅两国政府代表在仰光签署《中华人民共和国政府和缅甸联邦政府关于贸易林业矿业合作第二轮磋商纪要》、《中华人民共和国政府免除缅甸联邦政府部分债务的议定书》、《中缅两国经济技术合作协定》以及《中国向缅甸提供优惠贷款的框架协议》等文件。

△中国联通公司分别与越南河内电信、越南电信国际公司签署CDMA商务合作备忘录及合作与业务协议。

22日 中国财政部和国家环保总局对外公布《环境标志产品政府采购实施意见》和首批《环境标志产品政府采购清单》。计划于2007年起在中央和省级（含计划单列市）预算单位实行绿色采购，2008年起在全国全面实行。

28日 印尼总统苏西洛与日本达成贸易协议，两国计划建立能源安全合作关系，印尼对日本钢铁产品的关税将大幅下调。

△中国银监会公布《中华人民共和国外资银行管理条例实施细则》，并将与《中华人民共和国外资银行管理条例》一同自12月11日起施行。

29日 新加坡武装部队的生化武器、辐射性物质及爆炸物防御团（CBRE）与澳洲的灾难拯救营（Incident Res—ponse Regiment）在新加坡实里达军营开展应付生化武器袭击的演习，展示新澳两国应付这类恐怖攻击的联合行动能力。

12月

1日 印度尼西亚总统苏西洛访问俄罗斯。苏西洛与俄罗斯总统普京会谈后签署联合声明。

2日 泰国在曼谷举行阅兵式庆祝12月5日泰国国庆和普密蓬国王79岁生日。泰国国王普密蓬·阿杜德和王后诗丽吉出席阅兵式。

△新加坡人民行动党选举产生以李显龙为首的12名第29届中央执行委员会成员。

4~9日 新加坡与马来西亚海军共派出6艘军舰，在马六甲海峡进行第18次联合军事演习，演习项目包括常规海上战争和维持海事安全行动。

5日 菲律宾国家救灾协调委员会宣布，12月1日强台风“榴莲”在菲造成的死亡人数升至526人，失踪者增至740人。当天，中国驻菲律宾大使李进军向菲律宾外交部部长罗慕洛转交中国政府提供的20万美元现金捐款，作为对菲受台风灾害地区的人道主义援助。

△越南、老挝、柬埔寨第四次三国总理会议在越南林同省举行。越南政府总理阮晋勇、老挝政府总理波松·布帕万、柬埔寨政府首相洪森与会。会议就落实“万象声明”和“三角发展”总体规划情况及联合推动尽早建立三国调配委员会的机制进行讨论。

8日 中国全国政协主席贾庆林在北京会见柬埔寨国王诺罗敦·西哈莫尼。

△ 中国商务部部长薄熙来与马来西亚、菲律宾、泰国、越南、老挝、缅甸和柬埔寨等国经贸部长在菲律宾宿务举行会议，就中国—东盟自由贸易区的有关问题进行协商，并共同签署《〈中国东盟全面经济合作框架协议〉第二次修订协议书》和中国—东盟自由贸易区《〈货物贸易协议〉修订协议书》。

△中国国务院常务会议审议并原则通过《西部大开发“十一五”规划》。

△中国成功发射“风云二号”D气象卫星。

△菲律宾政府考虑到台风可能对宿务造成的严重影响，宣布原定于12月10~14日在宿务举行的东盟首脑会议、东盟与对话国系列峰会以及第二届东亚峰会推迟至2007年1月举行。

9日 越南外交部新闻发言人黎勇表示，越南欢迎美国众议院8日批准给予越南永久正常贸易关系地位法案，认为这是推动越美关系发展的重要步骤。

11日 按照中国加入世贸组织的承诺，取消外资银行在中国境内经营人民币业务的地域和客户对象限制，在承诺和监管的框架下对外资银行实行国民待遇。外资法人银行可经营全面外汇和人民币业务，外资银行分行在现有业务范围的基础上，可吸收中国境内公民每笔不少于100万元人民币的定期存款。

13日 马来西亚举行新国家元首登基典礼。44岁的丁加奴苏丹米占·扎因·阿比丁成为马来西亚第十三任国家元首。

14日 以中国的发展道路和中国经济发展战略为主题的首次中美战略经济对话在北京举行。中国国务院副总理吴仪和美国财政部长保尔森作为两国元首的特别代表共同主持此次对话。

△马来西亚上议院议长哈米德和上议院副议长王苐明在吉隆坡分别会见应邀到访的中国全国政协副主席、中国国际交流协会会长李贵鲜。

18日 柬埔寨首相洪森与到访的越南总理阮晋勇进行会晤，双方同意在贸易、能源、采矿、司法等多个领域加强双边合作。

△正在泰国访问的老挝总理波松·布帕万与泰国总理素拉育举行会谈，双方就加强两国合作交换意见。

18~19日 美国总统布什及国家安全顾问哈德利访越，同时出席第14次亚太经合组织峰会。

18~23日 越南政府总理阮晋勇率越南政府高级代表团分别对柬埔寨、老挝和泰国进行正式访问。

19日 柬埔寨代理国家元首、参议院议长谢辛，政府首相洪森和国民议会议长韩桑林在金边分别会见中国全国政协副主席、中国国际交流协会会长李贵鲜。

19~21日 以中国与东南亚交流合作、发展共赢为主题的第二届中国—东南亚经济合作论坛暨中国东南亚研究会第七届年会在南宁举行。

20日 中共中央政治局常委李长春在北京会见越共中央书记处书记苏辉若。李长春高度评价越南各项建设事业取得的新成就，并对越南加入世界贸易组织和成功举办亚太经合组织第14次领导人非正式会议表示祝贺。

△美国总统布什签署美国给予越南永久正常贸易关系地位的法案。

20~21日 越南政府总理阮晋勇对泰国进行正式访问。

21日 文莱外交和贸易部发布公告，称文莱、日本两国《经济伙伴协定》的谈判已达成一致并将尽快签署。这是文莱第一个双边自由贸易协定。

24日　中国第10届全国人大常委会第25次会议审议未成年人保护法修订草案、物权法草案、企业所得税法草案和劳动合同法草案等。

25日　中国全国人大常委会副委员长顾秀莲在北京会见由柬埔寨人民党中央常委、政府妇女事务部国务秘书邵金索率领的人民党代表团。

26~27日　中国台湾屏东恒春近海发生强烈地震和余震。地震造成多条海底通信光缆断裂，致使中国内地至台湾和北美方向的互联网电路大量中断，至欧洲、新加坡、亚太等方向的话音电路部分中断，至台湾方向话音电路严重受阻。

27日　中共中央政治局常委、国家副主席曾庆红在北京会见以老挝人民革命党中央政治局委员、政府副总理兼外交部部长、中联部部长通伦·西苏利为团长的高级干部考察团。

△中国国务院常务会议原则通过《国家教育事业发展"十一五"规划纲要》。

28日　越南工业部举行核电研讨会，对计划到2020年越南和平利用核能战备计划、核电站在越电力发展事业中的地位和电站选址、加强核能国际合作、核电站设备购置等问题进行研讨。

29日　印度尼西亚一载有850名乘客的轮船在爪哇中部沿海遇风暴沉没，400多人丧生。

30日　越南农业与农村发展部启动防控禽流感行动月活动，加强对禽流感的预防和控制工作。

31日　中国国家主席胡锦涛就印度尼西亚中爪哇附近海域和邦加海峡接连发生特大沉船事故致电印尼总统苏西洛，代表中国政府和人民，对遇难者表示深切哀悼，向遇难者亲属表示诚挚慰问。

2007年1~6月

1月

1日　越南国会于2006年通过的《电影法》、《不动产经营法》、《艾滋病防控法》、《民航法》、《资讯工艺法》、《法理辅助法》、《社会保险法》、《律师法》、《技术标准法》、《证券法》等10项新法律生效。

8日　中国再次向菲律宾提供价值600万元人民币的台风救灾援助物资。2006年3月以来，菲律宾先后19次遭受泥石流、台风和山洪暴发等自然灾害，造成部分地区损失惨重。

△泰王国驻南宁领事办公室正式对外办公，受理赴泰旅游、非移民和过境签证申请。

△中国"大洋一号"科考船从青岛出发，进行第19次大洋科考。

8~10日　中共中央纪律检查委员会第七次会议在北京举行，中共中央总书记胡锦涛在会上作重要讲话。

10~11日　第39届东盟外长会议，东盟与中、日、韩10+3和10+1外长会议先后在菲律宾宿务举行。与会各国外长商定有关东盟峰会的议题以及协议草案，其中包括决定起草东盟宪章的相关文件。

11日　越南外交部消息称，世界贸易组织总干事帕斯卡·莱米已致函越南驻瑞士日内瓦代表团：越南于2006年11月7日在日内瓦签署的议定书将从2007年1月11日起生效，成为世界贸易组织的成员。

△中国首份《国家人口发展战略研究报告》公布。报告指出中国人口峰值在2033年前后达到15亿人。

12日　联合国安理会对美、英两国提出的缅甸问题决议草案进行表决。由于中国和俄罗斯两个安理会常任理事国投反对票，该决议草案未获通过。

13日　第12次东盟首脑会议在菲律宾宿务成功闭幕。与会东盟国家领导人在此次会议签署关于起草东盟宪章、加快东盟共同体建设、保护海外劳工权益等6项宣言和1项反恐公约。

△法国和东帝汶加入《东南亚友好合作条约》。

14日　第10次东盟—中国领导人会议在菲律宾宿务举行。双方签署《中国—东盟自由贸易区服务贸易协议》和《落实中国—东盟面向共同发展的信息通信领域伙伴关系北京宣言的行动计划》等合作文件，续签《中国—东盟农业合作谅解备忘录》。中国国务院总理温家宝在会上发表题为《共同谱写中国—东盟关系的新篇章》的讲话。

15日　第二届东亚峰会在菲律宾宿务举行。东盟10国、中国、韩国、日本、印度、澳大利亚、新西兰领导人出席。中国国务院总理温家宝在会上发表题为《合作共赢　携手并进》的讲话。

15~16日　中国国务院总理温家宝应菲律宾总统阿罗约邀请，对菲律宾进行正式访问。温家宝与阿罗约在会谈中就深化中菲战略性合作关系达成进一步共识。访问期间，中菲双方签署12项合作文件，涉及领域广泛。

17日　应柬埔寨国民议会邀请，中国全国人大常委会副委员长李铁映率中国全国人大代表团对柬进行为期5天的正式友好访问。18日，柬埔寨首相洪森、国民议会主席韩桑林和参议院议长谢辛在金边分别会见中国代表团。

18~20日　中越第13轮政府级边界谈判在中国南宁举行。双方一致同意加快推进陆地边界勘界立碑进程，确保按照两国领导人达成的共识最迟于2008年完成全部勘界立碑工作。

22 日　中国国家副主席曾庆红在北京会见到访的泰国陆军总司令颂提。

△中国全国人大常委会副委员长李铁映为团长的中国全国人大代表团开始对缅甸进行为期4天的正式友好访问。

23 日　东盟地区论坛首次海上安全岸上演习在新加坡樟宜海军基地结束。东盟地区论坛22个成员的102位官员参观这次演习。

26 日　据泰国陆军电视5台是日晚报道,泰国国王普密蓬·阿杜德已经签署御令,宣布从即日起解除泰国全境76府中41府的戒严令。

28 日　第六届亚洲冬季运动会在中国长春开幕。2月4日闭幕。

31 日　中国国务院总理温家宝在北京会见到访的缅甸国家和平与发展委员会委员、三军总参谋长瑞曼。

△菲律宾总统阿罗约任命公共工程部长埃莫赫内斯·埃夫丹尼为国防部长。

2 月

1 日　中国东盟协会新春招待会在北京举行。中国全国人大常委会副委员长、中国东盟协会会长顾秀莲,东盟北京委员会主席、文莱驻华大使阿卜杜勒·哈密德和东盟各国驻华使节及各界友好人士出席招待会。

△印尼中央统计局发布消息指出:印尼2006年出口总值达1006.09亿美元,比上年增长17.55%,出口实绩为历史最高水平。

5 日　柬埔寨首相洪森在金边表示,他支持前国王西哈努克提出的王室成员不参政的建议,希望王室成员能主动起草一份有关王室成员不参政的法案供政府和议会讨论通过;政府也将会向王室成员发放薪水,使其生活得到保障。

△越南政府批准一项投资额达330亿美元高速铁路建设计划。该高速铁路为连接河内和胡志明市的电气化双向铁路,全长1630公里,设计运行时速200~350公里。

5 日　越南国家主席阮明哲开始对老挝进行正式访问。7日,双方发表《越南—老挝联合公报》。

6 日　中国商务部亚洲司官员在第四届中国—东盟商务与投资峰会研讨会上表示:截至2006年底,中国和东盟双边贸易额达1608亿美元,比上年增长23.4%,预计2007年双边贸易额将达1800亿~1900亿美元;东盟来华投资项目累计达2.9万项,其中投资较多的是新加坡、马来西亚、泰国和菲律宾。中国企业在东盟的投资额累计达12.8亿美元,其中2006年投资达2亿美元。

8 日　老挝工商业部副部长西奥沙瓦·沙文苏沙接受越南通讯社记者访问时称,老挝和越南2006年双边贸易额为2.4亿美元,贸易额在2010年将达10亿美元。

12 日　缅甸首次在新首都内比都举行联邦节升国旗仪式。缅甸国家和平与发展委员会主席丹瑞大将在联邦节贺词中,敦促国民加强民族团结,粉碎国内外一切破坏国家和平、稳定和发展的图谋。

△文莱、马来西亚和印尼在巴厘岛签署《婆罗洲之心宣言》,表示将共同合作,加强对婆罗洲热带雨林的保护。

18 日　中国大洋号科考船首次在大洋考察中发现新的海底热液活动区,这也是世界上首次在西南印度洋中脊发现活动中的海底热液活动区。

20 日　文莱苏丹率皇室全体成员出席由文莱华社举办的2007年新春团拜会并参观中华文化展。

25 日　中国国务委员唐家璇应缅甸和平与发展委员会第一秘书长登盛的邀请对缅甸进行工作访问。访问期间,唐家璇与缅甸国家和平与发展委员会主席丹瑞就发展中缅友好合作关系交换意见。

27 日　泰国国王普密蓬·阿杜德在曼谷会见到访的中国国务委员唐家璇。普密蓬国王感谢中国政府对泰国政府的支持,感谢中国政府向国王山地计划提供800万元人民币无偿援助。次日,泰国总理素拉育与唐家璇进行友好会见。

28 日　中国10届全国人大常委会第26次会议批准2006年10月10日在北京签署的中国、越南和老挝关于确定三国国界交界点的条约。条约确定中、越、老三国国界交界点位于十层大山(越方、老方称宽罗珊山)1864米高程点上。

3 月

6 日　菲律宾总统阿罗约签署该国第一部反恐法案。

7 日　泰国国王普密蓬批准总理素拉育递交的内阁改组名单,完成上年10月新政府成立后的首次内阁改组。此次内阁变动涉及副总理、财政部长等4个职位。

8 日　柬埔寨前国王诺罗敦·西哈努克以个人名义向中国社会福利机构捐款5万美元。中国外交部长李肇星同日复信西哈努克,代表中国政府和人民感谢其善举。

13 日　中共中央政治局常委、全国政协主席贾庆林在北京会见越共中央政治局委员、书记处书记、中央组织部部长胡德越。

△柬埔寨金边市法庭以欺诈罪缺席判处奉辛比克党前主席诺罗敦·拉那烈入狱服刑18个月,并支付给奉辛比克党15万美元赔偿。

14 日　第16届欧盟—东盟部长级会议在德国纽伦堡举行。大会通过的《纽伦堡宣言》和联合主席声明表示,双方将深化在政治安全、经济社会等领域的合作,把两大地区组织的关系升到更高水平。声明对欧盟意图加入《东南亚友好合作条约》和有兴趣介入东亚峰会进程表示欢迎。

18 日 第八届中国发展高层论坛在北京举行。

19 日 柬埔寨驻南宁总领事馆正式对外办公。

20 日 中国国务院总理温家宝在北京会见到访的老挝人民革命党中央政治局委员、政府副总理兼国防部长当斋·皮芝。中央军委副主席、国务委员兼国防部长曹刚川等会见时在座。

△越南政府常务副总理阮生雄在向第 11 届国会所作的《政府工作报告》中称:越南 2007 年经济工作的三大重心是努力实现经济增长 8.5%、进一步推动行政改革进程和有效开展反腐败斗争。

21 日 中共中央书记处书记、中纪委副书记何勇在北京会见由老挝中纪委副书记通西·沃拉西率领的老挝人民革命党纪检干部考察团一行。

△泰国政府发言人宣布新一轮军队例行改组已获国王批准。此次例行改组涉及 400 名军方高职人员调动,最高军职包括泰国三军副总参谋长、第二军区司令和陆军副参谋长,装甲部队、特种部队等重点部队的高级指挥官也被调换。调动人员将于 4 月 1 日履职。

23 日 中国人民解放军海军"连云港"号护卫舰和"三明"号护卫舰抵达印度尼西亚首都雅加达,开始对印尼进行为期 4 天的友好访问。这是中国海军舰艇编队 12 年来首次访问印尼。

24～26 日 越南社会主义共和国政府副总理兼外交部长范家谦应邀对中国进行正式访问。25 日,中国国务委员唐家璇会见了范家谦,外交部长李肇星与范家谦举行会谈。26 日,中国国务院总理温家宝会见了范家谦。温家宝在会谈中表示中方高度重视中越关系,坚定致力于两国间的友好交往与合作,希望双方认真落实两国领导人达成的各项共识,增进政治互信,深化经贸合作,推动中越关系全面深入发展。

26 日 泰国公主诗琳通为朱拉隆功大学孔子学院揭牌。孔子学院由朱拉隆功大学与北京大学合作创办,是泰国设立的第 10 个孔子学院。

27 日 缅甸在新首都内比都举行盛大阅兵式纪念建军 62 周年。

29 日 印尼国会通过投资法令草案。草案规定除已为法令所限制与禁止的部门外,国内外投资商可随意在任何营业部门进行投资。

4 月

2 日 中国国务院总理温家宝签署第 190 号国务院令,任命曾荫权为中国香港特别行政区第三任行政长官。

2～3 日 泰国总理素拉育访问日本。期间与日本签署《泰日自由贸易协定》。根据该自由贸易协定,日本和泰国将取消 90% 产品的关税,时间长达 10 年。

2～13 日 泰王国玛哈扎克里·诗琳通公主应邀访华。中国全国人大常委会委员长吴邦国在会见中积极评价诗琳通公主为中泰关系发展所做的大量工作。

3 日 中国全国政协副主席、中国国际交流协会副会长周铁农在北京会见以缅甸中央执委、仰光市副市长吴貌巴率领的缅甸联邦巩固与发展协会代表团。

△中国中央军委副主席、国务委员兼国防部长曹刚川在北京会见来华参加第二届中印尼防务安全磋商的印尼国防部秘书长沙弗利。

△中越两国交通部长签署"两廊一圈"技术合作备忘录。

8～15 日 越南国会主席阮富仲率越南国会代表团应邀对中国进行正式友好访问。中国国家领导人胡锦涛、吴邦国、贾庆林等先后会见阮富仲。胡锦涛在会见中高度评价近年来中越两党两国关系发展取得的成就,表示不断巩固和加强中越睦邻友好和全面合作,是两国人民的共同愿望,是双方共同的责任和使命。

9～10 日 首次大湄公河次区域(GM3)6 国农业部长会议在北京举行。会议发表《大湄公河次区域农业部长联合声明》,并通过《农业支持核心计划》。

11 日 第四次中国与东盟成员国总检察长会议在中国澳门举行。东盟各国、中国及中国香港、澳门两个特别行政区的最高检察首脑围绕"直接合作打击跨国跨地区犯罪"的主题举行为期两天的讨论。

17 日 中共中央书记处书记、中央纪委副书记何勇在北京会见由越南共产党中央纪律检查委员会副主任阮明光率领的越南纪律检查干部考察团。

18 日 中国—东盟合作之旅大型广播电视联合采访活动在北京启动。24 日起,采访团先后深入东盟 10 国的 35 个城市,采访东盟社会各界人士,广泛报道东盟各国风土人情。

△中国—东盟中小企业投资发展论坛在中国南宁举行。论坛以中国—东盟"一轴两翼"战略构想背景下的商机前瞻为主题。

21 日 全国人大常委会委员长吴邦国在海南会见出席博鳌亚洲论坛 2007 年年会的菲律宾总统阿罗约。

23 日 第四届中国—东盟博览会高官会在南宁召开。来自中国、东盟 10 国以及东盟秘书处的近 80 名代表共商第四届博览会筹备工作。

23～25 日 第 13 次中国—东盟高官磋商和第二次落实《南海各方行为宣言》后续行动特别高官会在中国安徽举行。

23～26 日 新加坡国务资政吴作栋应邀访问中国并出席第

二届中国中部投资贸易博览会开幕式。

25日 越南国家主席阮明哲在河内接受中国—东盟合作之旅大型广播电视联合采访团采访时表示,越南将积极推动越中睦邻友好合作关系的发展,并将在东盟发展与中国关系的过程中发挥桥梁作用。

26日 米占·扎因·阿比丁举行登基仪式,就任马来西亚第13任最高元首。

△朝鲜中央通讯社报道称,朝鲜和缅甸政府当日在仰光发表联合新闻公报,决定恢复中断24年的外交关系。

△第二届中国中部投资贸易博览会开幕式及"万商西进"高峰论坛在郑州举行。

26~27日 首届泛北部湾区域经济合作市长论坛在中国北海举行。菲律宾、越南、新加坡、马来西亚、泰国、印度尼西亚、文莱等东盟国家沿海城市的市长,东盟秘书处,国家有关部委、国内部分沿海城市以及广西北部湾经济区城市负责人参加。

27日 中国中央军委副主席、国务委员兼国防部长曹刚川在北京会见柬埔寨副首相兼国防部大臣迪班。

27日~5月1日 马来西亚国会下议院议长拉姆利应中国全国人大常委会委员长吴邦国的邀请,率马来西亚国会下议院代表团对中国进行正式友好访问。

28~29日 第三届中国内地和台湾两岸经贸文化论坛在北京举行。中国全国政协主席贾庆林和中国国民党荣誉主席连战出席论坛并分别发表演讲。

5月

2~3日 中共中央政治局常委、中央纪委书记吴官正在过境文莱时,在斯里巴加湾市会见文莱外交与贸易大臣穆罕默德亲王。

3日 中国—东盟青少年艺术盛典开幕式在中国南宁举行。此次活动是响应中国国务院总理温家宝关于在广西建设中国—东盟青少年培训基地的讲话精神而开展的。

4日 东盟与欧盟宣布将展开建立双边自由贸易区的谈判。

△美国总统布什在白宫与来访的新加坡总理李显龙举行会谈。会谈后布什向媒体表示他已接受李显龙的邀请,将于9月与东盟各国领导人举行首次首脑会议。

7日 印度尼西亚总统苏西洛宣布第二次改组内阁。此次内阁改组调整交通、司法等7个职位。

△马来西亚总理巴达维说,政府已批准修建一条贯穿北部、长约320公里的石油管道,为中东和东亚之间的石油运输提供便利。

8日 中共中央政治局委员、全国人大常委会副委员长、中华全国总工会主席王兆国在北京会见以翁佩·赛圭亚宗多瓦为团长的老挝工会联合会代表团。

△全国人大常委会副委员长、中国人民争取和平与裁军协会会长何鲁丽在北京会见以武炬为团长的越南和平委员会代表团。

△代号为"金色眼镜蛇"的联合军演在泰国春武里府拉开序幕。来自泰国、美国、印度尼西亚、新加坡的5000多名士兵和27名日本自卫队成员参加为期11天的演习。中国、韩国、菲律宾、澳大利亚、法国、德国派出观察员观摩演习。

10日 由中国国务院发展研究中心亚非发展研究所和北京大学东南亚研究中心联合主办的东盟40年与东盟国家发展学术研讨会在北京大学召开。

△东帝汶大选委员会宣布,总理若泽·拉莫斯·奥尔塔当选东帝汶第二任总统。

10~12日 越南政府总理阮晋勇和越共中央总书记农德孟分别会见到访的中国广西壮族自治区党委书记、自治区人大常委会主任刘奇葆。

12日 老挝政府总理波松·布帕万在万象接受中国—东盟合作之旅大型广播电视联合采访团采访时说,老中两国不仅山水相连,还有着相同的政治体制,两国在很多领域可以相互学习和借鉴。

△中国最大口径的光学天文望远镜在云南丽江投入使用。当日,中国科学院国家天文台将一颗由中国天文学家发现的小行星命名为"丽江星"。

14日 中共中央政治局委员、北京市委书记刘淇在北京会见由老挝人民革命党中央书记处书记、万象市委书记宋巴·叶里和率领的老挝人民革命党万象市委代表团一行。

△中国海军"襄樊号"导弹护卫舰抵达新加坡樟宜海军基地,准备参加15~20日由新加坡主办的2007亚洲国际海事防务展和第二届西太平洋海军论坛多边海上演习。

△中国长江三峡水利工程三峡船闸完建工程通过验收,正式恢复双线通航。这标志着三峡船闸项目经13年建设后全面建成。

△中国西昌卫星发射中心用"长征三号乙"运载火箭成功将尼日利亚通信卫星一号送上太空。这是中国首次以火箭、卫星及发射支持的整体方式,为国际用户提供商业卫星服务。

15日 印尼总统苏西洛会见到访的中国广西壮族自治区党委书记、自治区人大常委会主任刘奇葆。同日,东盟秘书长王景荣也会见刘奇葆。

15~18日 越南国家主席阮明哲应邀对中国进行国事访问。访问期间,阮明哲与中国国家主席胡锦涛举行会谈,中国全国人大常委会委员长吴邦国、国务院总理温家宝、中国全国政协主席贾庆林分别会见阮明哲主席。18日,中越双方在北京发表《中越联合新闻公报》。

18~19日 菲律宾总统阿罗约和众议院议长德贝内西亚先

后会见到访的中国广西壮族自治区党委书记、自治区人大常委会主任刘奇葆。

20 日　泰国总理素拉育在曼谷和中国驻泰国大使张九桓共进午餐时发表讲话说，泰中两国人民 800 年以前就开始友好交往，两国人民之间亲如兄弟。

22 日　新加坡总理李显龙会见到访的中国广西壮族自治区党委书记、自治区人大常委会主任刘奇葆。

24 日　首次中国—东盟新闻部长会议在雅加达举行。

28～31 日　泰国总理素拉育·朱拉暖应邀对中国进行正式访问。中国国家主席胡锦涛会见素拉育，国务院总理温家宝与素拉育举行会谈并共同出席《中泰战略性合作共同行动计划》等文件的签字仪式。

29 日　柬埔寨首相洪森会见到访的中国广西壮族自治区主席陆兵。

△越南中央选举委员会宣布，越南第 12 届国会已选举产生 493 名代表，他们将在新一届国会第一次会议上选举产生新的国会及国家领导人。

30 日　泰国宪法法庭就泰爱泰党大选舞弊案作出最终裁决：判定有关泰爱泰党 2006 年 4 月 2 日在大选中存在舞弊行为的指控成立，判处解散泰国最大政党泰爱泰党。

31 日　越南国家主席阮明哲会见正在越南进行友好访问的中国中央军委委员、总参谋长梁光烈上将。

6 月

1 日　中共中央政治局常委、全国政协主席贾庆林在南宁会见老挝人民革命党中央委员会前主席、老挝前国家主席坎代·西潘敦。会见时贾庆林转达了胡锦涛总书记和江泽民同志对坎代的亲切问候，并高度评价中老两党两国关系和坎代为促进中老友好合作所作出的突出贡献。

△中国和哥斯达黎加签署《中华人民共和国和哥斯达黎加共和国关于建立外交关系的联合公报》，决定两国自签署建交公报之日起建立大使级外交关系。

1～3 日　第六届亚洲安全大会在新加坡举行。26 个国家和地区的国防部长、高级防务官员及安全专家就美国与亚太安全、核武器的挑战、保护地区水域安全等多项议题进行讨论，以促进亚太国家和地区及本地区以外主要大国就重要的地区安全问题对话，增进互信。

2 日　中共中央政治局常委、国务院副总理黄菊因病医治无效在北京逝世。

△古巴领导人菲德尔·卡斯特罗在哈瓦那会见到访的越南共产党中央委员会总书记农德孟。在 3 天的访问中，农德孟同古巴领导人进行了广泛接触，并签署多项合作协议。

4 日　第 27 届东盟国家警察首脑会议在新加坡开幕。出席会议的代表共同启动东盟国家警察数据库系统。该系统的启用将使东盟各国警察部队之间实现重要安全信息的共享。

5～10 日　缅甸国家和平与发展委员会第一秘书长登盛应邀率团对中国进行正式友好访问。中国全国人大常委会委员长吴邦国会见登盛一行。

6 日　中国外交部长杨洁篪在北京会见缅甸外交部长吴年温，就两国关系和共同关心的问题交换意见。

△菲律宾总统阿罗约对中国四川和重庆进行为期两天的访问，在出席中国成都—菲律宾商务合作洽谈会时发表演讲。

6～10 日　印度尼西亚共和国副总统优素福·卡拉于应中国国家副主席曾庆红邀请对中国进行正式访问。

8 日　中国国家主席胡锦涛出席在德国海利根达姆举行的八国集团同中国、印度、巴西、南非、墨西哥五个发展中国家领导人对话会议。

12 日　缅甸国家和平与发展委员会第一秘书长、政府代总理登盛中将在内比都会见中国东盟协会会长、全国人大常委会副委员长顾秀莲率领的中国东盟协会代表团。

13 日　中国全国人大常委会副委员长许嘉璐在北京会见到访的越南文化和通讯部长黎尹合一行。

15 日　印度尼西亚副总统卡拉在雅加达会见正在印尼访问的中国全国人大常委会副委员长、中国东盟协会会长顾秀莲，双方表示将进一步深化两国关系。同日，由印度尼西亚驻华大使馆举办的“印度尼西亚和中国：心心相印”大型文艺晚会在北京举行。

17～19 日　菲律宾共和国外交部长阿尔韦托·罗慕洛应中国外交部长杨洁篪邀请正式访问中国。中国国务院总理温家宝于 18 日会见阿尔韦托·罗慕洛一行。

18 日　中共中央政治局常委罗干在北京会见越南共产党中央政治局委员、越南政府副总理张永仲。

19 日　文莱王储比拉会见正在文莱访问的中国全国人大常委会副委员长、中国东盟协会会长顾秀莲。在会见交谈中，比拉表示文莱愿尽一切努力促进文中两国的双边合作。

△第二届中国—东盟民间友好组织大会在文莱首都斯里巴加湾市开幕。与会代表在会上签署《落实中国东盟民间友好组织合作宣言的行动计划》，以深化和巩固中国与东盟的战略伙伴关系，推动双方的交流与合作。

△老挝政府总理波松·布帕万在国会会议上发表讲话说：老挝将力争实现 2007～2008 年财政年度经济增长 8% 的目标。

22 日 新加坡外交部发表声明，谴责台湾当局提议通过公投方式来决定是否以台湾名义加入联合国，认为这是挑衅与不负责任的做法。

△美国总统布什在白宫会见到访的越南国家主席阮明哲，双方就推动两国贸易与投资、强化文化、教育和卫生等领域的合作与交流等交换意见。这是越南国家主席自越南战争结束后首次做客白宫。

24～25 日 第 16 届世界经济论坛东亚会议在新加坡举行。会议以建设领导能力、创造亚洲世纪为主题。菲律宾总统阿罗约在会上表示，亚洲时代已经来临，亚洲将能够在世界经济与政治事务中发挥更具主导性的作用。

东盟成立 40 年大事年表
（1967.8～2007.7）

1967 年

8 月 6～8 日 印度尼西亚、菲律宾、新加坡、泰国四国外长及马来西亚副总理在泰国曼谷举行会议。8 日发表《东南亚国家联盟成立宣言》（即《曼谷宣言》），宣告成立东南亚国家联盟（简称东盟），取代 1961 年成立的东南亚联盟。东盟宣称对所有东南亚国家开放。东盟的宗旨是本着平等和合作的精神，通过共同努力来加速地区的经济增长、社会进步和文化发展，奠定一个繁荣、和平的东南亚国家共同体的基础，并促进地区的和平与稳定，增进地区的积极合作和相互援助，同国际组织和区域性组织保持紧密和有益的合作。在此前的 1961 年 7 月 31 日，马来西亚、菲律宾和泰国三国曾成立东南亚联盟，但因马来西亚和菲律宾领土争端于 1963 年中断外交关系而陷于瘫痪。

8 月 28～29 日 东盟在马来西亚首都吉隆坡举行首次部长会议，决定由东南亚国家联盟接替东南亚联盟，东南亚联盟宣告解体。

1968 年

8 月 6～7 日 第二届东盟外长会议在印度尼西亚雅加达举行。会议讨论了经济和其他非政治问题，进一步加强组织建设。

1969 年

12 月 16～17 日 第三届东盟外长会议在马来西亚金马伦高地举行。会议主要讨论经济和其他非政治问题。

1970 年

4 月 23 日 印度尼西亚外长马立克在与马来西亚、新加坡、菲律宾、泰国协商后，提出召开由东盟 5 国出面组织的关于柬埔寨问题的区域性会议。

1971 年

3 月 12～13 日 第四届东盟外长会议在菲律宾马尼拉举行。

3 月 27 日 东盟旅游协会在雅加达成立。

11 月 16 日 马来西亚、新加坡、印度尼西亚宣布共管马六甲海峡和新加坡海峡，并决定组织合作机构，负责海峡的航行安全。

11 月 26～27 日 印度尼西亚、马来西亚、新加坡、菲律宾、泰国 5 国外长在吉隆坡举行特别会议，通过《东南亚和平自由中立区宣言》。宣言就一系列国际问题阐明自己的观点，表示东盟 5 国要共同努力，争取使东南亚成为一个不受外部强国任何形式或任何方式干涉的和平、自由和中立地区，得到承认和尊重。

1972 年

4 月 14 日 第五届东盟外长会议在新加坡举行。会议讨论关于成立东盟秘书处的建议以及经济和其他非政治问题。

4～12 月 东盟先后在新加坡、马来西亚首都吉隆坡和印度尼西亚首都雅加达举行政治会议，进一步讨论东南亚中立区问题。

4 月 28 日 东盟工商委员会在印度尼西亚雅加达成立。

6 月 东盟在比利时布鲁塞尔设立由各成员国贸易部长及驻欧共体大使组成的东盟特别协调委员会。

7 月 13～14 日 东盟外长特别会议在菲律宾马尼拉举行。

1973 年

2～6 月 东盟先后在吉隆坡、帕塔亚、碧瑶举行政治会谈，进一步讨论东南亚和平区问题，谴责以色列并呼吁恢复巴勒斯坦人的权利。

4 月 16～18 日 第六届东盟外长会议在泰国帕塔亚举行。会议讨论并推行与东南亚中立化计划有关的问题。

6 月 16 日 东盟第六届部长会议通过决议，坚决拒绝由苏联提出的亚洲集体安全体系。

11 月 26 日 东盟发表关于阿拉伯—以色列冲突的宣言。

1974 年

5 月 7～9 日 第七届东盟外长会议在印度尼西亚雅加达举行。会议讨论对华关系、东南亚中立化、印支局势以及建立东盟各国议会的联合组织及成员国之间的经济合作等问题。

9 月 东盟与欧共体成立共同研究小组,并在此后召开多次会议就稳定商品价格、降低关税税率以及在工业领域里的合作和技术转移等事项进行协商。

1975 年

1 月 8 日 东盟第一次议会委员会在印度尼西亚首都雅加达举行。会议同意建立东盟各国议会的联合组织。

5 月 13 ~15 日 第八届东盟外长会议在马来西亚首都吉隆坡举行。会议一致同意建立东盟贸易协商机构,以便建立东盟国家的贸易优惠体制。

7 月 19 ~20 日 东盟工商业联合会第二届会议在马来西亚吉隆坡举行。

9 月 20 日 东盟港务局协会成立。

10 月 15 日 东盟石油理事会成立。

年内 中国正式承认东盟。

1976 年

2 月 23 ~24 日 东盟第一次政府首脑会议在印度尼西亚巴厘岛举行。出席会议的印度尼西亚、菲律宾、马来西亚、新加坡、泰国 5 国首脑签署《东南亚友好合作条约》和《东南亚国家联盟协调一致宣言》(即《巴厘宣言》),强调加强地区性合作并首次提及政治领域的合作。会议决定同年 3 月在马来西亚首都吉隆坡召开一次经济部长会议,考虑采取措施执行东盟首脑会议关于经济合作的决定。与会外长还签署《关于建立东盟秘书处的协议》,同意在印度尼西亚首都雅加达设立东盟秘书处。

3 月 8 ~9 日 东盟经济部长第二次会议在马来西亚首都吉隆坡举行。会议就经济合作等问题达成协议,决定兴办 5 家东盟企业,即印度尼西亚的尿素厂、马来西亚的尿素厂、泰国的纯碱厂、菲律宾的过磷酸盐厂及新加坡的柴油机厂。

6 月 24 ~26 日 第九届东盟外长会议在菲律宾首都马尼拉举行。会议重点讨论东盟的组织结构改革问题。决定采取措施,以便使建立东南亚中立区的主张获得广泛支持。此外,5 国外长还签署关于在受到自然灾害时互相帮助的声明等文件。

7 月 6 ~8 日 东盟贸易和旅游委员会讨论东盟国家之间特惠贸易安排问题,并草拟一份包括 17 项条款的协议。

7 月 7 日 东盟决定投入资金 5000 万美元(首期),在新加坡成立东盟金融公司。

1977 年

1 月 20 ~22 日 第三届东盟经济部长会议在菲律宾首都马尼拉举行。会议批准关于特惠贸易安排草案。

2 月 24 日 东盟外长特别会议在菲律宾首都马尼拉举行。会议签署《特惠贸易安排协议》并发表联合公报。协议指出,东盟成员国之间实行特惠贸易的目的是用增加投资和生产机会,扩大贸易和增加外汇收入等刺激性方法,加强成员国本国和整个东盟的经济抗御力,促进成员国国民经济的发展。会议期间,马来西亚、新加坡、印度尼西亚 3 国还签订关于马六甲海峡航行安全的协定。会议对东盟新的组织机构进行调整。

3 月 东盟会计师联合会在泰国首都曼谷成立。

7 月 5 ~8 日 第 10 届东盟外长会议在新加坡举行。

8 月 4 日 ~5 日 第二次东盟首脑会议在马来西亚首都吉隆坡举行。会议发表的《最后公报》表示要把东南亚建成一个和平、自由和中立的地区。会议还确定东盟将扩大区域经济合作,加强同美国、日本、澳大利亚等国家和欧共体的对话和经济联系。会上,菲律宾表示不再对马来西亚的沙巴州提出领土要求。

8 月 7 ~8 日 菲律宾总统马科斯、印度尼西亚总统苏哈托、马来西亚总理奥恩、新加坡总理李光耀、泰国总理他依等东盟各国首脑在吉隆坡与日本首相福田赳夫、澳大利亚总理弗雷泽、新西兰总理马尔登分别举行会谈。

8 月 18 日 日本首相福田赳夫在马尼拉发表演说,以“福田主义”的形式提出日本对东南亚外交的基本方针:一、日本不作军事大国。二、同东盟国家建立心心相印的信任关系。三、同东盟国家积极合作,同时谋求同印支国家形成以相互理解为基础的关系。

9 月 8 ~10 日 东盟成员国在菲律宾首都马尼拉签署东盟各国议会组织章程,宣布成立东盟各国议会组织。

9 月 8 ~10 日 东盟各国代表同美国代表在马尼拉举行会谈并发表联合公报。这是东盟成立以来首次作为一个地区性组织和美国政府对话。自此,东盟与美国总统每年进行一次对话。

11 月 14 日 东南亚与西亚经济关系会议在马来西亚首都吉隆坡举行。

1978 年

6 月 14 ~17 日 东盟第 11 届外长会议在泰国帕塔亚举行。会议就东盟各国间的合作及东南亚地区形势等交换意见并发表联合公报。

6 月 17 日 东盟 5 国外长与日本外相园田在帕塔亚就加强经济合作等举行会谈并发表联合公报。

8 月 3 ~4 日 东盟各国与美国在华盛顿举行部长级会谈,讨论双边关系问题。美国重申支持东盟的立场。

11 月 20 ~21 日　欧洲经济共同体 9 国和东盟 5 国的外长在布鲁塞尔举行双方首次部长级会议,讨论双方发展贸易和合作问题。同月,东盟雇主联盟在新加坡成立,成员包括东盟 5 国和文莱的有关组织,总部设在吉隆坡。

11 月 5 ~14 日　中国国务院副总理邓小平对泰国、马来西亚、新加坡进行正式友好访问。期间,邓小平强调中国政府和人民愿意加强和发展同东盟国家的友好关系,建立经贸和科技交往关系。

12 月 2 日　东盟外长特别会议在印度尼西亚首都雅加达举行,会议决定建立东盟文化基金,日本在 7 年内为这个基金出资 50 亿日元。

1979 年

1 月 12 ~13 日　东盟外长特别会议在泰国首都曼谷举行。会议讨论柬埔寨局势并发表联合声明,要求立即从柬埔寨撤出全部外国军队。

3 月 16 日　泰国政府总理江萨访问马来西亚、印度尼西亚、新加坡 3 国,并与 3 国领导人讨论东南亚局势。

6 月 8 日　泰国政府总理江萨与新加坡总理李光耀会谈后宣布,如果泰国受到侵略,将与东盟其他国家实行军事合作。

6 月 28 ~30 日　第12 届东盟外长会议在印度尼西亚的巴厘岛举行,会议公报要求越南从柬埔寨撤军并停止输出难民。

7 月 2 ~3 日　东盟各国外长和日本、美国、澳大利亚、新西兰等国外长在巴厘岛会晤,讨论东南亚局势和越南输出难民问题。

8 月 16 日　东盟 5 国外长在马来西亚首都吉隆坡举行特别会议,要求越南立即从柬埔寨撤军并停止输出难民。

8 月 20 日　东盟 5 国向联合国秘书长瓦尔德海姆提交一份备忘录,要求把柬埔寨局势列入第 34 届联合国大会议程。

10 月 2 日　第二次东盟议会组织大会在泰国首都曼谷闭幕。会议通过的决议要求越南不要进一步恶化印支局势。

11 月　东盟人口协调机构在菲律宾首都马尼拉成立,机构总部设在雅加达。

12 月 14 日　东盟 5 国外长在马来西亚首都吉隆坡举行会议并发表联合声明,要求尽早实现联合国关于外国军队撤出柬埔寨的决议。

1980 年

3 月 6 ~7 日　东盟与欧洲经济共同体外长会议在马来西亚首都吉隆坡举行。双方签订经济合作协定。

3 月 26 日　东南亚地区安全、发展和稳定会议在新加坡举行。鉴于苏联入侵阿富汗,会议强调重新审查东南亚国家的对外政策。

4 月 18 ~27 日　泰国政府总理炳·廷素拉暖访问马来西亚、新加坡、印度尼西亚 3 国,并与 3 国领导人讨论越南入侵柬埔寨后的东南亚局势。

4 月 22 ~23 日　第九届东盟经济部长会议在新加坡举行。

6 月 25 ~26 日　第 13 届东盟外长会议在马来西亚首都吉隆坡举行。会后发表的联合公报强烈谴责越南入侵泰国,重申东盟继续支持民柬联合政府。

6 月 27 ~28 日　东盟 5 国外长在吉隆坡与美国、日本、加拿大、澳大利亚、新西兰外长会谈。

7 月 10 日　东盟常务委员会主席、菲律宾外长罗慕洛在联合国代表东盟发表声明,对印度承认韩桑林政权表示遗憾。

9 月　东盟与美国进行对话后决定建立东盟美国经济协调委员会,磋商双方经济事务,建立共同基金,支持东盟中小企业的发展;通过银行贷款促进美国私人企业对东盟的贸易和投资。

11 月 28 ~29 日　东盟和欧洲经济共同体联合合作委员会第一次会议在菲律宾首都马尼拉举行。

1981 年

1 月　东盟金融公司成立。理事会成员包括印度尼西亚、马来西亚、菲律宾、新加坡和泰国的商业银行。总部设在新加坡。初期资本为 1 亿美元,由 5 个成员国平均分摊。

3 月 5 ~9 日　东盟秘书处成立典礼在印度尼西亚首都雅加达举行。

3 月 10 ~12 日　东盟高官会议在印度尼西亚巴厘岛举行,讨论改革东盟组织机构问题。

3 月 25 日　东盟常设委员会主席罗慕洛在该委员会第四次会议上重申外国军队必须撤出柬埔寨。

4 月　东盟所属的专门合作组织——东南亚国家食品管理署在马来西亚首都吉隆坡成立,成员包括当时的东盟 5 国和尚未加入东盟的文莱,管理署总部设在吉隆坡。

5 月 21 日 东盟常设委员会会议在菲律宾首都马尼拉举行。会议声明同意召开拟议中的柬埔寨问题国际会议。

6 月 17～18 日 第 14 届东盟外长会议在马尼拉举行。

6 月 19～20 日 东盟成员国外长分别与美国、日本、加拿大、澳大利亚、新西兰及欧共体外长或代表在马尼拉进行对话。

9 月 1～2 日 东盟协商会议在马尼拉举行。与会各国一致同意采取措施保护民主柬埔寨在联合国的合法席位。

12 月 10 日 东盟 5 国外长在泰国帕塔亚举行特别会议。会议认为关于在柬埔寨成立联合政府问题，主要应由柬埔寨人民自己决定。

1982 年

4 月 14～16 日 东盟秘书处第三次特别工作小组会议在印度尼西亚首都雅加达举行。

6 月 14～16 日 第 15 届东盟外长会议和后续部长会议在新加坡举行。会议讨论柬埔寨问题和成员国之间的经济合作问题。

6 月 17～18 日 东盟与美国、加拿大、日本、澳大利亚、新西兰及欧洲经济共同体在新加坡举行部长级对话会议，协调经济政策。要求取消“保护主义”，提高原料价格，恢复自由贸易原则等。

11 月 东盟举行第 15 次经济部长会议，结合 1 月和 5 月举行的第 13 次、第 14 次会议内容，决定增加 1948 种在东盟各国间享受关税优惠的商品，使享受关税优惠商品的总数达到 8563 种。

1983 年

3 月 23 日 东盟 5 国外长在泰国首都曼谷举行会议并发表声明，重申应按联合国有关决议解决柬埔寨问题。

3 月 24～25 日 东盟和欧洲经济共同体第四次部长级会议在曼谷举行。

5 月 18～20 日 东盟特别工作小组第五次会议在新加坡举行。会议决定设立东盟常设委员会，以便在外长会议闭会期间代表东盟并主持日常工作。

6 月 24～25 日 第 16 届东盟外长会议在曼谷举行。外长们共同签署《加强东盟全面合作的原则宣言》等文件。

6 月 27～28 日 东盟和美国、日本、加拿大、澳大利亚、新西兰及联邦德国外长对话会在曼谷举行。

9 月 21 日 东盟 5 国发表关于解决柬埔寨问题的呼吁书，要求越南分阶段从柬埔寨撤军。

10 月 2 日 东盟外长拒绝越南在联大提出的建议，即如果东盟放弃其在联合国要求越南从柬埔寨撤军的立场，越南将不在联合国提出民主柬埔寨席位问题。

1984 年

1 月 7 日 独立不久的文莱达鲁萨兰苏丹国加入东盟，成为东盟第六个成员国。

5 月 7～8 日 东盟国家外长在印度尼西亚首都雅加达举行特别会议并发表联合声明，谴责越南袭击设在泰柬边境的柬埔寨难民营。

7 月 9～10 日 第 17 届东盟外长会议在雅加达举行。会议批准关于加强东盟机构的一系列建议。会议联合声明和联合公报再次要求越南从柬埔寨撤军。

7 月 12～13 日 东盟 6 国外长同澳大利亚、新西兰、日本、美国、加拿大等对话国外长会议在雅加达举行。会议拒绝澳大利亚外长海登提出的东盟 6 国就柬埔寨问题同越南举行会谈的建议，确认加强支持民柬联合政府和为促进柬埔寨问题的政治解决而努力的方针。

10 月 3～6 日 东盟议会联盟会议在泰国曼谷举行。

1985 年

2 月 11～12 日 东盟外长特别会议在泰国首都曼谷举行。期间，外长们会晤民主柬埔寨三方领导人。会议联合声明表示要从政治和军事上支持民柬的抗越斗争。

6 月 17～18 日 在关贸总协定惠灵顿会议上，东盟代表团会见新西兰官员，说服新西兰不取消新加坡和文莱的优惠贸易待遇。这是东盟在对外关系中成功合作的典范。

6 月 27～28 日 日本和东盟国家经济部长会议在日本东京举行。会议在日本向东盟国家投资和技术转让问题上达成一致。

7 月 8～9 日 第 18 届东盟外长会议在马来西亚首都吉隆坡举行。会议联合声明主张越南同民柬联合政府举行间接谈判。

7 月 11～13 日 东盟与日本、美国、加拿大、澳大利亚、新西兰及欧洲经济共同体代表在吉隆坡举行外长会议后续部长会议，讨论东南亚局势及环太平洋经济圈等。

10 月 17～18 日 东盟和欧共体部长级会议在泰国曼谷举行。会议联合声明反对贸易保护主义，支持国际自由贸易。

11 月 30 日至 12 月 4 日 东盟工商委员会会议在马来西亚

首都吉隆坡举行。马来西亚总理马哈蒂尔在开幕式上要求东盟成员国应该优先加强经济方面的合作。

1986 年

5 月 8～9 日 东盟国家和美国对话会议在新加坡举行。

6 月 24～25 日 第 19 届东盟外长会议在菲律宾首都马尼拉举行。会议讨论柬埔寨问题和东盟国家的经济形势,发表公告呼吁越南和民柬联合政府举行谈判,签署东盟能源合作协议及石油保障协议。

6 月 27～28 日 东盟与日本、美国、加拿大、澳大利亚、新西兰及欧洲经济共同体代表在马尼拉举行外长会议后续会议,讨论柬埔寨形势及国际经济形势等。

8 月 20～28 日 东盟常务委员会第一次会议在新加坡举行。会议讨论改进东盟组织结构问题。

8 月 28～30 日 东盟经济部长会议在马尼拉举行。会议讨论进一步加强经济合作问题,否决菲律宾提出的建立东盟共同市场的建议,决定在吉隆坡设立东盟旅游信息中心,同意增加特惠贸易安排的商品项目。

10 月 20～21 日 东盟和欧共体外长会议在印度尼西亚首都雅加达举行。

1987 年

1 月 14 日 苏联驻马来西亚大使费奥多尔·波塔片科说,苏联已建议同东盟举行会谈,以改善同东盟的关系。

2 月 6 日 印度尼西亚总统苏哈托对新加坡进行私人访问。苏哈托与新加坡总理李光耀举行会谈后,同意在第三届东盟政府首脑会议上讨论共同市场和自由贸易区问题。

5 月 10 日 东盟 6 国发表联合声明,强烈谴责越南侵略泰国领土。

6 月 15～16 日 第 20 届东盟外长会议在新加坡举行。会议签署特惠贸易安排的补充协定,同意举行第三次东盟首脑会议。

6 月 18～19 日 东盟各国外长与日本、美国、加拿大、澳大利亚、新西兰 5 国外长及欧洲经济共同体代表在新加坡举行对话伙伴会议。会议保证将继续进行经济和政治合作,为政治解决柬埔寨问题而努力。

7 月 9～11 日 第 19 届东盟经济部长会议在新加坡举行。会议联合公报同意采取 5 项措施,改善东盟特惠贸易协作,加快东盟经济合作。

8 月 8 日 东盟机构和各成员国领导人纷纷发表谈话,祝贺东盟成立 20 周年。东盟秘书长罗德里克·永在印度尼西亚首都雅加达主持东盟成立 20 周年庆祝仪式。

8 月 16 日 东盟 6 国外长在泰国首都曼谷举行特别会议,以协调在柬埔寨问题上的立场。

10 月 29～30 日 东盟经济部长举行非正式会议,讨论采取新的措施以加强合作。

12 月 14～15 日 第三次东盟首脑会议在菲律宾首都马尼拉举行。会议通过《马尼拉宣言》、《东南亚友好合作条约修正议定书》及四项经济协定,重申为使东南亚早日成为和平、自由、中立区而努力,并努力建立东南亚无核区。东盟国家将通过采取共同立场,密切协调,加强团结。

12 月 15 日 出席东盟首脑会议的东盟各成员国领导人会见日本内阁总理大臣竹下登,商谈深化和扩大东盟与日本的战略伙伴关系。同月,日本设立"东盟—日本发展基金",计划分三年时间由日本政府及私人企业界向东盟提供 20 亿美元的发展基金,主要用于加强东盟国家的产业基础。

1988 年

2 月 10～11 日 东盟和美国在华盛顿举行对话会,讨论东盟和美国的关系等,还对扩大贸易和投资进行研究。

5 月 2～3 日 第七届东盟—欧共体外长会议在联邦德国杜塞尔多夫举行。东盟 6 国及欧共体 12 国外长参加会议。西德外长根舍在致词中表示本次会议将致力于加强双方的政治和经济合作。

7 月 4～5 日 第 21 届东盟外长会议在泰国首都曼谷举行。泰国总理炳·廷泰拉暖主持会议。会议要求扩大东盟内部的经济合作,建议召开关于难民问题的国际会议。

7 月 7～9 日 东盟与对话伙伴国在曼谷举行外长会议后续会议。重点商议柬埔寨问题、印支难民问题、东盟与对话伙伴国经济关系问题。

10 月 17～18 日 第 20 届东盟经济部长会议在泰国帕塔亚举行。泰国总理猜差出席开幕式并致词。

11 月 10 日 中国总理李鹏在访问泰国期间发表中国政府建立、恢复和发展同东盟国家关系的原则:在国家关系中,严格遵循和平共处五项原则;在任何情况下,都坚决反对霸权主义的原则;在国际事务中,遵循独立自主、互相尊重、密切合作、相互支持的原则。李鹏同时表示中国希望东盟国家稳定、繁荣、团结,支持东盟关于在东南亚建立和平、自由和中立区的主张。

12 月 14～15 日 东盟首脑非正式会议在菲律宾首都马尼拉举行。会议对美、苏签署削减核武器条约表示欢迎,并宣称要实行建立东南亚中立区的计划。会后,与会国首脑签署马尼拉首脑会议意向声明。

1989 年

1 月 19 日 为期五天的东盟旅游研讨会在新加坡闭幕。东盟旅游小组委员会计划拨款推动东盟旅游年。

1 月 29 日 东盟外长特别会议在文莱首都斯里巴加湾市举行。会议讨论柬埔寨问题,发表的声明提出由西哈努克亲王出任未来的柬埔寨政府首脑。

3 月 20 ~21 日 第二次日本—东盟会议在印度尼西亚巴厘岛举行。

4 月 29 日至 5 月 7 日 日本首相竹下登访问泰国、马来西亚、新加坡、印度尼西亚、菲律宾 5 国,分别与 5 国首脑举行会谈,围绕亚太地区经济合作、日元贷款、环境保护等经济问题以及和平解决柬埔寨问题进行对话。

7 月 3 ~4 日 第 22 届东盟外长会议在文莱首都斯里巴加湾市举行。会议联合公报对重大国际问题阐述东盟立场。关于柬埔寨问题,呼吁建立一个有效的国际监督机构来监督和核查越南撤军,并呼吁在联合国主持下,成立一支有效的国际维和部队在举行自由选举之前维持和平与秩序。关于阿富汗问题,欢迎苏联军队完全撤出阿富汗,并呼吁达成一项全面的政治解决方法从而创造有助于所有阿富汗难民安全返回家园的条件。在裁军问题上,敦促超级大国立即就消除短程核力量开始谈判和继续朝着签订一项全面禁止核试验条约而努力。会议还决定和韩国建立对话关系。

7 月 5 ~8 日 东盟与对话伙伴国在文莱首都斯里巴加湾市举行对话会议。

8 月 15 日 东盟领导人在文莱举行非正式会议,就柬埔寨问题进行紧急磋商。

8 月 21 ~22 日 东盟高级官员访问韩国,讨论吸收韩国为东盟对话伙伴国问题。

8 月 21 ~26 日 第 10 届东盟议会组织大会在菲律宾马尼拉举行。会议以“21 世纪的东盟”为主题。具体议题包括政治问题:武装叛乱、柬埔寨、印支难民、军事措施和安全安排及东盟国家间的引渡条约;社会经济问题:禁毒、艾滋病、虐待儿童、外债、成立东盟共同市场、建立统一货币、环保、与欧共体的合作及反对贸易保护主义等;组织问题:成立常设秘书处、修订章程等。

9 月 11 ~12 日 东盟经济部长会议在曼谷召开,协商对亚太经济合作的立场及对堪培拉亚太经济合作组织(APEC)部长级首届会议的态度。各国一致同意派部长出席这次会议并表示支持亚太经济合作组织在联合国关贸总协定方针的指导下,奉行自由贸易方针,但也明确表示不能削弱东盟的地区性作用。

10 月 4 ~5 日 第 11 届东盟—日本研讨会在菲律宾首都马尼拉举行。来自日本和东盟国家的约 65 位代表参加会议。会议声明双方讨论并解决了一些紧迫的贸易问题。

12 月 新加坡新任总理吴作栋首次提出“经济增长三角”的合作模式。

1990 年

1 月 在东盟等有关国家推动下,安理会五常任理事国就柬埔寨问题开始进行磋商。

2 月 8 日 日本贸易振兴会主持的日本和东盟经济贸易圆桌会议在日本福冈市举行。除文莱外的 5 个东盟成员国的经济界代表出席会议。东盟代表要求日本增加在亚洲地区的投资,进一步加快技术转让步伐,以扩大亚洲各国的经济合作。

2 月 16 ~17 日 东盟及欧共体财政和外交部长会议在马来西亚古晋举行。会议讨论柬埔寨问题和东盟与欧共体的经济合作问题。在经济合作问题上,双方的分歧较大,东盟希望对欧共体增加热带产品及农产品出口,同时要求欧共体减少关税及其他贸易壁垒。

7 月 25 ~26 日 第 23 届东盟外长会议在印度尼西亚首都雅加达举行。会议联合公报呼吁成员国加强团结与合作,应付新挑战;指出改变柬埔寨在联合国席位将有碍柬埔寨问题解决。

7 月 27 ~29 日 东盟与西方对话伙伴国外长会议在雅加达举行。

7 月 29 ~31 日 第二届亚太经济合作组织(APEC)部长级会议在新加坡举行。东盟 6 国及美国、日本、韩国、澳大利亚、新西兰等 12 个国家和地区的外交和经济部长与会。

8 月 8 日 印度尼西亚与中国签署备忘录,重新恢复在 1967 年冻结的外交关系。

8 月 7 日 新加坡、马来西亚和印度尼西亚三国领导人一致同意建立新柔廖增长三角区。

8 月 28 日 联合国安理会达成解决柬埔寨问题的框架文件,为柬埔寨问题的全面政治解决奠定基础。

9 月 1 ~2 日 东盟和美国对话会在泰国首都曼谷举行。

9 月 9 ~10 日 柬埔寨四方在印度尼西亚首都雅加达举行会议,就成立柬埔寨全国最高委员会达成协议,接受安理会五常任理事国提出的框架文件,作为解决柬埔寨冲突的基础。

9 月 10 ~15 日 东盟议会组织会议在新加坡举行。文莱没有议会,派观察员与会;澳大利亚、加拿大和韩国也派观察员参加会议。

10月7日 东盟外长特别会议在加拿大艾伯塔贾斯柏闭幕。会议敦促柬埔寨交战各方加速和平进程。

10月29~30日 东盟经济部长会议在印度尼西亚巴厘岛举行,主要商讨内部经济合作问题。

11月16日 为期两天的东盟各国能源部长会议在菲律宾首都马尼拉闭幕。会议确定并批准东盟能源合作的长远计划,同意建造一条跨东盟各国的天然气管道,决定设立联合电力网,保证各国得到稳定的电力供应。

1991年

3月3日 东盟经济前景研讨会在印度尼西亚巴厘岛举行,1000多名政府官员、商界人士和学术界人士参会。

4月27日至5月5日 日本首相海部俊树访问马来西亚、文莱、泰国、新加坡和菲律宾,就亚太地区安全保障和合作问题交换意见。

5月30~31日 东盟—欧共体第九次部长级会议在卢森堡举行。会上,东盟代表要求欧共体加强合作,增加投资。

6月1日 东盟经济部长会议再次发表关于关贸总协定乌拉圭谈判的联合声明。

6月20~21日 东盟—美国第10次副部长级会议在美国华盛顿举行。会议讨论柬埔寨冲突、缉毒这两个政治性问题和加强东盟与美国的经济关系问题。

7月19~20日 第24届东盟外长会议在马来西亚首都吉隆坡举行。与会外长一致认为必须进一步加强地区合作,使东盟更具活力。会议发表关于柬埔寨问题的声明并决定正式接纳韩国为对话国。

7月19~20日 中国国务委员兼外交部部长钱其琛应邀出席在吉隆坡举行的第24届东盟外长会议开幕式,并同东盟6国外长就本地区的形势、合作以及中国同东盟进一步发展友好关系等问题交换意见。这是中国首次同东盟组织进行正式接触,标志着中国开始同东盟对话。

7月22~24日 东盟国家外长与对话国会议在吉隆坡举行。安全问题首次成为讨论的重要内容。

9月30日 中国国务委员兼外交部长钱其琛和文莱外交大臣穆罕默德·博尔基亚亲王在联合国总部签订关于两国正式建交的联合公报,宣布两国即日起建立大使级的外交关系,两国政府同意在和平共处五项原则和联合国宪章的基础上发展友好合作关系。至此,中国与东盟所有国家建立或恢复外交关系。

10月7~8日 第23届东盟经济部长会议在吉隆坡举行。会议提出5个经济合作建议,一致同意将在此后15年内建成东盟自由贸易区的建议提交第四次东盟首脑会议讨论决定。会议还探讨扩大地区经济合作的途径,决定原则上接受马来西亚提出的建立东亚经济核心论坛(EAEC)的设想(最初称东亚经济集团)。

11月4~6日 东南亚地区安全合作会议在泰国首都曼谷召开。会上,泰国总理阿南呼吁在东南亚以经济力量取代军事力量。

11月18~23日 第12届东盟各国议会组织年会在曼谷举行。除文莱外,其他东盟成员国的议会代表团出席会议,澳大利亚、加拿大、新西兰、中国等国以观察员身份参加会议。

1992年

1月23~24日 来自东盟各国的外交部长和经济部长在新加坡聚会,为即将召开的第四次东盟首脑会议作准备。

1月27~28日 第四次东盟首脑会议在新加坡举行。新加坡总理吴作栋、马来西亚总理马哈蒂尔、印度尼西亚总统苏哈托、泰国总理阿南·班雅拉春、菲律宾总统科·阿基诺、文莱苏丹哈桑纳尔·博尔基亚出席会议。会议将地区安全问题列入讨论议程。首脑们签署《1992年新加坡宣言》、《加强东盟经济合作框架协定》和《共同有效优惠关税协定》,决定东盟此后每三年举行一次正式首脑会议,并在两次正式会议之间举行非正式会议。与会各国一致同意在15年内建立并参加东盟自由贸易区,将关税最终降至0~5%,基本实现成员国之间免税。这三个文件构成东盟此后处理内外关系的基本框架。

2月26~28日 首届亚洲和太平洋防务会议在新加坡举行。会议主要听取东盟、美国、日本、中国、印度、澳大利亚、英国和瑞典高级军事官员和政府官员的发言。新加坡国防部长杨林丰在开幕式上的发言强调,冷战结束后东盟国家必须加强防务合作。

3月24~25日 东盟经济部长会议在马来西亚首都吉隆坡举行。会议主要讨论东盟自由贸易区问题。

7月21~22日 第25届东盟外长会议在菲律宾首都马尼拉举行。会议首次将地区安全问题作为重要议题,发表《东盟关于南中国海宣言》,强调"必须用和平手段"解决南中国海争端。越南、老挝首次应邀出席东盟外长会议,并签署《东南亚友好合作条约》,被吸收为东盟观察员。前马来西亚驻德国大使贾吉特·辛格当选东盟秘书长。

7月25~27日 东盟与对话伙伴国外长会议在马尼拉举行。与会各国外长就政治、安全和经济合作等问题广泛、坦率地交换意见。

9月11日 东盟监督削减关税委员会成立。

9 月 17～19 日 东盟科技委员会第 26 次会议在新加坡举行。

9 月 21～26 日 东盟议会组织第 13 届年会在印度尼西亚首都雅加达举行。中国人大观察员代表团应邀参加会议。会议决定确认文莱为东盟议会组织的第六个正式成员国。

10 月 23 日 东盟经济部长会议在菲律宾首都马尼拉举行。会议同意建立一个自由贸易区，从 1993 年 1 月 1 日起实行普遍优惠关税。

10 月 29～30 日 第 24 届东盟经济部长会议在马尼拉举行。各国同意从 1993 年 1 月 1 日起对 15 大类产品调低关税；同意委托东盟秘书处具体研究并提出关于东亚经济核心论坛的宗旨及组建方案，供各国讨论。

11 月 17～18 日 第 10 次东盟—美国对话会议在文莱首都斯里巴加湾举行。

11 月 26～27 日 东盟第九次劳工部长会议在菲律宾首都马尼拉举行。

12 月 11～12 日 东盟自由贸易区委员会会议在印度尼西亚首都雅加达举行。

1993 年

1 月 1 日 东盟自由贸易区计划开始实施。

1 月 15 日 东盟六国外长发表声明，宣布支持柬埔寨举行大选。

1 月 19～20 日 第 15 次东盟—澳大利亚对话会在泰国首都曼谷举行。

2 月 3～5 日 东盟科技委员会第 27 次会议在印度尼西亚举行。

2 月 16～17 日 第 13 次东盟—日本对话会在日本东京举行。

3 月 23 日 东盟—联合国和平与预防性外交第一次国际研讨会在曼谷闭幕。

4 月 6～8 日 第八次东盟—加拿大对话会在印度尼西亚首都雅加达举行。

5 月 5～16 日 第 11 次东盟—美国对话会在文莱首都斯里巴加湾举行。美国负责东亚和太平洋事务的助理国务卿洛德参会。

5 月 20～21 日 东盟与对话伙伴会议在新加坡举行。会议讨论地区安全问题，一致同意邀请中国和俄罗斯参加东盟与对话伙伴举行的地区安全会议。

6 月 21～23 日 东盟自由贸易区学术讨论会在北京举行。

7 月 23～24 日 第 26 届东盟外长扩大会议（PMC）在新加坡举行。会议联合公报表示支持建立亚太政治与安全合作论坛，对中国保证成为东盟的和平伙伴感到鼓舞。决定成立东亚经济核心论坛（EAEC）和成立东盟地区论坛（ARF）。

7 月 26～28 日 东盟与对话伙伴国外长会议在新加坡举行，中国、俄罗斯应邀以观察员身份参加会议。会议主要讨论东盟与对话国的经济合作问题，日本、韩国、澳大利亚等国在会上表示全面支持美国提出的“新太平洋共同体”设想。

8 月 10～15 日 东盟科技委员会第 28 次会议在马来西亚首都吉隆坡举行。

9 月 13～14 日 东盟与中国首次经贸和科技合作磋商会议在北京举行。

9 月 21～25 日 第 14 届东盟议会组织会议在吉隆坡举行，会议通过《吉隆坡人权宣言》，强调促进人权要以尊重国家主权为基础。

10 月 5～9 日 越南共产党中央总书记杜梅访问新加坡。越南申请加入东盟。

10 月 6 日 东盟自由贸易区委员会第四次会议在吉隆坡举行。东盟各成员国达成协议，要求日本、中国、韩国、中国台湾和香港等参加只有亚洲国家和地区组成的经济合作体——东亚经济会议。

10 月 7～8 日 第 25 届东盟经济部长会议在新加坡举行。会议一致同意自 1994 年起互相降低关税和在 15 年内建立东盟自由贸易区。

12 月 4～9 日 东盟—越南贸易合作第三次国际学术会议在印尼首都雅加达举行。

12 月 6～10 日 东盟科技合作第 13 次工作小组会议在雅加达举行。

1994 年

1 月 7 日 东盟—印度合作委员会在印度尼西亚巴厘岛举行会议。

1 月 18～19 日 东盟—日本论坛第 14 次会议在泰国首都曼谷举行。双方就国际、地区问题和双边合作问题进行讨论。

1 月 24～28 日 东盟科技委员会第 29 次会议在菲律宾首都马尼拉举行。

2 月 3 日 越南通讯社报道,东盟常务委员会 1 月 26 日在雅加达会议上决定接纳越南为东盟第七个成员国,但最终还将报经东盟外长会议批准。

2 月 21 ~ 23 日 东盟秘书长贾吉特·辛格赴越南河内,商讨越南加入东盟问题。

3 月 26 日 东盟—新西兰第 12 次对话会在文莱首都斯里巴加湾举行。

4 月 1 ~ 2 日 东盟经济部长第 12 次能源合作会议在斯里巴加湾举行。

5 月 3 ~ 4 日 东盟—澳大利亚第 16 次对话会在澳大利亚首都堪培拉举行。

5 月 9 ~ 10 日 东盟—美国第 12 次对话会议在美国华盛顿举行。

5 月 6 日 东盟 6 国警察首脑在泰国普吉岛举行会议,就加强合作以取缔贩毒、打击经济犯罪活动等达成共识。

5 月 23 ~ 24 日 东盟区域论坛高级官员会议在泰国首都曼谷举行。会议讨论预防外交、核不扩散、建立信任以及东北亚安全等问题。

5 月 30 ~ 31 日 东南亚 10 国非正式会议在菲律宾首都马尼拉举行。来自原东盟六国以及印支三国和缅甸的 19 位高级官员和专家出席会议,并讨论建立"东南亚 10 国共同体"的问题。会议签署了《东南亚 10 国关于建立东南亚共同体设想的声明》文件。

6 月 1 日 亚洲开发银行负责业务的副总裁马森在印度尼西亚棉兰表示,印度尼西亚、泰国和马来西亚计划建立一个跨国开发区,作为印、泰、马"发展三角"计划中的一部分。

7 月 22 ~ 23 日 东盟在泰国首都曼谷召开年度外长会议,同意接纳越南为其成员国。缅甸、柬埔寨以"客人"身份被邀至主办国,并实现设想中的"大东盟"10 国高级官员的首次聚会。

7 月 25 日 东盟地区论坛首次会议在曼谷举行。出席会议的有原东盟 6 国及其对话伙伴国的日本、美国、欧盟、加拿大、澳大利亚、新西兰、韩国,磋商伙伴国的中国、俄罗斯,观察员身份国越南、老挝及巴布亚新几内亚。

7 月 26 ~ 27 日 东盟与对话国外长会议在曼谷举行。会议主要讨论双方共同关心的世界和地区政治形势、世界经济和地区经济发展以及东盟和对话国之间的经济合作问题。东盟 6 国及澳大利亚、加拿大、欧盟、日本、韩国、新西兰、美国等 7 个对话伙伴国外长参加。

9 月 19 日 第 15 届东盟议会组织代表大会在菲律宾首都马尼拉开幕。会议讨论东南亚地区政治、经济及社会问题。除东盟成员国外,中国等 12 个观察员国家参会。

9 月 22 日 第 26 届东盟经济部长会议在泰国清迈开幕。会议以寻求加速东盟自由贸易区计划的实施,进而促进本地区的经济发展和繁荣为宗旨,主要讨论缩短东盟自由贸易区建立期限,把未加工农产品列入东盟自由贸易区计划及开放服务贸易等问题。同月,东盟决定将建成东盟自由贸易区的时间提前到 2003 年,比原计划缩短 5 年。

9 月 23 ~ 24 日 第 11 次东盟—欧共体对话会在德国卡尔斯鲁厄举行。会议主要讨论安全与商业问题,并发表《卡尔斯鲁厄声明》,强调双方扩大经济合作。

10 月 26 日 越南外长阮孟琴正式向东盟常务委员会主席穆罕默德·博尔基亚递交加入东盟的申请。

11 月 东盟成立"东东盟地区经济发展机构"。东东盟包括文莱、菲律宾的棉兰老岛、印度尼西亚的马鲁古、加里曼丹岛、苏拉威西岛和东马来西亚的沙捞越和按巴等地区。这是继新加坡—柔佛—廖内、印马泰(印度尼西亚西部、马来西亚北部、泰国南部各自相邻地区)等以投资为主要合作方式的经济增长三角之后,东南亚地区第一个主要以消除贸易障碍为目标的次经济合作区。

11 月 12 ~ 15 日 亚太经合组织(APEC)第六次部长级会议和第二次领导人非正式会议分别在印度尼西亚首都雅加达以及郊区茂物举行。在印度尼西亚的努力下,会议通过《茂物宣言》,提出 APEC 发达成员和发展中成员分别在 2010 年和 2020 年实现贸易投资自由化的目标。

11 月 17 ~ 19 日 文莱、印度尼西亚、马来西亚和菲律宾在菲律宾棉兰老岛举行首届东盟地区经济发展机构商业大会,以促进四国落后地区的经济发展。1000 多名代表出席此次会议。

1995 年

1 月 4 ~ 7 日 东盟高级官员会议在泰国首都曼谷举行。会议就地区安全等展开讨论。

4 月 3 ~ 4 日 中国与东盟高级官员(副部长级)首次磋商会在中国杭州举行。中国、东盟六国和东盟秘书处外交高级官员出席会议。会议主题:一是关于中国同东盟的关系,包括介绍中国和各自国家的最新情况;二是就国际和地区形势等交换意见;三是亚太地区的安全和合作及有关问题。

5 月 2 ~ 4 日 东盟—欧盟在新加坡举行高级官员会议,就经贸合作等问题达成协议,并决定于 1996 年 3 月在泰国首都曼谷召开首届亚欧首脑会议,邀请 25 国首脑出席。

6 月 14 日 东盟环境部长会议通过一项减少污染的联合计划,旨在减少困扰这个地区的跨边界污染。

7 月　在文莱首都斯里巴加湾举行的东盟部长级会议上，文莱提出在 2000 年实现东盟自由贸易区的建议得到各国同意，计划于 2000 年时大体实现《共同有效优惠关税协定》，将有关商品关税降到 5% 以下。

7 月 19 日　东盟关税会议通过东盟会员国间的关税优惠权利，使东盟的关税政策更加符合世界贸易组织的规定，东盟国家将在建筑关税壁垒、税率、海关制度等方面相互合作。

7 月 28 日至 8 月 3 日　第28 届东盟外长会议以及东盟与对话伙伴国会议在文莱首都斯里巴加湾举行。中国国务院副总理兼外交部长钱其琛应邀出席。会议正式接纳越南为东盟的第七个成员国，柬埔寨被批准为东盟观察员。会上，缅甸提交签署《东南亚友好合作条约》的意向书，老挝也表示在 1997 年东盟庆祝成立 30 周年时申请加入东盟。会议讨论推进东南亚共同体和东盟自由贸易区计划以及召开第五次东盟首脑会议的问题，商定举办第二届东盟地区论坛。

7 月 29 日至 8 月 3 日　第二届东盟地区论坛在文莱首都斯里巴加湾举行。本届论坛在建立信任措施和开展预防性外交方面取得进展，成员国间的共识增多。中国对此也采取积极合作的态度。

8 月 24 ~26 日　东盟农业部长会议在新加坡举行。会议制定新的目标，即从 1998 年起 5 年内，把暂时受到减税保护的商品逐渐列入共同有效优惠关税计划。

9 月 8 日　第 27 届东盟经济部长会议在文莱首都文莱斯里巴加湾闭幕。与会各国重申于 2003 年前建成东盟自由贸易区，并在会议公报中宣称：在 2000 年前扩大将关税削减至 5% 以上的货品项目，同时最大限度增加关税为零的货品项目；原则上同意以循序渐进的方式开放服务业，并相应制定《东盟服务业框架协定》、《东盟知识产权合作框架协定》交 12 月举行的东盟首脑会议签署。

10 月 13 日　第四次中国与东盟研讨会在北京举行，70 多名专家学者、政府官员和商界人士出席。会议就建立面向 21 世纪的中国与东盟政治安全与经济合作进行讨论。

12 月 14 ~16 日　第五次东盟首脑会议在泰国首都曼谷举行。会议通过的《曼谷宣言》，重申在 2003 年前建成东盟自由贸易区的决心。东盟 7 国首脑签署旨在促进相互间在政治、经济等领域加强合作的 38 项文件。会议决定此后在两次正式首脑会议之间每年召开一次非正式首脑会议。7 国首脑及与会的缅甸、柬埔寨、老挝 3 国总理还分别代表本国政府签署《东南亚无核区条约》。会议明确提出在 2000 年将东盟扩大为 10 国的目标。

1996 年

3 月 3 日　柬埔寨正式提交加入东盟的申请。

4 月 25 ~26 日　东盟第 11 届劳工部长会议在曼谷举行。东盟劳工部长们要求国际劳工组织重新审查国际劳动标准，同时反对将它和贸易问题挂钩。

6 月 10 ~11 日　中国与东盟第二次外交部高级官员政治磋商在印度尼西亚武吉丁宜市举行。双方就台湾、南海问题进行磋商，并就当前国际及地区形势、东盟地区论坛、亚太经合组织等问题交换了看法，取得广泛一致。

6 月 14 ~18 日　由东盟主导的高级官员会议在吉隆坡举行，包括中国在内的 11 个亚洲国家参会。会议讨论开发大湄公河的问题，通过《东盟—湄公河流域开发合作基本框架》文件，并研究开发计划、资金来源和筹款方式等具体问题。

7 月 18 日　为期两天的第 29 届东盟常设委员会第六次会议在印度尼西亚首都雅加达闭幕。会议一致同意中国、俄罗斯和印度由东盟磋商伙伴国升格为对话伙伴国。

7 月 20 ~21 日　东盟第 29 届外长会议在雅加达举行。会议接受老挝和柬埔寨提出 1997 年加入东盟的要求；将缅甸升格为观察员国；将中国、俄罗斯和印度升格为东盟对话伙伴国；讨论实施大东盟战略和东盟自由贸易区计划的有关问题。会议发表一份有关东盟外交与安全合作、经济合作及东盟 7 国共同关心的地区发展问题的联合公报。

7 月 22 ~25 日　第三届东盟地区论坛会议在雅加达举行。会议就亚太安全形势以及建立多边安全机制等问题进行对话。会议发表一项有关亚太地区的和平与安全的主席声明。

9 月　东盟北京委员会成立。该委员会由新加坡、马来西亚、菲律宾、越南、印度尼西亚、泰国及文莱 7 国大使组成。

9 月 20 日　为期 5 天的东盟议会组织第 17 届大会在泰国普吉闭幕。

9 月 27 日　东盟决定于 1997 年接纳缅甸为成员国。

11 月 20 日　东盟国家经济部长在菲律宾首都马尼拉签署一项建立解决冲突机制问题的协议。

11 月 30 日　首次东盟首脑非正式会议在印度尼西亚首都雅加达举行。会议决定加快建立大东盟 10 国集团的进程。

1997 年

2 月 11 ~14 日　东盟与欧盟高级官员会议和第 12 届东盟—欧盟部长级会议在新加坡举行。

2 月 26 日　中国—东盟联合合作委员会在北京成立并举行首次会议。中国和东盟 7 国的外交、经贸、科技等有关部门官员以及东盟秘书长等 80 多人与会。27 日，发表联合公报，强调双方应逐步扩大在经济、贸易、科技和旅游等领域的合作。

3月6~8日 第四届东盟地区论坛在北京举行。中国、美国、澳大利亚以及欧盟、东盟各国等21个国家和地区的官员与会。会议就亚太地区的政治与安全问题举行多边对话。

3月13日 东盟7国与欧盟15国在新加坡举行第12届东盟—欧盟外长会议。会议决定不谈东帝汶问题,但仍会把总体人权状况列入议程。随后,日本、中国和韩国外长也加入扩大的第一届亚欧外长会议,一起向欧盟争取继续享受优惠关税待遇。

3月22日 为期两天的东盟经济部长会议在菲律宾举行。

4月17~18日 第三次中国—东盟高官政治磋商在中国安徽举行。双方在许多问题上取得共识,中国承诺不在东南亚使用核武器,东盟则表示支持一个中国的政策。

5月31日 东盟外长特别会议在马来西亚首都吉隆坡举行。会议决定于7月接纳缅甸、老挝、柬埔寨为东盟新成员。

7月2日 泰国财政部与中央银行宣布放弃自1984年以来一直实行的泰铢与美元挂钩的固定汇率制,实行浮动汇率制,泰铢汇率顿时下跌20%,东南亚金融危机爆发。自5月起,在国际投机者的炒作下,泰铢汇率不断下跌。泰中央银行大量抛售美元仍未能制止泰铢的跌势。

7月10日 东盟外长特别会议在马来西亚首都吉隆坡举行。鉴于柬埔寨内部的政治军事冲突,会议决定推迟接纳柬埔寨为新成员。

7月11日 菲律宾中央银行宣布停止对比索的大规模干预,任其兑美元的汇率自由浮动,比索开始大幅度贬值。

7月14日 马来西亚政府宣布放弃固定汇率制,林吉特兑美元汇率跌到8个月以来的最低点。

7月20~22日 第30届东盟常务委员会第六次会议及东盟高官会议在马来西亚必打灵查亚举行。

7月24~25日 第30届东盟外长会议在马来西亚必打灵查亚举行。会议在促进东盟区域合作、增进东盟与有关国家间的了解与信任方面取得积极成果。会议决定正式接纳老挝、缅甸为东盟成员国,东盟成员国增至9个。

7月27日 第四届东盟地区论坛在马来西亚必打灵查亚举行。

7月28~29日 东盟与对话伙伴国会议在马来西亚必打灵查亚举行。

8月8日 东盟在雅加达举行庆祝成立30周年活动。

8月14日 印度尼西亚政府放弃对印尼盾汇率浮动范围的限制,印尼盾大幅下跌。至此,始发泰国的货币危机,蔓延至整个东南亚地区,演变为二战后半个世纪东南亚地区最严重的一场金融危机。

9月1~6日 东盟议会组织第18届大会在印度尼西亚巴厘岛举行。

12月2日 为期3天的东盟财长会议在马来西亚首都吉隆坡闭幕。东盟各国财长在此次会议上达成建立辅助性救助金融机构的决定,强调加速实施"马尼拉框架"。

12月15日 第二次东盟首脑非正式会议在马来西亚首都吉隆坡举行。

12月16日 中国—东盟首脑非正式会晤在马来西亚首都吉隆坡举行。中国国家主席江泽民出席东盟—中国、日本、韩国9+3和中国—东盟9+1非正式首脑会晤并发表题为《建立面向21世纪的睦邻互信伙伴关系》的重要讲话,同时与东盟各国首脑共同发表《中华人民共和国与东盟国家首脑会晤联合声明》。

1998年

3月6日 "东盟三驾马车"与"柬埔寨之友会"在菲律宾首都马尼拉召开柬埔寨问题国际讨论会。

4月16~17日 第四次中国—东盟高级官员磋商在马来西亚举行。双方在磋商中重点就落实中国与东盟首脑会晤成果和进一步加强全面合作交换了意见。

5月20~22日 第五届东盟地区论坛高官会议在菲律宾首都马尼拉举行,来自中国、美国、俄罗斯及东盟9国的21个论坛成员参加。会议就亚太地区形势和论坛发展方向等问题进行讨论。

7月24~25日 东盟第31届外长会议在马尼拉举行。会议签署《东南亚友好合作条约》第二项议定书。根据该议定书,非东南亚国家此后也可加入这一友好合作条约。会议还签署《东盟无毒品联合宣言》,宣言确定东盟国家将争取在2020年消除毒品生产、贩运和使用。

7月27日 第五届东盟地区论坛会议在马尼拉举行。会议就论坛的发展进程、地区金融形势、南亚局势和地区安全合作等问题发表主席声明。

7月28~29日 东盟与对话伙伴国会议在马尼拉举行。会后,中国外长唐家璇顺访菲律宾和对马来西亚进行工作访问。

9月17日 东盟农林部长会议在越南河内举行。会议主要讨论东盟内部的食品贸易及促进地区食品安全问题。

12月4日 柬埔寨国王诺罗敦·西哈努克说:以洪森为首的

联合政府已成立,柬埔寨已具备加入东盟的所有条件,敦促东盟尽快接纳柬埔寨入盟。

12 月 13 日 为第六次东盟首脑会议作最后准备工作的东盟外长和经济部长会议在越南河内举行。

12 月 15 ~16 日 第六次东盟首脑会议在越南首都河内举行。会议的主要议题是讨论东盟国家如何加强合作,摆脱金融危机的困扰,促使地区经济早日走出困境等。柬埔寨首相洪森以东盟观察员的身份出席会议。会议原则同意接纳柬埔寨为东盟的第 10 个成员国,具体接纳时间另定。会议还通过《河内宣言》、《河内行动纲领》、《"大胆措施"声明》等一系列促进东盟各国加强政治、经济、安全合作的文件。各国家领导人一致同意,6 个经济较发达的成员国把 2003 年关税削减至 0 ~5% 的计划提前至 2002 年实施。

12 月 16 日 中国、日本、韩国与东盟 9 国在河内举行第二次东盟和中、日、韩领导人非正式会议(即 9 +3 会晤)。与会各国领导人就加强东亚国家之间的合作,克服金融危机的影响,维护东亚地区的和平稳定与发展交换意见。中国国家副主席胡锦涛在会上呼吁东亚国家就金融改革等宏观经济问题进行交流,在 9 +3 框架内开展副财长和中央银行副行长级对话,并根据需要适时成立专家小组,深入研究对国际流动资本进行调控的具体途径。此建议得到有关方面的支持。

1999 年

3 月 17 ~18 日 东盟—中国联合合作委员会第二次会议在马来西亚首都吉隆坡举行。

3 月 25 日 柬埔寨新一届参议院成立,全体参议员在西哈努克国王的主持下宣誓就职。柬埔寨加入东盟的最后一道障碍得以排除。

4 月 1 日 中国与东盟国家经贸合作研讨会暨项目合作洽谈会在泰国举行。本次会议旨在增进中国与东盟之间的了解,促进双边经贸合作关系的发展。

4 月 5 ~6 日 第五次中国—东盟高官磋商在中国昆明举行。

4 月 30 日 东盟在越南首都河内举行特别仪式,宣布接纳柬埔寨入盟。至此,东盟长期以来所致力于建立东南亚地区 10 国的"大东盟"愿望得以实现。东盟 10 国拥有人口 5 亿,土地 450 万平方公里,国内生产总值 7000 亿美元,成为世界上一个重要的地区组织。

7 月 21 日 第 32 届东盟常务委员会第六次会议和东盟高级官员会议分别在新加坡举行。

7 月 24 日 第 32 届东盟外长会议在新加坡举行。

7 月 26 日 第六届东盟地区论坛会议在新加坡举行。会议发表一项主席声明。

7 月 27 日 为期两天的东盟与对话伙伴国会议在新加坡举行。

8 月 26 日 东盟在新加坡召开环境部长会议,讨论印度尼西亚火山及其对本地区造成的烟雾污染问题。

8 月 30 日 东盟副秘书长素塔博士说,东盟基于一个中国的原则,驳回台湾当局向东盟秘书处提出成为东盟对话伙伴的申请。

9 月 28 日 来自东盟各国的高级官员在新加坡举行贸易投资会谈,以便为建立自由贸易区作准备。

10 月 14 日 菲律宾外长西亚松提议成立包括东盟 10 国和中、日、韩在内的东亚安全论坛。

11 月 26 日 东盟各国的外交、经济和财政部长首次在菲律宾首都马尼拉举行联席会议,讨论东盟在政治、金融、经济和社会发展方面面临的严重挑战和东盟未来的发展方向,并制订应对措施。

11 月 28 日 东盟 10 国和中、日、韩 3 国领导人在马尼拉举行第三次非正式会晤,并发表《东亚合作联合声明》。

2000 年

2 月 12 日 东盟各国领导人在泰国首都曼谷建议联合国考虑为湄公河开发制订十年规划。

3 月 25 日 东盟财政部长讨论成立地区货币基金组织。

4 月 25 ~26 日 第六次中国—东盟高官磋商在马来西亚古晋举行。

11 月 24 日 第四次东盟领导人会议在新加坡举行。会议主要商议加快东盟一体化进程和加强各成员之间的合作。

12 月 3 日 东盟成员国同意拟建设一条从新加坡开始,经马来西亚、泰国、柬埔寨、越南、老挝、缅甸、中国昆明,然后到西欧的铁路,并计划从 2003 年开始执行。

12 月 11 日 第三届东盟—欧盟部长会议在老挝首都万象举行,东盟各国外长和欧盟 15 国外长、部长级官员及欧盟代表出席会议。会议通过的《万象宣言》表示,东盟和欧盟此后将本着"公开与合作"的精神进行政治对话。

2001 年

5 月 9 日 东盟和中、日、韩(10 +3)会议在美国夏威夷举行。会议主要就地区经济和金融形势,加强东亚财政金融合作,加强 10 +3 成员经济政策对话,《清迈倡议》的进展和

10 +3会议后续行动等问题进行讨论。

5 月 9 ~ 11 日 第 41 次东盟科技委员会会议在柬埔寨金边举行。会议讨论在经济全球化、科学技术高速发展的情况下,东盟国家所面临的挑战及需要解决的问题,并寻求解决办法。

7 月 23 ~ 24 日 第 34 届东盟外长会议在越南首都河内举行。会议以“东盟:团结、稳定、一体化、扩大合作”为主题,通过关于缩小发展差别、加速东盟一体化进程的《河内宣言》。东盟轮值主席、越南政府总理潘文凯在主旨发言中呼吁加快实现 1998 年第六次东盟首脑会议通过的《河内行动纲领》及《东盟 2020 年展望》提出的各项目标。

7 月 27 日 东盟驻泰国办事机构发表的报告称:随着东盟自由贸易区计划的逐步实施,东盟国家间的平均关税从 1993 年的 12.76% 降至 2001 年的 3.85%,预计 2002 年还将降至 3.48%,2015 年所有东盟成员国将实现贸易自由化。

7 月 31 日 东盟秘书长鲁道夫 · 塞韦里诺访问中国。

9 月 3 ~ 7 日 第 22 届东盟议会会议在泰国首都曼谷举行。会议讨论东盟国家在经济贸易、金融改革、治理腐败、消除贫困和控制毒品等方面的合作问题,还协商建立东盟大学的事宜。

9 月 15 日 第 33 届东盟经济部长会议在越南首都河内举行。会议决定从 2002 年 1 月 1 日起,对柬埔寨、老挝、缅甸、越南等 4 个新成员国向老成员国出口实行优惠机制,以缩小东盟各国之间的发展差距。

10 月 8 ~ 9 日 第三届东盟—湄公河流域开发合作部长级会议原则通过有关建造由中国昆明至新加坡的泛亚铁路的计划。

11 月 3 日 东盟与中、日、韩 10 +3、10 +1 高官会议先后在文莱斯里巴加湾市举行。在 10 +3 会议中,讨论了即将举行的第五次 10 +3 领导人非正式会晤的议题,确定关于反恐和预防艾滋病两个宣言的草案文本,并同意提交领导人会议签署。

11 月 5 ~ 6 日 第七次东盟首脑会议在文莱首都斯里巴加湾举行。

11 月 5 日 第五次东盟与中、日、韩领导人会议在斯里巴加湾举行。会议以 10 +3 合作机制和推进东亚合作为主要议题。

2002 年

1 月 1 日 根据东盟 1992 年通过的自由贸易区计划,东盟老成员国(印度尼西亚、马来西亚、菲律宾、新加坡、泰国和文莱)之间从即起在本区域内从制造业到农业所有产品的关税均降到 0 ~ 5%。

1 月 12 日 东盟决定扩大对东南亚恐怖组织的调查范围。新加坡、马来西亚宣称已逮捕 30 多名好战分子嫌疑犯,但更多的“基地”组织成员很可能仍然在逃。马来西亚总理马哈蒂尔说,恐怖组织马来西亚圣战组织的一些成员承认曾接受塔利班及本 · 拉登领导的基地组织训练。

2 月 21 日 东盟外长非正式会议在泰国普吉岛举行,东盟各成员国外长及东盟秘书长韦里诺就反恐怖主义、东帝汶加入东盟、亚洲合作对话等问题进行广泛而坦率的交流。东盟各国首次表达加强合作打击国际恐怖主义的意愿,并表示支持 4 月举行的以反恐怖主义为中心议题的东盟反恐怖跨国犯罪部长特别会议。

3 月 11 日 柬埔寨首相洪森在出席新加坡国立大学艺术和社会科学院举办的东盟讲座上说,希望中国更加强大和繁荣,因为强大和繁荣的中国对柬埔寨有利。

3 月 15 日 越南国防部长范文茶表示在越南与俄罗斯的协议终止后,越南将独立使用金兰湾。

5 月 10 日 第五届东盟与中、日、韩(10 +3)财政部长会议在中国上海举行。与会各国财长们就全球和地区宏观经济形势和加强东亚地区财政金融合作等议题进行讨论并发表《部长联合公报》。

5 月 14 日 第三次中国—东盟经济高官会议在中国北京举行。会议就未来 10 年内建立中国—东盟自由贸易区的目标、原则、内容、时间框架等问题进行讨论。

5 月 22 ~ 23 日 中国—东盟年度政治磋商在印尼雅加达举行。中国与东盟 10 国外交高级官员深入讨论“9 · 11”事件给国际和地区形势带来的影响,并就深化双方全面合作达成广泛共识。

6 月 6 日 首次中国—东盟贸易、投资和发展合作国际研讨会在中国昆明举行。

6 月 14 日 首届东盟—中国大学校长会议在泰国首都曼谷举行。

6 月 19 日 亚洲合作对话外长非正式会议在泰国昌安举行。会议发表的主席声明表示此次会议确立了一个新的泛亚区域合作对话机制,与会各国将借此进一步拓展在各具体领域的合作,并不断完善这一机制。

7 月 6 日 东盟各国财政部长在马来西亚首都吉隆坡共同制定一项推进地区合作及在 2010 年之前实现地区互免关税的新政策。

7 月 29 ~ 31 日 第 35 届东盟外长会议在文莱首都斯里巴加湾举行,会议以“应对各种挑战,确保更好未来”为主题。30 日,东盟与中、日、韩举行 10 +3 外长会议。31 日,第九届东盟地区论坛外长会议举行。东盟地区论坛外长会议主席声明阐述了与会部长们在地区安全、反恐等问题的立场。

8月1日 东盟与中国(10+1)外长对话会在斯里巴加湾市举行。中国外交部长唐家璇出席会议并发表讲话,同时提交中国对新安全观立场的报告。

8月29日 中国—东盟合作论坛在马来西亚首都吉隆坡举行。

9月9日 第23届东盟议会联盟大会在越南首都河内举行。大会主要讨论如何促进地区和平、稳定、发展与繁荣大计。

9月13日 首次东盟—中国经济贸易部长会议在斯里巴加湾市举行。与会双方就中国—东盟自由贸易区相关问题,包括中国—东盟贸易投资关系、中国—东盟全面经济合作框架协议、货物贸易自由化方面的“早期收获”等内容进行磋商,并在主要问题上达成共识。会后发表联合声明。

9月23日 参与大湄公河次区域合作的中国、缅甸、泰国、老挝、柬埔寨、越南的代表在柬埔寨首都金边举行部长级会议,评估大湄公河次区域10年发展战略规划及重点合作领域的进展情况,并为11月召开的大湄公河次区域经济合作第一届领导人会议作准备。

11月1日 东盟与中、日、韩10+3、10+1高官会议相继在金边举行。高官会回顾总结了各方合作情况,讨论并确定第六次10+3和10+1领导人会议议题。

11月3日 首届大湄公河次区域经济合作领导人会议在金边举行。中国国务院总理朱镕基出席会议并就加强次区域合作的重要性等问题作主旨发言。会议决定此后每三年在成员国中轮流举行一次大湄公河次区域经济合作领导人会议。会后,有关国家签署《大湄公河次区域便利运输协定》谅解备忘录、《大湄公河次区域便利运输协定》中方加入书和《大湄公河次区域政府间电力贸易协定》。

11月4日 第六次东盟与中国领导人会议在金边举行,会议讨论深化东盟与中国的合作。中国国务院总理朱镕基在会上提出中国与东盟自由贸易区进程的建议,签署《中国与东盟全面经济合作框架协议》,决定到2010年建成中国与东盟自由贸易区。会后,中国与东盟秘书处签署《农业合作谅解备忘录》,与东盟签署《南海各方行为谅解备忘录》。同日,第六次东盟与中、日、韩领导人会议举行。

11月4~5日 第八次东盟首脑会议在金边举行。与会各国领导人就实现东盟一体化,扩大大东盟与中国、日本、韩国和印度在经济贸易以及非传统安全领域开展合作等问题达成广泛共识并签署《关于打击国际恐怖主义联合宣言》、《东盟旅游协定》等一系列文件。

12月16~17日 第二届中国—东盟商务理事会暨中国—东盟商务合作论坛在中国昆明举行。

2003年

1月6日 来自新加坡的王景荣接替鲁道夫·塞韦里诺就任东盟秘书长,任期5年。

1月20~22日 东南亚反恐工作会议在印度尼西亚首都雅加达举行。会议主要讨论在反恐和打击集团犯罪方面的合作。

2月24~25日 中国—东盟自由贸易区高层论坛在中国桂林举行。论坛主题是:利用区位优势,构筑中国—东盟自由贸易区合作平台。

2月27日 第七次中国—东盟谈判委员会会议在桂林举行。这是《中国—东盟全面经济合作框架协议》签署后的第一次谈判委员会会议。

4月29日 中国—东盟领导人关于非典型肺炎问题特别会议在泰国首都曼谷举行。应泰国总理他信的邀请,中国国务院总理温家宝出席会议并发表讲话。

6月10~11日 第34届东盟经济高官会议在缅甸首都仰光举行。

6月12~14日 第36届东盟常委会第四次会议在柬埔寨首都金边举行。

6月13~14日 东盟高级官员会议在金边举行。

6月16~17日 第36届东盟外长会议在金边举行。会议以“迈向东盟经济共同体—相互合作,面向世界”为主题,并就东盟经济一体化、地区政治和安全合作、东盟对外关系以及共同关心的国际和地区问题发表联合声明。

6月18日 第10届东盟地区论坛在金边举行。东盟10国和中国、美国、欧盟和俄罗斯等对话伙伴的外长或代表参加会议。探讨地区安全、打击国际恐怖主义、东盟一体化等问题。

7月12~13日 东盟10国工商部长会议在印度尼西亚首都雅加达举行非正式会议,同意采取积极措施推动地区经济贸易一体化。

8月6~7日 第六届东盟与中国、日本和韩国财政部长会议在菲律宾首都马尼拉举行,会后发表《部长联合声明》,决定加强东亚金融合作。

8月9日 东盟与中国、日本、韩国旅游部长特别会议在北京举行。会议发表《10+3振兴旅游业北京宣言》。中国国务院副总理吴仪出席开幕式并致辞。

9月3日 中国—东盟经济部长第二次磋商会议在柬埔寨首都金边举行,会后发表联合声明。

9月11日 第23届东盟国家警察首脑会议在菲律宾首都马尼拉闭幕。会议签署联合公报,承诺进一步加强反对恐怖主义和跨国犯罪的合作,维护地区安全、和平与秩序。

9月17～18日 大湄公河次区域经济合作第12次部长级会议在中国云南举行。

9月19日 第三届东盟电信与信息技术部长会议在新加坡闭幕。会议发表的联合声明强调,东盟国家同意加强网络安全措施,加强在信息与通信技术领域的合作,以促进东盟在信息与通信技术领域的市场一体化进程。

10月1日 来自中国、缅甸以及湄公河委员会四国(柬埔寨、老挝、泰国、越南)的代表在柬埔寨首都金边举行第八次会议,就进一步加强湄公河沿岸六国的合作,促进地区发展进行对话与讨论。

10月5～7日 首届东盟商业与投资峰会在印度尼西亚巴厘岛举行。

10月7日 第九次东盟首脑会议在印度尼西亚巴厘岛举行,会议签署《东盟安全共同体》、《东盟经济共同体》和《东盟社会与文化共同体》系列文件构成的"巴厘第二协约"。

△第七次东盟与中国、日本和韩国领导人会议在印度尼西亚巴厘岛举行。

10月8日 第七次东盟与中国领导人会议在印度尼西亚巴厘岛举行。中国国务院总理温家宝出席会议并发表"全面深入合作、促进和平繁荣"的主题讲话。双方签署《东盟与中国通信技术合作的谅解备忘录》、《东盟与中国全面经济合作的框架协定》、《东盟与中国领导人关于和平、繁荣的战略伙伴关系的联合宣言》等协定,中国决定加入《东南亚友好合作条约》。

△在第七次东盟与日本领导人会议上,东盟10国领导人与日本首相小泉纯一郎在巴厘岛签署《东盟与日本全面经济伙伴框架协议》。

10月25日 第二次中国—东盟交通部长会议在缅甸首都仰光举行。会议联合声明重申实现交通一体化对建立中国—东盟自由贸易区至关重要。

11月13日 中国与东盟贸易谈判委员会第10次会议在中国重庆举行。会议就服务、贸易、原产地规则等进行讨论。

11月29～30日 湄公河委员会第10次会议在柬埔寨首都金边举行。会议就有关共同分享和监督使用湄公河水资源程序达成一致。

12月8日 旨在培养高级管理人才的大湄公河次区域经济合作《金边发展计划》正式启动。柬埔寨首相洪森在启动仪式上强调,该计划的实施对加强本区域合作,缩小发展差距意义重大。

12月11～12日 日本与东盟特别首脑会议在日本首都东京举行,会议通过《东京宣言》及其《行动计划》。会议期间,日本正式签署加入《东南亚友好合作条约》的相关文件。

2004年

1月8日 以"分担负责、共建安全"为主题的第四届东盟打击跨国犯罪部长级会议在泰国首都曼谷举行。

1月10日 首届东盟与中国、日本、韩国打击跨国犯罪部长级会议在曼谷举行。东盟10国与中国、日本、韩国主管部门领导人及秘书长与会。

3月2日 中国—东盟防治禽流感特别会议在北京举行。中国国务院总理温家宝于会前会见出席会议的各国代表团团长,国务院副总理回良玉出席会议并讲话。会议发表《联合新闻声明》。

4月13～14日 东盟地区论坛2003～2004年度第二次建立信任措施会议在缅甸仰光举行。会议就当前国际和地区安全形势、非传统安全领域合作以及东盟地区论坛未来发展方向等问题交换意见。

6月3～5日 中国—东盟高官磋商第10次会议在柬埔寨西哈努克市举行。中国外交部部长助理沈国放和东盟10国及东盟秘书处高官出席会议。与会各方就进一步加强东盟与中国关系及共同关心的地区和国际问题深入交换意见,并取得广泛共识。

6月6～9日 第三届中国—东盟商务理事会议在缅甸仰光举行。会议重点讨论在中国—东盟自由贸易区框架下商会如何促进和支持贸易便利化,中小企业如何合作与发展以及贸易、商务和信息的定期交流等议题。

6月9日 第22届东盟能源部长会议及首届东盟和中、日、韩能源部长正式会议在菲律宾首都马尼拉先后举行。两会商讨了地区能源供应安全和加强能源领域合作等问题。东盟能源部长会议通过一项为期5年的东盟能源合作行动计划。

6月18～19日 中国—东盟外长非正式会议在中国青岛举行。会议由中国外交部部长李肇星和柬埔寨外交与国际合作大臣贺南洪共同主持。东盟秘书长王景荣出席会议。与会各国外长于会后发表《联合新闻稿》。

6月23日 中国—东盟贸易谈判委员会会议在中国南宁举行。中国和东盟各国及东盟秘书处均派代表团参加。

6月23～24日 由新加坡东南亚研究所举办的首届东盟—中国论坛在新加坡举行。论坛以"发展东盟—中国关系:现实与前景"为主题。东盟秘书长王景荣在开幕式上发表题为"确保东盟和中国双赢伙伴关系"的讲话。

6月30日 第37届东盟外长会议在印度尼西亚首都雅加达举行。会议以"努力实现东盟全面一体化:一个繁荣、人道与和平的共同体"为主题,重申到2020年建立包括东盟安全共同体、经济共同体和社会共同体组成的东盟共同体。会议还就东盟一体化、打击恐怖主义和国际及地区的热点问题等发表联合声明。

7月1日　东盟与中国、日本、韩国外长会议在印尼首都雅加达举行。会议重点就东盟与中、日、韩3国合作发展方向及地区和国际形势等进行深入讨论。在同日举行的东盟与对话国非正式会议上，与会各国重点就拟议中的东盟共同体、与八国集团关系、伊拉克局势、中东冲突、国际反恐合作等问题交换看法。

7月2日　第11届东盟地区论坛外长会议在印尼首都雅加达举行。来自亚洲太平洋地区的24个成员国的外长或代表参加会议。日本和巴基斯坦签署加入《东南亚友好合作条约》。

7月8~9日　中国与东盟成员国总检察长会议在中国昆明举行，来自中国和东盟10国的100多名代表出席。中国国家主席胡锦涛致贺信。会议签署《中国与东盟成员国总检察长会议联合声明》。

8月3日　中国东盟协会在北京成立。中国全国人大常委会副委员长顾秀莲出任会长。

8月4日　东盟和中国、日本、韩国主管信息产业的部长在泰国首都曼谷举行会议，讨论如何在10+3框架下，促进各方在通信和信息技术领域的交流与合作。这是东盟10国和中日韩首次就产业问题举行部长级会议。

8月26~27日　第二届中国与东盟媒体合作高层研讨会在中国南宁举行，来自东盟10国的新闻信息部门、媒体、东盟秘书处的代表和中国的人民日报、新华社、中央电视台等100多家媒体代表出席会议。研讨会以和平、安全、合作、繁荣为宗旨，以媒体合作与10+1自由贸易区发展同步为主题进行研讨。

9月3日　第36届东盟经济部长会议在印度尼西亚首都雅加达举行。与会各国一致同意在10个经济领域加速实现一体化，以促进贸易便利和投资手续标准化。

9月22日　中国与东盟10国反恐怖领域专家在中国苏州举办研讨会，就加强反恐怖领域合作进行探讨。

11月3~6日　首届中国—东盟博览会在中国广西壮族自治区首府南宁举行。博览会历时3天，130多位部长级嘉宾和1.8万参展商和采购商参加。

11月4~6日　首届东盟地区论坛安全政策会议在中国北京举行，来自亚太地区及欧盟24国防务和安全部门的官员参加。

11月29日　第八次东盟与中国领导人会议在老挝首都万象举行。中国国务院总理温家宝和东盟10国领导人出席会议并签署《中国—东盟全面经济合作框架协议货物贸易协议》。温家宝在会上提出加强双方合作的10点新倡议。

△第八次东盟与中国、日本、韩国领导人会议在老挝首都万象举行。会议讨论建立“东亚首脑会议”和“东亚自由贸易区”的可能性，决定首届东亚首脑会议于2005年在马来西亚举行。

11月29~30日　第10次东盟首脑会议在老挝首都万象举行。会议通过《东盟社会文化共同体行动纲领》、《东盟安全共同体进行纲领》和《东盟打击人口贩卖尤其是妇女儿童的联合宣言》，还通过《关于加强柬埔寨、老挝、缅甸、越南经济合作和一体化的万象宣言》、《缅甸—老挝—越南三角区社会经济发展总体计划》等文件（称为《万象行动纲领》），签署《东盟关于一体化优先领域的框架协议》。同时，东盟领导人还就建立解决争端机制达成共识。会议期间，俄罗斯、韩国签署加入《东南亚友好合作条约》。东盟还分别与日本、韩国、印度签署《东盟与日本合作打击国际恐怖主义的联合宣言》、《东盟—韩国全面合作伙伴关系联合宣言》、《东盟—印度和平、进步与共同繁荣伙伴关系协定》和《执行东盟—印度和平、进步与共同繁荣伙伴关系的行动计划》，与澳大利亚、新西兰签署《东盟—澳大利亚、新西兰万象宣言》，决定2005年正式启动东盟—澳大利亚、新西兰自由贸易谈判。

2005年

年初　中国与东盟开始实施作为自由贸易安排一部分的“早期收获计划”。7月，中国宣布扩大对柬埔寨、老挝、缅甸三国的特惠关税待遇范围。7月20日《货物贸易协议》开始实施，中国和文莱、印度尼西亚、马来西亚、缅甸、新加坡、泰国6国相互实施自贸区协定税率。中国和东盟上述国家7000余种商品开始降税。

1月6日　东盟地震和海啸灾后问题领导人特别会议在印度尼西亚首都雅加达举行。东盟10国、中国、韩国、澳大利亚、日本、美国、联合国、欧盟、世界卫生组织等20多个国家和国际组织的领导人参加会议。中国国务院总理温家宝出席会议并讲话。会议通过行动宣言。

1月25~26日　中国—东盟地震海啸预警研讨会在北京举行。研讨会是根据中国国务院总理温家宝在东盟地震和海啸灾后问题领导人特别会议的倡议而召开的。中国国务院副总理回良玉出席开幕式并致词。

1月26日　中国东盟协会网站（www.chinaasean.org）开通。中国东盟友好协会会长、中国全国人大常委会副委员长顾秀莲以及东盟各国驻华使节出席开通仪式和招待会。

3月14日　柬埔寨、老挝、缅甸等东盟国家发表声明，表示完全支持和理解中国实施反分裂国家法。

△菲律宾国家石油公司、中国海洋石油总公司和越南石油和天然气公司在菲律宾首都马尼拉签署《在南中国海协议区三方联合海洋地震工作协议》。

4月26日　第二届中国—东盟博览会高官会议在桂林召开，来自中国、东盟10国以及东盟秘书处的70多名代表共同商讨第二届博览会和商务与投资峰会有关筹备事宜。

4月29日 中国—东盟高官磋商第11次会议在上海举行。会议通过中国—东盟名人小组议事规则,讨论中国—东盟建立对话伙伴关系15周年纪念活动规划,同意尽快召开落实《南海各方行为宣言》会议。

5月4日 参加在土耳其伊斯坦布尔举行的亚洲发展银行理事会第38届年会的东盟10国与中国、日本、韩国财长举行第八届东盟10+3财长会议。会议结束时发表《东盟10+3财长联合声明》。

5月6日 东盟与中国、日本、韩国外长会议在日本京都举行。会议主要讨论东盟与中国、日本、韩国合作及东亚峰会等问题。

5月12~18日 中国—东盟电信周分三个阶段先后在中国北京、上海和深圳举行。双方通过《中国—东盟建立面向共同发展的信息通信领域伙伴关系北京宣言》,并启动中国—东盟信息通信合作网站。

5月17~19日 第25届东盟国家警察局长会议在印度尼西亚巴厘岛举行。

5月20日 第12届东盟地区论坛高官会在老挝首都万象举行。论坛重点议题是国际与地区安全形势。

7月5日 大湄公河次区域经济合作第二次领导人会议在中国昆明举行。中国国务院总理温家宝、柬埔寨首相洪森、老挝总理本扬、缅甸总理梭温、泰国总理他信和越南总理潘文凯以及亚洲开发银行行长黑白东彦出席会议。会议以“加强伙伴关系,实现共同繁荣”为主题,通过《昆明宣言》。

7月26日 第38届东盟外长会议和第12届东盟地区论坛相继在老挝首都万象举行。会议发表《联合公报》并签署建立东盟发展基金协议和建立灾害控制和应急反应协议;发表《关于联合国改革的声明》。会议期间,新西兰表示准备签署《东南亚友好条约》,东盟与韩国发表《东盟—韩国合作打击国际恐怖主义联合宣言》。东盟还与对话伙伴美国、欧盟、加拿大、澳大利亚、新西兰、俄罗斯等部长举行东盟部长扩大会议,探讨与对话伙伴的合作事宜。

7月27日 第六届东盟与中国、日本、韩国外长会议在万象举行。会议就共同关心的国际和地区问题发表声明。

8月3日 东盟与中国、日本、韩国文化部长会议在泰国首都曼谷举行。中国文化部长孙家正和东盟秘书长王景荣共同签署《中华人民共和国与东南亚国家联盟成员国政府文化合作谅解备忘录》。

8月13日 东盟与中国、日本、韩国13国首都警方在北京共同签署《关于加强东盟与中国、日本、韩国首都警察局合作的北京宣言》。

9月1~2日 首届中国—东盟法律合作与发展高层论坛在中国南宁举行。与会嘉宾共同签署《南宁宣言》。

9月19日 第26届东盟议会联盟会议在老挝首都万象举行。中国全国人大常委会委员、全国人大外事委员会副主任委员王英凡率中国全国人大观察员代表团出席会议。

9月26~30日 第27届东盟农业和林业部长会议在菲律宾塔盖泰举行。与会部长们在闭幕式上携手表示将联手对抗禽流感的威胁。

9月29日 第37届东盟经济部长会议,第四次东盟与中国经济部长会议和第八次东盟与中国、日本、韩国经济部长会议先后在老挝首都万象举行。

10月19~22日 第二届中国—东盟博览会和商务与投资峰会在中国南宁举行。中国国家副主席曾庆红,老挝国家副主席朱马利,柬埔寨首相洪森,缅甸总理梭温,泰国第一副总理颂奇和越南政府常务副总理阮晋勇等出席博览会和峰会。

10月20日 第二届东盟—中国禁毒合作部长级会议在北京举行。

11月9日 2005年中国—东盟标准研讨会在中国南宁举行。会议以技术标准与中国—东盟自由贸易区建立和贸易健康发展为主题。

12月7日 中国—东盟高官会议东盟高级官员会议、东盟常委会预备会、东盟经济高官会以及东盟与中国、日本、韩国高官会相继在马来西亚首都吉隆坡举行。

12月9日 第二次东盟与中国外长会议在吉隆坡举行。中国外交部长李肇星出席会议。

12月12日 第11次东盟首脑会议在吉隆坡举行。会议通过包括关于制订东盟宪章的《吉隆坡宣言》等10项协议文件。提出“一个形象,一个身份,一个共同体”的原则。

12月13日 首届东盟与俄罗斯领导人会议在吉隆坡举行。东盟10国领导人与俄罗斯总统普京签署一份关于发展全面伙伴关系的联合宣言和推动双边合作的行动计划。

2006年

2月16~17日 第九届东盟旅游部长会议和2006年东盟旅游论坛在菲律宾达沃举行。会议决定建立一个东盟单一签证机制并加大在旅游方面的媒体宣传力度,以加速东盟旅游业一体化的步伐。

2月15日 为期一周的第五届东盟海关税则协调会在文莱首都斯里巴加湾市举行。40多名来自东盟成员国的海关官员参加会议。会议确定将根据国际统一货物名称及编码系统来协调区域海关税则。

3 月 15 ~ 16 日 第七次中国—东盟联合合作委员会会议(ACJCC)在中国南宁举行。1997 年成立的 ACJCC 是中国—东盟之间协调各领域合作的一个重要工作机制。

3 月 21 ~ 23 日 首届东盟教育部长会议在新加坡举行。会议对教育在增强地区稳定和构建东盟社会—文化共同体,增加本地区文化、宗教及各民族间相互了解等方面起到的作用达成共识,并决定在增进文化管理、青年交流等方面加强合作。

4 月 8 ~ 9 日 中国—东盟文艺汇演暨青年音乐家交响乐表演在柬埔寨举行。这一活动是纪念中国与东盟建立对话关系暨中国—东盟友好合作年系列庆祝活动的第一项。

4 月 12 日 首届中国—东盟会展业国际合作高峰会在中国南宁举行,会议旨在促进中国与东盟各国国际会展企业交流与合作。

4 月 21 日 第二届中国—东盟电信周信息通信部长论坛以及中国—东盟电信周活动在马来西亚槟城闭幕。会议联合声明重申,中国和东盟将继续加强在信息产业领域的战略伙伴关系。

5 月 6 日 第 19 届东盟劳工部长会议在新加坡举行。

5 月 16 日 东盟(除泰国以外)与韩国在菲律宾首都马尼拉正式签署旨在削减商品关税的自由贸易协定。这一协议是根据 2005 年 12 月东盟和韩国签署的关税减让协定而最终达成的,它将为双方在 2010 年前建立东盟—韩国自由贸易区打下基础。

5 月 17 日 中国—东盟民间友好组织大会在中国首都北京举行。与会民间友好组织会后签署《中国—东盟民间友好合作宣言》。

5 月 23 日 第 26 届东盟国家警察首脑会议在马来西亚首都吉隆坡举行。

5 月 25 日 首届东盟茶文化博览会在马来西亚吉隆坡闭幕。

5 月 29 ~ 30 日 中国—东盟高官磋商第 12 次会议在柬埔寨暹粒举行。中国外交部副部长武大伟、东盟 10 国外交部主管副部长及东盟秘书长出席会议。

6 月 5 ~ 6 日 首届东盟东部增长区交通部长会议在文莱举行。来自增长区 4 国的交通部长、商务理事会主席及部分私营企业代表讨论加强增长区各方在交通领域的合作,落实 2006 ~ 2010 年东盟东部增长区发展路线图计划。

6 月 13 日 东盟高官磋商会议和中国—东盟博览会高官会在中国广西南宁召开。中国、东盟各国以及东盟秘书处的近 60 名代表共商第三届中国—东盟博览会筹备工作。

7 月 20 ~ 22 日 环北部湾经济合作论坛在中国南宁举行。来自文莱、印度尼西亚、马来西亚、菲律宾、新加坡、越南、日本、韩国及中国广西、广东、海南等 7 个省(自治区)的 160 多名政府官员、专家学者和著名企业代表参加。与会者围绕共建中国—东盟增长极的主题探讨环北部湾区域合作问题。

7 月 22 ~ 28 日 东盟高官磋商会议、第 39 届东盟外长会议、第 13 届东盟地区论坛外长会议、第七届东盟与中国、日本、韩国外长会议、东盟外长扩大会议和东亚峰会外长午餐会等一系列会议在马来西亚首都吉隆坡召开。

7 月 24 日 第 13 届东盟地区论坛在马来西亚吉隆坡举行。东盟 10 国及中国、澳大利亚、加拿大、欧盟、新西兰、美国、俄罗斯、朝鲜、蒙古、日本、韩国、东帝汶、法国等 26 个国家或地区参加。会上东帝汶提出加入东盟的要求,法国也决定签署《东南亚友好合作条约》。

7 月 27 日 东盟第 24 届能源部长会议在老挝万象举行。会议对如何加强能源合作、开发可再生能源进行磋商。

8 月 21 ~ 25 日 第 38 届东盟经济部长会议(AEM)在吉隆坡举行。会议以共同承担加快步伐发展东盟经济一体化为主题,就消除非关税贸易壁垒的实施目标和时间表进行磋商。会后还举行了第 13 届东盟经济部长与日本经济贸易工业部长磋商会、第四届东盟经济部长与韩国贸易部长磋商会、第五届东盟与印度经济部长磋商会、东盟经济部长与美国代表磋商会等。

8 月 24 日 中国—东盟建立对话关系 15 周年纪念峰会协调领导小组全体会议在北京举行。

△第九次东盟与中国、日本、韩国经济部长会议在吉隆坡召开。

8 月 25 日 东盟与美国在马来西亚吉隆坡签署贸易与投资框架协议。

8 月 29 ~ 30 日 中国与东盟海上执法合作研讨会在中国大连举行。这是中国和东盟首度联合开展海上执法合作研讨。

9 月 18 ~ 19 日 中国—东盟文化产业论坛在中国南宁举行。会后发布《中国—东盟文化产业论坛南宁宣言》。

9 月 20 日 中国和印度尼西亚在中国青岛举办第六次救灾会间会。会议是根据第 13 届东盟地区论坛(ARF)外长会议决定召开的。中方向会议提交《ARF 救灾合作指导原则》(草案)。

9 月 25 日 第二届东盟与中、日、韩区域扶贫研讨会在北京举行。中国在会上提议东盟 10 国与中、日、韩 3 国今后每两年举行一次扶贫部长级会晤,以促进区域减贫。

9 月 27 日 东盟 10 国在柬埔寨境内的湄公河举行水灾救助演习。

10月30日 中国—东盟建立对话关系15周年纪念峰会在中国南宁举行。中国国务院总理温家宝、文莱苏丹博尔基亚、柬埔寨首相洪森、印度尼西亚总统苏西洛、老挝总理波松·布帕万、马来西亚总理巴达维、缅甸总理梭温、菲律宾总统阿罗约、新加坡总理李显龙、泰国总理素拉育和越南总理阮晋勇出席会议。会后各国领导人共同签署《中国—东盟纪念峰会联合声明》。

10月31日 第三届中国—东盟博览会和第三届中国—东盟商务与投资峰会在南宁举行。

11月2日 首届中国—东盟出入境检验检疫合作论坛在南宁举行。近200名来自中国和东盟国家的出入境检验检疫相关部门代表参加研讨。

11月3日 东盟—湄公河流域开发合作(AMBDC)第八次泛亚铁路特别工作组会议在中国昆明举行。

11月18日 第16次东盟银行大会和第35届东盟银行理事会议在新加坡举行。与会代表围绕"统一与一体化"的会议主题,探讨东盟及其与对话伙伴在银行业与金融方面的合作。

12月8日 中国—东盟商贸部长会议在菲律宾宿务举行。会议就中国—东盟自由贸易区的有关问题进行协商,签署中国—东盟全面经济合作框架协议第二次修订协议书。

2007年

1月11日 第39届东盟外长会议在菲律宾宿务举行。会议商定有关东盟领导人峰会的议题及草案,其中包括决定起草东盟宪章的相关文件。

△越南正式成为世界贸易组织第150个成员。

1月13日 第12次东盟首脑会议在宿务举行。会议签署关于起草东盟宪章、加快东盟共同体建设、保护海外劳工权益等6项联合宣言和反恐公约。

△法国和东帝汶分别签署加入《东南亚友好合作条约》。法国是第一个加入该条约的欧盟国家。

1月14日 第10次中国—东盟领导人会议在菲律宾宿务举行。中国国务院总理温家宝在会上发表讲话。后会双方签署《中国—东盟自由贸易区服务贸易协议》和《落实中国—东盟面向共同发展的信息通信领域伙伴关系北京宣言的行动计划》等合作文件,并续签《中国—东盟农业合作谅解备忘录》。

1月22~23日 东盟地区论坛首次海上安全岸上演习在新加坡樟宜海军基地举行。来自东盟地区论坛22个成员国的102位官员参观演习。

2月6日 第四届中国—东盟商务与投资峰会研讨会在北京举行。

2月12日 文莱、马来西亚、印度尼西亚3国签署《婆罗洲之心宣言》,加强对该地区热带雨林的保护。

3月14日 第16届欧盟—东盟部长级会议在德国纽伦堡举行。大会宣言和联合主席声明表示,双方将深化在政治安全、经济社会等领域的合作,把两大地区组织的关系提升到更高水平。声明对欧盟有意加入《东南亚友好合作条约》表示欢迎,同时欢迎欧盟介入东亚峰会进程。

4月9~10日 首次大湄公河次区域(GM3)6国农业部长会议在中国北京举行。会议由中国农业部和亚洲开发银行共同主持召开,柬埔寨、中国、老挝、缅甸、泰国和越南6国的农业部长参加。会议发表《大湄公河次区域农业部长联合声明》和通过《农业支持核心计划》。

4月11~12日 第四次中国与东盟成员国总检察长会议在中国澳门举行。东盟各国、中国及中国香港、澳门两个特别行政区的最高检察首脑围绕"直接合作打击跨国跨地区犯罪"的主题举行为期两天的讨论。

4月23~25日 第13次中国—东盟高官磋商和第二次落实《南海各方行为宣言》后续行动特别高官会相继在中国安徽举行。

4月26~27日 首届泛北部湾区域经济合作市长论坛在中国北海举行。菲律宾、越南、新加坡、马来西亚、泰国、印度尼西亚、文莱等东盟国家沿海城市的市长,东盟秘书处,国家有关部委、国内部分沿海城市以及广西北部湾经济区城市负责人参加。

5月4日 东盟与欧盟宣布将展开建立双边自由贸易区的谈判。

5月8日 代号为"金色眼镜蛇"联合军事演习在泰国春武里府揭开序幕。来自泰国、美国、印度尼西亚、新加坡的5000多名士兵和27名日本自卫队成员参加。中国、韩国、菲律宾、澳大利亚、法国、德国6国派出观察员观摩演习。

5月24日 首次中国—东盟新闻部长会议在印度尼西亚首都雅加达举行。

5月30日 泰国宪法法庭就泰爱泰党大选舞弊案作出最终裁决:判定有关泰爱泰党2006年4月2日在大选中存在舞弊行为的指控成立,判处解散泰国最大政党泰爱泰党。

6月4日 第27届东盟国家警察首脑会议在新加坡开幕。会议当天,东盟国家警察数据库系统正式投入使用,东盟各国警察部队之间实现重要安全信息的共享。

6月19~21日 第二届东盟—中国民间友好组织大会在文莱首都斯里巴加湾市举行,与会代表签署《落实中国东盟民间友好组织合作宣言的行动计划》,以推动双方的交流与合作。

文　献

重 要 文 件

中国—东盟地震海啸预警研讨会《建立地震海啸预警系统技术平台行动计划》

（2005 年 1 月 25 ~ 26 日，中国北京）

2005 年 1 月 6 日在印度尼西亚雅加达举行的地震海啸灾后领导人特别会议上，中国总理温家宝阁下宣布帮助东盟国家建立强地震与海啸预警网络。作为一项后续行动，中国—东盟地震海啸预警研讨会于 2005 年 1 月 25 ~ 26 日在北京举行。

本次研讨会旨在就最近印度洋地震和海啸灾难交流经验和教训，在地震海啸预警方面交流技术信息和探求通过地震监测开展地震海啸早期预警领域的合作之路。来自东盟国家、澳大利亚、中国、印度、日本、韩国、马尔代夫、塞舌尔、斯里兰卡和美国等国的官员和应急反应管理者和科学工作者参加了研讨会。东盟秘书处、联合国人道主义事务协调办公室、联合国教科文组织、联合国亚太经社会、联合国国际减灾战略、联合国世界气象组织、亚洲备灾中心和亚洲地震委员会等机构的代表也出席了研讨会。

中国国务院副总理回良玉阁下出席研讨会的开幕式。他呼吁通过全球性计划与协作，建立印度洋地震海啸预警系统，重申中国政府支持东盟国家地震海啸监测能力建设的承诺。

东盟国家和国际组织向研讨会提交的国别报告和技术专题报告涵盖了与地震海啸相关的问题，包括印度洋地震海啸灾难损失程度、当前地震及海啸监测技术发展水平、地区预警系统的能力建设，以及地震海啸发生后的应急反应。

与会各方经过广泛的讨论与协商，提出下述建立本地区地震海啸预警系统的行动计划：

建立印度洋和东南亚地区地震海啸预警系统

1. 鉴于印度洋和东南亚地区目前尚无地震海啸预警系统，研讨会认为，应尽早在这一地区建立地震海啸预警系统。研讨会还认为，在印度洋和东南亚地区建立海啸预警系统必须适应这一地区、国家的具体需要以及环境。研讨会认为，建立地震海啸预警系统应以现有的地区及国际地震海啸监测能力和设施为基础，并获得在这些国家和联合国教科文组织政府间海洋学委员会、联合国国际减灾战略组织及世界气象组织等国际机构的配合与支持。

2. 研讨会认为，建立地震海啸预警系统需要整个海啸预警链的各个环节共同努力，包括建立技术设施、连续监测、认知和教育及向当地社会有效地传递早期预警信息。

3. 及时建立印度洋和东南亚地区海啸预警系统，可有效地利用东盟国家现有的相关机构和机制。如东盟地震信息中心（AEIC）、东盟地区气象中心（ASMC）和亚洲备灾中心（ADPC）等：

a）东盟地震信息中心：已经与东盟地区从事地震监测的主要国家级及国际机构建立网络联系并进行数据交换；

b）东盟地区气象中心：已经与东盟地区从事气象预报与监测及海洋气象工作的主要国家级及国际机构建立网络联系；

c）亚洲备灾中心：已经与从事灾害认知及管理的主要国家级及国际机构建立网络联系。

4. 由于地震是引发当地及远距离海啸的主要根源，而这些海啸严重威胁印度洋沿岸和东南亚地区国家，同时首要步骤是加强对地震海啸的监测能力，并发展为印度洋和东南亚地区地震海啸预警系统。该系统必须经济、多用途，必须放眼长远。

5. 积极有效的调动资源是及时建立印度洋和东南亚地区地震海啸预警系统的关键。因此，研讨会注意到，资金到位在早期预警系统的筹建过程中至关重要。研讨会还注意到，泰国倡议设立一个志愿信托基金，2005 年 1 月 28 ~ 29 日在泰国普吉岛举行的地震海啸早期预警安排地区性合作部长级会议上将对该倡议进行进一步讨论。这有可能为目前正在进行的努力提供帮助。

建立亚洲地区地震网（ARSN）

6. 从加强东盟国家和东南亚地区地震监测能力的需要出发，为实现快速、准确、有效的数据交换和预警的目标。有关各方协商，建立一个涵盖上述地区的、统一的亚洲地区地震网。亚洲地区地震网将由地震监测、数据处理与数据传递系统组成。

通信系统（GTS）等现有通讯能力与技术的可能性

7. 研讨会还认为，中国与东盟国家及其他相关各方进行的双边合作可为地震网的建立作出贡献。

8. 中国政府将以提供仪器、技术支持、培训、有关地震预报与预测的研究、灾难评估和在联合国协调要求下采取应急对策等方式为亚洲地区地震网的建立提供帮助。中国政府将采取措施,在地震的预测和预报、灾难评估和应急反应方面加强与东盟国家在科学方面的合作。

能力建设

9. 为了加快技术转让和信息共享,着手准备建立海啸预警系统,分享灾难应急处理和应急反应方面的经验和教训,联合开展跨学科长期研究以更好地了解、掌握地震引发的灾难属性,中国政府同意:

a)尽早,为商定日期东盟国家和相关方面组织培训课程;

b)向东盟国家提供在灾险区划定、需求及能力评估方面的支持;

c)帮助东盟国家的国家地震中心加强能力建设。

亚洲减灾会议

10. 研讨会欢迎中国提出近期举行亚洲减灾会议的建议。

提供地震数据

11. 中国国家地震局将尽快向相关国家和方面提供中国国家地震监测网监测到的,发生在东盟国家和东南亚地区具有破坏等级的地震参数(如震级、位置、震中结构等)。

本行动计划于2005年1月26日在北京举行的中国—东盟地震海啸预警研讨会上获得中国和东盟国家的通过。

(《中国—东盟文件集》 1991~2005)

中国—东盟建立面向共同发展的信息通信领域伙伴关系北京宣言

(2005年5月12~18日,中国北京)

我们,中华人民共和国与东南亚国家联盟(简称“东盟”)各成员国政府信息通信主管部门的部长于2005年5月相聚在北京,对本地区信息通信的发展与合作深入交换了意见,达成如下共识:

一、我们一致认为,信息通信对一个国家经济社会发展具有非常重要的作用。本地区人口众多,经济潜力巨大,在亚太乃至全球的重要性日益提高。同时,各国在加快经济建设、缩小“数字鸿沟”、应对自然灾害等方面都面临挑战。而应对这些挑战,建设和完善信息通信基础设施、推动信息通信技术的广泛应用是非常必要的,加快发展信息通信和建设信息社会是中国与东盟各国面临的共同任务。

二、我们高兴地看到,自2001年11月第五次中国—东盟领导人会议将信息通信确定为双方新世纪五大重点合作领域之一,尤其是2003年10月《中华人民共和国与东南亚国家联盟信息通信合作谅解备忘录》签署以来,在各方共同努力下,中国与东盟各国在信息通信领域的合作已取得积极成果。

——政府间合作方面。

中国信息产业部近年来先后与印度尼西亚、老挝、缅甸、新加坡、泰国、越南等国信息通信主管部门分别签署了双边交流与合作文件,并分别在中国、印度尼西亚和泰国举办了三次中国—东盟信息通信研讨会。

——技术合作与产品贸易方面。

双方在技术合作和产品贸易方面取长补短,互利合作,技术交流不断深化,信息通信产品贸易快速增长,贸易领域日益扩大。

——人力资源开发方面。

中国—东盟信息通信培训项目、大湄公河次区域电信高官培训项目等进展顺利,培训内容涉及技术、管理、监管及信息安全等各个方面。

——基础设施方面。

2004年11月,大湄公河次区域六国的信息通信主管部门签署了《关于共同推进建设大湄公河次区域信息高速公路的谅解备忘录》,目前信息高速公路的建设已进入实施阶段。

三、我们对双方在信息通信领域互利合作关系的迅速发展和不断深化感到满意。一致认为,双方在这一领域进行的合作是广泛的、实质性的、富有成效的。双方强调,中国及东盟各国在信息通信领域的合作具有重要意义,促进了各国信息通信业的繁荣与发展,为本地区经济与社会发展做出了积极贡献。

四、2000年11月东盟各国领导人在新加坡签订了《电子东盟框架协议》;2001年7月在马来西亚达成了《东盟电信与信息技术合作部长级谅解》;2002年8月东盟各国部长于在菲律宾签署了《2002马尼拉宣言》;2003年9月在新加坡通过了《2003新加坡行动计划》;2003年中国—东盟领导人会议上,双方发表了《中国—东盟建立面向和平和繁荣的战略伙伴关系联合宣言》;2004年中国—东盟领导人会议上又通过了《推进中国—东盟面向和平和繁荣的战略伙伴关系的行动计划》;2004年东盟领导人会议上制定了《万象行动计划》。其中均对本地区信息通信业的发展与合作给予了高度关注。双方目前正在据此实施开展有关项目与活动。我们一致同意,为积极响应领导人会议上达成的上述共识,双方应继续本着平等、友好、互利的原则,结合各自特点和需要,在现有合作项目的基础上,采取积极措施,不断探索新的合作内容与合作方式,推动合作向新的深度和广度扩展,为中国与东盟各国在信息通信领域的长期合作构筑坚实基础。

五、为此,我们一致同意,中国与东盟各国建立“面向共同发展的信息通信领域伙伴关系”,以继续扩大和深化双方业已存在的交流与合作,增进相互了解,提升合作水平,促进共同发展,实现互利共赢。我们强调,中国与东盟“面向共同发展的信息通信领域伙伴关系”,是全面和面向未来的关系,深化这一合作关系是各国共同的责任和义务。

为此,双方将重点加强以下领域的合作:

(一)信息通信基础设施发展

信息通信基础设施是建设信息社会的基本条件,是促进经济发展、改善人民生活质量的重要手段。本地区信息通信发展水平不平衡,推进这一领域的合作至关重要。应加强双方在固定、移动、卫星等各种通信网及互联网等信息通信基础设施建设方面的合作。采取有效措施加快实施大湄公河次区域信息高速公路项目,并积极探讨建设中国—东盟信息高速公路,以促进各国之间的信息流通,提升本地区信息通信发展整体水平。

（二）普遍服务

缩小数字鸿沟、推进普遍服务、促进农村和边远地区信息通信发展，是本地区迫切需要解决的问题，也是各国共同面临的挑战。应加强交流和探讨，相互学习和借鉴有关建立普遍服务补偿机制、缩小数字鸿沟的经验和做法，合作开发和推广有利于农村和边远地区信息通信发展的适用技术。

（三）人力资源建设

人力资源能力建设是实现信息社会的关键所在。应不断推进实施中国领导人关于五年内为东盟国家培训500名中高级电信管理和技术人员的倡议。进一步完善信息通信人力资源开发合作，加强各国在这一领域的信息交流和资源共享，采用面对面或远程教育等方式，推动政府、企业和教育机构的共同参与。

（四）网络与信息安全

网络与信息安全是建设信息社会的重要部分，是增强公众使用信息通信技术信心的必要条件。各国都意识到本地区各国的网络与信息安全正面临着严峻挑战。应加强双方在网络与信息安全领域的沟通与合作，探讨建立中国—东盟网络与信息安全应急处理协作框架。

（五）贸易与投资便利化

贸易与投资便利化是促进本地区各国实现经济共同发展的重要条件。应加强各国在电子商务、电子政务领域的交流与合作，推动信息通信技能认证相互承认安排以及电信设备相互承认，改善各国的贸易和投资环境，促进中国—东盟自由贸易区建设。

（六）政府间对话与交流

随着信息通信技术和业务的快速发展，各国在信息通信发展战略与政策、市场监管等方面面临许多新的课题，需要在政府层面加强对话与交流。双方应结合各国经济社会发展实际及其特点，加强信息通信发展战略和政策的交流，探索有效的市场监管模式。探讨建立适当的机制，并深化各个层次的交流与合作。本着积极务实的态度，加强双方在相关国际组织内的磋商与协调。

鉴此，我们一致通过《中国—东盟建立面向共同发展的信息通信领域伙伴关系北京宣言》。

2005年5月12日于中华人民共和国北京

（《中国—东盟文件集》 1991～2005）

中华人民共和国政府和东南亚国家联盟成员国政府文化合作谅解备忘录

（2005年8月3日，泰国曼谷）

中华人民共和国政府和东南亚国家联盟成员国政府（以下分别称“中国”、“东盟”，统称“缔约方”），考虑到中国和东盟成员国丰富的文化和传统以及长期以来的密切关系；为进一步增进中国和东盟成员国在文化领域的友好关系；意识到文化是中国和东盟在政治、经济和社会领域相互理解和合作的基础；认识到文化交流与合作对增进相互了解和友谊的贡献和裨益，决定缔结如下条款：

第一条　合作领域

缔约方将根据各自国内的法律、规章、政策、行政指针和程序，促进在有形和无形文化方面的交流与合作。

第二条　文化活动

一、缔约方将通过艺术合作与交流、联合研究与考察、信息交换、人员交流与互动等活动，积极推动对彼此文化艺术的认识、了解和欣赏。

二、缔约方将通过文化遗产管理计划、知识产权保护以及文化遗产机构和部门之间的网络联系和交流，鼓励和支持对有形和无形文化遗产的保存、保护和推广。

三、缔约方鼓励和支持在考古和文化遗产、传统和当代艺术、文化企业和创意产业、艺术和文化管理领域的人力资源开发。

四、缔约方将通过产品开发和文化市场营销、广告宣传、专家间的信息交换和组织网络等手段建立在文化产业领域的合作。

五、缔约方应努力发现和解决在中国—东盟文化合作中与多边或国际公约有关的问题。

第三条　执行

一、缔约方决定本谅解备忘录的执行机构是：

（一）中华人民共和国文化部

（二）东南亚国家联盟文化和新闻委员会

缔约方的执行机构应通过友好协商决定本谅解备忘录中规定的有关合作项目的细节、日程和安排，缔约方应充当合作中的协调者。

二、缔约方决定项目的设立、监督和评估将在中国—东盟对话关系机制下进行。

三、为保证本谅解备忘录的顺利实施，有关财务责任和项目安排等事务由缔约方通过友好协商加以解决。

第四条　版权

每一方和每个东盟成员国管辖范围内版权保护的执行，应与其国家的法律、规章、行政政策、指针和程序相一致，同时也需遵守中国及东盟有关成员国所签署的国际协议。

第五条　解决分歧

对本谅解备忘录如有解释或执行方面的分歧，缔约方将通过友好协商和谈判加以解决。

第六条　修订

经缔约方同意，可对本谅解备忘录进行修订。修订内容自缔约方签字之日起生效。

第七条　生效、有效期及终止

一、本谅解备忘录自签署之日起生效。

二、本谅解备忘录有效期五年。如任何一方在期满前六个月未以书面形式通知另一方要求终止本谅解备忘录，则本谅解备忘录将自动延长三年。

三、本谅解备忘录的终止不影响在终止日之前已根据本谅解备忘录正在进行的项目和活动的实施。

四、如发生传染病、公共秩序混乱等事件，任何一方有权为安全、公共秩序和公众健康等原因，通过外交途径通知对方全部或部分暂停谅解备忘录项目的实施，并于三十天后生效。

本谅解备忘录于二00五年八月三日在曼谷签署，用中文和英文写成，两种文本同等作准。如两文本发生冲突，以英文文本为准。

中华人民共和国政府代表

中华人民共和国文化部部长　孙家正

东南亚国家联盟代表

东盟秘书长　王景荣

（《中国—东盟文件集》 1991～2005）

第四次中国—东盟经贸部长会议 新闻声明(译文)

(2005年9月29日,老挝万象)

1. 第四次中国—东盟经贸部长会议于2005年9月29日在老挝人民民主共和国万象举行。

2. 会议由老挝人民民主共和国商务部长苏里冯·达拉冯和中华人民共和国商务部副部长于广洲共同主持。

中国—东盟的贸易与投资关系

3. 部长们就当前的地区和全球发展问题,特别是就影响中国—东盟贸易投资关系的有关问题交换了意见。部长们高兴地注意到,2004年,中国和东盟已经成为一个拥有18.5亿消费者、GDP总量达到24800亿美元的经济地区,部长们还注意到,中国和东盟的经济增长势头强劲,尽管自然灾害在一定程度上带来了影响。中国的经济增长率继2003年的9.3%之后,2004年又达到9.5%,而东盟的GDP总量在2004年也取得了6.1%的增长,高于去年5.2%的增长幅度。在充满活力的经济驱动下,中国对东盟的投资总额也从2003年的1.89亿美元增加到2004年的2.26亿美元。

4. 部长们高兴地注意到,自双方于2002年决定建立中国东盟自由贸易区以来,中国与东盟双边贸易增长明显。最新贸易统计数字显示,2005年上半年的双边贸易额增长了25%。中国和东盟继续互为对方的第四大贸易伙伴。2005年前6个月的双边贸易额达到597.6亿美元。令双方部长同样感到高兴的是,从2002年到2004年双边贸易的年增长幅度达到38.9%,2004年达到1059亿美元。

早期收获计划(EHP)

5. 部长们听取了关于2004年1月1日起开始的早期收获计划落实情况的介绍,并满意地注意到,经过一年半的落实,关税总目录中有4.9%的应税项目已经取消。另外,早期收获计划产品在中国—东盟贸易中所占比例增加了29%,贸易值从2003年的15.5亿美元增加到2004年的20亿美元。

6. 部长们还高兴地注意到,中国与菲律宾已经根据2005年4月签署的谅解备忘录达成了早期收获计划一揽子安排,列入菲律宾关税目录的214个最惠国待遇税目(HS 8位税号)将于2006年1月取消关税。

建立中国—东盟自由贸易区的进展情况

7. 部长们欢迎中国与东盟去年在万象完成了中国—东盟自由贸易区框架下的货物贸易和争端解决机制谈判,并签署了货物贸易协议和争端解决机制协议。部长们还注意到了2005年7月起生效的货物贸易协议的落实进展情况。部长们注意到有些国家仍需完成各自的国内程序,敦促这些国家加快工作进度,以便在2005年12月吉隆坡举行的中国—东盟领导人会议之前,所有各方均能就落实《货物贸易协议》做好准备。

8. 部长们注意到为落实中国—东盟自由贸易协议,各国确定了联系人。确定联系人的目的是为了监督中国—东盟自由贸易协议的落实,特别是就中国—东盟自贸区为私营企业答疑解惑,并直接解决有关中国—东盟自由贸易区特惠减让等具体问题。

9. 部长们签署了《中国—东盟自由贸易区原产地规则第一批产品的细则》,并敦促原产地规则谈判人员加速第二批产品细则的谈判进程,以尽早结束整个谈判。

10. 部长们听取了正在进行之中的中国—东盟自由贸易区服务与投资谈判情况,中国—东盟贸易谈判代表委员会和工作组所做的努力表示赞赏,并敦促两个工作组,特别是服务贸易工作组尽最大努力完成谈判,以提交2005年12月在吉隆坡举行的中国—东盟领导人会议签署。

2005年中国—东盟博览会

11. 部长们乐见2004年11月在广西壮族自治区南宁举办的第一届中国—东盟博览会。

(CAEXPO)取得的成果。全球1505家企业和8000多家参展商出席了博览会,创下了1084亿美元的贸易额。在第一届博览会成功举办的基础上,第二届中国东盟博览会将于2005年10月19日至22日在南宁举行。该项活动将与第二届中国—东盟商务与投资峰会同期举行。

文莱—印度尼西亚—马来西亚—菲律宾—东盟东部增长区(BIMP-EAGA)。

12. 部长们欢迎中国作为合作伙伴参与文莱、印度尼西亚、马来西亚和菲律宾、东盟东部增长区(BIMF-EAGA)的发展。部长们还高兴地注意到东盟东部增长区有意参加第二届中国—东盟博览会,尤其关注旅游领域。

与会部长名单

出席这次会议的有:

(Ⅰ)文莱达鲁萨兰国第二外交大臣林玉成;

(Ⅱ)柬埔寨王国商业大臣占蒲拉西;

(Ⅲ)中华人民共和国商务部副部长于广洲;

(Ⅳ)印度尼西亚共和国贸易部国际贸易合作司司长亨利·苏丹托;

(Ⅴ)老挝人民民主共和国商务部长苏里冯·达拉冯;

(Ⅵ)马来西亚国际贸易和工业部副秘书长黄世川;

(Ⅶ)缅甸联邦国家计划与经济发展部部长吴梭达;

(Ⅷ)菲律宾共和国贸易与工业部副部长埃尔默·赫尔南德斯;

(Ⅸ)新加坡贸易与工业部贸易总监陈顺相;

(Ⅹ)泰王国商业部副部长苏维特·米辛西;

(Ⅺ)越南社会主义共和国贸易部长张庭选;

(Ⅻ)东盟秘书长王景荣。

(《中国—东盟文件集》 1991~2005)

第四次中国—东盟交通部长会议 联合新闻声明(译文)

(2005年11月18日,老挝万象)

一、我们,中国和东盟各国交通部长,于2005年11月18日在老挝万象召开了第四次会议。老挝交通部长布通·冯罗坎阁下和中华人民共和国交通部长张春贤阁下共同主持了会议。

二、我们认识到高官们为中国东盟战略伙伴关系所做出的共同努力,特别是在落实共同项目和活动方面取得了积极进展，以符合2004年11月27日老挝万象第八次中国—东盟领导人会议期间签署的《中华人民共和国政府与东南亚国家联盟成员国政府交通合作谅解备忘录》。自去年11月在金边举行的部长会议以来，我们取得了以下主要成果：

1. 改善跨境运输基础设施建设，加强中国与周边东盟国家交通设施的连通性。已开工建设的工程包括：昆曼公路中国路段和老挝路段；连接越南的昆明—河内—海防通道，中国境内昆明—河口路段；柬埔寨7号国家公路（橘井经上丁至柬老边境）；泛亚铁路玉溪蒙自（中国）路段的准轨铁路建设。

2. GMS各国指定跨境口岸开展跨境便利运输。中越以河口老街为试点口岸，实施“单一窗口”检查和“一站式”检查。

3. 完成上湄公河航道改善工程及航标安设工程。

4. 继续《中国与东盟区域性海运合作框架性协定》的谈判。双方在上海、金边和曼谷进行了三次磋商。中国将于明年主办第四次磋商。

5. 启动海上安全合作及区域性航空运输安排的磋商。中国将于2005年12月14～16日于广州召开第一次中国—东盟海事磋商会。《中国东盟区域性航空运输安排》第一次工作组会议也将于2006年启动。

6. 完成“改善柬老缅越四国内陆航道发展研究”工作大纲的制定，中国将于2006年召开该项目第一次工作组会议。

7. 加强人力资源的开发，今年中国在武汉和南京举办了“东盟国家内陆航道整治技术班”，并于7月在上海举办了“船舶油污赔偿研讨会”及“东海搜救演习”。

三、为配合建立东盟—中国自由贸易区的倡议和加强中国与东盟成员国的经济融合，我们进一步肯定交通合作在中国与东盟之间日益发展的贸易、投资及旅游业中所起的重要作用。

四、东盟各国交通部长欢迎中国交通部长张春贤阁下提出的关于未来交通合作的五点倡议，即

第一，制定中国东盟交通合作发展战略规划，加强未来合作的前瞻性；

第二，加快交通基础设施建设，完善交通运输网络；

第三，推进交通体制创新和政策调整，增强可持续区域合作的竞争力；

第四，加强海上安全与保安合作，确保高效顺畅的海上贸易运输；

第五，继续加强人力资源开发合作，增强中国—东盟能力建设整体水平。

五、在这种情况下，我们同意进一步加强双方的合作，开展中国—东盟合作项目，特别是海上安全合作及域性客货航空运输安排的磋商。我们十分欢迎于2006年开展以下新的合作项目：

1. 举办“船员管理研讨班”，重点就国际劳工组织拟于2006年通过的《综合海事劳工公约》以及《国际船舶和港口设施保安规则》和STCW公约修正案的实施进行研讨。

2. 邀请GMS五国参加实施《大湄公河次区域便利客货跨境运输协定》的培训班。

3. 在今明两年内资助10名东盟学员在大连海事大学进行海上安全与环境管理硕士研究生学习。

4. 帮助马六甲海峡沿岸国加强海峡航行安全、保安和环境保护。

四、东盟国家的交通部长借此机会向中国对东盟一直以来的支持表示感谢，特别是在缩小各国发展的鸿沟、深化经济合作，以及建立东盟经济共同体方面所做出的努力。

五、我们感谢老挝政府为本次会议所作的出色安排并同意第五次中国—东盟交通部长会议部长名单：

1. 文莱交通副部长尤索夫·哈密德阁下。

2. 柬埔寨公共工程和交通运输部长孙占托阁下。

3. 中华人民共和国交通部长张春贤阁下。

4. 印度尼西亚交通部长哈达·拉达萨阁下。

5. 老挝通信、运输、邮电和建设部长布通·冯罗坎阁下。

6. 马来西亚交通部长陈广才阁下。

7. 缅甸交通部长登瑞阁下。

8. 菲律宾交通和通讯部长雷恩德洛·门多萨阁下。

9. 新加坡交通部长姚照东阁下。

10. 泰国交通部副部长玛希敦·卢塔朗军阁下。

11. 越南交通运输部部长陶庭平阁下。

12. 东盟秘书长王景荣阁下的代表、东盟秘书处金融和综合支持局沃拉朴·玛奴披帕蓬博士。

（《中国—东盟文件集》 1991～2005）

中国—东盟名人小组共同主席新闻声明（译文）

（2005年12月9日，马来西亚吉隆坡）

今天，中国—东盟名人小组通过小组东盟方共同主席慕萨·希塔姆向中国—东盟外长会议递交了小组报告，呈供2005年12月12日在马来西亚吉隆坡举行的第九次中国—东盟领导人会议的与会中国和东盟领导人考虑。

这份报告是名人小组一年来的工作结晶。2006年，中国和东盟将举行一系列纪念活动来庆祝双方建立对话关系15周年。报告以此为契机，回顾了过去15年来的中国东盟对话关系，并就今后15年及以后更长时间内如何加强这一关系提出了一系列建议。

报告回顾了自上个世纪90年代初以来中国东盟对话关系取得的进展。那时，中国已经同东盟所有成员国建立了外交关系。中国是东盟地区论坛（ARF:）最初参与方之一。1996年，中国成为东盟的对话伙伴。2003年，中国加入《东南亚友好合作条约》。同年，考虑到中国和东盟之间业已建立起广泛、多层次的关系，双方宣布建立战略伙伴关系。2002年，中国和东盟签署了旨在建立中国—东盟自由贸易区的框架协议。

报告建议，在下一个15年及以后更长时期，中国和东盟应从各个方面加强并深化战略伙伴关系，重点推动经济、政治和安全、社会及文化合作。报告强调，在建立自由贸易区建设的基础上，中国和东盟应该努力实现商品、服务、资本和劳动力的自由流动，以加强彼此经济联系。报告强调，应加强安全合作，以保障并进一步推进邻国之间的和谐关系。报告还建议，中国和东盟应继续密切合作，为各种地区进程和倡议作出贡献。在地区和国际舞台上推进共同的利益。

为了实现上述目标，报告从中国东盟关系的发展和本地区乃至世界的强劲发展出发，提出了38项短期和中长期建议。这些建议包括政治安全，经济贸易，社会文化领域及加

强合作机制等。

报告提出的建议主要包括：通过定期对话、交流及互动促进建立信任措施；加强跨国问题方面的合作；支持国际社会在裁军及不扩散大规模杀伤性武器领域的努力；尽早缔结中国—东盟自由贸易区框架下的服务和投资协定，加强在基础设施、运输、通信、农业和能源等重点领域的合作；在北京建立中国东盟中心，促进贸易、投资、旅游、教育和文化方面的合作；建立中国东盟基金会并启动高层次的奖学金计划，促进学术和学生交流；举行关于传染性疾病的高层国际会议，吸引国际关注，调动国际资源；推动开放天空政策、互免旅游签证、设立旅游文化中心；进行更多的人员交流，特别是在青年和体育方面。

中国东盟名人小组于2004年11月在老挝人民民主共和国万象举行的中国—东盟第八次首脑会议上成立，由下列名人组成：钱其琛阁下（共同主席，中华人民共和国）；慕沙·希塔姆阁下（共同主席，马来西亚）；林玉成阁下（文莱达鲁萨兰国）；安蓬·莫尼洛博士阁下（柬埔寨王国）；尤素夫·瓦南迪阁下（印度尼西亚共和国）；坎潘·辛马拉冯阁下（老挝人民民主共和国）；吴昂当阁下（缅甸联邦）；鲁道夫·塞贝里诺大使阁下（菲律宾共和国）；许通美教授阁下（新加坡共和国）；格森·沙摩颂·格森西亲王阁下（泰王国）；阮孟琴阁下（越南社会主义共和国）。

（《中国—东盟文件集》 1991～2005）

《中国—东盟名人小组报告》概要

（2005年12月2日，马来西亚吉隆坡）

中国—东盟关系快速发展已经成为推动东亚和平与稳定的一支力量。它推进了双方的发展，造福了双方人民。中国和东盟共同致力于发展彼此关系，并坚持对世界开放，与全球经济相融合。正因为如此，双方以及双方之间的合作为世界和平与繁荣做出了实质性的贡献。

自从与东盟所有成员国建立（或恢复）外交关系以来，中国与东盟关系领域不断拓展，层次不断提高。中国是东盟地区论坛最初参与方之一，1996年成为东盟的对话伙伴。自1997年起，中国积极参与东盟与中日韩合作进程。2003年，中国加入《东南亚友好合作条约》。同年，中国和东盟宣布建立战略伙伴关系。

中国和东盟之间的贸易增长迅速，2003年达782亿美元，同比增长43%。其中，中国从东盟进口473亿美元，同比增长50%。2004年贸易额超过1000亿美元。相互投资也保持增长，2004年底累计达到360亿美元。在2002年峰会上，中国与东盟领导人签署了关于中国东盟自由贸易区的框架协议。据此，双方于2004年签署了《货物贸易协议》和《争端解决机制协议》。中国和东盟正在就服务贸易协议和投资协议进行谈判。双方还在农业、信息产业、交通、能源、公共卫生、文化、旅游以及湄公河流域开发等领域开展合作。

双方就“非传统”安全问题进行了合作，包括打击贩毒、贩卖人口、非法移民、海盗、恐怖主义、武器走私、洗钱、国际经济犯罪等。中国和东盟还在其他领域保持密切合作，如非典和禽流感等传染性疾病的防治。在文化、艺术、教育、青年事务和其他人员交流方面的合作也非常活跃。

总之，通过频繁及日益增强的互动，中国和东盟已经建立了牢固的关系，成为促进地区和世界和平、稳定与繁荣的建设性因素。中国和东盟领导人已决定加强双方合作，以形成一支更有效的力量，推动国家进步，提高人民的生活水平，建设一个更加和平与繁荣的世界。

下一个15年及更长时期，中国和东盟应从各个方面加强和深化战略伙伴关系，重点推动经济、政治与安全、社会和文化合作。在建立自由贸易区的基础上，双方应努力促进货物、服务、资本和劳动力的自由流动，以加强彼此经济联系。应加强安全合作，以保障并进一步推进邻国之间的和谐关系。

双方应通过亚太经济合作组织、东盟地区论坛、东亚峰会、以东盟与中日韩（10+3）为基础的东亚共同体以及其他地区进程，为实现本地区及更大范围的和平与繁荣作出贡献。双方还应该加强合作，在国际和地区论坛上推进共同的利益。

下一个15年及更长时期，中国和东盟应继续遵循下列原则，发展牢固、全面和互利的双方关系：

1. 应继续根据《联合国宪章》的宗旨和原则、《东南亚友好合作条约》、和平共处五项原则和万隆会议十项原则发展中国—东盟关系。

2. 东盟各成员国在双边和多边两个轨道上发展与中国关系，两者相互补充和促进。

3. 在拓展合作领域时，中国和东盟应遵循协商一致原则，以双方均感舒适的节奏推进。

4. 避免机构重叠十分重要。在提出新倡议时，中国和东盟应尽可能利用现有进程、程序和机制。

5. 在促进地区和平与安全时，有必要采取一种开放和包容的方式，继续加强东盟与其对话伙伴之间业已建立的联系。

政治/安全

东盟与其对话伙伴、包括中国的牢固关系构成地区合作的重要组成部分。中国和东盟应通过多边论坛和区域机制，努力促进本地区政治、防务和安全机构之间更多互动。为此，我们提出如下：

措　施

1. 通过双边、地区和国际层面的定期对话、交流和磋商，推进彼此之间和与国际社会建立信任措施，中国和东盟能够为国际和平和稳定作出重要贡献。中国和东盟应研究适当时候在中国召开一次纪念峰会的可能性，为战略伙伴关系描绘蓝图，为双方关系长期发展指明方向。

2. 双方应在海上安全、非法贩运、恐怖主义、跨国犯罪、减灾防灾等跨国问题方面加强合作，包括采取能力建设措施，加强本地区应对挑战的能力。

3. 双方应在裁军和防止大规模杀伤性武器扩散领域相互合作，并支持国际社会在此领域的努力。

经　济

中国—东盟经济合作的重点应是确定协调一致的领域，使双方都能从中受益。中国的增长为东盟提供了新的机会，更紧密的东盟经济一体化也有利于中国。中国和东盟应共同努力，在贸易、投资、金融、交通与通信、能源合作、旅游和基础设施建设等领域建立更密切的经济联系。为此，我们提出如下措施：

1. 中国和东盟应加快经济合作步伐，加强经济联系。我们鼓励早日完成中国—东盟自由贸易区服务贸易和投资协议的谈判，加强在基础建设、交通、通信、农业和能源等关键领域的合作。

2. 我们进一步建议在北京建立中国—东盟中心，促进双方贸易、投资、旅游、教育和文化合作。每年在南宁举行的中国东盟博览会可作为该中心的活动内容。该中心还可以向潜在的投资者、特别是中小企业提供建议和指导。

3. 为缩小本地区发展差距，改善人民生活，中国和东盟应携手推进《万象行动计划》，通过实施具体项目，促进东盟欠发达国家和次区域发展，提高农村和城市贫困人口的生活质量。

社会文化

人员交往对密切本地区关系至关重要。中国和东盟同处文化和宗教多元化的地区，应共同合作，通过各层次和各领域的交流，在本地区各社会群体之间搭建桥梁。促进更强的文化意识，保护丰富多样的文化遗产，是构建国家和谐相处、人民安居乐业的共同体的重要部分。为此，我们提出如下措施：

1. 中国和东盟可建立中国—东盟基金会，启动一项高层次的奖学金计划，促进双方有天赋的大学本科生、研究生、博士后和年轻教授之间的交流。可建立一个中国—东盟学术研究网络，推进相互交流和共同项目，如出版一份地区性的学术期刊。举行学者和研究人员参加的地区性大会。中国和东盟图书馆之间的现有网络应扩展到国家博物馆、档案馆、文化中心、艺术和电影节。

2. 应加强公共卫生和环境保护领域里的合作。在公共卫生方面，应举行关于禽流感等传染性疾病的高层国际会议，吸引国际关注，调动国际资源。应对这一紧迫的全球性威胁。在环境保护方面，中国和东盟应开展合作，就可持续利用自然资源、减少空气污染以及更好地管理城市和村镇等好的做法进行交流。

3. 中国和东盟可探讨促进开放天空政策，互免旅游签证，设立旅游文化中心等。促进和加强旅游合作。在青年和体育等领域，我们建议进行更多的人员交流，如每年举行中国—东盟羽毛球、乒乓球、篮球和足球比赛以及中国—东盟学生夏令营，通过开展团队活动、参观博物馆和名胜古迹等，促进双方青年更好地相互了解。

结　论

本报告的建议表明，在相互尊重和信任的基础上发展惠及各方的长期关系，是中国与东盟的共同愿望。

（《中国—东盟文件集》 1991～2005）

第九次中国—东盟领导人会议主席声明

（译文）

（2005年12月12日，马来西亚吉隆坡）

1. 第九次中国—东盟领导人会议于2005年12月12日成功举行，尊敬的马来西亚总理达图·斯里·阿卜杜勒·艾哈迈德·巴达维主持了会议。东盟国家领导人和中华人民共和国国务院总理温家宝阁下进行了富有成效的会晤。

2. 我们回顾了过去一年以来中国—东盟关系取得的进展。我们注意到，中国东盟之间的紧密关系非常有助于这一地区的和平与繁荣。我们还注意到，《落实中国东盟面向和平与繁荣的战略伙伴关系联合宣言行动计划》取得了令人满意的进展。

3. 除了农业、信息技术、相互投资、人力资源开发及湄公河流域开发等5个原有重点合作领域外，我们又批准了能源、运输、文化、公共卫生和旅游等5个新的重点合作领域。

4. 东盟国家领导人欢迎中国增加50亿美元优惠贷款，用于支持中国企业在东盟国家的投资项目的倡议。在过去的5年，中国已经向东盟国家提供了近30亿美元的经济援助和优惠信贷。东盟国家领导人注意到，中国宣布将向发展中国家提供100亿美元的优惠贷款及优惠出口买方信贷。我们注意到并感谢这批贷款中的三分之一将提供给东盟国家。

5. 我们同意，双方在能源安全、特别是可替代能源及再生能源的大规模开发、加强石油及天然气的开采、促进节能及提高能效等方面有必要加强合作。

6. 我们同意，在明年纪念中国东盟建立对话关系15周年并将2006年命名为"中国—东盟友好合作年"。为此，我们通过了庆祝双方建立对话关系15周年纪念活动清单。我们大力鼓励公众参加这些纪念活动。我们同意明年举行中国—东盟纪念峰会以重申进一步加强我们战略伙伴关系和实质性合作的承诺。

7. 我们重视旅游业对各国经济的价值，同意审议促进旅游业发展的途径，如互免签证和开放天空政策等。在这方面，我们授权部长和高官研究这一问题。

8. 我们高兴地注意到中国—东盟名人小组（ACEPG）报告回顾了过去15年来的中国—东盟对话关系，并就未来15年及以后巩固这一伙伴关系提出了短期和中长期措施建议。我们授权部长和高官研究报告中提出的措施，并就通过中国—东盟合作框架落实这些措施提出合适的建议。

9. 我们还就共同感兴趣和关心的地区和国际政治、经济问题交换了看法。东盟领导人赞赏中国在推动朝鲜半岛核问题六方会谈方面所发挥的积极、重要的作用。我们注意到六方会谈在寻求以丰口半方式全面解决朝鲜半岛核问题方面作出了重要贡献。

10. 我们欢迎中国和东盟在全面落实《南海各方行为宣言》方面取得的进展，并期待最终缔结一份南海地区行为准则。我们注意到，2004年12月在马来西亚吉隆坡举行的落实《南海各方行为宣言》高官会成立了中国—东盟落实《南海各方行为宣言》联合工作组（ACJWG）。我们欢迎联合工作组2005年8月在菲律宾马尼拉举行的第一次会议，并期待于2006年2月在中国三亚举行联合工作组第二次会议。

11. 我们满意地注意到落实2002年通过的《中国—东盟非传统安全领域合作联合声明》所取得的进展。我们欢迎2005年11月30日在河内举行的中国—东盟打击跨国犯罪部长级非正式会议。

这次会议将有助于加强双方在打击恐怖主义和其他跨国犯罪方面的合作。在这方面，我们同意考虑东盟与包括上海合作组织在内的其他国际组织建立联系，在全球范围共同打击恐怖主义。

12. 我们还注意到正在进行的中国—东盟自由贸易区

(ACF4A)谈判进展情况。我们对中国—东盟自由贸易区货物贸易协议自2005年7月以来的落实情况表示满意。我们敦促东盟和中国尽快完成服务和投资谈判。东盟国家领导人敦促中国大力鼓励其企业在东盟国家投资。

13. 我们同意加强在抗击禽流感方面的合作,并要求东盟国家和中国的卫生部长尽快召开首次会议,采取必要的措施预防并抗击禽流感和其他新发或复发的传染性疾病,如建立抗病毒药物的地区性储备网络。

14. 东盟国家领导人祝贺中国于2005年10月在南宁成功举办第二届中国—东盟博览会及第二届中国—东盟商务与投资峰会。这两次会议为中国—东盟商业部门提供了便利,促进了双方的贸易与投资。

15. 我们还注意到2005年5月在中国举办的中国—东盟电信周。我们认为,当前数字化鸿沟依然很大,而提供价格低廉的个人电脑是缩小这种鸿沟的一种可行方法。我们欢迎建立中国—东盟信息高速公路的建议。东盟国家领导人欢迎中国关于明年主办技术展并在东盟成员国举办应用科技巡回展的建议。

16. 我们欢迎2005年1月在北京举行的中国—东盟地震海啸预警研讨会上通过的《建立地震海啸预警系统技术平台的行动计划》。

17. 我们还欢迎在越南河内成立中国—东盟研究中心,该中心将促进东盟与中国的学术界和智库在观点和研究方面相互交流。东盟国家领导人赞赏中国对落实《万象行动计划》(VAP)的支持,并欢迎中国考虑对东盟发展基金(ADF)捐资。

18. 东盟国家领导人欢迎中国成为东盟东部增长区发展伙伴的意愿,并赞赏中国对东盟一体化倡议(1A1)、东盟湄公河流域开发合作(AMBDC)、大湄公河次区域经济合作(GMS)及三河流域经济合作战略机制(ACMECS)等东盟一体化努力的支持。

19. 我们支持由亚洲候选人竞选下届联合国秘书长。中国对来自泰国的东盟候选人表示理解,这将有助于确保亚洲出现一个强有力和合格的候选人竞选这一重要的职位。

20. 我们欢迎2005年12月14日将在马来西亚吉隆坡举办的第一届东亚峰会。我们认为,东亚峰会可每年召开一次,并在这一地区为促进与会国家之间的战略对话和合作发挥重要作用。 (《中国—东盟文件集》 1991~2005)

中华人民共和国政府和柬埔寨王国政府联合公报

一、应柬埔寨王国政府首相洪森的邀请,中华人民共和国国务院总理温家宝于2006年4月7日至8日对柬埔寨王国进行正式访问。

访问期间,温家宝总理同洪森首相举行了会谈,会见了诺罗敦·西哈莫尼国王、参议院议长谢辛和国民议会议长韩桑林。两国领导人在诚挚友好的气氛中就加强双边关系及共同关心的国际和地区问题深入交换了意见,达成广泛共识。访问取得了成功。

双方签署了《中华人民共和国政府与柬埔寨王国政府经济技术合作协定》《中华人民共和国政府和柬埔寨王国政府关于打击跨国犯罪的合作协议》《中华人民共和国卫生部和柬埔寨王国卫生部关于卫生合作的谅解备忘录》《中华人民共和国信息产业部和柬埔寨王国邮电通讯部关于大湄公河次区域信息高速公路项目柬埔寨段建设的谅解备忘录》《中华人民共和国国家文物局与柬埔寨王国暹粒及吴哥保护管理局关于保护吴哥古迹二期项目的协议》《中华人民共和国政府向柬埔寨王国政府提供30辆消防车的换文》《中华人民共和国政府向柬埔寨王国政府赠送一台集装箱检测设备的换文》《中华人民共和国政府同意派组对援柬埔寨国家植物园项目进行考察的换文》《中华人民共和国政府向柬埔寨王国政府提供2亿美元优惠出口买方信贷贷款总协议》《中国政府优惠贷款柬埔寨电信项目贷款协议》。

二、双方回顾了中柬建交以来两国关系的发展历程,对中国历代领导人和诺罗敦·西哈努克前国王陛下共同缔造和精心培育的中柬友谊的不断发展感到高兴,对两国在和平共处五项原则基础上所开展的政治、经济、社会、文化等领域富有成果的合作感到满意。

双方相互通报了各自国内形势的发展情况。中方对柬埔寨人民在西哈莫尼国王和以洪森首相为首的王国政府领导下,在维护政局稳定,巩固民族团结,促进经济发展,拓展对外交往方面取得的显著成就表示祝贺。中方重申尊重柬埔寨王国的独立、主权和领土完整,尊重柬埔寨人民自主选择符合本国国情的发展道路,愿继续向柬埔寨经济建设提供力所能及的帮助。柬方高度评价中国改革开放和现代化建设取得的成就,支持中方关于建立"和谐亚洲"的倡议和努力。双方表示相信,中国的发展有利于促进本地区和世界的和平、稳定与发展。

柬方重申,世界上只有一个中国,中华人民共和国政府是代表全中国的唯一合法政府,台湾是中国领土不可分割的一部分。柬方将继续坚定地奉行一个中国政策,反对包括"法理台独"在内的任何形式的"台湾独立",支持中国政府为捍卫国家主权与领土完整所做的一切努力,希望中国早日实现国家统一。中方对柬方的理解和支持表示衷心感谢。

三、双方一致认为,在新的历史时期,进一步推动两国睦邻友好合作关系持续稳定发展,具有重要的现实意义和长远的战略意义,符合两国人民的根本利益,有利于本地区的和平、稳定与发展。两国政府决定建立中柬全面合作伙伴关系。双方同意:

(一)巩固传统友谊,增进相互信任。两国领导人共同缔造和精心培育的传统友谊是两国人民的宝贵财富,在新的世纪应该进一步发扬光大。双方将加强高层互访,扩大两国政府各部门、议会、政党、军队及地方和民间团体的友好交往与合作,巩固和加深相互理解与信任。双方同意以2008年两国建交50周年为契机举办系列庆祝活动,增进两国人民特别是青少年之间的相互了解与友谊,使中柬友好世代相传。

(二)推进经贸合作,实现共同发展。经贸合作日益成为双方关系不断发展的基础和动力。双方决心在相互尊重的基础上,挖掘合作潜力,加强优势互补,实现互利双赢。

1. 加强两国经贸合作委员会的作用,全面规划、协调和推进两国经贸合作,进一步提高合作的效率和水平。

2. 开拓双边贸易的新途径,推动双边贸易持续增长,努力实现2010年两国贸易额达到10亿美元的目标。柬方感谢中方向柬418种产品提供特惠关税待遇。中方愿继续采取积极措施扩大柬商品进口。

3. 支持两国企业开展形式多样、长期互利的合作。中方支持有实力的企业加强与柬方在基础设施建设、矿产和油气开发、机械制造、纺织品加工等领域的合作。柬方欢迎中国企业参与柬经济建设，愿为中方企业在柬开展贸易、投资和经营活动提供便利。

（三）拓展合作领域，推进全面合作。双方同意加强在农业、交通、文化、教育、卫生、信息产业、体育、旅游、人才培训等方面及地方和民间的交流与合作。双方支持两国对口友协在增进两国民间交往方面发挥更大的作用，欢迎上海市与金边市、海南省与磅湛省、云南省与暹粒省结为友好省市，支持双方更多的省市加强合作与交流。

（四）扩大政党、议会交往，交流治国理政经验。两国都是发展中国家，面临发展经济、增强国力、改善民生的相同任务。双方同意进一步加强两国政党、议会在各个层次的友好交往，通过各种途径，交流治国理政经验，相互借鉴，取长补短，共同发展。

（五）扩大两军交往，加强非传统安全领域合作。双方同意深化和扩大两军交往。按照两国《打击跨国犯罪合作协议》精神，加强非传统安全领域的合作。

（六）加强双、多边协调，维护共同利益。双方同意加强两国外交磋商，就重大国际和地区问题及时交换意见，密切协调与配合，维护双方共同利益，为本地区和世界的和平、稳定与发展做出贡献。

1. 加强在联合国等国际组织中的协调与配合。双方主张，安理会改革应根据国际关系民主化原则，优先增加发展中国家的代表性，通过广泛深入的讨论，达成共识。

2. 共同推进中国与东盟面向和平与繁荣的战略伙伴关系，致力于落实中国与东盟战略伙伴关系的行动计划，加快中国—东盟自由贸易区建设。中方重申继续支持东盟在东亚合作进程中发挥主导作用。中方赞赏柬方在担任东盟常务委员会主席国和中国—东盟对话关系协调国期间，为推进中国与东盟合作发挥的积极作用。双方愿加强协调，共同举办好中国—东盟纪念峰会及中国—东盟对话关系其他纪念活动。

3. 加强在东盟—中日韩、东亚峰会、大湄公河次区域开发、亚洲合作对话、东盟地区论坛、亚欧会议、亚拉论坛、世界贸易组织等机制中的协调与配合。中方希望看到柬埔寨早日参加亚太经合组织。

四、双方对温家宝总理访柬取得的重要成果表示满意，一致认为此访把两国关系推上一个新的高度。

温家宝总理对柬埔寨政府和人民热情周到的接待表示感谢。

温家宝总理欢迎洪森首相出席今年在中国广西南宁举行的中国—东盟纪念峰会和中国—东盟博览会。洪森首相表示感谢并愉快地接受邀请。

2006 年 4 月 8 日于金边

（中华人民共和国外交部网站）

环北部湾经济合作论坛主席声明

（2006 年 7 月 21 日）

1. 中国国务院西部开发领导小组办公室、财政部、中国人民银行、国务院发展研究中心、人民日报社、广西壮族自治区人民政府和亚洲开发银行共同主办的首届环北部湾经济合作论坛于 2006 年 7 月 20 ~ 21 日在广西壮族自治区首府南宁市举行。来自主办单位的领导、中国与东盟著名专家学者、中国驻东盟有关国家外交使节和东盟有关国家驻华官员、部分著名企业的代表等共计 160 人出席会议。本届论坛以“共建中国—东盟新增长极”为主题，围绕环北部湾区域合作的未来发展、环北部湾区域合作机制的建立与路径、环北部湾区域合作的启动与实施三个议题进行了深入探讨与交流。

2. 中国全国人大常委会副委员长蒋正华出席了论坛开幕式并致辞。蒋正华副委员长指出实施环北部湾区域经济的合作与开发不仅应该成为中国及地方政府发展战略的重点，而且也应该成为相关国家发展战略的重心所在，对于发展中国与东盟国家的睦邻友好关系，加快推进中国—东盟自由贸易区建设，培育中国—东盟新增长极都有重大意义。

3. 在经济全球化迅速发展的背景下，区域和次区域经济一体化趋势不断增强。随着中国—东盟自由贸易区建设进程不断推进，与会代表认为，环北部湾作为中国与东盟跨海联结的纽带，区位独特，资源丰富，具有良好的合作基础和广阔的开发前景，要进一步加快合作与开发，实现互利共赢。

4. 要围绕拓展和深化中国—东盟战略伙伴关系，站在面向东亚合作的高度上，构建泛北部湾经济合作区，将环北部湾经济合作延伸到隔海相邻的马来西亚、新加坡、印度尼西亚、菲律宾、文莱等海上东盟国家，密切物流、产业、贸易与投资等合作，共同促进本地区加快发展。

5. 与会代表建议有关国家积极推动泛北部湾经济合作提升为中国与东盟之间一个新的次区域经济合作项目，纳入中国与东盟区域合作的总体框架，推动建立区域内政府间经常性多边和双边磋商机制，研究区域合作的重大问题。

6. 泛北部湾经济合作可以先从贸易与投资入手，以沿海和陆路交通基础设施建设、能源开发、物流、旅游、金融服务和贸易便利等方面合作为主要内容开始启动并实施。要以中国—东盟博览会为平台，鼓励企业参与，深化商界合作。建议有关国家政府部门和研究机构深入研究，合理规划，引导和促进该区域经济合作健康发展。

7. 在构建泛北部湾经济合作区的同时，积极推动中国泛珠地区与中南半岛国家间陆路通道建设和通道经济发展，构建南宁—新加坡经济走廊，拓展和深化大湄公河次区域经济合作，形成区域发展的新格局。

8. 广西沿海地区地处泛北部湾经济区和大湄公河次区域合作等多个区域合作的交汇点，是促进中国—东盟全面合作的重要基地，开发潜力巨大。要进一步加快开放开发进程，努力将该区域打造成为中国与东盟的区域性物流基地、商贸基地、加工制造基地和信息交流中心，进一步在中国与东盟合作中发挥重要作用。

9. 环北部湾经济合作论坛以促进环北部湾区域合作发展为目的，旨在搭建一个长期性、开放式的研究、交流和沟通平台，成为各国政府官员、专家学者、企业精英相互交流、共同展望、制定规划、推进合作的场所。主办各方同意环北部湾经济合作论坛每年举办一次，中国举办地常设在广西。今后，泛北部湾经济合作的其他国家也可以申办。

（广西新闻网）

北 京 宣 言

2005 年 10 月 18 ~20 日北京

我们,参加 2005 年 10 月 18 ~20 日在北京举行的东盟和中国禁毒合作(ACCORD)国际会议的参与国:

肯定在 2000 年 10 月 11 ~ 13 日在曼谷举行的“实现 2015 年东盟无毒品:统一观点,改变进程”国际会议所通过的《曼谷政治宣言》框架下,各方通过积极开展禁毒合作取得的成果;注意到东盟和中国禁毒合作机制(ACCORD)国家在上述会议通过的《东盟和中国禁毒合作行动计划》(《行动计划》)的框架下,以及在有关技术援助下,取得了重要成果;同时注意到需要更新《行动计划》,以充分反映本地区最紧迫的禁毒问题;

满意地注意到在本地区各国的不懈努力和国际社会的支持和帮助下,非法罂粟种植区的替代发展已产生了显著成果,“金三角”地区罂粟种植面积持续下降,本地区鸦片及其衍生物的贩运活动显著减少,传统毒品的蔓延有所减缓;

非常关切地注意到苯丙胺类毒品(ATS)的制造、贩运、销售和滥用正急剧蔓延,特别是在青少年之间蔓延的情况,以及本地区苯丙胺类毒品缴获量占据全球缴获量 80% 左右的现实,认为此种情况已对本地区国家的社会结构或社会,包括公共卫生,构成了巨大的威胁;

关注在本地区毒品犯罪、洗钱、跨国有组织犯罪等之间呈现出的密切联系;

强调专门的易制毒化学品管制法律的重要性。本地区许多国家已经有这样的法律。根据这些法律,在确保合法使用的前提下,由警察、禁毒、工业、卫生和环境保护等有关主管部门,对易制毒化学品的生产、购买、运输和使用等各个环节实施严格的管制;呼吁所有未实行上述做法的 ACCORD 国家采取紧急行动,以开展上述活动;

认识到本地区各国充分利用自身潜力和优势以及实际的研究,初步形成了具有本地区特色的预防教育工作经验和戒毒康复体系,并尝试了一些有效的干预措施,以防止艾滋病和其他传染病的传播;

重申为共同解决本地区毒品问题,东盟和中国应继续本着彼此尊重、相互信任、平等相待、真诚合作的原则,在广泛参与、责任共担的基础上采取行动,并继续实施综合均衡的国际禁毒战略,着眼于解决当前突出的毒品问题;

郑重宣布如下:

1. 再次确认 ACCORD 禁毒合作机制作为涵盖东盟和中国的唯一的禁毒框架,以及在此框架下本地区的禁毒成效,号召有关国家应及时沟通和交流,加强双边和多边合作,包括高层访问;

2. 赞同附在本宣言的更新后的“东盟和中国禁毒合作行动计划”和它的四个工作组,即积极宣传毒品危害,提高群众防毒意识,号召全社会切实响应;达成共识并交流减少需求的成功经验;通过加强执法合作和探讨现代立法模式,以加强法律原则;通过推动可持续替代发展项目,以减少毒品作物的种植;

3. 一致同意通过摸清各国滥用、制造 ATS 的基本情况和趋势,积极收集有关情报和线索,采取协调一致的执法措施,将打击 ATS 犯罪作为本国禁毒工作的一项首要任务,以严厉打击本地区制贩 ATS 犯罪活动,努力遏制 ATS 在本地区的泛滥趋势;

4. 同意本地区打击 ATS 犯罪联合行动的倡议,并将完全按照更新后的行动计划予以实施;

5. 一致同意继续加大替代发展工作的力度,为在传统罂粟种植区内开展的各项替代发展活动提供更多资金和技术的支持,为各项替代产业产品提供更优惠的市场准入政策;在不同地域的罂粟种植区扩展和启动替代发展项目,包括建立替代发展示范项目;

6. 呼吁评估向其他毒品原植物种植区,包括大麻种植区,扩展替代发展项目的可能性;

7. 推动加强本国有关法律的制订工作,对易制毒化学品的生产、购买、运输和使用等环节加强监管,对易制毒化学品进行有效的管理,防止其流入非法制毒渠道,同时积极参加国际麻醉品管制局(INCB)组织的有关联合行动;

8. 一致同意加强联合研究,制订切实可行的预防教育和戒毒康复措施,结合本地区的社会文化特征,考虑开展药物替代治疗等行之有效的干预措施以切实减少新吸毒人员的滋生,提高吸毒人员的戒毒康复效果、防止艾滋病和其他传染病的传播;

9. 重申东盟和中国加强内部筹资、支持 ACCORD 账户、特别是支持一些优先项目和活动的承诺;

10. 吁请国际社会采取实际、有效的行动,提供资金和技术方面的支持,帮助本地区解决毒品问题,保证按时实现“2015 年东盟和中国无毒品”的目标。

(《中国—东盟文件集》 1991 ~2005)

中国—东盟纪念峰会联合声明

——致力于加强中国—东盟战略伙伴关系

一、我们,中华人民共和国和东盟成员国的国家元首/政府首脑于 2006 年,即“中国—东盟友好合作年”,10 月 30 日,会聚中国南宁,纪念中国—东盟建立对话关系 15 周年。

共同努力和发展的 15 年

二、我们回顾了中国—东盟对话关系的进展,对双方全面的、在许多具有共同利益的领域不断深化的合作表示满意。中国—东盟面向和平与繁荣的战略伙伴关系,不仅有力地促进了各自的发展,给双方人民带来了实实在在的利益,也为促进本地区乃至整个世界的和平、稳定与繁荣做出了重要贡献。我们确信,我们已经为加强中国—东盟未来合作打下了坚实的基础。

三、我们对 2003 年在巴厘岛签署《中国—东盟面向和平与繁荣的战略伙伴关系联合宣言》以及于 2004 年在万象通过《中国—东盟行动计划》以来,双方得以加强的政治和安全合作表示高度赞赏。我们赞扬中国于 2003 年在巴厘岛成为第一个正式加入《东南亚友好合作条约》的东盟对话伙伴国。我们对双方于 2002 年签署《南海各方行为宣言》表示高兴。2002 年发表的《中国与东盟非传统安全领域合作联合宣言》促进了双方在打击跨国犯罪方面的合作。

四、我们欢迎 2002 年在金边签署的《中国—东盟全面经济合作框架协议》取得的积极成效。2005 年,双方贸易额达到 1303.7 亿美元。东盟对华实际投资总额达到 31 亿美元,中国2005年对东盟成员国投资为1.58亿美元。鉴此，东盟欢迎中国关于增加对东盟投资的承诺。我们对在中国南宁成功举办的第一届和第二届中国—东盟博览会和中国—东盟商务与投资峰会感到高兴。这推动了双方商业界的交往，促进了中国和东盟间的贸易和投资。设想中的中国—东盟自由贸易区正在形成。

五、我们满意地注意到，中国—东盟的重点合作领域已由5个扩大到10个，这些领域包括：农业、信息通讯技术、人力资源开发、双向投资、湄公河流域开发、交通、能源、文化、旅游和公共卫生。此外，双方还签署了若干谅解备忘录。这些活动促进了双方在应对自然灾害和传染性疾病等新挑战以及更多人员交流方面开展更紧密的合作。

共同迈向未来　加强战略伙伴关系

六、我们认为，中国—东盟对话关系在过去15年取得成果是因为双方恪守《东南亚友好合作条约》所体现的原则，和平共处五项原则，万隆亚非会议十项原则，《联合国宪章》的宗旨和原则以及其他相关的国际法、条约和公约。中国—东盟关系将继续以这些原则为指导。

七、迈向未来，我们同意进一步增进相互信任和了解，使我们合作的深度和广度与双方战略伙伴关系的目标相适应，以进一步推动本地区和平、发展与繁荣。

八、我们重申将致力于有效地落实：

（一）1997年《中华人民共和国与东盟国家首脑会晤联合声明》；

（二）2003年《中国—东盟面向和平与繁荣的战略伙伴关系联合宣言》；

（三）2004年《落实中国—东盟面向和平与繁荣的战略伙伴关系联合宣言的行动计划》；以及

（四）中国与东盟签署的其他协议和谅解备忘录。

九、我们致力于深化中国与东盟在10大重点领域里的合作。在加强合作的过程中，我们也将考虑2005年《中国—东盟名人小组报告》的意见。

十、东盟各国领导人，高度赞赏中国继续支持东盟共同体建设的努力，包括落实东盟安全共同体、东盟经济共同体和东盟社会与文化共同体的行动计划、《万象行动计划》、《东盟一体化倡议》和其他东盟倡议。鉴此，东盟欢迎中国向东盟发展基金捐资100万美元，并提供100万美元，资助《东盟一体化倡议》项目。

十一、我们将共同努力推进战略伙伴关系。这一战略伙伴关系将对东盟与其他对话伙伴的对话关系起到促进作用，为地区和平与稳定做出巨大贡献，从而确保我们双方的人民享有持久繁荣与进步。为此，我们表达实现以下目标的决心：

政治和安全合作

十二、我们承诺保持高层往来；加强在非传统安全问题上的合作与信息交流；促进包括反腐败在内的刑事司法和执法合作；鼓励国防及安全官员之间的交流；共同努力维护本地区的海上安全；以东盟为主导，加强灾害管理和应对突发事件的地区合作，包括灾后重建和恢复。

十三、中方支持和欢迎东盟为建立东南亚无核武器区所做的努力。东盟赞赏中方签署《东南亚无核武器区条约》议定书的意向，将继续就此与中方协商。

十四、我们也承诺有效地落实《南海各方行为宣言》，在共识的基础上，为最终达成南海行为准则做出努力。这将促进本地区的和平与稳定。

十五、我们承诺完全支持东盟实现安全共同体。

经济合作

十六、我们决心按时于2010年建成中国—东盟自由贸易区；包括2010年与东盟6个老成员国、2015年与柬埔寨、老挝、缅甸和越南实现货物贸易自由化；如《中国—东盟全面经济合作框架协议》所展望的那样，努力尽快达成协议，逐步实现涵盖众多部门的服务贸易自由化和在中国和东盟建立一个自由、便利、透明并具有竞争力的投资机制以促进投资；建立中国—东盟贸易、投资和旅游促进中心；促进中小企业发展以及它们对地区经济的参与；在确保能源安全、能效和开发替代及再生能源方面进行合作；加强财政金融合作；深化旅游和旅行合作；努力实现中国—东盟之间全面自由化的航空服务机制；支持东盟实现经济共同体。

十七、我们鼓励中国与东盟在支持次区域开发方面进一步加强合作，包括在以下地区开发经济合作区：中国西南地区、东盟东部增长区、三河流域、印尼—马来西亚—泰国增长三角、大湄公河次区域经济合作以及包括建成泛亚铁路（新加坡—昆明）和其他地区在内的东盟湄公河流域开发。

社会文化合作

十八、我们同意加强社会文化合作，鼓励扩大双方中等和高等教育机构之间的合作；加强青年交流，倡议启动中国—东盟青年领袖会议、中国—东盟青年企业家协会、中国—东盟青年公务员交流项目等旗舰项目；设立中国—东盟名誉奖学金；加强学术交流；支持中国—东盟研究中心；增进双方媒体人士、学者和二轨机构、国会议员和民间社会的交流；支持东盟基金会促进更多民间交流的活动；开展公共卫生合作以应对新发传染性疾病的挑战；支持东盟实现社会文化共同体建设，包括实施中国—东盟文化合作谅解备忘录框架下的各种项目和活动。

地区和国际合作

十九、我们同意继续在次区域、地区和国际事务中保持密切磋商，在次区域、地区和国际场合进行密切合作。我们重申建立东亚共同体是一个长远目标。中国支持东盟在东盟地区论坛、东盟与中日韩（10+3）合作以及东亚峰会等区域进程中发挥主导作用。东盟认为一个稳定、发展和繁荣的中国将有助于本地区的和平、稳定与可持续发展，并重申其一个中国政策。

二十、我们责成我们的部长及高官们实现本联合声明中所提出的目标、倡议和活动。

本声明于2006年10月30日在中国南宁签署，一式两份，每份用英文写成。

中华人民共和国国务院总理　温家宝

文莱达鲁萨兰国苏丹　哈桑纳尔·博尔基亚

柬埔寨王国首相　洪森

印度尼西亚共和国总统　苏西洛·班邦·尤多约诺

老挝人民民主共和国总理　波松·布帕万

马来西亚总理　阿卜杜拉·哈吉·艾哈迈德·巴达维
缅甸联邦总理　梭温
菲律宾共和国总统　格洛丽亚·马卡帕加尔·阿罗约
新加坡共和国总理　李显龙
泰王国总理　素拉育·朱拉暖
越南社会主义共和国总理　阮晋勇

（中国政府网）

中国东盟检验检疫高官达成《南宁共识》

来自中国和东盟10国及东盟秘书处主管检验检疫的部长和代表，2006年11月2日就加强双方检验检疫合作、促进检验检疫通关便利化达成《南宁共识》。

共识如下：

——共同认识到保护人类和动植物健康、环境、消费者权益、保障产品质量的重要性，因此有必要进一步加强检验检疫合作。

——检验检疫法规、标准、程序对国际贸易有必然影响，因此，应鼓励开展信息交流，并遵循透明度、与国际标准协调、等效性、区域化、多边与双边互认等原则，以避免其对国际贸易造成障碍。

——应建立中国—东盟检验检疫磋商与合作机制，以便加强中国—东盟检验检疫全方位合作，为中国—东盟经济发展和自贸区建设做出更大贡献。此类机制可有助于减少涉及高危农产品的非法贸易。

——开展检验检疫技术援助和能力建设十分重要，应在此领域积极开展合作。

——有必要签署中国—东盟检验检疫合作谅解备忘录，本着友好、互利、互认的精神，不断推进和深化合作。

（中国网）

中越联合声明

一、应越南共产党中央委员会总书记农德孟、越南社会主义共和国主席阮明哲的邀请，中国共产党中央委员会总书记、中华人民共和国主席胡锦涛于2006年11月15日至17日对越南进行国事访问。访问期间，胡锦涛总书记、国家主席与农德孟总书记、阮明哲国家主席举行会谈，并分别会见了越南政府总理阮晋勇、国会主席阮富仲。双方相互通报了各自党和国家的情况，并就两党、两国关系及共同关心的国际和地区问题深入交换意见，达成广泛共识。双方一致认为，访问取得了圆满成功，必将有力地推动中越睦邻友好与全面合作关系继续向前发展。

二、双方对两党、两国在探索符合各自国情的社会主义发展道路上取得的历史性成就感到高兴。越方高度评价中国在改革开放和中国特色社会主义建设事业中取得的伟大成就，相信中国人民在中国共产党领导下，一定能实现全面建设小康社会、加快推进社会主义现代化的宏伟目标。中方高度评价越南推行革新事业20年来取得的具有历史意义的重大成就，支持越共十大确定的方针政策，相信越南人民在越南共产党的领导下，一定能胜利实现越共十大确定的各项目标和任务，把越南建设成为民富国强、社会公平、民主、文明的社会主义现代化国家。

三、双方对两党、两国关系不断巩固和发展表示满意，一致认为，中越两国在许多重大问题上具有共同的战略利益。在国际形势发生深刻变化的情况下，加强中越睦邻友好和全面合作，符合两党、两国和两国人民的根本利益，有利于地区和世界的和平与发展。

双方同意，加强高层往来，深化治党理政和社会主义理论与实践的交流，充分发挥外交、国防、公安、安全等各部门合作机制的作用，扩大经贸、科技、教育、文化等领域的务实合作，大力开展青少年友好交往，使中越友好世代相传。共同致力于发展“长期稳定、面向未来、睦邻友好、全面合作”的中越关系，永远做“好邻居、好朋友、好同志、好伙伴”。

四、双方积极评价中越双边合作指导委员会正式成立和首次会议的召开。双方一致认为，这有利于加强对中越各领域合作的宏观指导、统筹规划和全面推进，协调解决合作中出现的问题，将为两国睦邻友好与全面合作关系长期、稳定、健康、持续发展发挥重要作用。

五、双方对两国经贸合作取得的进展表示满意。同意本着“优势互补、互利共赢”的精神，进一步扩大经贸合作规模，提高合作质量和水平。积极开拓新的贸易增长点，保持双边贸易额快速增长，实现到2010年双边贸易额150亿美元的新目标。逐步改善贸易结构，努力实现双边贸易的平衡发展和可持续增长。积极支持和推进双方企业在基础设施、制造业、人力资源开发、能源、矿产加工及其他重要领域的长期互利合作。抓紧商谈和落实多农铝矿等大型项目。加快“两廊一圈”建设进程，切实稳步推进具体项目合作。加强在地区、跨地区和国际经济机制中的合作，推动东盟与中国的全面经济合作关系。

中国祝贺越南加入世界贸易组织，并相信越南成为正式成员之后，将会为世界贸易组织的运作做出积极贡献。

双方签署了《关于扩大和深化双边经济贸易合作的协定》，并一致同意尽快付诸实施，全面规划两国未来5至10年的经贸合作方向，确定重点合作领域，为促进两国经贸合作发挥积极作用。

双方还签署了《关于开展“两廊一圈”合作的谅解备忘录》和其他经济合作文件。

六、双方积极评价两国在解决边界领土问题方面取得的进展。同意进一步密切配合，采取更加切实有效的措施，加快陆地边界勘界立碑工作进度，确保最迟于2008年完成陆地边界全线勘界立碑工作并签署新的边界管理制度文件。继续落实好《北部湾划界协定》和《北部湾渔业合作协定》，做好两国海军联合巡逻及共同渔区资源联合调查和联合检查工作，加快落实《北部湾协议区油气合作框架协议》，开展跨界油气构造的共同勘探工作，维护正常的渔业生产秩序，积极开展北部湾渔业、环保、海上搜救等其他方面的合作。稳步推进北部湾湾口外海域的划界谈判并积极商谈该海域的共同开发问题。双方同意恪守两国高层有关共识，继续维持海上问题谈判机制，坚持通过和平谈判寻求双方均能接受的基本和长久的解决办法。双方共同努力保持南海局势稳定，同时积极研究和商谈共同开发问题，以便找到适合的模式和区域。

七、越方重申坚定奉行一个中国政策，支持中国统一大业，支持《反分裂国家法》，坚决反对任何形式的“台独”分裂活动。希望中国早日实现国家统一。越南绝不同台湾发展官方关系。中方对越方的上述立场表示赞赏。

八、双方对两国在国际和地区事务中的合作表示满意。重申将继续加强在联合国、亚太经合组织、亚欧会议、中国—东盟、东盟—中日韩、东亚峰会、东盟地区论坛、大湄公河次区域等多边框架下的协调与配合,共同致力于维护和促进本地区和世界的和平、稳定与发展。

双方一致认为,联合国应加强在应对新挑战和威胁,维护国际和平及安全,推动各成员国共同发展,实现千年发展目标等方面的作用及效果。

中方表示支持越南成为2008~2009年任期联合国安理会非常任理事国。

九、胡锦涛总书记、国家主席对农德孟总书记、阮明哲国家主席以及越南共产党、越南政府和越南人民所给予的隆重、热情和友好的接待表示感谢,邀请农德孟总书记、阮明哲国家主席方便时访华,农德孟总书记、阮明哲国家主席对此表示感谢并愉快地接受了邀请。

2006年11月17日于河内

（中华人民共和国外交部网站）

中老联合声明

一、应老挝人民革命党中央委员会总书记、老挝人民民主共和国主席朱马利·赛雅贡的邀请,中国共产党中央委员会总书记、中华人民共和国主席胡锦涛于2006年11月19日至20日对老挝人民民主共和国进行国事访问。访问期间,胡锦涛总书记、国家主席与朱马利总书记、国家主席举行会谈,分别会见了老挝国会主席通辛·坦马冯、政府总理波松·布帕万,并探望了党和国家前主席坎代·西潘敦。双方相互通报了各自党和国家的情况,就两党、两国关系及共同关心的国际和地区问题深入交换意见,达成了广泛共识。双方一致认为,访问取得了圆满成功,推动中老传统睦邻友好与全面合作进入新的发展阶段,具有重要的里程碑意义。

二、双方对两党、两国和两国人民在探索符合各自国情的社会主义发展道路上取得的巨大成就感到高兴。朱马利总书记、国家主席高度评价中国在改革开放和中国特色社会主义建设事业中取得的伟大成就,相信兄弟的中国人民在中国共产党的英明领导下,一定能实现全面建设小康社会、加快推进社会主义现代化的宏伟目标。胡锦涛总书记、国家主席祝贺老挝人民革命党八大和六届国会一次会议成功召开,祝贺兄弟的老挝人民30年来沿着社会主义方向建设国家,特别是革新开放20多年来取得的巨大成就,相信在老挝人民革命党英明领导下,兄弟的老挝人民一定能在落实老党八大确定的各项目标和任务中取得新的更大成就,坚定地沿着社会主义方向把老挝建设成为和平、独立、民主、统一、繁荣的国家。

三、双方一致认为,中老两国是友好近邻,两国人民之间有着悠久深厚的传统友谊。近半个世纪以来,两党、两国在争取民族解放和社会主义建设事业中相互同情、相互支持。进入新世纪,在双边合作《联合声明》基础上,中老长期稳定、睦邻友好、彼此信赖的全面合作关系得到深入发展,取得了丰硕成果,成为中老两国共同的宝贵财富。

双方一致认为,中老两党、两国都坚持社会主义道路,具有共同理想和奋斗目标。双方都在推进改革开放和革新事业,探索符合本国国情的发展道路,在许多重大问题上具有共同战略利益。在复杂多变的国际形势下,巩固和加强中老睦邻友好与全面合作,不仅符合两党、两国和两国人民的根本利益和共同愿望,也有利于本地区和世界的和平与发展。

双方决心继续秉承“长期稳定、睦邻友好、彼此信赖、全面合作”的方针,加强高层接触,加强双方党、政、议会、群众组织及地方之间的交流与合作,深化关于治党理政经验、社会主义理论与实践的交流和干部培训合作,充分发挥各领域对口合作机制的作用,进一步扩大在国防、公安、司法、教育、卫生、文化、体育、旅游等领域的务实合作,更多开展青少年友好交往,培养中老友好接班人,使两国永做“好邻居、好朋友、好同志、好伙伴”。

四、双方对两国经贸合作取得的进展表示满意。决定从战略高度重视和深化中老经贸合作,继续本着“平等互利、讲求实效、形式多样、共同发展”的原则,扩大经贸合作规模,进一步提高合作质量和水平。

第一,积极开拓新的贸易形式和渠道,老方将有效利用中国向老挝提供的零关税优惠待遇,力争双边贸易额在现有基础上实现新的突破。

第二,加强协调配合,抓紧落实现有经贸合作项目。中方愿继续为老挝国家建设提供力所能及的经济援助,根据平等互利原则,鼓励中国企业参与老挝交通、通信等基础设施建设。

第三,探索新型合作模式,采取多种形式,加强互利合作。中方支持有实力、信誉好的企业在农林、矿产、水电开发等重点领域与老方加强合作。

第四,发挥中国云南—老挝北部合作机制协调作用,加强边境省份经贸往来,进一步为双边贸易创造便利条件。结合开展禁毒合作,大力发展边境地区替代种植产业。

双方签署了《中老两国政府经济技术合作协定》《中国政府免除截至2004年底老挝政府对华到期无息贷款债务议定书》《中国政府向老挝政府提供优惠贷款用于电子政务系统项目的框架协议》《中国政府和老挝政府关于禁止非法贩运和滥用麻醉品和精神药物的合作协议》《中老两国卫生部卫生合作谅解备忘录》等合作文件。

五、老方重申,世界上只有一个中国,中华人民共和国政府是代表全中国的唯一合法政府,台湾是中国领土不可分割的一部分。老方将继续坚定奉行一个中国政策,反对包括“法理台独”在内的任何形式的“台湾独立”,支持中国政府为捍卫国家主权和领土完整所做的一切努力。老挝人民民主共和国政府希望中国早日实现国家统一。中方对老方的理解和支持表示感谢。中方重申尊重老挝的独立、主权和领土完整,支持老挝党、政府和人民坚持社会主义方向,坚持有原则的全面革新路线,尊重老挝人民自主选择符合本国国情的发展道路。

六、双方对两国在国际和地区事务中的合作表示满意。重申将加强在中国—东盟、东盟—中日韩、东亚合作、联合国等多边框架下的协调与配合,致力于维护本地区和世界的和平、稳定与发展。

七、胡锦涛总书记、国家主席对朱马利总书记、国家主席以及老挝人民革命党、老挝政府和兄弟的老挝人民所给予的隆重、热情和友好的接待表示衷心的感谢,邀请朱马利总书记、国家主席方便时再次访华，朱马利总书记、国家主席对此表示感谢并愉快地接受了邀请。

2006年11月20日于万象

（中华人民共和国外交部网站）

中华人民共和国政府与东南亚国家联盟成员国政府全面经济合作框架协议服务贸易协议

（2007年1月14日，菲律宾宿务）

中华人民共和国（以下简称“中国”）政府，文莱达鲁萨兰国，柬埔寨王国，印度尼西亚共和国，老挝人民民主共和国，马来西亚，缅甸联邦，菲律宾共和国，新加坡共和国，泰王国和越南社会主义共和国等东南亚国家联盟成员国（以下将其整体简称为“东盟”或“东盟各成员国”，单独提及一国时简称“东盟成员国”）政府；

忆及2002年11月4日在柬埔寨金边由中国和东盟领导人签署的《中华人民共和国政府与东南亚国家联盟成员国政府（以下将其整体简称为“各缔约方”，单独提及东盟一成员国或中国时简称为“一缔约方”）全面经济合作框架协议》（以下简称《框架协议》）；

忆及《框架协议》第四条及第八条第三款关于尽快完成服务贸易协议谈判，以逐步实现自由化，并取消各缔约方间存在的实质上所有歧视，和（或）禁止针对服务贸易采取新的或增加歧视性措施，在中国与东盟各成员国根据《WTO服务贸易总协定》所做承诺的基础上，继续扩展服务贸易自由化的深度与广度；

致力于加强各缔约方间的服务合作，以提高效率和竞争力，使各缔约方服务提供者的服务供给和销售多元化；按照《框架协议》各缔约方相互达成的时间表进行实施，并照顾到各成员的敏感部门；和对柬埔寨、老挝、缅甸和越南实行特殊和差别待遇及展现灵活性；

认识到各缔约方为实现国家政策目标，有权对其领土内的服务提供进行管理和采用新的法规，同时认识到由于各缔约方服务法规发展程度方面存在的不平衡，发展中国家特别需要行使此权利；

达成协议如下：

第一部分：定义和范围

第一条　定义

就本协议而言，

（一）“行使政府职权时提供的服务”指既不依据商业组织提供，也不与一个或多个服务提供者竞争的任何服务；

（二）“商业存在”指任何类型的商业或专业机构，包括为提供服务而在一缔约方领土内：

1. 组建、收购或维持一法人；或

2. 创建或维持一分支机构或代表处；

（三）“直接税”指对总收入、总资本或对收入或资本的构成项目征收的所有税款，包括对财产转让收益、不动产、遗产和赠与、企业支付的工资或薪金总额以及资本增值所征收的税款；

（四）GATS指《服务贸易总协定》；

（五）“法人”指根据适用法律适当组建或组织的任何法人实体，无论是否以盈利为目的，无论属私营所有还是政府所有，包括任何公司、基金、合伙企业、合资企业、独资企业或协会；

（六）“另一缔约方的法人”指：

1. 根据该另一缔约方的法律组建或组织的、并在该另一缔约方或任何其他缔约方领土内从事实质性业务活动的法人；或

2. 对于通过商业存在提供服务的情况：

（1）由该方的自然人拥有或控制的法人；或

（2）由（1）项确认的该另一缔约方的法人拥有或控制的法人；

（七）“法人”：

1. 由一缔约方的个人所“拥有”，如该方的人实际拥有的股本超过50%；

2. 由一缔约方的个人所“控制”，如此类人拥有任命其大多数董事或以其他方式合法指导其活动的权力；

3. 与另一缔约方具有“附属”关系，如该法人控制该另一人，或为该另一人所控制；或该法人和该另一人为同一人所控制；

（八）“措施”指一缔约方的任何措施，无论是以法律、法规、规则、程序、决定、行政行为的形式还是以任何其他形式；

（九）“各缔约方的措施”指：

1. 中央、地区或地方政府和主管机关所采取的措施；及

2. 由中央、地区或地方政府或主管机关授权行使权力的非政府机构所采取的措施；

（十）“各缔约方影响服务贸易的措施”包括关于下列内容的措施：

1. 服务的购买、支付或使用；

2. 与服务的提供有关的、各缔约方要求向公众普遍提供的服务的获得和使用；

3. 一缔约方的个人为在另一缔约方领土内提供服务的存在，包括商业存在；

（十一）“服务的垄断提供者”指一缔约方领土内有关市场中被该方在形式上或事实上授权或确定为该服务的独家提供者的任何公私性质的人；

（十二）“另一缔约方的自然人”指居住在该另一缔约方或任何其他方领土内的自然人，且根据该另一缔约方的法律：

1. 属该另一缔约方的国民；或

2. 在该另一缔约方中有永久居留权，如该另一缔约方：

按本协议生效后所做通知，在影响服务贸易的措施方面，给予其永久居民的待遇与给予其国民的待遇实质相同，只要各缔约方无义务使其给予此类永久居民的待遇优于该另一缔约方给予此类永久居民的待遇。此类通知应包括该另一缔约方依照其法律和法规对永久居民承担与其他缔约方对其国民承担相同责任的保证；

（十三）“人”指自然人或法人；

（十四）服务“部门”：

1. 对于一具体承诺，指一缔约方减让表中列明的该项服务的一个、多个或所有分部门；

2. 在其他情况下，则指该服务部门的全部，包括其所有的分部门；

（十五）“服务”包括除在政府机关为行使职权提供的服务以外的任何服务；

（十六）"服务消费者"指得到或使用服务的任何人；

（十七）"另一缔约方的服务"：

1. 指自或在该另一缔约方领土内提供的服务，对于海运服务，则指由一艘根据该另一缔约方的法律进行注册的船只提供的服务，或由经营和/或使用全部或部分船只提供服务的该另一缔约方的人提供的服务；或

2. 对于通过商业存在或自然人存在所提供的服务，指由该另一缔约方服务提供者所提供的服务；

（十八）"服务提供者"指提供一服务的任何人；

（十九）"服务的提供"包括服务的生产、分销、营销、销售和交付；

（二十）"服务贸易"定义为：

1. 自一缔约方领土向任何其他方领土提供服务；

2. 在一缔约方领土内向任何其他方的服务消费者提供服务；

3. 一缔约方的服务提供者通过在任何其他方领土内的商业存在提供服务；

4. 一缔约方的服务提供者通过在任何其他方领土内的自然人存在提供服务；

（二十一）"资格程序"指与资格要求管理相关的行政程序；

（二十二）"资格要求"指服务提供者为了获得认证或许可而需达到的实质要求。

第二条　范围

一、本协议适用于各缔约方影响服务贸易的措施。

二、本协议不适用于：

（一）在每一个缔约方领土范围内行使政府职权时提供的服务；

（二）管理政府机构为政府目的而购买服务的法规或要求，此种购买不得用于进行商业转售或用于为商业销售而提供的服务。

第二部分：义务和纪律

第三条　透明度

《服务贸易总协定》第三条，经做必要调整，纳入本协议并成为本协议的组成部分。

第四条　机密信息的披露

《服务贸易总协定》第三条之二款，经做必要调整，纳入本协议并成为本协议的组成部分。

第五条　国内规制

一、在第三部分下，在已作出具体承诺的部门中，每一缔约方应保证所有影响服务贸易的普遍适用的措施以合理、客观和公正的方式实施。

二、（一）每一缔约方应维持或尽快设立司法、仲裁或行政庭或程序，在受影响的服务提供者请求下，对影响服务贸易的行政决定迅速进行审议，并在请求被证明合理的情况下提供适当的补救。如此类程序并不独立于作出有关行政决定的机构，则该方应保证此类程序在实际中提供客观和公正的审查。

（二）（一）项的规定不得解释为要求一缔约方设立与其宪法结构或其法律制度的性质不一致的法庭或程序。

三、对在本协议下已作出具体承诺的服务，如提供此种服务需要得到批准，则各缔约方的主管机关：

（一）在申请不完整的情况下，应申请方请求，指明所有为完成该项申请所需补充的信息，并在合理的时间内为其修正不足提供机会；

（二）应申请方请求，提供有关申请情况的信息，不得有不当延误；

（三）如在申请被终止或否决，尽最大可能以书面形式毫不延误地通知申请方采取该项行动的原因。申请方应有自行决定重新提交的新的申请的可能。

四、为保证有关资格要求和程序、技术标准和许可要求的各项措施不致构成不必要的服务贸易壁垒，各缔约方应按照《服务贸易总协定》第六条第四款的规定，共同审议有关这些纪律措施的谈判结果，以将这些措施纳入本协议。各缔约方注意到此类纪律应旨在特别保证上述要求：

（一）依据客观的和透明的标准，例如提供服务的能力和资格；

（二）不得超越为保证服务质量所必需限度的负担；

（三）如为许可程序，则这些程序本身不成为对服务提供的限制。

五、（一）在一缔约方已在第三部分下作出具体承诺的部门中，在本条第四款规定的纪律被纳入之前，该缔约方不得以以下方式实施使本协议下的义务失效或减损的许可要求、资格要求和技术标准：

1. 不符合本条第四款第一项、第二项或第三项中所概述的标准的；且

2. 在该缔约方就这些部门作出具体承诺，不能合理预见的。

（二）在确定一缔约方是否符合第五款第一项下的义务时，应考虑该缔约方所实施的有关国际组织的国际标准。

六、在已就专业服务作出具体承诺的部门，每一缔约方应规定适当程序，以核验任何其他方专业人员的能力。

第六条　承认

一、为使服务提供者获得授权、许可或证明的标准或准则得以实施，一缔约方可承认在另一缔约方已获得的教育或经历、已满足的要求、或已给予的许可或证明。此类承认可通过协调或其他方式实现，或可依据与各缔约方之间或相关主管机构之间的协议或安排，或可自动给予。

二、两个或更多缔约方，为使服务提供者获得授权、许可或证明的标准或准则得以实施，可以开展或者鼓励与它们相关主管机构开展关于承认资格要求、资格程序、许可和（或）注册程序的谈判。

三、属第一款所指类型的协定或安排参加方，无论此类协定或安排是现有的还是在将来订立，均应向其他利害关系方提供充分的机会，以谈判加入此类协定或安排，或与其谈判类似的协定或安排。如一缔约方自动给予承认，则应向任何其他方提供充分的机会，以证明在该其他方获得的教育、经历、许可或证明以及满足的要求应得到承认。

四、一缔约方给予承认的方式不得构成在适用服务提供者获得授权、许可或证明的标准或准则时在各国之间进行歧视的手段，或构成对服务贸易的变相限制。

第七条　垄断和专营服务提供者

一、每一缔约方应保证在其领土内的任何垄断服务提供者在有关市场提供垄断服务时，不以与其在减让表下的义务不一致的方式行事。

二、如一缔约方的垄断提供者直接或通过附属公司参与其垄断权范围之外且受该方具体承诺约束的服务提供的竞争,则该方应保证该提供者不滥用其垄断地位在其领土内以与此类承诺不一致的方式行事。

三、如一缔约方有理由认为任何其他缔约方的垄断服务提供者以与第一款和第二款不一致的方式行事,则在该缔约方请求下,可要求设立、维持或授权该服务提供者的方提供有关经营的具体信息。

四、如一缔约方在形式上或事实上(1)授权或设立少数几个服务提供者,且(2)实质性阻止这些服务提供者在其领土内相互竞争,则本条的规定应适用于此类专营服务提供者。

第八条　商业惯例

一、各缔约方认识到,除属第七条(垄断和专营服务提供者)范围内的商业惯例外,服务提供者的某些商业惯例会抑制竞争,从而限制服务贸易。

二、在任何其他缔约方("请求方")请求下,每一缔约方应进行磋商,以期取消第一款所指的商业惯例。被请求方对此类请求应给予充分和积极的考虑,并应通过提供与所涉事项有关的、可公开获得的非机密信息进行合作。在遵守其国内法律并在就请求方保障其机密性达成令人满意的协议的前提下,被请求方还应向请求方提供其他可获得的信息。

第九条　保障措施

一、各缔约方注意到,根据《服务贸易总协定》第十条,就紧急保障措施问题而进行的多边谈判是基于非歧视原则开展的。一旦完成这些多边谈判,各缔约方应进行审议,讨论适当地修改本协议,以将此类多边谈判的成果纳入本协议。

二、在第一款中提及的多边谈判完成之前,若实施本协议对一缔约方的某一服务部门造成了实质性的负面影响,受影响的缔约方可要求与另一缔约方磋商,以讨论与受影响的服务部门相关的任何措施。按照本款规定采取的任何措施应获得相关各缔约方的相互同意。相关各缔约方应视具体事件的情况,对寻求采取措施的缔约方给予同情的考虑。

第十条　支付和转移

一、除在第十一条(保障国际收支的限制)中设想的情况下,一缔约方不得对与其具体承诺有关的经常项目交易的国际转移和支付实施限制。

二、本协议的任何规定不得影响国际货币基金组织成员在《基金组织协定》项下的权利和义务,包括采取符合《基金组织协定》的汇兑行动,但是一缔约方不得对任何资本交易设置与其有关此类交易的具体承诺不一致的限制,根据第十一条或在基金请求下除外。

第十一条　保障国际收支的限制

如发生严重国际收支和对外财政困难或其威胁,一缔约方可按照《服务贸易总协定》第十二条的规定对服务贸易采取或维持限制。

第十二条　一般例外

在此类措施的实施不对情形类似的国家构成任意或不合理的歧视手段或构成对服务贸易的变相限制的前提下,本协议的任何规定不得解释为阻止任何方采取或实施以下措施:

(一)为保护公共道德或维护公共秩序5所必需的措施;

(二)为保护人类、动物或植物的生命或健康所必需的措施;

(三)为使与本协议的规定不相抵触的法律或法规得到遵守所必需的措施,包括与下列内容有关的法律或法规:

1. 防止欺骗和欺诈行为或处理服务合同违约而产生的影响;

2. 保护与个人信息处理和传播有关的个人隐私及保护个人记录和账户的机密性;

3. 安全;

(四)与第十九条(国民待遇)不一致的措施,只要差别待遇是为了保证对其他方的服务或服务提供者公平或有效地6课征或收取直接税;

(五)只要差别待遇是基于避免双重征税的协定或任何其他国际协定或安排中关于避免双重征税的规定的结果的措施。

第十三条　安全例外

本协议的任何规定不得解释为:

(一)要求任何方提供其认为如披露则会违背其根本安全利益的任何信息;或

(二)阻止任何方采取其认为对保护其根本安全利益所必需的任何行动:

1. 与裂变和聚变物质或衍生此类物质的物质有关的行动;

2. 与武器、军火和战争工具相关的交易以及与直接或间接为军事机关提供其他货物和原料的交易有关的行动;

3. 为保护关键的交通基础设施免受故意破坏,防止这些设施丧失或降低功能;

4. 在战时或国际关系中的其他紧急情况下采取的行动;或

(三)阻止任何方为履行其在《联合国宪章》项下的维护国际和平与安全的义务而采取的任何行动。

第十四条　补贴

一、除非本条另有规定,本协议不应适用于一缔约方提供的补贴,或者附加于接受或持续接受这类补贴的任何条件,不论这类补贴仅给予国内服务、服务消费者或服务提供者。如果这类补贴显著影响了在本协议下承诺的服务贸易,任何缔约方均可请求磋商,以友好地解决该问题。

二、按照本协议的规定,各缔约方应:

(一)应请求,向任何请求方提供本协议下承诺的服务贸易的补贴信息;且

(二)在WTO制订出相关纪律时,审议补贴待遇。

第十五条　WTO规则

各缔约方在此同意并重申它们承诺遵守有关并适用于服务贸易的WTO协议的规定,除非各缔约方根据第二十七条(审议条款)通过对本协议进行审议而在将来达成任何协议。

第十六条　合作

各缔约方应努力加强包括未包含在现有合作安排内的部门的合作。各缔约方应讨论并相互同意拟开展合作的部门,并制定这些部门的合作计划,以促进它们的能力、效率及竞争力。

第十七条　加强柬埔寨、老挝、缅甸和越南的参与。

加强柬埔寨、老挝、缅甸和越南对本协议的参与应通过经谈判达成的具体承诺表推动,这些承诺表与以下措施相关:

（一）通过商业基础上的技术引进，加强它们国内服务的能力、效率和竞争力；

（二）促进它们进入销售渠道及信息网络；

（三）对它们有出口利益的服务部门的市场准入和服务提供方便，实现自由化；且

（四）对柬埔寨、老挝、缅甸和越南展现适当的灵活性，允许它们开放较少的部门和较少的交易种类，并按照他们各自的发展情况逐步扩大市场准入。

第三部分　具体承诺

第十八条　市场准入

一、对于通过第一条第二十项第一至第四目确认的服务提供方式实现的市场准入，每一缔约方对任何其他方的服务和服务提供者给予的待遇，在条款、限制和条件方面，不得低于其在具体承诺减让表中所同意和列明的内容。

二、在作出市场准入承诺的部门，除非在其减让表中另有列明，否则一缔约方不得在其一地区或在其全部领土内维持或采取按如下定义的措施：

（一）无论以数量配额、垄断、专营服务提供者的形式，还是以经济需求测试要求的形式，限制服务提供者的数量；

（二）以数量配额或经济需求测试要求的形式限制服务交易或资产总值；

（三）以配额或经济需求测试要求的形式，限制服务业务总数或以指定数量单位表示的服务产出总量；

（四）以数量配额或经济需求测试要求的形式，限制特定服务部门或服务提供者可雇用的、提供具体服务所必需且直接有关的自然人总数；

（五）限制或要求服务提供者通过特定类型法律实体或合营企业提供服务的措施；以及

（六）以限制外国股权最高百分比或限制单个或总体外国投资总额的方式限制外国资本的参与。

第十九条　国民待遇

一、对于列入减让表的部门，在遵守其中所列任何条件和资格的前提下，每一缔约方在影响服务提供的所有措施方面给予任何其他方的服务和服务提供者的待遇，不得低于其给予本国同类服务和服务提供者的待遇。

二、一缔约方可通过对任何其他方的服务或服务提供者给予与其本国同类服务或服务提供者的待遇形式上相同或不同的待遇，满足第一款的要求。

三、如形式上相同或不同的待遇改变竞争条件，与任何其他缔约方的同类服务或服务提供者相比，有利于该缔约方的服务或服务提供者，则此类待遇应被视为较为不利的待遇。

第二十条　附加承诺

各缔约方可就影响服务贸易、但根据第十八条（市场准入）或第十九条（国民待遇）不需列入减让表的措施，包括有关资格、标准或许可事项的措施，谈判承诺。此类承诺应列入一缔约方减让表。

第二十一条　具体承诺减让表

一、各缔约方应进行谈判以达成本协议下的一揽子具体承诺。各缔约方应努力做出超越《服务贸易总协定》业已作出的承诺。

二、每一缔约方应在减让表中列出其根据本协议第十八条（市场准入）和第十九条（国民待遇）作出的具体承诺。对于作出此类承诺的部门，每一减让表应列明：

（一）作出此类承诺的部门；

（二）市场准入的条款、限制和条件；

（三）国民待遇的条件和资格；

（四）与附加承诺有关的承诺；以及

（五）在适当时，实施此类承诺的时限。

二、与第十八条（市场准入）和第十九条（国民待遇）不一致的措施应列入与第十八条和第十九条有关的栏目。

三、一缔约方具体承诺减让表只适用于那些通过谈判已经完成各自具体承诺减让表的缔约方。

四、结束谈判后，具体承诺减让表应成为本协议组成部分，并附在本协议之后。

第二十二条　承诺的适用与扩大

一、中国应在本协议第二十一条（具体承诺减让表）下做出一份具体承诺减让表，并应将该减让表适用于所有的东盟成员国。

三、每一个东盟成员国应在本协议的具体承诺减让表条款项下做出各自的具体承诺减让表，并应将该减让表适用于中国和东盟其他成员国。

第二十三条　逐步自由化

一、涵盖每一缔约方具体承诺减让表的第一批具体承诺附在本协议之后。

二、各缔约方应在本协议生效之日起一年内完成第二批具体承诺的谈判，以实质性改善第一批具体承诺。

三、各缔约方应按照第二十七条（审议），在随后的审议中，通过连续的谈判回合，就该部分项下的进一步具体承诺展开谈判，以实现各缔约方间的服务贸易逐步自由化。

第二十四条　具体承诺减让表的修改

一、一缔约方可以在减让表中任何承诺自生效之日起3年后的任何时间修改或撤销该承诺，只要

（一）该缔约方将其修改或撤销某一承诺的意向，在不迟于实施修改或撤销的预定日期前3个月通知各缔约方及东盟秘书处；且

（二）该缔约方与任何受影响的缔约方进行谈判，以商定必要的补偿性调整。

二、为实现补偿性调整，各缔约方应确保互利承诺的总体水平不低于在此类谈判之前具体承诺减让表中规定的对贸易的有利水平。

三、依照本条规定制订的任何补偿性调整应在非歧视的基础上适用于所有缔约方。

四、如果有关缔约方无法就补偿性调整达成协议，应按照《框架协议》下的《争端解决机制协议》通过仲裁解决。修改方应在根据仲裁结果进行补偿性调整后，修改或撤销其承诺。

五、如果修改方实施了拟议的修改或撤销，并且没有执行仲裁结果，参与仲裁的任何缔约方可按照仲裁结果修改或撤销实质性对等的利益。尽管有第二十二条（承诺的适用与扩大）的规定，此类修改或撤销应仅适用于修改方。

第四部分　其他条款

第二十五条　国家、地区与地方政府

在履行本协议项下的义务和承诺时，每一缔约方应保证其领土内的地区、地方政府和主管机构，以及非政府机构（行使中央、省、地区或其他地方政府或主管机关的授权）遵守这

些义务和承诺。

第二十六条　联络点

一、各缔约方应指定一个联络点，以便利缔约方之间就本协议下的任何事务进行沟通，包括对本协议的执行和实施交换信息。

二、应任何一缔约方请求，被请求方的联络点应指定负责该事务的部门或官员，并为便利与请求方的沟通提供帮助。

第二十七条　审议

东盟经济部长和中国商务部部长或其指定的代表应在本协议生效之日起一年之内召开会议，此后每两年或任何适当的时间召开会议，审议本协议，以考虑进一步采取措施实现服务贸易自由化，并就本协议关于WTO纪律的第十五条或各缔约方同意的任何其他问题制定纪律和谈判协定。

第二十八条　杂项条款

一、GATS附件，即《关于提供服务的自然人流动的附件》、《关于空运服务的附件》、《关于金融服务的附件》和《关于电信服务的附件》，经必要调整后，适用于本协议。

二、本协议包括(1)附件和其涵盖的内容，它们应成为本协议的组成部分，以及(2)按照本协议达成的所有未来的法律文件。

三、除非本协议另有规定，本协议或依据本协议采取的任何行动不应影响或废止一缔约方依据其现为缔约方的协议所享受的权利和承担的义务。

第二十九条　修正

各缔约方达成书面协议即可对本协议进行修正，此类修正应在各缔约方达成一致的日期生效。

第三十条　争端解决

《中国—东盟争端解决机制协议》适用于本协议。

第三十一条　利益的拒绝给予

一缔约方可对下列情况拒绝给予本协定项下的利益：

(一)对于一项服务的提供，如确定该服务是从或在一非缔约方的领土内提供的；

(二)在提供海运服务的情况下，如确定该服务是：

1. 由一艘根据一非缔约方的法律进行注册的船只提供的，及

2. 由一经营和/或使用全部或部分船只的非缔约方的人提供的；

(三)对于一个具有法人资格的服务提供者，如确定其不是另一缔约方的服务提供者。

第三十二条　生效

一、本协议经各缔约方代表签署后，应于2007年7月1日生效。

二、各缔约方应在2007年7月1日之前完成使本协议生效的国内程序。

三、如一缔约方未能在2007年7月1日之前完成使本协议生效的国内程序，该缔约方依照本协议的权利与义务应自其完成此类国内程序之日开始。

四、一缔约方一俟完成使本协议生效的国内程序，应书面通知所有其他缔约方。

第三十三条　交存

对于东盟成员国，本协议应交存于东盟秘书长，东盟秘书长应及时向每一个东盟成员国提供一份经核证的副本。

具名于下的经各自政府正式授权的代表，特签署《中华人民共和国政府与东南亚国家联盟成员国政府全面经济合作框架协议服务贸易协议》，以昭信守。

本协议于2006年12月9日在菲律宾宿务签署，一式两份，以英文书就。

中华人民共和国政府　代表

东南亚国家联盟成员国政府　代表

（中华人民共和国商务部网站）

重要论文及研究报告

全球化进程中的东南亚经济新格局

王　勤

当今世界，经济全球化的时代浪潮汹涌澎湃。经济全球化是世界范围内产品和要素流动加速的市场化过程，其主要特征表现为贸易自由化、金融国际化、生产一体化和经济区域化。东南亚国家是参与全球化程度较高的发展中国家，经济全球化对东南亚国家的经济发展产生愈益重要的影响。

一、东南亚经济的增长与波动

战后，东南亚国家一直是世界经济增长的热点地区。20世纪90年代中期以后，东南亚国家经济增长的波动加剧。随着参与经济全球化程度的提高，东南亚国家经济增长的波动性和同步性愈益增强。

从20世纪60年代开始，东南亚经济取得了较其他地区更快的增长率。尽管70年代中期受到世界经济危机的打击，但在70年代东南亚经济增长率高于世界其他国家。80年代上半期，由于受到全球经济衰退的影响，经济增长率急剧下降。但到80年代中期之后，东南亚经济快速复苏。直到在1997年东南亚金融危机爆发之前，东南亚经济均保持持续高速增长。从20世纪90年代中期起，东南亚国家经济增长出现较大的波动起伏。1997年东南亚国家爆发严重的金融危机，1998年各国经济普遍陷入严重衰退，1999年和2000年却出现快速复苏或强劲反弹，而到2001年多数国家经济又急转直下，甚至呈现负增长。2002年后，东南亚经济再次出现复苏的态势。在短短几年时间里，东南亚经济经历金融危机后的严重衰退、迅速复苏、再陷衰退和又呈复苏的增长轨迹。东南亚经济增长的急剧波动，究其原因主要是在经济全球化下受到主要发达国家经济周期波动的冲击和金融危机后国内经济转型与结构调整的拖累。

尽管有充分的数据表明参与全球化程度高的国家其经济增长速度较高，但是同时这些国家经济增长的波动性也增大。伴随着经济全球化进程的加速，各国经济的相互联系和相互依存更加密切，经济增长波动的同步性愈益增强。据国际货币基金组织计算，发展中国家国内生产总值增长与发达国家国内生产总值增长的相关系数为0.4。在东南亚国家，这种经济增长影响的相关性更大。例如，据新加坡贸工部的研究显示，美国的经济增长对新加坡经济的影响最大，美国经济每增长1%，新加坡经济就会增长0.96%。另据美国著名的所罗门美邦公司的研究，日本经济增长对新加坡、泰国、马来西亚经济的影响分别为：日本经济每增长1%，新加坡经

济就会增长 0.24%、泰国经济就会增长 0.17%、马来西亚经济就会增长 0.13%。

发达国家的经济波动向东南亚国家的传导，是通过世界市场扩散的。按照传统的经济理论，在国际商品市场上，发达国家经济波动向发展中国家传导，是通过国际市场初级产品价格变化实现的。但是，经济全球化和信息化促进了新的国际分工发展，东南亚国家已经成为制成品生产国和出口国，该类产品已占东南亚国家商品出口的 50% ~90%。因而，国际商品市场的价格传导已经从初级产品价格为主转向以制成品为主。近年来，国际市场上制成品价格下降，不但包括劳动密集型产品，也包括高技术产品。东南亚国家紧跟发达国家，特别是美国发展新经济的步伐，大力扩展以芯片为核心的信息技术产品生产和出口。在马来西亚和新加坡，该类产品出口比重分别高达65%和64%，占国内生产总值比重分别高达25%和19%。菲律宾、泰国和印尼的相应比重也很高。据计算，1992 ~1999 年电子信息产品价格下降对新加坡、马来西亚、菲律宾和泰国造成的损失部分相当于它们国内生产总值增长部分的 6.71%，3.31%，1.13% 和 0.96%。(见表)2000 ~2001 年，全球电子信息产品销售额从年增长 30%到下跌 30%，导致东南亚国家出口贸易和经济增长急剧波动。例如，2000 年新加坡经济增长率为 9.6%，而 2001 年则下降2%，其中约有 12 个百分比的大幅波动。据新加坡贸工部的研究显示，世界半导体工业每下降 1%，新加坡经济增长就会下降 0.12%。而 2001 年全球半导体工业增长波动达 60 个百分点，它对新加坡经济增长的影响高达 6.8 个百分点。

国际金融市场变化对东南亚经济的影响，不仅在于流入这些国家的资本流量减少，更在于金融资产价格，主要是股价和汇率变动的传导。近年来，东南亚国家引进外资的规模持续萎缩，它对以投资—出口推动的东南亚经济产生较大的影响。同时，近年国际股票市场价格和美、日货币汇价的剧烈波动，也引发东南亚国家金融市场的动荡，并危及国内经济的稳定增长。据美国所罗门美邦公司的研究，日元汇率变动对泰国、新加坡、马来西亚经济的影响分别为：日元每贬值 10%，泰国经济就会下降 0.3%、新加坡经济就会下降 0.22%、马来西亚经济就会下降 0.21%。

由于金融危机后区域各经济体实力的消长，30 多年支撑区域经济高速增长的“雁行模式”(flying geese model)已发生巨大变化。所谓“雁行模式”是指 20 世纪 60 年代以来亚洲新兴工业化经济群体(NIEs)产生与发展的一种独特的区域国际分工形态，即率先实现工业化的日本将成熟产业转移到亚洲“四小”(韩国、台湾、香港、新加坡)，后者又将其成熟的产业转移到东南亚四国(泰国、马来西亚、菲律宾、印尼)。纺织、化工、机械、电子等产业均以这样的次序转递，从而在区域形成了一群处于不同发展阶段的新兴工业化经济体。1997 年亚洲爆发金融危机，日本、亚洲“四小”和东南亚经济均受到强烈冲击。日本经济长期停滞不前，吸纳区域产品的能力下降，对外产业转移的进程放缓。亚洲“四小”经济深陷困境，产业升级举步维艰，对外投资规模锐减。这样，由日本主导产业转移过程所决定的区域国际分工格局出现衰变，使得区域内赖以高速发展的增长动力机制和产业循环机制难以顺利运行，经济增长的变数大大增加，从而导致金融危机后东南亚经济的急剧波动。

二、全球化下东南亚经济运行的特征

随着东南亚国家参与经济全球化程度的提高，经济全球化不仅加大各国经济增长的波动性和同步性，而且对这些国家的经济运行产生重要的影响。从东南亚经济的运行看，经济全球化推动各国的贸易自由化、金融国际化和生产一体化的进程。

(一)东南亚的贸易自由化

在全球化的进程中，国际贸易自由化成为经济全球化的基础和先导。进入 90 年代，全球性和区域性的贸易自由化迅速兴起。世界贸易组织(WTO)的全球多边贸易体系的建立，90 年代初以来东盟自由贸易区进程的一再加速，大大推进了东南亚国家的贸易自由化。各国积极调整经济发展战略，逐步放宽贸易管制，大幅降低关税水平。东南亚 6 国(文莱、印尼、马来西亚、菲律宾、新加坡、泰国)均为 WTO 成员国，在乌拉圭回合中均承诺削减关税与非关税壁垒。同时，它们也是《服务贸易总协定》的缔约国，并在协定中均作出了相应的承诺，提交了承诺项目表，其中包括各国实施自由化领域中现存的贸易壁垒和自由化的例外措施等。

90 年代以来，东南亚国家对贸易体制和关税政策进行较大的改革与调整，进一步推动贸易自由化的发展。作为 WTO 成员国的东南亚 6 国，在实施乌拉圭回合中承诺的削减关税与非关税壁垒的同时，也进行各自单边的关税减让行动；在加快经济开放的条件下，越南等后进国家的关税与非关税壁垒大幅降低。目前，新加坡的简单算术平均关税率和按贸易额加权的算术平均关税率均为 0%，2000 年文莱的简单算术平均关税率为 1.98%；马来西亚、泰国、菲律宾和印尼的简单算术平均关税率普遍低于 10%，按贸易额加权的算术平均关税率也都低于 5%；越南、柬埔寨、老挝和缅甸的平均关税率都在 15%以上。在取消非关税壁垒取得较快进展，许多国家逐步消除进口许可证、配额制度等非关税壁垒措施。不过，由于东南亚国家处于工业化的不同阶段，经济开放的时间和程度也不相同，各国关税水平和关税结构呈现明显的不平衡性，它主要表现在以下 3 个方面：(1)经济发展水平使得各国间关税的绝对水平仍存在较大差距。一般说，一国的经济发

1992 ~1999 年信息技术产品价格下跌
对国内生产总值、贸易条件和国内需求的影响

单位：%

国　家	GDP	贸易条件(对 GDP 增长的贡献率)	国内需求(对 GDP 增长的贡献率)
新加坡	6.71	-6.46	0.25
马来西亚	3.31	-3.13	0.18
菲律宾	1.13	-1.03	0.10
泰　国	0.96	-0.87	0.09
韩　国	0.85	-0.59	0.27
台　湾	0.58	-0.37	0.21
香　港	0.20	-0.01	0.20
美　国	0.38	0.28	0.67
日　本	0.37	-0.19	0.17

注：计算信息技术产品价格下跌对实际 GDP、实际国内需求和实际净出口的影响的方法是把信息技术的最终支出以经汇率调整的美国享有效用价格进行平减(而非根据 GDP 平减因子)，然后再链式加权。

资料来源：国际货币基金组织《世界经济展望》2001 年 10 月(中译本)，中国金融出版社 2003 年版，第 101 页。

展程度与其关税水平直接相关。目前,新加坡、文莱的税率水平几乎为零,马来西亚、泰国、印尼、菲律宾的关税相对较低,而越南、老挝、柬埔寨和缅甸仍然维持较高关税;(2)各国经济发展程度和关税初始水平的差异导致关税削减速度不尽相同。近年来,除新加坡和文莱外,印尼、菲律宾的关税削减速度相对较快,马来西亚因非关税措施关税化使平均关税水平不降反升,越南等后进国家关税削减速度相对较慢些;(3)各产业之间和具体产品之间关税水平的不平衡。现阶段,各国农产品,尤其是像大米等敏感性商品的保护程度明显高于其他商品;工业产品中运输设备、化学制品的关税水平也居高不下,纺织品和成衣也是各国关税政策倾斜的重点。

近年来,东南亚国家的服务贸易自由化也取得进展,但各国的发展仍不平衡。一般说,一国经济发达、开放度高,服务业地位重要,其服务贸易自由化的进程相对较快,开放程度也高。在东南亚,作为国际性金融、海运、空运中心的新加坡,它在国际服务贸易自由化和开放度均是最高的;马来西亚服务贸易的开放程度相对较高,电信服务、离岸金融和保险、运输服务、旅游都已对外开放;印尼、泰国、菲律宾服务贸易自由化步伐有所加快,但仍有诸多部门限制;文莱的服务部门多为政府管理,但某些部门的开放程度较高;越南、老挝、柬埔寨和缅甸经济比较落后,服务部门的开放也相对滞后。另一方面,各国服务部门之间自由化程度的不平衡。在电信服务领域,新加坡、马来西亚的自由化和开放度相对较高,而其他国家进展则较慢。在金融服务领域,新加坡的开放程度最高;马来西亚的银行业仍在较多限制,而保险与证券业开放度较高;泰国允许在10年内外资拥有银行和金融公司多数股份,但保险业的外资股份被限制在25%以内。在运输服务领域,空运、海运的开放速度有所加快,尤其是航空公司的跨国联盟和港口跨国营运商参股发展较快,但陆运开放则明显落后。在旅游服务领域,新加坡、马来西亚的开放程度较高,而泰国对外资股份仍限制在49%以下。

(二)东南亚的金融国际化

20世纪70年代以来,世界经济形势和国际金融格局发生了重大变化,卷席西方国家的金融自由化、国际化和证券化浪潮也在东南亚国家渐次出现。尤其是80年代中期后,这一趋势在广度和深度上迅速发展。在全球化潮流中,东南亚国家金融深化的国际进程大大加快。各国的金融自由化改革均以放宽政府管制,开放金融市场,加速金融国际化为特征。

在东南亚,新加坡和马来西亚率先进行金融自由化改革,泰国、印尼和菲律宾起步较晚。1968年,新加坡率先设立亚洲美元市场,以此带动金融自由化和国际化。1968年政府取消了非居民利息收入的40%利息预扣税,率先批准跨国银行在新加坡经营离岸金融业务。1972年宣布放宽对银行的外汇交易管制,1973年宣布取消对黄金交易的一切限制,1978年全面取消外汇管制,1990年宣布对跨国公司从事以新加坡为中心进行外汇买卖、岸外投资和财务服务所得收入仅征收10%的所得税。从1973年起,马来西亚进行了金融改革,颁布《银行法》和《证券法》。80年代中期以后,马来西亚加快国内金融的市场化改革步伐。放松对利率的控制,放宽信贷限制。1990年设立了纳闽岸外金融中心,加快金融国际化的进程。从1990年开始,泰国实施了空前的金融自由化改革,其广度和深度均是前所未有的。1990年5月泰国实行外汇管制自由化措施,1991年4月解除与资本项目有关的外汇管制,1993年泰国建立曼谷国际金融机构(BIBF),以推动离岸金融市场的发展。1983年6月,印尼颁布新的银行管理条例开始了金融自由化改革的进程。1988年10月,政府又制定一套新的全面改革方案,这标志着印尼开始实施第二阶段金融自由化政策。印尼放弃中央银行对信贷市场存贷款利率和限额的硬性规定,取消银行贷款的上限;放宽对国内私人银行的限制,并扩大其活动范围;减少对外国金融机构的限制,外国银行可兴办合资银行,允许外资持有印尼上市银行不超过49%的股权。1980年,在国际货币基金组织的参与指导下,菲律宾进行较大规模的金融改革。90年代,拉莫斯政府积极推行金融改革政策,菲律宾再度取消外汇管制,放宽外资银行进入限制,允许外国银行在当地设立分行,并拥有当地银行60%以下股权,外国公司可拥有当地保险公司100%的股权。

80年代开始,东南亚国家的金融自由化改革进展十分迅速,也取得明显的成效。但是,随着各国经济逐渐步入转型期,一些国家金融改革与经济转型不相适应,金融自由化进程过快,金融改革政策失误,终于酿成严重的金融危机。此次金融危机,以货币、银行、债务以及信用等危机交织并发为特征。东南亚金融危机爆发以后,东南亚国家大力进行国内金融体系重组与改革,实施银行金融机构的合并,处理不良金融资产,加强金融风险管理,以应对金融国际化的严峻挑战。印尼在国际货币基金组织的督促下,政府成立银行重组机构,中央银行提高银行最低资本限额。政府大力整顿国有和私营银行,实施一系列银行兼并与收购计划。马来西亚实施大规模的银行金融机构合并,完成将54家银行合并为10家银行集团的计划。政府宣布金融公司全盘合并计划,指令国内68家保险公司进行合并。新加坡从2001年6月开始刮起银行兼并的风潮,先是华侨银行收购吉宝资本控股公司,接着大华银行兼并华联银行,从而形成星展银行、大华银行和华侨银行三足鼎立的国内商业银行体系。2003年底,泰国政府提出将国内8家国有银行、5家私营银行、18家外资和合资银行合并成3至4家大型银行,政府还通过减少通常对金融机构合并征税等措施,鼓励银行的合并,以提高银行竞争力。为加强金融风险管理,东南亚国家成立专门金融重组机构,提高商业银行资本充足率。泰国设立金融改革局,政府要求国内商业银行完成自有资本增资,将商业银行资本充足率提高到8.5%,并重新制定债务级别。为化解巨额不良金融资产,东南亚一些国家成立资产管理公司,大量收购和处理不良金融资产,以提高国内金融机构资产的质量。

(三)东南亚的生产一体化

在经济全球化的进程中,国际生产一体化迅速扩展,跨国公司成为国际生产一体化主体,也是与宏观经济全球化过程相对应的微观企业组织形式。在此背景下,东南亚国家国际生产一体化得以不断发展。

从衡量国际化生产一些重要指标看,东南亚国家生产国际化程度不断发展。无论是外国直接投资流量和存量,或是跨国公司跨国并购和技术引进,还是外国直接投资流量占国内固定投资比重和外国直接投资存量占国内生产总值比重,均表明东南亚国家生产国际化程度迅速提高。据联合国贸易及发展会议和工业发展组织的统计,1980~2002年,东南亚10国的外国直接投资流量从24.14亿美元增至139.57亿美元，增长4.8倍；外国直接投资存量从247.22亿美元增至3062.68亿美元，增长11.4倍；1990～2001年，跨国并购额从13.14亿美元增至131.42亿美元，增长9倍；1985～1998年，东南亚5国的技术引进支出费用从9.63亿美元增至61.25亿美元，增长5.4倍。1980～2002年，外国直接投资流量占国内固定投资的比重从3%升至23%，外国直接投资存量占国内生产总值的比重从3%升至32%，均高于世界的平均水平。

随着国际直接投资大量涌入，东南亚国家的生产国际化进一步发展，日益成为跨国公司全球工业产业链的重要环节。在东南亚跨国公司全球网络，不仅仅由母公司和子公司组成，还包括供应商、分包商、经销商、零售商、研究开发联盟以及各类合作协议。它们在东南亚国家投资设厂的主要动机，是交易成本降低和效率提高，而获得当地低成本熟练工人和多种专业化生产能力，进入快速增长的可竞争性市场，缩短技术和市场需求变化反应时滞，也具有同样重要意义。近年来，跨国公司在东南亚的电子信息工业、石化工业、汽车工业的渗透率较大，这些工业部门多数企业由跨国公司所主导，并被纳入跨国公司全球生产体系中。

东南亚国家是世界主要的硬盘驱动器生产基地，跨国公司在当地形成庞大的硬盘驱动器生产区域网络。早在80年代初，当今全球的硬盘驱动器生产巨头美国希捷（Seagate）公司就将硬盘驱动器装配线大部分转移到东南亚国家。它率先在新加坡设立子公司，随后又在泰国、马来西亚、印尼等地设立子公司。此后，美国主要的硬盘驱动器生产厂商将绝大部分最终组装工序转移到东南亚。它们把精密元件加工制造和研究开发等价值链的高尖端环节留在美国进行，将绝大部分高附加值劳动密集型组装和中低档元件的生产转移到东南亚国家。硬盘驱动器生产价值链的最低端环节被设在马来西亚，设在泰国的厂家从事加工元件和进行部分组装，新加坡的厂家则集中生产较高档次产品和从事精密测试。到1995年，美国国内生产的硬盘驱动器不到5%，而在东南亚国家组装的硬盘驱动器却占64%。

欧美石化公司在90年代大举进军东南亚石化市场，美国的埃克森、美孚、德士古、荷兰、德国等石油跨国公司纷纷在印尼、马来西亚、菲律宾、新加坡、泰国的炼油与石化工业投下巨资。由于印尼、马来西亚、文莱均为产油国，新加坡是世界第3大炼油中心，欧美炼油与石化公司将东南亚作为它们全球战略的重要环节。这些跨国公司在中东地区和东南亚当地取得廉价石油，按照合理的区域分布，跨国界组织炼油加工，定点生产，定向销售。它们在新加坡所设的子公司，则是把它作为石油加工转运的一个区域中心。

早在60年代，日本汽车制造商开始在东南亚投资设厂。进入90年代，日美欧著名的汽车制造商大举投资东南亚的汽车工业。日本的丰田、日产、本田、日野、三菱汽车、铃木汽车，美国的通用、福特汽车、德国的戴姆勒克莱斯勒、意大利的菲亚特等均在东南亚国家设立汽车生产基地。由于泰国的汽车零部件产业高度集中，产品质量高且制造成本低，许多跨国汽车制造商开始从汽车零部件到整车生产转移到泰国，使之成为东南亚最大的汽车生产与出口基地。同时，日美欧的汽车制造商根据汽车工业的专业化分工，在区域内建立汽车零部件的物流体系。许多日本汽车公司在东南亚生产的汽车，其汽车的引擎来自泰国，冷气机来自马来西亚，变速器来自菲律宾，压力机零件来自印尼，电子部件来自日本，最后在泰国和印尼装配出整车。例如，日本本田汽车公司在泰国生产的新型Civic系列轿车在区域内的零部件采购就达到72%。

三、东南亚加速区域经济一体化进程

在全球化的背景下，区域经济一体化成为当今世界发展中最重要的特征之一。伴随着经济全球化和区域化的时代浪潮，东南亚加快了区域经济一体化的进程。当前，东南亚区域经济一体化主要从三个层次展开：一是东盟区域经济一体化，二是东盟与区外国家自由贸易区，三是东盟成员国与区外国家双边自由贸易协定。

东盟自身区域经济一体化进程，经历从特惠贸易安排到自由贸易区的发展，再向经济共同体迈进的过程。自1978年起，东盟特惠贸易安排实施15年的时间。从1993年起东盟自由贸易区的进程正式启动，随后这一进程不断加速，东盟自由贸易区成员不断扩大，涵盖的领域逐步深化。东盟自由贸易区成员国由6个增加到10个，自由贸易区也逐步从贸易扩展至服务、投资以及其他经济合作领域。到2002年，原有6个成员国初步建成自由贸易区。2003年10月，在第9次东盟领导人会议上，各国同意在2020年建立东盟经济共同体，加速推进自身区域经济一体化。根据实现东盟经济共同体的行动计划，东盟将全面推进和落实自由贸易区、服务贸易协定和投资区计划。各国已确定在2010年之前率先实施11个领域一体化，这11个领域包括木材、橡胶、汽车、纺织、电子、农业、资讯科技、渔业、保健产品、航空以及旅游等。2004年11月，在老挝举行的第10次东盟领导人会议上，各国同意加快东盟经济共同体的行动计划，确定了原有6个成员国在2007年之前率先实施上述11个领域的一体化，新成员国将在2010年前实现这一目标。

进入21世纪，东盟与区外国家的区域贸易自由化迅速兴起，中国—东盟自由贸易区、印度—东盟自由贸易区、日本—东盟自由贸易区、韩国—东盟自由贸易区等相继涌现。中国—东盟自由贸易区降税计划已全面启动，印度—东盟自由贸易区开始实施早期收获计划，日本—东盟自由贸易区的谈判取得突破性进展，韩国—东盟自由贸易区的政府间协商已经展开。2000年11月，中国首次提出建立中国—东盟自由贸易区的宏伟构想。时隔一年后，中国和东盟领导人宣布决定在2010年内建成中国—东盟自由贸易区。2002年11月中国与东盟正式签署《中国与东盟全面经济合作框架协议》，宣告中国—东盟自由贸易区进程正式启动。2004年11月，双方正式签署东盟—中国自由贸易区货物贸易协议和争端解决机制协议。根据协议，东盟—中国自由贸易区货物贸易降税计划共涉及7000多种商品。2005年7月20日中国与东盟的货物贸易降税计划正式启动，中国与文莱、越南、马来西亚、缅甸、新加坡、泰国等东盟6国相互实施自由贸易区协定税率。继中国之后，东盟与印度宣布将在2011年建成印度—东盟区域贸易投资区，东盟与日本也确定在2012年建成日本—东盟自由贸易区的目标。尽管东盟与韩国直到2004年11月才正式宣布启动自由贸易区谈判，但东盟—韩国自由贸易区在2009年的实现目标均要早于中、印、日。

与此同时，东盟成员国与区外国家的双边自由贸易协定也取得较快进展。目前，新加坡已与新西兰（2000年11月）、日本（2002年1月）、欧洲自由贸易协会（2002年6月）、澳大利亚(2003年2月)、美国(2003年5月)、约旦(2003年6月)、印度(2005年6月)、韩国(2005年8月4日)正式签订了双边自由贸易协定,并正与加拿大、墨西哥、印度、斯里兰卡等国进行双边自由贸易协定的谈判;泰国已与印度(2003年10月)、澳大利亚(2004年7月)、新西兰(2005年4月)正式签署双边自由贸易协定,与日本、美国等国的双边自由贸易谈判正在进行。2004年起,菲律宾、马来西亚与日本的双边自由贸易协定正式展开。与以往区域贸易自由化形式不同,新兴的双边贸易自由化形式的目标和内容更为广泛而多样。除商品贸易自由化外,服务贸易和投资自由化成为重要方面。它突破地区和距离的限制,协定双方的非对称性,强调与WTO规则相一致,所承诺开放的程度超过WTO成员国之间的协议范围。

四、结语

综观全球化时代的东南亚经济发展,各国既经历参与经济全球化所带来的发展机遇,也遭受到经济全球化而引发的巨大冲击。作为参与全球化程度较高的发展中国家,东南亚国家的经济发展提供许多可资借鉴的经验与教训。

国际经济机构的权威研究显示,尽管有充分的数据表明参与全球化程度高的国家其经济增长速度较高,但是同时这些国家经济增长的波动性和同步性愈益增强。作为高度参与经济全球化的发展中国家,东南亚国家取得较快的经济增长速度,但各国经济增长的波动性加大,同步性也随之增强。

随着经济全球化的发展,世界各国间经济相互依赖的程度加深。尽管国与国之间的经济依赖是双向的,但它并不意味着相互依赖的双方是对称的和均衡的。由于发展中国家的经济发展相对落后,在国际分工体系中处于不利的地位,因而发达国家与发展中国家相互依赖关系属于非对称和非均衡的相互依赖。战后,虽然这种相互依赖关系总体上有所缩小,但未根本消除。东南亚经济的开放经验表明,全球化使各国对世界市场的依赖程度加深,生产与资本的国际化对各国的生产流程、产业升级、对外贸易乃至经济政策均产生深刻的影响。

在参与全球化进程中,各国经济安全受到不同程度的冲击,尤其是发展中国家经济安全面临严峻挑战。20世纪90年代中期东南亚金融危机爆发,表明在经济全球化加速发展背景下,发展中国家的经济开放和金融开放面临着巨大风险,国家经济安全受到严重的威胁。因此,发展中国家必须实施积极的全球化战略,不断增强综合国力,把握对外开放的主动权,以保障国家的经济安全。

(作者系厦门大学东南亚研究中心教授　原载《南洋问题研究》2006年第1期)

论中国与东盟国家区域合作的双赢模式

——平台、机制与效益分享

马元柱

一、区域经济合作的双赢模式与内涵

“双赢”是当今世界经济全球化发展与区域经济合作发展浪潮中使用频率极高的一个词,同时也是各个国家与合作各方普遍关注与追求的共同目标。但是,在理论上,区域经济合作的“双赢”这一术语的科学内涵尚未被真正确认过。

从理论上正确界定“双赢”的内涵,首先,应当明确它是一个能够为双方所接受或认同的平台或曰共同市场。区域经济合作的动因在于合作各方的资源要素的禀赋特点不同,拥有量的多寡不同,因而产生在要素配置中通过互通有无的流动而达到优化组合、提高要素产出效益等方面的需求,这种需求就必须通过合作各方都认同的平台或市场进行交易、交换。其次,既然是双方认同的平台或市场,那么,就必须遵循市场经济的基本游戏规则。换句话说,就是要素的区域内流动必须是自由、无歧视性障碍、双向的;而且必须是互惠互利、公平竞争的。第三,也是极为重要的一点是,这种双赢平台必须是一种真正制度化的安排,即有利于建立起一个合作各方建立起长期互信、对各方都有法律约束力的政府间的协议与条约,也就是说,这种制度化安排必须是一种公开、公平、公正,有利于合作各方降低成本,获取各自利益的竞争性的市场机制。最后,“双赢”当然还有一个利益的分享问题。在合作关系与合作过程中,各方如何对合作产生的利益,无论是局部的、即期的还是整体的、长远的利益都有一个如何平衡、如何分享的问题,这实际上是区域经济“双赢”合作模式的问题。

胡锦涛总书记在近期召开的亚非合作会议上对区域合作的“双赢”问题做了极为深刻的阐述。指出,加强区域经济合作与获得区域合作中的“双赢”是发展中国家应对经济全球化趋势深入发展带来的机遇和挑战的有效途径。实现“双赢”发展有不同的模式与途径,最重要的不外是以下几点。第一,从本国实际出发谋划发展。实践证明,从实际情况出发,确定符合自己国情的发展道路和发展模式,是赢得主动、加快发展的关键。在区域合作中要充分交流和分享各自的发展经验,广泛吸收现代文明成果,进一步掌握和运用经济全球化趋势深入发展条件下发展经济的客观规律,不断提高自我发展的能力;要推进体制改革和创新,有效利用市场机制,统筹兼顾当前和长远、发展和环境、效率和公平,努力实现经济社会全面协调可持续发展。只有这样,区域经济合作的模式才是正确的,目标才是可能实现的。

第二,全面开展平等互利合作。亚非国家资源禀赋各具优势,产业结构各有特点,互补性较强,合作潜力巨大。因此,如何发挥各国政府的协调作用,积极调动和整合政府、企业、民间和国际经济组织的资源,并以贸易、投资、农业、资源开发、基础设施建设、人力资源开发为重点,才能发挥各自优势,加大合作力度,丰富合作内涵,拓宽合作领域,创新合作方式就成为区域经济合作成功与否的关键所在。与此同时,要相互开放市场,积极探索开展自由贸易安排,协调经贸政策,共筹发展资金,深化产业协作,防范金融风险,加强亚非区域组织间的横向联系和交流,大力提高南南合作的质量和水平。一句话,制度化安排是合作成功与否的标志与关键。

第三,营造合作共赢的国际发展环境。推动建立公正合理、互利共赢的国际经济新秩序,既是发展中国家的共同要求,也是实现全球持续发展的必由之路。进行区域合作的发展中国家要加强协调,推动发达国家更多地关注和考虑广大发展中国家的利益,切实减免债务,增加不附加条件的发展援助,帮助发展中国家加强人力资源开发、增强科技发展能力、发掘市场潜力。只有密切配合,推动国际经济、贸易、金融体制改革,改善贸易环境,才能为缩小发展差距创造有利条件,并在平等互利的基础上推动经济全球化朝着均衡、普惠、共赢的方向发展。

二、中国区域合作模式选择的理论依据

发展中国家无论处在什么样的发展阶段或发展水平，在其内部发展过程中，发展战略实施的结果，大体说来无非是两种态势，即均衡发展与非均衡发展。我认为，这两种发展模式体现着市场与体制二者的不同关系，前者更体现体制对市场的调节，后者则是市场经济内在的要求，更多体现了市场对体制的挑战。值得注意的是，两种模式同样深刻地表现在发展中国家之间的区域合作模式上。

当前，世界经济全球化发展进程中出现区域经济合作与区域一体化发展新趋势，其中，刚刚加入 WTO 不到三年的中国也立即投入区域经济合作的汹涌浪潮之中。毫无疑问，参与区域合作符合入世后中国的国家利益。

区域经济合作理论，不但反映区域经济合作实践的要求，而且随着世界区域经济理论的发展而不断发展变化。发达国家与发展中国家的利益差异体现在他们采取不同的区域经济理论来作为自身的理论依据上。发达国家区域经济一体化理论以典型的贸易比较优势理论为基础，主要着眼于发达国家自身的利益；而发展中国家区域经济合作却是基于全球化大背景来探索区域经济利益的共性或结合点，采取有利于发展中国家的开放式地区主义合作模式，从而保证发展中国家自身的真正利益。

可以说，针对发展中国家的区域经济发展理论主要集中在两类学说上。一是以美国哈佛大学经济学教授雷蒙德·弗农的新国际地域分工理论为代表。这一理论把新产品划分为创新、成熟和标准化三个阶段：即在产品技术创新阶段，产品和技术的研制和开发主要满足发明国国内市场的需要，这时由于需要较高的资本和技术水平，新发明和新产品一般在发达国家开发；在产品成熟阶段，一方面生产国该产品技术已成熟，生产规模扩大并开始大量出口，进而到成本较低的国家设厂，另一方面，进口国模仿、掌握并开始生产并出口该产品，于是，创新国反过来开始变为进口国；在产品标准化阶段，产品和技术在发达国家普及，并扩大到成本最低的发展中国家，最后发达国家成为该产品的净进口国。新国际地域分工理论很好地验证产品的技术周期与不同国家的技术梯度之间存在着动态差异，从而说明在产品和技术周期的不同阶段，不同的国家如何通过自身不同的比较优势的发挥从而使生产区位及比较利益在不同发展水平的国家之间转移。显而易见，这一理论是十分适合发展中国家需要的。成了发展中国家追求这种利益的最佳理论依据。

二是新经济地理学中的区位理论和新贸易理论，它们强调贸易活动的区位选择依赖于要素密集度和运输密集度等因素。特别值得注意的是克鲁格曼的新贸易理论模型对经济发展水平较低的国家之间进行区域经济合作的说明。他认为，经济发展水平较低的国家之间进行区域经济合作有着内在缺陷，在若干不发达国家之间自由贸易一体化均衡状态下，若福利总体增量为负效应，则发展中国家合作区域内先进和落后国家的福利都减少。在同样的贸易条件下，两国间距离越近，贸易运输成本越小，交易费用就越小，贸易量就越高，贸易量随距离的增加而迅速递减；区域经济的合作依赖于运输成本、规模经济和制造业比重等因素。在产业外溢效应下，递减的成本支持相关产业的聚集和产品创新，产业部门的地理集中引起地区经济的持久增长，区域经济一体化则进一步导致生产和创新的区域集中。正是这些理论的传播，使得20世纪90年代以来，越来越多的发展中国家摒弃了传统区域经济合作理论的封闭式合作模式，转而采用新国际地域分工理论的观点及具有开放性合作特征的区域经济合作模式。

开放的地区主义对发展中国家区域经济合作的方向和模式产生强烈的影响。这就说明，中国在当前方兴未艾的区域经济合作浪潮中的模式选择，不是一种主观随意性的挑选，而是一种基于以发展中国家经济发展所必须遵循的地区经济发展理论为依据的理性政策选择。

三、中国与东盟国家区域合作的两个基本点与三大基本原则

中国与东盟的合作必须坚持两个基本点：(1)中国与东盟的区域经济合作必须放在中国与东亚区域经济合作的框架中来考虑；(2)中国与东亚区域经济合作的框架中必须优先把与东盟的区域经济合作放在第一位。

在实际操作中，应当少说空话，多干实事；特别是必须加强合作机制建设。10＋3 框架内已陆续建立外交、财政、经贸、农林、劳工和旅游共 6 个部长级会议机制。必须在其他领域也逐步建立合作机制。如东盟关于召开 10＋3 环境部长会议的建议，以及中国关于成立 10＋3 海关合作工作层机制的建议等。

10＋3 各国共同参与的《东亚研究小组最终报告》提出了 17 项近期可实施的合作措施，并就 10＋3 未来发展方向提出 9 项中长期合作措施。应当尽快落实有关措施。随着各个领域合作的不断拓展，各方可以进行建立东亚自由贸易区和召开东亚峰会的设想研究，以及有必要从机制上对 10＋3 合作加以规划和协调。

参与区域经济合作有现实而长远的意义：

根据中国—东盟专家组的研究分析表明，自由贸易区建成后，中国向东盟国家的出口将增加 55%，东盟国家对中国的出口也将增加 48%，双方的合作潜力巨大。值得一提的是，东盟国家是中国西部省份主要的出口市场，中国—东盟自由贸易区的建立必将大大促进这些省区的出口，有力地配合中国西部大开发战略的实施。为进一步改善中国对外贸易环境，推进市场多元化和“走出去”战略，开创对外经贸的新格局，今后中国将本着由近及远、先易后难、循序渐进的方针，以更加积极的姿态参与区域经济合作，在互惠互利的基础上与其他国家或地区建立更为紧密的经贸关系。

中国经济的快速发展和市场的巨大潜力，对世界各国产生越来越大的吸引力，许多国家表达了与中国建立区域经贸安排的意愿。中国应当在更大范围和更深程度上参与区域经济合作，加速发展经济，而中国的积极参与也必将为世界提供更加广阔的市场和更加强劲的经济增长动力。

目前，世界上区域间的国际合作组织与合作协议为数众多。其中，最重要也比较完善的当数欧盟和北美自由贸易区。欧盟的一体化进程具有渐进性，从最简单、最特别的领域合作逐渐发展到全面的一体化。欧盟的区内贸易占其贸易总额的 65.5%，区外贸易仅为 35.5%。北美自由贸易区的经济合作涵盖贸易、投资自由化、环境保护、劳工权利及知识产权保护等领域。区内贸易占其贸易总额的 54.1%，区外贸易仅为 45.9%。

亚洲区域合作起步虽晚，但发展迅速。20 世纪 90 年代以来，各种形式的区域、次区域合作不断涌现，已逐渐形成东

盟与中日韩10+3和上海合作组织作为两个支柱性机制，东盟一体化和湄公河流域开发不断推进，南盟恢复活力并确定自由贸易区建设目标，泛亚合作也崭露头角。目前，域内各国签署和正在商谈的自贸协议已经超过40个。此外，博鳌亚洲论坛、亚太安全合作理事会、亚太圆桌会议、东亚思想库网络等二轨机制也日趋活跃。

与此同时，中国在亚洲区域合作中发挥重要作用。中国积极参与上海合作组织的筹建以及10+3的进程，逐步加大对这两大区域合作的投入。中国率先加入《东南亚友好合作条约》，巩固与东盟关系的政治法律基础。中国率先提出开展非传统安全合作，拓展东亚合作的范围和内涵。中国率先与东盟建立战略伙伴关系，提升本地区各国合作的水平。还积极与日、韩协商，发表第一份中日韩三方合作联合宣言。这些积极主动的举措，增进中国与域内各国的相互信任，赢得国际社会的广泛好评，取得良好的政治和经济效益。

尽管中国参与区域合作在理论上可以有多种形式与模式选择，但是，从现实性的角度看，与欧美发达国家直接、迅速进行区域合作的模式还处于探讨阶段，无论是通过APEC机制加强与美国的合作，还是通过亚欧高级经济会议推进与欧盟的合作，都是如此。须把加强中国与东盟、中国与日本、韩国的区域经贸合作列入优先的选择。主要是因为与其他区域合作模式对比，这一模式已经具备建立的基础条件。

在确定中国参与区域合作的政策中，最重要的是要明确制定各项参与政策的一些基本原则。目前，应当首先注意把握以下三个基本原则。

一是国家中近期与中远期利益的正确把握。国家有大小之分，大国与小国的利益有区别。同时，小国可以在一个小的范围内寻求和满足自己的利益，而大国却必须在大区域或全球中追求和实现自己的利益。20多年的改革开放的曲折路程与经验表明，融入经济全球化，实施国际化发展战略是中国的真正国家长期战略利益所在，而加入世贸组织，在多边贸易体系框架内进行与各国的经贸合作则是实现这一战略利益的主要途径。在探讨实现中国的发展战略选择时，多边贸易体系下的国家利益必须优先把握。既不是离开WTO体系去追求区域合作与发展的利益，更不是机械固守WTO条款而放弃区域合作的利益；这就是我们所说的国家中近期与中长期利益的正确把握原则的内涵，即既不能背离对中国加入WTO这一多边体系的战略利益的评判与确认，同时又要能确保区域经济发展战略目标与利益的追求。

二是对近期中国国家利益的把握必须坚持区分轻重缓急的原则，也就是说，必须注意次区域经济合作中的顺序与重点的把握。国家的长期战略利益与国家的中近期利益有所不同，国家的中近期利益与每一时点的战术考虑更是可以分别考虑的。确立中国的区域经济合作以东亚区域经济合作为战略基础，不等于中国必须与东亚各国都只能实施等量齐观的合作内容、合作关系、合作步骤和合作模式，当然更不等于只能与该区域内的国家合作，而完全忽视存在区域经济合作可能的其他所有国家。因此，要正确划分东亚区域经济合作中的次区域，加强次区域的经济合作，摆好次区域经济合作的顺序与重点，并据此分别制订相应的次区域经济合作发展战略，是中国实施全球多边贸易体系下区域经济一体化发展战略的重要环节。

具体地说，在这些区域经济合作组织中，中国要首先大力促进建成10+1自由贸易区，扩大中国与东盟之间的贸易、投资，以此为机制杠杆和利益动力来进一步促进中日、中韩的次区域合作。第二，对内要把中国科学划分为若干个各有特色的大经济区域，实施不同大区域的各有侧重的对外区域合作模式。要注意各个地区的对外无序竞争与低效重复。例如，珠三角地区可以积极推进曼谷协定、澜沧江—湄公河开发机构等的合作进程、而长三角地区、环渤海地区则要优先促进与日、韩的发展合作。第三，推动东亚整个地区的合作机制的建设还要考虑到东亚现有的各种合作机制的混合作用，在近期应该鼓励多种形式的合作，比如中国与东盟之间的自由贸易区建设可以先行，如果中国、东盟能够在推动合作上先走一步，或者说步伐更快些，那么，对于推动整个东亚的合作可能会有积极作用。

三是要着眼于即期合作利益方面的理性追求与科学实施，不能割裂即期利益与长期利益的有机关系。这就要求在制定推进东盟区域经济合作的中国外经贸政策选择方面要有真正的突破。

中国应制定目标明确的，以高新技术产业为主导的新世纪出口发展战略，从而一方面为中国自己拓展国际市场特别是东盟区域的市场，另一方面则建立中国国内统一市场的深度和广度，从而为参与区域经济合作的东盟各国提供同样广阔的中国市场。也就是说国内产业结构调整，应放在世界大市场的范围内来考虑其技术水平升级、产业规模经济效益及其产业发展方向。只有这样，中国的东盟区域经济合作的发展战略才能具备在真正经济实力基础上得到参与各方的认同，也才能给中国带来实际成效。

应加快中国政府内外贸管理模式与职能的转变，真正成为一个高效、全力为出口企业和国内内外资企业提供全方位服务的市场经济体制的政府。市场经济体制是中国加入世贸的承诺，也是中国在多边贸易体系下推动和实施东亚区域经济合作战略成功与否的制度保障。东盟各国对与中国的经济合作，从根本上来说是欢迎与支持的，但是，多边贸易体系下的合作对市场经济体系的内在要求则是无法改动的，因此，首先必须建设一个具备市场游戏规则的政府管理体制与模式，才能事实上获得东盟各国的信任，从而，中国自己的区域经济合作发展战略才能成功。

建立一个能够支持和鼓励中国企业走出去发展的服务支持政策体系是中国区域经济合作战略成败的关键。中国实施与东盟的区域经济合作发展战略，决不仅仅是鼓励东盟各国的企业进入中国，更主要的是要鼓励中国的更多更好企业走出去，在东盟各国很好地发展、生存，以便使更多更好的企业还能由此走向世界其他区域。加强中国与东盟国家城市间政府、民间的友好往来，如互派高层或经贸代表团访问，相互召开高层研讨会、洽谈会、展销会、科技成果及项目发布会等；加强城市之间的经贸往来，中国与东盟国家还可以根据不同的合作项目进一步相互给予优惠的政策；开展中国与东盟国家城市之间的科技、文化、教育交流与合作，以及推进民间文化交流；相互实行国际贸易通行的规则和惯例，保障投资商的合法权益，开放市场，两国的企业家能够采用直接投资、政府贷款、BOT、TOT等多种投资方式，参与对方的市政公用、城市环保的基础设施建设。

（作者系福建省社会科学院亚太研究所所长　研究员
原载《亚太经济》2006年第6期）

中国—东盟自由贸易区:进展与问题

陆建人

一、中国—东盟自由贸易区最新进展情况

从2003年初起,中国与东盟10国建立自由贸易区的谈判正式启动。中国—东盟自由贸易区(CAFTA)是新一代自由贸易区,其内容远远超出传统的货物贸易范围,包括货物贸易、服务贸易、投资、经济合作等诸多领域。因此,谈判所涉及的层面相当广泛。另外,这是一对十的谈判,要达成一项协议不容易。虽然碰到不少困难,但经过双方努力和十九轮谈判(截止2005年6月),最终取得了积极的成果,主要有几下几项:

1."早期收获"计划付诸实施

根据2002年双方签署的《中国—东盟全面经济合作框架协议》,实质性的谈判首先从"早期收获"计划开始。为加速实施《框架协议》,使双方提前享受自由贸易的好处,从2004年1月1日起首先削减海关《税则》第1~8章中570种产品(均为农副产品)的关税,这便是"早期收获"计划。出于贸易平衡考虑,另有,30多种特定产品也包括在该计划之内。

不过,此项谈判进展并不顺利,东盟10个成员各有各的要求。最终除菲律宾外,中国已与东盟其他9个成员分别达成了"早期收获"计划协议。2004年1月1日起,这些协议9+1已如期实行。

谈判期间,菲律宾正面临着大选,中央政府的精力集中在处理国内矛盾上,而且政府的约束力有限,农业部门保守势力强,农产品自由化阻力大。另一方面,由于气候、运输等方面的问题,菲政府在蔬菜自由化上确实面临一些困难。菲最终未与中国谈成"早期收获"协定,但也未关上谈判窗口,并表示要继续参加后面的谈判。中方则表态,菲方可随时恢复"早期收获"计划谈判。

2005年4月下旬,中国国家主席胡锦涛访问菲律宾时期,双方终于签署了"早期收获"协定,并将从2006年1月1日起实施。不过,菲方参与的减税项目尚不足一半(见表)。对此中方表示理解。至此,中国和东盟全部成员都加入"早期收获"计划。中国—东盟自由贸易区建设的第一阶段圆满完成。

"早期收获"计划的实施给中国和东盟成员都带来益处。据中国商务部统计,截止2005年6月,中国享受"早期收获"计划从东盟国家进口的产品货值已达11.53亿美元,税收优惠总额达到10.16亿元人民币。中国品种繁多的蔬菜、肉类和其他农产品,以优惠税率进入东盟市场,也为东盟国家居民带来了实惠。按照这个进程,"早期收获"计划所列的这600多种农产品到2006年要全部实现零关税(越南推迟到2008年,老挝、缅甸2009年,柬埔寨2010年)。本来,农产品关税的削减一直是贸易自由化的一个难题,但中国—东盟自由贸易区的实施却从农产品开始,其原因是中国真心希望让东盟国家"先摘桃",首先从其优势产品中享受到利益。

2.中泰签署水果、蔬菜协议

2003年6月,中国与泰国在"早期收获"计划框架内签署了取消水果、蔬菜关税协议,并于同年10月1日起付诸实施。这是CAFTA的首项成果,对促进以后的各项谈判具有十分积极的意义。该协议实施后,效果显著。在水果贸易上,泰方的热带果品(龙眼、荔枝、芒果、榴莲)颇具优势,而中国的温带水果(梨和苹果)很有竞争力,双方的出口量都大幅增长。中泰签署的该项协议,对东盟其他成员也产生了激励作用。2004年6月,新加坡也加入了该项协议。新声称,它基本不生产和出口水果、蔬菜,加入该项协议目的是为了推动CAFTA的建设。最近越南也提出加入该项协议的要求。

3.签署货物贸易和争端解决机制两项重要协议

"早期收获"计划付诸实施后,双方接着就有关正常产品和敏感产品(指需适当加以保护的产品)的降税模式(即高税率和低税率的商品如何分阶段降税)进行谈判,至2004年6月基本达成一致。虽各方有关敏感产品清单的分歧较大,但经过努力,已在同年9月初就货物贸易的主要内容达成原则协议。

另外,有关货物贸易原产地规则的谈判也已完成,这是很重要的一个环节。各类自由贸易区有各不相同的原产地规则。在CAFTA中,绝大多数产品均以至少增值40%作为原产地的认定标准。

此外,双方还达成《争端解决机制协议》,这是规范中国和东盟双方在CAFTA框架下处理贸易纠纷的法律文件,对于维护双边自由贸易的顺利进行是不可或缺的。

值得指出的是,在该项协议下,东盟各国宣布承认中国的市场经济地位,明确表示放弃使用反倾销的替代国定价法、特殊保障措施等歧视性做法,显然,这有利于建立公正和透明的区域贸易环境。

2004年11月底,在老挝举行的10+1峰会上,双方正式签署《中国—东盟全面经济合作框架协定之货物贸易协定》和《争端解决机制协议》两项重要文件。

4.降税计划全面启动

从2005年7月20日开始,双方开始执行《货物贸易协定》,启动全面降税进程,首批7445种商品关税已降至20%左右。其中,中国对东盟6个老成员国家平均关税税率已降为8.1%,比最惠国平均税率水平9.9%低1.8个百分点,中国—东盟自贸区建设由此进入实质性阶段,双方经贸发展开创全新局面。

5.成功举办中国—东盟博览会

举办中国—东盟博览会,是中国和东盟10国政府为促进双方企业界合作,加快中国—东盟自由贸易区建设进程而采取的一项重要措施。2004年11月,首届中国—东盟博览会在中国南宁市成功举行,中国和东盟各国不同行业的企业前来展示自己的产品和服务,累计贸易成交10.3亿美元,并签订投资项目129个,总投资达49.68亿美元。博览会期间接待中国和东盟国家观众30万人次。

2005年10月,又举行第二届中国—东盟博览会,规模超过上届。中国和东盟企业界通过中国—东盟博览会,获得更

有关各国参与"早期收获"计划的减税项目数量

国　家	减税项目数量	国　家	减税项目数量
中　国	593	缅　甸	579
文　莱	597	菲律宾	214
柬埔寨	539	新加坡	602
印度尼西亚	595	泰　国	581
老　挝	406	越　南	547
马来西亚	599		

资料来源:China – ASEAN Business Week, International

多进入对方市场的机遇，能更充分地享受到贸易自由化和投资便利化好处。显然，博览会既是中国—东盟自由贸易区建设过程中的一个成果，又对后者起了积极的促进作用。

6. 服务贸易协议和投资协议谈判正积极进行中

服务贸易 CAFTA11个成员经济水平差距巨大，服务贸易的成熟程度也有很大差别。一些在服务贸易上有优势的国家，如新加坡，要求尽早开放服务贸易市场，而服务贸易欠成熟的国家则有顾虑。通过数次谈判，大家增加共识，厘清了服务贸易的规则，一致同意服务贸易领域的市场准入应当比WTO所规定的更深一步。目前，中国与东盟双方已就服务贸易协议文本达成一致。晚些时候，双方还要就服务贸易、保险服务及用人民币结算等问题进一步谈判，达成共识。

投资 双方商定尽早完成"中国—东盟投资协议"的谈判，目前正在对其主要内容进行磋商。其难点在于，FTA中的投资自由化内容通常比WTO更深，后者只涉及"与贸易有关的投资自由化"。而更深的自由化将包括全面开放投资领域，外资与内资享受同等国民待遇等内容。东盟对投资协议颇为热心，希望它能促使中国增加对自己的投资。而中国也希望藉此鼓励其企业向东南亚进军。

需要强调的是，从2002年10月中国和东盟双方签署《中国—东盟全面经济合作框架协议》到2005年7月实施全面降税，只用不到3年时间，这在世界各地三百多个自由贸易区建设历史上也是不多见的。中国—东盟自由贸易区的建立对东亚经济合作有很大推动作用，为未来成立"东亚自由贸易区"的建立打下良好基础。

二、面临的几个问题

随着"早期收获"计划和货物贸易协议的实施，在双方享受到降税带来的优惠的同时，一些问题也开始显露出来。从中国方面来看，以下一些问题需要引起注意：

1. 贸易逆差不断扩大

在中国与东盟的贸易额不断扩大的同时，中国对东盟的贸易逆差也不断扩大，且后者的增速高于前者。自1998年至今，中国对东盟贸易已持续7年出现逆差。据中国商务部统计，2002年贸易逆差为76.3亿美元，2003年达到164.1亿美元，2004年已超出200亿美元。2005年1~12月，中国前10位贸易逆差来源地中，东盟国家占3席，分别是马来西亚、菲律宾和泰国，中国对这三国的贸易逆差总计达248.4亿美元。广东作为中国对东盟贸易额最大的省份，与东盟的贸易长期处于逆差状态，2003年和2004年每年逆差已连续超过110亿美元。

尽管从目前看，这一逆差对中国影响还不大，但从长远看，仍需引起注意。因为中国的贸易顺差主要来自对美贸易，预期受各种因素影响，今后中国对美贸易顺差会大幅缩小，这将制约中国对台湾省、韩、日、澳大利亚和东盟等主要贸易伙伴的逆差进行平衡的能力。

2. 农产品出口面临挑战

"早期收获"计划所列的570个税号均为农副产品，降税已从2004年1月1日开始。中国虽是农产品生产大国，但农产品成本高，质量差，在国际市场上竞争力较低。近年来，中国农产品对东盟的出口增长率已呈下降趋势。例如，2003年广东省对东盟的农产品出口为2.2亿美元，比2002年下降5.1%；而从东盟进口的农产品达5.5亿美元，大幅增长41.4%逆差达3.3亿美元。2004年广东向东盟出口蔬菜、水果、水海产品等农产品为2.7亿美元，比2003年增长仅22.7%，自东盟进口的食用植物油、大米、水果等农产品达9.7亿美元，比2003年增长76.3%，逆差进一步扩大到7亿美元。估计到2006年，从东盟6个老成员国进口的农产品关税降到零后，情况将更加严重。

3. 中泰果蔬贸易不平衡问题突出

"中泰水果、蔬菜零关税协议"的实施，已给中国蔬菜水果市场带来一定冲击。中泰果蔬零关税实施一年来，中方此项贸易逆差达3.5亿美元，占同期双边果蔬进出口总额的71%。泰国热带水果出口到中国口岸价格总体下降了18%，泰国具有较强竞争力的热带水果对中国出口大幅增加，已使广西等地的果农收入减少。与此同时，泰方对从中国进口的马铃薯、洋葱、大蒜等协议内产品仍实行配额管理，配额外的进口需缴纳较高关税，这制约在这些产品上有优势的云南、广西两省区对其的出口。这部分产品成为中国对泰国单边实施的零关税优惠产品，凸显出双方贸易不平衡问题。

另外，从中国方面来看，进口手续复杂也是一个需要关注的问题。中国水果商必须具有中央政府颁发的许可证，才能进口泰国水果。申请许可证需费时2~3周，但其有效期仅6个月。水果商每年要更换两次许可证，共需耗时4~6周。

4. 如何处理好敏感产品的降税

中国和东盟各国都有一些敏感产品没有纳入降税清单。对中国来说，纸张、天然橡胶、塑料和石化产品、汽车及其零部件、茶叶、家具等都列入敏感产品清单。尽管目前敏感产品关税还没有大幅度下降，但像天然橡胶等敏感产品不可能长期用高关税来保护。一旦大幅降税，其负面影响不可低估。以天然橡胶为例，中国海南省是全国最大的生产基地，占国产总量的70%。但海南省天然橡胶生产成本较泰国、印尼、马来西亚等国要贵一倍多。如泰国产天然橡胶成本每吨仅人民币3000~4000元，而海南产的要9000元。这主要是由于海南省产胶企业的负担重（自办小社会及职工退休养老）造成的。在这种体制下，海南天然橡胶根本没有竞争力。另外，东盟产天然橡胶质量也比海南的高，在中国市场销路很不错。一旦取消关税，其销量必将猛增。海南10万名胶农的生计将面临生死考验。其他某些产品也存在类似问题。这都是需要慎重对待、妥善解决的问题。

5. 东南亚华人有忧虑

关税下降后，中国产品将大量进入东盟市场。这已经引起一部分华人的忧虑。笔者最近访问雅加达时，一位有影响的印尼华商反映，他开办的几个纺织品厂由于受到廉价的中国纺织品进口的冲击，已难以维持生计，即将破产。他颇为感叹地说："我们印尼华人天天盼着中国强大，现在中国是强大了，可我们却要破产了"。看来，如何减少自贸区产生的负面影响，做好东南亚华人的工作，是需要关注的问题。

6. 中国企业不了解中国—东盟自由贸易区规则

据有关专家最近对中国数百位知名企业家所作的一项抽样调查，有高达99%的被调查者从来没有看过《中国—东盟全面经济合作框架协议》的内容。东盟早在1992年就开始建设自由贸易区，而在中国，不少企业至今不知道"自由贸易区"为何物，亦不知道同自己的利益有什么关系，对已经涌到眼前的商机无动于衷或不知该怎么办。

另据中国商务部的统计，2004年中国在"早期收获"计划下对东盟的出口中，只有17.9%的贸易额申领"优惠原产地证书”(FormE),享受优惠关税。换言之,在中国对东盟的出口中,有80%的货物还是在按老的税率交纳关税。中国企业没有及时享受到本来可以争取到的5% ~15%的利润空间。而东盟国家向中国出口的货物有60%享受优惠关税,减免税款高达6亿元人民币,仅泰国一个国家就减免4亿元。

另外,从宏观层面来看,中国—东盟自由贸易区(CAFTA)也有其先天不足的缺陷,如双方的主要国际市场都在本区域以外,因此,区域内部贸易额占双方对外贸易总额的比重较小,相互投资规模也不大,与NAFTA、EU等有世界影响的自由贸易区差距很大,这限制了CAFTA对本地区经济的促进作用。另外,双方都是发展中国家,CAFTA基本上是“南南型”合作模式,大部分成员经济能力有限,区域内基础设施较薄弱,不能适应贸易自由化和便利化发展需要,从而影响自由贸易区效益的发挥。因此,双方都需要加强能力建设。

三、前景展望

尽管CAFTA的进程中存在着一些问题,但其前景看好。两年来,随着CAFTA的建设发展,双边贸易快速增长。据中国商务部的统计,2002年至2004年,中国—东盟双边贸易额以年均38.9%的速度增长。2004年,双边贸易额达到1059亿美元,提前一年实现了双边贸易额突破1000亿美元的目标。2005年1~7月,双边贸易额已达到707.4亿美元,同比增长30%,中国对东盟贸易额占对外贸易总额比重已提高到9.2%。实际上,从2005年1月起,东盟已超过香港,成为中国第四大贸易伙伴。

最近,中国贸易官员乐观地预言,随着中国—东盟自由贸易区建设的逐步加强,到2010年CAFTA有望在进出口总额上超过北美自由贸易区,到202年在GDP总量上超过欧盟自由贸易区。中国—东盟自由贸易区将和北美、欧盟自由贸易区一道成为世界三大经济支柱。

同样,东盟国家官员也非常看好CAFTA的前景。越南贸易部副部长潘世锐指出,一个拥有17亿人口、正在形成的中国—东盟自由贸易区是所有成员的重大机遇。该贸易区的建立将逐步排除各成员之间的贸易壁垒,从而使本地区的商品、服务和投资更加自由地灵活流动。以长远的目光来看,这一贸易区将促进本地区资金流动及积累,最终提高本地区经济的效益及在国际经济中的竞争力。

当然,在中国—东盟自由贸易区建设过程中,双方都有会遇到一些局部的困难或问题,但这不会从根本上影响到自贸区建设的大局。无论是中国还是东盟,双方领导人都已下决心要推进CAFTA进程。总的看,敏感产品并不多,不会对双方贸易自由化构成实质性威胁。因此,只要双方持积极、务实的态度,本着互利、互惠、互让的精神,按目前进度,到2010年甚至更早实现CAFTA目标是完全有可能的,最终将出现“双赢”的结局。

(作者系中国社会科学院亚洲太平洋研究所研究员　原载《亚太经济》2006年第3期)

论东盟的内部关系

——东盟区域一体化的发展及主要成员国间的关系

曹云华

关于东盟的内部关系,可以从两个层面进行探讨。第一个层面,是从多边的角度,主要指东盟10个成员国之间在各个领域的合作;第二个层面,是从双边的角度,虽然都是在一个东盟组织之内,但由于历史、地缘、民族、宗教和文化等方面的原因,东盟10个成员之间的亲疏程度不同,双边关系错综复杂。本文首先从这两个层面分析东盟的内部关系,然后解剖东盟目前面临的新挑战。

一、东盟的多边合作进程

冷战后,面对全球化和区域化不断加强的趋势,东盟迅速作出反应,采取一系列措施,以加强东南亚的区域一体化。经过10多年的整合,东南亚的区域一体化正在向深度和广度迈进,合作领域不断拓宽,合作层次与水平不断提升。冷战后至今10多年时间里,东南亚区域一体化可以分为如下两个发展阶段:

第一阶段,从1990年到2002年,开展全面合作的阶段。冷战期间,促使东盟团结和发挥影响力主要因素是意识形态以及柬埔寨问题,冷战结束之后,东盟往何处走,东盟还能否维护团结和继续发挥地区领导的作用?面对这些新的挑战,东盟迅速作出了回答。笔者曾经在《东南亚的区域合作》一书中谈到这个问题:“其实,在后冷战时代,促进东盟达成新的团结的因素是多方面的,东盟在今后发展中面对许多共同问题,这些问题就是东盟各国达成新的团结的新的粘合剂,这些问题包括区域经济合作,环境保护问题,与大国的关系问题,其中区域经济合作可能是今后东盟加强团结的最重要的粘合剂。”东盟10多年的发展实践证明,笔者上述预测是正确的。1992年,东盟达成建立自由贸易区的协议,此后三次将时间表推前,经过10年的努力,基本达到预期目标;1994年,成立东盟地区论坛,启动东盟多边安全合作进程;1995年,越南加入东盟,接着又先后吸收柬埔寨、老挝和缅甸为成员,东盟完成从量上扩充的目标,囊括了东南亚地区的所有国家。

第二阶段,提升合作水平与深化合作程度的阶段。2003年10月7日,在印尼巴厘举行的东盟首脑会议达成《第二次东盟共同宣言》(有的译为《第二次巴厘共同宣言》),该宣言说,“意识到需要进一步巩固和加强东盟的成果,把其建设成为一个有活力的,团结的区域组织,为成员国和人民谋福利,同时需要加强联盟的导向作用,为国家的合作铺设一条更加顺畅和干净的道路。”为此,宣言提出,要在2020年之前建成东盟共同体,东盟共同体包括安全共同体、经济共同体和社会—文化共同体,“东盟共同体的建立应该由三个支柱组成,政治安全合作,经济合作和社会文化合作,它们之间紧密交织,相互促进,以实现本地区持久和平、稳定和共同富裕为目的。”为将宣言确定的目标进一步付诸实施,2005年东盟万象首脑会议又推出《万象行动计划》和《东盟关于一体化优先领域的框架协议》,把宣言确定的目标具体化。中外学者认为,《第二次东盟共同宣言》是一个里程碑,它标志着东盟的区域一体化进程正在加速,东盟的区域一体化化正在迈进一个新的阶段,那就是在第一阶段完成量的扩张之后,开始重视合作的质量,深化合作的程度和提升合作的水平。

东南亚区域一体化表现出如下四大特点:

1. 与世界上其他地区一体化相比,东南亚地区一体化在很大程度上是外力作用的结果,也就是说,推动东南亚区域一体化的主要力量来自外部而不是内部。推动东盟加速区域一体化的外部力量来自两个方面:一方面,是欧洲和北美的一体化,使东盟产生一种危机感,这两个地区的一体化,对地区内部是更加自由开放,市场更大,障碍更少,但是,对区域外部而言,却是更加封闭,障碍更多。东盟国家高度依赖欧美市场,不论是在贸易还是在投资方面均严重依赖欧美国家,因此,欧美两大地区的一体化进程,使东盟面临严峻的挑战,东盟必须采取对策,那就是加速本地区一体化。另一方面,是来自中国的挑战。自上世纪90年代初以来,中国的现代化进程不断加速,中国发展进入快车道,对东盟既是挑战又是机遇,为更好地应对中国的挑战,东盟惟有加强本地区合作,整合集体力量以迎接中国的挑战。

2. 运作的方式表现出自己的特色。东盟的区域合作,无论是政治安全合作还是经济合作,都表现出极大的特殊性。欧盟和北美自由贸易区均比较强调制度作用,加强制度安排,而东盟则强调各国的差异性,强调在区域合作中必须照顾各国的特殊性,从而产生一种新的合作模式,那就是人们常常说的"东盟方式"。其核心就是协商、主权独立与不干预。日本学者浦野起央这样概括:"东盟外交没有采取西欧型的组织化方式,而是把协商作为原则,采取通过磋商达成协议的形式。与根据数量多少作出最终决定这一方式相比,东盟外交的特点是始终坚持通过磋商达成共识这一立足于亚洲社会传统的做法。"阿米塔·阿查亚认为,东盟这种独特的运作方式是由东南亚地区社会文化多样性决定的,"东盟法律——理性规范的根源主要在于国际体系的动力,'东盟方式'的理念随着时间的推移已逐渐深入人心,尤其是构成东盟基础的非正式性、协商、一致等因素,带有东南亚文化传统的鲜明特征。"

3. 高度的开放性。东盟在加强区域合作的同时,也不排斥与区域外国家的合作,甚至更加强调与区域外国家的合作。例如,东盟先后与中国、日本、印度等国家达成建立自由贸易区的协定,东盟的一些成员国,如新加坡、泰国也与区域外许多国家达成双边自由贸易协定。东盟领导人认为,东盟的区域一体化是高度开放的,不排它的,这个特点由东南亚地区特殊的地缘战略位置所决定,从历史到现实,东南亚对世界大国具有重要的战略意义,世界大国都在这个地区有重大的战略利益,因此,东盟就是想把自己封闭起来,实际上也是办不到的。此外,东盟各国经济,尤其是老东盟成员国的经济均呈现出高度的开放性,与世界经济密切相关,在全球化时代,这种联系进一步密切,东南亚是世界的东南亚,东南亚离不开世界,世界也需要东南亚。

4. 多边与双边并重,多边不行则双边先行。东盟由10个国家组成,这10个国家政治制度、社会经济发展水平、宗教信仰和文化价值观等方面均有很大差别,因此东盟10个成员在开展多边合作时,难免会碰到这样那样的问题,例如,东盟10国在进行自由贸易区谈判时,由于各国经济发展水平参差不齐,在关税减免商品种类、减免时间和步伐等问题上必然会出现不同意见,此外,在建设自由贸易区过程中,也必然会遇到利益分配不均问题,各成员国由于受益程度不同,对自由贸易区态度也迥然相异。一般而言,经济发展水平较高的国家,如新加坡、马来西亚和泰国可能会从中得到更多好处,经济发展比较落后的国家,如柬埔寨、老挝等国,得到的好处可能要少一些,甚至难以承受过快的自由化带来的影响。此外,东盟各成员国内部不同利益集团之间围绕建立自由贸易区问题也有利益之争,一般而言,中小企业会受到较大冲击,大型企业,尤其是那些国际化程度较高的跨国企业,会对自由贸易持欢迎态度。此外,由于东盟是一个比较松散的地区性组织,内部实行"共同一致"的决策机制,每一个成员均有否决权,缺少核心和强有力的领导,不像欧盟有法国和德国作为核心,也不像北美自由贸易区,有美国的强有力领导。因此,开展多边合作会遇到许多困难,在这种情况下,就需要以双边来带动多边,以双边来促进多边,让双边为多边奠定基础。新加坡与泰国建立更加密切的经济合作关系就是一个很好的例证。先是新加坡,接着是泰国,印尼也不甘落后,先后与区域内外国家达成双边的经济合作协定。针对这种趋势,东盟一些成员国提出批评,认为这种把多边合作放到一边,热衷于双边合作是破坏东盟团结,但是,从实践的情况看,双边合作更容易进行,也为多边合作奠定更加坚实的基础,从这个意义上来说,双边合作并不是一件坏事。

二、东盟主要成员国之间的关系

东南亚地区10国都是东盟成员国,他们在对外事务中经常表现出高度一致,在各种会议上也经常表现出高度团结,但是,他们内部关系并不完全一致,领土和领海纠纷、宗教与文化冲突、环境污染、资源以及历史遗留问题等因素均有可能造成成员国之间关系紧张乃至冲突。各成员国之间的关系常常受一些突发事件影响。例如,前几年,菲律宾与新加坡两国之间的关系因菲律宾女佣问题曾一度非常紧张,甚至闹到召回大使,中断关系的地步。在前几年,新加坡与马来西亚的关系因新加坡领导人的言论问题而出现重大裂痕。

经济利益方面的冲突也会给成员国之间双边关系带来麻烦,例如,马来西亚政府在1997年9月宣布,马政府决定所有在马来西亚国内生产的货物都必须通过马来西亚自己的港口和机场出口,以减少外汇流失,从而改善马来西亚的收支平衡。据马财政部官员说,马来西亚仍然有30%的厂商没有利用马来西亚自己的港口和机场来处理出口的货物,他们放弃本国先进港口和机场,而宁愿使用邻国的相关设施。很明显,马来西亚政府这一举动主要是针对新加坡的。

非法移民问题也正在对东盟各成员国之间的双边关系产生一些消极影响。例如,在1997年初,为了防止泰国人向马来西亚非法移民,马来西亚不顾泰国的强烈反对,硬是在泰马边境(从柏当勿刹的华尔街直到安达曼海)修建一道长达21公里的水泥墙(成本高达5400万马元,墙体高8英尺)。

东盟内部存在领土和主权纠纷,新加坡与马来西亚在白礁岛主权问题上存在争端,菲律宾与马来西亚在沙巴州主权问题上有纷争,马来西亚、越南和菲律宾在南沙群岛主权归属问题上存在矛盾,泰国与越南在泰国湾发生过冲突。幸亏有关国家最高领导人头脑比较冷静,通过外交途径,以友好的方式处理争端,避免矛盾和对抗升级。

宗教问题也是东盟内部的一个非常敏感的课题,常常使东盟内部的团结面临考验与挑战。在2004年于老挝万象举行的第10届东盟首脑会议上,围绕泰国南部穆斯林问题,印尼、马来西亚与泰国曾有不快。针对泰国南部穆斯林受到政府军镇压的问题,印尼和马来西亚两国领导人曾经提出要将这个问题提交东盟首脑会议讨论,泰国总理他信强调,这是泰国内部事务。当时的东道国老挝(轮值主席国)支持泰国的立场,老挝领导人说,我们应该遵守原来制定的规则,那就是互不干涉内部事务。印尼和马来西亚领导人最终做出妥协,同意不将泰国南部穆斯林问题提交东盟首脑会议。

如下五个双边关系对今后东盟的发展与地区的整合是至关重要的:一是新马关系;二是印尼与马来西亚关系;三是泰马关系;四是菲律宾与越南关系;五是缅甸与泰国的关系。

三、东盟内部关系面临的新挑战

1. 缅甸问题

让缅甸加入东盟,东盟的目的有三:一是与中国争夺对缅甸的影响;二是通过“建设性接触”政策,促使其内外政策发生变化;三是东盟经济较发达国家,尤其是新加坡和泰国看好缅甸的市场。然而,缅甸加入东盟几年来,并没有发生东盟领导人所预期的变化,军人仍然牢牢控制政权,缅甸政府在民主和人权问题上受到越来越大的国际压力。欧美国家以及一些国际机构强烈呼吁,要求对缅甸采取强硬措施,包括继续限制与其进行贸易合作和高层政治接触。缅甸是东盟成员国,它所受到的指责和压力当然也使东盟的国际声誉和利益受到消极影响,因此,东盟其他成员国比以前更加关注缅甸的政治局势。2005 年初,东盟内部围绕是否让缅甸担任东盟主席国的问题发生一场风波。按照安排,缅甸将在 2006 年担任东盟主席国,这个问题让东盟非常尴尬。依据惯例,成员国在担任主席国期间,将不仅负责该组织内部的协调工作,而且还将出面安排和主持本区域与亚太主要国家之间的政治对话,包括美国在内。但是,由于缅甸的国际形象不佳,其军人政权没有受到国际社会的广泛承认,因此,由它代表东盟在国际舞台上露面,在外交上就显得并不很恰当。而且美国一再表示,它将拒绝参加由缅甸主持的任何区域论坛会议和其他活动,美国的抵制行动势必影响澳大利亚、日本、新西兰以及欧盟,这些国家和地区有可能采取同样的抵制行动。如果出现这种局面,东盟的国际形象和影响力就会受到严重的削弱。新加坡等国首先提出,缅甸暂时不适合担任东盟主席国,缅甸则坚持要担任主席国,在多方的协调下,尤其是在幕后一系列的非正规外交渠道频繁沟通后,缅甸终于勉强作出让步,由缅甸政府主动通知东盟,为“专注于推动其国内的民族和解及民主化进程”,决定放弃在 2006 年接任轮值主席。缅甸的决定让东盟松了一口气,然而,缅甸的问题并没有完,只要军人继续执政,西方的制裁就不会停止,东盟就会在缅甸的问题上继续处于进退两难的境地。

2. 领导权问题

这是长期困扰东盟的一个难题。在 1997 年金融危机之前,印尼曾经是东盟的政治领导,金融危机之后,印尼国内发生一系列严重的政治经济危机,局势动荡不安,伊斯兰教极端势力和地方分裂主义势力乘机兴风作浪,印尼领导人被国内事务捆住手脚,无暇他顾。寻找新的领导核心,并且确定新的方向,这是东盟最为迫切的一个课题。正如一位西方学者所说的,东盟迫切需要一个领导核心来为其确定新的政治方向和政治重点。在 2000 年 7 月的东盟外长会议上,东盟决定成立“三驾马车”决策体制,以应付和处理各项紧急问题,它由东盟前任、现任和下一任主席国组成。但是,实际上这些国家的能力也有限,作为领导国,要为本地区的合作负担成本,提供公共产品,而这些中小国家是无力承担的。

3. 经济一体化的方向

东盟近年来采取很多对策,深化经济合作,包括建立东盟自由贸易区和东盟投资区,2003 年提出要建立东盟经济共同体。在东盟内部,该减的关税都已降下来,该优惠产品都已经列入计划,但是,东盟成员内部经济整合程度仍然不能够令人满意,东盟内部的贸易比重仅占 30% 左右,进入本地区的外资虽然逐年有所增加,但还远远没有恢复到金融危机前的水平。造成这种状况的一个重要原因,是东盟的经济整合缺乏制度安排,另一个重要原因,是经济结构问题,东盟大部分国家都处于同一经济发展水平,经济互补性不强,竞争性却很强。正因为东盟内部的经济整合的速度不能令人满意,才促使一些国家转而谋求与区域外的国家签订双边的自由贸易协定。在这方面最为激进的要数新加坡,在推行区域经济一体化战略时,新加坡把与区域外的国家签订双边性的自由贸易协定作为其经济发展战略的重点。目前,与新加坡达成双边自由贸易协定的国家有:新西兰、日本、欧洲自由贸易区、澳大利亚、美国、印度、约旦。正在与之进行谈判的有:中国、巴林、加拿大、埃及、韩国、墨西哥、巴拿马、斯里兰卡等国。泰国也不甘落后,先后与区域外的巴林、印度、秘鲁、中国达成自由贸易协定,泰国与日本、澳大利亚、韩国、秘鲁、南非、美国的谈判正在进行中。此外,泰国还更热衷于加强与中南半岛国家包括越南、老挝、柬埔寨及缅甸的合作,即大湄公河流域的合作,试图在中南半岛发挥更重要的作用。菲律宾则一直维持与美国的特殊关系,美国是其主要的贸易伙伴与外国投资者。可见,东盟经济要进一步整合并非一件易事。

4. 安全共同体

长期以来,东盟在多边安全合作方面一直是以双边为主,1994 年成立东盟地区论坛,这是开展多边安全合作的一个尝试,但是,从成立 10 多年情况看,该论坛只为成员国提供一个安全对话与协商的平台,并未形成真正意义的多边安全合作。2003 年提出要建立安全共同体,根据《第二次东盟共同宣言》的解释,东盟安全共同体既不是一个防务协定,也不是军事联盟,也没有统一的外交政策。实际上,该地区的主要成员国都把本国的安全寄托在与区域外的国家主要是与美国的合作上面。

2007 年是东盟成立 40 周年,回顾东盟 40 年走过的路程,我们可以这样说,东盟是值得发展中国家和地区学习的一个范例,她卓有成效地把东南亚地区各国团结在一起,为了一个共同的目标,那就是促进区域的和平、发展与繁荣而进行坚持不懈的努力。在外部大国势力纵横交错,区域内各国国情千差万别的条件下,东盟能够取得今日的成就,并非易事。相信东盟各国新的领导人一定能够克服困难,迎接挑战,带领东盟走向新的辉煌。

(作者系暨南大学东南亚研究所教授　原载《东南亚研究》2006 年第 5 期)

2006～2007 年东盟经济的回顾与展望

王　勤

随着全球化进程加快,东盟政治与经济格局发生一系列重大变化。2006 年,东盟国家经历政权更替、经济重组和区域整合过程。展望 2007 年,东盟国家经济发展与区域合作将形成新的格局。

一、2006 年东盟国家政治经济形势

20 世纪 80 年代起,东盟国家政治与经济发展逐渐步入转型期,90年代中期爆发的亚洲金融危机加速这一转型进程。近几年,东盟国家开始加快政治体制改革,一批“新生代”政府领导人登上东盟政治舞台。各国经济从复苏走向增长,摆脱金融危机阴影,但转型期经济结构性问题依然突出。

(一)政局保持基本稳定

近年来,东盟国家进入政治社会转型新阶段,民主化进程有所加快。印尼、马来西亚、新加坡、菲律宾、泰国等主要成员国均举行大选,政府领导人实现新旧更替,实现权力的和平过渡,保持政局相对稳定。2004年9月,印尼首次举行总统直选,苏西洛成为该国第六任总统。他执政以来,在全国范围内掀起反贪污运动,将2005年定为反贪年,加大反贪力度,出台八大反贪措施,公布贪污大案。2005年8月,印尼政府与亚齐分离主义组织正式签署和平协议,结束印尼亚齐地区近30年的武装冲突。自2003年10月马来西亚总理巴达维执政以来,马来西亚保持政局稳定,他推行的政治改革和经济重组政策初见成效。但马来西亚前总理马哈蒂尔与现任总理巴达维之间发生政治分歧,间接导致内阁和巫统内部派系争斗,但这不会影响巴达维的执政地位。菲律宾总统阿罗约于2004年继续执政,2005年底起反对派发动对她的弹劾,2006年2月政府曾被迫宣布国家进入紧急状态。8月,菲律宾众议院司法委员会驳回反对派对阿罗约总统的弹劾控状,使其连续两年逃过遭弹劾的命运。虽然目前阿罗约总统在众议院获得较强支持,地位比较稳固,但在2010年任期期满前政局仍有不少变数。2004年新加坡实现最高领导层的更替后,2006年5月新加坡举行国会大选,人民行动党再次在选举中获胜,6月新加坡总理李显龙组成新内阁。2006年3月他信再次当选泰国总理,但他信第二任期伊始反对党发动大规模政治运动,要求他信辞职,使泰国再次陷入政治危机。9月19日泰国军人发动政变,推翻他信看守政府,素拉育成为泰国历史上第二十四任总理。2006年6月,越南产生新的国家主席、国会主席和政府总理,顺利实现最高领导层的更替。

(二)经济结构调整取得成效

从20世纪90年代中期起,东盟国家经济增长出现较大波动。2002年以后,各国经济逐渐呈现复苏态势,泰国、印尼已提前还清国际货币基金组织贷款,东盟国家已基本走出金融危机阴影。2004年东盟国家经济普遍取得较高增长率,2005年各国经济增长速度有所放缓。2005年东盟国家吸引的外国直接投资达381亿美元,是亚洲金融危机以来吸引外资最多的年份,也创下1997年吸引外资341亿美元的历史新记录。2006年,东盟主要国家经济增长率略高于2005年。据各国官方统计,印尼经济增长率为5.2%,马来西亚为5.5%,菲律宾为5%,新加坡为6.9%,泰国为4.5%,越南为7.8%。近年来,越南成为东盟经济增长的新亮点。国内经济增长速度多年保持在7%以上,2005年越南GDP首次突破600亿美元,进出口贸易额达到创纪录的691亿美元,人均GDP已达到640美元,成为目前世界上经济增长最快的国家之一。2006年越南吸引外国直接投资突破100亿美元。不过,由于全球经济尤其是美国经济增长放缓,国际市场对电子信息产品的需求有所下降,原油价格居高不下,对东盟国家经济发展产生较大冲击和影响。由于油价提高,东盟国家物价普遍上涨,制约国内消费和投资,也影响出口竞争力。泰国因政局动荡,对国内经济造成一定影响。

面对转型期经济形势,东盟国家积极采取措施,实行经济发展战略与结构调整。各国政府逐步调整宏观经济政策,加快国内产业结构调整与升级,实施国内金融机构重组。1997年金融危机爆发后各国被迫采取经济紧缩政策,1998年9月起各国开始普遍转向实施扩张性宏观经济政策,近期各国逐步转向实施稳健的财政金融政策。为加快国内产业结构调整,各国实施传统产业技术升级,大力发展新兴产业,启动大型基础设施项目。印尼计划兴建8个特别经济区,以吸引外国直接投资。2006年6月,印尼与新加坡签署咨淡、民丹和吉里汶岛经济合作框架协定,以借助新加坡在多个国家推动经济特区的经验来开发印尼首个经济特区。马来西亚第九个发展计划拟投资2200亿林吉特(约580亿美元),发展知识经济。新加坡计划在未来5年投资135.5亿新元,重点用于生物医药、环境与水务和互动与数码媒体领域的研发。泰国计划在未来5年投资1.7万亿铢兴建基础设施项目,并加速区域汽车生产基地建设。2006年11月,越南成为世界贸易组织(WTO)第150个成员国。为加入WTO,越南作出10项承诺,其中包括在2008年正式开放货物贸易市场,大幅降低进口关税,在5年内取消与商品国产率及出口商品有关的工业补贴,取消对农产品出口补贴,外资企业享有与当地企业相同待遇,确保政府政策出台透明度等。同时,各国政府加快国内金融机构重组,实施银行金融机构合并,积极处理不良金融资产。此外,不少国家先后成立公司治理专门机构,出台一系列公司治理法规和措施,以建立和完善国内公司治理结构。

东盟10国实际国内生产总值增长率

单位:%

国家	1987~1996年	1997年	1998年	1999年	2000年	2001年	2002年	2003年	2004年	2006年	2007年
文莱	…	2.6	-4.6	3.1	2.9	2.7	3.9	2.9	0.5	3.7	2.6
柬埔寨	…	5.7	5.0	12.6	8.4	7.7	6.2	8.5	10.0	5.0	6.5
印尼	7.0	4.5	-13.1	0.8	5.4	3.6	4.5	4.8	5.1	5.2	6.0
老挝	5.2	6.9	4.0	7.3	5.8	5.7	5.9	6.1	6.4	7.3	6.6
马来西亚	9.1	7.3	-7.4	6.1	8.9	0.3	4.4	5.5	7.2	5.5	5.8
缅甸	2.5	5.7	5.8	10.9	13.7	11.3	12.0	13.8	13.6	7.0	5.5
菲律宾	3.7	5.2	-0.6	3.4	6.0	1.8	4.4	4.9	6.2	5.0	5.4
新加坡	9.4	8.6	-1.4	7.2	10.0	-2.3	4.0	2.9	8.7	6.9	4.5
泰国	9.5	-1.4	-10.5	4.4	4.8	2.2	5.3	7.0	6.2	4.5	5.0
越南	7.1	8.2	5.8	4.8	6.8	6.9	7.1	7.3	7.8	7.8	7.4

注:1987~1996年为年平均增长率;2006~2007年为预测数,实际有变动。

资料来源:IMF World Economic Outlook September 2005 September 2006.

二、东盟区域经济一体化的新进展

20 世纪 90 年代起,东盟国家加快区域经济一体化进程。为应对全球性区域一体化迅速兴起,东盟国家根据自身政治经济利益,积极调整区域经济一体化战略,在区域一体化三个层面均取得新进展。

(一)东盟自身区域一体化进程

东盟区域经济一体化,经历从特惠贸易安排到自由贸易区的发展过程。自 1978 年起,东盟特惠贸易安排实施 15 年时间。从 1993 年起东盟自由贸易区的进程正式启动,随后这一进程不断加速,东盟自由贸易区成员不断扩大,涵盖领域逐步深化。东盟自由贸易区成员国由 6 个增至 10 个,从贸易扩展至服务、投资以及其他经济合作领域。到 2002 年,东盟原有 6 个成员国初步建成自由贸易区。

自东盟自由贸易区计划实施以来,由于各成员国之间关税与非关税壁垒逐步降低,东盟区内贸易增长速度要快于区外贸易和总贸易额增长速度,东盟区内贸易与 GDP 比重和区外贸易与 GDP 比重均大大提高。东盟自由贸易区还推动区域新的产业分工迅速发展与深化,尤其是跨国公司在区域的产业内分工随之扩展。不过,尽管东盟区内贸易规模不断扩大,但区内贸易比重仍然不大,且主要集中在新加坡、马来西亚。2004 年东盟区内进、出口贸易额占全部进出口额的 23.1%,远比欧盟和北美自由贸易区区内进、出口贸易比重低。东盟自由贸易区投资效应在 1997 年金融危机之前比较明显,而金融危机后这一投资效应急剧萎缩。从东盟服务贸易自由化进程看,第一阶段贸易自由化谈判在 1997 年底完成,主要开放部门包括旅游业(全部成员国)、空运(文莱、马来西亚和新加坡)、海运(文莱、印尼、马来西亚和新加坡)、商务服务(菲律宾)、电信(越南);1998 年完成第二阶段谈判,除开放旅游业、空运、海运、商务服务和电信外,还增加建筑业、金融服务业等开放领域;东盟服务贸易自由化谈判已经进入第三阶段,东盟决定各成员国在实施服务贸易自由化过程中运用“10－X”原则,允许两个或多个国家率先实现服务贸易自由化,其他国家在准备好后便可加入。在东盟投资区框架下,各国决定提早全面开放制造业、农业、林业、渔业和矿业,东盟原有 6 个成员国五大部门全面开放时间从 2020 年提前到 2010 年,新成员国开放时间为 2015 年。

2003 年 10 月,在第九次东盟领导人会议上,通过了第二个《东盟国家协调一致宣言》。各国同意在 2020 年建立东盟经济共同体,加速推进自身区域经济一体化。根据实现东盟经济共同体行动计划,东盟将全面推进和落实自由贸易区、服务贸易协定和投资区计划。2004 年 11 月,第十次东盟首脑会议确定东盟经济共同体的目标是建成一个稳定、繁荣、具有高度竞争力的单一市场和生产基地,实现区域内货物、服务、熟练劳动力和资本的自由流动;确定原有 6 个成员国在 2007 年之前率先实施 11 个优先领域的产品关税削减为零,新成员国将在 2012 年前实现这一目标。2005 年 12 月,第十一次东盟首脑会议上,各国领导人针对制定《东盟宪章》发表《吉隆坡宣言》,提出各成员国在政治、经济、社会与文化等领域所遵循的基本原则,为加快实现东盟共同体的目标奠定基础。2006 年 7 月,在第三十九次东盟外长会议上,东盟 10 国外长就加速东盟一体化进程,将实现“东盟共同体”的时间表从 2020 年提前到 2015 年等主要议题进行商讨。各国政府还正式签署《东盟豁免签证框架协议》,这是东盟加快区域一体化的一个重要步骤。在该协议下,东盟成员国公民在东盟 10 国可享有 14 天免签证入境待遇。

(二)东盟与中、印、日、韩的自由贸易区

2001 年 11 月,东盟与中国宣布决定在 2010 年建成东盟—中国,自由贸易区。2002 年 11 月双方签署《中国与东盟全面经济合作框架协议》,标志着东盟—中国,自由贸易区进程正式启动。2004 年 1 月,东盟—中国,自由贸易区“早期收获计划”开始实施,优先对 500 多种农产品实施降税。2004 年 11 月,双方签署东盟—中国,自由贸易区货物贸易协议和争端解决机制协议。2005 年 7 月 20 日,东盟与中国货物贸易降税计划正式启动,中国与文莱、越南、马来西亚、缅甸、新加坡、泰国等东盟 6 国相互实施自由贸易区协定税率。2005 年,中国对东盟的 3408 种产品实施降税,平均税率从 9.9% 降至 8.1%,东盟对中国产品也实施不同程度降税措施。到 2010 年,中国将有 93% 的产品对东盟实现零关税,东盟也有 90% 以上的产品对中国实现零关税。

2003 年 10 月,在第二次东盟—印度领导人会议上,东盟与印度宣布决定在 2011 年建成印度—东盟区域贸易投资区(India－ASEAN TRIA)。从印度—东盟区域贸易投资区看,其建设目标与框架属于自由贸易区,涵盖的主要内容包括货物与服务贸易、投资、早期收获、其他经济合作领域、时间框架、最惠国待遇、争端解决机制、谈判机构安排等。不过,印度—东盟自由贸易区谈判进展并不顺利。印度曾提出豁免列入减税清单的产品达 1414 种之多,后减至 854 种,印方还拒绝将棕油列入减税清单,而东盟方面希望豁免列入减税清单的产品继续减至 400 种,或是每个东盟成员国 10 种。因此,印度与东盟原订在 2007 年达成自由贸易协定的计划难以如期完成。

继中国和印度之后,东盟与日本正式决定建立日本—东盟自由贸易区,并确定在 2012 年建成该自由贸易区的目标。2003 年 10 月,双方正式签署《日本与东盟全面经济合作伙伴框架协议》。日本已与新加坡、马来西亚、菲律宾签订双边自由贸易协定,日本与泰国自由贸易协定谈判已结束,与印尼的谈判正在展开,与越南和文莱进行谈判前的研究工作。由于日本与东盟各成员国的双边自由贸易协定谈判进展并不顺利,日本与东盟整体的自由贸易区谈判从 2005 年 4 月才开始,同年 8 月陷入僵局,2006 年 4 月重新恢复谈判,预计 2007 年达成协议。

尽管东盟与韩国直至 2004 年 11 月才正式宣布启动自由贸易区谈判,但东盟—韩国自由贸易区进展较快。2005 年 12 月,东盟与韩国正式签署东盟—韩国自由贸易区框架协议。2006 年 5 月,东盟 9 国与韩国签署东盟—韩国自由贸易区货物贸易协议。由于韩国和泰国无法就大米进口达成一致,该货物贸易降税协议暂不包括泰国。根据框架协议,韩国将在 2008 年对东盟实现零关税,东盟 6 国将在 2010 年对韩国实现零关税,其他 3 个东盟成员国并未设定具体时间表。

(三)东盟成员国与区外国家的双边自由贸易协定

东盟成员国与区外国家的双边自由贸易协定谈判始于 20 世纪 90 年代末。新加坡已与新西兰(2000 年 11 月)、日本(2002 年 1 月)、欧洲自由贸易协会(2002 年 6 月)、澳大利亚(2003 年 2 月)、美国(2003 年 5 月)、约旦(2003 年 6 月)、印度(2005 年 6 月)、韩国(2005 年 8 月)和巴拿马(2006 年

3月)正式签订双边自由贸易协定;泰国已与印度(2003年10月)、澳大利亚(2004年7月)和新西兰(2005年4月)正式签署双边自由贸易协定;马来西亚已与日本(2005年12月)正式签署双边自由贸易协定。新、马、泰与区外一些国家的双边自由贸易协定谈判正在进行,其他东盟成员国的双边自由贸易协定谈判也相继展开。与以往区域贸易自由化形式不同,新的双边贸易自由化形式目标和内容更为广泛而多样。除商品贸易自由化外,服务贸易和投资自由化成为重要方面,突破地区和距离限制,允许协定双方的非对称性,强调与WTO规则相一致,并在内容上超越WTO范围。

三、2007年东盟国家经济展望

对于2007年东盟国家经济发展前景,国际经济组织和东盟国家一般持谨慎乐观态度。据国际货币基金组织(IMF)预测,文莱经济增长率2.6%,柬埔寨6.5%,印尼6%,老挝6.6%,马来西亚5.8%,缅甸5.5%,菲律宾5.4%,新加坡4.5%,泰国5.0%,越南7.6%。据世界银行预测,印尼经济增长率6.2%,马来西亚5.5%,菲律宾5.7%,新加坡4.5%,泰国4.6%,越南7.5%。据亚洲开发银行预测,柬埔寨的经济增长率6.4%,印尼6%,老挝6.5%,马来西亚5.8%,菲律宾5.3%,新加坡4.6%,泰国5.5%,越南8%。

从国际经济形势看,2007年世界经济将持续增长,但速度有所减缓。美、欧、日经济增长略有下降,中国和印度经济保持高速运行。据国际货币基金组织预计,2006年和2007年全球经济增长率分别为5.1%和4.9%,美国经济增长率分别为3.4%和2.9%,欧盟分别为2.8%和2.4%,日本分别为2.7%和2.1%,中国均为10%,印度分别为8.3%和7.3%。在中国和印度强劲的出口与国内需求的、带动下,2006年和2007年亚洲发展中地区经济增长率预计分别达到8.7%和8.6%。因此,2007年东盟主要国家经济增长率大致与2006年相当,印尼、马来西亚、菲律宾和泰国经济增长率将略高,新加坡经济增长率将有所下降。

不过,东盟国家经济发展仍面对世界经济增长的诸多不稳定因素,世界经济失衡现象依然严重,全球油价居高不下、金融环境趋紧以及经常项目失衡,国际电子信息产业生产周期日益缩短,东盟国家经济还面临周边国家的激烈竞争。东盟国家正处于经济转型关键时期,不少国家政府推行的宏观经济政策成效有限,产业结构调整与升级并非一蹴而就,国内金融体系仍比较脆弱。此外,该地区恐怖主义势力及其威胁有增无减,许多国家仍存在着较严重的内部宗教、种族冲突和分离问题,这将对各国经济发展产生较大负面影响。

(作者系厦门大学南洋研究院教授　原载《东南亚纵横》2007年第3期)

东盟的经济发展趋于减速

【日】松村淳

一、原油价格高涨对经济的影响

原油价格持续高涨。纽约市场的WII原油期货市场(近期货)7月中旬达到每桶78美元的历史最高价。

原油价格高涨的原因有以下几点:(1)以世界第二石油消费国中国为首,全世界能源需求量增加;(2)除沙特阿拉伯外,产油国生产能力没有多大余力;(3)中东地区及阿尔及利亚等的治安问题;(4)伊朗核开发问题;(5)世界性过剩流动

表1　各国的实际GDP增长率变化　单位:%

	2002年	2003年	2004年	2005年	2006年第一季度
新加坡	4.0	2.9	8.7	6.4	10.7
马来西亚	4.4	5.5	7.2	5.2	5.3
印度尼西亚	4.4	4.9	4.9	5.6	4.6
泰　国	5.3	7.0	6.2	4.5	6.0
菲律宾	4.4	4.9	6.2	5.0	5.5

资料来源:各国统计。

表2　各国的CPI上升率变化　单位:%

	2003年	2004年	2005年	2006年		
				第一季度	4月	5月
新加坡	0.5	0.5	1.7	0.5	1.4	1.1
马来西亚	1.1	1.1	1.4	3.1	3.1	3.9
印度尼西亚	6.7	6.7	6.2	10.4	16.9	15.6
泰　国	1.8	1.8	2.8	4.5	5.7	6.2
菲律宾	3.5	3.5	6.0	7.6	7.1	6.9

资料来源:各国统计。

性的存在;等等。这些问题都难以在短期内改观,当前很难预测原油价格会大幅下降。

原油价格上涨由于会造成收入从进口国转移到出口国,因此显然会对进口国经济产生负面影响。一般说来,往往会产生物价上涨和国际收支恶化,进而造成经济增长率下降。但是,现实中进口国往往采取节省能源及使用替代能源等对策,也通过经济增长和生产率提高来消除原油价格高涨的影响。

二、最近东盟五国的经济动向

就东盟五国2006年第一季度实际GDP增长率(以下简称"增长率")来看,出口的稳定增长带动或支持着经济增长,经济状况仍继续走好。但是,受到原油价格高涨影响,从整体上看,物价上涨率提高。其结果,一些国家国内需求不旺,增长率停滞不前,但各国状况有所不同。

首先,新加坡的增长率与前一年同期相比达10.7%,情况良好。由于前一年(2005年第一季度)低增长(3.4%)的反作用,与季节调整前相比的增长率只有1.7%.维持高增长。该国经济是典型的外需依赖型,经济状况良好的主要原因是世界市场对IT需求的恢复所带来的电子设备等出口状况良好。另外,进入2006年以后,该国的消费者物价指数(CPI)上升率为1%多,物价稳定,这也是其原因之一。

马来西亚的增长率与前一年同期比为5.3%,继续趋于提高。该国进口增长超出出口,外需没有起到什么作用,但以民间建设为中心的固定资本形成和民间消费的稳步增加拉动增长。但是,CPI上升率进入2006年后便在3%~4%之间浮动,从近年来该国物价水平看,上升率相当高。

印尼经济显然一直处于减速状态。就每个季度的增长率(与前一年同月比)来看,2005年第三季度为5.6%,第四季度为4.9%,2006年第一季度为4.6%,增长逐渐放慢。出口稳定增长,而进口则受到抑制,因此外需对经济增长做出积极的贡献。但是,2005年下半年以后,由于物价上涨所造成的购买力下降、利率提高所造成的消费、投资的停滞,内需的低迷状态愈发显著。特别就2006年1~5月耐用消费品销售动向来看,汽车与前一年同期相比减少了一半,摩托车同

期大幅度减少约25%。

泰国的增长率与前一年同期相比为6.0%，发展态势良好，但前一年同期（2005年1～3月）为3.2%，这种萧条中的回升是很大的因素。与季节调整前相比为0.7%，停留在低水平增长，该国经济增长也处于缓慢减速状态。仍然是出口的良好状态拉动经济增长，但今年以来由于CPI上升率提高到6%，内需、尤其是私人消费显著放慢。

菲律宾由于受到原油价格暴涨影响，贸易收支趋于恶化，但在经常收支阶段因国外劳工汇款稳步增加而得到填补。但是，今年以来由于国外劳工汇款的增长停滞。2006年1～3月的与上年同期相比增长率为5.5%，但与季节调整前相比为0.9%，有所减速。在该国，固定资本的形成十分缓慢，但今年以来由于物价稍显稳定，个人消费趋于增加。

三、当前的展望——内需扩大是关键

总的看来，东盟各国2006年以来原油价格高涨所致的负面影响有相当部分因出口的兴旺而抵消。

即使仅对今年后半年加以展望，经济增长还是要大大期待出口的增长。

左右当前各国出口动向的是以发达国家为中心的电子设备需求动向。尤其成为核心的美国经济目前趋于减速，而且有通货膨胀之虞，这些前景的不透明感已经很强。虽然很难认为会有大的下降，但有必要留意今后的状况。

而且，对各国稳定的经济增长来说，私人消费和投资等国内需求的重要性并不亚于出口。

东盟各国为实现稳定的经济增长，把抑制通货膨胀作为重点项目，2006年以来实施灵活的提高利率措施。以此将物价上涨抑制在较低水平，这一点值得一提。但是，向零售价格转嫁还有很多未完成部分，通货膨胀压力并不会马上消除。另一方面，利率提高阻碍私人投资热情，提高私人贷款利率，对耐用消费品需求的负面影响也很大。因此，各国金融当局要继续注视物价动向，同时为促进经济增长，应慎重判断在何处降低政策利率。

此外，在政治方面，泰国和菲律宾的政局有很强的不可预测感。在这些国家，政治的不稳定很有可能促使经济恶化。

东盟五国具有以上这些风险因素，但与亚洲经济危机时期相比，国际收支、财政收支、对外债务额、外汇储备额等国家的“基础体力”有稳步改善。因此，当前经济增长虽然稍微停滞，但笔者认为大幅衰退的可能性很小。今后的回升依然还要靠内需扩大。

（原载日本《国际金融》2006年8月，第1167号　邵　鸣　译）

东盟次区域经济合作的引资成效分析
——以东盟南增长三角为例

李皖南

次区域经济合作是20世纪80年代末以来在东亚地区出现的一种新的经济现象。20世纪90年代初以来，东盟次区域经济合作表现非常活跃，先后出现新加坡、马来西亚柔佛和印尼的廖内群岛等组成的“新柔廖增长三角”，又被称为“东盟南增长三角”；印尼、马来西亚、泰国相邻部分组成的“东盟北增长三角”；文莱、印尼、马来西亚和菲律宾相邻部分组成的“东盟东部经济增长区（简称东盟东增长区）”；以及贯穿印支地区、东盟国家整体参与的“大湄公河”次区域经济合作计划等。

关于东盟次区域经济合作的研究还处在起步阶段，而且大多数是趋向定性的描述，而对东盟次区域经济合作的一些静态效应和动态效应的专门分析还很少见。本文就东盟次区域经济合作的直接投资效应作一尝试性分析和论述，并且以东盟南增长三角为例，试图说明区域内生产要素自由流动程度对吸引外资具有重要引导作用，商品、资本、劳务等要素自由流动的区域所吸引的外资就多。

表1　东盟南增长三角吸收FDI的变化　单位：百万美元

东道国	1995年	1997年	1998年	1999年	2000年	2001年	2002年	2003年	1995～2003年
印度尼西亚	219.53	5679.12	263.24	3352.57	649.46	1141.25	222.25	1124.43	12888.92
其中：苏门答腊	34.68	7.14	20.41	239.69	18.40	1141.26	37.98	1044.32	8750.41
巴　淡	152.44	118.10	186.66	3087.10	159.13	–	184.27	80.08	4138.51
马来西亚（柔佛州）	1292.27	1515.46	1102.94	548.31	557.30	503.49	489.27	344.51	8632.62
新加坡	3424.42	4016.03	3114.46	3691.50	4196.81	3677.70	3932.40	6270.80	36431.78
总　计	4936.20	11210.60	4480.64	7592.37	5403.57	5322.44	4643.91	7739.74	57953.33

注：以批准的制造业投资金额为准。

资料来源：根据ASEAN Secretariat (2005), Statistics of Foreign Direct Investment in ASEAN: Seventh Edition, 2005提供的数据整理。

表2　东盟南增长三角与新、马、印尼各国引资比较　单位：百万美元

东道国	1995年	1997年	1998年	1999年	2000年	2001年	2002年	2003年	1995～2003年
印度尼西亚	4346	4678	–356	–2745	–4550	–3279	145	–596	3837
马来西亚	5815	6323	2714	3895	3788	554	554	3203	34143
新加坡	11503	13533	7594	16067	17218	15308	15308	5730	111024
三国总计①	21664	24534	9952	17217	16456	12313	15737	8337	149004
南增长三角②	4936.20	11210.60	4480.64	7592.37	5403.57	5322.44	4643.91	7739.74	57953.33
比重②/①（%）	22.79	45.69	45.03	44.10	32.84	43.23	29.51	92.84	38.89

注：以批准的制造业投资金额为准。

资料来源：根据ASEAN Secretariat (2005), Statistics of Foreign Direct Investment in ASEAN: Seventh Edition, 2005提供的数据整理。

一、东盟南增长三角的经济合作与发展

南增长三角是东盟最早出现的次区域经济合作形式,它是新加坡总理吴作栋于1989年12月首先提出的,当时仅仅是发展“新加坡—柔佛(马来西亚)—巴淡岛(印尼廖内群岛的一个岛屿)增长三角”的构想。1990年,这一构想得到印尼总统苏哈托和马来西亚总理马哈蒂尔的积极响应,印尼将合作范围扩展到廖内群岛的其他岛屿,所以又被称作是“新柔廖增长三角”(Singapore - Johor - Riau - Growth Triangle, SIJORI - GT)。1996年和1997年,该增长三角又被扩大到马来西亚南部的马六甲、森美兰、彭亨州和印尼的西苏门答腊、南苏门答腊、占碑、明古鲁、西加里曼丹等省,因此又可称作“新马印尼增长三角”(Indonesia - Malaysia - Singapore Growth Triangle, IMS - GT)。东盟南增长三角由于地理位置邻近,经济互补性强,发展迅速,是东盟区域内发展较为成功的一个增长三角,并被其他次区域经济合作纷纷效仿。

南增长三角的建立符合参与各国的经济利益,也便于发挥各自的比较优势。对于新加坡来说,倡导发展南增长三角的主要考虑是:(1)本国土地价昂贵,劳动力价格较高,期望利用柔佛州和巴淡岛廉价的土地资源和劳动力,扩展经济活动空间,提高其产品的国际竞争力;(2)淡水资源短缺,多年来一直靠马来西亚的柔佛州供应淡水,因而希望通过实施增长三角计划,增加柔佛州对其的供水量,并从廖内群岛获得新的水源;(3)美国取消新加坡的最惠国待遇,因此新加坡想将部分企业转移到邻近的柔佛州和廖内群岛,以继续享受最惠国待遇。柔佛是马来半岛的第二大州,也是马来西亚经济最发达的州之一,在全国占有重要地位。90年代初,柔佛州政府提出要把柔佛建设成为一个新兴工业化州,通过把柔佛建设成为一个外国投资中心,带动柔佛制造业的大发展。因此,参加增长三角计划,柔佛州可在资金和技术方面提到新加坡的帮助。印尼方面,廖内省是印尼各省中自然资源最丰富的省份,经济基本上以石油、农业和林业为主,而且劳动力价格低廉。印尼期望通过参加增长三角计划,加快巴淡岛的开发进程,促进整个廖内群岛的经济发展。

这样,东盟南增长三角就形成一个互补性强的区域分工,新加坡主要负责提供资金、管理经验等,柔佛和廖内则主要负责提供土地、天然气、水源及劳动力,实现生产要素的最佳组合。地理位置邻近又为区域内生产要素自由流动提供便利条件。新加坡和柔佛州新山市之间由长约两公里的堤道连接,每天越过国境上下班的人很多。廖内群岛的巴淡距新加坡只有20公里,乘坐高速船仅30分钟即可到达,人员往来非常方便。

1994年12月17日三国政府正式签署《印尼—马来西亚—新加坡增长三角经济合作多边协议》,该协议对南增长三角的合作与协调机制做出明确规定,认为政府部门的作用是支持、鼓励和促进合作项目的实施,并采取措施促进人员、信息、商品、服务和资本的自由流动。协议还规定部长会议、高官会议、工作组、工商会议和工商理事会等机构的地位和作用。通过不同层次的协调机构和定期或不定期的会议,使南增长三角建设过程中出现的各种问题得到及时解决,这为南增长三角的快速发展提供重要保证。

20世纪90年代前半期,东盟南增长三角的经济合作取得引人瞩目的成绩。但1997年爆发东南亚金融危机严重打击参与国的经济,南增长三角也受到冲击,经济合作步伐放慢,原先由三国签署的一些经济合作协议不得不被暂时搁置。同时,危机的发生使东盟内部分歧增多,甚至使某些成员国的双边关系出现紧张局面,也在某种程度上妨碍增长三

表3　东盟南增长三角吸收FDI来源国分布(1995~2003年)　单位:百万美元

来源国	印度尼西亚		马来西亚	新加坡	总计
	苏门答腊	巴淡	柔佛州		
北美	118.98	101.12	1126.97	15937.45	17183.40
美国	118.98	110.42	1116.16	15937.45	17172.59
日本	117.54	28.79	900.73	9329.17	10347.44
欧洲	437.96	192.64	696.22	9645.27	10952.75
欧盟	437.96	192.64	642.02	8546.22	9776.93
印度			179.67		179.67
中国	10.82	0.36	7.29		18.11
中国香港	47.96	21.69	51.13		99.09
中国台湾	2520.23	18.15	484.66		3004.89
韩国	127.59	103.17	101.40		228.99
东盟	1761.25	405.46	2628.70		4389.95
印尼			249.89		249.89
马来西亚	163.21	37.05			163.21
菲律宾			2.17		2.17
新加坡	1509.34	368.41	2375.30		3965.84
泰国	7.70		1.34		9.04
澳大利亚	95.95	11.15	14.56		110.51
阿根廷			40.89		40.89
其他国家	4088.02	3000.00	556.22	664.73	5990.82
多国投资	3562.64	246.68	1842.12		5404.75
总计	12888.92	4138.51	8632.62	36431.78	57953.33

注:以批准的制造业投资金额为准。

资料来源:根据ASEAN Secretariat (2005), Statistics of Foreign Direct Investment in ASEAN: Seventh Edition, 2005提供的数据整理。

角计划顺利实施。但是,增长三角的发展进程也并未因此而终止,例如马来西亚和新加坡联合修筑的"第二跨海通道"就是在危机期间的1998年2月正式通车的。危机过后,随着各国经济的恢复,加上各参与国自身努力和国际援助等原因,东盟南增长三角很快步入正常运行轨道。

进入21世纪,为保持今后经济持续健康发展,新加坡、马来西亚、印尼三国仍将继续推动南增长三角计划实施,并且在多次场合都表示政府将继续支持南增长三角发展,认为这将会缩小东盟经济发展差距,实现互利共赢。在发展战略上,三国都将合作重心放在发展旅游业,改善区域环境,提高外资吸引力等方面。

当然,东盟南增长三角在建设过程中也遇到一些障碍,包括政治、经济、文化、习俗等各方面的分歧。但参与各国政府对推动南增长三角经济合作的态度和决心仍然很强,这在一定程度为企业增强对该增长三角的投资注入动力。

二、东盟南增长三角吸收直接投资的成效

建立东盟增长三角的一个重要目标就是通过各参与国政府的经济合作与协调,促进生产要素在三角区域内的自由流动,共同改善投资环境,从而达到吸引外资的目的。从这个角度说,东盟增长三角实际上也可以被看作投资区,不同的是,象增长三角这样的投资区并不歧视非成员国或非参与区域,而是对非成员国或非参与区域高度开放,而且还积极欢迎非成员国对本区域的投资。因此,流入增长三角不仅仅是区域内的资本,还包括区域外的资本。

如前所述,在东盟南增长三角,新加坡拥有丰富的资本和较为先进的技术,迫切需要廉价的土地、劳动力和其他自然资源,而柔佛州和廖内群岛方面拥有廉价的劳动力、土地和其他自然资源,迫切需要资本和技术。因此跨国公司在进行投资时,可以把资本密集和技术密集的项目安排在新加坡,而把劳动力密集和占地较多的项目安排在柔佛和巴淡岛。这样,既可以利用新加坡高效率的基础设施和高水平的技术和管理,又可以利用其他两地的廉价劳动力和土地。东盟南增长三角自建立以来在吸引外资方面取得明显成效。下面主要对20世纪90年代中期以来该增长三角制造业吸收外资作一具体分析。

从表1和表2来看,1995~2003年,东盟南增长三角吸收外资达579.53亿美元,是同期新、马、印尼三国吸收外资总额的38.89%,这对于一个面积只占新、马、印尼三国的0.90%、人口只占2.29%的小区域来说,取得这样的引资成效不能不说是南增长三角经济合作的结果。其中,新加坡吸引外资最多,达364.32亿美元,占南增长三角吸收外资总额的62.86%,其次是印尼各省区,吸收128.89亿美元,比重为22.24%,马来西亚的柔佛州居第三,引进外资86.33亿美元,比重14.90%。但印尼廖内省、占碑、巴淡和西苏门答腊4个省份的引资数量都不如马来西亚的柔佛州,廖内省和巴淡岛是印尼参与南增长三角中吸引外资最多的两个区域。从表中可以看到,金融危机虽然对该增长三角引资的数量有所影响,但是程度并不比对新、马、印尼三国整体引资影响大,尤其是1997~1999年,东盟南增长三角吸收外资占三国吸收外资总额比重达到45%左右,这表明投资者在经济衰退情况下,仍对南增长三角的经济前景充满信心,这也是南增长三角经济合作的活力所在。

从外资来源国看,南增长三角既吸引东盟区域内投资者,也吸引大量区域外投资者,而且,区域外资本是主要外资来源。其中,美国、日本、欧盟是最大的投资者,分别占南增长三角吸收外资总额的29.63%、17.85%、16.87%(见表3)。但是,美国、日本、欧盟的投资者有一个共同的特点,即将资本大部分都投向新加坡,而只有少量资金投向印尼廖内省、占碑、巴淡和苏门答腊等省份以及马来西亚柔佛州。这说明东盟南增长三角在外资投资格局上存在不平衡。实际上,参与南增长三角使新加坡综合区位优势更加突出,这不仅因为新加坡经济发展水平最高,而且还因为南增长三角经济互补性强、生产要素自由流动性强等特征弥补新加坡资源不足的缺陷。这样,当可以通过较低的贸易成本来满足生产所需的资源时,区域外投资大国更愿意选择将资本投向市场制度成熟、投资环境优越的新加坡。亚洲"四小"(新加坡除外)中,中国台湾省对南增长三角投资额最多,为避开同美、欧、日资本的竞争,中国台湾省中小企业资本主要投向印尼廖内省和马来西亚柔佛州。

区域内资本也是南增长三角重要来源,从表3和表4中可以看出:1995~2003年东盟共向该增长三角投资43.90亿美元,占南增长三角吸收外资总额的7.57%,是第四大投资来源地。其中,95.90%的资本来自新加坡,即使在金融危机期间,新加坡也没有中断向外投资活动。在新加坡看来,抓住时机继续投资和重组经济,以便于本地区新一轮经济增长中处于有利地位是非常重要的。这也进一步表明新加坡的支持态度及其提供的强大动力在南增长三角经济合作中发挥着不可替代的作用。在新加坡对南增长三角的投资中,52.26%投向马来西亚柔佛州,其次是印尼廖内省,占25.53%。马来西亚对印尼各省共投资1.28亿美元,而印尼、

表4　　东盟南增长三角吸收区域内直接投资变化情况　　单位:百万美元

东道国	1995年	1996年	1997年	1998年	1999年	2000年	2001年	1995~2001年
印尼	126.83	138.78	86.92	58.18	278.08	171.86	783.77	1644.41
其中:廖内群岛	22.15	20.57	47.93	31.45	12.99	102.13	771.29	1008.51
占碑	—	—	—	16.04	—	0.40	—	16.44
巴淡	87.51	111.21	31.85	10.69	29.56	63.13	—	333.94
西苏门答腊	17.17	7.00	7.14	—	235.53	6.20	12.48	285.52
马来西亚	198.31	1298.70	127.79	96.66	68.39	238.22	189.70	2217.78
新加坡	—	—	—	—	—	—	—	—
总计	325.14	1437.48	214.71	154.84	346.47	410.08	973.46	3862.18
占南增长三角引资比(%)	6.69	22.05	1.93	3.51	4.69	7.59	18.55	8.47

注:以批准的制造业投资金额为准。

资料来源:根据 ASEAN Secretariat (2005), Statistics of Foreign Direct Investment in ASEAN: Seventh Edition, 2005 提供的数据整理。

菲律宾对马来西亚柔佛州也有少量投资。区域内资本的这种分配格局体现南增长三角经济合作现状，因为新加坡工业化程度和经济发展水平最高，而柔佛州和廖内群岛在经济结构上具有相似性，所以东盟南增长三角经济合作主要在新加坡—廖内群岛和新加坡—柔佛州之间进行，廖内群岛和柔佛州的合作相对较少。

三、简要评析

东盟经济增长三角是在东盟区域经济合作大框架下较小范围的区域合作形式。相对于东盟自由贸易区和东盟投资区来说，无论是从经济内涵还是从地理内涵上来衡量，都属于次区域经济合作。经济一体化的实质就是生产要素不断趋向自由流动的一个动态化过程，在这过程的每一个阶段，又表现为具体生产要素的流动状态。作为经济一体化的表现形式，次区域经济合作就要使生产要素在“次区域”这个地缘范围内趋向自由流动，从而带来资源有效配置和生产效率提高，具体表现为在这个地缘范围内贸易和投资自由化。

但是，这并不是说次区域经济合作是高于自由贸易区的一种经济一体化形式，相反，它比自由贸易区的层次要低得多，甚至低于特惠贸易安排。即使在李普西关于经济一体化类型的权威分类中，也没有提及到次区域经济合作是属于哪一层次的。这是因为，次区域经济合作大多是在远离本国经济中心的经济落后边境地区进行，市场经济不发达、基础设施落后，合作的起点都较低，合作领域也只局限在低层次的商品贸易、特定生产项目和资本流动，远远没有扩展到统一关税、统一贸易政策和财政政策、服务贸易、知识产权等较高层次的领域。从这一角度说，只能称其为“次区域经济合作”，而不是“次区域经济一体化”。

1992年，罗伯特·斯卡拉皮诺提出次区域经济合作表现出“自然的经济区域”即跨越政治疆界的自然的经济互补性，这里的“自然”并不意味着政府不卷入而是可以涵括清除障碍以实现本来就已存在的经济互补性的政府行动。这也意味着要在次区域范围内消除生产要素流动的人为障碍，还该区域经济互补性的一个自然状态。因此，从这个角度来看，区域范围越小，参与国家越少，经济一体化目标就越容易实现，要素就越能自由流动。如果说在东盟整体的区域经济合作框架下，商品、资本、劳动等生产要素还不能完全自由流动的话，那么在次区域范围内，这些生产要素更趋向于自由流动，或者说，流动程度要比东盟整体合作框架下的流动程度高。

从东盟南增长三角的发展实践来看，事实也的确如此。在东盟南增长三角的发展框架中，生产要素在东盟自由贸易区框架下能够更加“自由”跨国界的流动，区别在于这种“自由流动”主要依靠参与国家的“协调”、而非市场行为，即在小区域范围内的贸易、投资、运输、通信、旅游、资源开发等一系列松散型的、随机性的经济合作行为。根据中国学者丁斗博士的研究，这种“协调”既能够产生贸易创造和贸易转移等静态效应，也能够产生规模经济、技术进步、刺激投资等动态效应。

东盟南增长三角的成功，很大程度上还得益于其高度的对外开放性，亚洲开放银行的研究也说明这一点，认为“（增长三角）不同于贸易集团强调成员国之间的市场供应，它本身的地区性市场规模是不重要的，增长三角的经济利益对非成员国是开放的，允许它们市场进入和资本投资”。这表明，次区域的产品市场和投资资本都主要依赖于次区域以外的地区。因此可以说，正是这种独特的开放性，使其不仅吸引着参与国其他地区的投资，而且还吸引大量非成员国投资。

（作者系暨南大学东南亚研究所讲师　原载《第二届中国—东盟论坛论文集》2006年11月）

大湄公河次区域经济合作的国际关系学意义解读

王士录

“大湄公河次区域”（Greater Mekong Sub - region，GMS）经济合作作为由亚洲开发银行倡导的、被公认为比较成功的次区域合作，其基本目的就是促进次区域各国的经济繁荣，因而一般认为其经济学意义是主要的、最基本的。以往对GMS经济合作的研究过多地注重其经济意义，而忽视了其国际关系学方面的意义。但是，在经济与政治相互交融，国际经济政治化、国际政治经济化加速发展的今天，区域与次区域经济合作所产生的已不仅仅是经济效应，而是一种包括经济、政治、社会、国际关系、文化在内的聚合效应。GMS经济合作也不例外。

事实上，冷战结束以来，GMS经济合作在GMS国家之间关系重构与调适中起了一种“润滑剂”的作用。经济合作，不但促进GMS国家之间的经济发展和社会进步，而且促进GMS国家之间政治关系的良性互动，反过来又为其经济社会的发展创造有利的外部环境。本文从上述基本观点出发，探讨GMS经济合作在冷战后GMS国家间关系的发展以及“和谐区域”建设中所起的积极作用。

一、多样性和不平衡性：GMS合作面临的首要挑战

从地理位置上讲，GMS主要包括中南半岛地区的越、老、柬、泰、缅五国以及中国的云南省。除云南省外，GMS五国总面积为193.04万平方公里，2005年的总人口为2.199亿。GMS是一个多样性突出、发展极不平衡的地区。

从民族文化角度看，GMS五国都不是单一民族国家。全地区共有200多个民族和部族，各民族都有自己的历史传统、语言乃至文字、风俗习惯和宗教信仰。从国别来看，越南有54个民族，老挝有三大族系（老龙、老听、老松）共68个民族和部族，柬埔寨有20多个民族，泰国有30多个民族，缅甸有135个民族和部族。该地区虽然被学者们称为“上座部佛教文化区”，居民以信奉上座部佛教为主，但各国均是多种宗教并存，例如越南有一半以上的居民信奉大乘佛教，此外还有天主教、上座部佛教、儒教、道教、和好教、高台教等；老挝有50%的居民信奉上座部佛教，其余约半数人信奉原始宗教、伊斯兰教、天主教、基督教等；柬埔寨约90%的居民信奉上座部佛教，还有少数居民信奉大乘佛教、伊斯兰教、原始宗教等；泰国约95%的居民信奉上座部佛教，另有少数人信奉伊斯兰教、婆罗门教、天主教、基督教、原始宗教；缅甸约80%的居民信奉上座部佛教，还有部分居民信奉伊斯兰教、天主教、基督教、原始宗教等。

GMS地区不但民族众多，而且各民族的发展也很不平衡。从民族构成来看，在越南，主体民族是京族（即越族），占该国总人口的87.5%，其余53个民族仅占其总人口的12.5%。在老挝，老族占其总人口的65%，在国家政治、经济生活中居于主导地位。在柬埔寨，高棉族是主体民族，约占该国总人口的80%，其余20个民族约占其总人口的20%。

在泰国,泰族是主体民族,约占其总人口的82%,其他约30个民族仅占其总人口的约18%。在缅甸,缅族是主体民族,占总人口的65%以上。在上述GMS五国中,通常人数最多的民族就是主体民族,在政治、经济、社会和文化中一般都居于主导地位,发展水平比其他民族高;而其他民族则处于从属地位,发展相对落后。尤其是那些远离政治、经济和文化中心,处于主体民族和其他人数较多的民族包围之中的"少小民族",其发展水平更加落后。这种情况在GMS五国中非常普遍。例如,越南西北部山区和中部高原地区,老挝北部、东部和南部山区,柬埔寨东北部山区,泰国东北部山区,以及缅甸北部、东部和西部山区,都广泛地分布着许多远离主体社会、仍然处于落后状态的山地民族。

民族、宗教和文化的多样性以及各民族之间、一国范围内各地区之间发展水平上的巨大差异,不但影响GMS五国内部的整合,而且也严重制约区域内各国之间一体化的发展。

从区域的层面来看,整合的难度除因区域各国内部多样性和发展不平衡性之外,还有很多其他制约因素,其中主要包括:

(一)区域各国间相互交界,形成许多交通闭塞、多民族杂居、远离政治经济中心的边缘地区,跨境犯罪猖獗

在GMS的广大地区,以澜沧江—湄公河为主轴,大体上由北向南纵贯其间,各国互为邻居。其中,中国云南省与缅、老、越三国交界,边界线长达4060公里(其中中缅边界长1997公里,中老边界长710公里,中越边界云南段长1353公里);缅甸与中国云南省、老挝、泰国、印度和孟加拉国交界,其中缅老边界长238公里,缅泰边界长1799公里;老挝分别与中国云南省、缅甸、泰国、越南、柬埔寨等接壤,其中老泰边界长约1750公里,老越边界长约1650公里;泰国分别与缅甸、老挝、柬埔寨三国接壤,其中泰柬边界长514公里;柬埔寨分别与越南、泰国和老挝交界,其中柬越边界长约1228公里,柬泰边界长约800公里;越南分别与中国(云南、广西两省区)、老挝交界。地理上的这种多国相交,形成了缅泰老、缅老中、越老中、中缅印、越老柬、泰老柬等多个"金三角"。这些三角地带远离政治、经济中心,均为相关各国治理较为薄弱的地区。边界地区多民族跨境杂居,一方面有利于相关各方之间的经济、文化交流,另一方面也给各方边境地区的管理带来困难,使合作计划难以贯彻执行。随着相关各国对外开放政策的实施和边境贸易、边境经济合作、边境跨国旅游的兴起以及人口流动的加速,这些地区在经济、社会获得发展的同时,边境走私、制毒贩毒、拐卖妇女儿童、赌博、卖淫嫖娼等跨国犯罪活动也日益猖獗,给边境地区的社会政治稳定和经济发展带来不可忽视的危害乃至威胁。

(二)各国之间政治制度的矛盾和差异

在GMS五国中,现行的政治制度分为三大类型:越南和老挝的共产党一党领导下的人民代表大会制;泰国和柬埔寨的君主立宪制下的多党民主制;缅甸的军人政权。这三种政治制度之间既表现为一种制度上的差异和矛盾,更表现为一种意识形态的冲突,20世纪90年代初期以前的相当一个历史时期,他们之间的矛盾曾经是不可调和的。直至目前,缅甸现行的军人政权还常常遭到泰国的指责,对缅泰关系的发展带来不利影响。尽管冷战结束后,国际关系中意识形态的因素淡化了,但由于意识形态具有相对独立性的特点,要彻底消除他们之间的隔阂,实现真正的融合,仍需要时日。

(三)各国之间经济发展道路和经济体制的矛盾和差异

从二战后GMS五国经济发展的道路看,大体上有两种类型:越南、老挝经历长期战时经济体制后,于1975年起选择苏联模式的计划经济体制;在经过长期的摸索之后,直至80年代末90年代初,越、老两国才相继走上改革开放之路,将计划经济体制改造为具有社会主义特征的市场经济体制。目前,越、老两国仍然处于经济体制变革、完善过程之中。柬埔寨在独立后曾有过16年的民族经济平稳发展,但1970年后陷入长期战乱,其间曾经历红色高棉时期约四年极"左"的计划经济(1975~1979年)和金边政权14年苏联模式的计划经济(1980~1993年)。1993年通过大选实现和平后,柬埔寨才重新确立君主立宪制的政治体制并选择"自由市场经济体制"。泰国则一直实行市场经济体制,经济发展道路比较平坦,发展水平也较高。缅甸情况比较特殊,独立后长期由军人统治,经济体制上先有"吴努的社会主义",后又有"奈温的社会主义",其基本特点都是政府"有计划地"控制经济发展。1988年"新军人集团"上台后,缅甸开始进行经济改革,但改革步伐非常缓慢,力度十分有限。多种经济体制并存,使得GMS区域的经济整合非常困难。

(四)各国历史传统中的矛盾和差异

由于同处于一个地理单元,千百年来互为近邻,GMS五国之间或多或少、或轻或重都存在着不同程度的历史恩怨。其中,越柬、柬泰、越柬泰、越老、柬老、泰老、缅泰之间历史上都曾经发生过攻城掠地或者一方控制另一方的战争,有过不愉快的往事。近代以后,GMS五国又遭受不同的西方殖民者的侵略、压迫和掠夺。越南、老挝和柬埔寨遭受法国殖民者的长期统治,缅甸则成为英国的殖民地,泰国虽未沦为殖民地,但这主要是英、法两个殖民帝国在GMS地区争夺过程中需要一个"缓冲区"的结果,使得泰国长期处于半殖民地状态。不同殖民者长期的殖民统治,也从客观和主观两个方面在GMS五国中形成许多矛盾和隔阂。这种历史传统的矛盾

大湄公河次区域五国基本情况统计表(2005年)

国　家	面积(万平方公里)	人口(百万人)	GDP(10亿美元)	人均GNP(美元)	进出口额(亿美元)	出口额(亿美元)	外汇储备(亿美元)	外债(亿美元)
越　南	32.9	83.8	51.2	481	657.77	313.39	73.85	192
老　挝	23.14	5.9	2.6	362	9.20	3.79	2.08	—
柬埔寨	18.1	14.1	5.2	310	61.71	26.33	9.66	—
泰　国	51.3	65.5	177.7	2291	2154.1	1079.48	503.29	494
缅　甸	67.6	50.6	9.1	179	51.78	30.34	6.20	72
合　计	193.04	219.9	245.8	2934.56	1453.33	595.08	—	—

资料来源:(1)EIU, Country Report: Vietnam, Laos, Cambodia, Myanmar, Thailand 2005;(2)人均GNP为2003年的数字,参见ASEAN Finance and Macroeconomic Surveillance Unit(FMSU)Database.

和差异,在当今虽然已经淡化,但在特定的历史时刻,仍然有凸显的可能,从而给 GMS 合作蒙上阴影。

(五)各国之间的边界领土纠纷

由于历史原因以及东南亚民族构成的复杂性,GMS 五国之间的领土边界划分问题错综复杂。二战后,由于国家主权意识的增强和国家利益的驱使,GMS 五国之间的领土边界争端问题不断出现,常常对各国之间的关系造成负面影响,从而也影响区域经济合作的环境。目前在 GMS 五国中,越柬、柬泰、越老、柬老、泰老、缅泰之间都存在未决的领土、边界问题。

柬埔寨与越南之间的争端,一是陆地边界领土争端;二是在海上划界问题上的争端。抛开历史上所产生的领土问题不谈,仅就二战后所产生的新问题而言,柬埔寨认为越南强占了其柬越边界地区的大片领土,而这些领土主要是柬埔寨为支援越南的抗美战争而同意越南使用的。战争结束后越南仍然占领这些地方,柬方不断要求越方首先从柴桢省的“鹦鹉嘴”地区和磅湛省的渔钩地区撤走。在海上划界问题上,柬方要求以法属时期的“勃利维线”(Brevie Line)为界,而越方则宣称“勃利维线”并不是法国殖民当局确立的海上边界线,而是为解决行政和司法管辖权范围而设立的一条界线。双方的边界之争成为持续 13 年的越柬战争的主要诱因之一,同时也对当前的柬越关系造成不利影响。

柬泰两国间的争端,主要是围绕阁骨岛的主权、海上划界以及柏威夏寺归属权的争端。根据 1962 年国际法院的裁决,柏威夏寺被判给柬埔寨,而该寺又在泰国领土上,这就为冲突埋下了隐患。双方常常为此剑拔弩张,直至 2005 年还险些引发大规模冲突。

老挝与越南之间的边界、领土纠纷主要有两种情况:一是历史遗留问题,1945 年划界时老方作了保留;二是越南在抗美战争时期“借用”的老挝领土。据老方称,在 1975 年底老挝人民民主共和国成立时,凡与越南相连的省份都有一些领土被置于越南的控制之下,总面积约 4.5 万平方公里。老挝新政府成立不久,即提出与越南举行边界问题谈判。在 1976 年 3 月、4 月和 7 ~ 9 月的谈判中,在老挝做出巨大让步情况下,达成初步协议,1977 年 7 月双方签订《边界条约》。尽管如此,一旦情况有变,争端仍会出现。

老挝与柬埔寨之间也存在领土争端。历史上,老挝南部地区曾经是柬埔寨吴哥王朝的领土,柬埔寨的上丁、吉井和腊塔纳基里省也曾一度为老挝所管辖,双方一直没有明确固定的边界线。60 年代,老挝政府曾多次声明“上丁省应划归老挝”,而西哈努克则多次声称,老挝没有理由对上丁提出领土要求,并有许多文件证明,柬埔寨对老挝下寮地区的部分领土拥有主权,但同时又主张应维持现状。70 年代后,双方都先后表示要维持边界现状,相互尊重独立、主权和领土完整,至今未因边界问题发生过冲突。

老挝与泰国之间的领土争端,一是位于泰国乌隆府和老挝沙耶武里省巴莱县边境的班迈、班岗和班沙旺这三个村庄的归属争端;二是湄公河中的两个小岛即青苏岛(ChingChu)和桑奇岛(Sang Khi)的主权之争。1925 年签订的《法暹条约》规定,乌隆府和沙耶武里省的边界以分水岭为界,但没有实地勘定;而湄公河是老泰边界大部分地段的界河,法暹双方在划界时,将河中的大部分岛屿划归老挝,这样,老泰两国在湄公河上的分界线就没有按国际法的基本原则(即以主航道和深水线)划分,泰方一直不满,要求就重新划分河界举行谈判,但老挝政府未予理睬。70 年代末至 80 年代初,老泰双方曾为边界问题多次发生武装冲突乃至严重流血事件。80 年代后期,老泰双方就边界问题举行多次谈判。1990 年双方签订《边界勘定协定》,表示将继续就边界问题举行谈判,不诉诸武力。此后,双方的边界局势逐渐缓和,但问题仍未彻底解决。

缅甸与老挝之间的共同边界较短,只有 207 公里,是法国和英国殖民当局划定的,均以湄公河为界,具体走向不十分明确。但是,由于两国边界地区都比较偏远,缅方一侧至今仍由民族地方武装控制,两国中央政府一直并不十分在意,因此划界以来从未发生过大的边界纠纷和冲突。1990 年 9 月,缅老两国决定成立共同边界委员会,进行实地勘察以解决历史遗留问题,两国边界问题最终得以和平解决。

缅甸与泰国之间的共同边界,从泰国北部的昌莱府至南部的拉农府,长达 2387 公里,许多地段尚未明确划定。近年来两国争端主要是在沿夜塞—南鲁阿河一段边界划界问题上。此外,两国海上划界也存在争议。因此,两国关系常常被边界问题所困扰,直至近年,还常常发生边界冲突。2002 年 5 月中旬,双方多次发生交火事件。缅方指责泰军与 SURA 贩毒武装集团一起攻击缅军哨所并向缅反政府武装 KNU 提供弹药。泰方则指责佤邦联军参与毒品制贩,并指责缅军也参与其中。随后缅方关闭缅泰边境 4 个口岸,双边关系降至最低点。直至同年 10 月,双方才恢复交往。

总之,由于上述各种政治、历史、边界领土等方面的原因,战后直至 80 年代末期的 40 多年间,GMS 五国之间的关系极不协调甚至是严重对立。其间,GMS 地区长期处于战乱之中,先后经历三次“印度支那战争”:1946 ~ 1954 年印支三国为摆脱法国的殖民统治、争取民族独立而进行的抗法战争;1964 ~ 1975 年印支三国人民的抗美救国战争;1979 ~ 1993 年的越柬战争。而且,其间 GMS 地区一直是两种意识形态和两个超级大国争霸的前沿。在这种背景下,GMS 的经济合作从一开始就面临着巨大的困难。因为,政治因素对经济合作既可以产生推动作用,也可以产生阻碍作用。当然,经济合作也可以优化区域国际环境,促进区域内各国之间政治关系的良性互动,从而反过来促进经济合作。90 年代初期兴起的 GMS 经济合作就显示了这方面的功能。

二、经济合作对 GMS“和谐区域”建设的促进

20 世纪 80 年代末 90 年代初,随着苏东剧变和两极格局的瓦解,国际关系中意识形态的因素明显淡化,经济、政治相互交融,区域经济一体化加速发展。在这种背景下,东南亚的地区格局也发生了巨大变化,越、老、柬、缅四国迅速向东盟靠拢并在较短的时期内加入了东盟,长期与东盟对立的印支集团自动解散。在这历史的转折关头,如何重构 GMS 五国之间的相互关系,以适应变化了的地区及国际形势成为当务之急。经济合作作为调适国家之间关系的“润滑剂”的功能和作用很快显现出来。

90 年代初,以澜沧江—湄公河为主轴的次区域经济合作悄然兴起,目前已形成四种主要的合作机制,即由亚洲开发银行倡导的“GMS 经济合作”,东盟主导的“东盟—湄公河流域开发合作”,以澜沧江—湄公河为主轴的中、老、缅、泰四国毗邻地区的“黄金四角经济合作”,以及老、泰、柬、越四国的“湄公河流域持续发展合作”。

由亚洲开发银行倡导的“GMS经济合作”是推进澜沧江—湄公河次区域合作起步最早、成效最大的合作机制之一。1992年10月21～22日，在亚行的倡导下，在其总部马尼拉召开了第一次GMS经济合作会议——从第二届起，正式称为“部长级会议”，至2005年已召开了14次部长级会议。在这次会议上，初步确定由亚行倡导的GMS经济合作的总体构架。关于“大湄公河次区域”的地理范围，会议界定为：包括“柬埔寨、老挝、缅甸、泰国、越南和中华人民共和国云南省的这部分地区”；运作机制为一年一度的六国部长级会议和高官会议。会议确定的主要合作领域为：交通、能源、环境与自然资源管理、人力资源开发、经贸与投资、旅游、通信等七大领域，后来又增加禁毒合作。此后，相继确立了上百个优选项目。目前，包括“经济走廊”建设、昆明—曼谷高速公路建设等重大项目在内的一大批项目已经启动。领导人会议是GMS经济合作的最高级会议，迄今已召开过两次，即2001年11月初在柬埔寨首都金边召开的第一次领导人会议，以及2005年7月初在昆明召开的第二次领导人会议。

“东盟—湄公河流域开发合作”是以东盟为主导、东盟10国和中国共11个国家参加的澜沧江—湄公河次区域经济合作机制。1995年12月14～15日在曼谷召开的第五届东盟首脑会议倡议东盟应积极参与澜沧江—湄公河次区域经济合作，并应在其中发挥主导作用。1996年6月17～18日，第一届东盟—湄公河流域开发合作部长级会议在吉隆坡召开。会议通过了《东盟—湄公河流域开发合作基本框架》，提出开发合作的目标、原则、领域、项目筹资与实施、后续机制等具体内容。会议还商讨修建从新加坡至中国昆明的泛亚铁路计划的有关问题。

由新湄公河委员会倡导的“湄公河流域持续发展合作”是由湄公河下游四国参加的地区性合作组织。1995年4月5日，老、泰、柬、越四国代表在泰国北部城市清莱签署《湄公河流域持续发展合作协定》，重新启动新形势下湄公河流域发展合作计划。《合作协定》强调“持续发展”主题，规定“所有沿岸国家须按最佳综合利用方式对湄公河流域水资源及相关资源进行可持续开发、利用、管理和保护”。其开发合作的顺序为灌溉、水电、航运、防洪、渔业、漂木、娱乐和旅游。

“黄金四角经济合作”是以澜沧江—湄公河为主轴的中、老、缅、泰四国毗邻地区的小区域经济合作。这是由云南学者在90年代初首先提出、泰国政府于1993年正式提出合作计划，旨在通过交通、贸易、旅游业合作，促进四国毗邻地区社会经济发展。这一合作计划得到相关各方特别是云南省的积极响应，召开四方运输合作技术级会议，就修建云南南部分别经缅甸、老挝至泰国北部的两条公路进行磋商，并同意就实现澜沧江—湄公河四国通航开展合作。

从近十多年的情况来看，以上四种合作计划的实施，不但已经产生巨大的经济效益，而且也产生良好的政治、社会效益，十分有利于GMS各国之间和谐关系、和谐区域乃至和谐世界的建设。

首先，各种合作机制的推进，加强了区域各国高层之间的往来，增进了各国领导人之间的友谊，从而有利于增加各国政府间的相互了解，有利于增信释疑，化解各种矛盾，建立区域内各国之间长期稳定的睦邻互信伙伴关系。

俗话说“亲戚越走越亲”。虽然GMS各国同饮一江水，但如果互不走动，甚至“鸡犬之声相闻，老死不相往来”，自我封闭，这不但不符合当今世界经济全球化和区域经济一体化的历史潮流，不利于国家经济的发展，也不利于解决与毗邻国家之间的各种矛盾和问题。如上所述，GMS地区现有的四种合作机制，都是政府层面的合作，是由本区域各国政府操控的。GMS经济合作每年召开一次部长级会议，每四年召开一次峰会，而且还经常性地举行各种层次的论坛和对话会议。这些会议的主题虽然都是经济合作，但频繁的高层交往，就像“走亲戚”，在促进经济合作的同时，也发挥预防性外交的功能，将一些可能发生的矛盾、争端乃至冲突化解、消除在萌芽状态，加深相互之间的了解，密切国家之间的关系，而和谐的国家关系反过来又促进经济合作。

综观二战后至80年代末期大湄公河次区域近半个世纪的历史，可以强烈地感受到：其区域环境自始至终都不太平。其间战乱不断，既有外来入侵所引发的大规模持久战争，也有各国之间频繁的边界冲突，各国间关系极不和谐。但是，90年代初期次区域经济合作兴起后，各国之间的关系大为改善。一是随着越南从柬埔寨撤军，大规模的战争宣告结束，此后至今，“中南半岛无战事”；二是一些偶发性边界冲突，如越柬、柬泰、泰缅、老泰之间虽然都曾偶尔出现边界紧张局势，尤其是2003年柬埔寨发生焚烧泰国大使馆事件，一度使两国关系降至最低点，但都能很快缓和，各国之间的对话渠道始终保持畅通。

其次，加强伙伴关系，促进互利合作，促进GMS协调发展、共同富裕，是上述各种合作所遵循的基本原则，从而为成员国之间友好关系的发展奠定重要的政治基础。

GMS各国都深刻意识到经济与政治是相互交融、密不可分的，在当今世界，国际经济政治化、国际政治经济化的特点日益明显。因此，GMS地区的各种合作机制都将加强伙伴关系、促进互利合作作为推进合作的基本原则。例如，GMS经济合作第二次领导人会议主题是“加强伙伴关系，实现共同繁荣”；次主题是“加强联系，提高竞争力，建设大家庭”。在会议结束时发表的《昆明宣言》中，又重申通过加强合作共同建设一个一体化及和谐、繁荣的次区域的决心。而“加强伙伴关系，实现共同繁荣”、“建设大家庭”，主旨就是建设GMS地区的“区域和谐”，实现共赢。东盟—湄公河流域开发合作，在第一届部长级会议上所确定的合作原则和目标中也将“提高本区域的经济水平及实现可持续发展，鼓励对话和建立符合共同利益的伙伴关系”作为重要内容确定下来。“湄公河流域持续发展合作”的宗旨也是实现人与自然、人与社会以及区域各国之间的和谐相处，协调发展。

上述原则的确立和有效遵循，对于GMS各国之间关系的健康、协调发展起了积极的促进作用。根据这些原则，在上述机制中，本区域犹如一个大家庭，各成员国之间平起平坐，相互照应，在和谐融洽的气氛中商讨经济合作、促进共同繁荣的大业。在遵照这些原则开展经济合作的同时，GMS各国之间的政治关系也相应得到改善，经济关系与政治关系实现协调发展。

再次，区域经济合作的推进，逐渐在GMS各国之间培育一种大家庭式的整体意识，从而为成员国之间友好关系的发展奠定重要的思想基础。

区域经济合作能培育一种“区域意识”。随着政府层面、民间层面的交往不断加强，经济联系的不断深化，区域各国之间的时空距离都将不断拉近，群体感和整体意识将不可避免地产生和发展。这种整体意识要求所有成员利益共享,在谋求自身利益的同时,要考虑、照顾其他成员的利益;并且要求全体成员团结起来向区域外谋求本区域共同利益。随着经济合作不断推进,GMS 各国之间的经济利益逐渐趋于一致,GMS 作为一个整体的观念也已开始萌芽。GMS 各国经历十多年的合作发展,至少在政府层面已或多或少产生一种整体意识。在某些时候、某些场合,GMS 各国领导人会将 GMS 视为一个整体,这就是"区域意识"、"整体意识"。事实上,1997 年柬埔寨的"七月事件"后,越南、老挝、缅甸都积极支持吸收柬埔寨加入东盟,以及越、老、柬三国在缅甸的"民主"、"人权"等问题上反应温和,都或多或少地反映 GMS 的一些区域整体意识。

最后,GMS 合作的开展,带动 GMS 各国毗邻地区的跨境双边和多边小区域合作,从而促进区域内"和谐边界"建设,有利于 GMS 的"区域和谐"和协调发展。

随着 GMS 经济合作的不断深化和区域各国间关系的改善,从 90 年代初起,中缅、中越、中老、越柬、柬泰、泰缅边境贸易迅速发展,并且逐渐从单纯的贸易往来转向层次更高的双边和多边小区域经济合作。首先出现的是 90 年代初期形成的中、老、缅、泰四国毗邻地区的"黄金四角经济合作"。此后,越、老、柬"发展三角计划"(Development trien—gie)也应运而生:1999 年 10 月 20 日,越、老、柬三国政府首脑在万象举行非正式会议,就在三国毗邻地区开展"三角区域合作"达成共识;2001 年 6 月,三国有关部门举行首次工作会议,确定合作原则、目标、区域,并决定制订一个总体规划,合作区域包括柬埔寨的腊塔纳基里省、老挝的阿速坡省、越南的昆嵩省和嘉莱省;在 2004 年 7 月举行的三国领导人非正式会议上,合作的意义进一步得到确认,合作计划进一步得到落实,三国领导人再次表示推进合作的决心。为促进东盟四个新成员国经济发展,2003 年 11 月,在泰国总理他信的倡议下,柬、老、缅、泰四国政府首脑在缅甸古都蒲甘聚会,签署《蒲甘宣言》,宣告"伊洛瓦底—湄南河—湄公河经济合作战略机制"(Ayeyarwady - Chao Phraya - Mekong Economic Coopertion Strategy,ACMECS)正式启动。之后,每年的东盟峰会前夕,都要召开越、老、柬、缅东盟新四国峰会(CLMV Summit Meeting)。与此同时,中国与越南之间也于 2004 年启动建设"两廊一圈"经济合作区计划,将中越之间小区域合作推向一个新阶段。

上述跨国界的小区域合作,在有效地促进 GMS 各国间经济合作的同时,也有效地促进区域"和谐边界"建设,优化 GMS 的区域政治环境。

三、结论

综上所述,大湄公河次区域经济合作在加强本地区各国之间的经济联系,促进经济社会发展的同时,也有效地促进本地区各国之间的政治互信,改善中南半岛地区的区域国际环境。

当然,由于前述该地区突出的多样性和复杂性,以及外部环境的影响特别是外来势力可能介入,大湄公河次区域的国际环境虽然已大大改善,但要真正形成大家庭式的和谐局面仍面临着很大困难,充满变数。目前,GMS 各国之间在沟通机制上仍存在着沟通不畅、相互之间了解(特别是民间的了解)不够深入、增信释疑有待进一步加强的问题。譬如,对于企业行为、水资源的开发、环境保护、跨境犯罪等地区性重大问题,相关各方往往采取一种回避的态度,缺乏有效的沟通。GMS 各国之间所建立的正常、友好的关系还比较脆弱,"和谐区域"的建设尚需各方不断努力和巩固。

但是,经济合作作为一种"润滑剂",对 GMS 区域国际关系的调适作用,无疑是应当肯定而且继续加以重视的。2005 年 7 月在昆明召开的 GMS 经济合作第二次领导人会议再次重申建立"融合、和谐、繁荣的次区域"的决心。因此有理由相信,尽管面临着这样或那样的困难,但这一目标是能够实现的。

(作者系云南省社会科学院东南亚研究所所长　原载《当代亚太》2006 年第 12 期)

"一轴两翼":构建中国—东盟区域合作新格局

古小松

一、构建"一轴两翼",推进中国—东盟全方位区域合作

2006 年 7 月 20 日,中国国务院西部开发办、财政部、中国人民银行、国务院发展研究中心、人民日报社、亚洲开发银行和广西壮族自治区人民政府在南宁共同举办环北部湾经济合作论坛,包括全国人大副委员长蒋正华在内的来自中国及文莱、印度尼西亚、马来西亚、菲律宾、新加坡、越南、日本、韩国的 160 多名政府官员、专家学者和企业家代表参加会议,围绕"共建中国—东盟新增长极"的主题进行深入探讨。中共广西壮族自治区委员会书记刘奇葆在论坛致辞中高屋建瓴地提出中国—东盟"一轴两翼"合作战略:"由泛北部湾经济合作区、大湄公河次区域合作两个板块和南宁—新加坡经济走廊一个中轴组成,形成形似英文字母'M'的一轴两翼大格局.从内容看,有海上经济合作(Marine economic co - operation)、陆上经济合作(Mainland economic co - operation)、湄公河流域合作(Mekong sub - region co - operation),英文表述的第一个字母均为'M'。因此,可成为中国—东盟'M'型区域经济合作战略"。

"一轴两翼"合作构想极具创新精神,有丰富的内涵,也切合实际,实现中国与东盟之间区域合作在层次、范围上的超越。当前经济全球化和区域经济一体化迅速发展,中国与东盟合作不断深入,与此密切相关的泛珠三角 9 + 2 合作也在推进,"一轴两翼"构想是中国与东盟次区域合作在理论和实践上的深化和发展,对中国与东盟的区域合作有着现实和长远的重大意义。一方面推进中国—东盟全方位合作,特别是加强海上的交流合作;另一方面,更加突出广西在中国—东盟交流合作中举足轻重的地位和作用。

(一)"一轴两翼"将有力推动中国—东盟全面区域合作

"一轴两翼"中国—东盟次区域合作新格局就像一架飞机,由"一轴"主体和两个翅膀构成,它们之间是既相对独立又相互联系的统一体。作为一个整体构想,具有统一性,是在中国—东盟自由贸易区的基本框架下的次区域合作,相互之间有密切的联系,相辅相成。"一轴两翼"合作还呈多层次性,主要表现为次区域合作下还有亚次区域合作。中越"两廊一圈"中的环北部湾经济圈、南宁—河内海防经济走廊;新柔廖三角区;东盟北部成长三角区;东盟东部增长区等区域合作,都属于次区域合作区下的亚次区域合作。

它们的相对独立性,主要是指各处于不同的次区域,依托不同的合作纽带,具有不同的经济合作内容和功能。如果

说澜沧江—湄公河、泛亚铁路和公路是大湄公河次区域合作的依托，那么，北部湾、南海以及从华南到新加坡的沿海公路和铁路就是泛北部湾经济合作区的依托。

“一轴两翼”新格局的形成，将有力推动中国与东盟的全面区域合作，使合作扩大和深化。近年，中国—东盟自由贸易区建设步伐加快，大湄公河次区域合作不断加强，中越两国正在谋划“两廊一圈”合作，中国—东盟共办博览会，中国与东盟政治、经贸、文化交流合作越来越密切。在以往的中国—东盟交流合作中，人们更多的是关注陆上合作，忽略了海上合作的重要性和广阔空间。“一轴两翼”全方位推进中国与东盟的次区域合作，实现海陆组合，不但涵盖已经实施且取得很大进展的大湄公河次区域合作，而且将泛北部湾经济合作纳入中国与东盟新的次区域合作；不但有以河流和陆地为纽带的陆上次区域合作，而且还有以海洋为载体的海上次区域合作。

（二）“一轴两翼”顺应国家南向发展战略

经过27年的改革开放，中国在迅速发展和崛起。随着经济实力的增强，中国日益走出国门，参与经济全球化，发展与其他国家和地区的交流和合作。东南亚地区与中国山水相连，政治、经济、人文关系密切，是中国推进“睦邻”、“富邻”、“安邻”周边外交政策的重点地区。“一轴两翼”合作战略顺应国家南向发展战略，推进华南地区与东盟的区域经济合作，有利于中国扩大开放，也有利于地区和平、稳定和繁荣。

“一轴两翼”合作战略虽然是由广西首先提出，但所处的西南地区和北部湾地区还是一个发展中的区域，参与国际区域经济合作将有利于地方经济的均衡发展。目前中国区域经济发展的突出问题是区域发展不平衡，总体呈“东快西慢”状态。近年来，东部沿海地区依托自身的经济基础，积极参与国际分工，不断提升综合竞争力，继续保持领先发展势头。中国中西部地区在参与国际经济合作中一直处于不利地位，实施“一轴两翼”合作战略，将有利于中国中西部地区加强与东盟的经贸合作，提高参与国际区域经济竞争的能力，缩小与东部地区之间的差距。

（三）广西在“一轴两翼”合作中举足轻重

“一轴两翼”中，无论是“一轴”，还是“两翼”，广西都是其中的重要成员，尤其在南宁—新加坡经济走廊和泛北部湾区域合作中，广西的地位和作用不可替代。

在中国—东盟“一轴两翼”区域合作总体格局中，地缘上广西处于中国与东盟的结合部，是中国唯一与东盟既有陆地接壤，又隔海相望的省区，有便捷的现代化铁路和高速公路直通中南半岛，与泛亚铁路和公路联网，一方面成为沟通大湄公河次区域和“珠三角”的桥梁，参与大湄公河次区域合作。另一方面，依托泛亚铁路和公路连通越南、老挝、柬埔寨、泰国、马来西亚和新加坡，构成南宁—新加坡经济走廊；同时，还通过沿海的港口和海洋运输，成为西部地区走向东盟的出海大通道，参与泛北部湾经济区的合作，加强与菲律宾、印度尼西亚、文莱等东盟海岛国家的交流和合作。

广西主动构筑“一轴两翼”新格局，不仅会促进自身的开放发展，还将对中国与东盟合作，乃至对国家、亚洲地区的合作发展作出贡献。

二、“一轴”连七国，合作在起步

由中国国家体育总局和广西壮族自治区人民政府共同主办的“2006中国—东盟国际汽车拉力赛”于2006年10月6日从中国南宁发车，纵贯中南半岛，13日抵达新加坡，14日折返，沿途车手不断加入，10月26日回到南宁。汽车拉力赛的线路正是利用现有南宁到新加坡的公路网，与南宁—新加坡经济走廊（以下简称南新经济走廊）公路线路完全吻合，这不仅证明了建设南新经济走廊的可行性，合作的易行性，也可视为走廊建设启动的重要标志。

（一）中国—东盟合作的脊梁

在刘奇葆书记提出的中国—东盟“一轴两翼”合作战略中，南新经济走廊北南纵贯华南到中南半岛，如同中国—东盟合作的脊梁，贯连国家多，辐射范围广，途经中国、越南、老挝、柬埔寨、泰国、马来西亚、新加坡7国，并可辐射至走廊没有经过的缅甸以及印尼等东盟海岛国家。

南新经济走廊是连接中国与东南亚大陆最便捷的大通道。南宁到新加坡直线距离只有3000公里左右，如果有现代化的公路和铁路，从南宁出发，两天就可以经过越、老、泰、马到达新加坡。南宁到老挝首都万象直线距离约700公里，到曼谷的直线距离约1200公里。这也是中国与中南半岛各国进行沟通的最佳线路。交通干线所经过的地区大多是平原和丘陵地带，崇山峻岭比较少，建设起来可以节省大量投资和时间。

（二）合作的纽带，促进沿线各方的发展

南新经济走廊在空间上以南宁、河内、万象、金边、曼谷、吉隆坡、新加坡等沿线大城市为依托，以铁路和公路为载体和纽带，联结沿途大小城镇，形成人流、物流、信息流、资金流，开展贸易、投资、旅游等方面的合作，发展和建设沿线优势产业群、城镇体系、口岸体系以及边境经济合作区，实现各种资源和生产力要素的跨区域或跨国流动，各方优势互补、合作分工、联动发展。

凭借地缘优势、经济基础、自然资源与市场潜力，当前走廊合作可以开展：

——创立沿途省市县及企业联席会议制度：通过联席会议让各方相互了解和沟通，提出投资、贸易、旅游等方面合作的计划，解决存在的问题；

——重点是建立从南宁经越南、老挝（或柬埔寨）、泰国、马来西亚到新加坡的铁路和高速公路的交通网络，形成中国到中南半岛的快速运输和规模物流；

——通过开展相互间的贸易、旅游等方面的交流，扩大相互开放与合作，增加就业机会，促进沿途地区经济和社会发展。

经济走廊的建成将为中国与东盟国家在投资、贸易和旅游方面开展合作提供便利条件。中国与中南半岛之间的交通更加便利，不仅华南大量资本会流入沿途地区，还有很多适用的中国技术和设备也会进入该地区；越南中北部到泰国东北地区的铁路和公路建好后，从中越边界到泰国的东北部只有10个小时左右的车程，越、老、泰、柬等国很多热带地区的鲜活产品就可很快捷地进入中国市场，中国的商品也很方便地进入中南半岛的心脏地区；中国每年有数千万的游客到华南旅游，有了从南宁到新加坡的铁路和高速公路，还有简便的手续，他们会自动延伸到越、老、柬、泰、缅、马、新等国旅游，加上来自广东、海南、香港、澳门等地的游客，每年南下的游客将会数以百万计。反过来，这些国家的大量游客也将沿线到中国旅游。

（三）走廊载体——交通运输线路已经具备

南新经济走廊的载体主要是依托两地间的铁路和公路。

铁路从南宁经友谊关已与越南的北南统一铁路连接，进而在与正在修建的泛亚铁路联网，成为中国与东南亚大陆的最重要和最便捷的钢铁通道，南下经柬埔寨、泰国、马来西亚直达中南半岛南端的新加坡。该路从南宁至越柬边界、柬泰边界至新加坡路段已经建成通车，只有柬埔寨金边到越南胡志明市约300公里的路段需要新建。

公路从南宁经友谊关已与越南贯通北南的1号公路连接，往西再连通老挝、柬埔寨、泰国等中南半岛国家。南宁—友谊关高速公路已于2005年完工，从泰国廊开—曼谷—吉隆坡—新加坡段已有高速公路，目前只有从中越边境到老挝万象约500公里的低等级公路需改造或新建。该路段修好前，可以走越南中部荣市到老挝万象段，或走即将开通的越南中部广治—老挝沙湾拿吉—泰国孔敬段。

（四）"一轴两翼"对接"一轴两廊"

南新经济走廊的南端是新加坡，尽管面积不大，但毕竟发展程度高，市场经济发达，作为国际的金融、贸易、航运中心，将对本区域尤其是沿线地区的开放发展发挥积极的推动作用。沿线还有一些重要的城市如湄公河流域的经济中心曼谷、东盟向中国开放的桥头堡河内等也是走廊上的增长极，它们把沿线的经济资源整合起来，构成西太平洋沿岸的快速增长带。

位于中国内地南部的广西作为走廊的北端，随着北部湾区域经济合作的展开和逐步参与大湄公河次区域合作，广西在中国的对外开放格局特别是在与东盟的合作中作用日益凸显，广西将名副其实成为中国与东南亚的海路空交通枢纽。作为中国—东盟博览会长期举办地，南宁愈加成为中国与东盟交流合作不可替代的枢纽和平台。

2006年9月，中共广西壮族自治区委员会和自治区人民政府举行全区工业化和城镇化会议，确定了"十一五"广西工业化"一轴两廊"发展战略。广西工业化、城镇化"一轴"恰好在南宁—友谊关与中国东盟"一轴两翼"合作的"一轴"衔接，将中国内地与中南半岛连在一起。"一轴两翼"与"一轴两廊"对接，东面延伸到广州、香港，与发达的珠三角连在一起；往北，可以与中国的华中、华东、华北等地区连起来，扩大合作。

（五）当前重要的是多方面推进交流与合作

建立南新经济走廊，关键在行动，当前应着重着手推进如下几方面的事情：

1. 规划建设南新高速公路，尽快修建柬埔寨金边到越南胡志明市约300来公里的路段，连通泛亚铁路，同时，考虑接通泰国东北部廊开（隔湄公河与老挝万象相望）至越南中北部路段，然后再把目前一些米轨路段扩建为准轨。

2. 早日实现铁路、公路客货运输的直通业务，特别是让沿途7国的汽车能在各地自由通行，使一国的货物和乘客搭乘的本国交通工具能直接到达另一国家的目的地，方便跨国客货运输，减少周转，加快运输速度，降低成本。

3. 简化人员往来的通关手续，让沿途7国人员相互往来实行免签或落地签证制度，提高办事效率，缩短通关时间。

4. 规划沿途旅游线路，推动沿线旅游和民间往来，开通沿途跨国汽车自驾游。

5. 先利用横贯中南半岛的"东西走廊"。目前，这条交通走廊东段已经初步建成，南新经济走廊已可利用现成的南宁—河内—广治—老挝沙湾拿吉—泰国孔敬—曼谷—吉隆坡—新加坡公路为载体先运作起来。

三、注入新活力，深化GMS合作

"一轴两翼"中，作为中国—东盟陆上区域合作的大湄公河次区域合作（GMS）起步比较早，当前重要的是"进一步拓展和深化大湄公河次区域合作，努力为这一合作注入新的活力"。

（一）区域合作，初见成效

湄公河发源于中国青海唐古拉山，全长4880公里，流经中国、老挝、缅甸、泰国、柬埔寨、越南六国，总流域面积81万平方公里。大湄公河次区域包括河流沿岸的上述各方。

从1992年开始，大湄公河次区域各方建立多层面合作机制，六国先后两次召开首脑会议。以亚洲开发银行项目为主导，湄公河沿岸各方在交通、能源、电信、农业、环保、贸易、投资、人力资源和旅游等9个重点领域展开合作。

14年来大湄公河次区域合作取得初步的成效，建设横贯中南半岛越南、老挝、泰国、缅甸4国的东西走廊和昆明—河内—海防经济走廊；修建中国昆明经老挝西北至泰国曼谷的高等级公路，2007年将贯通；中、老、缅、泰四国签署《澜沧江—湄公河商船通航协定》规定，缔约任何一方的船舶均可按照该协定和缔约各方共同制定的有关规则在中国思茅港和老挝琅勃拉邦港之间886公里河段自由航行；作为次区域合作进展最快的领域和重要内容之一的旅游，加强包括开发客源市场、联合宣传促销、建设旅游网络、发展旅游电子商务、旅游技术合作、合作开发新的旅游产品和促进旅游便利化等方面的合作；大力推进公路运输直通业务和口岸通关便利化等。

2002年中国与东盟确定共建自由贸易区，各方均同意将大湄公河次区域合作列为中国—东盟自由贸易区合作的重要内容之一。大湄公河次区域合作环境更加有利，合作机制进一步完善。

（二）沟通"泛珠"，增加活力

由于湄公河流域是发展中地区，资金严重缺乏，自我积累、自我发展能力弱；基础设施落后，交通不便，严重制约了贸易、商业、教育和科技文化的发展；人口素质低，专业人才缺乏；贸易结构不合理，制成品出口比率较低；城镇数量少，城市规模小。加上各国体制、文化等的差异，沟通协商需要时间，大湄公河次区域合作虽然有一定进展，但合作成效还有待提高。

泰国方面有学者提出，沿湄公河北上交流合作难度很大，要争取东北方向的突破，与中国华南地区形成互动合作。"一轴两翼"合作格局的构建，沟通中南半岛与泛珠三角，增强合作动力，大大拓展了合作空间。

珠三角与湄公河区域在经济、资源上有很强的互补性，合作的潜力巨大。湄公河区域国家缺的是资金、技术、设备、人才、游客、质量好的工业和日用消费品，这些正是华南、华东地区的优势，同时，华南、华东还大量需要东南亚的各种商品，两地互利合作，可以实现发展共赢。

（三）广西参与，条件优越

2004年底，广西加入大湄公河次区域合作。虽然广西不属于湄公河流域，但由于地处中国西南、华南与中南半岛交汇处，与大湄公河区域在地缘、人文等方面关系密切，所以广西参与大湄公河次区域合作也有其不可替代的优势。

1. 与广西相连的位于大湄公河次区域东部的越南，地势比较低缓，经济社会发展在东盟参与大湄公河次区域合作的国家中处于中上发展水平，基础设施相对较好，交通方便，广西进入大湄公河次区域腹地比较方便。

2. 广西参与大湄公河次区域合作可以成为沟通大湄公河次区域与中国发达的华南地区的桥梁。大湄公河次区域与华南地区有很强的互补性，双方交流合作潜力很大。

3. 广西的气候环境与参与湄公河区域合作的国家比较接近，高温多雨，产业合作前景看好。

4. 广西与中南半岛人文关系非常密切，尤其是广西壮族等许多民族与湄公河区域多个国家的多个民族有着亲缘关系，他们的生活习俗相同或相近，语言相通，随着广西参与大湄公河次区域合作，民族群体相互之间的交往将大大增加。

5. 广西在中国—东盟自由贸易区中已争得一席之地，特别是中国—东盟博览会一年一度在南宁举行，这可以成为大湄公河次区域合作的重要舞台之一，打响这一品牌，有助于广西融入大湄公河次区域合作。

（四）发挥优势，积极参与

根据所处的地理环境和经济社会发展状况，广西参与大湄公河次区域合作重点有三个方面：根据自身的产业优势，搞好与中南半岛的分工合作；打造沟通泛珠三角与中南半岛的合作桥梁；结合建设南新经济走廊，开展与中南半岛的全方位合作。

考虑到广西的自然条件和经济技术优势，应重点在交通、农业、人力资源和旅游等领域开展合作。在合作项目选择上，交通方面，改造、升级和新建南宁—凭祥—河内—万象—曼谷铁路和高速公路；旅游方面主要是开通两条黄金旅游线路：（桂林）南宁—河内—金边—吴哥、（桂林）南宁—河内—万象—曼谷；农业方面可在广西建设农业实验与开发基地，在湄公河流域国家发展农产品的种植和加工；人力资源开发合作方面，充分利用广西现有的教学科研条件，开展与大湄公河次区域国家的教育文化交流，合作培训各类人才，利用广西民族学院作为国家东南亚语种人才培养基地等优势，建设大湄公河次区域人力资源开发合作中心。

四、北部湾合作，明天的希望

祖国南北镶嵌着两颗翡翠：北面的渤海湾和南面的北部湾。环渤海湾的京津冀、辽东半岛发展举世瞩目，特别是滨海新区正在起飞。北部湾是由中国广西、广东、海南三省区和越南北部环抱而成的一个半封闭海湾，海域面积约 12.8 万平方公里。独特的地理位置和千年一回的发展机遇正使北部湾放射出夺目的光彩。

（一）区位优势得天独厚

多年来，北部湾养在深闺一直未为人们所认识。随着冷战的结束，经济全球化和区域一体化的推进，东盟的发展和崛起，中国与东盟的交往日益增多，北部湾优越的地理位置才逐渐为世人所发现。北部湾位于东亚和中国—东盟自由贸易区的地理中心。中国—东盟自由贸易区的建立，东亚区域合作不断取得进展，使北部湾的地位大大提升。

从东亚地区看，北部湾有两大地理特点：一是处于东北亚和东南亚的结合部，是沟通两者的桥梁；二是背靠中国内地，面向东南亚，位于华南经济圈、西南经济圈与东盟经济圈的交汇处，具有成为中国—东南亚乃至整个东亚海陆空交通枢纽的潜力，是中国南向发展的前沿；三是成为中国西南地区乃至西部的出海口。

北部湾的开放发展，不仅仅是中国与越南之间的合作问题，也不仅是中国单方面的问题，更不仅是广西一个省区的问题，她的发展和崛起，将会促进中国沿海的均衡发展，促进中国与东盟的合作，促进整个东亚地区的合作，甚至成为西太平洋沿岸的一个重要增长极。

（二）开放发展大潮涌动

东亚区域一体化进程在加快，相关的区域合作相继被提出，北部湾地区正处在这些合作的焦点上。2002 年 11 月，中国与东盟签订《中国与东盟全面经济合作框架协议》，双方一致同意 2010 年建成中国—东盟自由贸易区。这是由发展中国家组成的人口最多的自由贸易区，面积约 1400 万平方公里，人口总数 18 亿，GDP 约 3 万亿美元。2004 年 5 月，越南总理潘文凯访华，与温家宝总理达成中越合作建设“两廊一圈”的共识，其中“一圈”就是建设北部湾经济圈。

2006 年 7 月，中共广西壮族自治区委员会书记刘奇葆在中央有关部委办与广西壮族自治区政府联合在南宁举办的环北部湾合作论坛上提出构建中国—东盟“一轴两翼”区域合作新格局，其中包括建立泛北部湾经济合作区，推进中国—东盟海上次区域合作的构想。泛北部湾经济合作区包括中国、越南、菲律宾、马来西亚、新加坡、印尼、文莱等国家，合作牵涉面广，吸引和辐射力强，令人瞩目。

由于泛北部湾经济合作区包括大部分东盟国家和中国多个沿海省区，经济互补性强，虽然直接层面的地区发展水平还不高，但周边有发达的珠三角、台湾地区、新加坡，辐射能力较强，而且 21 世纪是海洋经济的世纪，所以在“一轴两翼”格局中，泛北部湾经济合作区作为中国—东盟海上次区域合作，合作空间广阔、发展潜力巨大，是东亚乃至亚太地区层面的一个区域合作。

（三）广西沿海率先崛起

在北部湾区域合作中，广西是中国与东盟唯一水陆相交的省区，既拥有通往中南半岛便捷的陆上通道，又拥有通往东盟各国的诸多港口，通往东南亚大多数国家之间的陆路、水路、航空线路最短。1992 年中央提出“要充分发挥广西作为西南地区出海通道的作用”，广西投入大量资金，建设现代化的航空、铁路、公路、海运综合交通网络，作为中西部出海大通道的重要枢纽作用日益凸现。从 2004 年开始，一年一度在南宁举办的中国—东盟博览会是中国与东盟政治、经济、文化交流合作的重要平台。

北部湾区域合作中，各方参与程度有差异。广东的发展重点在珠三角，海南是一个海岛，越南发达地区在南方，合作最有动力的还是广西。广西“十一五”发展规划已将北部湾列为重点发展区域。北部湾地区发展了，才能带动整个广西发展；广西主动发展，积极推进，泛北部湾区域合作才会开展起来。

地处北部湾畔的广西 4 + 2：北海、钦州、防城港、南宁，加上紧邻珠三角的制造业基地的玉林市和通往中南半岛陆路主通道的崇左市，在北部湾区域合作的框架下，正依托大港口和大通道，加快发展临海工业、高新技术产业和商贸物流业，规划合作建设湛江—北海—钦州—防城港—越南沿海高速公路和铁路，开发北海—钦州—防城港—下龙湾—海防—顺化—岘港—三亚—海口—湛江环北部湾旅游线路，建立中越东兴—芒街边境经济合作区，等等。从广西一系列的大举措,人们看到了北部湾开放发展的明天。

(四)打造"引擎"快速起飞

改革开放使中国沿海地区迅速发展,珠三角、长三角、渤海湾已经或正在起飞。而由于历史的原因,北部湾地区到20世纪80年代末90年代初中越关系正常化后才打开大门,比中国内地晚了10多年。面对各地的激烈竞争,北部湾地区越来越面临被边缘化的挑战。

总体来说,北部湾沿岸还是欠发达地区,工业化水平比较低。2005年中国人均GDP达到1700美元,而北部湾沿岸有些地区尚不足1000美元。环顾北部湾沿岸城市,都是一些正在发展中的中小城市,尚无一个有足够经济实力带动整个北部湾区域发展的龙头城市。

北部湾区域合作发展潜力大,前景看好,但基础薄弱,人才缺乏,开放发展任重道远。作为一个主要是弱弱合作型的地区,要实现超常规的发展,就要有超常规发展的路子,要找到开放发展的突破口和切入点,需要有一个区域合作发展的"引擎"。珠三角有深圳,长三角有浦东、渤海湾有滨海新区,而北部湾如果也打造有一个类似苏州工业园区那样的"引擎"的话,那么它将会有力推动北部湾区域合作升级和加快发展,使北部湾在21世纪的第二个10年成为继80年代的珠三角、90年代的长三角和21世纪头10年的渤海湾起飞之后中国沿海又一个新的经济增长极。

诚然,在贯彻落实科学发展观的今天,经济社会发展与生态环境保护同等重要。希望在经济崛起的同时,北部湾仍然蓝天白云,碧波荡漾,海岸葱绿,还有珍稀的白海豚眷恋、逐浪。

(作者系广西社会科学院研究员、副院长兼广西民族大学外语学院院长　原载越南《中国研究》2007年第1期)

论中国在东南亚的软实力

陈显泗

中国在东南亚地区的软实力已成为东南亚国家谈论的话题。不久前,印度尼西亚总统苏西洛的顾问兼总统发言人迪诺·帕蒂·贾拉勒便就中国的软实力发表议论。他认为,中国已经有效利用经贸关系、教育奖学金、投资及文化上的联系,与东南亚国家建立积极的关系,展现自己的软实力。他说:"中国正在扩大其软实力,它做得非常非常成功。它去除政策中的意识形态色彩;它不再笨手笨脚地处理地区事务;它克制自己不对别国内政指手画脚;它展现出一种富有同情心、具有责任感、乐于助人、亲切待人的伙伴形象。"其他东南亚国家大多也有类似的看法,它们的看法也多是积极的、正面的。

中国在东南亚地区的软实力状况及发展前景,应引起人们特别是学术界的广泛关注和深入研究,本文拟就此作些尝试。

一、中国在东南亚地区软实力的提升

软实力,当美国学者约瑟夫·奈最早提出这个概念时,内容是相对狭隘的,不包括我们现时普遍提到的投资、援助和外交等等。在亚洲,软实力的概念被拓宽,中国和东南亚地区的邻国提出更为广义的软实力概念,包括文化、外交、加入多国组织、海外商业活动及经济实力的吸引作用、投资、援助等,甚至范围更广。因此,今天人们所说的"软实力"暗含除安全领域之外的一切因素。我们正是从更为广泛的意义上来探讨中国在东南亚地区的软实力的。

中国在东南亚地区软实力提升,主要是在1997年以后。1997年以前,由于种种原因东南亚国家对中国多抱有负面看法。1997年以后,东南亚国家对中国的看法发生重大转变,中国在东南亚的形象和影响力大大改观。众多因素促成这种改变,而1997年是一个分界线。这一年发生的金融危机考验着一切,也检验着一切。原有盟友并不那么可信,真正的朋友站了出来。在本地区具有巨大影响力的美国由于对金融危机反应迟缓和"9·11"事件发生后反恐问题上的短视,让东南亚国家深感失望。中国宁肯自己受损也要解邻国于危难的做法,赢得了东南亚国家普遍的尊重,误解和不信任开始消融,互信和合作开始形成,中国的公信力和影响力也就是软实力大大提升。

1997年是中国软实力在东南亚地区崛起的标志性的一年,时任东盟秘书长的鲁道夫·塞韦里诺的话代表了东盟各国普遍的看法,他说:"中国确实因此给人留下了好印象"。自此以后,客观条件造成的有利环境使东南亚地区成为中国展示软实力的舞台。

随着中国硬实力的不断增强,提升软实力也现实地提到了面前。中国把塑造、提升和展示软实力作为强国之策而自觉推行,于是制订中国自己的软实力战略,提出实施该战略的策略、方法、步骤和达到的目标。

在软实力战略中,有理论的支撑,也有实际的塑造、积累和展示,还有所要达到的目标。从理论层面讲,就是中国对外政策的准则:和平、互利和双赢。尤其是与邻国的关系,又更具体化为以邻为伴,与邻为善,以及睦邻、安邻、富邻……这是中国对外关系的基础和出发点,也是中国发展软实力的理论依据。在提升软实力的过程中,要尊重别国主权,善于听取和吸纳别国意见,真诚对待别国的选择,不能苛责对方,更不能动辄制裁,要与"强迫""干涉"划清界限。中国清醒认识到:只有当对方感到有利和有所得时才能接受你。中国以和平发展,建立和谐世界为国家大战略,并成为举国上下追求的目标。这一目标不是靠强权与征服来实现的,而是用提升自己的影响力来达到。在实践层面,明确软实力的广泛概念,包括除安全领域之外的所有因素,要放手去做,凡是有利于软实力提升的,就是要做的事情。为此,方法可以灵活,形式亦要多样,其内容既有指向精英阶层的"高端的"软实力,也有指向广大民众的"低端的"软实力。援助、外贸与投资、机制建设、自由贸易区建设、关税减让、非传统安全合作、教育、留学生交换、中华文化弘扬、对华侨华人的保护等都是提升软实力的渠道,也是展示中国软实力的舞台。与之相关的公共外交特别是内容广泛、形式多样的宣传也是软实力中不可或缺的重要组成部分,属于不断提升的范围。循此理念,照此思路,按此办法,不断努力,中国在东南亚地区的软实力步步提升,其魅力也渐渐展现出来。

二、中国在东南亚地区软实力的具体表现

中国在哪些方面展示出软实力并显现其魅力呢?

(一)施援手解邻国于危难,赢得普遍好评和尊敬。1997年,当那场开始于泰国的金融风暴席卷东南亚地区时,一些国家采取观望态度,作为邻国的中国当即站出来,伸出援手,与南部邻国共度难关。中国宁愿自己蒙受损失,也要支持和帮助友邻,坚持人民币不贬值,不仅如此,面对来势凶猛的金融危机，中国还通过国际货币基金组织向泰国提供10亿美元的贷款。这是1949年以来首次向外国提供如此巨额贷款。此时，应泰国政府要求，中国还适当增加对泰国商品的进口。这些举措有力地帮助泰国渡过难关。中国的助邻政策也惠及其他东南亚国家。在东盟国家中，印尼扮演着重要角色，长期以来是东盟国家公认的领头国。金融危机给印尼造成严重的破坏和损失，印尼经济下滑，银行破产，外资撤离，企业倒闭，工厂停业，失业人数猛增，经济增长率从1996年的7.8%下降至1998年的-13.6%，国内生产总值(GDP)由1996年最高峰的2250亿美元下滑至1998年的1150亿美元。在印尼陷入严重困境的情况下，美国等西方国家对印尼态度冷漠，使印尼倍感失望。长期援助印尼的日本，受东南亚金融危机的拖累，经济衰退，自身难保，大量减少对印尼的援助和投资。在危难时刻，中国伸出援手，向印尼提供巨额贷款和无偿援助，缓解印尼的困难。除泰国、印尼以外的东南亚国家菲律宾、马来西亚、新加坡、文莱等国受金融危机的影响有轻有重，但无论属于哪种情形，只要有所需，中国都毫不吝啬地提供帮助。中国的坦诚与无私让东南亚各国人民(从他们的领导人到民众)感动，更使他们对一个长期被他们误解的国家有了真正的了解，他们的领导人纷纷发表谈话，赞美有加。印尼梅加瓦蒂总统曾说过："拥有12亿人口的中国，当今已成为世人敬仰的强国，2亿人的印尼理应向中国看齐，学习中国的经验。"马来西亚的马哈蒂尔在担任总理期间以"亲中"闻名，因为他从长期实践中感受到中国的真诚与友谊。在冷战结束后他曾7次访问中国，在东南亚各国领导人中是不多见的。他多次说"马中是最好的朋友"。他还是第一个主动站出来反驳"中国威胁论"的国家领导人。泰国领导人为表达泰国人民的感激之情，在1999年9月江泽民主席访泰时给予隆重的接待，普密蓬国王和他信总理都发表热情洋溢的讲话，盛赞泰中友谊和中国政府在泰国处于危难时给予的援助，热切期盼泰中关系有更大的发展。其他东南亚国家称赞中国的言辞也常见于领导人讲话和媒体报道。

东南亚地区一度是反共前线，泰国、印尼、马来西亚、菲律宾都有过亲西方反华的历史，在一个不太长的时间内，各国对中国的态度纷纷发生改变，做了许多他们过去根本不想也不愿做的事情。这显然是中国扩大其影响力的结果，也是中国软实力提升的明证。中国无论在高端层面上对国家领导人的影响力，或是在低端层面上对民众的影响力，都大为提高，故而对中国看法才有根本性的改变。

(二)构筑自由贸易体制，推动双赢的中国—东盟自由贸易区建设，促成东盟各国由"中国威胁论"向"中国机遇论"的转变。"中国威胁论"的阴影长期笼罩着东南亚地区，举凡中国的任何一个举动都被视为"威胁"，但近几年来"中国威胁论"开始消退，"中国机遇论"开始抬头，这种转变不是中国用制裁、强迫等威胁手段来实现，而是中国倡导并积极推动中国—东盟自由贸易区建设并初显成效换来的。

中国—东盟自由贸易区源自于中国的倡导。1997年12月在中国与东盟领导人10+1第一次会议上，双方发表了《中华人民共和国与东盟国家首脑会议联合声明》，使东盟与中国的友好合作关系进入实质性阶段。2000年11月在第四次中国与东盟10+1会议上，中国朱镕基总理提出建立中国—东盟自由贸易区设想，并建议成立专家组对此进行可行性研究。此倡议得到东盟国家响应。1年后的2001年11月6日，在第五次中国与东盟10+1会议上，双方正式确定在10年内即2010年建成中国—东盟自由贸易区的目标。目标确定后，双方即开始筹备行动。多次进行谈判和磋商。2002年11月4日在金边举行的第六次中国与东盟10+1会议上，双方正式签署《中国—东盟全面经济合作框架协议》，中国—东盟自由贸易区建设迈出实质性的一步。《框架协议》规定自由贸易区的目标、范围、措施、起止时间、先期实现自由贸易的"早期收获方案"、经济技术合作领域的具体安排，总体确定自由贸易区的基本框架和方向。在这次会议上，双方还签署《农业合作谅解备忘录》。中国还提议建立双方信息产业部长定期会议制度，尽快签署中国与东盟信息产业中长期合作备忘录。这一切都是为互利双赢，为此，在《框架协议》中还特别规划"早期收获"方案，决定提前从2004年1月1日起对600多种产品实行关税削减，直至降为零关税；同时，中国还给予东盟非WTO成员国以多边最惠国待遇，越、柬、老、缅将从中受益。中国还在中泰间率先落实《框架协议》，同意从2003年10月1日起对蔬菜、水果等农产品实行零关税。2004年1月1日起，越、柬、老、缅向中国出口的一些产品也享受零关税。中国与东盟计划在10年内建成自由贸易区，目前，自贸区建设进展顺利。五大重点领域(农业，信息通信、人力资源开发、相互投资与湄公河流域开发)开局良好，推进有力，成效显著，前景良好，人们普遍充满信心。据初步推算，中国—东盟自由贸易区将是一个人口20亿，国内生产总值超过2万亿美元的市场潜力巨大的贸易区，其进出口总额也将达到1.3万亿美元。自贸区建成后，中国对东盟的出口将增加55%，东盟对中国的出口也将增加48%，受此影响，中国、东盟国内生产总值将分别增加0.3%和0.9%。

这种双赢的前景，逐渐改变东盟对中国的看法，中国的形象大为改观，"中国威胁论"在淡化，"中国机遇论"开始唱响。2003年2月在中国桂林举行的"中国—东盟高层论坛"上，与会的泰国、新加坡、印尼、马来西亚、越南、柬埔寨等国家的高官在发言中均表达对"中国机遇论"的正面看法。东盟首席谈判代表、泰国商业部高官卡尼松说：中国在经济发展中取得巨大成就，形成巨大市场，自贸区建成后，双边贸易额将翻1~2番。中国和东盟有统一的市场和贸易网络，有助于实现区域经济一体化，增强在全球的竞争力。从"早期收获计划"中获益的越、柬、老等东盟新成员国喜不自禁。越中贸易近10年来增加了90多倍，越南从中获益匪浅。各国都希望从中国的发展和同中国的合作中受益。此后，"中国机遇论"的声音不断增强，在一些国家成为主流民意。

(三)推动金融合作，防范金融风险，中国的努力为世人所承认。1997年金融风暴留下了深刻的教训，各国都认识到稳定金融市场，防范金融风险是当务之急，也认识到金融对经济的影响至关重要。金融被喻为社会经济发展的杠杆，起着牵一发而动全身的作用。在中国与东盟的经济合作中，金融成为先导，是合作中的重中之重，为中国政府所重视，因此成为合作中进展最快，也最令人瞩目的领域。中国对地区货币合作机制"清迈倡议"持赞同和支持态度。2000年4月10+3(东盟加中、日、韩)财长会议在泰国清迈召开，通过了著名的"清迈倡议"，主要内容是推动10+3国家间建立货币互换安排，以防范和减轻金融风险。中国积极响应这一倡议，并积极参与筹划亚洲债券市场,明确自己在货币互换安排中的分工与职责。中国与东盟在金融领域的合作主要是在短期资本流动、金融体系改革方面的相互适应、相互融合和相互援助等。通过合作,将形成一个金融体系健全、资本流动顺畅的东亚金融体系。筑起这道金融防护墙,东盟各国经济就能安全运行。中国在构筑这道防护墙中的作用为世人所承认,扩大了在东南亚地区的影响。

(四)积极参与援助,倡导亚太经济援助体制,展现负责任的大国形象。本着安邻、富邻的外交方针,在中国经济实力增强之后,也加大对东盟国家援助的力度,并促进对外援助向机制化方向发展。以2002~2003年为例,美国国防大学亨利·耶普的一项调查显示,2002年中国对印尼的援助是美国的两倍,2003年中国对菲律宾的援助大约是美国的4倍,对老挝的援助是美国的3倍。中国的援助不但数额越来越大,而且更讲究效率,与过去相比,有很大改进。过去,一些人提到中国援助就想到大而缺乏效率的项目。现在,情况大大改变。不但要讲对方所需,也要讲是否划算,援助要与具体政策目标和长远战略利益密切挂起钩来,有利于提升中国的软实力,无论是高端软实力,还是低端软实力,都必须通过援助来加强。比如在泰国,中国援助既用于邀请商界人士到中国访问、参观,进一步了解中国,也用于购买泰国过剩农产品,以援助因滞销而受影响的农民,这是高端与低端并进提升软实力的例子。将援助变为软实力,公共外交有着不可替代的作用。中国政府近年开始重视公共外交,不但增加公共外交预算,还制订周详的战略。对援助的广泛宣传,细致入微地落实每个援助项目是公共外交战略的重要组成部分。宣传的内容很广,除援助项目本身外,还包括中国企业及其产品、中国经济发展、对外贸易、外交和侨务政策、教育、人员交往等,一切能够有助于澄清误解、增进了解、转变认识的内容都在宣传之列,宣传而不强迫,讲道理见事实是宣传的基本原则。2005年是伟大航海家郑和下西洋600周年,中国举行隆重的纪念活动。中国在一些东南亚国家如新加坡,马来西亚马六甲举办郑和下西洋展览,一些学者出席相关学术研讨与论坛,此举意在宣传中国的和平理念,收到良好效果。形式多样灵活的宣传对于消除因中国经济崛起而产生的担忧起到很好的作用。

中国还积极倡导建立亚太经济援助体制。2004年11月,出席东亚领导人有关会议的中国代表团宣布实行"亚洲减债计划",承诺将减免一些亚洲国家的部分或全部到期债务,东南亚的柬埔寨、越南、老挝成为直接受益国。中国还推动其他相关国家实行减债计划,使其纳入经济援助体制,让更多国家受益。

(五)加强地区安全合作,推动非传统领域合作不断深化。中国与东盟不但在外贸、金融、援助等经济领域形成多项合作机制,在安全领域也有不少合作机制,而且运作不错。美国传统基金会高级研究员狄龙在《政策评论》中发表文章指出:"过去十年来,中国与东盟之间成功启动了27个不同级别的机制。"一个美国学者对此表现出关注,而他对美国的"漫不经心"忧心忡忡。美国与东盟的对话虽然早在1977年就正式确定下来,然而到目前只有7个美国与东盟组成的机构,而且很少碰头。中国与东盟的合作机制在安全领域较为完善,形成完整的安全体系。中国不仅积极参与这些机制,而且在机制形成过程中发挥重要作用。在2002年第六次东盟与中国领导人会议上,中国与东盟签署了《南海各方行为宣言》,以避免由南海争端引发的冲突,确保南海地区的和平与稳定。2003年10月,在第七次东盟与中国领导人会议期间,中国率先以非东盟成员国身份签署《东南亚友好合作条约》。该条约是东南亚地区各国维持和平稳定与发展的法律基础。中国是第一个加入该条约的非东盟国家,该条约也是中国首次为加入一个地区性国际组织而签署的条约。中国的加入,表明中国是一个负责任的地区大国,也提升了东盟在国际上的地位和影响力,这一行动将为亚太地区的和平与稳定作出积极的贡献。新加坡总理吴作栋评价说:"这显示中国与东盟之间的信任,那是双方做出的一项非常重要的声明"。2003年10月东盟国家和中国还签署《中华人民共和国与东南亚国家领导人联合宣言》,宣布中国与东盟建立面向和平繁荣的战略伙伴关系:以中国加入《东南亚友好合作条约》为起点,进一步加强互信;落实《南海各方行为宣言》,讨论并规划后续行动的具体方式、领域和项目;就中国加入《东南亚无核区条约》议定书保持磋商。《联合宣言》使中国与东盟的安全合作进入实质性阶段。

在非传统安全领域,中国与东盟的合作也在不断深入。2002年中国与东盟签署了《非传统安全领域合作联合宣言》,规定双方现阶段非传统安全领域合作的重点为打击贩毒、偷运非法移民、贩卖妇女儿童、海盗、恐怖主义、武器走私、洗钱、国际经济犯罪和网络犯罪等。2003年10月,第七次东盟与中国10+1领导人发表的《联合宣言》决定,双方将加快落实《非传统安全领域合作联合宣言》中规定的合作项目,还要积极拓展和深化相关合作,适时举行中国与东盟有关安全的对话,进一步加强在国际和地区事务中的合作,促进本地区的和平与稳定。

在这里特别要提到在公共卫生安全领域中国与东盟国家的合作。自2003年以来,SARS、禽流感在中国境内和一些东南亚国家蔓延,造成很大损失。此外,疯牛病、口蹄疫、二恶英等与食品安全相关的重大事件时有发生。2004年末,东南亚海啸造成的后果极为严重。由于受灾地域广,受灾人口众多,造成的灾难空前,各种疾病可能袭击受灾区。这些公共卫生问题不仅对人类生命构成严重威胁,也给受灾地区带来严重经济损失,对地区合作与发展的影响也不可忽视。由此可见,公共卫生问题已不是单纯意义上的卫生问题,它已上升为公共安全问题,其公共性已超越国界,成为全球性非传统安全问题。丹麦驻新加坡大使在其《全球化危机》一书中,把传染病列为未来几十年世界安全问题之一。但是,公共卫生安全未被列入2004年1月中国与东盟签署的《非传统安全领域合作谅解备忘录》,不在双方合作的范围。尽管如此,中国与东盟在这一方面的合作,非常广泛,并且成效显著,如抗"非典",抗"禽流感",双方反应迅速,措施得力,合作成功。在抗击自然灾害方面中国也是全力以赴,不管灾害发生在东南亚哪个国家,中国总是在第一时间作出反应,尽最大努力给予援助,减少灾害带来的损失,减轻灾区人民的痛苦,如对印尼海啸、地震的救援就是例证。

(六)以孔子儒家思想为代表的中国文化影响不断向东南亚地区推进。东南亚是中国的近邻,二者很早就开始交往。中国文化随中国人的南去而到达东南亚。中国文化南传的历史,呈波次向前推进,随国家的强弱而不断起伏。明初强大的明帝国派遣郑和七下西洋,中国文化南传东南亚,其影响力达到历史高峰。之后,中国封闭落后,至近代西方殖民者东侵,中国衰微,在东南亚西方文化把中国文化挤压到最狭小的空间。中华人民共和国成立后情况开始改变,中国文化影响重新抬头。新加坡是吸收儒家文化并运用于国家发展成功的典范。今日中国国势日增,以儒家思想为代表的中国文化影响力,在东南亚也大幅度提升。在东南亚各国,中国商品随处可见,中国投资日益增多,中国与东南亚各国的文化交流更趋频繁。汉语在东南亚地区成为热门语言,留学中国成为青年学子之所求,中国书刊电视大受欢迎。据此需要,中国向东南亚国家提供汉语教师,在柬埔寨等国家建立了让当地学生就读于由中国资助的汉语学校的制度,成绩优秀者可以获得奖学金,到中国继续学习。与美国收紧留学生签证不同,中国留学生签证政策相对宽松,鼓励东南亚各国学子到中国留学。根据乔治敦大学对东南亚的调查,印尼2004年获得中国留学签证的人数是获得赴美留学签证人数的两倍。此项政策扩大了中国高校的影响力。中央电视台扩大在东南亚地区的覆盖范围,使该地区更多的人从电视中直接了解中国。孔子学院的广泛建立更反映出中国文化的魅力和影响力。自2004年6月乌兹别克斯坦的塔什干第一家孔子学院成立以来,短短两年之内,已有75家孔子学院在世界各地建立。东南亚国家的主要大学都建立了孔子学院,而且还有进一步扩大的趋势。2006年7月初,来自38个国家和地区的近500名代表在北京人民大会堂召开世界首届孔子学院大会。这是迄今为止规模最大的一次有关对外汉语教学的会议。东南亚国家孔子学院也派代表参会,与来自世界各地的代表共商推广中国文化的大计。今天的孔子学院犹如法兰西联谊会、德国的歌德学院和英国文化学院在世界享有盛誉,以儒家思想为代表的中国文化在世界也在东南亚发挥着越来越大的影响。

此外,中国与东盟澜沧江—湄公河次区域经济合作10多年来已取得突破性的进展,并正在步步推进;在中国和东盟各国的共同努力下,在广西南宁举办的中国—东盟博览会已成功举办了两届。这些都是中国软实力提升的标志。

三、结语

说到软实力,最早提出这一概念的约瑟夫·奈最近在接受中国记者采访时,有一个最简明的概括:“所谓软实力,指的是国家、团体或个人通过自身的吸引力而非威慑来达到自己的目的”。对于中国软实力的现状,他评价说:“近年来,中国对世界其他国家的吸引力逐步增强。巨大的经济成就,再加上中国文化特别是传统文化,都使这种吸引力越来越大。中国实行一系列对其他国家而言具有吸引力的政策,对东南亚国家尤为如此。中国在世界各地建立孔子学院,越来越多的外国人学习中国语言和文化,这也是软实力的一种具体体现”。他的结论是,“中国的软实力近年来提升很快。而我认为采取提升软实力的政策对中国而言是明智之举。”他还举出一些地方的民意测验来验证他的判断。

笔者根据约瑟夫·奈对软实力概念的阐释以及此概念在亚洲被拓宽后的理解,分析了中国软实力在东南亚地区存在和提升的现实及在诸多领域的表现。约瑟夫·奈关于中国软实力的最新谈话可以作为对此问题的总结。

(作者系南京大学经济全球化与国际关系研究中心教授　原载《东南亚研究》2006年第6期)

中国对东盟国家投资分析

吴崇伯

进入新世纪,尤其是2003年以后,中国加快实施“走出去”战略的步伐,鼓励并积极支持具有比较优势的中国企业到境外开展各种形式的互利经济合作。由于东南亚与中国地理位置相邻,文化背景相似,因此中国政府尤其鼓励企业前往东南亚投资发展,积极推动企业以东南亚为优先的“走出去”战略,东盟国家逐步成为中国企业投资的重点地区。近几年,中国对东南亚的投资年平均增长速度达到60%以上,这一发展趋势必将为东南亚国家带来新的发展契机。

一、中国对东盟投资现状

中国对东盟各国的投资尽管其绝对金额较小,但潜力巨大,增长速度快。1999年中国政府批准在东盟国家的投资额为7200万美元,到2000年,新批准的投资价值上升到1.08亿,增长50%以上。2002年,中国企业在东盟的投资项目为52个,中方投资额达6633万美元。2003年中国对东盟新增投资项目为65个,同比增长25%,新增投资额为2.25亿美元,同比增长238.86%。2004年中国对东盟的投资出现新的进展。据商务部统计,2004年对东盟新增投资项目为90个,同比增长38.46%,新增投资额为2.24亿美元,基本与上年持平,占中国对外直接投资总额的比重达到6.02%。据不完全统计,截至2004年底,中国企业在东盟10国的投资项目达947个,中方投资11.65亿美元,占同期中国对外投资总额的7.70%。

在东盟10国中,中国对泰国、柬埔寨和印度尼西亚的投资规模较大,截至2004年底,中国对上述三国的投资额分别为2.92亿美元、2.6亿美元和1.95亿美元,合计占中国对东盟投资额60%以上。此外,对新加坡、老挝和越南的投资额也较多,都超出1亿美元。

根据商务部统计,截至2004年底,中国在马来西亚累计投资设立非金融类中资企业115家,中方协议投资总额4595万美元;在菲律宾累计投资设立非金融类企业43家,中方协议投资总额1695万美元;截至2004年8月31日,中国对缅甸投资项目19个,协议投资金额9302.1万美元,占外国对缅甸投资总额的1.22%,主要投资领域是油气、矿业和制造业。上述三国都已进入中国在海外投资最多的20个国家和地区之列。

中国企业在东南亚的投资效益较好,包括TCL、华旗资讯、厦新手机、华为技术、中兴通信等在内的一批知名企业已经在东盟国家抢得先机,取得较好业绩。TCL集团6年前在越南设厂生产彩电,目前在越南的市场占有率超过16%,在菲律宾市场达到7%。摩托车、空调、冰箱、洗衣机、手机等产品也大举开拓东盟市场,在越南、菲律宾、印度尼西亚和新加坡等东盟各国的市场份额逐步提高。其中力帆摩托的品牌效应在越南家喻户晓,而海尔家电和长虹空调则在印尼享有盛名。此外,华为已经成功将产品打入马来西亚、泰国和越南等国市场,其中在泰国最为成功,华为3年前才在泰国成立公司,现已成为泰国电信市场主流设备供应商之一,交换接入、移动、传输等产品均已在泰国实现规模应用,销售额累计超过1.5亿美元。上述成功案例对中国企业拓展东盟的业务产生一定示范效应。

中国对东盟投资在东盟吸引外资中的比重相对更低。据东盟方面的最新统计，1995～2003年期间，中国对东盟的FDI只占其全部吸引外资金额的0.29%，加上香港这一比重也仅为3.55%，与欧盟（28.83%）、美国（16.47%）、日本（12.90%）相距甚远。目前，中国与东盟已经正式签订CAFTA框架下的货物贸易协议，2005年正式启动降税过程，服务贸易与投资协定的谈判也会提上日程，双方在贸易、投资等各个领域的合作将进一步加强，中国对东盟投资相对较少，正说明具有很大的增长空间与发展潜力。

二、中国对东南亚投资类型与投资方式分析

1.资源寻求型。资源开发重点以印度尼西亚、马来西亚等国的石油、天然气为主；矿产资源合作重点放在印尼的煤矿、越南的锡矿；林业合作重点在中国与木材主要进口国马来西亚、缅甸、菲律宾、印尼等国之间进行；渔业资源开发是中国与东南亚国家经济合作的另一个重点领域。近几年，中国企业纷纷到东盟国家寻求资源合作机会，如2005年4月，上海宝钢集团、金川集团和国家开发银行组成投资团体，与菲律宾太平洋镍矿公司签署协议，共同投资开发菲律宾的一个镍精炼厂；2005年8月底在北京印尼展览会期间，中国公司与印尼签署10项贸易投资协议备忘录，包括中国海洋石油公司参与兴建东加—中爪天然气管道工程协议。中国企业还参与其他矿藏资源的开发，如辽宁金地建设股份有限公司和云南昆明电化厂各自在缅甸投资金、铜矿勘探和开采及化工厂计划。中国住宅与土地开发上海有限公司投资100万美元，在老挝境内进行铜矿勘探，如发现铜矿，将由该公司连续开采30年。中国有关企业投资缅甸和老挝的水电业，等等。

2.加工贸易型。以兴办投资少、见效快的境外加工贸易项目为主，转移过剩的生产能力；以首都钢铁公司、青岛海尔等大型国有工业企业为代表。如首钢在新加坡设立东南亚地区总部一首钢新加坡控股有限公司，以进一步开拓东南亚市场。该公司致力于在新加坡开展业务，并以新加坡为基地拓展马来西亚、印尼等东南亚其他国家的市场。青岛海尔从1995年开始着手在境外投资设厂，它一开始便把目光瞄准东南亚，先后在印尼、菲律宾和马来西亚建厂，海尔电器产品已经成功占领马来西亚17%的家用电器市场。创维集团也选择市场环境比较熟悉、人力资源相对低廉的马来西亚建立一条以生产中档电视机为主的生产线，面向印尼、泰国、马来西亚等东南亚市场。此外，成都恩威公司在泰国曼谷开设了分厂。

3.市场开拓型。根据产品特点建立国外营销网络，以优质服务促进发展。如无锡小天鹅股份有限公司在印尼、马来西亚成功地建立了两家合资企业，生产销售小天鹅洗衣机，逐步在东南亚建立了稳固的国际销售网络。福建省正加快在印尼、缅甸、越南等国的境外加工贸易小区建设，这种工业小区的建设有利于突出重点，明确定位，形成具有一定规模的集聚效应，将带动福建相关设备、技术和劳务的出口。

4.承包劳务型。东盟作为一个整体是中国最大的海外承包劳务市场，其中新加坡已经连续几年成为中国最大的海外劳务市场和第二大承包工程市场。截至2005年8月底，中国企业在东盟国家签订的承包工程、劳务合作和设计咨询合同总金额达322.2亿美元，完成营业额217.3亿美元。中国在东南亚的承包工程和劳务合作业务都得到迅速发展，并建设一批质量好、规模大、技术含量高的项目，如印尼苏门答腊巨港电站、越南河内体育馆、柬埔寨基里隆水电站、马来西亚槟城水坝、巴贡水电站、古晋燃煤电站、棕油种植园等，这些项目对当地社会经济发展起着重要作用，中国企业工程承包实力为对方所认可。

5.服务贸易型。中国工商银行新加坡分行2003年5月获得新加坡金融管理局的批准升格为批发银行。中国工商银行新加坡分行是工商银行在海外设立的第一家分行，近年来工商银行新加坡分行资产规模迅速扩大，资产质量大为改善，盈利能力不断增强。1996年6月中国人民保险公司在雅加达开业。2003年4月在关闭35年之后中国银行在雅加达重新开业。中国银行还在其他东南亚各国的首都建立了分行。

三、进入模式的选择

中国在东盟的投资，其进入模式从最初的绿地投资发展到包括技术投资、跨国并购、BOT等多种形式。

1.绿地投资型。这种投资是指投入资金设立独资或合资子公司，在家电、电子、摩托车领域特别明显。如山东双力集团有限公司2002年设立的越南汶宜责任有限公司，澳柯玛集团设立的越南泛亚电器有限公司；TCL集团投资1亿多美元在越南建起的年产50万台的彩电生产线、30万台数码照相机和电工产品生产线；重庆力帆摩托在越南的摩托车加工厂；青岛海尔在东南亚冰箱生产加工项目；无锡光明集团在柬埔寨设立的金卡门制衣有限公司，等等。这些企业集团有规模技术、产品和人才等方面的优势，为增强其在市场经济中的竞争力，走出国门到东南亚投资，一是利用相对成熟的技术扩大技术和产品的出口，二是利用东南亚的资源。

2.跨国并购。这是国际通用、同时也是中国近年发展较为迅速的对外投资方式。如中国海洋石油有限公司购并西班牙瑞普索公司在印尼五大油田的部分权益、中国石油天然气股份有限公司出资两亿多美元收购印尼油气田资产。除石油行业外，近几年中国各大电信运营商也开始把目光投向东南亚，希望寻找更多的商机。中国最大的固定电话公司——中国电信正在与印尼的拉贾瓦利集团谈判，拟收购该国第三大移动电话公司Excelcomindo，展示中国电信业走向东南亚拓展国际业务的决心和兴趣。中国第二大移动电话公司——中国联通近期也表示，希望拥有某个海外网络的部分股权，并把印尼和印度列为考虑对象。

3.国家战略主导模式。国家战略主导投资模式是指中国一些大型企业开展海外投资主要是政府的推动，这类投资需要巨额资金投入，投资回收期限长，投资风险大，需要政府来推动和承担主要风险。以国家模式出现的主要是中国对越南、柬埔寨和缅甸等国大规模援建的基础设施投资项目，既包括泛亚铁路，也包括大规模的水电站等。

4.技术投资、BOT等形式。中国化学工程总公司等为代表的一些行业内龙头企业公司在东南亚具备了承揽EPC、BOT项目的能力，企业核心竞争力明显提高。由中国化学工程总公司和中国成达工程公司以BOOT方式兴建，总投资1亿美元的印尼巨港电站于2004年8月并网发电成功，这是中国企业首次以BOOT方式承建的境外电力工程项目，两国合作的北苏门答腊省电站、马都拉大桥等也已进入实施阶段。2005年4月底，中国水利水电建设集团公司中标柬埔寨甘再水电站，又为中国增添了一个可圈可点的BOT项目。此外，

2003年5月，中国寰球工程公司与越南化学总公司签订海防磷酸二铵项目工程建设管理承包（PMC）合同，这是中国公司在同外国公司竞争中所签订的第一个完整的PMC项目。2002年底，由中国电力技术进出口总公司以BOT方式承揽的柬埔寨基里隆一级水电站修复工程项目竣工；同年印尼东加里曼丹化肥公司3号尿酸仓库BLT项目竣工，都表明中国企业的项目经营方式逐步向项目管理承包、BOT等高层次方式发展，项目技术含量不断提高。

四、中国企业走向东南亚大有可为

资料显示，到2004年底，东盟对中国投资累计协议投资总额698.97亿美元，实际利用348.38亿美元，而同期中国对东盟投资还不到12亿美元，仅为对方的3%。对此，马来西亚原产部部长林敬益呼吁："中国应在投资方面和东盟形成平衡，在中国东盟自由贸易区建设日益推进的情况下，中国在马来西亚的企业，应该更多地以投资者而不是承包商的面目出现"。表示，菲律宾对中国投资额已达20～30亿美元，而中国对菲律宾投资还不到1亿美元，菲律宾需要中国企业加强投资。2005年初以来，东盟国家与中国举办了各种形式的投资促进活动，以吸引中国企业赴东盟国家投资。如2月在汕头举行中泰经贸合作发展论坛，3月在广州召开中国—马来西亚商务洽谈会，以及10月的中国—东盟贸易博览会，等等，东盟各国政府官员均表示将致力于吸引中国投资。

随着东盟国家国内经济形势的好转，各国都采取各种措施，加大引资力度，放宽外资准入，加强投资促进工作，投资环境正在趋向优化，中国企业到东南亚国家投资将面临新的契机。就近期而言，中国企业赴东盟投资在资源开发、家用电器、轻工纺织、农业、工程承包以及某些高新技术等领域都具有较明显的优势，可采取以下对策：

1. 加强与东盟国家在石油天然气、金属矿产、森林和渔业等领域的开发合作，确保中国的能源安全。中国是人均资源占有量少的国家，通过投资方式在东南亚建立一批重要能源和矿产品生产和供应基地，以换取长期稳定的供应，已逐渐成为中国政界和工商界的共识。为此，中国除了要实行石油进口多样化战略外，还要实施石油生产的多样化战略，中国的石油生产企业应"走出去"，积极参与东南亚石油资源勘探开发的合作竞争，在东南亚石油开发领域占据重要一席。要加强与印尼、马来西亚、文莱等东南亚产油国的联系，交流信息、技术，建立区域次区域石油合作机制，以确保中国的石油安全。而东南亚的缺油国，主要是印支3国、缅甸和泰国水力资源非常丰富，这些国家都在推行能源多样化战略，以其他能源来取代石油，中国在发展小水电方面有丰富的经验和技术，因此可增加对东盟地区小型水电的投资，帮助这些国家大力发展小水电。

2. 充分发挥中国家电、机械、纺织、轻工、电子通讯等行业的比较优势，支持和推动有条件的企业到东南亚投资办厂，开展境外加工装配，特别是要加大对东盟4个新成员国的投资力度。长期以来，中国与东盟的经贸合作主要集中在东盟5个创始国，而对印支3国和缅甸的经贸往来较少。而印支3国和缅甸自然资源丰富，经济发展潜力大，蕴藏着较大商机。因此中国有关部门应该重视对这些新兴市场的调研，及时了解这些市场的需求规模和结构，加大对4国的投资力度，重点放在轻工、纺织服装、家用电器、机械、电子等加工行业，力求在4个新兴市场的投资有新的突破。

3. 积极与东盟国家开展多种形式的农业合作。中国农机行业先行的一批企业投资东南亚的实证经验表明，中国有比较适合东南亚的产品、技术和管理经验，而东南亚有丰富的资源和广阔的市场，双方互补性很强。因此，中国应积极与东盟国家开展多种形式的农业合作，紧紧围绕农业经济活动，增加对东盟国家的农业投资，派遣农业专家和技术工人带动中国优良农畜产品、农业机械和农业技术出口。印尼、菲律宾两国90年代以后重新变为粮食进口国，中国在杂交水稻方面取得的巨大成功使两国都希望中方给予资金和技术帮助。中国杂交水稻在印尼、菲律宾已试种成功，并在大面积推广，得到了两国政府的高度评价。马来西亚地处热带，农产、水产资源丰富，但种植、养殖技术相对落后，中国企业可利用本身先进的水产养殖和水稻种植技术在马承包种植或养殖园；马是世界最大的棕榈油生产、出口国，中国有实力的企业还可与马方合作从事棕榈油的种植、生产、加工、进口，弥补中国食用油的不足。泰国是世界最大橡胶生产和出口国，橡胶作为一种重要的战略资源，近年价格不断上涨。在泰投资进行橡胶的种植和开发，也是不错的投资项目。

4. 大力拓展对东盟各国的承包工程与劳务合作市场，积极推动对东盟工程承包与劳务合作上规模，上档次，上效益。目前中国对外工程承包企业具有一定实力，2003年有47家企业跻身于国际工程承包商225强行列。中国要以中国—东盟自由贸易区建设为契机，大力发展与东盟的工程承包与劳务合作，努力提高在东盟市场的占有率。随着东南亚地区经济形势的好转，东南亚各国纷纷加大了对基础设施、基础能源的投入。基础能源与基础设施方面的工程，特别是电力项目，交通运输项目等在今后几年中将会保持明显的增长势头；东南亚海啸受灾国恢复重建也为中国建筑工程企业带来新的商机。中国应鼓励有条件的企业在东南亚承揽电站、通讯工程等技术含量高的大型工程项目，带动中国大型成套设备和技术出口。

5. 应发挥中国在航天、超导、生物工程及信息技术、软件开发等高新科技领域中的优势，引导企业到东南亚投资。东南亚各国在上述领域的科技水平相对落后，存在较好合作和发展前景。中国华为、中兴公司在泰投资，凭借技术和价格优势，取得较好的效果，已成功进入泰国电讯市场。

（作者系厦门大学东南亚研究中心教授　原载《南洋问题研究》2006年第1期）

中国—东盟能源合作：以油气为例

张明亮

随着中国与东盟之间合作步伐的不断加速，双边合作的领域和深度也在不断加深和拓宽，其中能源合作是重要的一个方面。本文以石油和天然气为例，论述中国与东盟国家之间在石油和天然气领域的贸易、合作勘探和开发，以及油路安全等，分析合作的成就、局限及原因。

一、油气贸易

东盟是中国的主要贸易伙伴之一。如2005年4月中国国家主席胡锦涛在菲律宾国会演讲时所说："近年来，中国和东盟的年贸易额一直保持着近30%的增长速度，2004年双方贸易额达到1059亿美元"；2005年1到9月，中国与东盟的贸易额已达945亿美元，接近2004年总量；二者间的贸易占中国对外贸易额的9.2%,位列欧盟、美国、日本、中国香港之后,居第五位。二者间的贸易物品中,石油和天然气是主要之一,其中包括中国从东盟一些国家进口原油和天然气,同时,中国向一些东盟国家出口成品油。

东南亚是世界上能源丰富的地区之一。其中印尼、越南、马来西亚、文莱等国家盛产石油,成为新兴的产油国,并大量向外出口,中国是其主要出口对象之一。

印尼拥有丰富的能源资源,已探明及潜在的天然气储量为160万亿立方英尺,位居亚洲第二,探明及潜在的石油储量为96亿桶;石油、天然气资源分别可供开采20年和58年。印尼是东南亚唯一的欧佩克成员。丰富的能源储量决定了印尼的国际油气市场上的地位,也为印尼—中国间的能源合作奠定基础。随着双边关系的发展,中国与印尼的贸易不断增长,能源是较大的一个部分。2000年双边贸易额达75亿美元,其中24%为能源贸易,中国当年进口原油相当大部分来自印尼。2004年双边贸易额达134.8亿美元,中国是印尼的第五大贸易伙伴,贸易的主要物品是:中国出口成品油,进口原油。2005年,中国仍是印尼原油的主要出口地之一,位列日本、韩国之后。

马来西亚是继印尼之后的世界第二大天然气出口国。据马来西亚财政部2005年10月预测,马原油探明储量为48.8亿桶。按一天生产74.3万桶计算,马来西亚的原油开采可维持18年。天然气探明储量为85兆立方尺,按日产63亿立方尺计算,可开采37年。马来西亚年出口原油维持在1500~1600万吨。日本、印度和泰国是马来西亚原油的主要需求国,中国近年来也开始自马进口原油。2003年,中国自马来西亚进口石油及相关产品79194万美元、天然气16050万美元,向马来西亚出口石油产品4347万美元和天然气67万美元。马来西亚是中国在东盟国家中最大的贸易伙伴,但油气所占份额并不大,尤其是与日本相比。

越南能源丰富,近些年来,越南石油产量激增,成为出口创汇的重要行业。越南只有一家日产800万桶油的炼油厂,远不能满足国内需求,因此每年要从国外进口大量的石油产品。2005年前10个月为进口精炼石油花费41.8亿美元。这是中国开拓越南成品油市场的有利条件。

2003年,中越贸易量最大的就是石油。中国对越南出口成品油274万吨,价值7.06亿美元,比上年增长81.4%,为多年对越出口商品金额最多的;从越南进口原油351万吨,价值8.17亿美元,增加17.2%。2004年上半年,中国对越南出口成品油94万吨,价值2.89亿美元,下降21.9%;从越南进口原油315万吨,价值8.41亿美元,增长118.9%。2004年,中国与越南间的贸易额达67亿美元(越方数据是72亿美元)。中国已成为越南最大的贸易伙伴。作为中越贸易的主要物品的石油份额也在不断成长。2005年,在国际石油市场不断变化的情况下,中国仍确保向越南等供应成品油。

文莱每天出产原油20万桶,其中出口石油量达到19万桶左右,是东南亚地区第四大产油国,仅次于印度尼西亚、越南和马来西亚;文莱还是亚洲第三大液化天然气生产国,是世界第四大天然气出口国。

自20世纪80年代起,中国就从文莱进口石油。2000年达到28万吨,金额达6135万美元;2001年进口额1.48亿美元;2002年2.42亿美元;2003年达到3.12亿美元。2003年中国驻文莱使馆发布的消息说,中国已与文莱签订长期采购合同,加上现货采购,采购总量已达文莱日产量的13%。

泰国能源缺乏,严重依赖石油进口,每年进口石油76.3亿美元,进口石油开支占进口总值的12%。尽管如此,中国仍从泰国进口原油。2003年,中国自泰国进口石油及其相关产品5.81亿美元、出口6545万美元;进口天然气等1.33亿美元。

东盟其他几个国家均为石油缺乏的国家,如菲律宾、柬埔寨、老挝等。柬埔寨自2004年底发现第一口海上油田之前,从未生产过石油,完全依赖进口。缅甸尽管能源储藏丰富,但开采有限,目前仍需要大量进口成品油;2003年,中国向缅甸出口了4487万美元的石油及相关产品和27万美元的天然气,但没有从缅进口相关产品。菲律宾也是石油短缺的国家,严重依赖进口。像这样的国家与中国之间在石油和天然气方面的互补性几乎没有,所以在理论上油气贸易的可能性就很小。新加坡也是能源短缺国家,但其炼油能力较强,因此中国在进口成品油方面有较大合作空间。

总的来看,中国与东盟国家间的油气贸易量不断上升,随着东南亚诸国油气产量的上升及中国东盟关系的不断推进和改善,油气贸易量还会上升。与日本相比,中国进口东南亚的油气分量还不为大;在东南亚几个主要的油气出口国中,日本而非中国是最大的买方。由此造成的局面是:作为能源消费大国的中国并非邻近的东南亚油气市场的最大客户。

二、合作勘探与开发

除油气贸易外,合作勘探和开发是中国与东盟间能源合作的重要方面。油气勘探和开发包括两个方面:一方面是在东盟国家或中国蕴藏石油丰富的地区合作勘探和开采油气;另一方面是中国与东盟国家合作在第三地勘探和开发石油和天然气。

印尼能源丰富,也是中国在海外合作勘探、开采较为成功的国家。中国公司自90年代开始介入印尼的油气生产领域,中国海洋石油有限公司、中国石油、中国石化股份有限公司在印尼都有勘探区域和活动。

2002年初,中国海洋石油有限公司收购西班牙瑞普索公司在印尼的五大油田的部分权益,并获得每年4000万桶的份额原油。这是中国公司并购国外资产数额最大的项目之一。中海油也成为印尼最大的海上石油生产商。同年,中石油与印尼戴文能源集团达成协议,收购其在印尼的油气资源股份。2002年9月在印尼巴厘岛召开的第一次中国—印尼能源论坛推动了双边能源合作。2003年2月,中海油收购印尼东固液化天然气项目的储量的股权,计划2007年起每年向中国福建提供260万吨液化气。

中国是缅甸的友好邻邦,两国在合作勘探能源方面不断发展。2005年1月,由中国海洋石油总公司缅甸有限公司、新加坡的公司以及中国寰球工程公司三家组成的联合体,同缅甸能源部下属的缅甸石油与天然气公司签署开发缅甸3个区块油气的产品分成合同。同年8月,中石化集团麾下的云南滇黔桂石油勘探局与缅甸国家石油与天然气公司启动首个在缅甸合作进行勘探的石油天然气项目。2005年11月,中海油田服务公司与缅甸大宇国际公司签订在缅甸海岸的钻探服务协议。这是参与缅甸海底石油开发的一个突破性进展,中国石油商由此获得一个深入到印度洋深水区钻探石油的机会。

中国与泰国的传统友好关系有助于双边的能源合作不断取得新的发展。2005年9月，中国海洋石油总公司与泰国国家石油公司（PTT）和泰国石油勘探开发有限公司（PT—TEP）签署合作备忘录，协议在泰国境内及海外的部分地区共同寻求合作勘探、开发、生产油气田的机会，并在泰国境内对将到合同期的老区块共同寻求新的机会。

中国与越南合作勘探、开发油气也不断有进展。越南的油气勘探和开采市场早先仅向俄国开放。革新开放之后，日本、韩国、美国、欧洲等公司也大量介入，美国是越南第四大投资来源方，主要投资领域是油气勘探和开发，但较少有中国公司，尤其是在海上油气勘探和开发方面。原因在于，越南的海上油气田多涉及与中国有争议的海域。不过，2005年底签署的合作勘探北部湾的协议可视为突破。

中国与文莱间的石油贸易继续进行的同时，积极探讨合作勘探开发油气资源。此外，合作还包括东盟国家在中国的油气开发。马来西亚国家石油公司与美国Chevron海外石油公司合资开发中国辽东湾的两个区块。

总的来看，中国与东南亚国家的合作勘探和开发还处于起步阶段，这是造成二者间油气贸易量少于日本的原因之一。

三、中、菲、越合作勘探南中国海

南中国海海域蕴藏着丰富的石油和天然气资源，这是上个世纪70年代就已确认的。但究竟有多少储量呢？至今仍是个谜。而围绕南沙群岛的主权争端，以及由于这一争端所引发的多次危机妨碍了这一谜底解开的时间。不过，经过各方的努力和合作，进入新世纪后，随着联合勘探工作的展开，相信这一谜底揭晓的时间也不会久远。

各方历经多年协商于2002年11月签署的《南海各方行为宣言》，为持续十几年的南中国海危机暂时划了句号，同时也开启了合作的大门。正是在这一宣言背景下，中国与东盟国家合作勘探南中国海油气资源工作展开。合作首先在中国与菲律宾之间开始，随后越南也加入进来。

2003年11月，中国海洋石油总公司与菲律宾国家石油勘探公司签署合作意向，为共同勘探开发南海的油气资源奠定初步基础。双方同意组成联合工作委员会，对位于南中国海适于油气勘探开发的可能区域进行甄选。同时，双方同意共同拟订方案，对选定区域的相关地质、物探和其他技术数据资料和信息进行审查、评估和评价，以便最终确定该区域的含油气前景。

2004年9月，中国海洋石油总公司与菲律宾国家石油勘探公司签署《在南中海特定区域进行联合海洋地震研究的协议》，商定在南中国海的共同协定区开展联合调查。协议虽然未涉及石油勘探事宜，但对第三国的国家石油公司参加提供便利。2005年中、菲、越三方签署的协议可以看作是第三方参加的实践。

2005年3月，菲律宾国家石油勘探公司、中国海洋石油公司和越南油气公司签署《在南海特定海域进行联合海洋地震研究协议》。根据协议，三方将在三年协议期内，收集南海协议区内定量二维和三维地震数据，并对区内现有的二维地震线进行处理。根据分工，中方负责数据采集，而数据处理和分析解释分别由越方和菲方负责。2005年11月，中方提前完成南中国海协议区二维地震数据采集任务，数据交由越、菲负责处理。

当然，目前南中国海合作还处于起步阶段，仅限于勘探。不过，起步毕竟意味着希望，勘探是开发的前奏，对于未来的联合开发奠定前期技术基础，重要的是走出合作的模式，有利于扩大互信，对促进各方关系的发展也有积极意义。

合作的有利条件是各方领导人的高度重视。近些年来，在中国与菲律宾、越南、马来西亚等相关国家的领导人交往中，都多次表达维护南中国海和平与稳定，展开合作开发的愿望。2005年中国国家主席胡锦涛在联合国大会期间会见菲律宾总统阿罗约，阿罗约当时“积极评价菲中越三国启动南海共同开发”。不过，合作刚刚起步，也不可盲目乐观，各种妨碍因素都还存在。就像2004年9月中国与菲律宾签署合作协议后，菲国内舆论所表现出来的舆论倾向一样。

上述均为争议海域的合作。但正如前文所说，尽管处于起步阶段，但毕竟迈出步伐。此外，争议海域的油气开发或合作还需新思路。考虑到周边国家在争议海域的油气开发较少或基本不对中国开放的事实，换种角度考量和运作也不失为良策。在油气市场上购买这些国家开采的油气，节省开采成本，获得收益，还避免因争执争议海域的权益问题而影响双边关系。

四、共护油路安全

东南亚海域、尤其是不安全的马六甲海峡是中国进口油气的重要海上通道。马六甲海峡为海盗活动频繁地区，因此，维护石油通道安全也应该成为中国与东盟能源合作的重要方面。越来越多的人在倡导石油运输路线多元化，在东南亚两种避开马六甲的油路选择分别是泰国南部克拉地峡和缅甸。

目前，在中国原油进口中，75%来自中东和非洲——沙特已成为中国第一大原油来源地。从石油运输结构上分析，目前石油海上运输线路主要是“太平洋航线”，中国进口石油80%途径马六甲海峡运输。要确保石油运输安全，就必须寻找一条比马六甲海峡更便捷、更便宜、更安全的石油运输线路。

对中国而言，马六甲海峡的重要性是不言而喻的。这是重要的海上通道，中国进口石油的4/5通过马六甲海峡运送。不过，马六甲海峡和南沙群岛附近的南中国海海域是中国进口原油的重要海上通道，这里同时又是海盗活动的重灾区。如何共同打击海盗、维护这里的海上安全是中国与东盟间在确保供油安全，也是广义能源合作的一个方面。就马六甲海峡而言，中国需要积极介入海峡打击海盗的国际行动。有建议中国采取如下措施以确保油路安全：一是向共管三国提供技术支援和后勤保障；二是与三国分享情报资源；三是条件成熟时，与共管三国举行联合军事演习。与海峡沿岸国家间的合作，从技术层面上为这些国家提供帮助应是务实的选择。毕竟稳定、安全的马六甲海峡符合中国的利益。

鉴于马六甲海峡的高危险性，国内诸多人士积极建议如何避开马六甲，其中之一就是选择通过泰国南部的克拉地峡，或者是运河方案，或者是输油管道。

克拉地峡位于泰国春蓬府和拉廊府境内，北连中南半岛，南接马来半岛，地峡以南约400公里（北纬7°～10°之间）地段均为泰国领土，最窄处50多公里，最宽处约190公里，最高点海拔70多米。历史上就有开凿克拉运河的设想。伴随着马六甲海峡的海盗频仍和东亚诸国对途经马六甲进口石油的高度依赖，克拉地峡运河的设想再次浮出。

尽管许多民间声音呼吁中国积极参与克拉运河,但并不被看好。首先开凿运河工程巨大,所需资金高昂;加上这里是泰国的贫困区,局势不稳;重要的是,运河真的就划算吗?所以,运河方案不久就销声匿迹。

在克拉地峡运河方案流产后,泰国提出跨越克拉地峡石油管道的设想。2004年4月第五届中国石油商贸大会上,泰国代表推介的以输油管道替代卡拉地峡运河的方案再次吸引中国,成为本文下面将要讲述的缅甸石油管道方案的竞争对手。

按照泰国的设想,兴建一条连接暹罗湾和安拉曼的海上输油管道,以节省中东石油销往亚洲国家的运输成本。石油运输管线设计日输送能力不低于150万桶,储藏能力合计2000万桶。计划设立两家炼油厂,日生产能力合计50万桶,其中30万桶供应国内,20万桶销售国外。该计划将动用投资资金2000多亿泰铢,2008年前开始建造。该管道自普吉岛北边的攀牙到暹罗湾的落坤,全长250公里。这样,中东运往中国、日本和韩国等地的原油就不必再绕道马六甲海峡,可以节省相当多的运输成本。

泰国方面提出的输油管道代替运河的方案,一下子让克拉地峡这块能源通道"鸡肋"成了"香馍馍"。这条能源供给通道的造价一下子从280亿美元降到6亿美元。不过,该方案其实并不划算,原因是:从克拉地峡管道运送原油需要双倍的油轮,因为管道不是直接通到国内,还需要用油轮运抵国内海港。另外,国内专家都很担心美国会在泰国卡住中国的脖子,因为泰国本身就有美国的驻军。2005年4月,这个计划在中国表示兴趣不大的情况下,正式宣布叫停止。

尽管该方案目前暂停,但作为一种备用考虑,也不是完全没有可操作性。再者,作为多种替代方案的选择之一,在倡导石油来源多元化的情况下,若实力允许,中国仍该考量该方案。

对于马六甲海峡的替代通道,除了上述围绕泰国南部克拉地峡的两种模式选择外,透过缅甸修建输油管道也是替代之一,且呼声颇高。原因在于:这里的地利优势更为明显,气候条件也适宜,还有就是中缅友好关系的支撑。

多年前,中国专家提出从缅甸修一条输油管道到昆明的计划。至少能减少1200公里的路程,而且要相对安全得多。按照设想,中缅石油管道最佳的路线选择是从缅甸实兑港到昆明。实兑港是深水港,能建停泊20万吨级油轮的码头,从成本来看,建造实兑深水港仅须投资几千万美元,而从瑞丽中缅边境经曼德勒到实兑港的路程约有一半已经通铁路,缅甸政府对其余路段也订有修建铁路规划。中缅输油管道可以选择沿铁路和已经勘测好的路线修建,不仅大量节约经费,而且比较安全。不过,缅甸通道并非完美。缅甸的局势和前景等都是值得考虑的影响因素。

就石油通道而言,在东南亚地区,短时间内还不会出现替代马六甲海峡的更好通道,所以中国对马六甲海峡的高度依赖将在较长时期内存在。因此,如何确保马六甲海峡的航道安全成为中国的无法也不应回避的难题。鉴于海峡周边国家对域外大国直接介入海峡安全的敏感性,日本已经通过技术、信息、资金援助、甚至联合军演等方式间接涉入海峡安全维护,日本的这种做法值得中国借鉴和思考。此外,应更加理性、务实地看待美国、日本、印度等大国介入海峡安全维护的行动,毕竟这些国家的行为有利于海峡的安全,在客观上也有利于中国的利益,且减少了中国的维护成本。此外,中国与这些国家的关系也在不断改善之中。

(作者系暨南大学东南亚研究所讲师　原载《世界经济与政治论坛》2006年第2期)

东南亚金融危机回顾

孙小迎

2007年是东南亚金融危机爆发10周年,我们有必要作一简要回顾,以便人们总结其经验教训。

泰　国

1996年,泰国出口出现负增长-1.9%,经常账户赤字147亿美元,外债908亿美元,其中短期债务占41%。1997年3月4日,泰国央行宣布对部分有资产问题的金融机构增资,提高银行和金融机构的呆账准备金率。5月,泰铢受到国际投机资本的冲击,面临抛空压力。6月,泰国央行动用外汇储备约150亿美元干预外汇市场。外汇储备降到短期外债的余额之下。1997年7月2日,为减轻维持固定汇率的负担,刺激出口换取外汇平衡国际收支,泰国央行宣布取消泰铢与美元为主的一揽子挂钩的固定汇率,实行有管理的浮动汇率。影响极大的东南亚金融危机就此爆发。菲律宾、印度尼西亚和马来西亚等国迅速受到泰铢贬值的巨大冲击。截止10月底,泰铢兑美元的比例由10来年的最低点——5、6月份的26.75铢兑1美元,跌至历史最低点——40铢兑1美元。1997年12月,泰国关闭了56家金融公司,国际货币基金组织驻泰国的官员要求,到1998年底,这56家被关闭的金融公司的所有资产总共9300亿铢必须出售。至1998年1月,泰铢跌至53~57铢兑1美元。

在金融危机初期,受到冲击的是泰国的金融业、房地产业及一些涉外企业。随着银行系统的瘫痪,流动资金严重短缺,高利率贷款严重影响泰国国内的直接投资。泰铢贬值也没有达到预定的刺激出口的目标。

金融危机使得泰国的公司竞相破产和拍卖,价格比货币贬值前下跌20%、40%、60%或更多。发达国家的财团和银行纷纷到泰国低价收购这些破产的公司。

菲律宾

1997年7月1日,菲律宾自有汇市汇价为26.4比索兑换1美元,7月11日,菲律宾央行宣布允许比索在更大范围内与美元兑换,比索开始大幅度贬值,至9月底,34比索兑换1美元,1998年10月下旬,比索对美元的汇率为42:1。菲律宾经济发展的速度一再下调。菲律宾海外劳工的外汇收入在一定程度上缓解了菲律宾的金融危机。

马来西亚

在泰国货币遭受国际金融投机家狙击的时候,1997年5月,马来西亚外汇市场出现动荡。马来西亚央行抛售20亿美元,试图稳定马元的汇价,但当泰国改固定汇率为浮动汇率的时候,马来西亚随即放弃了捍卫马元的计划。马元的汇价从7月1日的2.524林吉特兑换1美元,跌至10月的3.362林吉特兑换1美元,再跌至1998年1月7日的4.74林吉特兑换1美元。由于林吉特的贬值,以美元计算的人均国民收入下降40%。

高速发展的马来西亚经济遭到金融危机严重冲击,保持9年8%的经济增长速度一再调低,至1998年调到2%~3%。

由于银行利率高企,房地产业和股票融资减少,银行呆坏账大量增加。由于马来西亚一系列社会平衡政策实施得较好,譬如贫富差距在合理范围之内,在受金融危机影响至深的泰国、菲律宾、马来西亚和印度尼西亚这东南亚4国中,马来西亚最先走出金融危机的阴影。

印度尼西亚

1997年7月,世界银行对苏哈托政府认真负责的货币和财政政策给予特别奖励。同年10月,联合国为时任印尼总统的苏哈托颁发消除贫困奖,并获得"建设之父"的称号。

1997年7月1日,印尼卢比(通称盾)对美元汇率为2431:1,10月初为3850:1,1998年1月8日跌至9300:1。此时,国际货币基金组织认为印尼政府没有观察该组织关于印尼经济和金融改革的建议,决定暂停对印尼30亿美元的援助计划。但此前的1997年12月,印尼根据国际货币基金组织的建议关闭了16家银行。1998年1月22日,印尼盾对美元汇率跌至17000:1,12月跌至7750:1,印尼盾贬值幅度68.6%。

美国《行政人员情报评论》周刊报道:印尼的经济崩溃令人震惊。通货膨胀率高达82%,大米价格上涨400%。按美元计算,人均收入下降2/3。出现了粮食短缺的饥荒,饥民闹事事件。1998年5月,当政府按照国际货币基金组织的要求取消对食品和燃油补贴引起物价飞涨的时候,印尼各地发生针对华人的有组织的大暴乱。基辛格在《华盛顿邮报》撰文说,"结果高达600亿美元的华人资本逃离印度尼西亚。这个数字超过IMF(国际货币基金组织)所能提供的援助。一场货币危机变成一场经济灾难"。

在东南亚金融危机中,印度尼西亚是最后受影响的国家,同时又是金融危机持续时间最长,受害最深的国家。

马哈蒂尔指责国际金融投机家

1997年9月25日,世界银行暨国际货币基金组织年会在香港召开。在年会的研讨会上,时任马来西亚总理的马哈蒂尔强烈抨击金融投机家,他认为"货币交易没有建设性,毫无道德,对人民生活无益"。"货币炒家的财富是建立在掠夺别人的基础上的。"他斥责在国际上鼓捣出几次金融危机的索罗斯是"流氓炒家"。他还认为,在股票市场,"最初的筹资目标几乎被忘得一干二净,股价与公司的业绩没有关系,效益差的公司的股价被投机者抬高,而那些非常成功的公司的股价却被他们故意贬低和压低"。他说,"在目前危机中,马来西亚最好的公司之一宣布利润增加22%,超过20亿林吉特,但该公司的股价却下跌了"。

1997年9月23日,马哈蒂尔在美国《华尔街日报》撰文《全球经济中的强盗》说"投机是公平的,投机者通常靠聪明的猜测投资或撤资"。"但是操纵者不用冒险","拥有巨款的基金管理者可以使股价上升或者下降以适合他们的需要","由他们任意支配的巨款使他们能够做到这一点"。他质疑"货币交易额是世界商品交易额的20倍"的合理性。1998年9月14日,美国《时代》周刊刊登马哈蒂尔的文章《把我称为离经叛道者吧》。马哈蒂尔在文章中说:"我们今天看到了什么?这些国家和人民在受难。如果说目前的情况比过去繁荣时期好,那是心理扭曲。然而有人对我们说,我们的经济受到破坏从长远的角度说对我们有好处。我们怎么能对数以百万计的失业者、破产的银行和公司说,他们遇到灾难是对他们和国家有好处",他说"国际社会应该管制市场并建立市场秩序。但是我们的呼吁没有人理睬"。

索罗斯的观点

乔治·索罗斯,1930年出生于匈牙利。1947年移居英国,毕业于伦敦经济学院。1956年赴美国。在美国,他通过建立和管理国际投资资金积累了大量财产。1997年,索罗斯的量子基金会炒作泰国货币,酿成了席卷东南亚的金融危机。此前的1992年,他投巨资与英镑较量,造成欧洲货币危机。1994年底,他投机墨西哥金融市场,造成墨西哥和拉美金融危机。

对于这些金融危机索罗斯有他自己的观点。他说"商人的目的是获取最大的利润,金融市场的利润比许多行业高,自然会吸引人们的投资欲望"。但他同时又认为,"无节制的资本主义是自由人类的最大威胁",他说:"我只能一再对盲目信任市场的魔力发出警告",而"市场中留有投机空间是各国政府的错误"(《有良心的投机家》,载德国《经济周刊》1997年第29期)。此后,他又撰文《全球资本主义的危机》,"干脆地讲,摆在我们面前的抉择是,我们是对全球金融市场加以管制,还是任凭每个单独国家去尽量保护其自身利益"。"国际货币基金组织和其他机构可能必须承认,对资本的流动加以一定的管制是合理的"(载英国《泰晤士报》1998年12月1日)。

人民币不贬值

1997年12月,中国国家主席江泽民在马来西亚首都吉隆坡与东盟首脑非正式会晤时,承诺人民币不贬值。1998年3月,在九届人大一次会议的中外记者招待会上,朱镕基总理代表中国政府再次承诺人民币不贬值。

1998年11月17日,江泽民出席在马来西亚吉隆坡召开的亚太经合组织第六次领导人非正式会议时,会见出席会议的新加坡总理吴作栋。江泽民说,"金融危机对中国也有很大影响,给中国的出口带来不少困难。但中方将承担自己的义务和责任,信守人民币不贬值的承诺。我们将通过扩大内需等措施,实现今年的经济增长目标,包括金融体制改革在内的中国各项改革也将继续进行下去"。

1999年3月23日,中国国家主席江泽民在罗马会见意大利总理达莱马时说,"1997年爆发的亚洲金融危机给全球经济带来消极影响。中国采取高度负责的态度,坚守人民币不贬值的承诺,为缓解金融危机、稳定亚洲和世界经济做出了自己的贡献"。

(作者系广西社会科学院东南亚研究所研究员)

论 文 摘 要

《论亚洲经济一体化》 陆建人(中国社会科学院亚太研究所)撰,发表于《当代亚太》2006年第5期。指出在市场力量和各国政府的推动下,亚洲区域合作与经济一体化正在蓬勃开展,不仅是东亚地区,南亚、中亚、西亚地区的经济一体化出现良好发展势头,同时还出现跨次区域经济一体化趋势。本文论述亚洲经济一体化的发展现状,着重分析东盟、中国、日本、韩国和印度的区域经济一体化战略,并勾画"泛亚洲经济共同体"蓝图。目前,亚洲经济一体化的显著特点是各种形式、各种范围的区域合作机制并存,这一局面仍将继续。

《泛亚自由贸易区:构想与现实太远》 陈俊(南京师范大学商学院)撰,发表于《经济前沿》2006年第11期。指出2006年8月,日本经济产业大臣二阶俊博在第九次中日韩与东盟部长级会议上正式提出“泛亚经济合作伙伴协定”的构想,本文主要基于日本提出这一构想的背景和动因分析当前制约该构想实现的现实瓶颈,并提出相应策略建议。

《根据国别差异构建中国—东盟自由贸易区》 杨晶晶(华中科技大学经济学院)撰,发表于《经济师》2006年第2期。指出构建CAFTA,大力推进区域一体化,是中国融入世界经济发展浪潮,真正发挥大国作用的必经之路。文章通过分析东盟十国一体化进程中各自的特点以及与中国经贸关系的特点,提出根据国别差异构建中国—东盟自由贸易区,为中国企业与东盟国家开展经贸业务提供参考。

《中国—东盟自由贸易区建设的利益分析及对策研究》 吴郁秋(河南大学经济学院)撰,发表于《北方经贸》2006年第1期。文章分析说明中国已经具备加入自由贸易区的条件,重点分析中国—东盟自由贸易区的收益及所面临的问题,认为加入自由贸易区是中国经济发展的必然要求,应积极推动自由贸易区建设。结合中国—东盟自由贸易区建设现状,提出具体政策建议。

《加速推进中国—东盟自由贸易区建设新探》 何虹、何一鸣(中国海洋大学经济学院)撰,发表于《经济师》2006年第6期。指出中国—东盟自由贸易区构想始于2000年,在双方共同努力下,短短几年,取得关税减让、服务贸易自由化、逐步取消非关税壁垒等重大成就。但由于同为发展中国家的竞争性因素影响,给中国—东盟自由贸易区的建设带来一些影响,因此,要积极采取一系列应对措施,加速贸易区的建设。

《中国—东盟自由贸易区的比较优势与效应分析》 王学柏、李荣林(南开大学国际经济研究所)撰,发表于《天津师范大学学报(社会科学版)》2006年第1期。指出中国—东盟自由贸易区(CAFTA)的启动是否能使成员国实现多赢,共同享受资源优化配置所带来的收益,这要取决于自由贸易区建立后,各成员国在比较优势的基础上可能形成怎样的贸易效应。

《区域一体化背景下的中国与东盟贸易——一种政治经济学解释》 王玉主(中国社会科学院亚洲太平洋研究所)撰,发表于《南洋问题研究》2006年第4期。指出20世纪90年代以前中国东盟双边贸易的相互依赖程度一直很低,经济缺少互补性,产品在世界市场上相互竞争被认为是主要原因。哪些因素导致了90年代以来中国东盟贸易相互依赖的深化呢?本文分析发现,虽然从1993年以来中国东盟双边经济互补性有很大提高,但在世界市场上的竞争性并没发生大的变化。中国东盟经济相互依赖的深化需要引进经济以外的因素来解释。本文认为,中国东盟从各自利益出发对它们之间相互关系的认知与重视推动了双边经济合作的深化,这在一定程度上改变了双方的对外贸易结构。

《大湄公河次区域经济合作政治信任度研究》 黎尔平(云南财经大学公共管理学院)撰,发表于《东南亚研究》2006年第5期。指出进行了12年的大湄公河次区域经济合作与成立时的初衷尚有相当距离,其中障碍之一是各合作方之间在政治上缺乏信任,而湄公河水资源开发有可能引起的生态环境安全问题是导致各方政治信任度不高的关键所在。目前,促进合作各方在政治上相互信任、真诚合作和高度重视环境安全至关重要。

《大湄公河次区域电力合作》 张继豪(厦门大学南洋研究院世界经济专业研究生)撰,发表于《东南亚》2006年第1期。指出为更好地促进大湄公河次区域经济快速和可持续发展,解决基础设施瓶颈问题,电力合作已经成为次区域经济合作的关键项目。考虑到湄公河次区域电力合作的重要性以及各个国家和地区的经济发展状况,在进行电力合作时需注意以下问题:电力贸易的政府协议和协定需尽快落实;改善投资环境,促进私人投资;加强与非政府组织合作;电力开发与环境保护等。中国政府和企业应当把握住机遇,在未来的合作中需要作出良好的应对:首先,为了扩大电力出口,中国需要与更多国家开展合作;其次中国应该加快电力产业建设,在竞争中抢占先机;第三,协调与下游国家的利益关系也是合作中应注意的问题。

《东南亚地区形势:2006年》 曹云华(暨南大学东南亚研究所)撰,发表于《东南亚研究》2006年02期。指出进入2006年以来,尽管菲律宾发生泥石流,死亡上千人。泰国和菲律宾政府再次面对反对派的严峻挑战。但对于大多数东南亚国家来说,2006年是一个好年头。经过几年的努力,新加坡、马来西亚和泰国已经从金融危机中走出来,重新进入一个新的增长期。在政治方面,大部分东南亚国家已经初步完成从权威政治体制向民主政治体制的过渡,然而,这种转变带给一些国家的并不是经济发展与人民的福利,而是更多的混乱。在安全方面,恐怖主义仍然是许多国家面临的严重威胁。在对外关系方面,面对迅速崛起的中国,东盟正在不断调整对华关系,新型的中国—东盟关系正在建立。

《2005年东南亚地区国际关系的新发展》 王士录(云南省社会科学院东南亚研究所)撰,发表于《东南亚》2006年第1期。指出2005年东南亚地区国际关系的发展,继续围绕着经济、政治和安全三大核心问题,在区域内外两个层面展开。总的特点是:区域合作继续保持活跃态势,合作发展仍然是主流;区域合作中政治化的因素在滋长,由于中日、日韩之间的恩恩怨怨,以10+3合作为核心的东亚合作明显萎缩,突破地域框架的10+6合作随着首届东亚峰会的召开而拉开了序幕,东亚区域合作的未来发展成为国际关注的焦点。未来中近期东南亚地区国际关系的发展前景,总体上是比较乐观的,发展将是平稳的。但是,有两个方面的发展动向值得继续关注:关于东盟一体化的发展,从东盟组织发展的层面看,保证2020年如期实现三大共同体即经济共同体、社会文化共同体和安全共同体的既定目标,仍是当务之急;关于地区国际关系的发展,可以预见,在新的一年里,区域合作将继续成为东南亚地区的一个热点。

《战后东南亚“南强北弱”经济格局成因分析》 孔令琼(武警昆明边防学校)、李正亭(西南林学院)撰,发表于《东南亚研究》2006年第6期。指出二战后,东南亚诸国都制定经济发展战略,重建国民经济体系。但是,到20世纪80年代末90年代初期,北方印支三国及缅甸的经济发展水平远远落后于南方各国,东南亚地区形成“南强北弱”的经济格局。究其成因,主要外因有:西方殖民主义者殖民统治方式的不同对东南亚区域内经济发展的不平衡起加剧作用,美苏在东南亚的“冷战”及相关战争使印支三国失去相对和平的经济恢复环境;内因则是南北方国家经济发展体制与发展战略方面存在差距。

《东南亚大陆地区民族的源流与历史分布变化》 薄文泽（北京大学外国语学院东语系）撰，发表于《东南亚研究》2006年第6期。指出东南亚大陆地区古代民族分布与现代有重大区别，反映一千多年来该地区政治力量的变化。本文根据历史记载和现代民族学田野调查资料分析历史上各民族的来源，认为在公元10世纪之前，孟—高棉各民族是该地区占有主导地位的政治力量，马来族在半岛南端、占婆和群岛地区建立政权，在本土文化基础上发展起来的印度化文化是这一时期的主要文化特色，汉文化影响下的当地文化只在中国政治势力到达的半岛东北部存在，但发展很快。10世纪以后，源自中国南部的泰国、老挝、缅甸等民族陆续在这一地区崛起，促使东南亚地区发生文化变迁，形成目前的民族和文化格局。

《试论东南亚的穆斯林文化与伊斯兰民族主义》 陈衍德（厦门大学人文学院历史系）撰，发表于《当代亚太》2006年第9期。指出当代东南亚穆斯林具有双重性格，此种民族性格以各种方式在本地区各国作用于伊斯兰民族主义。占人口多数的印尼穆斯林，其世俗性与宗教性共生的文化，形成了聚合型与离散型并存的民族主义。身处多元种族社会中的马来西亚穆斯林，其独尊本族与兼容他族的双重性格，塑造了文化与政治民族主义的不同面孔。作为少数民族的菲律宾穆斯林，其互为逆向的极端与妥协的反抗运动趋势，凸显偏执与折衷的不同文化取向。将穆斯林内部水平方向的斗争和穆斯林与世俗国家之间垂直方向的斗争，置于民族文化与民族主义的关系之框架下进行阐释，可以加深对东南亚穆斯林本质特征的认识。

《当代东南亚伊斯兰教与政治发展》 贺圣达（云南省社会科学院）撰，发表于《当代亚太》2006年第10期。指出东南亚已成为当代伊斯兰教世界的一个重要地区，伊斯兰教也已成为影响当代东南亚政治发展的重要因素。本文重点探讨20世纪90年代以来的分离主义问题、宗教极端势力策动的恐怖主义活动、政教关系问题及其对当代东南亚发展的影响，以及当代东南亚在伊斯兰世界的重要地位和可能发挥的新作用。

《从东南亚华人看文化交流与融合》 梁英明（北京大学国际关系学院）撰，发表于《华侨华人历史研究》2006年第4期。本文以中国在东南亚的移民及其后裔的文化认同变化为例，说明在多民族社会中，不同民族文化之间的相互接触和交流是不可避免的，这种交流将促进不同文化间的逐渐融合。不论华人祖籍国政府或华人居住国政府采取何种政策，都无法阻断这一交流和融合的趋势。因此，企图强制消灭华人的文化传统或要求海外华人永远保持对中华文化认同的单一性或纯粹性，都是不现实的。

《东南亚客家人与中国—东盟经济关系》 龚子方（赣南师范学院学报编辑部）撰，发表于《企业经济》2006年第1期。指出随着中国与东盟之间由友好睦邻关系深化为经济一体化的伙伴关系，东盟国家华人在其间的作用也日益凸显。客家人作为汉民族一支独特的民系，其相当一部分人由于历史的原因生活在东盟各国，并为所居住国的经济、文化发展发挥重要作用。如同其他华人一样，客家人是中国—东盟经济关系的天然纽带。正确评估东盟国家客家人的经济实力，正视海外客家人是所居住国的合法公民的现实，本着“利国、利民、利友邦”的宗旨，发挥民间外交作用，将促使东南亚客家人在中国—东盟经济关系中呈现出巨大的正面效应。

《东南亚历史上的客家人》 颜清湟（澳大利亚阿德莱德大学历史系）撰，发表于《南洋问题研究》2006年第1期。指出客家人在东南亚的人数比闽南人、广府人和潮州人都较少，但在经济、社会、文化与政治领域所起的作用和影响力远超过他们的人数。在东南亚历史上，有不少著名的华族人物都是客家人。本文从早期客家人移民的聚落模式与经济追求、早期客家人的社会组织、战后客家社团的功能与变革和客籍企业家与海外华人的企业精神等方面来探讨东南亚历史上的客家人以及客家人对东南亚历史发展所作出突出贡献。

《试析东南亚地区恐怖主义的成因》 喻常森、黄科（中山大学政务学院）撰，发表于《东南亚》2006年第4期。指出东南亚地区恐怖主义活动与世界其他地区既有相似性又有特殊性。为更好地认识东南亚地区恐怖主义活动的特殊性，首先应对东南亚恐怖主义产生的历史根源和社会环境有充分了解：“基地”组织（Al Qaeda）的渗透是东南亚区恐怖主义的外部因素，殖民主义统治政策是东南亚地区恐怖主义的历史根源，宗教极端主义和民族分离主义是东南亚地区恐怖主义的思想根源，政治经济发展不平衡是东南亚地区恐怖主义的内部因素。这些因素在短期内难于消除，因此反恐怖主义任重道远。东南亚各国应当在政治上继续推进民主化进程；在经济上通过实现经济结构的合理调整，加快经济全面发展；在宗教文化领域，实行更宽容和平等的宗教政策；加强有关反恐怖主义问题的对话与合作，对恐怖主义进行精确打击，有效地遏制国际恐怖主义逆流的泛滥，营造一个和平安宁的地区及国际社会环境。

《东南亚海盗问题及其治理》 王健、戴轶尘（上海社会科学院世界经济与政治研究院）撰，发表于《当代亚太》2006年第7期。指出亚洲金融危机爆发以后，东南亚海域再次成为全球海盗活动频发的高危地带，特别是9·11事件以来，该地区的海盗活动呈现出与海上恐怖主义合流的新动向。目前的国际法体系对东南亚的反海盗行动具有相当大的局限性，同时，社会经济问题、政治动荡以及领海争议也成为该地区海盗行为兴起的重要原因。目前东南亚各国与区域外大国已经开展行之有效的反海盗合作。本文分析东南亚地区海盗行为的成因、类型及发展新动向，并在探讨该地区现有反海盗合作议程的基础上，提出加强内部合作、争取大国援助及利用国际组织整合资源的新治理模式。

《东盟区域一体化的发展及成员国间的双边关系》 王勤（厦门大学南洋研究院）撰，发表于《当代亚太》2006年第11期。指出近年来，东盟的区域一体化加速发展，并出现一系列格局性变化。从特惠贸易安排到自由贸易区，再到经济共同体，展现东盟区域一体化浪潮的发展远景。为应对全球性区域一体化浪潮的迅速兴起，东盟积极制定和调整区域一体化战略，各主要成员国也不断增进双边互信和合作关系，在政治、经济、军事和非传统安全等领域合作取得新进展。

《东盟区域合作的动力（1967～1992）——基于利益交换的分析》 王玉主（中国社会科学院亚太研究所）撰，发表于《当代亚太》2006年第7期。本文结合东盟前期（1967～1992）的冷战背景以及东盟在经济上对美、日等西方国家的依赖，从利益交换的角度对东盟的区域合作进行分析，认为东盟经济合作和政治合作并不是孤立进行的，而都是对外部影响的妥协，可以从东盟寻求自身利益的角度给以解释，即这些合作是为了与外部进行利益交换。

《试论东盟对东亚共同体形成所起的作用》 陈多友（广东外语外贸大学）撰，发表于《东南亚研究》2006年第6期。指出近十余年来，由于受到全球化大潮的冲击，在东亚也出现地域化思潮。面对同样的挑战，东亚各国已经意识到采取共同的经济文化防卫机制的迫切性与重要性。其中，东盟各国表现出强烈的主体性与话语意识。本文力图从经济、贸易的角度分析东亚地域所产生的地域化、本土化趋势的实质，确证东盟各国对东亚共同体形成所产生的作用。

《从地缘政治看东盟的大国平衡战略》 唐志明（云南大学人文学院）撰，发表于《求索》2006年第12期。指出历史和现实中的东南亚，因其自然地理位置与社会条件的特殊性，历来是国际政治力量纵横捭阖的重要场所。冷战结束后，东盟凭借其得天独厚的地缘政治优势，灵活务实地推行大国平衡战略，希望成为多极化国际政治中的重要一极。

《东盟5国产业结构的演变及其国际比较》 王勤（厦门大学东南亚研究中心）撰，发表于《东南亚研究》2006年第6期。指出战后，伴随着东盟5国（印尼、马来西亚、菲律宾、新加坡、泰国）的经济增长，各国产业结构发生一系列变化。东盟5国产业结构演变的趋势，与世界各国工业化中产业结构变化的规律相适应。但是，由于各国经济发展存在历史性、结构性和制度性差异，东盟5国产业结构变化与国际相比仍有许多特点。

《东盟区域经济合作的投资效应研究》 李皖南（暨南大学东南亚研究所）撰，发表于《东南亚研究》，2006年第3期。指出在2002年东盟自由贸易区建成之际，学术界用各种指标深入分析其贸易效应。但东盟发展的目标却是要成为一个具有竞争力的投资区。因而要更好地理解和评价东盟区域经济合作，必须对其直接投资效果进行分析。本文通过回顾20世纪90年代以来东盟吸收FDI的变化，考察东盟区域经济合作的直接投资效应，并重点分析其投资效应不显著的原因在于其对东盟综合区位优势的改善不明显，尚未有效地提高东盟区域整体竞争力。

《论东盟经济共同体》 赵洪（厦门大学东南亚研究中心）撰，发表于《南洋问题研究》2006年第1期。指出2003年10月在印尼巴厘岛举行的第9次东盟首脑会议上，各国一致同意到2020年建成东盟经济共同体的设想。与自由贸易区相比，经济共同体是一个更高层次的区域经济合作形成，它不仅要求包括商品、资本和劳动力等生产要素的自由流动，更重要的还要求成员国逐步协调产业、贸易、货币和对外政策。但由于东盟内部有着较大的差距，其合作机制也存在不少缺陷，使得东盟经济共同体发展面临不少困难和挑战。

《试析东盟经济一体化的发展前景》 卢光盛（云南大学国际关系学院东南亚研究所）撰，发表于《亚太经济》2006年第4期。指出东盟经济一体化有着两个明显的发展趋势：内容上从自由贸易区向经济共同体扩展，范围上从东南亚向东亚乃至更大地区扩展。维持东盟在这两个趋势中的地位和作用，已经成为东盟各国共同关心的问题。不过由于国家与市场等现实条件的制约，东盟经济一体化在近期内难以取得突破性的进展。

《东盟与东亚经济合作》 赵洪（厦门大学东南亚研究中心）撰，发表于《亚太经济》2006年第4期。指出20世纪90年代以来，东亚出现新地区主义发展趋势，其基本思想是在加强南北合作的基础上，在本地区建立一个开放的、多层次和有大国参与的多边自由贸易区，同时加强双边合作。在此背景下，东盟不断调整其区域经济一体化战略，重视开放的、发展的地区主义，并在推动东亚区域合作进程中发挥了重要作用。

《东盟区域内FDI流动的现状与展望》 郭宏（河南财经学院东亚问题研究所）撰，发表于《东南亚》2006年第3期。指出近几年，随着东盟国家经济的复苏，区域内FDI开始走出低谷，呈现出恢复性增长的态势。同时，东盟区域内FDI的来源地、行业构成也表现出一些引人关注的特点：新加坡、马来西亚、印度尼西亚是最重要的投资来源地；外资越来越多地流向服务业和技术密集型行业。可以预见，随着东盟区域经济合作的深化，贸易、投资自由化和便利化措施的实施，市场风险和不确定性的降低，投资效益的提高以及各国投资环境的进一步改善，越来越多的东盟企业将更愿意在这个一体化的市场内部进行投资。总之，东盟区域内投资有望在今后进一步增长。

《冷战后东盟海上安全理论与实践》 冯梁、汤贵友（海军指挥学院）撰，发表于《世界经济与政治论坛》2006年第3期。指出冷战后，东南亚海上安全形势发生了深刻变化，在“综合安全观”的指导下，东盟国家对海上安全理论进行了重大调整：通过提高海空军作战能力，加强东盟内部海上安全合作，提升东盟整体海上防御能力和应对海上危机的能力；积极主导东盟地区论坛建设，巧妙实施大国平衡战略，确保东盟在亚太海上安全问题上的发言权。针对“9·11”事件后东南亚海上安全新形势，东盟进一步加强海上反恐、反海盗等一系列海上安全合作，努力推动东盟地区论坛向实质性方向发展，积极筹建“东盟安全共同体”，在实现东盟安全一体化方向迈出坚实步伐。

《东盟地区治理进程中的制度构建》 赵银亮（上海师范大学法政学院）撰，发表于《当代亚太》2006年第11期。指出新的治理理论强调参与、伙伴、磋商与共识，在很大程度上体现一种与东南亚推行“软”地区一体化相吻合的趋势。亚洲金融危机以来，东南亚经历了深刻的制度变迁，建立在各国和谐共生基础上的软治理模式日益成为地区合作的新动力。基于地区综合安全的思考，也需要在国际制度层面寻求构建东南亚自身的制度框架。

《东盟社会—文化共同体的建设及其对中国的意义》 韦红（华中师范大学政治学研究院）撰，发表于《当代亚太》2006年第5期。指出东盟社会—文化共同体以关注人的发展与安全、环境和自然资源的可持续性以及在保护多元文化基础上培养地区认同为特征。其建设思路如下：以东盟经济共同体、安全共同体建设来促进社会—文化共同体建设；分块建设，扎实推进；走多元一体化道路；开放式建设社会—文化共同体。东盟社会—文化共同体建设对中国具有积极意义，为中国扩大地区影响力、树立负责任的大国形象提供新的舞台；为中国落实科学发展观提供新机遇；为东亚地区一体化建设提供有益思路，从而有利于中国地区合作战略的实现。

《从地缘经济合作看近年来的东盟对外贸易》 刘兴华（江西财经大学金融学院）撰，发表于《当代财经》2006年第1

期。指出1996年以来，除出现过两次波动外，东盟对外贸易总体呈增长趋势。东盟区内贸易是其对外贸易的核心，目前东盟对美、欧、日贸易超过东盟对华贸易，但东盟与中国间的合作利益巨大。受东盟与不同国家间经济合作差异的影响，未来东盟对美、日贸易的增速可能较缓，而东盟区内贸易及对华贸易的增速较快，促使此类贸易所占比重不断上升。

《投资东盟的机遇与前景》 董涛、蒋晓飞撰，发表于《国际市场》2006年第2期。指出东盟国家作为中国的重要邻居，自然资源丰富，与中国在经济上的互补性很强。东盟是中国在发展中国家最大的贸易合作伙伴，是中国第五大服务市场和第四大进口来源地。可以说，中国与东盟双方合作的潜力巨大，前景广阔。

《中国—东盟自由贸易区对台湾地区经济的影响》 陈雯（厦门大学经济学院）撰，发表于《国际贸易问题》2006年第8期。指出2005年7月，中国与东盟开始实施《货物贸易协议》，从而使中国—东盟自由贸易区（CAFTA）进入全面的实质性运作阶段。CAFTA的建设究竟会对台湾地区的经济产生什么影响是一个值得关注的问题。本文介绍建立中国—东盟自由贸易区背景之后，考察台湾地区与东盟自由贸易区及祖国大陆的经贸关系，分析CAFTA对台湾地区经济的影响，并提出建立海峡两岸共同市场的建议。

《东南亚华商对华投资分析》 王望波（厦门大学东南亚研究中心）撰，发表于《当代亚太》2006年第4期。指出改革开放以来，东南亚华资与港资是中国内地成功引进外资的开路先锋。东南亚华商对华投资最显著的特点是以中国香港为中介对中国内地进行投资。1992年以来，东南亚华商对华投资有显著增长。随后，由于东南亚金融危机的负面影响，也由于西方资本加大对中国市场的投资，东南亚五国以及中国香港的投资在中国内地实际利用外商直接投资总量中所占比重呈下降趋势。但是，东南亚华商以中国香港为中介积极投资中国内地的趋势依然不变。

《东南亚：新世纪中国外交的前沿》 曹云华、唐翀（暨南大学法学院）撰，发表于《暨南学报（哲学社会科学版）》2006年第2期。指出东南亚地区长期稳定与繁荣是一种复杂均势的结果，在这种条件下，东盟国家推行的“大国平衡战略”对中国周边安全有重要影响。因此，东南亚地区成为新世纪中国外交的前沿。

《近三十年来研究东南亚的中国学者：一个初探性的研究》 廖建裕（新加坡华裔馆）、代帆（暨南大学国际关系学系）撰，发表于《东南亚研究》2006年第4期。指出中国的东南亚研究兴起于后毛泽东时代。在过去30年间研究东南亚的中国学者划分为三代，在第二代学者时期，来自东南亚的归国华侨在东南亚研究领域发挥主要作用，他们与中国本土出生的学者一起推动该领域的发展；第三代东南亚研究学者则都是中国本土出身。尽管研究东南亚的中国学者已经取得重要成绩，但与西方同行相比，还存在许多不足，如学术质量不高、因合作不够而导致学术上的重复工作、基础研究与应用性研究同样薄弱等。但目前在中国，一些受过良好学术训练的研究东南亚的学者以及优秀的作品正在不断涌现。

《浅析中国与东盟的能源合作》 李涛、刘稚（云南大学国际关系学院；云南省社会科学院）撰，发表于《东南亚研究》2006年第3期。指出能源是人类社会赖以生存和发展的基本要素之一。随着中国经济的快速增长，中国对外能源需求量逐年增长，能源安全成为人们普遍关注的一个全球性热点问题。因此，中国应通过积极参与双边与多边能源合作，采取多元化油气资源供给途径，保障中国油气资源安全供给。随着东盟与中国政治经济关系的升温，东盟各国在中国能源安全领域扮演着越来越重要的角色。本文在对中国能源现状进行分析的基础上，对中国与东盟开展能源合作这一议题进行剖析，浅析其合作的必要性、可行性及其前景。

《“9·11”以来南中国海形势综述》 张明亮（暨南大学国际关系学系）撰，发表于《东南亚研究》2006年第3期。指出“9·11”之后，南中国海局势有新发展，从可能爆发冲突走向和平与合作。尽管有一些小摩擦如越南开辟旅游航线、修建飞机跑道等，但合作是主流：先是签署《南中国海各方行为宣言》，接着有中菲合作协议，最后是中、越、菲的三方合作协议。这一切都预示着南中国海的未来合作与和平的前景。

《和平解决南海问题的现实思考》 鞠海龙（暨南大学东南亚研究所）撰，发表于《东南亚研究》2006年第5期。指出亚太地区安全形势和南海问题相关各国在低层次国际市场竞争的现实制约了南海问题和平解决的进程。非传统安全合作与跨国际市场梯次的共同开发不仅有利于改善解决南海问题的外部环境，而且有利于增进相关各方的互信，推动深层次的共同开发。南海问题相关各国关系的发展和共同利益的增加为南海问题的解决奠定坚实的基础。

《从东南亚金融危机看人民币汇率制度选择》 凌江怀、曹洁（华南师范大学经济与管理学院）撰，发表于《东南亚研究》2006年第1期。指出1997年爆发席卷东南亚的金融危机，其波及范围之广、影响之深是近几十年来罕见的。本文在简单回顾东南亚金融危机的基础上，特别从汇率制度的角度，结合金融恐慌论对危机爆发的原因进行深入探讨，分析中国汇率制度的现状、优点及缺陷，阐明人民币汇率从单一钉住美元向钉住一篮子货币过渡，建立与市场相吻合的有弹性的汇率制度是大势所趋，也是中国防范货币危机的最佳选择。

《中国内地的投资浪潮：国有企业和在东南亚的国外直接投资》 斯蒂芬·弗罗斯特（香港城市大学东南亚研究中心）、何晶晶、方世浚（香港城市大学东南亚研究中心）撰，发表于《南洋资料译丛》2006年第4期。指出早在2002年，东南亚的政界和企业界领导人就公开为那些原本投向东南亚地区的外国直接投资却流向中国而感到烦恼。最近他们的态度则比较乐观。中国企业不仅寻求东南亚为中国的工业化提供原料，而且还在那里进行日益增多的投资。分析家们关注中国每年吸引500多亿美元外国直接投资，但他们却很少注意到，中国内地（特别是投向其邻国）的国外直接投资浪潮正在高涨。本文通过对以下两个主要问题的初步调查来强调这个趋势：中国内地的哪类公司进入东盟国家，并在那里进行多少投资？这种投资产生的潜在影响？最初的资料表明，中国内地的大多数投资都是由国有企业进行的，本文以15家中国大企业的资料来支持这个断言。虽然无法知道有多少中国内地的资金流入东南亚，但从中国官方的统计数据看，2002年肯定有20多亿美元，在2004年上半年有7.67亿美元。

《区域内贸易在中国与东盟经济周期同步波动中的作用分析》 张兵（南开大学国际经济贸易系）撰，发表于《亚太经济》2006年01期。指出20世纪80年代以来，中国与东盟各国经济周期演变经历由不同步到逐渐同步及同步性越来越明显的变动过程。这主要源于区域内的贸易联系及对市场的相互依赖日益增强。面对新形势,双方应当进一步强化经贸交流和合作,以实现经济的共同繁荣。

《浅析中国与东盟安全合作的必要性》 马女嬰(上海国际问题研究所)撰,发表于《东南亚》2006 年第 2 期。指出展望未来,中国—东盟关系除应继续保持良好的发展势头外,还要拓展合作的领域,特别是双方的安全合作。首先中国密切与东盟国家的关系,对于中国构建一个稳定、和平、发展的周边安全环境具有特别重要的意义,从而凸显出中国与东盟进行安全合作的必要性,除继续以经济合作为重点外,还以非传统安全合作作为切入点,逐步拓展安全领域的合作。其次积极与东盟国家进行安全合作,对确保中国海洋空间的开拓和海上运输通道的畅通及安全具有重要意义。再次中国与东盟共同维护经济安全,对双方都是双赢的局面。最后积极改善与发展和东盟的关系,这不仅对维护周边安全环境具有积极意义,也有利于维护东亚和亚太地区的和平与安宁。

《中国与东盟国家的个人所得税制的比较分析》 叶国志(厦门大学经济学院)撰,发表于《东南亚》2006 年第 3 期。指出中国个人所得税改革是新一轮税制改革的重点及难点之一。现阶段中国税收征管,主要从自然人居民身份确认规则、应纳税所得和扣除项目三个方面,借鉴周边发展中国家如泰国、马来西亚的做法,以寻求遵循国际税收惯例与现实选择二者之间的最佳结构。东盟国家现行个人所得税制对中国个人所得税改革的启示:1、简化身份确认规则,对中国现行的规则重新做出解释。2、在应纳税所得的确认规则上建议将境外收入"支付原则"改为"汇入原则"。在具体纳税项目上,应根据各个国家的具体情况来确定。3、建议将教育支出纳入扣除项目中,同时也考虑针对纳税人的不同情况进行扣除。

《中国经济增长对东盟国家经济的积极影响》 陆建人(中国社会科学院 APEC 与东亚合作研究中心)撰,发表于《亚非纵横》2007 年第 1 期。指出中国不仅是带动世界经济增长的火车头,更是带动东亚地区经济增长的火车头。中国经济增长对东盟国家产生的积极影响有以下几个方面:第一,中国的巨大进口需求拉动了东盟国家的经济增长。第二,中国—东盟自由贸易区已经结出首批硕果,东盟国家率先获益。第三,中国经济实力的增强将大幅度促进对东盟国家的直接投资。第四,随着经济实力的壮大,中国将有更多资源用于加强东盟国家的能力建设,造福于当地人民。第五,人民币长期坚挺,将为区域货币稳定做出贡献,有益于东盟各国。第六,中国成为区域一体化动力,有助于东盟经济共同体的建设。

《北部湾:中越合作之湾》 江淮撰,发表于《世界知识》2006 年第 24 期。指出中越两国在解决北部湾划界争议后,合作步伐不断加快,从渔业资源合作到油气资源勘探开发,从海上渔业联合监管到两国海军联合巡逻,再到建设环北部湾经济圈。北部湾,这个昔日曾频繁引发中越争议之湾,已成为中越两国之间的和平、友好、合作之湾。

《实施地缘经济战略是泛珠与东盟合作的切入点》 陈铁军(云南省社科院泛珠三角区域研究中心)撰,发表于《珠江经济》2006 年第 7 期。指出地缘经济一般是指地区位置邻近或地体毗连的国家或地区所采用的资源互补和经济合作,以求共同发展的一种特殊类型的经济地域组织形式。人类在地球上活动受到地理条件的限制,在国家的经济活动中,总是选择邻近地区的合作。在国际政治多极化、世界经济全球化和区域化迅速发展的今天,由于区域合作所具有的"地缘"特点,使地缘经济成为国际社会关注的新热点。

《边境区、产业带、自贸网:中国—东盟区域经济合作的三级发展系统》 李红(澳门科技大学可持续发展研究所、广西大学东南亚研究中心)撰,发表于《亚太经济》2006 年 02 期。文章梳理出边境区、产业带、自贸网等中国—东盟区域经济合作的三个层面以及中国的"y"字型区域合作空间结构,并提出振兴边境区发展的"边境资源论"以及"构建协调互动的未来中国与东盟区域经济三级发展系统"等对策性观点。

《论广西与东盟诸国合作模式的转换》 陈路芳(广西民族学院管理学院)撰,发表于《广西民族学院学报(哲学社会科学版)》2006 年第 1 期。指出通过对广西近些年来与东盟各国合作关系的考察,反思在合作观念和合作实践方面存在的偏差和问题,认为梯度差异和互补性只是广西与东盟合作的必要条件而不是充分条件;经济合作只是广西与东盟合作的一个重要方面,还应该包括政治、社会、安全、体育、卫生等方面的合作;政企合作也只是广西与东盟合作的模式之一,还包括政府与政府、市场主体与市场主体、非营利组织与非营利组织等之间的合作。

《黑龙江省与东盟经贸关系发展问题研究》 武锐、孙宇、邓鹏(黑龙江省政府发展研究中心研究六处)撰,发表于《黑龙江社会科学》2006 年第 3 期。指出随着中国—东盟自由贸易区建立进程加快,中国和东盟在贸易和投资领域都步入快速发展轨道。黑龙江省与东盟国家经济互补性很强,黑龙江省应抓住机遇,在农业、机电产品制造业、对外承包工程和旅游业等领域努力发展同东盟国家的经贸合作。

《中国东南亚研究现状:制度化阐释》 唐世平、张洁(新加坡南洋理工大学战略与防御研究所)、毛悦(中国社会科学院亚太研究所、中国社会科学院地区安全研究中心)撰,发表于《当代亚太》2006 年第 4 期。认为制度性因素对于中国的国际问题研究起决定性作用。而政府需求、中国与东盟的相互依赖以及大众传媒在中国的兴起则是影响中国东南亚研究的三个主要因素。这些因素提升东南亚研究在中国的地位,促使东南亚研究以经济与政治(包括安全)为重点领域。但是另一方面,这三个因素却使中国的东南亚研究面临着学术贡献与政府需求、学术贡献与大众需求之间的艰难平衡,并有可能使中国的东南亚研究将自身置于满足政府和大众短期需求、损害长期能力建设的困境之中。因此,本文认为需要从机制的角度来考虑如何矫正中国东南亚研究中的建设与发展问题。

《论文莱独特的君主政体》 汪诗明、王艳芬撰,发表于《东南亚研究》2006 年第 1 期。指出独立后的文莱,在政治上建立君主立宪制,虽然在其形式上可以看到英国政治体制方方面面的痕迹,但它在本质上传承文莱传统政治文化的精髓。换言之,文莱采用英国君主立宪制的外衣,而传统的王朝体系才是这种体制的根本。苏丹通过马来化和穆斯林政策,强化君权统治,使得文莱成为当今世界上少数几个完全由王室掌权的国家之一。

《柬埔寨出口创汇的亮点——制衣业》 邓淑碧(北京外

国语大学）撰，发表于《东南亚》2006 年第 4 期。指出制衣业是柬埔寨 1993 年重建以来形成的新兴产业，已逐步发展成为柬埔寨的支柱产业。1996 年成衣出口总价值为 2000 万美元，到 2005 年升至 21.15 亿美元，10 年间翻 100 倍。迄今，柬埔寨制衣厂平均每半个月增加一家，增速惊人。之所以发展迅速，首先，柬埔寨王国政府不失时机地推出优惠的投资法，以吸引外资。其次，规范制衣行业，改善工作环境，在国际市场上以质量取胜。第三，注重员工的技术培训，提高员工的专业技能。今后柬埔寨的制衣业要更迅速、更稳健的发展，柬埔寨需自己解决原料问题，从种植棉花、纺纱织布、漂白印染、剪裁缝纫到成衣出口，形成自己完整的纺织工业体系。

《苏西洛政府的经济政策及制约因素》　吴崇伯（厦门大学东南亚研究中心）撰，发表于《当代亚太》2006 年第 12 期。指出印尼政府自苏西洛执政以来，将发展经济作为首要目标，继承梅加瓦蒂经济政策的可取之处，维持宏观经济稳定，并制订 2005～2009 中期发展计划，提出发展经济的新思路。苏西洛政府从多个领域入手，谨慎推进改革，积极应对各种突发事件，取得不少成果。印尼经济尽管仍面临巨大挑战，但已渡过最艰难时期。随着政治局势趋于稳定，印尼经济形势将会出现好转。

《后苏哈托时期印尼军队的职业化改革》　杜继锋（中国社会科学院亚太研究所）撰，发表于《当代亚太》2006 年第 11 期。指出印尼苏哈托政权倒台后，印尼军队的职业化改革逐步提上议事日程。在民众的要求和军队内部改革派的支持下，印尼文官政府通过加强对军队的干预、整合及国家宪政制度的改造，逐步废除军队的特权。印尼军人正逐步淡出国家权力中心。

《印尼廉政建设中的文化因素》　张洁（中国社会科学院亚太研究所）撰，发表于《当代亚太》2006 年第 8 期。指出从文化角度考察印尼腐败问题长期存在和反腐失效的原因，是全面研究印尼腐败问题的必要之举。爪哇传统文化中的尊敬与重视社会和谐的价值观，以及在此基础上形成的以等级制为特征的政治文化，是庇护制和主公制度形成的文化基础，也是腐败问题在印尼长期存在的重要原因。在建立健全的反腐法律机制的同时，弘扬传统文化中的积极因素，构建本国特色的廉政文化，对于印尼长期的反腐工作具有重要意义。

《后苏哈托时期印尼政党制度的变化及其影响》　郑一省（广西民族大学民族学与社会学学院）撰，发表于《当代亚太》2006 年第 7 期。指出在后苏哈托时期的民主政治化进程中，随着诉求议题的多元化，印尼的政党制度从一党控制下的三党制向多党制转变，伊斯兰性质的政党仍然举足轻重，而华人政党则破土而出。本文认为，政党制度的这种变化对印尼的政治和社会产生很大影响。一是遏制印尼专制政府的产生；二是逐渐出现一批政治精英；三是提高民众参政议政的民主意识。此外政党体制的软弱也造成印尼政局经常出现不稳和混乱。

《转型进程中的印尼华人社会：现状、问题与前景》　贾都强（中国社会科学院亚太研究所）撰，发表于《当代亚太》2006 年第 1 期。指出印尼在 1998 年以后进入民主转型时期，新的政治社会环境使华人社会全面焕发生机和活力，但仍存在问题和隐忧。印尼华人社会的未来，既取决于印尼政府更积极的华人政策和公平公正的法律制度，也取决于华人自身的努力及其融入印尼社会的路径选择。

《试析爪哇伊斯兰教的和谐价值观》　朱刚琴（广东外语外贸大学东语学院）撰，发表于《东南亚研究》2006 年第 6 期。指出印尼是世界上穆斯林最多的国家，但是大部分印尼人尤其是爪哇人信奉的伊斯兰教有别于其他国家或地区，带有浓厚爪哇特色，是伊斯兰教与爪哇原始文化以及印度文化相结合而成的爪哇伊斯兰教。爪哇伊斯兰教强调的是实现内心或精神和谐以及社会和谐的价值观，但现实的印尼社会却与“和谐”相距甚远，所以爪哇伊斯兰教所崇尚和追求的只能说是理想中的和谐。

《试论印尼华人文化》　杨启光（暨南大学文学院中文系）撰，发表于《东南亚研究》2006 年第 4 期。指出印尼华人文化是一种构成多元、部类层叠的复合文化，是一种处在不断“当地化”又坚持“中华化”、对立统一运动的移民文化；印尼华人文化既有别于在印尼的异族文化，又不同于中华文化，是“移居”印尼的中华文化与在印尼的异族文化综合融合的结晶，是印尼华人的族群标识，是一种相对独立的民族（部族）文化，即华人“部族”文化；印尼华人文化复合了大量的中华文化和非中华文化要素，与生俱来就是中华文化与在印尼的各异族文化进行对话交流的重要中介，是印尼华人、印尼各民族（部族）的共同财富，是中国发展与印尼的友好关系、睦邻善邻友邻、构建和谐亚洲和世界的重要资源，是 21 世纪中国和平崛起的宝贵资源。

《试论印度尼西亚民族独立运动时期伊斯兰教与民族主义的关系》　范若兰（中山大学政治与公共事务管理学院）撰，发表于《东南亚研究》2006 年第 4 期。指出在印度尼西亚人民争取民族独立的斗争中，伊斯兰教和民族主义是两面重要旗帜，伊斯兰教集团和民族主义集团是两股重要领导力量，双方在抵抗荷兰殖民统治、争取民族独立上目标一致，相互合作；但在领导权和立国理念上意见相左，互有冲突和争论。最终民族主义占上风，建立以“潘查希拉”为基础的共和国。本文主要探讨印尼独立时期伊斯兰教与民族主义的关系，重点在于双方的争论和结果，并分析其根源。

《对中国与印尼农业合作问题的几点思考》　张洁（厦门大学南洋研究院世界经济专业研究生）撰，发表于《东南亚》2006 年第 1 期。指出中国与印尼同是农业大国，农业对两国经济的发展都至关重要。不同的自然条件与农业发展历程决定了两国农业的差异性与互补性，而这种差异与互补是双方合作的重要基础。未来中国在充分尊重印尼需求的前提下，结合本国农业优势，在更广范围、更高层次开展与印尼的农业合作：充分利用区位优势和资源差异性，扩大农产品和农用物资贸易；发挥各自优势，开展农业科学技术合作；开展农用基础设施建设合作；实施“走出去”战略，鼓励中国企业到印尼投资。

《印尼—澳大利亚关系中的东帝汶因素》　宋效峰（山东大学政治学与公共管理学院）撰，发表于《南洋问题研究》2006 年第 2 期。指出东帝汶尽管是东南亚地区一个刚刚取得独立的小国，但它在地缘政治中的重要性却不可小视，在东帝汶未独立前它就开始成为影响印尼—澳大利亚关系的一个重要变量。在东帝汶独立过程中，从各自的国家利益和地缘目标出发，印尼和澳大利亚进行了一番角逐。东帝汶独立后，它仍是澳、印尼这两个文明形态迥异的地区大国关注的对象。

《试论“老挝中立”的演变》 彭彬撰,发表于《东南亚研究》2006年第1期。指出老挝于1945年赢得独立,接着在反法殖民战争后于1954年初步获得日内瓦会议保证的中立国地位;1962年以国际条约的形式正式确立老挝永久中立国地位,1977年又自动丧失永久中立国地位。本文主要从国际法的角度,来分析从二战结束至20世纪70年代末“老挝中立”的演变历程和印度支那国际局势的变迁及大国间关系。

《马来西亚的印尼劳工问题》 林梅(厦门大学南洋研究院)撰,发表于《当代亚太》2006年10期。指出印尼劳工大量流入马来西亚,并构成亚洲劳工移民的重要组成部分。20世纪90年代,马来西亚取代沙特阿拉伯成为印尼劳工海外移民最多的国家。随着在马来西亚的印尼劳工数量的不断增加,特别是非法印尼劳工的增加,在马来西亚的印尼劳工问题越来越受到马来西亚政府、媒体和民众的关注,甚至影响到两国的外交关系,成为危及两国关系的非传统安全问题。本文将探讨在马来西亚的印尼劳工的基本状况、印尼劳工流入马来西亚的原因、非法印尼劳工进入马来西亚的途径以及印尼劳工问题对两国关系的影响。

《“碎片化”社会的政治整合——马来西亚的政治文化探析》 叶笑云(复旦大学国际关系与公共事务学院)撰,发表于《东南亚研究》2006年第6期。指出复杂多元、碎片化的政治亚文化使马来西亚的各种族、各政党和各团体之间存在着紧张关系,削弱了政治整合的效能,而自由民主制度的竞争性特征加剧这一趋势。然而,由于各种族、各阶层政治文化存在着相近或共融内容,比如权威主义心理取向和集体主义价值观等,再加上政治运作过程中逐渐磨合出的政治妥协、合作和理性等精神,既构成马来西亚主流政治文化的内在机理,也为马来西亚的政治整合提供有效的政治文化资源。这种政治文化奠定马来西亚软权威主义政治的重要基石,从而成为后发国家政治发展中一道独特的政治景观。

《马来西亚华人与马来人就业地位变化的比较与分析》 林勇(福建社会科学院华侨华人研究所)撰,发表于《华侨华人历史研究》2006年第4期。指出本文将自殖民统治时期到2005年的马来西亚历史分为五个时期,对华人与马来人就业地位的发展变化进行纵向比较,并对其变化原因进行简要分析。作者认为,独立近50年来,马来西亚马来人的就业地位在持续上升,而华人的就业地位则在不断下降,马来人已经逐渐超越华人成为许多领域的就业优势族群。马来西亚政府的政策干预是导致这种变化的一个重要原因。政府一贯执行的“马来人优先”的就业干预政策,使华人和马来人的就业变化失去公平竞争的平台,政府在积极保护马来人就业增长的同时,对华人及其他非马来人却极力排斥,导致马来人与华人的就业地位发生上述变化。

《马来西亚华商中小企业发展研究》 叶兴建(厦门大学历史系)撰,发表于《华侨华人历史研究》2006年第4期。指出本文分殖民时期、独立建国时期、新经济政策实施时期、国家经济管制淡化时期和金融危机以后五个阶段,分析马来西亚华商中小企业的发展状况及影响其发展的政策因素。作者认为,华商中小企业一直是马来西亚华人经济的基础,是马来西亚民族经济的最基本成分之一,在推动国家经济发展过程中起着不可替代的作用,应加强对这一问题的研究。

《影响缅甸民主化进程的主要政治势力》 李晨阳(云南大学东南亚研究所)、陈茵(云南省对外交流协会)撰,发表于《当代亚太》2006年第4期。指出军人及其所控制的政治势力、民盟及其支持者、少数民族武装和政党在目前缅甸的社会结构中呈三足鼎立之势,但军人占绝对优势,而且后两者不具备取代军人主导缅甸政局的能力。外部势力对缅甸民主化进程影响很大,但在对缅政策方面,中国、印度和东盟不会采取与以美国为首的西方国家完全一致的行动。因此,相当长时间内,军人将继续直接执政或在幕后主导缅甸政局。

《东亚金融危机后的缅甸华侨华人》 张旭东(厦门大学东南亚研究中心)撰,发表于《当代亚太》2006年第2期。指出东亚金融危机后,缅甸经济明显有恶化的趋势,政治仍然不稳定,“民主化”政治近期内难以出现,但中缅关系继续保持友好发展势头。缅甸华侨华人在危机后仍然以经济发展为主,政治地位有所提高,文化状况有所改善,但较长时期内仍将无法取得与缅族同等的政治地位。缅甸华族形成进程受若干因素制约,将是一个充满变数的长期过程。

《缅甸中、印移民同化问题比较分析》 范宏伟(厦门大学东南亚研究中心)撰,发表于《华侨华人历史研究》2006年第1期。指出移民同化于当地是一种多维的社会互动过程,其表现和影响因素是多方面的。近代以来迁移缅甸的华人和印度移民同化于当地的情况不同。本文从语言、宗教信仰、生活习俗和族际通婚四个方面概述华人和印度人的同化情况,认为华人比印度人更快同化于当地。本文也分析影响二者同化程度不同的原因,认为主要是二者在人口、经济、移民性质、宗教信仰、种姓、偏见、体质等七个方面的差异所致。作者指出,上述七个影响因素并不单独具有绝对的解释力,它们相互交织,彼此作用,形成影响华人和印度人同化情况不同的合力。

《缅甸华文教育的现状与前景》 范宏伟(厦门大学东南亚研究中心)撰,发表于《东南亚研究》2006年第6期。指出20世纪90年代以来,缅甸华文教育在经历二十余年的沉寂后重新复苏,华校的数量和规模有较大发展。缅甸华文教育的发展与缅甸国内的政治经济发展、中国崛起和对华文教育的支持、中缅关系亲善、华人努力和有利的国际背景等五个方面密切相关。同时,目前缅甸华文教育在合法化、生源和师资方面还存在诸多困难。

《缅甸军政府缘何迁都》 林锡星(暨南大学东南亚研究所)撰,发表于《东南亚研究》2006年第1期。指出2005年11月7日,缅甸政府开始把政府机关从仰光搬迁到彬文那。据仰光外交官和政府官员猜测,缅甸迁都的真正原因是防止可能发生的外部入侵。自美国停止对缅甸投资以来,缅甸军政府正遭受着1997年以来最为严厉的国际制裁。

《缅甸佛教与王权》 玛格利特·黄(缅甸仰光大学历史系)撰,发表于《南洋问题研究》2006年第2期。本文考察缅甸上座部佛教发展的历史及其特征,指出缅甸佛教的久远流传与王权的护持密不可分。王权、僧伽与佛法之间共存共荣是缅甸政治发展、僧伽繁荣与佛教流传的根本原因。佛教作为缅甸民族文化的核心与根基,对缅甸社会产生了广泛而深远的影响。

《全球视野中的菲律宾伊斯兰化历史进程》 史阳(北京大学外国语学院东语系)撰,发表于《东南亚研究》2006年第2期。指出菲律宾南部的穆斯林问题一直是现代菲律宾社会的热点,历史上的菲律宾也经受过伊斯兰教的重大影响。伊斯兰教传入菲律宾是该教在东南亚迅猛的传播、扩张运动的一个组成部分，其传入菲律宾的过程可分为四个历史阶段。在全球视角中，菲律宾的伊斯兰化始于伊斯兰在全世界范围内东扩到达东南亚，一面是伊斯兰教东进，一面是西班牙西进、葡萄牙东进，在东南亚东端的菲律宾相遇碰撞。所以菲律宾的伊斯兰化是整个伊斯兰世界的扩张及其与基督教世界的争夺中的一个组成部分，是基督教世界绕过半个地球来到远东与伊斯兰世界再次发生文明冲突的碰撞的标志。

《菲律宾非暴力群众运动的根源和后果》 赵自勇（华南师范大学历史文化学院）撰，发表于《当代亚太》2006 年第 8 期。指出 2006 年菲律宾政治危机的根源，在于其民主的狭窄基础。如何超越“精英民主”，已成为非常现实的学术和政治问题。过去一直被认为是推动了菲律宾民主制度恢复和发展的人民力量运动，而今同样需要重新思考其性质和作用。从实际结果看，人民力量运动并非人民的意志和政治影响力的体现，而是精英之间的派系斗争，参加运动的群众只是精英们掌握的工具，因此，人民力量运动并不能够使菲律宾走出当前所面临的社会政治困境。

《族群认同：菲律宾华人认同的变迁》 林云（首都师范大学信息工程学院）、曾少聪（中国社会科学院民族学与人类学研究所）撰，发表于《当代亚太》2006 年第 6 期。指出华人的认同在东南亚是相当复杂和敏感的问题。本文以菲律宾为例，探讨海外华人认同的变迁。菲律宾华人认同的变迁与其从“移民社会”向“定居社会”的转变有着密切联系。衡量华人认同变迁的因素很多，主要包括：其一是民族的认同；其二是政治的认同，即国籍的认同与在移居地对参政议政的态度；其三是叶落归根或落地生根。这既可作为菲律宾华人认同的指标，也可以作为华人从“移民社会”向“定居社会”转变的标准。

《新加坡宗教道德教育启示》 陶乐（华中科技大学）撰，发表于《当代经理人（下旬刊）》2006 年第 3 期。指出充分利用宗教影响对青少年进行道德教育是新加坡教育的一大特色，并取得很大成功。中国是一个社会主义国家，我们要体现这一民族特性并加强民族团结，就是要在实行独立宗教政策的前提下，用马克思主义加强对人民“无神论”和意识形态的教育，要将基层纳入意识形态教育对象之中，并引起足够重视，同时，实行对宗教“去弊存利，利为我用”的原则。

《新加坡的思想政治教育》 罗春洪（江西南昌大学）撰，发表于《思想政治工作研究》2006 年第 5 期。指出新加坡是个典型的移民国家，境内具有多元种族、多元宗教和多元道德价值观，为此新加坡政府注重统一国民思想，共同致力于发展。他们以各民族都能接受的方式向国民灌输“我是新加坡人”的国家意识，使人们产生归属感和责任感，在心理上认同“一个民族、一个国家、一个新加坡”。

《新加坡德育特色及对我们的启示》 冉小先（江南大学法政学院）撰，发表于《前沿》2006 年第 2 期。指出中国和新加坡作为东方国家，具有很多相似方面，新加坡之所以在较短的时间内迅速崛起，成为一个经济发达的国家，而且政治稳定、社会秩序良好，思想道德教育起重要作用。这篇文章主要是分析新加坡德育特色，这对于提高中国思想政治教育实效性具有积极的作用。

《新加坡的职业再造计划及其启示》 徐林清（暨南大学国际经济与贸易系）撰，发表于《东南亚研究》2006 年第 5 期。指出为降低日益严重的结构性失业问题对劳动力市场的冲击，新加坡工会、雇主、政府三方合作推出职业再造计划，试图通过提升职业形象、改善劳动条件和在提高效率的基础上提高工资的方法增加这些职业的吸引力，并在现有职业的基础上识别和发掘出更多就业机会以利新加坡人就业。新加坡的经验对中国解决结构性失业问题提供了有益的启示。

《新加坡人民行动党政府的社会控制方式》 李路曲（华东政法学院政治与公共管理学院）撰，发表于《东南亚研究》2006 年第 4 期。本文从制度环境、制度安排、政策和策略等方面对新加坡执政的人民行动党及其政府如何处理与其他政党、社群组织和普通选民的关系和社会控制方式进行分析。指出在制度设计上，是一个存在一定程度多元制衡的一党独大的以行政为主导的软权威主义的政体。在处理与反对党的关系方面，执政党的基本原则是一方面对其严格限制和控制，采取一切“合法的”手段把其摒弃在国家权力之外；另一方面则保证其在一定程度的发言权，对执政党进行监督，反映不同的利益和政见。在处理与社群组织和选民的关系方面，其基本原则是通过推行国家合作主义的政策把人民群众纳入执政党所设定的政治发展进程之中；实行一种具有多元利益表达和一定民主性的、提倡体制内合作的自上而下的制度；人民行动党在联系群众方面已经形成高度制度化的联系机制，这种机制不是一味迎合人民群众的眼前需要，而是着眼于其长远利益。

《中国民营企业在新加坡上市的现状与问题》 王勤（厦门大学南洋研究院）、曹凝凝（中国农业银行托管业务部）撰，发表于《东南亚》2006 年第 4 期。指出目前，在新加坡上市的中资民营企业已初具规模。从总体上看，中资民营企业在新加坡上市有效解决部分国内民营企业融资难的问题，促进民营企业经营管理机制的转换，提升了民营企业的国际竞争力。另一方面，国内民营企业借资本社会化的契机，转换经营体制与机制，实现管理理念、股权结构、运作模式的转变。中国民营企业在新加坡上市具有广阔的发展前景，但也面临着一些亟待解决的问题，为此必须采取相应的政策和措施：建立和完善海外上市民营企业的有效内部约束和外部监管机制；加强海外民营上市公司信息披露的制度；加大对海外上市民营企业的辅导和支持。

《西部大开发战略与泰中经济合作》 Aksornsri Phanishsarn（泰国法政大学经济系）、王玉主（中国研究中心委员会成员）撰，发表于《当代亚太》2006 年第 8 期。指出中国从 2000 年开始实施的西部大开发战略及其对泰国的经济意义。伴随着这一地区经济发展政策的落实，中国政府加大对西部地区开发力度。泰国与中国西南地区相邻，在加强边界经济活动方面拥有巨大的地缘经济优势。泰国应优先考虑加强与四川省、重庆市、云南省和广西壮族自治区的投资联系。泰国与上述地区在经济合作方面具有潜力的主要产业有汽车及配件、食品加工、传统中草药、旅游、能源以及物流和运输。

《20 世纪泰国社会华人姓名的泰化嬗变》 金勇（北京大学外国语学院）撰，发表于《当代亚太》2006 年第 5 期。指出华人是泰国社会重要的组成部分，他们的姓名问题对社会稳定有重要影响，因此一直是泰国政府所关注的问题之一。本文试图通过泰国华人姓名泰化的嬗变过程，来管窥 20 世纪华人在泰国社会所处境遇的变化。华人姓名不断泰化,一方面缘于泰国政府长期不懈地坚持对华人的同化政策;另一方面也与当地华人对泰国社会的认同感不断增强密切相关。此外,面对政府的归化政策,华人也通过双名制度等方式保持自身文化的相对独立性。

《泰国的廉政建设与廉政文化》 周方冶(中国社会科学院亚太研究所)撰,发表于《当代亚太》2006 年第 4 期。本文认为,廉政建设需要反腐机制与廉政文化的协调发展,廉政文化的缺失将使反腐机制难以发挥应有的效力。泰国廉政文化缺失的实质是在传统型廉政文化向现代型廉政文化转型过程中出现断裂和脱节。由于政治和社会文化转型难以一蹴而就,泰国廉政建设的完善仍要经过漫长而艰难的发展过程。

《泰国政党政治的演进与发展》 周方冶(中国社会科学院亚太研究所)撰,发表于厦门大学南洋研究院 50 周年庆暨“当代东南亚政治与外交”学术研讨会。指出 2006 年泰国现代民主体制建立至今已有 70 余年历史,但由于军人独裁政府的压制和传统政治文化的束缚,使得泰国的政党建设在相当长时期内一直得不到发展。直到 20 世纪 70 年代初,军人独裁政府垮台,泰国政党才开始较为稳定的发展。经过 80 年代的依附起步阶段和 90 年代的多党纷争阶段,泰国政党于 21 世纪初步入大党形成阶段。本文旨在通过考察泰国政党政治演进过程及其特点与问题,分析泰国政局的发展趋势与前景。

《泰国政党制度向一党独大制过渡》 张锡镇(北京大学国际关系学院)撰,发表于厦门大学南洋研究院 50 周年庆暨“当代东南亚政治与外交”学术研讨会。指出 2005 年 2 月泰国的大选结果引起许多人关注,泰爱泰党单独一个党赢得议会绝对多数,第一次组成一党政府,在泰国政坛第一次形成一党独大的局面。这是一种偶然现象吗? 一党独大制能在泰国巩固下来吗? 它对泰国的社会发展究竟起什么作用? 本文试图就这些问题作一初步探讨。

《浅议泰南民族分离运动》 夏博(云南大学国际关系学院)撰,发表于《东南亚研究》2006 年第 6 期。指出泰南自 1909 年签订《英暹条约》归入泰国版图以来,马来穆斯林的分离运动就此起彼伏、经久不衰,成为困扰泰国历届政府的一大难题。9.11 事件发生,使这一长期并未休眠的火山再度喷发,且火焰呈越烧越烈之势,其影响不仅波及泰国国内,还扩散到其他地区。

《他信政府的危机及其启示》 张锡镇(北京大学国际关系学院)撰,发表于《东南亚研究》2006 年第 5 期。指出 2006 年初以来,泰国政坛发生一场政治危机。本文回顾此次泰国他信政府政治危机的由来与发展过程,分析为什么颇有作为和成就的他信政府会面临一场自 1992 年以来大规模的反政府示威活动,从这场危机中可以找出一些令人深思的教益。

《泰国他信的治国之道》 王子昌(暨南大学东南亚研究所)撰,发表于《东南亚研究》2006 年第 5 期。指出泰国总理他信提出以经济增长为目标、以管理为核心的治国理念,并依此理念对泰国法定独立机构、官僚和军队进行政治化改造,对社会问题实行更为切实有力的解决措施。他信的治理之道既是泰国经济迅速发展、他信能够连任的一个主要因素,也是他信饱受抨击和反对,造成泰国当今政治动荡不定的一个决定因素。

《再谈泰国旅游业的发展及其启示》 李瑞霞(云南省社会科学院东南亚研究所)撰,发表于《东南亚》2006 年第 1 期。指出泰国旅游业具有独特的魅力,它向世界展现一个既有丰富的旅游项目,又具有现代文明及民族文化特色的理想旅游目的地。泰国旅游业发展有以下特点:打造精品线路;注重自然风光与民族文化结合在一起;规范旅游市场,有针对性地开发旅游市场;十分重视创造宽松的旅游环境。泰国旅游业发展很快,它对云南旅游业发展有以下启示:创造品牌效应,通过开辟精品线路和提供优质服务拓展旅游事业,是旅游事业长期稳定发展的基础;加强旅游宣传力度,提高旅游地居民的整体素质;注重旅游地景区的开发与文化内涵的提高;开发旅游产品及旅游项目,丰富旅游内容。

《经济全球化与区域一体化下的中越“两廊一圈”合作》 刘稚(云南省社会科学院东南亚研究所)撰,发表于《当代亚太》2006 年第 10 期。指出 2004 年 10 月中越两国领导人就“两廊一圈”合作达成共识,并开始启动。本文分析了“两廊一圈”合作的背景、内容、目标,并从区域经济学的视角论述了“两廊一圈”在中国与东盟经贸合作中的定位和功能。本文认为,“两廊一圈”建设不仅有利于促进中越合作,而且将成为促进中国与东盟各国经济合作的重要纽带和桥梁,是经济全球化与区域一体化背景下中越两国区域分工与合作的一项创新,前景广阔,潜力巨大。

《二战后越南华人政策演变探析》 闫彩琴(厦门大学东南亚研究中心)撰,发表于《东南亚研究》2006 年第 6 期。本文在系统梳理二战后越南华人政策演变脉络的基础上,试图从宏观上厘清越南华人政策与中越关系、越南民族主义以及越南华人本地化之间的内在联系。笔者通过分析认为:中越关系、越南民族主义等因素始终支配或影响着不同时期越南华人政策的制定,但随着中越关系正常化和越南华人本地化进程的完成,其影响在逐渐淡化;越南华人政策与华人本地化之间具有互动性。

《汉语汉字在越南的传播及其文化意义分析》 祁广谋(洛阳外国语学院)撰,发表于《东南亚研究》2006 年第 5 期。指出汉语汉字在越南的传播既是中国封建统治者出于统治和开发边境民族文化的需要,更是越南封建王朝加强自身统治的需要。汉语汉字通过多种途径在越南进行传播,对越南社会政治文化以及语言文字的社会功能产生广泛而深远的影响,它所包容的文化意义呈现出多方面性和多层次性。

《试述越南社会民俗的特点及其成因》 陈确(华南农业大学人文社会科学院)撰,发表于《东南亚研究》2006 年第 3 期。本文认为越南社会民俗文化具有三方面特点:一是明显受中国民俗的影响;二是浓厚的越南民族特色;三是多元文化的民间习俗。越南本土文化的发展及其对外来文化的兼容、改造与异化是造成其民俗社会特点的主要原因。

《越共十大以理论革新推进具有本国特色的社会主义发展道路》 蔡鹏鸿(上海社会科学院亚太研究所)撰,发表于《南洋问题研究》2006 年第 4 期。指出越共十大对一些理论和政策作出修改,如下几点值得关注:一是政治体制改革提上议事日程,称之为“越南共产党领导模式革新”;二是,党章关于党的宗旨做出微调,维持民主概念的同时,关注独立性,强调非剥削性;三是对党的组织成分做出重大修改,容许党员参与私营经济活动的同时,修改“越南共产党是工人阶级先锋队”的传统提法;四是提出“进一步完善社会主义方向的市场经济体制”的要求。

《越南吸引外资的新成效》 于向东（郑州大学越南研究所）撰，发表于《东南亚》2006 年第 2 期。指出近年来，越南经济持续、稳定发展。越南 2005 年外国投资呈现出总额迅速增长、项目平均数额增大和主要集中于工业、服务业领域等特点。2005 年度越南吸引外资又迈上新台阶，外资企业为越南经济发展作出突出贡献。但越南招商引资也还存在一些问题：投资环境软、硬环境还需要进一步改善，投资来源地分布还过于集中；投资额增长速度缓慢；投资管理不统一；投资产业结构和地区分布不合理等，影响外资的增长，也影响其经济效益的发挥。从发展趋势看，越南吸引外国投资继续保持增长势头。

《越南保险业的现状和发展》 胡建生（厦门大学南洋研究院）撰，发表于《东南亚》2006 年第 4 期。指出 2005 年，越南经济快速增长，人民生活水平大幅提高，社会制度、经济制度都发生深刻变化，即将于年底加入世贸组织，这些都为其保险业的发展奠定良好基础。越南保险业现状与特点有：外资大量介入导致保险市场竞争激烈；险种创新；扩大保险资金的运用范围，使其保值增值；对国内公司有利的优先分保制度；对保险市场的监管及保险业相关法律等。存在问题有：国民收入低，保险意识差，保险从业人员的素质低；保险市场急需法制化、规范化；过度竞争与风险控制；缺失的法定分保；公司困境等。越南保险业前景展望：经济发展是影响保险产业发展的主要因素；实际利率的稳定对寿险公司有利；正逐步改革和开放的越南保险市场。

《9·11 事件后美国在东南亚的军事存在及其影响》 曹筱阳（中国社会科学院亚太研究所）撰，发表于《当代亚太》2006 年第 3 期。指出 9·11 事件后，美国强化在东南亚的军事存在与合作，表现出谋求在东南亚更多的“准入”和使用设施权，在强化双边军事合作的同时积极开展多边军事演习与合作，美日澳三国安全合作与东南亚合作相结合建立环太平洋安全网络，更加关注海上安全等新的特点。美国在东南亚的新军事态势对地区和中国安全环境有重要影响。

《美国与东亚大国的关系——东南亚的视角》 尤素福·瓦南迪、魏红霞（印度尼西亚国际战略研究所）撰，发表于《美国研究》2006 年第 1 期。本文评述美国与东亚大国——中国、日本、俄罗斯、印度及东盟的关系，以及这些关系对东亚的影响，并着重分析中国与东亚大国的关系。作者认为，中美关系肯定是未来东亚地区最重要的战略关系。中国的崛起促使创立东亚地区机制成为必要。多边合作是解决和克服双边低效的最直接的战略，因此，创立东亚共同体的想法具有很重要的意义。

《布什政府对东盟的政策及其对中国的影响》 魏红霞（中国社会科学院美国研究所）撰，发表于《东南亚研究》2006 年第 4 期。本文总结布什执政以来美国对东盟的政策，探讨影响美国政策的因素，分析美国对东盟政策的调整将对中国—东盟关系产生的影响。文章认为，9·11 事件以后，美国的反恐战争为其重返东南亚提供契机。布什政府调整对这一地区的政策，改善或提升与东盟国家的关系。然而，把东盟作为一个地区机制，美国还没有完整的战略。美国主要推进的是双边关系，其中以军事关系为重。美国政策对中国的影响是复杂的，在中美关系稳定的情况下，其负面影响在短期内不会太大。

《从军事安全角度看东盟五国的美国观》 陈奕平（暨南大学历史学系）撰，发表于《东南亚研究》2006 年第 2 期。指出冷战结束后，东盟国家虽然对美国在地区安全中的作用曾存在较大争议，但逐渐倾向一致的看法是：美国虽然不再是军事保护者，但仍然欢迎美国的军事存在，以发挥一种制衡和协调作用。为何东盟国家将日本、中国和印度的崛起视为潜在的安全威胁，而总体上并不将美国这个超级大国视为安全威胁？结合沃尔特（Stephen M. Walt）“威胁平衡”理论，笔者认为，关键因素是对“大国进攻性意图”的认知和防范心理。

《冷战前美国的南中国海政策》 张明亮（暨南大学东南亚研究所）撰，发表于《南洋问题研究》2006 年第 2 期。指出冷战前美国的南中国海政策是后来的基础。18 世纪末到二战结束，南中国海越来越多地涉及美国利益。二战前，美国在南中国海的利益有限，承担责任亦有限；二战期间，美国已深深地介入南中国海事务，南中国海对美国利益的影响也越来越大，从而决定了整个冷战时期乃至如今美国南中国海政策的方向。

《冷战时期苏联在新加坡大国均势战略中的地位及变化》 魏炜（华东师范大学历史学系）撰，发表于《国际论坛》2006 年第 1 期，指出新加坡对亚太大国奉行均势战略。在冷战时期主张亚太地区形成以美国为主导的美苏中三角均势，苏联在其中发挥制衡作用，处从属地位。由于美苏在东南亚力量对比的变化，以越战结束为界，新加坡对苏战略分为鼓励和抵制两个阶段，核心目的就是要保证地区形势对新加坡安全有利。新加坡的对苏战略既体现新加坡外交的实用主义原则，也体现其积极主动的外交特点。

《日、韩调整与东盟的关系》 唐宇英、杨万强撰，发表于《当代世界》2006 年第 12 期。指出 2006 年，日、韩两国都在对东盟外交进行新调整与定位的基础上，积极推动与东盟在各个领域的交往。政治往来平稳发展，经济合作深入推进，军事安全交流有所提升，成为 2006 年日、韩与东盟关系发展的主基调。

《日本与越南的经贸合作及日越关系的发展》 许梅（暨南大学东南亚研究所）撰，发表于《当代亚太》2006 年第 3 期。指出在日越关系的建立与发展过程中，经贸合作始终是重要的纽带，起决定性作用。日本不仅通过贸易、援助和投资等经济合作方式打开越南市场，而且将其作为进一步实现地区政治和战略利益的重要手段。

《日本与东盟双边贸易状况的实证分析》 张秋菊（上海财经大学工商管理学院）撰，发表于《东南亚研究》2006 年第 6 期。指出日本与东盟双边贸易状况影响着东亚一体化的进程，本文主要选用 1994～2003 年数据，运用一些指标对日本与东盟主要国家贸易状况进行实证分析。从中发现：日本与东盟主要国家在贸易方面的联系很紧密，尤其是日本在贸易方面对东盟的依赖程度较强，且日本与东盟主要国家产业内互补的贸易有所增加，但增长较慢；双方贸易增长主要来源于对方市场的扩大。

《试析东盟—日本关系发展中的相互依存性》 许梅（暨南大学法学院）撰，发表于《暨南学报（哲学社会科学版）》2006 年第 2 期。指出战后至今东盟与日本的关系从疏离到密切经历一个递进演变、不断发展的过程，究其根本，相互依存性是双方能够建立并维持长期稳定合作关系的重要基础。

工　商　资　讯

经贸信息

越来越多中国传统农业技术“输出”东盟国家

越南气候条件独特，适宜四季养蚕，但目前其蚕桑产业还处于相对初级的状态，丝绸加工生产技术水平较低。

2004年下半年，来自中国著名的“丝绸之府”浙江湖州的中国农民鲁邱关在商务部“东桑西移”的发展战略中看到中国丝绸技术向周边国家发展的巨大潜力，便来到越南发展桑蚕养殖。短短两年时间，他和家乡人已经在越南的广南省投入20多万元人民币，发展了120公顷高品质的桑田。鲁邱关认为，明年年初就可以基本收回成本，今后每年盈利在30万元左右。

鲁邱关的经历仅仅是中国农业技术“输出”东盟国家的一个缩影。近年来，随着中国—东盟自由贸易区建设步伐加快，越来越多的中国传统优势农业技术向东盟国家输出。来自广西检验检疫局的统计显示，2006年上半年从广西口岸出口越南的杂交水稻种达29批、1965吨、总值110.68万美元，经报检出口的杂交水稻种数量在全国各省区中居第一位。中国杂交水稻稻种使用范围很广，仅桂99的相关杂交稻品种就有14个，既有符合越南北部山区的感温型早稻、晚稻品种，又有适合南部高温日照强烈气候的感光型品种。

近年来，广西农垦集团还在泰国、缅甸、老挝等东南亚国家积极发展木薯产业，通过向这些国家农民输出木薯种植技术来扩大变性淀粉的来源。这一产业预计投入2亿元，投产后每年能够带来1亿元左右的回报。

经济学硕士谢建中认为，中国具有优势技术的传统产业向东盟国家输出，具有适用性。他分析：按照农产品交易与农业技术转移之间1:8的国际评估标准计算，中国农业技术输出东盟国家带来的综合效益已经超过300亿人民币，考虑到由此带来的劳动力就业问题解决等连锁效应，实际效果还远远超过这一数字。　　（据新华社　2006-10-30）

中国广西应着重拓展对东盟三类投资

广西对东盟投资虽然数量少，规模小，但发展势头迅猛，潜力巨大。2006年，广西对东盟中方协议投资额2795万美元，占当年广西对境外中方协议投资额的41.3%。广西具有与东盟开展经贸合作的独特优势和难得机遇，应鼓励和引导更多企业到东盟投资。从促进广西与东盟优势互补出发，着重拓展广西对东盟的以下三类投资：

一、资源开发型投资

东盟国家尤其是中南半岛国家土地资源、能源资源、矿产资源、海洋资源和农林资源等自然资源十分丰富，但工业基础薄弱，资源开发水平和市场发育程度偏低，亟需引进国外资金、先进技术和管理经验，合作开发当地优势资源。广西一些骨干企业具有雄厚的资金、先进的技术和高素质的人才队伍，可通过长期贸易协议与参股开发相结合等多种方式，积极参与开发和利用东盟国家储量丰富而广西又相对短缺的煤炭、铁矿、石油、天然气、有色金属、橡胶等能源资源和矿产资源，建立境外资源供应渠道，缓解广西资源供需矛盾。东盟多数国家是典型的农业国，盛产热带作物和水产品，农产品价格低、质量好，但大多农业技术落后，加工能力偏低，广西可到这些国家创办农产品生产、深加工和综合开发企业。

二、市场开发型投资

东盟各国加快了东盟内部的经济一体化步伐。东盟老6国已于2002年1月1日正式启动自由贸易区，其他新成员国也将加快关税的削减速度，一个拥有5.5亿人口、7000多亿美元GDP的新兴市场显示出诱人的前景。广西应发挥比较优势，以技术、设备、人才和品牌为投资要素，整合东盟国家的劳动力、土地和原材料，生产出低成本、有特色、高附加值的优质产品，开辟东盟市场，并利用东盟国家与美、日、欧盟贸易便利化的有利条件，将优势产品通过东盟出口到发达国家。鼓励和引导企业到东盟投资办厂，开展境外加工贸易，既可带动广西原材料、零配件、成套设备的出口和技术、劳务的输出，又可降低关税成本，规避贸易壁垒，从而大大增强产品的市场竞争力。

三、战略资产型投资

与东盟发达国家联合投资开发电讯信息设备、电子设备、电子计算机等高新技术产业以及金融、保险、旅游等服务业。通过在东盟发达国家就地引进先进技术和管理经验，形成一批具有国际比较优势，带动广西产业升级的优势产业。在东盟发达国家设立分公司或办事处，以便拓展东盟市场乃至世界市场。

广西应高度重视中国—东盟信息高地建设。中国与东盟跨地域、跨行业、跨学科的各种活动所形成的重大信息在广西的披露与交流，客观上使广西和南宁逐渐成为中国一个新的信息高地，吸引了中国、东盟乃至全球的眼光，在信息领域的极化效应和扩散效应初步显现，广大媒体正逢大有可为之时。广西应进一步重视和着力推动信息高地的建设，充分整合媒体优势，发挥信息引领的作用，在打造中国—东盟信息交流中心过程中，实现以信息化带动工业化，以信息高地建设带动广西区域性物流基地、商贸基地和制造基地等“三个基地”建设。（据新华网　2007－01－28）

东盟电信市场将对中国开放

2007年2月14日，中国和东盟签署了中国—东盟自由贸易区《服务贸易协议》，根据协议内容，中国电信企业有望今年进入东盟市场。

协议的内容是，马来西亚、菲律宾、越南、老挝、缅甸、柬埔寨6国均承诺向中国开放电信市场，承诺分步骤包括允许中资电信企业在当地设立独资或合资企业，逐步放宽设立公司的持股比例等内容。这一协议将从2007年7月1日起正式生效。

与此对应，包括中移动、中联通、中兴与华为等国内电信企业此前均表示了各自的国际化意愿，但中国电信企业试图通过收购等方式进入海外的尝试目前仍进展缓慢，中移动此前的两次海外并购尝试均告失败，中兴、华为等电信设备企业在印度、印尼等地设立合资及独资企业的尝试也屡屡受挫于当地的市场准入政策。中国和东盟达成协议后，中国和东盟将有望逐步减少电信业的准入限制，扩大电信服务业的市场开放。面对作为发展中国家市场的东盟，国内运营商和电信设备企业将有望受益于其市场增长前景。

此前，中国电信已经宣布，开始和缅甸、印尼等国家谈判，联合建设国际通信中心。去年年底，中国联通董事长常小兵也曾宣布，联通已经和越南多家电信运营商达成合作，共同在CDMA手机采购与漫游等方面进行合作，以逐步进入东盟市场。（据《京华时报》）

文莱越南加强劳务合作

越南驻文莱大使哈红海向文莱媒体透露，截至目前，已有400余名越南劳务人员在文莱就业，今后还将有更多的越南工人来文工作。在文的越南劳工主要从事建筑、家政服务等行业。

文莱与越南的劳务合作起步于2006年初。与来自菲律宾、泰国的劳工相比，越南劳工的薪资较有竞争力，出国前接受了英语等方面的基础培训，因而受到文莱雇主的欢迎，从越南引进劳工数量快速增加。

在文莱14万总就业人口中，有6万多人来自国外，印尼是最大的劳工来源地，其他还有菲律宾、孟加拉国和印度等国。（据中国驻文莱大使馆经商处　2007－01－15）

文莱积极发展旅游业

据文莱旅游发展局资料，2005年有12万游客到文莱观光，其中东盟国家的游客数量最多，达到7.77万人，亚太地区游客的数量达到2.29万人，欧洲的游客数量达到1.44万人。到文莱观光的东盟国家游客中，马来西亚游客数量最多，达4.71万人。2005年来文莱的中国游客达4.30万人，印度游客数量达5210人。到文莱观光游览的欧洲游客多数来自英国，2005年共有1万多英国游客到文莱旅游，其他还有德国，荷兰，法国和瑞典的游客。2005年来自美洲大陆的游客数量近3600人。

（据中国驻文莱大使馆经商处　2006－12－02）

文莱积极推进清真食品产业发展

2006年10月21日，文莱工业和初级资源部长艾哈迈德在一场文莱清真食品推介会上表示，该部将与文莱宗教部、卫生部等相关部门合作，设立文莱自己的清真食品标准。工业部还计划成立一个包括企业参加的委员会，推动“文莱优质清真 Brunei Premium Halal Brand”品牌的发展。

此外，工业和初级资源部还计划开发一个清真食品工业园，鼓励和扶持文莱清真食品加工生产企业的发展。

（据中国驻文莱大使馆经商处　2006－10－24）

文莱大力发展水产养殖业

文莱工业和初级资源部部长艾哈迈德在一次座谈会上表示，在即将开始的“九五计划”里，政府将投入7000万文元以支持以水产养殖为主的渔业发展，工业部计划到2023年，养殖业的产值要从2005年的7100万文元增加到4亿文元。

文莱的水产养殖业以养虾为主，2005年，文莱13个养虾场共生产各类虾约400吨。

文莱渔业局聘请了数名来自美国的专家，帮助改善虾种和虾苗，提高存活率和质量，并开发国际市场。该局还计划组织一个代表团11月初赴美国迈阿密参展，开拓美国市场。

（据中国驻文莱大使馆经商处　2006－10－13）

文莱将与马来西亚公司合作生产生物柴油

作为文莱经济多元化的一个重要项目，文莱经济发展理事会和马来西亚HDZ生物柴油合作有限公司签订了生物柴油计划合作谅解备忘录。项目将投资额2.63亿美元，在文建设两个生产生物柴油和丙三醇的项目，预计项目第一期年产量达10万公吨，第二期计划年产量达40万公吨。项目在2007年年内启动。（据中国驻文莱大使馆经商处）

文泰签订合作备忘录

文莱交通部港务局与泰国港务局在文莱首都斯里巴加湾签署合作备忘录，备忘录的签署旨在促进文、泰两国政府、私人界和国有企业对两国法律和条文的了解、尊重，并从中受益，同时推动双方在船务、海港、货运和人力资源等领域的合作。备忘录的签署标志着两国船务和海港业合作进入新里程。（据中国驻文莱大使馆经商处）

文莱壳牌与新加坡签署合同

文莱壳牌石油公司与新加坡Swiber控股SwiberHolding-Limited签署了价值1.46亿美元的工程承包合同。

Swiber 控股将在今后两年内为文莱壳牌提供包括海上采油设备的建造、安装和海底输油管线、海底电缆的更换等服务。 （据《国际商报》 2007－02－27）

文莱工业园工程签约

文莱经济发展理事会与文莱 Galfar 公司签署协议，Galfar 公司将承担双溪岭工业园建设的前期准备工程，包括土地平整、隔离墙和道路的建设等。双溪岭工业园规划占地 271 公顷，靠近文莱石油和天然气生产区。目前，已确定将入驻该工业园的有年产 80 万吨的甲醇厂、尿素厂和生物柴油厂等项目。文莱政府的目标是将该园区建设成为具世界水准的石化工业园。 （据《国际商报》）

文中两国贸易较快增长

根据中国海关统计，2006 年中文两国贸易额达到 3.15 亿美元，较 2005 年增长 20.73%，其中，中国向文莱出口增长幅度较大，出口额达 1 亿美元，比上年增长 87.48%，中国从文莱进口 2.15 亿美元，同比增长 3.65%。中文两国贸易的增长得益于中国—东盟降税计划的实施，根据协议，从 2005 年 7 月开始，中国—东盟相互减让 7000 余种商品的关税，中国—东盟的经贸合作进一步扩大，双边贸易快速增长。2006 年，中国—东盟之间的贸易额达 1608.4 亿美元，增长 23.37%。（据中国驻文莱大使馆经商处 2007－01－26）

中国汽车在文莱市场前景看好

2007 年 1 月 27 日，中国宇通客车在文莱的代理商 TCY 汽车公司向其客户文莱豪迈旅行社移交了一辆新款的 47 座宇通客车，这是自 2005 年 5 月宇通客车进入文莱市场之后，该公司售出的第 11 辆宇通客车。随着文莱旅游开发力度的加大，入境旅客数量的持续增长，对大型客车的需求将进一步扩大。

近两年来，代理中国汽车成为文莱汽车市场的新热点，继宇通之后，中兴、长城、奇瑞、昌河等品牌汽车陆续登陆文莱市场，车型包括 SUV、皮卡、微型车等等。中国汽车以其优良的品质和优惠的价格，得到文莱消费者认可和喜爱，销量逐渐上升，市场前景看好。

（据中国驻文莱大使馆经商处 2007－01－30）

豪华邮轮将来往文莱—中国海南

据文莱媒体报道，香港海洋豪华邮轮公司计划在 2007 年下半年，将一艘豪华邮轮投放在海南，经营海南环岛旅游航线，并以海南三亚为基地，将开辟中国海南—泰国—新加坡—文莱航线。2007 年以后，预计每年可为文莱引进万名海外游客，并带动文莱与东盟的旅游业。此外，该公司也将开辟另一条中国海南—菲律宾—香港航线。

（据中国驻文莱大使馆经商处 2006－10－26）

柬埔寨制鞋业发展迅速

2007 年 3 月 7 日下午，柬埔寨王国政府总理洪森亲王前往金边市隆边区四臂湾会议厅，出席商业部 2006 年工作总结大会。

洪森总理在讲话中指出，商业部官员应该努力吸引外国投资者到柬埔寨王国投资。他说，外国人到柬埔寨投资，除了为柬埔寨人民创造工作机会外，也使得柬埔寨人民学习到许多专业知识，提高了柬埔寨人民的工作能力。

洪森总理表示，柬埔寨王国与美国签订了关于商业与投资协议，对推动柬美商业发展起了重要作用。他说，由于柬埔寨良好执行了劳工法，为劳工创造较好的工作环境，所以美国才会与柬埔寨签订商业与投资协议。

他指出，1996 年柬埔寨出口的成衣与鞋子价值总额为 2000 万美元，而 2006 年柬埔寨出口的成衣与鞋子价值总额为 25.85 亿美元，也就是说，从 1996 年到 2006 年短短 11 年时间，柬埔寨成衣出口额增加了 129 倍。

洪森总理强调指出，成衣业与制鞋业的迅速发展，使柬埔寨的经济获得极大的发展，也对柬埔寨王国的政治稳定起了重要作用。他说，30 多万柬埔寨青年人由于有了工作机会，他们既可以养活自己，也可以帮助家人解决经济困难，因此，社会稳定了，市场也繁荣了，国家就向前发展了。

（据柬埔寨《华商日报》 2007－03－09）

柬埔寨拟允许更多公司进口汽油以压低国内油价

《柬埔寨日报》2007 年 1 月 22 日报道说，柬埔寨首相洪森日前宣布，政府决定允许更多公司跨越边境从泰国、老挝和越南进口汽油，以压低国内油价。

据柬政府发言人乔卡纳里透露，柬埔寨财经部曾劝说在柬运营的 5 家主要石油公司降低油价，在得到否定的回答之后，洪森才做出了这一决定。

乔卡纳里说，洪森允许任何公司以更低的价格进口汽油到柬埔寨，在这 5 家石油公司不愿降价的前提下，如果有更多公司进入石油销售行业，将会促使油价下降。

目前柬埔寨油价较高，优质汽油每升约售 1 美元。

（据新华社）

柬埔寨发现大油田

柬埔寨召开了 2007 年经济远景国际会议，各国使节和国际组织的代表纷纷与会，最关注的和讨论最热烈的，就是柬埔寨西南部沿海的石油蕴藏状况。

洪森首相在会上发表讲话说，柬埔寨已经确认有石油蕴藏，石油开采是促进柬埔寨中长期经济增长的一个绝佳的机会，它可以提高经济多样化，还可以帮助减贫。

洪森没有明确说出柬埔寨的石油储量，此前柬埔寨方面也始终拒绝就此公开作出估测。柬埔寨国家石油局的官员曾私下透露说，2009 年底之前柬埔寨的石油年产量将达到 5 亿桶，全部资源可以持续开采 40 年。

世界银行估测在柬埔寨西南部 3 万多平方公里的海域内，石油储量高达 20 亿桶，可为柬埔寨带来 20 亿美元的年收入。而联合国发展署驻柬埔寨的官员在 23 日的会议上则将其估测为 7 亿桶，而且说，到 2010 年柬埔寨政府就可以见到效益，以每桶石油售价 60 美元计算，政府每年可增收 17 亿美元，柬埔寨将因此而由穷国变成富国。

美国驻柬埔寨大使约瑟夫·穆索梅利也"证实"说,未来3年,资源型产业,其中包括石油、天然气和各类矿产,将使柬埔寨政府的收入增长两倍。他还引用联合国发展署的一份研究报告说,未来仅石油收入一项,就将是2005年柬埔寨所接受的所有外国援助的3倍之多。言下之意,柬埔寨将由此摆脱长期受援国的尴尬地位。

据了解,虽然目前囿于自身技术和资金条件的限制,柬埔寨政府不得不借助外力勘探油田,但从长远来看,它可能会限制其他国家在本国石油产业中的参与程度,同时有雄心将本国的索吉麦克斯和戴拉两家石油企业发展成为地区性的能源流通巨头,以求彻底改变柬埔寨在经济建设中的被动局面,进一步确立能源产业的地位,以便使柬埔寨借此机会跻身为地区性经济强国。

(据新华网　2007-03-01)

柬埔寨木薯干出口价格大幅下跌

柬埔寨政府部门最新公布的统计数据显示,柬埔寨木薯干出口价格连续暴跌,2006年前两个月,柬埔寨出口到越南的木薯干价格已从每吨136.29美元降至87.6美元。

据分析,导致木薯干出口价格大幅下跌的主要原因有三:一是木薯刚刚收获时价格会比较高,二是木薯种植面积增加,三是泰国巨商迟迟没有入场大宗收购。

数据表明,中国是采购木薯干的大主顾,但是由于出口费用的问题,中国商家往往选择从泰国和越南进货,而他们从泰国和越南购进的木薯干有相当一部分来自柬埔寨。

(据大马帮网　2007-03-29)

柬埔寨未施用化肥的大米价格居高不下

柬埔寨政府部门最新公布的统计数据显示,柬埔寨未经施放化肥而收获的大米的价格居高不下,每吨接近500美元,且广受市场欢迎。

统计数据说,这种大米是在国际组织的监督下生产的,已经获得国际绿色食品认证,是柬埔寨价格最高的大米。

2007年1月柬埔寨出口到马来西亚的一单264吨的"绿色大米",每吨售价480美元,碎米率为5%,而国际市场上其他种类的碎米率相同的大米,同期售价仅为每吨290至310美元。　(据大马帮网　2007-03-29)

柬埔寨倡议建东盟5国大米出口组织

洪森首相表示,柬越两国同时是出口大米的国家,柬埔寨倡议柬、越、老、泰、缅5国成立一个大米出口组织,若成立5国大米出口组织,该组织出口到世界各国的大米将达到1200万至1500万吨。

(据柬埔寨《星洲日报》　2006-12-29)

柬日计划联合启动西港经济走廊

由日本政府与柬埔寨政府联合开发的西哈努克港经济特区(SihanoukvilleSEZs),预计在2008年开始建设,并于将于2009年启用。

西港经济特区是日本国际协力组织(JICA)对柬埔寨的主要援助项目之一,它将由日本国际协力银行(JBIC)融资承建。它的主要对象是以出口为导向的成衣厂、鞋厂,同时也要吸引日本厂商把日本弃用的旧机器、二手车及电器产品,进行翻新、组装或再循环生产。日本驻柬埔寨大使高桥文明曾经表示,西港经济特区计划一直在推进中,但是"进展缓慢"。

对于这项计划,日本国际协力组织JICA共花了两年时间进行可行性研究,建设西港经济特区是柬埔寨和日本政府共同打造金边kk西港经济走廊的一部分。经济走廊的开发涉及柬埔寨的五个省份及两大城市,包括干拉省、宝居省、茶胶省、贡吥省及国公省,金边市及西哈努克市。

经济长廊的合作项目包括把西港建设成一個深港码头及自由贸易区,及在五个省份内加0A各种基础建设,以便利柬埔寨的工业发展。　(据《国际商报》)

柬埔寨与中国云南经贸合作逐渐深入

在金边举行的中国(云南)—柬埔寨贸易投资洽谈会上,云南与柬埔寨签订4个合作项目。包括云南国际公司、云南东南亚置业投资有限公司与柬方合作的占地133公顷、位于金边市中心区的五星级酒店休闲中心万谷湖"东方新城"开发项目;云南国际公司与美国、广东联手开发的柬埔寨最大港口西哈努克港生态旅游和土地综合开发项目;柬埔寨戈公省占诺铬铁宝石矿项目208平方公里的勘探协议;柬埔寨菩萨省昆桑锑铬宝石项目182平方公里的勘探合作项目。这意味着云南与柬埔寨的经贸合作逐渐深入。

(据中国新闻网　2007-04-10)

中国广西在柬埔寨投资木薯加工项目

广西明阳生化科技股份有限公司与柬埔寨锦新集团在第二届中国—东盟博览会上签订协议,决定在柬埔寨投资建设淀粉生产线生产变性淀粉,其产品输往中国。目前在柬埔寨该公司投资建设的3万吨木薯变性淀粉项目正在有序进行。　(据《国际商报》　2006-10-17)

印尼将建蒸汽发电站

印尼巴厘北区CelukanBawang港附近将兴建400兆瓦电量的蒸汽发电站,供应日益提高的电力需求。巴厘有望在2010年能拥有660兆瓦电力能源,增加发电量使巴厘在往后5~10年内,在电力需求上获得安全保障。

(据印尼《商报》)

印尼锡产量大减催高国际锡价

世界第二大锡产国印尼为打击非法采矿活动,关闭约20多家非法锡精炼厂,导致印尼锡产量大减,产量供不应求,国际锡价飙升至17年来新高水平。2006年,锡价已经上涨近75%。根据法国兴业银行的数据,2006年短缺量为3000吨,2007年锡供应缺口将急速增加到2.5万吨。

(据《国际商报》)

印尼发行中国十二生肖邮票

2007年2月14日，印度尼西亚邮政局首次发行以中国十二生肖为内容的邮票，为当地春节庆祝活动增添了喜庆的气氛。

印尼此次发行系列生肖邮票20万枚，特刊、首日封、小型张等共20余万套。其中，制作成册的特刊不仅将所有生肖邮票囊括其中，还用中文、印尼文和英文三种文字详细说明中国农历、春节以及生肖的来历，介绍了印尼华人历史，希望印尼各民族共同建设美好国家。

这是印尼首次发行生肖邮票，具有纪念意义和收藏价值，因此许多华人和当地集邮爱好者争相购买，各种邮票销量都非常好，尤其是印制精美的特刊受到热捧，当天准备的200套不到中午就已销完。 （据综合光明网消息）

印尼计划进口中国优质稻种提高粮食产量

由于大米价格近来不断攀升，印度尼西亚政府除进口大米平抑物价外，还计划从中国引进优质稻种提高国内水稻产量。

印度尼西亚农业部长安通·阿普里安托诺近日在雅加达表示，印尼目前有20万公顷水稻田面临1000吨的稻种短缺，政府计划主要从中国进口，预计耕种后的产量达85.2万吨。

阿普里安托诺说，从中国引进的优质水稻来自四川。据他介绍，印尼副总统卡拉2005年访华时，两国就曾签署农业合作方面的相关条文。

由于产量提高跟不上需求增长，印尼各地大米价格大幅上涨，导致其他生活资料水涨船高。印尼政府被迫从越南进口50万吨大米抛售以平抑市场价格，并计划再进口50万吨。

（据新华网 2007-02-16）

自然灾害和恐怖事件使印尼旅游外汇收入下降

印度尼西亚中央统计局局长鲁斯曼·赫利亚宛日前在此间宣布，2006年，印度尼西亚的旅游外汇收入达44亿美元，比2005年的45亿美元下降了2.2%。

赫利亚宛说，由于地震和海啸等自然灾害以及恐怖事件的影响，2006年印尼入境游客487万人次，比2005年下降2.61%。

据印尼文化旅游部的预测，2007年印尼的旅游业将恢复增长，预计接待600万外国游客的目标能够实现。到2010年，印尼希望能够接待1000万外国游客。

（据新华网 2007-02-12）

印尼政府豁免原产品增值税

印尼政府为推动农业领域发展，对6种战略物资豁免增值税（PPN）。即：原装或拆散属机器和工厂工具的资本物资（不包括零部件）；禽畜鱼饲料或是制造饲料的原材料；农产品；农业、农园、林业、畜牧业和渔业的苗或种子；通过水管疏导的饮用水；电力（供家庭用户6600瓦以上者例外）。印尼总统苏西洛1月签署的政府条例，追溯自1月1日起生效。

（据印尼《星洲日报》）

印尼政府拟采取保护措施控制家具进口

《印尼商报》2月14日消息，印尼工业部长法米在雅加达举办的家具展览会上表示，随着越来越多的中国家具进入印尼并抢占市场，印尼当地家具制造业面临中国家具产品的严重威胁和冲击。目前，印尼政府正在搜集和研究分析最近3年来中国家具进口数据，若近3年印尼从中国进口家具增长率均超过30%，政府将采取保护措施，如提高进口关税，实施进口限额，工业部长并未透露从中国进口家具的详细数据。

（据《印尼商报》 2007-02-14）

印尼钢铁需求增加　企业扩大投资

2007年初，印尼将有4家钢铁企业开设新厂，另有7家企业扩大经营规模，投资4.5亿美元，吸纳员工1230名。

（据印尼《国际日报》）

印尼造纸业发展前景广阔

印尼造纸企业协会会长穆罕默德·曼苏尔表示，随着中国对纸张需求量的增加，国际市场上对纸浆和纸张的需求量每年增长2%～3%，这为印尼的造纸企业提供了巨大商机。2005年，印尼80家造纸企业生产纸浆547万吨，纸张821万吨，分别出口256万吨和299万吨，创汇35亿美元。印尼造纸业在国际市场上具有很强的竞争力，这主要得益于印尼政府推行的工业用林计划，为印尼的造纸企业提供充足廉价优质木材。截至2005年印尼工业用林种植面积达到250万公顷，预计以后每年可提供2000～2200万立方米木材，到2009年工业用林的面积将达到500万公顷，可满足造纸企业对木材的需求。 （据《印尼商报》 2006-06-29）

印尼政府提供税收优惠吸引外商投资渔业

印尼渔业部长佛雷迪·奴贝利称，为发展渔产品综合加工业，政府准备采取多项优惠税收措施，吸引外商进入印尼与当地企业合作共同发展鱼类加工业。具体包括：免除国内加工渔产品的出口税，减轻渔业加工机械进口税；减免收入税及增值税；在综合经济开发区和东部地区投资的企业还可获得土地建设税减免优惠。

（据印尼媒体综合消息 2007-02-02）

印尼政府将着力发展石油化工业

印尼工业部农业、林业、化工业总司长本尼·瓦由迪称，鉴于化工行业具有重要的战略性，印尼政府将主要在东爪哇、西爪哇和加里曼丹3个地区建设综合的化工基地群，这些地区在20世纪90年代中期就拥有一些大的化工项目，现在重点扩大上游产业的发展，从而为下游产业的发展提供保障。由于1997年印尼爆发经济危机，使得一些当时准备建设的上游产业停滞下来，导致对下游产业的原料供应出现短缺,比如塑料产品和合成纤维产品。

(据印尼《雅加达邮报》 2006-02-09)

老挝政府重视与中国企业合作开发矿业

2006年6月19日,老政府计划投资委员会与中国天津物资集团签署位于甘蒙省的铁矿开发合作协议。2006年上半年,老挝政府已与中国多家企业签署11项矿业开发或勘探合作协议:包括位于甘蒙省的铁矿、钾盐矿,建造白云石的加工厂项目,风沙里省的煤矿,乌多姆塞省的铜矿,占巴色省的铝土矿,华潘省的铁矿等。

据老挝地矿局报告,目前经老挝政府批准勘探和开采的各类矿业项目达140多个。截止2006年8月23日中国企业在老挝投资勘探开发的各类矿业项目已达47个,约占整个老挝矿业项目开发的34%。其中2006年1~8月,老挝政府批准中国企业的勘查项目21个,获准开采的项目3个,其他项目均处在勘探阶段。

(据《万象时报》 2006-06-21 中国驻老挝大使馆经商处 2006-08-09)

老挝政府禁止砍伐森林

老挝总理波松·布帕万近日宣布,老政府禁止砍伐原始森林,以保护林业可持续性发展。森林破坏严重的省份将鼓励以人工造林方式逐步取代砍伐森林以满足工业需要。还将进行一系列调查研究以评估当前林业状况。据估计,当前木材消耗量已达到红色警戒水平。

老挝政府要求在全国范围内采取有效措施禁止砍伐路边绿化树木和毁林烧荒的耕作方式。并已设立120万美元基金用于林业调查评估、规划建设和保护管理。老挝政府将出台相关政策法规合理处置死亡树木,严防以处置死亡树木为名牟取私利。但允许使用在水电站库区、灌溉和电网建设用地上清理出来的木材。波松总理强调说,要禁止森林砍伐,鼓励林木种植,工厂必须投资种植树木以便为自己工厂提供原料,政府很难为工厂找到木材。老挝政府现已明令禁止原木出口并停止执行向政府官员供给木材配额的政策。以前给每人5立方米的木材配额现改用其他方式补偿。

2005年,政府木材配额为30万立方米,其中3万立方米已砍伐完毕;剩余27万立方米来自南吞2号水电站项目已推迟砍伐,政府计划将其出售给商业企业。还有一部分木材来自位于阿塔坡省的色坎1号电站库区。这两个地方的木材可以满足今后几年的木材需求。

(据《万象时报》 2006-06-24)

老挝政府加强航空业基础设施

据2006年8月13日老挝人民报周刊报道,在过去的3年(2003~2005)间,老挝民航经过调整和发展,改造和扩建飞机跑到、停机坪,为飞机安全着陆提供一切必要的保障设施,使老挝民航的空中运输服务做到更好、更便捷、更安全。同时老挝民航还向国外购买飞机,计划开通周边地区的航线。

由泰国政府无偿援助的建设万象瓦岱国际机场扩建工程、修建瓦岱国际飞机场的围栏工程和丰沙里机场的建设工程已竣工并正式投入使用。由亚行贷款建设的南塔机场也已经竣工,由泰国政府贷款建设的巴色机场的扩建工程,还在研究阶段的与泰国政府合作使用沙湾拿吉机场工程;同时与亚洲发展银行接触,争取日本政府无偿援助资金对琅勃拉邦国际机场扩建工程的可行性进行研究。

(据《老挝人民报周刊》)

老挝历史上首条铁路奠基

从老泰友谊大桥到万象市塔那亮的老挝历史首条铁路于2007年1月19日正式奠基。老挝政府总理与泰国政府副总理兼泰国国家财政部长以及两国政府的高级官员出席奠基仪式。这条铁路全长3.5公里,泰国政府2001年就完成了该段铁路前期的勘查和设计,2004年3月,老挝政府正式与泰国政府签订由泰国政府提供的1.97亿泰铢(约合500万美元)无偿援助和贷款协议。这条铁路是新加坡—昆明泛亚铁路网的重要组成部分,对改善老挝交通以及促进老挝与周边国家的贸易具有重要意义。

(据《老挝人民报》 2007-01-22)

老挝重要的出口商品

老挝政府第六个五年(2006~2010)计划的方针和主要任务是着重发展农林业,计划到2010年,在政府的鼓励和推动下咖啡种植将达50万公顷,年产咖啡4万吨,其中每年将增加高质量的咖啡2万吨,出口金额可达1500万~2000万美元,年产粮食约30万吨~40万吨,除满足老挝国内需求外还供出口。

老挝还有许多优势商品可供出口,如木材加工、用于造纸的桉树、山珍、沙仁、玉米,各种豆类、甘蔗、橡胶、木薯、土豆和茶叶以及黄牛、水牛等。这些用于出口的农产品的种植面积不低于10万公顷。玉米出口有很广阔市场,如:中国、泰国和越南,每年对玉米的需求量约为500万~600万吨。每年泰国对黄牛的需求量约为200万头,老挝有能力从现在每年养殖4万头增至8万~10万头黄牛。每年天然木材可以保持在20万~30万立方米。

2005年农林产品出口额达1.16亿美元,其中木材出口占69.9%。 (据老挝商务部 2006-09-12)

亚洲开发银行将给予老挝超过1亿美元的援助和贷款

2007~2009年,亚洲开发银行将提供给老挝政府超过1亿美元援助和贷款。其中6000万美元为直接给老挝政府的援助或贷款,另外4000万美元用于发展区域经济,特别是湄公河次区域经济发展。除此之外,还有1000万美元用于5个项目的人才培训。 (据《万象时报》 2006-10-17)

泰国成为老挝第一大投资国

2006年前9个月,泰国成为老挝的第一大投资国,投资项目30个,投资金额达6.55亿美元;超过中国在老挝的投资金额4.23亿美元。泰国在老挝的投资成逐年递增趋势,2005年,泰国在老挝投资水电和农林项目25个,总投资额为4.50亿美元。

(据《老挝人民报星期刊》 2006-11-11)

马来西亚继续扩大油棕种植面积

马来西亚沙捞越州第二副部长阿弗烈查布(Alfred Jabu Numpang)日前透露,沙捞越州计划在2007年底将油棕种植面积由目前的4.6万公顷增加至7.1万公顷。目前沙捞越州有18个油棕种植园,其中8个种植园的产能已经达到每公顷年产14吨油棕。

沙土地统一与复兴局作为油棕种植的管理部门,计划在未来增大对油棕业的拨款,作为研究与发展资金,提升油棕种植加工技术,增加油棕产量。该局预计,到2007年底沙州将有14个种植园产能达到每公顷年产14吨油棕。为达到上述目标,沙土地统一与复兴局将向各种植园提供肥料,并设立贷款鼓励业者参与油棕种植。为促进油棕业发展,沙土地统一与复兴局已对2.5万公顷的土著保留地进行测量,并向地主颁发地契5000多份。

(据中国驻古晋总领事馆经商室 2006-12-22)

马来西亚联邦政府鼓励东马油棕种植

自2005年11月开始,马来西亚联邦种植及原产部为了帮助没有资金获得优质油棕苗的小园丘主,已向沙捞越州及沙巴州的小园丘主提供总值1000万林吉特的优质油棕苗。

马联邦政府在2001年至2004年间通过马棕油局实施补贴种植计划,以更新超过25年的油棕树。上述重植计划共耗资2亿林吉特。此外,为提高小园丘主的施肥效率,生产出优质油棕果,马联邦政府于2004年开始率先在沙捞越州实施有机堆肥计划。

为提高油棕综合利用,马棕油局将与科廷大学联手研究利用油棕壳生产人造天然气,人造天然气可以用作发电,也可以用作制造生物柴油的原料。

为提高棕油局的服务效能,马棕油局12月15日在沙捞越州美里市成立了马棕油局北沙分局,以便能更直接有效地向油棕业者提供服务,此外,上述分局将能协助政府准确评估在“第九个马来西亚计划”中油棕产业所取得的实际效果。

(据中国驻古晋总领事馆经商室 2006-12-22)

马来西亚与中国企业加强橡胶产业合作

2006年9月1~6日,由马来西亚砂捞越州第一副首席部长陈康南率领的橡胶工业考察团访问总部位于广州的广东农垦总局。双方就广东农垦总局在砂州投资8000万林吉特进行橡胶产业化合作进一步洽谈。

按照初步达成的协议,广东农垦总局将于马当地公司合作设立一家标准胶加工厂,投资额1780万林吉特,一家乳胶厂,投资额1030万林吉特,一家橡胶手套厂,投资额5000万林吉特。

(据中国驻古晋总领事馆经商室 2006-09-15)

马中加强农业合作

马中两国在农业和农基工业领域的合作空间广阔。除商贸外,在技术、培训和科技交流方面,也在逐步建立合作平台。

马来西亚农业及农基工业部部长慕尤丁2006年9月初访问北京、大连、昆明等城市受到各方面热情接待。经与马驻华大使赛诺鲁查曼协商后,马农业部决定在马驻京使馆或嘉里中心附近设立咨询中心,并由马对外贸易发展局(MATRADE)协调。该中心除了为马中农业商家提供产品促销和咨询服务外,也提供技术交流的平台。这项计划预计在2006年底落实。

马农业部计划在未来5年内,努力扩大马农产品在中国13亿人口的大市场中所占的份额。据透露,马农业部将在吉隆坡国际机场设立“一站式”服务中心,为所有农产品进行出口前检验、分级、包装及植物检疫。这项计划将在2007年启动。

在第九个马来西亚计划下,马农业部将在巴生港设立农业出口中心,促进农产品出口。

此外,马来西亚和中国农业部分别成立工作小组,从技术、市场营销及机制上寻求共识和资源共享。

马农业部此前已和大连水产学院达成协议,派遣马渔业官员到大连接受培训,学习金枪鱼等的养殖技术。马农业部也同大连市政府签署在水产业及深海鱼养殖业方面的合作协议。

自2004年中马两国签署农业合作备忘录后,目前马有7种水果出口到中国,包括木瓜、山竹、红毛丹、西瓜、椰子、荔枝和龙眼,3种花卉包括胡姬花、菊花及花烛属植物。2005年,马出口到中国的蔬果花卉总额约为600万美元,其中出口量较大的木瓜有2500吨。

近年来,马出口到中国的鱼类总量快速增长,年均20%以上。出口的主要品种包括带鱼、马龙鱼、鳍鲷、和鱿鱼。

除农业技术方面的交流与合作,马政府也欢迎中国农业、渔业生产企业到大马投资,农业部将在政策方面提供必要的协助。

(据中国驻古晋总领事馆经商室 2006-10-17)

马来西亚木材价格飙升

随着国际需求量大增,马来西亚原木及三合板价格飙升,第三季度已突破每立方米500美元的高位。自2005年以来,马木材价格不断攀升,随着木材价格的上涨,以木材为主要原料的三合板也相应快速上涨。

据业内人士分析,目前马木材及产品价格飞涨,主要是原木供应短缺,尤其是其邻国印尼在严厉打击非法出口原木并最终禁止原木出口后,马国产原木及产品需要填补市场需求的不足。另一方面,日本已不再自马进口原木,而改为进口加工后的木材产品(主要为各类型的三合板),由于日本进口商因目前存货量偏低而大量采购,从而刺激木材及木材价格不断攀升。据业内人士对马木材价格后期走势分析,木材价格仍然有上涨空间,主要取决于日本等主要进口国的市场需求及货币走势。

据了解,目前马木材出口的主要国家为日本、美国、中国、印度、欧盟、南非等。

（据中国驻古晋总领事馆经商室　2006-11-03）

马来西亚港口业务量增加

马来西亚各港口业务在2007年预期良好。据马交通部头两个月的统计，综合增幅达15%~16%。部分港口如民都鲁港1月份业务增长48%，丹戎帕拉帕斯港（Port of Tanjung Pelepas，简称PTP）同期业务增幅跃至35%。2006年，马来西亚港口吞吐量达1360万标箱，增幅为12.9%。

由于马95%的贸易量都是通过海路运输，因此整个海路运输网络的高效运作对马制造业和商业无疑至关重要。按照市场预期，到2020年，马海运业务量将增加两倍，达到7.51亿吨。

（据中国驻古晋总领事馆经商室　2007-04-06）

马来西亚将新建大型炼油厂和跨境输油管道

伊朗国家石油公司与马来西亚3家本地公司准备在马来西亚北部投资大型的石油加工项目。整个项目包括在吉打（KEDAH）州沿海岛屿上建立大型炼油厂，并修建一条长达300公里横跨马来半岛的输油管道，将成品油输送到马来半岛南中国海一侧的吉兰丹（KELANTAN）州，在该州建设石油输出港口，再出口所加工的成品油至中国、日本和韩国。

该项目计划投资500亿林吉特（1美元=3.45林吉特）。马来西亚的3家本地公司是SKS私人有限公司，UEM WOULD公司和TRANS-PENINSULA PETROLEUM公司。该石油项目所使用的原油来自伊朗和其他中东国家。该项目是马来西亚与中东穆斯林国家在石油方面的最大合作项目，它的建设将带动马来西亚北部地区的经济发展。其最引人注目处还在于可以通过这里的石油设施把来自中东的原油在马来半岛马六甲海峡入口处卸载加工，然后通过管道输往马来半岛另一侧的南中国海港口，再出口至其他亚洲国家。这样就避免巨型油轮通过马六甲海峡的所产生的风险和费用。这将部分地改变亚洲石油运输的总体格局，提升马来西亚在世界石油贸易中的战略地位。

（据中国驻古晋总领事馆经商室　2007-04-24）

马来西亚国家石油公司外国资产居发展中国家第二

联合国在2006年10月17日公布的《2006年度全球投资报告》中指出，马来西亚国家石油公司（Petronas）以226.47亿美元的庞大外国资产总值，力压新加坡新电信（Singtel）和韩国三星（Samsung），居发展中国家非金融跨国公司100强第二位，仅次于中国香港的和记黄浦（Hutchison Whampoa）。

其他榜上有名的马来西亚公司包括杨忠礼机构、MISC公司、森那美、马联工业、牙直利集团等。

（据中国驻马来西亚大使馆经商处　2006-10-17）

马来西亚电信业扩充海外业务

马来西亚电信业采取“把握机会”的策略继续扩充海外业务。自抢滩印度、柬埔寨和泰国之后，近年已伸展至印尼、斯里兰卡和孟加拉。海外业务贡献也成为集团净利冲破20亿林吉特的功臣之一。马电信首席执行员拿督阿都华希透露，该集团目前正洽商收购越南电信公司。

（据马来西亚《星洲日报》）

马来西亚观赏鱼养殖业高速增长

根据世界贸易组织的报告，全球的观赏鱼贸易总值大约22.4亿美元，其中热带鱼占98%。马来西亚观赏鱼出口量已占世界9%，成为继新加坡之后的第二大观赏鱼出口国。过去20年马来西亚观赏鱼出口年均增长24%，观赏鱼养殖业发展前景非常广阔。为进一步开拓全球观赏鱼市场，马来西亚政府于2006年11月16~19日在吉隆坡举办“马来西亚水族展销会”。

（据中国驻马来西亚大使馆经商处　2006-09-25）

缅甸调整水果进口规定

据缅甸商务部正式通告，从2006年12月底开始，允许进口新鲜水果。自该通告公布后，苹果、梨、樱桃、甜角等新鲜水果已源源不断地通过边境口岸进入缅甸市场。

据木姐105码的一位水果批发商说，自政府放开有关水果进口的禁令后，中国产苹果正大量进入缅甸市场，由于手续合法，税收合理，使得进入缅甸市场的中国苹果价格更加便宜，进口渠道也更加安全。木姐105码贸易区目前已成为中国苹果和缅甸西瓜、香瓜等的进出口商品集散地。

缅甸于1999年11月26日发布99/9号令，禁止新鲜水果进入缅甸市场，尽管如此，走私进入缅甸的新鲜水果仍然不断。据业内人士预测，自缅甸政府有关部门放开这一禁令后，中国和泰国产新鲜水果将以合法途径进入缅甸，这对促进缅甸与邻国水果贸易的发展将起到积极的推动作用。

（据《七日周刊》　2007-02-05）

缅甸部分成衣业转向越南

自越南加入WTO后，由于越南不受任何外来的制裁，市场需求前景看好，大部分在缅甸投资成衣业的外国投资业主已将项目转至越南，甚至一些缅甸民营成衣业主也在考虑将项目转到越南投资事宜。由于西方国家的经济制裁，导致缅甸成衣业订单减少，目前缅甸的成衣业面临困境，部分成衣业项目已经不得不关闭，继续运转的企业也很艰难。据业内人士说，进入缅甸成衣业的外资企业80%均已撤走，但这部分企业主要是外向型的来料加工型企业。

（据《缅甸时报》　2006-12-29）

缅甸将在铁路建设方面加强国际合作

2006年11月10~11日，关于连接包括缅甸在内的28个国家铁路网络建设项目—UN-ESCAP交通部长会议在韩国釜山召开，缅甸铁道部部长昂敏少将出席会议并发表讲话说：“缅甸铁路运输的发展需要亚洲友好国家的帮助，这是构建亚洲铁路网络的成功所在。目前缅甸铁路运输业面临着技术和资金短缺的困境。全长81000公里的Trans-Asian

Railway Network(TAR)计划中,缅甸尚没有做好准备,目前还没能在这一项目的协定上签字。由于与国际接轨的这段铁路属新修线路,分别为:缅北的腊戌—木姐段、缅甸西部的格雷—德木段和缅甸南部的丹彪西驿—三塔地段。这些铁路段的修筑必须得到东南亚和南亚友好国家的技术和资金帮助才能够实现”。 (据《缅甸时报》 2006-12-13)

缅甸将试养中国武昌鱼

据缅甸渔业局官员介绍,鉴于中缅两国自然环境基本相似等原因,缅甸拟引进中国的武昌鱼进行试验养殖,如果成功将大力推广至市场。

缅甸以往以养殖和出口鲤鱼为主,2004年开始向市场推广罗非鱼后获成功,深受市场喜爱,并出口沙特阿拉伯、阿拉伯联合酋长国、英国和孟加拉等国。

在缅甸的淡水鱼生产中,人工养殖占46%。

(据《七日周刊》 2006-11-17)

缅橡胶出口及产胶简况

据缅甸商务部发布的消息,2006年4月1日至10月16日,缅甸出口橡胶1.85万吨,绝大部分通过木姐105码边境贸易区出口到中国。

缅全国种植橡胶30.36万公顷,本财年可产胶6.92万吨。 (据《七日周刊》 2006-10-27)

缅甸成为东盟地区豆类生产大国

据2006年缅甸农业灌溉部统计数据,缅甸豆类种植面积达到376.35万公顷,成为东盟地区豆类生产大国。1988~1989年度,缅甸豆类的种植面积仅为65.67万公顷,2004~2005年度达到328.34万公顷。1988~1989年度缅甸豆类出口仅为27万吨,2004~2005年度达87万吨。

(据《当代缅甸周刊》 2006-10-11)

缅甸芝麻产量居世界第四位

据石油输出国组织和缅甸农业部一位负责双方油料作物合作的负责人说,缅甸芝麻生产在世界上排名第四位,种植面积占世界芝麻种植总面积的12%。

目前缅甸虽然大力发展油料作物种植,但由于油料加工技术落后,正计划利用欧佩克的贷款实施一项油料作物加工技术合作项目。该项目将在缅甸建多个炼油厂和精炼油加工厂,目的是减少乃至完全停止从国外进口食用油。

(据中国驻缅甸大使馆经商处)

缅甸将建豆类种植特区

据缅甸豆类和芝麻企业家协会主席吴吞昂说,为扩大缅甸豆类出口,正计划建豆类种植特区,协会将为特区的建设和发展提供帮助,如:提供优良品种、推广科学种植方法等。

缅甸曾建过芝麻种植特区,特区所种芝麻主要用于出口。目前缅甸豆类的种植主要以国内市场为目标,由于近年来豆类出口市场前景逐年看好。业内人士认为,豆类种植特区的建设将有助于缅甸豆类的出口。

据缅官方统计数据:2006~2007财年缅甸豆类出口总量为90多万吨,其中印度为缅甸最大的豆类出口国家。

(据《缅甸之声周刊》 2007-03-14)

中国品牌奶粉在缅甸市场受欢迎

据缅甸不少经销商说,价格便宜的塑料袋装奶粉在缅甸市场上已成为消费者的首选。这些品牌的奶粉大部分来自中国,也有一部分来自澳大利亚和新西兰等世界知名品牌,还有来自其他欧洲国家的品牌,如:Ensure, Isomil, Pediasure, Similar, Cow Head, Glucerna Dumex 等。大部分来自西方国家的品牌为900克罐装,售价在28500到31000缅元不等。其中最好销的品牌是 Dumex。据一位消费者说,由于 Dumex 牌罐装奶粉包装适合消费者的需求,且较其他品牌的罐装奶粉价格便宜,故成为消费者的喜爱商品。

在缅甸市场上,袋装奶粉共有4个品牌,其包装规格分别为:20、200、400和500克袋装,其售价分别为:90、800、1500和1800缅元。其中,Red Cow 和 Golden Flower 品牌来自中国,虽然近年来其他品牌的奶粉进入缅甸市场数量增多,但中国品牌的奶粉目前仍独霸缅甸奶粉市场。

过去两年来,新西兰产 PEP 品牌奶粉正在大量进入缅甸市场。据 PEP 奶粉的主要进口商——Red Horse Industrial Group 公司销售部经理哥苗觉说,由于 PEP 品牌的奶粉质量高、且价格较中国产品牌的奶粉便宜8%~10%,目前已在缅甸市场上初步站稳脚跟。消费者正在将眼光转移到 PEP 品牌奶粉上。 (据《缅甸时报》 2007-02-13)

中国台北西瓜在缅甸受欢迎

中国台北西瓜品种在缅甸很受农民们的欢迎,中国台北西瓜主要种植地为缅甸中部的马圭省马圭镇,品种为有籽中国台北西瓜品种164号,这种西瓜在缅甸的主要生长期正值中国国内的冬季,是中缅边境贸易中最受中国商人欢迎的西瓜品种。这种西瓜每英亩的产量在1800到2200个左右。

(据缅甸《市场周刊》 2007-02-05)

中国对缅甸投资居外国对缅投资第六位

据缅甸投资委统计,截止2006年12月31日,中国对缅投资有27个项目获得批准,协议总金额4.75亿美元,在外国对缅投资的排名中已从2005年的第十一位跃居第六位,占外国投资总额的3.34%。中国投资的行业主要是水电、石油天然气、制造业以及矿业等。

目前,外国对缅甸投资电力领域名列第一,占外资总额的44.35%,石油天然气位居第二,占外资总额的19.46%,其次是制造业、房地产、饭店与旅游业等。

(据缅甸投资委 2007-01-29)

缅甸德林达依省产橡胶出口中国和马来西亚

据来自缅甸商务部的消息说,缅德林达依省出产的橡胶主要出口到中国和马来西亚，德林达依省橡胶种植总面积为14万英亩，现正计划将种植面积扩大至20万英亩，每英亩橡胶的割胶平均产量为465.54英磅，总产量约为1.71万吨。德林达依省的丹老地区仅有一家私营橡胶粗加工厂，经加工过的橡胶均通过边境贸易方式和其他方式出口到中国和马来西亚。（据《当代缅甸周刊》 2007－01－05）

印度计划出资1亿美元打通印缅通道

为加强印度与缅甸的战略同盟关系，扩大印度在南亚次大陆的影响，印度计划出资1亿美元用于打通印度米佐拉姆邦（Mizoram）与缅甸的通道。

印度外交部早在2003年就开始酝酿打通印缅通道计划，目前该计划已获印度计划委员会初步许可，下一步将提交内阁以获得正式许可。缅甸政府已经批准该计划。

据悉，整个工程投资约11亿美元，其中印度政府资助1亿美元，印度向缅甸政府提供优惠贷款100万美元。印缅通道路线为，印度米佐拉姆邦至缅甸 Kaletwa 为公路通道，Kaletwa 至缅甸沿海的 Sittwe 港为河运通道。

（据印度《金融快报》 2007－02－06）

菲律宾政府投资优惠政策有重大变化

据《马尼拉时报》2007年1月3日报道，《菲226号行政命令》（又称《综合投资法典》）规定，政府每年要对本国的投资优先计划做一次修改。近日，菲政府对2007年的计划作如下重大修改：第一、菲政府为增加财政收入将对现有经济活动中的原建、扩建、转型项目不予政策优惠；第二、投资署还取消申请优惠政策的简化注册程序，规定《综合投资法典》中规定的投资项目在获得优惠政策前，贸工部必须会商财政部。（据中国驻菲律宾大使馆经商处 2007－01－26）

菲律宾有关签证政策有重大改变

4月13日《马尼拉公报》报道，近日，菲律宾移民局对在菲外国居民的签证有效期作重大调整，一是由过去的每年更新一次改为每5年更新一次，并且多次往返。二是无论持何种签证的来菲人员，都可在菲逗留6个月。三是申请日由原来规定的两星期前改为两天前。这次签证有效期及其申请手续修改的目的主要是为了减少旅菲居民申请签证的繁琐手续，以及进一步优化吸引外资环境。

（据中国驻菲律宾大使馆经商处 2007－04－24）

菲律宾经济学家呼吁非产品应面向中国市场

菲律宾经济学家呼吁菲律宾生产商应该认清形势，认真思考调整产品销售市场。他们认为，虽然美国是菲律宾目前最大的消费市场，但由于美国需求降低将影响菲产品出口。另一方面，东亚市场发展很好，可以弥补本国因以上因素造成的出口下降，因此，出口商应把重点市场转向中国。在出口产品方面，菲律宾的制造业没有优势，无法与中国同行业相比，但中国市场大量需求农产品和食品，而菲律宾在农产品和食品方面有优势，应该充分利用这些优势将这些产品打入中国市场。

（据中国驻菲律宾大使馆经商处 2006－11－27）

菲律宾央行预测比索2007年将继续走强

菲央行消息，由于2007年国际收支的展望仍然是顺差，本国通胀下跌、海外菲劳汇款增长和财政表现改善等有利因素进一步加强了投资者的信心，预期比索将继续维持强势。在1月3日的外汇交易中，比索兑美元汇率平均在48.93比索兑1美元，延续了上年年底的上涨趋势，创6年来新高。

（据《国际商报》）

菲律宾加大基础设施投资力度

在马尼拉举行的第4届港口和运输会议上，菲律宾交通通信部部长梅窦泽透露，菲律宾政府将在基础设施建设方面加大投入力度，争取达到亚洲新兴工业化国家水平。

梅部长称，与其他亚洲国家相比，菲在基础设施建设方面的投资是最少的，平均只占GDP的3.3%。为缩小与邻国差距，吸引更多外资投资菲律宾基础设施建设，将菲律宾建成完整的物流网络体系，菲政府将出资3720亿比索修建4大交通大动脉，如塔加路一级公路、苏比克—克拉克高速路、北铁、南铁，以及一些海港、机场等。预计这些工程在2008年开始动工。（据《国际商报》 2007－02－27）

亚行拟向菲律宾贷款2.5亿美元

为帮助菲律宾实现“中期发展计划”，扩大基础设施投资以及改善社会服务，亚行批准向菲贷款2.5亿美元。

（据《国际商报》 2007－02－27）

菲律宾能源部对开采本国石油天然气有新规定

据2007年4月20日《马尼拉公报》报道，菲律宾能源部发布有关石油、天然气勘探、开发及生产的权利、义务转让原则及程序的公告。该公告称，只有那些具有经济实力、法人资格、技术水平以及从业经验的企业才能参与本国石油、天然气的勘探、开发及生产，同时规定未征得能源部的同意，其权利、义务不得转让，子公司除外。但其子公司必须具有相应的实力及能力。转让者与受让者之间的母子关系必须在合同存续期间内保持。（据中国驻菲律宾大使馆经商处 2007－05－11）

菲律宾与四国谈判石油供应双边协议

菲律宾与印度尼西亚、俄罗斯、安哥拉和哈萨克斯坦四国进行谈判，计划分别达成石油供应双边协议，使菲能源供应向多样化方向发展。据悉，除了谈判石油供应协议，该部门还将加强本地能源和再生能源的开发。（据《国际商报》）

商用车领衔菲律宾汽车销售市场

2007年4月13日《马尼拉时报》报道，第一季度，菲律宾汽车销售2.62万辆，同比增长18.7%。其中，商用车销售

1.70 万辆,同比增长 24%,占总销售量的 65%。在所销售的商用车中,57% 属于轻型车,43% 属于多功能车。在整个销售市场方面,菲律宾丰田汽车公司销售 1.03 万辆,占销售总量的 39.17%,菲律宾本田公司销售 3999 辆,三菱公司销售 3214 辆,菲铃木公司销售 2360 辆,菲福特公司销售 1982 辆,菲现代公司销售 1668 辆。

(据中国驻菲律宾大使馆经商处 2007-05-11)

菲律宾交警配备中国摩托车

2007 年 1 月 7 日在马尼拉市政厅,马尼拉市长举行为交警配备 150 辆小型摩托车的交接仪式。这些小型电动摩托车来自中国,因为不用燃料,因此对环境无害,而且维修费便宜。 (据中国驻菲律宾大使馆经商处 2007-01-15)

菲政府启动杂交稻种子补贴项目

菲律宾政府 2007 年将实施总经费为 4.08 亿比索的杂交稻种子补贴项目,以促进水稻生产。补贴总面积为 60 万公顷,经费用于补贴种子和其他农业投入品。

政府制定 2007 年水稻的目标产量为 1610 万吨,比 2006 年增长 5%。只有扩大生产才能弥补 160 万吨的稻米缺口。该补贴项目将使每公顷多产出半吨稻米,即多增收 30 万吨稻米。由于 2006 年稻谷生产量增长 5%,大米进口量为 165 万吨,比上年下降 8.3%。 (据《菲律宾星报》)

菲律宾农业部计划扩种 1.1 万公顷芒果

为满足世界市场对菲律宾芒果的需求,菲律宾农业部计划扩大种植芒果 1.1 万公顷。这次计划扩种主要集中在棉兰佬地区和吕宋地区。

菲律宾芒果产品出口主要有三种:鲜芒果、芒果汁和芒果干。2006 年鲜芒果出口的主要市场为日本(56%)、香港(25%)、韩国(9%)和中国(5%);芒果汁主要出口日本(36%)、美国(28%)、香港(13%)和新西兰(11%);芒果干主要出口美国(25%)、日本(14%)、新加坡(10%)和中国(6%)。 (据中国驻宿务总领事馆经商室)

菲律宾开始麻风树种植计划

《菲律宾星报》3 月 9 日报道,作为全国计划的一部分,计顺农民准备种植 200 公顷麻风树(又称柴油树)。当地还将兴建一个加工厂,该加工厂将利用麻风树种子制造可替代燃油。菲律宾政府正在大力发展可替代燃油,力争减少全国对进口燃油的依赖。

麻风树种子可用来榨油,进而转换成生物柴油。据估计,3 公斤种子可生产 1 升柴油。每棵麻风树可生产 80 公斤种子。据其他报道,莱特国立大学已有精炼设备,可用麻风树种子制造生物柴油。阿罗约总统已命令菲律宾大规模种植麻风树,首先从国家石油公司开始,在南尼哥拉斯种植 1.8 万公顷。麻风树抗虫、抗旱,商业树龄达 35~50 年,其生长快速,较少或不需要管理,种植 8 至 12 月,即可收获种子。 (据中国驻菲律宾大使馆经商处)

新加坡将继续发展石油和天然气业

新加坡贸工部政务部长易华仁在新达城举行的第 16 届国际石油和天然气工业大会暨展览会开幕礼上重申石油和天然气业对新加坡经济的重要,并承诺政府会继续推动这个领域。易华仁指出,新加坡的岸外业务和油田器材生产领域的生产量在 2005 年增长 68%,达到 40 亿新元。岸外业务方面,新加坡已在世界舞台上取得领先地位。新加坡致力于发展这个领域的新科技,对此已成立了岸外研究与工程中心(CORE),并在新加坡国立大学为工程系研究生提供两年的岸外石油和天然气科技专门课程。

(据新加坡《联合早报》 2006-12-07)

新加坡交易所将延长衍生商品交易时段

新加坡交易所延长衍生商品市场的交易时段,让投资者也能在欧洲和美国的交易时段管理交易盘口。

将延长交易时段的合同包括:欧洲日元东京银行同业拆息率(Euroyen TIBOR)期货与期权、摩根士丹利资本国际台湾指数(MSCI Taiwan Index)期货与期权、摩根士丹利资本国际新加坡指数(MSCI Singapore Index)期货、印度 CNX Nifty 指数期货、新华富时中国 A50 指数期货(FTSE Xinhua China A50 Index)、10 年日本政府债券(JGB)期货与期权、欧洲日元伦敦银行同业拆息率(Euroyen LIBOR)期货与期权。

这些合约每天的交易时段,都延长到新加坡时间 23:55。

交易所成功地从场地交易转型为电子交易,延长交易时段将能进一步加强新交所产品在全球市场的注意力。

(据新加坡《联合早报》 2006-12-08)

新加坡政府将调整公司税和消费税

新加坡财政部第二部长尚达曼在 2007 年 2 月 15 日在国会公布了 2007 财政年度政府预算案,宣布三项重要政策,即降低公司税、调高消费税和雇主公积金缴交率。

在新预算案中,政府宣布从 2008 税务年开始将公司税从目前的 20% 调低至 18%,以增强新加坡吸引外资能力。政府预计每年将因此减少 8 亿新元(约合 5.2 亿美元)税收。

为弥补税收缺口,新加坡政府同时宣布,从今年 7 月起将消费税由目前的 5% 调高至 7%,预计这项措施今后每年将为政府增加 15 亿新元(约合 9.7 亿美元)的财政收入。与此同时,新加坡政府将在今后 5 年内拨款 40 亿新元(约合 26 亿美元)作为消费税补贴发放给新加坡人,以弥补他们因消费税调高而增加的支出。另外,雇主的公积金缴交率将从今年 7 月开始从目前的 13% 调高到 14.5%。

(据新华网 2007-02-15)

新加坡 2006 年对外贸易额继续大幅增长

新加坡国际企业发展局公布的统计数据显示,2006 年新加坡对外贸易总额为 8100 亿新元(约合 5294 亿美元),比 2005 年增长 13%,略低于上年 14% 的增幅。

数据显示,2006 年新加坡的石油类贸易增长仍然强劲,增幅高达25%。非石油类贸易的增长幅度也高达11%。

新加坡国际企业发展局表示,新加坡对外贸易继续大幅增长的主要原因是全球经济在油价高涨的不利形势下继续保持强劲增长态势。虽然2007年世界经济增速将会放缓,但仍将维持健康增长势头。预计2007年新加坡对外贸易增幅将有所减小,但仍可望保持在8% ~10%之间。

(据新华网 2007-01-17)

新加坡成立中国企业研究中心

为了给新加坡商家提供一个研究中国企业的综合平台,新加坡南洋理工大学11日成立了一个得到连氏基金赞助的连氏中国企业研究中心。

新加坡南洋理工大学校长徐冠林和中国驻新加坡大使张云等出席该中心的开幕仪式。张云在致词中表示,近年来,中新经贸关系不断发展,人员往来愈加频繁。他相信连氏中国企业研究中心的成立将成为中新之间一座新的桥梁,进一步深化彼此间的了解,有助于新加坡企业家开拓中国市场,同时也有利于中国企业走出去。

连氏基金的创立者、新加坡前华联银行集团主席连瀛洲先生生前一贯致力于新加坡教育、经济发展以及新中友好交往。此次连氏中国企业研究中心的成立,将把南洋理工大学及其他与中国相关的资源和学术成果加以整合,以加强新加坡把握中国发展机遇的战略研究。

(据新华网 2006-12-12)

新加坡星展银行进入中国市场

新加坡星展银行获准在中国注册成立子公司。该行是获得中国此项批准的9家外国银行中唯一的新加坡银行,将可接受中国居民的最少100万人民币的定期存款。在中国注册成立子公司之后,星展银行将能够为中国居民提供全面的人民币银行服务。星展银行目前在中国有5间支行,包括北京、广州、上海、深圳以及苏州。 (据新加坡《联合早报》)

新加坡成为亚太区域第三受欢迎的服务外包地点

KPMG会计事务所调查显示,大多数亚洲公司已经将一部分业务外包到印度(占55%),中国(占36%)。而新加坡是继印度和中国之后,亚太地区第三受欢迎的服务外包地点,达到20%的份额,香港以16%的份额名列第四。虽然菲律宾的服务外包成本比印度要低廉,但只获得7%的份额。分析人士指出,新加坡的成本虽然不是最低廉的,却拥有很好的知识产权保障、员工的教育程度高、整体环境稳定并且亲商,这为其带来了较高的附加值。调查还显示,亚太区域公司服务外包的工作种类相当多样化,54%的受访公司将电脑服务方案外包,35%的公司将会计、收账和税务工作外包,26%的公司将数据收集和分析工作外包,22%的公司将人事供应管理工作外包。

KPMG会计事务所通过上述调查指出:公司的具体业务流程外包量可能会在未来超过电脑方案外包量,越来越多的亚洲公司会放心将财务、会计和人事工作外包给专业公司负责。服务外包是潮流所趋,没有计划外包的公司可能会降低竞争力。

(据新加坡《联合早报》 2006-12-06 中国驻新加坡大使馆经商处 2006-12-07)

新加坡外包市场空间大

据新加坡《联合早报》报道,随着亚洲制造业的发展,预期物流外包市场未来4年内年均增长两位数以上,到2012年可望达到800亿美元。新加坡物流外包市场也将得到相应发展。物流业一直都是新加坡经济的一项重要内容,占国内生产总值的8%以上,并雇用10万多名工人。通过降低货物搬运成本,提升新加坡制造业和贸易商的竞争力。

(据《国际商报》)

新加坡欲完全开放邮政业

新加坡打算完全开放邮政业,允许其他公司提供新加坡及国际邮政服务。目前,新加坡的邮政服务由新加坡邮政局独家提供,而新电信集团拥有新加坡邮政局的25%股权。

(据新加坡《联合早报》)

新加坡成为投资泰国的最大东盟国家

2006年由于新加坡政府的投资公司淡马锡控股公司在泰国购买了大型医院和泰国电信公司的股份,导致淡马锡控股公司对泰国股市的投资净额达到34.46亿美元,在泰国股市的外国投资净额中占有63%的比重,新加坡成为上年前三季度泰国股市外国投资净额的最大国家。据了解,新加坡还是泰国的第三大外国直接投资来源地,仅次于日本和美国,是投资泰国的最大东盟成员国。 (据《国际商报》)

新加坡欲成为国际家具中心

新加坡家具工业在过去五年每年增长10%,2007年预期也将延续增长势头并取得8%的增长,新加坡政府希望本地家具公司能够在全球家具市场上取得更大市场份额,积极把新加坡打造成为国际家具中心

在新加坡博览中心举行的家具展规模大,吸引28个国家的500多位参展商,超过3.5万件家具占据了博览中心六个展览厅约3.93万平方公尺的展出面积。印尼、中国及新加坡依然是主要展览国。 (据新加坡《联合早报》)

新加坡与河内交易所加强资金市场合作

新加坡交易所与越南河内交易所签署谅解备忘录,加强两个资金市场未来的合作关系。

根据谅解备忘录,新交所和河内证券交易所将分享市场条例和管制信息以提升两个市场的发展。新交所也会为有意到新加坡筹集资金的越南公司提供有关培训,协助企业在新加坡上市。河内证券交易所将指导有意到新加坡挂牌的越南公司如何应付法律和条例程序,同时与新交所合作,协助监督在新加坡挂牌的越南公司。

(据中国驻新加坡大使馆经商处)

泰国严控十大商品进口

泰国商业部对10项主要进口商品进行严格控制，要求企业必须汇报每月进口10类主要商品的计划。这些商品包括钢材、黄金、机器及配件、农业机械、计算机及配件、电器及电子产品、化学产品、纺织品、服装、珠宝及首饰等。

（据中国驻泰国大使馆经商处 2007-02-05）

泰国推出优惠政策鼓励四大领域投资

泰国投资促进委员会通过鼓励研究开发、生物科技、物流园区和船舶修造4个领域投资的一系列优惠政策。给予投资研究开发项目的中小企业减免3年所得税的优惠政策；对4类生物科技企业免征所得税8年的优惠政策，投资项目不受金额和地点的限制，但如果投资的企业设在科学技术园内，还可享受额外5年所得税减半的优惠。这些生物科技项目包括植物品种改良，生物医药产品和微生物工程以及食品、药品、农业产品和环境检测工具；鼓励投资物流园区；给予在曼谷及周边地区以外的第二和第三投资区的船舶修造投资项目免征所得税和机械设备进口关税8年的优惠政策。

（据《国际商报》）

泰国拟修改外商投资法

泰国商业部透露，拟修改外商投资法，严禁外商利用人头户公司（虚假的挂名股东）使其持股比例超过49%，并将限期在几个月之内整顿和落实企业股东结构。此项措施引起外商联合商会等机构以及大多数在泰海外合资企业的密切关注，超过1.4万家海外合资企业将会受到一定影响，其中也包括中泰合资企业。（据中国驻泰国大使馆经商处）

泰国成为老挝第一大投资国

根据老挝国家投资委提供的数据，2006年1～9月，泰国成为老挝第一大投资国。自从老挝政府对外开放，到老挝投资的国家日益增多，投资金额也不断增加。2006年的前9个月，泰国成为老挝的第一大投资国，在老挝投资30个项目，投资金额达6.55亿美元，超过中国在老挝的投资金额4.23亿美元。泰国在老挝的投资成逐年递增趋势，2005年，泰国主要在老挝的水电和农林领域方面投资25个项目，总投资金额为4.51亿美元。（据《国际商报》 2006-11-16）

泰国金融出现大震荡

2006年12月19日，泰国股市风暴骤起，创下31年来的最大单日跌幅：14.84%，总市值1天内蒸发约8200亿泰铢。

事情起因于泰国央行新政。在外国短期游资冲击下，2006年泰铢升值已达16%，与美元比价从41铢兑换1美元升到35铢兑换1美元，刷新9年来的最高价位，成为升值最多的亚太货币。

这是泰国自1997年金融风暴以来最严厉的资金管制措施，但随之出现了意想不到的负面结果。泰国股市的外资投资者纷纷撤资外逃。这种情绪蔓延整个东南亚市场，新加坡、马来西亚、印尼、菲律宾股市全线下跌。

（据新华网消息）

泰国钢铁需求2007年增长7%

2006年，在国际钢铁市场交易活跃和价格呈稳定状态的同时，泰国钢铁业却因受多种经济与政治负面因素影响而萧条。泰华农民研究中心预测，泰国2007年国内钢铁市场将逐渐回暖，因为泰国经济将加速增长。由于政府加快推行大型基建项目，促使房地产业投资复苏，泰国国内钢铁需求量可达到1300万～1400万吨，增长7%～8%。

（据《国际商报》）

泰国驻中国南宁领事馆对外办公

泰国在中国设立的第8个领事机构——泰王国驻南宁领事办公室正式对外办公，开始受理中国广西以及其他省份、地区的公民赴泰旅游、非移民和过境签证申请。

（据中国驻泰国大使馆经商处）

泰国蔬果汁业发展迅猛

泰华农民研究中心预计，2007年泰国蔬果汁产量约为2.2亿升，比2006年增长11.5%，源于泰国国内蔬果汁需求趋向扩大，因此可预期在原有厂商将开始扩大产能的同时，新厂商也将纷纷进入市场，使市场竞争更为激烈。

（据泰国《世界日报》）

泰国出台政策限制外资

2006年底以来，泰国政府先是收紧外汇管制，随即又修订《外商经营法》，限制外资在电讯、媒体和房地产等领域中的控股比例。此后，又修订批发零售业条例，强迫经营连锁超市的外商不再开设新的分店；又连续发布强制许可令，使泰国生产、销售治疗艾滋病和心脏病的仿制药变为合法，不再向外国制药企业交纳高额专利费。（据《国际商报》）

泰国专利药强制许可获支持

针对泰国启动抗艾滋病和心脏病3种药物的专利强制许可程序，国际医疗人道救援组织“无国界医生组织”近日在曼谷表示强烈声援，并呼吁世界卫生组织等国际机构对泰方的决定表示明确支持，迫使拥有专利的外国制药商接受泰国的决定。（据《世界日报》）

泰国松绑外汇管制措施

2007年3月15日，泰国在资本管制实施近3个月之后，正式宣布自3月15日起取消2006年底出台的资本管制措施的最后一部分，也就是正式松绑外汇管制措施。解除当日，泰铢对美元汇率就已达到34.96:1，这是泰铢对美元汇率9年多来首次突破35:1的大关。当天收盘时，泰铢对美元汇率稍

有回落,最后以35.12:1报收。 (据《国际商报》)

泰国将扩大对中国的橡胶出口

泰国《世界日报》报道:泰农业与合作部部长提拉于2007年3月28日会见中国山东省轮胎生产厂企业家代表时称,泰国将扩大对中国橡胶市场的供应量,同时还将促进其他农产品如纸浆、渔业加工制品等的出口量。中方代表表示,山东省是中国生产轮胎的大省,有超过500家轮胎厂,对20号胶条、3级熏胶片和封口胶等原料的需求很大,其中有三分之一来自泰国。中方希望泰国能扩大供应价格稳定、优质的橡胶原料,并保持长期稳定的供需关系。

(据中国驻泰国大使馆经商处 2007-04-04)

越南采取措施发展国内商品市场

2007年越南力争实现商品零售总额和服务收入700万亿盾(约437.5亿美元)的目标,比上年增长20%;消费价格指数增长6.5%~6.8%,低于贸易增长速度。为实现上述目标,越南贸易部提出发展国内商品市场的七项措施:提高宏观市场的调控和贸易经营成效;落实2006~2010年阶段至2020年国内市场发展规划中制订的各项任务;继续完善和改进贸易发展规划;在融入区域合作和推进国际化进程中,继续发展国内文明、高效的市场组织模式;逐步建立分销商联盟;协调配合各部委和培训机构,抓好流通领域的人才培训;发展电子商务。(据越南贸易信息中心网 2007-02-16)

越南汽车市场供不应求

据越南《物资报》报道,越南汽车企业协会(VAMA)称,该协会所属各单位2007年1月的汽车销量为4722辆,同比增长52%,但比上个月减少23%。汽车销量比上月减少的原因是越南汽车供不应求,不少车行,如丰田、福特等无车可售,甚至许多客户要到春节过后几个月才提到车。

业内人士称,越南汽车销量猛增的原因是政府降低新车和旧车进口税(分别降低10%和10%~20%)。

(中国驻胡志明市总领事馆经商室 2007-02-16)

越韩签订油气勘采合同

据越南《经济时报》2007年2月13日报道,越南国家油气集团本月11日与越南油气勘探开发公司(PVEP)和韩国SK公司联合体在河内签订在越南外海大陆架油气勘采合同。

根据上述合同,PVEP将控股75%。投资商承诺在3年内将投资2800万美元在九龙盆地15-1/05区勘探油气。该区面积3800平方公里,与美国、法国和韩国联合公司正在开采的15-1区相邻,该区油井日出油量6万桶。

(据中国驻胡志明市总领事馆经商室 2007-02-15)

2007年越南需进口尿素90万吨

2007年越全国尿素需量约为180万吨,越国内生产只能满足90万吨的需求,其余需进口。

报道称,2007年1月每吨尿素进口价格为247美元,比上年底每吨上涨12美元。预计今后尿素进口价格仍将上涨。

(据中国驻胡志明市总领事馆经商室 2007-02-13)

越南规划在北方发展机械等八大工业产业

越南工业部在向政府总理呈报的“到2015年及至2020年北方重点经济区域工业发展规划”中提出,在北方集中发展机械、冶金、电子信息、建材、化工、纺织、制鞋和开采业八大工业产业,投资总额416万亿盾(约260亿美元)。

根据上述规划,河内市优先发展机械工业产业,包括生产电动机、变压器、柴油机和精密仪器;广宁省集中发展造船业、重型机械、开采设备、载重汽车等;海防市生产超长超重设备、民用电子设备、汽车零件、摩托车、小型机床和柴油机;海阳省和河西省组装汽车、摩托车,生产集装箱和农业机械;北宁省生产机械零件、电子设备、家用电器和组装电脑等。冶金方面,除越南钢铁总公司的投资项目外,从目前至2010年,北方重点经济区域将招商建设年产25万吨轧钢和钢板项目。

纺织业方面,在兴安、永福或河西省建设一批纺织工业区,在海防、北宁和兴安建设高级面料生产厂、印染厂和纺织原辅料生产厂。同时加大力度发展制鞋业。

(据《越南通讯》)

越南橡胶出口比上年增长78%

2006年越南出口橡胶约66万吨,价值12亿美元,同比增长78%,创历史最高记录。橡胶成为越南仅次于大米和木器的第三大农林出口产品。

2006年越南积极扩大橡胶种植面积,使全国橡胶林面积增至48万公顷,全国70家橡胶加工厂大部分更新或添置现代设备,橡胶种植技术和加工技术都有所改进和提高。

越南橡胶总公司是越南最大的橡胶企业,属下有37家橡胶树脂加工厂(其中12家企业通过国际标准认证),年生产能力为33万吨,其出口量占到该行业出口量的60%。

(据越南通讯社 2006-12-27)

越南旅游业吸引外资22亿美元

据越南《投资报》12月25日援引越南旅游总局的消息报道,2006年越南政府对全国旅游基础设施投资6200亿越盾(约合3900万美元)。越南旅游服务业全年吸引外商直接投资22亿美元。

报道称,越南全国迄今有6000个宾馆、13万个房间。其中,5星级酒店25个,客房6636间;4星级酒店57个,客房7316间;3星级酒店127个,客房9205间;2星级酒店490个,客房1.95万间。

(据中国驻胡志明市总领事馆经商室 2006-12-26)

越南拟制定政策鼓励发展生物燃料

越南工业部表示,在2007~2010年期间,将配合计划投资部和财政部等部门共同制定生物燃料发展政策,鼓励投资发展生物燃料产业。根据设想,除从税收方面鼓励使用生物燃料外,国家还将出台多项政策,鼓励投资和生产生物燃料,发展服务生物燃料的各项业务。通过政策引导企业应用现代技术生产生物产品和高附加值生物产品,实现燃料产品多元化生产。为此,越南政府将拨款40亿盾,作为该项目活动经费。（据越南通讯社 2006-12-25）

越南吸引外商直接投资创历史纪录

据越南《投资报》2006年12月22日援引越南计划投资部的统计报道,截至12月中旬,越南新批外商直接投资(FDI)项目797个,协议金额为75亿美元,同比增长60.8%。原有439个项目增资21.22亿美元,同比增长18.9%,使得越南全年吸引FDI达99.27亿美元,创该国1988年颁布《外国投资法》以来的最高水平。新批外商投资主要集中于工业和建筑业,投资项目数和协议金额各占66.4%和68.3%;投资服务业的项目数和协议金额各占26.6%和30%,其余为农林渔业。

2006年越南实际利用外资达41亿美元,同比增长24.2%。

（据中国驻胡志明市总领事馆经商室 2006-12-25）

越南将投资约100亿美元发展铁路交通

从现在到2010年,越南将优先升级和改造北—南和东—西铁路干线,将河内—海防铁路改造为电气化铁路;在建设河内和胡志明市城市铁路的同时,要兴建和完善火车站、机车和车厢修理厂;完成各条铁路线的升级和改造,以达到国家和本地区级技术标准,新建河内—荣市(Vinh)和西贡(Sai Gon)—芽庄(Nha Trang)的复线铁路,并将这两条铁路建成电气化铁路;沿北—南铁路干线,另建一条北—南准轨(1.435M)复线高速客运铁路,将河内—胡志明市的之间的运时缩短至10小时以内,并尽可能与国际联运铁路相连接。

报道称,至2020年越南铁路实现现代化约需投资160万亿越盾(约合100亿美元)。其中,基础设施建设的投资需要98万亿越盾(约合61.25亿美元),铁路运营的投资需要62.87万亿越盾(约合39.29亿美元)。

（据中国驻胡志明市总领事馆经商室 2007-03-16）

越南将投资330亿美元兴建南北高速铁路

据越南《经济时报》12月5日援引越南通讯社的消息报道,越南铁路总公司近日向政府上报了兴建河内—胡志明市高速铁路的方案。据此方案,河内—胡志明市高速铁路的设计时速(客运)为每小时300~350公里,届时乘火车从河内到胡志明市的时间不到10个小时(现在约40小时)。

据报道,越方将邀请日本专家协助越南铁路总公司制定高速铁路的具体方案。

（据中国驻胡志明市总领事馆经商室 2006-12-06）

越南拟引资建设国内最大的航空港

据越南《投资报》2007年4月2日报道,越南拟以BOT或BOO形式吸引外资建设国内最大的龙城(Long Thanh)国际机场。

该机场坐落在越南南部同奈省龙城县,年客运量为1亿人次,货运量为500万吨。第一阶段(至2015年)拟投资近20亿美元,年客运量为2500万人次。

（据中国驻胡志明市总领事馆经商室）

越南将取代中国成为最大的输美木质家具生产国

据越南《新闻报》11月28日报道,至2010年,越南木制品出口额将达55亿美元,并取代中国成为本地区最大的对美国出口木质家具的国家。

报道称,2006年越南木制品出口额将为22亿美元,比上年增长38.4%。越南向日本出口木制品创汇额已在本地区列前三位,次于中国和泰国。

据报道,近年来,越南木制品出口快速增长,连续6年来,出口额增长10倍。2006年头11个月,该木制品出口创汇已达19亿美元。

（据中国驻胡志明市总领事馆经商室 2006-12-01）

越南与泰国开展大米出口合作

据越南《经济时报》2006年11月23日报道,越南与泰国近日签署大米出口合作谅解备忘录。据此,两国将每隔两周定期交换大米和大米价格信息,以防止国外大米进口商压低大米价格。

报道称,越泰两国还承诺不使用生物技术生产转基因大米,并将召开记者招待会介绍大米生产过程,确保大米不含转基因成分。两国还商定,今后每季度将举行一次定期会议并于2007年组织两国大米出口企业研讨会,以便就该战略出口商品的生产、贸易和价格等交流经验和意见。

（据中国驻胡志明市总领事馆经商室 2006-11-24）

越南鼓励外商投资医疗领域

据越南《西贡解放报》报道,越南卫生部药品管理局局长高明光(Cao Minh Quang)称,医疗卫生和药品属于政府鼓励投资并可享受优惠政策的行业(优惠税分为20%、15%和10%类)。越南卫生部将为投资药品,特别是现代配方用药、利用越南原料制药的项目提供便利条件。

据报道,截至2006年9月,在越南投资药品和药品原料生产的外企有312家,其中投资企业最多的国家分别为韩国、中国、印度和巴基斯坦。

报道称,2006年越南进口药品预计达7.1亿美元,比2005年增长10%。

（据中国驻胡志明市总领事馆经商室 2006-10-27）

越南官员谈限制外商投资的领域

据越南《经济时报》2006年10月12日报道,越南计划投资部法制司司长范孟勇(Pham Manh Dung)称,根据越南政府2006年9月22日第108/2006/ND-CP号通知,越南根据对加入世贸组织的承诺,对外商规定了14个限制性投资领域，主要有银行、保险、通讯、金融、海运、广告、不动产等领域。

上述限制性投资领域有的对限制条件作具体规定，如：外商对海运领域的投资比例不得超过总投资的49%；独资保险公司则通过保额进行限制；对通信领域干线的经营业务，外方股比不得超过51%等。有的未作出具体规定，如油气、矿产开采等领域。

（据中国驻胡志明市总领事馆经商室　2006－10－13）

越南允许外国银行经营越币存款业务

为履行加入WTO的承诺，越南国家银行下发通知，允许在越南的外国银行经营越币存款业务。

根据上述通知，在越南的外国银行分行可以接受与本行没有信用关系的越南客户的越币存款，所接受的越币存款额，按该行获准受信额度的倍数和放宽期限确定，具体为：2007年1月1日为650%，2008年1月1日为800%，2009年为900%，2010年1月1日为1000%，自2011年1月1日起，完全享受国民待遇。　（据《国际商报》　2007－02－27）

越南证券市场发展势头强劲

越南胡志明市证券交易中心成立6年，上市股票106个，债券367个，上市基金2个，总额为7.2万亿盾。截至2006年12月31日，证券市值占GDP的比重为15.5%，超过越南政府提出的到2010年发展战略的目标。

（据越南《共产党电子报》　2007－01－22）

越南欲出“组合拳”为过热股市降温

继2006年暴涨144%后，越南的基准股票指数2007年1月又上涨30%以上，股市过热已成为越南政府和投资者的共识。如何为国内火爆的股票市场降温，同时又不因此冷落外资，成了摆在越南等新兴市场国家面前的一道难题。

2007年1月22日，越南财政部副部长陈春河在河内举行的一个会议上表示，政府将继续执行外资在上市公司中的持股比例不得超过49%的规定，还将要求希望在越南开展业务的外国基金经理们披露更多业务信息。

与此同时，越南央行也向国内各银行发出指令，要求其不要向自己的证券子公司发放贷款。此举显然是要防止国内投资者用借来的钱购买股票，即从事高风险的保证金交易。

当然，为国内火爆股市降温的同时，越南政府也不希望因此冷落外资。尽管外资在上市公司的持股上限没有改变，但越南正通过其他方式取悦外国投资者。虽然近期出台的一些政策措施意在遏制外资进一步流入股市，但财政部还是希望能将越南股市的监管标准提升至国际水平，在恢复发行新股之前先着力改善股市的投资环境。越南今年计划对商业银行、纺织和酿酒行业的一系列国有企业实施私有化。越南股市2007年预计还将有一系列新股发行。

2007年1月越南股市市值约为146亿美元，而2006年初时的股市市值只有10亿美元左右。上个月，外国投资者投入越南股市的资金超过了他们对菲律宾股市的投资，而后者的规模几乎是越南股市的5倍，且去年同样有上佳的表现。势如破竹的股市上涨幅度令许多人开始担忧，股市目前的繁荣局面是否能够持续下去。

过去12个月来，亚洲多个股市的大幅上涨给许多分析师和投资者拉响了警报，他们中的不少人认为，股市在今年某个时候将出现回调。显然，蜂拥而至的外来投资正在对新兴市场国家构成挑战。　（据《国际金融报》）

外资看好越南服装业

越南服装业的繁荣，吸引来自美国、日本、印尼等国的投资商。越南PhongPhu公司已经与美国ITG签订投资额8000万美元的服装纺织投资项目协议。越南大型服装公司NhaBe、VietTien与日本Mitsui公司就套装和裤子的生产达成合作协议，印尼、朝鲜也已在广南省、胡志明市等地建成服装加工厂和纺织工厂。　（据《国际商报》）

越南医疗设备市场潜力巨大

随着经济的发展，越南政府越来越重视对医疗机构的投入。但这一理想正遭遇医疗设备研发生产水平低的发展“瓶颈”。据越南《物资报》近日报道，因原有基础较差的缘故，越南医疗器械设备生产力不足，尤其是物理治疗仪、外科激光功能康复设备等现代化程度高的医疗设备仅占国内医疗设备生产的5%，且技术性能远不如国外进口产品。

越南国家卫生部对优质的外国医疗设备，持鼓励及欢迎的态度。根据有关规定，约有40种医疗器械产品进口须越政府审批并由越南进口企业申请批文，其余品种不需审批即可自由开展贸易往来。但同时越南卫生部也表示，为了减少对医疗设备的进口依赖，达到2010年越南国产医药设备满足国内60%需要的目标，政府仍会继续加大对医疗设备制造、生产课题的投入，从而推动高科技医疗设备的生产研发，在提高本国医疗设备水平的基础上逐步减少进口。

2005年，中国医疗器械出口额36.79亿美元，比上年增长32.5%。近几年手术设备、制药设备、药品包装、内窥镜设备、医用试剂、康复仪器、耳鼻喉科治疗仪、齿科治疗仪、心脑电图仪、产科护理设备等医疗设备成为越南向中国企业主要采购的产品。据悉，中国医疗器械产品主要是通过参加越南国际医药制药、医疗器械展览会，到越南合资办厂等形式进入越南市场。在越南发展较好的中国医疗设备企业以上海企业为主，如上海医疗器械厂、上海天和制药机械等，都在越南取得良好成绩。

据了解，越南有中央级医院30多家，省（市）级以上医院差不多200家，县级以上医院2500多家。现有56家获准生产医疗设备的企业，批准生产和销售的医疗设备621种，主要是医院室内用品、手术室设备、一次性消费品和一些高科技医疗电子设备，如体外胆结石破碎机、X光机、胎儿心率诊听器、半导体激光电子针、心电图设备等，远不能满足越南医疗设备尤其是高级设备市场的需要。　（据《国际商报》）

外商对越南零售市场投资加大

越南一家公司的调查报告显示，目前越南零售业市场对外商的投资吸引力从2005年的第8位上升至第三位,仅次于印度和俄罗斯。德国一集团已先后在越南兴建了8个超市,而马来西亚 Parkson 集团也在胡志明市试开了一家零售店后,准备在越南中部、南部和海防市等地开设商场。

越南正式加入世界贸易组织后,外商对越南零售业市场的投资逐渐加大。越南贸易部称,越南零售业市场正处在黄金发展时机。

(据中国驻越南大使馆经商处)

2007年越南钢材需求量约400万吨

据越南《物资报》援引越南贸易部消息,2007年越南钢材需求量约400万吨,比2005年增长11%。2007年越国内钢坯产量约230万吨,只能满足国内市场一半的需求,需要进口钢坯200多万吨。

2006年越全国钢材销量为350~360万吨,比2005年增长15%。2006年越南从中国进口钢坯的数量占越钢坯进口总量的70%,超过从俄罗斯和乌克兰的进口。

据越南钢铁协会(VSA)称,越南钢材生产企业最担心的问题是中国廉价钢材涌入越南所造成的威胁。

(据中国驻胡志明市总领事馆经商室 2007-01-12)

2010年越南将不再进口水泥

2006~2010年越南国内市场水泥的需求量预计年均增长10.5%~11.5%,2010年越南全国水泥需求量约为5000万吨。现在越南正投入兴建的水泥项目约有30个,生产能力为3500万吨。到2010年越南的旋转窑水泥厂约40个,全国水泥产量的设计能力将达到6000万吨,可满足国内市场需求,预计人2010年后越南将不再进口水泥。

(据越南《经济时报》)

越南欲提高沿海地区 GDP

越南计划到2020年将沿海地区在全国 GDP 的比例从现在的12%~15%提高到30%,人均 GDP 达到全国平均水平的1.3~1.5倍;将沿海地区出口额提高到全国出口总额的55%~60%;将一批沿海和海岛中心都市发展成为货物运输中心,为沿海地区经济发展提供服务。

(据《国际商报》)

越南将发展海岛经济

越南政治局已递交越南党中央委员会"至2020年海洋战略"提案,这是海洋战略问题第一次在越南得到这样高的重视。将会制定有关海洋战略的大决策,集中开采具有优势的经济行业如石油加工、海洋旅游、航海经济、海产开采等。研究者们建议形成沿越南海岸的高速公路。此外,该战略也涉及到形成沿海都市系统的问题。据了解,目前越南将分成四个海洋地区。第一个地区包括从芒街到宁平的北方海域,第二是从青化省到平顺省的中部沿海地区,第三是东南部海区,第四是从前江到河仙的九龙江平原海域。

(据越南《共产党电子报》)

越南建设东南亚最大的航海设备生产厂

2007年3月6日越南造船工业集团与芬兰 Macgregor 公司签订合同,在海防 Cu Kin 工业区合资建设东南亚最大的航海设备生产厂。该项目分期进行,首期投资1630万美元,年生产能力为1.6万吨,后续投资3000万美元,年生产能力提高到2.5万吨,产品主要供应国内各船厂,并部分出口。

(据中国驻越南大使馆经商处)

越南有条件审批外资设立贸易企业

越南颁布的贸易法实施细则规定,对符合越南作为成员国签署的国际条约,符合越南法律规定,符合越南开放市场承诺等条件的外资贸易企业,自获得越贸易部书面回复之日起15天之内,由各省人民委员会决定颁发从事商品贸易的许可证。 (据中国驻越南大使馆经商处)

中国对越南直接投资超过10亿美元

据越南计划投资部统计,2006年1月至12月20日,中国对越南直接投资63个项目,合同金额为3.27亿美元,实际到位资金1.32亿美元,合同投资金额居对越直接投资国家和地区的第七位(2005年同期为第十一位)。截至2006年12月20日,中国对越直接投资项目累计407个,合同金额为10.69亿美元,实际到位资金2.09亿美元,合同投资金额居对越直接投资国家和地区的第十四位(上年同期为第十五位)。

(据中国驻胡志明市总领事馆经商室)

美的家电集团在越南建立生产基地

中国家电行业领军企业——广东美的集团有限公司2007年1月16日在越南南方的平阳省(Binh Duong)举行美的生活电器越南有限公司第一期投产庆典仪式。

这是美的集团在海外投资的第一个生产基地,也是中国广东省家电行业"走出去"的首家生产性企业。

美的集团计划投资2500万美元,在越南设立东南亚最大的家电生产和销售基地,并在今后5年内,使基地家电年产量达到500万~800万只,销售额10亿元人民币。投产的第一期项目,投资额为1亿元人民币,主要生产电饭煲和电磁炉等产品。

(据中国驻胡志明市总领事馆经商室 2007-01-17)

越中合作开采铁矿

由越南钢铁总公司与中国昆明钢铁集团合资成立的越中矿产冶炼有限责任公司近日正式在越南老街省贵砂铁矿区动工开采铁矿。 (据越南《经济时报》)

越中双边贸易额达100亿美元

据越南《经济时报》报道,越南驻中国大使馆经商参赞陶玉章(Dao Ngoc Chuong)称,2006年越中双边贸易额达100亿美元,提前4年完成两国领导人提出到2010年贸易额达到100亿美元的目标。

根据中国市场的需求,2007年及今后几年内,越南将扩大对华商品出口,缩小贸易逆差。主要出口商品包括咖啡、茶叶、橡胶、电线电缆、大米、鞋类、腰果仁、胡椒、果蔬、塑料、植物油、木材、电子零配件、木薯等商品。

(据越南《经济时报》 2007-01-30)

越南对中国出口果蔬剧增

从2006年12月17日到2007年1月19日期间,越南向中国出口水果和蔬菜大幅度增长,出口额达1800万美元,同比增长200%。出口水果品种达到23种,同比增加6种。越方预测,春节期间中国对水果需求增加,越南水果出口价格将维持在较高价位。 (据《国际商报》)

越南进口中国磷酸钾肥

DAP磷酸钾肥是越南进口量最大的化肥品种,进口量超过尿素。2006年,越南总共进口DAP磷酸钾肥75万吨,价值2.245亿美元,进口量和进口额同比增长34%和36%。其中,从中国进口的磷酸钾肥占越南进口总量的64%,韩国占7.9%。2006年,越南进口DAP磷酸钾肥的平均价格比2005年上涨约1.5%,每吨平均价格为299.3美元。4月和10月是越南进口磷酸钾肥的高峰时期,分别进口达11万吨左右。

(据《国际商报》)

越中签署汽车合作协议

越南龙江集团所属河江机电股份公司(EMC)与中国南京汽车集团所属跃进(YIEC)汽车进出口公司2007年3月22日在河内市签署汽车合作协议。根据上述合作协议,中国南京汽车集团将投资EMC生产经营各类运输车、5吨以下轻型自动装卸货车以及经营各类重型运输车、专用汽车和旅游车等。 (据越南《经济时报》)

越南希望扩大向中国出口咖啡

据越南《投资报》2007年3月12日报道,越南驻华使馆商务参赞陶玉章(Dao Ngoc Chuong)称,越南应大力促进对中国出口咖啡,因为该市场咖啡的销售额每年超过1亿美元,而2006年越南仅向中国出口咖啡约1300万~1400万美元,占越咖啡出口总额(11亿美元)的很少比例。

越南贸易部预计今年越南咖啡出口金额将达11.5亿美元,比2006年增加5000万美元。

(据中国驻胡志明市总领事馆经商室 2007-03-14)

越南与中国香港成立合资公司兴建集装箱码头

据越南《经济时报》2007年3月5日报道,中国香港和记港口集团(Hutchison Port Group)与越南西贡投资建设贸易公司近日合资成立西贡国际有限责任公司(SITV)。新成立的合资公司将投资2.67亿美元在越南巴地—头顿省(Ba Ria - Vung Tau)新城县(Tan Thanh)布市河(Thi Vai)河口兴建集装箱深水码头。

上述深水码头有3个装卸码头,总长33.7米,可以停靠6万吨级货轮,每年可装卸110万个标箱。

(据中国驻胡志明市总领事馆经商室 2007-03-06)

中国企业在越南获得水电项目承包资格

中国电工设备总公司通过国际招标获得越南大青(DAKR'TIH)水电站项目总承包资格。该项目开工典礼于2007年2月8日在中部多农(DAK NONG)省举行。

上述项目发电功率为144兆瓦(MW),总投资额为2亿美元,总承包合同金额为1.3亿美元,建设工期为3年,资金由法国兴业银行向越南提供买方信贷。

越南常务副总理阮生雄(Nguyen Sinh Hung)、越南建设部部长阮红军(Nguyen Hong Quan)、中国电工设备总公司总裁赵若林等出席了上述项目的开工仪式。

(据中国驻胡志明市总领事馆经商室 2007-02-12)

越南出口中国的橡胶价格上涨

据越南《经济时报》2007年1月9日援引越南贸易部的消息报道,近日,从芒街(Mong Cai)口岸出口到中国的橡胶价格连续上涨,中方企业对橡胶的需求量远大于越方的供给量。现在SVR3L橡胶的口岸交易价为每吨1.54万元人民币,比2006年12月中旬每吨上涨1300元人民币。

在中国东兴口岸,中方进口公司的橡胶需求量每天为1000~1300吨,由于越方的橡胶出口量只能达到中方需求量的一半,中方公司争相抬价收购。

(据中国驻胡志明市总领事馆经商室 2007-01-10)

中国联通携手越南电信部门拓展国际业务

中国联通将与河内电信的合作,利用中国联通在CDMA网络建设和运营上的经验和资源,支持和帮助河内电信CDMA业务的发展。双方将在CDMA手机的联合采购、移动增值业务的共享、国际漫游、CDMA2000技术及其技术延伸的标准化方面进行合作。

(据通信产业网 2006-11-29)

越南与中国、老挝、柬埔寨签署边境交通运输协定

据越南《经济时报》2007年4月12日援引越南交通运输部的消息报道,越南与中国、老挝和柬埔寨于4月10日签订边境过境运输协定。

根据上述协定,前往中国的私驾车可经由越中边境的芒街(MONG CAI)—东兴(广西)、友谊(HUU NGHI)—友谊关(广西)、驮隆(TA LUNG)—水口(广西)和清水(THANH THUY)—天保(云南)等口岸抵达中国的边境县内,也可驶入老挝境内,但尚不能过境入柬埔寨。

(据中国驻胡志明市总领事馆经商室 2007-04-16)

投资贸易指南

文莱投资指南

一、财政金融政策和法规

文莱财政部通过属下的财政研究所、货币局和文莱投资局行使中央银行的职能。文莱采用盯住新加坡元的联系汇率货币制度。新加坡元与文莱元等值流通。

（一）货币

货币局负责发行钞票。货币供应量年增长约20%。

（二）外汇

文莱无外汇限制。银行允许非居民开户和借款。

（三）银行和保险

文莱有9家商业银行，包括花旗银行、汇丰银行和渣打银行等国际银行在文莱均设立分行。有几家本地和国外保险公司。银行利息由银行协会设定。

（四）经济发展理事会（Brunei Economic Development Board）

随着经济发展理事会的设立，文莱将进一步吸引来自各方的投资者。

投资促进法2001涵盖了包括先驱工业、贸易和投资推动、国际资本信贷、风险投资、进出口贸易服务和高科技产业。新的"工业协调法"（2001）将在协调和简化程序上起到更好的作用，尤其是资格审批和工业建筑的批准方面。

二、税收

文莱无个人所得税，也无出口税、销售税、薪工税和生产税。与其他区内国家相比，文莱的税种很少。独资和合资的商行无需交纳所得税，只有公司需交纳所得税，其数额也是同地区最低的。

此外，在投资者创业和发展阶段，文莱提供比其他国家更为优惠的条件以促进企业的壮大。

（一）公司税

公司需对以下收入纳税：（1）各项经济活动中获取的利润；（2）从未在文莱纳税的公司中获得的分红；（3）利息和补贴；（4）利息、版税、奖金和其他财产收入。

文莱无资本收益税。但如征税官确定其中部分收入来自普通贸易，则仍按正常收入征税。

（二）所得税

文莱注册公司有义务对其从文莱或境外所获得的收入交纳所得税。非本地注册公司只需对其在文莱获得的收入纳税。

一家公司，不论其合作伙伴是本地还是外国的，只要其业务的控制和管理发生地在文莱，就可视同本地企业征税。例如经理会议在文莱召开，即视为业务的控制和管理在文莱。

对公司利润的征税率为30%，在一定条件下可以减免。

（三）分红的处理

来自已经完税的公司分红不再征税。

来自英国及英联邦其他国家的分红需交税，即使双边签有税收减免协议。其他任何分红都计算在征税额之内，但不对分红代扣所得税。

（四）允许的减免（Allowable Deductions）

为形成可征税额的全部或唯一的费用，可获得减免。此类减免包括：（1）为获得收入而借入资金所产生的利息；（2）经营活动中产生的土地和建筑物的租金；（3）修理厂房设备的开销；（4）坏账和坏账准备；（5）雇主提取的养老金和准备基金。

（五）不允许的减免（Disallowable Deductions）

包括：（1）非经营活动产生的开销；（2）国内的私人开销；（3）资本提取；（4）用于农场复垦之外的革新所产生的开销；（5）用于保险或可补偿合同的开销；（6）非经营活动所产生的租金或维修费用；（7）在文莱或其他国家所交纳的所得税；（8）未经证实的养老金或准备基金所产生的费用；（9）除被证实捐给指定机构外的捐赠不允许减免。

折旧是不允许的花费，合理的支出以资本支出的名义取代。纳税人可以按如下方式计算折旧：①工业建筑可按第一年10%，以后每年2%计提折旧直到计提完毕。②设备和厂房第一年可计提20%，其余每年按设备的性质，根据收入税法，以每年3%～25%的比例计提。平衡性折让以工业建筑、厂房和设备的处理为基础。这些调整包含了减去折旧的资产价值和销售相比较的增加或减少。任何平衡性费用限制于预先确认的税款津贴，同时，任何盈余将被视为资本收益而不被计入可计账收入。

未吸收的资本津贴可无限期结转但必须从同一交易中抵扣。

（六）亏损处理

公司亏损可从未来六年的收入中结转，并可追溯一年。对公司的所有权和是否同一交易无限制。

（七）外国税收免除规定

文莱和英国签订避免双重税务协定，所得税可以按比例免除。课税扣除只针对本地公司。

英联邦国家提供内部互免优惠，但优惠额不能超过文莱税率的一半。此优惠提供给本地及非本地注册公司。

2004年9月，文莱与中国签署《避免双重征税和防止偷漏税协定》。

（八）印花税

印花税根据多个法规征收。其中一些法规包含从价税。

（九）石油税

修改后的所得税法1963年版为石油生产征税特别立法。

（十）代扣所得税

非本地公司的债券、贷款等的利息收入按20%比例交纳所得税。文莱无其他代扣所得税。

（十一）房地产遗产税

1988年12月15日后去世的人，其房地产遗产按每200万文元3%的税率征收。

（十二）进口税

工业用的食品和其他产品免交进口税。电器产品、木材、照相设备和耗材、家具、汽车及零部件的进口税率为20%，化妆品和香水进口税率为30%。

三、商业和公司注册

（一）注册

在文莱可以设立独资经营企业、合伙经营企业、公司（私人或公共)和外国公司的分支机构。所有企业必须注册名称,名称需经注册师的确认后才可注册。每个名称征税5元文币。

1. 独资经营企业

经批准成立后发给许可证,征收牌照费文币30元。免征公司所得税。外国人不许注册。

2. 合伙经营企业

由个人、本地公司或外国公司的分支机构组成。最多的合伙人数为20人。经批准成立后发给许可证,征收牌照费文币30元。由外国人提出的申请须先得到移民局、经济计划发展局和劳工局的批准,才能注册。免征公司所得税。

3. 私人有限公司

以股权和抵押为有限责任;由2人以上50以下共同设立;股东可以为文莱人或其他;限制股东转让其股份和禁止对公众招股;子公司应当持有母公司的股份;注册时必须按规定指定公司章程;一经批准,则发给执照并收取25元文币的费用;注册费根据注册资本的认可股数之分标征收;股本不设最小值。

私人公司必须遵守以下规定:指定在文莱注册的核算师。每年提供损益表和资产负债表以及董事报告。每年向财政部经济规划处报送财务数据。每年报送包含董事和股东信息的资料。保留以下记录:(1)会员会议记录;(2)董事会议记录;(3)经理会议记录;(4)会员登记信息;(5)董事和经理的登记信息;(6)主管的登记信息。

公司税为年利润的30%。

4. 外国公司分支机构

注册时需提供以下文件:公司章程的副本,必要时提供英文翻译件;含公司董事名称和地址的清单,其中需有一个以上居住在文莱,并能代表公司接受通知。一经批准,将发给执照并收取25元文币的执照费。

公司每年须提交损益表和资产负债表及董事报告。提交分公司报表。每年向财政部经济规划处报送财务数据。每年报送包含董事和股东信息的资料。

保留会员会议记录、董事会议记录、经理会议记录、会员登记信息、董事和经理的登记信息、主管的登记信息等。

公司税为年利润的30%。

四、商标和专利注册

一经注册,商标和专利在前7年有效,并可延长至14年。在英国、马来西亚和新加坡申请的专利,在文莱注册后前3年有效。文莱对版权保护无特别立法,但英国的相关法律需要时可适用。

五、就业规定

文莱的劳工政策比较宽松。由于本地劳动力短缺,大量引进外劳,目前,外劳占到整个就业人口的1/3。这是投资者需要面对的一个问题。

外国人来文就业需要得到三年有效的工作准证,需事先向劳工局申请。经劳工局的推荐,移民局将发给许可证。劳工局要求申请者提供金额为文莱至劳工来源国单程机票款的押金或银行担保。

工作准证在签发后6个月内不得更改。公司或外国公司的分支机构注册批准之前,申请将不会被接受。

六、劳资关系

商业争议法中部分条款起到调解法的作用。

工会制度目前尚未在文莱普遍实行。由于文莱目前大多为小规模企业,已经自然形成"平等交换"的解决办法,而不是用对抗的方法。除石油工业之外,其他企业还未建立劳资双方的谈判机制。

现有的劳动法针对终止雇佣、医疗、产假及工伤补偿等提供足够的法律依据。政府目前实行工人准备基金以保护所有工人。

七、签证

马来西亚、新加坡、英国及在英国有居留权的人享有30天免签。泰国、印度尼西亚、菲律宾、日本、法国、瑞士、韩国、加拿大、荷兰、卢森堡、比利时、德国、瑞典和马尔代夫公民可以享有14天免签,超过14天,需要申请签证。

其他国家公民进入文莱需要办理签证。

来文就业则需事先由雇主申请工作准证。配偶及18岁以下未成年人需要办理附属签证。

八、交通

文莱皇家航空公司成立于1975年。目前已开通至伦敦、法兰克福、苏黎世、新加坡、雅加达、巴厘岛、达尔文、珀斯、香港、马尼拉、古晋、吉隆坡、台北、曼谷、迪拜等24个目的地的航线,新加坡、菲律宾和泰国的航空公司也开通到文莱的航线。

文莱目前和中国上海、香港开通直航。到上海每周三班,到香港每周四班。

九、国际贸易和投资

从双边和多边的层面展望文莱与其他国家的经济合作,文莱希望在以下领域与其他国家建立起合作的网络:(1)促进在文莱的投资;(2)促进文莱贸易的发展;(3)促进人力资源水平的提高和技术转移;(4)加强双边和地区间以及多边的经济合作。

文莱目前加入东盟(ASEAN)、亚太经合组织(APEC)、伊斯兰国家组织(OIC)、联合国、不结盟运动等国际组织。

(一)投资促进

在投资领域,文莱政府正在制定一项改善投资环境的计划。计划包括和其他国家签署双边贸易条约和备忘录。

(二)贸易发展

在贸易发展领域,文莱促进地区市场和世界市场贸易机会的增长。文莱积极参加多双边的贸易安排,如东盟自由贸易区和世界贸易组织,文莱推动基于本国工业和主要资源为基础的外向型经济的发展。

(三)人力资源开发和技术转移

在人力资源和技术转移方面,以中小企业为主的文莱企业需要提高技术含量,本地人力的短缺使得需要从外国引进工人,尤其是中层管理人才。

十、2001投资促进法有关免税促进模式

(一)先锋工业

1. 获得先锋产业资格证书的条件

凡有限责任公司达到以下要求的可以获得先锋产业资格证书:(1)符合公众的利益;(2)该产业文莱未达到饱和程度;(3)具有良好的发展前景,产品应具有该产业的领先性。

2. 免税期

免税期从生产日开始计算。

企业注册资本金50万~250万文元,免税期5年;250万文元以上免税期8年;高科技园区内企业免税期11年。

免税期延长每次3年,总共不超过11年;(高新区)免税期延长每次5年,总共不超过20年。

3. 投资促进措施

主要措施有:(1)免所得税;(2)先锋产业免30%的公司税;(3)免公司进口机器、设备、零部件、配件及建筑构件的进口税;(4)原材料进口免税;(5)为生产先锋产品而进口的原材料免征进口税;(6)可以结转亏损和津贴。

(二)先锋服务公司

1. 先锋服务的条件

具备下列条件可获得先锋服务公司资格:(1)符合公众利益;(2)应当从事以下经营活动:涉及实验、顾问和研发的工程技术服务;计算机信息服务和其他相关服务;工业设计的开发和生产;休闲和娱乐的服务;出版;教育产业;医疗服务;有关农业技术的服务;有关提供仓储设备的服务;组织展览和会议的服务;金融服务;商业顾问、管理和职业服务;风险资本基金业务;物流运作和管理;运作管理私人博物馆;部长指定的其他服务和业务。

2. 免税期

免税期8年,可延长,但不超过11年。

3. 投资促进措施

主要措施有:(1)免所得税;(2)可结转亏损和补贴。

(三)先锋产品

已公布的先锋产品有24类,包括:(1)航空食品;(2)搅拌混凝土;(3)制药;(4)铝材板;(5)轧钢设备;(6)化工;(7)造船;(8)纸巾;(9)纺织品;(10)听装、瓶装和其他包装食品;(11)家具;(12)玻璃;(13)陶瓷;(14)胶合板;(15)塑料及合成材料;(16)肥料和杀虫剂;(17)玩具;(18)工业用气体;(19)金属板材;(20)工业电气设备;(21)供水设备;(22)宰杀、加工清真食品;(23)废品处理工业;(24)非金属矿产品的制造。 (据中国外交部网站)

柬埔寨投资环境和投资政策

一、柬投资环境中的主要优势

1. 实行开放的自由市场经济政策,经济活动高度自由化。2003年某国际组织对170个国家和地区的经济自由度进行排名,柬埔寨排第35位,与日本同一名次,远高于周边国家。

2. 美、欧、日等28个国家给予柬普惠制待遇(GSP);对于自柬进口纺织服装产品,美国给予较宽松的配额和减免增收进口关税,欧盟不设限,加拿大给予免征进口关税等优惠措施,吸引了以中国(含港、澳、台)为首的纺织服装出口受限国家和地区来柬投资。在柬的200余家纺织服装企业中,80%以上来自中国(含港、澳、台)。

3. 世界七大奇观之一的吴哥古迹等旅游风景区,每年吸引着数十万的外国游客,同时也吸引着具有国际管理经验的外商投资其酒店等旅游产业。

二、柬投资环境中的不利因素

1. 基础设施等硬件条件较差。水、电、交通、通讯等基础设施条件差,相关成本费用高,工人工资水平相比周边的越南、孟加拉等纺织服装竞争对手较高且劳动力素质和效率较低。柬制衣工人法定月最低工资为45美元,实际人均月工资约80美元。

2. 吸引投资的软环境较差。主要体现在:

一是柬一些官员腐败现象严重,社会普遍存在“外资是来挣柬人钱”的片面认识,人民对“外国资本家”有较大的抵触情绪,工会组织繁多且罢工、示威等活动十分频繁,时常威胁企业正常经营甚至人身、财产安全。

二是市场、经营秩序混乱,法制不健全。法律、司法对外资的保护不力,无经济法庭。

三是柬经济发展主要依赖外援和外资,但柬在二者发生冲突时则常会“重援而轻资”,造成在许多投资政策的制定和执行过程中受到“外援”的左右。

三、柬有关投资政策规定

柬无专门的外商投资法,其吸收外资的法规政策主要体现在“投资法”及其“实施条例”等相关法规和文件中,主要有:

(一)投资保障

1. 对外资与内资基本给予同等待遇。除柬宪法中有关土地所有权(只允许柬籍公民和法人购买)的规定外,所有的投资者,不分国籍和种族,在法律面前一律平等。(基本实现国民待遇)

2. 柬政府不实行损害投资者财产的国有化政策。

3. 已获批准的投资项目,柬政府不对其产品价格和服务价格进行管制。

4. 不实行外汇管制,允许投资者从银行系统购买外汇转往国外,用以清算其与投资活动有关的财政债务。

(二)投资鼓励和优惠

鼓励外商投资农业、旅游业、环保、高科技、劳动密集型工业、出口型工业、基础设施和能源等重要领域。

免征投资生产企业的生产设备、建筑材料、零配件和原材料等的进口关税;企业投资后可享受3~8年的免税优惠,免税期后按税法交纳税率为9%的所得税;利润用于再投资,免征所得税;分配红利不征税;产品出口,免征出口税。

柬对私人投资企业所征收的主要税种和税率分别是:所得税9%,增值税10%,营业税2%。

(三)柬现行税收政策

柬埔寨目前主要有以下税种和税率,分别是:所得税9%或20%,增值税10%,营业税2%。主要商品的进口关税及特殊税详见贸易指南篇的“柬埔寨主要商品关税及有关税收一览表”。

(四)土地的使用

外国投资者可通过长期租赁的方式使用土地,最长租期为99年,期满可申请续租。投资者对项目土地上的不动产和个人财产依法享有所有权。

(五)商业组织形式

在柬进行经济贸易活动比较宽松,可以个人、合伙、公司等不同的商业组织形式注册,且注册资本标准较低。在柬从事进出口贸易,不受国籍限制。

(六)新投资法的变化

新的《投资法》草案已经柬政府通过,待国会通过、参议院和国王批准后将予颁布实施。该法对投资项目的申报手续、CDC的审批程序和项目的优惠待遇都做了部分调整。总体来说,程序更透明(如取消免税期打分制,实行分行业确定免税期,减少人为因素),但优惠将减少(在所得税、免税期、股息征税等问题上减少政府的让利)。

(据中国驻柬埔寨大使馆经商处)

印尼贸易投资环境和投资政策

一、贸易投资管理体制

(一)贸易投资法律体系

印尼有以下6个法律形式:1945年宪法,印尼最高立法机构人民协商会议通过的决定,国会通过的法律,政府法规,总统指令,部门实施条例。

印尼与贸易有关的法律主要有:《1934年贸易法》、《海关法》、《建立世界贸易组织法》和《产业法》,与贸易相关的其他法律还涉及《国库法》和《禁止垄断行为和不正当贸易竞争法》,印尼与投资有关的法律主要有:《外国投资法》和《国内投资法》。

(二)贸易管理制度

1. 关税管理制度

印尼对大部分进口产品征收从价税,但对大米和糖类等产品征收从量税。

印尼将进口产品的关税分为最惠国税率和优惠税率两种。2004年11月,根据《中国—东盟全面经济合作框架协议货物贸易协议》,印尼将从2005年起对中国进口产品开始降低税率。最惠国税率为20%以上的产品2005年税率降为20%;最惠国税率为15%的产品2005年不降税,2007年降至8%;最惠国税率为10%的产品2005年不降税,2007年降至8%;最惠国税率为5%的产品2005年及2007年都不降税,2009年降为零。中国与印尼将在2010年前对绝大多数产品的关税削减至零。

2. 主要进口管理制度

印尼政府对某些产品实行进口许可管理制度,该制度分为自动许可和非自动许可。印尼政府对氟氯化碳、溴化甲烷、危险物品、酒精饮料及包含酒精的直接原材料、工业用盐、乙烯和丙烯、爆炸物及其直接原材料、废物废品、旧衣服9类进口产品实行自动许可管理;对丁香、纺织品、钢铁、合成润滑油、糖类、农用手工工具6类产品实行非自动许可管理。

同时,印尼政府通过配额和许可证两种形式实施自动许可和非自动许可管理,只有酒精饮料及包含酒精的直接原材料这一类产品采用配额形式,进口配额只发放给经批准的国内企业。进口许可证适用于工业用盐、乙烯和丙烯、爆炸物、机动车、废物废品和危险物品,并将许可证发放给有资格的生产型企业,该企业只能将这些进口物品自用于生产。合成润滑油、人造甜料和农用手工工具的进口许可证只发放给经批准的进口商。

3. 主要出口管理制度

印尼禁止出口活鱼产品、低质橡胶、橡胶原材料、未加工的鳄鱼皮、废铁品(除原产于Batam半岛的之外)、圆木和木片、受《濒临野生动植物国际贸易公约》保护的野生动物和自然植物和尿素,此外,印尼禁止向以色列出口任何产品。

印尼主要采取"出口指导"和"出口控制"两种出口限制形式。出口指导产品须符合印尼的出口审批要求,这类出口指导产品涉及活牛、活鱼、棕榈、果仁、含铅铝的铁矿石、石油、尿素化肥、鳄鱼皮、未受保护的野生动植物、未加工的金银品、各种金属材料的废品等产品。此外,印尼对出口控制产品采取出口许可证和配额两种方式,这类出口控制产品涉及咖啡、纺织品服装、橡胶、胶合板或类似的复合木板、柚木、混合藤条和藤条半成品。

4. 其他税收管理制度

印尼财政部2004年12月31日公告修正汽车以外奢侈品的税率,并自2005年1月1日开始生效。印尼的奢侈税税率分为10%、20%、30%、40%、50%及75%等6大类。其中,家电用品、运动用品、空调设备和视听器材及摄影设备为10%;其他家电用品、住宅及公寓、影视设备、烘碗机及微波炉等电磁设备和香水为20%;船用设备、高尔夫球、潜水及滑水等其他运动用品为30%;酒类饮料、皮革制品、丝织或羊毛地毯、水晶制品、贵重金属制品、休闲机动船、飞船、手枪弹、特殊鞋、贵重文具、陶瓷制品及精致石制品为40%;精致动物毛毯、其他航空器、高尔夫球杆等其他运动器材及手枪为50%;其他酒类、其他贵重金属或珍珠制品及豪华邮轮为75%。

(三)投资管理制度

印尼禁止本国和外国投资企业对以下11类行业进行投资:大麻等毒品的种植加工,海绵体的收集和利用,有害化学品,化学武器,武器及其零部件,糖类,酒精饮料,赌博及赌博设施,航空服务提供和船舶证明等级检验,广播频率和卫星轨道监控站,放射性物质的开采。

印尼禁止外商对以下8类行业进行投资:基因的培植,天然森林的特许,木材业承包,出租车、公共汽车运输服务,小规模航海,贸易和支持贸易的服务,传媒服务,动态影像生产业。

印尼有条件地开放外商合资公司对以下8类行业的投资:港口建设和运营,电力的生产、传输和分配,海运,处理和供应公用饮用水,原子能工厂,医疗服务,基础电信,定期或非定期的航线。

(四)主要贸易投资管理部门

印尼工业与贸易部是印尼政府贸易主管部门,其职能包括制定外贸政策,参与外贸法规的制定,划分进出口产品管理类别,进口许可证的申请管理,指定进口商和分派配额,参与解决贸易纠纷及反倾销事务等。

印尼财政部下属的海关根据财政部制定的政策和现行法律,负责货物的进出口管理。

农业部下属的农产品检疫机构负责进行动物鱼类和植物检疫。

印尼投资协调委员会直接对印尼共和国总统负责,其主要职责是评估和制定国家投资政策,协调和促进外国投资,另外,投资协调委员会还负责审批和管理高风险高精尖的战略性投资项目。根据2005年3月的第11号总统指令,印尼工贸部将负责帮助投资协调委员会协调不同领域投资的相关政策并决定哪个领域对投资开放,投资协调委员会则仍负责落实相关的投资政策。

二、贸易壁垒

(一)进口限制

1. 关于印尼禁止从中国进口虾产品的问题

印尼海洋渔业部2004年底突然宣布停止进口原产于中国、巴西、厄瓜多尔、印度、泰国和越南六国的虾产品,理由仅仅是上述六国出口的虾类产品被美国裁定为倾销。中方希望印尼方能够按照WTO的规定在制定和实施相关贸易措施前提供合理的理由并提前通报,并应在不对正常贸易造成不必要障碍的基础上制定适当的贸易措施。虽然印尼方表示,其正在对被认为遭受抗生素污染的虾产品进行检验,希望在2005年年底检验结束后能够取消对中国虾产品的进口限制,但是,据企业反映,印尼方上述限制措施仍未取消。

2. 关于汽车及其零部件进口许可问题

2005年4月18日,印尼工业与贸易部颁布第06/M-DAG/PER/4/2005号条例,规定只有经批准的进口商才可进口公共汽车离合器、速度控制带、车辆轴承、变速装置和汽缸座身等5种汽车零部件,以及公共汽车底盘和原装或组装汽车。同时,每次进口均须向工贸部提出申请,申请时必须提供进口货物的数量和型号,以及进口货物的分配情况。工贸部有权拒绝批准进口,但条例并未规定拒绝批准进口的具体标准和要求,并且,印尼政府未向WTO通报该项措施是否为自动进口许可程序,印尼政府有关汽车零部件进口许可的规定缺乏透明度。

3. 关于糖类进口许可问题

2004年9月,印尼工贸部颁布两项糖类进口的法令,规定只有经批准的糖类生产进口商才可进口原糖和精糖,其所进口的原糖和精糖只得自用于糖类生产,不得转手交易。糖类生产进口商所拥有的由进口原糖生产的工业用精糖,只得向糖类产业进行销售和分销,不得在国内市场销售。

同时,法令规定只有经批准的糖类注册进口商才可进口耕地白糖。甘蔗榨汁季节的前1个月至后2个月期间,不得进口耕地白糖。除国内生产或供应短缺,以致无法满足需求外,进口耕地白糖的价格应高于3410卢比/公斤,但该价格不是固定的,每年允许进口的耕地白糖总量也根据国内需求而随时变化。另外,农业部部长确定甘蔗榨汁季节的具体时间,印尼政府未向WTO通报其有关糖类的非自动进口许可程序是否属配额管理。

印尼政府的糖类进口程序和要求缺乏稳定性和可预计性,加大了中国糖类出口商的经营风险。

4. 关于光盘及光盘生产设备等产品限制进口问题

2005年4月,印尼工贸部出台两项关于光盘及光盘生产设备等产品限制进口的法令,规定进口此类产品的进口商须经相关部门批准,批准条件包括需要多个印尼政府部门的推荐,同时,每次进口光盘及光盘生产设备等产品都须在装载国由印尼政府指定的第三方检验机构进行检验或技术追溯。印尼政府的这一规定增加了中国企业的出口成本。

(二)对进口产品征收歧视性税费

印尼政府宣布自2005年1月1日起免征下列产品的奢侈品税:食品、饮料(含乳制品、果菜汁、不含酒精饮料)、化妆品及特定地毯(含有椰子纤维、丝绸及羊毛产品者除外)。目前,印尼政府仍对冷冻器、加热器、电视机、钓鱼用具等运动用品、空调系统、录音或录像机、收音机和照相摄影器征收10%的奢侈品税;对洗衣机、洗碗机、烘干机、乐器、香水等征收20%的奢侈品税;对轮船、其他水上交通工具、木舟、小船(国家用或公共交通用者除外)和某些运动用品征收30%的奢侈品税;对含酒精15%以下之饮料、皮革及人造皮制品、羊毛地毯、水晶制品、鞋类、陶瓷制品等征收40%奢侈品税;对动物细毛制成的毛毯征收50%的奢侈品税;对含酒精15%以上之饮料、宝石或其混合品、游艇等征收75%的奢侈品税。上述进口产品在印尼市场中占较大比例,征收奢侈品税实质是针对进口产品。由于上述进口产品中,近一半产品涉及中国企业向印尼出口的产品,这一税收措施对中国企业向印尼出口造成了不利影响。

(三)技术性贸易壁垒

在印尼所有的进口药品都要在食品药物监督局进行注册后方可生产或在市场上销售,药品注册分为传统药品注册和化学药品注册,二者注册的程序和要求不同。

化学药品注册申请人应为药品出口国生产商指定的印尼销售代理商或批发商,如果要在印尼进行生产,则由指定的印尼制药工厂提出申请,药品出口国生产商无权申请药品注册,这一规定使出口国生产商丧失了药品注册的权利,不利于保护出口企业的利益。

(四)贸易救济措施

截至2005年,印尼对中国产品发起4起反倾销调查和2起保障措施调查,主要涉及硅锰铁、钢管、碳化钙、扑热息痛、小麦面粉、陶瓷餐具等产品,其中对中国出口的碳化钙、扑热息痛和小麦面粉采取反倾销措施。2005年8月17日,印尼对打火机发起保障措施调查。

2005年11月11日起,印尼政府开始对原产于中国的小麦面粉征收9.5%的最终反倾销税。此外,印尼已将面粉进口关税从5%提高到30%。

2006年1月,印尼政府对陶瓷餐具保障措施案做出最终裁决,决定自2006年起,对上述进口产品实施为期3年的保障措施。

据部分企业反映,自2005年1月1日起,印尼政府将把被调查产品的进口关税从5%提高到30%。

(五)出口限制措施

2005年6月和7月,印尼政府颁布两项法令,从2005年7月至2006年6月限制其国内的混合藤和半成品藤产品的具体出口数量,同时,印尼政府规定,出口藤须为4~16mm直径,须由经批准的出口商出口上述藤产品,出口商须每3个月申请一次出口数量分配,同时须提供下3个月的出口和国内销售计划,每次出口前须获得独立第三方检验机构出具的技术监督证书,检验费由出口商承担。

印尼政府上述两项法令的制定主要是为了满足其国内藤产品产业的原材料需求,违反了GATT1994第11条有关取消普遍数量限制的规定。中国企业每年从印尼进口大量藤产品,上述限制措施不仅加大了中国企业的进口风险,而且还因频繁地出口前检验,增加了中国企业的进口成本。

(六)未充分保护知识产权

中国"同仁堂"、"片仔癀"、"云南白药"、"凤凰自行车"等知名产品商标在印尼屡遭恶意抢注,印尼商标抢注人在取得商标所有权后,经常向印尼当地司法部门或警察部门投诉中国厂家在印尼的合法代理商侵犯其商标权,印尼警察执法时随意逮捕或多次罚款,致使中国许多名优产品退出印尼市场,同时导致印尼国内出现假冒商品,甚至专门从中国进口特制的假冒产品,严重损害中国产品形象和声誉。

三、投资壁垒

印尼的政府机构办理一家企业开业需要151天,虽然苏西洛总统上台后曾允诺要把期限减至30天,但到目前为止收效甚微。

在印尼登记一项财产需要42天,比以前的33天已经有所退步,然而其登记的费用却要占财产额的10.95%,在东南亚地区是最高的。

在印尼若通过司法程序强制执行一项合同过于缓慢，需要570天，缓慢程度在东南亚地区仅次于东帝汶，而执行合同所需要的成本非常高，高达所需执行款项额的126.5%。

四、印尼商务签证须知

自2005年8月起，印尼政府开放对中国（大陆）公民赴印尼的落地签证申请。申请者可持个人有效因私护照和往返机票在雅加达、泗水、棉兰、巴厘岛等国际机场的专设柜台办理。

（一）基本手续

1. 填写签证申请表格；

2. 附中方、印尼方担保信；

3. 有效护照的复印件；

4. 2寸彩色正面免冠护照相片两张；

5. 交付签证及传真费。

担保人可以是印尼境内的个人、公司、团体、组织机构或政府机关。

（二）短期停留签证颁发对象：

1. 在印尼投资者；

2. 在印尼政府或私营机构工作的专业人士；

3. 履行宗教职责的宗教人员；

4. 从事培训和科研人员；

5. 丈夫是印尼籍或在印尼已获得短期停留许可的；

6. 与已取得印尼籍或已在印尼获得短期停留许可的父母亲团聚。

短期停留签证有效期为1年。期满后可续延。短期停留签证申请者申请签证时，需提供两份签证申请表，两张相片和护照原件及下列文件：(1)个人身份证明；(2)原国家或印尼担保人的推荐信；(3)详细履历；(4)出生公证或结婚公证（指拟到印尼与印尼籍丈夫或父母一道生活的申请人，或者是丈夫或父母已获得短期逗留许可的）；(5)工作单位的推荐信原件和复印件；(6)技术部门、人力资源部门、投资协调局的推荐信，以及雇佣外国劳工的协议复印件（对拟在外企或国内的合资企业工作或由外方聘用的专业技术人员而言）。

（据投资海外研究网）

老挝投资环境和投资政策

一、投资法律体系

1988年4月，老挝政府颁布《外国在老挝投资法》。1994年3月，老挝政府颁布修改后的《促进和管理外国在老挝投资法》，2001年3月《促进和管理外国投资法实施细则》出台。上述法规在实际操作中存在不少问题，“优惠政策”透明度不高，影响了外商的投资信心和积极性。

二、改善投资环境的措施

（一）老挝政府新颁布《外国投资项目在老挝审批程序的规定》和有关设立经济特区的总理令。

（二）重新将外国投资管理委员会划归国家计划委员会。老挝国内外投资促进管理局（DDFI）。它前身为国外投资管理委员会办公室（FIMC），它是老挝投资管理、外国合作和国内投资委员会（CIC）旗下的中央政府机构。DDFI主要负责评估投资申请，并与老挝有关部委合作，报告CIC获最终批准。该部门也负责监控CIC认可的投资项目，并向国内外投资者提供信息。

（三）针对外商反映较多的老投资委收费环节多、审批慢等问题，老政府在《外国投资项目在老挝审批程序规定》中规定，实施“一道门”服务，取消项目审批手续费和资料费，限定审批时间。少于100万美元的投资，15个工作日；大于100万美元低于500万美元的投资，45个工作日；大于100万美元低于1000万美元的投资，60个工作日。

（四）将金额在100万美元以下、非重点领域投资项目的审批权下放到省一级，将万象市、琅勃拉邦省、沙湾那吉省、占巴色省的审批权限扩大到200万美元。

（五）根据2002年1月21日总理令，在沙湾拿吉省沿泰老边境地区设立占地325公顷的“沙湾—色诺”经济特区，在老中边境设立“磨丁边境贸易区”，并颁布有关政策法令。

（六）争取加入世界贸易组织，参加东盟自由贸易区，参与开发湄公河次区域、湄公河—恒河经济区、越老柬三角经济开发区等。

三、主要政策规定

除了关于国家安全，环境和公共健康的行业之外，其他行业都向国外投资者开放；投资可以为完全控股或者合资；国家的货币可以自由兑换；在利润和分红方面没有限制；土地可以长时间租赁，至少30年并可以延期；单一税率（利润的20%）；国外雇员征收10%的收入税；所有进口设备征收1%的关税；出口货物的加工品征收零关税；成品免征出口税；承担损失可能性允许为3年；自由雇用国外劳力；对于大项目给予税收优惠；对于给经济发展带来突出贡献以及位于边远地区的投资项目给予降低关税。

四、国外投资者在投资申请中须提交的文件

投资申请书；公司情况说明；合资协议（若为合资企业）；有关投资项目的经济和技术说明；用于证明投资公司的法律和财务文书。

五、投资项目

政府优先发展的项目涉及电力、矿产、服装、手工业品、咖啡、大米、木器、砂仁、山货、纸浆、麻、棉花、牲畜、植物药和旅游产品的生产和加工。

基础建设项目涉及电网、水电、过境公路、运输、通信、过境服务、旅游、经济特区及其他多角经济区的开发和建设。

鼓励外商投资的领域有电力开发、农林商品生产和加工、养殖业、加工业、手工业、矿产业、服务业等，鼓励主要使用当地资源和劳动力。

重点扶持三个产业：大米、谷类和食品生产；国内替代进口的日用品生产；出口商品生产。

重点发展的经济领域：(1)继续加强粮食生产，保持自给有余，力争扩大出口；(2)大力发展商品生产，特别是出口商品生产；(3)停止毁林开荒，防止破坏森林和生态环境；(4)加快山区贫困人口脱贫；加强基础设施建设；(5)加快人力资源开发；(6)积极开展对外经济合作；(7)发展服务业，特别是国际旅游业。

按老挝发展规划，2001～2005年，国家需要建设资金40亿～50亿美元。其中，拟争取优惠贷款18亿～19亿美元、商业贷款7亿～8亿美元，吸引外商投资15亿～20亿美元。

中国向老挝提供202种农副产品进口到中国的优惠政策，这对吸引外商在老挝生产这些农副产品销往中国极为有利。

（据中国驻老挝大使馆经商参处）

马来西亚贸易投资环境和投资政策

一、贸易投资管理体制

(一)贸易投资法律体系

马来西亚与贸易和投资有关的法律法规主要包括:《海关法》、《海关进口管理条例》、《海关出口管制条例》、《海关估价规定》、《植物检疫法》、《保护植物新品种法》、《反补贴和反倾销法》、《反补贴和反倾销实施条例》、《促进投资法》、《外商投资指导方针》、《外汇管理法令》、《工业产权法》、《专利法》、《通讯与多媒体法》等。

2005年5月1日,马来西亚卫生部国家药品管理局开始实施2004年4月通过的《药品注册的指导性文件(修正案)》。根据修改规定,在马来西亚销售的药品,无论是制药还是传统医药,国产还是进口产品都必须使用全息摄影安全(防伪)图案。

2005年7月1日,马来西亚开始执行《营养标签及标识规定》,要求50多种普通消费食品的商品标签标识必须符合该法规。

(二)贸易管理制度

1. 关税制度

(1)进口关税。主要是从价税,只有一些特殊产品采用从量税。目前,马来西亚对大部分原材料、零部件和机机械设备取消进口税,而对汽车等进口的奢侈品和涉及国内保护行业的产品适用高税率。在免除缴纳进口关税方面,根据马来西亚《海关法》的授权,财政部长有权免除个别特殊组织或特定产品缴纳进口关税。根据东盟自由贸易区协定,马来西亚自2005年1月1日起,将东盟成员国各类型整装车的进口关税降至20%,拆散配件组装车和配件的进口关税减至零,将其他非东盟国家各类型整装车的拆散配件组装车及配件的进口关税分别降至50%和10%。

(2)出口关税。主要对野生动物、木材、石油和棕榈油等产品征收5%~30%之间的出口税,对石油统一征收20%的出口税。

2. 进口管理制度

马来西亚将进口产品划分为四类,包括:禁止进口产品;实行进口许可的产品,如家禽、牛肉、大米、食糖和彩色复印机等;为保护国内产业而实行临时进口限制的产品,如牛奶、咖啡、部分电线电缆以及部分钢铁产品等;自由进口产品。

根据马来西亚2005年7月1日起开始执行的《营养标签及标识规定》,进口食物要进行营养标识,包括标明维他命、矿物质、胆固醇、食物纤维及脂肪酸的含量,但是在对营养说明时,禁止采用医疗用语。该规定涉及到的产品包括:本地生产和进口的精制谷物食品,各种类型的面包,各类甜食面点,各种奶类及奶粉制品以及各种类型的软饮料包括植物性饮料、豆奶和大豆饮料等50多种普通消费食品。

3. 出口管理制度

马来西亚对出口产品实行分类管理。出口产品划分为三类:即禁止出口产品、实行出口许可管理的产品和自由出口产品。禁止出口的产品包括军火、珊瑚、海龟蛋、藤条等;实行出口许可管理的产品主要包括动物及动物产品、大米、食糖、橡胶、纺织品、钢铁等。

出口橡胶需得到政府部门的特别许可,橡胶木的出口受出口配额的限制。由于国内家具业面临原料短缺,为增加木质产品的附加值,2005年6月,马来西亚政府决定全面禁止出口橡胶木。2005年,已获得当年出口配额外负担的公司仍可继续使用其配额,但自2006年1月1日起全部取消配额。

(三)投资管理制度

马来西亚正在逐步放宽外资投资政策,开始允许外资在部分领域设立全资控股公司。马来西亚对外资投资后的撤资时间没有限制。此外,自2006年1月1日起,在马来西亚注册的外资银行一年内可以新设立4家分支机构。

1. 外商投资鼓励政策

马来西亚鼓励投资的优惠措施包括减免公司所得税和投资税,减免进口税及销售税。为鼓励外商投资高新科技研发,马来西亚政府在吉隆坡专门划出区域设立“多媒体超级走廊”,积极引进外资从事电子、信息和通讯科技开发,产品研制及技术服务等。对走廊内的企业,除给予减免所得税和投资税赋等优惠措施外,还在电信收费、研发经费申请、上市及海外募集资本方面给予相应扶持。为鼓励本国和外国公司投资制造业,马来西亚政府为投资制造业的公司给予新兴工业地位,提供抵减投资税负及抵减再投资税负等奖励。

2. 外商投资限制规定

马来西亚对外国人获得财产的条件较为严格。根据2004年8月马来西亚外资委员会发布的《外商投资指导方针》,外国人要获得总价值超过1000万(包括1000万)马币以上的财产,或者购买一整幢建筑,或者从事任何财产开发项目都必须在当地注册企业,并须满足一定的条件(包括净资产、雇员、股份和不动产开发等),如果外商获得工业财产是为了满足制造的需要,则获得该财产可以不满足有关净资产的要求。对于“多媒体超级走廊”内的企业,如果是为了本企业的运作而在该区域内收购任何财产,无需获得外资委员会的批准。

(四)主要贸易投资管理部门

1. 主要贸易管理部门

马来西亚国际贸易和工业部主要负责对贸易规则和政策的制定和执行、配额管理,并负责一般产品、机动车辆的进出口许可证发放事务。马来西亚国际贸易和工业部下属的贸易事务局专门负责反倾销、反补贴调查。马来西亚海关负责监管产品进出口、关税征收等事务,并提供有关进出口许可证和关税的信息。马来西亚对外贸易发展局负责促进和推动马来西亚制成品和半制成品的对外出口,为马来西亚产品出口提供相关服务。

此外,各行业产品的进出口许可证的发放主要由有关行业的管理部门负责,如农业部负责植物及植物产品,原子能许可局负责放射性物质及产生辐射的仪器,兽医服务局负责动物及动物产品等。

2. 主要投资管理部门

马来西亚国家银行是马来西亚对外投资的主要管理机构,马来西亚重大的海外投资工业项目需得到国家银行的批准。其下属的工业发展管理局全面负责制造业的吸引外资工作。外资委员会主要负责审批外资的持股比例,并负责除家具外的制造业外资申请业务。

二、贸易壁垒

(一)关税及关税管理措施

2005年马来西亚的简单平均关税税率为8.1%。

1. 关税高峰

马来西亚在一些领域仍然存在高关税，关税超过15%的税目约占总税目的1/4，关税超过20%的税目约占总税目的16.9%，关税高峰和高关税主要集中在汽车、纺织品、衣服和皮革制品、食物和饮料等产品。

2. 关税升级

马来西亚在关税的制定上存在关税升级现象。如马来西亚对可可实行零关税，对可可制品征收15%的关税，对棉花不征收关税，棉纺纱征收10%的关税，棉制的针织品和服装征收20%的关税等。

3. 关税配额

马来西亚有19种（涉及73项税目）的进口产品受到关税配额的管理，这些产品包括猪、家禽、乳制品、蛋品、卷心菜、可可豆、糖、烟草等。超过配额量的进口将被征收较高的从价或从量税，最高从价税达160%。

（二）进口限制

在马来西亚进口商品海关总税目中，约有27%的税目下的产品受到非自动进口许可管理，主要涉及动物与植物产品、木材、机械、车辆及相关运输设备等。进口重型建筑机械必须得到马来西亚贸工部的许可，而且，进口许可的授予通常以该产品未在马来西亚生产为条件，这对中国同类商品进入马来西亚市场造成了一定阻碍，中方表示关注。

（三）对进口产品征收歧视的国内税费

2005年，马来西亚降低了各类型整装车和拆散配件组装车及配件的进口关税，同时将国产及进口车辆的消费税提高至90%～250%。在实际操作中，马来西亚政府向国内主要的两家汽车制造商Proton和Perodua退还其所缴纳消费税的50%，并向其他一些国内制造商不同程度地退还缴纳的消费税。

马来西亚向国内汽车制造商退还消费税的做法事实上造成对进口车辆的不公平待遇，违反了WTO国民待遇原则，中方对此表示关注。

（四）技术性贸易壁垒

马来西亚禁止进口含有冰片、附子成分的中成药，限制在药品的包装和广告中提及如抗癌、避孕、壮阳补肾、治疗糖尿病、风湿等功效。此外，中医药产品要进入马市场首先需委托当地注册公司向马来西亚卫生部药监局提出申请，并向其公开配方，得到"MAL"许可证后方可进口及销售。马来西亚药品注册程序比较复杂，耗时较长，增加了中国中医药产品出口马来西亚的成本和风险，中方对此表示关注。

（五）动植物检疫措施

马来西亚规定，进口禽畜产品需向马来西亚农业部下属的兽医局或马来西亚国家检疫局提出书面申请，获得进口准证后才能办理其他进口手续。此外，进口马来西亚的肉类及其加工产品、家禽、蛋品等都必须通过Halal认证，该认证由马来西亚兽医局和伊斯兰发展局在现场检查后联合做出。企业反映，Halal认证过程缺乏足够的透明度，导致认证现场混乱，中方对此表示关注。

（六）政府采购

马来西亚不是WTO《政府采购协议》的签署方。马来西亚要求政府采购要有助于国内公共政策的实施，如鼓励马来西亚人参与贸易，向当地工业转移先进技术，减少外汇的流出，为当地企业创造服务领域的机会以及提高马来西亚的出口能力等。因而，在政府采购领域外国公司不能与当地公司享有相同的竞争机会，并且，多数情况下外国公司与当地公司成为合作伙伴后才能参与招标。中方对此表示关注，希望马来西亚为政府采购创造一个公平的贸易环境。

（七）服务贸易壁垒

1. 金融和电信服务

马来西亚允许外资入股本地保险公司及银行，但有股权比例限制。银行业的外资股权不得超过30%；保险业外资股权不得超过51%。在电信服务领域，外资在电讯公司所占股权不得超过49%，增加外资股权必须事先得到马来西亚能源、电讯及邮政部的批准。

2. 渔业

马来西亚对外国渔船实行捕捞许可证管理，且限制较多。外国渔船在马来西亚渔业水域内作业需缴纳一定的许可证费。外国渔船在领取马来西亚颁发的许可证时，渔业局长可在许可证上附加限制条件，如要求雇佣马来西亚人以及向马来西亚转让合适的渔业技术，接受马来西亚派出的观察员，并向马来西亚政府提供派出观察员所需的费用等。

3. 法律服务

马来西亚规定，外国律师事务所只能与当地律师事务所合伙开展业务，并且投资股份不得超过30%。外国律师不能从事马来西亚法律工作，不得加入当地律师事务所或使用其国际律师事务所的名称开展业务。外籍律师提供法律服务的范围限于与其母国法和国际法相关的事宜。

4. 建筑

马来西亚规定，外国建筑公司不能成为马来西亚建筑公司的注册合伙人。外国建筑公司只能作为特定项目的合营方在马来西亚从事建筑服务，并需要得到马来西亚建筑师局的批准。外国建筑师在马来西亚不能获得执业资格，仅可以成为马来西亚公司的管理人，股东或雇员。

5. 工程

马来西亚有关外商从事工程服务的法律规定较为严格。在一些特定的项目中，马来西亚工程师局才会批准外国工程师获得执业资格，但必须得到承揽该项目的马来西亚公司的担保，该执业资格仅在该特定项目期间有效。另外，外国工程公司可以和马来西亚公司合作，但须由马来西亚工程公司负责设计并向国内主管部门提交计划。

6. 劳务

马来西亚政府限制企业雇佣海外侨民的数量，同时，政府对企业招收雇员的程序进行监督，以保证企业员工种族结构的平衡。马来西亚未对中国开放普通劳务市场，并且严格限制中国派驻马来西亚公司的工作人员及技术劳务人员的人数，中国人员较难获得工作许可证。这不利于中国开拓马来西亚劳务市场，中方对此表示关注。

三、投资壁垒

马来西亚对新投资于制造业的外资股权比例不再做限制，但在广播、水和能源供给、银行、医疗健康等领域对外资股权仍有不得超过30%的限制。通常，要在马来西亚从事贸易活动的外国企业必须与当地企业合作或注册分公司。

马来西亚规定，企业要取得制造业的经营许可，需向马来西亚工业发展管理局提交申请，但审查标准较为抽象，如申请是否符合马来西亚工业发展总体计划的要求，以及是否符合马来西亚的经济战略和社会政策。由于没有一个明确的标准,管理局具有一定的自由裁量权,结果导致当地企业和外资企业对相同项目同时提交申请时,当地企业比较容易获得批准。中方对此表示关注。（据新华网）

缅甸投资环境和投资政策

一、投资环境

1. 基础设施

缅甸工业落后,交通、能源、水电,邮电通信等基础设施落后且严重不足。缅甸全国的发电总装机容量仅为1172兆瓦,供电严重不足,致使工厂的开工率不到50%,连外国使团的用电都无法保障。

2. 汇率

缅甸中央银行确定的缅甸货币缅元兑换美元和人民币等外汇的官价不合理,缅甸的黑市汇率与官方汇率相差几十倍,外国投资者不得不先用外汇进口货物售卖后换取黑市价缅币再进行投资活动,增加投资者的麻烦。

3. 通货膨胀

2002~2003年度,通货膨胀率为34.5%。

二、投资的有利因素

1. 丰富的自然资源没有充分得到利用,深具开发潜力

缅甸拥有丰富的森林资源,森林覆盖率为52.28%;矿产资源种类繁多,而缅甸宝石、玉石以储量大、质地优而享誉世界;缅甸江河纵横,水力资源理论蕴藏量居东南亚各国首位,尤以萨尔温江(在中国境内为怒江)蕴藏量最为丰富;缅甸拥有大陆架12万平方千米,因此渔业资源也很丰富,年理论捕捞量为230万吨以上,目前仅开发70万吨左右;缅甸的可耕地为1849万公顷,现有耕地1232万公顷,占可耕地的66.6%,尚有许多荒地有待开垦;缅甸旅游资源也很丰富,北部有4000米以上的高山雪景,中部有佛塔林,南部有典型的热带风光,是目前世界上旅游资源几乎没有受到工业化污染的国家之一。

2. 缅甸的劳动力资源丰富,且素质较高

缅甸工人的平均月工资约2000缅元,按目前黑市汇率折算仅为10多美无,比越南还低。缅甸居民识字率较高,80%的缅甸人受过中等以上教育,每年有3万大学生和8000多中专生毕业,他们一般都懂英语。此外,缅甸是信奉小乘佛教的国家,人民性情温和,热情好客。外国投资者可利用缅甸廉价劳动力的优势降低产品生产成本,增强产品的国际竞争力。

3. 国内政局由动荡逐步趋于稳定

“国家恢复法律与秩序委员会”接管政权后,由于采取了高压与分化瓦解相结合的政策,使原来的16支反政府武装中的15支已与政府达成协议,参与国家建设。因此,反政府武装已不再对缅甸的政治、经济和社会发展构成威胁。

4. 政府为保障外国投资制定一系列法规

1988年11月,政府颁布《缅甸联邦外国投资法》,积极鼓励外国到缅甸投资,并制定了减免税收的办法,放宽了外汇管理。该投资法不仅保护了外国投资者的权益,同时也消除了他们的疑虑。

三、中国公司到缅甸的投资项目

1. 开发缅甸资源

中国公司可参与矿产开发,如承包铜矿、银矿、金矿、锌矿、铁矿的勘探和冶炼;参与石油与天然气开发,如对陆地老油田进行改造和对岸外石油与天然气进行开发;参与水产资源开发,如海洋捕捞和水产品养殖。缅方以开发的产品偿还投入的资金。

2. 与缅甸私人公司合作,建立工厂,生产缅甸急需产品,在缅甸国内市场出售

缅甸私人特别是华人,有一定的资金,享受缅甸国内待遇,且容易打交道。这种合作投资少、见效快。另一种方法是通过门路,找军官的家属合作,申办私人企业,让对方做名义上的合伙人,这样既可享受国民待遇,办起事情来也方便。

3. 农业合作

缅甸的可耕地和闲置地很多,目前缅甸允许外国人租赁土地经营农业,土地租赁期一般为30年,可根据情况协商,适当调整期限。缅甸的土质好,雨水充沛,而且劳动力低廉,一般每月6000~8000缅元(100缅元可兑换41元人民币)。估计3年内就可以收回全部投资。缅甸已同意把中缅边界克钦邦德乃河平原一带方圆40.48万公顷土地出租给中国使用。中国有些省份历来有移民垦荒的传统,特别是中国南方同缅甸气候相同,完全可以派一批农业技术人员到缅甸去租赁土地,发展农业合作项目。

（据新华网）

菲律宾贸易投资环境和投资政策

一、贸易投资管理体制

(一)贸易投资法律体系

菲律宾管理进出口贸易和投资的相关法律主要包括:《海关法》、《出口发展法》、《综合投资法典》、《外国投资法典》、《零售法》等。

与进出口贸易投资有关的法律还包括《交易法》、《税收法》、《食品医药法》、《价格法》、《反倾销法》、《反补贴法》、《保障措施法》、《知识产权保护法》、《烟草法》、《电子商务法》、《消费者保护法》、《经济特区法》、《钢铁法》、《矿业法》、《建设—营运—转让法》和《投资租赁法》。

(二)贸易管理制度

1. 进口税收管理制度

菲律宾对大部分产品征收从价关税,税率范围为0~65%,但对酒精饮料、烟花爆竹、烟草制品、手表、矿物燃料、卡通、糖精、扑克等产品征收从量关税。

根据《税收法》,海关对汽车、烟草、汽油、酒精以及其他非必要商品征收进口消费税。

根据菲律宾增值税体制,进口产品应向菲律宾海关当局缴纳12%的增值税。征税基础为海关估价价值加上所征关税和消费税。

菲律宾还对进口货物征收文件印花税。该税一般用于提货单、接货单、汇票、其他交易单、保险单、抵押契据、委托书及其他文件。进口发票价值多于5000比索的进口货物要交250比索的进口手续费。

2. 主要进口管理制度

菲律宾将进口商品分为三类:自由进口产品、限制进口产品和禁止进口产品,绝大多数商品为自由进口产品。禁止进口的产品主要涉及国家安全的枪支弹药,含金、银或其他

重金属或其含金制成的物品，玩具枪、破旧衣服、伪劣药品以及菲律宾有关法律规定禁止进口的其他物品和配件。限制进口产品必须经过菲律宾政府机构如农业部、食品药品局核实发放的进口许可证才能进口，主要涉及汽车、拖拉机、小汽车、柴油机、汽油机、摩托车、耐用消费品、新闻出版和印刷设备、水泥、与健康有关和与公共安全有关的产品等130多种。

3. 主要出口管理制度

菲律宾政府对出口贸易采取鼓励政策，主要包括简化出口手续并免征出口附加税，进口商品再出口可享受增值税退税、外汇资助等多种鼓励措施。

菲律宾也对少数出口产品实施出口限制或出口禁止。限制出口的产品必须事先获得菲律宾农业部、环境和自然资源部等国家主管单位的许可，主要包括水泥、石油及石油产品、军火和部分植物原材料，禁止出口的商品主要是苎麻种子及幼苗、部分野生动物、活鱼等。

4. 其他管理制度

菲律宾海关根据进口货物的风险采取不同的通关检验程序。所有进口商或其代理商都需要向菲律宾海关递交进口声明，海关通过其识别系统划分进口货物风险。低风险进口货物通过“绿色通道”通关。一般不需要任何单据和当场检查货物，但须“事后审查”；中风险进口货物通过“黄色通道”通关，这类货物只需进行单据审核，而不要求进行当场检查；高风险进口货物通过“红色通道”通关，放行之前不仅需要审核进口货物单据，而且必须对进口货物进行实物检查。菲律宾海关还对部分风险极低的合格进口商品设立了“超级绿色通道”，对此类进口商品立即通关放行。

（三）投资管理制度

菲律宾政府将所有投资领域分为三类，即优先投资领域、限制投资领域和禁止投资领域。对于优先投资领域，菲律宾政府每年制定一个《投资优先计划》，列出政府鼓励投资的领域和享受的优惠条件，引导内外资向国家指定行业投资。在这些投资领域，外资可以享有100%的股权，并对那些高度优先项目提供广泛的优惠条件，包括减免所得税、免除进口设备及零部件的进口关税、免除进口码头税，免除出口税费等财政优惠，以及无限制使用托运设备、简化进出口通关程序等非财政优惠。

菲律宾国家经济开发局通常会公布限制外资项目清单，该清单每两年更新一次。在清单上会详细列明禁止外资投资的领域及外资在限制投资领域中的最高持股比例。

（四）贸易投资管理部门

菲律宾贸易工业部是负责贸易投资政策实施和协调、促进贸易和投资便利化的主要职能部门。贸易工业部下设的投资署负责投资政策包括外资政策的实施和管理；产品标准化局主要负责产品技术标准和法规的管理和实施；进口服务署主要负责特定产品进口法规的实施以及发起和指导反倾销、反补贴及保障措施的初步调查。

菲律宾关税委员会主要负责关税政策的制定，包括关税的减让、变更、退还，负责反倾销和反补贴的公众听证会和磋商以及保障措施的调查工作。

菲律宾财政部下设的关税局主要负责关税法律的具体实施和进出口关税、进口产品增值税及其他附加税的征收。

二、贸易壁垒

（一）关税及关税管理措施

1. 关税高峰

菲律宾政府通过所谓的“关税税率重估”有选择地提高部分产品的关税税率，使许多原先税收率已降低的产品进口税率再次提高，尤其是2003年以来，菲律宾简单平均税率由5.8%提高到2005年的7.4%。2005年4月，根据菲律宾第418号和第419号行政令。菲律宾政府将部分进口汽车的关税从原来20%提高到25%，并对部分旧汽车的进口征收每辆50万比索（大约7.8万人民币）的附加关税。2005年7月，菲律宾政府还将混合果汁的进口关税从3%提高到47%，将韭菜、甘蓝菜、莴苣、卷心菜、胡萝卜、萝卜、黄瓜、豆菜、豌豆、豆类、菠菜、姜等进口蔬菜的关税统一提高到25%。菲律宾不断提高关税税率，对中国进口产品构成了实质性障碍，这种随意变动关税税率的管理措施也给进口产品带来了很大的不确定性，对此中方表示关注。

2005年，菲律宾进口关税税率低于5%的产品所占比例为64.5%，但仍有3.2%的产品被征收20%以上的高关税。这些高关税产品主要包括活动物、猪肉、家禽肉、蔬菜、大米、食粮、咖啡、机动车辆、摩托车等，其平均税率高达43.5%。这些关税高峰给中国出口企业带来了不利影响，中方对此表示关注。

2. 关税配额

菲律宾继续对部分产品实施关税配额管理，主要包括大米、牲畜及其肉制品、土豆、玉米、咖啡、糖等农产品。其中，进口大米在2005年7月由配额管理转为关税配额管理，同时将大米进口配额由23.89万吨提高到35万吨，将配额内关税从50%降为40%。配额外关税仍保持为50%。中方向菲方出口大米等上述部分产品。中方对菲律宾逐步放宽大米进口限制的措施表示欢迎，但是大米的进口配额仍然远远低于菲律宾每年对大米的实际进口需求量。中方希望菲方能够继续降低大米的关税税率。

（二）通关环节壁垒

尽管菲律宾根据进口货物风险的不同分别设立了通关程序，以提高进口货物的通关税率，但是菲律宾仍然以打击走私等多种理由把80%以上的进口货物列入所谓“红色通道”，对于从“红色通道”通关的产品，不仅需要经过严格的单据审核，还要对货物进行实体检验，繁琐的单据检查和货物检验延长了进口货物的通关时间，对货物进口带来了不利影响。

2005年8月，菲律宾对从中国进口的轮胎、部分玻璃产品、苏打粉、黄磷面粉、瓷砖等产品，不再按照进口商提供的进口价格征收关税，代之以菲律宾驻中国广州商务和投资中心提供的产品参考价作为征税基础。由于该参考价的调查基础仅基于部分地区部分市场的产品销售价格，普遍高于实际进口价格，不具有代表性，加重了这些产品的关税负担。中方希望菲方能够切实按照WTO《海关估价协定》的有关规定，合理确定中国出口商品的完税价格，避免给中菲贸易带来负面影响。

（三）对进口产品征收歧视税费

菲律宾政府对进口和国产烈性酒采取不同的消费税税率。对于采用当地原料生产的烈性酒，菲律宾统一按照每公升8.96比索征收消费税，但对于采用进口原料生产的同类烈性酒,根据每瓶750毫升的零售价征收每公升84到336比索不等的消费税;对于基本上采用进口原料生产的酒精浓度等于或低于14%的低度酒,每公升征收13.44比索消费税;酒精浓度高于14%低于25%的,每公升征收26.88比索的消费税;酒精浓度高于25%的则按照烈性酒征收消费税。菲律宾对进口烈性酒的消费税征收方式,对中国酒类产品出口造成了不利影响。

(四)技术性贸易壁垒

菲律宾贸工部产品标准局规定,自2006年1月起,所有的14~29英寸的彩色或黑白电视都必须通过产品标准局的测试中心和内湖SOLID公司的检测认证,没有指定的认证标志,将不得投放市场。菲方指定内湖SOLID公司为唯一第三方检验机构的做法,会给进口产品造成不便,增加进口产品的成本。中方对此表示关注。

2005年9月,菲律宾贸工部产品标准局修改并颁布了有关瓷制餐具的第(PNS)155:2005号国家标准。新标准详细说明了瓷制餐具的原料、设计性能及生产要求,并大幅度提高了检验标准,洁白度容许量由最低65%提高到最低86%;吸水率容许量由最多0.5%变为最多为0;溶解铅容许量由限制在5.0ppm变为不超过3.0ppm;检测吸水率的沸腾时间由4小时变为5小时。中方关注新标准对中国瓷制餐具出口企业造成的影响。

(五)贸易救济措施

截至2005年年底,菲律宾共对中国产品发起了7起贸易救济措施。目前仍然维持的贸易救济措施包括1999年发起、2004年复审的三磷酸钠反倾销措施,2004年对印花玻璃、浮法玻璃和玻璃的保障措施。2004年对进口瓷砖的保障措施以及2004年对原产于中国的进口洋葱的特殊保障措施,中方希望菲方克制采取贸易救济措施,以维持正常的双边贸易。

(六)政府采购

菲律宾未签署WTO《政府采购协议》。根据菲律宾政府规定,政府机构、属于政府或受政府控制的公司进行政府采购时,如果采购金额总计在100万美元以上,被采购方必须进行回购。根据菲律宾贸易工部的规定,外国供货商在供货时有义务向菲律宾国际贸易公司回购价值在其出口总价值一半以上的货物,否则将会受到罚款。此外,菲律宾在水、电、电信、运输等基础设施工程的政府采购中,还对投标企业的资格做出了规定,要求投标企业必须有菲籍人士控股60%以上。这些规定对中国企业参与菲律宾政府投标构成了障碍,中方对此表示关注。

(七)出口补贴

菲律宾通过国产汽车出口促进计划对菲律宾出口汽车的生产商提供出口补贴。在第一年和第二年每出口一辆汽车可得400美元的补贴,第三年为300美元,第五年为100美元。2005年,菲律宾扩大了该项目的补贴范围,将汽车零部件也列入补贴之列,中方对其出口补贴政策与WTO相关规则的一致性表示关注。

(八)服务贸易壁垒

1. 银行

菲律宾规定,外资控制的银行资产不得超过非银行业资产的30%,资金总和不得超过50%,外资银行分行拆借的资金净额不能超过其永久性资本金的4倍。此外,菲律宾只允许10家外国银行在菲国内设置全资分行,除1948年以前就在菲律宾经营的4家外国银行可多设立12个分行之外,每家外国银行的分行限定为6个。

2. 保险

菲律宾允许外国保险公司在菲律宾国内成立全资保险机构,但是对外国保险公司的最低资本金要求却不断提高。菲律宾还禁止外资保险公司承担政府投资项目以及公用和私营的BOT工程的保险。

3. 证券及其他金融服务

菲律宾允许外国证券公司进入其国内证券市场,但是证券公司的外资比例不能超过60%,外资共同基金的董事会必须由菲律宾公民组成。

4. 基础电信

菲律宾不允许外资进入菲国内的卫星通讯服务,同时规定基础电信企业中的外资股份限制在40%以内。

5. 公用事业

菲律宾政府规定,从事水、电、通讯、运输等公用事业的企业中的外资比例不得超过40%,并且企业的经营管理者必须是菲律宾公民。

6. 专业服务

菲律宾政府规定,不允许外资或外国公民在菲国内从事工程设计、律师、医药、会计等专业服务。

7. 航运

菲律宾禁止外国船只从事菲律宾国内运输业务。菲律宾《光船租赁法》还规定,菲律宾船只除临时工外,只能雇佣菲籍员工和管理人员。

菲律宾对中国等社会主义国家的船只在菲上岸后的活动进行24小时监控,并限定人员的活动范围。中方希望菲方尽快取消上述不合理措施。

三、投资壁垒

菲律宾现行公司法允许外国投资者在菲设立合资公司、分公司和代表机构。菲律宾法律规定,合资公司中的菲律宾籍股东不得少于5人,多数股东应该是菲律宾常驻居民,合资公司秘书必须是菲律宾公民。菲律宾证券交易委员会还要求,合资公司的财务人员必须是菲律宾常住居民。根据菲律宾法律,分公司在菲律宾开业前,外国母公司必须在菲律宾证券交易委员会注册。《公司法》还要求,分公司至少在证券交易委员会储蓄实际市值10万比索的有价证券。在每一财政年度开始后的6个月内,分公司必须储蓄实际市值相当总收入2%(不低于500万比索)的有价证券。另外,代表机构必须在菲律宾证券交易委员会注册,并汇入菲律宾3万美元。菲律宾对外国投资者设立合资公司,分公司和代表机构的上述规定增加了企业投资成本,提高了外资企业的进入门槛,对外国投资构成了实质性障碍。

四、投资菲律宾经济区的优惠政策

1. 企业可获得4年所得税免缴期,最长可延至8年。所得税免缴期结束后,可选择缴纳5%的"毛收入税",以代替所有国家(中央)和地方税,其中3%上缴中央政府,2%上缴地方财政。

2. 进口资本货物(设备)、散件、配件、原材料、种畜或繁殖用基因物质,免征进口关税及其他税费。同类物品如在菲国内采购,可享受税收返还,即先按规定缴纳各项税费,待产品出口后再返还(包括进口关税部分的折算征收、返还)。

3. 经批准,允许企业生产产品的30%在菲律宾国内销售,但须根据国内税法纳税。

4. 免缴码头税费和出口税费。

5. 给予初始投资在15万美元以上的投资者及其配偶和未成年子女(21岁以下)在经济区内永久居留的身份,他们可以自由出入经济区,而不需向其他部门另行申请。

6. 简化进出口程序。

7. 允许聘用外籍雇员,为外国经理人员和技术人员办理2年的可延续工作签证,但外籍雇员数量不能超过企业总雇员的5%。

8. 企业用于员工技术培训和提高管理能力的费用的一半可以从上缴中央政府的3%税收中扣除;此外,还将视具体情况给予其他方面的优惠待遇。

(据南博网、《广西日报》)

新加坡投资环境评价

新加坡国小人少,是一个多元文化的社会。新加坡面积为682.7平方千米,人口总数401.7万,其中华人占76.8%,马来人13.9%,印度人7.7%,欧亚混血人和其他民族占1.6%。英语、华语、马来语、泰米尔语为官方语言,其中马来语为国语,英语为行政用语。信奉的主要宗教有佛教、道教、伊斯兰教、基督教和印度教。

新加坡政治稳定,人民行动党在历次选举中均获绝对多数。该国社会治安较好,犯罪率很低。

新加坡传统经济以商业为主,包括转口贸易、加工出口、航运等。1965年建国后,由于政府政策措施得力,推行自由贸易,不断引进人才和外资,大力发展科教,新加坡国内政局稳定,种族和谐,人民勤恳努力,工商业发展十分迅速,新加坡在短短数十年里迅速崛起为一个国际性的经济多元化国家,人均GDP从1965年的300美元增长到现在的2.2万美元以上。

近年来,随着科技的迅猛发展,网络时代的到来,新加坡也力求走在世界高科技的前端,坚持自由经济政策,加紧发展资本密集、高增值的新兴工业。

新加坡还是东南亚地区最大的金融中心、航运中心,物流服务业也非常发达,新加坡拥有世界级的现代化国际机场和高度自动化的港口。

根据新加坡“产业21计划”,新加坡未来除继续保持电子加工和炼油及石化中心外,还要把自己建设成为东南亚生命科学的研究开发中心、物流中心和资讯科技信息港。当前及今后一段时间,新加坡吸引外资的重点领域为生物制药、电子及精密工程、物流、工程及环境服务、资讯及媒体等。此外,新加坡还欢迎国外的知名企业在新加坡设立区域总部。

新加坡虽不是世界贸易大国,但却是贸易强国。2006年新加坡对外贸易额达5120.6亿美元,是本国GDP总值的近3倍。其中,出口额为2726.6亿美元,进口额为2394亿美元;新出口贸易中,转口贸易占出口总额的50%。说明新加坡既是一个贸易强国,又是国际贸易集散地和中转地。

服务业是新加坡经济的重要支柱之一,占GDP的66%(农业不到1%,其余绝大部分为制造业)。其中商业服务(包括对外贸易)、交通通信、批发零售、金融服务等是服务业最主要的行业,相比较而言,新加坡在这些行业的优势较明显,仍具较大的发展潜力。

按产业划分,新加坡投资于制造业的资金要高于服务业。以2003年为例,在制造业的投资达43亿美元(内资和外资),在服务业的投资约为11亿美元。制造业的投资领域主要在那些投资大、规模大、技术要求高的行业,如电子、炼油、石化、生物制药、精密工程等。一般制造业的投资较小,仅占制造业总投资额的3%。

新加坡经济对国际市场依赖性很强,也因此而造就了新加坡与本区域和世界主要经济体的联系和交往非常密切,经过多年的努力,新加坡已发展为东南亚地区最重要的金融中心、物流中心和对外贸易中心。中国企业进驻新加坡,可以充分利用新加坡与国际市场广泛联系的渠道和网络,不仅可以将业务辐射整个东南亚地区,甚至进入东南亚本区域以外的市场。 (据新华网)

泰国贸易投资环境和投资政策

一、贸易投资管理体制

(一)贸易投资促进相关的法律法规

主要包括《货物进出口控制法》、《关税法》、《出口商品标准法》、《反倾销和补贴法》、《保障措施法》、《外商经营企业法》、《对销贸易法》、《直销贸易法》、《电子交易法》、《商业协会法》、《外汇管理法》、《商业竞争法》等。

(二)贸易管理制度

1. 关税制度

泰国平均关税为12.7。根据2005年7月实施的《中国—东盟全面经济合作框架协议货物贸易协议》,泰国对源自中国的产品进行关税削减。其中,税率高于20%的产品2005年税率降到20%;税率为15%的产品税率不变;税率为10%~15%的产品降至10%;税率5%~10%的产品降为5%;税率低于5%的产品税率不变。

2. 进口管理

泰国实行自由进口政策大,部分产品可以自由进口到泰国,任何可开具信用证的进口商均可从事进口业务。泰国对部分产品实施禁止进口、关税配额和进口许可管理。

泰国禁止进口涉及公共健康、国家安全等方面的产品,包括二手摩托车及其零部件,使用氯氟碳化合物的家用电冰箱,整修过的医用设备和赌博机。

关税配额产品包括桂圆等23种农产品,并对动物饲料用玉米征收最惠国配额外进口附加费,但关税配额措施不适用于从东盟成员国的进口。

进口许可包括26类项目,如原材料、石油、工业原料、纺织品、医药品和农产品等。进口食品、医药产品、矿产品、武器弹药、艺术品等,需要相关政府部门的特别许可。

3. 出口管理

泰国是出口导向型经济,大部分产品可以自由出口到国外。出口管理措施主要包括:出口登记、出口配额、许可证、出口税、出口禁令或其他限制措施。其中征收出口税的产品为:大米、皮毛皮革、柚木与其他木材、橡胶、钢渣或铁渣、动物皮革等。

4. 外汇管理

泰国对汇款汇入没有限制,但外汇必须存放在一个外汇账户中,或汇入泰国7天内在一个授权银行兑换。外国人在泰国停留不超过3个月,大使及其随员和国际组织不必遵守这一要求。超过5万泰铢(12900美元)的出口收益在出口日120天内一旦收到必须马上汇出或在收到7天内存入授权银行。

商业银行经授权承担大部分日常外汇业务,无需泰国银行事先批准。

(三)投资管理制度

根据泰国法律规定,任何不具有泰国国籍的自然人或法人在泰国经商时均享有与泰国公司同等的权利,除非法律另有规定。根据泰国1999年颁布的《外商经营企业法》,限制外商投资的行业分为三大类。第一类行业因特殊理由禁止外商投资,包括种植业、牧业、林业、报业等;第二类行业是涉及国家安全,或可能对艺术文化、风俗习惯和民间手工艺造成不良影响,或可能对自然资源或生态环境造成损害的领域,包括武器及其配件的生产、销售和修理业、国内运输和航空业等,外商经营此类领域必须得到泰国商业部长根据内阁决定的批准;第三类行业涉及泰国人相对于外国人不具竞争力的领域,包括碾米业、米粉和其他植物粉加工业、水产养殖业、石灰生产业、会计服务业、法律服务业、餐饮业等。外商经营此类领域必须得到商业注册厅长的批准。

(四)贸易投资管理部门

泰国主管贸易和投资事务的主要部门是商业部、工业部投资促进委员会和财政部海关厅。商业部负责制定并实施外贸管理、出口促进政策、促进贸易并解决国内外贸易困难,发展贸易信息技术体系。工业部投资促进委员会负责促进投资优惠措施的审定和实施,鼓励向有利于国家经济和社会发展重点的地区投资,为投资者提供服务,帮助领取执照和许可证,为投资者寻找合资伙伴,合资企业开业后,帮助解决具体问题。财政部海关厅主要负责关税的征收,并代征进出口环节的增值税、消费税等,负责海关监管工作,打击走私、偷逃税等违法行为及国际贸易便利化。

二、贸易壁垒

(一)关税及关税管理措施

1. 关税升级

泰国存在关税升级现象,未完成产品和中间产品的关税比相关的成品高。泰国对初级和资本货物大部分征收5%的关税;对中间产品一般征收10%的关税;对成品一般征收20%的关税;对需要保护的特殊商品征收30%的关税。

2. 关税配额

泰国对23种农产品实行关税配额管理,分别是桂圆、椰肉、牛奶、奶油、土豆、洋葱、大蒜、椰子、咖啡、茶、干辣椒、玉米、大米、大豆、洋葱籽、豆油、豆饼、甘蔗、椰子油、棕榈油、速溶咖啡、土烟丝、生丝等。在配额内实行低关税,在配额外实行高关税。如玉米进口配额是544.4万吨,配额内关税为20%,配额外关税则高达73.8%。

中方将密切关注泰国实施关税减让措施的进度,希望其尽早开放实行关税配额管理的农产品市场。

(二)进口限制

泰国要求在食品进口登记中提供关于食品生产工艺及组成成分的详细信息,这个要求公开产品成分和产品生产方法的要求被许多国家视为进口障碍。

泰国卫生部食品和药品管理局规定所有食品、药品及部分医疗设备的进口均需进口许可证。食品进口许可证每三年更换一次,每次均需要重新认证,并要求到中国驻泰国使馆经商处加以签章,文件送达管理局后还需要重新收费;药品进口许可证每年更换一次,同样需要缴纳有关费用。上述规定给中国出口企业造成很大负担。

中国企业反映,泰国在摩托车进口许可证管理方面缺乏透明度,阻碍了中国摩托车整车的出口。

(三)技术性贸易壁垒

1. 认证制度

泰国政府要求对十个领域的60种产品进行强制性认证,这些产品包括农产品、建筑原料、消费品、电气设备及附件、PVC管、医疗设备、LPG气体容器、表层涂料、交通工具等。

2. 技术标准

2005年8月25日,泰国工业部工业标准研究院发布关于家用冰箱安全要求的标准,并建议将该标准作为强制性标准执行,该标准规定了家用冰箱的安全要求和测试方法。产品适用范围为单相设备的额定电压不超过250V,其他设备的额定电压不超过480V,该标准涉及设备中使用的电动压缩机带给家中成员或周围人员的通常危害。中方对上述措施表示关注。

(四)卫生与植物检疫措施

1. 食品化学添加剂的检测

对于食品安全、食品和药品管理局还提出了新的检测规定,从2005年4月1日开始执行,要求许多进口食品接受化学添加剂的检测和证明。这些新规定使进口商的负担相当繁重,而且缺乏风险评估。

2. 食品残留毒物

2005年1月7日,泰国对食品内残留毒物作了新的规定,残留毒物指污染食品的农业毒物,包括其不同形式的派生物,如转化产物、代谢物、反应产物,或这些物质中任何其他毒性外来物质。农业毒物指在栽培、储藏、运输、发送或销售过程中为防止、消灭、引诱、驱逐或控制有害生物、动物或非有意混入的植物和动物所应用的物质,以及为控制动物皮外寄生虫和为控制植物生长,如脱叶、落果、抑制嫩叶所应用的物质等,或在植物产品收获前或收获后使用的防止其在储存及运输期间腐败的物质,但不包括作为肥料、植物及动物的营养物质、食品添加剂和兽药而使用的物质。

关于食品内的残留毒物,必须符合以下标准:(1)适用最大残留限量的农业毒物经官方注册且制定了最大残留限制的;(2)根据农业合作部通报正式禁止的农业毒物,不允许存在残留,但规定的外来最大残留限量除外。

除了上述两条之外,残留毒物必须符合食品法典委员会,世界粮农组织和世界卫生组织联合食品标准计划规定的最大残留限量。

该法规将对出口泰国的食品贸易产生影响,中方表示密切关注。

(五)政府采购

泰国不是WTO《政府采购协议》的签署国。泰国在政府采购招标中对外国投标企业设置一系列限制。例如,泰国企业在招标首轮价格评估中,与外国投标人相比拥有优先待遇,自动得到15%的价格优势。政府采购部门经常随意更改投标资格,有权在任何时候接受或拒绝部分或所有投标,甚至可以在招标过程中修改技术要求，在很大程度上控制着招标结果，投标者对招标结论没有申诉的权利等。中国企业抱怨上述做法导致中国企业在投标中处于不公平地位。

此外，根据泰国《对销贸易法》，对金额超过3亿泰铢的政府采购合同，外国中标企业必须易货回购价值不低于合同金额50%的泰国产品。作为对销贸易交易的一部分，泰国政府也会指定禁止销售产品的市场，这些市场通常是泰国商品已经进入的地方。这些规定提高了中标外国企业的经营成本。

中国对于泰国的上述做法表示深切关注，希望泰国有关部门为政府采购招标创造一个公平、平等的贸易环境。

（六）出口补贴

泰国一直有计划地支持某些特定工业产品及农产品加工贸易，包括各种税收优惠、进口税的缩减、政府部门内部间买卖泰国米的一些非市场化的个别运作以及给予出口商优惠融资。泰国政府终止了其打包放款的项目以符合WTO承诺，但是将工业不动产部门与投资部门的WTO义务豁免期延长至2005年12月。中方将继续关注泰国出口补贴措施的实施动态。

（七）服务贸易壁垒

1. 银行

泰国政府规定，外商最多可以拥有泰资银行资产的25%。在由泰国银行起草并由国会通过的《金融部门管理计划》中，规定这一比例在泰国央行认为合适的时候可能会提高到49%。该《计划》涉及到外资银行将得到允许在曼谷以外地区开设3~5个分支机构，但是没有说明时间表，目前外资银行只能开设一个分支机构。外国银行还必须至少投资1.25亿泰铢（约310万美元）购买泰国政府或国有企业的证券或直接将其存于泰国银行。

2. 建筑

建筑业不在泰国鼓励投资目录之列。外国企业要在当地注册经营一般要求其与当地企业合资，外方占股不高于49%。泰方对外国承包商输入经营管理类人员也有严格限制，一般规定，企业注册资金在1亿泰铢以上者，每输入1名外国人员需雇用4名当地劳工；企业注册资金在1亿泰铢以下者，每申请1名外籍人员则需雇用5名当地劳工；输入一般工种劳务严格受限。

泰国政府部门对投标具体工程项目的承包公司都有相应的资质和业绩要求。除国际招标工程外，泰国并不承认外国公司在泰国以外的工程业绩，因而不少大型承包企业无法依托在国际上的声誉和取得的骄人业绩，市场准入受到各种限制。

3. 电信服务

1989年以来，泰国政府开始允许外资通过合资的形式参与电信市场，但开放程度有限。根据规定，提供基础服务公司的外资比例不得超过50%，提供增值服务的外资比例不得超过40%。2004年泰国国家电信委员会成立，该委员会经宪法授权独立进行电信产业调整，但是一些有争议的问题，如经营许可、相互联网、竞争、关税重整、标准制定等问题仍未得到解决，新的国际互联网服务供应商和很多增值服务的许可证还没有发放。泰国承诺根据WTO协议在2006年1月全面放开包括基础电信业务和增值电信业务在内的电信服务业市场，允许外资经营。中方关注这一承诺的落实情况。

4. 法律

现行泰国法律规定，外资股权在律师事务所中不得超过49%，不允许外籍律师在泰国执业，只能在一定条件下作为代理人从事咨询业务。

5. 劳务

泰国是世界劳务输出大国，因此，泰国严格控制外来劳务人员，外来普通劳务人员无法取得工作许可证。有39类工种限制进入泰国从业：普通劳工，农、林、牧、渔业（农产管理人员除外）工人，制砖、木匠或其他建筑工种，木雕工，驾驶员（航空器材飞行员、机械师除外）等。这使得中国对泰国输出劳务的规模受限。每年在2000人次左右，其中近一半系通过承包工程输出，其余为当地稀缺工种，如纺织、电子、冶炼、港口运行工程师、管理人员、珠宝加工、中文导购等。

6. 医疗

泰国政府严格限制医疗服务领域（如医院、门诊、体检服务）的市场准入，而且制度缺少透明度。

（八）其他

目前，泰国政府仍然保留了对二十种产品与服务限定价格上限的行政权力，其中包括药品、录音磁带、牛奶、糖、燃油、化肥等，且其价格评审机制不透明，往往在包括汇率在内的过时数据的假设基础上做出价格控制的决定，即使一些受影响的企业多次提出要求，也往往很难获得重新评审。

上述措施使外国企业与当地企业处于不平等的竞争地位，违反了WTO贸易自由化原则，中方对此表示关注，并希望泰国采取措施予以改善。

三、投资壁垒

（一）投资准入壁垒

根据泰国《外商经营企业法》的规定，泰国的外资准入领域分成了三类，其中外籍法人必须符合以下两个条件，才可以从事第二类中规定的行业：（1）泰籍人或按照该法规定的非外国法人所持的股份不少于外商经营企业法人公司资本的40%（除非有适当原因，商业部长根据内阁的决议可以放宽上述持股比例，但最低不得低于25%）；（2）泰国人在外商经营企业中所占的董事职位不少于2/5。

在持股比例限制上，农业、畜牧业、渔业、勘探与开采矿业和1999年颁布的《外商经营企业法》中的服务行业，泰籍投资者的持股量必须不低于51%。凡是《外商经营企业法》规定需经过许可才能投资的行业，外籍法人在泰国开始商业经营的最低投资额不得少于300万泰铢，其他行业最低不少于200万泰铢。

（二）投资经营壁垒

除从事泰国投资促进委员会鼓励的行业以外，泰国禁止外国人拥有土地。泰国为与国际贸易和投资协定相一致，取消了投资措施中对出口额的限制以及使用国内配件/原料比例的规定，但是奶制品的生产、汽车发动机以及摩托车装配仍然受泰国本地制造含量的限制。（据南博网）

越南投资贸易环境和投资政策

一、投资贸易法律法规

主要有《会计法》、《统计法》、《食品安全与卫生法令》、《保护国内改进新植物品种法令》、《反倾销法令》、《反补贴法令》、《外国投资法》、《外国在越南投资法实施细则》等。

二、投资贸易管理部门

越南负责管理投资贸易的部门主要有贸易部、财政部、计划投资部、农业和农村发展部、文化信息部、邮电部、科学技术部、工业部、交通运输部、建设部、资源环境部、越南国家银行等。

2005年以来越南政府将一些职能下放给了地方贸易管理部门。如贸易部将中国从越南过境的货物管理职能下放给河内、岘港和胡志明市的进出口管理处。

三、越南投资管理制度

越南计划投资部是越南吸收外资和对外投资的中央政府主管部门。下设外国投资局，具体负责外商在越投资和越南企业对外投资管理工作。各省和中央直辖市由计划投资厅负责此项工作。

2003年3月19日，越南颁布了修订后的《越南外国投资法实施细则》，进一步放松了对外资的管制，内容主要包括：在越外国独资企业可互相进行合作或与外商合作在越南设立新的外资企业；对从事机械、电力、电子零配件生产的外资企业，自投产之日起，5年免征生产原料、物资和零件进口税；外商以技术转让作价投资的比例由合作各方商定；外资企业可直接招聘越南劳务人员而不再要求通过越南劳务机构推荐等。此外，该细则对特别鼓励、限制和禁止投资领域也做了相应调整。该《外国投资法实施细则》对限制投资和禁止投资领域规定如下：

（一）限制投资领域

1. 只许以合作经营合同方式投资的领域

越方属以下领域专营单位：合作各方设立公共通信网，提供电信业务服务；从事国内国际邮件收发业务经营；新闻出版、广播电视经营。

2. 只许以合作经营合同或合资方式投资的领域

主要包括：油气、稀贵矿产开采、加工；空运、铁路、海运；公共客车运输；港口、机场建设（BOT，BTO，BT等投资项目不在此限）；海运、空运业务经营；文化（科技材料印刷，包装品、货物商标印制，纺织服装、皮革印制，使用微机三维技术加工制作动画片，体育娱乐休闲区投资项目不在此限）；造林（外国投资者用间接方式以资金、种子、技术和化肥形式出资，通过越南的单位和个人获政府批准交付、出租的生产林和防护林地并按合同包销产品的投资项目不在此限）；工业炸药生产；旅游；咨询服务（技术咨询不在此限）。

3. 加工与原料开发捆绑投资的领域

包括乳制品生产与加工；植物油、蔗糖生产，木材加工（使用进口木材的项目不在此限）。

4. 从事进出口业务、国内营销业务及远海海产品捕捞、开发的投资项目，由政府总理特批办理。

（二）禁止投资领域

越南禁止投资的领域包括：对国家安全、国防和公共利益有害的投资项目；损害越南历史古迹、文化、传统和风俗的投资项目；损害生态环境的投资项目；处理从国外输入有毒废料投资项目；生产有毒化学品投资项目，或使用国际条约禁止的毒素之投资项目。

四、投资壁垒

1. 投资准入壁垒

在矿产资源开采加工领域，越南《外资法实施细则》规定，政府鼓励外商投资矿产勘探、开发和深加工项目，但对石油、稀贵矿产开采和加工项目实行限制投资政策。2005年4月越政府总理关于加强国家对矿产勘探开采加工和出口管理的指示（第10/2005/CT－TTg号），要求中央有关职能部门和各地方政府对矿产活动进行一次全面清理整顿，实行更为严格的矿产活动许可管理。越对外商投资一些重要和大型矿产开采项目，如中方正在与越南商谈的多农铝矿和贵沙铁矿项目，只许以合资方式进行合作，且提出必须由越方控股。2005年10月，越政府做出规定，对于年产100万吨氧化铝以上规模的项目及2010年后设立的铝冶炼项目，将与外商合资建设，但须由越方控股。

在汽车和摩托车工业领域，越南政府于2003年11月出台政策规定，除产品全部外销的投资项目外，暂停批准外商设立新的汽车和摩托车组装生产项目，而对越内资企业则不受此限。2005年上半年越南政府总理特批，分别向日本本田（HONDA）公司和马来西亚JRD公司发放了汽车组装生产项目投资许可证。2005年7月中越两国政府签署的关于越南加入WTO组织双边市场准入协议中规定，越南同意中方在越投资设立一个汽车组装生产项目和新增设立一个摩托车组装生产项目（此前没有中国企业获准在越设立汽车组装项目，只合资设立了一个摩托车组装项目）。

在钢铁、水泥和煤炭工业领域越方规定只许外商以合资或合作经营方式投资。

越各级对各类投资项目的受理审批时限均有明文规定，5～30个工作日不等，但外商抱怨，办理投资项目申请手续烦琐，审批周期长，有的项目申请领照时间长达几个月，甚至半年或更长。

2. 投资经营壁垒

2005年4月，越南政府办公厅发出第1854/VPCP－HTQT号通知，决定取消摩托车整车组装生产企业的整车产量限制，改由市场和企业决定产量。

但越政府直接干预企业的生产，规定整车组装厂必须生产车架等20%以上的摩托车零部件，发动机厂必须生产8个发动机部件中的1个。此外，对电子、汽车、蔗糖、乳品、纸业、木材等产业的加工生产仍然规定了国产化比例要求。

2005年2月，越南政府颁布第11/2005/ND－CP号法令，决定取消外商投资以技术入股不得超过投资额的20%的限制规定，改由合作双方或各方商定。

五、贸易管理制度

1. 关税制度

2005年6月14日越南国会通过的《越南进出口税法》规定，越南实行三种税率：一是最惠国关税税率，适用于与越南签订双边贸易协议国家的进口产品；二是特惠关税税率，适用于来自与越南实行特惠关税国家的进口产品；三是普通关税税率，比最惠国关税税率高出70%，适用于未与越建立正常贸易关系国家的进口产品。

2. 进出口管理制度

按照2001年4月发布的关于“2001～2005年进出口产品管理”决定，越南对进出口产品实施分类管理，包括禁止进出口产品、贸易部按照许可证管理的进出口产品和由专业机构管理的进出口产品。

越南禁止出口的产品主要包括：武器、弹药、爆炸物和军事装备器材，毒品，有毒化学品，古玩，伐自国内天然林的圆木、锯材，来源于国内天然林的木材、木炭，野生动物和珍稀动物,用于保护国家秘密的专用密码及密码软件。

2005 年 10 月 10 日,越南贸易部下文禁止以暂进再出、转口形式经营武器、弹药、爆炸物(除法律特别规定的工业用爆炸物)、军用技术装备、木制品、各类麻醉品(除特别规定外)、野生动物和珍稀动物、有毒化学品、属保护国家机密的各类专用密码和软件、废弃物品(除经批准进口用作国内生产原料外)等。

六、贸易壁垒

1. 关税高峰

越南财政部 2005 年 10 月 13 日公布的优惠进口税率表修改补充商品目录中不少商品仍保持高关税,如部分瓷砖 30%,油漆 30%,各种盐 50%,教学用品 40%,办公用品 40%,酒类 65%,部分纸 40% ~50%,水泥 40%,部分空调机 50%,手套 40%,雨衣 40%,皮带 40%,部分服装辅料 40%。

2. 进口限制

目前,越南部分产品施行数量限制,如:糖、水泥、溶渣和烟草,特别是对国内能够生产的普通化学品、化肥、油漆、轮胎、纸、丝绸、陶瓷制品、建筑玻璃、建筑钢材、某些发动机、某些汽车、摩托车、自行车及其部件和船舶等。

3. 出口限制

越南对多数自然资源及其产品征收出口税,其中出口废旧金属的税率高达 45%。越南贸易部对全国粮食、大米出口企业实行统一措施。2005 年大米出口控制在 380 万吨,所有大米经营企业必须向越南粮食协会登记大米出口合同。

2005 年 1 月 25 日,越南财政部海关总局颁布文件,暂不受理初级矿产品出口通关手续。

2005 年 8 月 2 日越南工业部下发通知,只允许出口经过加工并达到一定标准的矿石。

七、贸易救济措施

越南分别于 2004 年 4 月 29 日和 2004 年 8 月 20 日颁布《反倾销法》和《反补贴法》。《越南进出口税法》规定,对已构成倾销损害的进口商品、有补贴的进口商品和来自对越南商品采取歧视性行为国家的商品,越南将按照法律的有关规定,除征收进口税外,还分别对这些商品增收反倾销税、反补贴税和反歧视税。至今越南尚无针对中国出口产品的反倾销和反补贴调查。

八、服务贸易壁垒

1. 证券

2005 年 10 月 17 日越南财政部《关于落实政府总理有关外商在越南证券市场持股比例规定的通知》规定,外国组织、个人可以自有资金在证券交易中心自行或委托证券公司和基金管理者买卖上市股票、登记交易;外国证券经营组织可使用合股资金购买股份或成立合资证券或基金管理公司。外资同时也可以在证券公司购买上市债券。但外资持有单个股票、基金和债券的最高比例为 49%,在外资证券公司和基金管理公司中出资比例也不得超过 49%。

2. 双轨制收费和个人所得税

长期以来,越在水电、邮电通信、宾馆饭店、交通运输、广告、旅游区门票等实行的是内外有别的双轨制收费。此种做法不合理地增加了在越外资企业的生产成本,使其在竞争中处于不利地位。自 2000 年起,上述双轨收费制度已逐步缩小和取消,到 2005 年基本取消所有双轨收费制度。

2004 年 7 月,越政府第 147/2004/ND - CP 号法令规定,从 2004 年 7 月 1 日起,上调个人所得税的起征点。对原来的个人收入所得税税率进行放宽调整。(1)在越南国内定居的越南公民和其他个人,其个人所得税为:收入 500 万越盾(约合 2500 人民币,越南盾和人民币的兑换比例大约为 1930)以下,税率为 0;500 万 ~1500 万,税率 10%;1500 万 ~2500 万,税率 20%;2500 万 ~4000 万,税率 30%;4000 万以上,税率 40%。(2)在越南居住的外国人及在国外工作的越南人,个人所得税:收入 800 万越盾以下,税率为 0;800 万 ~2000 万,税率 10%;2000 万 ~5000 万,税率 20%;5000 万 ~8000 万,税率 30%;8000 万以上,税率 40%。

(据中国驻越南使馆经商处)

越南对外投资审批新规定

据越南《投资报》2006 年 8 月 14 日报道,越南政府近日颁布国内企业对外投资有关审批手续的第 78 号决定。该决定规定,下列对外投资项目须经政府总理批准:(1)投资于银行、保险、金融、信用、报刊、电台、电视和通信领域且国家财政投资金额在 1500 亿越盾(约合 900 万美元)以上或其他经济成分投资金额在 3000 亿越盾(约合 1900 万美元)以上的投资项目;(2)国家财政投资金额在 3000 亿越盾(约合 1900 万美元)以上或其他经济成分投资金额在 6000 亿越盾(约合 3800 万美元)以上的除上述领域以外的投资项目。

决定还规定,对外投资规模在 150 亿越盾(约合 90 万美元)以下的项目需在越计划投资部登记,办理投资许可证的时限为 30 天以内;投资规模在 150 亿越盾以上的项目则须经审核后方可获得计划投资部颁发的对外投资许可证明。

报道称,上述规定同样适用于在越南的外商投资企业对第三国投资。 (据中国驻胡志明市总领馆经商室)

中国公民赴东盟各国须知

中国公民赴文莱须知

一、签证须知

目前文莱驻华使馆不办个人旅游签证,可办团体旅游签证,每团不少于 5 人,其中一人为导游。如个人办商务、探亲签证,需提供文方邀请信及文移民局批准函。自 2003 年 4 月起,签证申请人还需提供健康证明。官方代表团则仅凭文方政府邀请信。办理签证时需填写申请表一张、交相片一张,签证费 80 元。签证需时 3 个工作日,有效期 3 个月,入境时移民局盖 14 天停留章。

关于落地签证:现文莱对中国旅游团组实行 72 小时落地签证,由当地旅行社与国内旅行社联手办理并事前一周得到文移民局批准。

二、海关规定及入境须知

通过航空、海上和陆路交通进入文莱,每位入境者均需向海关申报所携带的物品,在必要情况下,需打开行李接受检查。禁止入境的物品:大麻、海洛因等毒品和与伊斯兰教义相违背的任何其他物品(17 岁以上的非穆斯林入境时可携带 2 瓶以下的白酒或 12 罐以下的啤酒)。

三、医疗条件和医疗保险须知

文莱拥有较完善的医疗保障体系,政府向其公民提供免费医疗,但永久居民和外国人不享受这一待遇。境内无百日咳、破伤风、小儿麻痹、脑炎和其他严重传染性疾病。目前存在的主要问题为专业人员短缺,大部分医生和护理人员都是外籍人士,一些需要特别护理的病号还需送到新加坡就医。

四、治安状况

文莱治安状况良好,犯罪率较本地区其他国家低。近年来由于国际环境和国内经济滑坡,失业人数增多,治安状况有所下降,吸毒、盗窃等犯罪活动略有上升。在政府严厉的打击措施和教导国民加强伊斯兰教修养的双重作用下,总体治安状况保持良好。

五、交通安全和外出旅行注意事项

文莱公路四通八达,路况优良,平均每1.5人拥有1辆汽车,居民出行主要依赖私家车,出租车及公共汽车服务不发达。全国有20多家旅行社可提供租车服务。文莱行车右驾驶,左行,没有专门的人行道,更没有自行车道,由于路况较好,车速一般较快,外出旅行要格外注意安全。另外要携带一定的防暑降温和防蚊叮虫咬的用品。

(据中国外交部网站)

中国公民赴柬埔寨须知

一、特别提醒

柬埔寨经济发展水平较低,经济和社会法律制度还不健全,常有涉中国公民的劳务和经济纠纷、抢劫、诈骗案件发生。该国艾滋病病毒携带者比率较高,官方统计数字表明,有2.7%的成年人是艾滋病病毒携带者。

二、签证、入境与海关

中国公民赴柬须事先向柬埔寨驻华使领馆申请签证,目前柬在中国上海、广州、重庆、昆明和香港设有总领馆。

赴柬签证有效期一般为3个月,入境时柬埔寨移民局在护照上盖有带停留期的入境章,请注意查看,以免签证过期被罚款。根据移民局规定,外国人入境后,如果签证过期,每天罚款5美元。根据来柬目的,一般分为旅游签证和商务签证。外国人亦可在柬埔寨金边国际机场申办落地签证。

旅游签证(E签证)一般允许在柬停留1个月,且停留期不能超过签证有效期,可申请延期,但不能改变签证种类。商务签证(T签证)一般允许在柬停留1~3个月,入境后可通过当地旅行社向柬埔寨移民局申请半年或一年的长期居留签证。

入境时须填写入、出境卡、海关申报单,不得携带违禁品入境,不得随身携带大量美钞出境(一般可携带3000美元以下)。

三、安全形势与治安状况

国家政局总体稳定,社会治安状况不佳,常有抢劫和偷盗案件发生。

四、常见疾病与医疗状况

据世界卫生组织统计,柬埔寨2005年确诊人感染禽流感病例有4人,死亡4人,2006年确诊人感染禽流感病例有2人,死亡2人;当地常见多发疾病有肝炎、肺结核、登革热、疟疾和肠伤寒、急性腹泻等。当地医疗条件较差,医疗设备落后,医护人员技术素质不高,药品品种有限且价格较贵;医疗保险业务尚处于起步阶段。

五、当地的风俗与法规

佛教是国教,佛教徒占全国人口85%以上,其中绝大部分信奉小乘佛教。寺院遍及全国,僧王及僧侣普遍受到尊重。通常,男子无论社会地位高低,一生都要出家一次,但可随时还俗。进佛寺参观时,要衣着整洁,免冠脱鞋。忌用手摸人头顶。

全国通行合十礼,即以两手掌合并立于胸前,稍微俯首,指尖高度视对方身份而定,对方身份较高,指尖高度越高。社交场合也行握手礼。

柬埔寨人衣着较朴素,很多人光脚或穿拖鞋,在社交及正式场合则较为讲究。民族传统服装主要有:纱笼、筒裙、凤尾裙、水布等。柬埔寨人喜爱宫廷古典舞蹈和传统戏剧,民间舞蹈及民间音乐也很流行。

当地百姓以食米饭为主,喜吃辛辣食物如辣椒、葱、姜、蒜、薄荷等,还喜吃生菜和腌鱼等。进餐时多用筷子或刀叉,农村还保持手抓饭的习惯。

传统住房多为竹木结构的高脚屋,距地面二米左右,上面住人,下面拴牲口,放杂物或停放车辆。城市建筑物具有多种风格。

除国际性节日外,当地主要节日有柬历新年(4月13~15日)、御耕节(4月底或5月初,国王、王后或王子、公主在王家田象征性耕地播种,以祈祷风调雨顺,五谷丰登)、国王生日(5月14日)、亡人节(9月下旬,供奉祖先)、立宪日(9月24日)、巴黎协定日(10月23日)、独立节(11月9日)、送水节(11月10~12日,标志着雨季结束,赛龙舟、拜月,祈祷来年丰收)。

六、物价与供应

柬埔寨是落后的农业国,属世界上最不发达国家之一。由于本国制造及加工业落后,多数日用消费品需从中国或其他邻国进口,当地一般日用消费品价格较贵。当地货币名称为瑞尔(RIEL),汇率由市场调节,货币比值时有波动,以2006年7月为准,1美元约合4010瑞尔,1元人民币约501.25瑞尔。美元可在市场自由流通。柬埔寨全国人口为1340万,其中首都金边市人口约130万。由于当地普通民众收入低,加之市场狭小,日常物品供应种类及数量较少。

如赴柬短期停留或旅游,可携带日常必备及防治蚊虫叮咬类药品,以备急需。

七、交通与出行

柬埔寨位于中南半岛南部,海岸线长约460公里,属热带季风气候,一年分为两季,5~10月为雨季,11~4月为旱季,年均气温为24℃,最高气温达40℃。每年12月至次年1月气候最为凉爽。主要城市有首都金边市、世界七大奇迹之一的吴哥古迹所在地暹粒市及国际海港城市西哈努克市。

国内交通以公路和内河运输为主。主要交通线集中于中部平原地区以及洞里萨湖流域。北部和南部山区交通闭塞。城市主要交通工具为汽车和摩托车。当地道路狭窄及路况较差,民众交通安全意识淡薄,交通事故发生率较高。

中柬两国之间交通便利。北京(经停广州)和上海市每天都有民航班机往返金边,一周内有数班民航飞机往返于金边与香港之间。自金边市区赴国际机场约10公里,主要交通方式为汽车及摩托车出租(俗称摩的)。暹粒市国际机场离暹粒市区车程约15分钟,由金边至暹粒每日有6个国内往返航班,新加坡、马来西亚、老挝和曼谷、胡志明市、中国的南宁市也有直飞暹粒市的国际航班。

柬埔寨旅游旺季为每年7月至次年2月。主要旅游城市为金边市、暹粒市和西哈努克港。暹粒是世界七大奇迹之一的吴哥古迹所在地,主要景点有吴哥窟(又称小吴哥)、吴哥城(即大吴哥)、巴戎寺、周萨神殿、达波龙寺及女王宫等。金边市及暹粒市拥有数家五星级宾馆及各种档次的酒店,当地中餐馆较为普遍。

出行特别提醒:由于当地交通秩序不佳及社会治安问题,出行请注意人身及随身携带物品安全。

八、工作与学习

赴柬投资、经商的中国公民,须事先向柬埔寨驻华使领馆申办商务签证,入境后向柬埔寨移民局申请长期居留签证。赴柬劳务人员应先与国内信誉好、有实力的劳务中介公司签订合同,由其保证安排务工单位;抵柬后,应及时与用人单位签订劳务合同,由用人单位负责办理居留签证和劳工证。无一技之长的劳务人员工资月薪仅为40~50美元,且也很难找到工作。

赴柬留学人员可自行与柬埔寨有关大学联系留学事宜,接到入学通知书后,到柬埔寨驻华使领馆申办签证而后赴柬。目前在柬学习的中国留学生数量较少。

柬埔寨主要大学有:金边王家大学、金边王家艺术学院、国家管理大学和国家经济法律大学等,市内还有多家私立外文学校,以中文和英文居多。

九、移民及国籍政策

柬承认多重国籍。根据柬《国籍法》,获得柬埔寨国籍一般有三种渠道:

(一)由出生而取得柬国籍:如父母一方为柬国籍,其子女可获柬国籍;在柬境内出生的新生儿可获柬国籍。

(二)通过婚姻取得柬国籍:申请者与柬籍配偶在领取结婚证并共同生活三年后,可申请柬国籍。

(三)外国人申请柬国籍须符合以下条件:(1)具有居住地政府出具的良好品德证明书;(2)具有无刑事犯罪纪录证明书;(3)在柬连续居住七年的证明书;(4)有固定住所;(5)有一定的听、写柬语能力,并愿意接受柬埔寨良好的传统与习俗;(6)身体健康。 (据中国外交部网站)

中国公民赴印度尼西亚须知

一、特别提醒

2004年苏希洛总统执政后,印尼政府加大反恐力度,一部分恐怖分子相继落网,恐怖活动受到一定程度遏制。但少数地区恐怖袭击事件和种族宗教冲突事件仍时有发生。

印尼的禽流感防控形势较为严峻。截至2006年7月,印尼27个省都有发生禽流感的报告,死亡病例已达43例。前往印尼应特别注意饮食卫生,尽量避免前往可能会接触禽类的处所。

印尼雅加达、泗水、日惹、万隆、棉兰、巴厘岛等主要大中城市和地区旅游资源丰富,交通旅游设施完备,是理想的休闲旅游目的地。但值得注意的是,印尼地处环太平洋地震带,地震、海啸等地质灾害较为频繁。日惹(爪哇岛中部城市)在2006年5月27日发生强烈地震后,一些旅游景点和设施严重受损。苏门答腊岛西南部、爪哇岛南部易受地震海啸影响,7月17日爪哇岛南部遭受地震海啸袭击,损失惨重。赴印尼旅游宜参加旅游团,尽量避免前往爪哇岛南部、苏门答腊岛西南部印度洋沿岸及未开发地区做探险旅行。

在印尼海关入境时,个别移民官员收取额外费用。遇到上述情况,可视情妥善处理。如受到不公正待遇,可与中国驻印尼使领馆联系以寻求协助。

二、签证、入境与海关

(一)签证申请

自2005年8月起,印尼政府开放对中国(大陆)公民赴印尼的落地签证(VISA ON ARRIVAL)申请。申请者可持个人有效因私护照和往返机票在雅加达、泗水、棉兰、巴厘岛等国际机场的专设柜台办理。落地签证分为停留期7天与30天两种,签证费分别为10美元和25美元。持落地签证者在印尼期间只可进行旅游观光、探亲访友,不得进行经商活动,期满亦不可延长。除此之外,中国公民赴印尼均须事先在印尼驻华使馆或驻广州总领事馆获得相应签证。为了避免出入境时遇到不必要的麻烦,建议持新护照(无任何出境记录)的中国公民离境前在印尼驻华使领馆办妥签证后再前往印尼。

印尼签证类型包括:(1)过境签证(需持中、印方担保信及赴第三地联程机票)(2)公务访问签证(需持印尼公司、民间组织或私营单位担保信)(3)团体旅游签证(需持有资格的中方旅行社的担保信及3张彩色免冠相片)(4)社会/文化访问签证(需持中、印尼方担保信)(5)商务签证(需持中、印尼方担保信)(6)多次签证(需持中、印尼方担保信,并曾至少三次访问过印尼)(7)短期停留签证。

中国公民申请赴印尼签证除须填写签证申请表格外,还须提供中方、印尼方担保信(印尼方担保人可以是印尼境内的个人、公司、团体、组织机构或政府机关),有效护照和照片等。

(二)入境及海关规定

外国非外交人员出入机场、港口等国际口岸,随身及托运行李必须接受海关检查。

外国游客随身携带的日常生活必须品:总价值不超过250美元/人的货物(乘务员所带货物总价值不超过50美元/人)(包括200支香烟或50支雪茄或200克烟叶;1升含酒精饮料;适量的香水)享受免税待遇,外国游客自用的照相机、摄像机、卡带式录音机、望远镜、运动器械、笔记本电脑、手机或其他类似设备需申报,离境时须带回。

外国游客入境时须填写海关申报表申报自己的物品,包括数量、种类、价值等。没有需要报关物品的走绿色通道,有需要报关物品的走红色通道。

海关官员有权对经过绿色通道乘客的物品进行开包检查。如开包检查发现所带物品数量超过规定限制,海关有权对其超出部分进行没收和销毁。

此外,由于时有中国公民持旅游签证在印尼从事小商品买卖等与签证不符的活动,如入境时携带过多日常生活用品易引起机场移民官员的疑虑,相关物品可能会被没收。

三、安全形势与治安状况

印尼整体安全形势较好,但在部分地区如亚齐、巴布亚、马鲁古、南苏拉威西、中苏拉威西省等个别县区还存在分离主义、极端势力、种族和宗教冲突的隐患。2002年以来,印尼先后发生巴厘岛、雅加达万豪酒店、澳大利亚驻印尼使馆和第二次巴厘岛等恐怖爆炸案,造成重大人员伤亡,上述爆炸案多发生在外国人密集的旅游胜地及娱乐场所,建议中国公民前往印尼旅游时避免前往西方游客聚集的场所。

印尼社会治安总体情况尚好,民众较为温和。首都雅加达治安较好,但由于贫困和失业现象严重,在一些老旧街区社会问题仍较为突出,社会闲杂人员聚集,时常发生偷盗、抢劫等案件。建议避免前往偏僻的地点,夜间减少外出。

四、常见疾病与医疗状况

印尼医疗较不发达,医疗费用高。登革热、伤寒、疟疾、痢疾等热带传染病、流行病在印尼较为常见,印尼医院对此类病症具有较为丰富的治疗经验。

印尼私立医院医疗条件一般较公立医院先进与完备,但收费较高。此外,雅加达、泗水、巴厘岛等地还有一些中医诊所。在印尼旅行遭遇急、重症请及时前往当地医院就医,若参加团组旅行可要求旅行社予以协助,若私人旅行亦可通过当地朋友或电话查询台咨询,或向中国驻印尼使领馆求助。

印尼的药品以进口为主,常规药品均有销售,按粒计价,普遍较贵。建议游客自备治疗感冒、腹泻、降压、防暑等常用药。

印尼保险公司数目众多,保险业正处于发展期。雅加达、巴厘岛等主要城市及其景点均开办有旅游保险业务,SOS等跨国保险公司可以提供旅行、就业、医疗等保险服务。

五、当地风俗与法规

印尼有2.17亿人口(2004统计),是世界第四大人口大国,有100多个民族,约87%的居民信奉伊斯兰教,是世界上穆斯林人口最多的国家,6.1%的人口信奉基督教新教,3.6%信奉天主教,其余信奉印度教、佛教和原始拜物教等。

印度尼西亚人大多信奉伊斯兰教,忌讳用左手传递东西或食物。认为使用左手是极不礼貌的。他们十分忌讳有人摸他们孩子的头部,认为这是缺乏教养和污辱人的举止。爪哇岛上的人最忌讳有人吹口哨,认为这是一种下流举止,并会招来幽灵。此外,印尼人对乌龟特别忌讳,认为乌龟是一种令人厌恶的低级动物。伊斯兰教徒禁食猪肉和使用猪肉制品,不饮酒。

印尼人比较注重互送名片,初次相识,客人就应把自己的名片送给主人。印尼人与初次交往的客人一般不愿意谈论当地政治和外国援助等问题。印度尼西亚爪哇男人,平时习惯身裹沙笼。外出或参加庆典时,总要在腰间挂着一把精致漂亮的"格里斯"(即短剑),相信格里斯可辟邪驱秽。印度尼西亚巴厘岛上的妇女搬运物品不习惯肩挑手提,而是把各种物品叠放成塔状,用一个托盘顶在头上。印度尼西亚人偏爱茉莉花,并把茉莉花视为纯洁和友谊的象征。

六、物价与供应

2004年10月燃油价格大幅度提高后,印尼物价有所提高,但物资供应基本满足需求。首都雅加达、泗水等大中城市物价水平较高,常用物品供应充足;中小及偏远城市物价稍低,但由于生产、运输、调配等方面的问题,物资偶尔出现短缺。如需日常生活用品,建议到家乐福(Carrefour)等正规的大中型超市选购。

印尼盾(RUPIAH)为印尼法定货币,按间接汇率计算,一元人民币约兑换1100印尼盾。银行、酒店、外币兑换处等金融机构接受美元、欧元等国际通用货币兑换印尼盾,但对旧版或有褶皱的外币现钞如美金等会收取一定的"检验费",破损严重的则拒收,目前还不提供人民币直接兑换印尼盾的服务。

七、交通与出行

中国与印尼有多条航线相连,包括中国国航、南航、印尼鹰航(Garuda Indonesia)、巴达维亚(Batavia Air)等在内的多家航空公司运营北京、厦门、上海、广州至雅加达的直达航班,同时亦可选择从香港、新加坡搭乘国泰、华航、新航等航空公司的班机转赴印尼雅加达等地。

作为群岛国家,印尼各岛之间一般有广阔的水域相隔,岛际交通须乘船或飞机,经营印尼国内航线的航空公司包括印尼鹰航、巴达维亚、亚航(Air Asia)、亚当(Adam)和鸽航(Merpati)等。岛内城际交通以航空和公路为主。铁路交通仅限于爪哇岛和苏门答腊岛。自首都雅加达至万隆、三宝垄、泗水等城市间开行有定期列车。

印尼拥有丰富的旅游资源,主要旅游景点分布在首都雅加达、巴厘岛、西爪哇省省会万隆及日惹等地。旅游旺季一般均与重要的国际、国内节日相连,如基督教的圣诞节、伊斯兰教开斋节、华人农历新年等。雅加达是印尼的政治、经济、文化中心,主要景点包括独立广场、缩影公园、礼品宫及附近的千岛群岛等。万隆是1955年亚非会议(万隆会议)所在地,主要旅游景点包括亚非会议旧址、火山、温泉等。巴厘岛是印尼最负盛名的旅游胜地,是印尼印度教文化的代表,主要旅游景点包括海神庙、库达(Kuta)海滩、山谷漂流、海上浮潜等。日惹是印尼佛教文化的代表,主要旅游景点包括婆罗浮屠佛塔、博蓝斑兰印度庙等。

印尼车辆靠左侧行驶。雅加达、泗水、万隆、棉兰等主要城市交通拥堵状况严重。

印尼大部地区属热带雨林气候,具有温度高、降雨多、风力小、湿度大的特征。年平均气温25°~27℃。各月气温变化很小,没有寒暑季节之分。平原地区气温较高,首都雅加达年平均气温为26℃。全境年平均降水量一般在2000毫米以上,雅加达年平均降水量为1,800毫米。努沙登加拉群岛降水较少,是全国较干燥的地区。降水的季节分布也不一致。马鲁古群岛终年多雨,其他地区大部分由于季风影响,每年可分为旱、雨两季。

登革热、伤寒、疟疾等为常见病。赴印尼旅行应特别注意预防蚊虫叮咬,应注意携带花露水等驱蚊止痒用品。为确保饮食卫生,尽量避免食用路边小摊的冷饮、食品,以免发生腹泻。

八、工作与学习

中国公民欲赴印尼工作,须事先向印尼驻中国大使馆或驻广州总领事馆申请相应类别的工作签证,以及通过担保人(雇主)办妥印尼劳工部工作准证,并在抵达印尼后在规定时间内办理临时居留等相关手续。另外,印尼移民法不允许外国公民在工作期间更换雇主(担保人),除非经原担保人书面同意,由新担保人(新雇主)在移民局办妥变更手续,同时该外国公民必须出境重新办理工作签证后再次入境,才可为新的担保人(雇主)工作。

中国学生赴印尼留学分为公费和自费两种。公费留学多数为两国政府的留学生交流项目,以学习印尼语为主,申请程序可向国家留学基金管理委员会咨询。自费留学请自行向印尼有关学校咨询并申请。

九、移民及国籍政策

根据印尼政府刚刚颁布的《2006年印度尼西亚共和国国籍法》,印尼不承认双重国籍,只有限制地赋予父母一方为中国公民的子女在年满18岁或结婚前,享受拥有双重国籍的权利。年满18岁或结婚时,必须选籍,只能拥有单一国籍。中国公民如欲加入印尼国籍,除与印尼公民结婚外,须满足在印尼境内合法连续居住满5年或合法不连续居住满10年;有固定职业或收入;未被处以1年或1年以上有期徒刑;通晓印尼语;身体与智力健康等条件的前提下提出书面申请,报印尼有关部门审核批准。中国公民在与印尼公民合法结婚后,可向印尼有关部门官员提出声明成为印尼公民。双方的婚生未成年子女将自动获得印尼国籍,但当其年满18岁或结婚时,则须选择是否继续保留印尼国籍。中国公民在加入印尼国籍时自动丧失中国国籍。

中国公民如需在印尼长期居住,除在赴印尼前获得与在印尼所从事工作相符的签证外,还须在抵达印尼后尽快到当地的移民管理部门办理居留证。该居留证分为短期和长期两种:在抵达印尼的前5年内只能申请为期1年的短期居留证,5年后则可申请为期5年的长期居留证。居留证须在旧证有效期满之前申请新证。 (据中国外交部网站)

中国公民赴老挝须知

一、特别提醒

按《中老边界制度条约》规定,持《中老边境通行证》的中国公民只能到老挝的丰沙里省、南塔省、乌多姆赛省和波乔省,超越上述地区的必须持护照前往,否则将按非法入境处罚。中国国内常有一些不法分子以在老挝有工程和高工资、包办证件(中华人民共和国出入境证)、包买车票等作诱饵招农民工赴老挝,致使一些不明真相的人常上当受骗,到老挝后无工可做,证件过期,造成非法滞留而被拘留或罚款;有些个体商贩不按老方规定办理三证(暂住证、工作许可、营业执照),有些虽有三证但又异地经商,而被拘留或扣押护照或被罚款。

二、签证、海关

持外交、公务、因公护照前往老挝免办签证,持因私护照须办签证,一次入出境的商务、旅游签证可在老挝停留30天,过境签证停留期7天。申请签证可到北京老挝驻华大使馆或老挝驻昆明总领事馆申请。获取签证进入老挝后,必须按所申请的签证种类从事相应的活动,否则将被视为非法活动并予处罚。老挝海关只允许每人携带2000美元现金或同等币值现钞出境,超出2000美元的须得到老挝外汇管理局的许可,否则视情节轻重被处以50%的罚款或全部没收。

三、安全形势与治安状况

总的来说,老挝的治安与安全形势较好,但偶尔也有偷盗、抢劫现象。

四、常见疾病与医疗状况

老挝医疗条件较差。老挝曾出现禽流感,被有效控制。老挝的常见病主要有肝炎、痢疾及在5~10月雨季期间常有登革热和疟疾(通过蚊子传染),赴老挝经商旅游,应注意带防蚊药和常用药。

五、物价和供应

老挝物资供应相对匮乏,物价相对较贵,但一般生活用品在老挝均可买到。当地货币为基普,1美元兑换10200老币(基普)、1元人民币兑换1234基普。美元和泰国铢在老挝也同时流通。

六、交通与出行

老挝属热带、亚热带季风气候,年平均温度为26摄氏度,分雨季(5~10月)和旱季(11月~次年4月)。老挝国际航班主要有:万象—曼谷、万象—昆明、万象—河内、万象—金边、万象—暹粒(柬)、万象—清迈(泰)。每周一、四、六有中国东方航空公司航班往返于昆明—万象,每周三、日有老挝航班往返于万象—昆明。机场距市区约7公里。主要旅游城市有首都万象(著名景点有塔銮、玉佛寺)、古都朗勃拉邦市(被列为世界文化遗产)、百细市(著名景点有被列为世界文化遗产的瓦普寺、位于湄公河老挝—柬埔寨交界处的孔埠瀑布)。老挝的旅游旺季应为11月至次年4月,特别是4月老挝新年(泼水节)每年都吸引许多旅客。

七、当地风俗与法规

老挝95%的居民信奉小乘佛教,忌讳用手摸小孩的头。重要节日有:老挝新年(宋干节,也叫泼水节,4月13~15日或14~16日)、塔銮节(11月)国庆节(12月2日)。老挝人的穿着已逐步国际化,但具有老挝特色的民族服装也得到保留,如妇女一般都穿筒裙。饮食以糯米为主。

八、国籍政策

老挝不承认双重国籍,在老挝定居10年以上,懂老挝话,了解老挝文化,遵守老挝法律,尊重老挝风俗习惯的,可申请加入老挝国籍。

九、工作与学习

中国公民在老挝主要从事工程承包和个体经商。工作必须通过公司担保分别到移民局和劳动部办理暂住证(ID卡)和工作许可,如非法务工将被依法拘留或罚款。

老挝国立大学(也称东都大学)是老挝唯一的综合性大学。 (据中国外交部网站)

中国公民赴马来西亚须知

一、特别提醒

马来西亚政局稳定,社会和经济发展状况良好。在马旅行、学习、工作以及生活较为方便和安全。但从近年来中国公民在马发生的问题和马媒体公布的情况看,特别应注意以下事项:(1)如遇摩托车匪抢劫、持械抢劫、出租车司机对乘客暴力收取高额车费等问题,应注意自我保护,如遇突发事件可向警方报案或与中国驻马使领馆联系。(2)马普通签证(Social Visa)30天有效,一般不能延期,逾期未出境者将面临坐牢或严厉的经济处罚。入境者如因特殊原因未能按时出境,应自己前往马移民局办理签证延期手续,不要委托他人办理,避免上当受骗。(3)马普通签证主要发给赴马旅游、经商、探亲人员,持马普通签证在马打工、贩卖小商品是非法的,一旦发现将受到制裁。(4)赴马人员最好携带1000美元左右的现金或能提供在马支付费用的公司或人员名单。马移民官员对中国游客,特别对30岁以下入境的女性散客审核较为严格,如入境者在短期内来往马多次,或不能提供来马可信的理由,很可能被原机遣返。

二、签证、入境与海关

中国公民赴马来西亚应在境外办妥签证,未办妥签证,从泰国或新加坡入境马的中国旅游散客,可在入境口岸申办口岸签证。中国赴马的旅行团可以办理口岸团体签证,但马方接待旅行社必须事先获得马移民总局授权并已经备案。为鼓励旅游,经第三国飞抵马彭亨州刁曼岛的旅客,如能出示有效回程机票可以申请落地签证。马来西亚签证种类主要分为:(1)普通签证(social visa)。发给以旅游、探亲访友和商务活动为目的的中国公民。有效期三个月、停留期30天。普通签证不能延期,除非因健康原因、航班问题而不能及时回国,可凭有关医院和航空公司出具证明信函到移民局延期签证。(2)工作和学生签证。在马来西亚工作或学习需由马公司或学校首先向移民局申请,获准后,由马移民局通知申请人所在地区的使领馆颁发普通签证。有关人员来马后,再到移民厅换成相应种类的长期签证。就读马大学的,他们的长期签证通常由学校到移民局总部申请,就读高中及以下学校的,由自己向所在州的移民厅申请办理。(3)探亲签证。来马探亲最长可停留6个月。一般由在马工作、学习、居住的亲属事先向马移民局申请,亦可持普通签证到马后再更换探亲签证。申请此类签证要求提供的文件较多,如亲属关系证明、在马工作、学习及收入证明等。

三、常见疾病与医疗条件

马来西亚属热带气候,旅客除须注意防晒外,还应留意饮食卫生,否则易患腹泻和消化道疾病。蚊虫较多,旅客外出旅游,可涂抹防药物亦可穿轻薄透气的长裤长衫,防止蚊虫叮咬,否则,患上疟疾和登革热的机会相对较高。旅客来马应自备一些治疗热带疾病的药物,如治疗发烧、腹泻、肿痛等药物,以供应急之需。马来西亚各州属均设有国立医院和私立医院,诊所也较普遍。医疗人员素质较高,设备较先进。如遇高烧不退,腹泻不止等病症应及时就医,以免延误病情,带来严重后果。外国公民在马的治疗费用比马公民略高,但不昂贵。

马来西亚保险公司一般不为短期来访旅客办理保险,旅客最好在国内办好有关旅行保险,以防不测。

四、当地的风俗与法规

马来西亚为君主立宪制国家,主要由马来族、华族和印度族三大民族组成。马来人90%以上信仰伊斯兰教,华人多信仰佛教和道教,印度人则信仰印度教。马宪法中明文规定伊斯兰教为马官方宗教。马来西亚的穆斯林多属逊尼派。华人与印度人的风俗习惯与祖籍国基本相同。马来人的风俗习惯十分独特。

(一)称呼

马来人没有固定的姓,所以在称呼他们时并不以他们的姓作为称呼。马来人的名字可分两个部分,第一个部分是他们的名字,中间隔着"bin"或"binti",有时会省略。第二个部分是他们父亲的名字。男士:中间就用"bin",而女士则用"binti"。

在非正式的场合,对小辈较为亲昵的称呼为Adik或dik,意为弟弟或妹妹,名字则可省略。对年级较大的男士可称为Pakcik,意为伯父,女士为Makcik,意为伯母。

在日常场合,用Encik加名称呼男性,意为某某先生,用Cik加名称呼女性,意为某某女士。

在较为正式的场合,用Tuan加名,来尊称男士,用Puan加名,来尊称女士。此外,对有人封号的人可直接尊称其封号或封号加姓名。如Datuk、Tan Sri等。

(二)见面礼

传统的马来人见面礼十分独特。他们在见面时会用双手握住对方的双手互相摩擦,然后将右手往心窝点一点。对不相熟的女士则不可随便伸手要求握手,男子应该向女子点头或稍行鞠躬礼,并且主动致以口头问候。但现在西式的握手问好在马来西亚是最普遍的见面礼,不论用在马来人、华人或印度人都可通用无阻。

(三)进餐

马来人忌食猪肉、饮酒。在马来餐厅用餐时若看到餐桌上有一个大大的水壶时,别误以为是装着饮用水的茶壶,其实里面的水是用来洗手用的。一般马来人都是用右手抓饭来吃,所以用餐前及用餐后洗手是马来人餐桌上的礼节。

(四)拜访

在马来西亚,除非主人允许,否则不管是到访马来人、华人或印度人的家,都需在入门前先脱鞋子。到马来人家做客,如果主人安排坐在地板上的垫子上,男性应盘腿而坐,女性则应把腿偏向左边而坐。

(五)衣着

马来人男女传统礼服分别是:男士为无领上衣,下着长裤,腰围短纱笼,头戴"宋谷"无边帽,脚穿皮鞋。女士礼服也为上衣和纱笼,衣宽如袍,头披单色鲜艳纱巾。在马来西亚除皇室成员外,一般不穿黄色衣饰。目前打工族为了工作穿着方便,一般着轻便的西服,只在工余在家或探亲访友或在重大节日时,才着传统服装。在各种正式场合,男士着装除民族服装或西服外,可穿长袖巴迪衫。巴迪衫是一种蜡染花布做成的长袖上衣,质地薄而凉爽,现已渐渐取代传统的马来礼服,成为马来西亚国服。

(六)参观清真寺

马来穆斯林一般较虔诚,每天都祈祷五次。清真寺是穆斯林举行宗教仪式的地方,对外开放时,女士需穿长袍及戴头巾,否则将被拒之门外。在参观清真寺时必须衣着整齐,女性不可穿着暴露出手臂或腿部的衣着。在进入清真寺参观时必须把鞋子脱去。

(七)其他禁忌或礼节

不可用食指指人,若要指示方向,只能用拇指。与马来人打招呼、握手、馈献礼品或接物时不可用左手。若用左手接物或打招呼,是对他们不敬的举止。马来人忌讳别人触摸其头部,除了教师或宗教仪式外,任何人都不可随意触摸别人的头部。不要把脚底展露在他人面前,用脚底对着人是对别人的侮辱。

五、物价与供应

马来西亚货币单位林吉特(Ringgit,货币符号RM),俗称马币。1美元≈3.7林吉特。机场、饭店以及购物中心都设有外币兑换中心,人民币可兑换成马币。信用卡广为接受,但目前国内银联卡尚不能在马消费或提现。马物资供应齐全,物价水平比中国高一些,特别是日常用品比中国物价水平高两倍,但名牌产品比中国便宜。

在马旅游期间,如急需国内亲友汇款解困,可以通过国内邮局的西联国际汇款(Western Union)服务,将款汇至马来西亚,凭个人有效证件、汇款金额数目和汇款监控号码(Money Transfer Control Number)前往当地银行(RHB Bank和Bumiputra Commerce Bank)或邮局(Post Office)取款。汇款限额根据马来西亚兑付限额规定和中国外汇管理政策的规定执行。

六、交通与出行

马来西亚主要城市有:吉隆坡(Kuala Lumpur)、槟城(Pulau Pinang)、古晋(Kuching)、亚庇(Kota Kinabalu)、怡保(Ipoh)和马六甲(Melacca)。中国国际航空公司、中国南方航空公司、中国东方航空公司、厦门航空公司、深圳航空公司,以及马来西亚航空公司和亚洲航空公司,每周有多班飞往吉隆坡、槟城、古晋和亚庇的航班。马国内主要城市间亦有定期航班。

吉隆坡国际机场(KLIA)到吉隆坡市区70多公里,往返可搭乘机场出租车(Airport Limo & Taxi Service)和轻快铁(KLIA Express)。

马来西亚交通为左行。车速快,机动车辆一般不避让行人。行人过马路时,须走规定的人行道、地道或过街天桥。

马来西亚的旅游资源丰富,旅游景点众多,淡旺季不明显。旅客前往较多的景点有:吉隆坡、云顶、槟城、马六甲、浮罗交怡岛、刁曼岛、热浪岛、邦咯岛等。

七、工作与学习

中国公民赴马来西亚工作和学习应通过正当渠道申请。正常程序为:由马方具有合法经营权的公司或学校提前向移民局等主管部门申请职位,职位批准后,由移民局通知中国公民所在地使领馆颁发短期普通签证。申请人抵马后,再将普通签证换成工作或学生签证。马政府目前只允许中国专业人士来马工作,其他劳务市场如建筑及服务行业并未对中国公民开放。中国公民应提高警惕防止被非法中介欺骗,以免造成巨大经济和精神损失。马方警察及移民局等部门处理中国非法劳务工问题比较严厉,抓扣后会提交法庭审理,并交送监狱或扣留营。

八、移民及国籍政策

马来西亚不承认双重国籍。马对外国公民入籍限制较严格。中马公民通婚后,中国公民一般不能加入马国籍,但可由其配偶申请在马的长期居留签证。中马公民通婚后所生的子女,如其父亲是马公民,所生子女具有马国籍;如女方是马公民,所生子女出生地在马的可申请加入马国籍,出生在外国,较难加入马国籍。(据中国外交部网站)

中国公民赴缅甸须知

一、特别提醒

中国公民到缅甸旅游、探亲、经商、学习等应先前往北京的缅甸驻中国大使馆、驻昆明总领馆或驻香港总领馆办妥缅甸签证。

总体来说,缅甸大中城市社会治安状况良好,恶性犯罪案件不多,但在缅甸北部少数民族武装控制地区目前局势比较混乱,中国公民如来缅甸旅游、经商应尽量避免前往。

近年来,有些中国公民未经许可擅自入缅伐木、淘金、捕鱼或赌博等,这些均属违法行为,受到缅甸法律的制裁。

缅甸有些地区为敏感地区,缅甸政府限制外国人进入,如出产玉石的帕敢和出产宝石的抹谷均为缅政府划定的禁区,中国公民不要擅自前往。

中国公民在缅甸遇到危险或人身伤害时应在当地及时报警,用法律武器保护自己,并就近向中国使馆和驻曼德勒总领馆求助。

近年来,有不少中国公民在缅甸因签证超期时间太长交不起罚款而无法回国。根据缅甸移民局的规定,签证停留期超期3个月内罚款3美元/天,超期三个月后罚款5美元/天。签证停留期超期是违法行为,使馆提醒旅缅中国公民要注意自己护照上缅甸签证的停留期限,在超期前及时延期,以免给自己带来不必要的损失。

另外,在缅甸出生的中国小孩必须在出生后1个月内凭出生证和父母的护照、结婚证来使馆申办护照,然后及时去缅移民局办理居留许可。出生超过1个月未办居留许可者则按签证停留期超期罚款。

近年来,少数中国公民来缅甸旅游时,因在市场上购买未加工的玉石毛坯并试图带出境,被缅甸海关扣留甚至被捕。根据缅甸政府规定,玉石属于国家矿业资源,外国人来缅旅游可在缅正规市场上购买玉石制品(如手镯、挂件、工艺品等),并需要向卖方索要美元正规发票。如在黑市上购买玉石毛坯并带出境是违法行为。大使馆提醒来缅甸旅游的中国公民在购买玉石纪念品时,一定要去正规市场购买成品,不可在黑市购买玉石原石并带出境,以免触犯缅甸法律。

由于中缅边境地区缅境一侧多数地段在缅甸政府管辖能力之外,当地有些人为牟取暴利,非法开设赌场,近年与赌场有关的绑架,勒索,甚至杀人案时有发生,经常有人因欠赌债被赌场扣押而遭遇生命危险。因此大使馆郑重提醒中国公民绝不可冒险入缅境参赌。

二、签证、入境与海关

中国公民进入缅甸,持外交、公务护照可免办签证。凡持因公普通护照和因私护照来缅甸都需办理有效签证。缅甸驻北京大使馆和驻云南昆明的总领馆及驻香港总领馆受理办理签证的业务。目前缅甸较常用的签证种类为旅游签证和商务签证,其中旅游签证一般在缅甸可停留28天,不可延期;商务签证一般可在缅甸停留70天,可否延期则视情况而定。在缅停留超过3个月需办理外侨证,分1个月、3个月和1年。

从中缅边境陆路进入缅甸可持地方政府边境通行证,但活动范围有限。

根据当地规定,外国人出入缅甸一般遵循“飞机来,飞机走;陆路来,陆路走”的原则,例如,乘飞机来仰光的中国公民不允许从中缅边境陆路回国。

根据缅甸政府规定,外国人在缅甸长期经商若需办理签证延期,首先要办理劳动卡。办理劳动卡需要以当地合法注册登记的公司雇员身份到缅甸劳动部办理,需提供相片并交规费。

往返签证有多次往返签证和一次往返签证。多次往返签证有效期一般有3个月、半年和1年三种。一次往返签证有效期一般为1个月。

在缅注册的外资合资公司董事可申请6个月或1年有效期的多次往返签证。一般外国经商人员可申请3个月有效期的多次往返签证。多次往返签证不分有效期长短,收费均为180美元。一次性往返签证收费54美元。

根据缅甸海关的规定,入境时携带2000美元以上者需向海关申报,离境时不可超过入境时所申报的美元金额,否则一旦被查出将被没收。近来,有些中国公司人员试图携带数额较大的美元出境,被海关查出后予以没收,给当事人造成巨大损失。乘航班来缅甸在抵达仰光国际机场或曼德勒国际机场时,需提供填好的入境卡和健康情况卡,另需向海关提交申报单。如实申报所携带的外汇和需申报的物品。游客可免税携带500克瓶装酒和200支香烟。海关对客人携带的行李一般要开包检查,对违反规定未申报的物品会没收。携带外汇出关需附海关申报单,访客不能将任何专业通讯器材携带入境。

在缅旅游应注意保存好个人护照等证件,如护照遗失后应立即报警并报告使领馆补办。在缅甸旅游可使用美元或缅币。在边境地区和仰光的一些旅游商品店也接受人民币,游客购买珠宝、首饰要向店铺索要政府纳税发票,以供出关时备查。

三、常见疾病与医疗状况

缅甸地处热带,气候炎热潮湿,为热带病多发地区,由于经济落后,饮食卫生条件较差,肝炎、肠道病也较普遍。缅甸医院分公立与私立,公立医院价格便宜,但药物缺乏,私立医院条件较好,就诊、药物费用相对较高,普遍高于中国国营医院。缅甸没有实行医疗保险制度。

建议中国公民赴缅前注射肝炎、黄热病疫苗,携带防蚊虫药物及防疟疾、肠道病药品。缅官方迄今没有大规模禽流感疫情报告。

四、当地风俗与法规

缅甸为佛教国家,寺庙林立,僧侣众多,旅游景点也多为佛教圣地。外国人在缅应注意尊重当地宗教习惯,进入寺庙必须脱鞋脱袜,女士着短裙将被谢绝入内。对僧尼应予礼让。

每年4月是缅甸新年即泼水节,泼水节期间外国人可与当地人一道上街泼水相互祝福,但一定要注意尊重当地风俗习惯,不可向僧尼、老年人和警察、邮递员等执行公务人员泼水。

五、物价与供应

缅甸大城市物价基本与中国城市持平。基本生活物品在超市、商场均可买到。缅币汇率浮动较大,1人民币可兑换170缅币左右。缅甸禁止私人买卖外汇,建议不要自行在黑市兑换当地货币,可通过旅行社、酒店兑换。

六、交通与出行

缅甸处于北纬10°~28℃之间,大部分地区在北回归线以南,属热带季风气候。全年分为三季:11月到次年2月为凉季,平均气温27℃;3月至5月为夏季,平均气温为35℃;6月至10月为雨季,平均气温为30℃。降雨量北部少南部多。

从中国到缅甸旅行,主要有两条空中线路,一是经昆明飞仰光或曼德勒,二是经曼谷飞仰光。陆路主要从滇缅边界口岸进入缅甸。

缅甸主要旅行城市有仰光、曼德勒、蒲甘、东枝等城市,以及维莎、羌达和鹅布里海滩。仰光、曼德勒、蒲甘、东枝以及额布里海滩有飞机可以抵达,仰光—曼德勒通火车,其余交通工具主要是长途汽车。缅甸主要旅游景点,在仰光有大金塔、和平塔、佛指舍利塔、玉佛寺等,在曼德勒有皇宫、曼德勒山等,另外蒲甘王朝的佛塔,额布里海滩等都很有特色。

七、工作与学习

中国人在缅甸主要从事贸易和服务行业。贸易方面主要经营出口缅土特产、水产、豆类、茶叶、木材、橡胶、宝石、玉石、建材、水泥、钢材、石蜡、日用品、药品、服装、家用电器、机电产品、汽车等。服务行业主要包括超市、食品店、药店、百货店、黄金珠宝店、餐馆等。近年来,旅缅华人经济获得较快发展,一些较有实力的华商已开始转向酒店、房地产、建筑、交通运输、旅游等行业。

中国人申请到缅甸工作,必须有受聘公司的邀请函,说明从事的具体职业,缅甸驻中国大使馆或总领馆会根据具体情况发给一年、半年和3个月不等的工作签证,如果需要继续工作则由受聘公司向移民局申请再延期。特别需要注意的是:缅甸政府对申请工作签证种类有严格限制,如以厨师身份申请工作签证,就只能当厨师不能干别的职业。签证到期必须及时延期,否则会被罚款。

2005年底缅甸共有高等院校156所,分属有关部委管理,其中教育部64所。

教育部下属较著名的高校有:仰光大学、德贡大学、曼德勒大学、蒙芽大学、实兑大学、马圭大学、东枝大学、勃生大学、密枝那大学、毛淡棉大学、仰光外国语大学等。

八、移民及国籍政策

根据1982年《缅甸公民法》规定,缅甸公民分为公民、客籍公民、准入籍公民和外侨。任何公民不得兼其他国公民。

(一)缅甸公民

自缅历1185年或公历1823年之前,就居住在缅甸国境内的克钦、克耶、吉仁、钦、缅、汶、若开、掸等土族公民即为缅甸公民。任何公民不因与外侨通婚而自然失去公民的身份,任何外侨不因与公民通婚而自然得到公民的身份。任何公民如果永远离开国境或加入了外国籍,或申请加入外籍取得了外国护照或类似的证件,其人就中止缅甸公民身份。

(二)客籍公民

根据1948年缅甸联邦公民法令,符合所规定的条件和资格的申请者,获得中央小组批准即为客籍公民。中央小组批准为客籍公民者,应亲自到内政部所规定的机构作书面宣誓;愿忠实于国家,愿遵守法令,并认识了解国民应有的责任和权利。

(三)准入籍公民

1948年元月4日之前已在缅甸居住者,或该居民之子女,可以根据尚未申请之理由,以确凿的证据,向中央小组申请成为准入籍公民。在国内、外出生的下列公民之子女,允许申请领取准入籍公民证:(1)公民与外侨之子女;(2)客籍公民与准入籍公民之子女;(3)客籍公民与外侨之子女;(4)两位父母都为准入籍公民之子女;(5)准入籍公民与外侨之子女。

(四)外侨

是指出生并长期居居留在缅甸的外国侨民。外侨年满18岁可以申请准入籍公民身份,如获批准本人必须到内政部规定的机构以书面宣誓本人愿放弃外侨身份,愿忠于国家,愿遵守国家法令,愿承当指定的责任和认识明白享受权。

缅甸尚无移民方面的法律规定。

(据中国外交部网站)

中国公民赴菲律宾须知

一、签证须知

中国公民来菲需申请入境或过境签证。

由菲方授权的旅行社接待的中国旅游团,可在阿基诺、苏比克、克拉克、佬渥、宿务、达沃和三宝颜国际机场申请停留期为7至14天的落地签证。

持香港特区护照、BNO护照、澳门特区护照或澳葡护照赴菲者,7天之内免签。

持中国台湾“护照”、香港 DI(Document of Identity)、CI(Certificates of Identity)或旅行证赴菲者,应申请菲方签证。

二、入境须知

毒品走私者将被判处死刑;对于从事零售买卖的,菲移民局将罚款5.5万比索并将驱逐出境。

三、海关须知

非法进口严禁物品(武器、爆炸物等)、管制物品(无线电收发机、光盘、录像带等)和控制物品(麻醉剂、化学物、没有医生药方的处方药等),无论数量多少,均违反菲律宾海关法。

严禁携带植物、植物产品、肉类、肉产品、鸟类、蜗牛以及其他活动物和动物产品。

未经菲律宾中央银行批准,任何入出境旅客带入或带出超过1万比索的纸币、硬币、在菲律宾银行提取的支票或其他汇票,均违法,并可能导致上述被没收,且被处以民事处罚或刑事起诉。携带外币不违法。

四、医疗条件

菲律宾医疗条件发展不均衡,医院大多数为私立医院,首都马尼拉地区较发达,有马加智医疗中心(Makati Medical Center)、崇仁总医院(Chinese General Hospital)等,而各省医疗条件则较落后。重症病人一般都需要送到马尼拉的医院治疗,有关费用亦由病人支付。

五、治安状况

菲律宾治安状况较差,绑架案件经常发生。一些恐怖分子或分裂分子经常在南部地区制造爆炸案,首都马尼拉也时有爆炸发生。如遇紧急情况,应保持冷静,尽快与使馆取得联系。

六、交通安全和外出旅行注意事项

菲律宾城市公共交通系统较落后,主要以出租车和“吉布尼”(当地的一种个体出租车,路线固定,可同时载十几人)为主。首都马尼拉市有轻轨铁路。省际旅行以航空为主。

外出旅行应结伴而行,带好防蚊驱虫药品和必要联系电话,尽量避免去南部。

七、常遇问题的法律咨询意见和建议

逾期居留、居留手续不完备、从事与签证种类不符的行为等都违反菲律宾移民法,将有可能被拘捕、罚款并遣返。

菲律宾移民局遣返手续通常为:由移民局检察官提起行政诉讼,经局长委员会审理后,签发遣返令,通常对当事人处以5.5万比索的罚款后遣返回国。该过程少则数周,多则数月。如有律师协助,或申请自愿遣返,可缩短时间。

八、气候及自然灾害状况

菲律宾属热带海洋性气候,高温多雨,湿度大,台风多。年均气温27℃,年降水量2000~3000毫米。

九、国籍政策

根据菲律宾《双重国籍法》,在菲律宾本土出生但已加入其他国籍的菲律宾人在宣誓效忠后,可保留或重新获得菲律宾国籍。 (据中国外交部网站)

中国公民赴新加坡须知

一、新加坡签证须知

新加坡驻华使领馆包括驻北京大使馆、驻上海总领馆、驻厦门总领馆(及厦门总领馆驻广州领事办公室)和驻香港总领馆。

(一)14天个人旅游签证

申请旅游签证需本人亲自到新加坡驻华有关使领馆办理,申请人在递交申请时不需要缴纳担保金(5000元人民币)。办理签证时需提交护照、申请表、照片以及证明申请者有足够资金支付其旅行费用的材料等。签证费100元人民币,办理时间为3个工作日。14天个人旅游签证为多次往返签证,有效期3周(自签证签发日计算),每次可在新加坡停留2周。

(二)商务签证

申请签证需提供由新加坡注册公司签发的介绍信、由新加坡商业注册局出具的新加坡公司最新的注册简况、护照、申请表、照片等材料,签证费为每人100元人民币,签证办理时间3个工作日。

(三)入境签证

适用于直接向移民与海关局或新加坡人力部提出并得到批准的申请,包括以下类型:(1)已获得移民与海关局批准新加坡永久居民通知书的人士。(2)原则上已经移民与海关局或新加坡人力部批准即将发给各类准证的人士。如工作许可证,受雇准证,学生准证,长期社交访问准证,职业人士访问准证。(3)已获移民与海关局批准并通知他们在新加坡驻厦门总领事馆领取签证的人士。

持中国护照及联程国际机票,并有第三国入境签证者,过境新加坡72小时之内,可免办签证。

二、海关规定

新加坡海关对携带入境的外币没有最高限额。

课税品包括酒类(包括葡萄酒、啤酒、麦酒和黑啤酒)、烟草(包括香烟、雪茄)、皮包、钱包、人造珠宝、巧克力、糖果、面包、饼干、蛋糕等。

免税品包括电器制品、化妆品、相机、钟表、珠宝、宝石、贵重金属、鞋、艺术创作品、玩具等。

免税许可范围:游客携带个人用品和食品(如巧克力、饼干、蛋糕等)入境价值不超过新币50元的不须付税。年满18岁而且不是从马来西亚入境,携带下列物品免税:烈酒1公升;酒1公升;啤酒、麦酒或黑啤酒1公升。免课税品只限个人消费,禁止转售或赠与。如携带入境的物品超出免税范围,超出部分将被课税。转机过境旅客如携带过量物品,其超出免税范围的部分须存放海关,并自负保管费。携带入境的酒类、香烟的标签、盒面及包装上不得有“新加坡免税品”(SINGAPORE DUTY NOT PAID)字样。香烟包装上有E标志的也不得带入,条装香烟由空运、陆运或海运方式入境都必须付税,免税香烟只售给出境旅客。

三、医疗保险

新加坡的“保健储蓄”始于1977年,是一项面向全体公民、根据年龄缴费的制度。35岁以下缴纳本人工资的6%,36~44岁缴纳7%,45岁以缴纳8%,由雇主和雇员各承担一半。储蓄账户只限支付住院费用和少数昂贵的门诊费用,可一家三代(父母、子女、夫妻)共同使用。住院费用由国家补贴、个人医疗账户和个人三者承担,而不是全额由个人账户支付。保险储蓄账户虽属个人所有,但有严格的提取限额,超额部分由个人自理。住高级病房,个人自付额相应提高。新加坡1990年实施的“健保双全”,实际上是“保健储蓄”的一部分,大病保险费可以从“保健储蓄”账户中支出。至此新加坡形成了自己独特的个人纵向积累与横向统筹共济相结合的医疗保险模式。

四、治安状况

最新调查显示，新加坡是受犯罪团伙影响最小的地区，且警察工作效率高、贪污罪案少，是全球最安全的经商地。这是因为新加坡有严厉的内部治安法令。根据新加坡内部治安法令和刑事法，新加坡警察有权扣留危害国家安全与社会稳定的政治犯及私会党徒，有效地阻吓了犯罪的发生。

五、移民政策

新加坡长期推行自由经济体系，广纳人才，欢迎世界各地的企业家和专业人才来新加坡定居，接收新移民的条件越来越宽。

(一)投资移民

据新加坡政府有关规定，外国人投资150万元新币，可直接申请成为新加坡永久居民。该计划主要针对外国企业家，目的是吸引更多的企业家来新加坡投资。投资者必须先注册有限公司，然后呈交投资计划书和有关文件。投资金以存款方式存在新加坡政府，投资项目至少须经营5年。投资者的家庭成员，包括配偶和21岁以下子女，可直接申请成为永久居民。父母可申请长期亲属签证在新加坡居住。如父母、岳父母需同时申请永久居民，每增加一人，存款需增加30万新币。子女超过21岁，需另外申请，批准机会也很大。

(二)技术移民

新加坡政府欢迎世界各国人才精英来新加坡就业定居。大学学历以上人士、专业技术人才可申请成为新加坡永久居民。首先需由当地公司雇用，获得就业准证(EP)。准证持有人可向移民局递交永久居民申请，批准后成为永久居民(PR)。从申请到批复一般需3～6个月时间。

(三)结婚移民

根据新加坡有关规定，与新加坡公民或永久居民结婚的外国人，均有资格申请成为永久居民，但移民局将视具体个案审批。需指出的是，近年来有以假结婚骗取永久居民身份者被检举，永久居民身份被取消。

(四)特殊移民

海外艺术人才(艺术、摄影、舞蹈、音乐、戏剧、文学、电影等)经过新加坡国家艺术理事会评估，通过推荐可向移民局申请成为永久居民。申请人需提交详细的个人履历及证明材料(相集、报刊报道等)。

(五)自雇移民

雇用自己而达到移民的目的。申请人可先注册一家公司，然后以董事的身份向移民局申请就业准证，也可先以开办公司的名义申请，移民局批准就业准证申请后再注册公司，公司注册后，经移民局核实发出就业准证。获就业准证6个月后，可申请永久居民权。

新加坡永久居民享有的权利：(1)申请租用或购买政府居屋(购买限已有配偶者)；(2)子女享受与公民子女相同的教育待遇；(3)配偶及21岁以下子女可直接申请成为永久居民；(4)父母可申请家属准证在新加坡长期居留。

成为永久居民2年以上，方可申请新加坡公民。

六、中国公民常遇问题

(一)新加坡就业准证

1. 工作准证

根据新加坡《雇用外国劳工法令》，外国劳工须向工作准证司申请工作准证(WORK PERMIT)，亦称“R准证”。新加坡永久居民不需工作准证。工作准证持有人的就业情况，受到劳工税和各行业的客工数量限制等方面的制约。

2. 就业准证

就业准证分“P”准证和“Q”准证两种。(1)P准证发给具有被承认的专业资格、月薪超过3500新元的专业人士。P准证又分为P1和P2准证，P1准证发给月薪超过7000新元的专业人士。P2准证发给月薪在3500～7000新元的专业人士。(2)Q准证发给具有被承认的资格、月薪超过2000新元的人士。Q准证也分Q1和Q2两种。Q1准证发给月薪超过2000新元、低于3500新元，持有承认学历的人士。对不完全符合Q1准证资格的人士，当局只在特殊情况下发Q2准证。

(二)工作时间与假期

新加坡人一般每天工作8小时，每周工作44小时。超时应至少按工资的1.5倍计发。雇员在公司服务的第一年有7天年假，之后每连续在公司服务12个月，就有1天的额外年假，以14天为限。每年有11天的带薪公共假期。

法律规定的其他带薪福利包括：(1)病假一般为14天，但雇员必须已服务6个月。申请病假时必须出示由诊所或医院出具的医生证明。(2)怜悯假雇主一般会给亲人去世的雇员至少3天的怜悯假。(3)婚假通常3天。(4)产假如女雇员服务已超过180天，每次生产可得到8周的产假。有些公司也给男雇员3天的父亲假。

(三)工伤索赔

工人在工作中受伤，可通过新加坡政府人力部根据《工伤索赔法令》索赔，或委托律师根据《民法》索赔。

根据新加坡《工伤索赔法令》，各类雇主必须为工人投保工伤赔偿保险，以确保工业意外发生后，工人可以根据该法令向人力部申请赔偿。发生工业意外后，雇主必须安排工人去医院检查治疗，同时也必须在规定的期限内将意外通知人力部或保险公司。如果雇主不按规定及时将意外报告人力部或保险公司，工人应该向新加坡人力部反映，请其督促公司尽快申报。

根据《工伤赔偿法令》或《民法》申请索赔的主要差别是，在《工伤赔偿法令》下，无论导致工伤的原因在雇主还是在工人，工人都会得到赔偿。而在《民法》下，只有导致工伤的原因在雇主时，工人才有可能得到赔偿。如果导致工伤的原因在于工人，工人不但不能得到赔偿，而且还要支付有关律师费用。

七、其他值得注意的事项

新加坡是个法制社会，对各种违法行为都有明确、严厉的处罚。

非法入境 处3个月以上2年以下监禁、3鞭以上鞭刑；再次非法入境处1年以上3年以下监禁、6000新元罚金。

非法滞留 非法滞留90天以内的，处4000新元以下罚款或6个月以下监禁，或两者并罚；非法滞留90天以上的，处6个月以下监禁、3鞭以上鞭刑(或6000新元以下罚金)。

卖淫 无证卖淫按非法打工加重处罚，如涉及非法滞留，则按非法滞留加罚。

盗窃 可处3年监禁或罚金，或两者并罚，最高可处10年监禁并处鞭刑。

诈骗 可处3年监禁或罚金，或两者并罚。

公共场所打架斗殴 处1年监禁或1000新元罚金，或两者并罚。

伤害他人 最高可处无期徒刑,或10年以下监禁、罚金或鞭刑。

恐吓 可处2年监禁或罚金,或两者并罚。

行贿 向政府或大机构行贿可处10万新元以下罚金或5年以下监禁,或两者并罚。

伪造文件 可处2年以下监禁或罚金,或两者并处。为获得工作或某项批准,向政府部门提供假材料,可处1年以下监禁或4000新元以下罚金,或两者并罚。

酒后驾车 处1000~5000新元罚金或6个月以下监禁;再犯处3000~10000新元罚金或1年以下监禁,并吊销驾照。

乱穿马路 在巴士转换站、终点站停车处乱穿马路,可处500新元罚金。严重者如被控上法庭,可处1000新元罚金或3个月监禁;再犯处2000新元罚金或6个月监禁。

随地吐痰 第一次处1000新元罚金,第二次处2000新元罚金,第三次处5000新元以上罚金。

乱扔烟蒂、垃圾 乱扔烟蒂、小件垃圾处200新元罚金;乱扔大件垃圾处12个小时劳改。 (据中国外交部网站)

中国公民赴泰国注意事项

一、泰国基本情况

天气:泰国属热带季风气候,炎热潮湿。热季为每年3~5月,雨季为6~9月,凉季为10月到翌年2月。全年平均气温28℃,年温差较小。

衣着:全年可穿着夏季服装,喜欢游泳者可自备泳衣及拖鞋,晚间天气较凉,需准备长袖外套。

时差:比北京时间慢一小时。

语言:主要为泰语和潮州话,英语一般在酒店等适用。

饮水:泰国习惯在饮料中加冰块,酒店自来水不能饮用。

日用品:多数酒店不配备牙膏、牙刷及拖鞋,请自备。

药物:请带一些常用的药物及紧急医疗用品,以备不时之需。

电压:220伏特。

货币:泰国货币单位为铢(Baht),100元人民币约兑换泰铢450铢。

安全提示:不随意帮他人携带或存放任何物品,以免因藏违禁品被检控。在环境卫生较差的地区时,应选择煮熟的食物及包装饮料。夜间避免单独出外,请切记将贵重物品如证件、现金、旅行支票、信用卡、机票、相机等小心随身携带,切勿收藏与行李箱内或留在车中、酒店房间或公共地方。

二、出国前的准备

选择信誉良好的合法旅行社,建议不要参加低团费旅游团,以免到达泰国后,导游安排购物或强行推销自费行程,产生纠纷。了解行程内容(行程中的住宿、交通、餐点、自费行程的选择及安排)。要求旅行社派领有执业证书的领队带团,并要求旅行社安排合格安全的交通工具及旅游活动。参加行前说明会并与旅行社签订旅游契约,同时可向旅行社索取代收转付收据以维护自身权益。购买旅游平安及医疗保险,并详细了解保险的项目,以确保自身的权益。自备常用药品或外用药膏,避免携带粉状药物,以免被误为毒品,孕妇、年长者或健康状况不良者,宜有家人随行,且应先到医院索取附有中文说明的英文诊断书备用。途中如身体不适,不随便吃别人的药,宜告知领队安排就医。出国前应将行程、国外住宿旅馆电话号码及所参加的旅行社联络电话告知家人,如系个人自助旅行,亦应随时与家人保持联系。携带数张照片备用,另将机票、护照、签证、结汇收据、信用卡等证件影印一份,并与正本分开携带,以备挂失,或申请补发。

三、出入境有关规定:

入境所需证件为有效期至少为6个月的护照、出入境卡(正联入境时收、副联出境时收),出入境卡须用英文填写,其中姓名需用大写字母。

办理入境手续,将出入境卡夹在护照中经移民官员办理入境手续后,到航站取出托运行李,然后拿海关申报单(如需要)到海关检查处接受检查后出海关。旅游者可以带入的免税物品包括香烟200支,酒1公斤。

办理出境手续,每人交付机场税500铢。泰国移民局收去出境卡,并办理离境手续,在护照上加盖出境章。接受安全检查。泰国出境携带泰币不得超过5万铢。

泰国出入境规定较严,游客赴泰国短期观光旅游,须持有泰国大使馆签发的签证。在泰国观光旅游期间,随时要接受移民官员的检查,如超过签证期限,每超过一天被罚款泰币200铢,但最高罚金不得超过2万铢。

所有宗教性和国家文物一律禁止进行贸易。旅客携带古董和佛像出境必须事先向泰国国家艺术厅申请批准证。任何商人在泰国逗留期间所赚取的收入必须缴付所得税。所有色情物品、毒品和武器一律禁止进出口,违法者会受到严厉处罚。

在泰国博物馆组、野生动物保护组、海关署、泰国政府旅游局、泰国大使馆、领事馆或海外代表办事处,都可索取关于外汇管制及管制项目规定的手册,并了解购买哪些物品,在离境前需向泰国海关的政府机构申请核准。

根据泰国有关规定,允许携带入境免税品数量为:1公斤的甜酒或烈酒,50支雪茄,250克烟丝或200支香烟,5卷胶卷或3卷电影胶片;动植物不准携带入境。旅客可从免税商店购买1公斤酒、200支烟以及一架照相机、一架摄影机和个人佩带的珠宝装饰品等出境。

有关规定以泰国官方公告为准。

四、交通注意事项

1. 行车走路靠左行,并遵守交通规则。

2. 搭车旅行时,随时注意自己放置财物的位置。

3. 搭乘出租车时先记下车号,以便能迅速找回遗忘在车内的物品。

4. 在巴士内及公共场所,要特别留意扒手会故意来挤撞你,使您分心后再下手偷窃。

5. 随时携带饭店的名片,万一迷失方向时可用。

6. 避免单独在宁静的街道或是荒凉的地区步行。

五、购物注意事项

不携带太多现金,尽量使用信用卡、旅行支票,同一物品用信用卡付款时宜一次结清,使用信用卡时,应先确认收据上之金额,再予签字。注意保管钱包及贵重物品。即使在照相时,或上洗手间,亦应随身携带,皮包拉链拉好,皮包背在胸前为宜,旅行包、背包虽然便利,却常是小偷偷窃的对象。货比三家不吃亏,购买高价物品时,宜多比较,因为大多物品在购买后不能退货,购买时记得索取完整的收据。购买的珠宝宜随身携带,不以邮寄方式出境,珠宝及蓝宝石在泰国是有分级制的,购买后应向商店索取购买证明。不接受陌生人所提供的游览及自由采购等服务。选择各地的百货公司购物,价格较合理且可获品质保证。尊重泰国特殊的宗教信仰,但亦要预防以宗教信仰之由被迫购物。不消费或购买受保护的野生动物及其制品。

六、参加水上活动须知

从事水上活动如游泳、水上摩托艇和快艇、水上跳伞、潜水等注意事项:

参加水上活动宜结伴同行,并了解活动场地是否合法及器材是否正当使用和操作,听从专业教练指导,潜水装备不能替代游泳能力,不会游泳者,不要尝试。事先了解地形、潮汐、海流、风向、温度、出入水点等因素,如上面因素不适合水上活动时,则不要勉强参加。参加外岛的活动行程,宜要求旅行社安排合法的交通船,严格遵守穿救生衣的规定,且应全程穿着,如未提供救生衣,则应主动要求。乘坐游艇及水上摩托艇,不跨越安全海域,不在水上摩托艇、快艇、降落伞等水上活动范围区内游泳。注意活动区域之安全标示、救援设备及救生人员设置地点。应注意自己的身体状况,有心脏病、高血压、感冒、发烧、饮酒及餐后,不参加水上活动及潜水,感觉身体疲倦、寒冷时,应立即离水上岸。避免长时间浸在水中及曝晒在阳光下,亦不长时间憋气潜水、头晕导致溺毙;潜入水里时不使用耳塞,因压力会使耳塞冲击耳膜造成伤害。潜水时勿以头部先入水,并应携带漂浮装备。乘坐游艇前宜先了解游艇的载客量,如有超载应拒乘,搭乘时不集中甲板一方,以免船身失去平衡。对于旅行社安排行程之外的各种水上活动,参加前应谨慎评估其安全性及自身的身体状况。 (据中国外交部网站)

中国公民赴越南须知

一、签证须知

根据1992年3月15日中越关于互免签证的协定,中国公民持有效外交、公务、因公普通护照及其使用同一本护照的偕行人入境、出境或者过境越南时免办签证,停留期为30天,如需要延期,须由越方接待单位提出申请,在越南公安部出入境管理局办理。

中国公民持有效普通护照入境、出境或过境越南须事先办理签证。越南驻华大使馆、越南驻广州总领事馆及越南驻昆明总领事馆和越南驻南宁总领馆都可为中国公民签发赴越签证。签证种类分为旅游、商务两种,中国公民可本人前往使领馆办理,或委托旅游公司代办。

二、入境须知

中国公民入境越南时,需要在入境口岸填写一式两联的入出境申报单(英越文),其内容包括入境、海关、动植物检疫等内容,第一联(白色)由越南边境口岸存留,第二联(黄色)入境者保存,以备出境时检查。

入境越南后,一般须在48小时内向留宿地附近的公安机关申报居留。如入住旅店,则由店方负责代为申报。故旅客入住时,一般应将护照或其他旅行证件交由店方保管。

三、海关规定

越南海关规定,入境时如携带3000美元以上(2万元人民币或其他等值货币)、300克以上黄金等必须申报,否则出境时,超出部分将被越南海关没收。国内团组出访,如团费交由专人携带,入境时应申报,或者分散保管,否则,出境时超出3000美元部分将被越海关没收。外国人出境越南时可免税携带香烟200支,雪茄烟50支,烟草250克,酒类1公升。

越海关禁止入境者携带易燃、易爆、易腐蚀、剧毒、放射性、有异味物品、各种黄色书刊、影碟、未经检疫的动植物及武器等入境。

四、医疗条件和医疗保险

越南医疗条件近年来不断获得改善。国家公务员、政府工作人员、大公司企业及涉外劳务人员都购买医疗保险,在合同医院看治病。外国人在越南看病一般要到大城市的大医院,例如河内市的越法国际医院、越德医院和白梅医院,胡志明市的大水镌医院等。

五、治安状况

越南总体政局稳定,治安状况良好,但也存在一些偷盗现象,应注意事项:(1)在出入旅店、市场或其他公共场所时,注意保管好自己的钱包、手机、手表、首饰等,防止不良青年骑摩托车进行抢劫作案。(2)不要在观光景点让小童擦皮鞋,不要在街道旁、商店外选购流动商贩的货物,防范在周围有他们的同伙偷窃财物。(3)发现钱财、证件被盗窃或其他意外时应立即与越导游一起在第一时间到附近的公安值班点报案。

六、交通安全和外出旅行注意事项

越南河内、胡志明市等城市主要交通工具主要为摩托车,因此在越南应注意交通安全,特别是过马路时,最好选择有红绿灯的路口过马路。

在越南期间应前往正规酒店或饭店就餐,如在路边大排档或小餐馆就餐时,应注意尽量不吃生冷食品,喝啤酒或饮料时,不要加冰块。

七、有关法律咨询意见和建议

近年来,随着两国人员交往的日益频繁,中越两国公民通婚有所增加,中国公民来越与越南人结婚,按照越南涉外婚姻法,应办理以下手续:(1)在出生地办理出生公证和未婚公证。(2)将上述两公证在中国外交部及越南驻华使领馆认证。(3)前往中国驻越使领馆办理不持异议公证书。(4)前往越婚姻登记机关——司法部门登记。

八、气候及自然灾害状况

越南位于中南半岛东部,地处北回归线以南,属热带季风性气候,高温多雨,年平均气温24度左右,平均年降水量1800~2000毫米。越南北方分春、夏、秋、冬四季,年平均气温23°~25℃,气候干燥多雾,北方1~3月常小雨连绵。南方雨、旱季分明,大部分地区5~10月为雨季,雨季多有大雨和暴雨;11月至次年4月为旱季。

越南每年7~11月为台风多发季节,一些沿海城市如海防、岘港等受台风影响较重。南部湄公河三角洲每年雨季都会出现洪水,给当地人民生产生活带来严重影响。越中部地区每年5~8月有来自西面干热的内陆“老挝风”,这种热风所到之处,气温可升至40℃,成为当地一大灾害。

九、国籍政策

越南国籍法规定,越南政府不承认双重国籍,如他国公民加入越南国籍必须退出原国籍,越南公民加入其他国籍同时即丧失越南国籍。 (据中国外交部网站)

统 计 资 料

中国国民经济主要指标

指　　标	单　位	2005 年①	2006 年②	2006 年比 2005 年增长(%)③
一、年末总人口	万人	130756	131448	
二、国内生产总值	亿元人民币	182321	209407	10.7
第一产业增加值	亿元人民币	22718	24700	5.0
第二产业增加值	亿元人民币	86208	102004	12.5
其中:工业增加值	亿元人民币	76190	90351	12.5
第三产业增加值	亿元人民币	73395	82703	10.3
人均国内生产总值	元人民币	13944		
三、人民币对美元汇价	元人民币	8.1	7.8087	-3.5
四、城镇登记失业率	%	4.2	4.1	0.1
五、农业				
粮食产量	万吨	48401	49746	2.8
油料产量	万吨	3078	3062	-0.5
糖料产量	万吨	9551	10987	16.2
水果产量	万吨	16076	17050	5.8
蔬菜产量	万吨	56284	58233	3.2
棉花产量	万吨	570	673	17.8
六、工业				
原煤产量	亿吨	21.9	23.8	8.0
原油产量	亿吨	1.8	1.84	1.7
发电量	亿千瓦时	24747	28344	13.4
钢产量	万吨	35239	42000	19.7
十种有色金属产量	万吨	1635		17.2
七、全社会固定资产投资	亿元人民币	88604	93472	24.5
八、对外贸易				
进出口总额	亿美元	14221	17607	23.8
其中:出口额	亿美元	7620	9691	27.2
进口额	亿美元	6601	7916	20.0
九、外商直接投资				
合同金额	亿美元			
实际利用金额	亿美元	603	694.7	-4.1
十、交通运输				
货物周转量	亿吨公里	78329.8	86921.2	8.4
旅客周转量	亿人公里	17473	19202.7	9.9
港口完成货物吞吐量	亿吨	49	45.6	15.6
十一、金融				
年末各项存款余额	亿元人民币	300209	348000	16.0
年末各项贷款余额	亿元人民币	206838	239000	14.7
十二、旅游业				
国内旅游总收入	亿元人民币	5286	6230	17.9
国际旅游外汇收入	亿美元	293	339.5	15.9
入境人数	万人次	12029	12494	3.9
入境过夜人数	万人次	4681	4991	6.6
出境人数	万人次	3103	3452	11.3
因私出境人数	万人次	2514	2880	14.6

注:①栏数据来自《中国统计年鉴·2005》(中国统计出版社,2005.9)和《中华人民共和国 2005 年国民经济和社会发展统计公报》。②③两栏数据均来自《中华人民共和国 2006 年国民经济和社会发展统计公报》。

文莱国民经济主要指标

指　　标	单　位	2005 年	2006 年	2006 年比 2005 年增长(%)
一、年末总人口	万人	37	38.3	3.5
二、国内生产总值	亿文莱元	159	189.18	3.8
人均国内生产总值	文莱元	42900	49400	15.15
三、文莱元对美元汇价	文莱元	1.7	1.656	-2.9
四、通货膨胀率	%			
五、失业率	%		4.0	
六、工业				
石油、天然气总收入	亿文莱元	129.38	133.65	3.3
石油日产量	万桶	21.1	21.9 *	
天然气日产量	亿立方英尺	11.85	12.39 *	
油气收入	亿文莱元	42.3		
油气出口总值	亿美元	58.71	76.91	31
非油气收入	亿美元	53.24	55.53	4.3
消费者价格指数增长	%		5	
七、农业				
稻米产量	吨	851		
蔬菜产量	吨	10710	4705 *	
水果产量	吨	4793	1723 *	
八、旅游业				
旅游入境人数	万人次		12.28	
旅游收入	亿文莱元		3.15	
九、交通运输业				
公路总长	公里	3650.4		
港口完成货物装卸量	万吨	176.3	51.6 *	
空运客运量	万人次	126.13	66.29 *	
空远货运量	吨	22166.7	10343.2 *	
空运邮件量	吨	291.1	147.9 *	
十、财政、金融				
财政收入	亿文莱元	84.41	25.11 *	
财政支出	亿文莱元	50.96	8.53 *	
外汇储备	亿美元		300	
外债	亿美元		0	
黄金储备	亿美元	30		
十一、对外贸易				
进出口总额	亿美元	75.33	96.07	27.53
其中:出口总额	亿美元	60.49	80.87	33.7
进口总额	亿美元	14.84	15.20	2.4
十二、引进外资总额	亿文莱元	44	65 *	

注:统计数据来自文莱首相府经济计划发展局统计公报,世界货币组织预测。带 * 号的数据为 2006 年 1 ~6 月的数据。

柬埔寨国民经济主要指标

指　　标	单　位	2005年	2006年	2006年比2005年增长(%)
一、年末总人口	万人	1380	1410	2.17
二、国内生产总值	亿美元	54	71.17	10.4
人均国内生产总值	美元	388	506	30.41
三、柬埔寨瑞尔对美元汇价	瑞尔	4000	4110	2.75
四、通货膨胀率	%	6	4.7	-21.67
五、失业率	%	4	4	0
六、工业				
工业总产值	亿美元	15.4	18.22	18.3
服装业出口额	亿美元	22.8	27.28	19.65
服装业占出口额比重	%	95	94	-1.05
七、农业				
农业总产值	亿美元	16.4		
耕地面积	万公顷		630	
稻谷产量	万吨	500	688	37.6
橡胶产量	万吨	2.0392	5	145.19
八、服务业				
服务业总产值	亿美元	16.4	26.63	19.6
九、旅游业				
旅游入境人数	万人次	140	170	20
旅游总收入	亿美元	10.7	14	30.84
十、交通运输业				
公路总长	万公里	1.5	1.5	0
铁路总长	公里	655	655	0
十一、财政、金融				
财政收入	亿美元	5.317	5.28	-0.69
财政支出	亿美元	7.425	5.06	-31.85
外汇储备	亿美元	8.90	10.97	23.26
十二、对外贸易				
进出口贸易总额	亿美元	64.2	57.02	-11.18
其中:进口总额	亿美元	34.9	28.44	11.5
出口总额	亿美元	29.3	28.58	6.2
十三、引进外资总额	亿美元	5.8	7.47	28.8

注:统计数据来自柬埔寨财经部、中国外交部网站。

印度尼西亚国民经济主要指标

指　　标	单　位	2005年	2006年	2006年比2005年增长(%)
一、年末总人口	万人	24100	24500	1.66
二、国内生产总值	亿美元	2702.1	3641.5	5.5
人均国内生产总值	美元	1232.5	1486.33	20.59
三、印尼盾对美元汇价	盾	9739	9167	-5.87
四、通货膨胀率	%	17.1	6.6	-61.4
五、公开失业率	%		10.3	

指　　标	单　位	2005 年	2006 年	2006 年比 2005 年增长(%)
六、工业				
工业总产值	亿美元		1012.34	
锡产量	万吨		6.94	
煤产量	万吨		1.2	
镍产量	万吨		370.7	
金产量	万吨		103.3	
银产量	万吨		262.6	
纺织品出口额	亿美元		95.97	
七、农业				
农业总产值	亿美元		513.45	
稻米产量	万吨		5440	
玉米产量	万吨		1161	
大豆产量	万吨		74.9	
棕榈油产量	万吨	1609		
橡胶产量	万吨	227		
胡椒产量	万吨	7.8		
咖啡产量	万吨	32.1		
可可产量	万吨		59	
渔业捕捞量	万吨		416	
木制品出口额	亿美元		28.9	
八、交通运输业				
公路总长	万公里	33.3		
水运国际货运量	万吨	2459.9		
水运国内货运量	万吨	11446		
空运国际货运量	万吨	44.2		
空运国内货运量	万吨	52.5		
空运国际客运量	万人次	2232		
空运国内客运量	万人次	5934		
输油管道总长	公里	530		
管道运输日运量	千升	13.22		
九、旅游业				
旅游入境人数	万人次	500.57	480	-4.11
旅游收入	亿美元	45.15	43.8	-3
十、财政、金融				
财政收入	万亿盾	491.6	637.8	29.74
财政支出	万亿盾	511.9	670.6	31.00
外汇储备	亿美元	347	425.86	22.73
外债	亿美元		1252	
十一、对外贸易				
进出口总额	亿美元	1433.6	2001.4	39.61
出口总额	亿美元	855.66	1207.28	18.1
进口总额	亿美元	575.47	794.12	5.1
十二、引进外资				
引进外资协议金额	亿美元	135.7	138.89	2.35
引进外资实际金额	亿美元	89.1	75.14	-15.67

注:统计数据来自印尼国家统计局、财政部和中国外交部网站。

老挝国民经济主要指标

指　　标	单　位	2005年	2006年	2006年比2005年增长(%)
一、年末总人口	万人	580		
二、国内生产总值	亿美元	22.4	约24	7.4
人均国内生产总值	美元	491	500	1.83
工业国内生产总值增长率	%	25.3		
服务业国内生产总值增长率	%	14.5		
农业国内生产总值增长率	%	7.5		
三、老挝基普对美元汇价	基普	10400	9600	-7.69
四、通货膨胀率	%	8	8	0
五、工业				
工业总产值	亿基普	4486		
从业人数	万人	10	10	
电力产量	亿度	34.91		
胶合板	万张	132		
盐	万吨	1.9		
卷烟	百万盒	104		
啤酒	万升	9270		
布匹	万米	145		
水泥	万吨	40		
六、农业				
农林业总产值	亿基普	6823		
耕地面积	万公顷	74.7		
稻谷	万吨	256		
玉米	万吨	37.2		
薯类	万吨	18.1		
蔬菜	万吨	74.4		
花生	万吨	2.69		
烟叶	万吨	2.81		
棉花	万吨	0.20		
咖啡	万吨	2.50		
七、服务业产值	亿基普	3869		
八、交通运输业				
公路总长	公里	33861		
公路客运量	万人次	3488		
公路货运量	万吨	259.2		
水运内河航道总长	公里	4600		
水运客运量	万人次	157		
水运货运量	万吨	62.1		
空运客运量	万人次	41		
空运货运量	吨	700		
九、旅游业				
旅游入境人数	万人次	109.5	120	9.59
旅游收入	亿美元	约1	1.68	68
十、财政、金融				
财政收入	亿基普	21640		
财政支出	亿基普	25920		
外汇储备	亿美元			
外债	亿美元			
十一、对外贸易				
进出口贸易总额	亿美元	11.41		
出口总额	亿美元	4.55		
进口总额	亿美元	6.86		
十二、引进外资				
吸引外资	亿美元	12.5		
获外援资金	亿美元	4.36	约4	-8.26

注：资料来源2005年老挝统计年鉴、中国外交部网站、中国商务部网站。

马来西亚国民经济主要指标

指　　标	单　位	2005 年	2006 年	2006 年比 2005 年增长(%)
一、年末总人口	万人	2626	2664	1.45
二、国内生产总值	亿林吉特	4845.4	5427.66 *	5.9
人均国内生产总值	林吉特	18764	19739	5.2
服务业部门国内生产总值增长率	%	6.5		
农业部门国内生产总值增长率	%	3.8		
三、马来西亚林吉特对美元汇价	林吉特	3.78	3.67	-2.91
四、通货膨胀率	%	3	3.6	20
五、失业率	%	3.8	3.8	0
六、工业				
工业从业人员	万人	293.84	316.61	7.75
工业总产值	亿林吉特	1729.66	1855.93	7.3
制造业销售收入	亿林吉特	4598.02	5113	11.2
制造业就业人数	万人		108	
矿业总产值	亿林吉特	176.32		
石油天然气总储量	亿桶	194.9		
石油日产量	万桶	70.4	70	0.57
液化天然气	万吨	2194.8	2300	4.79
锡	万吨	0.29		
七、农业				
农业从业人员	万人	149.11	141.28	-5.25
农业总产值	亿林吉特	221.42	233.16	5.30
棕油产量	万吨	1496.07	1588 *	6.14
橡胶产量	万吨	112.6	126 *	11.90
水稻产量	万吨	224		
原木产量	千立方米	22119	21180 *	-4.25
八、服务业				
服务业从业人数	万人	535.36	574.85	7.38
服务业总产值	亿林吉特	1511.44	1597.55	5.69
九、旅游业				
旅游入境人数	万人次	1640	1754	6.8
旅游业收入	亿林吉特	320	360.2	2.13
十、财政、金融				
财政收入	亿林吉特	1058.6	1184	13.92
财政支出	亿林吉特	1245.4	1368	9.84
外汇储备	亿美元	728.3	873	19.87
外债总额	亿美元	518.2	512	-1.19
十一、对外贸易				
进出口总额	亿林吉特	9678	10694.42	10.5
其中:进口总额	亿林吉特	4340.1	4804.93	10.71
出口总额	亿林吉特	5337.9	5889.49	10.33
十二、引进外资	亿林吉特	179	202	12.85

注:*为马央行估计数。统计数据来自马来西亚财政部2006/2007年度经济报告、马来西亚统计局、大马经济平台网站和中国外交部网站。

缅甸国民经济主要指标

指　　标	单　位	2005 年	2006 年	2006 年比 2005 年增长(%)
一、年末总人口	万人	5540	5540	0
二、国内生产总值	亿美元	133.92	约 150	12
人均国内生产总值	美元	241	约 250	3.7
三、缅甸元对美元汇价				
官方汇价	缅元	6.5	6.22	-4.30
市场汇价	缅元	1325	1300	-1.89
四、通货膨胀率	%	9	16.4	82.22
五、工业				
工业总产值	亿美元	7.36	约 23.1	213.86
从业人数	万人	174	约 174	0
原油产量	万桶	639		
汽油产量	万加仑	8432		
柴油产量	万加仑	11395		
发电总量	亿度	50.64	60.15	18.78
天然气产量	亿立方米		114.5	
六、农业				
农业总产值	亿美元	80.96	60.3	25.52
从业人数	万人	1796	1890	5.23
耕种面积	万英亩		4300	
水稻种植面积	万英亩	2660		
水稻产量	亿缅箩	11.952		
豆类种植面积	万英亩	900		
豆类产量	万吨	270		
豆类出口创汇	亿美元	1.83		
棉花种植面积	万英亩	91		
棉花产量	万吨	2.3		
橡胶种植面积	万英亩	55	72.8	32.36
橡胶产量	万吨	6	7.24	20.67
油料作物种植面积	万英亩	800		
每年食用油生产能力	万吨	20		
渔业出口	万吨	25	27	8
渔业出口创汇	亿美元	3.47	3.6	3.75
七、交通运输业				
公路总长	英里	18600	58170	212.74
铁路总长	英里	3900	4034	3.44
陆上输油管道	英里	70		
天然气管道	英里	1401		
八、旅游业				
旅游入境人数	万人次	66.02	58	-12.15
旅游收入	亿美元	1.53	1.02	-33.33
九、财政金融				
外汇储备	亿美元	6	6	0
外债总额	亿美元	67	67	0
十、对外贸易				
进出口总额	亿美元	49	55.42	13.10
其中:进口总额	亿美元	19.73	19.84	0.56
出口总额	亿美元	29.27	35.58	21.56
十一、外国在缅甸投资总额	亿美元	74	142	91.89
吸引外资	亿美元	60.65		

注:资料来自缅甸政府统计和中国外交部网站、中国商务部网站。

菲律宾国民经济主要指标

指　　标	单　位	2005 年	2006 年	2006 年比 2005 年增长(%)
一、年末总人口	万人	8500	8846.8	4.08
二、国内生产总值	亿美元	1030	1200	5.4
人均国内生产总值	美元	1084	1356	25.09
三、菲律宾比索对美元汇价	比索	53.1	48.268	-9.09
四、通货膨胀率	%		5.5	
五、失业率	%	11.8	7.8	-33.89
六、工业				
工业总产值	亿美元	287.21	301	4.8
其中:采矿业	亿美元		13.55	
制造业	亿美元		221.54	
建筑业	亿美元	10.39	37.02	256.30
电、气、水	亿美元		28.89	
七、农业				
农业总产值	亿美元	133.48	139.89	4.8
其中:稻谷产量	万吨	1460.3		
玉米产量	万吨	525.3		
甘蔗产量	万吨	2291.9		
椰子产量	万吨	1482.5		
香蕉产量	万吨	629.8		
木薯产量	万吨	167.8		
八、服务业				
服务业总产值	亿美元	431.80	459	6.3
九、交通运输业				
其中:公路总长	万公里		20	
铁路总长	公里		1200	
水运总长	公里		3219	
十、旅游业				
旅游入境人数	万人次	265	284	9.2
旅游总收入			27	
十一、财政、金融				
财政收入	亿比索	7832	7957	
财政支出	亿比索	9632	9942	
外债总额	亿美元	699	541	-22.6
外汇储备	亿美元	132	246.83	86.99
十二、对外贸易				
进出口贸易总额	亿美元	900	985.58	9.5
其中:进口总额	亿美元	482	470.37	2.4
出口总额	亿美元	418	512.2	22.54
十三、引进外资总额	亿美元		23.5	

注:统计数据来自菲律宾国家统计办公室、中国外交部网站。

新加坡国民经济主要指标

指标	单位	2005年	2006年	2006年比2005年增长(%)
一、年末总人口				
常住人口	万人	435.1	448	2.96
公民和永久居民	万人	355.4	360.8	1.52
二、国内生产总值	亿新元	1946.15	2099.9	7.9
人均国内生产总值	新元	44729	46832	4.7
三、新加坡元对美元汇价	新元	1.7	1.5889	-0.65
四、通货膨胀率	%		1.0	
五、失业率	%	7.8	2.7	-65.38
六、工业				
其中:工业总产值	亿新元		691.87	
制造业	亿新元	521.28	579.89	12.9
建筑业	亿新元	70.44	75.28	4.2
七、农业				
农业总产值	亿新元	2.22	约2.10	
八、服务业				
服务业总产值	亿新元		1326.64	
其中:金融服务业总产值	亿美元	125		
酒店餐饮业总产值	亿美元	21		
批发零售业总产值	亿美元	184		
运输及通讯业总产值	亿美元	137		
九、旅游业				
游客入境人数(不含从陆地入境的马来公民)	万人次	894	974	9
旅游收入	亿新元		124	
十、交通运输业				
公路总长	公里	3234		
地铁	公里	109.4		
轻轨	公里	28.8		
港口处理货物总量	亿吨		4.48	
集装箱总吞吐量	万箱		2479.2	
空运客运量	万人次		3503	
空运货物量	万吨		191.61	
十一、就业人口	万人	231.7		
十二、财政金融				
财政收入	亿新元	281	310.7	10.57
财政支出	亿新元	288	298.7	3.72
外汇储备	亿美元	1166	2105.29	80.56
外债			0	
十三、对外贸易				
进出口总额	亿新元	7157.23	8104.83	13.24
其中:进口总额	亿新元	3331.91	3789.24	13.73
出口总额	亿新元	3825.32	4315.59	12.82
十四、引进外资				
制造业固定资产投资	亿美元	51	88	72.55

注:统计数据来自新加坡统计局和中国外交部亚洲司二处、中国外交部网站。

泰国国民经济主要指标

指　　标	单　位	2005 年	2006 年	2006 年比 2005 年增长(%)
一、年末总人口	万人	6476	6283	-2.98
二、国内生产总值	亿铢	69504	78131	4.2
人均国内生产总值	铢	103256	117362	13.66
三、泰铢对美元汇价	铢	40.3	37.93	-0.59
四、通货膨胀率	%	4.2	2.3	-45.24
五、失业率	%		1.4	
六、工业				
制造业生产指数增长率	%		7.4	
商用运输机械设备增长率	%		5.0	
纺织业增长率	%		2.5	
七、农业				
耕地面积	亿平方米		2240	
大米出口	万吨	745.97	740	-0.8
大米出口额	亿铢	929.52	976	5
房地产交易额	亿铢		6179.3	
八、交通运输业				
公路总长	万公里		16	
铁路总长	公里		4451	
九、旅游业				
旅游入境人数	万人次	1962	1380	20
旅游收入	亿铢	3920	4706	20.05
十、财政、金融				
财政收入	亿铢	12668	13394	5.73
财政支出	亿铢	12500	13600	8.8
外汇储备	亿美元	521	669.85	28.57
外债	亿美元	505	599.35	18.68
十一、对外贸易				
对外贸易总额	亿美元	2279.6	2542	11.51
其中:出口总额	亿美元	1098.5	1282	17.4
进口总额	亿美元	1181.1	1260	7
贸易差额	亿美元	82.6	-22	
十二、引进外资				
直接投资净额	亿铢		3077	
其中:日本投资总额	亿美元		29.12	
美国投资总额	亿美元		9.77	
欧盟投资总额	亿美元		8.04	
中国香港投资总额	亿美元		0.10	
中国台湾投资总额	亿美元		0.32	
新加坡投资总额	亿美元		0.76	

注:统计数据来自泰国财政部、泰国国家银行和中国外交部网站。

越南国民经济主要指标

指　　标	单　位	2005 年	2006 年	2006 年比 2005 年增长(%)
一、年末总人口	万人	8312	8411	1.19
二、国内生产总值	亿美元	600	628	8.17
人均国内生产总值	美元	640	722	12.81
三、越南盾对美元汇价	越盾	15775	15500	-1.74
四、通货膨胀率	%		6.6	
五、失业率	%	5.3	4.4	-16.98
六、工业				
工业总产值	万亿越盾	414.9	490.82	17
其中:国有企业产值	万亿越盾	131.6	143.58	9.1
非国有企业产值	万亿越盾	96.2		
外资企业产值	万亿越盾	126.3		
主要工业产品产量				
原油	万吨	1808	1700	-5.97
钢材	万吨	365		
发电量	亿度	533	590.5	10.79
化肥	万吨	220	217.5	-1.14
水泥	万吨	2800		
煤	万吨	3260	3891	19.36
七、农业				
农林渔业总产值	万亿越盾		116.8	4.4
粮食产量	万吨	3961	3965	0.1
农业产值	万吨	136.7	141.62	3.6
林业产值	万吨	6.9	6.98	1.2
渔业产值	万吨	37.6	40.50	7.7
其中:稻谷产量	千吨	3579	3583	0.11
咖啡产量	千吨	766.16		
茶叶产量	千吨	507.1		
橡胶产量	千吨	447.3		
水产品产量	千吨	3432.8		
八、商业、服务业				
服务业总收入			218.4	8.3
商业零售总额	万亿越盾	475.38		
邮电通讯业产值	亿美元		23.4	
全年客运量	亿人次	12.65	13.8	9.1
全年货运量	亿吨	3.24	3.5	8.1
九、交通运输业产值	亿美元		52.5	
客运量	亿人次	12.71	13.87	9.1
货运量	亿吨	3.24	3.50	8.1
公路总长	万公里	13		
公路客运量	亿人	10.94		
公路货运量	亿吨	2.12		
铁路总长	公里	3220		
铁路客运量	万人	1280		
铁路货运量	万吨	884		
水运总长	万公里	1.1		

指　　标	单　位	2005 年	2006 年	2006 年比 2005 年增长(%)
水运客运量	亿人	1.71		
水运货运量	万吨	6298		
空运客运量	万人	680		
空运货运量	万吨	10.51		
十、旅游业				
游客入境人数	万人次	347.86	358.3	3
旅游收入	万亿越盾			
十一、财政、金融				
财政收入	万亿越盾	199.42	272.88	25.8
财政支出	万亿越盾	251.2	321.38	45.8
侨汇收入	亿美元	38	35	-7.90
外汇储备	亿美元	83	120	44.58
外债	亿美元		309.80	
十二、对外贸易				
进出口总额	亿美元	691.1	840	21.5
其中:出口总额	亿美元	322.3	396	22.1
进口总额	亿美元	368.8	444	20.1
十三、引进外资总额	亿美元	58	102	49.1
协议投资额	亿美元	21.3		
实际利用外资	亿美元	269.63	360	33.52
接受外援	亿美元	37.5	44.5	18.67

注:统计数据来自越南统计总局、计划投资部和中国外交部网站、中国商务部网站。

柬埔寨部分经济指标(2002～2007 年)

指　　标(单位/统计机构)	2002 年	2003 年	2004 年	2005 年	2006 年	2007 年
国内生产总值增长率(%/NIS)	5.3	7.1	11.3	10.0	7.0	n. a.
国内生产总值增长率(%/ADB)	5.2	7.0	7.7	8.4	6.3	6.4
国内生产总值增长率(%/EIU)	5.5	5.1	10.0	13.4	5.8	5.0
地区展望	4.0	5.0	6.5	5.5	4.5	4.0
工业增长率(%/ADB)	17.3	11.9	16.1	8.5	2.9	6.0
服务业增长率(%/ADB)	4.4	0.2	9.2	7.5	5.5	3.7
农业增长率(%/ADB)	-2.8	12.2	-2.0	9.5	3.5	3.4
出口额(10 亿美元/EIU)	1.8	2.0	2.5	2.8	3.1	4.5
进口额(10 亿美元)	2.6	2.6	3.2	3.6	4.1	-1.1
贸易顺差(百万美元)	-0.8	-0.4	-0.7	-0.8	-1.0	-12.5
银行存支差(占 GDP 的%/ADB)	-8.9	-10.1	-9.8	-11.7	-11.8	-12.5
通货膨胀平均率(%/ADB)	3.3	1.2	3.9	5.8	4.5	3.5
外汇储备(百万美元/EIU)	775.6	815.5	943.1	n. a.	n. a.	n. a.
外国直接投资(百万美元/ADB)	139.1	74.0	121.0	216.0	n. a.	n. a.
M2 增长率(%/ADB)	31.1	15.3	30.0	16.1	22.0	25.0
兑换率(瑞尔/1 美元/ADB　CDR)	3912	3973	4035	4092	4107	4217

注:NIS(国家统计局),ADB(亚洲开发银行),EIU(经济学家信息中心),CDR(柬埔寨发展研究所)。

资料来源:2004 年国家统计数字;2003 年官方数据;柬埔寨政府数据;2001 年欠发达国家联合会议上的柬埔寨国家报告;亚洲发展银行:2006 年亚洲发展概况;亚洲发展银行:2003 年主要经济指标;2006 年 7～8 月 EIU 国家报告;2006～2007 年为估算数。

印度尼西亚部分经济指标（2002～2008年）

指　　标(单位)	2002年	2003年	2004年	2005年	2006年	2007年	2008年
GDP增长率(%)	4.38	4.78	5.05	5.60	5.4～5.6	5.5～6.5	6.0～7.0
工业增长率(%)	5.39	5.45	6.54	5.12	5.0～6.0	5.5～7.0	6.0～8.0
服务业增长率(%)	4.97	6.36	6.99	8.12	5.0～6.0	5.5～7.0	6.0～8.0
农业增长率(%)	3.32	3.79	3.26	2.49	4.0～5.5	3.0～4.5	3.0～4.5
采矿业增长率(%)	1.00	～1.37	～4.48	1.59	4.0～5.5	3.0～4.5	3.0～4.5
出口额(百万美元)	57158.8	61058.8	71584.6	85660.0	90000 ～95000	110000 ～120000	120000 ～140000
进口额(百万美元)	31288.9	32550.7	46524.5	57700.7	55000 ～60000	70000 ～80000	80000 ～100000
贸易顺差	25869.9	28508.1	25060.1	27959.3	30000 ～40000	30000 ～50000	20000 ～60000
银行存支差额(百万美元)	7822	8106	3108	2996	—	—	—
通货膨胀年平均率(%)	10.03	5.06	6.4	17.11	7.0～8.0	6.0～7.0	5.0～6.0
利率(%)	12.93	8.31	7.43	12.75	9.0～10.0	8.0～9.0	7.0～8.0
M2货币储备增长率(%)	4.72	8.12	8.14	16.42	4.0～6.0	4.0～7.0	3.0～8.0
财政顺差(10亿印尼盾)	～23575	～35110	～28570	～12137	-35000 ～-45000	-40000 ～-55000	-45000 ～-65000
财政顺差比率(占GDP的%)	～1.42	～1.91	～1.38	～0.5	-0.9 ～-1.1	-1.0 ～-1.2	-1.1 ～-1.3
外债总额(百万美元)	131073	135401	137024	130652	123000 ～126000	115000 ～125000	90000 ～110000
外汇储备(百万美元)	32039	36296	36320	34724	41126	42000 ～44000	43000 ～46000
年终汇率(印尼盾/1美元)	8940	8465	9290	9830	9000 ～93000	8900 ～9500	8500 ～9500

注：2006年、2007年、2008年数据是作者估算数。

信息来源：2006年6月《经济指标》；印度尼西亚银行2006年2月、8月《印尼财经统计》；2006年10月16日印度尼西亚贸易投资消息等。

老挝部分经济指标（2002～2008年）

指　　标(单位)	2002年	2003年	2004年	2005年	2006年	2007年	2008年
GDP增长率(%)	5.9	5.9	6.5	7.2	7.5	7.5	7.0
工业增长率(%)	10.1	11.5	11.4	11.9	12.0	12.0	12.0
服务业增长率(%)	5.7	7.5	7.3	7.3	7.0	7.0	6.7
农业增长率(%)	4.0	2.2	3.5	4.1	3.2	3.2	3.0
出口额(百万美元)	324	373	455	600	550	562	600
进口额(百万美元)	470	506	600	942	955	1019	1050
贸易顺差(百万美元)	-146	-133	-349	-342	-405	-457	-450
银行存支差额(占GDP的%)	-2.1	-2.6	-8.6	-8.1	-10.0	-10.0	-9.5
通货膨胀年平均率(%)	10.7	15.8	10.6	7.2	9.0	9.0	8.9
M2货币储备增长率(%)	27.0	19.2	22.9	8.1	12.0	15.0	15.0
财政收支(GDP的%)	-8.3	-7.8	-4.8	-5.3	-3.9	-3.8	-3.5
外债总额(百万美元)	1284	1390	1961	2212	—	—	—
债务服务率(占出口的%)	8.9	6.8	9.4	12.0	14.0	14.5	14.5
外汇储备(百万美元)	196	216	225	240	260	280	300
年终汇率(基普/1美元)	10056	10056	10380	10500	10100	10000	9800

信息来源：亚洲开发银行；作者估算。

马来西亚部分经济指标（2002～2008年）

指　　标(单位)	2002年	2003年	2004年	2005年	2006年	2007年	2008年
GDP增长率(%)	4.4	5.4	7.1	5.2	5.4	5.5	5.8
工业增长率(%)	4.3	7.3	7.9	4.0	4.2	3.2	3.0
服务业增长率(%)	6.5	4.7	6.9	6.5	7.2	7.7	6.8
农业增长率(%)	2.8	5.5	5.0	2.5	2.8	3.2	3.0
货物出口(10亿美元)	93.4	105.0	126.6	141.0	158.0	176.9	190.8
货物进口(百万美元)	-75.2	-79.3	-99.1	-108.2	-128.7	-149.1	-165.6
贸易顺差(百万美元)	18.1	25.7	27.5	32.8	29.3	27.8	25.3
通货膨胀年平均率(%)	1.8	1.0	1.5	3.0	4.1	3.9	2.8
外债总额(占GDP的%)	50.7	46.7	44.1	40.0	35.8	34.0	32.7
外债总额(10亿美元)	48.3	48.5	52.1	52.2	53.1	55.4	56.4
外国直接投资(10亿美元,)	1.3	1.1	2.6	-0.1	0.5	0.8	0.9
M2增长率(%)	3.7	9.6	19.3	11.0	15.8	9.0	6.5
年终汇率(林吉特/1美元)	3.80	3.80	3.80	3.79	3.66	3.62	3.60

资料来源：经济智囊机构和CEIC数据库。

缅甸部分经济指标（2002～2008年）

指　标(单位/统计机构)	2002～2003年度	2003～2004年度	2004～2005年度	2005～2006年度	2006～2007年度	2007～2008年度
GDP增长率(%/官方)	12.0	13.8	12.0	12.2	11.3	11.3
GDP增长率(%/经济智囊机构)	5.3	-2.0	0.2	5.2	2.6	2.5
GDP增长率(%/亚洲开发银行)	10.0	10.1	12.2	n. a.	n. a.	n. a.
GDP增长率(%/国际货币基金组织)	5.5	5.1	4.3	3.7	5.6	n. a.
地区展望	4.5	4.2	4.0	4.5	3.4	4.0
工业增长率(%)	35.4	20.8	21.3	14.7	14.7	14.4
服务业增长率(%)	14.8	14.5	13.8	9.0	9.0	9.0
农业增长率(%)	6.0	11.7	9.6	3.5	1.2	1.4
出口额(10亿美元　官方)	3.1	2.4	2.9	4.6	5.3	5.5
进口额(10亿美元　官方)	2.3	2.2	2.0	1.7	2.0	2.4
贸易顺差(10亿美元)	0.8	0.2	0.9	2.9	3.1	3.0
银行存支差额(10亿美元)	0.0	0.0	0.1	0.7	0.7	0.4
通货膨胀年平均率(%/CSO)	58.1	24.9	4.5	9.0	26.3	37.5
外债(10亿美元)	6.6	7.3	7.2	6.8	7.2	7.7
外汇储备(百万美元)	470	550	672	771	n. a.	n. a.
外国直接投资(百万美元/CSO)	86.9	91.2	158.3	30.6	n. a.	n. a.
M2年均增长率(%)	34.6	25.5	22.2	24.1	n. a.	n. a.
汇率						
官方汇率(缅元/1美元)(平均值)	6.6	6.1	5.7	5.8	6.0	6.0
市场汇率(缅元/1美元)(平均值)	900	950	1000	1300	1250	1400

注：来自国际货币基金组织，亚洲开发银行和经济智囊机构的数据是2006年12月的计算结果；2006～2007和2007～2008数据是预算数。

菲律宾部分经济指标（2002～2008年）

指　　标(单位)	2002年	2003年	2004年	2005年	2006年	2007年	2008年
当前价格的GDP(10亿美元)	76.8	79.6	86.7	98.4	114.5	126.1	137.4
GDP增长率(%)	4.4	4.9	6.2	6.1	5.3	5.0	5.2
工业增长率(%)	3.9	4.0	4.7	4.9	5.0	5.0	5.5
服务业增长率(%)	5.1	6.1	7.6	6.4	6.3	5.6	5.6
农业增长率(%)	4.0	3.8	5.3	1.8	3.0	3.4	3.5
出口额(10亿美元)	34.4	35.3	38.7	40.3	45.3	48.6	49.9
进口额(10亿美元)	-34.0	-40.6	-44.5	-47.7	-50.8	-53.7	-55.9
贸易顺差(10亿美元)	0.4	-5.3	-5.8	-7.4	-5.5	-5.1	-6.0
存款顺差(10亿美元)	4.4	1.4	2.2	2.5	4.6	4.7	4
银行存支差额(占GDP的%)	5.7	1.7	2.6	2.5	4.0	3.7	3.1
通货膨胀年平均率(%)	3.0	3.5	6.0	7.6	6.6	5.2	5.7
M2货币储备增长率(%)	10.4	3.6	9.9	6.4	12.4	9.9	10.5
财政顺差(占GDP的%)	-5.3	-4.6	-3.8	-2.7	-1.6	-1.1	-0.5
外债总额(10亿美元)	59.9	62.5	60.6	60.7	62.0	65	65.6
外债占GDP的%	78.0	78.5	69.8	61.7	54.1	51.6	47.7
外债服务率(占出口的%)	114	118.0	104	98	90	89	87
外汇储备(10亿美元)	16.4	17.1	16.2	18.5	17.8	19.8	22.5
平均汇率(比索/1美元)	51.6	54.2	56.0	55.1	52.3	52.1	52.5

资料来源：菲律宾国家经济发展部，经济智囊机构，2006年9月菲律宾国家预算。

新加坡部分经济指标（2002～2008年）

指　　标(单位)	2002年	2003年	2004年	2005年	2006年	2007年
GDP增长率(%)	4.0	2.9	8.7	6.4	7.6	4.
工业增长率(%)	4.0	1.1	10.5	7.7	13.3	4.5
服务业增长率(%)	4.0	3.3	7.6	6.0	5.3	4.9
农业增长率(%)	n. a.	n. a.	n. a.	n. a.	n. a.	n. a.
出口额(百万美元)	125177	159958	198627	229627	270960	308894
进口额(百万美元)	116441	136265	173577	200029	236034	267898
贸易顺差(百万美元)	8736	23694	25050	29599	34926	40996
银行存支差额(占GDP的%)	13.4	24.1	24.5	28.5	32.3	28.7
通货膨胀年平均率(%)	-0.39	0.51	1.66	0.47	1.22	1.01
M2货币储备增长率(%)	-0.3	8.1	6.2	6.2	10.9	11.2
财政顺差(占GDP%)	-1.09	-1.58	-1.14	-0.34	0.04	0.16
外汇储备(百万美元)	82189	95949	112525	116333	135000	
年终汇率(新元/1美元)	1.74	1.70	1.63	1.66	1.52	

资料来源：CEIC数据库和百年集团预算。

泰国部分经济指标（2002～2008年）

指　　标（单位）	2002年	2003年	2004年	2005年	2006年	2007年	2008年
GDP增长率（%）	5.3	7.0	6.2	4.5	4.5	4.5	4.7
工业增长率（%）	6.9	9.4	8.0	5.7	5.0	5.3	5.5
服务业增长率（%）	4.5	4.2	6.9	4.6	4.3	4.2	4.3
农业增长率（%）	0.7	11.4	-4.8	-2.4	2.9	1.5	2.3
出口额（百万美元）	66092	78105	94941	109211	126903	138324	153540
进口额（百万美元）	63353	74346	93481	117788	128036	138919	152811
贸易顺差（百万美元）	2739	3759	1460	-8578	-1133	-595	729
银行存支差额（占GDP的%）	5.5	5.6	4.2	-2.1	-0.8	-1.9	-1.7
通货膨胀率（%）	0.7	1.8	2.7	4.5	4.7	2.0	2.3
M2货币储备增长率（%）	2.6	4.9	5.4	8.2	5.7	4.6	6.5
财政顺差（占GDP%）	-2.2	0.6	0.3	0.2	0.0	-2.0	-2.4
外债总额（百万美元）	59459	51783	51312	52040	58826	59767	61560
长期外债额（百万美元）	47540	40879	39138	36026	40988	43630	48017
外债服务率（占出口的%）	19.6	16.0	8.5	10.8	7.9	6.3	5.9
外汇储备（百万美元）	38924	42148	49832	52066	61000	59000	60000
年终汇率（泰铢/1美元）	43.2	39.6	39.1	41.0	36.0	37.5	37.6

资料来源：泰国银行，经济智囊机构，当局估算。

越南部分经济指标（2002～2008年）

指　　标（单位）	2001年	2002年	2003年	2004年	2005年	2006年	2007年	2008年
GDP增长率（%）	5.8	6.4	7.1	7.5	7.6	7.8	8.0	7.8
工业增长率（%）	9.7	8.9	9.6	10.2	10.1	10.8	10.5	10.3
服务业增长率（%）	4.4	6.0	6.8	7.4	7.6	7.5	7.7	7.5
农业增长率（%）	2.3	3.0	3.1	2.8	2.6	2.3	2.7	2.7
出口额（10亿美元）	15.0	16.7	20.0	24.6	30.0	34.8	37.6	40.0
进口额（10亿美元）	14.4	17.6	22.5	27	32.0	36.5	40.1	43.0
贸易顺差（10亿美元）	0.6	-0.9	-2.5	-2.5	-2.0	-1.7	-2.5	-3.0
银行存支差额（占GDP的%）	2.1	-1.2	-4.7	-4.3	-2.6	-1.8	-2.8	-2.2
通货膨胀年平均率（%）	-0.3	4.1	3.1	7.8	8.3	7.5	6.6	6.1
M2货币储备增长率（%）	39.0	25.5	17.6	24.9	30.4	26.7	26.0	24.0
财政顺差（占GDP的%）	-3.0	-3.8	-4.6	-3.8	-4.9	-5.0	-4.8	-4.4
外债总额（10亿美元）	12.3	12.2	13.3	15.5	16.9	19.3	21.6	23.0
私营外债额（10亿美元）	2.9	2.5	2.7	3.1	2.9	3.3	3.6	4.0
外债服务率（占出口的%）	10.6	8.3	8.0	6.7	6.1	6.0	5.7	5.8
外汇储备（10亿美元）	3.4	3.7	5.6	6.3	7.7	9.5	11.6	13.0
年终汇率（越南盾/1美元）	15084	15403	15646	15777	15875	16077	16237	16400

资料来源：亚洲开发银行，HSBC和当局估算。

东盟国家人均国内生产总值(GDP)

单位:美元

国别	1999 年	2000 年	2001 年	2002 年	2003 年	2004 年	2005 年*	2006 年*
文莱	12670.5	12750.6	12120.9	12068.1	12973.1	13878.8	25235.3	29830.9
柬埔寨	280.2	281.9	295.2	308.4	324.8	357.9	388	506
印度尼西亚	–	802.3	789.9	968.9	1139.4	1193.4	1232.5	1486.33
老挝	285.0	332.1	326.0	329.2	364.1	423.1	491	500
马来西亚	3490.9	3880.5	3690.4	3899.5	4153.1	4625.4	4964	5378.5
缅甸	188.8	210.4	162.0	174.6	179.5	165.9	241	250
菲律宾	1017.8	980.2	923.8	964.1	976.2	1041.6	1084	1356
新加坡	20899.8	23030.6	20785.4	21214.0	22075.1	25206.8	26311.2	29474.5
泰国	1985.2	1970.2	1837.3	1998.6	2238.9	2536.8	2562.2	3094.2
越南	374.4	403.4	414.9	439.8	488.7	553.5	640	722
东盟平均	1329.3	1153.2	1097.2	1210.8	1333.6	1455.1	—	—

Source: ASEAN Finance and Macroeconomic Surveilance Unit (FMSU) Database http://www.aseansec.org/macroeconomic/aq_gdp22.htm,2007 年 1 月 8 日。2005、2006 年数字根据中国外交部统计数据整理而成。

印度尼西亚与主要贸易伙伴进出口情况(2006 年 1~9 月)

进口				出口			
国家和地区	金额(百万美元)	占比重(%)	同比增减(%)	国家和地区	金额(百万美元)	占比重(%)	同比增减(%)
总值	45705	100.0	4.2	总值	73553	100.0	17.3
新加坡	7624	16.7	11.2	日本	15935	21.7	18.7
中国	4859	10.6	7.1	美国	8392	11.4	14.5
日本	4006	8.8	-26.3	新加坡	6609	9.0	11.8
美国	3215	7.0	12.0	中国	6102	8.3	32.7
沙特阿拉伯	2577	5.6	27.0	韩国	5589	7.6	14.3
泰国	2269	5.0	-17.6	马来西亚	3151	4.3	26.6
澳大利亚	2260	5.0	19.7	印度	2165	2.9	6.5
马来西亚	2049	4.5	31.5	中国台湾省	2066	2.8	6.5
韩国	1942	4.3	-10.5	泰国	1991	2.7	20.2
科威特	1311	2.9	32.1	澳大利亚	1832	2.5	8.0
文莱	1260	2.8	41.8	荷兰	1776	2.4	14.7
德国	1094	2.4	-19.5	德国	1449	2.0	10.8
印度	1081	2.4	31.7	中国香港	1287	1.8	16.1
中国台湾省	967	2.1	-2.5	西班牙	1211	1.7	34.9
法国	676	1.5	38.1	英国	1068	1.5	9.4
亚太经合组织	33244	72.7	3.1	亚太经合组织	56023	76.2	17.6
东盟 10 国	14342	31.4	11.6	东盟 10 国	13740	18.7	17.5
欧盟 15 国	4409	9.7	1.5	北美自由贸易区	9070	12.3	14.9
北美自由贸易区	3772	8.3	9.0	欧盟 15 国	8406	11.4	16.5
南方共同市场	663	1.5	0.4	南方共同市场	557	0.8	47.3
中东欧自由贸易区	97	0.2	-2.4	中东欧自由贸易区	344	0.5	15.6
安第斯共同体	27	0.1	-33.6	安第斯共同体	182	0.3	21.2

马来西亚与主要贸易伙伴进出口情况(2006年1~9月)

进口				出口			
国家和地区	金额(百万美元)	占比重(%)	同比增减(%)	国家和地区	金额(百万美元)	占比重(%)	同比增减(%)
总值	97572	100.0	15.6	总值	118846	100.0	15.1
日本	13049	13.4	5.5	美国	22500	18.9	10.0
美国	12666	13.0	16.5	新加坡	18834	15.9	16.5
中国	11696	12.0	21.3	日本	10409	8.8	6.4
新加坡	11321	11.6	17.1	中国	8496	7.2	30.1
泰国	5329	5.5	17.9	泰国	6267	5.3	12.3
韩国	5144	5.3	17.9	中国香港	6060	5.1	-1.8
中国台湾省	5094	5.2	7.7	韩国	4291	3.6	22.6
德国	4092	4.2	15.0	荷兰	4135	3.5	25.8
印度尼西亚	3820	3.9	19.2	印度	3633	3.1	27.4
中国香港	2523	2.6	24.7	澳大利亚	3443	2.9	-2.2
菲律宾	2244	2.3	-9.1	中国台湾省	3241	2.7	13.8
沙特阿拉伯	1834	1.9	73.2	印度尼西亚	2865	2.4	16.3
澳大利亚	1751	1.8	10.0	德国	2536	2.1	17.8
法国	1491	1.5	28.9	英国	2137	1.8	16.1
英国	1389	1.4	5.8	菲律宾	1655	1.4	15.3
亚太经合组织	77959	79.9	14.3	亚太经合组织	92254	77.6	13.3
东盟10国	24967	25.6	16.5	东盟10国	31472	26.5	17.0
北美自由贸易区	13326	13.7	17.0	北美自由贸易区	23970	20.2	11.7
欧盟15国	10600	10.9	10.5	欧盟15国	13941	11.7	23.6
南方共同市场	952	1.0	9.7	中东欧自由贸易区	650	0.6	7.7
中东欧自由贸易区	185	0.2	8.2	南方共同市场	491	0.4	41.2
安第斯共同体	10	0.0	-57.8	安第斯共同体	132	0.1	46.6

新加坡与主要贸易伙伴进出口情况(2006年1~9月)

进口				出口			
国家和地区	金额(百万美元)	占比重(%)	同比增减(%)	国家和地区	金额(百万美元)	占比重(%)	同比增减(%)
总值	238900	100.0	19.4	总值	271916	100.0	18.4
马来西亚	31194	13.1	14.1	马来西亚	35530	13.1	16.9
美国	29967	12.5	28.7	中国香港	27323	10.1	27.0
中国	27248	11.4	32.9	美国	26971	9.9	15.1
日本	19935	8.3	3.6	中国	26514	9.8	34.3
中国台湾省	15253	6.4	28.9	印尼	24903	9.2	12.6
印尼	14759	6.2	41.2	日本	14858	5.5	18.5
韩国	10480	4.4	21.9	泰国	11306	4.2	20.2
沙特阿拉伯	9297	3.9	3.9	澳大利亚	10189	3.8	20.9
泰国	8725	3.7	16.1	中国台湾省	9481	3.5	5.7
德国	6829	2.9	14.7	韩国	8737	3.2	8.5
菲律宾	5651	2.4	21.6	印度	7671	2.8	30.1
法国	5373	2.3	41.0	英国	7269	2.7	15.1
印度	4885	2.1	19.8	德国	6564	2.4	4.0
科威特	4510	1.9	22.3	越南	5458	2.0	23.5
英国	4292	1.8	9.1	荷兰	5436	2.0	-0.8
亚太经合组织	176030	73.7	21.6	亚太经合组织	211577	77.8	19.2
东盟10国	62381	26.1	19.7	东盟10国	83914	30.9	16.6
北美自由贸易区	31775	13.3	28.6	北美自由贸易区	29457	10.8	16.1
欧盟15国	26010	10.9	17.2	欧盟15国	28363	10.4	8.8
南方共同市场	777	0.3	3.4	南方共同市场	1362	0.5	46.1
中东欧自由贸易区	670	0.3	4.2	中东欧自由贸易区	969	0.4	12.4
安第斯共同体	447	0.2	51.2	安第斯共同体	111	0.0	40.9

泰国与主要贸易伙伴进出口情况(2006 年 1 ~9 月)

进口				出口			
国家和地区	金额(百万美元)	占比重(%)	同比增减(%)	国家和地区	金额(百万美元)	占比重(%)	同比增减(%)
总值	97195	100.0	9.3	总值	95945	100.0	18.2
日本	19484	20.1	-0.5	美国	14761	15.4	17.7
中国	10120	10.4	22.1	日本	12174	12.7	8.2
美国	6540	6.7	0.2	中国	8342	8.7	27.7
马来西亚	6308	6.5	3.5	新加坡	6386	6.7	18.1
阿拉伯联合酋长国	5258	5.4	23.2	中国香港	5365	5.6	20.5
新加坡	4287	4.4	8.1	马来西亚	5024	5.2	19.6
中国台湾省	3906	4.0	17.1	澳大利亚	3136	3.3	34.8
韩国	3798	3.9	29.1	中国台湾省	2567	2.7	28.8
沙特阿拉伯	3170	3.3	5.1	英国	2522	2.6	22.4
澳大利亚	2648	2.7	1.9	印度尼西亚	2411	2.5	-24.2
印度尼西亚	2629	2.7	9.9	荷兰	2333	2.4	17.3
德国	2483	2.6	0.6	越南	2239	2.3	30.3
阿曼	2365	2.4	29.1	韩国	1919	2.0	23.9
缅甸	1688	1.7	30.5	菲律宾	1896	2.0	23.6
菲律宾	1645	1.7	17.8	德国	1695	1.8	16.6
亚太经合组织	66547	68.5	6.6	亚太经合组织	68632	71.5	17.0
东盟 10 国	18874	19.4	9.8	东盟 10 国	20272	21.1	13.7
欧盟 15 国	8247	8.5	5.1	北美自由贸易区	16217	16.9	18.4
北美自由贸易区	7144	7.4	0.1	欧盟 15 国	12301	12.8	16.3
南方共同市场	899	0.9	-22.2	南方共同市场	734	0.8	32.1
中东欧自由贸易区	357	0.4	56.8	中东欧自由贸易区	701	0.7	47.3
安第斯共同体	62	0.1	27.9	安第斯共同体	326	0.3	39.7

印度尼西亚从中国进口主要商品构成

金额单位:百万美元

商品类别	2005 年 1 ~9 月	2006 年 1 ~9 月	占比重(%)(2006 年)	同比增减(%)
总值	4537.2	4859.3	100.0	7.1
矿物燃料、矿物油及其产品;沥青等	1110.1	859.0	17.7	-22.6
核反应堆、锅炉、机械器具及零件	687.7	692.6	14.3	0.7
电机、电气、音像设备及其零附件	402.6	446.3	9.2	10.8
钢铁	483.8	360.0	7.4	-25.6
船舶及浮动结构体	7.1	238.5	4.9	3242.0
有机化学品	156.9	201.3	4.1	28.3
无机化学品;贵金属等的化合物	167.6	166.7	3.4	-0.5
钢铁制品	198.2	156.3	3.2	-21.1
食用水果及坚果;甜瓜等水果的果皮	60.8	114.0	2.4	87.5
塑料及其制品	72.4	100.0	2.1	38.1
食用蔬菜、根及块茎	52.6	94.7	2.0	79.9
肥料	61.5	85.8	1.8	39.6
车辆及其零附件,但铁道车辆除外	90.3	85.4	1.8	-5.4
鞣料;着色料;涂料;油灰;墨水等	62.6	81.1	1.7	29.5
铝及其制品	74.6	73.3	1.5	-1.7
杂项化学产品	52.0	62.8	1.3	20.9

商品类别	2005年1~9月	2006年1~9月	占比重(%)(2006年)	同比增减(%)
棉花	57.3	62.4	1.3	8.9
光学、照相、医疗等设备及零附件	35.1	52.4	1.1	49.1
玩具、游戏或运动用品及其零附件	36.2	51.7	1.1	42.8
家具、寝具等;灯具;活动房	35.3	48.9	1.0	38.4
陶瓷产品	42.3	46.8	1.0	10.9
化学纤维长丝	38.5	41.1	0.9	6.6
橡胶及其制品	26.9	39.8	0.8	48.0
烟草,烟草及烟草代用品的制品	34.5	39.7	0.8	15.2
贱金属杂项制品	27.1	36.7	0.8	35.5
盐;硫磺;土及石料;石灰及水泥等	34.4	36.0	0.7	4.5
纸及纸板;纸浆、纸或纸板制品	28.8	35.7	0.7	24.0
鞋靴护腿和类似品及其零件	23.3	35.7	0.7	53.0
贱金属器具、利口器、餐具及零件	27.5	31.3	0.7	13.9
杂项制品	22.8	30.8	0.6	35.6

印度尼西亚对中国出口主要商品构成

金额单位:百万美元

商品类别	2005年1~9月	2006年1~9月	占比重(%)(2006年)	同比增减(%)
总值	4597.0	6101.5	100.0	32.7
矿物燃料、矿物油及其产品;沥青等	1791.6	2257.9	37.0	26.0
动、植物油、脂、蜡;精制食用油脂	444.0	770.8	12.6	73.6
橡胶及其制品	231.1	547.5	9.0	136.9
木浆等纤维状纤维素浆;废纸及纸板	275.0	411.0	6.7	49.5
有机化学品	434.4	374.6	6.1	-13.8
铜及其制品	163.1	259.2	4.3	58.9
木及木制品;木炭	220.7	198.1	3.3	-10.2
矿砂、矿渣及矿灰	127.2	195.2	3.2	53.5
纸及纸板;纸浆、纸或纸板制品	132.9	154.3	2.5	16.1
核反应堆锅炉机器机械器具及零件	100.2	145.0	2.4	44.7
电机、电气、音像设备及其零附件	113.4	131.8	2.2	16.2
塑料及其制品	76.9	74.3	1.2	-3.4
杂项化学产品	42.7	73.2	1.2	71.6
车辆及其零附件,但铁道车辆除外	29.6	52.8	0.9	78.3
化学纤维短纤	37.8	36.6	0.6	-3.1
棉花	26.0	31.3	0.5	20.5
钢铁	51.4	31.2	0.5	-39.4
鱼及其他水生无脊椎动物	41.5	29.0	0.5	-30.3
钢铁制品	6.3	28.2	0.5	345.7
盐;硫磺;土及石料;石灰及水泥等	12.5	25.4	0.4	103.0
化学纤维长丝	25.1	22.5	0.4	-10.1
可可及可可制品	13.5	18.8	0.3	38.9
洗涤剂、润滑剂、人造蜡、塑型膏等	14.0	17.7	0.3	25.9
生皮(毛皮除外)及皮革	6.6	17.3	0.3	164.1
无机化学品;贵金属等的化合物	18.2	17.1	0.3	-6.1
鞣料;着色料;涂料;油灰;墨水等	10.8	15.0	0.3	39.6
玻璃及其制品	18.6	14.1	0.2	-24.1
鞋靴、护腿和类似品及其零件	12.0	14.0	0.2	16.3
编结用植物材料;其他植物产品	5.6	11.5	0.2	104.2
船舶及浮动结构体	0.0	11.0	0.2	0.0

马来西亚从中国进口主要商品构成

金额单位：百万美元

商品类别	2005年1~9月	2006年1~9月	占比重(%)(2006年)	同比增减(%)
总值	9644.7	11696.2	100.0	21.3
电机、电气、音像设备及其零附件	3541.4	4377.1	37.4	23.6
核反应堆、锅炉、机械器具及零件	3066.7	3663.5	31.3	19.5
钢铁	334.4	290.9	2.5	-13.0
塑料及其制品	184.7	277.0	2.4	50.0
光学、照相、医疗等设备及零附件	183.7	272.2	2.3	48.2
钢铁制品	149.0	207.1	1.8	39.0
无机化学品；贵金属等的化合物	116.6	165.7	1.4	42.1
食用蔬菜、根及块茎	124.8	143.7	1.2	15.1
有机化学品	110.8	138.0	1.2	24.5
铝及其制品	54.7	100.3	0.9	83.1
非针织或非钩编的服装及衣着附件	48.7	95.3	0.8	95.5
纸及纸板；纸浆、纸或纸板制品	64.4	90.8	0.8	41.0
车辆及其零附件，但铁道车辆除外	50.5	80.4	0.7	59.1
铜及其制品	39.3	72.6	0.6	84.8
鱼及其他水生无脊椎动物	52.7	69.1	0.6	31.1
针织或钩编的服装及衣着附件	41.1	68.3	0.6	66.3
家具；寝具等；灯具；活动房	76.4	65.1	0.6	-14.8
矿物燃料、矿物油及其产品；沥青等	179.9	54.2	0.5	-69.9
针织物及钩编织物	38.1	52.1	0.5	36.7
木及木制品；木炭	34.0	51.2	0.4	50.8
玩具、游戏或运动用品及其零附件	41.5	48.5	0.4	16.7
谷物	59.9	46.4	0.4	-22.6
杂项化学产品	32.0	43.5	0.4	35.9
棉花	37.2	42.4	0.4	13.9
化学纤维长丝	36.8	42.2	0.4	14.5
化学纤维短纤	30.9	37.4	0.3	21.1
贱金属杂项制品	24.9	36.7	0.3	47.2
玻璃及其制品	53.9	36.5	0.3	-32.3
贱金属器具、利口器、餐具及零件	30.6	33.2	0.3	8.6
鞋靴、护腿和类似品及其零件	32.6	33.1	0.3	1.3

马来西亚对中国出口主要商品构成

金额单位：百万美元

商品类别	2005年1~9月	2006年1~9月	占比重(%)(2006年)	同比增减(%)
总值	6528.8	8495.8	100.0	30.1
电机、电气、音像设备及其零附件	2046.5	2663.4	31.4	30.2
核反应堆、锅炉、机械器具及零件	962.0	1309.5	15.4	36.1
动、植物油、脂、蜡；精制食用油脂	856.5	1102.5	13.0	28.7
橡胶及其制品	411.9	935.5	11.0	127.1
塑料及其制品	428.8	438.1	5.2	2.2
光学、照相、医疗等设备及零附件	167.2	320.4	3.8	91.6
木及木制品；木炭	330.9	280.2	3.3	-15.3
矿物燃料、矿物油及其产品；沥青等	276.7	262.9	3.1	-5.0
有机化学品	216.9	235.4	2.8	8.6
杂项化学产品	113.7	124.6	1.5	9.6
化学纤维长丝	43.2	112.6	1.3	160.9
铜及其制品	61.2	109.3	1.3	78.6

商 品 类 别	2005 年 1～9 月	2006 年 1～9 月	占比重(%)(2006 年)	同比增减(%)
纸及纸板;纸浆、纸或纸板制品	20.8	44.6	0.5	114.3
洗涤剂、润滑剂、人造蜡、塑型膏等	41.3	44.0	0.5	6.7
珠宝、贵金属及制品;仿首饰;硬币	47.1	41.4	0.5	－12.1
钢铁	136.0	28.9	0.3	－78.7
化学纤维短纤	26.6	27.0	0.3	1.3
钢铁制品	26.0	27.0	0.3	3.9
车辆及其零附件,但铁道车辆除外	17.4	26.2	0.3	50.6
无机化学品;贵金属等的化合物	14.3	25.8	0.3	80.2
玻璃及其制品	23.0	24.4	0.3	6.0
家具;寝具等;灯具;活动房	17.7	24.3	0.3	37.5
鱼及其他水生无脊椎动物	23.4	23.8	0.3	1.5
盐;硫磺;土及石料;石灰及水泥等	15.1	18.7	0.2	24.2
鞣料;着色料;涂料;油灰;墨水等	11.7	18.4	0.2	57.9
可可及可可制品	14.4	17.8	0.2	24.3
铝及其制品	10.9	15.3	0.2	40.6
杂项食品	5.8	11.9	0.1	104.3
贱金属杂项制品	6.4	10.4	0.1	63.6
矿砂、矿渣及矿灰	10.6	8.2	0.1	－22.4

新加坡从中国进口主要商品构成

金额单位:百万美元

商 品 类 别	2005 年 1～9 月	2006 年 1～9 月	占比重(%)(2006 年)	同比增减(%)
总值	20510.8	27248.2	100.0	32.9
电机、电气、音像设备及其零附件	8720.1	12326.6	45.2	41.4
核反应堆、锅炉、机械器具及零件	5100.4	6073.6	22.3	19.1
矿物燃料、矿物油及其产品;沥青等	1337.7	1340.9	4.9	0.2
光学、照相、医疗等设备及零附件	650.7	708.8	2.6	8.9
钢铁制品	349.0	629.3	2.3	80.3
钢铁	314.2	622.2	2.3	98.0
船舶及浮动结构体	274.0	420.1	1.5	53.3
针织或钩编的服装及衣着附件	313.7	402.6	1.5	28.3
非针织或非钩编的服装及衣着附件	260.5	363.0	1.3	39.3
铝及其制品	299.8	319.2	1.2	6.5
玩具、游戏或运动用品及其零附件	216.2	259.0	1.0	19.8
塑料及其制品	196.6	251.6	0.9	28.0
有机化学品	158.2	205.5	0.8	29.9
铜及其制品	44.5	202.6	0.7	355.1
杂项化学产品	98.4	162.3	0.6	65.0
家具和床具	123.0	161.3	0.6	31.1
橡胶及其制品	118.9	152.2	0.6	28.0
铅及其制品	47.0	151.4	0.6	222.4
锌及其制品	7.9	136.9	0.5	1634.9
皮革制品;旅行箱包;动物肠线制品	94.0	125.2	0.5	33.2
鞋靴、护腿和类似品及其零件	90.6	109.3	0.4	20.7
纸及纸板;纸浆、纸或纸板制品	73.5	99.2	0.4	35.0
车辆及其零附件,但铁道车辆除外	76.1	95.6	0.4	25.6
照相及电影用品	72.4	90.9	0.3	25.6
食用蔬菜、根及块茎	73.4	82.5	0.3	12.4
木及木制品;木炭	54.9	79.2	0.3	44.2
无机化学品;贵金属等的化合物	58.3	74.8	0.3	28.5
贱金属器具、利口器、餐具及零件	61.4	72.3	0.3	17.8
珠宝、贵金属及制品;仿首饰;硬币	19.2	72.0	0.3	274.4
烟草、烟草及烟草代用品的制品	79.2	68.1	0.3	－14.1

新加坡对中国出口主要商品构成

金额单位:百万美元

商品类别	2005 年 1~9 月	2006 年 1~9 月	占比重(%)(2006 年)	同比增减(%)
总值	19749.4	26514.0	100.0	34.3
电机、电气、音像设备及其零附件	8632.6	12979.3	49.0	50.4
核反应堆、锅炉、机械器具及零件	4443.2	4898.3	18.5	10.2
矿物燃料、矿物油及其产品;沥青等	1534.5	2205.6	8.3	43.7
塑料及其制品	1377.8	1512.7	5.7	9.8
有机化学品	1185.9	1146.9	4.3	-3.3
光学、照相、医疗等设备及零附件	566.7	516.6	2.0	-8.8
航空器、航天器及其零件	169.8	452.9	1.7	166.7
杂项化学产品	246.1	335.6	1.3	36.4
铜及其制品	96.7	305.0	1.2	215.5
橡胶及其制品	159.3	202.5	0.8	27.1
车辆及其零附件,但铁道车辆除外	124.1	174.1	0.7	40.3
钢铁	76.2	150.0	0.6	97.0
饮料、酒及醋	86.3	147.0	0.6	70.3
贱金属器具、利口器、餐具及零件	87.8	122.4	0.5	39.5
钢铁制品	82.3	103.4	0.4	25.6
鞣料;着色料;涂料;油灰;墨水等	100.8	97.2	0.4	-3.6
谷物粉、淀粉等或乳的制品;糕饼	47.1	93.7	0.4	99.1
镍及其制品	26.6	71.8	0.3	169.6
珠宝、贵金属及制品;仿首饰;硬币	36.3	70.7	0.3	95.1
照相及电影用品	21.6	60.4	0.2	179.5
铝及其制品	30.7	49.3	0.2	60.3
杂项制品	3.2	45.6	0.2	1302.5
药品	52.5	43.0	0.2	-18.1
精油及香膏;香料制品及化妆盥洗品	27.6	41.0	0.2	48.7
生皮(毛皮除外)及皮革	27.4	36.6	0.1	33.6
纸及纸板;纸浆、纸或纸板制品	16.0	32.4	0.1	102.5
洗涤剂、润滑剂、人造蜡、塑型膏等	23.4	28.8	0.1	23.1
船舶及浮动结构体	3.2	23.0	0.1	614.2
锡及其制品	18.0	21.6	0.1	19.9
可可及可可制品	17.9	19.2	0.1	7.3

泰国从中国进口主要商品构成

金额单位:百万美元

商品类别	2005 年 1~9 月	2006 年 1~9 月	占比重(%)(2006 年)	同比增减(%)
总值	8288.9	10120.4	100.0	22.1
电机、电器、音像设备及其零附件	2448.5	3285.8	32.5	34.2
核反应堆、锅炉、机械器具及零件	1859.3	2374.8	23.5	27.7
钢铁	1029.4	722.8	7.1	-29.8
钢铁制品	204.5	268.1	2.7	31.1
塑料及其制品	187.6	237.5	2.4	26.6
杂项化学产品	154.3	231.4	2.3	50.0
珠宝、贵金属及制品;仿首饰;硬币	184.1	214.9	2.1	16.7
无机化学品;贵金属等的化合物	198.3	200.1	2.0	0.9
有机化学品	156.0	173.1	1.7	11.0
铝及其制品	103.6	158.3	1.6	52.8
棉花	133.4	146.1	1.4	9.5
光学、照相、医疗等设备及零附件	105.8	145.2	1.4	37.3

商品类别	2005年1~9月	2006年1~9月	占比重(%)(2006年)	同比增减(%)
铜及其制品	38.0	103.8	1.0	173.2
车辆及其零附件,但铁道车辆除外	61.6	89.4	0.9	45.1
化学纤维短纤	75.2	82.0	0.8	9.1
针织物及钩编织物	60.4	80.2	0.8	32.8
橡胶及其制品	36.2	73.9	0.7	103.8
纸及纸板;纸浆、纸或纸板制品	42.5	70.4	0.7	65.6
鞣料;着色料;涂料;油灰;墨水等	63.4	70.2	0.7	10.8
陶瓷产品	48.9	58.0	0.6	18.6
玻璃及其制品	52.0	57.1	0.6	9.8
玩具、游戏或运动用品及其零附件	45.6	56.3	0.6	23.6
浸、包或层压织物;工业用纺织制品	53.1	55.5	0.6	4.4
家具;寝具等;灯具;活动房	41.0	53.5	0.5	30.3
铝及其制品	29.9	52.8	0.5	77.0
食用水果及坚果;甜瓜等水果的果皮	43.1	52.6	0.5	22.0
化学纤维长丝	44.6	51.6	0.5	15.8
食用蔬菜、根及块茎	34.5	51.4	0.5	48.8
肥料	27.1	46.7	0.5	72.1
非针织或非钩编的服装及衣着附件	32.5	42.7	0.4	31.6

泰国对中国出口主要商品构成

金额单位:百万美元

商品类别	2005年1~9月	2006年1~9月	占比重(%)(2006年)	同比增减(%)
总值	6534.0	8342.4	100.0	27.7
核反应堆、锅炉、机械器具及零件	1902.3	1876.5	22.5	-1.4
电机、电器、音像设备及其零附件	840.6	1200.1	14.4	42.8
橡胶及其制品	648.7	1152.0	13.8	77.6
矿物燃料、矿物油及其产品;沥青等	595.1	788.2	9.5	32.5
有机化学品	326.4	742.6	8.9	127.5
塑料及其制品	586.8	692.8	8.3	18.1
食用蔬菜、根及块茎	219.5	303.0	3.6	38.0
木及木制品;木炭	174.7	188.1	2.3	7.6
谷物	102.7	175.5	2.1	70.9
铜及其制品	74.9	129.5	1.6	72.8
光学、照相、医疗等设备及零附件	48.8	121.2	1.5	148.5
食用水果及坚果;甜瓜等水果的果皮	79.5	83.3	1.0	4.7
化学纤维短纤	81.6	63.2	0.8	-22.5
木浆等纤维状纤维素浆;废纸及纸板	26.9	58.0	0.7	115.2
纸及纸板;纸浆、纸或纸板制品	49.0	58.0	0.7	18.4
糖及糖食	36.3	51.1	0.6	40.6
车辆及其零附件,但铁道车辆除外	56.4	47.6	0.6	-15.6
制粉工业产品;麦芽;淀粉等;面筋	27.8	47.3	0.6	70.2
化学纤维长丝	45.5	47.0	0.6	3.3
鱼及其他水生无脊椎动物	37.8	46.5	0.6	23.2
钢铁	187.4	40.6	0.5	-78.4
蛋白类物质;改性淀粉;胶;酶	33.5	30.4	0.4	-9.2
生皮(毛皮除外)及皮革	19.2	29.5	0.4	54.0
玻璃及其制品	17.3	24.8	0.3	43.5
棉花	38.4	24.3	0.3	-36.5
食品工业的残渣及废料;配制的饲料	7.1	19.7	0.2	177.1
鞣料;着色料;涂料;油灰;墨水等	14.3	18.2	0.2	26.9
钢铁制品	17.8	18.1	0.2	1.7
烟草、烟草及烟草代用品的制品	0.6	17.3	0.2	2885.8
动、植物油、脂、蜡;精制食用油脂	6.0	15.3	0.2	154.3

附　　录

中国驻东南亚各国大使馆

（名称/大使/地址/电话/电子邮箱）

驻文莱达鲁萨兰国大使馆/佟晓玲(女)/N0.1,3,5 SIMPANG 462, KAMPUNG SUNGAI HANCHING BARU, JALAN MUARA, BC 2115, BANDAR SERI BEGAWAN, BRUNEI DARUSSALAM/ +673 -2 -334163, +673 -2 -335710(传真)/embproc@ brunet. bn

驻柬埔寨王国大使馆/张金凤/N0. 156, BIVD. MAO TSE-TUNG, PHNOM PENH, CAMBODIA/00855 - 12 - 810928, 00855 -23 -364738(传真)/chinaemb_kh@ mfa. gov. cn

驻印度尼西亚共和国大使馆/蓝立俊/JL. MEGA KUNINGAN NO. 2 JAKARTA SELATAN 12950 INDONESIA/0062 - 21 - 5761037,5761038(传真)/administrative@ chnemb. or. id

驻老挝人民民主共和国大使馆/潘广学/WAT NAK ROAD, SISATTANAK, VIENTIANE, LAO P. D. R./ + 856 - 21 - 315100, +856 -21 -315104(传真)/chinamb_la@ mfa. gov. cn

驻马来西亚大使馆/程永华/229, JALAN AMPANG, 50450 KUALA LUMPUR, MALAYSIA/ + 603 - 21428495, + 603 - 21414552(传真)/china embmy@ mfa. gov. cn

驻缅甸联邦大使馆/管木/NO. 1 PYIDAUNGSU YEIKTHA ROAD, YANGON, UNION OF MYANMAR/ + 95 - 1 - 221280, +95 -1 -227019(传真)/chinaemb_mm@ mfa. gov. cn

驻菲律宾共和国大使馆/李进军/4896 PASAY ROAD, DASMARINAS VILLAGE, MAKATI, METRO MANILA, THE PHILIPPINES/(00632)8443148,8452465(传真)/chinaemb_ph@ mfa. gov. cn

驻新加坡共和国大使馆/张小康/东陵路 150 号新加坡 247969 邮区/(0065)64180252,64793250(传真)/chinaemb_sg@ mfa. gov. cn

驻泰王国大使馆/张九恒/57 RACHADAPISAKE ROAD HUAY KWANG, BANGKOK 10310, THAILAND/ +66 -2 -2457044, +66 -2 -2468247(传真)/chinaemb_th@ mfa. gov. cn

驻越南社会主义共和国大使馆/胡乾文/46 HOANG DIEU ROAD, HANOI, VIETNAM/ + 844 - 8453736, + 844 - 8232826(传真)/chinaemb_vn@ mfa. gov. cn

驻东帝汶民主共和国大使馆/苏健/东帝汶帝力灯塔区塞尔帕·罗莎总督路/(00670)3325168,3325169,390 - 365166(传真)/chinaemb_tp@ mfa. gov. cn

东南亚各国驻中国外交机构

（名称/大使/地址/电话/电子邮箱）

文莱达鲁萨兰国大使馆/阿卜杜勒·哈密德/北京市朝阳区亮马桥北街 1 号/(010)65324093,65324097(传真)

柬埔寨王国大使馆/凯·勒昂/北京市东直门外大街 9 号/(010)65321889,65323507(传真)/cambassy@ public2. bta. net. cn

印度尼西亚共和国大使馆/劳特拉查/北京市朝阳区东直门外大街 4 号/(010)65325488,65325368(传真)/Kombei@ Public 3. bta. net. cn

老挝人民民主共和国大使馆/维吉·欣达翁/北京市三里屯东 4 街 11 号/(010)65321224,65326748(传真)/Laoemcn@ public. east. cn. net

马来西亚大使馆/达图·赛义德·诺尔扎曼/北京市朝阳区东直门外大街 13 号/(010)65322531,65325032(传真)/mwbeijing@ kln. gov. my

缅甸联邦大使馆/吴登伦/北京市东直门外大街 6 号/(010)65321425,65321344(传真)/info@ myanmarembassy. com

菲律宾共和国大使馆/索尼娅·布蕾迪/北京市建国门外秀水北街 23 号/(010)65321872,65323761(传真)/beijingpe@ cinet. com. cn

新加坡共和国大使馆/陈燮荣/北京市朝阳区建国门外秀水北街 1 号/(010)65321115,65329405(传真)

泰王国大使馆/祝立鹏·暖西猜/北京市光华路40号/(010)65321749,65321748(传真)/thaibej@ public. bta. net. cn

越南社会主义共和国大使馆/陈文律/北京市建国门外光华路32号/(010)65321155,65325720(传真)

东帝汶民主共和国大使馆/布兰科/北京市朝阳区西坝河南路1号金岛外资公寓156号/(010)64403072,64403071(传真)/rdtlemb_beijing@ yahoo. com

中国驻东南亚各国总领馆

(名称/总领事/地址/电话/电子邮箱)

驻古晋总领馆(马来西亚)/谢福根/马来西亚沙捞越州古晋市道刚花园 lot3716 - 3719/ + 6082 - 453344, + 6082 - 461424(传真)/zhicun@ tm. net. my

驻曼德勒总领馆(缅甸)/段稚荃/YADANAR LANE, YANGYI AUNG ROAD/00952 - 34457,35944(传真)/chinaconsul_man_mm@ mfa. gov. cn

驻宿务总领馆(菲律宾)/崔罗生/CEBU FIL - CHINESE VOLUNTEERS FIRE BRIGADE BUILDING, DON JULIO LIORENTE STREET, BARANGAY CAPITOL SITE, CEBU CITY 6000, PHILIPPINES/0063 - 32 - 2563422, 2563499(传真)/chinaconsul_cb_ph@ mail. maf. gov. cn

驻拉瓦格领事馆(菲律宾)/陈来平/No. 216 Naitonal Highway, Barangay 1, San Nicolas, Ilocos Notre 2901, Philippines/0063 - 77 - 7721874, 0063 - 77 - 6706338(传真)

驻清迈总领馆(泰国)/彭仁东/111 CHANGLO ROAD, HAIYA DISTRICT, CHIANGMAI, THAILAND 50100/ + 66 - 53 - 276125, +66 - 53 - 274614(传真)/cgprccm@ loxinfo. co. th

驻宋卡总领馆(泰国)/姚伯民/NO. 9, SADAO ROAD, AMPUR MUANG, SONGKHLA 90000/0066 - 74 - 326793/cgprcsk@ loxinfo. co. th

驻胡志明市总领事馆(越南)/高德可/39 NGUYEN THI MINH KHAI STREET, DISTRUCT 1, HO CHI MINH CITY, VIETNAM/ +848 - 8292457, +848 - 8295009(传真)/chinaconsul_hcm_vn@ mfa. gov. cn

(据中华人民共和国外交部网站)

中国和东南亚各国首都简况

国家	首都	面积(平方公里)	人口(万)	年平均气温(°C)	行政区划	主要景点
中国	北京	16807.8	1492.7(2004年)	13	辖16个区和2个县	故宫、天坛、北海公园、颐和园、长城等
文莱	斯里巴加湾	15.8	约6(2002年)	28		努鲁尔·阿里·赛义夫汀清真寺、水上村落——艾尔村、邱吉尔纪念馆、腾云殿、文莱博物馆等
柬埔寨	金边	375	约110	27	辖7个区和76个社区	皇宫、银寺、国家博物馆、塔山、杀人场等
印度尼西亚	雅加达	661.5	970	27		独立广场公园、印度尼西亚缩影公园、安佐尔梦幻公园、千岛群岛、伊斯蒂赫拉尔清真寺、中央博物馆等
老挝	万象	约3920	66.9(2004年)	22.6~31.7		塔銮、瓦帕娇寺、瓦细刹吉寺、瓦翁第寺、凯旋门、塔当塔、尤鲁纪念碑等
马来西亚	吉隆坡	243.6	155	27.5	辖13个州	王宫、国会大厦、国立博物馆、国家回教堂、黑风洞、云顶高原等
缅甸	内比都	2062.2	约26万(2005年)	26.9	五个区	
菲律宾	大马尼拉	626.58	1090(2004年)	28	辖4个市和13个自治市	千岛缩影、黎刹公园、国立博物馆、西班牙古城、唐人街、马拉坎阑宫、柯里基多岛、美军纪念公墓等
新加坡	新加坡	699.4(2005年)	448(2006年)	24~27	辖6个地区	圣淘沙、鱼尾狮公园、知新馆、苏丹回教堂、裕廊飞禽公园等
泰国	曼谷	1568	584(2006年)		24个县、150个区	大皇宫、金佛寺、云石寺、四面佛、玉佛寺、郑皇庙、水上市场等
越南	河内	921	400(2005年)	23.4	7个郡5个县	巴亭广场、胡志明陵堂、独柱寺、文庙、还剑湖、西湖等
东帝汶	帝力		17.57(2005年)	26	辖13个县	联合国沙滩等

中国和东南亚各国简况

国家	国名全称	首都	主要语言	主要宗教	货币	省级行政区（个）	2006年人口（万人）	民族（个）
中国	中华人民共和国	北京	汉语	佛教	人民币	34	130756	56
文莱	文莱达鲁萨兰国	斯里巴加湾	马来语	伊斯兰教	文莱元	4	38.3	20
柬埔寨	柬埔寨王国	金边	高棉语	佛教	瑞尔	24	1440	20多
印度尼西亚	印度尼西亚共和国	雅加达	印尼语	伊斯兰教	印尼盾	30	24100	100多
老挝	老挝人民民主共和国	万象	老挝语	佛教	基普	18	584	68
马来西亚	马来西亚联邦	吉隆坡	马来语	伊斯兰教	林吉特	16	2664	30多
缅甸	缅甸联邦	内比都	缅甸语	佛教	缅元	14	5540	135
菲律宾	菲律宾共和国	大马尼拉	菲律宾语	天主教	比索	15	8846.8	约90
新加坡	新加坡共和国	新加坡	马来语		新加坡元	6	448	
泰国	泰王国	曼谷	泰语	佛教	铢	76	6283	30多
越南	越南社会主义共和国	河内	越南语		越南盾	64	8312	54
东帝汶	东帝汶民主共和国	帝力	德顿语	天主教	美元	13	97.6（2005年）	

注：根据《中国—东盟自由贸易区与广西》（广西社会科学院编）有关资料编制。

中国和东南亚各国自然状况简表

国家	国土总面积（万平方公里）	气候	年平均气温（℃）	海岸线长度（公里）	主要资源
中国	960.0000	热带、亚热带、温带季风		32000	石油、天然气、煤炭、铁矿、锰矿、铬矿、铜矿、铅锌矿、铝矿、镍矿、钨矿、锡矿、金矿、银矿、森林、水力、动植物等
文莱	0.5765	热带雨林	28	约162	石油、天然气、金矿、煤炭、锑矿、铝矿、矾土等
柬埔寨	18.1035	热带季风	27	460	金矿、磷酸盐、宝石、石油、铁矿、煤炭、森林、渔业等
印度尼西亚	191.4443	热带雨林	25～27	108920	石油、天然气、煤炭、锡矿、铝矾土、镍矿、金矿、银矿、森林等
老挝	23.6800	热带、亚热带季风	20～30		锡矿、铅矿、钾矿、铜矿、铁矿、金矿、石膏、煤炭、盐、森林等
马来西亚	33.0257	热带海洋性	25～30	4192	石油、天然气、锡矿、铁矿、金矿、钨矿、煤炭、铝土、锰矿、森林等
缅甸	67.6581	热带季风	27	3200	石油、天然气、锡矿、钨矿、锌矿、铝矿、锑矿、锰矿、金矿、银矿、宝石、玉石、森林、水力等
菲律宾	29.9700	热带海洋性	27	18533	铜矿、金矿、银矿、铁矿、铬矿、镍矿、地热、石油、渔业等
新加坡	0.0699	热带海洋性	24～27		植物
泰国	51.3115	热带季风	24～30	2705	钾盐、锡矿、褐煤、油页岩、天然气、锌矿、铅矿、钨矿、铁矿、铬矿、重晶石、宝石、石油、森林等
越南	32.9556	热带季风	23～27	3260	煤炭、铁矿、锰矿、铬矿、铝矿、锡矿、磷矿、水产、森林等
东帝汶	1.4874	热带雨林	26	735	石油、天然气、金矿、锰矿、铬矿、锡矿、铜矿、咖啡、橡胶、紫檀木等

注：根据《中国—东盟自由贸易区与广西》（广西社会科学院编）有关资料编制。

中国与东南亚各国货币名称

国家、地区	货币名称		货币符号		辅币进位制
	中文	英文	原有旧符号	标准符号	
中国	人民币元	Renminbi Yuan	RMB ¥	CNY	1CNY = 10 jiao(角) 1jiao = 10 fen(分)
文莱	文莱元	Brunei Dollar	B $	BND	1BND = 100cents(分)
柬埔寨	瑞尔	Camboddian Riel	CR. ;J Ri.	KHR	1KHR = 100 sen(仙)
印度尼西亚	盾	Indonesian Rupiah	Rps.	IDR	1IDR = 100 cents(分)
老挝	基普	Laotian Kip	K.	LAK	1LAK 1LAK = 100 ats(阿特)
马来西亚	马元	Malaysian Dollar	M. $;Mal. $	MYR	1MYR = 100 cents(分)
缅甸	缅元	Burmese Kyat	K.	BUK	1BUK = 100 pyas
菲律宾	菲律宾比索	Philippine Peso	Ph. Pes. ; Phil. P.	PHP	1PHP = 100 centavos(分)
新加坡	新加坡元	Ssingapore Dollar	S. $	SGD	1SGD = 100 cents(分)
泰国	泰铢	Thai Baht (Thai Tical)	BT. ;Tc.	THP	1THP = 100 satang(萨当)
越南	越南盾	Vietnamese Dong	D.	VND	1VND = 10 角 = 100 分

中国与东南亚国家代号与区号

Countries and Regions	国家或地区	国际域名缩写	电话代码	与中国北京时间时差
China	中　国	CN	86	0
Brunei	文　莱	BN	673	0
Burma	缅　甸	MM	95	-1.3
Philippines	菲律宾	PH	63	0
Malaysia	马来西亚	MY	60	-0.5
Singapore	新加坡	SG	65	+0.3
Thailand	泰　国	TH	66	-1
Laos	老　挝	LA	856	-1
Vietnam	越　南	VN	84	-1
Kampuchea (Cambodia)	柬埔寨	KH	855	-1
Indonesia	印度尼西亚	ID	62	-0.3
Hongkong	香　港	HK	852	0
Taiwan	台湾省	TW	886	0

东南亚国家独立时间及与中国建立外交关系时间一览表

国　家	独立前的宗主国	独立时间	与中国建交时间
文莱	英国	1984 年 1 月 1 日	1991 年 9 月 30 日
柬埔寨	法国	1953 年 11 月 9 日	1958 年 7 月 19 日
印度尼西亚	荷兰	1945 年 8 月 17 日	1950 年 4 月 13 日
老挝	法国	1945 年10月 12 日	1961 年 4 月 25 日
马来西亚	英国	1957 年 8 月 31 日	1974 年 5 月 31 日
缅甸	英国	1948 年 1 月 4 日	1950 年 6 月 8 日
菲律宾	美国	1946 年 7 月 4 日	1975 年 6 月 9 日
新加坡	英国	1965 年 8 月 9 日	1990 年 10 月 3 日
泰国			1975 年 7 月 1 日
越南	法国	1945 年 9 月 2 日	1950 年 1 月 18 日
东帝汶	印度尼西亚	1999 年 8 月 30 日	2002 年 5 月 20 日

注:根据《中国—东盟自由贸易区与广西》(广西社会科学院编)有关资料编制。

历次中国—东盟领导人会议简况

会议名称	时 间	地 点	出席会议的中国领导人
第一次领导人非正式会晤	1997 年 12 月 16 日	马来西亚吉隆坡	江泽民主席
第二次领导人非正式会晤	1998 年 12 月 16 日	越南河内	胡锦涛副主席
第三次领导人非正式会晤	1999 年 11 月 28 日	菲律宾马尼拉	朱镕基总理
第四次领导人会议	2000 年 11 月 25 日	新加坡	朱镕基总理
第五次领导人会议	2001 年 11 月 5 日	文莱斯里巴加湾	朱镕基总理
第六次领导人会议	2002 年 11 月 4 日	柬埔寨金边	朱镕基总理
第七次领导人会议	2003 年 10 月 8 日	印尼巴厘岛	温家宝总理
第八次领导人会议	2004 年 11 月 29 日	老挝万象	温家宝总理
第九次领导人会议	2005 年 12 月 12 日	马来西亚吉隆坡	温家宝总理
第十次领导人会议	2007 年 1 月 14 日	菲律宾宿务	温家宝总理

中国—东盟领导人特别会议

会议名称	时 间	地 点	出席会议的中国领导人
中国—东盟领导人非典问题特别会议	2003 年 4 月 29 日	泰国曼谷	温家宝总理
东盟地震和海啸灾后问题领导人特别会议	2005 年 1 月 6 日	印尼雅加达	温家宝总理

注：资料来自中华人民共和国外交部。

东盟各国领导人访问中国一览表（1991.1～2007.5）

时 间	国别	职 务	姓 名
1991 年 8 月	缅甸	国家恢复法律和秩序委员会主席	苏貌
1991 年 9 月	马来西亚	最高国家元首	阿兹兰·沙阿
1991 年 9 月	新加坡	总统	黄金辉
1991 年 9 月	泰国	总理	阿南·班雅拉春
1991 年 10 月	老挝	总理	坎代·西潘敦
1991 年 11 月	越南	越共中央总书记	杜梅
		部长会议主席	武文杰
1992 年 4 月	柬埔寨	国家元首、全国最高委员会主席	诺罗敦·西哈努克亲王
1992 年 4 月	老挝	国家主席、人民革命党中央委员会主席	凯山·丰威汉
1993 年 4 月	菲律宾	总统	拉莫斯
1993 年 4 月	新加坡	总理	吴作栋
1993 年 6 月	马来西亚	总理	达图·马哈蒂尔·宾·穆罕默德
1993 年 8 月	泰国	总理	川·立派
1993 年 11 月	文莱	国家元首	哈桑纳尔·博尔基亚
1993 年 11 月	越南	国家主席	黎德英
1993 年 12 月	老挝	人民革命党中央委员会主席、政府总理	坎代·西潘敦
1994 年 1 月	柬埔寨	第一首相	诺罗敦·拉那烈
		第二首相	洪森
1994 年 2 月	新加坡	总理	吴作栋
1994 年 5 月	马来西亚	总理	马哈蒂尔
1995 年 1 月	缅甸	国家恢复法律和秩序委员会主席	丹瑞
1995 年 5 月	新加坡	总理	吴作栋
1995 年 6 月	老挝	国家主席	诺哈·冯沙万
1995 年 8 月	新加坡	总统	王鼎昌

时　间	国别	职　务	姓　名
1995 年 11 月	越南	越共中央总书记	杜梅
1996 年 1 月	缅甸	国家元首	丹瑞
1996 年 3 月	泰国	总理	班汉·西巴阿差
1996 年 8 月	马来西亚	总理	马哈蒂尔
1997 年 4 月	新加坡	总理	吴作栋
1997 年 4 月	泰国	总理	差瓦立
1997 年 7 月	马来西亚	最高国家元首	端古·贾阿法
1997 年 7 月	越南	越共中央总书记	杜梅
1997 年 8 月	柬埔寨	代理国家元首	谢辛
1998 年 10 月	越南	总理	潘文凯
1998 年 12 月	柬埔寨	政府首相	洪森
1998 年 12 月	柬埔寨	国王	诺罗敦·西哈努克
1999 年 1 月	老挝	总理	西沙瓦·乔本潘
1999 年 2 月	柬埔寨	政府首相	洪森
1999 年 2 月	越南	越共中央总书记	黎可漂
1999 年 4 月	泰国	总理	川·立派
1999 年 8 月	文莱	国家元首	哈吉·哈桑纳尔·博尔基亚
1999 年 8 月	马来西亚	总理	马哈蒂尔
1999 年 12 月	印度尼西亚	总统	瓦希德
2000 年 4 月	新加坡	总理	吴作栋
2000 年 5 月	菲律宾	总统	埃斯特拉达
2000 年 9 月	越南	总理	潘文凯
2000 年 12 月	越南	国家主席	陈德良
2001 年 4 月	马来西亚	最高国家元首	萨拉赫丁·阿卜杜勒·阿齐兹·沙阿
2001 年 5 月	文莱	国家元首	哈吉·哈桑纳尔·博尔基亚
2001 年 8 月	泰国	总理	他信·西那瓦
2001 年 9 月	新加坡	总统	纳丹
2001 年 10 月	菲律宾	总统	阿罗约
2001 年 11 月	越南	越共中央总书记	农德孟
2002 年 2 月	老挝	总理	本扬·沃拉吉
2002 年 3 月	印度尼西亚	共和国总统	梅加瓦蒂·苏加诺
2002 年 11 月	新加坡	总理	吴作栋
2003 年 1 月	缅甸	国家和平与发展委员会主席	丹瑞
2003 年 2 月	泰国	总理	他信
2003 年 4 月	越南	越共中央总书记	农德孟
2003 年 6 月	老挝	人民革命党中央主席、国家主席	坎代·西潘敦
2003 年 11 月	新加坡	总理	吴作栋
2004 年 4 月	柬埔寨	首相	洪森
2004 年 5 月	马来西亚	总理	巴达维
2004 年 5 月	越南	总理	潘文凯
2004 年 7 月	缅甸	总理	钦纽
2004 年 9 月	文莱	国家元首	哈吉·哈桑纳尔·博尔基亚
2004 年 9 月	菲律宾	总统	阿罗约
2005 年 2 月	马来西亚	最高国家元首	西拉杰丁
2005 年 7 月	印度尼西亚	总统	苏西洛
2005 年 7 月	泰国	总理	他信
2005 年 7 月	越南	国家主席	陈德良
2005 年 8 月	柬埔寨	国王	诺罗敦·西哈莫尼
2005 年 10 月	新加坡	总理	李显龙
2006 年 2 月	缅甸	政府总理	梭温
2007 年 5 月	越南	国家主席	阮明哲

中国国家领导人历次出访东盟国家一览表

时　间	领导人	出访国别	时　间	领导人	出访国别
1991 年 6 月	杨尚昆	印度尼西亚	2000 年 11 月	江泽民	老挝
1991 年 6 月	杨尚昆	泰国	2000 年 11 月	朱镕基	新加坡
1992 年 1 月	杨尚昆	新加坡	2001 年 5 月	朱镕基	泰国
1992 年 1 月	杨尚昆	马来西亚	2001 年 11 月	朱镕基	文莱
1992 年 11 月	李　鹏	越南	2001 年 11 月	朱镕基	印度尼西亚
1994 年 11 月	江泽民	新加坡	2001 年 12 月	江泽民	缅甸
1994 年 11 月	江泽民	马来西亚	2002 年 2 月	江泽民	越南
1994 年 11 月	江泽民	印度尼西亚	2002 年 11 月	朱镕基	柬埔寨
1994 年 11 月	江泽民	越南	2003 年 10 月	胡锦涛	泰国
1994 年 12 月	李　鹏	缅甸	2003 年 10 月	温家宝	印度尼西亚
1996 年 11 月	江泽民	菲律宾	2004 年 10 月	温家宝	越南
1997 年 8 月	李　鹏	马来西亚	2004 年 11 月	温家宝	老挝
1997 年 8 月	李　鹏	新加坡	2005 年 4 月	胡锦涛	文莱
1997 年 12 月	江泽民	马来西亚	2005 年 4 月	胡锦涛	印度尼西亚
1999 年 9 月	江泽民	泰国	2005 年 4 月	胡锦涛	菲律宾
1999 年 11 月	朱镕基	马来西亚	2005 年 10 月	胡锦涛	越南
1999 年 11 月	朱镕基	菲律宾	2005 年 12 月	温家宝	马来西亚
1999 年 11 月	朱镕基	新加坡	2006 年 4 月	温家宝	柬埔寨
1999 年 12 月	朱镕基	越南	2006 年 11 月	胡锦涛	越南
2000 年 11 月	江泽民	文莱	2006 年 11 月	胡锦涛	老挝
2000 年 11 月	江泽民	柬埔寨	2007 年 1 月	温家宝	菲律宾

中国—东盟自由贸易区部分关税削减时间表

起始时间	关　税　税　率	覆盖关税条目	参与的国家
2000 年	对所有东盟成员国 0 ~ 5%	85% 的 CEPT 条目	原东盟 6 国
2002 年 1 月 1 日	对所有东盟成员国 0 ~ 5%	全部 CEPT 条目	原东盟 6 国
2003 年 7 月 1 日	WTO 最惠国关税税率	全部	中国与东盟 10 国
2003 年 10 月 1 日	中国与泰国果蔬关税降至 0	中泰水果蔬菜	中国、泰国
2004 年 1 月 1 日	农产品关税开始下调	农产品	中国与东盟 10 国
2005 年 1 月	对所有成员开始削减关税	全部	中国与东盟 10 国
2006 年	农产品关税降至 0	农产品	中国与东盟 10 国
2010 年	对所有东盟成员国 0	全部减税产品	原东盟 6 国
2010 年	关税降至 0	全部产品（部分敏感产品除外）	中国与原东盟 6 国
2015 年	对所有东盟成员国 0	全部产品（部分敏感产品除外）	东盟新成员国
2015 年	对中国—东盟自由贸易区成员国关税降至 0	全部产品（部分敏感产品除外）	东盟新成员国
2018 年	对东盟自由贸易区和中国—东盟自由贸易区所有成员国 0	剩余的部分敏感产品	东盟新成员国

注：资料来自 2002 年 11 月签署的《中国与东盟全面经济合作框架协议》。

东盟各国FDI流入统计

单位：百万美元

国家＼年份	1997	1998	1999	2000	2001	2002	2003	2004
文莱	702	573	748	549	526	1035	3123	161
柬埔寨	168	243	232	149	149	145	84	131
印度尼西亚	4678	-356	-2745	-4550	-3279	145	-596	1023
老挝	86	45	52	34	24	25	19	17
马来西亚	6323	2714	3895	3788	554	3203	2473	4624
缅甸	879	684	304	208	192	191	291	145
菲律宾	1261	1718	1725	1345	982	1111	319	469
新加坡	13533	7594	16067	16485	14122	5821	9331	16059
泰国	3882	7491	6019	3350	3886	947	1952	1414
越南	2587	1700	1484	1289	1300	1200	1450	1610
FDI总计	34099	22406	27853	22647	18457	13824	18447	25654

资料来源：ASEAN Secretariat, Foreign Direct Investment Statistics. www. aseansec. org/18144. htm. FDI：外国直接投资。

东盟FDI来源地分布

单位：%

国家＼年份	1995	1996	1997	1998	1999	2000	2001	2002	2003	2004
东盟	16.6	14.3	15.4	12.3	6.6	5.1	12.4	26.4	10.7	11.1
中国	0.5	0.4	0.2	1.3	0.2	0.2	0.3	-1.1	0.1	1.0
韩国	2.4	1.7	0.2	0.4	1.9	-0.1	-1.3	0.5	1.5	4.1
印度	0.4	0.2	0.3	0.4	0.1	0.2	-0.0	1.0	0.4	0.2
日本	20.1	17.7	15.4	17.8	6.2	0.4	7.3	13.1	10.6	11.6
欧盟	18.0	24.6	18.7	25.1	36.0	35.8	47.4	28.1	36.6	24.9
加拿大	2.2	0.7	3.3	-0.9	-0.1	0.3	-2.4	0.2	-1.9	0.4
美国	15.4	17.3	14.6	14.5	21.8	22.8	25.2	-7.6	15.1	23.2
澳大利亚	1.9	1.0	0.7	-1.4	-3.4	-0.2	-2.0	5.5	0.2	1.8
新西兰	0.1	0.1	0.1	1.1	0.3	0.1	0.0	0.8	0.4	0.0
其他	22.4	22.0	31.1	29.3	30.4	35.4	13.1	33.1	26.3	21.7
总计	100	100	100	100	100	100	100	100	100	100

注：按各年流量计算。

资料来源：ASEAN Secretariat, ASEAN Statistics of Foreign Direct Investment in ASEAN, Seventh Edition, 2005. www. aseansec. org/18177. htm.

东盟欧盟北美自由贸易区简况

名称	成立时间	成立文件	成员国	人口和面积	生产总值和贸易额	宗旨和特点	组织机构
北美自由贸易区	1994年1月1日	《北美自由贸易协定》	美国、墨西哥、加拿大	人口3.6亿	国民生产总值6.45万亿美元，年贸易总额1.37亿美元。	宗旨是取消贸易壁垒，创造公平竞争的条件，增加投资机会，对知识产权提供适当的保护，建立执行协定和解决争端的有效程序，促进三边的、地区的以及多边的合作。特点是大国主导型、经济互补型、战略过渡型。	贸易委员会(秘书处、辅助组织等)、环境合作委员会(理事会、秘书处、联合咨询委员会)、劳工委员会(理事会、秘书处、国别行政办公室)

名称	成立时间	成立文件	成员国	人口和面积	生产总值和贸易额	宗旨和特点	组织机构
欧盟（欧洲联盟）	1993年11月	《欧洲联盟条约》（又称《马斯特里赫特条约》）	德国、法国、意大利、荷兰、比利时、卢森堡、英国、丹麦、爱尔兰、希腊、西班牙、葡萄牙、奥地利、芬兰、瑞典、波兰、匈牙利、捷克、斯洛伐克、斯洛文尼亚、马耳他、塞浦路斯、爱沙尼亚、拉脱维亚、立陶宛	人口4.55亿，面积400多万平方公里。	国内生产总值10.88万亿美元（2003年）	通过建立无内部边界的空间，加强经济、社会的协调发展和建立最终实现统一货币的经济货币联盟，促进经济和社会的均衡、持久进步，并通过实行最终包括共同防务政策的共同外交和安全政策，在国际舞台上弘扬联盟的个性。	理事会、委员会、欧洲议会、欧洲法院、欧洲审计院、经社委员会、地区委员会、欧洲中央银行等。现任欧盟委员会主席巴罗佐。
东盟（东南亚国家联盟）	1967年8月	《东南亚国家联盟成立宣言》（也称《曼谷宣言》）	印度尼西亚、马来西亚、菲律宾、泰国、新加坡、文莱、越南、老挝、缅甸、柬埔寨	人口5.6亿，面积450万平方公里。	国民生产总值7000亿美元，对外贸易总额达到近1万亿美元。	宗旨是以平等协作精神，共同努力促进本地区的经济增长、社会进步和文化发展；遵循正义、国家关系准则和《联合国宪章》，促进本地区的和平与稳定；同国际和地区组织进行紧密和互利的合作。特点是以经济合作为基础的政治、经济、安全一体化合作组织。	首脑会议、外长会议、常务委员会、经济部长会议、其他部长会议、秘书处、专门委员会以及民间和半官方机构。现任东盟秘书长王景荣。

中国和东南亚各国的主要港口及国际航空港名录

国 家	主 要 港 口	国际航空港（机场）
中国	海港：大连、营口、秦皇岛、天津、烟台、青岛、日照、连云港、上海、宁波、厦门、汕头、广州、湛江、北海、钦州、防城、海口、香港、澳门、基隆、高雄 河港：重庆、万州、武汉、芜湖、南京、扬州、常州、张家港、南通、广州、梧州、贵港	北京首都、广州白云、上海浦东、上海虹桥、深圳宝安、昆明巫家坝、成都双流、西安咸阳、厦门高崎、重庆江北、天津滨海、大连周水子、杭州萧山、福州长乐、南京禄口、沈阳桃仙、桂林两江、南宁吴圩、哈尔滨阎家岗
文莱	海港：穆阿拉、斯里巴加湾、马来亦、卢穆	斯里巴加湾
柬埔寨	海港：西哈努克	金边、暹粒
印度尼西亚	海港：丹戎不碌、泗水（丹戎佩拉）、三宝垄、勿拉湾	巴厘岛登帕萨、雅加达苏加诺—哈达
老挝	河港：沙湾拿吉	琅勃拉邦、万象瓦岱、巴色
马来西亚	海港：巴生港、槟城、关丹、新山、纳闽（拉布安）、哥打基纳巴卢。河港：古晋	吉隆坡、槟城、兰卡威、哥打基纳巴卢、古晋
缅甸	海港：仰光。河港：勃生	仰光敏加拉洞、曼德勒
菲律宾	海港：宿务、马尼拉、怡朗、三宝颜	马尼拉阿基诺、宿务马克丹、达沃、苏比克、克拉克、拉瓦格
新加坡	海港：新加坡	新加坡樟宜
泰国	海港：宋卡、普吉。河港：曼谷	曼谷素旺那普、清迈、普吉、合艾
越南	海港：海防、岘港、金兰湾、广宁、炉门、归仁、义安、芽庄、西贡	河内内排、岘港、胡志明市新山一
东帝汶	帝力、欧库西	帝力

注：根据《中国—东盟自由贸易区与广西》（广西社会科学院编）有关资料编制。

中国和东南亚各国重点风景名胜区名录

国家	景区名称
中国	八达岭—十三陵、承德避暑山庄、外八庙、秦皇岛北戴河、五台山、恒山、鞍山千山、镜泊湖、五大连池、太湖、南京钟山、杭州西湖、富春江—新安江、雁荡山、普陀山、黄山、九华山、天柱山、武夷山、庐山、井冈山、泰山、青岛崂山、鸡公山、洛阳龙门、嵩山、武汉东湖、武当山、衡山、肇庆星湖、桂林漓江、峨眉山、长江三峡、黄龙寺、九寨沟、重庆缙云山、青城山—都江堰、剑门蜀道、黄果树瀑布、云南石林、大理、西双版纳、华山、临潼骊山、麦积山、天山天池、野三坡、苍岩山、黄河壶口瀑布、鸭绿江、金石滩、兴城海滨、大连海滨—旅顺口、松花湖、八大部—净月潭、云台山、蜀岗瘦西湖、楠溪江、琅邪山、清源山、鼓浪屿—万石山、太姥山、三清山、龙虎山、胶东半岛海滨、大洪山、武陵源、岳阳楼—洞庭湖、西樵山、丹霞山、桂平西山、花山、贡嘎山、金佛山、蜀南竹海、织金洞、红枫湖、龙宫、三江并流、昆明滇池、丽江玉龙雪山、雅隆江、西夏王陵等
文莱	水村、王室陈列馆、赛福鼎清真寺、杰鲁东公园等
柬埔寨	吴哥古迹、金边、西哈努克港等
印度尼西亚	巴厘岛、婆罗浮屠佛塔、“美丽的印度尼西亚”缩影公园、日惹苏丹王宫、多巴湖等
老挝	琅勃拉邦古城、巴色瓦普寺、万象塔銮、玉佛寺、占巴色孔埠瀑布、琅勃拉邦光西瀑布等
马来西亚	吉隆坡、云顶、槟城、马六甲、兰卡威岛、刁曼岛、乐浪岛、邦咯岛等
缅甸	仰光大金塔、文化古都曼德勒、万塔之城蒲甘、额不里海滩等
菲律宾	百胜滩、蓝色港湾、碧瑶市、马荣火山、伊富高省巴纳韦高山梯田等
新加坡	圣淘沙岛、植物园、夜间动物园等
泰国	曼谷、普吉、清迈、巴堤雅、清莱、华欣、苏梅岛等
越南	还剑湖、胡志明陵墓、文庙、巴亭广场、统一宫、古芝地道、下龙湾等

注：中国的重点风景名胜区为1982年11月8日和1988年8月1日公布的第一、第二批名单。

中国和东南亚国家世界文化遗产世界自然遗产世界文化和自然双重遗产名录

国家	文化遗产	自然遗产、文化和自然双重遗产
中国	北京故宫(1987)，长城(1987)，周口店北京猿人遗址(1987)，陕西秦始皇陵及兵马俑(1987)，甘肃敦煌莫高窟(1987)，西藏布达拉宫(1994)，河北承德避暑山庄及周围寺庙(1994)，山东曲阜孔庙、孔府、孔林(1994)，湖北武当山古建筑群(1994)，江西庐山风景名胜区(1996)，山西平遥古城(1997)，江苏苏州古典园林(1997)，云南丽江古城(1997)，北京天坛(1998)，北京颐和园(1998)，重庆大足石刻(1999)，皖南古村落—西递、宏村(2000)，明清皇室陵寝(2000)，河南龙门石窟(2000)，四川青城山—都江堰(2000)，山西云岗石窟(2000)，中国高句丽王城、王陵及贵族墓葬(2004)，沈阳故宫、盛京二陵(2004)，澳门历史城区(2005)，安阳殷墟(2006)，中国南方喀斯特(2007)、广东开平碉楼与村落(2007)。	自然遗产：四川九寨沟风景名胜区(1992)，四川黄龙风景名胜区(1992)，湖南武陵源风景名胜区(1992)，云南三江并流保护区(2003)，四川大熊猫栖息地(2006)。 文化和自然双重遗产：山东泰山风景名胜区(1987)，安徽黄山风景名胜区(1990)，四川峨眉山—乐山风景名胜区(1996)，福建武夷山风景名胜区(1999)。 文化景观：庐山。
柬埔寨	吴哥窟区(1992)	
印度尼西亚	婆罗浮屠寺庙群(1991)，普兰班南寺庙群(1991)，桑义兰早期人类遗址(1996)。	自然遗产：乌绒库伦国家公园(1991)，科莫多国家公园(1991)，洛伦茨国家公园(1999)，苏门答腊热带雨林(2004)。
老挝	琅勃拉邦古城(1995)，占巴塞文化风景区(2001)。	

国　家	文　化　遗　产	自然遗产、文化和自然双重遗产
马来西亚		自然遗产：基纳巴卢山公园(2000)，穆鲁山国家公园(2000)。
菲律宾	菲律宾巴洛克教堂(1993)，菲律宾巴纳韦高山梯田(1995)，维甘历史古城(1999)。	自然遗产：图巴塔哈礁群公园(1993)，普林塞萨港地下河国家公园(1999)。
泰国	素可泰历史城镇及相关历史城镇(1991)，阿育他亚(大城)历史城镇及相关城镇(1991)，班清阿考古遗址(1992)。	自然遗产：童·艾·纳雷松野生生物保护区(1991)
越南	顺化历史建筑群(1993)，美山遗址(1999)，会安古镇(1999)。	自然遗产：下龙湾(1994)，丰芽格邦国家公园(2003)。

注：括号中数字为列入《世界遗产名录》的年份。

东南亚国家的主要报纸

国　家	本国文报纸	华文报纸	英文(其他语文)报纸
文莱	《婆罗洲公报》、《文莱灯塔》	《文莱美里日报》、《文莱诗华日报》	《婆罗洲公报》
柬埔寨	《柬埔寨之光报》、《人民报》、《和平岛报》、《柬埔寨日报》、《柬埔寨时报》	《华商日报》、《柬华日报》、《星洲日报》、《大众日报》、《新时代日报》	《柬埔寨日报》、《金边邮报》、《柬埔寨时报》
印度尼西亚	《罗盘报》、《专业之声报》、《印尼媒体报》、《共和国日报》、《革新之声报》、《印尼商报》、《华文邮报》	《印度尼西亚日报》、《华文邮报》、《国际日报》、《世界日报》、《商报》、《新生日报》、《和平日报》、《龙阳日报》、《广告日报》、《千岛日报》	《雅加达邮报》、《印尼观察家报》
老挝	《人民报》、《新万象报》、《人民军报》、《青年报》		《VINTIANETIMES》(英文报)、《LE RENOVATEUR》(法文报)
马来西亚	《马来西亚使者报》、《每日新闻》、《祖国报》	《南洋商报》、《星洲日报》、《中国报》等	《新海峡时报》、《星报》、《马来邮报》
缅甸	《缅甸之光》、《镜报》、《首都报》、《曼德勒报》、《雅德那崩报》	《缅甸华报》	《缅甸新光》
菲律宾	《消息报》、《菲律宾快报》	《世界日报》、《商报》、《菲华时报》、《联合日报》、《环球日报》	《马尼拉公报》、《菲律宾星报》、《菲律宾询问日报》、《自由报》、《马尼拉时报》、《马尼拉纪事报》
新加坡	《每日新闻》、《泰米尔日报》	《联合早报》、《联合晚报》、《新明日报》	《海峡时报》、《商业时报》、《新报》
泰国	《泰叻报》、《民意报》、《每日新闻》、《国家报》、《沙炎叻报》、《经理报》等	《新中原报》、《中华日报》、《星暹日报》、《亚洲日报》、《京华中原日报》、《世界日报》等	《曼谷邮报》、《民族报》等
越南	《人民报》、《人民军队报》、《大团结报》、《西贡解放日报》	《西贡解放日报》	《西贡时报》
东帝汶	《帝汶邮报》、《东帝汶之声》		

中国和东南亚各国主要通讯社、电台、电视台

国家	通讯社	电台	电视台
中国	新华通讯社、中国新闻社	中央人民广播电台、中国国家广播电台(1949年12月5日正式开播)、中国国际广播电台(中国唯一以外国语言向全世界广播的电台)	中国中央电视台(1958年9月2日正式开播)
文莱	文莱新闻社	文莱广播电视台(创建于1957年5月)	文莱广播电视台(从1975年起开设彩色电视频道)
柬埔寨	柬新社(成立于1980年)	FM96(国家台)	国家电视台(以柬语广播为主)、仙女11台(人民党资产)、第9台(私人台)、第5台(军队台)、首都第3台(官方台)、巴戎台(私人台)
印度尼西亚	安塔拉通讯社(官方)、印尼民族通讯社(私营)、武装部队新闻社(国防安全部)	印尼共和国广播电台(成立于1945年9月)	印尼共和国电视台、印尼鹰记电视台、太阳电视台、教育电视台、美都电视台
老挝	巴特寮通讯社(1968年1月成立,国营)	老挝国家广播电台、老挝人民军广播电台	老挝国家电视台(建于1983年12月)
马来西亚	马来西亚国家新闻社(简称马新社,半官方	马来西亚广播电台(建于1946年)、马来西亚之声电台(建于1963年)	马来西亚电视台(建于1963年)、第三电视台(TV3)、城市电视台(METRO VISION)、国民电视台(NTV)、ASTRO卫星有线电视频道
缅甸	缅甸通讯社	缅甸之声(建于1937年)	缅甸电视台(建于1980年)、妙瓦底电视台(创办于1995年3月27日)
菲律宾	菲律宾通讯社(成立于1973年)	菲律宾广播台	人民电视台
新加坡		新加坡广播电台(于1936年开播)	新加坡电视台
泰国	泰国通讯社	泰国国家广播电台	泰国国家电视台
越南	越南通讯社(1945年成立,1976年越南南方解放通讯社与之合并)	越南之声广播电台(成立于1954年)	越南中央电视台(成立于1971年)
东帝汶	尚未成立通讯社,主要葡语新闻来源于葡萄牙卢萨社(LUSA,又名葡通社)	东帝汶国家电台(RNTL)、东帝汶民族解放军电台—希望之声(RADIO FALINTIL – VOZ DAESPERANCA)	东帝汶电视台(TVTL)

注:根据中国网、新华网有关资料编制。

中国和东南亚各国主要文化设施一览表

国家	博物馆	图书馆	体育馆	剧院(游乐场馆)	著名大学
中国	中国国家博物馆、故宫博物院等	中国国家图书馆等	中国奥林匹克体育馆等	中国国家大剧院等	北京大学、清华大学、中国人民大学、复旦大学、南开大学、中山大学等
文莱	文莱国家博物馆、丘吉尔纪念馆、工艺美术中心等	文莱国家图书馆等	文莱多功能综合中心等	杰鲁东游乐场、青年宫、电影院等	文莱大学(唯一综合性大学,成立于1985年)等

国　家	博物馆	图书馆	体育馆	剧院(游乐场馆)	著名大学
柬埔寨	柬埔寨国家博物馆、柬埔寨皇家博物馆、军事博物馆、吴哥保护中心等	柬埔寨国家图书馆、国立图书档案馆、佛教研究所图书馆等	金边国家体育场、柬埔寨体育馆(1966年中国援建)等	金边国家剧院等	金边皇家大学、皇家农业大学、皇家艺术大学、柬埔寨技术学院等
印度尼西亚	雅加达国家博物馆、雅加达历史博物馆、雅加达哇杨博物馆、阿樊迪博物馆、巴厘勒·马尤尔博物馆等	印度尼西亚国家图书馆等	雅加达赛纳扬体育馆等	雅加达印尼缩影公园、雅加达伊斯尔·玛佐基公园、雅加达安佐尔梦幻公园、三宝垄麻若巴歇王宫娱乐场等	印度尼西亚大学、加查马达大学、艾尔朗卡大学、班查查兰大学、迪波尼哥罗大学等
老挝	老挝国家博物馆、历史博物馆、民族文化馆、革命传统展览馆、军事博物馆、凯山·丰威汉纪念馆、国家文化馆(中国1990年援建)等	老挝国家图书馆等	老挝国家体育馆等	万象大剧院、万象艺术剧院、中央歌舞剧院、中央艺术剧院等	老挝国立大学、占巴塞大学、苏发努冯大学等
马来西亚	马来西亚国家博物馆、国家清真寺、国家美术馆、国家艺术馆等	马来西亚国家图书馆等	默迪卡体育场、沙阿兰综合体育场等	马来西亚国家剧院等	马来西大学、国民大学等
缅甸	缅甸国家博物馆等	缅甸国家图书馆等	缅甸国家第一体育馆、昂山体育馆等	缅甸国家剧院、总统电影院、首都电影院等	仰光大学、曼德勒大学等
菲律宾	菲律宾国家博物馆、阿亚拉博物馆、马拉卡南宫、菲律宾文化村等	菲律宾国家图书馆(最大的华文图书馆)、陈延奎纪念图书馆等	马尼拉体育馆等	菲律宾国家大剧院、克拉克度假城等	菲律宾大学、阿特尼奥大学、东方大学、远东大学、圣托玛斯大学等
新加坡	新加坡国家博物馆、新加坡美术馆、亚洲文明博物馆、新加坡蜡像馆、海洋博物馆、昆虫博物馆等	新加坡国家图书馆等	龙岗体育馆、碧山体育馆、碧山体育场、碧山游泳中心、裕廊体育及康乐中心等	戏剧中心、维多利亚剧院、嘉龙剧场、海港之苑等	新加坡国立大学、南洋理工大学、新加坡管理大学等
泰　国	国家博物馆、吉姆·汤普森博物馆、龙舟博物馆、国家科学博物馆、自然历史博物馆、环境与生态学博物馆、航空与通讯博物馆、国家艺术馆等	泰国国家图书馆、泰国中文图书馆等	政法大学体育中心、孟通他尼体育中心、华目体育中心等	国家剧院、丽都剧院、艺城剧院等	朱拉隆功大学、清迈大学、孔敬大学、宋卡纳卡琳大学、玛希敦大学、诗纳卡琳威洛大学、易三仓大学、亚洲理工大学、兰甘亨大学等
越　南	胡志明博物馆、历史博物馆、革命博物馆、胡志明主席纪念区、美术博物馆、音乐和舞台艺术博物馆、军队博物馆、河内大学动物博物馆、越南妇女博物馆、地质博物馆、公安博物馆等	国家图书馆、中央医学科学情报研究所图书馆、中央科学技术图书馆、胡志明市科学技术图书馆、中央社会科学图书馆、社会科学图书馆等	美廷国家体育馆等	中央剧院、嘲剧剧场、河内大型杂技场、水上木偶剧院等	河内国家大学、胡志明市国家大学、顺化大学、太原大学、岘港大学等
东帝汶					东帝汶国立大学(2000年11月重新开办)等

东南亚国家贸促机构与商协会通讯录

国家	机构名称	地　　址	电话、传真
文莱	文莱国际工会	Post Box 2246,1922 Bandar Seri Beganoan	Tel:00673 -2 -2236601
	中华商会	Dowan Pernigaan Tionghua, P. O. 1. Box 281, B. S. Begawan 1902, Negara	
柬埔寨	商业部	20A, borlevard Norodom	Tel:0085623 -210365 Fax:0085623 -217353
印尼	工贸部国家出口发展局	8, JI. Gajah Mada, P. O. Box 443/JKT	Tel:006221 -6341082 Fax:006221 -6338360
	中华工业委员会	20, M. H. Thamrin, Jakarta	
	印度尼西亚商工会	Chandra Builoling, 20 Jalan M. N. Thamrin, Jakarta 10350	
老挝	老挝商工会	Rue Ponexay Post Box 4596 Vieentiane	Tel:0085621 -414383 Fax:0085621 -414383
马来西亚	国际贸易工业部	Blick 10, Gov. Building Complex, Jalan Data 50622	Tel:00603 -6200033 Fax:00603 -62031303
	马来西亚中华商工会	Office Tower, 8 th floor, Plaza Berjaya -12, Jalan Imb, 55100 Kuala Lumpur	Tel:00603 -2452503 Fax:00603 -2452562
	马来西商会	Plaza Pekeliling, 17 th floor 2, Jalan Tun Razak, 50400 Kuala Lumpar	Tel:00603 -4427664 Fax:00603 -4414502
缅甸	缅甸商工联合会	504 -506 Merchant Street GPO Box 1557, 11141 Yangon	Tel:00951 -246495 Fax:00951 -248177
菲律宾	菲律宾商工会	14th floor, 6805 Ayala Avenue Makati City	Tel:00632 -8433374 Fax:00632 -8434102
新加坡	贸易工业部	Znfo Centre 100, High Street NO. 04 -01 The Treasary	Tel 0065 -3327258 Fax:0065 -3327634
	中小企业协会	Information and Doc. Centre 141, Market Street, Internat. Factor Buliding 04 -03/04	Tel:0065 -2240868 Fax:0065 -2241507
	太平洋经济合作委员会	4, Nassim Road	Tel:0065 -7379823 Fax:0065 -7379824
	新加坡工业联合会	20, Orchard Rock 23883 Singapore	Tel:0065 -3388787 Fax:0065 -3383358
	新加坡商业工业联合会	47 Hill Street # 03 -1, Chimese Chamber of Commerce Bulidtng 179365 Singapore	Tel:0065 -3389761 Fax:0065 -3395630
	新加坡中华机械进出口商协会	6001 Beach Road, No, 1101, Golden Mile Tower, Songapore 0719	
	新加坡中华商工会	47 Hill Wtreet, # 09 -00, Singapore 0617	
泰国	泰国贸易局	150, Rajorpit Road, 10200 Bang KoK Thailand	Tel:00662 -221827 Fax:00662 -2219350
	泰国商会	150 Rajopit Road, BangKoK 10200	
	泰国中华商会	233 Sathorn Road, Bangkok	
	国际贸易经济合作处	1.22 Ac. Pilyuain St. ,2,2 Vnited Natians Buliding, Rajadnmnern Avenue, Bangkok 10i	
越南	越南商工会	9 Dao Duy Anh Street 10000 Dong Da Hanoi	Tel:00844 -5742162 Fax:00844 -5742020

索 引

说 明

一，本索引是《中国—东盟年鉴·2007》的内容分析索引。正文（包括条目、文献、资料、图片和表格）中凡具有独立检索意义的完整资料，都可以通过本索引进行检索。

二，索引按汉语拼音字母（同音字按声调）顺序排列。类目、分目作索引款目用黑体字排印，其余款目用宋体字排印。表格、图片在其款目后分别注明"表"、"图"。

三，索引款目后的数字表示内容所在的页码，数字后的拉丁字母（a、b）表示栏别（即版面的1、2栏）。

四，空两字起排的款目为上一主题的"附见"。同一主题的"参见"，只标页码。内容有交叉的款目，为便于读者检索，在本索引中重复出现。

A

B

C

D

F

G

H

J

K

L

M

N

P

Q

R

S

T

W

X

Z

广西壮族自治区地图

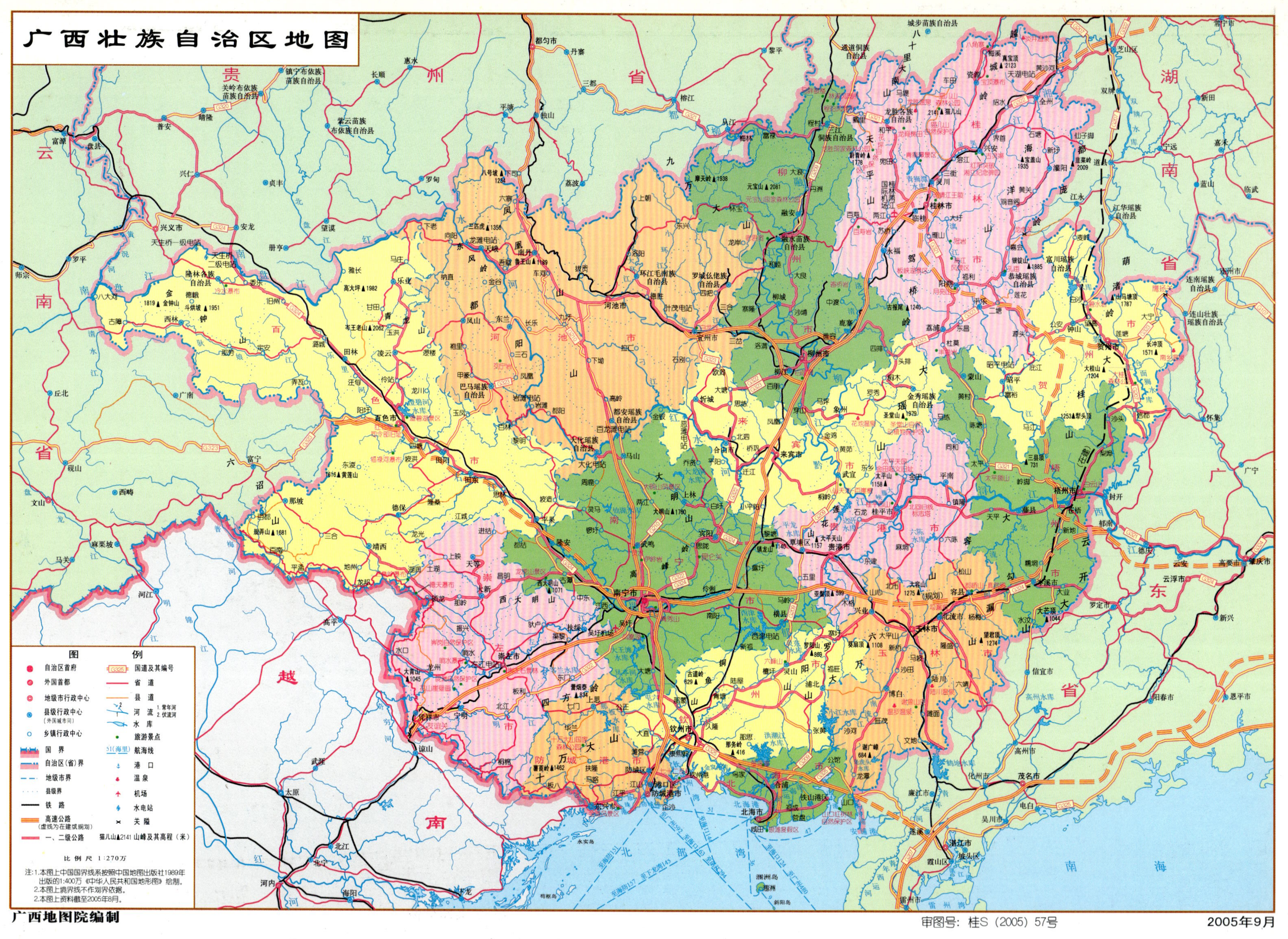

注：1.本图上中国国界线系按照中国地图出版社1989年出版的1:400万《中华人民共和国地形图》绘制。
2.本图上境界线不作划界依据。
2.本图上资料截至2005年8月。

广西地图院编制

审图号：桂S（2005）57号

2005年9月